विद्यापति पदावली

विद्यापति पदावली

विद्यापति

वाणी प्रकाशन
प्रकाशन के उत्कृष्टतम 61 वर्ष

vaniprakashan.com

पेपरबैक पहला संस्करण : 2024

वाणी प्रकाशन
4695, 21-ए, दरियागंज, नयी दिल्ली-110 002
फ़ोन : +91 11 23273167, 23275710
शाखाएँ
अशोक राजपथ, पटना-800 004, बिहार
कॉफ़ी हाउस कैम्पस, महात्मा गांधी मार्ग, प्रयागराज-211 001, उत्तर प्रदेश
महात्मा गांधी अन्तरराष्ट्रीय हिन्दी विश्वविद्यालय, वर्धा-442 001, महाराष्ट्र
sales@vaniprakashan.in
vaniprakashan@gmail.com

Vidyapati Padavali
by Vidyapati

ISBN : 978-93-6287-201-2
Geet

मूल्य : ₹ 1999

जी.एस. ऑफ़सेट, दिल्ली-110 095 में मुद्रित

वाणी प्रकाशन का लोगो मक़बूल फ़िदा हुसेन की कूची से

प्राक्कथन

डॉ० महेन्द्र नाथ दुबे जी ने विद्यापति के पदों का यह नया संग्रह 'गीत-विद्यापति' बड़े परिश्रम से तैयार किया है। मैं कई वर्षों से उनका परिश्रम देख रहा हूँ। विद्यापति के संबंध में जितनी भी सामग्री जहाँ कहीं से मिल सकती थी, उसे उन्होंने संग्रह किया और उसका विद्वत्तापूर्ण संपादन करके प्रकाशित किया। यद्यपि विद्यापति का जन्म-स्थान मिथिला में था तथापि उनकी कविता समूचे पूर्वी भारत में गायी जाने लगी। वे मैथिलो के कवि तो हैं ही, पर बंगला और हिन्दी भाषा में सहृदय-जन भी इन पदावलियों को अपनी भाषा की रचना मानकर इनका अध्ययन और मनन करते हैं। कवि की रचनाओं की सरसता का इससे बड़ा प्रमाण और क्या हो सकता है ? वे भगवत्भक्तों में भी उसी प्रकार ग्रहण किये जाते हैं जिस आदर के साथ लौकिक श्रृंगार के रसिक उनका स्मरण करते हैं।

विद्यापति सचमुच ही प्रभावशाली कवि हैं। परन्तु ऐसे महान् लोकप्रिय कवि के जीवन-वृत्त के विषय में बहुत थोड़ी ही ऐसी बातें हैं, जिनपर सभी विद्वान् एकमत हुए हैं। इसमें तो कोई सन्देह नहीं है कि वे 'देसिल बअना' या लोक भाषा के साथ ही संस्कृत और अवहट्ठ में भी समान अधिकार रखते थे। उनकी 'कीर्तिलता' और कीर्तिपताका' नामक रचनाएँ उत्तरकालीन अपभ्रंश भाषा में हैं जबकि पदावली मैथिली भाषा में। यह उत्तरकालीन अपभ्रंश अवहट्ठ नाम से परिचित है। बहुत दिनों तक उनकी अवहट्ठ रचनाएँ विस्मृति के गर्भ में पड़ी हुई थीं परन्तु अब आधुनिक शोधकर्त्ता विद्वानों ने उनका उद्धार किया है। कीर्तिलता का प्रकाशन और संपादन कई बार हो चुका है। आरंभ में सुप्रसिद्ध विद्वान महामहोपाध्याय पं० हरप्रसादशास्त्री ने उसका पता लगाया था और संपादन किया था। फिर अनेक विद्वानों के हाथों वह मँजता रहा। कीर्तिपताका का प्रकाशन अभी हाल ही में हुआ, लेकिन उनकी पदावलियों का, जो लोक-भाषा में रचित थीं, प्रचार अधिक हुआ। लोकप्रियता के कारण इनमें परिवर्तन होता रहा। मिथिला में ये पद लोकमुख में ही सुरक्षित रहे। बंगाल में वैष्णव भक्तों ने इन्हें सिर माथे लिया और 'महाजन' पदावली होने का गौरव दिया। परन्तु आधुनिक शोध प्रेमी विद्वान यह जानने का प्रयत्न करते हैं कि इनमें वस्तुतः कितने पद सचमुच विद्यापति के लिखे हुए हैं, कितने प्रक्षिप्त हैं या अन्य कवियों की रचनाएँ हैं, जो विद्यापति के नाम से चलाई गई हैं। विद्वानों ने इस विषय में बहुत परिश्रम किया है लेकिन इस प्रकार की खोज को अन्तिम रूप से 'इदमित्थम्' कहना शायद हमेशा विवादास्पद ही बना रहेगा।

श्री महेन्द्रनाथ दुबेजी ने अपने पूर्ववर्त्ती विद्वानों की खोजों का पूर्ण लाभ उठाया है। वे लिखते हैं कि 'इस प्रकार उपर्युक्त प्रकाशित-अप्रकाशित संग्रह ग्रंथों के आधार पर मैंने 'गीत-विद्यापति' नामक अपना प्रस्तुत संग्रह तैयार किया। जिसे देखकर मेरे साथियों एवं गुरुजनों ने उसे शीघ्र-प्रकाशित कराने का आग्रह किया। फिर कलकत्ता, पटना, वाराणसी,

इलाहाबाद और दिल्ली के विभिन्न प्रकाशकों के यहाँ मैं पाण्डुलिपि लिए दौड़ता रहा। कार्य के महत्व की सराहना करते हुए भी बाजार की स्थिति और अधिक खर्चों को देखते हुए कोई भी प्रकाशक इसे प्रकाशित करने की उदारता नहीं दिखा सका। तब तक 'राष्ट्रभाषा-परिषद्' पटना से 'विद्यापति-पदावली' दूसरा भाग, भी प्रकाशित हो गया। अब मैंने उसके आलोक में पुनः अपने पाठों को ठीक करना आवश्यक समझा। उक्त पदावली में रामभद्रपुर, रागतरंगिणी और तालपत्र की पोथी के पाठ भी काफी स्पष्ट हुए, साथ ही प्रत्येक पद के पाठ का संपादकों के द्वारा संपादकीय अभिमत नाम से कुछ संशोधित रूप भी प्रकाशित हुआ। इसलिए इन स्रोतों से दि गए पाठों के पाठभेद एवं परि० पद० के संपादकीय अभिमत वाले इन पाठों को जोड़ना भी अत्यन्त आवश्यक हो गया। यद्यपि 'नेपाल-पदावली' के पाठ की भाँति मैं इन्हें अक्षरशः नहीं मान पाया। इसलिए जहाँ 'नेपाल-पदावली' के अनेक पाठों के नीचे पाठभेदों में परि० पद० का पाठ उद्धृत कर ही मैं विरत हो गया था, क्योंकि मेरे अनुसार भी वही पाठ उचित था, अतः अपना संपादकीय मन्तव्य अलग से नहीं दिया था, वहाँ इन विभिन्न पदावलियों के पाठभेदों में कई स्थलों पर मैंने विनम्रतापूर्वक अपने संपादकीय मन्तव्य भी जोड़ दिये हैं।'

निस्सन्देह उनका परिश्रम बहुत ही प्रशंसनीय है। इस संग्रह में उन्होंने अपनी नयी क्रम-व्यवस्था भी रखी है "ध्यान से देखने पर मैंने पाया कि स्वच्छन्द प्रवृत्ति के कवि की समूची गीत-रचना शास्त्रीय क्रम में नियोजित नहीं की जा सकेगी। विभिन्न परिस्थितियों को देखते हुए मैंने ऐसा क्रम रखने की योजना बनाई जिसमें कुछ शास्त्रीय स्थिति का भी निर्वाह हो जाय और विद्यापति की स्वच्छन्द वृत्ति भी अक्षुण्ण बनी रहे।" इसप्रकार उन्होंने बारह उपखंडों में 'गीत विद्यापति' को विभाजित किया। ये बारह उपखंड हैं (१) रूप-अपरूप (२) पूर्वराग (३) अभिसार, प्रस्तुत होना, प्रयाण, असफल (विप्रलब्धा) और सफल अभिसार (४) मिलनोल्लास, अल्पवयस्का, अबोध प्रभु, प्रगल्भा, वयस्का, उपेक्षिता, उपेक्षित, खण्डिता (५) मिलन-गोपन (६) मान-नायिका मान, नायक-मान जन्य-विरह (७) प्रवास-विरह (८) आगमन और संयोग (९) हरगौरी-गीत (१०) वन्दना-गीत (११) ऋतु-गीत और (१२) सामान्य गीत।

इसप्रकार सम्पूर्ण विद्यापति पदावली को नए सिरे से व्यवस्थित करने का एक परिणाम यह हुआ कि एक बहुत बड़ी भ्रान्त धारणा अपने आपही निरस्त हो गई। बहुत बड़े-बड़े लोगों ने कह रखा था और इन पंक्तियों के लेखक का भी यही विश्वास था कि विद्यापति संयोग-शृंगार के कवि हैं। दुबेजी के विश्लेषण से पता चलता है कि वस्तुतः विद्यापति के विरह-गीत ही अधिक हैं। इनकी प्रधानता देखकर डॉ० दुबे ने अपनी क्रम संयोजना में उलट-फेर करके विप्रलम्भ शृङ्गार के तीन भेदों यथा पूर्वराग, मान और प्रवास के लगभग चार सौ गीतों को पहले स्थान दिया है। डॉ० दुबे के संग्रह में इन विरह गीतों का केवल संख्या की दृष्टि से ही आधिक्य नहीं है, सरस कवित्त के दृष्टि से भी बहुत अधिक महत्व है।

डॉ० दुबे ने विद्यापति के जीवन वृत्त को भी अपनी सूक्ष्म दृष्टि से नया रूप दिया है। अनेक पूर्व प्रचलित धारणाओं को उन्होंने नहीं स्वीकार किया। इसप्रकार उनमें सर्वत्र एक स्वतंत्र आलोचक की दृष्टि दिखाई देती है।

मुझे इस संग्रह को देखकर बड़ी प्रसन्नता हुई है। मैंने स्वयं देखा है कि डॉ० दुबे इतने मनोयोग और परिश्रम से इस कार्य को करते रहे। इसमें केवल उन्होंने अपना तन और मन ही नहीं लगाया, धन भी लगाया। कई बार ऐसी कठिनाइयाँ उनके सामने आईं जिनसे निबटना आसान नहीं था परन्तु वे धैर्य और उत्साह के साथ अपने कार्य में लगे रहे और अन्त तक उसे पूरा किया। आजकल इसप्रकार का परिश्रम और लगन कम ही देखने को मिलता है। उन्होंने एक महान् कार्य विद्वत्ता के साथ सम्पन्न किया है। मुझे पूरा विश्वास है कि देश भर में फैले हुए विद्यापति के प्रेमियों को उनके श्रम-श्लाघ्य कार्य से हार्दिक प्रसन्नता होगी। परमात्मा से मेरी प्रार्थना है कि डॉ० दुबेजी को सुन्दर स्वास्थ्य और लम्बी आयु दें ताकि वे और भी महत्वपूर्ण कार्यों को इसी लगन और उत्साह के साथ सम्पन्न करते रहें।

वाराणसी
१. १०. ७५

हजारीप्रसाद द्विवेदी

निवेदन

'गीत : विद्यापति' आपके समक्ष प्रस्तुत है। विद्यापति के लालित्य और मेरी अपनी कमजोरियों के साथ-साथ। एक बड़े काम में मुझ जैसे छोटे व्यक्ति ने हाथ लगाया; दुस्साहस ही किया। किन्तु गुरुजनों एवं मित्रों के सहृदय संवर्द्धन से आज यह पूरा हुआ। यद्यपि इसे प्रस्तुत करने में जितना समय लगा था उससे कई गुना समय इसके प्रकाशन में लग गया।

मेरा विचार है कि विद्यापति का जो कुछ व्यक्तित्व आज हमारे समक्ष उजागर हुआ है वह सभी विभिन्न क्षेत्रों में गाए गए उनके गीतों के माध्यम से ही हुआ है फलतः मैंने नाम दिया है **गीत : विद्यापति** जिसमें 'गाए हुए विद्यापति' अथवा "गीत : विद्यापति द्वारा रचित" दोनों ही भाव ध्वनित हैं। जो अब तक के संकलनों की परम्परा से किञ्चित् भिन्न है। विद्यापति के रचना-वैभव को देखने की मेरी दृष्टि भी परम्परित दृष्टि से कुछ भिन्न है ऐसा इसकी भूमिका और गीतों की पाद टिप्पणियों में निर्दिष्ट संपादकीय मन्तव्यों से सहज ही समझा जा सकेगा। गीतों के संपादन में मैंने प्राचीनतर पाण्डुलिपि के पाठों को गीतों में और अपेक्षाकृत नवीन पाण्डुलिपियों के पाठ एवं संपादकीय मन्तव्य पाठभेद में दिया है। विद्यापति की समूची गीत-रचना एकत्र देने में ग्रन्थ का आकार इतना बढ़ गया कि उनका भाषा, लालित्यबोध व समीक्षात्मक विश्लेषण मैं यहाँ नहीं दे पाया हूँ। उन्हें पृथकरूप मे ही आपके समक्ष रखने की चेष्टा करूँगा।

मुझे बहुत दुःख है कि मुझे अपने पत्रों से निरन्तर उत्साहित करनेवाले, पदावली साहित्य के मर्मज्ञ श्री विमान विहारी मजुमदार अब स्वर्गीय हो गये। मेरे कार्य को प्रकाशित रूप में देखकर वे अत्यन्त प्रसन्न होते। अपने इस कार्य में मैंने स्वर्गीय श्री शारदाचरण मित्र, अमूल्य चरण विद्याभूषण, सर जार्ज एब्राहिम ग्रियर्सन, बीम्स, शहीदुल्ला, कवीश्वर चन्दा झा, नगेन्द्र नाथ गुप्त, म० म० हरप्रसाद शास्त्री, रामवृक्ष बेनीपुरी, सतीशचन्द्र राय, शिवनन्दन ठाकुर, विमान विहारी मजुमदार, सुकुमार सेन, डॉ० सुभद्र झा, कुमार श्री गंगानन्द सिंह तथा बिहार-राष्ट्रभाषा-परिषद्-पटना के सुधी साधकों के अत्यन्त श्रमपूर्ण और उत्कृष्ट कार्यों से पूरी तरह लाभ उठाया है। यत्र-तत्र इनसे सहमत होने में असमर्थ होने पर भी विद्वानों की इस महती परम्परा के प्रति मैं हार्दिक श्रद्धा अर्पित करता हूँ जिनके दिखाए प्रकाश में ही मैं कुछ देखने में समर्थ हो पाया हूँ।

विद्यापति के गीतों के संकलन कार्य में मैंने जिन विभिन्न पुस्तकालयों की सेवाओं का सर्वाधिक उपयोग किया, उन सभी के प्रति कृतज्ञ हूँ। नेपाल राजदरबार पुस्तकालय की तालपत्र की पोथी ने तो निकष का ही काम किया है। नेशनल लाइब्रेरी, एशियाटिक सोसाइटी लाइब्रेरी, बंगीय-साहित्य-परिषत् पुस्तकालय और कलकत्ता विश्वविद्यालय पुस्तकालय के मैन्युस्क्रिप्ट विभाग जैसे कलकत्ता के विभिन्न पुस्तकालयों के प्रति अनुगृहीत हूँ। पटना में डॉ० देवेन्द्रनाथ शर्मा ने मेरे कार्य को जिस प्रकार उत्साहित किया उससे मुझे नया बल मिला। मैं उनका सतत् आभारी रहूँगा। बहन श्रीमती जयन्ती सिंह राठौर और भाई केदारनाथ 'कलाधर' ने मेरी कठिनाइयों को दूर करने में सहायता की। उनका हृदय से आभारी हूँ। राष्ट्रभाषा-परिषद् पटना के पं० शशिनाथ झा ने अपनी वृद्धावस्था में भी अत्यन्त उत्साह से मुझे दुर्लभ

पाण्डुलिपियों को देखने और स्थान-स्थान पर समुचित पाठ का सुझाव देने का कष्ट उठाया। मैं उनका आभारी हूँ।

काशी हिन्दू विश्वविद्यालय का हिन्दी-विभाग तो मेरा आधार ही रहा है। विभाग के अध्यक्ष डॉ० विजयपाल सिंह की स्नेहिल छाया में कार्य करने में निरन्तर प्रोत्साहन मिलता रहा। विभाग के मेरे गुरुजनों ने अपने आशीर्वाद से, मित्रों ने अपने सहयोग से और एम० ए० कक्षा के विद्यापति के छात्रों ने अपने आग्रह से यह असम्भव कार्य भी सम्भव करा दिया। इन सभी का मैं हृदय से आभारी हूँ।

गुरुवर आचार्य पं० हजारी प्रसाद द्विवेदी, गुरुदेव रवीन्द्रनाथ ठाकुर की भाँति ही विद्यापति के प्रति सहज आत्मीयता रखते हैं। मेरे कार्य को निरन्तर प्रोत्साहन देकर उन्होंने इसे बीच में ही डूबने से उबारा है अन्यथा मैं कभी हिम्मत हार चुका होता। इस साधारण कार्य का प्राक्कथन लिखकर उन्होंने इसे असाधारण महत्त्व प्रदान किया है।

पं० विश्वनाथ प्रसाद मिश्र, डॉ० नगेन्द्र, पं० विद्यानिवास मिश्र, डॉ० दशरथ ओझा, डॉ० शिवप्रसाद सिंह और डॉ० त्रिभुवन सिंह ने भी इस कार्य की प्रगति के बारे में बार-बार पूछकर उत्साहित किया है। मैं सभी के समक्ष श्रद्धावनत हूँ।

लेखन से मुद्रण और प्रकाशन तक की सभी स्थितियों से स्वयं जूझते रहने के कारण, अत्यन्त सावधान रहने पर भी यत्र-तत्र त्रुटियाँ रह गई हैं। अनेक ऐसी भी त्रुटियाँ होंगी जिन्हें मैं अभी समझ भी न पाया होऊँ। सुधी जनों के सुझावों का लाभ उठाते हुए अगले संस्करण में उन्हें दूर करने की चेष्टा करूँगा। आशा है विद्यापति के गीतों का हिन्दी में एकत्र यह संयोजन सहृदयजनों की सेवा कर सकेगा।

श्रावण शुक्ला तीज, संवत् २०३२ — डॉ० महेन्द्र नाथ दुबे

वाराणसी

अनुक्रम

संकेत-निर्देश

अमूल्य०—	स्व० अमूल्य चरण विद्याभूषण और खगेन्द्रनाथ मित्र सम्पादित विद्यापति पदावली
क्षणदा०—	क्षणदा गीत चिन्तामणि
ग्रि० या ग्रियर्सन—	सर जार्ज एब्राहम ग्रियर्सन कृत An Introduction to the Maithily language of North Bihar, containing a grammar, chrestomathy and vocabulary, Asiatic Society journal extra Number 1882
झा० या सु० झा—	डॉ० सुभद्र झा लिखित और संपादित Songs of Vidyapati
ठाकुर—	स्व० शिवनन्दन ठाकुर कृत विद्यापति-विशुद्ध-पदावली
ताल० या तालपत्र—	स्व० नगेन्द्रनाथ गुप्त उल्लिखित तरौनी ग्राम से प्राप्त तालपत्र की पोथी, जिसके पद उन्होंने अपने संकलन में प्रकाशित किए
न० गु०—	स्व० नगेन्द्रनाथ गुप्त सम्पादित 'विद्यापति ठाकुरेर पदावली' बंगीय साहित्य परिषत् संस्करण

ने० पृ०— नेपाल राजदरबार में सुरक्षित 'विद्यापति को गीत' पाण्डुलिपि की पृष्ठ संख्या

पं०— पंक्ति

प०— पद

प० त०— 'पदकल्प तरु' स्व० सतीशचन्द्र राय संपादित, बंगीय साहित्य परिषत्

प० सं०— पद संख्या

प० स०— पदामृत समुद्र

प्रि० पद०— बिहार-राष्ट्रभाषा-परिषद पटना से प्रकाशित 'विद्यापति पदावली' प्रथम और दूसरा भाग

बेनीपुरी— स्व० रामवृक्ष बेनीपुरी संकलित 'विद्यापति की पदावली'

ब्र० न० सहाय— ब्रजनन्दन सहाय "ब्रजवल्लभ" कृत मैथिल कोकिल विद्यापति

मि० गी० सं०— मिथिला गीति संग्रह

मि० म०— स्व० खगेन्द्रनाथ मित्र और स्व० विमान बिहारी मजूमदार संपादित 'विद्यापतिर पदावली' प्रकाशक—श्री शरत् कुमार मित्र ८५ नं० ग्रे स्ट्रीट, कलकत्ता

राग० या रा० त०— कवि लोचन कृत रागतरंगिणी, दरभंगा राज लाइब्रेरी

रा० पु० या राम० पु०—रामभद्रपुर ग्राम की पाण्डुलिपि

शा० मि०— स्व० शारदाचरण मित्र कृत विद्यापति पदावली

सं० मन्तव्य— संपादकीय मंतव्य

भूमिका

महाकवि विद्यापति

१. विद्यापति

मैथिल कोकिल, कवि सार्वभौम विद्यापति आधुनिक भारतीय-आर्य-भाषाओं के प्रथमोन्मेषकालीन उत्तर भारतीय वाङ्मय के सर्वाधिक ज्वाज्वल्यमान नक्षत्र हैं। तत्कालीन साहित्य विधा में प्रयुक्त साहित्य-भाषा के तीनों प्रमुख रूपों—संस्कृत, अवहट्ठ और देसिल बअना (मैथिल हिन्दी)—में उन्होंने ऐसी उत्कृष्ट रचनाएँ कीं, जो अब तक अपनी महानता के गुण से समादरणीय बनी हुई हैं। साहित्यिक गौरवगाथा के अतिरिक्त विद्यापति द्वारा वर्णित विविध प्रसंगों से तत्कालीन भारतीय (मध्ययुगीन भारत) इतिहास के सांस्कृतिक, राजनीतिक, कलात्मक, एवं शिल्पविधि के नाना क्षेत्रों पर प्रभूत प्रकाश पड़ता है। वे इतने अधिक लोकप्रिय हुए कि उत्तर भारत के पूर्वी-बंगाल से लेकर पश्चिम में मथुरा वृन्दावन तक सहृदय जनों के ऐसे हृदय हार बन गए कि उनके जन्मस्थान आदि को लेकर बहुत दिनों तक विवाद चलता रहा।

१.२ जन्म स्थान संबंधी विवाद

विद्यापति की अन्य रचनाओं की अपेक्षा उनकी "सबजन मिट्ठा देसिल बअना" के गीत अधिक लोकप्रिय हुए। उनका विकास उत्तर प्रदेश, विहार, बंगाल, उड़ीसा और असम के विभिन्न अञ्चलों तक हुआ। लिखित रूप में उनके संकलनों के अभाव से तथा प्राय: मौखिक गेय रूप में प्रयुक्त होते रहने के कारण, इन पदों पर आंचलिक गायकों की अपनी विशेषताओं एवं सुर-तान सम्बन्धी भंगिमाओं के कारण, विभिन्न आंचलिक विशेषताओं का रंग चढ़ता रहा जिससे एक हो पद सुदूर अंचलों में परस्पर पर्याप्त परिवर्तनों से मंडित हो गया। बंगाल में चैतन्य महाप्रभु, जयदेव की भाँति विद्यापति के पदों को भी गागाकर आनन्द विभोर हो जाते थे[१]। उनके शिष्य अद्वैताचार्य ने चैतन्यदेव की अभ्यर्थना विद्यापति के पदों द्वारा ही की है[२]। १७वीं-१८वीं शती में ही वैष्णव सहजियागण उन्हें गौड़ीय वैष्णव साधकों एवं नवरसिकों में प्रमुख स्थान देने लगे थे। वैष्णवदास[३] ने उन्हें 'रसधाम' कहा है। नरहरिदास[४] ने 'कविकुल चन्द' और 'रसिक सभा भूषण'

१—कर्णामृत विद्यापति श्री गीतगोविन्द
दूँहे श्लोक-गीतेप्रभूर कराय आनन्द।—चैतन्य चरितामृत, अध्याय ५

२—कि कहब रेसखि आनन्द ओर, चिर दिने माधव मन्दिर मोर
तथा
दारुन, बसन्त जत दुख देल, हरिमुख हेरइत सब दुर गेल।

३—जय जयदेव कवि नृपति शिरोमणि विद्यापति रसधाम।

४—जय विद्यापति कविकुलचन्द, रसिक सभा भूषण सुखकन्द।

कहा है। कवि श्री गोविन्ददास[१] तो उनके गीतों से इतने मुग्ध थे कि उन्होंने उन्हें अपने पूज्य गुरु का स्थान दिया। विद्यापति के कितने ही असमाप्त पदोंको उन्होंने पूर्ण करने का भी प्रयत्न किया था। इस प्रकार विद्यापति बंगाल के सहृदय समाज के अत्यन्त प्रिय कवि हो गए। वैष्णव-पदावलियों में उनके पदों को श्रद्धा के साथ संकलित किया जाने लगा। इस प्रयास में विद्यापति के पदों में बंगीय परिवेश के अनुसार बहुत कुछ परिवर्तन-परिवर्धन भी कर दिया गया। विद्यापति के प्रति अति श्रद्धालु कितने ही बंगीय कवियों ने उनके नाम पर स्वयं बहुत से पद रच डाले। 'पदकल्पतरु' में बसन्तराय के ५१ पद संकलित है। बहुतों ने इन्हें विद्यापति के पदों के साथ मिला दिया और विद्यापति को इनसे अभिन्न मानने लगे। इसप्रकार विद्यापति के बंगाली होने की गाथा तथा चण्डीदास और रामी की भाँति, विद्यापति और लखिमा देवी के सम्बन्धों की नाना काल्पनिक कथाओं का अधिकाधिक प्रचार हुआ। यह प्रचार इतना जोरदार रहा कि १८७३ ई० के Indian Antiquary के फरवरी-अंक में प्रसिद्ध पुरातत्वविद (John Beams) जानबीम्स ने The early Vaishnva poets of Bengal नामक जो अनुसंधान पूर्ण लेख प्रकाशित किया, उसमें विद्यापति की भाषा के सम्बन्ध में अनेक मूल्यवान तथ्य देते हुए भी विद्यापति के जन्म एवं जन्मभूमि के सम्बन्ध में भ्रमपूर्ण विवरण प्रकाशित किया। उन्होंने उसमें लिखा कि विद्यापति का जन्म यशोहर जिला (बंगाल) के बार्नाटोर (Barnator इसे किसी ने बड़नाटोर तो किसी ने बालासोर लिखा है।) नामक ग्राम में एक ब्राह्मण परिवार में हुआ था। इनके पिता का नाम भवानन्द था और स्वयं विद्यापति का असली नाम बसन्तराय था[२]।

बीम्स महोदय के लेख को देखने के पश्चात् श्री राजकृष्ण मुखोपाध्याय ने द्वारबंग (दरभंगा) की यात्रा कर विद्यापति के सम्बन्ध में यथातथ्य अनुसंधान किया; जिसे उन्होंने बंगाब्द १२८२ (सन् १८७५ ई०) की 'बंगदर्शन' पत्रिका के ज्येष्ठ मास के अंक में अपना नाम अप्रकाशित करते हुए 'विद्यापति' नामक निबन्ध में प्रकाशित किया। सर्वप्रथम लिखित रूप में उन्होंने ही प्रमाणित किया कि विद्यापति बंगाली नहीं, अपितु मिथिला के मधुबनी परगना के निवासी और मिथिलाधीश महाराज शिवसिंह के अभिन्न मित्र और सभा-कवि थे। राजकृष्ण महोदय के लेख का निरीक्षण कर लेने पर बीम्स साहब ने यद्यपि इसके कुछ अंशों की सत्यता में सन्देह व्यक्त किया फिर भी मुखोपाध्याय महोदय के अधिकांश तथ्यों को उन्होंने स्वीकार किया तथा उनके लेख का सारांश Indian Antiquary पत्रिका में अंग्रेजी में प्रकाशित कर उसकी ओर विद्वानों का ध्यान आकृष्ट किया। उन्होंने सन् १८७५ ई० के अक्तूबर अंक में On the age and Country of Vidyapati

---

१—कविपति विद्यापति अतिमाने। जाके गीत जगत चित रोआयल, गोविन्द गौरी सरस रस गाने।

२—बीम्स महोदय के इस भ्रामक विवरण का प्रधान कारण यह था कि विद्यापति के संबंध में तथ्य-संकलन का कार्य उन्होंने कई ऐसे बंगाली पंडितों के माध्यम से करवाया था जो विद्यापति के पदों के बंगीय रूपों से ही परिचित थे; साथ ही विद्यापति के विषय में उन्होंने वैज्ञानिक गवेषणा न कर बंगीय जनश्रुतियों पर ही अधिक निर्भर किया।

शीर्षक लेख लिखकर अपने पूर्व प्रकाशित लेख की त्रुटियों को स्वीकार किया और उनका परिमार्जन किया।

इसके ६ वर्ष पश्चात् सन् १८८१ ई० में प्रसिद्ध विद्वान मिस्टर (बाद में सर) जार्ज एब्राहम गियर्सन (जो उस समय दरभंगा जिले के मधुबनी सब डिवीजन के मजिस्ट्रेट थे) ने विद्यापति के पदों पर मुग्ध हो, विद्यापति के सम्बन्ध में अधिकाधिक शोध किया। उन्होंने मैथिल ब्राह्मणों के पंजी-प्रबन्ध के अनुसार अपने ग्रन्थ Maithil chrestomathy में विद्यापति के प्राक्तन सात पीढ़ी के पुरुषों के नाम (विष्णुनाथ-हरादित्य-कर्म्मादित्य-देवादित्य-वीरेश्वर-जयदत्त और गणपति) तथा अधस्तन बारह पीढ़ी के पुरुषों के नाम (हरपति-रतिधर-रघुनाथ-विश्वनाथ-पीताम्बर-नारायण-दिनमणि-तुला-एकनाथ-मैया - फणि-लाल और बदरीनाथ) प्रकाशित किए। सन् १८८१ ई० में उन्होंने An Introduction to the Maithili language of North Bihar, Containing a grammar chrestomathy & Vocabulary प्रकाशित किया तथा Indian Antiquary पत्रिका के १८८५ एवं १८९९ ई० के दो अंकों में भी विद्यापति पर अनुसंधान परक दो निबन्ध प्रकाशित किए; जिससे विद्यापति विषयक यथार्थ विवरण प्रत्यक्ष हुए। इस प्रकार विद्यापति के जन्म स्थान से सम्बन्धित विवाद समाप्त हुआ।

१.३ जन्म स्थान

शोध-परिशोध से प्राप्त विवरणों के अनुसार विद्यापति का जन्म स्थान वर्तमान विहार प्रान्त के दरभंगा जिले के मधुबनी सब-डिवीजन के बेनी पट्टी थाना अंचल के, 'बिसफी' ग्राम में होना निश्चित हुआ है। आजकल यह ग्राम दरभंगा से उत्तर पश्चिम जानेवाली रेल लाइन के कमतौल नामक रेलवे स्टेशन से ढाई कोस दूर ईशान कोंण पर स्थित है। यह एक बड़ा गाँव है जिसमें कई टोले हैं। जिस टोले विशेष के विद्यापति निवासी थे उसका नाम गढ़बिसफी है, जहाँ पहले सम्भवतः किसी राजा का गढ़ रहा होगा। विद्यापति का वंश ब्राह्मण और परम्परागत उपाधि ठक्कुर या ठाकुर थी। विद्यापति के पूर्वपुरुष विष्णुशर्मा से लेकर विद्यापति के बहुत बाद तक की पीढ़ियों तक यह गाँव उनके वंश का निवास स्थान रहा है। राजा शिवसिंह ने यह गाँव विद्यापति को दान के रूप में दिया था अतः विद्यापति के काल से लेकर लगभग १८५० ई० तक यह गाँव विद्यापति के वंशजों के लिए अ-कर (टैक्स रहित) था। विद्यापति के बाद का दसवीं पीढ़ी के एकनाथ ठाकुर बिसफी से अपने ननिहाल सौराठ जा बसे। १८५० ई० में एकनाथ ठाकुर के लड़कों में 'बिसफी' के स्वत्वाधिकार के लिए झगड़ा हुआ। झगड़ा न्यायालय तक पहुँचा तो एकनाथ के लड़के मैया ठाकुर ने 'बिसफी' को अकर सिद्ध करने के लिए राजा शिवसिंह द्वारा प्रदत्त ताम्रपत्र न्यायालय में प्रस्तुत किया। उक्त ताम्रपत्र में शपथ थी कि "इस गाँव से कर वसूल करने वाले हिन्दू राजाओं को गोमांस खाने का और तुर्क राजाओं को सूअर का मांस खाने का अपराध लगेगा। न्यायाधीश (जज) चूँकि अंग्रेज था अतः उसने कहा कि अंग्रेजों पर ये प्रतिबन्ध लागू नहीं होते। साथ ही यह ताम्रपत्र वस्तुतः शिवसिंह का दिया हुआ नहीं है। अतः तब से विसफी गाँव का अकर रूप समाप्त हो गया। विसफी गाँव

फिर भैया ठाकुर के पाँच पुत्रों में बँट गया और झगड़े के कारण ताम्रपत्र पिण्डारुछ (दरभंगा) के शिवलाल चौधरी (जो भैया ठाकुर के भागनेय थे) के पास रख दिया गया। उनके वंशजों के पास वह अब भी वर्तमान हैं[१]।

१.४ जन्म-तिथि

विद्यापति ने अपनी रचनाओं में कहीं भी अपनी जन्म तिथि एवं अन्य महत्वपूर्ण तिथियों की ओर कोई संकेत नहीं किया है। केवल उनका एक पद ऐसा उपलब्ध है जिससे देवसिंह की मृत्यु और शिवसिंह के सिंहसनासीन होने के समय का पता चलता है। उक्त पद निम्नलिखित है—

अनल रन्ध्र कर लक्खण णरवइ
सक समुद्द कर अगिनि ससी।
चैत कारि छठि जेठा मिलिओ
बार बेहप्पइ जाउ लसी।

इससे जान पड़ता है कि देवसिंह की मृत्यु और शिवसिंह का सिंहासना-रोहण लक्ष्मण संवत् २९३, शक सं० १३२४ अर्थात् १४०२ ई० में हुआ। मिथिला में प्रचलित लोक-श्रुति के अनुसार सिंहासनारोपण के समय शिवसिंह की अवस्था ५० वर्ष थी और विद्यापति शिवसिंह से २ वर्ष ज्येष्ठ थे अतः उस समय विद्यापति की अवस्था ५२ वर्ष रही होगी। अतः विद्यापति का जन्म काल लक्ष्मण संवत् २४१, शाके १२७२ और ईस्वी सन् १३५० में होना निश्चित होता है।

विद्यापति की जन्म तिथि का प्रधान आधार उक्त पद को स्वीकार करने पर भी ईस्वी सन् तिथि के बारे में विद्वानों में मतभेद है। मतभेद का प्रमुख कारण लक्ष्मण संवत् के आरम्भ को लेकर है। कुछ लोग लं० सं० का आरम्भ ईस्वी सन् ११०६ में मानते हैं तो कुछ ११११९ ईस्वी में। इसी से विभिन्न विद्वानों द्वारा विद्यापति के विषय में मान्य विभिन्न तिथियों में प्रायः १० वर्ष का अन्तर पड़ जाता है। किन्तु विद्यापति ने उक्त पद में लक्ष्मण संवत् के साथ शक संवत् भी दिया है। इससे स्पष्टीकरण में पर्याप्त सहायता मिलती है। इसीलिए श्री बृजनन्दन सहाय "ब्रजवल्लभ" ने लिखा है—

"लक्ष्मणाब्द का आरंभ कब हुआ इसमें मतभेद है, किन्तु विद्यापति की कविता से

१—इस ताम्रपत्र में लं० सं० २९३, शक सं० १३२१, विक्रमाब्द १४५५ और सन् (फसली) ८०७ लिखा है। इन तिथियों में परस्पर कोई मेल नहीं बैठता। इसमें फसली सन् का, जो लक्ष्मण संवत् २९३ के १७० वर्ष बाद अकबर ने चलाया था, उल्लेख होना भी सन्देह उत्पन्न करता है। डाक्टर ग्रियर्सन ने जब इसकी प्रामाणिकता के बारे में व्यापक अनुसंधान किया तब उन्हें मिथिला के एक प्राचीन पंडित घराने से उक्त ताम्रपत्र की जो प्रतिलिपि उपलब्ध हुई उसमें शक, विक्रम या फसली संवतों का कोई उल्लेख नहीं था; केवल लक्ष्मण संवत् था। इन्हीं सब कारणों को देखते हुए म० म० हरप्रसाद शास्त्री एवं डा० दिनेशचन्द्र सेन ने अनुमान लगाया कि शिवसिंह का दिया हुआ मूल ताम्रपत्र सम्भवतः उनके वंशजों के पास से खो गया। बाद में राजकर्मचारियों से स्वीकृति प्राप्त करने के प्रयास में उन्होंने यह नया ताम्रपत्र तैयार करवाया होगा।

यह प्रमाणित होता है कि शकाब्द और लक्ष्मणाब्द में १०३१ वर्षों का अन्तर है। शकाब्द तो अब भी प्रचलित है और किसी भी पंचांग के देखने से यह निश्चित होगा कि ईसवी सन् और शकाब्द में ७८ वर्ष का अन्तर होता है। अतएव विद्यापति का जन्म सन् १३५० ई० में होना निश्चित किया जा सकता है।"[1]

श्री रामवृक्ष बेनीपुरी ने भी उक्त पद के आधार पर विद्यापति का जन्म ल० स० २४१, संवत् १४०७ (सन् १३५० ई०) होना सम्भव माना है[2]। बिहार राष्ट्रभाषा परिषद द्वारा प्रकाशित **"विद्यापति-पदावली"** के **प्रथम-भाग** की भूमिका में **श्री शशिनाथ झा** और **दिनेश्वर लाल आनन्द** ने बहुत जोर देकर उक्त तिथि को प्रमाणिक माना है और अन्यान्य तिथियों का तर्क पूर्ण खण्डन किया है। उन्होंने, सिंहासन पर आसीन होने के उपलक्ष में महाराज शिवसिंह द्वारा विद्यापति को "विसफी" गाँव दिए जाने के प्रमाण रूप में, जो ताम्रपत्र विद्यापति को दिया गया था उसकी तिथि भी लक्ष्मण संवत् २९३ शक १३२४ और ईस्वी १४०२ ही मानी है। इस प्रकार उससे भी विद्यापति की जन्म तिथि ईस्वी सन् १३५२ में ही प्रमाणित होती है[3]।

१.५ परिचय

विद्यापति और उनके पूर्व पुरुषों का मिथिला के कर्णाट वंशीय एव ओइनवार वंशीय राजधराने से अत्यन्त घनिष्ठ सम्बन्ध था। उनके पूर्वज शस्त्र और शास्त्र दोनों विद्याओं में उक्त वंशों के प्रधान संरक्षक थे। इनके पूर्व पुरुष देवादित्य तो कर्णाट साम्राज्य के सान्धि-विग्रहिक जैसे प्रतिष्ठित पद पर आसीन थे। किन्तु किस विशेष राजा के समय में वे सान्धिविग्रहिक हुए थे यह स्पष्ट ज्ञात नहीं है। म० म० **परमेश्वर झा** का अनुमान है कि वे **महाराज रामसिंह** के सान्धिविग्रहिक मंत्री थे। **"गोविन्दमानसोल्लास"** नामक ग्रन्थ के आरम्भिक श्लोकों से ज्ञात होता है कि वे **महाराज हरिसिंह देव** के काल तक जीवित थे और वृद्धावस्था तक मंत्रिपद पर वर्तमान थे। **श्री चन्दा झा** और म० म० **परमेश्वर झा** ने **महाराज** हरिसिंह देव का जन्म १२९४ ई० में माना है और अनुमान लगाया है कि वे अत्यन्त अल्पवय में ही सिंहासनासीन हुए थे अतः कई वर्षों तक उनका शासन प्रबन्ध उनके मत्री देवादित्य और वीरेश्वर ने ही सँभाला था। इसीबीच उन्होंने अलाउद्दीन खिलजी की सहायता की थी जिस पर देवादित्य को 'मंत्रि-रत्नाकर' की उपाधि प्रदान की गई थी। देवादित्य के सात पुत्र थे और वे सभी उच्च राजकीय पदों पर आसीन थे। उनके ज्येष्ठ पुत्र **वीरेश्वर** अत्यन्त श्रेष्ठ मंत्री हुए। उन्होंने ही मिथिला में "सप्तांगराज्य स्थिति" की स्थापना की थी। पिता की भाँति वे भी राज्य के सान्धिविग्रहिक थे। उनके पुत्र **चण्डेश्वर** ठाकुर भी इस पद रहे। विद्यापति के पिता **गणपति ठाकुर** ओइनवार राज्य के

१—श्री बृजनन्दन सहाय वल्लभ, मैथिल कोकिल विद्यापति, द्वितीय संस्करण, भूमिका पृ० २४

२—सं० श्री रामवृक्ष बेनीपुरी विद्यापति-पदावली भूमिका, पृष्ठ ९

३—विद्यापति पदावली (प्रथम भाग) बिहार राष्ट्रभाषा परिषद, पृष्ठ १४-१६

राय गणेश्वर[१] के सभा पंडित थे। राय गणेश्वर लक्ष्मणाब्द २५२ में असलान (अर्सलान?) नामक एक मुसलमान आक्रामक द्वारा आक्रान्त हुए थे और छल से मारे गए थे। उनके निधनोपरान्त उनके पुर—परिवार और मिथिला की कारुणिक दशा का बड़ा ही हृदय विदारक वर्णन विद्यापति ने अपनी प्रसिद्ध कृति "कीर्तिलता" में किया है। राय गणेश्वर के स्वर्गवास के अनन्तर मिथिला के ओइनवार वंशी राज्य के तीनों अंगों (जिनके क्रमशः भोगीश्वर, कामेश्वर और भवेश्वर प्रतिनिधि थे) में विशृंखलता आ गई। उनके पारस्परिक सम्पर्क विच्छिन्न हो गए। मुसलमानी आक्रमण से प्रजा पर विपत्ति का पहाड़ टूट गया। आत्मरक्षा में प्रवृत्त प्रजा वर्ग धर्म-अधर्म का भेद भुला बैठा और सर्वत्र अत्याचार होने लगा। शासन सूत्र एक दम टूट सा गया। कालान्तर में भी ओइनवार वंश के तीनों विभक्त अंग पुनः संगठित न हो सके परन्तु उन्होंने मुक्त होने के प्रयत्न पृथक-पृथक रहकर ही जारी रखे। राय गणेश्वर के पुत्र वीरसिंह और कीर्तिसिंह अभी बालक थे पर ज्यों ही वे कुछ युवा हुए उन्होंने बदला लेने का निश्चय किया। इसी प्रयास में वे जोनापुर[२] के सुलतान इबराहिम साह[३] से मिलने गए और उनकी सहायता पाकर लगभग १३७२ ई० में

१—गणेश्वर (गएनेस या ज्ञानेश) श्री वसन्त कुमार चट्टोपाध्याय के विचार से 'गएनेस' अथवा 'गअनराय' शब्द गगनेश, गगनेश्वर अथवा गगनराय से प्रादुर्भूत हो सकता है, गनेश, या गनेश्वर से कदापि नहीं। (Journal of the deptt of letters, Calcutta University 1927) किन्तु म० म० डा० रमेश मिश्र ने इसे गणेश्वर का ही अपभ्रंश रूप माना है।

२—कीर्तिलता में जोनापुर का वर्णन विद्यापति ने इस प्रकार किया है—

पेक्खिअउ पट्टन चारु मेखल जओन नीर पखारिया।
पासान कुट्टिम भीति भीतर चूह उप्पर ढारिआ।

अर्थात् जोनापुर की मेखला को जओन (जमुना) नदी का पानी प्रक्षालित कर रहा था। कुछ लोगों ने जोनापुर को जौनपुर कहा है, वे जओन का अर्थ जौन या जो लेते हैं। अन्य लोग इसे यमुना का अपभ्रंश बताते हैं। यदि इसे ठीक माने तो जोनापुर को जौनपुर मानने में कठिनाई है क्योंकि वहाँ गोमती बहती है जमुना नहीं।

कीर्त्तिलता में 'जोनापुर' राज दरबार का जो वैभवपूर्ण वर्णन है, जहाँ तेलंगा, बंगा, चोल, कलिंगा सभी देशों के राजा आकर शीश नवाते थे, उस प्रकार का वैभव जौनपुर राज्य का संभवतः कभी नहीं रहा। इस दृष्टि से जो लोग जओन को यमुना का अपभ्रंश मानकर उसके नीर से प्रक्षालित शहर दिल्ली को जोनापुर मानते हैं वह कुछ उचित लग सकता है। वे लोग जोनापुर की उत्पत्ति—योगिनीपुर, यमुनापुर, जोगनपुर, जोअनपुर, जोनापुर मानते हैं।

३—इबराहिम साह के विषय में भी मतभेद है। कुछ लोग इसे जौनपुर की शर्की रियासत का बादशाह मानते हैं तो दूसरे इसे दिल्ली-सल्तनत के बादशाह फिरोजशाह तुगलक का कोई प्रधान सिपहसालार। किन्तु इसके वैभव का जो वर्णन कीतिलता में है वह न तो जौनपुर रियासत के बादशाह के लिए उचित जँचता है और न दिल्ली सल्तनत के सिपहसालार के लिए ही। वि० रा० भा० परिषद की पदावली के प्रथम भाग के सम्पादक 'इबराहिमसाह' के स्थान पर विशुद्ध पाठ 'इबराहिमसाहि' मानते हैं और इसे व्यक्ति विशेष न मानकर सम्प्रदाय विशेष की संज्ञा बताते हैं तथा घुमा फिराकर इसे फिरोजशाह तुगलक के लिए प्रयुक्त बताते हैं किन्तु यह मत भी निर्भ्रान्त नहीं लगता। वस्तुतः जोनापुर और इबराहिमशाह दोनों के विषय में तर्कयुक्त विवरण नहीं मिल पाया है।

अपने राज्य को मुक्त करा लिया। इसका बड़ा ही उत्साहपूर्ण वर्णन विद्यापति ने कीर्तिलता में किया है।

[कीर्तिलता में उल्लिखित जोनापुर एवं इबराहिम साह की भाँति ही एक अन्य पाठ को लेकर विद्यापति के कविव्यक्तित्व के विषय में भी कुछ विवाद उठ खड़े हुए हैं। कीर्तिलता के चतुर्थ पल्लव के अन्त में जो श्लोक है उसके अन्तिम चरण के पाठ—

"यावद्विश्वमिदन्च खेलतु कवेर्विद्यापतेर्भारती।"

की बंगाक्षरोंमें प्रतिलिपि करते समय नेपाल दरबार राजपुस्तकालय की मूलप्रति के इस पाठ के **"खेलतु कवे"** पद के स्थान पर भ्रमवश म० म० **हरप्रसाद शास्त्री** ने **"खेलन कवेः"** पाठ कर दिया। हिन्दी में भी डॉ० **बाबूराम सक्सेना** ने नागरी प्रचारिणी सभा से कीर्तिलता का जो संस्करण संपादित किया, उसमें हरप्रसाद शास्त्री का पाठ ही तद्वत रखा। इसलिए अधिकांश विद्वानों ने खेलन कवे पाठ के आधार पर विद्यापति का उपनाम "खेलन कवि" मान लिया और इस प्रकार "कीर्तिलता" को विद्यापति की प्रथम रचना मानने लगे। संप्रति नेपाल दरबार पुस्तकालय की उक्त प्रति प्राप्त नहीं है किन्तु स्व० चन्दा झा की लिखी कीर्तिलता की प्रति (जायसवाल इन्स्टीच्यूट पटना) तथा अनूप पुस्तकालय (बीकानेर) और रायल एसियाटिक सोसाइटी (बम्बई) में कीर्तिलता की जो प्राचीन प्रतियाँ सुरक्षित हैं उसमें भी 'खेलतु कवेः" पाठ है। अतः विद्यापति का उपनाम' खेलन कवि मानना भ्राँतिपूर्ण है। इसी तरह कुछ लोगों ने कीर्तिलता के आरंभ में कवि द्वारा कहे गए "बालचन्द विज्जावइ भाषा" पद के आधार पर "बालचन्द" को विद्यापति का उपमान मान कर उन्हें बालक कवि या नया कवि मान लिया है पर यह उपमान उन्होंने अपनी भाषा की निर्मलता के लिए दिया है, अपने लिए नहीं। कीर्तिलता की रचना इतनी प्रौढ़ और सुसंबद्ध है कि किसी नौसिखुए कवि की वैसी रचना हो नहीं सकती और न तो नया-नया कवि अपनी नई रचना के सम्बन्ध में ऐसी गर्वोक्ति ही कर सकता है। तथास्तु]

स्वतंत्र होने के लिए कुसुमेश्वर और उनके पुत्र रत्नेश्वर ने क्या किया इसका तो कोई विवरण उपलब्ध नहीं होता, किन्तु भवेश्वर के पुत्र देवसिंह अपने पुत्र शिवसिंह के साथ, कीर्तिसिंह और वीरसिंह के पहले ही, अपने राज्य को मुक्त कराने के प्रयत्न में दिल्ली दरबार गए थे। जब बादशाह से देवसिंह कोई आश्वासन न पा सके तो निराश होकर नैमिषारण्य में रहने लगे। शिवसिंह भी वहीं पास में सूनपीठ (सोनीपत) में रहने लगे। शिवसिंह की खोज में विद्यापति भी वहाँ पहुँच गए। वहीं पर 'नैमिषारण्य' में देवसिंह की आज्ञा से उन्होंने "भू-परिक्रमा" नामक पुस्तक लिखी। यही "भू-परिक्रमा" उनकी प्रथम रचना कही जा सकती है।

१.६ जीवन एवं विविध प्रसङ्ग

फिरोजशाह तुगलक के अन्तिम दिनों में पूरे उत्तर भारत में अराजकता फैलने लगी। देशी राजे-महराजे पुनः स्वतन्त्र होने लगे। अवसर का लाभ उठाते हुए शिवसिंह ने भी अपने को स्वतन्त्र कर लिया और अपने राज्य का देय कर दिल्ली को देना बन्द कर

दिया। किन्तु १३८८ ई० में जब गयासुद्दीन तुगलक[1] राजा हुआ तो उसने शिवसिंह को दिल्ली दरबार में बुलवा लिया तथा उन्हें दरबारी प्रतिबन्धों में वहीं दरबार में रहने की आज्ञा दी। विद्यापति भी शिवसिंह के साथ गए थे। इसी अवसर पर उन्होंने वह पद लिखा था जिसमें गयासुद्दीन के चिरंजीवी होने की कामना की गई है। यह पद "रागतरंगिणी" में संकलित है। सम्भवतः विद्यापति कुछ दिनों उपरान्त मिथिला पुनः लौट आए किन्तु शिवसिंह न आ सके। अतः शिवसिंह के पिता देवसिंह ने शिवसिंह को छुड़ाने का कार्य विद्यापति को सौंपा। विद्यापति जब पुनः दिल्ली गए तब दिल्ली पर नसरतशाह–नसीरुद्दीन महमूद–शासन कर रहा था। विद्यापति ने उसके समक्ष अपने को दिव्य द्रष्टा कवि के रूप में उपस्थित किया और शिवसिंह को मुक्त करने की प्रार्थना की। इसी प्रसंग में उन्होंने अपने उस प्रसिद्ध पद का गायन शाह के समक्ष किया था जिसमें सद्यःस्नाता युवती की रूप-राशि का वर्णन है[2]। किंवदन्ती है कि शाह ने जब और अधिक परीक्षा लेनी चाही तो इन्हें सन्दूक में बन्द कर कुएँ में लटका दिया गया तथा ऊपर हो रहे कार्य का कविता में वर्णन करने को कहा गया। ऊपर एक युवती फूँक-फूँक कर आग सुलगा रही थी। विद्यापति ने बिना देखे ही उसका यथातथ्य वर्णन कर दिया[3]। बादशाह उनकी दिव्य दृष्टि से अत्यन्त प्रभावित हुआ तथा शिवसिंह को उसने बन्धन मुक्तकर दिया। उसने विद्यापति को "कविशेखर" की उपाधि से भी विभूषित किया। नसरत शाह के इस सहृदय व्यवहार से विद्यापति भी प्रभावित हुए थे इसलिए उन्होंने कई पदों में नसरत शाह का नाम आदरपूर्वक लिया है।

विद्यापति शिवसिंह सहित मिथिला लौट आए। किन्तु कुछ ही दिनों पश्चात् १३९८ ई० में दिल्ली पर तैमूर लंग का आक्रमण हुआ और तुगलक साम्राज्य छिन्न-भिन्न होने लगा। छोटे-छोटे सुलतान और रियासतों के राजे स्वतंत्र होने लगे, साथ ही शक्ति की स्पर्धावश वे एक दूसरे को विजित करने के ध्येय से परस्पर आक्रमण-प्रत्याक्रमण भी करने लगे। शिवसिंह पर भी मुसलमान सुलतानों के कई आक्रमण हुए। अन्तिम आक्रमण १४०६ ई० में जौनपुर की सेना द्वारा गयासबेग के नेतृत्व में हुआ। यह अत्यन्त भयानक था। शिवसिंह ने संकट की स्थिति को देखते हुए अपने परिवार के सदस्यों को विद्यापति के अभिभावकत्त्व में नेपाल की तराई में स्थित अपने मित्र राजा पुरादित्य, रजाबनौली के पास भेज दिया और स्वयं पूरी शक्ति से समर में जूझ गए, किन्तु इस भयानक आक्रमण को रोकने में असफल रहे। युद्ध में उनका क्या हुआ कुछ स्पष्ट ज्ञात नहीं परन्तु पुनः कभी उनका कोई पता नहीं चल सका।

१—श्री विमान विहारी मजुमदार ने इसे बंगाल का सुलतान गियासुद्दीन आजमशाह माना है पर परिस्थितियों को देखते हुए उनका यह अनुमान असंगत प्रतीत होता है।

२—कामिनि करए सनाने
हेरतहि हृदय हनए पँचवाने। आदि

३— साजनि निहुरि फुँकू आगि।
तोहर कमल भ्रमर मोर देखल
मदन उठल जागि। आदि

विद्यापति पुरादित्य के यहाँ बरसों रहे। उनकी आज्ञा से उन्होंने चिट्ठी-पत्री लिखने का ढंग बताने वाली पुस्तक **'लिखनावली'** लिखी। लिखनावली के कुछ पृष्ठों पर ल० सं० २९९ सुदि १५ **कुजेरजाबनौलो ग्रामे विद्यापतिर्लिपिरियमिति'** अंकित है अतः यह ईस्वी सन् १४०८ में लिखी गई होगी; ऐसा अनुमान किया जा सकता है। यहीं रहकर विद्यापति ने श्रीमद्भागवत् की प्रतिलिपि भी स्वयं की थी जिसके अंतिम पृष्ठों में उसका प्रतिलिपि-काल ल० सं० ३०९ अंकित है अर्थात् जो सन् १४१८ में तैयार हुई होगी। इस प्रकार विद्यापति लगभग १२ वर्षों तक पुरादित्य के आश्रय में राजबनौली में रहे। फिर भी पुरादित्य के यहाँ कवि का जीवन सुखमय नहीं था जो 'लिखनावली' जैसी साधारण पुस्तक की रचना और श्रीमद्भागवत की प्रतिलिपि करने से ज्ञात होता है। इसके अतिरिक्त कवि ने अपने कई पदों में भी उस समय की अपनी दुःखद स्थिति का वर्णन किया है।

शिवसिंह विद्यापति के आश्रयदाता राजा ही नहीं थे अपितु उनके बाल्यावस्था से ही अत्यन्त प्रिय-सहचर थे। उनके अन्तर्हित होने से उनके परिवार को जो कष्ट हुआ उससे कम कष्ट विद्यापति को नहीं हुआ। शिवसिंह के प्रति विद्यापति के अगाध अनुराग का पता इसी बात से चल जाता है कि विद्यापति के अधिकांश पदों में शिवसिंह का नाम आदर के साथ लिया गया है। शिवसिंह के अन्तर्हित होने पर उनकी रानी लखिमा देवी ने नेपाल की तराई के प्रवास-काल में वहीं से मिथिला के लड़खड़ाते शासन-सूत्र को सँभाला। विद्यापति ने उनकी हर संभव सहायता की। लखिमा देवी के प्रति भी विद्यापति के मन में आदरपूर्ण अनुराग था। शिवसिंह के साथ-साथ उनके पदों में लखिमा देवी का नाम भी बड़े सम्मान के साथ लिया गया है। विद्यापति अपने विरह-पदों में प्रायः शिवसिंह के लौट आने का विश्वास दिलाते हुए; लखिमा देवी जैसी विरहिणी को को धीरज बँधाते हुए; दिखाई पड़ते हैं।[1]

यद्यपि लखिमा देवी नेपाल की तराई से ही पति के नाम पर मिथिला का शासन चलाती रहीं किन्तु शासन में पुनः सुव्यवस्था न आ पाई। कुछ वर्षों बाद जौनपुर सल्तनत की ओर से इस पूर्वांचल के सूबेदार वैद्यनाथ बैजलदेव नियुक्त हुए। वे चौहान राजपूत थे अतः हिन्दू रियासतों का हौसला कुछ बढ़ा। मिथिला राज्य का भी एक प्रतिनिधि-मण्डल (जिसमें विद्यापति भी थे) पटने में बैजलदेव से मिला और उनसे मिथिला राज्य को पुनः अधिकाधिक स्वतंत्रता प्रदान करने की प्रार्थना की। परिस्थितियों को देखते हुए उदारमना

१--बंगाल के सहजिया संप्रदाय में, चण्डीदास और रामी की भाँति ही विद्यापति और लखिमा देवी की जनश्रुति प्रचलित है परन्तु वह नितान्त भ्रामक है। वस्तुतः इस संप्रदाय के लोगों ने अपने संप्रदाय के "किशोरी-भजन-व्यापार" को उचित ठहराने के लिए जयदेव, चण्डीदास, विद्यापति आदि महाकवियों के साथ किसी न किसी युवती नारी को प्रकृति के रूप में संयोजित करने की चेष्टा की है। उनका कोई यथार्थ आधार नहीं है।

इसी प्रकार इस संप्रदाय में प्रचलित यह प्रवाद कि "विद्यापति चण्डीदास से मिलने बंगाल आए थे और उनके वार्तालाप से इतने प्रभावित हुए कि फिर बंगाल में ही रहकर पद-रचना करने लगे।" भी तथ्यहीन और भ्रामक है।

बैजलदेव ने मिथिला राज्य को पुनः ओइनवारवंशी राजाओं को देना स्वीकार कर लिया। विद्यापति उनके उदार व्यवहार से बहुत प्रभावित हुए। उन्होंने अपने कुछ पदों में बैजलदेव का नाम उनकी धर्मपत्नी चन्दलदेवी के साथ आदरपूर्वक लिया है।[1]

जब शिवसिंह के अन्तर्हित हुए १२ वर्ष बीत गए फिर भी उनका कोई पता न चला तो महारानी लखिमादेवी शास्त्रविधि के अनुसार उनका कुश का पुतला बनाकर उसके साथ सती हो गईं। इसप्रकार विद्यापति की अनन्य हितैषिणी महारानी भी स्वर्ग सिधार गईं। वस्तुतः इस कारुणिक दृश्य का विद्यापति पर बड़ा ही अवसादपूर्ण प्रभाव पड़ा। इसके अनन्तर उनका हास-विलास पूर्ण जीवन लगभग समाप्त सा हो गया। श्री विमान विहारी मजुमदार ने अपनी 'विद्यापतिर पदावली' संग्रह में विद्यापति के पदों को काल-क्रम से सजाने का प्रयत्न किया है। इस अध्यवसाय के अनन्तर जो विकासात्मक स्वरूप उन्हें उपलब्ध हुआ है उसके अनुसार उनका कथन है कि 'वस्तुतः शिवसिंह के अन्तर्हित होने के अनन्तर विद्यापति के भाव एवं भाषा में आमूल परिवर्तन आ गया। शिवसिंह की राजसभा के वातावरण में विद्यापति एक शृंगार के कवि थे। यहाँ तक कि इस काल में लिखे गए राधाकृष्ण नाम युक्तपद भी यथार्थतः (लौकिक) शृंगार रस प्रधान ही हैं। किन्तु अन्ततः दस वर्षों तक राजबनौली में अपेक्षाकृत दारिद्र्य और विपत्ति झेलते रहने और हाथ से श्रीमद्भागवत की प्रतिलिपि प्रस्तुत करते समय उनके मन में ऐसा परिवर्तन आया जिसके परिणाम स्वरूप उनके पदों का भाव और भाषा सभी कुछ रूपान्तरित हो गया।'[2] इसी प्रकार कुछ लोगों का विचार है कि शिवसिंह के अन्तर्हित होने के अनन्तर कवि ने पहले की तरह संयोग-शृंगार के हास-विलास पूर्ण पद पुनः नहीं लिखे। उनके पश्चात्-कालीन पदों में विरह के व्यथापूर्ण दृश्य ही अधिक अंकित हुए हैं। किन्तु ये दोनों ही मत अतिवादपूर्ण हैं। वस्तुतः विद्यापति के पदों में आरंभ से अन्त तक संयोग-वियोग के, सुख-दुःखपूर्ण धूप-छाहीं दृश्यों का मेल मिलता है। शिवसिंह के काल के पूर्व देवसिंह, हरिसिंह आदि के नामों से युक्त पदों में तथा शिवसिंह के नामवाले कई पदों में भी वेदनाकातर विवरण मिलते हैं तथा शिवसिंह के पश्चात्कालीन राजा पद्म सिंह, भैरव सिंह, एवं राघव सिंह के नाम वाले कई पदों में भी सुख-विलासमय वर्णन मिलते हैं।

महारानी लखिमादेवी के अनन्तर महाराज देवसिंह के सबसे कनिष्ठ पुत्र पद्मसिंह मिथिला की गद्दी पर बैठे। पहली राजधानी गजरथपुर के उजड़ जाने के कारण तथा अन्य सुरक्षात्मक प्रयोजनों का ध्यान रखते हुए इन्होंने अपनी राजधानी मिथिला के उत्तरी

१—चन्दल देवपति [वैद्यनाथ गति चरन सरन मोहि देवा] एवं [भनइ विद्यापति अभिमत सेवा। चन्दल देव पति बैजलदेवा।]

२—विद्यापति शिवसिंहेर राजसभार आबहवाय सत्यइ शृंगाररसेर कवि छिलेन। एइ समयेर लेखा राधाकृष्ण नामयुक्त पदओ प्रकृतपक्षे शृंगार रसेर कविता। किन्तु अन्ततः दश वत्सर काल (लिखनावलीर रचना २९९ लं० सं० होइते भागवतेर लिपिकाल ३०९ लं० सं०) राजबनौलीते अपेक्षाकृत दारिद्र्येर ओ विपदेर मध्ये वास ओ स्वहस्ते श्रीमद्भागवतेर प्रतिलिपि प्रस्तुत करार समय तांहार मनेर मध्ये एमन एकटि परिवर्तन आसियाछिल याहार फले ताहार पदेर भाव ओ भाषा अनेकटा रुपान्तरित होइयाछिल।—विद्यापतिर पदावली, भूमिका पृ० ११८।

अंचल में नेपाल की तराई के निकट स्थापित की। पद्मसिंह अधिक दिनों तक जीवित नहीं रहे। एक वर्ष बाद ही उनकी मृत्यु हो गई। उनके पश्चात् उनकी धर्मपत्नी विश्वास देवी ने शासन सूत्र सँभाला। वे अत्यन्त धर्म-परायणा और प्रजा की हितैषिणी थीं। विद्यापति ने उनके आदेश से **'शैवसर्वस्वसार'** और **'गंगावाक्यावली'** जैसी दो धार्मिक कृतियाँ रचीं। विश्वास देवी ने लगभग १२ वर्षों तक राज्य किया। उनके बाद चूँकि उनकी अपनी कोई सन्तान नहीं थी अतः पद्म सिंह के चचेरे भाई **नरसिंह दर्पनारायण** गद्दी पर बैठे। इनके अनुरोध पर विद्यापति ने **'विभागसार'** नामक ग्रंथ लिखा। महाराज नरसिंह की दो रानियाँ थीं–**धीरमति देवी** और **हीरा देवी**। महारानी धीरमति देवी के आदेश से विद्यापति ने **'दानवाक्यावली'** लिखी। महाराज नरसिंह के निधनोपरान्त महारानी धीरमति के चार पुत्र–**हृदयनारायण धीरसिंह, हरिनारायण भैरव सिंह, दुर्लभ नारायण राज सिंह** और **कुमार धुराइ**; तथा महारानी हीरा देवी के पुत्र **रूपनारायण चन्द सिंह**, एक साथ ही शासक बने। विद्यापति कृत **'दुर्गाभक्तितरंगिणी'** और म० म० रुचि-शर्मा कृत **'प्रबोध–चन्द्रोदय'** की टीका से जान पड़ता है कि ये सभी एक समय में एक साथ ही शासन करते थे। विद्यापति की कृतियों में इन राजाओं के बाद के किसी व्यक्ति का नाम नहीं मिलता इससे ऐसा प्रतीत होता है कि विद्यापति का रचना-काल इन्हीं नरेशों के काल तक समाप्त हो जाता है।

उपर्युक्त विवेचन से स्पष्ट होता है कि विद्यापति ओइनवारवंशीय राजाओं के परस्पर तीन भागों में विभक्त हो जाने पर भी सर्वत्र समान रूप से आदृत थे तथा राय भोगीश्वर से लेकर भैरव सिंह और राघव सिंह तक के राज्य-काल के सुदीर्घ काल तक जीवित थे।

१.७ स्वर्गवास

विद्यापति के स्वर्गवास–समय के विषय में कोई निश्चित तिथि नहीं मिलती। स्वर्गीय नगेन्द्रनाथ गुप्त ने मिथिला लोक कण्ठ से एक पद संकलित किया था जिसकी दो पंक्तियाँ इस संबंध में उल्लेख्य हैं:—

सपन देखल हम शिवसिंह भूप।
बतिस बरिस पर सामर रूप।

इस पद में विद्यापति कहते हैं कि 'बत्तीस वर्ष बाद मैंने शिवसिंह की श्यामल मूर्ति स्वप्न में देखी'। **डा० उमेश मिश्र** ने शास्त्रीय स्वप्न-फल के अनुसार विचार व्यक्त किया है कि मृत व्यक्ति को स्वप्न में देखने वाले व्यक्ति की भी मृत्यु होती है अतः जिस वर्ष विद्यापति ने शिवसिंह को स्वप्न में देखा उसी वर्ष उनकी मृत्यु हुई होगी। महारानी लखिमा देवी सन् १४१८ में सती हुई थीं यदि इसके ३२ वर्ष पश्चात् विद्यापति ने स्वप्न देखा और उसी वर्ष उनकी मृत्यु हुई तो उनकी मृत्यु तिथि १४५० ई० में पड़ेगी।

किन्तु उक्त स्वप्न-फल को वैज्ञानिक आधार पर पूर्णतः सत्य सिद्ध नहीं किया जा सकता। हाँ, इस पद से यह अवश्य प्रमाणित होता है वे ३२ वर्ष बाद (सन् १४५०)

तक जीवित थे। डॉ० सुकुमार सेन ने अपने ग्रंथ 'विद्यापति गोष्ठी' में नेपाल दरबार पुस्तकालय में सुरक्षित 'ब्राह्मण-सर्वस्व' की उस पाण्डुलिपि की ओर संकेत किया है जिसमें लिपि काल ल० सं० ३४१ दिया हुआ है और जो विदयापति के शिष्य श्री रूपधर-लिखित बतलाई गई है। इसके पाठ में; जो इस प्रकार है–

"ल० सं० ३४१ मुड़ियारग्रामे सुप्रसिद्धदुपाध्याय निजकुलकुमुदिनीचन्द्रवादिम चेभसिंह परम सच्चरित्र पवित्र श्री विद्यापतिमहाशयेभ्यः पठिता छात्र श्रीरूपधरेण लिखितमदः पुस्तकम्।

"पक्षे सितेऽसौ शशिवेदराम युक्ते नवम्यां नृपलक्ष्मणाब्दे।
श्री पूर्व्व सोमेश्वर सद्द्विजेन पुस्ती विशुद्धा लिखिता च भाद्रे॥"[१]

इस पुष्पिका में विद्यापति के नाम के पूर्व 'श्री' शब्द का प्रयोग किया गया है। इस पर श्री विमानविहारी मजुमदार का कथन है कि "प्राचीन काले केवल मात्र जीवित व्यक्तिर नामेर सहित श्री शब्द योग करा होइत। सेइजन्य १४६० खृष्टाब्दे विद्यापति जीवित छिलेन प्रमानित होइतेछे। 'अर्थात्' प्राचीन काल में केवल जीवित व्यक्ति के नाम के साथ ही 'श्री' शब्द का योग किया जाता था। अतः १४६० ई० में विद्यापति जीवित थे यह प्रमाणित होता है।'[२] किन्तु चूँकि ठीक-ठीक गणना के अनुसार ३४१ ल० सं० ईस्वी सन् १४५० में पड़ता है अतः विद्यापति के १४५० ई० तक ही जीने की बात ठीक बैठती है। श्रीरूपधर की पुष्पिका में उल्लिखित 'मुड़यार' गाँव को बिहार राष्ट्रभाषा परिषद की 'विद्यापति पदावली' के संपादकों ने यथार्थतः 'बड़ुआर' गाँव बताया है जो महाराज भैरव सिंह की राजधानी था और जहाँ विद्यापति ने बहुत दिन तक निवास भी किया था।

उपर्युक्त तथ्यों के आधार पर कहा जा सकता है कि विद्यापति ईस्वी सन् १४५० में जीवित थे और उसी वर्ष या उसके कुछ दिन बाद उनका स्वर्गवास हुआ। स्वर्गीय नगेन्द्रनाथ गुप्त एवं सर ग्रियर्सन द्वारा संकलित कुछ पदों से ज्ञात होता है कि उनका स्वर्गवास कार्तिक शुक्ल त्रयोदशी[३] को मऊबाजितपुर (विद्यापति नगर) के पास गंगा के पवित्र तट पर हुआ। मिथिला में जनश्रुति प्रचलित है कि जब अत्यन्त अस्वस्थता के कारण विद्यापति भागीरथी के तट तक न पहुँच सके तो उन्होंने माँ गंगा की विनती में

१—(क) डा० सुकुमार सेन ने अपनी पुस्तक में उक्त अंश का जो पाठ दिया है उसमें सच्चरित्र के आगे "परम" विशेषण नहीं है तथा "पठिता" के स्थान पर "पठता" छपा है। जो नेपाल दरबार की मूल प्रति से मेल नहीं खाता। श्री विमान विहारी मजुमदार का विचार है कि सुकुमार बाबू ने वस्तुतः अपना पाठ नेपाल की मूल प्रति से न लेकर म० म० हरप्रसाद शास्त्री द्वारा १९०५ में प्रकाशित Catalogue of palm leaf manuscript in Nepal Darbar. Page 48. से लिया है, जहाँ ठीक इसी प्रकार का पाठ प्रकाशित है।

२—विद्यापतिर पदावली, पृष्ठ–५६

३—विद्यापतिक आयु अवसान। कातिक धवल त्रयोदशी जान।

पद गाए। उनकी पुकार पर माँ गंगा उनके समीप तक स्वयं बढ़ आईं थीं। इस प्रकार सुदीर्घ जीवन जीकर कवि ने माँ गंगा की गोद में विश्राम किया।

१.८ रचनाएँ

विद्यापति का संबंध राजदरबार से अत्यन्त घनिष्ठ था अतः उनकी प्रतिभा पर राजदरबार एवं विभिन्न राजाओं का प्रभूत प्रभाव पड़ा है। कई रचनाएँ तो विभिन्न राजा–रानियों के निर्देश से ही उन्होंने रची हैं किन्तु कुछ उन्होंने अपनी अभिरुचि के अनुसर ही सर्जित की हैं। जो रचनाएँ उन्होंने स्वतः अपनी अभिरुचि से की हैं उन पर भी राजा और राजदरबार की छाप दिखलाई पड़ जाती है क्योंकि प्रायः सहृदय सुशील व्यक्तियों का यशोगान विद्यापति समय-समय पर करते रहे हैं। विद्यापति की एक और बड़ी विशेषता यह थी कि उनके संपर्क में जो भी महान व्यक्ति आया; चाहे वह राजा था अथवा मंत्री; विद्वान या साधारण पुरुष, जिसमें भी कुछ विशिष्टता दिखाई पड़ी विद्यापति ने अपनी रचनाओं में कहीं-न-कहीं उसका नाम अवश्य लिया है। जो व्यक्ति उनके जितना ही समीप रहा उसका नामोल्लेख उन्होंने उतना अधिक बार किया है। विद्यापति की प्राप्त विभिन्न रचनाएँ निम्नलिखित हैं:—

१—**भूपरिक्रमा** (संस्कृत) महाराज देवसिंह की आज्ञा से रचित।

२—**कीर्तिलता** (अवहट्ठ) महाराज कीर्ति सिंह का यशोवर्णन करने वाली कृति।

३—**कीर्तिपताका** (अवहट्ठ) महाराज शिवसिंह का यशोवर्णन करने वाली कृति।

४—**गोरक्ष-विजय** (एकांकी नाटक, इसके कथोपकथन संस्कृत एवं प्राकृत में तथा गीत मैथिली में हैं) श्री महाराज शिवसिंह की आज्ञा से।

५—**पुरुष-परीक्षा** (संस्कृत) नीति ग्रंथ, महाराज शिवसिंह की आज्ञा से।

६—**लिखनावली** (संस्कृत) राजबनौली के राजा पुरादित्य की आज्ञा से।

७—**शैवसर्वस्वसार** (संस्कृत) महाराज पद्मसिंह की रानी विश्वास देवी की आज्ञा से।

८—**शैवसर्वस्वसार-प्रमाणभूत-पुराण-संग्रह** (संस्कृत) उपर्युक्त ग्रन्थ के लिए संकलित शिवार्चनात्मक प्रमाणों का संग्रह ग्रंथ।

९—**गंगावाक्यावली** (संस्कृत) रानी विश्वासदेवी की आज्ञा से।

१०—**विभागसार** (संस्कृत) महाराज नरसिंह दर्पनारायण की आज्ञा से।

११—**दानवाक्यावली** (संस्कृत) महाराज नरसिंह दर्पनारायण की रानी धीरमति की आज्ञा से।

१२—**दुर्गाभक्तितरंगिणी** (संस्कृत) महाराज भैरव सिंह की आज्ञा से।

१३—**गयापत्तलक** (संस्कृत) साधारण जनता के लिए गया श्राद्ध संबंधी पुस्तक।

१४—**वर्षकृत्य** (संस्कृत) संभवतः चन्द्रसिंह रूपनारायण के शासन काल में लिखी गई पुस्तक।

१५ **मणिमञ्जरी** (संस्कृत) नाटिका, संभवतः कवि की अपनी इच्छा से लिखित। और

१६—**पदावली** (मैथिल)

'पदावली' कवि की स्वत: स्फूर्त रचना है। यह किसी की आज्ञा से अथवा किसी को प्रसन्न करने के अभिप्राय से नहीं रची गई है अपितु कवि का मन जब-जब जहाँ-जहाँ रीझा है उसकी अभिव्यक्ति उसने अपनी सुललित देसिल बअना में की है। विद्यापति के जीवन में जितने भी ऐसे विशिष्ट व्यक्ति आए जो अपने व्यक्तित्व के कारण उन्हें प्रभावित कर सके उनका नामोल्लेख भी पदावली के पदों में यत्र-तत्र मिलता है। इस प्रकार के व्यक्ति अधिकतर तो ओइनवारवंशीय राजा-रानी अथवा राजकुमार ही थे। यथा-राय भोगीश्वर, गअनेस (गणेश्वर) देवसिंह, हरिसिंह, गुणीश्वर, राय दामोदर, महाराज रुद्रसिंह, राय अर्जुन, महाराज शिवसिंह, महारानी लखिमा देवी, पद्मसिंह, अमर सिंह, राघव सिंह। इनके अतिरिक्त इन राजाओं के कुछ विशिष्ट मंत्रियों के नामों का भी उल्लेख पदावली में मिलता है यथा-मंत्री महेश्वर, रतिधर, अच्युत और अमृतकर (अमियकर)। इसी प्रकार दो मुसलमान शासकों गयासुद्दीन और नसरतशाह तथा एक हिन्दू सूबेदार चन्दल देवी के प्रति बैजलदेव का नाम भी विद्यापति ने अपने पदों में आदर के साथ लिया है। परन्तु विद्यापति के पदों की भणिता में सर्वाधिक बार उनके परम सुहृद् और पालक महाराज शिवसिंह का नाम मिलता है। शिवसिंह से कवि का सानिध्य इतना अधिक था कि श्री नगेन्द्रनाथ गुप्त ने तो अपनी पदावली के संकलन में बहुत से उन पदों की भणिता में, जिनमें केवल 'विद्यापतीत्यादि' लिखा मिलता है, 'राजा शिवसिंह रूपनारायन लखिमा देइ रमाने' की कितनी भणिताएँ स्वयं रचकर पूरी कर दी हैं, अथवा जहाँ कोई स्पष्ट भणिता नहीं थी वहाँ भी शिवसिंह के नाम से समन्वित भणिता लगा दी है। परन्तु इसप्रकार के भावुकता पूर्ण नामांकनों को छोड़ भी दें तो भी विद्यापति के लगभग २०२ प्रामाणिक पदों में 'शिवसिंह के नाम का उल्लेख मिलता है। उनके पदों में शिवसिंह के बाद महारानी लखिमा देवी का नाम ही सर्वाधिक बार प्रयुक्त है।

१.६ विद्यापति की उपाधियाँ एवं अन्य उपनाम

'विद्यापति पदावली' का विश्लेषण करने से स्पष्ट होता है कि वे अपने जीवन काल में ही इतनी अधिक ख्याति प्राप्त कर चुके थे कि उनके पदों का गान पूर्वोत्तर भारत में दूर-दूर तक होने लगा था। काल की गति के साथ उनकी लोकप्रियता बढ़ती गई। एक ओर श्रद्धा एवं भावुकता वश कितने ही अन्य लोगों ने अपने पदों को भी विद्यापति के नाम पर चला दिया तो दूसरी ओर विद्यापति के कितने ही पद संकलकों ने अन्यान्य कवियों की भणिता से युक्त पदों को भी, यह कहकर कि विद्यापति कई छद्म नामों से कविता करते थे, विद्यापति के पद के रूप में चला दिया। इस प्रकार विद्यापति के पदों के नीर-क्षीर विवेक का कार्य अत्यन्त कठिन हो गया है। फिर भी विद्वान संग्रह-कर्ताओं ने विद्यापति के यथार्थ पदों को ठोस आधार पर प्रस्तुत करने की चेष्टा की है। विद्यापति पदावली के जो प्राचीन संग्रह अब तक उपलब्ध हुए हैं-नेपाल राज दरबार पुस्तकालय की प्रति, रामभद्रपुर की पोथी, तरौनी की पोथी, रागतरंगिणी, तथा कुछ अपेक्षाकृत आधुनिक संग्रह ग्रंथ यथा-पदामृतसमुद्र, क्षणदागीत चिन्तामणि, पदकल्पतरु, कीर्तनानन्द और

संकीर्तनामृत; एवं सर ग्रियर्सन, श्री नगेन्द्रनाथ गुप्त, रामवृक्ष बेनीपुरी, श्री अमूल्यचरण विद्याभूषण, श्रीखगेन्द्र नाथ मित्र, श्रीविमानविहारी मजुमदार तथा विहार राष्ट्र भाषा परिषद के विद्वान संग्रहकर्ताओं द्वारा मिथिला लोककण्ठ से संकलित प्रामाणिक मान्य पद,—उनके आधार पर ऐसा स्पष्ट प्रतीत होता है कि विद्यापति ने अनेक नामों से तो कविता नहीं की थी किन्तु अपने किसी-किसी पद में उन्होंने अपने नाम के साथ अपनी उपाधियों अथवा उपनामों का भी उल्लेख किया है। कुछेक पद ऐसे भी हैं जहाँ कवि का नाम न होकर उपाधि अथवा उपनाम का ही उल्लेख हुआ है। गेय-पदों के संगठनात्मक स्वरूप को देखते हुए यह माना जा सकता है कि जहाँ कहीं नाम देना ठीक नहीं बैठ पाया होगा वहाँ केवल उपाधि का उल्लेख कवि ने कर दिया होगा। इस प्रकार ऐसे उपाधियुक्त पदों को भी विद्यापति के पद माना जा सकता है।

विद्यापति की उपाधियाँ अथवा उपनामों के बारे में भी अधिक दिनों तक भ्रांति फैली रही। प्रारंभ में अधिकतर लोगों ने शेखर, 'नवकविशेखर' 'कविरञ्जन', 'चम्पति', 'भूपतिसिंह, अमियकर, पञ्चानन, धैरयपति, जशोधर, आतम, रुद्रधर, लखिमिनाथ, भानु, कंसनारायन, रतन, सिरिधर, विष्णुपुरी और पृथ्वीचन्द आदि नामों को भी विद्यापति की उपाधि या उपनाम मानकर उनके नामों से युक्त भणिता वाले पदों को भी विद्यापति कृत मान लिया था किन्तु वस्तुतः इनमें से अधिकांश कवियों का अपना अलग-अलग स्वतंत्र अस्तित्व रहा है।

१—विद्यापति की कुछ उपाधियाँ अवश्य थीं, जिनमें से एक उपाधि **'कविकंठहार'** थी। रामभद्रपुर की पोथी और तालपत्र की तरौनी वाली पोथी के कुछेक पदों में 'भनइ विद्यापति कवि कंठहार' मिलता है किन्तु बहुत से पद ऐसे हैं, जहाँ नाम और उपाधि दोनों साथ-साथ प्रयुक्त नहीं है। यथा—कहीं केवल 'कविकंठहार' है; कहीं 'सरसकवि कंठहार' है तो कहीं केवल 'कंठहार' की ही भणिता मिलती है। अतः इनसे युक्त भणितावाले पदों को भी विद्यापतिकृत स्वीकार किया जाता है।

२—विसफी के दानपत्र से ज्ञात होता है कि विद्यापति का एक विरुद **'अभिनव जयदेव'** था। अतः 'अभिनव जयदेव' तथा 'नव जयदेव' की भणिता वाले पद भी विद्यापति कृत कहे जा सकते हैं। किन्तु केवल 'जयदेव' भणिता वाले पद विद्यापति कृत नहीं हैं।

३—कुछ पदों के **'सरस कवि विद्यापति'** अथवा **'सरस'** मात्र भणिता के पद भी विद्यापति कृत माने जा सकते हैं।

४—नसरत शाह ने विद्यापति को 'कविशेखर' की उपाधि प्रदान की थी। इस आधार पर कुछ विद्वानों ने 'कविशेखर' की भणिता वाले पदों को भी विद्यापति कृत माना है। रागतरङ्गिणी में प्राप्त 'कविशेखर' भणिता युक्त एक पद को जिसे मजुमदार महाशय ने विद्यापति के अन्य पदों के साथ न रखकर परिशिष्ट में रखा है वस्तुतः विद्यापति के पदों के साथ ही रखना चाहिए। राष्ट्रभाषा परिषद की पदावली में उसे विद्यापति कृत स्वीकार किया गया है।

२. विद्यापति-पदावली

मैथिल-कोकिल विद्यापति के रसस्निग्ध पदों की काकली उनके जीवन काल में ही मिथिलाञ्चल के साथ-साथ उसके निकटवर्ती अन्य प्रदेशों में दूर-दूर तक गुंजायमान हो गई थी। इस प्रकार का सौभाग्य बहुत कम कवियों को मिलता है कि उनके समक्ष ही उनकी कविताश्री की आभा सर्वत्र प्रज्वलित हो जाय। विद्यापति को यह सौभाग्य जीवन-काल में ही प्राप्त हुआ और अब तक उसमें उत्तरोत्तर अभिवृद्धि होती जा रही है। परन्तु इतना अधिक प्रचार-प्रसार होते हुए भी विद्यापति के समग्र पदों का कोई प्रामाणिक प्राचीन संग्रह उपलब्ध नहीं होता। छिट-पुट रूप में जो आंशिक संग्रह ग्रंथ मिले भी हैं वे भी विद्यापति के जीवन-काल में संग्रहीत नहीं हैं अपितु पश्चात्कालीन हैं। साथ ही विभिन्न स्थानों पर प्राप्त विभिन्न संग्रहों के पदों में भी संख्यागत वैभिन्य तो है ही साथ ही साथ पदों के स्वरूप में (भाव एवं भाषा विषयक) भी पर्याप्त अन्तर है। जो गीत दो या दो से अधिक संग्रहों में मिलते हैं उनमें भी पूर्ण समानता नहीं मिलती। पद-पंक्तियों की संख्या में, शाब्दिक-गठन आदि में भी परस्पर विभेद पाया जाता है। इन सब तथ्यों से जान पड़ता है कि विद्यापति के पद अधिक समय तक लोक कण्ठ में ही झूमते रहे, उनके संकलन का कार्य बाद में हुआ; अतः संकलन-कर्त्ताओं ने अपने-अपने अञ्चल में विद्यापति के गेय पदों के प्रचलित स्वरूप को ही संकलित किया है। लोक-कण्ठ में स्थान, काल, और पात्र के अनुकूल गेय पदों में यत्र-तत्र परिवर्तन-परिवर्धन हो जाना स्वाभाविक ही है।

विद्यापति के पदों की अत्यधिक ख्याति का एक परिणाम यह भी हुआ कि अन्य अधकचरे कवियों ने भी अपने पदों में विद्यापति की भणिता जोड़कर उन्हें विद्यापति के नाम पर चला दिया। इसप्रकार अनेक गुणहीन पद भी विद्यापति के पदों में आ मिले। अतः विद्यापति के यथार्थ पदों को एवं उनके यथार्थ स्वरूप को उद्घाटित करने का कार्य और भी दुरूह हो गया। विद्यापति के पदों के प्रमुख संकलन कर्त्ता स्वर्गीय नगेन्द्रनाथ गुप्त ने इस कठिनाई का अनुभव किया था। उन्होंने अपनी पदावली की भूमिका में स्पष्ट लिखा है—

"पदनिर्वाचन में किसी संकलनकार ने किसीप्रकार की विश्लेषण-शक्ति का परिचय नहीं दिया है। भणिता रहने पर विद्यापति का (मान लिया) न रहने पर नहीं। विद्यापति के नाम से युक्त पद कवि (विद्यापति) का नहीं हो सकता है और अपर भणिता युक्त अथवा भणिता से पूर्णतः शून्य (भणिता हीन) पद भी उनके हो सकते हैं, इस प्रकार की संभावना के संबंध में उन्होंने थोड़ी भी चिन्ता का परिचय नहीं दिया। भाषा और भावगत प्रमाण, शब्द योजना एवं छन्द-बन्ध में कवि का जो विशेषत्व है, उन सबके प्रति किसी संकलनकार ने लक्ष्य नहीं किया। इसका परिणाम यह हुआ कि एकही संकलन में भिन्न-भिन्न पद की भाषा और भङ्गी में, वर्ण और मज्जागत इतना वैलक्षण्य दिखाई पड़ता है कि उनका समुदाय एक ही कवि की रचना है यह किसी प्रकार विश्वास ही करते नहीं बनता। विद्यापति के नाम से संवलित किसी पद का परित्याग न कर पाने पर भी संकलनकार का कर्त्तव्य है सम्भव-असम्भव के संबंध में प्रमाणादि और युक्ति प्रयोग

से एक सिद्धान्त पर उपनीत होने का पथ मुक्त करना और विद्यापति का स्वातन्त्र्य किस रूप में निरूपति हो सकता है इसका निर्देश कर देना। अष्टलक्ष्य संकलनकारगणों ने नानाविध अवान्तर प्रसङ्गों की अवतारणा कर दी है। कवि के अनुकरणों के प्राचुर्य से संकलनकार कुछ संशय में पड़ सकते हैं। विद्यापति का जिसप्रकार का अनुकरण हुआ था जान पड़ता है किसी देश में किसी कवि का उसप्रकार का (अनुकरण) नहीं हुआ।'[1]

विद्यापति के पदों के संकलन के प्रति इतनी सजग दृष्टि रखते हुए भी नगेन्द्रनाथ ने स्वयं उसका कौशलपूर्वक पालन नहीं किया है। विद्यापति की भणिता से युक्त नकली पदों की तो बात ही क्या, उन्होंने तो स्पष्टरूप से दूसरे कवि की भणिता वाले पदों को भी विद्यापति के पद के रूप में संकलित कर दिया। कहीं (i) जानबूझ कर उन्होंने अन्य कवि की छाप को हटाकर विद्यापति की छाप लगा दी है तो कहीं (ii) अन्य कवियों के नामों को कुछ इस ढंग से खण्डित कर दिया है कि वे विशेषण से हो गए हैं और विद्यापति के विशेषण के रूप में प्रयुक्त से लगते हैं। (iii) अन्यत्र विद्यापति के नाम से युक्त सर्वथा नवीन भणिता ही जोड़ दी है तथा कहीं (iv) अन्य कवि के नाम को ही विद्यापति का उपनाम या विरुद मान लिया है या फिर कह दिया है कि (v) विद्यापति ने जानबूझ कर अपने पदों में दूसरे कवि का नाम रख दिया है।

इस प्रकार नगेन्द्रनाथ बाबू ने अपने संकलन से जहाँ एक ओर विद्यापति के पदों को प्रकाश में लाने का सराहनीय प्रयास किया, वहीं उन्होंने अधिकांश वाङ्मय को तिमिराच्छन्न भी कर दिया जिससे परवर्त्ती संकलनकारों को सत्यासत्य की परख करने के लिए अधिक श्रम करना पड़ा।

विद्यापति पदावली के आधार ग्रंथ

विद्यापति के पद गेय परम्परा में ही अधिक पलते रहे। उनके समय का उनका कोई संग्रहग्रन्थ नहीं मिलता पर उनके कुछ समय बाद किए गए संग्रह ग्रन्थ नेपाल, मिथिला और बंगाल में पाए जाते हैं। मिथिला तो कवि की लीलाभूमि ही थी अतः वहाँ उनके पदों का प्रचार-प्रसार रहा ही, बंगाल और नेपाल भी भौगोलिक दृष्टि से मिथिला के सन्निकट हैं। पहले मिथिला संस्कृत विद्या के अध्ययनाध्यापन का प्रधान गढ़ था। उस समय बंगाल के सुदूर अंचलों से भी जिज्ञासु छात्र संस्कृत, विशेषकर दर्शनशास्त्र के अध्ययनार्थ मिथिला आते थे। वहाँ से वे विद्याध्ययन करके तो स्वदेश लौटते ही थे साथ-साथ मिथिलाञ्चल में व्याप्त विद्यापति की मधुर पदावली के पदों को भी कण्ठाग्र कर अपने साथ ले जाते थे। चैतन्य महाप्रभु के समय ही विद्यापति के पद बंगाल में दूर-दूर तक गाए जाने लगे थे। चूँकि चैतन्य महाप्रभु ने विद्यापति के पदों को विशेष आदर प्रदान किया अतः बंगाल के चैतन्योत्तर वैष्णव-भक्तों के वे परम आदर्श कवि हो गए। अतएव वैष्णव पद संग्रहों में विद्यापति के राधा—माधव विषयक पद बड़े आदर भाव से संग्रहीत हुए।

[1]—नगेन्द्रनाथ गुप्त—विद्यापति ठाकुरेर पदावली, भूमिका

नेपाल भी भौगोलिक दृष्टि से मिथिला क्षेत्र के निकट है। इसके अतिरिक्त मध्य-काल में मुसलमानों के सतत आक्रमणों से त्रस्त होकर मिथिला के बहुत से ब्राह्मण पण्डित नेपाल में जा बसे। अपने साथ-साथ वे वहाँ मिथिला की अन्य विशेषताएँ तो ले ही गए; साथ ही मिथिला-जन-मन की मनोहारिणी विद्यापति–पदावली के पद भी ले गए। अत: नेपाल में भी आवश्यकतानुसार विद्यापति के पदों के संग्रह तैयार किए गए। नेपाल राजदरबार ग्रन्थागार में विद्यापति के पदों से युक्त एक महत्त्वपूर्ण पोथी अब तक सुरक्षित है।

बंगाल, नेपाल और मिथिला में किए गए प्राचीन संग्रह ग्रन्थ विद्यापति की पदावली के अधिक प्रमाणिक स्वरूप को प्रत्यक्ष करते हैं क्योंकि लिपिबद्ध हो जाने के कारण उनमें, कण्ठ में प्रचलित गेय-पदों की भाँति, पुनः अधिकाधिक परिवर्त्तन नहीं हो सके होंगे। फिर भी ये समस्त संग्रह मिलकर भी विद्यापति के सभी पदों को प्रकाशित नहीं कर पाते। अब भी मिथिला के लोक-जीवन में विद्यापति के बहुत से अनमोल पद प्रचलित हैं जिनका पूरी तरह संग्रह नहीं हो सका है। इन पदों के संग्रह की ओर सर्वप्रथम ग्रियर्सन का ध्यान गया। १९ वीं शती के अन्तिम चरणों में ग्रियर्सन साहब और चन्दा झा ने विद्यापति के ऐसे कुछ पदों का प्रकाशन किया। २०वीं शती में भी नगेन्द्रनाथ गुप्त, रामवृक्ष बेनीपुरी, रमानाथ झा, 'मिथिला गीत संग्रह' के प्रकाशक वृन्द, तथा बिहार राष्ट्रभाषा परिषद–पटना, की विद्यापति–स्मारक-समिति के तत्त्वावधान में उसके सदस्यों ने मिथिला के लोक-कण्ठ में प्रचलित अनेक महत्त्वपूर्ण पदों का संकलन, एवं प्रकाशन किया है। इस प्रकार विद्यापति के पदों पर निरन्तर शोध–परिशोध होता चल रहा है जिससे उनका यथार्थ स्वरूप क्रमशः स्पष्ट होता जा रहा है। परन्तु इन सब शोध–परिशोध आदि के प्रधान प्रामाणिक आधार वे प्राचीन संकलन ग्रन्थ हैं जो नेपाल, मिथिला और बंगाल से प्राप्त हुए हैं। इनका संक्षिप्त विवरण यहाँ दिया जा रहा है।

३. नेपाल राज दरबार पुस्तकालय की पदावली

परिचय—विद्यापति के पदों का एक प्राचीन संग्रह नेपाल दरबार पुस्तकालय में सुरक्षित है। इस प्रति की ओर सर्व-प्रथम म॰ म॰ हरप्रसाद शास्त्री का ध्यान गया था। जब स्वर्गीय नगेन्द्रनाथ गुप्त विद्यापति के पदों का व्यापक सर्वेक्षण कर रहे थे तब शास्त्रीजी ने उनके अनुरोध पर नेपाल सरकार से इस प्रति को माँगकर गुप्त जी के अवलोकनार्थ सुलभ करवाया था। सन् १९३६ई॰ में जब डॉ॰ काशीप्रसाद जायसवाल नेपाल दरबार पुस्तकालय गए तो उन्होंने भी यह प्रति देखी थी। उन्होंने पटना से प्रकाशित 'सर्चलाइट' पत्रिका में एक लेख प्रकाशित किया जिसमें इस प्रति की ओर विद्वानों का ध्यान आकृष्ट किया। डॉ॰ जायसवाल का विचार था कि इस प्रति का उपयोग उनके देखने के पूर्व किसी ने नहीं किया था किन्तु गुप्त जी इसका उपयोग पहले ही कर चुके थे।

डॉ॰ जायसवाल एवं अन्य अनुरागी विद्वानों के सत्प्रयास तथा तत्कालीन महाराजाधिराज दरभंगा, श्री कामेश्वर सिंह के आर्थिक एवं प्राशासनिक सहयोग से इस प्रति की दो फोटो प्रतियाँ तैयार करवाई गईं; जिनमें से एक पटना कालेज पुस्तकालय में तथा

दूसरी पटना विश्वविद्यालय पुस्तकालय में रखी गई। सम्प्रति इसकी एक प्रतिच्छवि पुनः तैयार करवाकर विहार राष्ट्रभाषा परिषद के विद्यापति विभाग में रखी गई है।

स्वरूप—इस पदावली में कुल १०८ पत्र है। प्रत्येक पत्र लगभग ८ इंच लंबा और २¾ इंच चौड़ा है। प्रथम पत्र के प्रथम पृष्ठ पर नागरी लिपि में 'विद्यापति को गीत' नेपाली भाषा में लिखा है।[1] पदों का आरंभ प्रथम पत्र के द्वितीय पृष्ठ से होता है। एक पृष्ठ पर पाँच से लेकर सात पंक्तियाँ लिखित हैं। इसके पदों पर कोई क्रमाङ्क निर्देशित नहीं है। एक कवि के पदों को दूसरे कवि के पदों से स्पष्टतः पृथक्-पृथक् भी नहीं लिखा गया है। पदों को विषयानुसार भी क्रम-बद्ध नहीं किया गया है जैसा कि नगेन्द्रबाबू एवं सर ग्रियर्सन ने अपने-अपने संकलनों में किया है। वस्तुतः इन्हें रागों के क्रम से ग्रथित किया गया है। प्रायः एक जैसे राग में गाए जाने वाले पदों को एक स्थान पर रखा गया है।

पत्रों के एक ओर के हाशिए पर उनकी क्रम संख्या अंकित है। इसमें कुल १ से लेकर १०९ संख्या तक के पत्र हैं। किन्तु १०४ संख्या का कोई पत्र सम्प्रति उपलब्ध नहीं है। किन्तु पत्र संख्या १०३ के अन्त में 'वसन्त' लिखा है और पत्र संख्या १०५ का आरम्भ 'रागे' शब्द से होता है। डॉ० सुभद्र झा का अनुमान है कि वस्तुतः 'वसन्त रागे' एक ही पद है। उनका विचार है कि प्रतिलिपिकार ने भूल से १०४ संख्या के स्थान पर १०५ लिख दिया होगा जिससे परवर्त्ती सभी पदों की संख्या में १ की वृद्धि हो गई। अतः यथार्थतः पत्र संख्या १०४ ही था और मूलतः कुल पत्र १०८ ही हैं।

इस प्रति में इसके प्रतिलिपिकार, प्रतिलिपि के स्थान, समय अथवा इसके मूल स्रोत का कोई उल्लेख नहीं है। पूरी प्रति प्राचीन मैथिली लिपि में हाथ से लिखी हुई है। लिपि विशेषज्ञों के विचार से यह अट्ठारहवीं शती में लिपिबद्ध हुई होगी। किन्तु उसके अक्षर मिथिलाक्षरों में प्राप्त अधिक प्राचीन प्रतियों (यथा–१४४७ के लगभग की लिखी महाभारत के कर्ण पर्व की प्रति) से बहुत मिलते-जुलते हैं अतः कुछ विद्वान इसे और भी प्राचीन मानते हैं। इसकी भाषा के कुछ रूप उत्तर पश्चिम मिथिलामें–जनकपुर के आस-पास—अब भी प्रचलित हैं अतः डॉ० सुभद्र झा का मत है कि यह जनकपुर के पास ही कहीं तैयार की गई होगी।

३. क

इस प्रति का विद्यापति के पदों के प्रकाशनार्थ उपयोग श्री नगेन्द्रनाथ गुप्त ने १३१६ बंगाब्द में किया। उन्होंने इस प्रति के सभी पदों को विद्यापति रचित माना किन्तु अपने

१—इसे कुछ लोगों ने भ्रमवश 'विद्यापति का गीत' भी पढ़ा और लिखा है। वस्तुतः यह शीर्ष-लेख मूल लिपिकार द्वारा लिखित नहीं है। सम्भवतः पुस्तकालय के ही किसी कर्मचारी ने सुविधा के लिए ऐसा लिखा होगा। यद्यपि यह शीर्षक भ्रान्तिपूर्ण है क्योंकि इसमें संकलित सभी पद विद्यापति कृत नहीं हैं। नगेन्द्रनाथ गुप्त ने इसके सभी पदों को विद्यापतिकृत माना था किन्तु अन्य कवियों के पदों को विद्यापति के पद के रूप में ग्रहण करने के लिए जो तोड़-मरोड़ उन्होंने की हैं उनसे स्पष्ट होता है कि उन्हें भी कई पद अन्य कविकृत जान पड़े थे।

संकलन के बारे में लिखा कि—'कतक गुलि पद एइ संकलने प्रकाशित होइल। संपूर्ण पूँथीखानि मुद्रित होबा नितान्त वांछनीय।' अर्थात् कुछ पद इस संकलन में प्रकाशित हुए। सम्पूर्ण पोथी का मुद्रित होनी नितान्त वांछनीय है।' ऐसा मानते हुए भी उन्होंने न जाने क्यों सभी पद प्रकाशित नहीं किए। अपने संकलन में उन्होंने १५७ पदों के नीचे नेपाल पोथी से लिए जाने का संकेत किया है। १४ पद ऐसे हैं जिनके नीचे तालपत्र (तरौनी) पोथी के साथ-साथ नेपाल पोथी से भी लिया हुआ माना है। इसके अतिरिक्त अन्य स्रोतों से लिए गए ४८ ऐसे पद भी उनके संकलन में हैं जो थोड़े बहुत पाठान्तर सहित नेपाल पोथी में पाए जाते हैं। इस प्रकार उनके संकलन में इस पदावली के कुल २१९ पद ही आ पाए हैं। इसमें भी उन्होंने अन्य कवियों के ९ पदों को [(i) कहीं उनकी भणिता में से उनका नाम निकालकर विद्यापति का नाम देकर (ii) कहीं अन्य कवि के नाम में ऐसा तोड़-मरोड़ करके कि वे विशेषण से हो गए हैं (iii) कहीं अपनी ओर से सर्वथा नवीन भणिता जोड़कर और (iv) कहीं अन्य कवि का नाम देने पर भी यह कहकर कि विद्यापति ने जानबूझ कर अन्य कवि का नाम दे दिया है।] भी विद्यापतिकृत पद के रूप में संकलित कर दिया है। अनेक ऐसे पदों में, जिनके नीचे केवल 'भनइ विद्यापतीत्यादि' अथवा 'विद्यापतीत्यादि' ही लिखा है, उन्होंने स्वनिर्मित विद्यापति की भणिता जोड़ दी है। अपने संकलन (विद्यापति ठाकुरेर पदावली) के आरम्भ में संकलन के उपयुक्त वैज्ञानिक दृष्टिकोण का उल्लेख करने पर भी पता नही क्यों गुप्त जी ने इस प्रकार के कार्य किए।

३. ख

इसके बहुत दिनों पश्चात् १३५९ बंगाब्द में **श्री खगेन्द्र नाथ मित्र एवं श्री विमान विहारी मजुमदार** के सम्पादन में प्रकाशित 'विद्यापतिरपदावली' के नूतन संस्करण में इस पदावली के पद अधिक यथार्थ रूप में प्रकाशित हुए। उन्होंने गुप्त जी द्वारा निर्मित कई भ्रान्तियों का निराकरण भी किया। चूँकि उन्होंने अपने संकलन में विद्यापति के पदों को उनके रचना काल के क्रम के अनुसार संकलित करने का प्रयास किया अतः नेपाल-दरबार की पदावली के पद उसमें भी अपने ठीक क्रम में प्रकाशित न होकर विद्यापति के अन्य स्रोतों से प्राप्त पदों में घुल-मिल गए हैं। इसके अतिरिक्त उन्होंने १४ अन्य पदों[१] को जिनमें अन्य कवियों का नाम है परिशिष्ट (ग) में पृथक् रूप से प्रकाशित किया है। भूमिका में श्री विमानविहारी मजुमदार द्वारा दिए गए विवरण के अनुसार, इस पदावली में अन्य १३ कवियों के १५ पद हैं।[२] किन्तु परिशिष्ट (ग) में जहाँ इन्हें प्रकाशित किया गया है, भूमिका में उल्लिखित कवि रतनकृत पद संख्या १३२ को प्रकाशित नहीं किया गया है। इस प्रकार वहाँ केवल १४ पद प्रकाशित हैं। ये पद भी चौदह भिन्न कवियों के जान पड़ते हैं। यदि अमृतकर और अमियकर एक ही कवि हों तो १३ कवियों के, और यदि कंसनृपति और कंसनारायण भी एक ही रहे हों तो इसके अनुसार १२ कवियों

१—नेपाल प्रति की पद-संख्या, ३०, ४१, ४८, ५६, ६०, १३०, १४६, १७०, १७९, २०८, २२८, २५९, २७०।

२—विद्यापतिरपदावली, पृष्ठ—५१।

के १४ पद कहे जा सकते हैं। भूमिका में १२ अन्य पदों[1] का भी उल्लेख उन्होंने किया है जिनमें किसी कवि का नाम नहीं हैं अतः उनके रचनाकार के विषय में कुछ निश्चित रूप से कह पाना संभव नहीं हैं। मित्र एवं मजुमदार ने इनमें से आठ पद तो नातिप्रामाणिक पदों के रूप में पंचम खण्ड (क) में प्रकाशित किया है।[2] एक (३८) विद्यापति के पदों के साथ अपनी पदावली के ६०८ संख्या पद के रूप में, एक (१३२) को परिशिष्ट 'ग' के १५ वें पद के रूप में निर्देश देकर भी वहाँ प्रकाशित नहीं किया है और दो पदों (पद संख्या १६० और २०४) को क्रमशः अपूर्ण और दुर्बोध्य प्रहेलिका बताया है अतः उन्हें मूलपाठ में स्थान नहीं दिया है यद्यपि भूमिका की पाद-टिप्पणी में उन्हें प्रकाशित कर दिया है। इस प्रकार इस पदावली के २७ पदों को विद्यापति कृत न मानकर भी उन्होने उनमें से २६ को विभिन्न स्थलों पर प्रकाशित किया है।

उनके मतानुसार "इस प्रति में कुल २८७ पद या गीत हैं, किन्तु पद संख्या १६ और पद संख्या ८ एक ही हैं केवल पद संख्या ८ में, पद संख्या १६ से ३ चरण अधिक हैं। १६वें पद के अन्त में ९ चरण और अधिक हैं। दोनों गीत मालर राग में गेय हैं। पद संख्या ७ मालर राग में गेय है और पद संख्या ९३ धनछी राग में, किन्तु ये दोनों ही पद एक ही हैं। इसीप्रकार, पद-संख्या ९४ और १७४ एक ही पद हैं, किन्तु पहले का राग धनछी है और दूसरे का कानन। पद संख्या १९३ और २०७ दोनों ही कोलार राग में गेय हैं; अन्त के दो चरणों को छोड़ और शेष चरणों में दोनों पदों में कोई पार्थक्य नहीं हैं।"[3] इस प्रकार ये आठ पद वस्तुतः चार ही हैं। 'सुतरां नेपाल पोथी में वस्तुतः कुल २८३ पद हैं। इनमें २५६ पद विद्यापति की भणिता से युक्त हैं।[4]...'नेपाल पोथी में १९२ पदों में भणिता के चरण छोड़ कर केवल 'भने विद्यापतीत्यादि' अथवा केवल 'विद्यापतीत्यादि' लिखा हुआ है। किन्तु ६० पदों में विद्यापति के नाम की सम्पूर्ण भणिता दी हुई है।[5] इस प्रकार १९२ विद्यापतीत्यादि वाले, ६० विद्यापति की भणिता वाले, ४ पुनरुक्त पद, १५ अन्य कवियों के एवं १२ नामोल्लेखहीन पद, २ दुर्बोध्य एवं २ असम्पूर्ण पदों को मिलाकर उनके द्वारा उल्लिखित २८७ पदों की गणना पूर्ण हो जाती है।

विद्यापति द्वारा व्यवहृत कविकंठहार आदि नामों के विषय में मजुमदार महोदय

१—नेपाल प्रति पद-संख्या, ३८, १३१, १३२, १३३, १३४, १६०, १७२, १८९, २०४, २७४, २७९ और २८१।

२—नेपाल पदावली की पद-संख्या—१३१, १३३, १३४, १७२, १८९, २७४, २७९, २८१।

३—मित्र एवं मजुमदार–विद्यापतिर पदावली, पृष्ठ ६०

४—वही

५—भूमिका के पृष्ठ नं० ६५ पर जहाँ इसका उल्लेख मजुमदार महोदय ने किया है, पाद टिप्पणी संख्या १०९ में केवल ५९ पद ही विद्यापति के नाम की भणिता से युक्त उन्होंने गिनाए हैं। यद्यपि इस क्रम में अनउल्लिखित पद संख्या २२१ जिसकी भणिता में विद्यापति का नाम है उनके संकलन के पदसंख्या ४ में प्रकाशित है।

ने बताया है कि 'विद्यापति ने अपने नाम के साथ 'कविकंठहार' उपाधि का व्यवहार तीन पदों (प. सं. ४२, १११, और २४५) में और अपने नाम का उल्लेख किए बिना केवल कवि कंठहार भणिता ४ पदों (प. सं. ३१,२१३ २८५ और २८६) में दो है।[1] इसके अतिरिक्त केवल 'कंठहार' भणिता एक (३८ संख्यक) पद में है।[2]

३. ग

श्री खगेन्द्र नाथ मित्र और विमानविहारी मजुमदार के कुछ दिनों पश्चात् डॉ० सुभद्र झा ने नेपाल दरबार की प्रति का प्रकाशन किया। यद्यपि उनकी एवं मजुमदार महाशय की सूचना के अनुसार वे अपना संकलन पहले ही तैयार कर चुके थे। डॉ० सुभद्र झा ने अपने ग्रन्थ 'विद्यापति गीत संग्रह' or 'Songs of Yidyapati' में केवल नेपाल दरबार की प्रति को ही आधार बनाया है और इसमें संकलित पदों को अंग्रेजी अनुवाद के साथ प्रकाशित किया है। इस प्रति को ही आधार बनाकर उन्होंने ग्रन्थ के आरंभ में अंग्रेजी में विद्यापति एवं इस पदावली के संबंध में एक वृहद् भूमिका भी प्रकाशित की है। केवल नेपाल प्रति पर विशद रूप से प्रकाश डालने वाला यह सर्वाधिक महत्त्वपूर्ण संकलन ग्रन्थ है। डॉ० झा ने इस प्रति का भाषा-वैज्ञानिक विश्लेषण किया है तथा इसकी भाषा पर भी सम्यक् प्रकाश डाला है।

डॉ० झा ने इस प्रति के पदों को ही प्रकाशित किया है किन्तु विद्यापति के पदों को एकत्र प्रकाशित करने और अन्य कवियों अथवा अज्ञात कवियों के पदों को पृथक् रखने के कारण नेपाल प्रति के पद-क्रम में कुछ परिवर्त्तन भी कर दिया है। इस पदावली के पदों की संख्या आदि के बारे में इन्होंने मित्र–मजुमदार से यत्र–तत्र कुछ भिन्न मत प्रकट किया है। यथा–डॉ० झा के मत से इस प्रति में कुल २८८ गीत (Songs) हैं। जिनमें से २६१ पदों में विद्यापति का नाम अथवा उनका कोई विरुद या उपनाम है। एक पद में विद्यापति का कोई नाम अथवा विरुद आदि तो नहीं है किन्तु उसमें 'उगन' का उल्लेख है। चूंकि विद्यापति ने ही शिव को इस नाम (उगन या उगना) से संबोधित किया है अतः झा महोदय इसे भी विद्यापतिकृत मानते हैं। इस प्रकार उनके मत से 'विद्यापति के कुल २६२ पद हैं शेष २६ पदों में १३ पद ११ अन्य कवियों के हैं और १३ पदों में या तो किसी कवि का नाम नहीं है अथवा वे अपूर्ण हैं।[3] किन्तु इसी भूमिका में पृष्ठ १२४ पर 'कविरतन' के पद को भी विद्यापति से भिन्न कविकृत

१—इसका यथातथ्य विवरण राष्ट्रभाषा परिषद-पटना द्वारा प्रकाशित पदावली पर विचार करते समय दिया जाएगा।

२—वस्तुतः इस पद के अन्त में 'कड़हार' शब्द का प्रयोग है। स्वयं मित्र-मजुमदार ने अपने संकलन में पदसंख्या ५०८ पर इसे इसी रूप में प्रकाशित किया है किन्तु उन्होंने इसे कण्ठहार मानकर संगत अर्थ करने की चेष्टा की है। वैसे उन्होंने भूमिका के पृष्ठ ६० की पादटिप्पणी में इसे भणितारहित पदों में गिनाया है।

३—विद्यापति गीतसंग्रह or 'Songs of Vidyapati' page 115-116

मानकर डॉ० झा ने अन्य कवियों के १४ पद माने हैं और शेष १२ को अज्ञात कवियों की रचना माना है। लेकिन झा महोदय ने अपने संकलन के अन्त में Appendix (A) में अन्य कवियों के १५ गीत प्रकाशित किए हैं और Appendix (B) में अज्ञात कवियों के या अपूर्ण पद ११ ही प्रकाशित किए हैं।[१]

३. घ

मित्र-मजुमदार के बंगला संस्करण और डॉ० झा के हिन्दी-अंग्रेजी संस्करण के अनन्तर सन् १९६१ में बिहार राष्ट्रभाषा परिषद्–पटना, से नेपाल दरबार पुस्तकालय की प्रति का हिन्दी में पुनः प्रकाशन किया गया। परिषद की ओर से विद्यापति की समस्त कृतियों के संकलन, संपादन एवं प्रकाशन अधिकारी विद्वानों के निर्देशन में करने की योजना बनाई गई है। इसी योजना के क्रम में विद्यापति के पदों का यह महत्त्वपूर्ण संग्रह 'विद्यापति-पदावली' [प्रथम भाग] के रूप में प्रकाशित किया गया है। इसके प्रकाशन की आवश्यकता इसलिए अनिवार्य समझी गई कि यद्यपि मित्र-मजुमदार एवं डॉ० झा जैसे अधिकारी विद्वान इस प्रति पर कार्य कर चुके थे फिर भी नेपाल दरबार की इस "पाण्डु लिपि के कितने ही ऐसे पद हैं, जो अब तक ठीक-ठीक नहीं पढ़े जा सके थे और उनका सही अर्थ भी नहीं हो सका था।[२] पाठों की अशुद्धि और तज्जन्य अर्थ की अशुद्धि या भ्रान्ति नगेन्द्रनाथ गुप्त, मित्र–मजुमदार एवं डॉ० झा सभी के संस्करणों में थी। परिषद द्वारा प्रकाशित इस पदावली में परिश्रम पूर्वक शुद्ध पाठ एवं समीचीन अर्थ देने का प्रयास किया गया है।[३]

नेपाल–दरबार–पुस्तकालय की इस पाण्डुलिपि का प्रकाशन, राष्ट्रभाषा परिषद्–पटना, द्वारा भी ज्यों-का-त्यों नहीं किया गया। संपादकों ने अपने संग्रह में डॉ० झा की भाँति ही विद्यापति के पदों को अन्य कवियों वा अज्ञात कवियों के पदों से पृथक् प्रकाशित किया है। पदों का पाठ एवं उनका विश्लेषण इस संग्रह में अवश्य ही अधिक यथार्थ और समीचीन है। परिषद पदावली में प्रकाशित पदावली का स्वरूप, संख्या एवं अन्य कई बातों में, पूर्व प्रकाशित अन्य संस्करणों से किंचित् भिन्न है। यथा—इसकी भूमिका में भूमिका लेखक श्री शशिनाथ झा और दिनेश्वरलाल 'आनन्द' ने मजुमदार महाशय की भाँति नेपाल दरबार पुस्तकालय की इस प्रति में कुल २८७ पद बतलाए हैं। जिनमें २६१ पद विद्यापति की भणितायुक्त, कुछेक पद पुनरुक्त, अन्य १३ कवियों के १५ पद

१—अन्य कवियों की पदसंख्या तो मित्र-मजुमदार द्वारा दी गई संख्या के लगभग समान ही है किन्तु अज्ञात कवियों की रचनाओं की पदसंख्या समान होते हुए भी उन्हें तीन भिन्न सरणियों में उन्होंने रखा है यथा--

(i) Incomplete poems No-52, 133, 160, 189, 201, 275

(ii) Daubtfully incomplete No-48, 131, *172*

(iii) Complete but which donot entertain name of their writers 205 & 280.

२—श्री गंगानन्द सिंह, विद्यापति पदावली (प्रथम भाग) आमुख, पृष्ठ २

३—वही

तथा १२ पद खण्डित अथवा कवि के नाम से रहित बतलाए हैं।[१] किन्तु पुनः पृष्ठ ९६ पर उन्होंने लिखा है कि 'नेपाल–पदावली' में कुल मिलाकर २८७ पद हैं। उनमें १४ पद अन्य ग्यारह कवियों के हैं। १९२ पदों में भणिता नहीं है। भणिता के स्थान में 'भनइ विद्यापतीत्यादि' है। ६० पदों की भणिता में विद्यापति का नाम है। ३ पदों में विद्यापति का नाम 'कविकण्ठहार' विशेषण से विशिष्ट है, किन्तु चार पदों में केवल 'कवि कण्ठहार' विशेषण का प्रयोग हुआ है।" परन्तु परिषद द्वारा प्रकाशित पदावली का यथातथ्य विवरण इस प्रकार है।

(अ) अन्य कवियों के १५ पद (आ) अपूर्ण या कविनाम से रहित ११ पद (क विद्यापति के नाम से युक्त भणिता वाले ५९ पद, (ख) 'सरस कवि कण्ठहार' भणिता वाले ३ पद, (ग) 'कवि कण्ठहार' भणितायुक्त १ पद (घ) 'सरस भणितायुक्त' १ पद (ङ) भणिता रहित–किन्तु विद्यापति के पदों के साथ परिगणित ३ पद और (च) अन्त में भनइ विद्यापतीत्यादि, भने विद्यापतीत्यादि या केवल विद्यापतीत्यादि उल्लेख वाले १९२।

परिषद–पदावली का यह विवरण मित्र–मजुमदार एवं डॉ० सुभद्र झा के संकलनों से यत्र–तत्र कुछ भिन्न है। यथा–मित्र-मजुमदार ने भूमिका में अन्य कवियों के १५ पद गिनाए हैं किन्तु अपने परिशिष्ट में ऐसे केवल १४ पद ही प्रकाशित किए हैं, भूमिका में निर्देशित कवि रतनकृत पद-संख्या १३२ को उन्होंने प्रकाशित नहीं किया है। दोनों पदावलियों की भूमिका में कवि पृथिवीचन्द के पद की संख्या २०४ दी हुई है किन्तु परिशिष्ट में प्रकाशित पद के नीचे २०८ दी गई है। झा महोदय ने अपने संस्करण की भूमिका में एक स्थान पर अन्य कवियों के १३ तथा दूसरे स्थान पर १४ पद बतलाए हैं किन्तु अपने Appendix 'A' में उन्होंने १५ पद प्रकाशित किए हैं। उन्होंने आतम को कोई कवि नहीं माना है अतः उनके पद संख्या ४८ को अपूर्ण मानकर Appendix 'B' में अज्ञात कवियों के पदोंके साथ प्रकाशित किया है। उन्होंने मित्र–मजुमदार तथा परिषद-पदावली में अज्ञात कवियों के अथवा अपूर्ण पदों के साथ रखे गए पद संख्या २०४ को अन्य कवियों के पदों के साथ Appendix 'A' में प्रकाशित किया है।

अज्ञात कवियों के पदों अथवा अपूर्ण पदों को मित्र–मजुमदार ने एकत्र प्रकाशित न कर इतस्ततः कर दिया है जिसका उल्लेख पहले किया जा चुका है। परिषद–पदावली एवं झा महोदय ने इन्हें पृथक् रूप से क्रमशः परिशिष्ट ख और Appendix 'B' में रखा है किन्तु परिषद-पदावली की भूमिका में मित्र–मजुमदार की भाँति पद संख्या ३८को भणिता रहित पद मानकर भी विद्यापति के पदों के साथ प्रकाशित किया गया है। मित्र-मजुमदार ने तो इसके अन्त में आए 'कइहार' शब्द को 'कण्ठहार' मान लिया है किन्तु

१—विद्यापति पदावली—राष्ट्रभाषा परिषद—पटना, भूमिका पृष्ठ ९४

(अ) राजपडीत नेपाल (प्रति की पदसंख्या) ३०, कं नृपति ४१, आतम ४८, कंसनरायन ५६ विष्णुपुरी, ६० लखिमिनाथ १३०, कविरतन १३२, सिरिधर १४६, नृपमलदेव १७०, अमृतकर १७६, अभिञकर ७९, पृथिविचन्द २०८, भानु २२४, धीरेसर २६९, रुद्रधर २७०=१५

(आ) ने० प्र० पद सं०—१३१, १३३, १३४, १६०, ४७१, १८९, २०१, २०४, २७४, २७९ और २८१=११

परिषद-पदावली में उसका 'कर्णधार' अर्थ लेकर भी उसे विद्यापतिकृत पदों के साथ रखा गया है। इसीतरह पद-संख्या १३२ को दोनों ही पदावलियों की भूमिका में अन्य कवियों (कवि रतनकृत) के पदों एवं अज्ञात कवियों के पदों, दोनों ही सरणियों में गिनाया गया है। मित्र-मजुमदार ने तो इसे प्रकाशित ही नहीं किया, किन्तु परिषद-पदावली में यह अन्य कवियों के पदों के साथ परिशिष्ट "क" में ही प्रकाशित किया गया है, परिशिष्ट 'ख' में इसे नहीं रखा गया है। इसके अतिरिक्त परिषद-पदावली की भूमिका में जहाँ अज्ञात कवियों के पदों या अपूर्ण पदों की संख्या गिनाई गई है वहाँ पद-संख्या २०१ के पूर्वार्द्ध का उल्लेख नहीं है किन्तु डॉ० झा की भाँति इसे अपूर्ण पद मानकर परिशिष्ट 'ख' में रखा गया है, यद्यपि 'आमुख' में इसका उल्लेख हुआ है। झा महोदय के 'Appendix 'B' में संकलित ऐसे पदों का परिषद-पदावली के परिशिष्ट 'ख' से यत्किंचित् भेद है। यथा-पद-संख्या २०४ को झा महोदय ने अन्य कविकृत मानकर Appendix 'A' में रखा है। पद संख्या २७९ को विद्यापतिकृत पदों के साथ अपने संकलन के पद संख्या २५५ पर प्रकाशित किया है। तथा परिषद-पदावली के परिशिष्ट 'क' में रखे गए आतम-कृत पद संख्या ४८ को भी झा महोदय ने अपूर्ण मानकर Appendix 'B' में रखा है।

नेपाल दरबार पुस्तकालय की प्रति के प्रकाशित उपर्युक्त चारो संकलनों पर समष्टि रूप से विचार करने पर, जान पड़ता है कि इस प्रति में १५ पद अन्य कवियों के, तथा ११ अज्ञात कवियों के अथवा अपूर्ण हैं। ६१ पद विद्यापति की भणिता के हैं, जिनमें पद-संख्या १११ की भणिता (विद्यापति कह कवि कंठहार) २१३ की भणिता (सरस कवि कंठहार) में विद्यापति के नाम के साथ कंठहार विरुद आया है, अतः सरस कवि कंठहार भणिता वाले ३ पद (संख्या-२१३, २८५, और २८६) तथा 'कंठहार' भणिता वाला १ पद, संख्या ३०; पद-संख्या ११३ तथा १७६ की भणिता में-सरस कवि विद्यापति' का उल्लेख हुआ है और पद संख्या १७८ की भणिता में भी-भने विद्यापति सरस कवि-कहा गया है अतः केवल 'सरस' भणिता वाला एक पद संख्या २५१ भी विद्यापतिकृत माना जा सकता है। इनके अतिरिक्त तीन भणिता-रहित पदों में से पद-संख्या ८८ के नीचे मित्र-मजुमदार ने 'भनइ विद्यापतीत्यादि' और पद-संख्या २८३ के अन्त में 'विद्यापति कह इत्यादि' पाठ दिया है यदि मूल प्रति में ये पाठ हों तो इन्हें भी निःशंसय विद्यापतिकृत मान

(क) ने० प्र० पद संख्या—१, १४, १९, २०, २९, ४२, ४३, ४५, ४६, ५४, ५८, ५९, ६१, ६२, ६६, ७७, ७९, १०३, १०५, १०७, १०९, १११, ११३, ११४, १२५, १३५, १४०, १४१, १४७, १४८, १५३, १५५, १६५, १६६, १६७, १७३, १७६, १७८, १८०, १९०, १९३, २०२, २१४, २१६, २१०, २२१, २२९, २३२, २३८, २३९, २४५, २४९, २५२, २५४, २५७, २६८, २७३, २७६, २७७, २७८, २८४=६१

(ख) ने० प्र० पद-संख्या २१३, २८५, २८६=३

(ग) ने० प्र० पद-सं०-३०=१

(घ) ने० प्र० पद-सं०-२५१=१

(ङ) ने० प्र० पद-सं०-३८, ८८, २८३=३

(च) शेष सभी

सकते हैं। पद-संख्या ३८ भाव एवं भाषा की दृष्टि से विद्यापतिकृत लगता है किन्तु मित्र-मजुमदार अथवा परिषद-पदावली में से किसी में भी इस पद में अथवा इसके नीचे विद्यापति का नाम अथवा कोई विरुद नहीं है। मित्र–मजुमदार ने इसके अन्तिम पद 'कइहार' को 'कंठहार' मान लिया है पर वे भी निःशंसय नहीं थे इसी से भूमिका में इसके भणिता रहित होने का संकेत उन्होने भी किया है। संप्रति अभी इसे संदिग्ध पद मानना ही युक्ति-युक्त है। शेष १९२ पदों के अन्त में 'विद्यापतीत्यादि' लिखा हुआ है। अतः कुल मिलाकर (६१+३+१+१+२+१९२=) २६० पद विद्यापतिकृत हैं। १ संदिग्ध पद को मिलाकर विद्यापति के पदों की गणना २६१ मानी जा सकती है। परिषद–पदावली में विद्यापति के प्रकाशित पदों की संख्या २६२ है किन्तु नेपाल प्रति के पद-संख्या १५२ को (चूँकि रामभद्रपुर वाली पदावली में इसका उत्तरार्ध ही पूरे पद के रूप में दिया हुआ है) दो भिन्न पदों (परिषद-पदावली की संख्या १४१ और १४२) के रूप में प्रकाशित किया गया है।

नेपाल–दरबार–पुस्तकालय की इस पाण्डुलिपि में विद्यापति के जो २६१ पद हैं उनमें भी कई पद पुनरुक्त हैं। यथा–पद-संख्या ७ और पद-संख्या ९३ (परिषद-पदावली में भूल से ९४ छप गया है) एक ही हैं; अन्तर मात्र इतना ही है कि पहला मालव राग में गेय है और दूसरा धनछी में; पद-संख्या ८ और १६ दोनों मालव राग में गेय हैं, अन्तर यह कि पद-संख्या १६ में पद-संख्या ८ की अन्तिम दो पंक्तियों के स्थान पर ८ नई पंक्तियाँ हैं। शेष पद समान है पद संख्या ६६ ही पंक्तियों के किंचित् हेर-फेर से पद संख्या ६२ हुआ है। पद ६८ और १७४ एक हो हैं केवल पहला धनछी राग में तथा दूसरा कानन राग में गेय है। इसी प्रकार पद-संख्या १०५ औ २४५ एक ही हैं केवल गेय रागों में अन्तर है, प्रथम धनछी राग में और द्वितीय बरली राग में है। पद-संख्या १९३ और २०७ भी समान ही हैं। मित्र-मजुमदार ने अपने संकलन में इन्हें ५१० संख्यक पद पर प्रकाशित किया है और पद के नीचे नेपाल प्रति की दोनो संख्याओं का निर्देश कर दिया है। परिषद-पदावली में यह पद-संख्या १७७ पर नेपाल-प्रति के १९३ पद के रूप में प्रकाशित है, पद-संख्या २०७ का कोई निर्देश नहीं है संभवतः इस पुनरुक्त पद को संपादकों ने एक स्थल पर ही प्रकाशित करना उचित समझा हो। इसप्रकार नेपाल प्रति में कुल ६ पद प्रायः पुनरुक्त हैं अतः इसमें संकलित विद्यापति के २६१ पदों में यथार्थतः २५६ पद ही विद्यापति के विशुद्ध पद हैं।

इस पदावली के पदों में से, थोड़े बहुत पाठान्तर से मिथिला में प्राप्त रागतरंगिणी में ९ पद; तरौनी की ताल-पत्रवाली पोथी में ४५ पद; रामभद्र पुर–पदावली में १२ पद, बंगाल में संकलित पदकल्पतरु में ४ पद, तथा मिथिला लोक-कण्ठ से संगृहीत गियर्सन के संग्रह में ७ पद पाए जाते हैं।

४. बँगला-वाङ्मय

विद्यापति के गीत उनके जीवन-काल में ही पूर्वोत्तर भारत के विशाल प्रदेश में लोक प्रियता प्राप्त कर चुके थे। हर नया कण्ठ विद्यापति की नई धुन गुनगुनाने लगा

था। उनकी श्रुति-मधुर गीत-माधुरी समाज के सामान्य एवं विशिष्ट सभी परिवेशों में समान रूप से आदृत हो रही थी। मिथिला की भाँति ही बंगाल-प्रदेश में भी उनके गीत अधिक लोकप्रिय हुए। विद्यापति के कुछ दिनों बाद समूचे पूर्वोत्तर भारत को अपनी साधना से अभिभूत करनेवाले महाप्रभु चैतन्य देव भी जयदेव के गीत-गोविन्द की भाँति विद्यापति के गीतों का आदरपूर्वक गान करते थे तथा उसकी भावधारा में बहकर दिव्योन्मत्त चित्त से भाव विभोर हो जाते थे। श्री कृष्णदास कविराज ने **'श्री चैतन्यचरितामृत'** में चैतन्य देव द्वारा विद्यापति के पदों के मन्त्रमुग्ध गायन का उल्लेख तीन स्थलों पर किया है।[१] चैतन्य महाप्रभु द्वारा समादृत होने के कारण विद्यापति के गीत चैतन्य के अनुवर्त्ती वैष्णव समाज तथा कीर्त्तनियाँ मण्डलियों में अत्यन्त भक्तिभाव से गाए जाने लगे। बंगाली समाज में गायन-श्रवण की परम्परा में चलते रहने के कारण विद्यापति के पदों में बंगाली गायन-शैली एवं औच्चारणिक विशेषताओं के अनुकूल समय-समय पर अधिकाधिक परिवर्तन एवं परिवर्धन भी होता रहा। कितने भावमुग्ध कवि विद्यापति की नाना रस समन्वित गीत-माधुरी के अनुकरण पर उसी प्रकार की रचना करने लगे। कितनों ने तो अपनी निजी रचनाओं में भी विद्यापति की भणिता (छाप) जोड़ दी है।

इसप्रकार के अनुकरणजन्य प्रयासों, गायकों के मुख-सौख्य के अनुरूप स्वेच्छाचारी परिवर्तनों, संग्रह-कर्ताओं की भूलों अथवा जानबूझ कर किए गए भाषा-विषयक परिवर्त्तनों एवं कहीं-कहीं आत्म परितोषहित विद्यापति के पदों के अनुकरण में स्वनिर्मित पदों के विनियोजन से, बँगला-वाङ्मय में पलनेवाले विद्यापति के पदों में इतने अधिक परिवर्तन हो गए हैं कि उनमें से उनके यथार्थ मैथिली स्वरूप को व्यक्त कर पाना एक कठिन कार्य हो गया है।

विद्यापति के पद बंगाली जन-मन में सैंकड़ों वर्ष पहले से ही लोकप्रिय रहे हैं, किन्तु उन प्रारंभिक दिनों में केवल विद्यापति के गीतों का कोई संग्रह नहीं किया जा सका था अथवा यदि किया भी गया हो तो वह आज उपलब्ध नहीं है। विद्यापति ही क्यों ? चण्डीदास, गोविन्द दास, बलराम दास जैसे तथाकथित बंगाली वैष्णव कवियों का भी कोई स्वतन्त्र पद-संग्रह उपलब्ध नहीं होता। जब से बंगाल में वैष्णव महाजन पदावलियों का संकलन आरम्भ हुआ तभी से वैष्णव काव्य के आदि स्रष्टा के रूप से विद्यापति के पद उनमें आदरपूर्वक संग्रहीत किए जाने लगे। बंगाल में प्राप्त वैष्णव पदावलियों के पाँच संग्रह ग्रन्थ अधिक प्रसिद्ध है जिनमें से तीन (१. क्षणदागीतचिन्तामणि २. पदामृतसमुद्र और ३ पदकल्पतरु) प्राचीन हैं और दो (१. संकीर्त्तनामृत एवं २. कीर्त्तनानन्द) अपेक्षाकृत अर्वाचीन संग्रह हैं।

१—(अ) कर्णामृत, विद्यापति, श्रीगीतगोविन्द।
दुहुँ श्लोक गीतें प्रभुर कराय आनन्द ॥ (चैतन्य चरितामृत ३।५)
(आ) विद्यापति चण्डीदास श्री गीतगोविन्द।
भावानुरूप श्लोक पढ़े राय रामानन्द ॥ (वही ३।६)
(इ) स्वरूप गाय विद्यापति श्री गीत गोविन्द गीत
शुनि प्रभुर जुड़ाइल काल ॥ (वही ३।७)

४ अ. १ क्षणदागीतचिन्तामणि

इस संग्रह-ग्रन्थ के संग्रह-कर्त्ता गौड़ीय वैष्णव शास्त्रकार **विश्वनाथ चक्रवर्ती** हैं। चक्रवर्त्ती जी ने इसके संग्रह काल के विषय में कोई निर्देश नहीं दिया है किन्तु उन्होंने श्रीमद्भागवत् की टीका भी की है। जिसकी रचना उन्होंने लगभग १७०५ ई० में पूर्ण की थी अतः विद्वानों का अनुमान है कि इसी समय के आस-पास चक्रवर्त्ती जी ने अपना यह संग्रह भी तैयार किया होगा। इसप्रकार यह संग्रह ग्रन्थ संभवतः १८ वीं शताब्दी के आरंभिक चरणों में ही तैयार हुआ होगा। चूँकि अन्य सभी संग्रह इस अवधि के बाद के हैं अतः यही संग्रह पाँचो संग्रह ग्रन्थों में प्राचीनतम ठहरता है।

इस संग्रह-ग्रन्थ[1] में विभिन्न वैष्णव कवियों के कुल ३१५ पद हैं। इनमें विद्यापति की भणितावाले कुल ३७ पद हैं। सर्वप्रथम बाबू **नगेन्द्रनाथ गुप्त** ने अपने 'विद्यापति ठाकुरेर पदावली' संकलन में इन्हें प्रकाशित किया। जिनमें से उन्होंने ८ ऐसे गीत भी प्रकाशित किए जिनमें 'बल्लभ' भणिता है।[2] नगेन्द्र बाबू के विचार से विद्यापति 'बल्लभ' भणिता से भी गीत लिखते थे। किन्तु **'पदकल्पतरु'** के संपादक **सतीशचन्द्र राय** के मतानुसार क्षणदागीतचिन्तामणि के संग्रहकर्त्ता विश्वनाथ चक्रवर्ती स्वयं कुशल कवि थे और उन्होंने अपने संग्रह में कई स्वयं-रचित पद रखे हैं। अपने पदों में वे 'बल्लभ' भणिता श्लिष्ट अर्थ में श्रीराधाबल्लभ श्रीकृष्ण तथा बल्लभ नामक पदकर्त्ता के लिए प्रयुक्त करते थे। "किन्तु विद्यापति के संपादक नगेन्द्र नाथ बाबू ने 'बल्लभ' शब्द के बाद वाले अर्थ को न समझ सकने के कारण ऐसे पदों को भणिताहीन बेवारिश माल विवेचित कर विद्यापति की पदावली में अन्तर्भुक्त कर दिया है।"[3] इन पदों के अतिरिक्त इस संग्रह के ८ भणिताहीन पदों को भी नगेन्द्र बाबू ने विद्यापतिकृत मानकर संग्रहीत किया है।[4] इस प्रकार उक्त १६ पदों को विद्यापति के पद संग्रहों में स्थान देना निर्विवाद नहीं कहा जा सकता। इन पदों के अतिरिक्त जिन पदों में विद्यापति की स्पष्टता भणिता है उनमें से भी कुछ पदों[5] पर बँगला भाषा का अधिक प्रभाव मानकर कुछ बँगला-विद्वानों ने उनके विद्यापतिकृत होने में सन्देह व्यक्त किया है। श्रीखगेन्द्र नाथ मित्र एवं विमानविहारी मजुमदार ने अपनी 'विद्यापति-पदावली' में इस संग्रह के (८ बल्लभ भणिता वाले एवं ८ भणिताहीन पदों को छोड़कर एवं १ पद (न० गु० सं० ५७४) को अन्य कारणों से

१—'क्षणदागीतचिन्तामणि' का एक संस्करण नित्यस्वरूप ब्रह्मचारी ने श्रीधामवृन्दावन के देवकीनन्दन प्रेस से प्रकाशित किया है किन्तु इसके पदों का पाठ शुद्ध रूप में नहीं छप सका है।

२—नगेन्द्र बाबू द्वारा संपादित विद्यापति ठाकुर पदावली के साहित्य-परिषद संस्करण में इन पदों की संख्या क्रमशः ८९, ९०, १३६, १७७, १९४, २५७, २८४, एवं ५९० है।

३—'पदकल्पतरु' भूमिका पृष्ठ २३१।

४—नगेन्द्र नाथ गुप्त विद्यापति ठाकुरेर पदावली सा० परि० संस्करण, पद-संख्या ६५, १४३, १५६, २३८, ५४९, ५७२, ५७४, और ८२५।

५—यथा—[क] रति रसे चञ्चल नागर राज। [ख] शुन-शुन सुन्दरि हित उपदेश। [ग] ना रहे गुरुजन माझे। [घ] शुन-शुन ए सखि वचन विशेष।

छोड़कर) कुल २० पदों को प्रकाशित किया है।[1] क्षणदागीत चिन्तामणि के अधिकांश पद परवर्त्ती संग्रह ग्रन्थों में भी संकलित किए गए हैं।

४ अ. २ पदामृतसमुद्र

लगभग १८ वीं शता में ही श्री निवास आचार्य के वृद्ध प्रपौत्र एवं महाराज नन्द-कुमार के गुरु परमरसिक, पंडितप्रवर **राधामोहन ठाकुर** ने वैष्णव-पदों का यह महत्त्व-पूर्ण संग्रह ग्रन्थ संग्रहीत किया। बंगाल में किए गए प्राचीन वैष्णव-पद संग्रहों में यह सर्वाधिक प्रामाणिक संग्रह माना जाता है। ठाकुर महोदय ने बड़े पाण्डित्यपूर्ण ढंग से इसका संपादन किया है।

इस संग्रह में विभिन्न कवियों के कुल ७४६ पद हैं। जिनमें लगभग २२८ पद स्वयं राधामोहन ठाकुर रचित हैं। सबसे अधिक पद गोविन्द दास के हैं जिनकी संख्या २७० है। विद्यापति की भणिता वाले पदों की संख्या ६४ है। ठाकुर महोदय के निकष पर खरे उतरे हुए विद्यापति के पदों की प्रामाणिकता के विषय में अधिकांश बंगाली विद्वानों को कोई सन्देह नहीं है। तथापि कतिपय विद्वानों ने उनके संग्रह में भी संग्रहीत–'ना रहे गुरुजन माँझे।'; 'कि करब कोथा जाब सोथाय ना होय।'; 'सइ यमुनार कुले। गोप गोपी नाइ बुले।''; -'नयन ढुलाढुलि लहु लहु हास''; 'एमन पियार कथा कि पुछसि ए सखि।', ''सेखाने सतत बैसे रसिक मुरारि।'' 'नहि दरसन विधि कैल बाद।'—जैसे पदों में बंगला भाषा का अधिक प्रभाव देखकर इन्हें मैथिल विद्यापति की रचना मानने में सन्देह व्यक्त किया है।

श्रीयुत विमानविहारी मजुमदार ने राधामोहन ठाकुर द्वारा संग्रहीत पदों को अधिक श्रद्धापूर्वक स्वीकार किया है। यहाँ तक कि उन्होंने पदामृतसमुद्र पृष्ठ संख्या ४४ पर आए पद (मि० म० पद संख्या २७३) को भी विद्यापतिकृत मानना चाहा है जिसकी भणिता में राधामोहन जी ने विद्यापति का नाम दिया है यद्यपि यही पद रागतरङ्गिणी में भूपति सिंह की भणिता से युक्त मिलता है। फिर भी मजुमदार महोदय ने भी इस संग्रह के सभी (६४) पदों को अपने संग्रह में विद्यापति के प्रामाणिक पदों के रूप में स्थान नहीं दिया है। मित्र-मजुमदार की 'विद्यापतिर पदावली' में जिन पदों के नीचे

१--प्रथम संख्या क्षणदागीत चिन्तामणि के पृष्ठों की तथा द्वितीय-सं०, मि०-म० नूतन संस्करण के उन पदों की जिनमें क्रमशः वे पद प्रकाशित हैं--११-३१, १३ ६१६, १८-२७४, २२-६७५, ३०-६९३, ३१-६६६, ३३-६७४, ५७-६७१, ६१-६३०, ८७-६३२, १०५-७५३, १८४-६९७, २३३-२३२, ३४८-३८, ३८३-२५४, ४०९-६२३, ४१२-७३९. ४३५-६२२।

दो अन्य पद जिनके नीचे 'क्षणदा' से उद्धृत होने का संकेत है पद सं० ८२० और ८२४ हैं किन्तु इनमें क्षणदा की पृष्ठ सं० नहीं दी गई हैं। नगेन्द्रनाथ गुप्त के संस्करण में ये क्रमशः ८२० एवं १७३ संख्यक पद हैं। एक अन्य पद (मि० म० सं०, पद-सं० ३९) भी क्षणदागीतचिन्तामणि का है जिसका पाठान्तर तालपत्र एवं कीर्त्तनानन्द से है।

प० स० लिखा है अर्थात् जो पदामृत समुद्र से लिए गए संकेतित हैं उनकी संख्या ६० है।[1] जिनमें विद्यापति के प्रमाणिक पद कुल ५२ माने गए हैं। ३ पद (पद संख्या ८९३,९१७ और ९५१) नाति प्रामाणिक कहे गए हैं और ५ पदों को बंगाली विद्यापति कृत स्वीकार किया गया है।[2] क्षणदागीतचिन्तामणि के भी कई पद इसमें थोड़े बहुत पाठान्तर से ग्रहण किए गए हैं।

४ अ. ३ पदकल्पतरु

पदामृतसमुद्र संग्रह के कुछ दिनों पश्चात् लगभग १८ वीं शती के उत्तरार्ध में **गोकुलानन्द सेन** (उपनाम वैष्णव दास) ने **'पदकल्पतरु'** संग्रह ग्रन्थ का संकलन किया। यह संकलन प्राचीन वैष्णव-पदावलियों का बृहत्तम संग्रह है। इसमें संकलित विभिन्न कवियों के पदों की कुल संख्या लगभग ३१०१ है। यद्यपि कुछ कवियों के कुछ पद दुबारा भी आ गए हैं। इतने बड़े संग्रह में इस प्रकार की त्रुटियाँ आ जाना असम्भव भी नहीं है। अन्य वैष्णव पदावली संग्रहो की अपेक्षा विद्यापति के पद इसी संग्रह में अधिक हैं। इसमें विद्यापति की भणिता से युक्त पदों की कुल संख्या लगभग १६१ बताई जाती है। मजुमदार महाशय ने भी इसे स्वीकार किया है और इनमें से उन पदों की संख्या जो इस संग्रह के अतिरिक्त नेपाल अथवा मिथिला में भी पाए जाते हैं १४ बताई है।[3] शेष १४७ पदों को केवल बँगला-वाङ्मय में ही सुरक्षित होने का श्रेय दिया है। किन्तु उनके द्वारा निर्देशित 'ख' निघन्टु देखने पर इसमें कुछ व्यतिरेक दिखाई पड़ता है। वस्तुतः 'ख' निघन्टु अपूर्ण और यत्र-तत्र त्रुटिपूर्ण भी है।[4] यह बात मि० म० द्वारा दिए गए पदावली के पाठों के नीचे संकेतित प० त० (पदकल्पतरु) के संकेत एवं संलग्न पदकल्पतरु के पदों की संख्याओं से स्पष्ट हो जाती है।[5] मित्र-मजुमदार

१—यहाँ पदामृत समुद्र के पृष्ठों की सं० दी गई है पदों की नहीं, अतः एकही पृष्ठ पर एकाधिक पद भी आ गए हैं। नीचे इनकी सं० दी जा रही है। क्रमशः प्रथम सं०, प० स० के पृष्ठों की है तथा द्वितीय मित्र-मजुमदार संस्करण के पदों की :—

१२-६५७, २४-६६६, ३०-६१०; ६१२ और ६१६, ३३-९२१, ३४-६१९, ३५-६२३, ३८-६६३ और ६६५, ३९-९१७, ४१-६५१, ४२-६७३, ४३-६७०, ४४-२७३, ६७१ और ८९३, ४५-६३९, ४६-८९, ६०-७५८, ६३-७१५, ७२-६५७, ७८-६५०, ८२-६१४, ८८-४९७, ८९-६९७, ९२-४९३ और ६९८, १०८-१९०, १०९-७४६, ११४-७३३ एवं ७५०, ११५-७२६, ११८क-७६१, ११८-७४७, ११९-७४० एवं ७५१, १२२-७१४ एवं ७२२, १२६-७२७, १३१-१७६, १३४-१७९, १३८-७४१, १४०-१८५, १४२-५४२, १४७-७३२, १५१-७५३ और ७५५, १६४-७४५, २०१-७६४ और ७६५, २५१-७६०, २५५-७१८।

२—प्र० सं० पदामृत समुद्र की पृष्ठ संख्या है तथा द्वितीय मित्र० म० संस्करण के बंगाली विद्यापति के पदों की पद सं०—९१-१४, १२३-२४, १२७-२७, १४६-२६ और १६९-८।

३—मि० म० 'विद्यावतिर पदावली' भूमिका पृष्ठ ७५।

४—'ख' निघण्टु में कुल पद लगभग १३८ ही गिनाए गए हैं। पुष्पचिह्नित पद भी १४ नहीं है तथा छोड़े गए पदों की संख्या भी ठीक नहीं जँचती।

५—मि० म० 'विद्यापतिर पदावली' के पद-पाठ के नीचे निर्देशित संख्याओं के आधार पर उपलब्ध यथार्थ विवरण परिशिष्ट 'इ' में देखिए।

द्वारा संपादित पदावली के सम्यक् निरीक्षण से ज्ञात होता है कि पदकल्पतरु में आए विद्यापति की भणितायुक्त पदों की कुल संख्या लगभग १७१ है। जिनमें से संपादकद्वय ने १० पदों[1] को नातिप्रामाणिक अथवा संदिग्ध प्रामाणिकतायुक्त माना है। २४ पदों[2] को विभिन्न कारणों से बंगाली विद्यापतिकृत माना है। शेष सभी पद विद्यापतिकृत निर्देशित हैं। १ अन्य पद (संख्या १६०३) विद्यापति के प्रामाणिक पद के रूप मि० म० में पद-संख्या १९० पर प्रकाशित है यद्यपि बंगाली विद्यापति के पद संख्या २९ की पाद-टिप्पणी में संपादक ने इसे यथार्थतः बंगाली विद्यापति की ही रचना स्वीकार किया है। अतः निर्देशित शेष पदों की संख्या का कुल योग यद्यपि १३७ आता है तथापि उनकी यथार्थ संख्या १३५ ही ठहरती है।[3] इन १३५ पदों में भी ६ ऐसे हैं जो दो-दो स्थलों पर भिन्न-भिन्न पद-संख्याओं पर आए हैं।[4] पुनरुक्त पदों में से एक पद जो पदकल्पतरु में पद-संख्या १८२७ और १९५७ दो स्थलों पर आया है मि० म० संस्करण में भी (मि० म० पद-संख्या ७२९ और ७३२) पर पुनरुक्त हो गया है। इस प्रकार इस संग्रह में विद्यापति के विशुद्ध १३० पद ही कहे जा सकते हैं। शेष की पुनरुक्ति मि० म० संस्करण में बँचाली गई है यद्यपि अमूल्यचरण विद्याभूषणवाले संस्करण में यत्र-तत्र आ गई थी। किन्तु कुछ पद[5] जो पदकल्पतरु में तो एक ही स्थल पर आए हैं थोड़े बहुत हेर फेर से मि० म० संस्करण में पुनरुक्त हो गए हैं जिनमें से कुछेक की पुनरुक्ति का तो कुछ कारण भी रहा है; और संपादकों ने कहीं-कहीं उसका स्पष्टीकरण भी किया है पर कुछ शायद असावधानी में पुनरुक्त हो गए हैं।

पदकल्पतरु संग्रह के पदों का महत्त्व इस दृष्टि से तो है ही कि बँगला-वाङ्मय में

१—प्र० सं० पदकल्पतरु की तथा द्वितीय मि०-म० संस्करण में की—६१-९१७, ३६८-९२४, ४५२-९२५, ४५८-९१६ ४८८-९२३, ९६८-९२०, १०१२-९२२, १६३८-९१९, १६४०-९२१, १६७१-९१८, अन्य २ पद परिशिष्ट 'क' में क्रमशः २०१ तथा १९७।

२—पदकल्पतरु के पदों की संख्या जिन्हें मि० म० ने बंगाली विद्यापतिकृत माना है। २०७ [संभवतः यह संख्या-निर्देश त्रुटिपूर्ण है क्योंकि इसी क्रमांक का पद मि० म० संस्करण में पद सं० २२८ पर विद्यापति के प्रामाणिक पदों के रूप में उद्धृत है और जो 'बंगाली विद्यापति' अंश में निर्देशित पद से भिन्न है।] २१५, २३८, ३९९, ५११, ५२१, ६६६, ७२१, ७२६, ७२७, ७२८, १०९३, ११०३, ११०७, १५०२, १५२८, १६१९, १६४०, १६५२, १६७२, १६८०, २००८, २०३८ और २५२५।

३--पूर्ण विवरण के लिए देखें परिशिष्ट 'इ'।

४--पदकल्पतरु के पद ६३ और ११०, २५३ और २५४, ५०० और ५३४, ५३० और २०४४, १८२७ और १९५७।

५--पदकल्पतरु के पद जो मित्र-मजुमदार में दो-दो स्थलों पर आए हैं--

प० त०	मि० म०
८०	२३२ और ६११
२०१	३१ " ९३१
८८५	२४५ " ७०५
१८२७ और १९५७	७२९ " ७३२

संग्रहीत प्राचीन संग्रह ग्रन्थों में सर्वाधिक पद इसी संग्रह में हैं इसके अतिरिक्त इसका महत्त्व इस दृष्टि से भी है कि बंगाल में संकलित अन्यान्य संग्रहों के भी अधिकांश पद इसमें एकत्र मिल जाते हैं तथा विद्यापति की काव्य-गरिमा को संवर्धित करनवाले अनेक उत्तम कोटि के पद केवल इसी संग्रह ग्रन्थ में संरक्षित रहे हैं जो परवर्त्ती संग्रह ग्रन्थों में बड़े आदर के साथ गृहीत होते आए हैं। यथा—'सखि हे हमर दुखक नहिं ओर।' 'ए भर बादर माह भादर—सून मन्दिर मोर।" "माधव सो अब सुन्दरिवाला। अविरत नयन वारिझर नीझर—जनु घन सावन माला।" "माधव कत परबोधब राधा। हा हरि हा हरि—कहतहि बेरि-बेरि, अब जिउ करब समाधा।" "तातल सैकत वारि-विन्दुसम सुतमित रमनि समाजे। तोहे विसारि मन ताहे समापलूँ, अब माझु होब कोन काजे। माधव हम परिनाम निराशा।" आदि।

४ अ. ४ संकीर्त्तनामृत

इस संग्रह ग्रन्थ का संग्रह देशबन्धु चित्तरंजन दास ने किया था। इसके पद संकलक दीनबन्धु दास थे जो श्री खण्ड के नरहरि सरकार की शिष्य परम्परा में थे। इस प्रति में इसका लिपि-काल १६९३ शकाब्द (१७७१ ई०) दिया हुआ है। इस संग्रह में ४० कवियों के कुल ४९१ पद संकलित हैं। जिसमें विद्यापति रचित पदों की संख्या १० है। किन्तु मजुमदार महोदय ने इनमें से दो पदों[१] के विद्यापतिरचित होने में संदेह व्यक्त किया है।

४ अ. ५ कीर्त्तनानन्द

इस संग्रह ग्रन्थ की कोई प्राचीन प्रति उपलब्ध नहीं है फिर भी ऐसा लगता है कि यह संग्रह अन्य संग्रहों से अर्वाचीन है। इसके संग्रह कर्त्ता के विषय में कोई जानकारी नहीं मिलती। श्री बनवारी लाल गोस्वामी ने ११३२ बंगाब्द (ईस्वीसन १८२६) में लिखित इसकी एक पाण्डुलिपि के आधार पर इसका प्रकाशन हितैषी प्रेस मुर्शिदाबाद से किया है। इसमें कुल ६५९ पद संकलित हैं। जिनमें से विद्यापति की भणितायुक्त पदों की संख्या लगभग ५८ है। इस संग्रह में भणिताहीन पद भी अधिक हैं। बाबू नगेन्द्रनाथ गुप्त ने लगभग २७ भणिताहीन अथवा अन्य कवियों की भणितावाले पदों को भी इस संग्रह से लेकर 'विद्यापति ठाकुरेर पदावली' में प्रकाशित कर दिया है किन्तु इन्हें विद्यापतिकृत मानने का कोई ठोस आधार नहीं बताया है। उन्होंने इस संग्रह से ६ ऐसे पद भी उद्धृत किए हैं जो भाव-भाषा की दृष्टि से विद्यापतिकृत ही लगते हैं किन्तु मुद्रित कीर्त्तनानन्द में ये पद प्रकाशित नहीं हैं। इनमें से मि०-म० ने[४] को तो प्रामाणिक माना है[२] किन्तु

१—पद-संख्या ४६७ और ४६८ जो मि०-म० संस्करण में बंगाली विद्यापति के पदों में क्रमशः २१ और ३२ संख्यक पद के रूप में प्रकाशित किए गए हैं।

२—प्रथम सं० न० गु०, संस्करण की तथा द्वितीय संख्या मि०-म० संस्करण की :—३३१-६६८, ३३२-६६७ ४३३-६५५, ७६०-६२८।

२ पदों को नाति प्रामाणिक अथवा संदिग्ध कोटि में रखा है।[1] २ अन्य पदों को, जो प्रकाशित कीर्त्तनानन्द में भी हैं, भी संदिग्ध कोटि में ही रखा है।[2] मि०-म० संस्करण में प्रामाणिक रूप में ग्रहीत (उन पदों की संख्या जिनके नीचे कीर्त्तनानन्द से उद्धृत किए जाने का निर्देश है) कुल ३८ पद हैं।[3] तथा ३ पदों को उन्होंने बंगाली विद्यापतिकृत माना है।

४ अ. ६ अप्रकाशित संग्रह

बंगाल में कई ऐसे वैष्णव-पदावली संग्रह विभिन्न स्थलों, संस्थानों एवं व्यक्तियों के पास सुरक्षित हैं जिनमें विद्यापति के पद संग्रहीत हैं किन्तु अभी तक उन संग्रहों का विधिवत प्रकाशन नहीं हो सका है। ऐसे संग्रहों में एक संग्रह प्रसिद्ध कीर्त्तन गायक स्वर्गीय अद्वैतदास **पंडित बाबाजी** महोदय का है जो श्रीयुत विमानविहारी मजुमदार के पास सुरक्षित है। यद्यपि यह प्रति खण्डित है तथापि इस संकलन के पाठ अधिक साफ सुथरे हैं। मि० म० संस्करण में अन्य वैष्णव-पदावलियों के पाठ जहाँ अस्पष्ट अथवा उलझनयुक्त हैं वहाँ इसी प्रति से उनके पाठ दिए गए हैं। इसके अतिरिक्त इस पोथी से ९ ऐसे पद[4] भी प्रकाशित किए गए हैं जो अन्य किसी संग्रह में नहीं मिलते। इनमें से ५ पदों[5] को तो मि० म० संस्करण में राजनामाङ्कित पदों के रूप में प्रकाशित किया है तथा शेष ४ पदों[6] को 'केवलमात्र वाङ्ला देश में प्रचलित राजा-नाम विहीन विद्यापति के पदों' के साथ प्रकाशित किया गया है।

इस संग्रह ग्रन्थ के अतिरिक्त दूसरा महत्त्वपूर्ण अप्रकाशित संग्रह **पदरत्नावली** अथवा पदरत्नाकर है। मि०-म० संस्करण में इस संग्रह से भी दो महत्त्वपूर्ण पद प्रकाशित किए गए हैं।[7] इनके अतिरिक्त कुछ संग्रह कलकत्ता विश्वविद्यालय, शान्ति निकेतन तथा बंगीय साहित्य परिषद जैसे स्थानों पर भी सुरक्षित हैं जिनका वैज्ञानिक अन्वेषण अभी भली-भाँति नहीं किया गया है।

—प्रथम संख्या न० गु० तथा द्वितीथ मि० म० संस्करण की—३७९—९२३ और ८३२—९२६

२—प्रथम संख्या कीर्त्तनानन्द की द्वितीय मित्र० म० संस्करण की २५१—९१७, ४००—९२२

३—प्रथम संख्या कीर्तनानन्द की तथा द्वितीय मि० म० संस्करण की—
७४-६३२, १२२-३९, १८४-७४२, १२६-५४१, १३२-३१ और ९३१, १३३-७०३, १७६-६२२, १७७-६२३, १८०-६१८, १८१-६२४, १९७-६२१, २०९-६२७, २१०-६२६, २१२-६२५, २१८-६१९, २२८-६१६, २३०-६१२, २३२-६१४, २३३-६१७, २३५-६१०, २३७-६११, २५४-६५१, २५६-७००, २८३-६३४, २८४-६६३, २८५-६६५, २८६-६७०, २८९-६७३, २९१-६३५, २९७-६७१, २९८-६८१, २९९-६७४, ३१३-६७९, ३१७-६८३, ३१८-६८६, ३१९-६८४, ३२०-६८५, ३३१-६६८।

४—प्रथम संख्या पंडित बाबा जी की पोथी के पदों की तथा द्वितीय संख्या मि० म० संस्करण के पदों की— ६८-६७७, ७५-६२, ८६-६८०, ८८-६७८, ९५-७८, ९८-४७, १०४-८७, ११७-१०६
मि० म० का एक अन्य पद संख्या ६८९ पंडित बाबा जी की पोथी से उद्धृत है किन्तु इसकी पद संख्या नहीं दी गई है।

५—मि० म० संस्करण में संख्या क्रमशः—४७, ६२, ७८, ८७, १०६

६ – मि० म० संस्करण में संख्या क्रमशः ६७७, ६७८, ६८०, ६८९

७ –प्रथम संख्या पदरत्नाकर की तथा द्वितीय मि० म० संस्करण की—२-१८९. २९-७३०।

४ अ. ७ अज्ञात स्रोतवाले पद

बंगला-वाङ्मय में संकलित प्राचीन वैष्णव पदसंग्रहों के अतिरिक्त कुछ पद कीर्त्तनियाँ गायकों की गीत-परम्परा में अब तक पलते आ रहे हैं, जो किसी प्राचीन पद संग्रह में नहीं मिलते। ऐसे कई सुन्दर पदों का संकलन बाबू नगेन्द्रनाथ गुप्त, अमूल्यचरण विद्याभूषण एवं मि०-म० ने अपने-अपने संकलनों में किया है। यद्यपि ऐसे पदों में भाषाविषयक परिवर्त्तन अधिक हुए हैं। मि०-म० संस्करण में ऐसे ८ पद बंगला वाङ्मय से संग्रहीत हैं जिनका कोई मूल आकर ग्रन्थ नहीं मिलता[1] किन्तु इन्हें विद्वान संपादकों ने विद्यापति का प्रामाणिक पद माना है। इसप्रकार बाङ्ला-वाङ्मय में व्याप्त विद्यापति के पदों को प्रायः प्रत्येक स्रोत से संकलित करने की चेष्टा विद्वान संकलन कर्त्ताओं ने की है। आधुनिक मुद्रा-यन्त्र की स्थापना से इस संग्रहकार्य में और अधिक सहायता मिली; साथ ही विद्यापति के पदों के नेपाली एवं मैथिली उत्स से व्यापक अभिज्ञता हो जाने से उनके यथार्थ स्वरूप की छान-बीन करने में भी विशेष प्रगति हुई है।

४ आ. आधुनिक प्रकाशन

विद्यापति के पद अत्यन्त श्रद्धापूर्वक बंगाली वैष्णव कवियों की रचनाओं के साथ-साथ वैष्णव पदावलियों में संग्रहीत किए गए हैं। आधुनिक काल में बंगाल में जब १९ वीं शती के आरम्भ में बंगला मुद्रायन्त्र स्थापित होने लगे तो कई वैष्णव ग्रन्थ मुद्रित हुए। इन वैष्णव ग्रन्थों में अन्य कवियों के साथ-साथ विद्यापति का परिचय और उनके पद भी प्रकाश किए गए। ईस्वी सन् १८५८-४९ में राजा राजेन्द्र लाल ने **'विविधार्थ संग्रह'** और **"बांगला भाषा उत्पत्ति"** शीर्षक प्रबंधों में विद्यापति के पदों को उद्धृत किया। श्री हरिमोहन उपाध्याय ने १८६९ में प्रकाशित अपने **'कवि चरित'** में तथा श्री महेन्द्रनाथ चट्टोपाध्याय ने १८७१ में प्रकाशित अपने **'बंगभाषार इतिहास'** में एवं श्री महेन्द्रनाथ भट्टाचार्य ने १८७२ में **'बँगला साहित्य संग्रह'** में विद्यापति संबंधी कुछ विवरण एवं उनकी पदावली के कुछ पद प्रकाशित किए। १८७८ में श्री रामगति न्याय रत्न ने भी अपने प्रबंध **'बँगला भाषा'** और **'बँगला साहित्य विषयक प्रस्ताव'** में महत्वपूर्ण विवरण प्रकाशित किए। किन्तु इन सभी विद्वानों की कृतियों में विद्यापति की जीवनी आदि के विषय में बंगीय-समाज में प्रचलित भ्रामक विचारों का कुछ-न-कुछ प्रभाव अवश्य पड़ा था।

ईस्वी सन् १८७४ ई० से केवल विद्यापति के पदों के स्वतंत्र संकलन ग्रंथ प्रकाशित होने आरंभ हो गए। श्री जगबन्धु भद्र ने कुमारखालि से **'महाजन पदावली'** प्रकाशित की जिसके प्रथम खण्ड में केवल विद्यापति के पद संकलित थे और द्वितीय खण्ड में चण्डीदास के। स्वर्गीय शारदाचरण मित्र ने अक्षयचन्द्र सरकार के साथ मिलकर

१—प्रथम संख्या न० गु० संस्करण की तथा द्वितीय संख्या मि० म० संस्करण की—

५७-६२९, १६१-६७६, १६९-६८२, १८८-७०२, ३६२-६४०, ६५७-७३१, ७०१-७०६, ७१०-७३८। एक अन्य पद (४२३-६५४) के मूल पाठ के नीचे भी 'अज्ञात' लिखा है किन्तु भूमिका में इसे पदकल्पतरु का ४९७ संख्यक पद बताया गया है।

'प्राचीन काव्य संग्रह' का प्रकाशन १८७१ ई० से ही मासिक रूप से आरंभ कर दिया था जिसमें वे स्वयं विद्यापति के पदों का संग्रह कर रहे थे और श्रीअक्षयचन्द्र चण्डीदास के पदों का। इसप्रकार बंगला में सर्वप्रथम विद्यापति-पदावली **'प्राचीन काव्य संग्रह'** में प्रकाशित हुई। तत्पश्चात् १२८५ बंगाब्द (सन् १८७८ ई०) में यह पृथक् रूप से शारदा चरण मित्र के संपादन में पुस्तकाकार प्रकाशित हुई। बाद में श्री शारदाचरण मित्र के ही प्रयत्न एवं आर्थिक सहायता से श्री नगेन्द्रनाथ गुप्त ने बंगीय साहित्य परिषद से इसका सुसंपादित संस्करण 'विद्यापति ठाकुरेर पदावली' १३१६ बंगाब्द में प्रकाशित किया। उन्होंने इसमें कुल ८४० पद संकलित किए थे। तदनन्तर दो और परिमार्जनों के साथ इस पदावली का प्रकाशन वसुमती कार्यालय से हुआ। पुनः १३४१ बंगाब्द में पंडित प्रवर अमूल्यचरण विद्याभूषण ने इसका संशोधन एवं कई नए पदों का संयोजन करके इसे और भी प्रामाणिक रूप में संपादित किया। इस कार्य में श्री खगेन्द्रनाथ मित्र ने महत्वपूर्ण योगदान दिया। १३५९ बंगाब्द में यही संस्करण और अधिक संशोधन, परिवर्धन एवं महत्वपूर्ण विशाल भूमिका के साथ श्रीखगेन्द्र नाथ मित्र एवं बिमानविहारी मजुमदार के संपादन में श्री शारदाचरण मित्र के सुपुत्र श्री शरतकुमार मित्र ने प्रकाशित किया। बंगाल में प्रकाशित विद्यापति पदावली का यही वृहत्तम एवं महत्तम संस्करण है। इसमें विद्यापति के नाम पर कुल ९३३ पद संग्रहीत हैं जिनमें से एकाध स्थल पर सन्देह करते हुए भी संपादकद्वय ने ७९६ पदों को विद्यापति के प्रामाणिक पद मानकर प्रकाशित किया है। इनके अतिरिक्त इसमें नातिप्रामाणिक पदों में ८ नेपाल पदावली से २० भणिताहीन पद रामभद्र पुर पदावली से, २३ पद नगेन्द्र बाबू द्वारा संकलित तरौनी की ताल-पत्र की पोथी से तथा मिथिला मण्डल से संग्रहीत ६७ ऐसे पद जिनकी प्रामाणिकता के बारे में असंदिग्ध भाव से कुछ कहना संभव नहीं जान पड़ा है, बंगाल से संकलित १२ सन्दिग्ध पद एवं ६ अन्य राज नामांकित पद संकलित है।

इस सग्रह में ३२ पद बंगाली विद्यापति के भी संकलित हैं। प्राचीन संग्रहों में विद्यापति के पदों के साथ प्राप्त अन्य कवियों के पदों में १४ नेपाल पदावली के, २ रामभद्र पुर की पदावली के ६ तरौनी पदावली के और १ राग तरंगिणी के पद प्रकाशित हैं।

४ आ. २

बँगला-वाङ्मय से संकलित पदों के लिए मैंने इसी संग्रह के नूतन संस्करण (दोल पूर्णिमा १३५९ बंगाब्द) को आधार स्वरूप ग्रहण किया है तथा इसके पाठ को भी (बंगीय वाङ्मय में व्यवहृत स्वरूप को देखते हुए) प्रामाणिक माना है। यद्यपि विद्यापति के पदों की मूल भाषा से इनका पार्थक्य सहज ही समझा जा सकता है किन्तु शताब्दियों से बंगला कीर्त्तनगायकों के कण्ठ में प्रवहमान इन पदों में जो परिवर्तन एवं परिवर्धन हुए हैं वे भी श्लाघ्य हैं। इसके अतिरिक्त बंगीय-वाङ्मय के अधिकांश पदों का कोई रूप बंगाल से बाहर के किसी संग्रह में उपलब्ध नहीं है अतः बंगीय परिवेश में वे जिस रूप में उपलब्ध हैं उन्हें उसी रूप में ग्रहण करना ही उचित समझा है। वैसे जहाँ कहीं औच्चारणिक प्रक्रिया से विद्यापति के पद का मैथिल स्वरूप अधिक बिगड़ता परिलक्षित हुआ है वहाँ पाद टिप्पणी में (पाठभेद अंश में) स्वविवेक से मैथिल के अनुरूप भी पाठ देने का प्रयत्न किया गया है।

जहाँ कहीं मि० म० संस्करण में मजुमदार जी द्वारा भूमिका भाग में दी गई स्थापना से मूल पाठ में कोई भेद दिखाई पड़ा है अथवा मूल-पाठ में ही किसी प्रकार की पुनरुक्ति आदि दिखलाई पड़ी है, माननीय संपादकों के मत का समुचित आदर करते हुए एवं संपादकीय कार्य की गुरुता में संभाव्य ऐसी छोटी त्रुटियों को नगण्य मानते हुए, यथा स्थान उनका स्पष्ट विवेचन किया गया है।

४ आ. ३

विद्यापति के जो पद बंगाल के साथ-साथ मिथिला एवं नेपाल के प्रतियों में, अथवा मैथिल लोक-कण्ठ में भी पाए जाते हैं उनके प्रामाणिक स्वरूप का निर्धारण और अधिक सरलता से हो सका है। इसमें बंगाली विद्वानों के साथ-साथ हिन्दी (मैथिल) विद्वानों ने भी समुचित निर्देशन दिए हैं। किन्तु जो पद केवल बंगीय वाङ्मय में व्याप्त मिलते हैं उनके संबंध में श्रीयुत खगेन्द्रनाथ मित्र एवं विमान विहारी मजुमदार की कुछ स्थापनाएँ ऐसी हैं जिनके विषय में कुछ चर्चा कर लेना उचित होगा।

बँगला-वाङ्मयमात्र में प्राप्त पदों को संपादकद्वय ने ४ विभिन्न उपखण्डों में रखा है। १—राजनामाङ्कित पद (प्रथम खण्ड) २—केवल मात्र बाङ्ला देशे प्रचलित राजार नाम विहीन विद्यापतिर पद (द्वितीय खण्ड) ३—बाङ्ला देशे प्राप्त संदिग्ध पद (पंचम खण्ड 'ङ') और—बाङ्गाली विद्यापतिर पद (परिशिष्ट 'ख')। इसमें से प्रथम दो उपखण्डों के प्रायः सभी पदों को संपादकद्वय ने विद्यापति की प्रामाणिक रचना माना है। इसके अतिरिक्त परिशिष्ट 'क' में प्रकाशित ६ अन्य पदों को,—जिनमें से २ पद[1] बंगला वाङ्मय में भी पाए जाते हैं—भी उन्होंने प्रामाणिक ही माना है।[2] तृतीय उपखण्ड की प्रामाणियता में तो उन्होंने संदेह व्यक्त किया है किन्तु चतुर्थ उपखण्ड (परिशिष्ट 'ख') में संग्रहीत पदों को स्पष्टतः बंगाली विद्यापतिकृत स्वीकार किया है।

४ इ. सन्दिग्ध पद

संदिग्ध प्रामाणिकता वाले पदों की संख्या १२ है।[3] इनमें से एक पद (सं० ९१७) कदकल्पतरु में गोविन्ददास रचित दो पदों के मध्य संग्रहीत है और उसका आरंभ कुछ ऐसा है कि लगता हैं जैसे इसके पूर्व कुछ और प्रसंग चर्चित हो चुका हो। अतः सपादकद्वय का विचार है कि यह मध्यस्थ पद भी उन्हीं का होगा। किन्तु वहीं पाद-टिप्पणी में उन्होंने

१—पद संख्या ९३१ और ९३२

२—वर्तमान संस्करण में प्रथम चार खण्डों में प्रदत्त ७९६ पदों के साथ, 'क' परिशिष्ट में मुद्रित ६ पदों को और भूमिका के छठें प्रकरण में नेपाल पोथी के विचार विमर्श की १०७ संख्यक पाद-टीका में लिखित ४ पदों को, कुल योग ८०६ पदों में से अपने (संस्करण के) १९०, ४४० एवं २७३ संख्यक सिंहभूपति की भणिता युक्त पदों एवं नव कवि शेखर की भणिता से युक्त ६१५, ६९४, ६४५, और ७१७ संख्यक पदों कुल योग ७ पदों को निकाल कर शेष ७९९ पदों को अकृत्रिम पदके रूप में ग्रहण किया गया है।

—भावानुवाद ११६ संख्यक पाद टीका पृष्ठ ८५ मि०म० नूतन संस्करण।

३—मि० म०; पद सं० ९१६ से ९२७

स्वीकार किया है कि (गोविन्ददास विद्यापतिर बहु पदेर अंश लइया निजे पद रचना करियाछेन) 'गोविन्ददास ने विद्यापति के अनेक पदों का अंश लेकर स्वयं पद रचे हैं।' गोविन्ददास ही क्या विद्यापति के पदों का अनुसरण भाव-भाषा और शैली सभी दृष्टियों से अनेक परवर्त्ती वैष्णव कवियों ने किया है। डॉ० गियर्सन ने भी अपने Modern Literary History of Hindustan में इसे स्पष्ट शब्दों में घोषित किया है।[१] विद्यापति के पदों को बंगाली परिप्रेक्ष में ढालने के लिए शाब्दिक, औच्चारणिक एवं छन्द संबंधी परिवर्तन भी बड़ी स्वतन्त्रता से किए गए हैं। गोविन्ददास ने उन्हें गुरुवत माना है और उनसे सर्वाधिक ग्रहण किया है। अतः यदि उक्त पद गोविन्ददास का हो, तो भी उस पर विद्यापति की छाप अवश्य है।

शेष पदों में से ४ में[२] कुछ सग्रह ग्रन्थों में गोविन्ददास की भणिता मिलती है और २ में[३] विद्यापति और गोविन्ददास दोनों का नाम है। किन्तु कुछ संग्रहों में तो विद्यापति की भणिता भी स्पष्ट मिलती है अतः उन्हें विद्यापति की रचना मानना और अन्य संस्करणों में विद्यापति के मूल पद पर परिवर्तन-परिवर्धन का प्रभाव देखना कहीं अधिक उचित लगता है क्योंकि इन पदों में विद्यापति की भाषा एवं वर्णन शैली स्पष्ट परिलक्षित है। एक-दो पंक्तियाँ अवश्य बंगलामय हो गई हैं,[४] पर यह कीर्तनियाँ गायकों एवं संकलन कर्त्ताओं की कृपा का भी परिणाम ह सकता है। अन्य पदों में पद-संख्या ९०६-९२७ का कोई निश्चित स्रोत नहीं मिलता पर इनमें विद्यापति का नाम और कृतित्व स्पष्ट है। पद संख्या ९२३, विभिन्न संग्रहों में विद्यापति, सुकविकण्ठहार और कवि भूपति कण्ठहार भणितायुक्त मिलता है। पद-संख्या ९२४ में त्रिद्यापति कवि चम्पति भान' भणिता है और ९२५ संख्यकपद कविरंजन की भणिता से युक्त भी पाया जाता है। अतः इन तीन पदों की प्रामाणिकता पर संदेह व्यक्त किया जा सकता है। प्रसंग सापेक्ष्य होने के कारण पद-संख्या ९१६ को भी गोविन्ददासकृत माना जा सकता है। इस प्रकार इन बारह पदों में उक्त ४ पदों की प्रामाणिता में संशय की संभावना है। किन्तु शेष आठ पदों की प्रामाणिका पर सन्देह करने का कोई ठोस आधार नहीं है। अतः प्रस्तुत संग्रह में विद्यापति के विरह पदों का इस अंश से भी संचयन किया गया है।

४ ई. बंगाली विद्यापति के पद

श्री खगेन्द्र नाथ मित्र एवं विमान विहारी मजुमदार ने 'विद्यापतिर पदावली' के **परिशिष्ट (ख) में 'बाङ्गली विद्यापतिर पद'** शीर्षक के अन्तर्गत ३२ पद प्रकाशित किए हैं। इन पदों का संचयन बंगाली विद्यापति के किसी प्राचीन पद-संग्रह से नहीं किया गया है अपितु विद्यापति की भणिता से युक्त पदों में से ही इन्हें चुना गया है। इन

१—'Numbers of imitators sprangup, many of whom work in Bidyapati's name, so that it is difficult to separate the genuine from the imitations, especially as the former have been altered in the course of ages to suit the Bengali idiom and metre (१८८९ ई०, संस्करण पृष्ठ १०)

२—पद सं० ९१७, ९१९, ९२० और ९२२

३—पद सं० ९१८ और ९२१

४—यथा-अब सोइ जमुनार कुले। गोप गोपी नाई बुले॥ (पद-सं० ९१९)

पदों की भाषा तथा इनके भाव आदि पर विचार कर संपादकद्वय ने इन्हें मैथिल विद्यापति की रचना मानना उचित नहीं समझा है। इसप्रकार बंगाली विद्यापति के पदों का संकलन उनके बंगाली विद्यापतिकृत होने के आधार पर न होकर; उनके मैथिल विद्यापतिकृत न हो सकने के आधार पर किया गया है।

मैथिल विद्यापति के नाम पर चलते आ रहे इन ३२ पदों को निम्नलिखित लक्षणों के आधार पर बंगाली विद्यापतिकृत ठहराया गया है।[१]

(१) जिन पदों में **'खाँटी (शुद्ध) बँगला भाषा'** का प्रयोग है। यथा–पद-संख्या क्रमशः १,५,८,१०,१२,२४ और २५।

(२) जिन पदों में **'श्याम'** पाद का प्रयोग कृष्ण के नाम के अर्थ में किया गया है। पद संख्या २,४,१,१९,२०,२२,२६ और २८।

(३) जिनमें सुबल या जटिला का नाम है। पद संख्या ११ और १८।

(४) जिन पदों में ऐसे भावों का उल्लेख है जिनका कथन चैतन्य के आविर्भाव के पूर्व सम्भव नहीं था। पद संख्या २१;२३,२७,३० और ३१।

शेष १० पदों (पद संख्या—३,६,७,१३,१४,१५,१६,१७,२९ और ३२) के संदर्भ में कोई निर्देश नहीं दिया गया है। परन्तु बंगाली विद्यापति के परिचय अंश में उन्होंने लिखा है "तिनि विद्यापतिर भाव ओ दुइ चारिटि उत्प्रेक्षा लइया बंगाली श्रोतार बोधगम्य ब्रजबुलिते कतकगुलि पद रचना करियाछिलेन।" अर्थात् उन्होंने विद्यापति के भाव और दो-चार उत्प्रेक्षाएँ लेकर बंगाली श्रोता के लिए बोधगम्य ब्रजबुलि में कई पदों की रचना की थी।[२] अतः यदि चाहें तो इन १० पदों को इसी सीमा में रख सकते हैं।

४ ई. २ प्राचीन संग्रहकर्त्ताओं की जानकारी

बंगाली विद्यापति की स्थिति पूर्णतया निर्विवाद नहीं है। बंगीय वाङ्मय में भी किसी प्राचीन पदसंग्रहकर्त्ता अथवा समीक्षक ने बंगाली विद्यापति के नाम से किसी कवि विशेष के पदों का संग्रह नहीं किया है। मित्र-मजुमदार की मान्यता है कि—"पदामृतसमुद, पदकल्पतरु और संकीर्तनामृत अट्ठारहवीं शताब्दी के संग्रह ग्रन्थ हैं। इस समय मैथिल विद्यापति के पद बंगाल देश में बहुविध परिवर्तित रूप में गाए जाते थे। बंगाली विद्यापति सोलहवीं शतीके अन्तिम भाग के अथवा सत्रहवीं शती के प्रथम भाग के व्यक्ति हैं।……… उक्त संग्रह-ग्रन्थों के सुपण्डित और रसिक भक्त संग्रहकर्ताओं ने जैसे मैथिल विद्यापति के पद संग्रह किए हैं, वैसे ही बंगाली विद्यापति के भी कई अच्छे-अच्छे पद अपने-अपने ग्रन्थों में सन्निविष्ट किए हैं। किसी कवि का परिचय देना उनका उद्देश्य नहीं था। अतः उन्होंने जैसी-जैसी भणिता में पद पाए, उसे उसी आकार में ही रख दिया है। दोनों विद्यापतियों

१—मित्र-मजुमदार, विद्यापतिर पदावली, परिशिष्ट (ख) 'बंगाली विद्यापति के पद' अंश में पृष्ठ ५६५-५६६ पर दिए गए बंगाली विद्यापति के पदों के परिचय के आधार पर।

२—वही।

नोट—यहाँ इस संस्करण के बंगाली विद्यापतिर पद' खण्ड में प्रकाशित पदों की दी गई सं० के अंक ही पद सं० रूप में दिए गए हैं।

की रचना-रीति का पाथक्य वे नहीं धर पाए इस प्रकार का अभियोग उन पर लगाने का युक्तिसंगत कारण नहीं है।[१]

उक्त कथन से संपादकद्वय का अभिप्राय यह बताना है कि उन संग्रहकर्त्ताओं को भी दोनों विद्यापतियों की रचना-प्रकृति का ज्ञान था किन्तु उनका उद्देश्य परिचय देना नहीं था अतः उन्होंने बंगाली विद्यापति के बारे में कहीं निर्देश नहीं दिया। किन्तु इस संग्रह की भूमिका में 'चम्पति' भणितावाले पदों पर विचार करते समय मजुमदार महाशय ने कल्पतरु संग्रह के चम्पति भणितावाले १० पदों में एक पद, (२०२५ संख्यक) जिसकी भणिता 'चरन प्रिय जन राय चम्पति रचइ भाविनि साथ' है, कि टीका के प्रसङ्ग में पदामृत समुद्र के संग्रहकर्त्ता राधामोहन ठाकुर द्वारा चम्पति राय का परिचय दिए जाने का उल्लेख किया है।[२] उसी आधार पर उन्होंने वहाँ लिखा है—'नेपाल और मिथिला के किसी पद में जब विद्यापति की चम्पति उपाधि नहीं पाई जाती और चम्पति राय नामक एक स्वतन्त्र कवि की बात राधामोहन ठाकुर ने कही है, तब इस कवि की रचना का विद्यापति में आरोप करने से मैथिल कोकिल का गौरव ह्रास होने के अतिरिक्त बढ़ेगा नहीं''।[३] ऐसी दशा में यह कहना, कि उक्त ग्रन्थों के संग्रहकर्त्ता परिचय देना नहीं चाहते थे, उचित नहीं है। राधामोहन जैसे पारखी पण्डित को यदि बंगाली विद्यापति के होने की तनिक भी गन्ध होती तो वे उसका निर्देश करना कदापि नहीं भूलते। इससे स्पष्ट है उक्त संग्रहकारों को बंगाली विद्यापति के विषय में कोई जानकारी नहीं थी। हाँ यह कहा जा सकता है कि तब मैथिल विद्यापति को ही बंगाली विद्यापति समझा जाता था, किन्तु तब यह भी मानना पड़ेगा कि उक्त संग्रहों में संग्रहीत विद्यापति के नाम की भणितावाले सभी पद उन संग्रहकर्त्ताओं की दृष्टि में एक ही कवि की रचनाएँ हैं, क्योंकि उन संग्रहकर्त्ताओं ने कहीं दो विद्यापतियों के होने की चर्चा नहीं की है, भले ही वे दोनों को बंगाली ही मानते, अथवा फिर यह मान लिया जाय कि वे विद्वान संकलक उभय विद्यापतियों की रचना रीति के पार्थक्य को पहचान पाने में असमर्थ थे। किन्तु कोई भी सुधी समीक्षक सहसा इस प्रकार का आरोप नहीं कर सकता।

४ ई. ३ मान्य आधारों का औचित्य

विद्यापति की भणिता वाले पदों में से बंगाली विद्यापति के पदों को पृथक् करने के जो आधार[४] मित्र-मजुमदार ने अपनाए हैं वे भी पूर्णतया तर्कयुक्त नहीं कहे जा सकते।

१—मित्र मजुमदार, विद्यापतिर पदावली, पृष्ठ ५६५

२—'श्री गौरचन्द्र भक्तः श्रीप्रतापरुद्र महाराजस्य महापात्र-चम्पति राय नाम्ना महाभागवत आसीत्। स एव गीत कर्त्ता।''

३—मित्र-मजुमदार, विद्यापतिर पदावली, भूमिका. पृष्ठ १०२

४—देखिए प्रस्तुत भूमिका, पृष्ठ ३८

यथा (१) प्रथम आधार उनका भाषा संबंधी है। उनके मतानुसार जिन पदों की भाषा में बंगला प्रभाव अधिक है उन्हें मैथिल कवि की रचना नहीं कहा जा सकता। जैसा कि पद संख्या—१ (शुन लो राजारफि तोरे कहिते आसियाछि) की पाद-टिप्पणी में उन्होंने लिखा है—"बाङ्गाली विद्यापति जे एक जन छिलेन ताहार सुस्पष्ट प्रमाण एइ पदटीते पावा जाय। इहा कोनक्रमेइ मैथिल कवि विद्यापतिर भाषा होइते पारे ना।" (बंगाली विद्यापति एक व्यक्ति थे, उसका सुस्पष्ट प्रमाण इस पद में पाया जाता है। यह किसी भी प्रकार मैथिल कवि विद्यापति की भाषा नहीं हो सकता) इसीप्रकार उन्होंने कुछ पदों के बारे में कहा है कि पदकल्पतरु में दिए गए बंगला रूप को नगेन्द्र बाबू ने मैथिल रूप दे दिया है और इसी से उनके नीचे किसी आकर ग्रन्थ की सूचना उन्होंने नहीं दी है। किन्तु इस भाषा वैभिन्य को भी ठोस आधार के रूप में ग्रहण नहीं किया जा सकता क्योंकि विद्यापति के प्रायः सभी सुधी समीक्षकों (जिनमें मित्र-मजुमदार का भी श्रेष्ठ स्थान है) ने एक स्वर से स्वीकार किया है कि बंगाल में विद्यापति का व्यापक अनुकरण हुआ था तथा बंगीय परिवेश के अनुरूप समय-समय पर कीर्तनियाँ गायकों एवं संकलन कर्ताओं द्वारा उनके पदों में परिवर्तन-परिवर्धन किए जाते रहे। नगेन्द्रनाथ बाबू ने अपनी भूमिका में स्पष्ट लिखा है कि "जैसा अनुकरण विद्यापति का हुआ संभवतः वैसा किसी भी देश में किसी कवि का नहीं हुआ।"[1] विदेशी विद्वान ग्रियर्सन ने भी लिखा है कि "विद्यापति के अनेक अनुकरणकर्ता उग आए, उनमें से बहुतों ने विद्यापति के नाम से भी लिखा जिसके कारण यथार्थ पदों को अनुकृति से पृथक् कर पाना अब कठिन हो गया है विशेषकर तब, जब कि पहले प्रकार के (यथार्थ) पद बंगीय भाषागत वैशिष्ट्य एवं छन्दोंविधान के अनुरूप काल-क्रम में बदल दिए गए हैं।"[2] बंगीय परिवेश में विद्यापति के पद जिसप्रकार कुछ-से-कुछ हो गए हैं उसका संकेत, मित्र-मजुमदार ने अपने पदावली संग्रह में, नेपाल और मिथिला में पाए जाने वाले विद्यापति के अनेक प्रामाणिक पदों के बंगीय प्रतियों के पाठान्तर के साथ, अपनी पाद टिप्पणी में स्वयं किया है। 'बाङ्गाली विद्यापतिर पद' शीर्षक उपखण्ड के भी पद संख्या १६ की पाद-टिप्पणी में उन्होंने लिखा है"—मूल पदटि विद्यापतिर किन्तु इहाते अन्य कोन बाङ्गाली कवि भाषान्तरित करियाछेन, एवं तिनि सरल भावे इहा स्वीकार करिया बलितेछेन—'इहा विद्यापति-कृत, एवं ताँहार कृपाय कोन एक व्यक्ति इहा गान करितेछेन।[3]" (मूल पद विद्यापति का है किन्तु उसे किसी बंगाली कवि ने भाषान्तरित किया है, एवं उन्होंने सरल भाव से इसे स्वीकार कर कहा है—'यह विद्यापतिकृत है, और उनकी कृपा से कोई एक व्यक्ति इसका गान कर रहा है।) इस पद की भणिता में तो अनुकर्ताकवि ने स्वयं कहा है—

विद्यापति कृत कृपाये ताहारि
कोन जन इहा गान।

१—'विद्यापतिर जे रूप अनुकरण होइयाछिल, बोध होय कोनो देशे कोनो कविर तद्रूप होय नाइ।'
२—देखिए प्रस्तुत भूमिका, पृष्ठ ३७
३—मित्र-मजुमदार, विद्यापतिर पदावली, पृष्ठ ५७२

किन्तु जहाँ अनुकर्ता कवि ने इस प्रकार का कोई संकेत नहीं दिया है वहाँ भी संपादक मूल तथ्य को उद्घाटित करने से हिचके नहीं हैं। यथा--इसी उपखण्ड के पद संख्या १७ की पाद टिप्पणी में उन्होंने अपना मन्तव्य इस प्रकार प्रकाशित किया है— 'एइ पदटि नेपाल पूँथिर ११७ संख्यक पद भाङ्गिया बाङ्गाली पाठकेर जन्य परिवेशन कराहोइयाछे।' (यह पद, नेपाल पोथी का ११७ संख्यक पद ही तोड़-मरोड़ कर, बंगाली पाठक के लिए परिवेशित किया है।) इसप्रकार के भाषा एवं छन्दोविधान संबंधी व्यापक परिवर्तनों को स्वीकार करके, भाषा के आधार पर, बंगला का अधिक प्रभाव देखकर, किसी पद को मैथिल-कवि की रचना अस्वीकार करना संभव प्रतीत नहीं होता।

(२) द्वितीय आधार **श्याम** नाम के प्रयोग से संबंधित है। **'श्याम'** नाम के व्यवहार के विषय में मजुमदार महाशय का कथन है कि 'विद्यापतिर पदेर आकर ग्रन्थगुलि पुङ्खानुपुङ्खरूपे विश्लेषन करिया देखितेछि कवि कोथाओ श्याम नाम व्यवहार करेन नाइ।' (विद्यापति के आकर ग्रन्थों का पुङ्खानुपुङ्ख विश्लेषण करने पर देखते हैं कि कवि ने कहीं भी श्याम नाम का व्यवहार नहीं किया है।) विद्यापति द्वारा कृष्ण के विभिन्न नामों के प्रयोग से संबन्धित एक तालिका उन्होंने भूमिका के पृष्ठ ९७ पर दी है। इसके अतिरिक्त (च) निघण्टु में और भी व्यापक सर्वेक्षण प्रस्तुत किया है। विद्यापति के कुल ८८८ पदों के सर्वेक्षण के अनन्तर निष्कर्षतः उन्होंने बताया है कि मिथिला एवं नेपाल से प्राप्त आकर ग्रन्थों में केवल दो स्थलों पर 'श्याम' पद का प्रयोग मिलता है किन्तु दोनों ही स्थानों पर वह विशेषण रूप में प्रयुक्त है विशेष्य रूप में नहीं।[१] **जयदेव** कृत **'गीत-गोविन्द'** बड़ू **चण्डीदास** कृत **'श्रीकृष्णकीर्तन'** का उल्लेख करके भी उन्होने बताया कि इन लोगों ने भी कहीं 'श्याम' पद का व्यवहार विशेष्य रूप में नहीं किया है। श्रीमद्-भागवत के १०।२२।१५ श्लोक में आए 'श्यामसुन्दर' शब्द के पाठान्तर 'स्याम सुन्दर' के 'स्याम' पद को ही उन्होंने उचित माना है और विश्वनाथ चक्रवर्त्ती एवं बलदेव विद्या-भूषण द्वारा 'स्याम' पद के क्रियापद रूप में ग्रहण को ही ठीक बताया है। नगेन्द्र बाबू की 'विद्यापति ठाकुरेर पदावली' के पद संख्या ४६२—जिसमें श्याम पद का व्यवहार विशेष्य रूप में है—के साथ पदकल्पतरु का पाठान्तर देकर उन्होने दिखाया है कि चूँकि नगेन्द्रबाबू द्वारा संकलित उक्त पद के 'श्याम' प्रयोगवाले पंचम एवं षष्ठ चरण पदकल्पतरु में नहीं हैं अतः ये दोनों चरण किसी परवर्त्ती कीर्त्तनियाँ द्वारा पद के आकर रूप में व्यवहृत हुए थे और भ्रमवश पद के अंशरूप में पैठ गए हैं। इस प्रकार उन्होंने निष्कर्ष निकाला है कि "यदि किसी पद में श्याम नाम है तो उसकी भणिता में विद्यापति का

---

१ –"एइ सब पदेर मध्ये नेपाल पूथिर २४१ संख्यक पदे, याहा ग्रियर्सनेर ७७ ओ वर्तमान संकलनेर ४७२ पद आछे, हरि तोमार कुटिल मन्द कटाक्ष देखिया मने होय तोमार शरीरेर भितरओ श्याम 'भितरहु श्याम सरीरे' वा भितरहु श्याम शरीरे।' नगेन्द्र बाबु तालपत्रेर पुथि होइते गृहीत वर्तमान संकलनेर २८५ पदेओ श्याम शब्द विशेषण रूपे प्रयुक्त होइयाछे--'नहिं सरलासय श्याम रंग।'—पृष्ठ ९८

नाम होने पर भी उसे मैथिल कवि विद्यापति की रचना नहीं माना जाएगा।"[१] परि-शिष्ट (ख) में भी उन्होंने कहा है 'श्याम नाम श्री चैतन्येर पूर्वे प्रचलित छिल ना।' (श्याम नाम श्री चैतन्य के पूर्व प्रचलित नहीं था।) २,४,६, १९, २०, २२, २६ और २८ संख्यक पदों में श्याम नाम पाया जाता है अतः इन्हें बंगाली विद्यापति की रचना स्थिर किया गया है।[२]

अपनी इन स्थापनाओं के संबंध में मजुमदार महाशय ने यद्यपि अत्यन्त व्यापक विश्लेषण किया है किन्तु उन्होंने अपनी दृष्टि परवर्त्ती संस्कृत साहित्य एवं आरंभिक बंगीय-वाङ्मय तक ही सीमित रखी है, हिन्दी साहित्य की परम्परा की ओर उन्होंने ध्यान नहीं दिया है जब कि विद्यापति की परम्परा हिन्दी साहित्य में अटूट रूप से निरन्तर प्रवहमान रही है। अष्टछाप के श्रेष्ठतम कृष्ण-भक्त महाकवि सूरदास का संबंध विद्यापति से अत्यन्त घनिष्ठ है। आचार्य रामचन्द्र शुक्ल ने इस परम्परागत संबंध को लक्ष्य कर ही लिखा है कि–'कृष्ण-चरित के गान में गीत-काव्य की जो धारा पूरब में जयदेव और विद्यापति ने बहाई उसी का अवलंबन ब्रज के भक्त कवियों ने भी किया।... सूर के शृंगारी पदों की रचना बहुत कुछ विद्यापति की पद्धति पर ही हुई है। कुछ पदों के तो भाव भी बिलकुल मिलते हैं।'[३] सूरदास ने 'श्याम' पद का व्यवहार अपने विभिन्न पदों में हजारों बार कृष्ण के नाम के अर्थ में–विशेष्य रूप में–किया है। संभव है विद्यापति द्वारा 'श्याम' पद के विशेष्य रूप में व्यवहार का ज्ञान उन्हें रहा हो।

सूरदास, चैतन्य महाप्रभु के लगभग समसामयिक ही थे। चैतन्य महाप्रभु, जिनका पितृ-प्रदत्त नाम विश्वम्भर मिश्र और पुकारने का नाम निमाई था, का जन्म ईस्वी सन् १४८५ की फाल्गुनी पूर्णिमा को हुआ था।[४] २३ वर्ष की अवस्था में उन्होंने गया निवासी वैष्णव साधक ईश्वर पुरी से दीक्षा ग्रहण की थी। इसके १ या १$\frac{1}{2}$ वर्ष पश्चात् उन्होंने काटोया के केशवभारती से सन्यास की दीक्षा ली। सन्यास-ग्रहण के उपरान्त वे श्री कृष्ण-चैतन्य नाम से विख्यात हुए। सन्यास-ग्रहणोपरान्त वे मुख्यतया नीलाचल (पुरी धाम) में ही रहते थे। वहीं से उन्होंने उत्तर एवं दक्षिण भारत के अनेक तीर्थों का परिभ्रमण भी किया। इसी तीर्थयात्रा क्रम में वे राय रामानन्द, परमानन्द पुरी एवं श्री रंगपुरी से मिले थे। वे वृन्दावन धाम भी गए थे किंतु सूरदास से उनकी भेंट का कोई उल्लेख नहीं मिलता।

१—मित्र-मजुमदार, विद्यापतिर पदावली, पृष्ठ ६८-६६

२—वही। पृष्ठ ५६६

३—आचार्य रामचन्द्र शुक्ल—हिन्दी साहित्य का इतिहास, पृष्ठ १५९ और १६१

४—'श्री गौराङ्ग देवेर (चैतन्यदेव) जन्म नवद्वीप नगरे, १४८६ खृ० अ० फाल्गुनी पूर्णिमाय।'
—श्री कुमार बन्दोपाध्याय—बाङ्ला साहित्येर विकाशेर धारा, पृष्ठ ७५
श्री जितेन्द्रनाथ वन्दोपाध्याय ने इसे १४८५ ई० ही माना है।
'सन्यास ग्रहणेर पूर्वे श्री चैतन्येर नाम छिल विश्वम्भर मिश्र। १४७६ खृष्टाब्दे नदीयाय विश्वम्भरेर जन्म हय।" श्री जितेन्द्रनाथ वन्दोपाध्याय—पञ्चोपासना, पृष्ठ ११३

चैतन्य देव ने स्वयं कोई ग्रन्थ रचना नहीं की और न तो प्रस्थानत्रयी पर कोई भाष्य ही लिखा। उनके नाम से प्रचलित कुछ श्लोक अवश्य मिलते हैं किन्तु उनमें कृष्ण के लिए श्याम नाम का प्रयोग नहीं किया गया है। उनके सिद्धान्तों का प्रचार उनके पंचसखा तथा परवर्ती भक्त-गणों--अच्युतानन्द, कवि कर्णपूर, गोपाल भट्ट, प्रबोधानन्द, रूप, सनातन और जीव गोस्वामी, वृन्दावनदास, जयानन्द और कृष्णदास कविराज आदि ने किया। बंगाल में नित्यानन्द, अद्वैत आचार्य, श्रीवास पण्डित, वासुदेव घोष, गदाधर पण्डित, नरहरि ठाकुर तथा नरोत्तम दास आदि ने तथा वृन्दावन धाम में उनके प्रमुख शिष्य षड्-गोस्वामियों (रूप, सनातन, रघुनाथ दास, रघुनाथ भट्ट गोपाल भट्ट, और जीव गोस्वामी) ने चैतन्य मत का व्यापक प्रचार किया। चैतन्य महाप्रभु के मतवाद का तत्त्वानुशीलनयुक्त विवेचन गोस्वामी बन्धुओं[1] ने ही किया। उन्हीं से प्रभावित होकर श्री निवास आचार्य ने लगभग १६००ई० में उनके दार्शनिक मतवाद को आधार रूप में ग्रहण किया तथा उसका बंगीय वैष्णव साधना के साथ मेल बैठाकर उभयपक्षों को मिलाकर व्यवस्थित किया। इसके बहुत बाद (लगभग १८००ई०) में आचार्य बलदेव विद्याभूषण ने ब्रह्म-सूत्र पर गोविन्द-भाष्य लिखा; तदनन्तर इस मतवाद को वैष्णव सम्प्रदाओं में गिना जाने लगा।

उपर्युक्त विवरण से स्पष्ट है कि महाप्रभु चैतन्य के मतवाद का व्यापक प्रचार होने में काफी समय लगा। उनके जीवन काल में बंगाल और उड़ीसा में उनकी भक्ति साधना का प्रभूत प्रभाव अवश्य पड़ा था किन्तु वृन्दावन क्षेत्र में वह षड्-गोस्वामियों के काल में ही फैला जो सूरदास से परवर्त्ती ही ठहरता है।

सूरदास का जन्म आचार्य शुक्ल ने १५४० के आस-पास माना है।[2] पुष्टि-सम्प्रदान की मान्यता के अनुसार सूरदास महाप्रभु बल्लभाचार्य से १० दिन ही छोटे माने जाते हैं। "महाप्रभु का जन्म संवत १५३५ की वैष्णव कृष्ण १० उपरान्त रविवार निश्चित है।"[3] इस विधि से सूरदास का जन्म संवत् १५३५ की वैष्णव शुक्ल पंचमी को पड़ता है। सूर-निर्णय के लेखकों ने भी इसी तिथि को प्रामाणिक माना है।[4] डा० हरवंश लाल शर्मा ने भी उक्त तिथि को उचित बताया है।[5] इसप्रकार सूरदास का जन्म

१—रूप गोस्वामी ने 'भक्ति रसामृत सिन्धु','उज्जवल नीलमणि', तथा 'लघुभागवतामृत', सनातन गोस्वामी ने 'श्रीमद्भागवत दशम स्कन्ध की टीका' एवं बृहद-भागवतामृत, और जीव गोस्वामी ने दशम भागवत की टीका 'षट् संदर्भ' तथा 'गोपाल चम्पू' प्रभृति ग्रन्थों की रचना की।

२—आचार्य रामचन्द्र शुक्ल--हिन्दी साहित्य का इतिहास, पृष्ठ १५६

३—श्री यदुनाथ जी--बल्लभ दिग्विजय, पृष्ठ ७

४—'बल्लभ-सम्प्रदाय की सेवा प्रणाली के इतिहास की संगति से सूर-सारावली का रचना काल संवत १६०२ स्पष्ट होता है। उस समय सूर की आयु ६७ वर्ष थी। १६०२ में से ६७ कम कर देने से १५३५ रहते हैं। अतः अन्तःसाक्ष्य से भी सूरदास जी का जन्म संवत १५३५ ही सिद्ध है।':
—श्री द्वारिकादास परीख और प्रभुदयाल मीतल—'सूर-निर्णय' पृ० ५३।

५—डॉ० हरवंशलाल शर्मा—सूर और उनका साहित्य, पृ० २४।

ईस्वी सन् १४७८ में निश्चित होता है। यदि उनका जन्म संवत् १५४० में भी माने तो भी उनका जन्म १४८३ ईस्वी में पड़ता है जिससे भी वे चैतन्य महाप्रभु से ज्येष्ठ ही ठहरते हैं। महाप्रभु बल्लभाचार्य से मिलने के पूर्व से ही सूरदास कृष्ण भक्ति के पदों का गायन किया करते थे। अतः सूरदास के अनेक पदों में आए श्याम नाम को किसी भी प्रकार चैतन्य महाप्रभु अथवा उनके सखा अथवा शिष्यों के प्रभाव से प्रयुक्त नहीं कहा जा सकता।

इसी प्रसङ्ग में उल्लेख्य है कि गदाधर भट्ट, जो बाद में चैतन्य सम्प्रदाय में दीक्षित हो गए थे और जिनके बारे में प्रसिद्ध है कि वे चैतन्य महाप्रभु को भागवत की कथा सुनाया करते थे, पहले कृष्ण भक्ति के पदों की रचना एवं गायन किया करते थे। जीव गोस्वामी के समक्ष दो साधुओं ने गदाधर भट्ट का जो पद गाया था उसमें कवि ने लिष्ट रूप में 'श्याम' शब्द का व्यवहार कृष्ण के नाम के अर्थ में भी किया है। जो इस प्रकार है—

> सखी हौं **श्याम** रंग रँगी।
> देखि बिकाय गई वह मूरति, सूरत माँहि पगी ॥'

इस पद को सुनकर ही जीव गोस्वामी ने राधा भक्ति की ओर उन्मुख करने वाला वह श्लोक[1] गदाधर भट्ट के पास लिख भेजा था जिससे प्रभावित होकर वे चैतन्य सम्प्रदाय में दीक्षित हुए थे।

महात्मा सूरदास एवं गदाधर भट्ट के पूर्व भी ब्रजमण्डल में कृष्ण के लिए 'श्याम' नाम का व्यवहार होता था। प्रसिद्ध गायक **बैजू बावरा**[2] ने भी अपने पदों में 'श्याम' नाम का व्यवहार किया है। यथा—

> 'प्यारे बिनु भर आए दोउ नैन।
> जबते **श्याम** गवन कीनो गोकुल तबतें नाहीं परत री चैन ॥[3]

सूरदास से और अधिक पूर्ववर्ती **कवि विष्णुदास**[4] ने अपनी प्रसिद्ध कृति **सनेहलीला** में कृष्ण के लिए श्याम नाम का व्यवहार किया है।

> 'वे चित टारत नहीं **श्याम** राम की ओर।
> मध नामक पुरती ग्रहै मूरति मधुर किशोर ॥ ११२॥'

१—'अनाराध्य राधापदाम्भोजयुग्ममनाश्रित्य वृन्दाटवीं तत्पदाङ्कम्।
असम्भाष्य तद्भावगम्भीरचित्तान् कुतः श्यामसिन्धोः रसस्यावगाहः ॥'

२—'राधाकृष्ण की प्रेमलीला के गीत सूर के पहले से चले आते थे. यह तो कहा ही जा चुका है। बैजूबावरा एक प्रसिद्ध गवैया हो गया है जिसकी ख्याति तानसेन के पहले देश में फैल चुकी थी।''
—आचार्य रामचन्द्र शुक्ल,–हिन्दी साहित्य का इतिहास, पृ० १६३

३—डॉ० शिवप्रसाद सिंह, सूरपूर्व ब्रजभाषा और उसका साहित्य, पृ० २९९ पर उद्धृत।

४—"विष्णुदास ब्रजभाषा के गौरवास्पद कवि थे। सूरदास के जन्म से अर्धशताब्दी पहले जिन दिनों ब्रजभाषा में न तो वह शक्ति थी न वह अर्थवत्ता, जिसका विकास अष्टछाप के कवियों की रचनाओं में दिखाई पड़ा, विष्णुदास ने ऐसे साहित्य की सृष्टि की जिसने कृष्णभक्ति के अत्यन्त मार्मिक और मधुर काव्य की पृष्ठभूमि प्रस्तुत की।"
—डॉ० शिवप्रसाद सिंह, सूरपूर्व ब्रजभाषा और उसका साहित्य, पृ० १४९।

ब्रजमण्डल के अतिरिक्त श्याम नाम का व्यवहार सूर के पहले ही गुजरात तक प्रचलित हो चुका था। गुजरात के ब्रजभाषा-कवि भालण ने, जिसे गुजराती समीक्षक श्री केशव राय शास्त्री, श्री इ द० काँटावाला एवं श्री रा० नरायण भार्थी ने सूरदास से पूर्ववर्त्ती माना है; भी अपने पदों में श्याम नाम का व्यवहार किया है। यथा—

'ब्रज को सुख सुमिरत **श्याम**।
पर्नकुटी को वीसरत नाहीं नाहीं त भावत धाम ॥'[1]

उपर्युक्त विवेचन से स्पष्ट है कि कृष्ण के लिए 'श्याम' नाम का व्यवहार चैतन्य के पूर्व ही ब्रज-मण्डल एवं उससे संबद्ध क्षेत्रों में प्रचलित था अतः यदि ब्रजबुलि के अधिष्ठता कवि विद्यापति के पदों में **'श्याम'** नाम का व्यवहार मिलता है तो इसी आधार पर उन्हें विद्यापति-कृत नहीं मानना उचित नहीं है। इस तर्क में भी कोई सार नहीं है कि इसका व्यवहार नेपाल अथवा मैथिल क्षेत्र से प्राप्त पदों में नहीं उपलब्ध होता, अतः केवल बंगला वाङ्-मय में उपलब्ध होने के कारण ये पद मैथिल विद्यापतिकृत न होकर बंगाली विद्यापति-कृत होंगे; क्योंकि विद्यापति के अनेक उत्कृष्ट कोटि के पद केवल बँगला वाङ्मय में ही मिलते हैं, और उनकी प्रामाणिकता विशिष्ट विद्वानों ने मानी है, जो उक्त प्रकार के तर्क स्वीकार करने पर बंगाली विद्यापतिकृत कहे जाएगें, किन्तु कोई भी सुधी समीक्षक इस प्रकार की हठवादिता करने का साहस नहीं करेगा। अतः श्याम नाम युक्त पदों को केवल बंगीय-वाङ्मय में ही मिलने के कारण भी मैथिल विद्यापतिकृत होने से नकारा नहीं जा जा सकता। स्वयं मजुमदार महाशय ने भी अपनी भूमिका के पृष्ठ ७ पर जो चार्ट प्रकाशित किया है उसी में हम देखते हैं कि कृष्ण के लिए **'राधारमण'** नाम का व्यवहार केवल बंगला वाङ्मय में ही और वह भी केवल १ पद में ही मिलता है[2] किन्तु उसे उन्होंने विद्यापतिकृत स्वीकार किया है। किसी नाम का अधिक बार प्रयोग होना भी अनिवार्य नहीं है। इस चार्ट से ही स्पष्ट है कि कृष्ण के लिए शुद्ध 'कृष्ण' नाम का व्यवहार भी केवल रामभद्र पुर पोथी के ही १ पद[3] में मिलता है इसके अतिरिक्त **नन्द नन्दन**[4], **काला**[5], **मोहन**[6] आदि पद भी केवल एक एक बार विभिन्न–स्थलों से प्राप्त, पद-संग्रहों में मिलते हैं। कृष्ण के लिए जब विद्यापति ने 'काला' नाम का व्यवहार किया है तो इसी विशेषणमय अर्थ के द्योतक सुमधुर श्याम नाम का व्यवहार वे क्यों नहीं कर सकते ? अतः हम देखते हैं कि विद्यापति की भणिता वाले वे पद जिनमें 'श्याम' नाम का प्रयोग है निःसन्दिग्ध रूप से बंगाली विद्यापति के पद नहीं कहे जा सकते।

१—डॉ० शिवप्रसाद सिंह, सूरपूर्व ब्रजभाषा और उसका साहित्य, पृ० २३४

२ - पदकल्पतरु प० सं० १५०१।

३—प० सं० ३८६।

४—नेपाल पोथी प० सं० २ ५।

५—रागतरङ्गिणी प० सं० ४१।

६—ग्रियर्सन द्वारा संगृहीत प० सं० ६८।

नगेन्द्र बाबू के संकलन में जिन ६ पदों[1] में श्याम नाम प्रयुक्त है उनके आकर संग्रह ग्रन्थ का निर्देश उन्होंने नहीं किया है किन्तु वे यत्किंचित् पाठभेद से 'पदकल्पतरु' संग्रह ग्रन्थ में उपलब्ध होते हैं। इनमें से एक पद (संख्या ४६२) में 'पदकल्पतरु' के पाठ में इस पद की वे पाँचवीं एवं छठीं पंक्तियाँ[2] नहीं हैं जिनमें 'श्याम' नाम प्रयुक्त है। अतः मजुमदार महाशय ने उन्हें परवर्त्ती कीर्तन-गायकों द्वारा प्रक्षिप्त किया गया बताया है। शेष पदों को पदकल्पतरु से उद्धृत कर उन्होंने दिखाया है कि उनकी भाषा में बंगला भाषा का आधिक्य है किन्तु नगेन्द्र बाबू ने उन्हें तोड़-मरोड़ कर मैथिल रूप दिया था। इसीकारण से उन्होंने आकर ग्रन्थ का उल्लेख नहीं किया। भाषा पर विचार करते समय हम देख चुके हैं कि विद्यापति के पदों में बँगला भाषा के आधिक्य को देखकर भी अन्य कविकृत कहने का ठोस आधार नहीं है क्योंकि बँगला की पालिश तो उनपर शताब्दियों से चढ़ती रही है। यदि नगेन्द बाँबू ने आकर ग्रन्थ की सूचना नहीं दी तो निश्चय रूप से यह कहने का अवसर नहीं है कि उन्होंने अपनी की गई तोड़-मरोड़ को छिपाने के लिए ऐसा किया क्योंकि यह भी तो संभव है कि उन्हें किसी अन्य अज्ञात स्रोत से वे पद उस रूप में भी मिले हों जिनमें मैथिल भाषा का रंग गाढ़ा रहा हो, फलतः उन्होंने पदकल्पतरु का बंगला-बोझिल पाठ न ग्रहण किया हो।

यदि यह मान लिया जाय कि विद्यापति के पूर्ववर्त्ती किसी कवि ने 'श्याम' पद का कृष्ण के नाम के लिए, विशेष्य रूप में व्यवहार नहीं किया, तो यह भी कोई तर्कयुक्त स्थापना नहीं होगी क्योंकि ऐसी दशा में 'श्याम' पद के विशेष्य रूप में, कृष्ण के नाम के अर्थ में, विद्यापति प्रथम प्रयोक्ता भी तो कहे जा सकते हैं और तब विद्यापति का गौरव और भी बढ़ जाता है। अतः 'श्याम' नाम युक्त होने से ही किसी पद को मैथिल विद्यापति की रचना न मानना उचित नहीं होगा।

(३) तृतीय आधार के बारे में संपादकों का कथन है कि पद संख्या ११ में सुबल का एवं १८ में जटिला का नाम पाया जाता है। ये सब नाम भी श्री रूप गोस्वामीकृत **'गृष्णगणोद्देश दीपिका'** की रचना के अनन्तर ही समाज में बहुतायत रूप में (बहुलरूपे) प्रचलित हुए।'[3] किन्तु जैसा कि हमने 'श्याम' नाम के विवेचन में देखा, नाम प्रयोगों का सुष्ठ वैज्ञानिक इतिहास स्पष्ट नहीं है। अतः इस आधार पर निःसंकोच निर्णय दे देना उचित नहीं है।[4] इसके अतिरिक्त संपादकों की मान्यता है कि रूप गोस्वामी की उक्त

---

१ – नगेन्द्रनाथ गुप्त---विद्यापति ठाकुरेर पदावली, साहित्य परिषद् संस्करण, प० सं० ४०, ३७२, ३८३, ४६१, ६७५ और ८२१।

२—'पहिलहिं बैसब श्याम कए वाम।
संकेत जनाओब मझु परनाम॥'

३—परिशिष्ट [ख] पृ० ५६६।

४—सूरदास के पद में भी सुबल नाम मिलता है। यथा—
आई छाक बुलाए श्याम।
यह सुनि सखा सबै जुटि आए
सुबल सुदामा अरु श्रीदाम॥

कृति के अनन्तर ये नाम अधिक प्रसिद्ध हुए जिससे यह भी ध्वनित होता है कि इनके छिटपुट प्रयोग इसके पूर्व भी हुए होंगे। अन्यत्र उन्होंने ऐसे प्रयोगों को स्वीकार भी किया है,[1] और यहाँ तो केवल दो पदों में प्रयोगों की बात है। अतः यह आधार भी विश्वसनीय नहीं है।

पद संख्या १८ के विषय में पादटिप्पणी में और भी निर्देश है कि "जटिला और ललिता नाम गौड़ीय वैष्णव सम्प्रदाय की सृष्टि हैं। इसी कारण तथा उसकी भाषा और भाव के साथ विद्यापति के भाषा एवं भाव की विभिन्नता देखकर इसे बंगाली विद्यापति की रचना स्वीकार किया गया।" नाम एवं भाषा के आधारों को तो हम देख चुके। भाव की बात भी बहुत कुछ अस्पष्ट ही है। फिर भी इस पद में योगीश्वर वेशधारी कृष्ण का छल-छद्म से राधा की सास (जटिला) को धोखा देकर उसके घर में राधा से मिलने एवं पुनः बन के संकेत स्थल तक आने का निर्देश देने का भाव ऐसा अवश्य है जो विद्यापति के पदों में प्रायः नहीं मिलता। अतः भाव, भाषा एवं नाम प्रयोग इन तीनों आधरों के समुच्चय का आधार स्वीकार कर यदि चाहें तो इसे मैथिल विद्यापति की रचना न मानकर अन्य कविकृत मान सकते हैं।

(४) चतुर्थ आधार का संबन्ध भाव-पक्ष से है। संपादकों की मान्यता है कि 'चैतन्य देव के पूर्व जिन भावों का कथन संभव नहीं था वैसे भाव विद्यापति भणिता वाले विभिन्न पदों में हैं अतः ये पद बंगाली विद्यापति द्वारा रचित स्थिर किए गए हैं।' किन्तु श्याम नाम के सदृश विभिन्न भावों के चैतन्योत्तर प्रयोग की बात भी जोर देकर नहीं कही जा सकती क्योंकि अनेक ऐसे भावों की स्थापना हमें विद्यापति में ही सर्वप्रथम मिलती है जो चैतन्य अथवा चैतन्योत्तर युग में अधिक प्रचलित हुए। इस संबंध में अधिक कुछ कहने के स्थान पर प्रसिद्ध बंगला समीक्षक श्री कुमार वन्दोपाध्याय एवं सुविज्ञ बंगीय पुरातत्त्व वेत्ता श्री जितेन्द्रनाथ वन्दोपाध्याय के उद्धरणों का उल्लेख करना ही पर्याप्त होगा।

श्री कुमार वन्दोपाध्याय का कथन है कि--

"विद्यापति बहुशताब्दीव्यापी वैष्णव पदावली-साहित्य के मूल उत्स हैं।··· वे चैतन्यदेव की दिव्यभावमग्न अलौकिक जीवनलीला के दर्शन से वञ्चित होकर भी एवं वैष्णव तत्व और भावादर्श के स्थिर आश्रय के व्यतिरेक से भी जो केवल अपनी प्रतिभा एवं काव्यानुभूति के सहारे वैष्णव काव्य के आदि स्रष्टा के रूप में परिचित हुए; इसी में उनकी असाधारण क्रान्तिदर्शिता प्रतिपन्न हुई है। उनका पूर्वानुमान ही चैतन्य के जीवन में एवं चैतन्योत्तर कविसंघ की रचना में मानो आश्चर्यजनक रूप से वास्तविक यथार्थता को प्राप्त हुआ है।"[2]

श्री जितेन्द्रनाथ वन्दोपाध्याय ने भी भारतीय उपासना पद्धतियों पर विचार करते हुए लिखा है कि—

१--विद्यापतिर पदावली, भूमिका पृ० ९०-९१ पाद-टिप्पणी।

२—श्रीकुमार वन्दोपाध्याय—वाङ्गला साहित्येर विकाशेर धारा, पृ० ३[illegible]-३[illegible]।

'पूर्वी भारत में ईस्वी सन् की १५ वीं-१६ वीं शताब्दी में जिस एक अभिनव वैष्णव धर्म का अभ्युत्थान हुआ वह सभी प्रकारों से गुण सम्पन्न था। भावावेग तथा पूर्ण ईश्वर प्रेम उसकी मूल भित्ति है, एवं यह किशोर कृष्ण, उनके संगी ब्रजबालक और गोपियाँ एवं उनकी ह्लादिनी शक्ति श्री राधा, इन सब को केन्द्र करके स्फुरित हुआ था। श्री कृष्ण-चैतन्य इस नव धर्म सम्प्रदाय के प्राणस्वरूप थे यह सत्य है, किन्तु उनके आविर्भाव के बहुत पहले ही बंगदेश एवं मिथिला प्रभृति निकटवर्ती स्थान, लास्य और माधुर्यभावपूर्ण राधाकृष्णलीला विषयक ईश्वर भक्ति और प्रेम के केन्द्ररूप में प्रसिद्ध था।"......"मिथिला के राजा शिव सिंह के सभाकवि विद्यापति एवं बाङ्ला के सहज साधक भक्त कवि चण्डी-दास (एक या ततोधिक) आज भी अपनी राधाकृष्णलीला सम्बन्धी सुललित पदावली के लिए विश्वविख्यात है। किन्तु श्री चैतन्य के कुछ समय पूर्व जिस महापुरुष ने प्रेम धर्म के प्रचार के लिए आत्मनियोग किया उनका नाम है श्री माधवेन्द्र पुरी। उनके न्यूना-धिक १९ शिष्यों का नाम पाया जाता है। इस विषय में कोई सन्देह नहीं है कि उन्होंने और उनके शिष्यों ने चैतन्यदेव के प्रेम धर्म प्रचार के लिए उर्वर क्षेत्र प्रस्तुत कर रखा था।[१]

उक्त उद्धरणों से स्पष्ट है कि चैतन्य-युग में एवं उसके परवर्ती युग में वैष्णव धर्मा-वलम्बियों में प्रेम-धर्म की जो भावधारा बही उनमें से अनेक के सूत्र हमें मैथिल कवि विद्यापति की रचनाओं में मिलते हैं। चैतन्यदेव ने जिस भावोन्मादकारी प्रेम-पद्धति का अतिशय प्रचार किया उसकी आधार भूमि माधवेन्द्र पुरी एवं उनके शिष्यों द्वारा पहले ही प्रस्तुत की जा चुकी थी। माधवेन्द्र पुरी के शिष्य ईश्वर पुरी से तो चैतन्यदेव ने दीक्षा ही ली थी उनके अन्य शिष्यों, यथा—परमानन्द पुरी, केशवभारती, श्री रङ्ग पुरी एवं अद्वैत आदि से भी वे भली भाँति परिचित थे। ऐसी स्थिति में किसी भाव विशेष के बारे में यह कहना, कि वह चैतन्ययुग अथवा उसके पश्चात् वैष्णव साधकों में पनपा, संभव नहीं है।

इस प्रकार हमने देखा कि मैथिल विद्यापति के नाम से युक्त पदों में से बंगाली विद्यापति के पदों को पृथक् करने के सभी आधारों की प्रामाणिकता संदिग्ध हैं अतः इस भित्ति पर लिए गए निर्णय भ्रमपूर्ण ही सिद्ध होंगे। किन्तु इस बात से अस्वीकार नहीं नहीं किया जा सकता कि विद्यापति के नाम से चलनेवाले अनेक पद अन्य कवियों की रचनाएँ हैं। वे अन्य कवि केवल बंगाली ही रहे हों, यह कहना भी उचित नहीं, क्योंकि स्वयं मैथिल क्षेत्र में भी विद्यापति का व्यापक अनुकरण हुआ है। मैथिल क्षेत्र में पाए जानेवाले अनेक पद—जो भाव एवं भाषा की दृष्टि से विद्यापति के पदों के समान ही दीखते हैं—भी अन्य किसी मैथिल कवि की रचना हो सकते हैं। इसीप्रकार बँगला-वाङ्मय में पाए जानेवाले विद्यापति की भणिता से युक्त कई पद किसी अन्य बंगाली कवि की रचना भी हो सकते हैं या किसी अन्य मैथिल कवि की रचना भी हो सकते हैं।

१—श्रीजितेन्द्रनाथ बन्दोपाध्याय—'पञ्चोपासना' पृ० ११२-१३।

उनके पदों के भाषागत एवं भावगत परिवर्तनों के कुहासे में उनका यथार्थ स्वरूप ऐसा छिप गया है कि उसका पहचानना कठिन कार्य हो गया है। मित्र–मजुमदार ने उन्हें पहचानने का प्रयत्न किया है। भणिता के आधार पर उन्होंने अधिकांश छद्म–पदों को पृथक् किया है। भाषा, भाव, नाम आदि के सहारे उन्होंने बंगाली विद्यापति के पद भी पृथक् किए हैं। किसी कवि की कृति को पहचानने के प्रधान आधार ये ही हैं; किन्तु विद्यापति के पदों को पहचानने में इनसे भ्रान्ति भी हो सकती है। अतः विद्वानों को यथा-शक्ति कुछ अन्य उपायों का सन्धान करना होगा, जिनसे विद्यापति के यथार्थ पदों को मिश्रणों से पृथक् किया जा सके।

४ उ. विभिन्न बंगाली कवि, जिनके पद विद्यापति के पदों में घुल-मिल गए हैं।

विद्यापति के नाम पर बंगाल में अन्य कवियों ने जो पद लिखे, उनमें से किसी विशेष कवि के पदों को पृथक्कर उसे ही बंगाली विद्यापति कह पाना भी सरल नहीं है क्योंकि अनेक बंगाली कवियों ने विद्यापति के नाम से पद रचे होंगे; जिनमें कवि शेखर **नव कविशेखर, रायशेखर, चम्पतिराय** और **कवि रञ्जन** वैद्य के नाम उल्लेख्य हैं।

४. उ १ कविरञ्जन वैद्य

मजुमदार महाशय ने भूमिका भाग में **श्री हरेकृष्ण मुखोपाध्याय** के उन लेखों[1] की ओर संकेत किया है जिनमें उन्होंने श्री खण्ड के रघुनन्दन ठाकुर के शिष्य कविरञ्जन वैद्य को बंगाली विद्यापति कहा है। उन्होंने १७ वीं शती के रामगोपाल दास रचित **'रघुनन्दन-शाखा-निर्णय'** ग्रन्थ में प्राप्त निम्नलिखित उक्ति—

कविरञ्जन वैद्य आछिल खण्डवासी।
याहार कविता गीत त्रिभुवन हासी॥
तार होय श्री रघुनन्दने भक्ति बड़।
प्रभुर वर्णना पद करिलेन दड़॥

एवं प्रशस्ति—

गीतेषु विद्यापतिवद् विलासः
श्लोकेषु साक्षात् कवि कालीदासः।
रूपेषु निर्भत्सित पञ्चबाणः
श्री रञ्जनः सर्व्व कला-निधानः।

तथा—

छोट विद्यापति बलि याहार खेयाति।
याहार कविता गाने घुचए दुर्गति॥

के आधार पर कहा है कि "विद्यापतिर भणितायुक्त बाङ्ला पद याहा पावा जाय ताहा कविरञ्जनेर रचना होवा सम्भव मने होय।……मैथिल विद्यापति येमन कोन-कोन स्थले निजेर नाम उल्लेख ना करिया शुधू 'कवि कण्ठहार', 'कण्ठहार', 'सरस कवि', वा

---

१. भारतवर्ष मासिक पत्र, भाद्र १३३६ बंगाब्द में, साहित्य-परिषद पत्रिका १३३८ बंगाब्द के तृतीय सं० में।

'सरस' भने बलियाछेन, तेमनि कविरञ्जन वैद्यओ अनेक क्षेत्रे निजेर नाम ना करिया शुधू उपाधि विद्यापति लिखिया पद-रचना करियाछेन आबार अनेक स्थले निजेर नाम कविरञ्जन भनितातेओ पद लिखियाछेन।[1] [विद्यापति की भणिता से युक्त जो बँगला पद पाए जाते हैं वे कविरञ्जन रचित संभव प्रतीत होते हैं। मैथिल विद्यापति ने जैसे अनेक स्थलों पर अपने नाम का उल्लेख न कर केवल 'कविकण्ठहार', 'कण्ठहार', 'सरसकवि', या 'सरस' भने कहा है वैसे ही कविरञ्जन वैद्य ने भी अनेक स्थलों पर अपने नाम का उल्लेख न कर केवल उपाधि 'विद्यापति' लिखकर पद रचे हैं और अनेक स्थलों पर अपने प्रकृत नाम कविरञ्जन भणिता से भी पद लिखे हैं।]

परन्तु श्रीयुक्त हरेकृष्ण बाबू द्वारा उद्धृत पदों एवं श्लोकों से कविरञ्जन वैद्य के खण्डवासी, सुयोग्य कवि एवं भक्त होने का परिचय मिलता है। उनके गीतों में विद्यापति से सदृश विलास है, श्लोकों की रचना में वे साक्षात् कवि कालिदास हैं। रूप लावण्य में कामदेव के सदृश हैं। इसप्रकार वे सभी कलाओं के विधान हैं। 'छोट विद्यापति' नाम से उनकी ख्याति है और उनकी कविता के गान से दुर्गति का नाश हो जाता है; आदि वैशिष्ट्य तो स्पष्ट होते हैं परन्तु उससे यह स्पष्ट संकेत नहीं मिलता कि उन्होंने अपने अनेक पदों में अपनी उपाधि विद्यापति मात्र लिखकर पद रचे हैं। उनके पदों को पृथक् करने के लिए बंगला भाषा एवं मुहावरों के प्रयोग पर ध्यान देकर भी उन्हें पृथक् करने का सुझाव मजुमदार महोदय ने दिया है, किन्तु इस आधार पर तो किसी भी बंगाली कवि द्वारा, जो विद्यापति के नाम से पद रचना किए हो, रचित पद इस कोटि में आ जाएँगे। जो हो, किन्तु इन आधारों पर विद्यापति की भणितावाले वे पद बंगाली विद्यापति के हैं और वे बंगाली विद्यापति कविरञ्जन वैद्य ही हैं, स्पष्ट नहीं हो पाता। बंगाली विद्यापति के जो ३२ पद मित्र-मजुमदार ने पृथक् रूप से प्रकाशित किए हैं, उनमें से १६ संख्यक पद की पाद-टिप्पणी में उन्होंने जो मन्तव्य लिखा है कि 'मूल पदटि विद्यापतिर किंतु इहाते बंगाली कवि भाषान्तरित करियाछेन' [मूल पद विद्यापतिकृत है किन्तु इसे किसी बंगाली कवि ने भाषान्तरित किया है] इसी से स्पष्ट है कि वे स्वयं भी किसी निश्चित व्यक्ति के बंगाली विद्यापति होने की बात गम्भीरतापूर्वक स्वीकार नहीं करते। अतः इन सभी (३२) पदों को कविरञ्जन वैद्य की ही रचना मानना संभव नहीं है।

४ उ. २ चम्पति राय

नगेन्द्रनाथ गुप्त ने अपने पदावली-संग्रह में चम्पति भणिता से युक्त ५ पदों[2] को भी विद्यापति के पद के रूप में संकलित किया है। उन्होंने विद्यापति की एक उपाधि चम्पति भी मान ली थी। किन्तु पदकल्पतरु में चम्पति भणितायुक्त जो १० पद पाए जाते हैं उनमें से एक की भणिता—

चरन प्रिय जन राय चम्पति
रचइ भाविनि साथ।

---

१. मित्र-मजुमदार, विद्यापतिर पदावली, भूमिका पृ० १०४।

२. न० गु० संस्करण प० सं० ३७४, ३९४, ४०१, ४२० और ५७३।

है। इसमें चम्पति के साथ-साथ विद्यापति का उल्लेख भी नहीं है। इसके अतिरिक्त इसकी टीका के प्रसङ्ग में राधामोहन ठाकुर ने पदामृतसमुद्र संग्रह में चम्पति[1] को श्री प्रतापरुद्र का अमात्य और कवि कहा है। चम्पति भणितायुक्त पदों की भाषा भी बँगला-बहुला है। अतः चम्पति को स्वतन्त्र कवि मानना ही समीचीन लगता है। मित्र-मजुमदार ने इनका पृथक् अस्तीत्व स्वीकार कर अच्छा ही किया है।

४ उ. २ कविशेखर, रायशेखर और शेखर

नगेन्द्रनाथ गुप्त ने उपर्युक्त नामों को भी विद्यापति का विरुद या उपनाम मान लिया था और तदनुसार इन नामों से युक्त भणितावाले ४२ पदों को भी विद्यापति के पदों के साथ संकलित किया था। मजुमदार महाशय का विचार है कि इनमें से कोई भी विद्यापति की उपाधि अथवा विरुद नहीं है। रागतरङ्गिणी (पृ० ४४) के एक पद

"कवि शेखर भन अपरुप देखि
राए नसरद साह भजलि कमल मुखि।"

के नीचे लोचन ने 'इति विद्यापतेः' लिखा है। अतः यह पद विद्यापतिकृत जान पड़ता है, किन्तु मजुमदार महाशय ने इसे स्वीकार नहीं किया है। उनका कथन है कि कविशेखर उपाधि अनेक कवियों की थी। मैथिल के आदि लेखक ज्योतिरीश्वर ठाकुर की उपाधि भी कविशेखर थी। रागतरङ्गिणी में भी एक पद यशोधर कविशेखर का मिलता है। इसके अतिरिक्त रागतरङ्गिणी का कविशेखर भणितायुक्त वह पद थोड़े पाठान्तर के साथ पदकल्पतरु में भी मिलता है, पर वहाँ उसकी भणिता में कविशेखर नाम नहीं है; अतः विद्यापति की उपाधि कविशेखर सिद्ध नहीं होती। किन्तु जैसा कि पहले ही हम देख चुके हैं कि नसरत शाह ने विद्यापति को कविशेखर की उपाधि से विभूषित किया था[2] अतः विद्यापति की उपाधि कविशेखर मानना उचित है। फलतः लोचन जैसे पंडित एवं संगीत मर्मज्ञ का साक्ष्य अस्वीकार करने योग्य नहीं है। कविशेखर उपाधि विद्यापति की थी। रागतरङ्गिणी का उक्त पद विद्यापतिकृत है। इसके अतिरिक्त बंगीय-वाङ्मय में प्राप्त 'कविशेखर' भणितायुक्त कई पद भी विद्यापतिकृत हो सकते हैं।

कविशेखर, रायशेखर और शेखर भणितावाले पदों का उद्धरण देकर मजुमदार महोदय ने बताया है कि इन तीन नामों के विभिन्न पदों में श्री खण्ड के रघुनन्दन को गुरुवत स्मरण किया गया है अतः इन तीनों को एक व्यक्ति कहा जा सकता है।[3] यदि इसे सही माने; तो भी यह कहा जा सकता है कि विद्यापति के कविशेखर भणितावाले पदों के अतिरिक्त बंगाल में भी एक अन्य कवि ने कविशेखर भणिता से पद लिखे थे, जो श्री खण्ड के रघुनन्दन को अपना गुरु मानते थे और जो रायशेखर या शेखर भणिता से भी पद लिखते थे। विद्यापति की 'रायशेखर' अथवा केवल 'शेखर' उपाधि का कोई विवरण;नहीं मिलता न तो इन भणिताओं के पद ही मिथिला या नेपाल के संग्रह-ग्रन्थों

१—देखिए प्रस्तुत भूमिका पृ० ३६।

२—प्रस्तुत भूमिका पृ० ८ एवं १५।

३—विद्यापतिर पदावली, भूमिका पृ० ८६।

में मिलते हैं, अतः रायशेखर एवं शेखर भणितावाले पदों को अन्य कविकृत माना जा सकता है, किन्तु कविशेखर भणितावाले उन पदों को जो विद्यापति की रचना शैली के अनुरूप ढले हैं तथा जिनपर बंगीय प्रभाव कम है, विद्यापतिकृत स्वीकार किया जा सकता है।

कविशेखर, रायशेखर या शेखर के पदों को विद्यापति के पदों से पृथक् दिखाने के कुछ और आधारों का भी उल्लेख मजुमदार महाशय ने यत्र-तत्र किया है जो निम्न लिखित हैं।

(१) शेखर, रायशेखर और कविशेखर भणिता के अनेक पद शुद्ध बंगला भाषा में त्रिपदी छन्द में रचित हैं। (२) श्री राधा का सूर्य-पूजा करने जाना श्री चैतन्य के अनुवर्त्ती पदकर्त्ताओं का अनुभव है। विद्यापति के किसी पद में इस प्रकार की किसी घटना का इंगित नहीं है। (३) विद्यापति के किसी प्रामाणिक पद में श्रीदाम, सुबल, सुदामा, ललिता, विशाखा, जटिला, कुटिला प्रभृति नाम नहीं हैं। ये नाम साहित्य क्षेत्र में श्री रूप गोस्वामी एवं उनके परवर्त्ती वैष्णव महाजन कवियों द्वारा ही बहुलांश में प्रचारित हुए, यद्यपि पुराणादि में इन सब नामों में से कुछ पाए जाते हैं। (४) श्री चैतन्य के अनुवर्त्ती पदकर्त्ता केवल काव्य-रस सृष्टि करने के लिए ही पद नहीं लिखते थे। अपितु वे पद-रचना एवं पद-कीर्त्तन को साधना के अङ्ग रूप में समझते थे। वे अपनी सिद्ध देह को कुमारी रूप में कल्पित कर सखी (राधा) की अनुगा होकर सेवा का अनुकूल अवसर बनाएँ, ऐसी प्रार्थना करते थे। श्री राधाकृष्ण लीला के वे दर्शक और पोषक हैं। वे सखी की कृपा पाने के लिए साधना करते थे।

इन आधारों में से (१) प्रथम के आधार पर उक्त भणितावाले त्रिपदी छन्दों, एवं बँगला भाषा से अधिक प्रभावित पदों को यदि अन्य कविकृत मान भी लें तो भी जो पद विद्यापति की शैली में हैं और जिनकी मूल भाषा मैथिल होने एवं कालान्तर में उनपर बंगला रंग चढ़ाए जाने की संभावना है, वे पद विद्यापति कृत माने जा सकते हैं।

(२) द्वितीय आधार उचित प्रतीत होता है। यद्यपि श्री राधा की सूर्य-पूजा की परम्परा का सम्यक् इतिहास स्पष्ट नहीं है फिर भी केवल विद्यापति भणितावाले अथवा उनके अन्य उपाधियों की भणितावाले पदों में इस प्रकार की पूजा-विधि का संकेत नहीं मिलता, अतः राधा द्वारा सूर्य-पूजा के भाववाले वे पद जो कविशेखर भणितायुक्त हैं अन्य कविकृत माने जा सकते हैं।

(३) तृतीय आधार के विषय में—जैसा कि बंगाली विद्यापति अंश में हम देख चुके हैं—कुछ भी निश्चय पूर्वक कहना संभव नहीं है। विभिन्न नामों के प्रयोग के विषय में समय की कोई निश्चित अवधि नहीं खींची जा सकती और न तो यही कहा जा सकता है कि इन नामों से युक्त पद मिथिला अथवा नेपाल के संग्रह ग्रन्थों में नहीं पाए जाते, अतः अन्यत्र के पदों में भी ये प्रयुक्त नहीं हो सकते।

(४) चतुर्थ आधार वैष्णव उपासना-पद्धति के भाव से संबंधित है। यद्यपि उत्तर भारत में सखी-संप्रदाय की परम्परा भी काफी पुरानी है फिर भी यह सच है कि

सखी-भाव के द्योतक विद्यापति के पद प्रायः नहीं मिलते। अतः सखी-भाव के द्योतक पदों को अन्य कविकृत माना जा सकता है। उल्लेख्य है कि सखी-भाव के द्योतक पद प्रायः शेखर भणितायुक्त हैं कविशेखर युक्त नहीं, जिससे जान पड़ता है कि शेखर, कविशेखर से भिन्न व्यक्ति थे। अतः यह कहा जा सकता है कि शेखर भणितावाले पद विद्यापति-कृत नहीं हैं। किन्तु कविशेखर भणितावाले सभी पदों को विद्यावति की रचना न मानना उचित नहीं।

कविशेखर भणितावाले एक पद का पदकल्पतरु से पाठान्तर देकर [1]मजुमदार महाशय ने यह दिखाया है कि नगेन्द्र बाबू ने जान-बूझकर बंगाली भाषा या पद को मैथिल रूप दिया है किन्तु पदकल्पतरु का पाठ भी तत्कालीन मैथिल से अधिक दूर नहीं है, अतः केवल भाषा-विषयक किंचित् पाठभेद के आधार, पर उक्त पद को अन्य कविकृत कहना समीचीन नहीं जँचता। निष्कर्षतः कविशेखर भणितायुक्त ऐसे पद, जो विद्यापति की गीत-शैली पर रचे मिलते हैं, जिनमें बँगला भाषा का प्रभाव कम है, जिनमें सूर्य-पूजा अथवा सखी-भाव की उपासना का भाव नहीं है तथा जो विद्यापति के अन्य पदों के भाव एवं भाषा के अनुरूप हैं, मैथिल विद्यापतिकृत कहे जा सकते हैं; चाहे उनका उत्स केवल बंगीय वाङ्मय ही क्यों न हो।

४ उ. ४ अन्य कवि

मजुमदार महोदय ने अपने संकलन में कविशेखर भणितावाले पदों को तो ग्रहण करना उचित नहीं समझा है किन्तु **'नव कविशेखर'** भणितावाले ४ पद ग्रहण किए हैं।

विद्यापति की नव कविशेखर उपाधि का कोई संकेत प्राप्त नहीं है अतः इन पदों को विद्यापतिकृत मानना संभव नहीं है।

इसीप्रकार १ पद[2] उन्होंने **सिंह भूपति** भणितायुक्त भी ग्रहण किया है जो राग-तरङ्गिणी में भी पाया जाता है किन्तु वहाँ लोचन कवि ने उसके विद्यापतिकृत होने का कोई निर्देश नहीं दिया है। मजुमदार महोदय ने भी इसे इसलिए ग्रहण कर लिया है कि पदामृतसमुद्र में इस पद की भणिता में विद्यापति का नाम है; किन्तु उसकी प्रामाणिकता सन्दिग्ध है। नगेन्द्र बाबू ने भूपति अथवा **सिंह भूपति** भणितावाले कुल ९ पद विद्यायापति के पदों के रूप में प्रकाशित किए थे किंतु भूपति अथवा सिंह भूपति वस्तुतः स्वतन्त्र कवि थे अतः उनकी भणितावाले पदों को विद्यापतिकृत मानना उचित नहीं हैं।

उपर्युक्त विवेचन से स्पष्ट है कि मित्र-मजुमदार ने बंगीय-वाङ्मय में उपलब्ध विद्यापति के पदों को यथाशक्य वैज्ञानिक आधार पर संकलित करने का प्रयास किया है। यत्र-तत्र तथ्यों के अभाव में उन्हें अनुमान का आश्रय भी लेना पड़ा है। इन्हीं अनुमानाश्रित-पदों में सन्दिग्ध प्रामाणिकतावाले अथवा बंगाली विद्यापति के पद आते हैं। मैंने संदिग्ध पदों एवं बंगाली विद्यापति के पदों में से भी कुछ ऐसे विरह पद चुना है जो भाव, भाषा एवं शैली की दृष्टि से विद्यापति के अन्य पदों के निकट पड़ते हैं।

१—मित्र-मजुमदार विद्यापतिर पदावली प० सं० ६१५, ६४५, ६६४ और ७१७।

२—वही, पद सं० २७३।

५. मिथिला-मण्डल से प्राप्त पद

मिथिला विद्यापति के पदों की लीला-भूमि है। यहाँ के घर-आँगन, खेत-खलिहान, बाग-बगीचे, मन्दिर-घाट सभी विद्यापति के पदों से गुंजायमान रहते हैं, किन्तु यहाँ भी विद्यापति द्वारा लिखित अथवा उनके काल में उनके शिष्य अथवा किसी अन्य संकलनकर्त्ता द्वारा संकलित कोई ऐसा संग्रह-ग्रन्थ उपलब्ध नहीं होता, जिसमें उनके पद संग्रहीत हों। जो पद-संग्रह मिलते हैं, वे विद्यापति से काफी परवर्त्ती हैं, किन्तु उनसे यह आभास अवश्य होता है कि विद्यापति के पदों के संग्रह का प्रयास उनके कुछ ही दिनों पश्चात् मिथिला में आरंभ हो गया था।

मिथिला में जो पद-संग्रह प्राप्त होते हैं, उनमें विद्यापति के बहुत कम पद संग्रहीत मिलते हैं; परन्तु उनके अनेक पद मिथिला के लोक-कण्ठ में विद्यमान हैं। इसप्रकार मिथिला में विद्यापति के पद दो प्रमुख स्रोतों से प्राप्त होते हैं।

(१) प्राचीन संग्रह-ग्रन्थ

(२) लोक-कण्ठ

इनका संक्षिप्त परिचय इस प्रकार है।

५. प्राचीन संग्रह ग्रन्थ

मिथिला में अब तक ३ महत्त्वपूर्ण संग्रह-ग्रन्थ प्राप्त हुए हैं, जिनमें विद्यापति के पद संकलित हैं।

(१) रामभद्रपुर-पदावली (२) रागतरङ्गिणी और (३) तरौनी की ताल पत्र की पोथी अथवा तरौनी-पदावली।

५. १ रामभद्रपुर-पदावली

मिथिला-मण्डल से प्राप्त विद्यापति के पदों के संग्रह ग्रन्थों में रामभद्रपुर पदावली का विशिष्ट स्थान है। यद्यपि यह संग्रह प्राचीन है किन्तु इसका पता बहुत बाद में लग पाया। बिहार-उड़ीसा रिसर्च सोसाइटी के तत्त्वावधान में अनेक महत्त्वपूर्ण मैथिल ग्रन्थों के अनुसंध्यानकर्त्ता पंडित विष्णु लाल झा शास्त्री ने इसे दरभंगा जिले के रामभद्रपुर ग्राम से प्राप्त किया। इसी से इसे रामभद्रपुर-पदावली कहा जाता है। विद्यापति के पदों के आधुनिक प्रथम संग्रह-कर्त्ता नगेन्द्र नाथ गुप्त को यह प्रति उपलब्ध नहीं हो सकी थी अतः इसके उपयोग से वे वंचित रह गए। शास्त्री जी ने इस संग्रह-ग्रन्थ की सूचना विद्यापति के पदों के प्रेमी पारखी पंडित शिवनन्दन ठाकुर को दी। ठाकुर महोदय ने इसका भली-भाँति अध्ययन-अनुशीलन कर जून १९३८ ई० में **'विद्यापति-विशुद्ध पदावली'** नाम से इसे प्रकाशित किया। उनके स्वर्गवास के पश्चात् लेहरिया सराय के 'पुस्तक-भंडार' से उनका **'महाकवि विद्यापति'** नामक जो ग्रन्थ प्रकाशित किया गया, उसमें भी पुनः इस पदावली के पदों का प्रकाशन किया गया है।

सन् १९४८ में पंडित विष्णु लाल झा ने इसकी हस्तलिखित पोथी को पटना कालेज के तत्कालीन अध्यापक डॉ० कालीकिङ्कर दत्त को संग्रहार्थ प्रदान किया।

श्री विमानविहारी मजुमदार ने दत्त महोदय के सौजन्य से ही इसका अनुशीलन किया तथा अपने संग्रह में इसके पदों का प्रकाशन किया। दत्त महोदय ने इसे पटना-विश्वविद्यालय पुस्तकालय को सौंप दिया था, जहाँ यह बहुत दिनों तक सुरक्षित थी। इसकी एक फोटो कापी बिहार–राष्ट्रभाषा-परिषद के विद्यापति-विभाग में भी रखी हुई है। कुछ दिन हुए पटना-विश्वविद्यालय-पुस्तकालय से यह पदावली चोरी चली गई, अतः अब बिहार-राष्ट्रभाषा-परिषद वाली फोटो कापी ही इसका प्रधान आधार है। मूल प्रति के स्वरूप के विषय में स्वर्गीय शिवनन्दन ठाकुर, विमानविहारी मजुमदार और परिषद से प्रकाशित 'विद्यापति-पदावली' (दूसरा भाग) द्वारा दिए गए संकेत ही प्रमाण है।

५. १ क

स्वर्गीय शिवनन्दन ठाकुर के मतानुसार इस संग्रह के सभी पद विद्यापतिकृत हैं। पोथी की प्राचीनता एवं मैथिल भाषा की तात्विक परख पर खरे उतरने के कारण उन्होंने इन्हें विद्यापति के विशुद्ध पद कहा है। उन्होंने इस संग्रह से कुल ८६ पद प्रकाशित किए, शेष छोड़ दिए। प्रकाशित कई पदों की अर्थ-संगति वे बैठा नहीं पाए, जैसा कि उनके द्वारा किए गए अर्थ-प्रयासों से स्पष्ट है। इसका प्रधान कारण इस जीर्ण-शीर्ण पोथी के पदों का विशुद्ध पाठ कर पाने की असमर्थता ही थी। कई पदों का ठीक पाठ न कर पाने के कारण उन्होंने उन्हें छोड़ ही दिया।

५. १ ख

श्री विमानविहारी मजुमदार के मतानुसार 'यह एक खण्डित प्रति है। पोथी का दसवाँ पत्र और उस पर लिखित २८ संख्यक पद ही आरम्भ में है। अन्तिम पत्र की संख्या १२१ है और अन्तिम पद की संख्या ४१८ है। किन्तु सम्प्रति इसमें ३५ से अधिक पत्र नहीं है।······पोथी में कुल ९३ पद हैं। इनमें से शिवनन्दन ठाकुर महाशय ने ८६ पद प्रकाशित किए हैं।······इसप्रकार उन्होंने कई पदों का प्रकाशन नहीं किया।'[1]

पोथी की प्रकृति के बारे में उनका कथन है कि 'पोथी' में चार लिपिकर्त्ताओं के हस्ताक्षर दृष्टिगोचर होते हैं। यह तालपत्र पर लिखी हुई है, किन्तु इसके सभी पत्र समान प्राचीन नहीं हैं। यद्यपि कोई भी अक्षर अथवा तालपत्र दो सौ वर्षों से कम प्राचीन नहीं है।'[2]

इस पदावली में संकलित पदों को अन्य संग्रहों के पदों के साथ विवेचित करते हुए उन्होंने बताया है कि इस पदावली के १२ पद 'नेपाल-दरबार' की पोथी में भी पाए जाते हैं। १ पद **'रागतरंगिणी'** में मिलता है; किन्तु रागतरंगिणी में कोई भणिता नहीं थी, अतः नगेन्द्र बाबू ने उसे विद्यापतिकृत नहीं माना था; किन्तु रामभद्रपुर की प्रति में इसमें विद्यापति की भणिता है अतः यह विद्यापति की रचना प्रमाणित हो जाता है।[3]

---

१. मित्र एवं मजुमदार—'विद्यापतिर पदावली' पृष्ठ ७१ भावानुवाद

२. वही।

३. रामभद्रपुर पद संख्या ३०५ (परि० पद सं०–५८) रागतरङ्गिणी में पृष्ठ ५४-५५ (परि०-पद० राग० त० सं०–८) पर है किन्तु उसमें भणिता नहीं है।

१ अन्य पद जो इसमें अन्त में खण्डित है, तरौनी की प्रति में विद्यापति की भणिता से युक्त मिलता है किन्तु रामभद्रपुर की इस प्रति में भणिता नहीं है।[1] अतः यह पद तरौनी-प्रति के साक्ष्य पर विद्यापतिकृत सिद्ध होता है। इस प्रति में २ पद (३९८ और ४१३ संख्यक) अमिअकर की भणितायुक्त हैं, अतः इसे केवल विद्यापति के पदों का ही संग्रह नहीं कहा जा सकता।

पदों के विषय में उनका कथन है कि 'रामभद्रपुर की पोथी के ९३ पदों में ६० पदों में विद्यापति की और २ में अमियकर की भणिता है। बाकी ३१ पदों में ४ नेपाल पोथी से विद्यापतिकृत जान पड़ते हैं और १ नगेन्द्रनाथ गुप्त (द्वारा उल्लिखित) तालपत्र की पोथी (तरौनी-प्रति) में विद्यापति की भणितायुक्त मिलता है। शेष २६ पद विद्यापति द्वारा ही रचे गए हैं, इसका कोई प्रमाण नहीं है।'[2]

५. १ ग

बिहार-राष्ट्रभाषा-परिषद द्वारा प्रकाशित 'विद्यापति-पदावली' के प्रथम भाग में रामभद्रपुर-पदावली का जो परिचय दिया गया है[3] वह लगभग मजुमदार महाशय के विवरण के अनुरूप ही है, यद्यपि यत्किंचित् भिन्नता भी मिलती है। यथा—इसमें कुल पत्रों की यथार्थ संख्या ३२ दी हुई है। अन्तिम पद खण्डित है, अतः निश्चयपूर्वक कहा गया है कि इसके बाद भी पद रहे होंगे। कुल पद ९६ बताए गए हैं, जिनमें प्रथम का आदि और अन्तिम का अन्त खण्डित है। कुल ९६ पदों में से ६० पदों की भणिता में विद्यापति का नाम है, २ में अमियकर का; शेष ३४ में किसी कवि का नाम नहीं है, किन्तु नेपाल-पदावली एवं तरौनी-पदावली से ज्ञात होता है कि उनमें से ५ पद विद्यापति रचित हैं। शेष २९ पद विद्यापति के हैं इसका कोई पुष्ट प्रमाण नहीं है।……किन्तु यह भी नहीं कहा जा सकता कि ये भणिताहीन पद विद्यापति के नहीं हैं। कारण भाषा, और शैली पर्यालोचन से ये पद विद्यापति के अन्य पदों के समकक्ष हैं। अतः ये पद यदि विद्यापति के नहीं, तो विद्यापति कालीन अवश्य हैं; इसलिए इन पदों का भी अपना महत्व है।'

बिहार-राष्ट्रभाषा-परिषद् द्वारा प्रकाशित 'विद्यापति-पदावली' (दूसरा भाग) में श्रीगङ्गानन्द सिंह जी द्वारा दिए गए आमुख से ज्ञात होता है कि 'पाण्डुलिपियों में भी सबसे अधिक जीर्ण—सबसे अधिक दयनीय दशा रामभद्रपुर की पाण्डुलिपि की है। इसी-

---

१. रामभद्रपुर-पदावली का यह पद, सं० ३०६ परिषद्-पदावली, दूसरा भाग में रा० पु० अंश के पद सं० ५९ पर प्रकाशित है किन्तु इसमें पूरी भणिता दी गई है। यह पद नेपाल दरबार प्रति के २६२ संख्यक पद (जो परिषद-पदावली, प्रथम भाग की पद सं० २४२ पर प्रकाशित है) से थोड़े से पाठभेद से मिलता है। किन्तु उसमें भणिता के स्थान पर केवल 'भनइ विद्यापतित्यादि' लिखा है। परिषद पदावली में वहाँ जो रा० पु० का पाठभेद दिया गया है उसमें लिखा है कि रा० पु० में अन्तिम दो चरणों का पाठ खण्डित है। अतः वस्तुतः रा० पु० में यह भणिताविहीन ही है। इसकी पूरी भणिता न० गु० संस्करण में तालपत्र की पोथी (तरौनी) से लिए गए पद (पद स० २२७) में ही उपलब्ध है।

२. मित्र एवं मजुमदार—'विद्यापतिर पदावली' पृष्ठ ७२

३ बिहार-राष्ट्रभाषा-परिषद् द्वारा प्रकाशित विद्यापति पदावली (प्रथम भाग) पृष्ठ ९६-९७।

लिए, वह ठीक से पढ़ी नहीं गई थी और विशुद्ध पाठ के अभाव में उसके सम्पादक अर्थ लिखने में पग-पग पर स्खलित होते रहे थे। रामभद्रपुर पाण्डुलिपि का एक भी ऐसा पद नहीं है, जो अबतक शुद्ध-रूप में पढ़ा गया था और जिसका अर्थ शुद्ध रूप में लिखा गया था। प्रस्तुत संस्करण में पाठ-शुद्धि पर विशेष ध्यान दिया गया है और इसीलिए प्रायः अर्थ का अनर्थ नहीं हो पाया है। इतना ही नहीं सम्पादकों की अनवधानता के कारण रामभद्रपुर की पाण्डुलिपि के कई पद अबतक पढ़े भी नहीं गए थे। परिषद् से प्रकाशित पदावली के प्रस्तुत संस्करण में उन पदों का भी उद्धार कर दिया गया है।'[१]

५. १ घ

रामभद्रपुर-पदावली की मूल प्रति चोरी चली गई है अतः बिहार-राष्ट्रभाषा-परिषद् की फोटो प्रति ही प्रमाण है। सम्पादक-मण्डल द्वारा मूल एवं फोटो प्रतियों के अध्ययन अनुशीलन के उपरान्त परिषद् से विद्यापति पदावली के दूसरे भाग में 'रामभद्रपुर (दरभंगा) में प्राप्त विद्यापति के पदों का संग्रह' में, जो पद प्रकाशित हैं, अब हम उस अंश पर संक्षेप में विचार करेंगे।

इस अंश में ९५ पद विद्यापति के पदों के रूप में प्रकाशित हैं तथा ३ पद परिशिष्ट 'क' में 'रामभद्रपुर-पदावली में उपलब्ध अन्य कवियों के पद' शीर्षक से प्रकाशित हैं। इसप्रकार इनका योग ९८ होता है। किन्तु विद्यापति-अंश में प्रकाशित ९५ पदों के ऊपर जो क्रमसंख्या दी गई है उसमें ३२ संख्यक कोई पद नहीं है। ३१ के बादवाले पद पर ३३ संख्या दे दी गई है अतः परवर्ती सभी पदों की संख्या में एक की वृद्धि हो गई है अन्यथा कुल पदों की संख्या ९४ ही है। इनमें भी एक पद दो स्थलों[२] पर लगभग पुनरुक्त है। अतः शुद्ध पद ९३ ही हैं। इसीतरह अन्य कवियों के अंश में दिए गए तीन पदों में से दो लगभग समान ही हैं।[३] अतः वे भी यथार्थतः २ ही हैं। इसप्रकार कुल पद ९५ ही हैं।

विद्यापति के पदों के रूप में प्रकाशित पदों में से २ पदों[४] की भणिता में कवि-कंठहार नाम है और २ पदों[५] में अभिनव जयदेव आया है। चूँकि ये दोनों विद्यापति के विरुद हैं अतः इन्हें विद्यापति की रचना मानना ही उचित है।

अन्य पदों की भणिता में विद्यापति का स्पष्ट उल्लेख है, किन्तु ३३ पदों में कोई भणिता नहीं है[६] जिनमें से २ (परि० पद० रामभद्रपुर संख्या ३१ और ५७) तो अन्त

---

१. बिहार-राष्ट्रभाषा-परिषद्, विद्यापति-पदावली, दूसरा भाग, आमुख-पृष्ठ १२।

२. रामभद्रपुर पदावली पृष्ठ १४ पद ४५ और पृष्ठ ११२ पद ३९४। परिषद् पदावली की पद सं० १७ और ७१।

३. रामभद्रपुर पदावली पृष्ठ ११४ (क) पद ३९८ और पृष्ठ ११२ पद ३९३। परिषद् पदावली परिशिष्ट (क) सं० १ और २।

४. परिषद्-पदावली, दूसरा भाग में पद सं० ५५ और ८६।

५. परिषद् पदावली, दूसरा भाग में पद सं० ५९ और ८७।

६. परिषद की विद्यापति पदावली (दूसरा भाग) के रामभद्रपुर अंश में इनकी सं० क्रमशः २, ५, १३, १४, १७, २३, २४, २६, ३१, ३३, ३५, ३६, ३७, ३८, ३९, ४१, ४२, ५७, ६०, ६१, ६२, ६३, ६४, ६५, ६६, ६७, ६८, ६९, ७०, ७१, ७२, ७३ और ७८ है।

में खण्डित हैं अतः संभव है उनमें कोई भणिता रही हो, किन्तु शेष ३१ पद भणिताहीन हैं। इन भणिताहीन पदों में से ४ पद[1] नेपाल-दरबार की प्रति में मिलते हैं और १ पद तरौनी प्रति में।[2] शेष २ भणिताहीन पदों को निश्चयपूर्वक विद्यापतिकृत मानने का कोई प्रबल प्रमाण नहीं है।

इस पदावली के कुल पदों में से १८ पद नेपाल-दरबार की प्रति में पाए जाते हैं।[3] २ पद तरौनी की प्रति में एवं २ पद रागतरंगिणी में भी संकलित मिलते हैं।

५. १ ङ

परिषद् द्वारा प्रकाशित पदावली से प्रत्यक्ष होता है कि आरम्भ और अन्त के अतिरिक्त भी यह प्रति बीच-बीच में ७ स्थानों पर खण्डित है। पद संख्या २८ से तो आरंभ ही है फिर पद-संख्या ४७ (परिषद् में क्रमाङ्क १९) के बाद एक खण्डित पद है।[4] फिर ६ पृष्ठ नहीं हैं, तदनन्तर ५७वें पद का खण्डित अंश है; जिसमें विद्यापति की भणिता स्पष्ट है। तदनन्तर पद-संख्या ६८ (परि० पद संख्या ३१) के बाद एक खण्डित पद है जिसके नीचे ७६ संख्या दी हुई है। फिर ७९ (परि० प० ३५) पद के बाद ६ खण्डित पद हैं, अन्तिम खण्डित पद में विद्यापति की भणिता है। ८९वें पद (परि० पद-संख्या ३९) के बाद ३६ पृष्ठ नहीं हैं फिर १५८ संख्यक खण्डित पद है। १७२वें पद (परि० पद-संख्या ५४) के बाद ४ पृष्ठ नहीं हैं फिर १८६वें पद का पदांश है जिसमें विद्यापति का नाम आया है। १८९वें पद (परि० पद-संख्या ५७) के बाद ५६ पृष्ठ नहीं हैं फिर ३०४ संख्यक खण्डित पद है, जिसमें विद्यापति का नाम है। ३०६वें पद (परि० पद-संख्या ५९) के बाद ५० पृष्ठ नहीं हैं फिर ३८१वाँ पद है, जिसमें विद्यापति का नाम है। इसप्रकार इस प्रति में उपलब्ध खण्डित पदों में से कम-से-कम ५ विद्यापति के पद ही रहे होंगे, किन्तु अब वे अपने पूर्णरूप में उपलब्ध नहीं हैं।

५. २ रागतरङ्गिणी

मिथिला में प्राप्त प्राचीन पाण्डुलिपियों में रागतरङ्गिणी कई दृष्टियों से अधिक महत्वपूर्ण उपलब्धि है। प्रथम, इसके संकलनकर्त्ता लोचन महोदय एक उत्कृष्ट संगीतज्ञ तथा सिद्धकवि थे। द्वितीय, वे विद्यापति की भाँति ही संस्कृत, प्राकृत और मैथिल भाषा

---

१. उपर्युक्त में पद संख्या ५, २४, ५७ और ६७, परिषद् द्वारा प्रकाशित विद्यापति पदावली (प्रथम भाग) में क्रमशः ५२, ४०, ४२ और ७५ संख्यक पद।

२. रामभद्रपुर पदावली का यह ३०६ संख्यक पद परिषद् पदावली के प्रथम भाग के पद-संख्या २४२ पर रा० पु० पाठभेद के रूप में प्रकाशित है जहाँ इसे अन्त में खण्डित बताया गया है। किन्तु दूसरे भाग में रा० पु० अंश के पद-संख्या ५९ पर पूरी भणिता के साथ उद्धृत है, किन्तु इसका अन्तिम भणितायुक्त अंश तरौनी-प्रति से लिया गया जान पड़ता है।

३. विद्यापति पदावली भाग दो, रामभद्रपुर अंश के क्रमशः १, ३, ५, १०, ११, १२, २४, २६, ४४, ४८, ४६, ५४, ५७, ५९, ६७, ८०, ९२ और ६५।

४. परिषद् प्रति में ४४ लिखा है किन्तु ४६ के बाद होने से ४७ होना ही उचित है।

के विशेषज्ञ थे। तृतीय, मिथिला राजदरबार के राजकवि के नाते विद्यापति की परिस्थिति के अनुरूप सभी राजनयिक गतिविधियों से परिचित थे। अतएव उन्होंने राग-रागिनियों के विस्तृत वर्णन के लिए रागतरङ्गिणी नामक जो संग्रह तैयार किया, उसमें संकलित पदों को छन्द, लय, सुर, ताल आदि का विचार करते हुए इसप्रकार निबद्ध किया है कि वे पद अबतक अपने विशुद्धरूप में वर्त्तमान हैं। मिथिला के ही पारखी कवि होने के कारण विद्यापति के पदों को वे अधिक यथार्थ रूप में प्रस्तुत कर सके होंगे यह बात निस्संकोच कही जा सकती है।

समय की दृष्टि से भी लोचन विद्यापति के काल के अधिक निकट हैं। कुछ विद्वान तो उन्हें विद्यापति से भी प्राचीन मानते हैं। **डाक्टर नीहाररंजन गुप्त** के मतानुसार '१०८२ शकाब्द (११६० ई०) में बल्लोक सेन के राजत्व काल के प्रथम वर्ष में ही लोचन पण्डित ने 'रागतरङ्गिणी' ग्रन्थ की रचना की थी; विद्यापति के गान, तथा ईमन और फिरदोस्त—राग आदि परवर्त्तीकाल में इस ग्रन्थ में प्रक्षिप्त हुए हैं।'[१] सन् १९१८ में पण्डित दत्तात्रेय जोशी द्वारा पूना से प्रकाशित 'रागतरङ्गिणी' के पुष्पिका श्लोक के आधार पर—जिसमें लोचन कवि को लक्ष्मणसेन के पिता का समसामयिक कहा गया है—श्रीयुत **क्षितिमोहन सेन** महोदय ने भी लोचन को १४ वीं शती ई० से पूर्व माना है।[२] दत्तात्रेय जोशी को रागतरङ्गिणी की पाण्डुलिपि इलाहाबाद में मिली थी, किन्तु उनके बहुत पहले सन् १९०९ में प्रकाशित अपनी 'विद्यापति ठाकुरेर पदावली' में नगेन्द्रनाथ गुप्त ने रागतरङ्गिणी की एक प्राचीन पाण्डुलिपि का उपयोग किया था, जिसके सम्बन्ध में उन्होंने भूमिका में लिखा है—'यह ग्रन्थ अभी तक मुद्रित नहीं हुआ है, हस्तलिखित पोथी के आकार में मिथिला में पाया जाता है। प्रायः अढ़ाई सौ वर्ष पूर्व महेश ठाकुर के राजत्व काल में लोचन कवि द्वारा यह संकलित हुआ है।'[३] इससे स्पष्ट है कि जोशी महोदय के संस्करण के बहुत पहले की 'रागतरङ्गिणी' की मैथिल पाण्डुलिपियों में भी विद्यापति के पद वर्तमान थे। संप्रति नगेन्द्रनाथ गुप्त द्वारा प्रयुक्त रागतरङ्गिणी की प्रति उपलब्ध नहीं है। ग्रियर्सन साहब द्वारा महाराजाधिराज कामेश्वरसिंह से उसकी गवेषणा आदि का अनुरोध करने पर इतना ही पता लगा कि वह प्रति दरभंगा राज-पुस्तकालय में थी, किन्तु कहीं खो गई। अधिक खोजबीन करने पर पचही भ्योढ़ी निवासी **इन्द्रपति सिंह** के पास उसका एक खण्ड प्राप्त हुआ। इसी प्रति के आधार पर पंडित बलदेव मिश्र ने सन् १९३८ में दरभंगा राज-प्रेस से रागतरङ्गिणी का प्रकाशन किया।

---

१. बंगालीर इतिहास (आदि पर्व पृष्ठ ७६७-६८) मित्र-मजुमदार संस्करण में पृष्ठ ६७ पर उद्धृत।

२. 'Inclusion of Vidyapati songs and Moslem Ragas led some people to believe that Lochana pandit must have flourished in the 14th century. But Puspika sloka would conclusively prove that the book dates back to a much earlier period.

Vishva Bharati Quarterly Nov-Jan 1943-44

३. 'एइ ग्रन्थ ए पर्यन्त मुद्रित होय नाइ, हस्तलिखित पूँथिर आकारे मिथिलाय पावा जाय। प्राय आड़ाइ शत वत्सर पूर्वे महेश ठाकुरेर राज्यकाले लोचन नामक कविर द्वारा इहा संकलित हय।'

—मित्र-मजुमदार संस्करण, पृष्ठ ६६ पर उद्धृत।

श्रीयुत विमानविहारी मजुमदार के मतानुसार 'उक्त प्रतिलिपि प्राचीन नहीं है, क्योंकि वह देवनागरी अक्षरों में लिखी हुई है। जब कि मिथिला की कोई प्राचीन पोथी देवनागर अक्षरों में लिखी नहीं है।'[१]

जो हो संप्रति यही प्रामाणिक प्रति उपलब्ध है। इसके आरंभिक मंगलाचरण के छठें श्लोक में लोचन कवि ने लिखा है—

शोभाभिः कुसुमायुधस्य सुमहद्धिक्कारकारी नरान्।
वीर श्रीमहिनाथभूपतिलकः शास्तेधुना मैथिलान् ॥

आठवें श्लोक में उन्होंने पुनः लिखा है—

तस्य श्रीनृपसुन्दरात्मजमहीनाथानुजस्याज्ञया।
विप्रः कोऽपि सुवंशजो नरपतेः कीर्त्तिन्तनोति प्रियाम् ॥

उक्त श्लोकांशों से स्पष्ट है कि लोचन के काल में महाराज महिनाथ ठाकुर राज्य कर रहे थे। लोचन उन्हीं के दरबारी ब्राह्मण कवि थे। महिनाथ ठाकुर के ही अनुज नरपति ठाकुर की आज्ञा से उन्होंने (रागतरङ्गिणी जैसी) कीर्त्ति का विस्तार किया है, अर्थात् रागतरङ्गिणी की रचना की है। श्रीयुत **श्यामनन्दन सिंह**[२] एवं म० म० **परमेश्वर** झा[३] के मतानुसार महाराज महिनाथ का शासन काल १६६८ ई० से १६९० ई० पर्यन्त था। अतएव रागतरंगिणी का रचना-काल भी लगभग यही रहा होगा। इसप्रकार रागतरंगिणी की मूल प्रति विद्यापति के जीवन काल के लगभग दो सौ वर्ष पश्चात् तक निर्मित हो चुकी थी, अतः लोचन के काल तक विद्यापति के पदों की भाषा में अधिक परिवर्त्तन नहीं हुए होंगे। फलतः विद्यापति के पद रागतरंगिणी में अपने अधिक यथार्थ रूप में वर्त्तमान हैं।

५. २ क

विद्यापति के पदों के संकलनार्थ **'रागतरङ्गिणी'** का प्रयोग सर्वप्रथम नगेन्द्रनाथ गुप्त ने किया था। चूँकि उन्हें भी 'रागतरंगिणी' की प्रति मिथिला-मण्डल में ही उपलब्ध हुई थी अतः अनुमान किया जा सकता है कि उनके द्वारा प्रयुक्त पाण्डुलिपि दरभंगा से पंडित बलदेव मिश्र द्वारा प्रकाशित 'रागतरङ्गिणी' के अनुरूप ही रही होगी। किन्तु नगेन्द्रनाथ गुप्त द्वारा अपने संस्करण में विद्यापति के उन पदों का—जिन्हें उन्होंने रागतरंगिणी से उद्धृत किए जाने का उल्लेख किया है—इससे मिलान करने पर देखा गया है कि अनेक ऐसे पद जो प्रकाशित 'रागतरङ्गिणी' में अन्य कवियों की भणिता से युक्त हैं, नगेन्द्रनाथ गुप्त के संस्करण में विद्यापति की भणिता से युक्त हैं। इनका विस्तृत विवरण मजुमदार महोदय ने

---

१. 'एइ प्रतिलिपि प्राचीन नहे, केनना उहा देवनागर अक्षरे लेखा। मिथिलार कोन प्राचीन पूँथि देवनागर अक्षरे लेखा न हे।' —विद्यापतिर पदावली, भूमिका पृष्ठ ६६।

२. Shyam Nandan Singh—History of Tirhut, page 217.

३. म० म० परमेश्वर झा—मिथिलातत्व विमर्श, उत्तरार्ध, पृ० ३५।

'विद्यापतिर-पदावली' की भूमिका के पृष्ठ ६८–६९ पर तथा बिहार-राष्ट्रभाषा-परिषद् की विद्यापति-पदावली (प्रथम भाग) के पृष्ठ १००, १ १ एवं १०२ पर दिया गया है। वस्तुतः नेपाल-दरबार की प्रति की भाँति ही इस पाण्डुलिपि के भी कई अन्य कवियों के पदों को गुप्त जी ने विद्यापति के नाम और भणिता से युक्त करने की चेष्टा की है। उन्होंने 'रागतरंगिणी' में संकलित सिंह भूपति, नृपसिंह गजसिंह, लक्ष्मीनरायन, प्रीतिनाथ, कवि रतनाइ, जीवनाथ, कवि कुमुदी, भवानीनाथ, धरणीधर, अमियकर, श्रीनिवास मल्ल और गोविन्ददास के विभिन्न पदों को विद्यापति के पदों के रूप में संकलित कर दिया है।

५.२ ख

'रागतरंगिणी' में अन्य कवियों के पदों के साथ विद्यापति रचित ५१ पद संकलित हैं। मजुमदार महाशय ने इन ५१ पदों को विद्यापतिकृत स्वीकार किया है और बताया है कि इनमें से ३ पदों में विद्यापति की भणिता नहीं है किन्तु लोचन ने इनके लिए 'इति विद्यापतेः लिखा है। ३६ (संभवतः प्रेस की भूल है अन्यथा ४६ होना चाहिए) में विद्यापति का नाम है। २ पदों में 'कण्ठहार' भणिता है एवं उसके साथ शिवसिंह का उल्लेख है।'[1] किन्तु लोचन द्वारा जिन तीन पदों के नीचे 'इति विद्यापतेः' निर्देशित है उनमें से एक को, जिनमें 'कविशेखर' भणिता है, उन्होंने अलग से परिशिष्ट 'क' में रखा है। चूँकि 'कविशेखर' भी विद्यापति की एक उपाधि थी, अतः उक्त पद[2] के विद्यापतिकृत होने में सन्देह करने का कोई कारण नहीं है।

राष्ट्रभाषा-परिषद् द्वारा प्रकाशित विद्यापति-पदावली की भूमिका में भी मजुमदार महाशय के अनुरूप ही मत व्यक्त किया गया है, किन्तु रागतरंगिणी से जो ५१ पद प्रकाशित किए गए हैं, उन्हें देखने पर यत्किञ्चित् भिन्न स्थिति दृष्टिगोचर होती है। यथा—कुल ५१ पदों में से २ पदों[2] में विद्यापति की उपाधि 'कवि कण्ठहार' वर्त्तमान है साथ ही उनमें शिवसिंह और लखिमा देवी का भी नाम है। ६ पदों[3] में कोई भणिता नहीं है किन्तु इनमें से ४ पदों के नीचे लोचन द्वारा 'इति विद्यापतेः' निर्देशित है। इनमें से १ पद[4] यत्किञ्चित् पाठभेद के साथ नेपाल-दरबार की पाण्डुलिपि, बंगीय-वाङ्मय के 'पदकल्पतरु' संग्रह-ग्रन्थ एवं सर ग्रियर्सन के संकलन में भी प्राप्त होता है। नेपाल की पाण्डुलिपि में इसके अन्त में 'भनइ विद्यापतीत्यादि' मात्र ही लिखा हुआ है, किन्तु पदकल्पतरु एवं सर ग्रियर्सन के संग्रह में इसकी भणिता में विद्यापति का नाम है। एक पद 'कवि शेखर' भणितावाला है, जिसका उल्लेख पहले किया जा चुका है। शेष २ के लिए लोचन की टिप्पणी ही प्रधान प्रमाण है। अन्य २ भणिताहीन पदों में से एक पद[5]

---

१. मित्र-मजुमदार, विद्यापतिर पदावली, भूमिका, पृष्ठ ७०।

२. रागतरङ्गिणी—पृष्ठ ५२-५३ और पृष्ठ ९१-९२ परि० पद० सं० क्रमशः ७ और ३०।

३. रागतरङ्गिणी पृष्ठ ४५, ५०, ७३ और ८७ पर आए पद, परिषद पदावली में ये क्रमशः पद सं० २, ६, १९ और २७ पर प्रकाशित हैं।

४. कामिनि करए सनान; हेरतहिं हृदए हनए पँचबाने। —रा० त० पृ० ७३।

५. रागतरङ्गिणी-पृष्ठ ५४-५५, 'सपने देखल हरि गेलहुँ पुलके पुरि'।

रामभद्रपुर-पदावली में विद्यापति की भणिता से युक्त पाया गया है इसका उल्लेख उक्त पदावली के सन्दर्भ में किया गया है। दूसरा पद नेपाल-दरबार की पाण्डुलिपि में (पद-संख्या २२९) भी प्राप्त होता है[1] जिसमें विद्यापति की भणिता स्पष्ट है। इसप्रकार रागतरङ्गिणी में संकलित विद्यापति के सभी पद प्रामाणिक सिद्ध होते हैं। लोचन कवि द्वारा संकलित पद विद्यापति के पदों को प्रामाणिकरूप में तो प्रस्तुत करते ही हैं, साथ ही उनके अन्य पदों के यथार्थ स्वरूप को पहचानने में भी अधिक सहायक सिद्ध हो सकते हैं।

रागतरङ्गिणी में पाए जानेवाले पदों में से ११ पद[2] नेपाल-दरबार की पाण्डुलिपि में भी पाए जाते हैं। १ पद रामभद्रपुर-पदावली में भी मिलता है, जो यद्यपि रागतरङ्गिणी में भणिताविहीन है, तथापि रामभद्रपुर-पदावली में इसके अन्त में विद्यापति की भणिता है।[3] यदि रामभद्रपुर-पदावली उपलब्ध नहीं हुई होती, तो विद्यापति का यह सुन्दर पद सन्दिग्ध स्थिति में ही रह जाता।

५. ३ तरौनी की तालपत्र को पोथी

इस पोथी की कोई पाण्डुलिपि सम्प्रति कहीं भी उपलब्ध नहीं है। इसका व्यवहार भी केवल नगेन्द्रनाथ गुप्त ने अपनी 'विद्यापति ठाकुरेर पदावली' के साहित्य-परिषद् संस्करण में ही किया था। तदनन्तर उन्होंने उक्त पाण्डुलिपि को कलकत्ता विश्वविद्यालय पुस्तकाल को सौंप दिया था, किन्तु जब उन्होंने पुनः अपना वसुमती-संस्करण निकाला तो बहुत खोजने पर भी विश्वविद्यालय-पुस्तकालय में वह प्रति उन्हें नहीं मिल सकी। इसके पूर्व ही वह प्रति कहीं खो गई थी। इसप्रकार विद्यापति के पदों के संग्रह की एक महत्वपूर्ण प्रति सदा के लिए तिरोहित हो गई। अब इसके विषय में नगेन्द्र बाबू द्वारा दिए गए विवरण ही प्रधान आधार हैं।

इस प्रति के प्राप्ति-स्रोत के विषय में उन्होंने साहित्य परिषद् संस्करण की भूमिका में लिखा है कि 'राजकर्म के उपलक्ष में श्रीयुत मोहिनी मोहन दत्त ने यह पोथी पाई। उन्हीं के पास से (मैंने) उसे पाया है। यह पोथी और विद्यापति की हस्तलिखित भागवत

---

१. यह पद नगेन्द्रनाथ गुप्त ने भी रागतरङ्गिणी से लेकर ही संपादित किया हुआ बताया है किन्तु उनके द्वारा दिए गए पद्र की भणिता में विद्यापति का नाम न होकर 'सरस कवि' भणिता है। परिषद् पदावली के सम्पादकीय अभिमत में भी न० गु० का पाठ ही दिया गया है किन्तु नेपाल-प्रति की भणितावाला अंश ही अधिक प्रामाणिक लगता है।

२. मजुमदार महोदय ने ऐसे पदों की सं० ९ बताई है, पर दोनों प्रतियों का मिलान करने पर ११ पद उभनिष्ठ ठहरते हैं। ये पद रागतरङ्गिणी में क्रमशः पृष्ठ ५६, ६२-६३, ७३, ७८ ७९, ७९, ८५, ९०, १०२-१०३, १०४-१०५, ११४, और ११५ पर आए हैं; जो नेपाल-दरबार की प्रति के क्रमशः पद सं० २३५, २२६, २१७, ७७, १४३, २६१ (यह पद तरौनी प्रति में भी है), २२०, ६३ और १६१, २१, ८१ (तरौनी प्रति में भी) और २६० से यत्किंचित पाठान्तर से मिलते हैं।

३. रा० त० पृष्ठ सं० ५४-५५, रामभद्रपुर पदावली पृष्ठ ८३ (क) पद संख्या ३०५।

की पोथी तरौनी ग्राम में पं० लोकनाथ झा के घर सुरक्षित थी।' 'तरौनी ग्राम से प्राप्त होने के कारण इसे तरौनी की पोथी या तरौनी-पदावली कहा जाता है।

अब यह प्रति सुलभ नहीं है अन्यथा इसका वैज्ञानिक अनुशीलन 'विद्यापति-पदावली' के लिए कई दृष्टियों से अत्यन्त लाभप्रद सिद्ध होता। जैसा कि कहा जाता है यह प्रति विद्यापति द्वारा स्वयं लिखी गई भागवत की प्रतिलिपि के साथ रखी गई पाई गई थी। भागवत की उक्त प्रति के विषय में 'दरभंगा जिले की पंडित-मण्डली का पूरा विश्वास है और जनश्रुति से भी सिद्ध है कि यह पुस्तक विद्यापति के हाथ से लिखी गई थी।'[२] विद्यापति द्वारा लिखी पोथी के साथ होने के साथ-साथ तरौनी-प्रति के बारे में यह प्रसिद्ध है कि वह विद्यापति के प्रपौत्र द्वारा लिखी गई थी। इसप्रकार यह प्रति विद्यापति की लगभग समसामयिक ठहरती है फलतः सभी पाण्डुलिपियों से प्राचीन कही जा सकती है; किन्तु सम्प्रति उसका निरीक्षण करने का कोई उपाय नहीं है।

इसका सामान्य परिचय देते हुए बेनीपुरीजी ने लिखा है कि 'इस पोथी की लिखावट और उसके तालपत्र को देखकर मालूम होता है कि कम-से-कम तीन सौ वर्षों का यह प्राचीन है। लापरवाही से रखने के कारण यह पोथी जीर्ण-शीर्ण हो गई है। पहला और दूसरा पत्र गायब है। फिर नवाँ नहीं है। इसके बाद ८१ से लेकर ९९ पत्र एक बार ही नहीं हैं। १०३ नम्बर का पत्र भी गायब है। १३२ पत्र के बाद का कुछ भी अंश नहीं मिलता। सम्पूर्ण पोथी न होने के कारण यह पता नहीं चलता कि यह कब लिखी गई, किसने इसे लिखा और कुल कितने पद इसमें थे। इस पोथी में लगभग ३५० पद बचे हुए हैं।'[३]

इस पोथी के पदों के विषय में नगेन्द्र बाबू ने लिखा है कि 'इस पोथी में प्रायः ३५० पद थे और उसमें विद्यापति के अतिरिक्त और किसी का भी पद नहीं है।'[४] वसुमती-संस्करण के प्रकाशन के समय यह पोथी उन्हें पुनः अवलोकनार्थ मिल नहीं सकी, किन्तु इस संस्करण की भूमिका में उन्होंने कहा है उन्होंने इस पोथी में संकलित विद्यापति के समस्त पदों को प्रकाशित कर दिया है। परन्तु साहित्य-परिषद् संस्करण के जिन पदों के नीचे इस

---

१. श्री विमान विहारी मजुमदार का विचार है कि तरौनी की प्रति नगेन्द्र बाबू को श्रीयुत मोहिनी मोहन दत्त से सीधे सुलभ नहीं हुई। उन्होंने समस्तीपुर निवासी कैप्टन राधिका प्रसाद घोष एवं उनके भाई रायबहादुर राधारमण घोष की सूचना के आधार पर बताया है कि उक्त प्रति देवघर निवासी विद्यापति वंशीय किसी ब्राह्मण ने घोष बन्धु के पितामह विपिन विहारी घोष को प्रदान की थी। फिर घोषबन्धु के पितृव्य पूर्णचन्द घोष से समस्तीपुर के तत्कालीन मुन्सिफ मोहिनी मोहन दत्त ने उधार लेकर कलकत्ता हाई कोर्ट के विचारपति शारदाचरण मित्र महाशय को दी। शारदा बाबू ने फिर उसे नगेन्द्र बाबू को व्यवहार करने के लिए दिया।

भावानुवाद—विद्यापतिर पदावली,—भूमिका, पृष्ठ ७३।

२. रामवृक्ष शर्मा बेनीपुरी, संकलयिता, विद्यापति की पदावली, भूमिका 'विद्यापति का स्वाक्षर' अंश।

३. वहीं, द्वितीय संस्करण, वैशाख १९८८ वि० पृष्ठ ४२।

४. नगेन्द्रनाथ गुप्त—विद्यापति ठाकुरेर पदावली—पृष्ठ १०१।

प्रति से उद्धृत किए जाने का सूचक पद **'तालपत्रेर पूथि'** लिखा है उनकी गणना करने पर कुल २३९ पद ही ऐसे मिलते हैं, जो उक्त स्रोत से लिए गए प्रतीत होते हैं। इसप्रकार कुल पद-संख्या ३५० में से १११ पद अप्रकाशित ही रह गए। यह कहकर भी कि उन्होंने उस प्रति के सभी पद प्रकाशित कर दिए हैं, केवल २३९ पदों को ही उक्त प्रति से लिए जाने स्पष्ट का संकेत उन्होंने क्यों किया ? इस सम्बन्ध में अब केवल अनुमान ही अनुमान लगाया जा सकता है। यथा—

(१) सम्भवतः उस प्रति में कुल २३९ पद ही रहे हों या (२) कुल ३५० पदों में से विद्यापति-रचित पद २३९ ही रहे हों, अन्य दूसरे कवियों के रहे हों; तथा केवल भणिता में थोड़ा-बहुत परिवर्त्तन कर देने से विद्यापतिकृत सिद्ध न हो सके हों या (३) कुल ३५० पदों में २३९ पदों के अतिरिक्त अन्य पद दूसरी पाण्डुलिपियों में भी रहे हों और उसी प्रसङ्ग में प्रकाशित रहे हों, अतः उनके नीचे तालपत्र पोथी सूचक पद न लिखा गया हो।

प्रथम अनुमान ठीक माने तो मानना होगा कि गुप्त ने ३५० पदों की संख्या झूठ-मूठ में गिनाई, पर इसका कोई आधार नहीं प्रतीत होता होता। दूसरे नेपाल प्रति से भी जितने पद उन्होंने प्रकाशित किए, उनसे उस प्रति में विद्यापतिकृत पदों की संख्या उन्होंने अधिक बताई थी और वस्तुतः उस प्रति में उन्होंने कई पद छोड़ दिए थे। इसी प्रकार सम्भव है अस्पष्ट-पाठ आदि होने के कारण उन्होंने कुछ पद छोड़ दिए हों।

दूसरे अनुमान का आधार यह है कि अन्य पाण्डुलिपियों के कई अन्य कवियों के पदों को विद्यापति के नाम या विरुद पर चलाने की चेष्टा उन्होंने यत्र-तत्र की है, किन्तु इस अनुमान को भी इसलिए मान लेना उचित नहीं होगा कि किसी भी प्रति की इतनी बड़ी पद-संख्या को विद्यापतिकृत सिद्ध करने का प्रयास उन्होंने नहीं किया है। अतः इतना बड़ा दोष उन पर लगाना उचित नहीं।

तृतीय अनुमान भी सुदृढ़ भित्ति पर नहीं है, क्योंकि जो २३९ पद तरौनी-प्रति से प्रकाशित सूचित हैं उनमें से भी अनेक अन्य पाण्डुलिपियों में पाए जाते हैं।

इसप्रकार मूल-प्रति के अभाव में अनुमान भी निराधार हैं अतः अब इस प्रति से लिए गए जिन पदों को नगेन्द्रबाबू ने माना है, उन्हीं पर विचार करना उचित है।

५. ३ ख

नगेन्द्रबाबू के पश्चात् इस प्रति के पदों को कालानुक्रम रूप में विद्यापतिर-पदावली में मित्र-मजुमदार ने प्रकाशित किया है, किन्तु जो पद कालान्तर में अन्य कवियों के सिद्ध हो गए हैं, उन्हें पृथक् कर दिया है। अन्य कवियों के पद भी इस प्रति में थे, इसकी सूचना नगेन्द्रबाबू की पदावली से ही मिल जाती है। जैसे उनके संस्करण के ही पद-संख्या ७८३ की भणिता में लिखा है—

भने पञ्चानन ओखद आनन
विरह मन्द व्याधि।
जतहि पाउति हरि दरसन
ततहि तेजति आधि॥

जिससे स्पष्ट है कि उक्त पद पञ्चानन नामक किसी अन्य कवि द्वारा भणित है। इसी प्रकार न० गु० संस्करण का ३६६ संख्या पद भी तरौनी-प्रति से लिया गया अंकित है और विद्यापतिकृत माना गया है। न० गु० बाबू ने इसकी भणिता दी है—'अवगुन परिहरि हेरह हरखि धनि, मानक अवधि बिहाने। राजा शिवसिंह रूपनराएन, कवि विद्यापति भाने।'' किन्तु यही पद उमापतिकृत **'पारिजातहरण'** नाटक में थोड़े ही पाठभेद से मिलता है जहाँ भणिता का अन्तिम अंश का पाठ है :—'हिमगिरि कुमरि चरन हृदय धरि, सुमति उमापति भाने।'' सर ग्रियर्सन ने एशियाटिक सोसाइटी जरनल (भाग १) सन् १८८४ में इसे उमापतिकृत ही स्वीकार किया है[१] तथा जर्नल आव बिहार ऐण्ड ओडोसा रिसर्च सोसाइटी (१९१७ खण्ड ३ भाग ९, पृष्ठ ४४–४६) में भी उमापति भणिता युक्त पाठ ही ग्रहण किया गया है। पं० बलदेव उपाध्याय ने[२] उमापति को विद्यापति से भी पूर्ववर्त्ती (१३२० ई० के लगभग) माना है। ऐसा मानने पर मानना होगा कि उमापति के पद को उसकी भणिता बदलकर विद्यापति ने अपना लिया होगा किन्तु इस प्रकार का व्यभिचार विद्यापति जैसे कवि से संभव नहीं है। दूसरी ओर पं० विश्वनाथ प्रसाद मिश्र उमापति को विद्यापति का परवर्त्ती मानते हैं। इधर सम्मेलन पत्रिका में एक तर्कपूर्ण निबन्ध लिखकर डा० तपेश्वरनाथ प्रसाद ने भी उमापति को परवर्त्ती कवि सिद्ध किया है।[३] ऐसी स्थिति में मानना होगा कि उमापति ने ही भणिता परिवर्त्तित कर पद को अपना लिया होगा। किन्तु ऐसी कल्पना भी अनुचित ही होगी। क्योंकि उमापति भी एक श्रेष्ठ कवि हैं। फलतः ऐसा कुकर्म वे क्यों करते ? अब जब कि अधिकांश विद्वान यह मानते हैं कि उक्त पद उमापति का है तब या तो तरौनी–पदावली के लिपिकर्त्ता ने उसमें विद्यापति की भणिता जोड़ी हो या स्वयं न० गु० बाबू ने ऐसा किया हो; क्योंकि अनेक जगह उन्होंने अपनी ओर से भणिता जोड़ी है। इससे इतना तो स्पष्ट ही होता है कि तरौनी–पदावली में अन्य कवियों के भी पद अवश्य थे।

मित्र–मजुमदार ने 'विद्यापतिर पदावली' के संपादन में तालपत्र की पोथी के ६ पदों को अन्य कविकृत माना है और उन्हें अलग से परिशिष्ट 'ङ' में प्रकाशित किया गया है क्योंकि रागतरङ्गिणी में पाए गए पाठ के साक्ष्य न० गु० पद संख्या १६ **रतनाई** कृत, प० स० १९ **गजसिंह** कृत, प० सं० ४८४ **जशोधर नव कवि शेखर** कृत सिद्ध हुए हैं। भणिता और अन्य आधारों पर न० गु० प० सं० १६६ और प० सं० ६९६ **उमापति** कृत पारिजात हरण के पद सिद्ध हो चुके हैं तथा प० सं० ७८३ **कवि पञ्चानन** कृत सिद्ध हुआ है। इनके अतिरिक्त तालपत्र का ही न० गु० प० सं० ५०९, जिसमें न० गु० ने सिंह भूपति भणिता दी है और

१. J. Grierson—Twenty-one Vaisnava Hymns, Bengal Asiatic Society Journal 1884 (part I)

२. पं० बलदेव उपाध्याय—'हिन्दी में वैष्णव पदावली का प्रथम रचयिता,—नागरी प्रचारिणी पत्रिका, वर्ष ६६ पृष्ठ १६२।

३. डॉ० तपेश्वर नाथ—'पारिजातहरणकार' उमापति उपाध्याय के आश्रयदाता पृष्ठ ३६-३७।

'सिंह भूपति' विद्यापति की उपाधि मानकर उसे विद्यापति कृत बताया है; नेपाल–दरबार–पदावली में (१२ क, पद ३० पं० ३) **राजपण्डित** कृत पाया गया है। मि० म० ने इसे भी पृथक् से परिशिष्ट 'ग' में (प० सं० १) प्रकाशित किया है। इसी तरह न० गु० प० सं० ६०, जो रागतरंगिणी में **जीवनाथ** भणिता युक्त है, को परिशिष्ट 'च' में (प० सं० २) प्रकाशित किया है। इस प्रकार तालपत्र–पोथी से दिए गए न० गु० के २३९ पदों में से ८ को मि० म० ने पृथक् कर दिया है तथा शेष २३१ पदों को मूलपाठ के विभिन्न अंशों में सन्निवेशित किया है।

बाबू व्रजनन्दन सहाय ने अपने **'मैथिल कोकिल विद्यापति'** में तरौनी–पदावली का कहीं उल्लेख नहीं किया है यद्यपि इस पदावली के कुछेक पद उनके संकलन में भी दिखाई पड़ते हैं। **बेनीपुरी** जी ने अपने संग्रह में पूरी तरह से न० गु० पर निर्भर किया है।

५. ३ ग

तरौनी की तालपत्र पोथी के पाठों को न० गु० के आधार पर ही रखने की मजबूरी के रहते हुए भी मि० म० की भाँति ही **'बिहार राष्ट्र भाषा परिषद्'** की **'विद्यापति पदावली' (दूसरा भाग)** में इन्हें सम्पादित किया गया है। इसमें इस पदावली के सभी पद एकत्र (पृष्ठ सं० २०९ से ४९९) प्रकाशित किए गए हैं जिनमें २३० पद मूल पाठ में हैं और ८ पद परिशिष्ट में **'तरौनी–पदावली में उपलब्ध अन्य कवियों के पद'** अंश में प्रकाशित हैं। न० गु० में तालपत्र का प० सं० ४९२ पुनः ६४० पर पुनरुक्त है जिसे इसमें एकही स्थान पर दिया गया है अतः कुलयोग २३९ के स्थान पर २३८ ठीक ही है। अन्य कवियों के ८ पदों; रागतरङ्गिणी के आधार पर रतनाई, गज सिंह, जीवनाथ, अमियकर, और जशोधर के पद, नेपाल पदावलो के साक्ष्य पर राजपण्डित का पद, पारिजातहरण के आधार पर उमापति और भणिता के आधार पर पंचानन के पद को; पृथक् रखा गया है।

५. ३ घ

प्रस्तुत संस्करण में भी किसी प्राचीन पाण्डुलिपि के स्थान पर नगेन्द्रनाथ गुप्त द्वारा प्रदत्त पाठ को ही आधार माना गया है। किन्तु तालपत्र की पोथी को जिस प्रामाणिकता के साथ उन्होंने प्रस्तुत करते हुए भूमिका में कहा है कि—"एइ ग्रन्थ महामूल्यवान विद्यापति संबंधे ओ ताँहार रचना संबंधे नानाविध कल्पना ओ काल्पानिक मत प्रचार करिवार सुयोग एइ पुँथि होइते रहित होइबे। विद्यापतिर कतकगुलि पद बङ्गदेशे प्रचलित, कतकगुलि मिथिलाय प्रचलित, ए रूप एकटा कथा शुनिते पाओया याय। आर एक मत एइ ये बङ्ग देशे पदावली ये रूप विकृत होइयाछे, मिथिलातेओ सेइरूप विकृत होइयाछे। एइ पुँथि होइते उभय मत खण्डित होय। बंगीय ओ मैथिल बलिया पदावलीर कोन विभाग नाइ। एइ तालपत्रेर पुँथिते एदेशे प्रचलित ओ मिथिलाय प्रचलित उभय विध पद आछे। द्वितीयतः ए देशे ये रूप विकृति होइयाछे मिथिलाय से रूप होय नाइ।"[१] उतनी प्रामाणिकता के साथ उन्होंने उसके पाठ भी

१. साहित्य परिषद् ग्रन्थावली—विद्यापति ठाकुरेर पदावली, श्री नगेन्द्र नाथ गुप्त पृष्ठ ४२।

रखे हैं, इस विषय में निरन्तर सन्देह बना रहा है। आरंभ में (पृ० ६४) हमने न० गु० द्वारा ३५० पद बताकर भी २३९ पद प्रकाशित सूचित करने के विषय में अपने अनुमान बताए ही हैं; इन प्रकाशित पदों में से अनेक पद जो अन्य प्राचीन पाण्डुलिपियों में मिले हैं।[1] उनसे स्पष्ट है कि न० गु० द्वारा गृहीत पाठ पूर्णरूपेण ठीक नहीं है। यद्यपि कहीं-कहीं नेपाल-पदावली और तरौनी दोनों के पाठों से अवगत होते हुए भी उन्होंने तरौनी के पाठ को ही ग्रहण किया है। इन विभिन्न पदावलियों से तालपत्र का (न० गु०) पद संख्या १६ कवि रतनाई का, प० सं० १९ गर्जसिंह का, प० सं० ६० जीवनाथ का, प० सं ३१७ अमियकर का, प० सं० ४८४ जशोधर का, प० सं० ५०९ राजपण्डित का, प० सं० ३६६ और ६९६ उमापति का और प० सं० ७८३ कवि पञ्चानन का सिद्ध होता है।[2] इस प्रकार ९ पदों के अन्य कविकृत प्रमाणित हो जाने पर इस पदावली के शुद्ध २३० पद रह जाते हैं जिनमें न० गु० के प० सं० ४९२ और प० सं० ६४०, एक ही है, (जो परि० पद में तो एक ही स्थान (१५२ वाँ) पर प्रकाशित हैं किन्तु मि० म० में भी पुनरुक्त (प० सं० ४६७ और ५२०) हो गए हैं। यहाँ तक कि न० गु० का प० सं० १५८ जो उनमें पुनरुक्त नहीं है, मि० म० में प० सं० १५३ और ५६३ पर पुनरुक्त हो गया है।) इसी प्रकार न० गु० प० सं० ७६९ और प० स० ७८४ भी एक ही हैं, जो मि० म० में तो एक ही स्थान (१८१ वाँ पद) पर हैं किन्तु परि० पद में प० सं० २१७ और २२१ पर पुनरुक्त हो गए हैं। इसप्रकार इन दो पुनरुक्त पदों को पृथक् कर देने पर २२८ पद ही बचते हैं। इनमें से ६ पदों में[3] विद्यापति का **'कवि कण्ठहार'** बिरुद है। ३ पदों में[4] **'सरस कवि'** और ३ पदों में[5] **'अभिनव जयदेव'** उपाधि है। ३६ पदों जिनमें से १ पुनरुक्त होने के कारण प्रस्तुतः ३५ पदों,[6] में कोई भणिता अथवा ऐसा संकेत नहीं है जिससे वे विद्यापतिकृत विश्वासपूर्वक समझ लिए जाँय। शेष १८२, जिसमें से भी १ पुनरुक्त होने से वस्तुतः १८१ पदों में विद्यापति का स्पष्ट उल्लेख है।

यद्यपि न० गु० द्वारा दिए गए भणिताहीन पदों को विद्यापति के स्वीकार करने में संकोच होता है किन्तु इस पदावली के इन भणिताहीन पदों में से ९ पद नेपाल-प्रति[7] में १ रागतरङ्गिणी[8] में, १ पदरत्नाकर[9] में तथा १ रमानाथ झा के संग्रह[10] में विद्यापति भणिता-

---

१. इस पदावली के ५१ पद कुछ पाठभेद से नेपाल दरबार की प्रति में १४ रागतरंगिणी में, १३ ग्रियर्सन में, १ रामभद्रपुर की प्रति में भी मिलते हैं।

२. देखें मित्र–मजुमदार और परिषद् पदावली के विश्लेषण क्रम में दिया गया विवरण-पृष्ठ ६५ ६८।

३. न० गु० (तालपत्र) प० सं० क्रमशः ७५, ४३४, ४४६, ५४१, ६०४ और ६८८।

४. वही, प० सं० २२५, ३३० और ७२२।

५. वही, प० सं० २२७ (यह ने० प० और राम० भ० में भणिताहीन है) ५५४ और ६००।

६. वही, पद संख्या क्रमशः ४७, ५८, ७२, ७७, ७९, १०५, ११३, १७४, १८४, २६०, २६७, २७१, ३०३, ३५८, ३६५, ३९०, ४२४, ४२८, ४२९, ४५२, ४५३, ४७१, ४८६, ५०२, ५८७, ६०३, ६१०, ६५५, ६८०, ६८४, ७१२, ७३५, ७४७, ७६४, ७८१ और ८४०=३६–१=३५।

७. न० गु० प० सं० ७९, २६०, २६७, ३९०, ४२९, ४७१, ५८७ तथा ७४७ और ७६४।

८. वही, प० सं० ६१०। ९. वही, प० सं० ६५५। १०. वही, प० सं० ८४०।

युक्त पाए गए हैं; अतः इन १२ पदों को भी विद्यापतिकृत मानना ही उचित है। शेष २३ पदों के भाव-भाषा-तत्त्व विद्यापति के समीप होते हुए भी उन्हें प्रामाणिक रूप में विद्यापतिकृत स्वीकार करने में कठिनाई है। यद्यपि कोई अन्यथा-प्रमाण न मिलने के कारण इस संस्करण में भी उन्हें विद्यापतिकृत पदों के रूप में ही संपादित किया गया है।

इस पदावली के ५१ पद नेपाल-दरबार की प्रति में, १४ रागतरंगिणी में, १३ ग्रियर्सन के संग्रह में, १ रामभद्रपुर की पोथी में तथा कई 'बाङ्ला वाङ्मय के पद-संग्रहों में भी यत्किञ्चित् पाठभेद से पाए गए हैं। ऐसी स्थिति में पाण्डुलिपि का अभाव होते हुए भी इस प्रति की महत्ता असंदिग्ध है। यदि केवल न० गु० के साक्ष्य पर ही निर्भर रह पाने की बाधा नहीं होती और आज यह प्राण्डुलिपि उपलब्ध होती तो निश्चय ही विद्यापति के पद-पाठों की प्रामाणिकता का और अधिक ठोस आधार संभव हो पाता।

५. ४ मिथिला लोक-कण्ठ से संकलित पद

विद्यापति के गीतों के जिन विविध संग्रहों की चर्चा ऊपर की गई, उनमें उन कुछेक पदों में भी, जो कई प्राचीन-संग्रहों में मिलते हैं, पर्यात पाठभेद है। यहाँ तक कि जो पद एक ही प्राचीन संग्रह में पुनरुक्त हुए हैं, उनमें भी पाठभेद मिलता है। विविध स्थानों पर, विविध कालों में विकसित इन भेदों से स्पष्ट है कि इन संग्रहों का आधार हमेशा कोई प्राचीन पाण्डु लिपि ही नहीं रही होगी; अपितु ये संग्रह भी लोककण्ठ में प्रचलित रूपों के आधार पर किए गए होंगे। 'बाङ्ला-बाङ्मय' के गीत तो वैष्णव-कीर्त्तनियाँ गायकों के स्वर पर तिरते ही रहे हैं नेपाल-दरबार की प्रति, रामभद्रपुर की प्रति और रागतरङ्गिणी में भी पदों का बन्धान जो विविध राग-रागिनियों के आधार पर मिलता है, वह भी उनकी लोक-कण्ठ की गेय–परंपरा में विकसित स्वरूप को ही उजागर करता है। इसप्रकार विद्यापति का प्रायः प्रत्येक पद लोककण्ठ की परम्परा में ही जीवित रहा है। फिर भी जो संग्रह पहले तैयार हो गए थे, परवर्त्ती संकलनों के लिए वे ही आधार बनते गए, उनकी प्रामाणिकता को उनके लोक-कण्ठ व्यापी स्वरूप के आधार पर नहीं निरखा-परखा गया।

विद्यापति के पदों के लोक-कण्ठ-व्यापी रूप की परम्परा अभी भी अक्षुण्ण है। मिथिला और बंगाल दोनों ही स्थानों पर उनका प्रचार-विस्तार है। मिथिला के तो पर्व-त्योहार, हर प्रकार के धार्मिक संस्कार, विभिन्न ॠतुओं का स्वतः स्फूर्त आनन्द-उच्छ्वास, नृत्यांगनाओं के कोठे से लेकर मन्दिर की भाव-विह्वल वन्दना तक, सभी कुछ विद्यापति के गीतों के ताल-ताल से झूमते दिखाई देते हैं। किन्तु इन पदों के संग्रह की ओर आधुनिक युग में किसी मैथिल-रसिक का ध्यान नहीं गया।

५. ४ क

सर्वप्रथम **डॉ० ग्रियर्सन**, जब मधुबनी में मजिस्ट्रेट होकर आए तो उनकी भाषा-तत्त्व-संग्रह की प्रवृत्ति ने उन्हें मैथिल भाषा की ओर आकृष्ट किया। मैथिल-भाषा से निकट परिचय प्राप्त कर अंग्रेजी समुदाय की जानकारी के लिए उन्होंने मैथिल-भाषा का परिचय

देते हुए उसके व्याकरण और शब्द कोष का एक छोटा संग्रह Asiatic Society of Bengal के १८८२ ई० के विशेष अंक में An Introduction to the Maithili Language of North Bihar, containing A Grammar, chrestomathy and vocabulary नाम से प्रकाशित किया। इसमें उन्होंने अपने द्वारा संग्रहीत मैथिल के सभी रूपों को भी प्रकाशित किया।[1] इसमें गद्य और पद्य के अनेक खण्ड अंग्रेजी अनुवाद के साथ संग्रहीत किए। पद्य की मैथिल उन्होंने व्याकरणिक दोषों से अधिक ग्रस्त जान पड़ी किन्तु उनमें उन्हें विद्यापति के गीतों की निर्दोषता और भावों की गहराई ने विशेषरूप से आकृष्ट किया। विद्यापति के गीतों को यद्यपि उन्होंने संग्रह के अन्त में प्रकाशित किया किन्तु उनका संग्रह और वर्गीकरण उन्होंने सबसे पहले और सर्वाधिक मनोयोग से किया था।[2] विद्यापति के गीतों के संग्रह को इस ग्रन्थ के पृष्ठ ३४ से The poems of Vidyapati Thakur, शीर्षक से एक व्यवस्थित भूमिका के साथ उन्होंने प्रकाशित किया; जिसमें उन्होंने कुल ८२ गीत संकलित किए हैं। यद्यपि बंगाल में बंगाब्द १२८५ ईस्वी १८७८-७९ में **श्री शरदाचरण मित्र** द्वारा संपादित 'विद्यापतिर पदावली' तथा उसी वर्ष **अक्षयचन्द्र सरकार** द्वारा उसके संशोधित-परिवर्धित संस्करण के प्रकाशनों को उन्होंने भलीभाँति देखा था। अपने संग्रह से उक्त संग्रह के केवल ५ या ६ पद ही उन्हें मिलते-जुलते लगे थे,[3] फिर भी उन्होंने मैथिल-लोक कण्ठ में प्रचलित रूपों को अच्छा समझा था और शेष ७७ पदों को जो केवल लोक-कण्ठ से ही प्राप्त हुए थे, बड़े विश्वास के साथ प्रकाशित किया। यद्यपि परवर्ती गवेषणाओं के परिणाम-स्वरूप ग्रियर्सन के इन ८२ पदों में **१** (ग्रि० प० सं० ३७) रागतरंगिणी और तरौनी—पदावली में **अमियकर** भणितायुक्त मिला है तथा **४** पद (ग्रि० प० सं० २३, २६, ४९ और ६९) मैथिल पंडित भोला नाथ झा संकलित '**मिथिला गीत** संग्रह' में क्रमशः **चन्द्रनाथ, नन्दीपति, रुद्रनाथ** और **धैरजपति** भणिता-युक्त पाए गए हैं। फलतः ये ५ पद विद्यापति की प्रामाणिक रचना नहीं कहे जा सकते। किन्तु शेष ७७ पदों की प्रामाणिकता में संदेह का कोई विशिष्ट आधार नहीं है। इनमें से थोड़े-बहुत पाठान्तर से

---

1. This reading book contains nearly all the Maithiliy literature I have been able to collect. G. A. Grierson. Page—1

2. Bidyapati or vidyapati, as he is indifferentally called, is comparatively pure,...... ....often he exhibits a neatness of expression and conciseness worthy of Martial. I hence put him near the end of the reading book, though his songs are the first which I collected and reduced to order. Ibid. page 1

3. I have gone carefully every poem in both these collections and am in a position to state that not more than five or six of them altogether show even a resemblance of songs admitted up here to be the work of Bidyapati.
Ibid—G. A. Grierson, page 35.

४ पद नेपाल दरबार की प्रति में, ३ रागतरङ्गिणी में, १६ तरौनी की प्रति में, २ क्षणदागीत चिन्तामणि में, और १ पदामृत समुद्र में भी पाए गए हैं।

५.४ ख

डॉ० ग्रियर्सन के उक्त संग्रह के बहुत दिनों बाद सन् १९०९ में 'आरा नागरी प्रचारिणी सभा' के माध्यम से **बाबू ब्रजनन्दन सहाय 'ब्रजबल्लभ'** ने अपना **'मैथिल कोकिल विद्यापति'** संग्रह प्रकाशित किया। अपने संग्रह के प्रस्तुतीकरण में उन्होंने यद्यपि ग्रियर्सन साहब तथा बंगाल के पदकल्पतरु, पदामृत समुद्र, पदकल्पलतिका, गीत चिन्तामणि और प्राचीन काव्य-संग्रह का भी उपयोग किया था तथापि अनेक गीत उन्हें मिथिला-लोक-कण्ठ से भी मिले थे जिन्हें पुष्पाङ्कित करते हुए उन्होंने प्रकाशित किया।

उनका विश्वास था ये पद उस समय तक कहीं प्रकाशित नहीं हुए थे।[1] यद्यपि प्रस्तुत संग्रह में मैंने उनके ऐसे कई पुष्पांकित पदों के ग्रियर्सन एवं अन्य संग्रहों में प्रकाशित होने का यथास्थान संकेत दिया है फिर भी कुछ पद अवश्य उन्होने सर्वप्रथम प्रकाशित किए, इसमें कोई सन्देह नहीं। एक बात और है। अपनी भूमिका में ग्रियर्सन द्वारा प्रकाशित पदों की संख्या उन्होने ६५ ही बताई है, संभव है इनके अतिरिक्त शेष पदों के विषय में उन्हें जानकारी न मिल पाई हो।

५.४ ग

नगेन्द्र नाथ गुप्त ने यद्यपि अपने संग्रह ग्रन्थ के लिए 'बाङ्ला वाङ्मय' की विभिन्न पदावलियों, तरौनी की तालपत्र की पोथी, नेपाल-दरबार की प्रति को ही प्रधान आधार बनाया था फिर भी उनकी पदावली में अनेक पद 'बाङ्ला-बाङ्मय' में प्रचलित लोक-कण्ठ से, तथा मिथिला-मण्डल में प्रचलित लोक-कण्ठ से भी लिए गए हैं। बाङ्ला-वाङ्मय के जिन पदों के नीचे उन्होने 'आकर अज्ञात' या 'अज्ञात स्रोत' लिखा है सम्भवतः वे भी उन्हें लोक-कण्ठ से ही प्राप्त हुए हैं। मिथिला से प्राप्त ऐसे पदों के नीचे उन्होने प्रायः 'मिथिलार-पद' लिखा है। ये पद कुछ तो उन्होने स्वयं संग्रहीत किए, किन्तु अधिकांश पद उन्हें तत्कालीन दरभंगा महाराज श्री रामेश्वर सिंह से, श्री शारदा चरण मित्र के माध्यम से, प्राप्त हुए थे।[2] किन्तु पूरी पदावली की भाँति ही लोक-कण्ठ से प्राप्त पदों के भी उनके सर्वाधिक महत्व-

---

१. बहुत से गीतें मुझे श्री विद्यापति ठाकुर के वंशज श्री विन्ध्यनाथ ठाकुर से बाबू गोकर्ण सिंह के उद्योग से जिला मुजफ्फरपुर गँगेया निवासी बाबू कुलदीप सिंह और लखनपुर निवासी बाबू डोमन ठाकुर के द्वारा प्राप्त हुए हैं। अतएव इस संग्रह में बहुतेरे पद्य ऐसे हैं जो अभी तक कहीं प्रकाशित नहीं हुए हैं। उन गीतों के आदि में ऐसे (*) चिह्न कर दिया गया है।—
—मैथिल कोकिल विद्यापति'—ब्रजनन्दन सहाय, भूमिका, पृष्ठ—२

२. मिथिला होइते कतकगुलि पद महाराजा संग्रह करिया सारदा बाबू के पाठाइया देन।
—'विद्यापति ठाकुरेर पदावली' विज्ञापन, पृष्ठ—१

पूर्ण सहायक थे कवीश्वर चन्दा झा, जिनके सहयोग के बिना सम्भवतः नगेन्द्र बाबू का सम्पादन कार्य ही अधूरा रह गया होता।[1] यद्यपि उनके वृहत् संग्रह में ऐसे पदों की संख्या बहुत कम है और आज तक के अध्ययन-अनुशीलन से उनमें से भी अधिकांश अन्य कवियों की रचना सिद्ध हो चुके हैं। डॉ० ग्रियर्सन द्वारा संकलित लोक-कण्ठ के पदों में से भी ९ पदों[2] को नगेन्द्र बाबू ने ग्रहण नहीं किया। शेष पद थोड़े बहुत पाठान्तर से उनके संस्करण में भी गृहीत हैं। उनके आधार पर ही बेनीपुरी जी ने भी कुछ पदों का संग्रह किया है। मित्र-मजुमदार ने ग्रियर्सन, नगेन्द्र बाबू तथा 'मिथिला-गीत-संग्रह' कर्त्ताओं के संग्रहों का समुचित उपयोग किया है।

५.४ घ

लोक कण्ठ में व्याप्त पदों का एक पृथक् संग्रह 'बिहार राष्ट्रभाषा परिषद' के तत्त्वावधान में विद्यापति-पदावली के अगले खण्ड के रूप में हो रहा है। पदावली के प्रथम भाग की सूचना के अनुसार इनमें श्रृंगारिक पदों की अपेक्षा पर्व-त्योहार के पद अधिक हैं जो मिथिला की ललनाओं के कण्ठ में जीवित रहे हैं। इनकी संख्या लगभग ३०० होगी। किंतु इधर जब मैं परिषद् के क्षेत्र पदाधिकारी श्री शशिनाथ झा से अपने संग्रह के सम्बन्ध में मिला तो उन्होंने इनकी संख्या ४०० के ऊपर बताई। चूँकि वे अपनी पाण्डुलिपि तैयार कर प्रेस को देने में व्यस्त थे अतः उसे देखने का सौभाग्य मुझे नहीं दे सके। फिर भी आशा है कि परिषद का यह संग्रह भी प्रामाणिक होगा।

६. प्रस्तुत संस्करण

प्रस्तुत संस्करण की महत्ता पर मुझे यहाँ कुछ नहीं कहना है। इस विषय में हिन्दी के सुधी समीक्षक और सहृदय पाठक ही कुछ कह सकेंगे। मैं केवल उन परिस्थितियों की ओर संकेत करना चाहूँगा जिनके वशीभूत हो इतना बड़ा कार्यभार अपने दुर्बल कन्धों पर ढोने को मजबूर होता गया। छात्र-जीवन में ही जब साहित्य के प्रति कुछ रागात्मक-भाव जगने लगा था, अपने असम प्रान्त के निवास स्थान ओड़ाविल (जिला—काछाड़) के निकटवर्त्ती अपने बंगाली-साहित्य प्रेमी बन्धुओं से, जो हिन्दी के प्रति भी आदर का भाव रखते थे, प्रायः हिन्दी और बाङ्ला साहित्य पर चर्चा-परिचर्या करता रहता था। हिन्दी-क्षेत्रों की पाठ्यक्रमों

---

१. किन्तु यिनि सकलेर अपेक्षा आमार आन्तरिक कृतज्ञता भाजन, याँहार सहायता ना पाइले एइ ग्रंथ प्रकाश करा असम्भव होइत, तिनि इहलोक त्याग करिया गियाछेन। कवीश्वर चन्दा झा (चन्द्रकवि) विद्यापति पदावली सम्बन्धे अद्वितीय तत्त्ववित् एवं अर्थ पारदर्शी ओ मिथिला भाषार स्वयं सुकवि छिलेन। यखन आमि पदावलीर सम्पादन आरम्भ करि तखन ताँहर वयस ७५ बत्सर तथापि तिनि असीम उत्साहेर सहित एइ कार्यें योगदान करेन। पदावली संग्रहकरा, कठिन शब्दादिर अर्थ प्रभृति सकलई तिनि करेन। विद्यापतिर भाषाय तिनि आमार शिक्षा गुरु।

—नगेन्द्रनाथ गुप्त, विद्यापति ठाकुरे पदावली विज्ञापन, पृष्ठ १

२. ग्रियर्सन संकलित पद संख्या—६, १६, १७, १८, २६, ३१, ४७, ५१, ६७।

की व्यवस्था के कारण विद्यापति से मेरा परिचय हिन्दी कवि के रूप में कुछ बाद में ही हुआ। वहाँ के पाठ्यक्रमों की व्यवस्था के अनुसार छोटी कक्षाओं के भी बंगाली-पाठ्यक्रमों में विद्यापति की कविताएं देखते रहने के कारण उन्हें बंगाली कवि के रूप में मानते रहने का अभ्यास सा बन गया था। किन्तु साहित्य अध्ययन क्रम में 'हिन्दी-साहित्य का इतिहास' पढ़ते हुए एकाएक विद्यापति के हिन्दी-कवि होने की जानकारी होते ही, कुछ संशयात्मक मनोवृत्ति के साथ ही मैंने इस विषय में अपने बंगाली-बन्धुओं से उसकी चर्चा की। हम बच्चों में विवाद सा मच गया; किन्तु वहीं के एक वैष्णव विद्वान महोदय ने हम छात्रों के बीच यह व्यवस्था दी कि विद्यापति निश्चय ही बंगाली कवि नहीं थे; किन्तु पूरी तरह वे हिन्दी के कवि थे, इसके लिए कोई ठोस कार्य हिन्दीवालों ने किया है इसकी जानकारी मुझे नहीं है। अपने पक्ष को प्रबल होता देखकर खुशी तो मुझे हुई, किन्तु हिन्दी में विद्यापति पर क्या कुछ हुआ है इसकी जानकारी प्राप्त करने की आवश्यकता का भी अनुभव हुआ और तभी से इस कार्य में मैं संलग्न हुआ। यह देखकर मुझे निरन्तर ही आश्चर्य ही होता रहा कि फुटकर कार्य तो हिन्दी में विद्यापति सम्बन्धी बहुत है पर जिसे जमकर कार्य करना कहा जाता है, वैसा कुछ हिन्दी में देखने को नहीं आ रहा था। छोटे-बड़े विभिन्न इतिहास ग्रन्थों तथा विद्यापति संग्रहों की अनेक भूमिकाओं के आधार पर मैंने लगभग १०० पृष्ठों का एक विवरणात्मक निबन्ध तैयार किया; तो काशी विश्वविद्यालय के अपने मित्रों ने काफी उत्साह बढ़ाया। तब तक मैं एम. ए. में आ चुका था और इस बात से पुलकित भी था कि आचार्य हजारी प्रसाद द्विवेदी से 'कीर्त्तिलता' के प्रसंग में विद्यापति पर चर्चा करने का अवसर मिल सकेगा; किन्तु उसी वर्ष वे चण्डीगढ़ चले गए और उनके स्थान पर पं० करुणापति त्रिपाठी ने 'कीर्त्तिलता' पढ़ाना आरंभ किया। विद्यापति की चर्चा का मौका ढूँढ़ते रहने के बहाने ढूँढ़ता हुआ मैं प्रायः कीर्त्तिलता के पाठों, अर्थ की प्रामाणिकता, प्रयुक्त शब्दों के हिन्दी, मैथिल अथवा बंगाली रूपों जैसे विषयों पर उनसे उलझता रहा जिसे वे निरन्तर अपने अगाध अध्ययन और अपार स्नेह के साथ समझाते रहे। इसी उत्साह में मेरी जानकारी और विद्यापति के अध्ययन के प्रति प्रवृत्ति दोनो बढ़ती रही। 'हिन्दी के आदि कवि के रूप' में विद्यापति को प्रतिष्ठित करते हुए जो गम्भीर भाषण पं० विश्वनाथ प्रसाद मिश्र ने कक्षा में दिया और शीघ्र ही जिसे और भी विस्तार से उनके उसी समय प्रकाशित ग्रन्थ 'हिन्दी साहित्य का अतीत, भाग १' में देखने का अवसर मिला तो गर्मी की छुट्टियों में अपने घर (काछाड़) पहुँचने पर मैं अब एक हिन्दी कवि के रूप में विद्यापति को प्रतिष्ठित कर पाने की पूरी तैयारी के साथ अपने उन बंगीय बन्धुओं को खोजता फिरा परन्तु रोजी-रोटी के चक्कर में वे सभी इतस्ततः हो गए थे और जो मिले भी उन्होने अब ऐसी चर्चा में कोई रुचि नहीं दिखाई।

काशी पुनः आने पर 'विद्यापति पदावली' का अध्ययन स्वर्गीय शिव प्रसाद मिश्र 'रुद्र से करने का अवसर मिला, जो अपने विराट व्यक्तित्व की भाँति ही विशाल भाषा प्रतिभा के धनी थे। हिन्दी के उन जैसे अध्यापक का बंगला ज्ञान देख कर मैं दंग रह गया। यद्यपि कक्षा में उनके लगाए गए अर्थों से प्रायः मेरा मतभेद हो जाता था और एक छात्रीय जोश में कक्षा के छात्र मेरा समर्थन भी कर जाते थे; किन्तु 'रुद्र' जी कुछेक अर्थों पर अड़ से जाते थे और प्रायः

मुझ पर बाङ्ला-संक्रान्त पाठों से प्रभावित होने का आरोप कर देते थे। यद्यपि मैं प्रायः देखता था कि वे स्वयं 'बेनीपुरी' जी की पदावली पढ़ाते हुए भी वे कई पदों के लिए प्रायः डॉ० शहीदुल्ला के पाठों पर अधिक अवलम्बित हो जाया करते थे। एक दिन जब कुछ ऐसी ही बात मैंने कह दी तो उन्होने कहा कि हम करें भी क्या ? विद्यापति अभी पूरी तरह हिन्दी में हिन्दी वालों के द्वारा प्रकाशित ही कहाँ है ? फिर उन्होंने मुझसे इस विषय पर एक निबन्ध लिखने को कहा। मैं तैयार ही था और अपने पुराने निबन्ध को ही कुछ संशोधित करते हुए मैने उन्हें देखने को दे दिया। उन्होंने मुझे बहुत उत्साहित किया तथा विद्यापति पर स्वतन्त्र पुस्तक लिखने को प्रेरित किया। जब मैंने तदनुकूल कार्य आरम्भ किया तो आधार के लिए हिन्दी में विद्यापति के दो विशाल संग्रह-ग्रंथ ही उल्लेख्य थे। जो दोनो ही बंगाली विद्वानों द्वारा बंगला में किए गए संग्रहों के ही हिन्दी अनुवाद थे; किसी हिन्दी या मैथिल भाषी द्वारा किया गया कोई भरा पूरा संग्रह नहीं था। एक स्व० नगेन्द्रनाथ गुप्त का इंडियन-प्रेस प्रयागवाला संस्करण 'विद्यापति पदावली' (जो बहुत प्रयत्न करने पर भी मुझे उपलब्ध न हो सका) और दूसरा उसी का संशोधित परिवर्धित संस्करण स्व० खगेन्द्र नाथ मित्र और विमान विहारी मजुमदार द्वारा सम्पादित, तथा बिहार राष्ट्रभाषा परिषद—पटना द्वारा प्रकाशित संस्करण। नेपाल दरबार की प्रति पर पूरी तरह आधारित डॉ० सुभद्रा झा का संस्करण अधिक ठोस रूप में उपलब्ध हुआ तथा उसी वर्ष (१९६१-६२) बिहार राष्ट्रभाषा परिषद से 'विद्यापति-पदावली' का प्रथम भाग (नेपाल-दरबार की प्रति का प्रामाणिक पाठ) भी प्रकाशित हुआ। उसकी विशाल योजना और व्यापक अध्ययन-पद्धति से परिचित होकर जब मैंने अपनी आलोचना का पुनर्निरीक्षण किया तो आलोचना की आधार शिला ही खिसकती नजर आने लगी और एक लम्बी अवधि तक के लिए जब तक कि 'परिषद्' से पूरी प्रामाणिक पदावली प्रकाशित नहीं हो जाती तब तक, समीक्षा से विरत हो जाना ही उचित समझा। किन्तु मेरे शुभेच्छु मित्रों ने सुझाव दिया कि परिषद् सरकारी सहायता से चलने को मजबूर है, संभव है पूरी पदावली प्रकाशित करने में उसे १०-१५ वर्ष लग जाँय। तब तक हाथ पर हाथ धरे बैठे रहना उचित नहीं। क्यों नहीं तुम स्वयं यथाशक्ति दौड़ धूप कर विद्यापति के गीतों का एक प्रमाणिक संग्रह तैयार कर लेते और फिर उस आधार पर अपनी समीक्षा भी प्रकाशित करते। बात मुझे भी जँची। डा० शिवप्रसाद सिंह ने भी इस कार्य को उचित बताया। आचार्य हजारी प्रसाद द्विवेदी ने भी विद्यापति के सभी पदों को एक संग्रह में व्यवस्थित करने के कार्य की आवश्यकता बताई। और फिर वही हुआ 'आए थे हरि भजन को ओटन लगे कपास।' समीक्षा धरी रह गई और मैं विद्यापति के गीतों का संग्रह तैयार करने में जुट गया; जो पूरी तरह बंगला, अंग्रेजी और हिन्दी में प्रकाशित विभिन्न संग्रहों पर ही आश्रित था।

गंगा और अस्सी के संगम पर तुलसीदास के अखाड़े के निकट बैठ, जब मैंने विद्यापति के गीतों का संग्रह आरंभ किया तो अचानक तुलसीदास की चेतावनी याद हो गई—'**संग्रह त्याग न बिनु पहिचाने।**' मुझे विद्यापति के गीतों का संग्रह भी करना था और विद्यापति के नाम पर इकट्ठा बहुत सा जंजाल त्यागना भी था। मैंने तुलसी बाबा की बात शिरोधार्य की और ठीक पहचान जुटाने के लिए विविध ग्रन्थालयों और विविध ग्रन्थों तथा पाण्डुलिपियों में सर

छपाना शुरू किया। चूँकि विद्यापति के गीतों के संकलनों का श्रीगणेश बाङ्ला में ही हुआ था, अतः बाङ्ला के उन पुराने प्रकाशित संग्रहों को पहले भली-भाँति देखना उचित समझा। इस क्रम में कलकत्ता में बड़ी दौड़ धूप करने के बाद 'बंगीय-साहित्य परिषत्' पुस्तकालय में जीर्ण शीर्ण अवस्था में श्री शारदा चरण मित्र संपादित 'प्राचीन-काव्य-संग्रह' में 'विद्यापतिर पदावली' को प्रति मिली। कलकत्ता विश्वविद्यालय पुस्तकालय में तत्कालीन पुस्तकालयाध्यक्ष ने कृपाकर पुराने ग्रन्थों को देखने का अवसर प्रदान किया जिससे वैष्णव पदावलियों के विविध प्रकाशित संग्रहों को ध्यान से देखने का अवसर मिला। प्रोफेसर भट्टाचार्य, बाङ्ला साहित्य विभाग की कृपा से यहीं **'मैन्युक्रिप्ट सेक्शन'** में पदकल्पतरु, पदामृत समुद्र, पदरस सार पदरत्नाकर संकीर्त्तनामृत तथा क्षणदा की अनेक प्राचीन पाण्डुलिपियों को उनके विभिन्न प्रकाशित रूपों के समानान्तर तुलनात्मक रूप से देखा परखा। यद्यपि इस श्रम की कोई विशेष सार्थकता नहीं हुई क्योंकि प्रायः इन सभी पाण्डुलिपियों का समुचित उपयोग श्री खगेन्द्रनाथ मित्र और विमान विहारी मजुमदार ने अच्छी तरह कर लिया था। मुझे यह भी मानने में कोई संकोच नहीं है कि कई पाण्डुलिपियों के पुराने बाङ्ला हस्तलेख ऐसे भी थे जिन्हें मैं साफ-साफ नहीं पढ़ पा रहा था और ऐसे अवसरों पर मजुमदार जी के पाठ से पर्याप्त संकेत मिले जिनसे उन्हें अच्छी तरह पढ़ सका। हाँ जहाँ-तहाँ मेरे विचार से कुछ भिन्न पाठ लगे किन्तु जिस श्रम और निष्ठा से मजुमदार महाशय ने पाठ दिए थे उनसे अपने द्वारा पढ़े गए पाठ सहसा ठीक मान लेने का साहस मैं नहीं कर सका हूँ। यही कारण है कि बंगीय-परिवेश को इन विविध पदावलियों के पाठ जहाँ कहीं मुझे भिन्न जान पड़े हैं वहाँ मैंने संपादकीय मन्तव्य में उनका उल्लेख तो कर दिया है किन्तु मूल में मित्र-मजुमदार का ही पाठ रखा है।

यहीं 'मैन्युक्रिप्ट सेक्शन' में ही मुझे बाबू नगेन्द्रनाथ गुप्त का 'बंगीय-साहित्य-परिषत्' से प्रकाशित **'विद्यापति ठाकुरेर पदावली'** का प्रथम संस्करण उपलब्ध हुआ। चूँकि यह बाङ्ला संस्करण हो विद्यापति के परवर्त्ती अनेक बाङ्ला या हिन्दी संस्करणों का आधार रहा है अतः यह सर्वाधिक महत्वपूर्ण सिद्ध हुआ। यद्यपि जिस वर्ष यह ग्रन्थ जस्टिस शारदा चरण मित्र के व्यय से बाङ्ला में प्रकाशित हुआ था, उसी वर्ष दरभंगा महाराज श्री रामेश्वर सिंह के व्यय से प्रयाग के इंडियन प्रेस से भी इसका देवनागरी अक्षरों में, हिन्दी में प्रकाशन हुआ था किन्तु हिन्दी वाले संस्करण में नगेन्द्र बाबू की वह सुविस्तृत भूमिका, जो इसका आधार थी तथा कई पदों की महत्त्वपूर्ण पाद टीकाएँ प्रकाशित नहीं हुई थीं फलतः हिन्दी संस्करण की अपेक्षा यह बाङ्ला संस्करण प्रत्येक दृष्टि से अधिक प्रामाणिक और उपयोगी है इसी से मैंने नगेन्द्र बाबू के पाठों के लिए, विशेषकर तालपत्र की पोथी के लिए, इसे ही आधार बनाया है। मित्र मजुमदार ने यद्यपि नगेन्द्र बाबू का पाठ यहीं से लिया है, एक प्रकार से उनका संस्करण इसी संस्करण का परिष्कृत रूप ही है फिर भी कहीं-कहीं उनके पाठ इससे भिन्न हैं, यहाँ तक कि ताल पत्र की पोथी के जिन पदों के पाठ के लिए केवल नगेन्द्र बाबू का पाठ ही एकमात्र आधार है, उनमें भी नगेन्द्र बाबू का पाठ मित्र-मजुमदार में यत्र-तत्र भिन्न हो गया है चूँकि मैंने ऐसे पदों के लिए नगेन्द्र बाबू के पाठ को ही मूल में रखा है अतः मित्र-मजुमदार के पाठ से वे कुछ भिन्न पड़ गए हैं। बिहार राष्ट्रभाषा-परिषद, की पदावली के

दूसरे भाग में 'तरौनी की तालपत्र पोथी' के लिए भी नगेन्द्र बाबू का पाठ ही आधार के रूप में ग्रहण किया गया है किन्तु उससे भी जहाँ-तहाँ मुझे इसमें भिन्न पाठ दिखाई पड़ा है जिसे मैंने यथावत रखा है। मेरे द्वारा दी गई तालपत्र की पोथी के पदों की न० गु० की पदसंख्या भी प्रायः परि० पद० को दी हुई न० गु० की पदसंख्या से एक कम है। संभव है यह अन्तर इसी वजह से आ गया हो कि परि० पद० ने इन पाठों के लिए हिन्दी वाले संस्करण का आधार बनाया हो।

नेपाल-दरबार की तालपत्र की पोथी की फोटो-कापी को विद्यापति के सुविज्ञ विद्वान श्री शशिनाथ झा ने बड़ी कृपा कर दिखाने का अवसर दिया। इसके पूर्व सुभद्र झा और मित्र-मजुमदार महाशय का पाठ मैं देख चुका था। परिषद-पदावली का प्रथम भाग पूरी प्रामाणिकता से प्रस्तुत किया गया है। यद्यपि मूल प्रति में विद्यापति के पद अलग-अलग नहीं हैं। वे पृष्ठ के आरभ से अन्त तक पूरी पंक्ति में लिखे गए हैं इस बीच यदि नया पद आरंभ हुआ है तो उसे भी उसी पंक्ति में विराम देकर आगे लिख दिया गया है अतः उनके पदों के मिश्रित रूप को 'परिषद-पदावली' में अलग-अलग किया गया है। इसीप्रकार अन्य कवियों के पाठ भी मूल प्रति में घुले-मिले हैं जिन्हें भी सुभद्र झा, मित्र-मजुमदार और परि० पद० में पृथक्-पृथक् कर दिया गया है। श्री सुभद्र झा के पाठ में पदों के बीच में जो ॥ ध्रुवं ॥ लिखा हुआ मिलता है और जिसके आधार पर डॉ० सुकुमार सेन ने "ध्रुवं भणिता वाले" पदों का अलग से उल्लेख किया है, वह वस्तुत ॥ ध्रु० ॥ पाठ ही है जो संगीत का अन्तरा है तथा टेक रूप में बीच-बीच में दुहराया जाता है। पाण्डुलिपि की प्रतिच्छवि-प्रति का सूक्ष्म निरीक्षण करने पर उसे 'परिषद पदावली' के प्रकाशित रूप के अनुरूप पाकर यद्यपि अपने श्रम को मैंने व्यर्थ ही समझा किन्तु इस बात से संतोष भी हुआ कि मूल पाठ को अच्छी तरह जान लेने पर पूरी प्रतीति से "परिषद-पदावली" का पाठ ग्रहण किया जा सकता है।

मित्रवर कलाधर जी के सहयोग से पटना कालेज लाइब्रेरी के मैन्युस्क्रिप्ट सेक्शन में और फिर पं० शशिनाथ जी की कृपा से राष्ट्रभाषा परिषद के विद्यापति-विभाग में रामभद्र पुर की पदावली की हस्तलिखित प्रति को भी देखने का अवसर मिला जो सर्वाधिक जीर्ण-शीर्ण है। लगता है बहुत पहले कभी इसके पत्र काफी भींग गए थे और कई एक आपस में चिपक गए थे जो सुखाने पर बाद में पृथक् किए गए। इसके पाठों को समझाने में झा जी ने बड़ी सहायता की।

इस प्रकार नेपाल दरबार की प्रति, रामभद्रपुर की प्रति, विविध बाङ्ला पद-संग्रह आदि देखने पर डॉ० सुभद्र झा, परिषद पदावली और मित्र मजुमदार के संग्रहों को विश्वास पूर्वक मैंने अपने संग्रह का आधार बनाया। हिन्दी क्षेत्र में सर्वाधिक प्रचलित बेनीपुरी जी छोटा सा संग्रह 'विद्यापति की पदावली' चूँकि पूरी तरह नगेन्द्र बाबू के संग्रह पर ही आधारित था; अतः उसके पाठों का उल्लेख करने की आवश्यकता नहीं समझी किन्तु जहाँ कहीं उनका पाठ नगेन्द्र बाबू के पाठ से कुछ भिन्न और अपेक्षाकृत शुद्ध है वहाँ उनके पाठों को भी उद्धृत करना उचित समझा है।

हिन्दी में सबसे पहले प्रकाशित बृहत् संग्रह 'मैथिल कोकिल–विद्यापति' को जिसे बाबू ब्रजनन्दन सहाय ब्रजबल्लभने संग्रहीत कर संवत् १९६५ (सन् १९०८) में प्रकाशित करवाया था, को प्रायः लोगों ने नगेन्द्रनाथ गुप्त के संस्करण पर ही आधारित मान लिया है किन्तु उसके पाठ और स्वरूप को मैंने नगेन्द्र बाबू से सर्वथा भिन्न पाया है। उन्होंने भूमिका में अपने संग्रह को हिन्दी में पहला संग्रह कहा भी है तथा यद्यपि अपने पूर्व के अनेक बाङ्ला और अंग्रेजी संस्करणों का उन्होंने आदरपूर्वक उल्लेख किया है तथापि नगेन्द्र बाबू के संग्रह की कोई सूचना उन्होंने नहीं दी है। नगेन्द्र बाबू का संग्रह उनके बाद प्रकाशित भी हुआ है। इसके अतिरिक्त सहाय जी का संग्रह प्रकाशन हेतु आर्थिक सहयोग पाने के लिए 'डाइरेक्टर आव् पब्लिक इंस्ट्रक्शन, बंगाल' के पास दो वर्षों तक पड़ा रहा।[1] और बाद में उनकी आर्थिक सहायता मिलने पर प्रकाशित हुआ, अतः निश्चय ही उसका पाठ नगेन्द्र बाबू के पाठ से पहले ही तैयार हो चुका होगा। यही कारण है कि अनेक प्राचीन वैष्णव पदावलियों के सुविज्ञ संपादक और विद्यापति साहित्य के मर्मज्ञ विद्वान स्व० सतीशचन्द्र राय के इस मत से, कि यद्यपि सहाय जी का संस्करण पहले छपा था फिर भी उन्होंने नगेन्द्र नाथ गुप्त के संस्करण की पाण्डुलिपि अवश्य देखी होगी और उसी के आधार पर अपना पाठ तैयार किया होगा;[2] मैं आदर पूर्वक सहमत नहीं हो सका हूँ। क्योंकि उनके अनुसार सोचने पर तो मानना पड़ेगा कि चूँकि सहाय जी का संकलन छपने के पूर्व बंगाल में ही पड़ा था अतः गुप्त जी ने ही उसे पहले देखा होगा। किन्तु इसप्रकार का तर्क-वितर्क व्यर्थ है। वस्तुतः दोनों विद्वानों के संग्रह स्वतंत्र रूप से तैयार हुए हैं। यह तथ्य उनके अनेक पदों के पाठों और उनकी व्यवस्था से स्पष्ट होता है। ऐसे कई पदों की पाद-टिप्पणी में मैंने इस बात का उल्लेख किया है। दोनों के प्रकाशन में भी उतना अन्तर नहीं है जितना राय साहब ने बताया है, फिर भी दोनों संग्रहों का अन्तर स्पष्ट है। अतः मैंने ब्र० न० सहाय के संकलन को स्वतन्त्र और महत्वपूर्ण माना है यद्यपि उसके सभी ४०४ पदों के पाठों का ग्रहण अथवा उन सबका पाठभेद में उल्लेख नहीं कर सका हूँ क्योंकि उसकी भाषा पर भोजपुरी आवरण अधिक है फिर भी जहाँ कहीं सहाय जी का पाठ कुछ जँचा है वहाँ उनके पाठभेदों का उल्लेख मैंने नगेन्द्र नाथ के पाठ के पहले ही किया है। मेरे विचार से सहाय जी के संकलन की कमियों के बावजूद उनके प्राथमिक सत्प्रयास का सम्मान होना ही चाहिए। इस बीच 'विश्वभारती शान्ति निकेतन' के विद्याभवन' से श्री पंचानन मण्डल के संपादकत्व में प्राचीन पाण्डुलिपियों का

---

१. 'यह संग्रह आज दो वर्ष से तय्यार था। किन्तु पुस्तक डाइरेक्टर साहब बहादुर के आफिस में लगभग दस मास तक जाँच में पड़ी रही, अतएव इसके प्रकाशित होने में इतना विलम्ब हुआ।'—मैथिल कोकिल विद्यापति, भूमिका—पृष्ठ ५

२. "गुप्त जी का बंगला संस्करण बंगला १३१६ साल में प्रकाशित हुआ था और सहाय जी का संस्करण वि. १९६५ सं. अर्थात् बंगला १३१४ साल में। गुप्त जी के संस्करण में सहाय जी का सहाय जी के संस्करण में गुप्त जी का कहीं भी उल्लेख नहीं है। परन्तु उक्त दोनों संस्करणों को मिलाकर ध्यान-पूर्वक पढ़ने से मालूम होता है कि चाहे जिस प्रकार से हो, सहाय जी ने गुप्त जी के संस्करण की पाण्डुलिपि उसके प्रकाशन के २-३ बरस पहले ही देखी होगी।"—विद्यापति और उनकी कविता, पृष्ठ २२।

विवरण **'पूथि परिचय'** नाम से प्रकाशित हुआ जिनमें भी विद्यापति के कई महत्त्वपूर्ण पदों के विविध पाठ दिखाई पड़े।

इसप्रकार उपर्युक्त प्रकाशित अप्रकाशित संग्रह ग्रन्थों के आधार पर मैंने **गीत-विद्यापति** नामक अपना प्रस्तुत संग्रह तैयार किया। जिसे देखकर मेरे साथियों एवं गुरुजनों ने उसे शीघ्र-प्रकाशित कराने का आग्रह किया। फिर कलकत्ता, पटना, वाराणसी, इलाहाबाद और दिल्ली के विभिन्न प्रकाशकों के यहाँ मैं पाण्डुलिपि लिए दौड़ता रहा। कार्य के महत्त्व की सराहना करते हुए भी बाजार की स्थिति और अधिक आर्थिक खर्चों को देखते हुए कोई भी प्रकाशक इसे प्रकाशित करने की उदारता नहीं दिखा सका। तब तक 'राष्ट्रभाषा-परिषद्' पटना से 'विद्यापति-पदावली' दूसरा-भाग, भी प्रकाशित हो गया। अब मैंने उसके आलोक में पुनः अपने पाठों को ठीक करना आवश्यक समझा। उक्त पदावली में रामभद्रपुर, राग-तरङ्गिणी और तालपत्र की पोथी के पाठ भी काफी स्पष्ट हुए साथ ही प्रत्येक पद के पाठ का संपादकों के द्वारा संपादकीय अभिमत नाम से कुछ संशोधित रूप भी प्रकाशित हुआ इस लिये इन स्रोतों से दिए गए पाठों के पाठभेद में परि० पद० के संपादकीय अभिमत वाले इन पाठों को जोड़ना भी अत्यन्त आवश्यक हो गया। यद्यपि 'नेपाल-पदावली' के पाठ की भाँति मैं इन्हें अक्षरशः नहीं मान पाया। इसीलिए जहाँ 'नेपाल पदावली' के अनेक पाठों के नीचे पाठभेदों में परि० पद० का पाठ उद्धृत कर ही मैं विरत हो गया था, क्योंकि मेरे अनुसार भी वही पाठ उचित था, अतः अपना संपादकीय मन्तव्य अलग से नहीं दिया था, वहाँ इन विभिन्न पदावलियों के पाठभेदों में कई स्थलों पर मैंने विनम्रतापूर्वक अपने संपादकीय मन्तव्य भी जोड़ दिए हैं।

७. विवादास्पद पद

विद्यापति के पदों का उनके द्वारा या उनके समय के किसी व्यक्ति द्वारा किया गया कोई संकलन उपलब्ध नहीं है। बाद में किए गये संकलन भी बहुत दिनों तक जन-सामान्य की आँखों से ओझल ही रहे हैं। आधुनिक काल में ग्रियर्सन, सहाय जी और गुप्त जी जैसे विद्वानों ने जब संकलन कार्य आरम्भ किया तब प्रायः ये सभी विद्वान् विद्यापति की काव्य-प्रतिभा से इतने अभिभूत थे कि प्राचीन संकलनों में अथवा लोककण्ठ में प्रचलित ऐसे अनेक सुन्दर पदों को विद्यापति के पद के रूप में निबद्ध कर लिया जो वस्तुतः अन्य रचनाकारों के पद थे। 'नेपाल दरबार' की पदावली के प्रसंग में (३ : क, ख, ग, घ पृष्ठ १८ से २६) मैंने उक्त पदावली में पाए जाने वाले अन्य कवियों के पदों की चर्चा की है और गुप्त जी द्वारा उनमें से कई पदों को विद्यापति का पद मान लेने की भूल अथवा कहीं-कहीं चेष्टापूर्वक भणिता परिवर्त्तन कर उन्हें विद्यापति के पद का रूप देने की चेष्टा का भी उल्लेख किया है। इसीप्रकार बाङ्ला वाङ्मय (४ : अ १, २, ३, ४, ५ और ६; पृष्ठ २८ से ३३) के अनेक स्रोत ग्रन्थों में प्राप्त अन्य कवियों के पदों के भी विद्यापति के पद के रूप में चल पड़ने की विभिन्न स्थितियों और भ्रान्तियों की ओर संकेत किया है। इसी प्रसंग में मित्र मजुमदार की पदावली में उल्लिखित संदिग्ध पदों और बंगाली विद्यापति

के पदों की कुछ विस्तृत चर्चा की है। (४ : इ, ई १, २, ३, उ १, २, ३। पृष्ठ ३६-५३) तथा मजुमदार महाशय द्वारा विद्यापति के प्रामाणिक पदों के संग्रह करने के मान्य आधारों के औचित्य पर विचार किया गया है। यहाँ तक कि मूल मिथिला से विविध स्रोतों से प्राप्त पदों में भी अन्य कवियों की रचनाओं के मिश्रण की संभावना पाई है (५: १, २, ३, पृष्ठ ५४-६६) ऐसी स्थिति में इतना तो स्पष्ट ही है विद्यापति के नाम पर गीतों का जो ढेर संप्रति उपलब्ध है उसमें से प्रामाणिक पदों को पृथक् कर पाना बहुत कठिन है। मैंने प्रयास तो किया है कि केवल प्रामाणिक पदों को ही प्रस्तुत संकलन में ग्रहण करूँ और इसी आधार पर प्राचीन पदावलियों से जहाँ कहीं अन्य कवियों की रचना का पता चला उन्हें पूरी तरह छोड़ दिया है। नेपाल दरबार और रामभद्रपुर पदावली के अपूर्ण पदों को भी त्याग दिया है तथा विद्यापति के अनेक उपनाम मानकर जो अनेक पद संकलित थे उनमें से अनेक उपनामों को स्वतन्त्र कवि या अन्य कवियों के उपनाम मानकर उनकी रचनाओं को भी इस संकलन में नहीं लिया है। इसप्रकार पूरी चेष्टा की है कि केवल विद्यापति के गीतों का ही संग्रह प्रस्तुत कर सकूँ इसी चेष्टा में अपने पूर्ववर्त्ती संग्रह ग्रन्थों की अपेक्षा इस संग्रह में गीतों की संख्या कम ही है फिर भी अभी मेरे मन में भी इन गीतों में से अनेक गीतों के प्रति संदेह बना हुआ है । ऐसे गीत दो प्रकार के हैं (i) वे गीत जिन्हें पूर्ववर्त्ती संग्रहों में विद्यापति का माना गया है किन्तु जिन्हें मैं विद्यापति की रचना स्वीकार नहीं कर पाता तथापि उन्हें अप्रामाणिक मानने के पक्ष में प्राचीन प्रतियों से कोई प्रमाण नहीं ढूँढ़ सका हूँ। (ii) दूसरे ऐसे पद जिन्हें कुछ विद्वानों ने विद्यापति की रचना नहीं माना है किन्तु मैंने जिन्हें विद्यापतिकृत समझना चाहा है चूँकि मैं अपनी मान्यता को भी प्रामाणिक मानने का अहं नहीं रखता अतः मैंने इन दोनों ही प्रकार के पदों को बिवादास्पद ही माना है। यद्यपि इन्हें मूल पदों से पृथक् नहीं रखा है बलिक उसी क्रम में उन्हें भी स्थान दिया है। इनमें से अधिकांश पदों की पाद टिप्पणियों में, सम्पादकीय मन्तव्य में, इनके सम्बन्ध में अपनी राय दे दी है फिर भी ऐसे कुछ पदों के विषय में यहाँ कुछ निवेदन करना उचित समझता हूँ।

७. १ प्रस्तुत गीति संग्रह के विवादास्पद गीत

गीत संख्या १४ पदकल्पतरु की प्राचीन पोथी में ९४९ संख्यक पद के रूप में संकलित है। किसी परवर्त्ती संग्रह में भी इसे अन्य कवि के रूप में नहीं लिया गया है किन्तु इसके 'पासरिते' 'न लय' 'बलह' 'करे धरिया' 'घनफिरि' जैसे पद इसे मैथिल कवि की अपेक्षा प्राचीन बंगाली कवि की भाषा होने की ओर ही संकेत करते हैं किन्तु किसी विशेष बंगाली कवि की ओर स्पष्टतः संकेत भी संभव नहीं है अतः अनुमान यही किया जा सकता है कि विद्यापति के किसी पद की यह बंगीय-अनुकृति हो।

गीत संख्या २७ नगेन्द्रनाथ गुप्त के साक्ष्य पर विद्यापति के पुत्र हरिपति रचित माना जा सकता है।

गीत संख्या ४५ के 'भाले भाले' 'माखिया' 'पूराइया' 'गुटिक' 'धरसि बान' आदि पद इसकी बंगीय संरचना की ओर ही संकेत करते हैं।

गीत संख्या ४९ बंगीय वाङ्मय के पदकल्पतरु से ग्रहीत है। फिर भी इसमें भाषा विषयक अधिक परिवर्तन नहीं है किन्तु इसमें विरहिणी को मनाने की जो भंगिमा है वह विद्यापति के पदों की प्रकृति के मेल में नहीं है।

गीत संख्या ५० गुप्त जी द्वारा बताये गए मूल स्रोत कीर्त्तानानन्द में उपलब्ध नहीं होता तथा इसके 'एड़ाओलि', 'धरलि' 'करने' 'चलला' आदि पद भी भाषा की अव्यवस्था प्रगट करते हैं।

गीत संख्या १४५ का 'प्रेमक आङ्कुर जात' 'सुख लव भै गेल' जैसे पद विद्यापति की भाव भंगिमा के अनुरूप नहीं है किन्तु शेष पद की भाषा और उसका भाव विद्यापति की भावना के अधिक निकट है। अन्त में 'गोविन्ददास रस पूर' पाठ इस बात की ओर संकेत करता है कि इस खण्डित पद को गोविन्दास ने रसपूर्ण किया। मैं समझता हूँ, इस पद के आरंभिक चरण भी गोविन्ददास द्वारा ही रचित या परिष्कृत हैं।

गीत संख्या १५७ वस्तुतः दो भिन्न पदों का मिश्रण है जिसमें उत्तरार्ध तो निश्चय ही किसी बंगाली कवि की रचना है और पूर्वार्द्ध पर भी बंगीय प्रभाव प्रचुर है।

गीत संख्या १७० के 'रोपिया' 'यैछे' 'शुखायल' जैसे पद बंगीय प्रभाव द्योतक हैं। प० त० की कुछ प्रतियों में इसमें गोविन्द दास की भणिता भी है किन्तु गीत का समन्वित मूल भाव विद्यापति की भाव-सरणि के अनूरूप है अतः इसे विद्यापति कृत स्वीकार करना उचित है। गीत संख्या १७५ के 'फुकुरे मयुर' 'हामारि वेदन' 'हाम एकाकिनी' 'आओये' 'पोहाय' जैसे पद बंगीय प्रभाव तो सूचित करते हैं किन्तु इससे यह भी स्पष्ट होता है कि हिन्दी या मैथिल ध्वनियों के जो उच्चारण बंगीय वाङ्मय में बाधित होते हैं उन्हें ही बंगीय प्रकृति के अनुकूल ढाल दिया गया है।

गीत संख्या १७६ अत्यन्त उत्कृष्ट और प्रसिद्ध है। चूंकि पदकल्पतरु की दो एक पोथियों में तथा कीर्त्तानानन्द में 'शेखर' की भणिता मिलती है अतः कुछ विद्वान् इसे शेखर कृत मानते हैं। डॉ० सुकुमार सेन तो इसे विद्यापति कृत कहने पर क्रुद्ध हो उठते हैं। एक बार तो उन्होंने मुझे अपने निवास स्थान पर ही काफी डाँटा-फटकारा था। मौखिक चर्चा परिचर्चा के अतिरिक्त उन्होंने लिखित रूप में भी 'शेखर' के पक्ष में कुछ तर्क दिए हैं। जैसे—'कविशेखरेर गाढ़बन्ध ब्रजबुलि पदगुलि विद्यापतिर पदेर समकक्ष। सेइजन्य इहार अनेक गुलि ब्रजबुलि पद एखन विद्यापतिर नामे चलिते छे। विद्यापतिर नामेचलित अधुनाविख्यात 'ए सखि हामारि दुखेर नाहि ओर' एइ उत्कृष्ट कवितादि कवि शेखररइ रचना। प्रचलित पाठे भणिता होइतेछे 'विद्यापति कह कैछे गोडायबि हरि बिन दिन रातिया।' किन्तु एखाने भरा बादल निशीलथेर कथा होइतेछे। दिन रातिया' आसे कोथा होइते ? आसल शुद्ध पाठ होइतेछे 'भनये शेखर कैछे बञ्चब हरि बिनु इह रातिया।' पीताम्बर दासेर 'अष्ट रस व्याख्याय (सप्तदश शतकेर शेष भागे) एइ पाठइ पाइ। इहार अपेक्षा पुरानो पाठ पाओया याय नाइ।"[१]

चूंकि अन्य विद्वानों की आपत्ति भी बहुत कुछ इसी प्रकार की है अतः हम इसी परिवेश में विचार करेंगे।

---

१. श्री शंकरी प्रसाद वसु, 'मध्ययुगेर कवि ओ काव्य' पृष्ठ २२९ पर उद्धृत।

यदि आदरणीय डा० सेन के उक्त विचार को देखें तो उसमें ये तथ्य हैं—

(i) कवि शेखर के पद विद्यापति के पदों के समकक्ष हैं। इसी से उनके अनेक पद विद्यापति के नाम पर चलते हैं और प्रस्तुत पद भी इसीप्रकार विद्यापति के नाम पर चल पड़ा है। (ii) विद्यापति की भणिता वाले पाठ में दिन-रात की चर्चा है जब कि प्रसंग मेघ-मेदुर भाद्र पद की अंधियारी घोर यामिनी का है। चूंकि शेखर भणिता वाले पाठ में 'रातिया' का ही उल्लेख है अतः वह गीत को भाव धारा के अनुकूल है। (iii) सबसे बड़ी बात की यह पीताम्बरदास के सत्रहवीं शती के 'अष्टरस व्याख्या' ग्रन्थ में है ओर उससे पुराना कोई पाठ नहीं है।

हम सबसे पहले अन्तिम आपत्ति पर विचार करते हैं। (iii) पीताम्बरदास का पाठ पुराना है ठीक; किन्तु सबसे पुराना है इसी का क्या प्रमाण ? अभी कितने ही पुराने पाठ उपलब्ध ही नहीं हैं और जो उपलब्ध हैं उनकी तिथियों का वैज्ञानिक निर्धारण भी सहज नहीं है। यदि इसे सबसे पुराना स्वीकार कर ही लिया जाय तो भी पुराना होने से ही प्रामाणिक कहाँ हो जाता है ? बंगीय परिवेश में 'क्षणदागीत चिन्तामणि' संग्रह काफी पुराना है किन्तु उसके अनेक पाठ भ्रान्तिपूर्ण हैं। यहाँ तक कि नेपाल-पदावली जैसी पुरानी प्रति के पाठों में भ्रमात्मक स्थितियाँ हैं। साथ ही पीताम्बरदास के संग्रह की प्रामाणिकता पर कहाँ तक भरोसा किया जाय। पदामृतसमुद्र के संकलयिता राधामोहन ठाकुर जैसे पारखी विद्वान से जब भूलें हुई हैं तो फिर पीताम्बरदास ही कैसे सर्वापेक्षा प्रामाणिक होंगे ? (ii) दूसरी आपत्ति पद की भावधारा की प्रकृति से सम्बन्धित है अतः अधिक ठोस भी है। किन्तु ज्ञातव्य है कि पद विरह-दशा से सम्बन्धित है और विरही तर्क की तुला लेकर नहीं बैठता। उसके विरह निवेदन में क्रमबद्धता और तात्विक विश्लेषण ढूँढ़ना अधिक उचित नहीं है। अन्यथा इसी पद में 'भुवन भरि बरखन्तिया' 'काम दारुन' 'कुलिश कत शत पात' जैसे पदों और उनके अर्थों की शल्य-क्रिया करने पर सारा वर्णन ही अतिरञ्जित और अप्रामाणिक लगेगा। फिर विरहिणी जब प्रिय विहीन जीवन बिताने की बात करेगी तो केवल रात बिताने की ही चिन्ता में अनुतप्त नहीं होगी। अतः 'रात-दिन बिताने' की चिन्ताकातर दशा पद की भावधारा से दूर नहीं कही जा सकती। (i) अब पहली बात पर ध्यान देना है, जिसके अनुसार शेखर के पद विद्यापति की रचना के समकक्ष हैं। जैसा कि मित्र-मजुमदार ने सकेतित किया है पद-कल्पतरु में शेखर भणिता के ९८ पद हैं। जिनमें से अधिकांश पाला कीर्तन के पद हैं जो त्रिपदी छन्द में हैं कुछेक हाटपत्तन के पद हैं। ये सभी पद विशुद्ध बाङ्ला में हैं केवल ९८५, २५२२ और २७७६ संख्यक, तीन पद ही ऐसे हैं जिनकी भाषा ब्रजबुलि और विद्यापति के पदों की भाषा के निकट है। किन्तु इन तीन पदों की भाषा संरचना, पदगठन और भाव-भङ्गिमा पर यदि विचार करते हैं तो स्पष्टतः वे प्रस्तुत पद की प्रकृति से सर्वथा दूर पड़ते हैं। ऐसी स्थिति में अचानक यही एक पद कैसे ऐसा भाव सघन बन पड़ा कि यह शेखर के अन्य पदों से पृथक हो गया। और फिर विद्यापति के नाम पर चढ़ गया दूसरी ओर विद्यापति के अनेक पद ऐसे ही भाव सघन हैं। पावस ऋतु की प्रियतम विहीना रजनी

की सन्तापकारी दारुण दशा का ऐसा चित्रण कई स्थलों पर उनमें उपलब्ध है। पद विन्यास, गीत की ध्वनि तरङ्ग के सर्वथा अनुरूप ऐसे ही उनके अन्य गीत भी मिलते हैं (देखें प्रस्तुत संस्करण गीत संख्या ३०७)। विद्यापति ने दुखों के ओर-छोर की सीमाहीनता के साथ ही संयोगीक्षणों में सुखों के ओर-छोर की असीमता का भी इसीप्रकार उल्लेख किया है—कि कहब रे सखि आनन्द ओर (प्र० सं० ४०५ और ४०७) तथा दुहु रसमय तन गुने नहिं ओर (प्र० सं० ६०५)। इसप्रकार तटस्थ रूप से विचार करते हुए पदकल्पतरु की अधिकांश प्रतियों का पाठ, जो विद्यापति की भणितायुक्त है, प्रामाणिक मानना ही समीचीन है। इसीलिए मैंने इसे विद्यापति की प्रामाणिक रचना माना है।

गीत संख्या १८४ की भाषा पर बाङ्ला प्रभाव इतना प्रचुर है तथा इसकी भावधारा भी विद्यापति की भावधारा से कुछ छिटकी हुई है। गीत संख्या १८५ का भाव भी विद्यापति की प्रकृति के अनुरूप नहीं है। गीत सं० १९१ गुप्त जी द्वारा निर्देशित कीर्त्तनानन्द में उपलब्ध नहीं है और इसका रचना-संगठन भी ढीला है ऐसी स्थिति में इन पदों की प्रामाणिकता संदिग्ध ही है।

गीत सं० २४५ को मजुमदार महाशय ने संदिग्ध माना है क्योंकि इस पद में भोगीश्वर का नाम है जिनके समय में विद्यापति की आयु बहुत कम रही होगी; फलतः तब वे रचना ही नहीं कर पा रहे होंगे। दूसरे इस पद की भाषा अत्यन्त आधुनिक, भाव तरल और रचना शैली इतनी निकृष्ट हैं कि इसे विद्यापति रचित नहीं कहा जा सकता[1] किन्तु भोगीश्वर के काल में भी विद्यापति कुशल हो गए थे। यदि ऐसा न भी हो तो आवश्यक नहीं कि यह पद भोगीश्वर को ही सुनाया गया हो। दरबारी समाज में पिता के आगे पुत्र की या पुत्र के आगे पिता, पितामहादि की प्रशस्ति प्रायः की जाती रही है अतः यह पद भोगीश्वर के वंशजों को भी प्रसन्न करने के लिए रचित हो सकता है। हाँ, इस पद की भाषा अवश्य ही परवर्त्ती है जो सम्भवतः लोक-कण्ठ में प्रचलित रहने से परिमार्जित होती रही होगी। वैसे इसके भाव-गाम्भीर्य और शैली की उत्कृष्टता को नकारा नहीं जा सकता। एक बात और मजुमदार जी ने महत्व की कही है कि 'पदटी पूर्वापर सामञ्जस्य विहीन। प्रथमें नागरेर आसार कथा, परे नायिकार अभिसारेर कथा आछे। चन्द्र किरणे उज्जवल रात्रिते काक डाके ना।'[2] वस्तुतः इस पद में पूर्वापर व्यतिक्रम है। इस व्यतिक्रम को इस आधार पर ही स्वीकार किया जा सकता है कि प्रकृष्ट विरहानुभूति में सामान्य जीवन दशा की अन्विति विच्छिन्न हो जाया करती है। काक बोलने की स्थिति को विगत दिन की बेला की स्मृति के रूप में भी लिया जा सकता है। वैसे बहुत सम्भव है कि लोक परम्परा के प्रवाह में इस पद में दो सर्वथा भिन्न पद मिलकर एकाकार हो गए हों। यद्यपि अपनी भावधारा से यह विद्यापतिकृत लगता है किन्तु सम्प्रति प्राप्त इस रूप में इसकी मौलिकता संदिग्ध है।

गीत सं० २८१ की भाषा और छन्दगति विद्यापति के पदों से भिन्न है। गीत सं०

---

१. मित्र—मजुमदार—विद्यापतिर पदावली, भूमिका पृष्ठ २८, भावानुवाद।
२. वही, पृष्ठ २१।

२८९ पर भी लोककण्ठ का प्रभाव स्पष्ट है। गीत सं० ३३६ को यद्यपि मित्र-मजुमदार ने संदिग्ध माना है किन्तु पद कल्पतरु में इसमें विद्यापति की स्पष्ट भणिता है तथा रागतरङ्गिणी में लोचन जैसे मर्मज्ञ कवि ने इसके नीचे 'इति विद्यापते' लिखा है। इसके अतिरिक्त इसका भाव और भाषा भी विद्यापति के अनुरूप ही है अतः इसे निश्चयपूर्वक विद्यापतिकृत मान सकते हैं। इसी प्रकार गीत सं० ३६७ को भी मजुमदारजी ने संदिग्ध कोटि में ही रखा है किन्तु यह भी विद्यापति के प्रामाणिक पदों में गणनीय है।

गीत सं० ३७३ को मित्र-मजुमदार ने बंगाली विद्यापति की रचना माना है। इस सम्बन्ध में हमने बंगाली विद्यापति (४ ई० पृ० ३७ से ५२) अंश में विस्तार से विचार किया है। प्रस्तुत पद में श्याम नाम है, पद को भाषा पर बंगीय प्रभाव भी है फिर भी पद का मूल भाव इसे विद्यापति की रचना प्रमाणित करता है। गीत सं० ३८७ भी विद्यापति का एक उत्कृष्ट गीत है। यद्यपि इसकी भाषा काफी परिवर्तित हो गई है। गीत सं० ५४८ प० त० की कुछ प्रतियों में गोविन्ददास की भणिता से युक्त मिलता है किन्तु उक्त भणितांश पद की भावभूमि से सर्वथा पृथक् लगता है। वैसे इस पद में भी अनेक शब्द काफी परिवर्त्तित हो गए है और ऐसा लगता है इसमें दो-चार चरण पीछे से जोड़ दिए गए हैं। गीत सं० ५४९ की भाषा, पद-गठन-प्रक्रिया और भाव विद्यापति की रचना से दूर जान पड़ते हैं अतः इसे विद्यापतिकृत मानना उचित नहीं लगता। गीत सं० ५६५ को सहसा दूसरे की रचना तो नहीं कहा जा सकता किन्तु इसकी भाव-भूमि कुछ अटपटी है और प्रायः इसप्रकार के कथन विद्यापति में नहीं मिलते। भाषा पर भी बंगीय गायकों ने काफी प्रभाव डाला है। गीत सं० ५७१ भी भावना की भिन्नता के साथ-साथ भाषा के बंगीय स्वरूप के कारण विद्यापति की रचना नहीं प्रतीत होता। गीत सं० ६०१, ६०२ और ६०३ को मित्र-मजुमदार ने बंगाली विद्यापति की रचना कहा है किन्तु भाषा की बंगीय प्रकृति के होते हुए भी भावों की प्रगल्भता से यह विद्यापति की रचना के निकट है यद्यपि इसमें शब्द से लेकर चरणों तक बंगीय मिश्रण वर्त्तमान है। गीत सं० ६०६ को भी मित्र-मजुमदार ने बंगाली विद्यापति की रचना माना है किन्तु पद-पाठ से ही स्पष्ट है कि मूल पद विद्यापति का रहा होगा जिसे उनका कोई श्रद्धालु गीतकार अपनी शैली में अपने भावानुकूल गा रहा है फलतः जिस रूप में यह पद अब ढल चुका है वह विद्यापति की मूल रचना से अवश्य ही भिन्न हो गया है। गीत सं०६०९ भी मि० म० के अनुसार बंगाली विद्यापति की रचना है किन्तु इसमें आए 'बाजत' 'नटति' 'ध्वनिया' 'छोभित होति' जैसे पद इसे हिन्दी प्रकृति के निकट ही सिद्ध करते हैं। वासन्ती उल्लास का इसका चित्र भी विद्यापति की भावना के अनुरूप है। गीत सं० ६१० और ६११ भाव और भाषा दोनों ही स्तरों पर बंगाली-प्रभाव से ग्रस्त हैं। ये विद्यापति की रचना की अनुकृति में बंगाली कवि द्वारा भी रचित हो सकते हैं यद्यपि वह विशेष बंगाली कवि कौन होगा ? यह निश्चयपूर्वक नहीं कहा जा सकता है।

गीत सं० ६१४ को यद्यपि विद्यापति की ही रचना माना गया है किन्तु 'शुनह' 'सखिरे सुधाओ' आदि पद इसके बंगीय रूप की ओर संकेत करते हैं। सुरत रस के बारे में नायिका की ऐसी उक्ति भी विद्यापति की प्रकृति में विरल है। गीत सं० ६१५ और ६१६ भी

अन्य व्यक्ति द्वारा परिवर्तित किए गए प्रतीत होते हैं। गीत सं० ६१७ तो निश्चय ही विद्यापति की भावना के अनुरूप नहीं है। गुप्त जी ने इसे कीर्त्तनानन्द से लिया गया बताया है किन्तु प्रकाशित 'कीर्त्तनानन्द' में यह मिलता भी नहीं। गीत सं० ६२० में रमण का जैसा निछक चित्रण किया गया है वैसा विद्यापति के पदों में अन्यत्र नहीं मिलता। वर्णन की इसकी भंगिमा भी भिन्न है। निश्चय ही ये दोनों पद विद्यापतिकृत नहीं हो सकते।

गीत सं० ६६० और ६६१ मिथिला गीत संग्रह से संग्रहीत हैं किन्तु इनकी भाषा आधुनिक मैथिली के अधिक निकट है और जोग-टोक की जो बाते इनमें हैं वैसी अन्यत्र नहीं मिलतीं। गीत सं० ६६७ और ६६८ भी बंगाली गायकों और रचनाकारों द्वारा या तो परिवर्त्तित परिवर्धित हैं या उन्हीं में से किसी की रचना हैं। गीत सं० ७५० की रतिवर्णना भी विद्यापति की भावधारा के अनुकूल नहीं लगती वैसे भाषा तो इसकी निश्चय ही बंगालीपन लिए हुए है। गीत सं० ७५२ भी बंगालीपन लिए हुए है, कीर्तन परम्परा में भी इसके विकसित हो जाने की सम्भावना है। मिथिला के गीत किस प्रकार बंगाल में जाकर परिवर्तित हुए हैं इनके अनेक उदाहरणों की ओर मैंने विभिन्न गीतों की पाठ टिप्पणी में संकेत किया है। गीत सं० ७५४ इसका स्पष्ट उदाहरण है। तरौनी-पदावली के लिए गुप्त जी ही प्रमाण हैं किन्तु तरौनी के जो पद अन्यत्र मिलते हैं उनसे स्पष्ट है कि गुप्त जी की तरौनी का पाठ सर्वथा शुद्ध नहीं था। सं० ८२६ का गीत जो पाठ गुप्त जी ने तरौनी के आधार पर दिया है रमानाथ झा द्वारा आविष्कृत पाठ से अधिक भिन्न है। गीत सं० ८६२ यद्यपि अत्यन्त उत्कृष्ट पद है किन्तु इसकी भाषा बंगला भाषा के अधिक निकट हो चुकी है केवल एक चरण 'कान्ह होय बजब राधा। तब जानब विरहक बाधा' ही, इसकी विद्यापति की मूल भावधारा को स्पष्ट करता है।

गीत संख्या ८६५ अत्यन्त प्रसिद्ध और उत्कृष्ट गीत है। किन्तु अत्यधिक विवादस्पद भी है। इस पद को श्री शारदा चरण मित्र ने बहरमपुर की किसी पोथी में विद्यापति भणिता युक्त पाकर प्रकाशित किया था। तदनन्तर उससे कुछ भिन्न रूपमें इसे नगेन्द्रनाथगुप्त ने मिथिला का प्रकृत पाठ बताकर प्रकाशित किया। किन्तु इन दोनों ही स्रोतों का कोई सुनिश्चित पता नहीं मिलता। दूसरी ओर यही पद कुछ पाठभेद से पदकल्पतरु (९३७) में कवि वल्लभभणितायुक्त मिलता है। जिससे अनेक लोग इसे विद्यापति की रचना मानने के पक्ष में नहीं है। विशेष रूप से प्राचीन पदावली साहित्य के मर्मज्ञ विद्वान् और 'पदकल्पतरु' के संपादक स्व० सतीशचन्द्र राय ने कुछ महत्त्वपूर्ण आपत्तियाँ प्रस्तुत की हैं। (i) पदकल्पतरु की सभी पोथियों में और पदरससार में कवि वल्लभ का ही नाम है। (ii) इसमें 'सोई पिरीति अनुराग बखानइते' जो चरण है वह श्रीरूप गोस्वामी के उज्ज्वल नीलमणि ग्रन्थ में दिए गए 'अनुराग' के लक्षण (सदानुभूतमपि यः कुर्यान्निवनवं प्रियम्। रागो भवन्नवनवः सोहनुराग इतीर्य्यते ॥) का अनुवाद मात्र है। जब कि श्री रूप गोस्वामी विद्यापति के बहुत परवर्त्ती हैं अतः यह पद उसी द्वारा रचित संभव है जो श्री रूप गोस्वामी के बाद हुआ हो। (iii) 'जनम अवधि······' वाले पाठ में जो असीम अतृप्ति स्वाभाविक भाषा में व्यंजित हुई 'लाख लाख ' वाले पाठ से वह स्वाभाविकता और रसव्यञ्जना रक्षित नहीं रह पाती। क्योंकि सभी के जीवन में

सामान्यतया सुख के क्षण बहुत कम और दुःख की घड़ियाँ ही लम्बी होती हैं। ऐसी स्थिति में उक्त चरण के पाठ को ठीक ढंग से हृदयंगम करने के लिए वैष्णव तत्त्व दर्शन का आश्रय लेना अपरिहार्य हो जाता है जब कि यह तत्व दर्शन भी विद्यापति के परवर्ती काल की सर्जना है।

इन आपत्तियों पर अनेक लोगों ने विचार किया है। प्रख्यात बंगला समीक्षक श्रीकुमार वन्दोपाध्याय ने कहा है कि (i) पदकल्पतरु में कवि वल्लभ भणिता का केवल एक यही पद है किन्तु बल्लभ या बल्लभ दास भणिता के कुल २५ पद हैं जिनमें से २४ की भाषा पूर्ण रूपेण बाङ्ला है केवल १ पद (संख्या ७७०) की भाषा और उसका भाव कुछ इस गीत के निकट है। किन्तु उस पद में श्री रूप गोस्वामी द्वारा वर्णित प्रेम वैचित्र्य की स्थिति का ही उदाहरण सा है। इस प्रकार वल्लभ की प्रेमरसवत्ता स्वीकरणीय है। संभव है १५९९ ई० में लिखित 'रस कदम्ब' के लेखक कवि वल्लभ और पदकल्पतरु के वल्लभ भणिता वाले पदों के लेखक एक ही हों। ऐसी स्थिति में यह भी संभव है कि इन कवि वल्लभ ने विद्यापति के पूर्व परिचित पद में ही कुछ चरण जोड़कर अपनी भणिता लगा दी हो। कुछ लोग यह भी कहते हैं कि इस पद में 'पिरीति' शब्द है जिसका व्यवहार विद्यापति ने नहीं किया है किन्तु यह तर्क निरर्थक है क्योंकि नेपाल पदावली से लेकर रामभद्र पुर पदावली तक के कई पदों में 'पिरीति' शब्द का व्यवहार हुआ है। (ii) विद्यापति आदि वैष्णव कवि के रूप में विख्यात हैं और समूची वैष्णव परम्परा उनसे प्रभावित हुई है ऐसी स्थिति में विद्यापति की 'अनुराग' की परिभाषा को ही यदि श्री रूप गोस्वामी ने संस्कृत में निबद्ध कर लिया हो तो इसमें कोई आश्चर्य या सन्देह करने का कारण नहीं है।

इन कुछ बातों के अतिरिक्त ध्यातव्य है कि (१) 'अनुराग' शब्द विद्यापति के कई पदों में लगभग इसी अर्थ में प्रयुक्त है। 'पिरीति के लिए भी अन्यत्र उनके प्रयोग हैं— 'राधा माधव उचित पिरीति।' या 'तोहरि पिरीति से नव नव मानय।' ऐसे ही लाखे या लाख, लाख शब्द का प्रयोग भी उन्होंने कई स्थलों पर किया है। (२) वल्लभ भणिता युक्त पूरा पाठ जो कल्पतरु में है वह इस गीत के पाठ से निम्न कोटि का ही ठहरता है। (३) कवि बल्लभ पूरी तरह वैष्णव तत्त्व प्रदर्शन की सीमा में है जबकि इस पद की भाव भूमि वैष्णव मान्यताओं में ही निबद्ध नहीं है। इसमें प्रान जुड़ानेवाले के लाखों में भी न मिलने की जो बात कही गई है वह वैष्णव कवि अपनी राधाकृष्ण विषयक मान्यताओं के कारण कभी नहीं कह सकता। वैष्णव कवि भक्ति गीतों में वैयक्तिक भावनाओं को उभड़ने नहीं देते। (४) विद्यापति में जहाँ लाखों में किसी के न मिलने की बात है वहीं वल्लभ में करोड़ों में एक के मिलने की बात है वह एक अर्थात् कृष्ण उनकी सभी मान्यताओं का केन्द्रीभूत तत्व है अतः यहाँ अप्राप्ति का वह दारुण हाहाकार नहीं है जो गीत की प्रकृष्टता को उद्भासित दर देता है। और फिर (५) यदि कवि वल्लभ ऐसा एक उत्कृष्ट गीत रच सकते थे तो इसके समकक्ष के दो चार गीत और भी उनके होते ही किन्तु इस कोटि के गीत विद्यापति के अतिरिक्त उस युग के किसी अन्य कवि के नहीं मिलते। (६)

विद्यापति की पदावलियों के प्रकाशन के पूर्व भी कवि वल्लभ भणितायुक्त पदकल्पतरु का पाठ था इसी से जगबन्धु भद्र द्वारा संग्रहीत महाजन पदावली में इसका संग्रह विद्यापति के पद के रूप में नहीं हुआ था। श्री शारदा चरण मित्र इस बात से परिचित थे अतः जब उन्हें निश्चित और सुदृढ़ आधार मिला होगा तभी उन्होंने इसे विद्यापति के पद के रूप में प्रकाशित करने का साहस किया होगा। नगेन्द्रनाथ गुप्त ने मिथिला का जो पाठ प्रकाशित किया वह भी शारदा चरण मित्र के पाठ को पुष्ट ही करता है। ऐसी स्थिति में इन दोनों विद्वानों द्वारा ग्रहीत पाठ को सहसा अस्वीकार कर देना भी उचित नहीं है। इन्हीं विभिन्न आधारों को देखते हुए मैंने इसे विद्यापति की प्रामाणिक रचना के रूप में ही रखना उचित समझा है।

८. गीतों की क्रम व्यवस्था

प्रस्तुत **गीत-विद्यापति** संस्करण में विद्यापति के गीत एक नई व्यवस्था में निबद्ध दिखाई पड़ेंगे। संभवतः यह व्यवस्था कुछ सहृदय विद्वानों को भी खटके। मेरे मन में इस बात की बराबर चिन्ता रही है कि यह व्यवस्था परंपरित रूप से अधिक भिन्न न हो जाय। विशेषकर इसलिए कि जो लोग विद्यापति को शैव या वैष्णव रूप में देखने के अभ्यस्त हो गए हैं; उन्हे क्लेशकर न प्रतीत हो। अतः सर्व प्रथम मैंने यह जानने का प्रयास किया कि क्या कोई सर्वस्वीकृत अथवा बहुस्वीकृत व्यवस्था रही है। नेपाल दरबार पदावली, बाङ्ला वाङ्मय के संग्रह ग्रन्थों एवं रामभद्रपुर, रागतरङ्गिणी और तरौनी पदावली आदि के विश्लेषण-क्रम में मैंने उनकी व्यवस्था की ओर भी संकेत किया है। वस्तुतः उनमें कोई विशेष व्यवस्था नहीं है। नेपाल-पदावली में विद्यापति के गीत अन्य कवियों के पदों के साथ उलझे हुए हैं। डॉ० सुभद्र झा ने बताया है कि उनमें गीतों की व्यवस्था राग-रागिनियों पर आधारित है। किन्तु परि० पद० द्वारा प्रकाशित नेपाल-पदावली के गीतों की राग-व्यवस्था देखें तो वह इस प्रकार है—राग मालव १ से ३१ ए राग ३२ मालव ३३ से ४६, ए राग ४७ से ४८, मालव ४९ से ५६, मालव--धनछी ५७ धनछी ५८ से ६२, मालव ६३ ए राग ६४ धनछी ६५ से ७३, मालव ७४ धनछी ७५ से १३३, आसावरी १३४ से १३६, मलारी १३७ से १३८, मालवी १३९ धनछी १४० मलारी १४१ से १४९, अहिरानी १५० से १५५, धनछी १५६ केदार १५७ से १५९, कानल १६० से १६४, कोलार १६५ से १९५, सारङ्गी २९६ से १०३, गुञ्जरी २०५ से २११, बरली २१२ से २३४, ललित २३५ से २३८, नाट २३९ से २४०, विभास २४१ से २५२, धनछी २५३ बसन्त २५६ से २६१। इसके अतिरिक्त गीत संख्या २०४, २१५, २५४, २५५ और २६२ पर कोई राग अङ्कित नहीं है। उक्त विवरण से स्पष्ट है कि यद्यपि इस पदावली में एक राग के कई पद एकत्र हैं फिर भी मालव, धनछी जैसे रागों के पद अन्य रागों के बीच भी आ टपकते हैं फलतः यह व्यवस्था भी पूरी तरह व्यवस्थित नहीं है।

बाङ्ला-वाङ्मय की पदावलियों में अनेक वैष्णव महाजन कवियों के विभिन्न विषयों वाले गीतों के साथ विद्यापति के उक्त विषय के पद भी आते हैं फिर विषय परिवर्त्तन पर अन्य कवियों और विद्यापति के गीतों का पूर्वापर निबन्धन चलता रहता है। प्रत्येक संग्रह की व्यवस्था भी एक दूसरे से भिन्न है। शान्ति-निकेतन के विद्याभवन में सुरक्षित क्षणदागीत

चिन्तामणि (विश्वनाथ, चक्रवर्ती, पूँथि संख्या १२७१, पत्र ४ खण्डित आकार ११" × ८") की खण्डित पोथी में विद्यापति के कुछ गीत धानशी, श्री गान्धार, कामोद, भूपाल, केदार, श्रीराग, पूरब, सिंधुड़ा, सुह, देशी, कर्नाट आदि रागों के उल्लेख के साथ हैं किन्तु इनमें भी हेर फेर मिलता है।

इसी ग्रन्थालय में सुरक्षित पदामृत-समुद्र (पुथि संख्या १०५१ पत्र ८१ खण्डित आकार ११½" × ५½") में जयदेव, चण्डीदास, लीलाशुक, रामानन्द आदि के साथ विद्यापति के गीत भी हैं। रागों का उल्लेख होते हुए भी गीत विषयक्रम से हैं यथा :—रसोद्गार, वयसन्धि, अधोत्कंठिता, कालभेदोत्कण्ठिता, विप्रलब्धा, खण्डिता, धीर मध्या, कलहान्तरिता, पुनर्मान, स्वयं दौत्यं, रास, रसोद्गार, अनुराग, दानलीला, रूपोल्लास, दिवाभिसार और दिवासम्भोग आदि। पदकल्पतरु, आदि, जिनकी चर्चा हम यथास्थान कर चुके हैं, भी किसी सुनिश्चित क्रम में विद्यापति के गीतों को प्रस्तुत नहीं करते।

८. १

आधुनिक-काल में वैष्णव महाजन पदावलियों का जो प्रकाशन आरम्भ हुआ उनमें जब भिन्न-भिन्न कवियों के गीतों को पृथक्-पृथक् रखने की व्यवस्था हुई तो विद्यापति के पदों को विषय-क्रम से रखने की प्रथा चली, जो बहुत कुछ वैष्णव-समाज की मान्यताओं के अनुरूप थी। जैसे—वसुमति साहित्य मन्दिर से श्री सतीशचन्द्र राय द्वारा प्रकाशित वैष्णव महाजन-पदावली; द्वितीय खण्ड (विद्यापति) के संशोधित संस्करण में विद्यापति के गीतों को क्रमशः इन शीर्षकों के अन्तर्गत प्रकाशित किया गया—१ वन्दना २ श्री राधार वयः सन्धि ३ श्री राधार पूर्वराग ४ श्री कृष्णेर पूर्वराग ५ दूती सवाद ६ सन्दर्शन ७ सखो संवाद ८ अभिसार ९ मिलन १० वसन्त-विहार ११ रसालाप १२ मान १३ मानान्ते मिलन १४ प्रेम वैचित्र्य १५ विरह १६ पुनर्मिलन ओ भाव सम्मिलन १७ आत्मनिवेदन १८ उपसंहार (क) हरगौरी (ख) विविध (ग) अप्रकाशित पदावली।

८. २

'मिथिला मण्डल के लोककण्ठ' से संकलित गीतों का जो प्रकाशन डॉ० ग्रियर्सन ने अंग्रेजी अनुवाद सहित 'एशियाटिक सोसाइटी जर्नल' में किया उसमें उन्होंने विषयवस्तु को आधार बनाया। किसी विशेष प्रकार की धार्मिक मान्यता को लेकर वे नहीं चले। उन्होंने विद्यापति के ८२ पदों को दस उपविभागों में बाँटा[१] यथा—१ अथ वय सन्धि (—गीत सं० १ से ५) २—अथ श्री राधाक पूर्वराग (६—१३) ३—अथ श्री राधाक रूप (१४—१८) ४—अथ मिलन (१९—२२) ५—अथ अभिसार (२३-३८) ६—अथ लाथ (३९—४०)

---

१. यद्यपि सभी पद उन विभागों में ठीक से विन्यस्त नहीं हुए अतः बीच-बीच में विषय के अनुरूप शीर्षक भी देते गए यथा—नायिका सँ नायक वचन, नायक सँ दूति उक्ति, नायिका कृत स्वदुख वर्णन, नायक ओ मुग्धा नायिका मिलन, ऊधव सँ गोपी वचन, गंगाक स्तुति, मैनाकृत शिव वर्णन, आदि।

७–अथ मान (४१–४५) ८–अथ विरह (४६–७६) ९ अथ विरहान्त (७७) १० अथ गीत नाना प्रकार (७८-८२)।

८. ३

बाबू ब्रजनन्दन सहाय 'ब्रजबल्लभ' ने अपने 'मैथिल कोकिल विद्यापति' संग्रह में विषय के आधार पर पृथक्-पृथक् संख्या देकर गीतों को वर्गीकृत किया है यथा—देवी जी की वन्दना--१ वसन्त वर्णन ८ नायक वर्णन १३ मध्यानायका वर्णन १३ श्री कृष्णजी का पूर्वानुराग ३० श्री राधिका जी का पूर्वानुराग १५ (चूंकि गीत संख्या ३ के स्थान पर २ छपा है अतः आगे के सभी गीतों की संख्या कम हो गई है फलतः गीत संख्या १४ तक ही अंकित है) सखी शिक्षा ९८ प्रथम मिलन और दर्शन ५४ मान २८ सम्भाषण ९ अभिसार १६ विरह और प्रबोध १०३ (चूँकि २५वें गीत को गलती से २६ लिख गया है अतः आगे के सभी गीतों की संख्या में १ की वृद्धि हो गई है इसी से इस विभाग में १०४ गीत अंकित हैं) मानान्तर मिलन और प्रेम वैचित्र्य ३५ पुनर्मिलन तथा रसोद्गार २० महेश संबंधी कविता २५ शान्त रस ५ श्री गंगा स्तुति १। इस भाँति उन्होंने उपर्युक्त १७ उपविभागों में कुल ४०४ गीतों को विभक्त किया है।

८. ४

श्रीयुत् नगेन्द्रनाथ गुप्त ने अपने बृहत् संकलन 'विद्यापति ठाकुरेर पदावलो' में कुल ९३५ गीत प्रकाशित किए; जिसे उन्होने दो कोटियों में रखा, पहला, मुख्य विभाग है, जिसमें राधा-कृष्ण (और या सामान्य नायक-नायिका) संबंधी गीत हैं जिसमें २१ उपविभागों में (वन्दना १-२, वय सन्धि ३-२७, माधवेर अनुराग २८-५५ राधार अनुराग ५६-१०६ राधार दूती १०७-११४ सम्भाषन ११५-१२७ सखी शिक्षा १२८-१४६ मिलन १४७-२१४ कौतुक २१५-२३३ अभिसार २३४-३२२ लाथ (छलना) ३२३-३२९ मान शिक्षा ३३०-३३५ राधार मान ३३६-४६७ माधवेर मान ४६८-५२३ मान भंग ५२४-५३९ वसन्त ६००-६१५ विरहेर आशंका ६१६-६२३ विरह ६२४-७९३ भावोल्लास ७९४-८३५ प्रार्थना ८३६-८४०) कुल ८४० गीत रखे हैं तथा (२) दूसरे गौण विभाग में गीतों की क्रमसंख्या अलग-अलग देते हुए ५ पृथक् उपविभागों (हरगौरी पदावली १-४४ गंगागीत १-३ नाना विषयक-पदावली १-१३ परकीया नायिका १-१५ प्रहेलिका १-२०) में ९५ गीत रखे हैं।

गुप्त जी के ही आधार पर बेनीपुरी जी ने २६६ चुने हुए गीतों को थोड़े से हेर-फेर से उन्हीं उपशीर्षकों में (यथा—वन्दना, वय-सन्धि, नख-शिख, सद्यस्नाता, प्रेम प्रसंग, दूती, नोक झोंक, सखी शिक्षा, मिलन, सखी—संभाषण, कौतुक, अभिसार, छलना, मान, मान भंग, विदग्ध विलास, वसन्त विरह, भावोल्लस, प्रार्थना और नचारी तथा विविध प्रकाशित किया है। कालान्तर में किए गए हिन्दी के अनेक छोटे बड़े संग्रह ग्रन्थों में लगभग इसीप्रकार की व्यवस्था रखी गई है। मैने इन विविध वर्गीकृत गीतों को अच्छी तरह देख कर पाया है एक विशेष उपशीर्षक में दिए गए सभी गीत वस्तुतः उसी भावधारा को अभि-

व्यक्त नहीं करते। कितने ही गीतों की विषय वस्तु तो उक्त उपशीर्षकों से सर्वथा भिन्न अथवा विपरीत भी है। यद्यपि गुप्त जी ने अपने वर्गीकरण में प्रेम के अंकुरण और विकास की श्रृंखला बनाए रखने का प्रयत्न किया है किन्तु वह भी विश्रृंखलित हो जाती है। प्रार्थना के पदों की दुहरी व्यवस्था, राधाकृष्ण और हरगौरी विषयक गीतों की पृथक् अनुसर्जना आदि से उनकी दुविधामयी स्थिति का आभास मिलता है। यहाँ तक कि उनके आधार पर किए गए बेनीपुरीजी के लघु संस्करण में भी दुर्व्यवस्था दिखलाई पड़ती है। ये वर्गीकरण न तो किसी भक्ति-सांप्रदायिक मान्यता को ठीक से निभा पाते हैं न साहित्यिक अथवा आलंकारिक परम्परा को। स्व० श्री सतीशचन्द्र राय ने इस संदर्भ में लिखा है—'गुप्त जी के अनुसार बेनीपुरी जी ने पहले वन्दना के लिए दूती की उक्ति का "नन्दक नन्दन..........बोलि पठाव" इत्यादि पद किया है। क्या यह पद मङ्गलाचरण सूचक वन्दना का है? इस पद में तो संकेत भवन में जाने के लिए दूती श्री राधिका जी की विनती कर रही है। यह पद कैसे मङ्गलाचरण हो सकता है? गुप्त जी के अनुसार बेनीपुरी जी में ४ संख्यक पद से ९ संख्यक पद तक जितने दूती-वर्णित 'वय: सन्धि' के पद दिए गए वे सब श्री राधा जी के और श्री कृष्ण जी के अनुराग-सञ्चार के बाद देने चाहिए, क्योंकि यहाँ उन पदों का मौका नहीं है।....... बेनीपुरी जी का ११ से २२ संख्यक श्री कृष्ण—वर्णित अनुराग—सूचक नख-शिख के पदों का भी यहाँ मौका नहीं है; क्योंकि आगे श्री राधा जी का ही अनुराग दिखलाना चाहिए।[1] ....ध्यान देकर पढ़ने से मालूम होगा कि फुटकर पदों की सजावट की बात कौन कहे 'अनुराग, नखशिख' आदि भारी विषयों की सजावट में भी ऐसी और बहुत भूलें आ गई हैं।[2]"

८.५

स्पष्ट है कि शास्त्र-स्थिति-संपादन के लिए भी पदों का यह क्रम-विन्यास उचित नहीं है। संभवत: इसी कारण से नगेन्द्र बाबू के ही संस्करण का जो परिमार्जित और परिवर्द्धित संस्करण श्री खगेन्द्र नाथ मित्र और विमान विहारी मजुमदार ने संपादित किया उसमें विषय क्रम की इस व्यवस्था को पूरी तरह त्याग दिया। मजुमदार महाशय ने अपनी भूमिका में 'कविचित्तेर क्रम विकास' उपशीर्षक से जो निष्कर्ष दिए हैं उनसे स्पष्ट है कि विद्यापति के पदों में वे शिल्पगत विकास की एक सरणि लक्षित कर रहे थे। इसे व्यवस्थित करने के लिए उन्होंने अपने संग्रह में यथासंभव ऐतिहासिक क्रम रखने की चेष्टा की है जिसके अनुसार विद्यापति के पदों में उल्लिखित विभिन्न नामों के आधार पर प्राचीन राजाओं के नाम युक्त पदों को पहले रखा है और अपेक्षाकृत अर्वाचीन राजाओं के नाम के पदों को बाद में। किन्तु चूँकि विद्यापति के सभी पदों में राजाओं के नाम नहीं हैं अत: राजाओं के नाम से विहीन पदों के संयोजन में कोई ऐतिहासिक क्रम व्यवस्था नहीं बैठा सके हैं। अपने संपादन में उन्होंने विद्यापति के पदों को पाँच खण्डों में विभक्त किया है—प्रथम खण्ड, राजनामाङ्कित

१. "आदौ वाच्य: स्त्रियारागः पश्चात पुंसस्तदिङ्गितैः"—साहित्य-दर्पण, तृतीय परिच्छेद।
२. विद्यापति और उनकी कविता, पृष्ठ २९—३०

पद (१ से २२५) द्वितीय खण्ड, मिथिला ओ नेपाले प्राप्त विद्यापतिर भनितायुक्त अन्यान्य पद (२२६ से ६०९) तृतीय खण्ड, केवल मात्र बाङ्ला देशे प्रचलित राजार नामविहीन विद्यापतिर पद (६१० से ७६५) चतुर्थ खण्ड, मिथिलाय लोकमुखे संग्रहीत हर-गौरी ओ गङ्गा विषयक पद (७६६ से ७९६) पञ्चम खण्ड, नाति प्रामाणिक पद (७९७ से ९२७) परिशिष्ट 'क' राजानामाङ्कित आरओ छयटि पद (८२८ से ९३३) 'ख' बाङ्गाली विद्यापतिर पद (१ से ३२)। इस प्रकार इन विभिन्न खण्डों में उन्होंने विद्यापति और बंगाली विद्यापति के मिलाकर कुल ९६५ पद प्रकाशित किए हैं। यद्यपि मैंने देखा है कि इनमें से ३१ पद थोड़े-बहुत पाठ भेद से पुनरुक्त हैं [१]; एक पद (५१७) के 'क' 'ख' भागों में दो पद आ गया है इसप्रकार वस्तुतः कुल ९३५ पद ही प्रकाशित हैं। इनमें से प्रथम खण्ड को छोड़ शेष चार खण्डों में तो ऐतिहासिक व्यवस्था चल ही नहीं सकी; प्रथम खण्ड में भी ऐतिहासिकता का आधार बहुत लचर है क्योंकि जैसा मैंने एक स्थान पर कहा है राज दरबारों में प्रशस्ति-परक रचनाओं में कोई आवश्यक नहीं था कि वे जिस राजा को सुनाई जा रही हों उनमें उसी का नामोल्लेख हो। प्रायः लोग राजाओं के पूर्व पुरुषों और बाल बच्चों के नामोल्लेख की रचनाएँ भी शासक राजा को सुनाया करते थे अतः यह ऐतिहासिक आधार भी बहुत अधिक प्रमाणपरक नहीं सिद्ध हो सकता।

८. ६

डॉ० सुभद्र झा ने अपने को नेपाल-दरबार की पदावली तक ही सीमित रखा है। राष्ट्रभाषा परिषद, पटना; की ओर से विद्यापति पदावली का जो प्रकाशन हो रहा है उसमें उन्होंने पाण्डुलिपियों का क्रम रखा है। इसीप्रकार नेपाल-पदावली से लेकर तरौनी तक की पदावली के पदों को उन्होंने पाण्डुलिपियों के क्रम के अनुसार ही प्रकाशित किया है और जैसा कि हम देख चुके हैं इन पाण्डुलिपियों में कोई सुनियोजित क्रम नहीं है। तरौनी की पदावली के पद चूँकि नगेन्द्रनाथ गुप्त के विनियोजन के अनुसार रखे गए हैं अतः उनमें उन्हीं की भाँति का क्रम है यद्यपि उसका उल्लेख नहीं किया गया है।

९. प्रस्तुत संस्करण की क्रम-व्यवस्था

प्रस्तुत संस्करण में, ऐसी स्थिति में, मैंने कोई आदर्श व्यवस्था ग्रहण योग्य नहीं पाई। एक बार साहित्य-शास्त्रीय क्रमानुसार पदों को व्यवस्थित करने का विचार मन में आया अवश्य, क्योंकि विद्यापति के कितने ही गीतों में वासकसज्जा, खण्डिता, विप्रलब्धा जैसे नामों का स्पष्ट उल्लेख मिलता है किन्तु ध्यान से देखने पर मैंने पाया कि इस सर्वथा स्वच्छन्द प्रकृति के कवि की समूची गीत-रचना शास्त्रीय-क्रम में नियोजित नहीं की जा सकेगी। दूसरा

१. मि० म० पदसंख्या ३१-९३१, ५२-३४०, ६२-४८५, ६८-६९-५८१, ७८-७०२, ९८-३१९, १०२-३२०, ११६-३७२, १५३-५६३, १६८-४६६, १८६-५६६, २३२-६११, २४५-७०५, २६५-५४८, २७०-६६९, २७३-८९३, २७४-२८५, २८०-६७१, ३०६-३११, ३१०-६६५, ३२१-३२२, ३४९-३५२, ३९४-६४२, ४१७-५२०, ४७२-८४१, ५८४-५८६, ५८७-८७९, ६८९-बं. वि. ९, ७२९-७३२, ९१८ ब. वि. २५

विचार उठा कि माधव, गोप-गोपी या ब्रज इत्यादि के उल्लेख के पदों को पृथक् करके माधव या कृष्ण सम्बन्धी पदों को पृथक् कर लिया जाय, शिव-सम्बन्धी पदों को पृथक् कर लें, ऐसे ही अन्य देवी-देवताओं और ऋतु-संबंधी पदों को अलग कर लें। किन्तु इसमें भी समस्या आ खड़ी हुई, क्योंकि यद्यपि अनेक ऐसे पद हैं जिनमें कृष्ण या कृष्ण-परक वस्तुओं का उल्लेख तो है किन्तु वस्तुतः वे सामान्य नायक-नायिका के लिए व्यवहृत हैं। दूसरी ओर कई ऐसे पद हैं जिनमें कृष्ण या कृष्ण-परक वस्तुओं का कतई उल्लेख नहीं है फिर भी वे जिस श्रद्धा भाव से निवेदित हैं उसे देखते हुए वे कृष्णभावाश्रित ही कहे जाने योग्य हैं। यही स्थिति अन्य पदों के साथ भी है। हरगौरी के कई पद विरह-मिलन की दशाओं के हैं तो कई सामान्य घर गृहस्थी की चर्चा करते हैं कई में तो तत्कालीन मिथिला की हीन वित्तीय परिवारों की ही झाँकी स्पष्ट होती है। दूसरी श्रेणी के पदों में भी कहीं पिया के बालक होने का और अपनी तरुणाई का रोना रोया गया है तो कहीं कोई परकीया अपने पति के परदेश जाने पर प्रोषितपतिका की स्थिति में होते हुए भी किसी पथिक को नाना प्रकार की भंगिमाओं से अपनी ओर आकर्षित करने की चेष्टा करती दिखलाई पड़ती है। ऋतु सम्बन्धी पदों में कुछ में तो राधा-कृष्ण, शिव-पार्वती या सामान्य नायक-नायिका का संयोग-विरह प्रधान है तो कहीं मात्र ऋतु वर्णन उद्देश्य है। इन विभिन्न स्थितियों को देखते हुए मैंने एक ऐसा क्रम रखने की योजना बनाई; जिसमें कुछ शास्त्रीय स्थिति का भी निर्वाह हो जाय और विद्यापति की स्वच्छन्द वृत्ति भी अक्षुण्ण बनी रहे। इस योजना का प्रारूप इसप्रकार प्रस्तुत हुआ :—

(१) **रूप-अपरूप** (२) **पूर्वराग** (३) **अभिसार**, प्रस्तुत होना, प्रयाण, असफल (विप्रलब्धा) और सफल अभिसार (४) **मिलनोल्लास**, अल्पवयस्का, अबोध प्रभु, प्रगल्भा, वयस्का, उपेक्षिता, उपेक्षित, खण्डिता (५) **मिलन-गोपन** (६) **मान**–नायिका मान-नायक मान जन्य विरह (७) **प्रवास-विरह** (८) **आगमन और संयोग** (९) **हरगौरी गीत** (१०) **वन्दना गीत** (११) **ऋतु गीत** और (१२) **सामान्य गीत**। किन्तु जब इन १२ उपखण्डों में उनके गीतों को व्यवस्थित कर चुका तो यह देखकर आश्चर्य ही हुआ कि जिस विद्यापति को कविगुरु रवीन्द्रनाथ ठाकुर संयोग सुख और भोग का कवि कहते हैं, उन्होंने सबसे अधिक विरह के पद ही रचे हैं। अभिसार स्थल पर असफल विप्रलब्धा के मर्मान्तिक विरह को यदि छोड़ भी दें, खण्डिता और उपेक्षिता के प्रसंगों को भी यदि त्याग दें तो भी केवल विप्रलम्भ श्रृंगार के स्पष्ट तीन भेदों (पूर्वराग, मान और प्रवास) के ही लगभग ४०० गीत उन्होंने लिखे हैं जो उनकी समस्त गीत रचना का लगभग आधा भाग है। अतः अपनी क्रम संयोजना में मैंने उलट फेर कर विप्रलम्भ श्रृंगार के इन त्रिविध पक्षों के गीतों को प्रमुखता देते हुए इन्हें पहले रख दिया। जिसके कारण पूर्व निर्धारित क्रम में किञ्चित् अन्तर आ गया। अब जो इसका प्रकाशित रूप आप सबकी सेवा में सविनय निवेदित कर रहा हूँ उसके प्रमुख विभागों के अतिरिक्त प्रत्येक विभाग की विविध भाव-तरङ्गों का भी यदि संकेत दूँ तो यह क्रम योजना निम्नलिखित प्रकार है :—

(१) **विरह गीत** गीत संख्या १ से ३९३ तक, **नायिका पूर्वराग** १ से ३०, **नायिका मान** ३१ से ७६ जिसमें प्रिय के पास ले जाने के लिए सखी या दूती के प्रयास, प्रिय द्वारा

स्वयं मान मोचन की चेष्टा, कृष्ण का प्रतिकूल व्यवहार (४२, ४५) प्रिय की निष्ठुरता समझकर मानिनी होना; कभी मान करके मिलन सुख गँवा बैठने का पश्चात्ताप भी मुखर है। **प्रवाह विरह** ७७ से ३११ जिसमें राधा-कृष्ण शिव-पार्वती, सामान्य नायक-नायिका, परकीया इत्यादि के सभी गीत व्यवस्थित हैं। इसकी प्रमुख विविध भाव तरंगे हैं स्वयं दुःख निवेदन १८६, १८७, १९०, २५०, २८० और २८५ आदि; सखी या दूती द्वारा विरहिणी की दारुण दशा का बखान ८६, १४४, १५९ १६०, १७२, १७३, १७९, १८०, १८२, १८५, १९७, २४२, २४३, २६७ और २८४ आदि; स्वप्न में मिलन का आनन्द किन्तु फिर विषाद ८७, २००, २११, २९०, २९१ प्रवासी की गृहिणी का पथिक को रोकने की चेष्टा का परकीया-भाव ९०, ९७, १०२, २९५, २९६, २९७, परदेशी पथिक का भी प्रस्ताव २९८, प्रवासोद्यत पति को रोकने की चेष्टा ९३, १८८, २१२, २५१ प्रिय के पास सखी को करुण दशा सुनाने के लिए भेजना ९६, ९८, १६९, १७०, २३० प्रिय के प्रवासी होने के लिए स्वयं को ही दोषी ठहराना १८९, २१५, मन्दनायक का साथ होने का क्लेश १०७, १११, १२८, २१६, २१८ प्रिय के प्रत्यावर्त्तन की आशा खो बैठना १२९, १६२, १९९ निष्ठुर प्रिय से मेल कराने के लिए दूती को कोसना १३१, १९५ प्रिय द्वारा वचन भङ्ग १३७, १६५ दूती का दिलासा देना १३८, २०४ भ्रमर-भ्रमरी ब्याज से, भ्रमर का कमलिनि में बन्द हो जाना और भ्रमरी का जगत भर खोजते फिरना १४०; प्रवासी शिव के विरह में दुखी गौरी १४१, २०७, २४८, २७५, महाभाव की दशा में उभय पक्षी विरहानुभूति १५१ विरहिणी की शिववेश से तुलना १६७, प्रिय विहीन वसन्त १७४ पावस १६७, प्रिय के आने पर प्राप्य सुखों की चर्चा १८१ भ्रमर से सन्देश भेजना १९८, २२८ दूती द्वारा अन्य नायक से प्रेम प्रस्तावित करने पर दूती की भर्त्सना २१० मूर्छा २३९ दसवी दशा २२३ प्रिय की मिलन क्षणों में की गई प्रशंसा का अनुस्मरण और दैन्यानुभूति २३६ रहस्यात्मक २४९, २४९, विरह की अन्तिम दशा में पहुँची राधा से ऊधव के न मिलने की सीख २६० बिरह बारहमासा २८८। **नायक विरह** ३१२ से ३९३ तक **पूर्वराग** सखी या दूती द्वारा सूचित ३१२ से ३१८, ३२३, ३४६ और ३४८, नायक द्वारा स्वयं अभिव्यक्त ३१८, ३१९, ३२५, ३२८, ३१०, ३३१, ३३४, ३३५, ३३७, ३४१, ३४५ और ३५० नायक से ही उसके पूर्वराग पर सखी-दूती द्वारा प्रकाश ३२०, ३२१, ३२८ चोरी-चोरी प्रेम करने के लिए दूती का नायिका से प्रस्ताव ३२६ कृष्ण के आकर्षित होने पर नायिका की प्रशंसा ३२९, ३४२, ३४४, नायक द्वारा नायिका से निवेदन ३३९, ३५१, ३५४, **मान** मानिनी नायिका से नायक की विकलता का निवेदन सखी या दूती द्वारा ३५३, ३५७, ३६६, ३६७, ३६८, ३७०, ३७३, ३७५, ३७९, ३८०, ३८१ और ३८५। नायक की आरंभिक प्रीति पर रोष न कर उससे लाभ उठाने की शिक्षा ३५५, ३५६, ३६०, ३६५ नायक द्वारा व्यथा प्रकाश और मान मोचन की चेष्टा – ३५४, ३६१, ३६२, ३६३, ३७१, ३७२, ३८२, ३८४ और ३८६ नायक मान से नायिका दैन्य ३५८ हृदयहीन नायक से मिलाने पर दूती की भर्त्सना ३५९, ३७६, ३८३ नायक-नायिका दोनों के मान करने की नासमझी पर दूती की खिन्नता ३६४ मानिनी को मनाने की चतुरतापूर्ण शपथ ३६९ मनाने के लिए कृष्ण को ही भेजना ३७४ केतकी और भ्रमर के ब्याज से ३७५ मानो नायक को छोड़

अन्य के पास जाने के दूती के प्रस्ताव पर परपुरुष प्रीति की नायिका द्वारा निन्दा ३७७ अभिसार स्थल पर नायिका के न पहुँचने पर नायक की विकलता का दूती द्वारा प्रकाशन ३७७। **प्रवास**—स्वयं प्रवासी होने पर नायिका की स्मृति जगने से विरहानुभूति ३८७, ३८८, ३९२, उर्वशी के बिछुड़ने से विरह-कातर पुरुरवा ३०६ सखी-दूती द्वारा विरही प्रवासी की वेदना का वर्णन ३८९, ३९०, ३९१। परदेशी व्यक्ति द्वारा परकीया को आकर्षित करने की चेष्टा ३९३।

(२) **संयोग-गीत**, गीत संख्या ३९४ से ४१५ तक। विविध भावतरङ्ग आगमन की आशा और नायिका की विविध कल्पनाएँ ३९४, ३९५, ३९७, ३९८, ३९९ स्वप्न में प्रिय समागम ३९६ **आगमन** पर नायिका के भावोद्गार ४०१, ४०३, ४०४ से ४०९ मथुरा से लौटे कृष्ण विरह विदग्धा राधा का पर्यवेक्षण करते हुए तथा पुनः न बिछुड़ने की शपथ लेते हुए फिर भी दुःखिनी राधा को विश्वास नहीं होता ४०२ कृष्ण के आगमन पर उत्साहित होने की शिक्षा ४१० राम का लौट कर दर्शन देना ४११ कृष्ण के आने पर राधा का हर्षोल्लास ४१२, ४१३, ४१४ कृष्ण से मन में रोष न रखने की प्रार्थना ४१५।

(३) **रूप······अपरूप** गीत संख्या ४१६ से ४६१ तक। सखी-दूती द्वारा उद्‌भिन्न यौवना के रूप के प्रति कृष्ण-नायक को आकर्षित करना ४१६, ४१७, ४२१, ४२७, ४२९, ४३६, ४४५ नायिका की रूप राशि निहार कर नायक की अभिव्यक्ति ४१८, ४२०, ४२२, ४२३, ४३३; ४३४, ४३५, ४३९, ४४१, ४४२, ४४३, ४४६, ४४८, ४४९, ४५० दृष्टिकूटात्मक ४१९, ४५५, ४५७, ४५८, ४५९, ४६० लुब्ध नायक से अपनी रूप सर्जना पर नायिका की अभिव्यक्ति ४२४ मानिनी की रूप राशि का कृष्ण से बखान ४२५ मानकर रूप मलिन न करने की शिक्षा ४२६ वयः सन्धि ४२८, ४३०, ४३२, ४३७, ४३८, ४४७, ४५२ राधा की अपार रूप राशि ४३१, ४५१ रूप का बखान करने की असमर्थता पर खिन्नता ४४० अलंकृत कर स्वाभाविक रूप को न बिगाड़ने की शिक्षा ४४४ कृष्ण का अपरूप रूप ४६१।

(४) **अभिसार** गीत संख्या ४६२ से ५७४। विविध भाव-तरङ्ग—सखी-दूती द्वारा कृष्ण-नायक से अभिसार के लिए राधा को प्रेरित करना ४६२, ४६३, ४६४, ४६९, ४७० ४७३, ४७४, ४७५, ४७६, ४७७, ४८०, ४८१, ४८५, ४८६ अभिसार के चक्कर में न पड़ने की हिदायत ४६५ दिवस अभिसार के लिए प्रोत्साहन ४६६, ४७९ अभिसारिका की रूपसज्जा और प्रिय को लुब्ध किए रखने की सीख ४६७, ४७२ स्वयं अभिसार की गुणावत्ता ४६८, ४७८, ४८४ अभिसार स्थल पर न पहुँचने पर नायिका की भर्त्सना ४७१, ४८२ चन्द्रवन्दना नायिका के लिए शुक्लाभिसार ४८३ नवेली सभीत नायिका के पास कृष्ण-नायक को ही जाने के लिए प्रेरित करना ४८७, ४९० वासकसज्जा ४८८ दृष्टिकूटात्मक एवं संकेतात्मक ४८९, ४९३, ४९६, ५०४, ५०६ सांघातिक स्थिति लाँघकर आई अभिसारिका का मनोरथ पूर्ण करने के लिए सखी का अनुरोध ४९१, '४९२, ५१२ अभिसार प्रमाण में चन्द्रमादि प्राकृतिक उपादानों की विघ्न-बाधा ४९४, ४९५, ४९७ अभिसारार्थ प्रयाण हेतु शृंगार रता से सखी की जिज्ञासा ४९८, ५०० घर-पुरजन जागरण का भय ४९९ प्राकृतिक

प्रकोपों को देखते हुए कोमल कामिनी के अभिसारार्थ प्रयाण पर नायक की चिन्ता ५०१, ५०२, अभिसारार्थ प्रस्तुत नायिका का विभिन्न विघ्न-बाधाओं को देखते हुए मनोद्वेग ५०३, ५०८, ५१०, ५१७, ५१८ हर स्थिति में अभिसार्थ जाने की प्रतिज्ञा ५१४, ५१५ समस्त विघ्नों को रौंद कर आई साहसिक अभिसारिणी की सराहना ५०५, ५०७, ५०९, ५११, ५१६, ५१९ **विप्रलब्धा**—अभिसारिणी राधा से न मिलने पर कृष्ण की भर्त्सना ५२०, ५२६, ५२७ दूती के निर्देश पर आई अभिसारिणी को प्रिय का न मिल पाना ५२१ अपना पति छोड़ दूती के कहने पर अभिसार किया किन्तु असफलता ही हाथ रही ५२५ प्रिय के न मिल पाने पर मनोव्यथा-प्रकाश ५२२, ५२८ अपने कर्मों का दोष ५२९ परकीया से अभिसार स्थल पर माधव का अनुकूल उचित व्यवहार नहीं अतः उलाहना और भर्त्सना ५२३, ५३२, ५३७, ५३८ नायिका रात भर जगती बाट जोहती रह गई ५२४ दूती की चालबाजी से दोनों के अभिमत पूर्ण नहीं हो सके ५३१ मनोरथ पूर्ण करने की दूती की प्रार्थना ५३३ अविवेकी नायक सम्मान न दे सका ५३४ समस्त बाधाओं को पार कर आई अभिसारिका का भी क्या दुर्भाग्य हो शेष रहेगा ५३५, ५३६, नायक के उचित व्यवहार न करने पर नायिका का अनुताप और स्वदुःख वर्णन ५४० से ५४७ पुरुष वेश में प्रस्तुत अभिसारिका ५४८ सफल अभिसार का आह्लाद ५४९ परकीया नायिका को समय बीतने पर भी न छोड़ने पर माधव से छोड़ देने के लिए दूती की प्रार्थना ५५०, ५५३ से ५५५, ५५७ से ५६० समय रहते छोड़ देने के लिए अभिसारिका की प्रार्थना ५५१, ५५६, ५६१ अत्यन्त वारी-वयस की अभिसारिका से भ्रमर-फूल की भाँति संयोग की शिक्षा ५५२ प्रथम अभिसार में अत्यन्त मुग्ध न हो जाने और चातुरी दिखाने की अभिसारिका को शिक्षा ५६२ से ५६८ प्रथम रतिरंग में अधिक आतुरता न दिखाएँ, सँभालकर केलि करें, का नायक को उपदेश ५६८ से ५७२ केलिपूर्ण होने पर भी अभिसार स्थल से विलग होने का दुःख ५७४।

(५) **मिलनोल्लास** गीत संख्या ५७५ से ६६९ तक। नायक की मिलन-प्रसंग की आतुरता का नायिका द्वारा सखी से वर्णन ५७५, ५८२, ५८५, ५९०, ६२८ नायक की केलिक्रीड़ा का नायिका द्वारा स्मरण ५७६, ५८१, ५८४, ५८७, ५८८, ५८९, ५९५, ५९६, ५९९, ६०० से ६०४, ६२४, ६२५, ६२६, ६३०, ६३१, ६३३, ६३९, ६५४, ६५५ परकीया परदेशी को पास रखने के लिए ननद से परदेशी के आदर आतिथ्य का बहाना बनाती है ५७७, नायिका द्वारा दिवसाभिसार के मिलनोल्लास का वर्णन ५७८ परकीय नायक से अभिसार पर पड़ोसियों की टीका टिप्पणी का भय ५८० केलिक्रीड़ा के क्षणो में नायक से नायिका की चतुरता पूर्ण उक्ति ५७९, ६१२, ६१४, ६१५, ६१६, ६१८, ६२०, ६३४, ६३६, ६४२, ६५१, ६५२, ६५३, ६६०, ६६१ बहाना बनाती नायिका के मिलनोल्लास को भी सखी पहचान जाती है ५८३, ५८६, ६०६, ६२१, ६४१, वसन्त ऋतु में कृष्ण गोपियों की केलिक्रीड़ा ५९१, ५९३, ६०७, ६०८, ६०९, ६४९, ६५० शिव पार्वती का फाग खेलना ५९२ सखी द्वारा नायक-नायिका मिलन प्रसङ्ग का बखान ५९४, ५९७, ५९८, ६०५, ६१०, ६११, ६१३, ६१७, ६१९, ६२२, ६२३, ६३२, ६३५, ६३८, ६४५, ६४६, ६४८, ६५७, ६५८, ६५९, सखी द्वारा मिलन वेला पर उचित व्यवहार करने की कृष्ण को शिक्षा ६२७

राधा कृष्ण का प्रतीकात्मक विवाह ६२९ नायिका को मिलन रीति की शिक्षा ६३७ मिलन पर नायिका से नायक का निवेदन ६४०, ६५६ राधा का अपने अपरूप सौन्दर्य से कृष्ण को खरीदना ६४४ अपनी प्रिया छोड़ पर नारी लिप्त नायक की भर्त्सना ६४७ विपरीत रति वर्णन ६६२ से ६६९ तक (६) **अल्पवयस्का** ६७० से ६८५ तक। विदग्ध नायक और अबोध नायिका की रति में नायिका की कठिनाई का सखी-दूती द्वारा वर्णन ६७०, ६७१, ६७३, ६७९, ६८१, ६८५ विदग्ध नायक के पास न ले जाने की नायिका की प्रार्थना ६७१, ६७२, ६७३ नायक से हठ न करने और प्राण रक्षा की प्रार्थना ६८०, ६८५ बाला रमणी रमण में अतृप्त पर खेद प्रकाश ६७६ सखी द्वारा माधव से अबोध नायिका पर रोष न करने की प्रार्थना ६७७, ६८४ सखी द्वारा नायक से अधिक हड़बड़ी न करने का आग्रह ६७८ विदग्ध नायक की केलिक्रीड़ा का वारि वयसी नायिका द्वारा स्मरण ६८३। **अबोध प्रभु** ६८६ से ६९५। अबोध नायक मिलाने पर सखी-दूती को प्रताड़ना ६८६ अबोध नायक के समुचित व्यवहार न कर पाने पर दुःख प्रकाश ६८७, ६८८, ६९१, ६९२, ६९४, ६९५ हर संभव चेष्टा करने पर भी अबोध नायक कुछ न कर पाया ६८९ अन्य के प्रति आसक्त होने पर नायिका द्वारा मुरारी (कृष्ण) की भर्त्सना ६९० अबोध नायक का अपमान ६९३।

(७) **उपेक्षिता** गीत संख्या ६९६ से ७४३ तक। विविध भावतरङ्ग—सखी के कहने से प्रभु के प्रति आसक्ति हुई पर परिणाम जानबूझ कर कुएँ में गिरने सदृश ही हुआ ६९६, ७२२, ७२७, ७२८, ७४१ कृष्ण के व्यवहार से खिन्न होने पर भी उन्हें मना लाने का अनुरोध ६९७ माधव से उनके उपेक्षा भाव पर व्यथा निवेदन और उत्तम-अधम का विचार कर व्यवहार करने की प्रार्थना ६९८, ६९९, ७०१, ७०३, ७०४, ७०५, ७११ नायक के उपेक्षाभाव और सखी की छलना से दुखी नायिका ७०२, ७०६, ७०७, ७१८ अन्य रमणी संयोग के लक्षण देख माधव से खण्डिता नायिका की कातरोक्ति ७०८ विलग होने को उद्यत नायक से अपना मरण ध्रुव जताने वाली दुःखिनी ७०९ सखी से नायक के उपेक्षा भाव के दुःख का वर्णन ७१०, ७१६, ७२७, ७२८, ७३०, ७३४, ७३७ नायक से ही उसकी उपेक्षा से उत्पन्न दुःख का निवेदन ७१५, ७२४, ७२५, ७३१, ७३२ अभिसारार्थ आई नायिका से उपेक्षा बरतने पर सखी की नायक से प्रार्थना ७१२, ७१३, ७१४, ७१९ सखी द्वारा नायिका की एकनिष्ठता बखान कर उसके साथ सदय व्यवहार करने की नायक से प्रार्थना ७१७, ७२०, ७२१, ७२३, ७२९, ७३६, ७४३ उपेक्षिता को सखी द्वारा प्रबोध और अनुराग बनाए रखने का उपदेश ७२६, ७३३, ७३४ हर तरह से उपेक्षित होकर भी नायक की मङ्गल कामना ७३५ नायिका की कौशल हीनता से ही कृष्ण अभिसारस्थल से पराङ्मुख हो चले गए अतः नायिका को ही दोषी ठहराना ७४२।

उपेक्षित नायक के प्रति नायिका को उदार होने की सलाह ७४४, ७४७ रति अवसर पर नायिका के असहयोग से दुःखी ७४६, ७४८ सास को बाधा से रति संभव न हो सकी ७५०, ७५१ अत्यधिक अल्पवय की नायिका के कारण अतृप्त रह जाना ७५२ नायक को तिरस्कृत करने वाली नायिका को शिक्षा ७५३, नायक की कामार्त्त चेष्टा से जान बचाकर

भाग आई नायिका ७५४ सूर्य उदय हो जाने से रति बाधा ७५५ अभिसार से लौटी नायिका पर चिह्नों का अभाव देख सखी समझती है कि इसने नायक को उपेक्षित कर दिया ७५६ ।

(८) **मिलन-गोपन** गीत संख्या ७५७ में ७६५ । शरीर पर पड़े रति चिह्नों को अन्य कारणों से हुआ बताकर ननद से प्रिय मिलन को छिपाना ७५७, ७६१, ७६२ सखी से प्रिय मिलन छिपाने की चेष्टा किन्तु रतिचिह्नों से सखी संयोग दशा समझ जाती है ७५८, ७५९, ७६०, ७६३ नायक पर पड़े रति चिह्नों देख नायिका की उद्विग्नता ७६५, ७६६ नायिका पर पड़े रति चिह्नों को नायक के द्वारा हुआ बताने पर नायक की नायिका को अबोधता वश अन्य कारण से चिह्न हुए बताकर अपना क्रिया कलाप छिपाने की चेष्टा ७६४ ।

(९) **हरगौरी गीत** गीत संख्या ७६७ से ७९३ तक । विविध भाव-तरङ्ग—विवाह प्रसङ्ग, कुल गोत्रहीन शिव से गौरी का विवाह किसने रचाया ७६७ हिमगिरि ने कैसा बौराहवर ढूँढ़ा ७६८ गौरी शिव से भिक्षावृत्ति त्याग कर खेती करने को कहती हैं क्योंकि ब्रह्मा शिव के समक्ष वे आदर नहीं पाते ७६९ हीन वित्त गृहस्थी पर गौरी की चिन्ता ७७० मैना द्वारा शिव जैसे बौराह वर ढूँढ़ने पर विलाप और प्रतिरोध ७७१, ७७२, ७७४, ७८५, ७९०, ७९३ विवाह मंडप में शिव के असाधारण क्रियाकलाप पर पुर-परिजनों की हँसी ७७३, ७७५, ७७९, ७८७, ७८८, ७९१ गौरी द्वारा शिव से नृत्य करने का आग्रह, नृत्य बाधा और शिवनृत्य ७७६ अपने बाल-बच्चों की चिन्ता छोड़ औरों को संपत्ति बाँटने की शिव की प्रवृत्ति ७७७ सखियों द्वारा गौरी योग्य वर न मिलने पर चिन्ता ७७८ मण्डप में शिव का मङ्गल रूप देख सभी परितृप्त ७८० शिव द्वारा गौरी, गणेश और कार्त्तिकेय के वाहनों से होनेवाली अपनी परेशानी का बखान ७८१ वृद्ध होकर भी बैल पर चढ़ उसे दौड़ाने पर शिव को गौरी की डाँट-फटकार ७८२ शिव की खिन्नता, माँग-माँग कर लाते हैं और गणेश जैसे लंबोदर बैठे खाते हैं ७८३ गृहस्थी की हीन दशा से कुमार का विवाह भी न हो पाने से गौरी माता की चिन्ता ७८४ व्याहकर कन्या को लिवा ले जाने की शाश्वत दुःख गाथा ७८६ नन्दी जैसे पाहुन का स्वागत ७८९ गौरी के नैहर जाने के प्रसङ्ग में नवरात्र विधान ७९२ ।

(१०) **वन्दना गीत** गीत संख्या ७९४ से ८४४ तक । विविध भाव-तरङ्ग **शिव वन्दना** ७९४, ७९५, ७९९, ८००, ८०४, ८०५, ८०६, ८०७, ८०८, ८०९, ८११, ८१४, ८१८, ८१९, ८२०, ८२१, ८२२, ८२३, ८२४, ८२६, ८२७ पहुनाई प्रसङ्ग ७९६ योगी वेशधारी शिव का गौरी को जन्त्र-मन्त्र से वशीभूत कर लेना ७९७ आडम्बरपूर्ण वेश-भूषा के अभाव में ससुराल में शिव का अनादर, गौरी की खिन्नता ७९८ उन्मत्त शिव के लिए गौरी की चिन्ता ८०१, ८०२ अनहद रूप शिव ८०३, रावण द्वारा शिव की पश्चात्तापपूर्ण वन्दना ८१० मैना की शिव पर कटूक्ति ८१२ पार्वती को कटूक्ति ८१३ मण्डप में शिवलीला ८१५ गौरी द्वारा शिव पूजा ८१६, ८१७ गौरी की विचित्र गृहस्थी ८२५ । **माधव वन्दना** ८२७ से ८३३ तक **राम वन्दना** ८३४, ८३५, **दुर्गा वन्दना** ८३६ **भैरवी वन्दना** ८३७ **गंगा वन्दना** ८३८, ८३९, ८४०, ८४१ **विदिला देवी वन्दना** ७४२ **भवानी वन्दना** ८४३ **जानकी वन्दना** ८४४ ।

(११) ऋतु-गीत ८४५ से ८५७। वसन्त ८४५ से ८५५ शिशिर ८५६ सूखा ८५७।

(१२) सामान्य गीत संख्या ८५८ से ८९१। अनुराग ७५८ से ८७०, दूती आत्म निवेदन ८७१ से ८७३, गतयौवना का सन्ताप ८७४ कटु अनुभव ८७५ एक रस पुरुष महत्त्व नहीं समझ पाता ८७६ रतिरंग रँगिणी ८७७ प्रीति-रीति शिक्षा ८७८ सरस संभाषण ८७९-८८०, अनमेल विवाह ८८१ लज्जावती ८८२ रस-संवाद ८८३-८८५, शृंगार मण्डिता ८८६ चिन्ता ८८७ शेष कथन ८८८-८८९, युद्ध वर्णन २९० राज्यारोहण ८९१।

१०.

इसप्रकार अपने इस वर्गीकरण में ही मैंने स्पष्ट कर दिया है कि विषय-वस्तु की दृष्टि से एक से मिलते-जुलते भावों के पद भी कुछ छिटके हुए हैं जिन्हें उपर्युक्त सरणि से देखा-परखा जा सकता है। वस्तुतः बात यह है कि मैंने विषय वस्तु के साथ-साथ पाण्डुलिपि के क्रम को भी बनाये रखने की चेष्टा की है, जैसे यदि नायिका के प्रवास-विरह के पदों को ही एकत्र करना हुआ तो मैंने आरम्भ में सर्वाधिक प्राचीन पाण्डुलिपि नेपाल-दरबार-पदावली के पदों को एकत्र रखा है, उसके बाद चूँकि बाङ्ला वाङ्मय की पदावलियाँ प्रकाश में आई थीं अतः उनके प्राचीनता-क्रम के अनुसार क्रमशः क्षणदागीत चिन्तामणि, पदामृत समुद्र, पदकल्पतरु, कीर्त्तनानन्द, संकीर्त्तनामृत, पदरत्नावली के प्रवास-विरह संबंधी गीतों को प्रकाशित किया है, फिर यह सोचकर कि बाङ्ला-वाङ्मय के पद एकत्र हो जाँय पं० बाबा जी की पोथी के ऐसे पदों तथा वाङ्ला वाङ्मय से संकलित अज्ञात स्रोतों के पदों को भी प्रकाशित कर दिया है। फिर प्राचीनता क्रम से हो रामभद्रपुर, रागतरङ्गिणी और तरौनी की मिथिला-मण्डल की पदावलियों के ऐसे पदों को प्रकाशित किया है। तरौनी पदावली चूँकि निरीक्षण-परीक्षण के लिए उपलब्ध नहीं है, अतः नगेन्द्र बाबू को आधार मानने के कारण उसे बाद में ही रखा है। लोककण्ठ से संकलित पदों में इसी प्राचीनता क्रम को बनाए रखने के लिए सर ग्रियर्सन के पदों के बाद ब्रजनन्दन सहाय, नगेन्द्र नाथ गुप्त, भोलानाथ झा आदि विद्वानों द्वारा संकलित पदों को प्रकाशित किया है। इसप्रकार के विषयान्तर होने पर सभी प्रकार के पदों को विषयवस्तु के साथ-साथ पाण्डुलिपि क्रम में भी लैठाने की चेष्टा में सामान्य रूप से तो एक विषय के पद एकत्र हो गए हैं किन्तु विशेष-विशेष विषय के कुछ पद छिटक भी गए हैं। फिर भी जैसा क्रम सर्वोत्तम सम्भव हो सका वह प्रस्तुत करने की चेष्टा मैंने की है। मेरा यह प्रयास कहाँ तक सफल और सार्थक है यह समझने की बुद्धि भी मेरे पास नहीं है; इसे तो सहृदय जन ही समझ सकेंगे।

हाँ, इसकी कमियों को कुछ अवश्य समझ पा रहा हूँ। जैसे नेपाल पदावली के अनेक पदों के नीचे परि० पद० के पाठ को ही स्वीकार करके मैंने अपने पाठ पुनरुक्ति के डर से अलग से नहीं दिए फिर भी उसका अभाव खटक सकता है। ब्र० न० सहाय के अनेक पदों के पाठों को निरर्थक समझ कर छोड़ दिया है फिर भी संपादन कर्म में यह उचित कार्य नहीं रहा। पं० बाबा जी की पोथी के पाठों को अप्रमाणिक समझते हुए भी, अप्रामाणिकता का ठोस आधार न पाने के कारण उन्हें ग्रहण कर लिया। इनके अतिरिक्त भी जैसा कि विवादास्पद-पदखण्ड में सूचित

कर आया हूँ अनेक विवादास्पद-पदों को भी ग्रहण कर लिया है। विरह-पदों की अधिक संख्या देख उन्हें ही आरम्भ में दे दिया है। बिना संयोग के ही वियोग को पहले ला दिया है जो भी खटकने वाली बात है; वैसे पूर्वराग के बाद विरह दिखाने के बाद संयोग की सार्थकता कुछ बढ़ी ही है इसे अवश्य मैं भीतर-भीतर स्वीकार करता हूँ किन्तु सभी ऐसा स्वीकार करेंगे यह मानने की धृष्टता क्यों करूँ ? संचयन की यदि भक्ति-भावापन्न दृष्टि से देखनेवाले गुणी जन मिलें तो मेरी व्यवस्था उन्हें और खटकेगी क्योंकि शैव-भावापन्न जनों के लिए शिव संबंधी सभी पद भक्ति के ही हैं। अतः उन्हें विवाह-प्रसंग, गृहस्थी प्रसंग और वन्दना के रूप में पृथक्-पृथक् व्यवस्थित करना ठीक नहीं। ऐसे ही वैष्णव-भावापन्न जनों के लिए माधव और माधव के परिवेश से संबंधित सभी पद भक्ति-परक ही हैं, यहाँ तक कि संयोग-वियोग की अन्तर्दशाएँ भी पृथक् करने के योग्य नहीं हैं। किन्तु जो सहृदय जन कुछ वैज्ञानिक दृष्टि के प्रति सहानुभूति रखेंगे वे मेरा प्रयास सस्नेह स्वीकार करेंगे। इसी भरोसे मैंने यह गुरुतर भार अपने निर्बल कन्धों पर उठाया है। अन्यथा अत्यन्त अविकसित बुद्धि लेकर इस महान गीत-कवि की गीत-विधा को समझने और व्यवस्थित करने की चेष्टा एक प्रकार की धृष्टता ही है। तथापि अपने इस प्रयास को सविनय प्रस्तुत करते हुए आशा करता हूँ—

छमिहहिँ सज्जन मोरि ढिँठाई ।

महेन्द्रनाथ दुबे

तुलसी घाट, अस्सी
वाराणसी

गीत-विद्यापति

[१]

मालवरागे—

नवहरितिलकवैरि[१] - सख यामिनि[२]
कामिनि[३] कोमल कान्ती[४]।
जमुना[५] - जनकतनयरिपु घरिणी[६]
सोदरसुअ[७] कर साती[८] ॥ ध्रु० ॥
माधव तुअ गुण[९] लुबुधलि रमणी[१०]।
अनुदिने[११] खिन[१२] तनु[१३] दनुजदमनधनि[१४]
भवनज[१५] वाहन गमनी ॥
दाहिन हरि तह पाब पराभव
एत सबे सह तुअ[१६] लागी।
बेरिएक सरु[१७] सागर गुनि खाइति
बधक होएब[१८] तोहे[१९] भागी ॥
सारङ्ग साद विषाद[२०] बढ़ाबए[२१]
पिकधुनि सुनि पचताबे[२२]।
अदितितनयभोअण[२३] रुचि सुन्दर[२४]
दसमि[२५] दशा लग आबे ॥
भनइ विद्यापतीत्यादि ॥

ने० पृ० ११(क) प० २६, पं ४

पाठभेद—

न० गु०—(पद-सं० प्र० ४)—१ बैरी २ यामिनी ३ कामिनी ४ काँति ५ यमुना ६ घरणी ७ सुय ८ शाति १२ खीन १४ धनी १६ तुय १७ शर १८ होयब १९ तोहें २१ बढ़ाबय २२ पछताबे २३ भोअन २५ दशमी

अन्त में भणिता—

विद्यापति मन गुनि अबला जन
समुचित चलु निअ गेहा।
राजा शिवसिंह रूपनरायन
लखिमा लखिमी देहा ॥

मि० म०—(पद-सं० ५७४)—१ वैरी २ यामिनी ३ कामिनी ४ कान्ति ६ घरनी ८ साति १२ खीन १४ धनी १५ भवनुहु १७ सर १८ होयब १९ तोहें २० विसाद २१ बढ़ाबय २२ पछताबे २३ भोअन २५ दशमी

परि० पद०—(पद-सं० २६)—२ जामिनि ४ काँति ६ घरिनी ८ साति ९-१० माधव तुअ गुने लुबुधलि रमनी ११ अनुदिन १३ तनि १८ सर १९ तोहे २२ पछताबे २३ भोअन २४ सुन्दरि २५ दसमि दसा

शब्दार्थ—नव = नवीन। हरि = चन्द्रमा। नवहरि = द्वितीया का चन्द्रमा। नवहरितिलक = महादेव। नवहरितिलकवैरि = कामदेव। नवहरितिलकवैरि-सख = वसन्त। कान्ती = कान्ति-शोभा। जमुनाजनक = यमुना के पिता, सूर्य। तनय = पुत्र। जमुनाजनकतनय = कर्ण। जमुना-जनकतनयरिपु = अर्जुन। जमुना-जनकतनयरिपु-घरिणी = सुभद्रा। जमुना-जनकतनयरिपुघरिणीसोदर = कृष्ण-सुत = प्रद्युम्न (कामदेव)। साती = शास्तिदण्ड। दनुज = दैत्य। दनुजदमन = विष्णु। दनुजदमनधनि = लक्ष्मी-भवन = कमल-भवनज = ब्रह्मा-बाहन = हंस। गमनी = चलनेवाली। दाहिन हरि = दक्षिण पवन। तह = से। पाव = पाती है। एत = इतना। बेरिएक = कदाचित्। सरु = पाँच। सागर = चार। गुनि = गुणा करके। सरुसागरगुनि = बीस, विष। सारङ्ग = भ्रमर। साद = शब्द। सारङ्ग-साद = भ्रमर-गुञ्जन। पचताबे = पश्चाताप करती है, पछताती है। अदितितनय = देवता-भोअण = अमृत। रुचि = कान्ति। दसमि दसा = मृत्यु।

[२]

धनछीरागे—

दरसने[१] लोचन दीघर धाव
दिनमणि[२] तेजि कमल जनि जाव।
कुमुदिनि[३] चान्द मिलल[४] सहवास
कपटे[५] नुकाबिअ मदन विकाश[६] ॥ ध्रु० ॥
साजनि[७] माधव देखल आज
महिमा छाडि[८] पलाएल लाज।
नीवी ससरि भूमि पलि[९] गेलि
देह नुकाबिअ देहक सेरि[१०] ॥
अपनेञ[११] हृदय[१२] बुझाबए आन[१३]
एकसर सब दिस देखिअ[१४] कान्ह ॥
भनइ विद्यापतीत्यादि ॥

ने० पृ० २६, प० ७२, पं० ३

पाठभेद—

न० गु० (पद-सं० ५६६)—१ दरशने २ दिनमनि ४ मिलन ७ सजनि ८ छाड़ि ९ पड़ि १० सेलि ११ अपने १४ देखिय

मि० म०—(पद-सं० २४०)—२ दिनमनि ३ कुमुदिनि ४ मिलन ६ विकास ११ अपनेजे

झा (पद-सं० ६६)—११ अपनेओ

परि० पद०—(पद-सं० ६७)—२ दिनमनि ५ कपटें ६ विकास ८ छाड़ि पलाएल ९ पळि ११ अपनेओ १२ हृदअ १३ आन

शब्दार्थ—दीघर=दीर्घ। धाव=दौड़ता है। दिनमणि=सूर्य। मिलल=मिला हुआ। सहवास=एक संग रहना। नुकाबिअ=(लुकाना) छिपाती है। पलाएल=पलायन कर गई। ससरि=खिसककर। पलि गेल=पड़ गई। सेरि=आश्रय। आन=दूसरा। एकसर=अकेला। देखिय=देखे जाते हैं,।

[३]

धनछीरागे—

लुबुधल[१] नयन निरळि[२] रहु ठाम
भरमहु कबहु लेब नहि नाम।
अपने अपन करब अवधान
जओ परचारिअ तओ पर जान॥ ध्रु०॥
एरे नागरि मन दए सून
जे रस जान[३] तकर[४] बड[५] पून।
जइअओ हृदय रह मिलिए समाज
अधिकेओ रहब[६] (अ)अुधि[७] भए[८] लाज[९]॥
कठे घटी अनुगत केम[१०]।
नागर लखत हृदयगत[११] पेम[१२]॥
भनइ विद्यापतीत्यादि॥
ने० पृ० ४८ (क), १३६, पं० ५

पाठभेद—

रा० पु०—(पद-सं० २८, इसमें आरम्भ से यह पद खंडित है। 'सेओ रहब अजुधि भए लाजे' से आरम्भ है।) ७ अजुधि ९ लाजें १० कान्ह घाटी अनुगत जल जेम ११ हृदअगत

अन्त में निम्नलिखित भणिता—

विद्यापति भन सुन बरनारि।
कते रङ्गे रसे सुरङ्ग मुरारि॥
रूपनराअन एह रस जान।
राए सिवसिंह लखिमा दे रमान॥

मि० म० (पद-सं० २४३)—१ लुबधल २ निरलि ३ जानत ४ करब ५ ऊ ६-७-८ बहबअ बिभए १२ प्रेम

झा (पद-सं० १२५)—६-७ रह रजुधि

परिषद पदावली (प० सं० १२६) का पाठ—

लुबुधल नअन निरखि रहु ठाम।
भरमहुँ कबहुँ लेब नहि नाम॥
अपने अपन करब अवधान।
जओ परचारिअ तओ पर जान॥ ध्रु०॥
एरे नागरि! मन दए सून।
जे रस जान तकर बड पून॥
जइअओ हृदअ रह मिलिए समाज।
अधिकेओ रहब अनुधि भए लाज॥
काच घटी अनुगत जल जेम।
नागर लखत हृदअगत पेम॥
विद्यापति भन सुन वरनारि।
कते रङ्गे-रसेँ सुरङ्ग मुरारि॥
रूपनराजेन एहु रस जान।
सिवसिंह लखिमा देइ रमान॥

शब्दार्थ—निरखि=फैलकर। भरमहु=भ्रम से भी। समाज=सङ्ग साथ। (अ)नुधि=औंधी होकर। घटी=घड़ा। जेम=जैसा। अनुगत=अनुगमन करनेवाला। लखत=लक्ष करते, देखते हुए। पेम=प्रेम। सुरङ्ग=रङ्ग से भली-भाँति रँगे हुए।

[४]

मलारीरागे—

नागर हो से[१] हेरितहि जान
चौसठि[२] कलाक[३] जाहि गेआन।
सरुप[४] निरूपिअ कए अनुबन्ध
काठेओ रस दे नाना बन्ध॥ ध्रु०॥
केओ बोल माधव केओ बोल कान्ह
मञे[५] अनुमापल निछछ पखान।
वर्ष द्वादस[६] तुअ अनुराग
दूती[७] तह तकरा मन जाग।

ने० पृ० ५४(क), प० १५२, पं० ४

पाठभेद—

न० गु० (पद-सं० ४३५)—२ चौसटि ४ सरूप ६ दादस
मि० म० (पद-सं० ४२०)—१ जे सइ २ चौसटि ४ सरूप ६ दादस
झा (पद-सं० १४०)—४ सरूप ७ दुती

परि० पद० (पद-संख्या १४१)--२ चउसठि ३ फलाकेरि ५ मोअ ६ दोआदस

शब्दार्थ—अनुबन्ध = सम्बन्ध। बन्ध = उपाय। अनुमापल = अनुमान किया। निछछ = निछक्का। पखान = पाषाण। देखतहि = देखते ही। गेआन = ज्ञान। सरुप = सत्य। निरूपिअ = निरुपण करते हैं। दूतीतह = दूती के द्वारा।

विशेष--नेपाल-पदावली में उपर्युक्त पद के साथ और भी पदांश संयुक्त है। रामभद्रपुर की पदावली में उक्त पदांश उपलब्ध नहीं है। केवल इतना पद ही है। इससे इनके दो भिन्न पद होने की संभावना है।

[५]

मलारीरागे—

कानन कोटि कुसुम[1] परिमल
भमर भोगए जान ।
सहस गोपी मधु मधुमुख
मधुप एके[2] पए[3] कान्ह ॥ ध्रु० ॥
चम्पक चीन्हि[4] भमर न भावए[5]
मो सञो कान्हक कोप ।
आन्तर कार गमार मधुकर
गमले[6] गोबिन्द गोप ॥
साजनि आबहु कान्ह बुझाओ ।
विरहि[7] वध बेआधि पचसर
जानि न जम जुडाओ ॥
कओन कुलबहु···बान[8] हो[9] अनङ्ग
जाबे से बालभु वाम[10] ।
भने विद्यापतीत्यादि ॥

ने० पृ० ५६ (क), प० १५६, पं० १

पाठभेद—

मि० म० (पद-सं० ५६०)--२-३ केपए ४ चिन्हि ६ गमने ८-९ बानहो १० धाम

झा (पद-सं० १४४)—५ आबए ८ बाल

परि० पद० (पद-संख्या १४६) १ कुसुमे ७ विरहिनि ८-९ = कओन कुल बहु पंचबान सह

शब्दार्थ—कानन=जंगल। कुसुम=फूल। परिमल=पराग। चीन्हि=चीन्हकर, पहचान कर। भावए=भाता, सुहाता। भमर=भ्रमर,। भोगए=भोगना। आन्तर=(अन्तर) भीतर। कार=काला। गमार=गँवार। गमले=परिचय होने पर। बेआधि=व्याधि। पचसर=(पंचसर) कामदेव। कुलबहु=कुलबधू। ·· बान=शब्द आदि से कटा है। पंक्ति देखते हुए लगता है कि सहन करने का अर्थ देने वाला कोई शब्द रहा होगा।

[६]

कोलाररागे—

प्रथमहि हृदय[१] बुझओलह मोहि
बडे[२] पुने[३] बडे[४] तपे[५] पौलिसि[६] तोहि।
काम कला रस दैव अधीन
मञे[७] बिकाएब तञे[८] वचनहु[९] कीन ॥ ध्रु० ॥
दूति[१०] दयावति कहहि बिशेषि[११]
पुनु बेरा[१२] एक कैसे [१३] होएत देषि[१४] ॥
दुर दूरे देषलि[१५] जाइते आज
मन छल मदने साहि देब काज ॥
ताहि लए गेल विधाता वाम
पलटलि डीठि[१६] सून भेल ठाम ॥
भनइ विद्यापतीत्यादि ॥

ने० पृ० ६७, प० १८८, पं० २

पाठभेद—

न० गु० (पद-सं० ७३)—२ बड़े ४ बड़े ६ पौलिस ११ विसेखि १३ कइसे १४ देखि १५ देखलि

मि० म० (पद-सं० २४७)—२ बड़े ११ विसेखि १३ कइसे १४ देखि १५ देखलि १६ दीठि

झा (पद-सं० ८७१)—१० दुति

परि० पद० (पद-संख्या १७३) १ हृदअ पुनेँ ५ तपेँ ७ मोञ ८ तोञ ९ वचनहुँ ११ बिसेखि १२ बेराँ १३ कइसे १४ देखि १५ देखिलि

शब्दार्थ—पौलिसि=पाया। कीन=खरीदो। बेरा एक=एक बार। साहि देब=सिद्ध कर देगा। डीठि=दृष्टि। ठाम=स्थान। बुझओलह=बुझाया, समझाया। बिशेषि=विशेष रूप से। जाइते=जाते हुए

[७]

कोलाररागे—

काहु दिस काहल कोकिल राबे
मातल मधुकर दहदिस[१] धाबे।
केओ नहि छुअए[२] धएल धन[३] आने
भमि भमि लुनए[४] मानिनि जन माने ॥ ध्रु० ॥
कि कहिबो अगे सखि अपनरि[५] भाला[६]
बिनु कारणे[७] मनमथे करु घाला[८]।
किसलय[९] सोभित नव नव चूते
ध्वजका धोरणि[१०] देषिअ[११] बहूते ॥
कसि कसि रङ्ग[१२] कुसुमसर लेइ[१३]
प्राण[१४] न हरए विरह पए देइ[१५]।
दाहिन पवन कओने[१६] धरु[१७] नामे
अनुभव पाए सेहओ भेल वामे ॥
मन्द समीर विरहि वध लागि[१८]
विकच पराग पजारए आगि[१९] ॥

भनइ विद्यापतीत्यादि ॥

ने० पृ० ७०, प० १६७, पं० ५

पाठभेद—

न० गु० (पद-सं० ७१८)—२ बुझए ३ निधन ४ लुटए ५ अपन ६ विभाला ७ कारने ८ धाला १० धजका धरल ११ देखिअ १२ गन १४ प्रान १६ कओने

मि० म० (पद-सं० ५०६)— ४ लुलए ७ कारन १० न धजका धोरलि १७ धर। शेष न० गु० के समान।

झा (पद-सं० १७६)—२ बुझए ५ अपन ६ विभाला ८ धाला

परि० पद० (पद-सं० १८१)—१ दहोदिस ३ धन आने ५ अपनेरि ७ कारने ९ किसलअ १० धोरनि ११ देखिअ १३ लेई १४ प्रान १५ देई १८ लागी १९ आगी

शब्दार्थ—काहु दिस=किसी ओर। काहल=वाद्य-विशेष; मुर्गा। राबे=बोलता है। मातल=मस्त। दह दिस=दसो दिसाओं में। छुअए=छूता है। लुनए=चुनता है, नाश करता है। अपनेरि=अपना। भाला=भाल, कपाल, तकदीर। मनमथे=कामदेव। घाला=प्रहार। किसलय=नव पल्लव। चूते=आम्र वृक्ष। ध्वजका=ध्वजाएँ। धोरणि=(धरणी) पृथ्वी पर। रंग=आनन्द। पाए=पाकर, पड़ने पर। सेहओ=वह भी। पजारए=प्रज्वलित करता है। वध लागि=वध के लिए। विकच=विस्तृत।

[८]

कोलाररागे—

सपनेहु न पुरले[१] मन के साधे।
नयने देषल[२] हरि एत अपराधे॥
बाङ्क[३] मनोभव मन जर आगी।
दुलभ लोभे[४] भेल परिभव[५] भागी[६]॥ ध्रु० ॥
चान्दवदनि[७] धनि चकोर नयनी।
विरह वेदने भेल चतुर रमनी[८]॥
कि मोरा[९] चान्दने[१०] की अरविन्दे।
नेह[११] बिसर जओ सूतिअ नीन्दे[१२]॥
अबुझ[१३] सखीजन न बुझए आधी।
आन औषध कर आन बेआधी[१४]॥
मदन[१५] बानके[१६] मन्दि बेबथा।
छाडि[१७] कलेवर मानस बेथा॥
चिन्ताऐ विकल हृदय नहि थीरे।
वद(न)[१८] निहारि नयन बह नीरे॥
भनइ विद्यापतीत्यादि॥

ने० पृ० ७३(क), प० २०३, पं० २

पाठभेद—

परिषद पदावली (प० सं० १८७) का पाठ—

सपनेहुँ न पुरले मनके साधे।
नअने देखल हरि एत अपराधे॥
वाङ्क मनोभव मन जर आगी।
दुलभ लोभे भेल परिभव भागी॥ ध्रु० ॥
चान्दवदनि धनि चकोरनअनी।
विरह वेदने भेलि चउगुन मलिनी॥

पाठभेद—

न० गु० (पद-सं० ७६)—१ पुरल २ मनक ३ देखल ४ मन्द ५ पेम ६ पराभव ७ लागी ८ चाँद बदनी ९ दिवसे मेलि चउगुन मलिनी १० करति ११ चाँदने १२ विरह १३ निन्दे १४ अबुध १६ मनसिज १७ मनके १८ छाड़ि १९ वदन

मि० म० (पद-सं० २४४)—८ चाँदबदना ९ दिवसे-मेलि चउगुन मलिनी १५ बेयाधि १७ मनक। शेष न० गु० के समान।

झा (पद-सं० ८५)—२ मन लोभे भेल परिभव भागी **एक**

परि० पद० (पद-संख्या १८७)—शेष अंश; १० कि करति १२ बिरह १३ निन्दे १९ बदन २० सपनेहुँ २१ नअने २२ आन अउषध कर आन बेआधी।

विशेष—ने० पा० में 'मन' और 'के' के मध्य में इसी गीत के चतुर्थ पद का कुछ अंश भ्रमवश लिखा हुआ है, जो कोष्ठक में रखा गया है। डॉ० झा ने उसे भी अपने पाठ में सम्मिलित कर लिया है।

शब्दार्थ—पुरले-पूर्ण हुई। साधे=अभिलाष। एत=इतना। बाङ्क=वक्र, बाँकी। परिभव= पराभव, अनादर। चान्दन=चन्दने से। अरविन्दे=कमल। नेह=स्नेह। बिसर=भूलती है। अबुझ= नहीं बूझनेवाली। आधी=(आधि) मन की व्यथा। मन्दि=खोटी। बेबथा=व्यवस्था। कलेवर=शरीर। बेथा=व्यथा।

[९]

कोलाररागे—

जातकि केतकि कुन्द सहार
गरुअ ताहेरि पुन जाहि निहार।
सब फुल परिमल सब मकरन्द
अनुभवे बिनु न बुझिअ भल मन्द ॥ ध्रु० ॥
तुअ सखि वचन अमिअ अवगाह
भमर बेआजे[1] बुझाओब[2] नाह।
एतबा विनति[3] अनाइति मोरि
निरस कुसुम नहि रहिअ अगोरि ॥
वैभव गेले भलाहु मति[4] भास
अपन[5] पराभव पर उपहास।
भनइ विद्यापतीत्यादि ॥

ने० पृ० ७६ (क), प० २११, पं० १

पाठभेद—

न० गु० (पद-सं० ४९७)—४ मंदि

मि० म० (पद-सं० ७५६)—२ बुझओब ४ मँदि ५ आपन

झा (पद-सं० १६१) ३ विनती

परि०पद० (पद-संख्या १६२) १ बेआजें

शब्दार्थ—सहार=सहकार, आम्रवृक्ष। गरुअ=गढ़, भारी या बड़ा। ताहेरि=उसका। पुन=पुण्य। परिमल=सुवास। मकरन्द=मधु। अवगाह=बोरा हुआ, निमज्जित। बेआजे=व्याज से। अनाइति=अनायत्त, अनिवारित। भास=भ्रष्ट हो जाती है। अगोरि=अगोरकर, रक्षा करते हुए।

[१०]

सारङ्गीरागे—

सामर सुन्दर ऐ[१] बाटे[२] आएल
तँ[३] मोरि लागलि आँखी[४]।
आरति आँचर साजि न भेले
सबे सखी जन साखी[५] ॥ ध्रु० ॥
कहहि मो सखि कहहि मो
कथा[६] ताहेरि वासा।
दूरहु दुगुण[७] एडि[८] मञे[९] आबओ[१०]
पुनु दरसन आसा ॥
कि मोरा जीवने कि मोरा जौवने[११]
कि मोरा चतुरपने[१२]।
मदन बाणे[१३] मुरुछलि अछओ
सहओ[१४] जीव अपने ॥
आध पदेयोधर[१५] ते[१६] मोर देखल
नागर जन समाजे।
कठिन हृदय[१७] भेदि न भेले
जाओ[१८] रसातल लाजे ॥
सुरपति पाए लोचन मागओ[१९]
गरुड[२०] मागओ[२१] पाखी[२२]।

नादेरि[२३] नन्दन मञ[२४] देषि[२५] आवञो[२६]

मन मनोरथ राखी ॥

भनइ विद्यापतीत्यादि ॥

ने० पृ० ७७ (क), प० २१५, पं० ५

पाठभेद—

न० गु० (पद-सं० ६२)—१ एँ ३ तें ६ कत तक अधिवास ७ दुगुन ८ एड़ि १३ बाने १५-१६ पदे यो धरइते मोए २० गरुड़ा २३ नन्देरि

मि० म० (पद-सं० २३८)—१ एँ २ बाट ३ ताँ ४ आँखि ५ साखि ७ दुगुन ८ एड़ि ९ मैं १० आवओं ११ जौबन १२ चतुरपाने १३ बाने १४ सहओं १५-१६ पदे यो धरइते १७ हिरदय १९ मागओं २० गरुड़ २१ मागओं २२ पाँखी २३ नन्देरि २४ मैं २५ देखि २६ आवओं

झा (पद-सं० १९५)—१५ पदे (प) योधर

परि० पद०—(प० सं० १६६)—२ बाटेँ ३ तेँ ४ आखी ६ कथाँ ७ दूगुन ९ मोञ १० आबञो ११ जउवने १३ बाने १५ पओधर १७ हृदअ १८ आञो २२ पाँखी २३ नन्देरि २४ मोञ २५ देखि

विशेष--पदेयोधर में 'दे' अधिक प्रतीत होता है।

शब्दार्थ--सामर सुन्दर=श्यामसुन्दर। ञे=इस। लागलि-लग गई। आरति=आर्ति-कष्टप्रद, जल्दबाजी। साजि=सम्हाल। साखी=गवाह। मो=मुझे। कथा=कहाँ। ताहेरि=उनका। एडि=चलकर। अछञो=हूँ। पदेयोधर=पयोधर, स्तन युगल। भेदि=फटना। सुरपति=इन्द्र, सहस्र लोचन। नादेरि नन्दन=नन्द के नन्दन=कृष्ण।

[११]

सारङ्गीरागे—

कुच कलश[१] लोटाइलि घन सामरि[२] वेणी।

कनय पर सुतलि जनि कारि सापिनी ॥ ध्रु० ॥

मदन सरे मुरुछलि चिरे चेतहि बाला ॥

लम्बित अलके बेढला[३] मुख[४] कमल सोभे।

राहु कि बाहु पसारला ससिमण्डल लोभे ॥

भनइ विद्यापतीत्यादि ॥

ने० पृ० ७९ (क), प० २२०, पं० ३

पाठभेद—

रा० त० (पृ० सं० ६०)—

नमित[१] अलकैं बेढ़ला मुख कमल सोभे[२]
राहुक[३] बाहु परसला[४] शशिमण्डल लोभे ॥
मदन सरें[५] मुरुछली[६] चिर चेत न बाला
देखलि से धनि हे बासि मालति[७] माला ॥
कलस कुच[८] लोटाइली घन सामरि बेनी
कनय पबय[९] सूतली जनि करि नागिनी[१०] ॥
भने[११] विद्यापति भाविनी[१२] थिर थाकन[१३] मने
राजाहुँ[१४] सिवसिंह[१५] रूपनराएन[१६] लखिमादेइ रमने ॥

परि० पद० (पद-सं० २०१)—१ अलकेँ ४ पसारला ७ बासि हे जनि मालति माला १० जनि सूतली कारी नागिनी ११ भनइ १२ भामिनी १३ थाक न १५ पाठाभाव १६ रूपनराअना

मि० म० (पद-सं० १६८ और ४६६)—१ कलस ३ बेढ़ला एवं रा०त० के समान

झा (पद-सं० २००)—२ सामर ४ सुख

म० गु० (पद-सं० ६९१, रा० त० से)—१ अलके २ शोभे ३ राहु कि ४ पसारला ५ शरे ६ मुरछली ७ निमालिनी ८ कुज ९ परय १० नगिनी ११ भनइ १२ भाविनि १३ थाक न १४-१५-१६ राजा रूपनरायण

शब्दार्थ—कुच=स्तन । घन=घनी । सामरि=साँवली । वेणी=चोटी । कनय=कनक । पबय=पर्वत । चिरे=चीर, वस्त्र को । अलके=केश से । बेढ़ला=वेष्ठित, घिरा हुआ । थाक=स्थिर ।

[१२]

कानू हेरब [१]छल मन बड़ साध ।
कानू हेरइत भेल अत[२] परमाद ॥
तवधरि अबुधि मुगुधि हम नारि ।
कि कहि कि सुनि[३] किछु बुझए न पारि ॥
साओन[४] - धन सम झरु[५] दुनयान ।
अविरत धस धस[६] करए परान ॥
की[७] लागि सजनी दरसन भेल[८] ॥
रभसे[९] अपन जिउ पर हथ देल[१०] ॥

ना जानू किए[११] करु मोहन-चोर[१२]।
हेरइत प्रान हरि लइ गेल[१३] मोर॥
अत सब आदर गेओ दरसाइ।
जत विसरिए तत विसर न जाइ[१४]॥
विद्यापति कह[१५] सुन वरनारि।
धैरज धर चित[१६] मिलब मुरारि॥

क्षणदागीतचिन्तामणि पृ० ८७; कीर्त्तनानन्द ७४ (इसमें आरंभ की ६ पंक्तियाँ नहीं हैं।); शा० मि० १९, न० गु० ६७, मि० म० ६३२

पाठभेद—

मुद्रित क्षणदा पोथी—१ करि छिल बहु २ अब ३ कि करि कि बलि ४ साउन ५–ए ६ धक-धक ७ काहे ८ भेला ९ बरकी १० देला ११ कि १२ चोरा १३ गेओ मोरा १४ यत विछुरिए तत विछुर न जाय १५ कहे १६ चिते

कीर्त्तनानन्द-भणिता—भनये विद्यपति शुन वरनारी।
पेखनु तुया लागि आकुल मुरारी॥

संपादकीय मन्तव्य—४ सावन। ६ धक-धक। ७ किए। ११ ना जानि किए। यत विसरिए···तुलनीय—ज्यों ज्यों सुरछि भज्यो चहत त्यों-त्यों उरझत जात।—बिहारी

शब्दार्थ— कानू=कान्ह, कृष्ण। हेरब=निहारूँगी। छल=थी। साध=कामना। अत=इतना। तवधरि=उस अवधि से। अबुधि=बुद्धिहीना। मुगुधि=मुग्धा। दुनयान=दोनो नयन। अविरत=अबिराम, लगातार। परान=प्राण। किलागि=किसलिए। रभसे=कौतुकवश। करु=किया। मोहन चोर=श्रीकृष्ण। लइ गेल=ले गया। दरसाइ=दिखलाकर। विसरिए=भुलाएँ। वरनारि=वराङ्गना। चिते=चित्त में।

[१३]

कि कहब रे सखि इह दुख ओर।
बाँसि-निसास-गरले तनु भोर॥
हठ सयँ पइसए स्रवनक[१] माझ[२]।
ताहि खन विगलित तनु मन लाज॥
विपुल पुलक परिपूरए देह।
नयने[३] न हेरि हेरए जनु केह॥
गुरुजन समुखहि भावतरङ्ग।
जतनहि वसन झाँपि सब अङ्ग॥

लहु लहु चरन चलिए गृह माझ[२]।
दइव से विहि आजु राखल लाज॥
तनु मन विबस खसए निवि-बन्ध।
की कहब विद्यापति रहु धन्द॥

पदकल्पतरु ८३१; शा० मि० २१, न० गु० ६८, मि० म० ६३३

सं० मन्तव्य—१ श्रवनक २ माँझ ३ नअने

शब्दार्थ—बाँसि-निसास-गरले=वंशी के निश्वास रूपी विष से। भोर=भ्रमित। हठ सयँ=बलात्। विगलित=विनष्ट। विपुल=अत्यधिक। पुलक=हर्ष। परिपूरए—परिपूर्ण करती है। नयने न हेरि हेरए जनु केहे=आँखों से नहीं दिखाई पड़ता कि कोई देखता है या नहीं। भावतरङ्ग=भावावेश मय होना। जतनहि=यत्न पूर्वक, सावधानी से। झाँपि=ढकना। लहु लहु=धीरे धीरे, छोटे-छोटे कदमों से। दइव से=दैव की कृपा से। खसए=स्खलित होता है। धन्द=संशय।

[१४]

पासरिते[१] सरीर होये अवसान।
कहइते न लय[२] अब बुझह अवधान॥
कहइ न पारिअ सहन न जाय।
बलह सजनि अब कि करि उपाय॥
कोन बिहि निरमिल इह पुन नेह।
काहे कुलवति करि गढ़ल मोर देह॥
काम करे धरिया से कराय बाहार।
राखए मन्दिरे ए कुल आचार॥
सहन न पारिअ चलइ न पारि।
घन फिरि जैसे पिज्जर माहा[३] सारि॥
एतहूँ बिपदे किय जीवए देह।
भनइ विद्यापति विसम[४] ए नेह॥

पदकल्पतरु ९४६; शा० मि० ४७; न० गु० २७८; मि० म० ६३१

पाठभेद—

संपादकीय मन्तव्य—१ विसरिते २ लइ ३ माहाँ ४ विषम

शब्दार्थ—पासरिते=विस्मरण करते या भूलते हुए। न लय=न लाभ करे, न हो पाए। अवधान=अवधारण करना, विवेचना करना। पारिअ=सकना। बलह=बोलो, कहो। निरमिल=निर्माण किया। पुन=पुनः। कुलवति करि=कुलवन्ती करके। गढ़ल=बनाया। घन=घना, निरन्तर। माहाँ=मध्ये, भीतर। सारि=सारिका, मैना। किय=क्यों। जीवए=जीता है। विसम=विषम, असाधारण।

[१५]

कि कहब माधव पुनफल तोर।
तोहर मुरलि-रवे राहि विभोर॥
ताहि पुन सूनल नाम तोहार।
से सब भाव हम कहहि न पार॥
अङ्ग अबस[१] भेल काँपि आगेयान[२]।
मुरछित भेल धनि किछु नहि जान॥
बुझए न पारिअ केसन[३] रीत।
किए भेल किछू नह परतीत॥
आवए से अब काल पय आज।
विद्यापति कह अवइत काज॥

बटतला, न० गु० १०७; मि० म० "बंगाली विद्यापति के पद", संख्या ७

सं० मन्तव्य—१ अवश २ अगेञान ३ कइसन

शब्दार्थ—पुनफल=पुण्यफल। पुण्य कर्मों का सुफल। तोहर=तुम्हारी। राहि-राधिका। से=वे अवस=वशहीन। आगेयान=अज्ञान। धनि=धन्या। रमणी। परतीति=प्रतीति। आवए=आए। पय=या।

[१६]

मालवरागे—

एकहिँ बेरिँ[१] अनुराग बढ़ाओल[२]
पञ्चबान[३] भेल मन्दा।
अधर बिम्बवत जे (ा) ति[४] न पलिछए
न होअए दिवसक चन्दा॥ ध्रु०॥
माधव तुअ गुने[५] लुबुधलि राही।
पिअ बिसरन मरनहुँ तह आगर
तोहें[६] नागर सब चाही॥
दुइ मन रसभ तेसर नहिं जानए
पर दए समन्दए न जाई[७]।
चिन्ताए[८] चेतन अधिक बेआकुल
रहलि सुमुखि रहलि सिर लाई[९]॥

भनइ विद्यापति सुनह मधुरपति
तोहे छाड़ि[१०] गति नहि आने[११]।
बिसवास देवि पति रस कोविन्दक
नृपति पदुमसिंह जाने ॥

राम० पृ० २१, प० ६५, पं० १

पाठभेद—

शिवनन्दन ठाकुर (पद-संख्या २५)—२ बढ़ाओल ४ जेति ६ तोहँ

मि० म०—(पद-संख्या २०६)—२ बढ़ाओल ३ पञ्चबाण ४ जेति ५ गुणे ७ जाइ ८ चिन्ताए ९ लाइ १० छड़ि

परिषद-पदावली—(रा० पु० पद-संख्या २७)—१ बेरि ८ चिन्ताए ११ जाने

सं० मन्तव्य—२ बढ़ाओल

शब्दार्थ—बेरिं-बारीं, बार। पञ्चबान=कामदेव। मन्द-बुरा। बिम्बबत= बिम्बाफल तुल्य। जोति-ज्योति। पलिछए=प्रसारित करता है वा प्रकाशित करता है। (परिषद-पदावली में अधर का अर्थ अन्तरिक्ष और अधर बिम्ब का अन्तरिक्ष का बिम्ब अर्थात् चन्द्रमा किया गया है।) न होअए दिवसक चन्दा=अब वह दिन का (प्रकाशीन) चन्दा भी न रह गई। गुने=गुण से। लुबुधलि= लुब्ध हो गई है। तह आगर=ततोधिक, से अधिक। रभस=औत्सुक्य रहस्य (प्रीति रीति)। पर दए= दूसरे के द्वारा। चेतन=चेतना। बे आकुल=व्याकुल। लाई=नाई, नवाकर, झुकाकर। गति नहि आने= अन्य कोई गति नहीं है! रस कोविन्दक=रस कोविद, रसज्ञ।

[१७]

सारङ्गीरागे—

जत जत तोहे[१] कहल सुन्दरि[२]
से सब भेल सरूप।
माधुर जाइते आज मए[३] देखल
कतेओ कान्ह (क रूप ॥
रुपहि[४]) सओ[५] मनसिजे[६] बेआकुल
थीर मन नहि मोर।
भल कए हरि हेरि न भेले
ई बड[७] लागल भोर ॥ ध्रु० ॥
साजनि (नहि मनोरथ ओल[८])।

अपन वेदन जाहि निवेदओ[९]
तैसन[१०] मेदिनि थोल[११] ॥

हमहु नव कुरबहु[१२] से (चेतन)[१३] पहु
राखलि चाहिअ (लाज)[१४]।
(कुलक धरम अ)[१५] पन चाहिअ
भेल चाहिअ समाज ॥

से सबे कामिनि तोहतह सम्भव
हेन मोर अनुमान ।
कीं[१६] (त) न्हि[१७] मोहि छाटें मेराबह[१८]
की[१९] मोर लेहे[२०] परान ॥

भने विद्यापति सुन तए[२१] युवति
निअ[२२] मने अनुमान ।
रतने जदि जतने गोपिअ
तैअओ[२३] न जानए आन[२४] ॥

राम० पृ० १२० (क), प० ४१२; पं० ५

पाठभेद—

ठाकुर (पद-संख्या ८१)—२ सुजानि ५ सञो ७ बड़ ४, ८, १३, १४, १५ कोई पाठ नहीं । १२ नवकुरबकहु ६ कि...न्हि २० नेंहे २३ तेअओ

मि० म० (पद-संख्या ५६२)—२ सुजानि ७ बड़ ४, ८, १३, १४, १५ कोई पाठ नहीं १६–१७ को...न्हि १९ को २० नेंहे २३ नेअओ

परि० पद० (पद-संख्या ९०)—१ तोहें ३ मोञ ५ सञो ६ मनसिजें ८ ओल ९ निवेदञो १० तइसन ११ थोल १८ झाटें २१ तोज २२ निञ २३ तजो नहि २४ आन

सं० मन्तव्य—१ तोहें १८ झटे या झाटे २० लेह २३ तइसए

शब्दार्थ—माधुर=मथुरा । कतेंओ=कितना । सओं=से । मनसिजे=कामदेव से । भल कए=भली भाँति । भोर-भुलावा, भूल । मनोरथ ओल=मनोरथ की सीमा । निवेदओ=निवेदन करूँ । मेदिनि=पृथ्वी । थोल=थोड़े । नवकुरबहु=नवेली कुलबधू । चेतन=चैतन्यवान्, समर्थ । हेन=ऐसा । छाटे [संभवतः झटित से व्युत्पन्न]=शीघ्र । मेराबह=मिलाओ । लेहे=ले लो निअ=निज । जतने=यत्न पूर्वक, तैअओ=उस प्रकार से ।

गोपीवल्लभ—

[१८]

गमने गमाउलि[1] गरिमा
अगमने जिवन सन्देह ।
दिनें दिनें[2] तनु अवसन भेल
हिम कमलिनि सम नेह ॥
अबहु न सुमिरह[3] मधुरिपु
कि करति सुन्दरि नाम ।
(बिनु दोषें) मोहि[4] बिसरलह[5]
कहिनि[6] रहु[7] ठाम[8] ॥
एक दिस कान्ह[9] अओकाँ[10] दिस[11]
सुवितत वंश[12] विशाला[13] ॥
दुइ पथ चढ़लि नितम्बिनि
संसअे[14] पडु[15] कुलबाला ॥
पाँचवान[16] अति आतए[17]
धैरजे[18] कर[19] पगु[20] थीरे[21] ।
आँचर[22] मुँह[23] दए काँदए
झाँपए[24] नयन बह नीरे ॥
इति विद्यापतेः ॥ (लोचन)
रागतरङ्गिणी पृ० ८७

पाठभेद—

न० गु० (पद-संख्या ३०४)—२ दिने दिने ३ समुरह ४ बिनु दोष मोहि ५ बिसरलहुँ ६ कहिनी ७ रहति ८ बहु ठाम ९ कान्हु १० अओका ११ दिस १२ बंस १३ बिसाला १४ संसअ १५ पड़ु १८ धैरजे १९ कए २० मन २२ आँचरे २३ मुह २४ झाँख ।

मि० म०—(पद-संख्या ४४८) २ दिने दिने ३ सुमरह ६ कहिनी ७ बहु ठाम १०-११ अओकादिस १२ बंस १३ बिसाला १४ संसअ १६ पँचवान १८ धैरजे २० पशु २१ थिरे २२ आँचरे २३ मुह २४ झाँखए ।

परि० पद०—(पद-संख्या, राग० त० २७) २ दिने दिने ४ बिनु दोषेँ मोहि ६ कहिनी १७ अडिआतए १८ धैरजें ।

सं० मन्तव्य—१ गमाउबि ६ कहिनी १५ पड़ु १७ अति आतए।

शब्दार्थ—गमने-गमन करने पर। गमाउबि=गँवाएगी, खोएगी। अवसन=अवसन्न, खिन्न। मधुरिपु=कृष्ण। सुन्दरि नाम=सुन्दरी कहलाकर। ठाम=स्थान। अओकाँ दिस=और या अन्य दिशा में। सुवितत=सुविस्तृत अति आतए=आतंकित करता है। धैरजे=धैर्य पूर्वक। कर=हाथ। पगु=पाँव। काँदए=क्रन्दन करती है। झाँखए=झाँखती है, पछताती हैं।

[१९]

आज कन्हाइ एँ बाटे आओब[१]
बुझए न पारलि[२] बेला।
विधिक घटने[३] भेल अकामिक
लोचने[४] लोचने[५] मेला॥
नव कलेवर निज[७] पराभव[६]
थम्ह भेल बिनु काजे।
दरसन रस रभस लीला
लोभे गरासलि लाजे॥
सुन्दरि रे मन्दिर बाहर भेली।
बिजुअ रेह जलधर नाओ
पुनु कहसे नुकि गेली॥

न० गु०, तालपत्र प० ५८

पाठभेद—

मि० म० (पद-संख्या ८२७) २ पारल ३ घटन ४ लोचन ५ लोचन

परि० पद० (पद-संख्या, तरौनी १५) १ आओल ६ पराभवे

सं० मन्तव्य—१ आओब पारलि ७ निज

अन्त में पद कुछ खण्डित प्रतीत होता है। संभवतः इसी से भणिता का अंश नहीं आ पाया है।

शब्दार्थ—बाटे=मार्ग में। आओब=आएँगे। न पारलि=न सकी। बेला=समय। विधिक घटने=विधाता के घटा देने से, दैवात घटित होने से। अकामिक=आकस्मिक। कलेवर=शरीर। निज=अपना। पराभव=अनादर। थम्ह=स्तम्भ, सात्विक भाव। भेली=हुई। बिजुअ=विद्युत; रेह=रेखा। नाओं=सदृश। नुकि गेली=लुका गई, छिप गई।

[२०]

जमुनक[१] तिर तिरे साँकड़ि बाटी
उबटि न भेलिहु[२] सङ्ग परिपाटी।

तरु तर भेटल तरुन कन्हाइ
नयन तरङ्गे[३] जनु गेलिहु[४] सनाइ ॥
के पतियाएत[५] नागर भरला
देखइते सुनइते मोर हृदय हरला।
पलटि न हेरल गुरुजन लाजे
वचन मोञे चुकिलिहु[६] सखिन्हि समाजे ॥
एतदिन अछलिहु[७] अपने गेयाने[८]
आबे मोरा मरम लागल पचबाने।[९]
निठुर सखी[१०] विसवास न देइ
परक वेदन पर बाटि[११] न लेइ ॥
भनइ विद्यापति एहु रस भाने[१२]
राए सिवसिंह लखिमा देइ[१३] रमाने ॥

न० गु०, ता० प० ६३

पाठभेद—

मि० म० (पद-संख्या ३३) १० सखि

परि० पद० (त० पद-संख्या १६)' १ जमुनाक २ भेलहुँ ३ तरङ्गें ४ गेलिहुँ ५ पति-आएत ६ चुकिलिहुँ ७ अछलिहुँ ८ गेञाने ९ पँचबाने ११ बाँटी १२ जाने १३ दे

शब्दार्थ— -तिरे=किनारे। साँकड़ि=सँकरी। बाटी=बाट, पगडंडी। उबटि=ऊबड़-खाबड़। परिपाटी=रीति-नीति। सनाइ=नहा गई। पतियाएत=विश्वास करेगा। पलटि=पलट कर, मुड़कर। चुकिलिहु=चूक गई। अछलिहु=थी। मरम=मर्म। बाटि न लइ=बँटा नहीं लेता।

[२१]

अवनत आनन कए हमे[१] रहलिहु[२]
बारल लोचन चोर।
पिया[३] मुख रुचि पिबए[४] धाओल
जनि से चाँद चकोर ॥
ततहु सञो[५] हठे[६] हरि[७] मोञे आनल[८]
धएल चरन राखि।
मधुक मातल उड़ए न पारए
तइअओ पसारए पाँखि ॥

माधवे बोललि मधुर बानी
से सुनि मुदु[९] मोञे कान।
ताहि अवसर ठाम वाम भेल
धरि धनु पचबान[१०]॥
तनु पसेवे[११] पसाहनि भासलि
तइसन[१२] पुलक[१३] जागु।
चुनि चुनि भए काँचुअ[१४] फाटलि
बाहु बलआ भागु[१५]।
भन विद्यापति कम्पित कर हो
बोलल बोल न जाय[१६]।
राजा सिवसिंह[१७] रूपनरायन[१८]
साम सुन्दर काय[१९]॥

न० गु०, ता० प० ६४

पाठभेद—

मि० म० (पद-संख्या ३४) (इम ५ सञे ७ हटि १२-१३ पुलक तइसन १७ सिवसिंघ १८ रूपनराअन।

परि० पद (त० पद-संख्या १७) २ रहलिहुँ ३ पिआ ४ पीवए ६ हठें ८ आनल ९ मुदु १० पँचवान ११ पसेवें १६ जाए १८ रूपनराअन १९ काए।

सं० मन्तव्य—३ पिअ ४ पीवए ५ सञे ६ हठें ९ मुदु ११ पसेवें १८ रूपनराअन १४ काँचुकि १५ भाँगु।

शब्दार्थ—वारल=वर्जित किया। तइअओ=तब भी। ठाम=स्थान। पसवे=पसीने से। पसाहनि=प्रसाधन, साज-शृङ्गार। भासलि=भँस गया, बह गया। चुनि चुरि कए=चुन्न-चुन्न शब्द करके,

[२२]

बिके[१] गेलिहूँ माधुर[२]
मधुरिपु भेटल साधे[३]।
ताहि खने पञ्चसर लागल
विधिबसे के करु बाधे॥
हार भार भेल तहि खने
चीर चाँदन भेल आगी।

दखिनओ[४] पवन दुसह भेल
मोहि पापिनि बध लागी ॥
कतने जतने घर अएलाहु
के कर दधि-दुध काजे।
मनहु न मधुरिपु बिसरिअ
तेजल गुरुजन लाजे ॥
भनइ विद्यापति सुबदनि
दुइ दिठे होएत समाजे।
मनक मनोरथ पूरत
मधुरिपु आओब आजे ॥

न० गु०, प० ६६

पाठभेद—

मि० म० (पद-संख्या २४१) २—माथुर ३ साथे।

परि० पद (त० पद-संख्या १८) १ बिकनए २ माधुर पुर ४ दखिनाओ

शब्दार्थ—बिके = बेचने के लिए। भेंटल = मिल गए। साथे = साथ से। बाधे = बाधा दे। दखिनओं = दक्षिण भी, अनुकूल पक्ष का भी। तेजल = त्याग दिया। गुरुजन = बड़े लोग। सुवदनि = सुन्दर मुँह वाली, दुइ दिठे = दोनो दृष्टियों, आँखों से। समाजे = सम्मिलन।

(२३)

एहि बाटे[१] माधव गेल रे।
मोहि किछु पुछिओ न भेल रे॥
माधुर[२] जाइत[३] जमुना तीर रे।
आन्तर भेटल अहीर रे॥
नयनहु[४] नयन[५] जुझाए रे।
हृदय[६] न भेल बुझाए रे॥
मोहि छल होएत रतिरङ्ग रे।
मधुर मधुरपति सङ्गे[७] रे॥
चिकुर न भेल सँभारि रे।
बुझलिहु[८] कान्हे[९] गोआरि रे॥

न० गु०, प० ७२

पाठभेद —

मि० म० (पद-संख्या ८२८)—२ माथुर ४ नयनहु ६ हृदये ।

पारि० पद० (त० पद-संख्या २०)— १ बाटे॑ २ पाठाभाव ३ जाइते ४ नञनहुँ नञन ६ हृदअ ७ सङ्ग ८ बुझलिन्ह ९ कान्ह ।

सं० मन्तव्य—१ बाटे॑ ४ नञनहुँ ५ नञन ६ बुझलन्हि ७ सङ्ग ।

शब्दार्थ—पुछिओ न भेल = पूछना भी न हुआ, कुछ भी न पूछा। आन्तर = प्रान्तर, मध्यमें। अहीर = श्रीकृष्णके लिए प्रयुक्त। जुझाए = लड़ाकर। चिकुर = केश। गोआरि = गँवारि या ग्वालिन, मूर्खा।

[२४]

कर किसलय सयन रचित
गगन मडल[1] पेखी ।
जनि सरोरुह अरुन सूतल[2]
बिनु विरोधे[3] उपेखी ॥
नव घन जञो निर[4] बरीसए[5]
नयन उज्जल तोरा ।
जनि सुधाकर करें[6] कवलित
अमिय[7] बम चकोरा ॥
कह कमल बदनी ।
कमने पुरुसे[8] हर अराधिअ
जसु कारन[9] तोञे खिनी ॥
उत्तुङ्ग पीन पयोधर उपर[10]
लखिअ अधर छाया ।
कनक गिरि पबाल उपजल
बापु मनोभव माया ॥
तौं[11] पुनु से नारि बिरहे[12] भामरि
पलटि परलि बेनी ।
साँस समीरन पिबए धाउलि
जनि से कारि नागिनी ॥
भन विद्यापति सुनह जउवति
सरूप मोर वचना ।
अपना मना थिर पए चाहिअ
परे[13] विवचने[14] कोना ॥

न० गु०, ता०, प० ७८

पाठभेद--

मि० म० (पद-संख्या २४६)--२ सुतल ९ कारने १४ विवेचन ।

परि० पद० (त० पद-संख्या २४)--३ विरोधें ४ नीर ५ बरिसए ६ करें ७ अमिञ ८ पुरुखें १० ऊपर ११ तोञ १२ विरहें १३ १४ परेरि वचने ।

सं० मन्तव्य--१ मँडल ३ विरोधें ४ नीर ।

शब्दार्थ--गगन मँडल=आकाश मण्डल । पेखी=प्रेक्षणकर, देखकर । उपेखी=उपेक्षित कर । जञों=ज्यों, सदृश । बरीसए=बरसती हुई । करें=किरणों के द्वारा । पवाल=प्रवाल, मूँगा । तो पुनु से=उसके पुण्य प्रताप से । झामरि=छाँवा सी, कान्तिहीन । सरूप=सत्य । परे=दूसरे के । कोना=क्या ?

[२५]

माधव कि कहब ताही ।
तुअ गुन लुबुधि मुगुध भेलि राही ॥
मलिन वसन तनु चीरे ।
करतल कमल नयन ढरु नीरे ॥
उर पर सामरी बेनी ।
कमल कोष जनि कारि लगेनी[1] ॥
केओ सखि ताकय निशासे ।
केओ नलनी दल करय बतासे ॥
केओ बोल आयल[2] हरी ।
ससरि उठलि चिर[3] नाम सुमरी ॥
विद्यापति कवि गावे ।
विरह वेदन निअ सखि समुझावे ॥

ग्रियर्सन ७४, मि० म० २६५

पाठभेद---

सं० मन्तव्य--१ कारि नगिनी २ आओल ३ तुअ

शब्दार्थ---ताही=उसे, उसकी दशा के बारे में । मुगुध=मुग्धा ज्ञान शून्या । सामरी=साँवली । कारि लगेनी=ग्रियर्सन के अनुसार काले भौंरे, अन्यथा काली सर्पिणी । ताकय=देखती है । निशासे=निश्वास । नलनी दल=कमल पत्र, पुरइन के पात । ससरि=शीघ्रता पूर्वक ।

[२६]

हमे हसि[1] हेरला थोरा रे[2] ।
सफल भेल सखि कौतुक मोरा रे[3] ॥
हेरि तहि[4] हरि भेल आने[5] रे ।

जनि मनमथ मन बेधल बाने[६] रे ॥
लखल ललित तसु गाते[७] रे ।
मन भेल परसिअ सरसिज पाते[८] रे ॥
तनु पसरल बिन्दु रे ।
नेउछि[९] नड़ाओल सनखत इन्दु रे ॥
कांपल परम रसाले रे ।
जनि मनसिज गरइ जपेलु[१०] तमाले रे ॥
विद्यापति कवि भाने रे ।
करत कमल मुखि हरि सावधाने रे ॥

न० गु० (मिथिला के पद) ६१, मि० म० २३९

पाठभेद—

सं० मन्तव्य—१ हँसि २ हेरल थोर रे ३ मोर रे ४ हेरतहि ५ आन ६ बान ७ गात ८ पात ९ नेओंछि १० जपए गलल

शब्दार्थ—हेरला=निहारा। कौतुक=कुतूहल, लालसा। लखल=देखा। मन...पात रे=(उनके सुन्दर वदन को देखा तो) ऐसा अनुभव हुआ जैसे कमल के कोमल किसलयों का स्पर्श करती होऊँ। नेउछि=नेंवछकर, स्नान कराकर। नेड़ाओल=फेंक दिया। नेउछि...इन्दु रे=(कृष्ण के वदन पर भी प्रस्वेद बिन्दु आ गए, ऐसा जान पड़ा) जैसे तारक समूह से संयुक्त चन्दमा स्नान कर बाहर निकल आया हो। जनि...तमाले रे=जैसे तमाल वृत्त कामदेव का जप करते करते गला जा रहा हो अथवा (जपेलु=जपयोग्य) श्रद्धेय, पवित्र तमाल वृत्त सा श्यामल मनसिज विलस रहा हो। करत ···सावधाने रे =कमल मुखी (राधा) कृष्ण को अपने नवीन प्रेम के प्रति सचेत कर रही है।

[२७]

आरे विधिबस[१] नयन[२] पसारल
पसरल हरिक सिनेह[३] ।
गुरुजन गुरुतरे[४] डरे सखि
उपजल जिवहु सन्देह ॥
दुरजन भीम भुजङ्गम
बम कुवचन बिससार ।
तेइ तीखे[५] बिसे[६] जनि माखल
लाग मरम कनियार ।
परिजन परिचय परिहरि
हरि हरि परिहर पास ।

सगर नगर बड़ पुरीजन[६]
घरे घरे कर उपहास ॥
पहिलुक पेमक परिभव
दुसह सकल जन जान।
धैरज धनि धर[७] मने गुनि
कवि विद्यापति भान ॥

मिथिला—मण्डल लोककण्ठ, न० गु० २७२; मि० मि० ८८८

सं० मन्तव्य—१ विधिबसे २ नअन ३ सनेह ४ गुरुतर ५ तीख बिषे ६ परिजन ७ धर धनि

विशेष—नगेन्द्रनाथ गुप्त ने बताया है कि यह पद विद्यापति के पुत्र हरिपति की भणिता से युक्त पाया जाता है अतः यह हरिपति-रचित हो सकता है।

शब्दार्थ—विधिबसे=दैवात् भाग्यवशात्। नयन पसारल=दृष्टि प्रसारित की। पसरल=प्रसारित हुआ, फैल गया। गुरुजन=श्रेष्ठ जन, बड़े सम्बन्धी लोग। भुजङ्गम=सर्प। बम=बमन करते हैं, उगलते है या कहते हैं। बिससार=विष का सार, विशुद्ध विष। तीख=तीक्ष्ण। माखल=मखा हुआ, मण्डित। कनियार=तीक्ष्ण। पास=पाश, बन्धन अथवा सामीप्य। परिभव=पराजय। भान=भनते, कहते हैं।

[२८]

फिरि फिरि भमरा उनमत बल[१]।
कानन कानन केसू फूल ॥
मोहि भान लागल कहऊँ[२] काहि।
रितुपति वेकताए[३] असकसाहि ॥
चन्दा उगि चण्डाल भेल।
द्विजराज धरमता विसरि गेल ॥
भनइ विद्यापति बुझ रसमन्त।
राघव सिंघ सोनमति देइ कन्त ॥

न० गु० ७२४ (मिथिला के पद), अ० ७१६, मि० म० २१७

पाठभेद—

सं० मन्तव्य—१ बोल २ कहओं ३ बेकतए

विशेष—इस पद में राघवसिंह का उल्लेख है। मि० म० महोदय का कहना है कि चूँकि "राघवसिंह धीरसिंह के पुत्र थे (शिवसिंह के भाई हरिसिंह सिंह के पुत्र थे नरसिंह, नरसिंह के पुत्र धीरसिंह) अतः राघव सिंह संबंध में शिवसिंह के पौत्र श्रेणी में ठहरते हैं। फलतः यह पद कवि के अन्तिम दिनों की रचना है।

शब्दार्थ—उनमत बोल = उन्मत्त हो गुंजार करते हैं। बेकताए = व्यक्त होकर। असकसाहि = अपराजेय राजा। द्विजराज = ब्राह्मण श्रेष्ठ, चन्द्रमा। द्विजराज....गेल = श्रेष्ठ ब्राह्मण का धर्म परोपकारी होता है किन्तु यहाँ तो द्विजराज कहलाकर भी चन्द्रमा चाण्डाल सदृश क्लेशकारक हो रहा है, शीतल करने का गुण भूल कर जला रहा है।

[२९]

नील कलेवर पीत वसन धर
चन्दन तिलक धवला।
सामर मेघ सौदामिनि मण्डित
तथहि उदित ससिकला[१] ॥
हरि हरि अनतय[२] जनु परचार
सपने मोए[३] देखल नन्दकुमार ॥
पुरुब देखल पय सपने न देखिअ
ऐसनि[४] न करबि बुधा[५]।
रस सिङ्गार पार के पाओत
अमोल मनोभव सिधा[६] ॥
भनइ विद्यापति अरे वर जौवति
जानल सकल मरमे।
सिवसिंघ[७] राय तोरा मन जागल
कान्ह कान्ह करसि भरमे ॥

न० गु० (नाना) ८, अमूल्य १००६, मि० म० ३५

सं० मन्तव्य—१ शशिकला २ अनतयँ ३ मोञे ४ अइसनि ५ बूधी ५ सिधी ७ सिवसिंह

शब्दार्थ—धवला = धवलित, स्वच्छ। सामर = श्यामल। सौदामिनि = विद्युत। तथहि = वहीं। शशिकला = चन्द्रमन्डल। अनतय = अन्यत्र। जनु = मत, निषेधार्थक। बुधा = बुद्धि, विचार। पार के पाओत = पार कौन पाता है ? कौन उसके गांभीर्य को समझता है ? सिधा = सिद्धि। वर जौवति = युवती श्रेष्ठा।

[३०]

चन्दन[१] गरल समान।
सीतल पवन हुतासन जान ॥
हेरइ सुधानिधि सूर।
निसि बैठलि सुवदनि झूर।

हरि हरि दारुन तोहारि[2] सिनेह[3]।
ताहेरि जीवन पड़ल सन्देह ॥
गुरुजन लोचन वारि।
धनि बाटिया[4] हेरइ तोहारि ॥
तेजइ नयन[5] घन नीर।
कत वेदन सहत सरीर ॥
सुकवि :विद्यापति भान।
दूतीक वचन लजाएल कान ॥

मि० म० (अज्ञात) ७१०; मि० म० ७३८

पाठभेद—

सं० मन्तव्य—१ चानन २ तोहर ३ सनेह ४ बाटिअ ५ नअन

शब्दार्थ—हुतासन = अग्नि। सूर = सूर्य। भूर = सूख रही है। घन नीर = अत्यन्त घना अश्रुजल, आँसू।

[३१]

मालवरागे—

कोकिल कुल[1] कलरव
काहल बाहर बाजे[2]।
मञ्जरिकुल[3] मधुकर गुजरए[4]
से सुनि[5] कुज[6] रगाव[7] ॥
मने[8] मलान परान दिगन्तर
लग नुकाएल[9] लाज[10]।
विरहिन जन मरन कारन तउ[11]
बेकत भउ रितुराज[12] ॥
सुन्दरि अबहु तेजिअ रोस।
तु[13] वर कामिनि इ मधु यामिनि[14]
अपद न दिअ दोस ॥
कमल चाहि कलेवर कोमल
वेदन सहए न पार।
चान्दन चन्द कुन्द तनु ताबए
ताबन[15] मोतिम हार ॥
सिरिसि कुसुम सेज ओछाओल

तहू[१६] न आबए नीन्द[१७] ।
आकुल चिकुर चीर न समर
सुमर देव गोविन्द ॥
भने विद्यापतीत्यादि ॥
नें० पृ० ६ (क) प० १३, पं० १

पाठभेद—

न० गु० (प० सं० ४१०)—२ राव ५ जनि ६ गुजर ७ गाव १० एहु किए न लाज ११ कारन १४ जामिनि १५ भाव न १६ तइओ १७ निन्द

मि० म० (प० सं० ४१४)—१ कूल २ बाज ५ शुनि ६ गुजर ७ गाब ९–१० लगन की एल लाज ११ कारन १२ भउबेकत विधुराज १५ भाव न १६ तहु

झा—(प० सं० १३)—३ कुंज ४ गुजर ७ गाव ९ लगनु की एन ११ कारन १२ विधुराज १६ ताहु

परि० पद० (नें० प० सं० १३)—२ राव ६ कुंज ७ रँगाव ८ मन १३ तू १४ ई मधुयामिनि १६ ताहु १७ निन्द

शब्दार्थ—काहल=मुर्गा; एक बाजे का नाम। गुजरए=गुञ्जार करते हैं। कुज=कुञ्ज। रगाव=रंगायमान होना। लग=लग्ने, लगे पास में। नुकाएल=लुकाएल, छिपी हैं। अपद=पद, उचित के विरुद्ध। चाहि=से बढ़कर। ताबए=तप्त कर रहा है। ताबन=तापन, तप्त करने वाला। ओछाइल—बिछाया। तहू=तब भी। समर=सँभलना। सुमर=स्मरण करो।

ए रागे

[३२]

अवयव सबहि नयन पए भास[१]
अहिनिसि झाषए[२] पाओब पास।
लाजे न कहए हृदय[३] अनुमान
प्रेम[४] अधिक लघु जानत आन[५] ॥ ध्रु० ॥
साजनि की[६] कहब तोर गेआन[७]
पानी पाए सीकर[८] भेल कान्ह।
बहिर[१०] होइआ[११] नहि[१२] कहिअ समाद
होएतौ[१३] हे सुमुखि पेम परमाद ॥
जओ तन्हिके जीवने[१४] तोह काज
गुरुजन परिजन परिहर लाज।

दण्ड दिवस दिवस हो मास[15]
मास पाव[16] गञे[17] वर्षक पास ॥
तोहर युडाइ[19] तोहरे[20] मान
गेल बुजाए[21] केओ आन परान ॥
भनइ विद्यापतीत्यादि ॥

ने० पृ० १३, प० ३३, पं० ३

पाठभेद—

न० गु० (पद-सं० ४१९,)—४ पेम ६ कि ७ गेयान ८ सिकर १० बाहर ११ होइ १२ आनहि १३ होएतओ १५ मास १७ गए १८ बरसक १९ जुड़ाइ २१ बुझाय

मि० म० (पद सं० ४१५)—२ झाखए ५ जनित आन ७ गेआन १४ जीवन २० तोहार। शेष न० गु० के समान।

झा (प०सं० ३२)—६ कि १६ पार २१ रुआए

परि० पद० (प० सं० ३२)—१ अबएब···नजन २ झाँखए ३ हृदअ ४ पेम ५ आन ६ कि ९ भेलि ११ होइअ १३ होएतउ १७ गए १८ बरखक १९जुड़ाई

शब्दार्थ—पए=पर। पास=सामीप्य। पानी=पाणि, हाथ। पाए=पाँव।सीकर=शृंखला। गञे=जाकर। युड़ाई=जुड़ाई, शीतलता पाना, सन्तुष्ट होना। बुजाए=बूझ पड़ता है, जान पड़ता है।

मालवरागे—

[३३]

गगन मडल[1] दुहुक भूखन[2]
एकसर उग चन्दा।
गए चकोरी अमिञ[3] पीबए
कुमुदिनि सानन्दा ॥ ध्रु० ॥
मालति काञिञे[4] करिअ रोस।
एकल भमर बहुत कुसुम
कमन[5] ताहेरि दोस ॥
जातकि केतकि नवि पदुमिनि
सब[6] सम अनुराग।
ताहि अवसर तोहि न बिसर
एहे तोहर[7] बड़ भाग ॥

अभिनव रस रभस पओले[८]
कमन[९] रह विवेक।
भने[१०] विद्यापति परहित[११] कर
तैसन हरि पए एक[१२]॥

ने० पृ० १७, प० ४५, पं० ५

पाठभेद—

न० गु० (प० सं० ४४०)—२ भूषन ३ अमिय ४ कँाइए ५ कमल ७ तोर ९ कओन

मि० म० (प० सं० ४३६)—३ अमिअ ४ कँाइए ७ तोर १० मन ११ पहर हित

परि० पद० (प० सं० ४३)—१ मंडल ३ अमिञ पिबए ५ कञोन ६ सबे ७ तोर ८ पओलैँ ९ कञोना १०-१२ भनइ विद्यापति जे परहित कर तइसन हरि पए एक।

शब्दार्थ—मडल = भूमण्डल। काञिअँ = क्योंकर। कमन = किस प्रकार का। रभस = आनन्द।

मालवरागे

[३४]

सुखे न सुतलि कुसुम सयन[१]
नयने[२] मुञ्चसि वारि।
तहा[३] की धरब[४] पुरुष[५] दूषण[६]
जहा[७] असहनि[८] नारि॥ ध्रु०॥
राही हठे[९] न तोलिअ[१०] नेह
कान्ह सरीरे दिने दिने दूबर।
तोराहि जीव सन्देह॥
परक वचन हित न मानसि
बुझसि न सुरतन्त।
मने तओ जओ[११] मौन करिअ[१२]
चौरि आनए कन्त॥
किछु किछु पिआ[१४] आसा दीहह[१५]
अति न करब कोप।
अधिके[१६] जतने वचन बोलब
सङ्गम करब गोप॥
नव अनुरागे किछु होएबा[१७]
रह दिन दुइ तीनि चारि।

प्रथम प्रेम ओल[१९] धरि राखए
सेहे कलामति नारि ॥
विद्यापतीत्यादि ॥
ने० पृ० २० (क) प० ५२, पं० १

पाठभेद—

न० गु० (प० सं० ४५१)—३ तहाँ ४ करब ५ पुरुख ६ भूषण ७ जहाँ १४ पिअ १५ दिहह १८ रह दिन दुइ चारि

मि० म०—(प० सं० ४३२)—६ भूसन ९ हटे १४ पिय १६ आधके १८ रह दिन तिनि चारि १९ ओर; शेष न० गु० के समान

झा (प० सं० ४९)—८ असहनि

परि० पद० (प० सं० ४९)—१ सुखेँ न सुतसि कुसुम-सञन २ नञने ३ तहाँ कि ६ दूखन ७ जहाँ ९ हठेँ १० तोळिअ ११ जञो तञो १२ करह १३ आनह १४ पिआञे १७ नव अनुरागेँ किछु न होएब १८ से रह दिन दुइ चारि १९ ओळ ।

शब्दार्थ—मुञ्चसि = छोड़ती, गिराती हो । असहनि = सहन न करने वाली नतोलिअ = मत तोड़ो । सुरततन्त = सुरततन्त्र, कामशास्त्र । गोप = छिपाकर । ओल धरि = अन्त तक पकड़कर ।

धनछीरागे—

[३५]

जहिआ[१] कान्ह देल तोहि आनि[२]
मने पाओल भेल चौगुन बानि ।
आब[३] दिने दिने[४] पेम भेल थोल
कए अपराध बोलत[५] कत बोल ॥ ध्रु० ॥
अबे[६] तोहि सुन्दरि[७] मने नहि लाज
हाथक काकन अरसी काज ।
पुरुषक[८] चञ्चल सहज सभाव[९]
कए मधुपान दहओदिसि[१०] धाव ॥
एकहि[११] बेरि तञे दुर कर आस
कूप न आबए पथिकक पास ।
गेले मान अधिक होअ[१२] सङ्ग
बड़[१३] कए की उपजाओब रङ्ग ॥
भनइ विद्यापतीत्यादि ॥
ने० पृ० २५ (क), प० ६७, पं० १

पाठभेद—

रा० पु० (प० सं० ५०)—१ जहुआ ३ अबे ४ दिने दिने ५ बोलह ७ साजनि १० दसओदिसि ११ एकहिं १२ हो १३ बल। अन्त में निम्नलिखित भणिता है—

भनइ विद्यापति एहु रस जान
राए सिवसिंघ लखिमा दे रमान।

न० गु० (प० सं० ४४४)—३ आबे ६ आबे ९ सोभाव

मि० म० (प० सं० १३४)—२ तोहे आनि ३ आबे ८ पुरुसक

झा (प० सं० ६१)—३ आथे ८ पुरुषक

परि० पद० (प० सं० ६२)—२ जानि ३ अबे ५ बोलह ९ साजनि ११ एकहि बेरि तोञ १३ बल

शब्दार्थ—जहिआ = जिस दिन। बानि = बन्धन या आभा। काकन = कङ्कन। आरसी = आदर्श, दर्पण। सभाव = स्वभाव। एकहि = एक बारगी, या एक ही। गेले = चले जाने से।

[३६]

धनछीरागे—

कूपक पानि अधिक होअ काढी[१]
नागर गुणे[२] नागरि[३] रति बाढी[४]।
कोकिल कानन आनिञ[५] सार
वर्षा[६] दादुर करए बिहार ॥ ध्रु० ॥
अहनिसि साजनि परिहर रोस[७]
तञे नहि जानति तोरे दोस[८]।
छव[९] ओ बारह मासक मेलि
नागर चाहए रङ्गहि केलि ॥
ते परि तकर करओ[१०] परि (हार)[११]
करसु[१२] बोल जनु होए वि (का) र[१३]।
मोरे बोले दूर कर रोस[१४]
हृदय[१५] पुजी[१६] कर हरि परितोस[१७] ॥
भनइ विद्यापतीत्यादि ॥

ने० पृ० २८ (क), प० ७६; पं० २

पाठभेद—

न० गु० (प० सं० ४५६)—१ काढ़ि २ गुने ४ बाढ़ि ५ आनिअ ६ बरसा ११ परिणाम १२ विरस १३ विराम

मि० म० (प० सं० ४३१)—१ काटि २ गुने ३ नगारि ४ बाटि ५ आनिअ ११ परिणाम १२ कु वसु १३ विराम

झा (प० सं० ७०)—५ आनिअ १० ओ १२ केव सुबोल १३ विराम

परि० पद० (प० सं० ७१)—१ काढ़ि २ गुने ४ बाढ़ि ५ आनिञ ७ रोष ८ दोष ९ छओ ११ परिहार १२ कुरस १३ विकार १४ रोष १५ ह्रदअ १६ फुजिअ १७ परितोष

शब्दार्थ—कूपक = कुएँ का। काढ़ी = काढ़ने पर, निकाल लेने पर। नागरि = नागरी की। बाढ़ी = बढ़ती है। आनिञ = ले आता है। सार = सारतत्त्व, सरसता। अहनिसि = दिन रात। छव = छह, यहाँ छह ऋतुओं की ओर संकेत है। ते परि = उसी प्रकार। करसु = करष, अमर्ष भरा। फुजी = खोलकर।

धनछीरागे—

[३७]

टाट टुटले आङ्गन बेकत
सबे परदा राष[1]।
टुना चटक राज[2] सञो बेसन[3]
दूती अइसन भाष[4] ॥ध्रु०॥
साजनि तेजसि[5] वचन रोध[6]।
टाकु सन हिअ[7] सोझो[8] करसि[9]
मानसि[10] बाङ्क[11] विरोध[12] ॥
टेना चढ़ल[13] बक[14] बहुल[15] देषल[16]
अँधेअ[17] पोसल[18] आनि।
आबे दिने दिने तैसन कएलह
बाघ महिसा[19] कानि ॥
भनइ विद्यापतीत्यादि ॥

ने० पृ० ३३(क), प० ९०; पं० २

पाठभेद—

मि० म०—(पं० सं० ५८८)—: राख २ चटकराज ३ बेस न ४ भाख ५ ते जसि ६ बोध ७ कुहिअ ८ सोझे ९ कर १० सिमान ११ झिबाङ्क १२ पाठाभाव १३ चढ़लब १४ केहु १५ न १६ देखल १७ आँधे १८ पोन न १९ महिषा

झा०—(प० सं० ८४)—२ बाज ३ रसेल ८ सोझे १४-१५ बकहुल १७ अँधेअ

परि० पद० (प० सं० ८५)—१ राख २ टूना चटक राज १६ देखल १८ पोसल आनि १९ महिषा

शब्दार्थ—टुना = अँगुली की हल्की चोट। चटक = चटकना, टूट जाना। राज = राजा। बेसन = व्यसन, झगड़ा-फसाद। रोध = अवरोध। टाकु = टकुआ। सन = समान। हिय = हृदय। मानसि = मानों। बाङ्क = वक्र, टेढ़ा। टेना = मछली फँसाने के लिए डाला गया सरकण्डे का घेरा। अँधेअ = अंधी मछली। महिसा = महिष, भैंसा। कानि = अमर्ष, वैर।

[३८]

धनछीरागे—

सुजन वचन[1] षोटि[2] न लाग
जनि दिढ[3] कठु आलक[4] दाग।
झुठा[5] बोल चकमक आभ
देषिअ[6] सुनिअ[7] एते लाभ ॥ध्रु०॥
मानिनि मने न गुणहि[8] आन
गुण बुझइ[9] जओ हो[10] गुणमान[11]।
सुपुरुष की कए कोप
ओहओ कान्ह जदुकुल गोप ॥
अति पबितर अथिक[12] गाए
सेहओ[13] पुनु बरदक माए।
भने विद्यापतीत्यादि ॥

ने० पृ० ३५(क), प० ६६, पं० २

पाठभेद—

मि० म० (प० सं० ४०७)—२ खोटि ३ दिढ़ ४ आलका ५ सुधा ६ देखिअ ९ गुलछ झज १०-११ होअल मान १३ मेहत

झा (प० सं० ९०)—१ वचन है ७ सुनिअ १२ अति थिक

परि० पद० (प० सं० ६१)—२ खोटि ५ झूठा ६ देखिअ ७ सुनिअ ८ गुनहि ९ गुन बुझइ १० होअ ११ गुनमान

शब्दार्थ—षोटि = खोटि, कमी, बुराई। जनि = जैसे। दिढ = दृढ़। कठु = कठोर। आल = निरन्तर चटक रहने वाला लाल रङ्ग। आभ = आभा। पबितर = पवित्र। अथिक = है। गाए = गाय। बरदक = बैल की।

[३९]

धनछीरागे—

से अतिनागरि[1] तओ सब[3] सार
पसरओ मल्ली[4] पेम पसार।

जौवन नगरि[5] बेसाहब[6] रूप
तते मुलइहह[7] जते सरूप ॥ध्रु०॥
साजनि रे[8] हरि रस बनिजार
गोप भरमे जनु बोलह गमार।
विधिबसे अधिक करह[9] जनु[10] मान
सोरह[11] सहस गोपीपति कान्ह ॥
तोह हुनि उचित रहत नहि भेद
मनमथ मधथे[12] करब परिछेद ॥
भनइ विद्यापतीत्यादि ॥
ने० पृ० ४१, प० ११६, पं० ४

पाठभेद—

रा० पु० (प० सं० ४६)—१ अतिनागर ३ रस ४ वीथी ५ नगरँ ६ बेसाहत आरम्भ की छह पंक्तियों के बाद निम्नलिखित पाठ है—

विधिबसे अबे करब नहि मान
जइअओ सोलह सहसपति कान्ह।
तन्हि तोहँ उचित बहुत जे भेद
मनमथ मधथेँ करब परिछेद।
भन विद्यापति एहु रस जान
राए सिवसिंह लखिमा दे रमान ॥

न० गु० (प० सं० ६२)—१ अतिनागर २ तोञे ७ मुल होइअ ९ कर

मि० म० (प० सं० ५५)—१ अतिनागर ७ मुल इहह ९ कर

परि० पद० (प० सं० १११)—१ अतिनागर २ तोञ ३ रस ४ बीथी ५ नगर ८ हे ११ सोड़ह १२ मधथे

शब्दार्थ—पसरओ = प्रसारित हो, फैले। बेसाहब = खरीदना। ततै = उतना मुलइहह = मोल करना। सरूप = सत्य, उचित। गमार = गँवार। हुनि = उनके। मधथे ँ = मध्यस्थ। परिछेद = परिच्छेद, निर्णय।

[४०]

धनछीरागे—

जाबे सरस पिआ[1] बोलए हसी[2]
ताबे से बालभु तञे[3] पेअसी[4]।
जञो पए बोलए बोल निठूर[5]

तञो पुनु सकल पेम जा दूर ॥ध्रु०॥
ए सखि अपरुब रीती[६]
काहु[७] न देखिअ अइसनि पिरीती[८] ॥
जे पिआ[९] मानए दोसरि[१०] परान
तकराहु वचन अइसन अभिमान ।
तैसन[११] सिनेह जे थिर उपताप
के नहि बस हो मधुर अलाप ॥
हठे[१२] परिहर निअ[१३] दोसहि[१४] जानि
हसि[१५] न बोलह मधुरिम दुइ बानि ।
सुरत निठुर मिलि भञसि न नाह
का लागि बढाबसि[१६] पिसुन उछाह ॥
भनइ विद्यापतीत्यादि ॥

ने० पृ० ४५(क), प० १२६, पं० २

पाठभेद—

न० गु० (प० सं० ३८६)—१ पिया ३ तोञे ५ निठुर ६ रीति ७ कँहाहु ८ पिरीति १३ निअ १६ बढ़ावसि

मि० म० (प० सं० ३८९)—१ पिया ३ तञो ४ पेयसी ६ रीति ७ कहाँहु ८ पिरीति ९ पिया १३ निअ १६ बढ़ाबसि

झा (प० सं० १२०)—७ कबहु

परि० पद० (प० सं० १२१)—२ हँसी ३ तोञे ३ रीति ७ कहाँहु ८ पिरीति १० दोसर ११ तइसन १२ हठ १४ दोषहि १५ हँसि

शब्दार्थ—जाबे = जब तक । ताबे = तब तक । तञे = तैं, तुम । पेअसी = प्रेयसी । मानए = मानता है । तकराहु = उसके भी । उपताप = क्लेश । बस हो = वशीभूत होता है । अलाप = आलाप, वचन । हठे = हठ को । उछाह = उत्साह ।

[४१]

धनछीरागे—

ताल[१] तळाग[२] फुलल अरविन्द
भूषल[३] भमरा पिब मकरन्द ।
अविरल[४] खतन[५] खमण्डल[६] भास
से सुनि कोकिल मने भउ हास ॥ध्रु०॥

एरे मानिनि पलटि निहार
अरुण[८] पिबए लागल अन्धकार।
मानिनि मान महघ धन तोर
चोराबए अएलाहु[९] अनुचित मोर॥
ते[१०] अपराधे मार[११] पँचबान
धनि धरहरि[१२] कए[१३] राष[१४] परान॥
भनइ विद्यापतीत्यादि॥

ने० पृ० ४८, प० १३७; पं० ३

पाठभेद—

न० गु० (प० सं० ३६३)—१ तनिहि २ लागि ३ भूखल ४ विरल ५ नखत ६ नभमण्डल ७ मने उठ ८ अरुन १२-१३ धर हरिकए

मि० म० (प० सं० ३८५)—१ तनित ९ चोराबए चाहि १० तौं १४ राख। शेष न० गु० के समान

झा० (प० सं० १२६)—१ तुलित २ लागि ५ खत ६ नखमण्डल ७ भने भउ ११ मोरा १२ धर हरि

परि० पद० (प० सं० १२७)—३ भूखल ४-५-७ विरल नखत नभमन्डल भास ७ उठ ८ अरुन ९ चोराबए अएलाहुँ १०-११ तेँ अपराधेँ मार १४ राख

शब्दार्थ—तलाग=तड़ाग। पिब=पीते हैं। विरल=छिटपुट। भास=प्रकाशित हो रहे हैं। भउ=होता है। महघ=महार्घ, महँगा। धरहरि=धरहरिया करके, धर पकड़ करके बचाना।

[४२]

बरलीरागे—

प्रथमहि गिरि सम गौरव[१] भेल
हृदयहु[२] हार आन्तर[३] नहि देल।
सुपुरुष[४] वचन कएल अवधान
भल मन्द दुअओ बुझब[५] अवसान॥ ध्रु०॥
चल चल माधव भलि तुअ रीति
पिसुन पचने परिहरलि पिरीति।
परक वचने[६] पहु[७] आपल कान
तहि खने जानल समय[८] समान॥
आबे अपदहु[९] हरि तेज अनुरोध
काहु का[१०] जनि हो बिहिक विरोध।

न[११] भेले रङ्ग रभस दुर गेल
इथि हम[१२] खेद एकओ नहि भेल ॥
एके पए खेद जे मन्दा समाज
भलेहु तेजल आबे आषिक[१३] लाज ॥
भनइ विद्यापति हरि मने लाज
काहु का[१४] जनु हो मन्दा समाज ॥

ने० पृ० ६२ (क), पं० २५४, पं० ५

पाठभेद—

न० गु० (प० सं० ३४६)—३ आँतर ६-७ वचने १३ आँखिक

मि० म० (प० सं० ३७८)—३ आँतर ४ सुपुरुस ५ बुझ ६-७ वचने १३ अबे आँखिक

झा० (प० सं० २३३)—१० काहुक

परि० पद० (प० सं० २३४)—१ गउरब २ हृदअहु ८ समअ ९ अपदहुँ १० काहुकाँ ११ नहि १२ हमे १३ आखिक १४ काहुकाँ जनु

शब्दार्थ—हृदयहु=हृदय में भी। आन्तर=अन्तर, स्थान। भल मन्द=भला-बुरा। पहु=प्रभु। आपल=अर्पण किया। समान=सामान्य। अपदहु=पद या औचित्य न रहने पर भी। इथि=इसके लिए। भलेहु=भला होकर भी। आषिक=आँख की।

[४३]

सुन सुन गुनवति राधे।
माधव बधि[१] कि साधबि साधे॥
चाँद दिनहि दिन-हीना[२]।
से[३] पुन पलटि खने खने खीना॥
अङुरी[४] वलया पुन फेरी।
भाङि गढ़ायब[५] बूझि कत बेरी॥
तोहरि[६] चरित नहि[७] जानी।
विद्यापति पुन[८] सिरे कर हानी॥

प० स० पृ० ४१; प० त० ९२, कीर्त्त० २५४; शा० मि० २४; न० गु० ४०७; मि० म० ६५१

पाठभेद—

प० स०—(४१) १ वधिले २ चान्दहि दिनहि दीनहीना ३ सो

सं० मन्तव्य—४ अँगुठी ५ गढ़ाओब ६ तोहर ७ नहिं ८ भन

शब्दार्थ—बधि=बध करके। साधबि=साधोगी, पूर्ण करोगी। साधे=साध, मनोकामना को। अङ्गुरी=अंगुलि का आभूषण, अंगूठी। वलया=बलय, हाथ का आभूषण। भाँगि=तुड़वाकर। बुझि=बूझती हूँ, पूछती हूँ। हानी=हनकर, रखकर।

[४४]

सुन माधव राधा साधिन भेल।
जतनहि कत परकार बुझायलुँ[१]
तभु धनि उतर न देल॥
तोहारि[२] नाम शुनये[३] जब सुन्दरि
श्रवने मुदये[४] दुइ पानि।
तोहर पिरीति जे नव नव मानय
से अब न शुनये[५] बानी॥
तोहारि[२] केश कुसुम तृन ताम्बुल
धयलहु राहिक आगे।
कोपे कमलमुखि पलटि न हेरल
बैसलि विमुख विरागे॥
एहन बुझि कुलिस सार तछु[५] अन्तर
कैछे[६] मिटायब मान।
विद्यापति कह वचन अब समुचित
आपे सिधारह कान॥

प० स० पृ० ७४; प० त० ५३४; शा० मि० ६४; न० गु० ३९९; मि० म० ६५०

पाठभेद—

सं० मन्तव्य—१ बुझाओल २ तोहर ३ सुनय ४ श्रवन मुँदय ५ तसु ६ कइसे

शब्दार्थ—साधिन=(सुआधिन) स्वाधीन, सम्बन्ध सूत्रों को तोड़कर पृथक्। जतनहि=यत्न से। मुँदय=मूदती है। पानि=पाणि, हाथ। (केश, कुसुम, तृण और ताम्बूल क्रमशः प्रायश्चित, प्रीति, शपथ पूर्वक निवेदन और अनुरागोपहार के चिन्ह रूप में कृष्ण ने दूती द्वारा राधा को भेजा था।) कोपे=क्रोधवश। एहन=ऐसा। बुझि=समझती हूँ। कुलिस सारतसु अन्तर=उसका कुलिस की भी कठोरता के मूलाधार-सदृश हृदय।

[४५]

सखि हे ना बोल वचन आन।
भाले भाले हाम[१] अलपे चिन्हलूँ

ऐछन[१] कुटिल कान।
काठ कठिन कयल मोदक
उपरे माखिया गुड़।
कनयाकलस बिखे पूराइया
उपरे दधक पूर॥
कानू से सुजन हाम[२] दुरजन
ताकर वचने याइ[३]।
हृदय मुखेते एक सपतुल
कोटिके गुटिक पाइ॥
ये फले तेजसि से फुले पूजसि
से फूले धरसि बान।
कानुक वचन ऐछन[१] चरित
कवि विद्यापति भान॥

प० त० ४९४; शा० मि० ६१; न० गु० ४२७, मि० म० ६४१

पाठभेद—

सं० मन्तव्य—१ अइसन २ हम ३ जाइ

शब्दार्थ—अलपे=थोड़े में ही। पूर=अपरी स्तर, ऊपर से पूरा करना। गुटिक=गिरोह में।

[४६]

कत कत अनुनय करु[१] वरनाह।
ओ धनि मानिनि पलटि न चाह॥
बहुविध बानि विलापये कान।
शुनइते सतगुन बाढ़ये[२] मान॥
गद गद नागर हेरि भेल भीत।
वचन न निकसये[३] चमकित चीत॥
परशिते चरन साहस नहि होय।
कर जोड़ि ठाढ़ि[४] वदन पुनु जोय॥
विद्यापति कह सुन वरकान।
कि करबि तुहुँ अब दुर्ज्जय मान॥

प० त० ५१२; शा० मि० ५६, न० गु० ३७०; मि० म० ६४९;

पाठभेद—

सं० मन्तव्य—१ कर २ बाढ़य ३ निकसय ४ ठाढ़

शब्दार्थ—बरनाह=श्रेष्ठ स्वामी, प्रियतम। चाह=देखना, चाहना। विलापये=विलपता है। कान=कान्ह, कृष्ण। भीत=भय पूर्ण। चीत=चित्त। परशिते=स्पर्श करने में। जोय=पुनःपुन देखना।

[४७]

सखि हे मन्द प्रेम-परिनामा।
बराक जीवन कयल पराधीन
नाहि उपकार एकठामा॥
झाँपल कूप लखइ ना पारल
जाइत[१] पड़लहु धाइ।
तखनक लघु-गुरु कछु ना बिचारलु
अब पाछू तरइते चाइ॥
मधु सम वचन प्रेम सम मानुख[२]
पहिलहुँ जानन[३] न भेला।
अपन चतुरपन पर हाते[४] सोंपलु
हृदिसे गरब दुरे गेला॥
एत दिन आन भाने हम आछलुँ
अब बुझलु अवगाहि।
अपन सूल हम आपहि चाँछल
दोख[५] देयब अब काहि॥
भनये विद्यापति सुन वरजुवति
चिते नाहि गूनबि आने।
प्रेमक कारन जीउ उपेखिअ
जगजन को नहि जाने॥

प० त० ९३९; शा० मि० ४६; मि० म० ६४२;

पाठभेद—

सं० मन्तव्य—१ जाइते २ मानुष ३ जान ४ हाथे ५ दोष

शब्दार्थ—बराक=भाग्यहीन। झाँपल=ढँका हुआ। सोंपलु=सौंप दिया। हृदि से=हृदय से। गरब=गर्व। अवगाहि=पूरी तरह डुबकी लगाकर, अन्तस्तल तक पहुँचकर। चितें=चित्त में। गूनबि=गिनना, समझना। उपेखिय=उपेक्षा करते हैं।

[४८]

शुन शुन सुन्दरि कर अवधान।
नाह रसिकवर विदगध जान॥
काहे[1] तुहुँ हृदये करसि अनुताप।
अबहु[2] मिलब सोइ सुपुरुष आप॥
उदभट प्रेम करसि अनुराग।
निति निति ऐसन[3] हिय माहा[4] जाग॥
विद्यापति कह बान्धह थेह।
सुपुरुष कबहुँ न तेजय नेह॥

प० त० ९५०; न गु० ६४७; मि० म० ६४३;

पाठभेद—

सं० मन्तव्य—१ काहें २ अबहुँ ३ अइसन ४ माँह

शब्दार्थ—अवधान=दत्तचित्त, ध्यान पूर्वक । थेह=थेधा, सहारा, धैर्य। तेजय=छोड़ता है।

[४९]

ए धनि मानिनि कठिन परानि।
एतहुँ विपदे तुहुँ न कहसि बानि।
ऐछन[1] नह इह प्रेमक रीत।
अबके मिलन हये[2] समुचीत॥
तोहारि[3] विरहे जब तेजब परान।
तब तुहुँ का सञे साधबि मान॥
के कह कोमल - अन्तर तोय।
तुहुँ सम कठिन हृदय नहिँ होय॥
अब जदि[4] न मिलह माधव साथ।
विद्यापति तब न कहब बात॥

प० त० २०४६; न० गु० ४४५ मि० म० ६५६;

पाठभेद—

सं० मन्तव्य—१ अइसन २ होअए ३ तोहर ४ यदि।
इस पद की भणिता का भाव विद्यापति के अन्य पदों से भिन्न है अतः इसकी प्रामाणिकता सन्दिग्ध हैं।

शब्दार्थ—परानि=प्राणों वाली। एतहुँ=इतने भी। साधवि=साधोगी, करोगी।

[५०]

तुहूँ मान धएलि अविचारे।
अबे की करब प्रतिकारे॥
तुहूँ एड़ाओलि[1] रतने।
मान हृदय करि धरलि जतने॥
मान गरुअ किअ धरलि।
कानुक करुना करने[2] नहि सुनलि॥
वञ्चित भै[3] पहु चलला।
कलिजुग पाप सतत तोहे[4] फलला॥
न सुनलि महाजन मुखकाँ।
जाचत बाघ न खाएत बनकाँ॥
मानिनी मान भुजङ्गे।
जारल बीख भरल सब अङ्गे॥
सुकवि विद्यापति गाओल।
पुरुब कृत फल पाओल॥

न० गु० ४५४; मि० म० ६५५

पाठभेद—

सं० मन्तव्य—न० गु० ने इसे कीर्त्तनानन्द से लिया हुआ बताया है किन्तु प्रकाशित कीर्त्तनानन्द में यह पद नहीं पाया जाता। इसकी भाषा पर भी बाहरी प्रभाव अधिक जान पड़ता है

१ हेराओलि २ करणे ३ भए ४ तोहें।

शब्दार्थ—अविचारे=बिना विचार के, निराधार, व्यर्थ। एड़ाओलि=खो दिया। करने=कर्णे, कान में। मुखकाँ=मुख की वस्तु, बात। जाचत=जाँचने से, माँगने से। बाघ.....बनका=बाघ की याचना करने से या बाघ समीप लाने से क्या वह खाएगा नहीं? जारल=जला दिया।

[५१]

हरि परसङ्ग न कर मझु आगे।
हम नहि नायरि[1] भयी[2] माधव लागे॥
जकर मरमे बैसय[3] वरनारी।

ता सयँ परीति दिवस दुइ चारि[४] ॥
पहिलहि[५] न बुझल एत सब बोल।
रूप निहारि पड़ि गेल भोल ॥
आन भावइत[६] बिहि आन फल देल।
हार भरमे भुजङ्गम भेल ॥
ए सखि ए सखि जव रहु जीव।
हरि दिगे चाहि पानि नहि[७] पीव ॥
हम जञो जानितओं कानुक रीत।
तब किअ ता सयँ बाँधय[८] चीत ॥
हरिनी जानय भल कुटुम्ब बिबाध।
तबहूँ व्याधक गीत सुनइत करु साध ॥
भनइ विद्यापति सुन वरनारि।
पानि पिये किअ जाति बिचारि ॥

न० गु० ३९२ (आकर अज्ञात); शा० मि० ६३; मि० म० ६५०

पाठभेद—

सं० मन्तव्य—१ नागरि २ भइ ३ चारी ४ पहिलहिं ६ भावइते ७ नहिं ८ बाँधत

शब्दार्थ—परसङ्ग = प्रसङ्ग । नायरि = नागरिका । लागे = के लिए । भावइत = भावना करते हुए । दिगे = दिशा की ओर । बिबाध = बाधा, नाश । साध = इच्छा । पिये = पी लेने पर ।

[५२]

वसन्तरागे—

नव रतिपति नव परिमल लागर[१]
नव मलआनिल धाव[२] ।
नवि नागरि नव नागर बिलसए
पुनफलें[३] सबे सबे पाब[४] ॥ ध्रु० ॥
मानिनि आब कि मान तोहार।
अपन मान पावक भए पइसल
लुलए[५] म(द)न[६] भण्डार ॥
एत दिन मान भलेहुँ तोहे राखल
पञ्चवान छल थोल ।
अबे अनङ्ग हे सरीरी देखिअ

समअ[७] पाए[८] कि[९] बोल ॥
विद्यापति कह के वसन्त सह
मुनिहुँक मन हो[१०] लोभे ।
लखिमा देवि पति रूपनराएन[११]
षट ऋतु सबे रस सोभे ॥

राम० पृ० ११ (क), प० ३४, पं० ५

पाठभेद—

ठाकुर—(प० सं० ६)—१ नागर २ धार ३ पुनकलें ४ पार ५ लूलए ६ मन ९ की

मि० म०—(प० सं० १२३)—३ पुनकले ७ समय ८ पाय १० ही ११ रूप-नरायण । शेष ठाकुर के समान ।

परि० पद०—(राम० प० सं० ६) १ लागल ९ की ११ रूपनराञेन

शब्दार्थ—लागल=लगा हुआ । धाव=धा रहा है, दौड़ या बह रहा है । पइसल=प्रविष्ट हुआ । लुलए=लूट रहा है । थोल=थोड़ा सरीरो=शरीर युक्त, साकार । लोभे=लुब्ध होना । सोभे=सुशोभित होता है ।

[५३]

धनछीरागे—

तन्हिकरि धसमसि विरहक सोस
तञे दिन[१] कए कैतव पोस ।
सोलह सहस गोपी परिहार
तन्हिकाहुँ कुल भेलिसि[२] बनिजार[३] ॥ ध्रु० ॥
मञे[४] कि बोलब सखि बोलइछ[५] कान्ह
सब परिहरि नागरि तोहि मान ।
समअक[६] बसे[७] नहि[८] सब अनुराग
भलाहुक मन मन्देओ पद[८] जाग ॥
पिअरी दरसने नागर दूल
घान्दू गुने[९] बनतुलसी फूल ।
विद्यापति भन बुझ रसमन्त
राए सिवसिंह लखिमा दवि कन्त ॥

राम० पृ० १५ (क), प० ४६; पं० ३

पाठभेद—

ठाकुर (प० सं० १८)—१ तञे दिढ़ २, ३ मेलि सि···जार ७ बसें लहि ८ सन्देओपद

मि० म० (प० सं० १२४)—१ तए दिढ २-३ मेलि सिरनिजार ४ मए ५ बोलइच्छ ६ समयक ७ बसे नहि ८ मन्दोअपद ९ गुणे

परि० पद०—(राम० प० सं० १८) कोई पाठभेद नहीं।

शब्दार्थ—तन्हिकरि=उनका। धसमसि=सन्देह युक्त। सोस=शोषण। कैतव=कपट। पोस=पोषण। मेलिसि=हो गई। बनिजार=व्यापारी। पद=वचन, विचार। पिअरी=पीताभ, चमक-दमक। दूल=दोलायमान हो रहा है, डोल रहा है। घान्टू=घटने पर।

[५४]

धनछीरागे—

बाढिक[१] पानि काढि[२] जा जानि
ठाम रहल गए जे निज मानि।
अइसनहुँ सुमुखि करह तोहेँ[३] रोस
पुरुसक की दिअ एतबाहिं दोस ॥ ध्रु० ॥
दह दिसँ भमर करओ मधुपान
थिर भए चाहिअ अपन गेआन[४] ॥
जातकि केतकि मालति सार
रमनी[५] भए जदि करए विहार।
मधु लए के घुर[६] मधुपक सङ्ग
थावर गौरव ई[८] बड[९] रङ्ग ॥
पर अनुराग रागें[१०] गेल मोहि
से मञे[११] छडलेँ[१२] सुमभए[१३] तोहि।
भनइ विद्यापति बुझ रसमन्त
राए सिवसिंह लखिमा देवि कन्त ॥

राम० पृ० ५० (क), प० १६९; पं० ५

पाठभेद—

ठाकुर (प० सं० ४१)—१ बाढ़िक २ काढ़ि ७ सङ्ग

मि० म० (प० सं० १३१)—१ बाढ़िक २ काढ़ि ३ तोहे ४ गेयान ५ रमणी ६ घर ७ सङ्ग ८ इ ९ बड़ १० रागे ११ मये १२ छड़ले

परि० पद० (राम० प० सं० ५०)—११ मोञ १३ समुझए

शब्दार्थ—काढ़ि जा=कढ़ जाता है, निकल जाता है। ठाम=स्थान। एतंबहिं=इतने में। जातकी=चमेली। सार=सारतत्त्व, महत्त्व पूर्ण तथ्य। धुर=घूमना। थावर=स्थावर। सुमझए=समझेगा।

[५५]

कोलाररागे—

एक कुसुम मधुकर न रम[१]
एके[२] स(ह)[३] न[४] रह नाह।
इ दुइ साजनि जगत सम्भव
सबे अनुभव चाह ॥ ध्रु० ॥
न बोल न बोल पउरुस वच (न)[५]
तहि सुबुधि सआनी[६] ।
ततेहि माने अनल[७] पजारहअ[८]
जेहे[९] निभाइअ पानी ॥
पिअ अनुचित किछु न[१०] धरब
मने न मानब दूर ।
मुखरपन सारि[११] जञो सोभए
तञो[१२] कि सोंपिअ[१३] नुपूर[१४] ॥

राम० पृ० १०६, प० ३८४; पं० ४

पाठभेद—

ठाकुर (प० सं० ५३)—१, २, ३, ४ बसए कैसने ५ वच ८-९ पजारह अजे हे १० ने ११ मारि १३ सौंपि १४ अनुपूर

मि० म० (प० सं० ८१५)—१२ तखो। शेष ठाकुर के समान

परि० पद०—(राम० प० सं० ६२)—५ परुष वचन ६ सजानी ७ अनल ८ पजारिअ

शब्दार्थ—न रम=नहीं रमण करता। सह=साथ। नाह=स्वामी। पउरुस=परुष, कठोर। माने=मान में, मात्रा में। पजारहअ=प्रज्वलित करो। जेहे=जिसे। निभाइय=निर्वापित, बुझाया जाय। सारि=सारिका, मैना। सोभए=सुहाता है।

[५६]

तुअ गुणे[१६] अमिअ[१] निवास
विरुख[२] वचन कि के[३] भास।
बाँरि[४] सम हिदृए[५] हमारि

हेम कर गलल तगारि[६] ॥ ध्रु० ॥
परिहर दारुण मान
देहे अधर मधु पान।
रोसे[७] दारुन मुँह[८] मन्द
निन्दइ साझक[९] चन्द ॥
कथि[१०] भेल सुललित हास
उचितेहु[११] कमल बिगास[१२]।
परमुखे सुनिञे[१३] अपबानी[१४]
रोष करह पहु जानी[१५] ॥
किछु दोष नहिक हमारि
हृदयहु[१६] चाहह विचारि।
आभोग्य ॥

राम० पृ० ११३ (क), प० ६१; पं० १

पाठभेद—

ठाकुर (प० सं० ६४)—२ विख्य १० कानु ११ उठितेहु १२ विकास

परि० पद० (रा० प० सं० ७२)—१ अमिञ ३ कके ४ वारि ५ हृदय ७ रोषें ८ मुँह ९ साँझक १३ सुनि १४ अपवानि १५ जानि १६ हृदअहु।

सं० मन्तव्य—६ तगारि।

अन्तिम चरण में केवल आभोग्य लिखा है। इसके अतिरिक्त विद्यापति की भणिता भी नहीं है। अतः जान पड़ता है कि पद अन्त में खण्डित है।

शब्दार्थ—विख्ख=विष। कि के=क्योंकर। हिद्द ए=हृदय। गलल=गिरा। त=तो। गारि=गाली उपहास। रोसे=रोष से। कथि=क्या। अपवानी=बुरे वचन। चाहह=चाहिए, चाहो अथवा देखो।

[५७]

कोलाररागे

पहिनहि[१] अमिञ लोभायी
अबे सिनुबसि[२] विषवचन कोहायी।
कैसनि[४] भेलि तुअ[५] रिती[६]
आदि मधुर परिनामक तीती ॥ ध्रु० ॥
के तोके बोलए सआनी[७]
कोप न कएलह अवसर जानी ॥

निधुवन लालस नाहे
पेम लुबुध परिरम्भन चाहे ॥
यदि खण्डसि तसु आसा
सुतसि समिधि-दए धहत[८] हुतासा[९] ।
विद्यापति कह जानी
हरि सओं[१०] कोप न करए सआनी[११] ॥

राम० पृ० ११३, प० ३९६, पं० ३

पाठभेद—

ठाकुर (प० सं० ६६)—३ सिन्धु धसि ५, ६ ओअ रीती ८ बहत ९ बातासा १० सओ ।

मि० म० (प० सं० ४२२)—१ पहिलहि २ अमिअ ३ सिंधु धसि ६ रीती ८ बहत ९ बतासा १० सञो ।

परि० पद० (राम० प० सं० ७४)—४ कइसनि ६ रीती ७ सञानी १० सञों ११ सञानी

शब्दार्थ—पहिनहि = पहिलहि, पहले ही । लोभायी = लुभाकर । सिनुबसि = सुना रही हो । कोहाँयी = कोहाँकर, रुठकर । तीती = तिक्त । निधुवन = काम क्रीड़ा । समिध = समिधा, ईंधन । धहत = धधकता, प्रज्वलित ।

[५८]

देशदेशाख—

मान परीहर हे करु वचन मोरा
मार मनोभव हे धरु सरन[१] तोरा ।
न कर न कर हे मोहि विमुख आजे
अपुरुब[२] पेमे हे पुनु[३] भेल समाजे ॥
कमलवदनि हे करु आकम[४] दाने
विनञें[५] के नहि हे जग[६] तेजए[७] माने ॥
—इति विद्यापतेः ।

रा० त०, पृ० ५०

पाठभेद—

न० गु० (प० सं० ३५३)—१ शरन २ अपरुब ३ पुन ४ आँकम ५ विनये ६-७ जगते जय । अन्त में यह भणिता है—

विद्यापति कवि हे भन धीरे।
राजा शिवसिंह हे नरपति वीरे॥

मि० म० में यह पद नहीं है।

परि० पद० (प० सं० ६)—४ आँकम

शब्दार्थ—परीहर=छोड़ दो। धरु सरन=शरण धरता हूँ। समाजे=मिलन। आँकम=अंकम, अंकमाल, आलिङ्गन। विनञे=विनय से। तेजए=तजता है।

[५६]

शुद्ध सूहव—

सरदक ससधर सम मुखमण्डल
काञे[1] झँपाबह[2] वासे।
अलपओ[3] हास सुधारस बरिसओ
छाडओ अमिञ[4] पिआसे॥ ध्रु०॥
कि[5] आरे[6]
मानिनि अपनहूँ[7] मन अनुमान[8]।
रुसैतें[9] जानहु[10] बोलब[11] अगेआन[12]॥
हाटक घटन सिरीफल सुन्दर
कुचयुग कोटि[13] करु आधे।
पानि परस रस अनुभव[14] सुन्दरि
न कर[15] मनोरथ बाधे॥
नागरि अङ्ग विभङ्गक आगरि
विद्यापति कवि भाने।
राजा सिवसिंह रूपनाराएन[16]
लखिमा देवि रम(ा)ने॥

रा० त०, पृ० ९३

पाठभेद—

न० गु० (प० सं० ३५४)—१ काँइ २ झपाबसि ३ अलपेओ ४ नयन ५–६ पाठाभाव ७ अपनेहु ८ अनुमान ९ रुसइते १० आनहु ११ बोल १२ अगेआन १३ कुचजुग कुटि १४ अनुभव १५ करु। अन्तिम चार पंक्तियाँ निम्नलिखित प्रकार हैं—

भनइ विद्यापति सुन वरजोवति
विभव दया थिक सारा।
माह छाह फकरो नाहि भावय
ग्रीषम प्रान पियारा।

मि म० (प० सं० १३३)—न० गु० के समान पाठ ।

परि० पद० (रा० प० सं० ३२)—१ काञि ४ नअन ९ रसइते १३ कुचयुग
काटि १६ रूपनराञेन ।

शब्दार्थ—सरदक=शरत का । ससधर=चन्दमा । काञे=क्यों । झँपाबह=ढँकती हो । वासे=वसन, वस्त्र से । अलपओ=अल्प मात्रा में भी । अमिञ=अमृत । आनहु=अन्य भी । हाटक=सोना । घटन=बनावट । पानि=पाणि, हाथ । आगरि=भाण्डार, खान ।

[६०]

काम सूहब

वदन चाँद[1] तोर नयन चकोर मोर
रुप अमिञ[2] रस पीबे ।
अधर मधुरि फुल पिअ मधुकर तुल
मधु बिनु कति खन जीबे ॥ ध्रु० ॥
हे[3] मानिनि मन तोर गढ़ल पसाने ।
अपने रभसे[4] हसि[5] किछुओ उतर देसि
सुषे[6] जाओ निसि अवसाने ।।
निञ मनें[7] न गुनसि पर बोल न सुनसि[8]
न (बुझसि) छैलरि[9] बानी ।
अपन[10] अपन कजा कहते[11] परम लजा
अरथित आदर हानी ॥
भनइ विद्यापति सुनु वरजौवति
सबे खन न करिअ माने ।
राजा सिवसिंह रूपनराएन
लखिमा देवि रम(ा)ने ॥

रा० त०, पृ० ९८

पाठभेद—

न० गु० (प० सं ३५५)—२ अमिय ३ पाठाभाव ४–५ कके न रभसे हसि ६ सुखे ७–८ पर मुखे न सुनसि निअ मने न गुनसि ९ छाइलरि ११ कहइते । भणिता निम्नलिखित प्रकार हैं—

कवि भने[१२] विद्यापति अरेरे सुन जुवति
नेह नुतन भेले माने।
लखिमा[१४] देवि पति सिवसिंह[१५] नरपति
रूपनारायन[१६] जाने॥

मि० म (प० सं० १२१)—२ अमिअ ७ गुणसि ९ छइलरी ११ कहइत १२ भन १३ सुनु १४ देह १५ सिवसिंघ। शेष पद न० गु० के पाठ के समान।

परि० पद० (रा० प० सं० ३३)—१ चान्द ३ पाठाभाव ४ रभसेँ ५ हँसि ६ सुखेँ ९ छइलेरि १० अपने ११ कहइतेँ १३ सुनु वरजउवति १६ रुपनराञेन

शब्दार्थ—मधुरि फुल=गुलदुपहरिया। पसाने=पाषण से। छैलरि=छैला की। कर्जा=कार्य। अरथितें=याचना करने से। सबे खन=सभी क्षण, सभी समय।

[६१]

मैथिलमालव—

गेलाहुँ[१] पुरुब पेमे उतरो न देइ
दाहिन वचन वाम कए[२] लेइ।
ए हरि रस दए रुसलि रमनी
हमतह न आउति कुञ्जरगमनी[३]॥
गेए[४] मनाबह रहओ समाजे
सबतह बड[५] थिक आँखिक[६] लाजे।
जे किछु कहलक से अछि लेले
भल कहि[७] बुझब[८] अपनहि गेले॥
भनइ विद्यापति नारि[९] सोभावे
रुसलि रमनि पुनु पुनमत पाबे॥

रा० त०, पृ० १०७

पाठभेद—

न० गु० (प० सं० ४००)—१ गेलाँहु २ कइ ३ कुञ्जरगमनी ४ गइए ५ बड़ ६ आँखिक ७ कय ८ बूझब ९ नारी

मि० म० (प० सं० ४४२)—४ गइये। शेष न० गु० के समान।

परि० पद० (रा० त० प० सं० ४२)—४ गइए ६ आखिक ७ कए ८ बूझब

शब्दार्थ—गेलाहुँ=(निकट) जाने पर भी। दाहिन=अनुकूल। वाम=प्रतिकूल। रस दए=रस देकर, प्रेमांकुर बढ़कर। जे किछु··· लेले=जो कहा (न मानने को) उसी का हठ पकड़े हुए है।

[६२]

वदन सरोरुह हासे[१] नुकओलह
तें[२] आकुल मन मोरा ।
उदितेओ चन्दा अँमिय[३] न मुञ्चए
की पिबि जिउत चकोरा ॥
मानिनि देह पलटि दिठि मेला ।
सगरि रअनि[४] जदि कोपहि[५] गमओबह
केलि रभस कोन[६] बेला ॥
तोर नअन[७] एँ[८] पथहु[९] न सञ्चर
अजुगुत कह(ल) न[१०] जाइ[११] ।
अरुन कमल के क(ा)न्ति[१२] चोरओलह
तें[१३] मने रहलि लजाइ[१४] ॥
कामिनि कोपें[१५] मनोरथ जागल
विद्यापति कवि गाबे ।
जएमति देवि[१६] बर सन गहि[१७] सङ्कर
बुझए सकल रस भावे ॥

न० गु०; प० ३५७

पाठभेद—

मि० म० (प० सं० ३८२)—२ तैं ३ अँमिअ ४ रयनि ७ नयन १३ तैं १५ कोपे १६ देइ

परि० पद० (त० प० सं० ११४)—१ हासेँ २ तञे ३ अमिञ ४ रञनि ५ कोपहिँ ६ कओन ७ नअन ८ ञे ९ पथहुँ १० कहल ११ जाई १२ कान्ति १३ तञे १४ लजाई १५ कोपें १७ मन गहि

शब्दार्थ—वदन=मुख। मुञ्चए=छोड़ता है। जिउत=जिए। रअनि=रजनी। ञे पथहु= इस मार्ग से भी। सञ्चर=संचरण करता है। अजुगुत=युक्ति हीन, आश्चर्य जनक। चोरओलह=चुरा लिया। कोपें=क्रोध से, मान करने से। मन गहि=मन में पकड़कर, मन में स्मरण कर।

[६३]

चउदिस जलदें[१] जामिनि भरि गेलि ।
धाराञे[२] धरनि बेआपिति भेलि ॥
गगन गरजें[३] जागल पञ्चबान ।

एहना[४] सुमुखि उचित नहि मान ॥
नागरि पिसुन वचने करु रोष[५]।
पय[६] परलहुँ[७] नहि करु परितोस[८]॥
बिहि समुचित धरु वामा नाम।
हमें अनुमापि हलल फल ठाम ॥
नागरि वचन अमिय[९] परतीति।
हृदय गढ़ल हे पखानहु[१०] जीति ॥

न० गु०; प० ३५८

पाठभेद—

मि० म० (प० सं० ८३६)—१ जलदें २ धाराञे ३ गरजें ५ रोस

परि० पद०—(त० प० सं० ११५)—जलदे ँ २ धाराञे ३ गरजे ँ ४ अइसना ६ पअ ७ पललहुँ ८ परितोष ९ अमिञ १.० पखानहुँ

शब्दार्थ—धारा=धाराञे (वृष्टि) से। एहना=ऐसे (अवसर) पर। पिसुन=चुगली करने वाला। पय (पद)=पाँव। परितोष=सान्त्वना। वामा=रमणी, विपरीत मार्ग में चलने वाली, विरुद्ध आचरण वाली। हलल=किया फल ठाम=फल प्राप्तिके स्थल (समय) पर। पखानहु=पाषाण को भी।

[६४]

माननि मान आबहू[१] कर ओड़।
रअनि[२] बहलि हे रहलि अछ थोड़ ॥
गुनमति भए गुन न धरिअ गोए।
सुपुरुस[३] दाने अधिक फल होए ॥
बेरा एक हेरह (हरह) मन-ताप[४]।
पेम-लता तोड़ले बड़ पाप ॥
लोचन भमरे हमर कह[५] आस।
तुअ मुख पङ्कज करओ[६] विलास ॥
भनइ[७] विद्यापति मने गुनि भान।
सिवसिंह[८] राए रसिक रस जान ॥

न० गु०; प० ३६४

पाठभेद—

मि० म० (प० सं० १२२)—१ आबहु २ रयनि ५ करु ८ सिवसिंघ

परि० पद० (त० प० सं० ११६)—१ अबहुँ २ रजनि ३ सुपुरुष ४ बेरा एक
हेरह हरह मन ताप ५ कहँ ६ करओ ७ सुकवि

शब्दार्थ—ओड़=ओर, अन्त। बहलि=बह गई, व्यतीत हो गई। गोए=गुप्त करके। हेरह=निहारो। हरह=हर लो। मन-ताप=मस्ताप, मानसिक क्लेश।

[६५]

मानिनि,

कुसुमे रचलि सेजा[१] मान महघ तेज
जीवन जउवन धने।
आजुक रअनि[२] जदि विफले जाइति पुनु
कालि भेले के जान जिवने॥

मानिनि,

मन्द पवन बह न दीप थिर रह
नखतर मलिन गगन भरे।
तोर वदन देखि भान उपजु मोहि
केसु फुल उपर भमरे॥

न० गु०; प० ३६५

पाठभेद—

मि० म० (प० सं० ८३८)—२ रयनि

परि० पद० (त० प० सं० ११७)—सेज २ रअनि

सं० मन्तव्य—पद अन्त में कुछ खण्डित प्रतीत होता है।

शब्दार्थ—सेजा=सेज, शय्या। महघ=महार्घ, महँगा, बहुमूल्य। जिवने=जीवन में। नखतर=नक्षत्र। भाव=आभास। केसु फुल=किंशुक (पलाश) फूल।

[६६]

अरे अरे भमरा तोञे हित हमरा
बँउसि[१] आनह[२] गजगामिनि रे।
आजुकि रुसलि कालि जञो बँउसबि[३]
तीति होइति मधुयामिनि रे॥
तीति रजनिआँ[४] तिनि जुगे जनिआँ[५]
दिठिहुक ओत देसांतर रे।

सरोबर सोसे[6] कमल असिलाएल
नगर उजलि[7] भेल पाँतर रे॥
एकसर[11] मनमथ दुइ जिव मारए
अपन अपन भिन वेदन रे।
दुइ मन मेलि कमने बेकताओब
दारुन प्रथम निवेदन रे॥
मानक भञ्जन जसु गुन रञ्जन
विद्यापति कवि गाओल रे।
लखिमा देवि[8] पति सिवसिंह[9] नरपति
पुरुब जनम तपे[10] पाओल रे॥

न० गु०, प० ३७१

पाठभेद—

मि० म० (प० सं० १३०)—८ लखिमा देइ ९ सिवसिंघ

परि० पद० (त० प० सं० ११८)—१ बुझसि २ आनहु ३ बझुसबि ४ रजनिआ ५ जनिआ ६ सोषेँ ७ उजलि १० तपेँ

सं० मन्तव्य—११ एकसरे

शब्दार्थ—बझुसि=बुझाकर रुष्ट, पियाको समझाकर। जनियाँ=जानना समझना। दिठिहुक=दृष्टिका भी। असिलाएल=अलसा गया। उजलि=उजड़कर, पाँतर=प्रान्तर, बीरान। एकसर=एक बाणवाला। अथवा अकेला। एकसरे=एक बाणसे। भिन=भिन्न। भञ्जन=काटनेवाला। रञ्जन=रंजित करनेवाला। तपे=तपके द्वारा।

[६७]

दुरजन दुरनए परिनति मन्द।
ता लागि अबस करिअ नहि दन्द॥
हठे[1] जओ करबह सिनेहक ओल[2]।
फूटल फटिक बलअ के जोल[3]॥
साजनि अपनें[4] मन अवधार।
नख छेदन के लाब कुठार॥
जतने रतन पए राखब गोए।
तें परि[5] जें[6] परबस नहि होए॥

परगट करब न सुपहुक दोस।
राखब अनुनअ अपन भरोस॥
भनइ विद्यापति परिहर धन्ध।
अनुखन नहि रह सुपहु अनुबन्ध॥

न० गु०, प० ३८६

पाठभेद—

मि० म० (प० सं० ३६१)—२ ओर ३ जोर ४ अपने ५ तेँ परि ६ जेँ
परि० पद० (त० प० सं० १२३)—१ हठेँ २ ओळ ३ जोळ ४ अपने ५ तेँ परि ६ जेँ

शब्दार्थ—दुरनए=दुर्नय, बुरी नीति। लागि=लिए। अबस=अवश्य। दन्द=दन्द्व, झगड़ा। फटिक=स्फटिक। बलअ=वलय, हाथ का बाला। लाब=लाता है। रतन=रत्न, प्रियतम रूपी रत्न। तेँ परि=उस विधि से। जेँ=जिससे। धन्ध=झगड़ा-झंझट।

[६८]

विमल कमलमुखि न करिय[1] माने।
पाओत वदन तुय[2] चाँद समाने॥
कामे कपट कनकाचल आनी[3]।
हृदय बइसाओल दुइ करे जानी[4]॥
तेँ[5] पातके[6] तोहि माझहि खीनी।
लघु गति हंसहु तह अति हीनी॥
ऐँ[7] धने सुखित होयत[8] युवराजे।
बसने झपाबह की तोर काजे॥
हसि[9] परिरम्भि अधर मधु दाने।
कखने फुजलि निबि केओ नहि जाने॥
भनइ विद्यापति रसिक सुजाने।
रुकमिनि देविपति सुन्दर कान्हे॥

न० गु०; प० ४१३

पाठभेद—

मि० म० (प० सं० ३९५)—१ करिअ २ तुअ ५ तेँ ७ एँ
परि० पद० (त० प० सं० १२७)—१ करिअ २ तुअ ३ जानी ४ करेँ जानी ५ तेँ ६ पातकेँ ७ जेँ ८ होएत ९ हँसि

शब्दार्थ—कामे=कामदेव ने। कपट=छल। बइसाओल=बैठा दिया, जड़ दिया। तह=से। फुजलि=खुल गई। कान्हे=कान्ह, श्रीकृष्ण।

[६९]

सजनी अपद न मोहि परबोध।
तोड़ि जोड़िअ जाहाँ[१] गेंठे पए पड़ ताहाँ[२]
तेज तम परम विरोध॥
सलिल सिनह[३] सहज थिक सीतल
इ जानइ सबे[४] कोइ।
से जदि तपत कए जतने[५] जुड़ाइअ
तइअओ[६] विरतरस होइ॥
गेल सहज हे कि रिति उपजाइअ
कुलससि[७] नीली रङ्ग।
अनुभवि पुनु[८] अनुभवए अचेतन
पड़ए हुतास पतङ्ग॥

न० गु०, प० ४२८

पाठभेद—

मि० म० (प० सं० ८३४)—१ जहाँ २ गाँठ पड़ए तहाँ ३ सनेह ५ जुतने ६ तइओ

परि० पद०(त० प० सं० १३२)—१ जहाँ २ तहाँ ४ सब

सं० मन्तव्य—२ गाँठि पए पड़ तहाँ

शब्दार्थ—अपद=पद की बात न होना, अनुपयुक्त। तेज=सूर्य का तेज, प्रकाश। तम=अंधकार। सिनेह=स्नेह। विरतरस=रस विरहित, रसहीन। गेल=गया हुआ। कुलससि=वंश रूपी चन्द्रमा। अनुभवि=अनुभव करके।

[७०]

अपथ सपथ कए कह कत फूसि।
खन मोहें[१] तखने[२] रहत[३] रूसि॥
मोञे न जएबे माइ दु (र) जन[४] सङ्ग।
नहि सरलासय साम (र) रङ्ग[५]॥

अवलोकुब नहि तनिक (र)[६] रूप ।
आँखि[७] अछइते[८] कइसे खसब कूप ॥
विद्यापति कवि रभसे[९] गाब ।
मालिक बहारदिन बुझ इ[१०] भाव ॥

न० गु०, प० ४३८

पाठभेद—

मि० म० (प० सं० २२५)—१ मोहें ८ अछइत

परि० पद० (त० प० सं० १३५)—१ मोहे २ ओखने ३ रह ओ ४ दुरजन ५ सामर रंग ६ तनिकर ७ आखि ९ रभसें १० ई

सं० मन्तव्य—२ त खने ३ रह

शब्दार्थ—फूसि=झूठ मूठ । मोहे=मोहते हैं । त खने=तो क्षण में । रुसि=रुठकर । सरलासय=सरल आशय वाला, सीधा साधा । सामर=श्यामल, साँवला, काला । खसब=गिरूँगी ।

[७१]

कमल भमर जग अछए अनेक ।
सबतह[१] से[२] बड़ जाहि विवेक ॥
मानिनि तोरित कर (ह[३]) अभिसार ।
अवसर थोड़ेहु बहुत उपकार ॥
मधु नहि[४] देलह रहल[५] की[६] खागि ।
से सम्पति जे परहित लागि ॥
अपुजित[७] लए तुलना[८] तुअ देल ।
जाब जीव अनुतापक भेल ॥
तोञे नहि[९] मन्द मन्द तुअ काज ।
भलेओ मन्द हो मन्दा समाज ॥
भनइ विद्यापति दुति कह गोए ।
निअ[१०] क्षति[११] बिनु परहित नहि होए ॥

न० गु०; प० ४४८

पाठभेद—

ग्रियर्सन— (प० सं० ४५)—७-८ अपुजित लए तुलना तुअदेल

मि० म० (प० सं० ९८)—१-२ सब तँहसे ३ करिअ ४ नहिँ ५ रहलि ६ कि ७-८ अति अतिशय ओलना देल (न० गु० में भी यही पाठ है) ९ नहिँ १२ नहिँ

परि० पद० (त० प० सं० १३७)—३ करह १० निज ११ छति

शब्दार्थ—सब तह = सभी स्थान पर। से = वह। खागि = खंगता, कमी। अपुजित = जिसकी (वर के रूप में) पूजा न की गई हो = क्वाँरा। जाव = जब तक।

[७२]

थिर नहि जउबन थिर नहि देह।
थिर नहि रहए बालभु सञो नेह॥
थिर जनु जानह इ[१] संसार।
एक पए थिर रह पर उपकार॥
सुन सुन सुन्दरि कएलह मान।
की परसंसह[२] तोहर गेआन[३]॥
कउलति कए हरि आनल[४] गेह।
मुर[५] भाँगल सन कएलह सिनेह॥
आरति आनल[६] विघटित रङ्ग।
सुतरिक राब सरिस भेल सङ्ग॥
विमुखि चलल हरि बुझि बेवहार।
आबे कि गाओत कवि कण्ठहार॥

न० गु०; प० ४४६

पाठभेद—

मि० म० (प० सं० ३९९)—३ गेआन ५ मूर

परि० पद० (त० प० सं० १३८)—१ ई २ परसंसब ४ आनल ६ आनल

शब्दार्थ—बालभु = वल्लभ, प्रिय। कएलह = किया। परसंसह = प्रशंसा करें। कउलति = निहोरा। मुर = मूली। रङ्ग = प्रेम। सुतरिक = सुतली, रस्सी। राब = राबि, गुड़। बेबहार = व्यवहार।

[७३]

चाहइते अधर निअल[१] नहि लिसि[२]
धरइते मोललए[३] बाहीं।

सुपहु सिनेहे[४] न केलि रति भङ्गलए
तोहि सनि पापिनि नाही ॥

मानिनि;—

अबहु[५] पलटि चल पिआ[६]का पअ पल
मेटओ सबे अपराध ॥
कइतवे[७] हास गोप तोञे कएलए कर्के[८]
कर्के[९] तोरि भँउह चड़ली[१०]।
पिआ[६] सञो पउरुस कर्के[११] तोञे बोललए
जिह तोरि टूटि न पड़ली ॥
सउरस लागि पिअ[१२] हिअ अ(ा)राहिअ[१३]
बइरस वास न करिआ।
अछिकहु[१४] विष-तरु पल्लव मेलब
आँकुर भाँगि हलिआ ॥
भनइ विद्यापति सुन सुन गुनमति
ओल[१५] धरि के कर माने।
राजा सिवसिंह[१६] रूपनराएन[१७]
लखिमा देवि[१८] रमाने ॥

पाठभेद—

मि० म० (प० सं० १३२)—६ पिया ८-९-११ कर्के १२ पिय १३ अराहिअ १५ ओर १६ सिवसिंघ १८ देइ

परि० पद० (त० प० सं० १३९)—१ निअर २ लेसि ३ मोललए ४ सिनेहे ५ अबहुँ ६ पिआकाँ ७ कतइवे ८-९-११ कके १० चढ़ली १३ आराहि-अ १४ अचकहुँ १५ ओल १७ रूपनराजेन

शब्दार्थ—निअल=निअर, निकट। लिसि=लेती। मोललए=मोड़ लिया। सुपहु=श्रेष्ठ स्वामी। पल=पड़ो। कइतवे=कैतव, छल से। कर्के=क्यों। पउरुष=परुष, निष्करुण। सउरस=स्वारस्य, प्रेम। बइरस=वैरष्य, निरसता, उदासी। अधिकहु=अचकहु, अचानक ही। ओल धरि=अन्तिम सीमा तक।

[७४]

कण्टक दोसें[१] केतकि सञो रूसल
हठे[२] आएल तुअ पासे।

भल न कएल तोहे[३] अपद अधिक कोहे[४]
भमर के बोलल उदासे ॥
जातकि अनुचित एक बड़ भेला।
निअ मधुसार साँचि तोहें[५] राखल
भमर पिआसल गेला ॥
ओहओ भमर मधुसार-विवेचक
गुरु अभिमानक गेहा।
गुरु पद छाड़ि पुनु[६] नहि आओत
देखबाहु भेल सन्देहा ॥
सोहओ सुचेतन गुनक निकेतन
सबहि कुसुम रस लेइ[७]।
जेहे नागरि बुझ तकर चतुरपन
सेहे न परिहरि देइ[८] ॥

न० गु०; प० ४५२

पाठभेद—

मि० म० (प० सं० ८३७)—१ दोसे ँ ५ तोहे ँ ६ पूनु

परि० पद० (त० प० सं० १४०)—दोषे ँ २ हठे ँ ३ तोहे ँ ४ कोहे ँ ५ तोहे ँ
६ पूनु ७ लेई ८ लेई

शब्दार्थ—दोसें = दोष से। हठे। कोहे = क्रोध से। उदासे = उदासीनता से। मधुसार = मधुशाला, मधुरिमा का आगार। साँचि = संचित कर। गुरु पद = श्रेष्ठतर। देखबाहु = देखने में भी।

[७५]

भमइते भमर भरमे जञो भुललाहे[१]
आन[२] लता नहि[३] पासे।
एतबा रोस दोसबस भए रहु
दुर कर हृदअ[४] उदासे ॥
जइअओ सरोवर हिमकर निअ[५] करे[६]
परसए सबहु समाने।
कुमुदिनिकाँ ससि[७] ससिकाँ कुमुदिनि[८]

जीवन के नहि जाने ॥
जेहन[1] तोहर मन तन्हिको तइसन
कत पति अ(ा)उबि[10] हे[11] भाखी।
जगत विदित थिक सबकाँ सब्रतहु
मनकाँ मन थिक साखी ॥

न० गु० प० ४५३

पाठभेद—

मि० म० (प० सं० ८३६)—४ हृदय ७ पाठाभाव ८ कुमुदिनी
परि० पद० (त० प० सं० १४१)—भुलला हे २ आन ३ लहि ५ निअ ६ करें
८ कुमुदिनि ९ जइसन १०–११ पतिआउबि

शब्दार्थ—भुलला = भूल गया। लाई = पाकर। पासे = सामीप्य। परसए = स्पर्श करता है। जेहन = जिस प्रकार का। पतिआउबि = प्रतीति, विश्वास दिलाऊँगी।

[७६]

कि कहब अगे[1] सखि मोर अगेयाने[2]।
सगरिओ[3] रयनि[4] गमाओल[5] माने ॥
जखने मोर मन परसन भेला।
दारुन अरुन तखने उगि गेला ॥
गुरुजन जानल कि करब केली।
तनु झँपइते[6] हमे आकुल भेली ॥
अधिक चतुरपने[7] भेलाहुँ[8] अयानी[9]।
लाभके[10] लोभे[11] मूलहु भेल हानी।
भनइ[12] विद्यापति निआमति[13] दोसे।
अवसर काल उचित नहि रोसे ॥

न० गु०; ४५८

पाठभेद—

ग्रियर्सन—(प० सं० ५४)—१ आहे ३ सगरी ५ गमाओलि ८ भेलहुँ ९ अज्ञानी
१० लाभक ११ लोभ १२ भनहिं

मि० म० (प० सं० ३८३)—६ झपइते ७ चतुरपन १३ निअ मति

परि० पद० (त० प० सं० १४३)—२ अगेआनी ४ रअनि ५ गमाओलि ८ मेलाहुँ ९ अआनी ११ लोभें ।

शब्दार्थ—आगे = अरे, अरो । परसन = प्रसन्न । तनु झँपइतें = शरीर ढँकते हुए । अयानी = अज्ञानी । मूलहु = मूल धन भी । निआमति = नियति; भाग्य, अथवा निआ = निज, मति = बुद्धि, अपनी बुद्धि के ।

[७७]

मालवरागे—

कतहु साहर कतहु सुरभि[१]
कतहु नवि मंजरी ।
कतहु कोकिल पञ्चम गाबए
समए[२] गुने गुजरी[३] ॥ ध्रु० ॥
कतहु भमर भमि भमि कर
मधु मकरन्द पान ।
कतहु सारस वासर जोरए[४]
गुपुत[५] कुसुम बान ॥
सुन्दरि नहि[६] मनोरथ ओल[७]
अपन वेदन जाहि निवेदओ
तइसन मेदिनि थोल[८] ॥
पिआ देसातर[९] हृदय आतर[१०]
पर दुआरे समाद ।
काज विपरीत[११] बुझए न पारिअ
अपद हो अपवाद ॥
पथिक दए समदए चाहिअ
बाटे घाटे नहि आब[१२] ।
खने विसरिअ खने सुमरिअ[१३]
थीर[१४] न थाकए भाव ॥
भने विद्यापतीत्यादि ॥

ने० पृ० २ (क), प० ३; पं० ४

पाठभेद—

मि० म० (प० सं० ५०५)—३ गुजरी ४ वासरजे रोए ५ सुचत १२ याव १३ सुमरि १४ सुथीर

झा (प० सं० ३)—२ समय

परि० पद० (प० सं० ३)—१ सउरभ ६ नहि (हे) ७ ओड़ ८ थोड़ ९ देसाँतर
१० आँतर ११ विपरीत १४ थिर

शब्दार्थ—साहर=सहकार, आम्र। नवि=नवीन। समए=समय, अवधि। गुजरी=ग्वालिन, राधा। वासर जोरए=वास जोड़ रहा है, मिलन के लिए उपयुक्त स्थल निर्माण कर रहा है। थोल=थोड़े, कम। आतर=आर्त, दुखी, या अन्तर; पार्थक्य। दुआरे=द्वारा। समाद=संवाद। हो अपवाद=निन्दित हो जाता है। दए=द्वारा। समदए=संवाद। बाटे=रास्ते में। थीर=स्थिर। थाकए=रहता है।

[७८]

मालवरागे—

अविरल नयन गलए[1] जलधार
नव जलविन्दु सहए के पार॥
कुच दुहु[2] उपर[3] आननहि[4] हेरु
चान्द[5] राहु डरे[6] चढल[7] सुमेरु॥ ध्रु०॥
कि कहब सुन्दरि[8] ताहेरि[9] कहिनी
कहहि[10] न पारिअ[11] देखलि जहिनी॥
अनल अनिल[12] बम मलअज बीख
जे[13] छल सीतल[14] से[15] भेल तीख॥
चान्द[16] सन्तावए[17] सविताहु जीनि
नहि जीवन एक मत भेल[18] तीनि॥
किछु उपचार न मानए[19] आन
एहि बेआधि अधिक पचवान[20]॥
तुअ दरसन बिनु तिलाओ[21] न जीब
जैअओ[22] कलामति पीउख पीब॥
भनइ विद्यापतीत्यादि॥

ने० पृ० १, प० ६; पं० २

पाठभेद—

न० गु० (प० सं० ११३)—१ गरए २ युग ३ ऊपर ४ आनन ७ चढ़ल ८ साजनि
११ पारिय १२ अनिल अनल १३ जेओ १४ शीतल १५ सेओ १७ सतावए
१८ मेलि १९ मान नहि २० ताहि बेआधि भेषज पञ्चबान २२ जइअओ

मि० म० (प० सं० २६१)—१ गरए २ जुग ४ आनन ५ चाँद ६ डर ७ चढल
८ सजनी ९ तकर १० कहए १२ अनिल अनल १३ जेहु १५ सेहु १६ चाँद

१७ सताबए १६ मान नहि २० ताहि बेआधि भेषज पँचबान २१ तिलओ २२ जइऔ

भा (प० सं० ६)—१७ सताबए

परि० पद०—(प० सं० ६)—१ नअन गरए ५ चान्द ६ डरे ८ साजनि १० कइहि १३ जेओ १५ सेओ १६ चान्द १६ मान नहि आन २ पञ्चबान २२ जइअओ। शेष मि० म० के समान।

सं मन्तव्य—८ सुन्दर (अर्थ-बोध की सुगमता के लिए अन्यथा कृष्ण के पास किसी अन्य सुन्दरी की उपस्थिति की कल्पना करनी पड़ेगी) शेष परि० पद० के समान।

शब्दार्थ—आविरल=निरन्तर। गरए=गल रही है, चू रही है। ताहेरि=उसकी। जहिनी=जिस प्रकार की। बम=वमन करता है, निकाल रहा है। बीख=बिष। तीख=तीक्ष्ण, जलाने वाला। सविताहू=सूर्य को भी। जीनि=जीतिकर, उससे भी बढ़चढ़कर। तीनि=तीनो (वायु, चन्दन और चन्द्रमा) उपचार=औषधि। पीउष=पीयूष, अमृत।

[७९]

मालवरागे—

मञे सुधि[१] पुरुब पेमभरे भोरि[२]
भान अछल पिआ[३] आइति मोरि[४]।
जाइते[५] पुछलन्हि भलेओ न मन्दा
मन बसि मनहि बढ़ओलन्हि[६] दन्दा॥ ध्रु० ॥
ए सखि सामि[७] अकामिक गेला
जिवहु अराधल[८] अपन न[९] भेला॥
सुपुरुस[१०] जानि कैइलि तुअ सेरी[११]
पाओल पराभव अनुभव[१२] बेरी॥
तिला एक लागि रहल अछ जीबे
…से नेह[१३] बरए[१४] जनि दीबे[१५]॥
चान्दवदनि[१६] धनि भाखह जनु[१७]
तुअ गुण लुबुधि आओत पुनु कान्हु[१८]॥
भनइ विद्यापतीत्यादि॥

(ने० प० का १६ संख्यक पद भी लगभग यही है। केवल अन्तिम दो पंक्तियों के स्थान पर निम्नलिखित पाठ है।)

सुख जनमातर सुरत सपना
सुन भेले नीन्द गुन दरसि अपना ॥
ताहि सुपुरुस[१९] के कि बोलिबो आइ
अनुसए पाओल वचन बडाइ ॥
वचन रभस नहि मुख[२०] नहि हासे
भागे ने[२१] बि(र)चए भञ विलासे ॥
हृदय न डरे रति[२२] हेतु जनाइ
कञोने परि सेओब निठुर कन्हाइ ॥

ने० पृ० ४ (क), प० ८, पं० ४ एवं पृ० ७ (क) प० १६

पाठभेद—

ने० प० (प० सं० १६ के आरंभिक अंश का पाठभेद)—२ मोरी ४ मोरी ५ जाए खने ८ अराधिन १० सुपुरुष ११ कैलि तुअ सेरी १२ अनुभवि १५ जनि अन्धार बरइ घर दीबे

न० गु० (प० सं० ६३८)—१ छलि ५ जाइते ६ बढ़ाओल ८ अराधन ६ न अपन १० सुपुरुष ११ कयल हमे मेरी १५ बिन्दु सिनेह बरइ जनि दीबे। शेष प० सं० १६ के पाठ के समान है किन्तु अन्तकी आठ पंक्तियाँ (१६वें पद का उत्तरार्ध) नहीं है। उसके स्थान पर निम्नलिखित पाठ है—

चाँदवदनि धनि न भाँखह आने।
तुअ गुन सुमरि आओब पुनु कान्हे ॥
भनइ विद्यापति एहु रस जाने
राए सिवसिंह लखिमा देवि रमाने ॥

न० गु० के पाठ में द्वितीय चरण के बाद इस पद के ५ वें एवं ६ वें चरण हैं।

मि० म० (प० सं० १६०)—३ पिया ५ जाइत ७ सामी १६ चाँदवदनि। शेष न० गु० के समान।

भा (प० सं० ८ और १६)—६बढ़ओलन्हि ८ अराधन १३ (विनु) सनेह १७ जनु १८ कान्हू २० सुख २१ भागि ने २२ बड़

परि० पद० (प० सं० ८ और १६)—१ मोजे सुधि १० सुपुरुष ११ कएलि तुअ सेरी १३ बिन्दु सिनेह १६ चान्दवदनि १७ झाँखह जनू १८ आओब पुनु कान्हू १६ सुपुरुष २१ भागे ने, विरचए भञे-विलासे

शब्दार्थ—मोञें=मैं। सुधि=सीधी, भोली भाली। भरे=भरोसे। आइति=आयत्ति, आधीन। जाए खने=जाने के समय। दन्दा=द्वन्द्व, अनिश्चय की स्थिति, झगड़ा। अकामिक=बिना कारण के, निष्प्रयोजन। जीवहु=प्रान से भी। अराधल=आराधना की। सेरी=आश्रय। बिन्दु-सिनेह....दीबे=तेल के एक बिन्दुमात्र से जैसे दीपक जल रहा हो; अब इस आखिरी बूँद का क्या भरोसा, कब दम तोड़ दे। झाँखइ=झाँखना, चिन्ताकरना। सुख....अपना=संयोगी क्षणों में अपने विभिन्न गुणों का वैशिष्ट्य दिखाकर अब सुख जन्मान्तर के लिए विदा हो गए, सुरत रस [काम क्रीडा] स्वप्न की वस्तु हो गया और यह स्वप्न जिस नींद के क्षणों में आ सकते हैं वह नींद भी अब शून्य हो गई है, सदा सर्वदा के लिए उचट गई है। अनुसए=अनुशय, पश्चाताप। रभस=प्रीतिभाव। भागे. ..विलासे=भाग्य से भी भ्रू बिलास की रचना [सजाने] का उपक्रम न रहा। डरे=डर से। रति=प्रेम भाव। जनाइ=जन्मता, उपजता, जनाता–उद्भासित होता। सेओब=सेवन करूँगी, सेवा करूँगी।

[८०]

मालवरागे—

मोरि अविनए[१] जत पळलि[२] खेओब[३] तत
चिते सुमरबि मोरि नामे।
मोहि सनि अभागलि[४] दोसरि जनि[५] होअ
तन्हि सन[६] पहु मिलि काम[७] ॥ ध्रु० ॥
माधव मोरि सखि समन्दल[८] सेवा।
युवति[९] सहस सङ्गे सुख[१०] बिलसब रङ्गे
हम जल आजुरि[११] देवा।
पुरुब[१२] प्रेम[१३] जत निते सुमरब तत
सुमर जत न होअ सेखे।
रहए सरिर जओ की न[१४] भुजिअ[१५] तओ
मिलए रमणि[१६] सत[१७] संखे ॥
पेअसि समाद सुनिअ[१८] हरि विसमय
करू पाए ततहि बेरा।
कवि भने विद्यापति रूपनराएन[१९]
लखिमा देवि[२०] सुसेला[२१] ॥

ने० पृ० ९ (क), प० २०, पं० १

पाठभेद—

न० गु० (प० सं० ७७२)—२ परलि ४ अभागिन ५ जनु ७ कामे ९ जुवति १२ पुरुब १३ पेम १४ कीन १५ भुँजिअ १६ रमनि १८ सुनिए १९ राजा रूपनाराएन २१ सुसेना

मि० म० (प० सं० १८३)——३ खेओँब ४ अभागिनि ६ सम १७ शत १९ रूपनराएन २० देइ। शेष न० गु० के समान।

झा (प० सं० २०)——१ अविनय १३ पेम

परि० पद० (प० सं २०)—४-५ अभागलि मोहि सनि, दोसरि होअओ जनि ७ कामे ८ समन्दलि ९ जुवति १० सुखें ११ आँजुरि १३ पेम १५ भुञ्जिअ १६ रमनि १९ कवि विद्यापति भन रूपनराएन २० लखिमा देवी २१ सुसेरा

सं० मन्तव्य——११ हम जस आँजुरि देवा। (अर्थ की अपेक्षा से। प्रायः इस चरण का अभिप्राय यह लगाया गया है कि मुझे जलाञ्जलि देना। किन्तु आरम्भ का 'हम' पद कर्त्ता कारक का बोधक है जो इस अर्थ तक पहुँचने में व्याघात उत्पन्न कर सकता है। दूसरे, जलांजलि देना भारतीय परम्परा में अशुभ सूचक है जब कि यहाँ नायिका ने अपनी मंगल कामना निवेदित की है। अतः "मैं यश की अंजलि (भरपूर यशोगान) ही दूँगी।" अर्थ समीचीन लगता है। पुरानी पाण्डुलिपियों के लिपि अनुकर्त्ताओं ने प्रायः ल का स, या स का ल कर दिया है अतः जस (यश) पद संभाव्य भी है।

शब्दार्थ—पललि = पली हो; हुई हो। खेओब = खेना, वहन करना, पार लगा देना, उनके अनौचित्य का ध्यान न कर उन्हें क्षमा प्रदान करना। अभागलि = भाग्यहीना। जनि = नहीं। सन = सदृश। पहु = प्रभु। कामे = काम्य, कामना से। समन्दलि = संवाद दिया है। जस आजुरि = यशों की अंजुलियाँ। देवा = देनेवाली [होऊँगी] दूँगी। सेखे = शेष, समाप्त। भुँजिअ = भोग सकेंगे। संखे = संख्या में। विसमय = विस्मय। करु पाए = प्रयाण किया। बेरा = बेला। सुसेरा = सुन्दर आश्रय।

[८१]

मालवरागे—

प्रथम प्रेम हरि जत बोलल
आदर ओल[१] न[२] भेल।
बोलल जनम भरि जे रहत
दिने दिने दुर गेल॥ ध्रु०॥
किदहु मोर अविनय पळल[३]
की[४] मोर दीघर मान।
कि परपेअसि[५] पिसुन वचन तथी
पिआजे[६] देल कान॥ ध्रु०॥[७]
साजनि माधव नहि गमार।
पेमे पराभव बहुत पाओल[८]
करम - दोस हमार॥

बड[8] बोलि हरि जतने सेओल[9]
सुरतरु सम जानि।
अनुभवे[10] भेल कपट-मन्दिर
आबे की[11] करब आनि॥
सुपहुक वचन···रद[12] सम
मोहि[13] अखलल[14] भान।
अपन[15] भासा बोलि बिसरए
इथी[16] बोलत आन॥
भनइ विद्यापतीत्यादि॥

ने० पृ० १०(क)प० २४; पं० ५

पाठभेद—

न० गु० (प० सं० ४९१)—१ अदरओ ३ परल ४ कि ८ कत १२ बजर १४ रेख लेल १५ अपना १६ इथि

मि० म० (प० सं० ४५१)—१ अदरओ २ नन ४ कि ५ परपेयसि ६ पियाजे ८ कत ९ सेओबल ११ कीपर १२ बदसम १४ सुखलल १५ आपन १६ इथि

झा (प० सं० २४)—७ पाठाभाव १३ मोहिअ

परि० पद० (प० सं० २४)—४ कि १० अनुभवेँ १२ सुपहुक वचन द्विरद-रद-सम मोहि अखलल भान।

शब्दार्थ—ओल = अन्त में। बोलल···गेल = कहा हुआ कहाँ जनम भर रहता, कहाँ वह दिन दिन दूर ही चला गया। किदहु = क्या। तथी = वहाँ। अखलल = अक्षर, जो कभी न गिरे, अडिग। भान जान पड़ा। भाषा = भाषा कहा हुआ। इथी = यही।

[८२]

मालवरागे—

सेहे परदेसे[1] परजोषित[2] रसिआ[3]
हमे धनि कुलमति नारि।
तन्हि पुनु कुशले[4] आओब निज आलए
हमे जीवे गेलाह मारि॥ ध्रु०॥
कहब पथिक पिआ[5] मन दए रे
जौवन बले[6] चलि जाए॥

जञो[१०] आविअ तञो[८] अइ(स)ना[९] आओब
जाओ[१०] विजयी रितुराज।
अवधि बहत[११] हे रहत[१२] नहि जीवन
पलटि न होएत समाज॥
गेला नीर निरोधक की फल
अवसर बहला दान।
जञो[१३] अपने नहि जानीआ[१४] रे
भल जन पूछब आन[१५]॥
विद्यापतीत्यादि॥
ने० पृ० १०, २५; पं० ५

पाठभेद—

न० गु० (प० सं० ६६७)—१ परदेश ३ रसिया ५ पिया ८ तइअओ ९ न १२ रहब १४ जानीअ

मि० म० (प० सं० ५०४)—१ परदेश २ परजोसित ४ कुसले ७ जयँ ९ अइ न ११ बहुत १२ रहुत १३ जयँ

झा० (प० सं० २५)—९ सुइना

परि० पद० (प० सं० २५)—१ परदेस २ परजोखित ४ कुसले ६ बले ९ अइसना १० जावे १४ जानिअ १५ आन

शब्दार्थ—सेहे सः=वे। परजोषित=पर स्त्री। रसिआ=रसिक। आलए=आलय, घर। गेलाह=गए। बले=बल करके, बलात्। बहत=व्यतीत होने पर। समाज=सङ्ग। निरोधक=रोकने वाला, बाँध।

[८३]

मालवरागे—

जलउ जलधि जल[१] मन्दा
जहा[२] बसे दारुण[३] चन्दा।
वचन नहि के परमाने[४]
समय न सह पचवाने[५]॥ ध्रु॥
कामिनि[६] पिआ[७] विरहिनी
केवल रहलि[८] कहिनी।
अवधि समापित भेला
कइसे हरि वचन चुकला॥

निठुर पुरुष[९] पिरिती[१०]
जिव दए सन्तर[११] युवती[१२]।
निचल नयन[१३] चकोरा
ढरिए[१४] ढरिए[१५] पल नोरा॥
पथए[१६] रहओ[१७] हेरि हेरी
पिआ[१८] गेल अवधि बिसरी।
विद्यापति कवि गाबे
पुनफले सुपुरुष[१९] की नहि पाबे॥

ने० पृ० १२ (क) प० २९; पं० ५

पाठभेद—

न० गु० (प० सं० ६७७)—४ परमाणे ५ पचवाणे ६ कामिनी ७ पिया ८ रहलि १० पिरीति ११ सन्तव १४ ढरिये १६ पथये १७ रहओ १८ पिया

मि० म० (प० सं० ५२६)—३ दारुन ९ पुरुस १२ जुवती १९ सुपुरुस। शेष न० गु० के समान।

झा (प० सं० २६)—१ पाठाभाव

परि० पद० (प० सं० २९)—२ जहाँ ३ दारुन ४ वचनक नहि परमाने ५ पँचवाने १२ जुवती १३ नअन १७ रहए

शब्दार्थ—जलउ=जल जाय। परमाने=प्रमाण। जिव दए=प्राण दे देकर। सन्तर=पार करती है। पथए=[प्रिय के] मार्ग को। बिसरी=भूल गए। पुनफले=पुण्य के फल से।

[८४]

मालवरागे—

पुरुब जत अपुरुब भेला
समय बसे सेहओ[१] दुर गेला।
काहि निवेदओ कुगत पहू[२]
परम हो[३] परवतओ[४] लहू[५]॥ ध्रु०॥
तोहहुँ[६] मानवित्त[७] अभिमानी
परजना ओ बड भय हानी।

हृदय[८] वेदन राखिअ गोए
जे किछु करिअ भुजिअ[९] सोए ॥
सबहि साजनि धैरज सार
नीरसि कह कवि[१०] कण्ठहार ॥

ने० पृ० १३ (क), पद० ३०, पं० ३

पाठभेद—

न० गु० (प० सं० ६३७) में ४-७ चरण नहीं हैं।

मि० म० (प० सं० ५१८)—२ पहु ३ परमहो ४ परवत ५ ओलाहु ६ तोहँहुँ ७ मानविचँ ९ भुञ्जिअ १० कहु

झा (प० सं० ३०)—४ पर-रत ओ ७ मानबि ओ

परि० पद० (प० सं० ३०)—१ सेहो ६ तोहहुँ ७ मानिनि ओ ८ हृदअक

शब्दार्थ—पुरुब = पूर्व, पहले। जत = जितने। अपुरुब = अपूर्व। सेहओ = वह भी। निवेदओ = निवेदन करूँ। कुगत = कुपंथ में गए हुए, कुमार्ग गामी। परवतओ = पर्वत भी। लहू = लघु, हल्का। परजना..... हानी = वे पर पुरुष हैं अतः हानि होने का बड़ा भय है। नीरसि = सब कुछ त्याग कर।

[८५]

मालवरागे—

एषने[१] पाबओ ताहि विद्याताहि[२]
बान्धि[३] मेलओ अन्धकूप[४]।
जकर नाह[५] सुचेतन नही[६]
ताके कके[७] दिअ रूप ॥ ध्रु० ॥
इ[८] रूप हमर वैरी भए गेल
देह[९] बहु डिठि[१०] साल।
आनका इ[११] रूप हिते[१२] पए[१३] होअए
हमर इ[१४] भेल काल ॥
साजनि आबि कि पुछह सार।
परदेश पररमनि रतल
न आव[१५] कन्त हमार ॥
भनइ विद्यापतीत्यादि ॥

ने० पृ० १४, प० ३६; पं० ५

पाठभेद—

मि० म० (प० सं० ५११)—२ तोहि विधाता ३ हिंसाहि्न ४ अनुरुप ५ जक ६ बलाइ ७ तकेक के ९ देहब १० कुडिठि ११ आनकाइ १२ हित १५ नअरि

झा (प० सं० ३५)—२ विधाता ताहि ८ ई ९–१० देह बहुती विसाल ११ अनका ई १३ पाप १४ ई

परि० पद० (प० सं० ३५)—१ एखने ६ नाही ८ ई ११ आनक ई १४ ई

सं० मन्तव्य—प्रस्तुत पद अपूर्ण प्रतीत होता है।

शब्दार्थ—पाबओ=पाऊँ। मेलओ=मिला दूँ, धकेल दूँ। देह=(मेरा) सरीर। रतल=अनुरक्त, रसलीन।

[८६]

मालव राग

सुजन वचन हे जतने परिपालए
कुलमति राषए[१] गारि।
से पहु बरिसे विदेस गमाओत
जओ की होइति वरनारि॥ ध्रु०॥
कन्हाइ[२] पुनु पुनु सभ धनि[३] समदि[४] पठाओल
अवधि समापलि आए॥
साहर मुकुलित करए कोलाहल[५] पिक
भमर करए मधुपान।
ऋतु[६] जामिनि[७] हे कैसे कए गमाउति
तोह विनु तेजति परान॥
कुचरुचि दुर[८] गेल देह अति खिन भेल
नयने गरए जलधार[९]।
विरह पयोधि काम नाव तहि[१०]
आस धरए कडहार[११]॥

ने० पृ० १५, प० ३८; पं० २

पाठभेद—

न० गु० (प० सं० ७७५)—३ सुभधनि ४ समाद ६ मत ७ जामिनि ८ दुरे ११ कड़हार

मि० म० (प० सं० ५०८)—न० गु० के समान

झा (प० सं० ३७)—३ सुभधनि ५ (कर) कोलाहल

परि० पद० (प० सं० ३७)—१ राखए २–४...पुनु पुनु सब धनि समदि पठाओल ५ साइर मुकुलित कर कलरव ६ मधुरितु जामिनि कइसे कए गमाउति ९ नअन गरए जलधार १० विरह पओनिधि काम नाव तहि ।

सं० मन्तव्य—ध्रु० के पश्चात् कन्हाइ से आरंभ पंक्ति खण्डित लगती है तदनन्तर पुनु पुनु...' से परवर्त्ती चरण आरंभ होता प्रतीत होता है ।

शब्दार्थ—गारि = गाली, अपयश । ऋतु जामिनि = मधु (वसन्त) यामिनी । गमाउति = गँवाए, बिताए । कुचरुचि = स्तनों की कान्ति । विरह....कइहार = विरह रूपी सागर को पार करने के लिए उसके पास कामदेव रूपी नौका ही अवलम्ब है जिसे प्रिय आगमन की आशा रूप पतवार से वह चलाती जा रही है ।

[८७]

मालवरागे—

रभसहि[१] तह बोललन्हि मुखकान्ति
पुलकित तनु मोर कत धर भान्ति ॥
आनन्द नोरे[२] नयन[३] भरि गेल
पेम[४] आकुर अङ्कुर भेल ॥ ध्रु० ॥
भेटल मधुरपति सपने मो आज
तखनुक[५] कहिनी कहइते लाज ॥
जखने हरल हरि आचर[६] मोर
रसभरे[७] ससरू[८] कसनी[९] डोर ॥
करे[१०] कुचमण्डल रहलिहुँ गोए
कमले[११] कनकगिरि झापि[१२] न होए ॥
विद्यापतीत्यादि ॥

ने० पृ० १६ (क), प० ४०; पं० ४

पाठभेद—

मि० म० (प० सं० ५६६)—२ लोरे ५ तखनक ८ मन ९ कसनी भोर १२ झाँपल

झा (प० सं० ३९)—९ कसनी भोर

परि० पद०—(प० सं० ३९)—१ रभसहिँ २ नोरेँ ३ नअन ४ पेमक आँकुर ६ आँचर ७ रसभरेँ १० करेँ ११ कमलेँ १२ झाँपि

शब्दार्थ—रभसहि=प्रेमावेश से। मुखकान्ति=कान्तिमय मुख, प्रसन्न वदन। भान्ति=भाँति, प्रकार। मधुरपति=मथुराधिप, कृष्ण। कसनी डोर=नीवी बाँधने की रस्सी। झापि=ढँकना।

[८८]

मालवरागे—

बान्धल हीर अजर लए[१] हेम
सागर तह हे गहिर छल पेम।
ओउ भरल[२] इ[३] गेल सुखाए
लाह बलाह[४] मोहे[५] भरि जाए ॥ ध्रु० ॥
ए सखि[६] एतबा मागओ[७] तोहि
मोरेहु[८] अएले[९] रखिहसि[१०] मोहि।
आरति दरसहु[११] बोलि[१२] डराति[१३]
से सबे सुमरि जीव का[१४] साति[१५] ॥
नल थल[१६] घर बाहर सम नेह[१७]
आरसि कए मोर देखित[१८] देह।
गत परान[१९] गेले[२०] होअ[२१] लाज
भल[२२] नहि अनुवद सुपहु[२३] समाज[२४] ॥
मालति मधु मधुकर ले पोछि[२५]
मान ओ करति पहु[२६] अइसनि ओछि।
भनइ विद्यापति कवि कठहार[२७]
कबहु[२८] न होअए जाति व्यभिचार ॥

ने० पृ० १६, प० ४३; पं० ५

पाठभेद—

रामभद्रपुर प० (प०सं० ६२)—३ ई ४ बलाहे ५ मेघे ६ साजनि ७ माङ्गओ ८ मोरहुँ ९ अएले १८ देखतहि २० भेले २१ जा २२ भलि २३ अपद २४ अकाज २६ बाहु कबओ हरि। इसमें भणिता अंश नहीं है।

मि० म० (प० सं० ४५४)—२ ओ उभरल ४ बलाहे ५ मेघे १० राखहिसि १२ बोलित १३ राति १५ माति १६ न नथ न १७ गमनेह १९ पराण २५ नेपोछि २७ कण्ठहार

झा (प० सं० ४०)—१ अजरल ए २७ कण्ठहार

परि० पद० (प० सं० ४०)—३ ई ४-५ लाइ बलाइ मोहे ६ साजनि ७ माँगुओ ८-१० मोरहुँ अएले रखिहसि ११ दरसहुँ १४ काँ १८ देखितथि २० गेले २८ कबहुँ

शब्दार्थ—हीर = हीरा। अजर = अजीर्ण, टिकाऊ, दृढ़। हेम-स्वर्ण। तइ = से, अपेक्षा। ओउ = वह। भरल = भरा हुआ। ई = यह (प्रेम भाव)। लाइ = लाक्षा। बलाइ = बलाका, मेघ। दरसहु = दिखाने के लिए भी। नल-थल = नदी भाग और स्थल भाग। आरसि = आइना। अनुवद = कहता है। भल ··समाज = भद्रजनों के समाज में इसे (लज्जा त्याग को) अच्छा नहीं कहा जाता। ओछि = ओछी, नीच। जाति = प्रकृति, स्वभाव।

[८९]

मालवरागे—

नअनक[1] नीर चरणतल[2] गेल
थलहुक[3] कमल अम्भोरुह भेल।
अधर अरुण[4] निमिष[5] नहि होए
किसलय[6] सिसिर[7] छाड़ि[8] हलु[9] धोए ॥ ध्रु० ॥
ससि मुखि नोरे ओल नहि होए
तुअ अनुरागे शिथिल[10] सब कोए ॥
भनइ विद्यापति ॥

ने० पृ० १७, प० ४४, पं० ३

पाठभेद—

रा० पु० (प० सं० १८९)—१ नअनक २ चरनतल ३ थलक ४ अरुनिमा ५ लखि ६ किसलअ ७ सिसिरें ८ छाडु ९ जनि। इसमें आरम्भ की चार पंक्तियों के बाद निम्नलिखित पाठ है—

माधव जतनहुँ राखए गोए
ससिमुखि नोर ओल नहि होए ॥
तुअ अनुराग सिथिल सखि जानि
अउलिउ बिसरलि मनसिज बानि।
दारुन···(इसके आगे खण्डित है।)

न० गु० (प० सं० ११२)—२ चरण तल

मि० म० (प० सं० २६७)—४ अरुन ५ निमिस १० सिथिल

झा० (प० सं० ४१) पाठभेद नहीं

परि० पद० (प० सं० ४२)—१ नजनक ४ अरुनिमा ५ लखि ६ किसलअ ७ सिसिरें ८ छाडु ९ जनि। तदनन्तर रा० पु० का पाठ।

शब्दार्थ—थलहुक कमल=स्थलपद्म। अम्भोरुह=जल कमल। हलु=है। सबकोए=सभी, सभी अङ्ग।

[९०]

मालवरागे—

बडि[1] जुडि एहु[2] तरुक[3] छाहरि
ठामे ठामे बस[4] गाम।
हमे एकसरि पिया देसान्तर
नही दुरजन नाम॥ ध्रु०॥
पथिक एथा[5] लेहे[6] बिसराम[7]।
जत बेसाहब कीछु न महघ
सबे मिल एहि ठाम।
सासु नही घर पर परिजन
ननद सहज भोरि।
एतहु[8] अथिक विमुख जाएब
अबे अनाइति मोरि॥
भने विद्यापति सुन तञे जुवति
जे पुर परक आस।

ने० पृ० १८ (क), प० ४६, पं० ३

पाठभेद—

मि० म० (प० सं० ५८९)—२ तक की ४ रस ५ एखाने ६ हेरि ७ सरम ८ एतकू

झा (प० सं० ४४)—२ ए ३ कुतुकक

परि० पद० (प० सं० ४४)—१-३ बड़ि जुड़ि एहि तरुक

सं० मन्तव्य—पद अन्त में खण्डित प्रतीत होता है।

शब्दार्थ—जुडि=ठंढी। तरुक=वृक्ष की। छाहरि=छाया। एथा=यहाँ पर। महघ=मँहगा। पर=पराए, जिनमे कोई निकट संबंध नहीं। अनाइति=असमर्थता।

[६१]

मालवरागे—

वसन्त रजनि[१] रङ्गे पलटि खेपलि[२] सङ्गे
परम रभस[३] पिआ गेल कही[४] ।
कोकिल पञ्चम[५] गाव तैंअओं[७] न सुबन्धु आब
उत्तिम वचन व्यभिचर[८] नहीं[९] ॥ ध्रु० ॥
साए साए उगलि रे बथा[१०] ।
अवधि[११] न अएले कन्ता
मो पति पछिमे सुर उगि गेला ॥
साहर मजर[१३] दिसा चान्दे उजरि[१४] निसा
विद्यापति भनइत्यादि ॥

ने० पृ० १९ (क), प० ४९, पं० ३

पाठभेद—

न० गु० (ता० प० सं० ७१८)—१ रयनि २ खेपबि ३ रभसे ४ कहि ५ पचम ६ तइअओ ७ उतिम ८ बेभिचर ९ नहि।···ध्रु० के बाद तरौनी प्रति का पाठ—साए उगलि बेरथा।

अबहु[११] न अएले कन्ता नहि भल परजन्ता
मो पति पछिम[१२] सुर उगि गेला ॥
साहर सौरभे[१३] दिसा चाँद उजोरि[१४] निसा
तरु तर[१५] मधुकर पसरला ।
इ रस हृदय धरि तइअओ न आब हरि
से जदि पुरुब पेम बिसरला ॥
कवि भने विद्यापति सुन वर सउवति[१६]
मानिनि मनोरथ सुरतरु ।
सिरि सिवसिंह देवा चरन कमल सेवा
महादेवि लखिमा देइ वरु[१७] ॥

मि० म० (प० सं० १७२)—न० गु के पाठ के समान।
झा० (प० सं० ४६)—१० बेवथा। इन्होंने ताल पत्र से ने० प० की पंक्तियों के अंश ही उद्धृत किए हैं।

परि० पद० (प० सं० ४६)—२ खेपबि ३ रभसे ७ तइअओ १० साए साए उगलि रे बेथा ११ अवधि १२ पछिमे १३ मँजरि १४ उजोरि १५ पर १६ वरज- उवति १७ देवि-बरु। इसमें ने० प० तथा न० गु० के तालपत्र के पाठ का समन्वित रूप रखा गया है।

शब्दार्थ—बसन्त रजनि=वासन्ती निशा, मधुमामिनी। रङ्गे=रंग, क्रीड़ा-केलि के साथ। पलटि=पलटकर, लौटकर। खेपबि=खेऊँगा, बिताऊँगा। रभसे=प्रेमातिशय से, उच्छ्वसित हृदय से। सुबन्धु=सुन्दर साथी, प्रियतम। उत्तिम=उत्तम व्यक्ति। साए=सखी। उगलि=उग आई; अन्तर से बाहर अङ्कुरित हो गई। बेथा=व्यथा; विरह-व्यथा। नहि···परजन्ता=पर्यन्त; अन्तिम समय (जब प्रियतम ने आने का निर्देश दिया था) भला नहीं हुआ। पति=प्रति, लिए। सुर=सूर्य। साहर=सहकार, आम्र। मँजरि दिसा=मंजरियों (की भीनी-भीनी गन्ध) से दिशाएँ भर गई हैं या दिशाओं में सहकार मंजरित हो गए हैं। बिसरला=विस्मृत हो गए। मानिनि-मनोरथ सुरतरु=मानिनी नायिकाओं की मनोकांक्षाओं को पूर्ण करने में समर्थ कल्पवृक्ष के सदृश।

[९२]

ए रागे—

सेओल सामि सब गुण[1] आगर
सदय सुदृढ[2] नेह।
तहू सबे सबे रतन पाबए
निन्दहु मोहि सन्देह॥ ध्रु० ॥
पुरुष[3] वचन हो अवधान।
ऐसन[4] नहि एहि[5] महि मण्डल
जे परवेदन जान॥
नहि हित मित कोउ[6] बुझाबए
लाख कोटि तोहे[7] सामी।
सबक आसा तोहे[8] पुराबह
हम[9] बिसरह कामी॥
विद्यापतीत्यादि॥

ने० पृ० १९, प० ५१; प० ३

पाठभेद—

न० गु० (प० सं० ६३१)—१ गुन २ सुदृढ़ ३ पुरुख ६ कोऊ

मि० म० (प० सं० ४८)—१ गुन २ सुदृढ़ ६ कोऊ

झा (प० सं० ४८)—४ एसन ५ पाठाभाव

परि० पद० (प० सं० ४८)—१ सबे गुन २ सदअ सुदृढ़ ४ अइसन ७ कोटि
तोहें ८ तोहें ९ हमें।

शब्दार्थ—सेओल=सेवा की। आगर=आगार, खानि। तह्नु=उनसे। हित मित=हितैषी एवं मित्र। काजी=क्यों।

[९३]

मालवरागे—

पाउस निअर आएला रे
से देषि[१] सामि डराओ।
जखने गरजि घन बरिसता रे
कओन सेरि[२] पराओ[३]॥ ध्रु० ॥
वचना[४] मेरो[५] सुन[६] साजना रे
बारिस न तेजिअ गेह।
जकरा भरे[७] घर[८] युवती[९] रे
से कैसे[१०] जाए विदेस॥
तोहे गुण[११] आगर नागरा रे
सुन्दर सुपहु हमार।
सोने[१२] बरिस घन सुनिआ[१३] रे
चौखडहु[१४] तसु नाम॥
विद्यापतीत्यादि॥

ने० पृ० २० (क), प०, ५३; पं० ५

पाठभेद—

मि० म० (प० सं० ४९९)—१ देखि २ से ३ विपराओ ४ रचना ५ मे ६ रोअन
७ भरेस ८ पाठाभाव ९ रसवंती १२ मौने १३ सुनिआ १४ चौखतहु

झा (Appendix B प० सं० ३)—८ युव

परि० पद० (प० सं० ५०)—१ देखि २ कओनाक सेरि ७ भरें ९ जुवती १०
कइसे ११ तोहें ११ गुन १३ सुनिआ १४ चौखण्डहु

शब्दार्थ—पाउस=पावस, वर्षा काल। देखि=देखकर। सामि=स्वामी। बरिसता=बरसेगा। पराओं=भागूँ, जा छिपूँ। भरे=भरोसे, सहारे। नागरा=नागर, चतुर। सोने···नाम=(प्रिय के संयोग काल में) मेघ सोना बरसता है ऐसी उसकी चारों ओर (सर्वत्र) प्रसिद्धि है।

[९४]

मालवरागे—

दिने दिने बाढ़ए[१] सुपुरुष[२] नेहा
अनुदिने जैसन[३] चान्दक रेहा।
जे छल आदर तँ रहु[४] आधे[५]
आओर होएत की पछिलाहु बाधे[६] ॥ ध्रु० ॥
विधिबसे यदि[७] होअ अनुगति बाधे
तैअओ[८] सुपहु नहि धर अपराधे।
पुरत मनोरथ कत छल साधे
आबे कि पुछह सखि सब भेल बाधे ॥
सुरतरु सेओल[९] अभि······[१०] लागि
तसु दूखण[११] नहि हमहि अभागी।
भनइ विद्यापति सुनह सयानी[१२]
अओत मधुरपति[१३] तुअ गुण[१४] जानी ॥

ने० पृ० २०, प० ५४; पं० ३

पाठभेद—

न० गु० (प० सं० ४९०)—१ बाढ़ए ४ तकरहु ७ जदि ९ सेओल भल १० अभिमत ११ दूखन १४ गुन

मि० म० (प० सं० ४५०)—२ सुपुरुस ४ तबहु ५ आँधे ६ बाँधे १३ मथुरपति शेष न० गु० के समान।

झा (प० सं० ५०)—४ त रहुँ १३ मथरपति

परि० पद० (प० सं० ५१)—३ जइसन ४ ते रहु ७ जदि ८ तइअओ १० अभिमत ११ दूखन १२ सआनी १४ गुन

शब्दार्थ—चान्दक रेहा=चन्दमा की रेखा, कला। अनुगति= =अनुगमन करने में। बाधे=बाधायुक्त। अभिमत लागी=अभिलषित इच्छा की पूर्ति के लिए।

[९५]

मालवरागे—

नदी[१] बह नयनक[२] नीर
पळलि[३] रहए तहि[४] तीर।

सब खन भरम गेआन[५]
आन पुछि[६] कह आन ॥ ध्रु० ॥
माधव अनुदिने खिनि भेलि राही[७]
चौदसि चान्दहु चाही[८] ॥
केओ सखी[९] रहलि उपेषि[१०]
केओ सिर धुन धनि[११] देखि ॥
केओ कर सासक[१२] आस
मञे[१३] धउलिहु[१४] तुअ पास ।
विद्यापति कवि भान
एत सुनि सारङ्गपानि ॥
हरषि[१६] चलल हरि गेह
सुमरिए[१७] पुरुब सिनेह ॥

ने० पृ० २३ (क), प० ६१, पं० १

पाठभेद—

न० गु० (प० सं० ७४३)—१ नदि ५ गेआन ६ पुछिअ ७ राही ८ चाहि ९ सखि १० उपेखि ११ धुनि धुनि १२ ससिकर १५ भानि १६ हरसि

मि० म० (प० सं० ५४२)—३ पललि ४ ताहि ११ धुनि १३ मयँ। शेष न० गु० के समान।

झा (प० सं० ५५)—३ पललि ६ पुछिअ १२ सामक १३ मञो

परि० पद० (प० सं० ५६)—२ नअनक ६ आन तुछिअ कह आन ७ राहि ८ चाहि ९ सखि १० उपेखि १२ साँसक १३ मोञ १४ धउलिहुँ १५ बानि १७ सुमरिअ

सं० मन्तव्य—इस पद में प्रिया की विरह दशा सुनने के पश्चात् उससे मिलने के लिए कृष्ण के घर चल पड़ने का स्पष्ट उल्लेख है।

शब्दार्थ—पललि=पड़ी हुई। तहि=उसके। गेआन=ग्यान। चौदिसि=चतुदर्शी के। चाही=बढ़कर। उपेषि=उपेक्षा करके,। सासक–साँस की। आस=आशा। सारङ्ग पानि=शार्ङ्गपाणि, कृष्ण।

[९६]

धनछीरागे—

दुरजन वचन लहए[१] सब ठाम
बुझल[२] न रहए जाबे परिनाम।

ततहि दुर[३] जा जतहि विचार
दीप देले नहि रह घर[४] अन्धार[५] ॥ ध्रु० ॥
मधुर[६] वचने[७] सखि कहब[८] मुरारि
सुपहु रोस[९] कर दोस[१०] विचारि ।
से नागरि तोहे गुणनिधान[११]
अलपहि माने बहुत अभिमान ॥
कके बिसरलि[१२] हे पुरुष परिपाटी[१३]
लाउलि[१४] लतिका की फल काटी[१५] ॥
भनइ विद्यापतीत्यादि ॥

ने० पृ० २७, प० ७५, पं० ३

पाठभेद—

न० गु० (प० सं० ४६५)—१ न लहइ २ बुझए ४ घर न रहइ ५ अँधार ६ हमरि ७ विनति ८ कहबि ११ गुनक निधान १२ बिसरलहि १३ परिपाटि १४ लाइलि १५ काटि । अन्त में निम्नलिखित भणिता है—

भनइ विद्यापति एहु[१६] रस जान ।
राए सिवसिंह[१७] लखिमा देवि[१८] रमान ॥

मि० म० (प० सं० १२९)—३ दूर १६ एह १७ सिवसिंघ १८ देई । शेष न० गु० के पाठ के सदृश ।

झा (प० सं० ६९)—१४ लागलि ।

परि० पद० (प० सं० ७०)—३ दूर जा, ४-५ दीप देलें घर न रह अन्धार ६-७ हमरि विनति ९ रोष १० दोष ११ से नागरि, तोहें गुनक निधान १३ परिपाटि १४ लागलि १५ काटि १८ देइ

शब्दार्थ—लहए=लहता है, ठीक बैठता है । बुझल=समझा हुआ । जाबे=जबतक । ततहि=वहाँ । जतहि=जहाँ । दीप दलें=दिया प्रदान करने से, दीपक प्रज्ज्वलित करने से । अलपहि=अल्प, थोड़े ही । कके=क्योंकर । परिपाटी=रीति । लाउलि=लगाई हुई ।

[९७]

धनछीरागे—

उचित बएस मेरे[१] मनमथ चोर
चेलिआ[२] बुढ़िआ[३] करए[४] अगोर ।

बारह[७] बरष[६] अवधि कए गेल
चारि वर्ष तन्हि गेला[७] भेल ॥ ध्रु० ॥
बास चाहइते पथिकहु[८] लाज
सासु ननद नहि अछए समाज ।
सात पाच[९] घर तन्हि सजि देल
पिआ देसान्तर आतर[१०] भेल ॥
पळओस[११] वास[१२] जोएन सत भेल
थाने थाने अवयव सबे[१३] गेल ।
साछ[१४] नुकाबिअ[१५] तिमिरक सीन्धि
पळउसिन देअए फळकी बान्धि ॥
मोरो[१६] मन हे खनहि खन भाग
गमन गोपब कत मनमथ जाग ॥
भनइ विद्यापतीत्यादि ॥

ने० पृ० २८, प० ७८; पं० ४

पाठभेद—

मि० म० (प० सं० ५८६)—१ मोर २ ठेलि ३ आछढ़ि ४ आकरए ५ करह ११ पलेओ १२ सवास १४ साचु १५ लुकाबिअ १५ मोर

झा (प० सं० ७२) १ मरे १६ मोरा

परि० पद० (प० सं० ७३)—१ मोर २ चेरिआ ६ बरषे ७ गेलाँ ८ पथिकहुँ ९ पाँच १० आन्तर १३ अबअब सब

शब्दार्थ—उचित वयस=समुचित अवस्था। चेलिआ=चेरी, दासी। सात पाच घर=७+५=१२ वीं राशि मीन; मीनकेतन=कामदेव। सजिदेल=सजा दिया। अबयब=अंग, सगे-संबन्धी। साछ=साथ, समूह। फलकी=टट्टी, सरकण्डों का छोटा दरवाजा। गमन गोपब कत=अभिसारार्थ गमन को कितना छिपाऊँगी।

[६८]

धनछीरागे—

दरसन लागि पुजए[१] निते[२] काम
अनुखन[३] जपए तोहरि[४] पए नाम ।
अवधि समापल[५] मास अषाढ़[६]
अबे दिने दिने हे[७] जीवन[८] भेल[९] गाढ[१०] ॥ ध्रु० ॥

कहब समाद बालभु[११] सखि[१२] मोर
सबतह समय[१३] जलद[१४] बड[१५] घोर[१६]।
एके[१७] अबला हे कुपुत[१८] पञ्चबान
मरम लखिए[१९] कर सर[२०] सन्धान ॥
तुअ गुण[२१] बान्धल अछए परान
पर वेदन देख[२२] पर नहि जान ॥
भनइ विद्यापतीत्यादि ॥

ने० पृ० २९, प० ८०; पं० ३

पाठभेद—

रा० पु० (प० सं० ६९)—२ निते ५ समापलि ६ अखाढ ७ पाठाभाव ११ कृष्ण के १२ पाठाभाव १३–१४ जलद समअ १७ हमे १८ गुपुत २० सरस २२ परक वेदन दुख

न० गु० (प० सं० ७११)—१ पुजय ६ अखाढ़ १० गाढ़ १५ बड़ १९ लखए २१ गुन

मि० मि० (प० सं० ७३)—६ अषाढ़ १० गाढ़ १५ बड़ २१ गुन

झा (प० सं० ७४)—३ अनुषन १५ बड़ १६ घोर २२ देखि

परि० पद० (प० सं० ७५)—२ नित ४ तोहर ५ समापलि ७ पाठाभाव १२ सओ १३ समअ १७ हमे २१ गुन २२ देखि

शब्दार्थ—समापलि=समाप्त हो गई। गाढ़=गाढ़ा, दुरुह। सबतह=सबमे। समय जलद=मेघकाल, पावस ऋतु। मरम लखए=मर्मस्थल को देख देखकर। सर सन्धान=बाण-वेधन।

[९९]

धनछीरागे—

गगन भरल मेघ उठलि[१] धरणि[२] थेघे
पचसरे[३] हिअ[४] गेल सालि[५]।
जेअओ से देह[६] खिन जिउति[७] आजुक दिन
के जान की होइति कालि[८] ॥ ध्रु० ॥
कन्हाइ[९] अबहु बिसर सबे रोस[१०]।
पुरुष लाख एक लखवा पारिअ
नारिक चारिम दोस[११] ॥ २ ॥

कोपे[१२] कुगति सबे समदि पठाबथि[१३]
दूती कहि से[१३] गेली[१४]।
ते असित[१६] तिथि[१७] सामर पख ससि[१८]
तइसनि[१९] दसा मोरि भेली[२०] ॥ ३ ॥
की हमे साझक[२१] एकसरि तारा
भादब[२२] चौठिक चन्दा।
अइसन[२३] कए पिआञे[२४] मोर[२५] मुख मानल[२६]
मोपति जीवन मन्दा ॥ ४ ॥
भनइ विद्यापतीत्यादि ॥

ने० पृ० ३० (क), प० ८१; पं० १

पाठभेद—

रागतरङ्गिणी (प० सं० ११४)—१ उठय ३ पचसर ५ साली ६ सुमुखि देह ८ काली। तदनन्तर—माधव मन दए सुन तसुबानी। कुजन निरूपि सुजन सखि सङ्गति, जे किछु कहए सआनी १३ पठओलन्हि १५ गेली २० भेली २४ पिआञे २६ सिवसिंह ३० रूपनराएन ३१ लखिमा देवि रमने। शेष न० गु० के पाठ के सदृश।

न० गु० (प० सं० ७५५, तरौनी प्रति के आधार पर)—१ गगन गरज मेघा उठए २ धरणि थेघा ३ पचशर ४ हिय ६ से धनि देखलि। अ्र० के बाद दूसरा पद निम्नलिखित प्रकार है—

माधव मन दए सुनह सुवानी।
कुजन निरूपि सुजन सखि सङ्गति
जे किछु कहए सयानी ॥

१२–१३ वामहु गति जत समदि पठौलनि १४ से सबे कहि-कहि १५ गेलि १६ तेरसि १७ तिथि ससि १८ निसि १९ दसमि २० भेलि २१ साँझक २२ भादव २३ ऐसन २४ पिआञे। उपर्युक्त ने० पृ० के पद का चौथा पद न० गु० में तीसरे स्थान पर और तीसरा चौथे स्थान पर है। तदनन्तर निम्नलिखित भणिता है—

भनइ विद्यापति सुन वर जौवति[२७]
मने जनु मानह आने[२८]।
राजा शिवसिंह[२९] रुपनरायन[३०]
लखिमा पति रस जाने[३१]।

मि० म० (प० सं० १७८)—२ धरनि थेघा ७ जिवति २९ सिवसिंघ। शेष लगभग न० गु० के समान।

भा (प० सं० ७५)—१६ तैं असित २१ साझक २५ पाठाभाव २६ मालल। शेष ने० प० के समान।

परि० पद० (प० सं० ७६)—१ गगन भरल मेघा उठलि २ धरनि थेघा ३ पँचसरे ६ जइअओ से देहेँ ९ माधव १० रोष ११ दोष १२ कोपेँ १३ पठओलनि १६ तेरसि १७ तिथि ससि १८ निसि २१ की हमेँ साँझक। शेष ने० प० के सदृश; अन्त में निम्नलिखित पाठभेद के साथ न० गु० एवं रागतरङ्गिणी की भणिता—२७ जउवति २८ आने २९ सिवसिंह ३१ रूपनराजेन

शब्दार्थ—भरल=भर गया, आच्छादित हो गया। थेघे=थेघ, सहारा लेकर। सालि=दुःख देना। लखवा पारिअ=लक्ष्य कर सकता है। नारिक चारिम दोष=[परि० पद० में चाणक्य कृत "आहारो द्विगुणः स्त्रीणां बुद्धिस्तासां चतुर्गुणा। षड्गुणो व्यवसायश्च कामश्चाष्टगुणः स्मृतः।" श्लोक का सङ्केत करते हुए इसका अर्थ स्त्रियों का चतुर्थ दोष=काम, लिया गया है। मि० म० में न० गु० एवं रा० त० का पाठ ही गृहीत है। ने० प० का जो पाठान्तर दिया गया है उसमें इस पंक्ति का पाठ—पुरुष लखिए कलाखरा पारिअ ना धिक ठाहिम देस—है; किन्तु यह पाठ ठीक प्रतीत नहीं होता।] चारिम, संभवतः चरम का ही गीत-धारा के अनुकूल गृहीत रूप है अतः चारिम या चरम दोष से तात्पर्य अन्तिम या सबसे बड़ा दोष ही उपयुक्त है। तब पूरे चरण का अर्थ होगा—पुरुष लाखों हैं, किन्तु नारि (राधा या किसी विरहिणी) का यह सबसे बड़ा दोष है कि लाखों में से एक को ही लख (लक्ष कर) पाती है। अर्थात् उस नायिका का सबसे बड़ा अपराध यही है कि उसने लाखों पुरुषों में से एक तुम्हें ही चुना, तुम्हें ही अपना हृदय समर्पित किया। यह अर्थ विद्यापति के उस प्रसिद्ध पद के इन चरणों से भी युक्तियुक्त संगति रखता है—विद्यापति कह प्रान जुड़ाइत लाखे न मिलल एक। तेँअँसि=त्रयोदशी। चौठिक=चौथ, चतुर्थी (भाद्रपद शुक्ल) का। मोपति=मेरे लिए।

[१००]

धनछीरागे—

बोललि बोल उत्तिम पए राख
नीच सबद जन की नहि[१] भाख।
हमे[२] उत्तिम कुल गुणमति[३] नारि
एतबा निअ[४] मने हलब विचारि॥ ध्रु० ॥
सिनेह बढाओल[५] सुपुरुस[६] जानि
दिने (दिने)[७] कएलहृ आसा हानि।
कत न जगत अछ[८] रसमति फूल
मालति मधु मधुकर पए भल॥

गेल[९] दीन[१०] पुनु प(ल)टि न आब
अवसर[११] बहला रह पचताब[१२] ॥
भनइ विद्यापतीत्यादि ॥
ने० पृ० ३०, प० ८२, पं० १

पाठभेद—

न० गु० (प० सं० ३४८)—१ नहिँ २ हमे जे ३ गुनमति ४ निश ५ बढ़ाओल ७ दिने

मि० म० (प० सं० ४३४)—३-४-५ न० गु० के समान ८ अछ जगत ११ अवसर पल

झा० (प० सं० ७६)—५ बढ़ाओल ८ अछि १० दिन

परि० पद० (प० सं० ७७)—३ गुनमति ६ सुपुरुष ९ गेला १० दिन १२ पछताब

शब्दार्थ—सबद=शब्द, वचन। भाख=भाष, बोलना। हलब=करना। गेल दिन=बीते दिन। बहला=बह जाने, ब्यतीत हो जाने पर। पचताब=पछतावा। सातवीँ पंक्ति में 'कत न अछ जगत' पाठ है किन्तु ने० प्र० में इसे किसी ने आधुनिक बँगला अक्षरों में 'कत न जगत अछ' कर दिया है।

[१०१]

धनछीरागे—

त्रिवली[१] अछ (लि)[२] तरङ्गिनि[३] भेलि
जनि बढिहाए[४] उपटि चलि गेलि।
नेआ[५] सञो[६] हे ऊच[७] चल धाए
कनक भूधर गेल दहाए॥ ध्रु०॥
माधव सुन्दरि नयनक[८] वारि
पीन पयोधर (डू)बल[९] झारि।
सहजहि सङ्कट परबस पेम
पातक भीति परापति जेम॥
तोहरि पिरिति[१०] रीति दुर[११] गेली
कुल सञो[१२] कुलमति कुलटा भेलि॥
भनइ विद्यापतीत्यादि॥
ने० पृ० ३०, प० ८३, पं० ४

पाठभेद—

न० गु० (प० सं० ४१)—२ अछलि ३ तरङ्गिणि ४ बढ़ियाइ ५ नीचे ६ अछल ७ उचे ९ रचल ११ दूरहि १२ सञे।

मि० म० (प० सं० ५४१)—१ त्रिवलि २-३ सुरतरङ्गिनि ५-६ आसओ ७ उठ ९ बन ११ दूर।

झा (प० सं० ७७)—३ तरङ्गिणि ७ उ(प)र ९ वन

परि०पद (प० सं० ७८)—४ बढिआए ५ नेआ ७ ऊँच ८ नअनक। ९ पओधर डूबल १ पिरीति।

शब्दार्थ—तरङ्गिनी=नदी। बढिहाए=बाढ़ से बढ़कर। उपटि=उत्ताल होकर। नेआ=नीचे। परापति=परपात, श्राद्ध। जेम=जेंवना, भोजना, जैसे श्राद्ध का भोजन पाप माना जाकर भी, ब्राह्मण भोज के विधान के कारण किया ही जाता है।

[१०२]

धनछीरागे—

हमे[१] युवती[२] पति गेलाह विदेश[३]
लग नहि बसए[४] पळउसिहु[५] लेश[६]।
सासु ननन्द[७] किछुअओ[८] नहि जान[९]
आँखि[१०] रतै (ॉ) धी[११] सुनए[१२] न[१३] कान॥ ध्रु०॥
जागह पथिक जाह जनु भोर
राति अन्धार[१४] गाम बड[१५] चोर।
सपनेहु[१६] भाओर[१७] न दे[१८] कोटवार[१९]
पओलहु नौते[२०] न करए विचार[२१]॥
नृप इथि काहु करए नहि साति[२२]
पुरुष महते रह[२३] सरब[२४] सजाति॥
भनइ विद्यापतीत्यादि॥

ने० पृ० ३२ (क), प० ८७, पं० ३

पाठभेद—

न० गु० (प० सं० पर० ६)—३ विदेशे ४ बसय ५ पड़ोसियाक ६ लेशे ७ दोसरि ८ किछुओ ११ रतौँधी १२ सुनय १३ नइ १४ अँधार १५ बड़ १६ भरमहु १७ भाउरि १८ देअ २१ काहुक केओ नहि करय विचार २२ अधिप न कर अपराधहुँ साति २३ सब २४ हमर अन्त में निम्नलिखित भणिता है—

विद्यापति कवि एह रस गाब।
उकुतिहि अबला भाव जनाब॥

मि० म० (प० सं० ५८३)—१ हम २ जुबति ३ विदेस ६ लेस ६ नहिँ १० आँख १३ नहिँ १६ भरमहुँ १७ मोँरि १९ कोतवार २१ काहु न केओ नहि करये विचार; शेष न० गु० के समान।

झा (प० सं० ८१)—५ पलउसिहु ७ ननद ९ नानि २० लोते

परि० पद० (प० सं० ८२)—२ जुवती ३ विदेश १६–१७ भरमहुँ भाउरि १८ देअ १९ कोतबार १० पओलहुँ नउतेँ २२–२४ अधिप न कर अपराधिहुँ साति। पुरुष महत सब हमरे जाति। अन्त न० गु० की भणिता।

[१०३]

धनछीरागे—

हिम सम चान्दन[१] आनी
उपर पौरि उपचरिअ सञानी।
तैअओ[२] न जा तसु आधि[३]
बाहर औषध[४] भितर बेआधि[५]॥ ध्रु०॥
अबहु[७] हेर हरि मोहे[८]
जीउति जुवति जस पाओब तोहे।
अवधि अधिक[९] दिन लेखी
मुद[१०] नयन[११] मुख वचन उपेषी[१२]॥
कण्ठ ठमाएल[१३] जीबे
राति न बसि[१४] मिझाएल दीबे॥
भनइ विद्यापतीत्यादि॥

ने० पृ० ३३ (क), प० ९१, पं० ५

पाठभेद—

मि० म० (प० सं० ५१७)—१ चन्दन ३ जात सुआधि ५ बेयाधि ७-८ हेरइ विमोहे ९ आयक १३ ठसाए न १४ बाति न रसि

झा (प० सं० ८५)—७ हेरइ (ह) रि १४ न वसि

परि० पद० (प० सं० ८६)—१ चन्दन जानी २ तइओ ४ अउषध ६ अबहुँ १० मुँदल ११ नञन १२ उपेखी।

शब्दार्थ—हिम सम=बर्फ के सदृश शीतल। पौरि=प्रपूर्य, लेपन करके, नहलाकर। अपचरिअ=उपचार (औषधि) करें। आधि=दुःख दशा। मोहे=मोह से, दयाकरके। अवधि...लेखी=तुम्हारे प्रत्यावर्त्तन की अवधि को अभी बहुत दिन दूर देखकर। मूदनयन=आँखों को बन्द कर लिया है। ठमाएल=स्थान बना लिया है, आ थम्हा है। नबसि=नय गई है, ढल गई है। मिझाएल=बुझ गया है।

[१०४]

भनछीरागे—

हरि रव सुनि हरि गोभय गोभरि
गौतम गोरि[१] लोटाइ रे।
हरि रिपु रिपु मुख[२] विदिस[३] वसन[४] देय[५]
गोदिसे विदिसे बै(I)राइ रे[६] ॥ ध्रु०॥
ए हरि जदि तोहे परबस पेमे विरत रस
वचन दए राखिअ राही रे।
कुम्भतनय भोजन सुत सुन्दरि
मुख बसि अवनत भेला रे॥
सास[७] समीर बाज जनि भुजगी[८]
हरि बिनु मुहहु[९] न[१०] बोल रे।
समन्दलि[११] ससिमुख सात[१२] बरन[१३] लेखि[१४]
तेसरा[१५] पद[१६] दिठ[१७] जानि रे॥
राजा सिवसिंह रूप रूपनराएण[१८]
विद्यापति कवि बानि रे॥

ने० पृ० ३७ (क), प० १०३; प० ५

पाठभेद—

मि० म० (प० सं० १६४) १ गोधर २ सुख ३-४-५ विदिसर सलदेय ६ बैराइवे ८ तुजगी ९-१० सुहइ हुन १२ साते १३ वरण १४ देलेखि १५ तेज १६ सरापद १७ दिय १८ रूपनराएन

झा० (प० सं० ९७) ९ मुहहु ११ समन्दल

परि० पद० (प० सं० ६८) ५ देअ ७ साँस ९ मुहहुँ १४ लिखि १८ रूपनराजेन

शब्दार्थ—हरि=कोकिल। रव=शब्द, कूजन। हरि=कृष्ण। गो=चन्द्र। गो=इन्द्रियाँ, नेत्र गोभरि=नेत्रों में अश्रु भरकर। गोतम=ऋषि-गोरि=अहल्या। लोटाइ (की तरह पत्थर सी जड़ होकर) लोट रही है। हरि=सूर्य-रिपु=राहु-रिपु=चन्दमा-मुख=चन्दमुखी। विदिस=विपर्यस्ता, अस्त व्यस्त। बसन दए=वस्त्र देकर। गोदिसे=दसो दिशाओं में। बौराइ=विक्षिप्त होकर। परबस पेमे=प्रेम में परवश हो। विरत रस=प्रेम रस से विमुख हो गए हो। वचन....राही=तो भी वचन देकर (वचनें का दरिद्रता) राधिका की प्राण रक्षा कर लो। कुम्भ=घड़ा-तनय=अगस्त-भोजन=समुद्र-सुत=चन्द्रमा। सुन्दरि-मुख बसि=सुन्दरी के मुख मे वास कर; उसका मुख चन्द्रमा सी सुषुमा से सुशोभित हो रहा था। अवनत...रे= अवनति को प्राप्त हुआ, ढल गया, श्री हीन हो गया। सात बरन=विष खाए मरब। का तेसरा पद=मरब।

[१०५]

धनछीरागे—

करतल लीन सोभए[१] मुखचन्द
किसलय मिलु अभिनव अरविन्द।
कि कहति[२] ससिमुखि कि पुछसि[३] आन[४]
बिनु अपराधे[५] विमुख भेल कान्ह॥ ध्रु०॥
अहनिसि नयने[६] गलए[७] जलधार
खञ्जने गिलि[८] उ(गि)लल[९] मोतिम हार[१०]।
विरहे[११] बिखिन तनु भेल हरास
कुसुम सुखाए रहल अछ[१२] वास॥
झषइते[१३] संसय[१४] पळल[१५] परान
अबहु[१६] न उपसम कर पचबान॥
भनइ विद्यापति दूती गोए
बि(नत)रसे[१७] परहित नहि होए॥

ने० पृ० ३८ क, प० १०५; पं ३ और पृ० ८८, २४५, पं० ४

पाठभेद—

ने० प० (प० सं० २४५) इसमें ३–४ थे चरण के स्थान पर ५–६ ठें चरण हैं तथा ५–६ ठें के स्थान पर ३–४ थे चरण हैं। भणिता के स्थान पर निम्नलिखित भणिता है—

विद्यापति भन (कवि) कठहार।
विरह पयोनिधि होएब पार॥

न० गु० (प० सं० ६९५)—१ शोभय २ करति ३ बोलब ६–७ गरए नयन ८ मिलि ९ उगिलल १० मोति हार १३ झखइते १४ सँसय १५ परल १६ कबहुँ। अन्त में निम्नलिखित भणिता है—

भनइ[१८] विद्यापति सुन वरनारि।
धैरज धए[१९] रह[२०] मिलत मुरारि।

मि० मि० (प० सं० १७०)—३ बोलत ९ उगलित ११ विरह १२ अछि १३ झखइति १८ भनहि १९–२० धैरहु। शेष न० गु० के समान।

झा (प० सं० ९९)—१६ (बिनु प) रसे

परि० पद० (प० सं० १००)—१ करतल-लीन ४ जान ५ अपराधे ँ ६–७ गरए नअन ११ विरहेँ १३ झँखइते १५ पलल। शेष न० गु० के समान।

शब्दार्थ—किसलय....अरविन्द=(जैसे) नवीन किसलयों से वेष्टित, सद्यः प्रस्फुटित कमल। खञ्जने... मोतिहार=(मानो) दो खञ्जन पक्षी एकसाथ मिल (बैठकर) मुक्ता का हार (लड़ियों पर लड़ियाँ) उगल रहे हों। हरास=ह्रास। उपसम=शान्ति प्रदान करना, प्रतारण बन्द कर देना। विन तरसे=बिना तृष्णा किए, चाहे बिना।

[१०६]

धनछीरागे—

अपनेहि[१] पेम[२] तरुअर बाढल[३]
कारण[४] किछु नहि भेला।
साखा पल्लव[५] कुसुमे बेआपल
सौरभ[६] दह[७] दिस[८] गेला॥ ध्रु०॥
सखि हे दुरजन दुरनय[९] पाए।
मूरा[१०] जओ मूड़ह[११] सओ भागल[१२]
अपदहि[१३] गेल सुखाए॥
कुलक धरम पहिलहि[१४] अळिआतल[१५]
कओने[१६] देब पलटाए।
चोर जननि जओ[१७] मने मने झाखओ[१८]
रोओ[१९] बदन झपाए[२०]॥
अइसना[२१] देह गेह न सोहाबए
बाहर बम जनि आगि।
विद्यापति कह अपनहि[२२] आउति[२३]
सिरि सिवसिंह[२४] लागि॥

ने० पृ० ३९, प० १०९, पं० १

पाठभेद—

रा० पु० (प० सं० ५१)—पहिलहिँ २ पेमक ४ कारन ६ सौरभे ७ दिस ८ भरि ९ दुरनए ११ मूलहिँ १२ भाङ्गल १३ अपदहिँ १४ पहिलेहिँ १५ सुनि आउल १८ झाखिअ १९ कान्दिअ २० झम्पाए २१ ऐसने २२ अपनेहिँ २३ आउत २४ सिवसिंह रस लागि।

न० गु० (प० सं० ४३९)—३ बाढ़ल ४ कारन १० मूर ११ मूड़हि १२ भाँगल १५ अलि आएल १७ निजओ।

मि० म० (प० सं० १४७)—१६ कओने १८ झाखिओ १९ रोओँ २० झपाअ २४ सिवसिंध। शेष न० गु० के समान।

झा (प० सं १०४)—११ मूड़हि।

परि० पद० (प० सं १०४)—१ अपनहिँ ५ पल्लव–कुसुमेँ ६-७-८ सउरभ दहो दिस गेला ९ दुरनअ १८ झाँखिअ २० झँपाए २२ अपनहिँ; २-४-१ -१२-१३ १९ एवं २४ रा० पु० के समान।

शब्दार्थ—दुर्नय=दुर्नीति। मूरा=मूली। मूड़ह=मूल, जड़! अपदहि=कुअवसर में। अलिआतल=बिद कर दिया। देब=देगा। भणिता का अर्थ [परि० पद में—"विद्यापति कहते हैं—श्री शिवसिंह के लिए (वह) स्वयं आएगी !" तथा मि० म० के अनुसार "विद्यापति कहितेछेन श्री शिवसिंहेर लागिया [अनुराधे नायक) आपनि आसिबे।"] श्री सिवसिंह (नायक) रस के लिए (प्रीति-रीति की रक्षा हेतु स्वमेव आएँगे।—रा० पु० के पाठ के आधार पर।

[१०७]

धनछीरागे—

कोटि कोटि देल तुलना हेम
हीरा सओ हे हरदि भेल पेम।
अति परिमसने पिअर[१] रङ्ग
मुखमण्डन[२] केवल रहु सङ्ग॥ ध्रु०॥
साजनि की कहब कहहि न जाए
भलेओ मन्द होअ अवसर पाए।
नवल बात छल[४] पहिलुक मोह
किछु दिन गेले[५] भेल पनिसोह॥
अबे नहि रहले निछछेओ[६] पानि
का(स)रि[७] नस[८] हे[९] कि करब जानि।
कपट बुझाए बढ़ओलन्हि दन्द
बड़ाक[१०] हृदय बडेओ हो मन्द[११]॥
भनइ विद्यापतीत्यादि॥

ने० पृ० ४२ (क), प० ११५, पं० ५

पाठभेद—

मि० म० (प० सं० ४०६)—१ अति परिम सने पिअर २ सुख मण्डन ३–४ नव नव उछल ६ निछ छेओ ७–८ कारिनस १० बड़ाकु ।

झा (प० सं० १०६)—२ मुखमण्डल ७-८-९ कारि न सहे

परि० पद० (प० सं० ११०)—१ पीअर ५ गेलें १०–११ बडाक हृदअ बडेओ होअ मन्द

शब्दार्थ[१]—हेम=सोना । हरदि=हल्दी । परिमसने=परिमर्षण, पीसने से । मुख मण्डन=मुख की सजावट । अति....सङ्ग परि० पद० (अब) खूब पीसने से ही रंग पीला होगा । संग तो मुँह दिखावे (के लिए) है । एवं मि म० के अनुसार 'प्रियतमेर रसरङ्ग उच्चस्तरेर लोकेर सङ्गे से सुखेर पायरा, केवल बहूरसङ्ग खो"जे !") अब इसे (हल्दीवत प्रेमको) अधिक पीसें तो भी यह (हीरक द्योति प्रकाशित न कर) पीला रंग (पिला होना–कान्तिहीन होना) ही होगा जिससे अपने मुख को सँवारना (मुँह पर हल्दी लगाना) भर साथ रहेगा; अर्थात् मुख पीला ही पड़ेगा । भलेओ=भद्रपुरुष भी । पनिसोह=पनछोह, गाढ़े रस के स्थान पर पानी का नीरस मेल । निछछओ=निछक्का, विशुद्ध । पानि=पानी, कान्ति । कासरि=कासार, सरोवर । नस=नष्ट हो गया ।

[१०८]

धनछीरागे—

अवधि बहिए हे अधिक दिन गेल[१]
बालभु पररत परदेस भेल ।
कओने परि खेपब वसन्तक[२] राति
जानल पुरुष निठुर थी(क)[३] जाति ॥ ध्रु० ॥
साजनि आबे मोर अइसन गेँआन[४]
जीवन चाहि मरण भेल[५] भान ।
कलिजुग एहे अधिक परमाद
दुरजन दुर लए बोल अपवाद ॥
ते[६] हमे एहे हलल अवधारि
पुरुष बिहूनि[७] जीबए[८] जनु नारि ॥
सुन्दर कह सब धैरज सार
तेज उ॥ताप होएत परकार ॥
भनइ विद्यापतीत्यादि ॥

ने० पृ० ४५, प० १२७, पं० १

पाठभेद—

मि० म० (प० सं० ५०७)—२ वसन्त फल ३ थीजा

झा (प० सं० १२१)—१ भेल ७ बिहुनि

परि० पद० (प० सं० १२२)—४ गेआन ५ भल ६ तञे ८ जिवए

शब्दार्थ—बहिए=व्यतीत हुए। पररत=अन्य (स्त्री) में अनुरक्त। खेपब=खेउँगी। चाहि=से। अधिक=है। दुरलए=दूर तक। तें=इससे। हलल=किया। अवधारि=निश्चय। बिहूनि=विहीन, के बिना। उपताप=खेद, दुःख।

[१०६]

धनछीरागे—

सोळह[1] सहस गोपि मह राबि[2]
पाट महादेवि करबि हे आनि[3] ॥
बोलि पठओलन्हि जत अतिरेक
उचितहुँ[4] न रहल तन्हिक विवेक ॥ ध्रु० ॥
साजनि की[5] कहब कान्ह परोष[6]
बोलि न करिअ बडाकाँ[7] दोष[8]।
अब नित मति जदि[9] हरलन्हि मोरि
जनला[10] चोरे करब की चोरि ॥
पुरुबापरे नागर का[11] बोल
दूती[12] मति पाओल गए ओल ॥
भनइ विद्यापतीत्यादि ॥
ने० पृ० ४५, प० १२८; पं० ५

पाठभेद—

न० गु० (प० सं० ४२२)—१ सोलह २ रानि ४ उचितहु ६ परोख ७ बड़ाकाँ ८ दोख ११ काँ

मि० म० (प० सं० ४१७)—२ राणि १० जानला १२ दूति। शेष न० गु० के समान।

झा (प० सं० १२२)—९ यदि।

परि० पद (प० सं० १२३)—२ महँ रानि ३ करब हे आनि ५ कि ११ काँ

शब्दार्थ—राबि=राइ, राधिका अथवा रानी। पाट महादेवि=पट्टमहिषी। अतिरेक=बढ़ाचढ़ाकर। उचितहुँ=औचित्य का भी। तन्हिक=उनका। परोष=परोक्ष। बोलि…दोष=गुरुजनों के दोष पर भी बोली नहीं कसनी चाहिए। जनला चोरे…चोरि=उस विख्यात चोर ने यदि मेरी मति-गति चुरा ली तो उसकी इस चोरी के प्रतिवाद में क्या कर सकती हूँ। पुरुबापरे…ओल=नागर के आरंभिक (अतिरेक पूर्ण) वचनों एवं पश्चात्कालीन वचनों (निष्करुण व्यवहार) को सुनकर दूती की मति अन्त को प्राप्त हुई, कुण्ठित हो गई। [परि० पद०—"पूर्वापर से नागर का कथन है कि अन्त में दूती को सुबुद्धि होती है।" मि० म०—"पूर्वापर नागरेर कथाय दूतीर बुद्धि शेष होइल।"]

[११०]

धनछीरागे—

अवधि बढाओलन्हि[१] पुछिहह[२] कान्ह
जीवहु तह हे गरुअ छल मान।
भलाहुक वचन मन्द आबे लाग
कुम्भी जल हे भेल अनुराग ॥ ध्रु० ॥
साजनि[३] कि कहब टुटल समाद
परक दरब हो पर सञो वाद।
ओहि धन्ध भेलि आसा हानि
कत पतिआएब झूठी[४] बानि[५] ॥
बहलि पेन्द टेढ[६] सम बोल
कतएक नागर आओ चौछोल[७]।
विरहक बोलए नागरि बोल
विद्यापति[८] कहए अमोल ॥

नें० पृ० ४९, प० १४०, पं० ३

पाठभेद—

मि० म० (प० सं ५५९)—१ बढ़ाओलन्हि २ पुछि इह ३ साजानी ४ सुभा ६ टेढ ७ आओगे छोल

झा (प० सं० १२९)—१ बढ़ाओलन्हि ५ वाणि

परि० पद० (प० सं० १३०)—१ बढ़ओलन्हि ६ टेढ़ ८ विद्यापति कवि

शब्दार्थ—जीवहु तह=जीवन (प्राण) से भी बढ़कर। कुम्भी…अनुराग=अनुराग अब जलकुम्भ से भरी तलैया के पानी के सदृश तिरस्कार योग्य हो गया है। समाद=संवाद। परक…वाद=(प्रिय) दूसरे का द्रव्य होकर [अन्य में अनुरक्त होकर उससे दूसरे से] वार्त्तालाप करते हैं। [परि० पद० में—"दूसरे के धन के लिए कहीं दूसरे से झगड़ा हो!"] बहलि पेन्द=बिना पेंदे के। चौछोल=तुच्चर छैला।

[१११]

धनछीरागे—

जौवन रतन[१] अछल दिन चारि
ताबे[२] से[३] आदर कएल[४] मुरारि।
आबे[५] भेल झाल कुसुम रस[६] छूछ[७]
वारि बिहुन सर[८] केओ नहि पूछ[९] ॥ ध्रु० ॥
हमरिओ[१०] विनति[११] कहब सखि गोए[१२]
सुपुरुष सिनेह[१३] अन्त[१४] नहि होए[१५]।
जाबे से[१६] धन[१७] रह[१८] अपना हाथ
ताबे से आदर कर सङ्ग साथ ॥
धनिकक[१९] आदर सबका[२०] होए[२१]
निरधन बापुल[२२] पुछ[२३] नहि[२४] कोए[२५] ॥
भनइ विद्यापतीत्यादि ॥

ने० पृ० ध०, प० १४३; पं० ३

पठभेद—

रागतरङ्गिणी (पृष्ठ ७९)—१ रूप २–३ से देखि ५ अब ६ सबे १२ रोए १३ वचन १४ अफल १६ रहए १८ पाठाभाव २० सबतहु २२ बापुर। अन्त में भणिता—

भनइ विद्यापति राखब सील[२६]।
जञो जग जिबिअ[२७] नवो[२८] निधि मील[२९] ॥

न० गु० (प० सं० ६६६)—४ कयल ५ आब ७ छुछ ८ सब ९ पुछ १० हमरिए १२ रोय १५ होय १६–१८ रहइ धन १९ धनीकक २० सब तँह २१ होय २३ पुछय २४ न २५ कोय २६ शील २७–२९ जो जग जीविय नवउ निधि मिल। शेष रा० त० के समान।

बेनीपुरी (प० सं० १९८)—१० हमरि ए ११ विनती २३ पुछए २७ जीविए २८ नबओ १२-१५-१६-१८-२०-२१-२४-२५ न० गु० के समान; शेष रा० त० के समान।

मि० म० (प० सं० ४५५)—१० हमरि तु ११ विनती १४ अनु २२ बापुन

झा (प० सं० १३२)—पाठभेद नहीं है।

परि० पद०—(प० सं० १३३) ४ कयल २८ नबउ ५ आबे ६ रस। शेष रा० त० के समान

शब्दार्थ—ताबे=तब तक। से=वह, वैसा। झाल=तिक्त; गन्ध हीन। छूछ=छुच्छा, रिक्त। बिहुन=विहीन। जाबे=जबतक। संग साथ=संगी साथी, इष्ट-मित्र। बापुल=बेचारे। सील=शील, चरित्र गुण। जञो...जीविअ=यदि संसार में जीवित बने रहें।

[११२]

आसावरीरागे—

दहए बुलिए बुलि भमरि करुणा[१] कर
आहा दइआ इ की भेल!
कोर सुतल पिआ[२] आन्तरो न देल[३] हिआ[४]
कें[५] जान[६] कओन दिग गेल॥ ध्रु०॥
अब[७] कैसे[८] जीउब मञे[९] रे सुमरि बालभु नव नेह॥
एकहि मन्दिर बसि पिआ[१०] न पुछए हसि[११]
मोरे लेखे[१२] समुदक पार।
इ[१३] दुइ जौवना तरुण[१४] लाख लह
से आबे परस गमार॥
पटसुति बुनि बुनि मोतिसरि किनि किनि
मोरे पिआञे[१५] गाथल हार।
लाख[१६] लेखि[१७] तन्हि[१८] हरबा गाथल[१९]
से आबे तोलत[२०] गमार॥
अरेरे पथिक भइया समाद लए जइहह[२१]
जाहि देस बस मोर नाह।
हमर से दुखसुख तन्हि पिआ[२२] कहिहह[२३]
सुन्दरि समाइलि वाह॥
भनइ विद्यापति अरेरे जुवति[२४]
अबे चिते करह उछाह।
राजा सिवसिंह[२५] रूपनराए(न)[२६]
लखिमा देवि वर नाह॥

ने० पृ० ५२(क), प० १४७; पं० ४

पाठभेद—

न० गु० (प० सं० ६२७)—१ करुना ३ देअ ४ हिया ५ के ६ जाने ७ अरे १४ तरुन १५ पियाञे १६ लाखे १८ तन्हि हम २१ जइह २३ कहिह २७ लखि

मि० म० (प० सं० १५९)—२ पिया १० पिया २२ पिया २५ सिवसिंघ २६ रुपनरायन। शेष न० गु० के सदृश।

झा० (प० सं० १३५)—१७ लिखि १८ तन्हि हम (ह) रवा

परि० पद० (प० सं० १३६)—१ करुना ५ के ८ कइसे ९ जिउब मोञ ११ हँसि १२ मोरा लेखेँ १३ ई १४ तरुन १५ पिआञे गाँथल १९ गाँथल २० तोलत २४ अरे वर जउवति २६ रूपनराञेन

सं० वक्तव्य—इस पद में दो माध्यमों; भ्रमरी के व्याज से तथा नायिका के स्पष्ट वचन से, विरह का बखान किया गया है। प्रियतम के देशान्तर गमन एवं तदर्थ पथिक द्वारा सन्देश प्रेषण की सूचना है तथा उसके एक घर में अनासक्त भाव से रहने का भी निर्देश है। ध्रु० के पश्चात् टेक की अर्द्धाली की छूट भी प्रतीत होती है। प्रियतम के प्रति अगाध आस्था का बोध है और उसके निमित्त सञ्चित साधनों का अन्य (मूर्ख) जनो द्वारा उपभोग करने की आशंका भी अभिव्यक्त है। इससे प्रतीत होता है कि संभवतः दो भिन्न पद कालान्तर में लिपिकर्त्ताओं की असावधानी से एक में मिल गए हैं अथवा फिर इसे विरहिणी की विक्षिप्तावस्था का प्रलाप माना जा सकता है।

शब्दार्थ—दहए=दसो (दिशाओं) में या दह (ह्रद=सरोवर) में। बुलिए बूलि=घूम घूमकर। भमरि=भ्रमरी। करुनाकर=करुण क्रन्दन करके। कोर···हिआ=गोद में सोए हुए प्रिय ने (अपने और मेरे) हृदय के मध्य कोई अन्तर नहीं दिया। जिस प्रिय ने परिरम्भण में वसन-भूषण का व्यवधान भी कभी नहीं रखा। लेखे=लक्ष्ये, लिए। तरुण लाख लह=लाखों नागरिकाओं की अपेक्षा अधिक तरुण अथवा लाखों तरुणों को लाभ के रूप में काम्य। पटसुति=पट्ट, पाट; रेशम के सूत्र से। मोतिसरि=सुन्दर मोतियों की गुरिया। मोरे पिआञे=प्रियतम के लिए मैंने अथवा मेरे प्रियतम ने। लाख लेखि=लाखों बार देखकर। समाइलि वाह=(अश्रु के) प्रवाह में समा गई है।

[११३]

मलारीरागे—

सुरत परिश्रम[1] सरोवर तीर
अरु अरुणोदय[2] सिसिर समीर।
मधु निसा रे[3] बएरनि[4] भेलि नीन्द
पुछिओ न गेले मोहि निठुर गोविन्द ॥ ध्रु० ॥
जाए खने दितहु आलिङ्गन गाढ[5]
जनि जुआर परुसे[6] खेल पाढ[7]।
जत[8] जत[9] करितहु[10] तत मन जाग
अनुसए हीन भेल अनुराग ॥
भनइ विद्यपतीत्यादि ॥

ने० पृ० ५३ (क), प० १४९ ; पं० ५

पाठभेद—

न० गु० (प० सं० ६१६)—२ सुरु अरुनोदय ३-४ वेली धनि ५ गाढ़ ६ परु से ७ पाढ़ ८-९ जत

मि० म० (प० सं० ५००)—१ परिस्रम २ सुरु अरुनोदय ३-४ बेबत धनि ५ गाढ़ ६ परु से ७ पाढ़

झा (प० सं० १३७)—२ सुरु अरुणोदय ३ ४ बेर ए धनि ६ परु से

परि० पद० (प० सं० १३८)— १ परिस्रम २ अरुनोदअ ५ दितहुँ आलिङ्गन गाढ़ ६ पउरुषेँ ७ पाढ़ १० करितहुँ

शब्दार्थ—मधुनिसा=वासन्ती रजनी। परुसे=पड़ पड़कर, अति उत्साह से। पाढ़=पाशा। अनुसए=अनुशय, पश्चाताप।

[११४]

मलारीरागे—

दारुण[१] कन्त निठुर हिअ[२]
सखि रहल विदेस।
केओ नहि हित मझु सञ्चरए[३]
जे कह[४] उपदेस[५] ॥ ध्रु० ॥
ए सखि हरि[६] परिहरि गेल
निअ[७] न बुझीअ[८] दोस[९]।
करम विगति[१०] गति माइ हे
काहि करबो[११] रोस[१२] ॥
मोहि छल दिने दिने बाढत
देव[१३] हरि सञो[१४] नेह।
अब[१५] निअ[१६] मने अवधारल
पहु कपटक गेह ॥
भनइ विद्यापतीत्यादि ॥

ने० पृ० ५६ (क), प० १५७; पं० ४

पाठभेद—न० गु० (प० सं० ६३३)—१ दारुन ४ कहत ५ ऊपदेस ७ निज ८ बुझीय १३ देख १४ सञे १५ आबे १६ निअ

मि० म० (प० सं० ५१६)—१ दारुन २ हिय ३ पाठाभाव ७ निअ ११ करब १३ देख १५ आबे १६ निअ

झा (प० सं० १४५)—१० विगत १३ देष १५ आबे

परि० पद० (प० सं० १४७)—१ दारुन ३ संचर ८ बुझिअ ९ दोष ११ करब मोञ १२ रोष।

शब्दार्थ—हित=हितैषी। काम विगति=किए हुए कर्मों का परिणाम। अवधारल=निश्चय किया।

[११५]

मलारीरागे—

प्रथमहि सिनेह[1] बढाओल[2]
जे विधि उपजाए[3]।
से आबे हठे[4] विघटाओल[5]
दूषण[6] कओन[7] मोर पाए॥ ध्रु०॥
ए सखि हरि सुमझाओब[8]
कए मोर परथाब।
तन्हिके विरहे[9] मरि जाएब
तिरि बध कओन[10] आब॥
जीवन थिर नहि अथि कए
जौवन तहु थोल[11]।
वचन अप (न) निरबाहिअ
नहि करिअए ओल[12]॥
भनइ विद्यापतीत्यादि॥

ने० पृ० ५६, प० १५८; पं० २

पाठभेद—

न० गु० (प० सं० ६८४)—१ विहि सिनेह २ बढ़ाओल ३ ऊपजाए ५ बिघटाओल ६ दूषन ७ कओन ८ समुझाओब १० कओन

मि० म० (प० सं० ५२८)—२ बढ़ाओल ५ बिघटाओ ६ दूसर ७ कओन १० कओन

झा (प० सं० १४६)—२ बढाओल ८ समुझाओब

परि० पद (प० सं० १४८)—४ हठेँ ५ बिघटाओल ६ दूखन ८ समुझाओब ९ बिरहेँ ११ थोक १२ ओक

शब्दार्थ—उपजाए=उत्पन्न कर के। विघटाओल=विघटितकर दिए। परथाब=प्रस्ताव। तिरिबध=त्रिया, स्त्री बध। अथिकए=है। निरबाहिअ=निर्वाह करना चाहिए। नहिँ…ओल=समाप्त नहीं करना चिहाए,

[११६]

मलारीरागे—

तोह[1] जलधर सभ[2] जलधर राज[3]
हमे[4] चातक जल विन्दुक काज।
धरओो[5] परान आस कए तोर
समय[6] न बरिससि[7] असमर्थ[8] मोर॥ ध्रु०॥
जल दए[9] जलद जीव मोर राख
देले सहस अवसर[10] हो लाष[11]।
जषने[12] कलानिधि[13] निज[14] तनु पाब[15]
तहि षने[16] राहु[17] पिआसल आब[18]॥
ओहओ[19] देअ[20] तनु ओ कर पान
तैअओ[21] सराहिअ[22] न[23] होअ[24] मलान[25]।
वैभव गेला[26] रहत[27] बिबेक
तैसन[28] पुरुष लाख[29] मह[30] एक॥
भने विद्यापतीत्यादि॥

ने० पृ० ५६, प० १५९; पं० ५

पाठभेद—

अ० न० (प० सं० ७८)—१ तुहु २-३ सहजहि जलराज ४ हम। दूसरा-तीसरा चरण नहीं है। ९ दय १०-११ अवसर देले सहस होय लाख। सातवें-आठवें चरण नहीं १९-२० तनु देअ चान, राहु कर पान २१-२४ अइओ कला नहि होय। ग्यारहवें- बारहवें चरण नहीं हैं। अन्त में भणिता है—भन विद्यापति जलद उदार। जीवन दय पालथि सँसार॥,

न० गु० (नाना. प० सं० १३)—१ तोहें २-३ सहजहि जलराज। दूसरा-तीसरा, सातवाँ, आठवाँ चरण नहीं है। १०-११ अवसर देले सहस हो लाख १९-२० तनु देअ चाँद राहु कर पान २१-२३ कबहु कला नहि २६ गेले २७ रहए २८-३० तइसन पुरुख लाख थिक। अंत में भणिता—भनइ विद्यापति दूती से। दुइ मन मेल कराबए जे।

मि० म० (प० सं० ४५९ (क)—२ सउ ५ बरओो ७ बरिसखि ११ लेाख १२-१५ जखनेक निधि निज तनु पार १६-१७ खने बहु १८ आर १९-२० तुहओ देस

२१-२५ ते अओ सराहि अनहो अमलान २८-३० तेसन पुरुष लाखे माहे। तथा इसी पद के (ख) अंश में न० गु० का पाठ दिया गया है।

सु० झा (प० सं० १४७)—१ तोहे २८ तसन

परि० पद० (प० सं० १४९) १ तोहें ६ समअ ८ असमअ १२ जखने १३ कलानिधि १६ खने २१ तइअओ ३० महँ। शेष पाठभेद लगभग न० गु० सदृश।

सं० मन्तव्य—१ तोहें ६ समअ ८ असमअ ११ लाख १२-१३ जखने कलानिधि १६ खने २१ तइअओ २४ होए २६ गेलेओ २८ तइसन ३० महँ

शब्दार्थ—आस कए=आशान्वित हो। देले सइस'''लाख=उपयुक्त अवसर पर हजार देना, अनपेक्षित अवसर पर के लाख देने के बराबर होता है। कलानिधि=चन्द्रमा। निज तनु पाब=अपना शरीर प्राप्त करता है, परिपूर्ण रूप में उदित होता है, पूर्णिमा तिथि को। ओहओ=वह, चन्द्रमा।

[११७]

विधिबसे[१] तुअ संगम तेजल
दरसन[२] भेल साध।
समयबसे[३] मधु न मिलए
सौरभ के कर बाध॥ ध्रु०॥
माधव कठिन तोहर नेह।
तुअ विरह[४] बेआधि मुरूछलि[५]
जीवन तासु सन्देह॥
जगत[६] नागरि कत न आगरि
तथुहु[७] गुपुत पेम।
से रस बएस पुनु[८] पाबिअ
देलहु[९] सहस हेम॥
भने विद्यापतीत्यादि॥

ने० पृ० ५८, प० १६४; पं० २

पाठभेद—

न० गु० (प० सं० ७८२ विरह, दूतीर उक्ति)—५ मुरुछलि

मि० म० (प० सं० ५५२)—५ मुरुछलि

सु० झा (प० सं० १५१)—मुरुछलि

परि० पद० (प० सं० १५३)—१ विधिबसें २ दरसने ३ समय बसें ५ मुरु-छलि ७ तथिहु ८ पुतु न ९ देलहुँ

सं० मन्तव्य—३ समअबसें ४ विरहे ६ जगते । शेष परि० पद० वत् ।

शब्दार्थं—सङ्कम=संग साथ, मिलन । साध=अभिलाष । आगरि=संपन्ना, चतुरता एवं कुशलता से । तथि हु=उनमें भी । रस बएस=रसमयी उम्र, यौवन । हेम=सोना ।

[११८]

छलिहु[1] पुरुब भोरे न[2] जाएब[3] पिआ[4] मोरे
पालक[5] सुतलि[6] धनि[7] कल[8] हइ ।[9]
खने एके जागलि रोअए लागलि
पिआ गेल निज कर मुदली दइ[11] ॥ ध्रु० ॥
दिने दिने तनु सेष[12] दिवस बरिस लेष[13]
सुन कान्ह[14] तोह बिनु जैसनि[15] रमनी ॥
परक वेदन दुष[16] न बुझए मुरुख[17]
पुरुष[18] निरापन चपलमती ।
रभस पललि[19] बोल सत एक तन्हि[20] लेल
कि करति अनाइति पललि[21] जुवती[22] ॥
भनइ विद्यापतीत्यादि ॥

ने० पृ० ६० (क), प० १६८, पं० २

पाठभेद—

न० गु० (प० सं० ७७० विरह, दुतीरउक्ति)—४ पिआ ५ पानिक ६ सुता ८-९ कलहइ १० क्षने ११ मुदरी हइ १२ सेख १३ लेख १४ कान्हु १६ दुख १९ पड़लि २२ जुवति

मि० म० (प० सं० ४३८)—४, ५, १२, १३, १६ और २२ न० गु० सदृश । १८ पुरुस

सु० झा० (प० सं० १५५)—२-३ जाएब ६-७ सुतलि ८ कलहई ११ दई १६ दुख

परि० पद० (प० सं० १५७)—१ छलिहि ५ पालंक ९ हई ११ मुँदरी दई १५ जइसन १७ अमरुख २० तोह । ४, १२, १३ और १६ न० गु० सदृश ।

सं मन्तव्य—१ छलिहुँ ५ पालके ९ हई ११ दई १२ सेख १३ लेख १५ जइ-सन १६ दुख १९ रमसे पललि २० तोहि

शब्दार्थ—पालके सूतलि=पलंग पर सोई हुई। कल हइ=आराम से, निश्चिन्त होकर। मुदली=मुनरी, अँगूठी। सेव=नष्ट होना। लेख=सदृश। निरापन=निरापन्न, निरंकुश। रभसे पललि बोल= सहवास के परिहासयुक्त वार्त्तालाप। सत कए=सत्य करके, सत्य समझ कर।

[११९]

छलि[1] भरमे राहि[2] पिआओे जाएव कहि
कोप कइए नीन्द[3] गेली।
जागि उठलि धनि देखि सेज सुनि
हरि बोलइते निन्द गेली ॥ ध्रु० ॥
माधव ई[4] तोर कओन गेआने।
सबे सबतहु बोल जे सह से बड[5]
परे बुझबहि[6] अगेआने ॥
भल न कएल तोहे पेअसि अलप कोहे
दुर कर छैलक[7] रीति।
ओछा सओं[9] हरि न करिअ सरिपरि[10]
ते कर बर अनिसाति[11] ॥
भनइ विद्यापतीत्यादि ॥

ने० पु० ६०, प० १६६, पं० १

पाठभेद—

मि० म० (प० सं० ३६४)–१ पुनि २ राहीहि ५ बड़ ६ बुझाबह ९ ओछसओ १० सरि परि ११ ते करब रअनि साति।

सु० झा (प० सं० १५६)—३ निन्द ४ ई ५ बड़ ६ बुझाबइ ११ ते करब रअनि (हु) साति।

परि० पद० (प० सं० १५८)–१ अछलि ३ निन्द ४ ई ५ सबे सबतहु कह से बड़ जे सह ६ बुझबसि ७ छइलक ८ रीती ११ बड़ अनिसाति।

सं० मन्तव्य—३ निनि ६ बुझबए। शेष परि० पद० वत्।

शब्दार्थ—अछलि=थी। हरिबोलइते निनि गेलि=हरि हरि पुकारते-पुकारते नींद ही चली गई, उचाट हो गई। सबे सब तहु कह से बड़ जे सह=सभी सर्वत्र कहते हैं, (अथवा सभी सब कुछ कहते हैं किन्तु) 'जो सबके कथनों (कटूक्तियों तक) को सहन करता है, वही बड़ा है। परे''अगेआने=बाद में (अवसर व्यतीत होने पर) अज्ञानी ही समझते हैं। परि० पद० के अनुसार—अज्ञानी ही (अपनी बात) दूसरों को समझाते हैं। ओछा=नीच। सरिपरि=बराबरी। अनिसाति =झुँझलाहट।

[१२०]

केदारराग—

नयनक[1] ओत होइतें[2] होएत[3] भाने
विरह होएत नहिं[4] रहत पराने।
से आबे देसान्तर आन्तर[5] भेला
मनमथ मदन रसातल गेला॥
कओन[6] देस बसल रतल कओन[6] नारी
सपने न देखए निठुर मुरारी।
अमृत[8] सिचलि सनि, बोललन्हि बानी
मन पतिआएल मधुरपति जानी॥
हम[9] छल टूटत[10] न जाएत नेहा
दिने दिने बुझलक[11] कपट सिनेहा[12]॥
भनइ विद्यापतीत्यादि॥

ने० पृ० ६१ (क), प० १७१, पं० २

पाठभेद—

न० गु० (प० सं० ६३३ विरह, राधार उक्ति)—२ होइते ५ आतर ६ कओन ७ मुरारि १० टुटुत।

मि० म० (प० सं० ५३४)—२-६ न० गु० वत्। ५ आँतर ११ बुझल १२ सिनेह।

सु० झा (प० सं० १५७)—१ नअनक ३ होअ ९ हमे ११ बूझल।

परि० पद० (प० सं० १५३) सु० झा सदृश।

सं० मन्तव्य—४ नहि ५ देसाँतर आँतर ८ अमिअे। शेष सु० झा सदृश।

शब्दार्थ—ओट=आड़। भाने=जान पड़ना। देशांतर आँतर=अनेक देशों का अन्तर, दूरी। रतल=अनुरक्त। मधुर पति=मथुरा पति, प्रिय एवं अनुकूल पति।

[१२१]

कोलार रागे—

हिमकर हेरि[1] अवनत[2] कर[3] आनन
कए[4] करुणा[5] पथ हेरी।[6]
नयन[7] काजर लए[8] लिखए[9] विधुन्तुद
कए[10] रहु[11] ताहेरि सेरो[12]॥ ध्रु०॥

माधव कठिन हृदय[13] परवासी।[14]
तुअ[15] पेअसि[16] मञे[17] देषलि[18] वराकी[19]
अबहु पलटि घर[20] जासी॥
मीनकेतन भँञे[20] शिव शिव शिव कए[21]
धरणि[22] लोटाबए देहा[23]।
करज[24] कमल लए कुच सिरिफल दए
शिव[25] पूजए निज गेहा॥[26]
दाहिन[27] पवन[28] बह सै कैसे[29] जुवति[30] सह
करे[31] कवलित तसु अङ्गे।[32]
गेल[33] परान आस[4] दए राखए[35]
दस[36] नखे[37] लिहए[38] भुजङ्गे॥[39]
दुतर पयोधि फेने नहि सन्तरि[40]
विद्यापति कवि भाने।
राजा सिवसिंह[41] रूपनराएण[42]
लखिमा देवि रमाने॥

ने० पृ० ६४ (क); प० १८०; पं० ५

पाठभेद—

पदकल्पतरु (प० सं १८७९)—१ पेखि ४-६ रहत करुनापथ हेरि १०-१२ ता सबे कहतँहि टेरी १५-१९ तोहारि बिलासिनि पेखनु बिरहिनी २२-२३ धरनि लोटाओइ सेह २४-२६ नयन नीर लेइ सजल कमल देइ सम्भु पुजये निज देह।

ब्र० न० सहाय (विरह और प्रबोध, प० सं० १५)—१ पेखि २-३ आनत करि ४-६ रहत करुन पथ हेरि ८ देइ ९ लिखइ १०-१२ ता सों कहतहि टेरि १५-१९ तोहरि बिलासिनि पेखनु बिरहिनि २० गृह। "मीनकेतन-से-निज गेहा" तक का पाठ नहीं है। २७ दखिन २९-३० कैसे युवति ३१-३२ ताहि दुख देइ अनंग ३३ गेलहुँ ३४-३५ आस देइ राखइ ३७-३९ नख लिखइ भुजंग। अन्त में भणिता का यह अंश है—

भन विद्यापति सिवसिंह नरपति विरहक यह उपचारि।
परभृतक डर पायस लेइ कर वायस नियरे पुकारि॥

न० गु० (ताल०, प० सं ७४७ विरह दूतीर-उक्ति) चरण क्रम—सर्वप्रथम—'माधव··· जासी'। तब, "हिमकर···सेरी।" तत्पश्चात् "करज····अङ्गे।" तदनन्तर—'मीनकेतन··· गेहा।" और तब निम्नलिखित भणिता है—

परभृत के डरे[४३] पाअस लए करे[४४] बाएस[४५] निकट पुकारे।

राजा सिवसिंह[४६] रूपनरायन[४७] करथु विरह उपचारे।

४-५ कर करुना १०-११ भए रह १६-१९ पेयसि मोञे देखलि वराकिनि २० भए २२ धरनि २३ गेहा २४ कर रे २६ देहा २७ दक्षिण २९ कइसे ३१ कर ३२अनङ्गे ३४ आद्य ३६ दश ३८ लिखए। पुनः यही पद—

(प० सं ७६४)-पर ४ करु १५; १७ तुय पेयसि मोयें २३ देहा २७ दखिन ३५ राखय ४३ डरें ४६ सिवसिंह, पाठभेद युक्त; पुनरुक्त है।

बेनीपुरी (प० सं० २१२) पद-क्रम न० गु० सदृश। १०-११ मय रह १५ तुझ १७ मोयँ १९ वियोगिनी २०-२१ भय सिव सिव सिव कय २४ करे रे २५ सिव २८ पवन ३० जुबति ३१-३२ करे कबलित तनु अंगे ३७ नख ४० सन्तरु, भणिता भाग ने० प० सदृश।

मि० म० (प० सं० १७७) २३, २६ ने पृ० सदृश तथा शेष बेनीपुरी के पठान्तरों से मण्डित न० गु० के समान। ३८ लिखइ ४१ सिवसिंघ।

सु० झा (प० सं० १६३) २० भञे २२ धरनि ३६-३८ दसन खेलि हए।

परि० पद (प० सं० १६३)—७ नञन १३ हृदअ १७-१६ मोञ देखलि बराकिनि ३७ नखें ४३ परभृतहुँक डर ४५ बायस ४७ रूपनराञेन। शेष न० गु० (प० सं ७६४) सदृश।

सं० मन्तव्य—(१) ब्र० न० सहाय और न० गु० की भणिता ने० प० से सर्वथा भिन्न है तथा इनकी भणिता में भी पंक्ति-व्यतिक्रम है। परि० पद० में न० गु० की भणिता ही ग्रहण की गई है यद्यपि ने० प० की भणिता अधिक सटीक है।

(२) इस पद का क्रम ब्र० न० सहाय में नेपाल दरबार-प्रति सदृश है जब कि न० गु० का पद-क्रम भिन्न है जिससे जहाँ ब्र० न० सहाय का पाठ मूल के निकट है वहीं यह भी स्पष्ट होता है कि वह न० गु० के अनुकरण पर नहीं तैयार किया गया है।

(३) ७ नञन ११ रह १३ हृदअ १८ देखलि २७ दखिन २६ कइसे ४७ रूपनराञेन।

शब्दार्थ—कए करणा=करुणार्द्र हृदय सजित कर, बिलख बिलख कर। काजर लए=कज्जल के माध्यम से। लिखिए विन्धुन्तुद=राहु का चित्र खींचती है। यहाँ 'चन्द्रमा' आकृति के किंचित् साम्य के कारण राहु चित्र निर्माण में सहायक भी है और राहु का चित्र बनाकर नायिका चन्द्रमा की पीड़ा से त्राण पाने का भी उपाय करती है। बराकी=दुखिया। करज कमल=हाथ से जन्मे अंगुलि समूह और हथेलियों के सम्पुट से बने कमल को। दाहिन पवन=दक्षिण पवन, मलयानिल। कवलित=घोंटती है। गेल परान=निकल पड़े [प्रयाणोद्यत]

हुए प्राणों को, । भुजङ्ग=साँप को चिन्तित करती है, जिसके डर से मलयानिल उसे पीड़ा देने का साहस न करे। दुतर=जो अत्यन्त कठिनाई से पार किया जाय। सन्तरि=पार करना। परभृत=दूसरों [कौओं] द्वारा भरण-पोषण की जाने वाली=कोकिला। उपचारे=दवा, औषधि।

[१२२]

कोलाररागे—

प्रथमहि हृदय[१] पेम उपजाए[२]।
पेमक[३] आङ्कुर गेलाह बढाए[४]॥
से आबे[५] तरुअर[६] सिरिफल भास[७]।
तहिँ तल बले[८] मनमथे लेल वास॥ ध्रु०॥
माधव कके[१०] बिसरलि बर नारि।
बड़[११] परिहर गुण[१२] दोस बिचारि॥
नयन सरोज दुहू बह नीर।
काजर पखरि पखरि[१३] पल[१४] चीर॥
तेहि[१५] तिमित भेल उरज सुबेस।
मृगमदे पूजल कनक महेश[१६]॥
काजरे[१७] राहु उरग लिख काग[१८]।
बिस मलयज पुनु मलयज पाङ्क[१९]॥
चान्द[२०] पवन पिक[२१] मदन तरास।
सर गदगद घन छाड़[२२] निसास॥
भनइ विद्यापतीत्यादि॥

नें० पृ० ६४, प० १८१, पं० ५

पाठभेद—

न० गु० (प० सं० ७६७ विरह, दूतीरउक्ति) १-२ रङ्ग रभस उपजाए २-४ प्रेमक आँकुर गेलाहे बढाय ६-७ दिन दिन तरुनत भास ८-९ ताँ तरवर १० ककें ११ बड़ १२ गुन। इसके बाद के चरणों में से ६ चरण कुछ आगे-पीछे करके आए हैं। ११ वाँ तथा १२ वाँ चरण (१७-१९) इसमें नहीं है। १३ पधरि पधरि १४ पर १५ तेहि १६ महेस २०-२१ पिक पञ्चम डरे २२ तेज। अन्त में भणिता—सुपुरुष[२३] वाचा सुपहु सिनेह। कबहु[२४] न बिचल पखानक रेह॥ भनइ विद्यापति सुन वर नारि। धरु[२५]मन धीरज मिलत मुरारि॥

मि० म० (प० सं० ५५१)—न० गु० के पाठ के अनुरूप जिसमें इसप्रकार के पाठभेद हैं—२ उपजाय ५ अब १० ककें १३ पखरि पखरि १५ तेंहि २३ सुपुरुस।

पाठ भेद हैं— २ उपजाय ५ अब १० ककें १३ पखरि पखरि ५ तेंहि २३ सुपुरुष।

सु० झा (प० सं० १६४)—८ तहि तले १७-१८ काजरे बाहु उरग लिष काग। शेष ने० पृ० सदृश

परि० पद० (प० सं० १६६)—३-४ प्रेमक आँकुर गेला हे बढ़ाए १० ककें १२ गुन दोष। शेष चरणों के पाठ, भणिता एवं क्रम न० गु० के समान; जिसमें इस प्रकार के भेद हैं –१४ पळ १५ तेंहि १६ महेस १७ काजरें १८ काक १६ पाँक २०-२१ चान्द पवन पिक २४ कबहुँ २५ धर

सं० मन्तव्य—१ हृदअ ८-६ तहि तरुवरे १० ककें १४ पड़ १५ तेंहि १६ महेस १७ काजरे १८ काक १९ पाँक

शब्दार्थ—भास=प्रकाशित होता है, जान पडता है। लेल वास=निवास करने लगा है। तिमित=तिमिराच्छादित, काले काजर मण्डित अथवा अस्तमित, डूबे वा भींगे हुए। बिस···पाङ्क=विष मलयज (चन्दन) सदृश शीतल हो गया है और चन्दन कीचड़ सा लग रहा है, दोनों व्यर्थ हो रहे हैं। तरास=त्रास, भय। सर=स्वर, कण्ठ स्वर।

[१२३]

कोलार रागे—

आएल पाउस निबिड[1] अन्धार
सघन नीर बरिसए जलधार।
घनहन देषिअ[2] बिघटित रङ्ग
पथ चलइते[3] पथिकहु मन भङ्ग ॥ ध्रु० ॥

कञोने[4] परि आओत बालभु मोर[5]
आगु न चल[6] अभिसारिनि पार[7]।
गुरुगृह तेजि सयनगृह[8] जाथि
तिथिहु[9] बधूजन[10] शङ्का[11] याथि[12] ॥

नदिआ जोरा भअउ[13] अथाह
भीम भुअङ्गम[14] पथ चललाह ॥
भनइ विद्यापतीत्यादि ॥

ने० पृ० ६७ (क), प० १८७; पं० ४

पाठभेद—

न० गु०(प० सं २९३ अभिसार, राधार उक्ति)—१ निविड़ ४ कओने ५ हमार ९-१० तथिहु बधुजन १२ आथि १३ भउ १४ भुजङ्गम ।

मि० म० (प० सं ३२८)—३ चलइत ६ चलइ ९ तिथिकु ११ सङ्का । शेष न० गु० वत् ।

सु० झा० (प० सं० १७०)—१ निविड़ ।

परि० पद० (प० सं० १७३)—२ देखिअ ५ हमार ८ सअनगृह ९ तथिहु १२ आथि ।

सं० मन्तव्य—५ मोर ७ जोर । शेष परि० पद० वत् ।

शब्दार्थ—निबिड़=अत्यन्त घना । चनहन=परिपूर्ण । मन भङ्ग=मन, धैर्य टूट जाता है । गुरुगृह=श्रेष्ठ जनों [सास, श्वसुर आदि जिसमें सम्मिलित रूप से रहते हैं] के घर को । सअनगृह=प्रियतम के साथ शयन करने वाले कक्ष में । आथि=अस्ति, है । जोरा=जोरदार धार पर ।

[१२४]

कोलार रागे—

खने सन्ताप सीत जल जाड[१]
की उपचरब[२] सन्देह न छाड[३] ।
उचितओ भूषण[४] मानए भार
देह रहल अछ सोभा सार ॥ ध्रु० ॥
ए सखि तुरित[५] कहहि[६] अवधारि
जे किछु समदलि ते[७] वरनारि[८] ।
भेद न[९] मानए चन्दन[१०] आगि
बाट हेरए ओ[११] अहनिसि जागि ॥
जिनल[१२] इन्दु वदन ते ताब[१३]
होएत[१४] किदहु[१५] एह परथाव ।
नव आखर गदगद सर रोए
जे किछु सुन्दरि समदल[१६] गोए ॥
कहहि[१७] न पारिअ तसु अवसाद
दोसरा पद अछ[१८] सकल समाद ॥
भनइ विद्यापतीत्यादि ॥

ने० पृ० ६८, प० १९१, पं० २

पाठभेद—

न० गु० (प० सं० ७६६ विरह, दूतीर उक्ति)—१जर जाड़ ३ छाड़ ४ भूषन ५-६ तोरित करिअ ७-८ सुन्दरि नारि ९ वेदन ११ तुअ १२-१३ जीनल वदन इन्दु तें १४-१५ कीदहु होइति १७ कहए। और अन्त में भणिता है—भनइ विद्यापति एहो रस भान। अबुझ न बुझए बुझए मतिमान। राजा सिवसिंह[१९] परतख देओ। लखिमा देइ पति पुनमत सेओ॥

मि० म० (प० सं० १८०)—४ भूसन ५-६ ए हरि तोरित करिअ १० चानन १९ सिवसिंघ। शेष सभी न० गु० वत्।

सु० झा (प० सं० १७३)—२ उचचरब १८ अछि

परि० पद० (प० सं० १७५)—१ जर जाड़ ३ छाड़ ४ भूषन ५ ए हरि ! तुरित १२-१३ जीनल वदन इन्दु तजे ताब १५ कीदहुँ १६ समदलि १७ कहइ। अन्त में न० गु० सदृश भणिता।

शब्दार्थ—सन्ताप=कष्ट पहुचाता है। सीतजर जाड़=शीतज्वर एवं जाड़ा। सोभासार=शोभासर के सार तत्त्व सदृश, अत्यन्त क्षीण। जीनल=जीत लिया। तबेताब=इसलिए उत्तप्त कर रहा है। होएत कीदहु=क्या होगा ? नव आखर=नव अक्षर का सन्देश [आब मरब विष खाए] दोसरा पद=उक्त वाक्य का दूसरा ··मरब। समाद=संवाद।

[१२५]

कोलार रागे—

बरिसए लागल गरजि पयोधर
धरणी[१] ··· ···· दि[२] भेलि[३]।
नबि नागरि[४] रत परदेस[५] बालभु
आओत आसा गेलि[६]॥ ध्रु०॥
साजनि आबे हमे मदन असार[७]।
सून मन्दिर[८] पाउस के जामिनि
कामिनि की परकार[१०]॥
लघु गुरु भए सरि[११] पए[१२] भरे[१३] लागलि[१४]
चिन्तित[१५] भयो[१६] अगाधे।
कओन[१७] परि पथिके अपन घर आओब
सहजहि सबका[१८] बाधे॥

मोहि बरु अतनु — अतनु कए छाडथु
से सुखे[19] भूजथु[20] राजे।
भनइ विद्यापतीत्यादि ॥

नेo पृo ६९, पo १९३; पंo १; तथा पo संo २०७

पाठभेद—

नेo पo (पo संo २०७)—२-३ दन्तुदि भेली ६ गेली ७ अधारे १० परकारे १४ बाढलि १५-१६ नीचेओ भअउ १७ कओने १८ सहजहि सबका बाधे। के बाद—"एहे बेआज कइए पिआ गेला। आओब समय[21]समाजे।" पाठ के अधिक चरण हैं। तथा 'भनइ विद्यापतीत्यादि' के स्थान पर है"""तुअ गुन सुमरि कान्हे पुनु आओब विद्यापति कवि भाने ॥

नo गुo (पo संo ७०९ विरह, राधार उक्ति ११ सबि १६ भउ १७ कओने; तथा नेo पृo २०७ के उपर्युक्त अधिक चरण हैं तथा अन्त में भणिता का भी अधिक अंश है—

"राजा सिवसिंह रूपनरायन[22], लखिमा देवि रमाने।"

मिo मo (पo संo ५१०)—१ धरनी ५ परदेश ८ मन्दिरो ९ कामिनी। शेष पाठभेद एवं अधिक अंश नo गुo सदृश।

सुo झाo (पo संo १७५) २ (दम्भ) दि ५ परदेश

परिo पदo (पo संo १७७)—२ दन्तुरि ७ असारे ८ मन्दिर १३ भरें १८ सबकाँ १९ सुखें २० भुञ्जथु २१ समअ २२ रूपनराअेन। नेo पo पo २०७ तथा नo गुo के अधिक चरणों के पाठ सहित।

संo मन्तव्य—नेo पo १९३ में "कओन ···· ···· बाधे" के बाद नेo पo २०७ "एहे···समाजे" चरण का योग करते हुए अन्त में पुनः २०७ के अधिक चरण के साथ नoगुo कल्पित भणिता सहित।—पाठ परिo पद के अनुरूप।

शब्दार्थ—दन्तुरि=भीगी हुई, कीचड़ युक्त। हमे मदन असारे=मेरे लिए कामदेव निस्सार हो गया है। परकारे =उपाय करे। सरि=नदी। पए भरें=पानी के भर जाने से। चिन्तित···अगाधे=इससे मैं अगाध चिन्ता में निमग्न हो गई हूं। नीचेओ=छोटा छिछला गड्ढा भी। अतनु अतनु=कामदेव बिना शरीर का।

[१२६]

कोलाररागे—

फूजलि कवरि[1] अवनत[2] आनन कुच परसए परचारि।
कामे कमल लए कनक संभु जनु पूजल[3] चामर ढारि ॥ध्रुo॥

पिउ पिउ[5] पलटि हेरि हल पेअसि[6] बयना
मदन-सपथ तोहि रे।
सामर[7] लोमलता कालिन्दी,
हारा सुरसरि धारा।
मज्जन कए माधवे वर मागल[8]
पुन दस्सन[9] एक बेरा॥

भनइ विद्यापतीत्यादि॥
ने० पृ० ७० (क), प० १९२, पं० ३

पाठभेद–

न० गु० (प० सं० २८ माधवेर अनुराग, दूतीर उक्ति) ३ पूजलि ४-५ पाठमाव६ पेयसि

मि० म० (प० सं० ४९२)—७ सामरा

सु० झा० (प० सं० १७७)—२ अवनतकर

परि० **पद०** (प० सं० १७९)—१ कवरी ७ सामरि ८ माँगल ९ दरसन

सं० **मन्तव्य**—१ कवरी ८ माँगल

शब्दार्थ—फूजलि=खुली हुई। परचारि=पसरकर। चामर ढारि=चँवर लुढ़काकर, डुलाकर। लोमलता=रोमावली। माधवे वर माँगल=भाधव को वरदान स्वरूप माँगा।

[१२७]

कोलाररागे -

की परवचने कन्ते[1] देल कान।
की मन[2] पललि कलामति आन[3]।
कि[4] दिनदोसे[5] दैव[6] भेल वाम
कओने कारणे पिआ नहि ले[7] नाम॥ ध्रु०॥
ए सखि ए सखि देहे उपदेस
एक पुर कान्ह[8] बस मो पति बिदेस।
आसा[9] पासे मदने करु बन्ध
जिबइते जुवति न तेज अनुबन्ध॥

अवधि दिवस नहि पाबिअ ओल[10]
अनिअत जौवन[11] जीवन थोल[12] ॥
भनइ विद्यापतीत्यादि ॥

ने० पृ० ७०, प० १९६, पं० १

पाठभेद—

मि० म० (प० सं० ३५८)—१ कान्ते

सु० झा० (प० सं० १७८)—२ (पूनु) ८ काँन्ह ९ आसे १० ओळ १२ थोळ ।

परि० पद० (प० सं० १८०)—१ कन्त ३ आन ५ दिन दोषें ७ लेभ १० ओल

सं० मन्तव्य—२ मने ४ की ६ दइव ११ जउवन

शब्दार्थ—कलामनि = कलावन्ती, नायिका । मो पति = मेरे लिए । पासे = जाल में । ओल = अन्त ।

[१२८]

कोलाररागे—

बाढलि[1] पिरिति हठहि दुर गेलि
नयनक[2] काजर मुह[3] मसि भेलि ।
ते अवसादे[4] अवसिन भेल देह
खड कुमढा[5] सन बुझल सिनेह ॥ ध्रु० ॥
साजनि की[6] पुछसि मोहि ।
अपद पेम अपदहि पिड[7] मोहि ।
जञो अवधानिञ[8] पर जनु जान
कण्टक सम भेल रहए परान ।
विरहानल कोइल[9] कर जारि[10]
बाढलि[11] हवि[12] जनि सीचिअ[13] वारि ॥
भनइ बिद्यापतीत्यादि ॥

ने० पृ० ७१ (क), प० १९८, पं० ४

मि० म० (प० सं० ५५७)—१ बाढ़लि २ नयन ५ खत कुमेढ़ा ७ पउ बाढ़लि १३ सीचिता

सु० झा० (प० सं० १८०)—७ पिउ ९ कोइलि १० जोरि १२ हरि

परि० पद० (प० सं० १८२)—२ नञनक ४ तञे अवसादें ५ खड़ कुमढ़ा ६ आबे की ९ कोइल

सं० मन्तव्य—१ बाढ़लि २ नजनक ३ मुँह ४ तें अवसादे ५ खड़ कुमढ़ा ६ आबे की। ७ पिड़ ८ अवधानिजे

शब्दार्थ—मुँहमसि=मुख की स्याही, कालिख। खड कुम्ढ़ा सन=खर पतवार और कुम्हड़े की संगत सदृश। अपद=अनुपयुक्त। अपदहिं=अनुचित रूप से। पिड़=पीड़ित करता है। कोइल कर=कोकिला सी काली और वेदनामयी पुकार करनेवाली। हवि=हवनाग्नि एवं अन्य सामग्री।

[१२९]

कोलाररागे—

दुइ मन मेलि सिनेह अङ्कुर
दोपत[1] तेपत भेला
साखा पल्लव फूले[2] बेआपल।
सौरभ दह दिसि[3] गेला॥ ध्रु०॥
सखि हे आबे कि आओत कन्हाइ[4]।
पेम मनोरथ हठे बिघटओलन्हि
कपटिहिं[5] के पतिआइ[6]।
जानि सुपहु तोहे[7] आनि मेराओल[8]
सोना गाथलि[9] मोती।
कैतव[10] कन्चन अन्ध बिधाता
छायाहु छाडलि[11] मोन्ति[12]॥

भनइ विद्यापतीत्यादि॥

ने० पृ० ७४, प० २०९; पं० १

पाठभेद—

न० गु० (प० सं० ४९८ माधवेर मान, राधार उक्ति)—२ फुले ५ कपटहि ६ पतियाइ ११ छाड़लि १२ सोती।

मि० म० (प० सं० ४२३)—११ छाछाड़नि १२ मोन्ति। शेष न० गु० सदृश।

सु० झा० (प० सं० १८९)—१ दोपद ४ कन्हाई ६ पतिआई ८ मरोओल।

परि० पद० (प० सं० १९०)—२ फूलें ३ सउरभ दहोदिस ४ कन्हाई ५ कपटिहिं ६ पतिआई ७ तोहें ९ गाँथलि १० कइतव १२ सीती।

सं० मन्तव्य—परि० पद० वत्।

शब्दार्थ—मेलि=मिलकर। दोपत, तेपत =दो पत्ते तीन पत्ते वाला अथवा दो तीन पत्तों वाला। बेआपल=व्याप्त हुआ। गाँथलि=गूँथा। कइतव =वक्र, टेढ़ा, छलिया। सोती=स्रोत, जड।

[१३०]

सारङ्गी रागे—

हृदयक[1] हार भुअङ्गम भेल
दारुण[2] दाढ़ मदनेरि स[3] देल।
नखसिख लहरि[4] पसर विष धाधि[5]
तुअ पएपंकज[6] अइलिहु[7] कल बान्धि ॥ ध्रु ॥
ए हरि त[8] लागहि तञे गोहारि[9]
संशय[10] पलिलि[11] अछए वरनारि ॥
केओ सखि मन दए चरण पखाल[12]
केओ सखि चिकुर चीर सम्भार।
केओ सखि ऊठि[13] निहारए सास[14]
मञे[15] सखि अएलाहु[16] कहए तुअ पास ॥
भनइ विद्यापतीत्यादि ॥
ने० पृ० ७९, प० २२२, पं० ४

पाठभेद—

मि०म० (प० सं० ५४४)—२ दारुन ३ मदने विस ४ लखसि खन १३ डीठि १६ अगलिहु

सु० झा० (प० सं० २०२)—३ मदने रिस ५ धाधी।

परि० पद० (प० सं० २०३)—१ हृदअक ३ से ८-९ ए हरि लागहि तोञ गोहारि १० संसअ ११ पळलि १२ पखार १५ मोञ १६ अएलिहुँ

सं० मन्तव्य—२ दारुन ५ धाँधि ६ पअपङ्कजे ७ अइलिहुँ ८ ए हरि ता लागहि १० संसए १२ पखार १६ अएलिहुँ।

शब्दार्थ—दाढ़=घाव, दातों का दंशन। कलबान्धि=धैर्य धारण करके। ता लागहि=उस रमणी के लिए।

[१३१]

बरलीरागे—

गुञ्ज आनि[1] मुकुता हमे[2] गाथल
बूझलि तुअ[3] परिपाटी।

कञ्चन ताहि[६] अधिक कए कहलह[७]
काषहु तह भेल घाटी ॥ ध्रु० ॥
दूती अइसन[८] तोहर वेबहारे[९]।
नगर सगर भमि जोहल नागर
भेटल निछछ गमारे[१०] ॥
बड[११] सुपुरुष[१२] बोलि सिनेह बढाओल
दिने दिने होइति बड़ाइ[१३]।
तेली[१४] बलद[१५] थान भल वेषिअ[१६]
पालब[१७] नहि उजिआइ[१८] ॥
सब गुण आगर सबतहु सूनिअ[१९]
ते[२०] मञे[२१] लाओल नेहे।
फल-कारणे[२२] तरु अवलम्बल[२३]
छाहरि[२४] भेल सन्देहे ॥
भनइ विद्यापतीत्यादि ॥
ने० प० ८८ (क), प० २४३, पं० १

पाठभेद—

न० गु० (प० सं० ३९०) आरंभ में ११–१८ 'अति नागर बोल······पालँव नहि उजिआई।'' तब 'दूती बूझल······बेबहारे।' तदनन्तर 'नगर······गमार।' फिर 'गुञ्ज आनि······भेल घाटी। और अन्त में 'सब गुन······सन्देहे।'' पाठक्रम है। २-३ तोहें गाँथल ४-५ कएलह ६ चाहि ७ कएलह ८ बुझल ९ बेवहार १० गमार

मि० म० (प० सं० ३९२)—११ अति १२ नागर १३ अवसर बुझलि बड़ाई १४-१५ तेलि बड़द १७ पालँव १९ सूनल २०-२१ तें हमें २३ अवलम्बन २४ छाहरि। शेष पाठ एवं पद-क्रम न० गु० सदृश।

सु० झा० (प० सं० २२२)—११ बड़ १३ बड़ाई १४ तेलो १८ उजि आई

परि० पद० (प० सं० २२३)—१ आनि २-३ तोहें गाँथल ६ चाहि १३ बड़ाई १८ ऊजिआई २१ मोञ २२ कारने

सं० मन्तव्य—२ हमे १२ सुपुरुस २१ मोञे। शेष परि० पद० के अनुरूप।

शब्दार्थ—मुकुता हमे गाँथल=मेरे लिए मुक्ता के रूप में गूँथा, अथवा मुझ जैसी मुक्ता से गूँथ दिया। चाहि=अपेक्षा। जोहल=निरख परख कर। पालव=जुआ अथवा गाँव से दूर के सिवान के खेत के। उजिआई=प्रकाशित होना, उपयुक्त ठहरना। छाहेरि=छाया।

[१३२]

बरलीरागे—

हरि रिपु रिपु सुअ अरि बल[1] भूषण[2]
तसु[3] भोअण[4] अछ ठामा[5] ।
पञ्चबदन[6] अरि बाहन रिपु[7] तसु[8]
तसु[9] अरि[10] पए[11] ले[12] नामा[13] ।। ध्रु० ।।
माधव कत परबोधबि[14] रामा ।
सुरभि तनय[15] पति सिरोमणि[16] दूषण[17]
रहत जनम धरि[18] ठामा ।।
खचर चरण[19] नयनानल[20] पैसति[21]
राषबि[22] कत[23] दिन[24] आसे[25] ।
कि हर बान[26] वेद गुनि[27] खाइति[28]
जदि[29] न आओब तोहे[30] पासे ।।
रवि सुअ तनय[31] दैए[32] परबोधलि[33]
बाढति कओन[34] बड़ाइ ।
अम्बर सेष[35] लेष[36] दए[37] आसिष[38]
बिहि हलु[39] झगल[40] छडाइ[41] ।।
विद्यापतीत्यादि[42] ।।

ने० पृ० ८९ (क), प० २४६; पं० २

पाठभेद—

न० गु० (प्रहेलिका प० सं० १४)—१-२ अरि भूषन ३-४ ता भोअन ५ ठामे ६ पाँचवदन ७-८ ता प्रभु ९-१० ता प्रभु ११-१३ लेइ अछ नामे १४ परबोधलि १६-१७ भूषन सिरोमनि १८ भरि। "खचर······पैसति" चरण नहीं है। २२-२४ कत दिन राखति २६ शङ्कर बान २९ जदि ३० तोहें ३१-३२ सुरतनया सुत दए ३४ कओन ३५ सेख ३६-३८

लेखि कए छाड़ति ४० झगर ४१ छड़ाइ। ४२ भणिता है—भनइ विद्यापति सुनवर जउवति तोहें अछ जीवन अधारे। राजा शिवसिंह रूपनराएन एकादस अवतारे॥

मि० म० (प० सं० १९८)—१ अविरल ३ तोसु ६ पञ्चवदन ७-८ रिपु ९-१३ तनु तसु पअले नामा १४ परबोधी १५-१८ सुरभित तनय पति सिरोमनि भूसन बहत जनम धरि। 'खचर····पैसति' पाठ नहीं हैं। २२-२४ कत दिन राखबि २६ धाम २९ जदि ३० तोहें ३१-३२ सुरतनया सुत दए ३४ कओन ३५ सेख ४० झगर ४२ न० गु० की भणिता।

सु० झा० (प० सं० २२५)—३४ कओन बड़ाइ ४१ छड़ाई

परि० पद० (प० सं० २२६)—२१ पइसत २२ राखति २७ गनि ३० तोहें ३२ दइए ३८ छाडति ४०-४१ झगळ छड़ाई।

सं० मन्तव्य—परिषद पदावली के अनुरूप।

शब्दार्थ—हरि=सूर्य-रिपु=राहु-रिपु=विष्णु-सुअ=कामदेव-अरि=शंकर-बलभूषण=सर्प- (तसु) भोअन=वायु, प्राणवायु। अछ ठामें=स्थान पर अभी बनी हुई है। पञ्चवदन=शिव, मृत्युञ्जय-अरि-मृत्यु अर्थात मृत्यु के नियामक यम-वाहन=भैंसा- (तसु) रिपु=अश्व, केशी (तसु) रिपु=कृष्ण। पए ले नामा=का नाम फिर भी जप रही है। सुरभि=गाय, कामधेनु-तनय=बछड़ा, बैल, नन्दी-पति=शिव-शिरोमणि=चन्द्रमा-दूषण=चन्द्रमा की काली छाया, कलङ्क। रहत जनमधरि ठामा=तुम पर जन्म भर कलङ्क रहेगा। ख=आकाश-चर=संचरण करनेवाला, सूर्य। नयन=दो, अनल=तीन=५ पाँचवीं राशि, 'सिंह' अर्थात सूर्य सिंह राशि में प्रवेश कर रहा है, वर्षाऋतु अब व्यतीत होने को है। अथवा खचर-चन्द्रया-चरण=चन्द्र किरण उसके नयनानल (उत्तप्त) आँखों में प्रवेश कर और भी व्यथित कर रही हैं। हर-शिव एकादश ११+बान=पञ्चबाण ५+वेद=चतुर्वेद ४=२० अर्थात, विष। रवि=सूर्य-सुअ=धर्मराज-तनय=समय, अवधि की सीमा पर आने का आश्वासन। बाढ़ति=वही अवधि अब बढ़ती जा रही है। अम्बर=आकाश, अनन्त-सेष=का अन्तिमांश 'अन्त'। लेखदए आसिष='अन्त, का लेख ही आशीष के रूप में देकर, मृत्यु का बरदान देकर। विहि छड़ाई=विधाता सारा झगड़ा ही मिटा दे।

[१३३]

बरलीरागे—

गगन तील[1] हे तिलक अरि जुवनी[2]
तसु सम नागरि[3] बानी[4]।
सिन्धु बन्धु अरि वाहन गन सरि[5]
हरि हरि सुमर गोआली[6]॥ ध्रु०॥

माधव निरमति[७] भुज[८] गिम[९] खाइ[१०] ।
अब्ज बन्धु तनया सहोदर[११] तसु पुर देति बसाइ[१२] ।
अचेतनि जुविनि बन्धु नहि[१३] देहरि[१४]
.......तह[१५] धरणि[१६] लोटाइ ।
हरि आरूढि[१७] सेहओ नहि[१८] परसए
दाहिन हरि न सोहाइ[१९] ॥
हरिनिधि अवनत आओर[२०] कहति कत
चारि दुआर[२१] रच राही[२२] ।
तीनि[२३] दोस अपने तोहे कएलह
चारिम भेल उपाइ[२४] ॥
भनइ विद्यापतीत्यादि ॥

ने० पृ० ८९; प० २४७; पं० १

पाठभेद—

मि० म० (प० सं० ५७६)—२ जुरणी ३ नागरी ४ वाणी ५ सबि ६ गोआनी ८-१० भुजगि मथाइ १३-१६ सुखतनु जुविणी लहि देह वितह धरनि १७ आरूढ़ि १८ सहे ओल १६ हरिन सोहाइ २० आतुर २१ दुयार २२वाही २३ तीलि ।

सु० झा० (प० सं० २२६)—१ तीन ५ सबि ८-१० भुजगि मखाई १२ बसाई १३-१६ अथे तनं जविनी बन्धु नहि देअहरि तह धरणि लोटाई १९ सोहाई २४ उपाई ।

परि० पद० (प० सं० २२७)—१ तिलक २ जुवती ८-१० भुजगिम खाई ११ तसु सोदर १२ बसाई १५ (हरि) तह १६ धरनि लोटाई १९ न सोहाई २० आओर कहबि २१ दोष २३ तीनि दोष २४ उपाई

सं० मन्तव्य—८-९ भुजंगिम १६ धरणि लोटाइ २१ दुआर । शेष परि० पद० सदृश ।

शब्दार्थ—गगन=आकाश-तील-तिलक, भूषण-चन्द्रमा-तिलक=चन्द्रशेखर, शिव-अरि=काम देवता-युवनी=काम प्रिया, रति । तसु सम=रति की कातरवाणी सदृश । सिन्धु-बन्धु=मैंनाक-अरि=देवराज इन्द्र-वाहन गन=बादलों का समूह । सरि=सरक रहा है । गोआली=ग्वालिन, गोपिका, राधिका । निरमति=मतिहीना । भुजंगिम=भुजंग [सर्प) का विष । अब्ज=कमल-बन्धु=सूर्य-तनया=यमुना-सहोदर=यम [तसु [पुर=यम पुरी । देति बसाइ=यमपुरी को प्रस्थान करना चाहती है । हरितह=साँप के समान ।

हरि=वायु-आरूढ़=वायु पर सवार है। इतनी क्षीण हो गई है मानो वायु की लहरों पर ही टिकी हो। परसए=स्पर्श। दाहिन हरि=दक्षिण पवन=मलयानिल। न सोहाई=अच्छा नहीं लगता। हरि=यम-निधि=यमपुरी अवनत=नीचे झुक आई है। चारि······राही=राधिका [मरणान्तर एकादशाह्न क्रिया में बनाई जाने वाली यमपुरी की चारो दिशाओं के] चारो द्वारों का निर्माण कर रही है मानो उसने मृत्यु को अपरिहार्य मान लिया है। तीनि दोस=कफ, पित्त और वात इन तीनो दोषों को अंत तक तुमने ही पहुंचा दिया है। चारिम······उपाइ" अब तो चौथे [अन्तिम अवस्था] मृत्यु की ही नौबत आ गई है।

[११४]

बरलीरागे—

दखिन पवन बह मदन धनुषि[1] गह
तेजल सखीजन मेली[2]।
हरि रिपु रिपु तसु[3] तासु[4] तनय रिपु
कए रहु ताहेरि[5] सेरी ॥ ध्रु० ॥
माधव तुअ बिनु धनि बडि[6] खीनी।
वचन न[7] धर[8] मन बहुत खेद कर
अदबुद ताहेरि कहिनी ॥
मलयानिल हार तसु पीबए
मनमथ ताहि डराइ[9]।
आओर भइए[10] जत भवहि[11] निबारब
तुअ बिनु विरह न जाइ[12] ॥
भनइ विद्यापतीत्यादि ॥

ने० पृ० ९० (क), प० २४८; पं० १

पाठभेद—

न० गु० (प्र०, प० सं० ६)—२ मेरी ३-४ तासु ५ ताहरि ६ बड़ि ७ पाठ नहीं है ८ धरब १० आतुर भए ११ डरहि

मि० म० (प० सं० ५७३)—१ धनुसि ३-४ तसु ६ बड़ि ७ पाठ नहीं है ८ भए ११ डरहि

सु० झा० (प० सं० २२७)—२ मेळी ३-४ सुत-सुत ६ बाहु खिदी ९ डराई १० आतुर भइए ११ भरहि १२ जाई

परि० पद० (प० सं० २२८)—३ सरी पंक्ति 'हरि रिपु तसु रिपु तासु तनअ रिपु' ६ ठीं पंक्ति—वचन न मन धर बहुत खेदकर ९ डराई १० भए १२ जाई

सं० सन्तव्य—ने० प० के पाठ सदृश।

शब्दार्थ—मेली- साथ। हरि=चद्रमा-रिपु=राहु-रिपु तसु=विष्णु-[तासु] तनय=कामदेव-रिपु=शंकर। ताहेरि सेरी=उन्हीं का आश्रय, सहारा। अदबुद=अद्‌भुत। हार तसु=उनके गले की माला=सर्प। आओर भइए=अन्य प्रकार के डरावने उपादानों से।

[१३५]

ललितरागे—

माधव मास तीथि[१] भउ[२] माधव
अवधि कइए[३] पिआ[४] गेला[५]।
कुचयुग[६] संभु[७] परसि करे[८] बोललन्हि[९]
ते[१०] परतीति[११] मोहि भेला[१२] ॥ ध्रु० ॥

सखि हे कतहु[१३] न देषिअ[१४] मधाई[१५]।
काँप सरीर[१६] थीर[१७] नहि मानस
अवधि निअर[१८] भेल आइ[१९] ॥

चान्दन[२०] आगर[२१] मृगमद[२२] कुङ्कुम[२३]
के बोले[२४] सीतल[२५] चन्दा[२६]।
पिआ[२७]बिसलेखे[२८] अनल जओ बरिसए[२९]
बिपति चिह्निअ[३०] भल मन्दा ॥

भनइ[३१] विद्यापति अरेरे[३२] कलामति[३३]
अवधि[३४] समापल आजी[३५]।
लखि[३६] देविपति[३७] पुरहि[३८] मनोरथ[३९]
आबिह सिवसिंह[४०] राजा[४१] ॥

ने० पृ० ९३, प० २५७; पं० २

पाठभेद—

ग्रियर्सन (प० सं० ६६) २ छल ३-५ करिए पहु गेलाह ७ सँभु ८-९ हँसि कहलन्हि १०-११ तेँ प्रतीति १२ भेलाह। इसके बाद के (सखिहे···से भेल आइ) तीन तरण नहीं हैं इनके स्थान पर निम्नलिखित सर्वथा भिन्न पाठ है :—

अवधि ओर मेला समय बेयापित[४२]	जीवन बहि गेल आशे ।
तखनुक विरह युवती[४३] नहि जीउति	कि करत माधव मासे ।।
छन-छनछन कय कँ दिबस गमाओलि	दिबस दिबस कय मासे ।
मास मास कय बरस गमाओलि	आब[४४] जीवन कोन आशे ।।
आम मजर धरु मन मोर गहबर	कोकिल शबद भेल मन्दा ।
एहन वयस तजि पहु परदेश गेल	कुसुम पिउल मकरन्दा ।।

तदनन्तर उपर्युक्त ने० प० पद से मिलता-जुलता पाठ है, जिनमें निम्नलिखित पाठभेद है :–२०-२३ कुमकुम चानन आगि लगाओल २४-२१ केओ कहे शीतल चन्दा २७-२९ पहु परदेश अनेक कें राखथि ३० चिन्हिए ३१-४० पर मिन्न भणिता

भनहि विद्यापति शुन वर जौमति	हरिक चरन करु सेवा ।
परल अनाइत तैं छथि अंतय	बालमु दोष न देवा ।।

ब्र० न० सहाय (प० सं० ४४) ग्रियर्सन के अनुरूप पाठ । ने० प० से केवल आरंभ के ४ एवं मध्य के ४ चरणो में ही ग्रियर्सन की भाँति समानता ग्रियर्सन के पद से निम्नलिखित भेद–१ तिथि २ छिला ५ गेला ६ जुग ७ सँभु १२ भेला ४२ वे आपित ४३ जुबत ४४ अब

न० गु० (मिथिलार पद ६५४) आरंभ में "सखिहे""भेल आई" तदनन्तर "माधव मास......" आदि चरण हैं। ४ पिया १० तें ११ परतिति १४ देखिअ १६ शरीर २०-२३ मृगमद चानन परिमल कुङ्कुम २७ पिया ३० चिन्हिय । अन्त में ३१-४१ –

भनइ विद्यापति सुनवर जौवति चिते जनु झाँखह आजे ।
पिअ विसलेख कलेस मेटाएत बालम बिलस समाजे ।।

(पुनः प० सं० ७२८ पर) यहाँ आरंभ "माधव मास ''।" से ही किया गया है किन्तु यहाँ दिया गया पाठ ग्रियर्सन के प० सं० ६६ के पाठ से अधिक मिलता-जुलता है ।

बेनीपुरी–(प० सं० १९२) न० गु० प० सं० ६५४ के पाठ सदृश ।

मि० म० (१) (प० सं० १६४)–४ पिया ६ शम्भु १७ थिर १७ निध १८ आगी २१ आगरु २४ बलो २५ शीतल २७ पिया २९ बरिसये ३५ आजि ३८ पूरिह ४० सिबसिंह (ii) पाद टिप्पणी में न० गु० का पाठभेद दिया है तथा ग्रियर्सन (६६) और न० गु० (७२८) द्वारा संकलित उपर्युक्त पाठ भी दिया है । इस पाठ के संबंध में उन्होंने संभावना व्यक्त की है कि इस पाठ की अतिरिक्त पंक्तियाँ किसी दूसरे पद की रही होंगी जिसे ने० प० २५७ संख्यक पद में लोकगायकों मे से किसी ने जोड़ दिया होगा ।

सु० झा (व० सं० २३६)—**११** परतिति १५ मधाई१९ आई २६ लाख२६ सिवसिंह

परि० पद (प० सं० २३७)—६ जुग ८ करें १० तञो ८ देखिअ **१५** मधाई १९ आई २०-२३ न० गु० वत् । २८-२९ बिसलेखें जनल जञो बरिसए **३५** आजा **३६** लखिमा ४० सिवसिंह ।

सं०मन्तव्य–(i) प्रस्तुत पद के ने०प० पाठ में भाषा की कसावट एवं भावों की गम्भीरता अत्यन्त प्रकृष्ट है । ग्रियर्सन तथा न० गु० द्वारा संकलित अतिरिक्त पंक्तियाँ भी उत्कृष्ट हैं फिर भी उनसे कुछ बिखराव आ जाता है ऐसी दशा में यह संभव है, कि वे किसी अन्यपद का भाग रही हों जो गायन-परंपरा में इस पद में मिल गई हों । इसकी "छन छन कय·······माधव मासे" पंक्तियाँ प० स० १४७, प०त० १८२७ संख्यक (सजनी को कह आओब मधाई) पद से मिलती-जुलती भी हैं ।

(ii) ८ हँसि १० तञे १४ देखिअ **२१** आगरु २४ बोले २८ किसलेखें ३५ आय ३६ लखिमा ४ सिवसिंह ४१ राय ।।

शब्दार्थ—माधव=वैशाख, वसन्त । माधव तिथि=शुक्ला एकादशी । कुचयुग······बोललहि=एक स्थूल शिवमूर्त्ति को कौन कहे दो उन्नत उरोजों रूपी जीवन्त शिव प्रतिमाओं का स्पर्श कर फिर अपनी भुवन-मोहनी मुसकान के साथ जो आश्वासन उन्होंने दिया । तजें=उसी से । परतीति=विश्वास । अवधि=निधारित समय । बिसलेखें=विश्लेष, अलग होने, प्रवासी होने से । बिपत्ति चिह्निअ=आपत्ति के समय ही पहचाने जाते हैं । ओर=सीमान्त । बेआपित=व्यतीत । केओ···चन्दा=कौन कहता है कि चन्द्रमा शीतल है [कहा जान के देत हैं शशिहिं शीतकर नाम-विहारी ।] गियर्सन के अनुसार फिर भी कुछ लोग हैं कि चन्द्रमा को शीतल कहते हैं and yet there are people who call the moon cool. मजर धरु=मंजरित होने लगा है । कुसुम······मकरन्दा=फूल ने भ्रमरके अभाव में अपना मधु स्वयं सोख लिया । अनाइत=अनायत्तता । विवशतावश । अंतय=अन्यत्र ।

[१३३]

नाटरागे–

सपने देषल[२] हरि उपजल रङ्गे
पुलके[३] पुरल तनु जाग अनङ्गे[४] ।
वदन मेराए अधर रस लेला[५]
निसि अवसान कान्ह कहा[६] गेला ।।ध्रु०।।

का लागि नीन्द[७] भागलि[८] बिहि मोरा[९]
न भेले सुरत सुख लागल भोरा[१०]।
मालति पाओल रसिक भमरा
भेल वियोग करम दोस मोरा ॥
निधने पाओल धन अनेके[१२] जतने
आँचर सओ[१३] खसि पलल[१४] रतने ॥
भनइ विद्यापतीत्यादि ॥
ने० पृ० ९४ (क), प० १२९; पं०५

पाठभेद—

न० गु० (प० सं० ७९८)—१ सपन २ देखल ३ पुलक ६ कहाँ ८भाँगलि १२ अनेक १३ सओ।

मि० म० (प० सं० ५६५) २-३-६-८ और ११ न० गु० वत्। १० मोर ११ भोर १३ सयँ।

सु० झा० (पं० सं० २३८)—२ पुलक

परि० पद० (प० सं० २३९)—२ देखल ३ पुलकें ६ कहाँ ८ भाँगलि

सं० मन्तव्य—५ लेल ६ कहाँ गेल ७-८ नीनि भाँगलि १३ सञो। शेष परि० पद० सदृश।

शब्दार्थ—जाग अनङ्ग=काम देव जागरित हो गया। भाँगलि=टूट गई। निधिने=निर्धन ने। खसि पलल=खिसक पड़ा।

[१३७]

विभासरागे—

प्रथमहि[१] कएलह[२] हृदयक[३] हार
बोललह[४] तञो[५] मोर जिवन अधार।
अइसनँओ[६] हठे विघटओलह पेम
जइसन चतरिआ[७] हाथक हेम ॥ ध्रु० ॥
जे धर[८] हरि सञो सिनेह बढाए[९]
जत अनुसए तत कहहि न जाए।
दुरजनि दूती तह इ[१०] भेल
गिरि सम गौरव सेओ दुर गेल ॥
भनइ विद्यापतीत्यादि ॥
ने० पृ० ९५, प० २६३; पं० ४

पाठभेद—

न० गु० (ताल; प० सं० ४२९) – १ पहलहि २ कयलह ४ बोलितह ५ तोहें ८ ए सखि ९ बढ़ाए ११ अपदहि गिरिसम गौरव गेल। अन्तमें निम्नलिखित दो चरण और हैं—

अबे कि कहब मति[१२] दूसन मोर।
चिन्हल चटाइल[१३] बोलि परोर॥

मि० म० (प० सं० ५१२)–५ तञे मोरि ६ अइसने ७ चतुरिआ ८ जे धर ९ दुरजनि १० तहइ

सु० झा० (प० सं० २४२)—चाँतरिआ ८ जे धर ९ बढ़ाए १० तह ई

परि० पद० (प० सं० २४३)—३ हृदअक ४ तोञ ६ अइसनेञो हठें १० ई १२ दूषन १३ चठाइल; शेष न० गु० सदृश।

सं० मन्तव्य—३ हृदअक ६ अइसनेञो ८-९ जे धर हरि सञे सिनेह बढ़ाए १० ई

शब्दार्थ—चतरिआ=चमत्कार करने वाला, जादूगर। जे धरि=जिस समय से। अनुसए=अनुशोचना, पछतावा करता है। चिह्नल···परोर=चठैल (तेला कूचा) के फल को परवल के रूप में पहचाना, वास्तविकता से अवगत न हो सकी।

[१३८]

विभासरागे—

झाखि झाखि[१] न खिन[२] कर तनू[३]
भमर न रह मालति बिनू[४]।
ताहि तोहि रिति[५] बाढति[६] पुनू[७]
टूटलि बचन बोलह जनू[८] ॥ ध्रु०॥
एहे राधे धैरज[९] धरू[१०]
बालभु अओताह[११] उछाह करू[१२]।
पिसुन[१३] वचने बाढ़त[१४] रोस[१५]
बारए न पारिअ दिवस दोष॥
सुजन वचन टुट न नेहा
हाथे[१६] न मेट पखानक[१७] रेहा॥
भने विद्यापतीत्यादि॥

ने० पृ० ९६ (क), प० २६५, पं० ५

पाठभेद—

न० गु० (प० सं ४५९)—१ झाँखि झाँखि ३ तनु ४ बिनु ६ बाढ़ति ७ पुनु ८ जनु १० धरु **१२** करु **१३** पिशुन १४ बाढ़त

मि० म० (प० सं० ३६०)—न० गु० सदृश

सु० झा (प० सं० २४४)—४ बिनु

परि० पद० (प० सं० २४५)—२ करह तनु ७, ८, १०, १२ न० गु० सदृश; ९ धइरज १६ हाथें

सं० मन्तव्य—२ खीन ५ रीति ९ धइरज ११ आओत १३ पिशुन १४ बाढ़ए १५ रोष १६ हाथें १७ पषानक

शब्दार्थ—झाँखि=झंख या पछताकर। ताहि तोहि=उनमें और तुममें। टुटलि वचन=निराशापूर्ण बातें। पिशुन=चुगलखोर। पारिअ=सकना। दिवस दोस=समय की प्रतिकूलता।

[१३६]

विभासरागे—

जे छल से नहि रहले भाव
बोललि बोल पलटि नहि आव।
रोस छडाए[१] बढाओल[२] हास
रूसल[३] बओसब[४] बड[५] परेआस[६] ॥ ध्रु०॥
कओने[७] परि से हरि बहुरत[८]
माइ हे, कओने[९] परी।
नारि सभाव कएल हमे मान
पुरुष विचखन[१०] के नहि जान।
आदरे मोरा हानि पए[११] भेल
बचनक दोसे[१२] पेम टुटि गेल।
नागरे[१३] नागरी हृदयक[१४] मेलि
पाचवान[१५] बले[१६] बहुलत[१७] केलि।
अनुनए[१८] मोरि बुझाउबि रोए
वचनक[१९] कौशले[२०] की नहि होए॥
भने विद्यापतीत्यादि॥

ने० पृ० ९६, प० २६१; प० २

पाठभेद—

न० गु० (प० सं० ४६१ राधार उक्ति)—१-२ छड़ाए बढ़ाओल ३ रूस ५ बड़ ७ कओने ८ बहुड़त ६ कओने १० पुरुस बिचखन ११ गए १५ पाँच बान १७ बहुड़त १८ अनुनय २० कौसले

मि० म० (प० सं० ४२८)— न० गु० सदृश

सु० झा० (प० सं० २४५)—५ बड़े १६ गए

परि० पद० (प० सं० २४६) १० पुरुष विचक्खन १२ दोषें १३ नागरें १४ हृदअक १५-१७ पाँचबान बलें बहुरत १८ अनुनअ २० कउसलें ।

सं० मन्तव्य—६ परेहास । १४ हृदअक १५ पाँचबान १७ बहुरत १६-२० बअनक कउसलें

शब्दार्थ—रूसल बओसब=रूठे हुए को मनाया जाना । परेआस ∠ प्रयास=कष्ट साध्य । परि=विधि के आदरे······भेल=आदर के विषय में-आदर के स्थान पर मुझे हानि ही हुई । नागरे······केलि=कामदेव के प्रताप से नागर और नागरी के हृदय का मिलन होगा, क्रीड़ा केलि के क्षण पुनः फिरेंगे ।

[१४०]

बिभासरागे—

साँझहि निअ[१] मकरन्द[२] पिआए[३]
कमलिनि भमरा[४] धएक[५] लुकाए ।
भमि भमि भमरी बालभु[७] षोज[८]
मधु पिबि भमरा[९] सुतल सरोज[१०] ॥ ध्रु० ॥
केओ न कहए[११] मझु[१२] बालभु[१३] बात[१४]
रयनि[१५] समापलि[१६] भए[१७] गेल परात[१८] ।
लता बिलासिनि खण्डित[१९] भेलि
जामिनि सगरि उजागरि गेलि ॥
न[१९] कुशेशय[२०] न उग सूरे[२१]
सिनेह[२२] न जाए जीव सञो दूरे[२३] ॥
भनइ विद्यापतीत्यादि ॥

ने० पृ० १०० (क); प० २७५; पं० ३

पाठभेद—

ब्र० न० सहाय (प० सं० २०) १-३ निज मुख प्रेम पियाइ ५-६ रखल छिपाइ तदनन्तर—"सेज भेल परिमल फुल भेला बास। कतय भमरा मोर परल उपास॥" अधिक चरण हैं। ७-८ निज खोज ९ मधुकर १० सरोज। फिर 'न फुल····मोरे' जिसमें १९-२१ न फुल कहेस न उगइत सूरे २२ सिनेहो २३ सँ मोरे' पाठ। ११-१३ कहे सखि बालमु १४-१७ रइनि समागम भे गेला प्रात। 'लता····गेलि' चरण नहीं हैं। अन्त में भणिता

भनहि विद्यापति सुनु ये भमरी। बालमु अछ तोर अपनहि नगरी।

न० गु० (सं० ६७०; मिथिलार पद, रूपक)—५ राखल। ब्र०न० सहाय सा अधिक चरण—'बासे' और 'उपासे' पाठभेद के साथ। ८ खोजे १० सरोजे २१ नइ उगइ न सूरे २३ सो मोरे ११-१४ कहे मझु बालमु बाते १६-१७ भे गेल प्राते। शेष ब्र० न० सहाय सदृश—भणिता में 'सुनिए' 'अछि' पाठभेद सहित।

मि०म० (प० सं० ३७०) ने न० गु० के पाठ को ही तद्वत् रखा है। पाद-टिप्पणी में इस बात का संकेत करते हुए कि नेपाल पुथि में सम्पूर्ण विभिन्न पाठ दिखाई पड़ता है उन्होने नेपाल प्रति का पाठ भी दे दिया है, जिसमें पाठभेद हैं :— ८ खोज १८ खण्डिता १६-२१ कुसे सयन उगसूरे।

सु० झा० (प० सं० २५१)—५ धएलि १४ रयणि

परि० पद० (प० सं० २५२) ८ खोज ॥ ध्रु०॥ के बाद न० गु० से गृहीत "सेज··· उपासे॥' पाठ; जिसमें वास, कतए भमर, 'पड़ल उपास' पाठभेद। क्रम न० गु० सदृश। १६-२० न फुल कुसेसअ २२ सिनेहो १४ रअनि। फिर न० गु० सी भणिता।

सं० मन्तव्य—८ खोज १४ रअनि १९-२० न फुल कुशेशय

शब्दार्थ—मकरन्द=मधु। उपास=उपवास, भूखा। परात=प्रातःकाल। उजागरि=जगते ही। कुशेशय=कमल (सहस्र पत्रं कमलं शतपत्रं कुशेशयम्—अमर)।

[१४१]

बसन्तरागे -

मोर बउरा[1] देखल केहु कतहु जात
बसह[3] चढ़ल[4] बिस[5] पान[6] खात।
आखि[7] निरर[8] मुह चुआइ[9] लार[10]
पथ के[11] चलत बौरा[12] बिसम्भार[13] ॥ ध्रु०॥

बाट जाइते[१४] केहु[१५] हलब ठेलि
अब ओहि[१६] बौरे[१७] बिनु मञे[१८] अकेलि ॥
हाथ[१९] डबरु[२०] कर लौआ[२१] संख[२२]
जोग[२३] जुगुति[२४] गिम[२५] भरल माथ।
अरगज[२६] चढाए[२७] आठहु[२८] आङ्ग
सिर[२९] सुरसरि जटा बोलइ[३०] गाङ्ग ॥
विद्यापतीत्यादि ॥

ने० पृ० १०२ (क), प० २८०, पं० १

पाठभेद—

न० गु० (हरगौरी प० सं० ३२)– १ बौरा २ केओ ३-६ बसहा चढ़ल विष भाङ ७-१० आँखि निड़ड़ मुह बुयइ लार ११ पथके १३ बिशम्भार १४-१५ जाइत केओ १६-१७ हुनि बौरा १८ मय १६-२२ हात डमरू कर लोइया साथ २३-२५ योग जुगुलि कुमि २६-२८ अरगजा चटाइय आठो २९ शिर ३० बोल। विद्यापतीत्यादि के स्थान पर—"मनहि विद्यापति सम्भुदेव। अवसर अवस हमर सुधि लेव ॥"

मि० म० (प० सं० ५६८)—१, ४, ७, ८, ११, १४, १८, १९ और २० न० गु० सदृश। ९-१० छआइ नार २६- अजगर टोए अठहु।

सु० झा० (प० सं० २५६)—२८ अठहु।

परि० पद० (प० सं २५६)—६ भाङ्ग ९-१० चुअइलार १२ बउरा १७ बउरे १८ मोजे २० डँबरु २२ साथ २६ अरगजा २८ आठहुँ।

सं० मन्तव्य—२ बसहा ५-६ विषपान करात ६ चुअइ ११ पथके १२ बउरा १७ बउरे २१-२२ का लउआ साँख २५ सिम २६ अजगर

शब्दार्थ—विष पान करात=(छन्द के विधान से) विषपान करते हुए। निरर=निश्चल, फटी—फटी सी। बिसम्भार=असन्तुलित, विश्म्भर=शिव। हलब ठेलि=धक्का दे देगा। लौआ=कद्दू कमण्डलु हेतु प्रयुक्त। जोग जुगुति सिम=योग युक्तियों की चरम सीमा। अथवा 'गिम' पाठ लेने पर योग युक्ति से गला और माथा भरा है। अजगर चढ़ाए=साँपों को अंगों पर लपेटे हैं या अरगजा का लेपन किए हुए है।

[१४२]

बसन्तरागे—

ओतएक[१] तन्त[२] उदन्त न जानिअ
एतए अनल बम चन्दा।

सौरभ[३] सार भार अरुझाएल[४]
दुइ[५] पङ्कज मिलु मन्दा[६] ॥ ध्रु० ॥
कोकिल काञि सन्तावह काहू[७] ।
ताओ धरि जनु पञ्चम गाबह
जाबे दिगन्तर[८] नाहू[९]॥
मदनक[१०] तन्त अन्त[११] धरि[१२] पलटए
बुझितहु होसि अञानी[१३] ।
आजुक[१४] कालि कालि[१५] नहि बूझसि
जौबन[१६] बन्ध[१७] छुट पानी ॥
पिआ अनुरागी तञो अनुरागि[१८]
दुहु दिस बाढु[१९] दुरन्ता ।
मञे[२०] बरु दसमि दसा गए अङ्गिरल[२१]
कुसले[२२] आबथु[२३] मोर कन्ता ॥
पाडरि[२४] परिमल आसा पूरथु[२५]
मधुकर गाबथु गीते ।
चान्द[२६] रयनि[२७] दुहु अधिक[२८] सोहाञुनि[२९]
मोहि[३०] पति सबे विपरीते ॥

ने० पृ० १०३ (क), प० २८३, पं० १

पाठभेद—

मि० म० (प० सं० ४१०)—१-२ ओतए कतन्त ४ अरुझाए ५-६ न दुइ पङ्कज मन्दा ७ कान्ह ८-९ दिगन्त बनाह ११-१२ अनुधरि १३ सञानी १४-१५ आजक कालिकालि १७ बन्धु १९ बाढ़ु २३ अरिथु २४ पाउरि २५ पुरथु २८-२९ अरिक सोहाञुलि । अन्त में ने० पृ० एवं प० संख्या देने के बाद "विद्यापति कह इत्यादि ।"

सु० झा० (प० सं० २५८)—नेपाल पोथी के पाठ सदृश । ३-४ सउरभ-सार-भार अरुझाएल १३ बुझितहुँ होसि अञानी १८ अनुरागिनि २० मोञ २१ अङ्गिरब २२ कुसलेँ

परि० पद० (प० सं० २५८)— ३-४ सउरभ-सार-भार अरुझाएल १३ बुझितहुँ होसि अञानी १८ अनुरागिनि २० मोञ २१ अङ्गिरब २२ कुसलें २७ रअनि ।

सं० मन्तव्य—३ सउरभ १० मञनक १६ जउवन १८ अनुरागिनि १९ बाढ़ु २० मोञे २१ अँगिरब २६-२७ चान रअनि

शब्दार्थ—ओतएक तन्त=वहाँ का तन्त्र 'व्यवहार' अवस्था । उदन्त=उदेस, संदेश । बम=बमन, उगलता है । सौरभ······मन्दा=उत्कृष्ट सुगन्धों के भार से एक दूसरे की ओर झुककर, प्रमत्त नायक-नायिका सदृश दो बुरे [क्योंकि उनका यह सम्मिलन विरहिणियों की पीडा को बढ़ा दे रहा है] पर पीड़ा के प्रति अनासक्त-कमल एक दूसरे के गले उलझकर परस्पर संयुक्त हो रहे हैं । काभि=क्योंकर । सन्ताबह=संतप्तकर, जला रही हो । ताओ धरि=उस समय तक । अन्त धरि पलटए=जीवन के अन्तिम निश्वास काल तक भी लौटता है । आजुक···बुझसि=आज के कल को तू कल नहीं समझती, अर्थात् आज की परिस्थिति कल परिवर्तित हो सकती है ऐसा तू सोचती ही नहीं; मुझे सदा लिए के लिए विरहिणी मानकर चिढ़ा रही हो । जउवन बन्ध=आयु रूपी नदी के यौवन रूपी तटबन्ध । पिआ-दुरन्ता=मेरे प्रिय एवं तू [कोकिला] दोनों प्रेमी हृदय वाले हैं पर दोनों ओर से मेरे प्रति दुराव ही बढ़ रहा है । अंगिरब=स्वीकार कर लूँगी । आबथु=आवें । पाडरि···पूरथु=पाटल (गुलाब) की सुगन्धें दिशाओं को पूरी तरह भर दें । चान-रजनि=चन्द्रमा और रात । मोहि पति=मेरे लिए ।

[१४३]

जाहि देस पिक मधुकर न गुजर[१]
कुसुमित नहि कानने ।
छव[२] ऋतु[३] मास भेद नहि जानए
सहजहि अबल मदने ॥ ध्रु० ॥
सखि हे से देस पिआ[४] गेल मोरा ।
रसमति बानी[५] जतए न जानिअ[६]
सुनिअ[७] पेम बड़ थोला[९] ॥
कहलिओ कहिनी[१०] जतए न बुझिए[११]
की करति अङ्गित काजे ।
कओन परि ततए[१२] रतल अछ बालभु
नि भय निगुण[१३] समाजे ॥
हमे[१४] अपनाके[१५] धिक कए[१६] मानल
कि कहब तन्हिकि बडाइ[१७] ।
कि हमे गरुबि गमारि[१८] सबतह
की रति बिरत कन्हाइ[१९] ।

भनइ विद्यापतीत्यादि ॥

ने० पू० १०४, पं २८७; पं० १

पाठभेद—

न० गु० (प० सं० ६८२)—१ गुजर २ छओ ३ रितु ४ पिआ ५ वाणी ६ जानिअ ७ सुनिअ ८ बड़ ११ बुझए १३ निगुन १५ कय

मि० म० (प० सं० ५२७)—५ बानी १० कहनी १४ हम। शेष न० गु० सदृश

सु० झा० (प० सं० २६२)—७ सुनिअ ११ बुझए १२ ततहि १७ बड़ाई १९ कन्हाई

परि० पद० (प० सं० २६२)—२ छओ ३ रितु ९ थोळा १३ निरभय निगुन १५ काँ १७ बड़ाई १८ गमारिनि १९ कन्हाई

सं० मन्तव्य—१ गुजर ४ पिआ ८ बड़ ९ थोरा ११ बूझिअ १३ निरभय निगुन १४-१५ हम अपना काँ १७ बड़ाई १९ कन्हाई

शब्दार्थ—सहजहि अबल=स्वभावतः ही निर्बल। रसमति=रसवन्ती, सरस, प्रिय। अङ्कित=इङ्गित, संकेत अथवा अंगीकृत, प्रिय के समक्ष स्वीकृत। ततए=तत्रैव, वहीं। निरभय निगुन समाजे=गुणहीन समाज में भयहीत होकर। गुरुबि=गुर्वी, बड़ी। रति विरत=प्रेम भाव से पराङ्मुख।

[१४४]

सुन सुन माधव पड़ल अकाज।
विरहिनि रोदिति[१] मन्दिर माझ[२] ॥
अचेतन सुन्दरी न मिलए दिठि[३]
कनक पुतलि जैसे[४] अवनीए लोठि[५] ॥
के जाने कैसन[६] तोहारि[७] पिरीति।
बाढ़इ[८] दारुन प्रेम बधइ जुवति[९] ॥
कह विद्यापति[१०] सुनह[११] मुरारि।
सुपुरुख न छोड़इ[१२] रसवती[१३] नारि॥

क्षणदा०; पृ० ४१२

पाठभेद—

प्रकाशित क्षणदा—५ अवनीते लुठि १०-११ विद्यापति कहे सुनह

ब्र० न० सहाय (विरह और प्रबोध, प० सं० ७०)—१ रोअति २ मांझ ३ अचेतन सुन्दरि नहिं खोले दीठ ४-५ जनु अवनीय पीठ ६ कइसन ७ तोहरि ८ बढ़य ९ युवति ११ सुनहु १२-१३ नहिं छोड़े रसवति

न० गु० (प० सं० ७६८) क्षणदा सदृश

मि० म० (प० सं० ७३९) क्षणदा की पाण्डुलिपि के उपर्युक्त पाठ के साथ-साथ प्रकाशित क्षणदा के पाठभेद के उल्लेख सहित।

सं० मन्तव्य—१ रोदति २ माँझ ३ दीठि ४-५ जओ अवनीजे लोठि ६-७ कइसन तोहर ८ बढ़इ

शब्दार्थ—प्रकाज=कुकार्य, अनपेक्षित कार्य। न मिलए=उन्मीलित नहीं करती, नहीं खोलती नहीं मिलाती, किसी की ओर नहीं देखती। कनक पुतलि=सोने की गुड़िया। अवनीजे=पृथ्वी पर। लोठि=लोटती लुढ़की पड़ी है।

[१४५]

प्रेमक अङ्कुर जात[१] आत[२] भेल
न भेल जुगल[४] पलाशा।
प्रतिपद चाँद उदय जैसे[६] जामिनी[७]
सुख लव[८] भै गेल[९] निराशा[१०]॥

सखि हे अब मोहे[११] निठुर मधाई
अवधि रहल बिसराई[१२]
के[१३] जाने[१४] चाँद चकोरिनी बञ्चब[१५]
माधवि[१६] मधुप सुजान।
अनुभवि कानू[१७] पिरीति[१८] अनुमानिए[१९]
बिघटित बिहि निरमान[२०]॥

पाप परान आन नहि जानत
कान्ह कान्ह[२१] करि झूर[२२]।
विद्यापति कह निकरुन माधव
गोबिन्द दास[२३] रस पूर[२४]॥

पदामृतसमुद्र, पृ० सं० ३३,

पाठभेद—

पदकल्पतरु (प० सं० १६४०) **सा० मि०**—(प० सं० ७७); पाठ प० स० सदृश

ब्र० न० सहाय (वि० प्र० प० सं० ९५) १-३ आंत जात भेला ४-५ ना भेला युगल पलास ६ जस ७ जामिनि ८-१० सुख नव भेला निरास ११ मोर १२ बिछुराई १३-१४ को

जन १५ बंचब १६ माधव १७-१९ अनुखन कान प्रीति अनुमानय २० परमान २१-२२ कान कान करि झूरे २३-२४ लछिमापति रसपूरे

न० गु० (प० सं० ६६९)–पाठ प० स० सदृश।

मि० म० (नातिप्रामाणिक पद—बाङ्लादेशे प्राप्त संदिध पद, सं० ९२१) पाठ प० स० सदृश।

सं० मन्तव्य–(i) मित्र-मजुमदार ने इसे संदिग्ध माना है प्रामाणिकता के संबंध में देखें भूमिका–उपशीर्षक 'विवादास्पद पद'

(ii) २ आतप ६ जइसे ७ जामिनि ८-९ सुख भए गेल ११ मोर।

शब्दार्थ—जात=जन्मते ही। आत- [राधामोहन ठाकुर के मत से 'आतप' जिसमें (शोके 'प' स्खलित होइयाछे।) शोकवश कंठावरोध से 'प' वर्ण छूट गया है।]- प=प्रचण्ड गर्मी। पलाशा=पल्लव अर्थ में प्रयुक्त। प्रतिपद······जामिनि=प्रतिपदा के चंद्रोदय से जैसे यामिनी क्षण भर को भी उजागर नहीं हो पाती। माधवि=माधवी लता को। अनुभवि···अनुमानिअ=कृष्ण की प्रीति-रीति का अनुभव करके यही जान पड़ता है कि। विघटित···निरमान=निर्माता विधाता ने स्वयं अपना निर्माण नष्ट कर दिया अथवा विधाता ने विघटन का ही निर्माण किया।

[१४६]

सुरतरु तल जब छाया छोड़ल
हिमकर बरिखय आगि।
दिनकर दिन फले सीत[1] न बारल
हम जीयब कथि लागि॥
सजनी अब नहि[2] बुझिए विचार।
धनका[3] आरति धनपति न[4] पूरल
रहल जनम दुख भार॥
जनम जनम हरगौरि अराधलों[5]
सिव भेल सकति[6] विभोर।
काम-धेनु कत कौतुके पूजलों[7]
न पुरल मनोरथ मोर॥
अमिया[8] सरोवरे साधे सिनायलों[9]
संसय पड़ल परान।
विहि विपरीत किए[10] भेल
ऐसन[11] विद्यापति परमान॥

प० स०, पृ० ६३,

पाठभेद—

न० गु० (प० सं० ६६१),

मि० म० (प० सं० ७१५) दोनों में पाठ लगभग पदामृत स० के समान ही गृहीत है।

सं० मन्तव्य—१ शीत २ नहिं ३ धनकाँ ४ ना ५ अराधलु ँ ६ सकतिँ ७ पूजलु ँ ८ अमिअ ९ सिनायलु ँ १० कीए ११ अइसन

शब्दार्थ—सुरतरुतल=कल्पवृक्ष की छाया में पड़ने वाला स्थान। दिन फले=दिन का फल, सूर्य किरणों के उत्ताप से। शीत=ठंढ, जाड़ा। न बारल=वर्जित नहीं किया, दूर नहीं भगाया। धनपति=कुबेर। जनम दुखभार=आजन्म दुख का भार ही बँचा रहा। सकतिँ=शक्ति (पार्वती) के। सिनायलुँ=स्नान किया।

[१४७]

माधव विधुवदना[१]।
कबहुँ न जानइ विरहक वेदना[२]॥
तहुँ परदेस जाब[३] सुनि भइ खीना।
प्रेम परतापे[४] चेतन हरु दीना॥
किसलय तेजि भूमे[५] सुतलि आयासे[६]।
कोकिल कलरवे[७] उठइ तरासे[८]॥
नोरहि[९] कुचकुङ्कुम दुर गेल[१०]।
कृस-भुज भूसन[११] खिति तले[१२] मेल[१३]॥
अवनत वयने[१४] राइ हेरत गीम।
खिति[१५] लिखइते भेल अङ्गुलि छीन[१६]॥
कहइ विद्यापति उचित चरित[१७]।
से[१८] सब गनइते[१९] भेलि मुरछित[२०]॥

प० स०, पृ० १०९

पाठभेद—

पदकल्पतरु (प० सं० १६१७) प० स० सदृश

ब्र० न० सहाय (प० सं० ३४) १ विधु बदना २ बेदना ३ तुहुँ परदेश जइब ४ परताप ५ भूमि ६ अयास ७ कलरव ८ तरास ९ लोरहिं १० गेला ११ भूखन १२-१३ छिति-सव मेला १४ अनत बयन १५-१६ छिति लिखइत भेलि आँगुरि खीन। १७ सुन री चरीत १८ सो १९ गुनइत २० मुरछीत

न० गु०—(प० सं० ७४०) एवं **मि०म०**—(प० सं० ७४६) प० स० सदृश।

सं० मन्तव्य—५ मुइँ ११-१२ भूषन छिति १५ छिति।

शब्दार्थ—विधु वदना=चंद्रमुखी। परतापे=प्रताप से। चेतन हरु=हृत चैतन्य, चेतनता विहीन। अयासे=आयास (प्रयत्न) पूर्वक। तरासे=त्रास, भय से। नोरहिं=नोर, अश्रु धार से। भूषन······मेल=आभूषण खिसक कर पृथ्वी पर, जा गिरे [उल्लेख्य--कालिदास--'कनक वलय-भ्रंशरिक्तः प्रकोष्ठः"=मेघदूत]

[१४८]

अब मथुरापुर माधव गेल[1]।
गोकुल मानिक को[2] हरि लेल[3]॥
गोकुले[4] उछलल करुनाक[5] रोल।
नयनक[6] जले देख बहए[7] हिलोल॥
सुन भेल[8] मन्दिर सुन भेल[8] नगरी।
सुन भेल[8] दस दिस सुन भेल[8] सगरी॥
कैसने[9] जाउब यामुन[10] तीर।
कैसे[11] नेहारब[12] कुञ्ज-कुटीर॥
सहचरि सञो[13] जँहा करल फुलबारि[14]।
कैसे[15] जीयब[16] ताहि निहारि[17]॥
विद्यापति कह कर अवधान।
कौतुके[18] छापित तँहु रहुँ[19] कान॥

प० स० पृ० १४४

पाठभेद—

प०त० (प० सं० १६३९) **शा० मि०** (प० सं० ७९) स० प० सदृश

ब्र० न० सहाय (प० सं० ३२)—१ गेला २ के ३ लेला ४ गोकुल ५ करुना ६-७ आँखिन जल देखि बहय ८ भेला ९-१० कैसे जायब यमुना १२ निहारब १३-१४ सँ जहँ भेला फुलधार १६-१७ जियब अब ताहि निहार १८ कौतुक १९ रहु

न० गु० (प० सं० ६२५) तथा **मि० म०** (प० सं० ७३३) सबमें उपयुक्त पाठ के समान पाठ।

सं० मन्तव्य—२ के ६ नअनक ९ कइसे १० यमुना १५ कइसे १९ रहु

शब्दार्थ—हरिलेल=हरण कर लिया। करुनाक रोल=कारुणिक आर्त्तनाद। सगरी=समग्र, सभी कुछ। सबे=साथ में। कौतुके=कुतुहलवश। छापित=छिपे हुए। कान=कान्ह, कृष्ण।

[१४९]

पिया गेल[1] मधुपुर हम कुलबाला।
विपथे[2] परल[3] जैसे[4] मालतिमाला॥
कि कहसि कि पुछसि सुन प्रिय सजनि[5]।
कैसने[6] वञ्चब[7] इह दिन रजनी॥
नयनक निन्द गेओ[8] बयानक[9] हास[10]।
सुख गेओ[11] पिआ सङ्ग[12] दुःख हम पास॥
भनइ विद्यापति सुन वरनारि।
सुजनक कुदिन दिवस दुइ चारि।

प० स०; पृ० ११५

पाठभेद—

प० त० (प० त० सं० १६४१), **शा० मि०** (प० स० ८०), प० स० सदृश।

ब्र० न० सहाय (प० सं० ३३)— १ हरि गेला २-४ विपथ पड़ल जस ५ सजनी ६-७ **कैस** बाँचब ८-१० गेला बयनक हाँस ११ गेला १२ संग

न० गु० (प० सं० ६७३) तथा **मि० म०** (प० सं० ७२६) उपर्युक्त के समान।

सं० मन्तव्य—४ जइसे ५ सजनी ६ कइसने ५-९ नअनक निँद गेल बअनक ११ गेल

शब्दार्थ—कुलबाला=कौलीन्य, भद्रकुल की बालिका। विपथे = कुपन्थ में, भ्रष्ट स्थान में। वञ्चब= वंचना ठगना, चालाकी के साथ निकल सकूँगी। वअनक=वाणी (मुख) का। कुदिन=दुर्दिन, दुःख के दिन।

[१५०]

लोचन नीर तटिनी[1] निरमान।
ततहि[2] कमल मुखि करत[3] सिनान॥
बेरि एक माधव तुअ राइ जीवइ[4]।
जब तुअ रूप नयन[5] भरि पीवइ॥

फुयल[६] कवरी[७] उलटि उरे[८] परइ[९]।
जनु कनयागिरि चामर ढरइ[१०]॥
तुअ गुन गनइते[११] निन्द[१२] न होइ[१३]।
अवनत आनने[१४] धनि कत रोइ[१५]॥
भनइ[१६] विद्यापति सुन[१७] वरकान।
बुझलूँ[१८] तुअ हिया[१९] दारुन पसान[२०]॥

प० स०; पृ० ११८

पाठभेद—

प० त० (प० सं० १६८३) **शा० मि०** (प० सं० १०१), प० स० सदृश।

ब्र० न० सहाय (प० सं० ६१) – १ तटिनि २ तही ४ तब माधव तुअ राई जीवइ ६-९ फूयल कवरि उलटि उर पड़ई १० चरई ११-१३ गनइत नींद न होय १४ आनन १५ रोय १६ मन १७ सुनु १८ बुझनू १९-२० हिय कठिन पखान।

न० गु० (प० सं० ७४३) एवं **मि म०** (प० सं० ७४७) उपर्युक्त पाठ के अनुरूप।

सं० मन्तव्य – (i) प्रस्तुत गीत के आरंभिक दो चरण नगेन्द्र नाथ गुप्त द्वारा तरौनी पाण्डुलिपि से संकलित पद (न० गु० प० सं० ७५२, प्रस्तुत संस्करण प० सं० २३४) के लगभग समान हैं किन्तु शेष चरण भिन्न हैं।

(ii) १ तटिनि २ ततहिँ ३ करए ५ नत्रन ६ फूयल ९ परई १० ढरई १२ नीँद १८ बूझलुँ १९ हिअ

शब्दार्थ—लोचननीर=आँसू। तटिनि=नदी। ततहि·····सिनान=नयननीर की सरिता में उसका कमल मुख ऊभचूभ हो रहा है और उसकी शेष तन्वङ्गी काया कमल-नाल सदृश उसमें नहा रही है। नयनभरि=आँखों में भरकर या खूब छककर। फूयल कबरी=खुली, छितराई वेणी। कनया गिरि= कंचन शिखिर (स्वर्णिमआभायुक्त पयोधरों के लिए प्रयुक्त)। चामर-गाय की गुच्छेदार पूँछ।

[१५१]

अनुखन माधव माधव सोङरिते[१]
सुन्दरि भेलि मधाई।
ओ निज भाव सभावहि[२] विसरल
आपन[३] गुन लुबुधाई[४]॥

माधव, अपरुप तोहारि[५] सिनेह।
अपने बिरह अपन तनु जर जर[६]
जिबइते[७] भेल सन्देह ॥
भोरहि सहचरि कातर दिठि हेरि
छल छल[८] लोचन पानि[९]।
अनुखन[१०] राधा राधा रटइत
आधा आधा कहु[११] बानि[१२] ॥
राधा सयें[१३] जब पुनतहिं[१४] माधव
माधव सयें[१५] जब राधा।
दारुन प्रेम तबहि[१६] नहिं[१७] टूटत
बाढ़त बिरहक बाधा ॥
दुहु दिशे[१८] दारुदहने[१९] जैसे[२०] दगधइ
आकुल कीट परान।
ऐसन[२१] वल्लभ हेरि[२२] सुधामुखि
कवि विद्यापति भान ॥

प० स०, पृ० ११६

पाठभेद—

प० त० (प० सं० १६८७) **शा० मि०** (प० सं० १०३); प० स० सदृश

ब्र० न० सहाय (प० सं० १)—सुमिरत २ सुभावहि ४ लुबधाई ५ अपरुब तोहर ७ जिवइत ९ पानी १०-१२ अनुखन राधे राधे रट तिहि आध आध कहु बानि १३ सौं १४ गुनतहि १५ सौं १६-१७ तबहु नहि १८ दिस १९-२० दारुदहन जस २२ हेर

न० गु० (प० सं० ७९१) तथा **मि० म०** (प० सं० ७५१) उपर्युक्तपाठ के सदृश पाठ।

बेनीपुरी (प० सं २१७)—१ सुमरइत ३ अपने ५ तोहर ६ जरजर ७ जिबइते ८ छलछल १३ सयँ १४ पुनतहि १५ सयँ १८ दुहुदिसि १९ दारु-दहन

सं० मन्तव्य—१ सोमरिते २ सुभावहिं ३ आपन गुने ५ तोहर ६ जरजर ७ जिवहते ८ छलछल १३ सञ १५ पुनतहि १५ सञ १८ दुहिदिस १९ दारु-दहन २० जस २१ अइसन।

शब्दार्थ—अनुखन=एकक्षण बीतते ही तुरन्त दूसरे क्षण, निरन्तर। सोमरिते=स्मरण करते-करते। सुन्दरि=सुन्दरी-राधा। मधाई=माधव-श्रीकृष्ण। ओ=वह, राधा। सुभावहिं=स्वभाव, प्रकृति को। आपन गुने=अपने ही गुणों पर। लुबुधाई=लुब्ध होकर। स्वयं को प्रेमातिरेक से तन्मय हो माधव मानकर राधा के प्रेम में प्रमत्त हुई। [इस प्रकार के प्रेमोन्माद का वर्णन श्रीमद्भागवत के दशम स्कन्द के तीसवें अध्याय में गोपी प्रेम के आख्यान में आया है। गीतगोविन्दकार जयदेव ने भी लिखा है--मुहुरवलोकित मण्डन-लीला। मधुरिपुरहमिति भावन शीला ॥] किन्तु विद्यापति की भावना देखें। अपरूप=अत्यन्त सुन्दर। अपरुब=अपूर्व, जिसका पहले कोई सादृश्य न मिला हो। जिबइते=जी सकने में भी। भोरहिं=भ्रमित होकर, विह्वल होकर, दिठि=दृष्टि से। आधा-आधा बानि= भावातिशय से अर्ध-स्फुट वचन। दारु-दहने=काष्ठाग्नि। दगधइ=जलता है। अइसन ······ सुधामुखि= नायिका के पीयूषवर्षी मुख को इस प्रकार की दशा में देखकर हे वल्लभ।

[१५२]

माधव जाइ पेखहु तुहुँ बाला[१]।
आजिहुँ कालि परान[२] परितेजब
कत सहु[३] विरहक ज्वाला ॥
सोतल सलिल कमल दल सेजहि[४]
लेपहुँ चन्दन-पङ्का।
से[५] सब यतहिं[६] आनल[७] सम होयल[८]
दस गुन दहइ[९] मृगङ्का ॥
सकति गेलहु[१०] धनि उठइ धरनी धरि[११]
खेपहुँ[१२] निसि दिशि जागि[१३]।
चमकि चमकि धनी[१४] बोलत सिव सिव
जगत भरल तसु आगि[१५] ॥
काहे[१६] उपचार बुझइ न पारइ[१७]
कवि विद्यापति भान।
केवल दसमी[१८] दसा विधि सिरजल
अबहुँ[१९] करह अवधान ॥

प० सं०. पृ० ११९

पाठभेद—

प० त० (प० सं० १६८५) प० स० सदृश

१९

न० गु० (प० सं० ७८५); अमूल्य (दो बार, प० स० ४७० और ७७५) तथा मि० म० (प० सं० ७४०) पाठ उपर्युक्त पाठ के अनुरूप।

ब्र० न० सहाय—(प० सं० ५४)—१ माधव जाइ न पेखहु बाला २ प्रान ३ सह ४ सेजहुँ ५ सो ६ जतहुँ ७ अनल १० गेल, ११ धरनि धरि १२-१३ खेपहि निसि निसि जागी १४ धनि १५ तछु आगी १६ किय १७ पारइ १८ दसमि १९ अबहु

सं० मन्तव्य—३ सहु ४ सेजहि ७ अनल ८ होएल ९ दहए ११ धरनि धरि १२ खेपए १४ धनि १६ किए १७ पारए १८ दसमि

शब्दार्थ—परितेजब=परित्यक्त कर देगी। चन्दन पङ्का=कीचड़ की भाँति गीला चन्दन। मृगाङ्का=चन्द्रमा। सकति=शक्ति। उपचार=औषध,। दसमिदसा=मृत्यु। अवधान=ध्यान करना, सजग होना

[१५१]

हम अबला दुख सहने ना[1] जाय।
विरह दारुन दुजे मदन सहाय॥
पहिल बयस[2] मोर न[3] पुरल साधे[4]।
परिहरि गेला पिया केन[5] अपराधे॥
कोकिल कलरवे[6] मति अति[7] भोर।
कह कह सजनि[8] कोन[9] गति मोर॥
ऐसन[10] सखिरि[11] करम किए[12] भेल।
विद्यापति कह हब[13] पुन मेल॥

प० स० १२९

पाठभेद—

प० त० (प० सं० १७१४) प० स० सदृश

ब्र० न० सहाय (प० सं० ३८)—१ सहल २ बयस ३ ना ४ साध ५ कोने अपराध ६ कलरव ७ भेला ८ कह जनि सजनी ९ कवन ११ सखि रे १२ किय १३ हबे। इसमें दूसरे-तीसरे चरण के स्थान पर पाँचवे-छठें चरण हैं तथा दूसरे-तीसरे; पाँचवें-छठें के स्थान पर।

शा० मि० (प० सं० ८२); न० गु० (प० सं० ६७४) और मि० म० (प० सं० ७२२) पाठ उपर्युक्त पाठ के अनुरूप किन्तु इनमें तीसरे और चौथे चरण; पहले और दूसरे चरणों के स्थान पर हैं।

सं० मन्तव्य—१–सहए न ५ कओन ९ कओन १० अइसन ११ सखि री १३ होएब

शब्दार्थ—मदन सहाय=कामदेव सहायक (विरह का) बना है। साधे=साध, कामना। कओन=किस।

[१५४]

हिम हिमकर कर तापे[१] तपायलु[२]
भै[३] गेल[४] काल वसन्त।
कान्त[५] काक मुखे नहि सम्वादइ[६]
किए[७] कह मदन दुरन्त॥
जानलु[८] रे सखि कुदिवस भेल[९]।
कि क्षने[१०] विहि मोहे[११] विमुख भेल रे[१२]
पलटि दिठि नहि[१४] देख[१५]॥
एतदिन[१६] तनु मोर साधे[१७] साधायलु[१८]
बुझलु[१९] अपन निदान।
अवधिक आस भेल सब कहिनी
कत सह पाप परान॥
विद्यापति भन माधव निकरुन
काहे[२०] समुझयेब[२१] खेद।
इह[२२] बड़वानल ताप अधिक भेल[२३]
दारुन पियाक[२४] विच्छेद[२५]॥

प० स०; पृ० १२२

पाठभेद—

प० त० (प० सं० १७१२) प० स० सदृश

ब्र० न० सहाय (प० सं० १४) १-२ ताप तपायनु ३-४ भे गेला ५-६ कन्त काक मुख नाहिं संबादइ ७ किय ८ जाननु ९ भेला १०-१२ केहि छन विहि मोरा बीमुख भेला १३-१५ दीठि नहिं देला १६ यतदिन १७-१८ साध सधायनु १९ बूझनु २०-२१ कस समुझा-यब २२ यह २३ भेला २४-२५ पियक विछेद।

शा० मि० (प० सं० ८९); ब० गु० (प० सं० ६६०) तथा
मि० म० (प० सं० ७१६) उपर्युक्त पाठ के अनुरूप

सं० मन्तव्य—३ भए ५ कन्त १३ दीठि १४ नहिँ १९ बूझलुँ २१ समुझाएब २५ विछेद

शब्दार्थ—हिम हिमकर कर=चंद्रमा की बर्फ़ सी शीतल किरण। तापे=ताप से। तपायलुँ=तापित, हुई जलन या दाह का अनुभव किया। भए गेल=हो गया। काक मुखे=कौवे के मुख से भी। सम्वादइ=संवाद देते। विमुख=पराङमुख, विरुद्ध। साधे=साधना, कामना से, यत्नपूर्वक। साधायलुँ=साधित किया, साध कर बनाए रखा। निदान=अंतिम अवस्था। काहे समुझाए=किसे समझाऊँगी। इह······भेल=बिरहावस्था का यह ताप वड़वाग्नि से भी अधिक दाहक हुआ।

[१५५]

फुटल कुसुम नव कुञ्ज[१] कुटिर बन
कोकिल पञ्चम[२] गाओइ रे[३]।
मलयानिल हिमसिखरे[४] सिधारल[५]
पिया निज देस[६] न आओइ रे[७]॥
चाँद चन्दन[८] तनु[९] अधिक उतापए[१०]
उपवने[११] अलि उतरोल[१२]।
समय वसन्त कन्त रहु दुर देस[१३]
जानल[१४] बिहि[१५] प्रतिकूल[१६]।
आनमिख[१७] नयने[१८] नाह मुख निरखइते[१९]
तिरपित न होये[२०] नयान[२१]।
ई[२२] सुख समय सहय[२३] एत[२४] संङ्कट
अबला कठिन परान[२५]॥
दिने दिने[२६] खिन तनु हिम कमलिनि जनि[२७]
न[२८] जानि कि जिव परजन्त[२९]॥
विद्यापति कह धिक धिक् जीवन
माधव निकरुन अन्त[३०]॥

प० स०; पृ० १२२

पाठभेद—

प० त० (प० सं० १७१३) प० स० सदृश

ब्र० न० सहाय (वसन्त वर्णन प० सं० ६)—१ कुंज २ पंचम ३ गावै रे ४-५ हिम शिखर सिधायल ६-७ देश न आवै रे ८ चन्द १० उतापइ ११ उपवन १३ दुर देस

१४-१५ जाननु विहि १७ अनिमिख १८ नयन १९ निरखत २० ना होय २२ ए २३-२४ सहय कत संकट २६ दिन दिन २७ धनु २८-२९ ना जानि की होइ परियन्त

शा० मि० (प० सं० ८७), न० गु० (प० सं० ७२६) एवं मि० म० (प० सं० ७१४) उपर्युक्त पाठ के अनुरूप।

बेनीपुरी (प० सं० २०१) ३ गावे रे ४ हिमसिखर ७ आवे रे ८-९ चनन चान तन ११ उपबन १२ उतरोल रे १५ बिधि १६ प्रतिकूल रे १७-१८ अनमिख नयन १९ निरखइत २० भेल २१ नयाने रे २५ पराने रे २९ परजन्त रे ३० कन्त रे।

सं० मन्तव्य – ८-९ चान चनन तनु १३ रह दुर देस १६-१८ अनिमिख नवने १९ निरखइत २०-२१ होए नआन २३ सहए २७ हिमे कमलिनि जनू

शब्दार्थ—फुटल=प्रस्फुटित, पूर्णतः खिल गया। हिमसिखरे=हिमश्रृङ्ग, हिमालय की ओर, उत्तर दिशा की ओर। उतापए=जलाता है। उतरोल=चञ्चल कलरव करते हैं। अनिमिख=निर्निमेष, एकटक। तिरपित=तृप्त। अबला कठिन परान=बलहीन कहलाने वाली नारी के प्राण कठिन हैं तभी तो इतना सङ्कट सहन कर ले रहे हैं। हिमे कमलिनि जनू=बर्फ (पाला) से प्रताड़ित कमलिनी सदृश। उल्लेख्य—"जराजर्जरितैः पत्रैः शीर्णकेसरकर्णिकैः। नालशेषैः हिमध्वस्तैर्न भान्ति कमलाकराः॥"—वाल्मीकीय रामायणः अरण्य १६ सर्ग) कि जिव परजन्त=क्या जाने अवधि तक जीवन रहेगा या नहीं? निकरुन अंत=निर्दयता की अंतिम सीमा।

[१५६]

चिर[1] चन्दन[2] उरे हार न देला[3]।
सो अब नदी-गिरि आँतर भेला[4]॥
पियाक गरबे हम काहुक न गनला।
सो पिया बिना मोहे को कि[5]न कहला।
बड़ दुख रहल मरमे।
पिया बिछुरल जदि कि आर जिवने[6]॥
पुरुव जनमे बिहि लिखल भरमे।
पियाक दोख[7] नहि[8] जे छल करमे॥
आन अनुरागे पिया आन देसे गेला[9]।
पिया बिना पाँजर झाँझर भेला[10]॥
भनइ विद्यापति सुन वरनारि।
धैरज धरह चित मिलब मुरारि॥

प० स०; पृ० १२६

पाठभेद—

प० त० (प० सं० १६७०);

शा० मि० (प० सं० ६७); न० गु० (प० सं ६७६) यत्किंचित क्रम-भेद।

मि० म० (प० सं० ७२७) उपर्युक्त पाठ के अनुरूप।

सं० मन्तव्य—१-२ चीर चानन ३ देल ४ भेल ५ की ६ जीवने ७ दोष ८ नहि ९ गेल १० भेल

शब्दार्थ—चीर=एक प्रकार का उत्तम कोटि का वस्त्र। उरे=हृदय, वक्षस्थल। हार=आभूषण विशेष। आंतर=अंतर, दूरी। गरबें=गर्व, घमण्ड से। गनला=गिना, समझा। विना मोहे=प्रेम त्याग कर। को की =क्या-क्या। कि आर=और क्या? अर्थात् कुछ भी नहीं। भरमे=भ्रम से। पांजर=पञ्जर, शरीर। झांझर =सूखा—साखा, सैंकड़ों छिद्रों से भरा हुआ।

[१५७]

परान[१] पिय[२] सखि हामारि पिया।
अबहुँ[४] न आओल[५] कुलिश-हिया।
नखर[६] खोयायलु[७] दिवस लिखि-लिखि[८]।
नयन अन्धाधलु[९] पिया[१०] पथ देखि[११]॥
यब, हम बाला पिया परिहरि गेल[१२]।
किये[१३] दोष[१४] किये[१३] गुन बुझइ[१५]ना भेल[१६]॥
अब हम तरुनि बुझब[१७] रस भाष[१८]।
हेन[१९] जन नाहि[२०] ये कहय[२१] पिया पाश[२२]।
आयब[२३] हेन[२४] करि पिया मोर[२५] गेला।
पुरुबक यत[२६] गुन बिसरित भेला॥
मने मोर जत दुख कहिब काहाके
त्रिभुवने एत दुख नाहि जाने लोके॥
भनइ विद्यापति शुन अरे[२७] राइ।
कानु समुझाइते[२८] अब चलि जाइ॥

प० स०, पृ० १२७

पाठभेद—

पदकल्पतरु (प० सं० १६७१) आठवें चरण के बाद निम्नलिखित भणिता—विद्यापति कह कैछन[२९] प्रीत। गोविन्द दास[३०] कह[३१] ऐछन[३२] रीत॥ तदनन्तर पद पूर्ण।

पदकल्पतरु (प० सं १६७२) आरंभ में → हम अभागिनी दोसर नहि भेला। कानू कानू करि जनम बहि गेला ।। इसके पश्चात् पठामृतसमुद्र के उपर्युक्त पद के आरंभ के ८ चरण छोड़कर शेष पाठ हैं—२३-२४ आनोब करि मोर २५ चलि २६ जत यत २७ सुन धनि २८ हम

अ० न० सहाय (प० सं० ९६) १ प्रान २ पिया ३ मोर ४ अबहूँ ५ सीलल ६-८ नख खोअलि हम दिन लेखि लेखी १० पिय ११ देखी जब १२ गेला १३ किय १४ दोख १५ बूझि १६ भेला १७ बुझलु १८ भास १९-२० अस कोउ नाहि २१ कहे २२ पास २९ कैसन ३०-३१ राधापति कर ३२ ऐसन

न० गु० (प० सं० ६६५) आरंभ → सखि रे मोर पिया। और आठवें चरण के अनन्तर प० त० १६७१ की भणिता। पद समाप्त। [और प० सं० ६५८]—पाठ पदकल्पतरु प० सं० १६७२ की भाँति किन्तु "मने मोर............लोके।" चरण नहीं।

बेनीपुरी (प० सं० १६४) ३ मोर ५ आयल ६-७ नखर खेअओलहुँ दिन ६ अँधा ओलहुँ १० पिआ १२ गेला १३ किए १५ बुझिओ १६ भेला १८ मास २१ कहत २१ पास २७ सुन अब २८ समुझाबइते

मि० म० (प० सं० ६१८) पर पदकल्पतरु प० सं० १६७१ का पाठ। पाठ टिप्पणी में पदामृत समुद्र के अधिक अंशों में का उल्लेख। पुनः बंगाली विद्यापति अंश में प० सं० २५ पर पदकल्पतरु प० सं० १६७२ का पाठ।

सं० मन्तव्य—पदकल्पतरु के पाठ एवं न० गु० तथा मि० म० के पाठ ग्रहण से तथा पद की भाषा एवं भाव व्यञ्जना से स्पष्ट है कि पदामृतसमुद्र में एक होते हुए भी उपर्युक्त पद दो भिन्न पदों के मिश्रण से बना है। मेरे विचार से इसके आरंभ में 'परान पिया' पद प्रक्षिप्त है। इसके बाद "सखि से लेकर आठवें चरण के अन्त 'पिया पाश' तक का अंश भाव भाषा की दृष्टि से विद्यापति के अधिक निकट है अतः विद्यापतिकृत माना जा सकता है। भणिता—वैभिन्य सूचित करता है कि इसे बाद में जोड़ा गया या पूरा किया गया है। प० स० का उत्तरार्थ प० त० का १६७२ संख्यक पद ही है जिसकी आरंभिक पंक्तियाँ यहाँ छूट गई थीं। यह पद भाषा और भाव दोनो ही दृष्टियों से विद्यापति-सर्जना से पृथक् हैं अतः यह किसी अन्य कविकृत पद है।

(ii) ३ मोर ७ खोआअलुं १३ किए १५ बुझिओ १६ अस २१ कहए २२ पास

शब्दार्थ—कुलिश हिया=कठोरतम वज्र जैसे हृदयवाले। खोआअलु=नष्ट किया। भास=चर्चा।

[१५८]

कि कहब माधव कि कहब[१] काजे। पेखल[२] कलावति[३] प्रिय सखी[४] माझे॥
आछइते[५] आछल[६] काञ्चन पुतला। भुवने[७] अनुपम रूपे गुने कुसला[८]॥
एब[९] भेल बिपरित झामर देहा। दिवसे मलिन जनु[१०] चाँदक रेहा॥
बाम करे[११] कपोल लुलित केश भार[१२]। कर-नखे[१३] लिखु[१४] महि आँखि[१५] जलधार॥
विद्यापति[१६] भन सुर बर कान्ह। राज सिवसिंघ[१७] इथे परमान[१८]॥

पदामृत समुद्र, पृ० १३१,

पाठभेद—

पदकल्पतरु—(प० सं० १८८५)—१ करब २ पेखलुं ७ त्रिभुवने १४ लिख

न० गु० (प० सं० ७४६) सि० म० (प० सं० १७६)—पाठ पदकल्पतरु सदृश।

सं० मन्तव्य—(i) १ करब २ पेखलुं। ५ से ८ तक का अंश बंगाली परिवेश से प्रभावित। ८ कुशला ९ अब। ११-१२ अंश बंगाली शैली से प्रभावित है। १७ राजा सिवसिंह

(ii) प्रस्तुत पद विद्याभवन, शान्तिनिकेतन में सुरक्षित क्षणदागीतचिन्तामणि की एक प्राचीन खण्डित पाण्डुलिपि (पोथी संख्या १२७१ पत्र ४ आकार ११″×७″) में भी मिलता है जिसमें उपर्युक्त प० स० के पाठ से निम्नलिखित पाठभेद हैं:— ३-४ कलवती सखिगने ६ आछये ८ कुशला ९ एबे १० यैछे १३-१५ खिति नखें लिखइ नयाने १६-१८ का भणिता-भाग नहीं है।

शब्दार्थ—पुतला=पुतली, सुन्दर गुड़िया। झामर=झवाँया हुआ। लुलित=ग्रस्त व्यस्त।

[१५९]

कुसुमित कानन हेरि कमलमुखि
मूदि[१] रहए दुइ[२] नयान[३]।
कोकिल कलरव मधुकर ध्वनि[४] शुनि[५]
कर देइ[६] झाँपल[७] कान॥

माधव सुन सुन वचन हामारि[८]।
तुया[९] गुन[१०] सुन्दरि अति भेल दूबरि
गुन गुन प्रेम तोहारि[११]।

धरनी[१२] धरिया[१३] धनि कत बेरि बैठइ[१४]
पुन तहि उठइ ना पारा[१६]।
कातर दिठि करि चौदिस हेरि हेरि
नयने[१७] गलये[१८] जलधारा[१९]।
तोहारि[२०] विरह दिन[२१] खने खने[२२] तनु खिन[२३]
चौदिसि चाँद समान।
भनये[२४] विद्यापति सिवसिंघ[२५] नरपति
लखिमा[२६] देवि[२७] परमान[२८]॥

प० स०; पृ० १३४

पाठभेद—

प० त० (प० सं० १९००) प० स० सदृश।

व्र० न० सहाय—(वसन्त वर्णन, प० सं० ८)–१-३ मूंदि रहे दुहुँ नैन ४-५ धुनि सुनि ६-७ देह ८ हमार ९-१० तुव गुन ११ गुनि गुनि प्रेम तोहार १२-१३ धरनि धरय १४ बैठति १५ तेहि १६ पार १७-१९ नयन गलय जलधार २० तोहर २१ दीन २२-२३ छन-छन तनु छीन २४ भन २५ शिवसिंह २६-२७ लछिमा देइ

न० गु० (प० सं० ७५६); **अमूल्य** (प० सं० ७५१) तथा **मि०म०** (प० सं० १७९) उपर्युक्त पाठ के लगभग अनुरूप पाठ।

बेनीपुरी (प० सं० २१३) २ दु ४ धुनि ५ सुनि ७ झाँपइ ८ हमारा ९-१० तुअ गुन ११ तोहारा १३ धरि १४ बइसइ १७-१८ नयन गरए २० तोहर २२-२३ छन छन तनु छिन २४ भनइ २५ सिबसिंह २८ रमान

सं० मन्तव्य—(i) प्रस्तुत पद का पाठ पदकल्पतरु की पोथी के अनुसार रखा गया है क्योंकि परवर्त्ती सभी संग्रहकारों ने उसे ही प्रामाणिक रूप में लिया है; अन्यथा पदामृत समुद्र का पाठ इससे किञ्चित-भिन्न है। यथा–१-३ मूदि रसुए दुइ नयान ७ झाँपइ ८ सुन कानाइ वचन हामारि १५ पाठाभाव

(ii) २-३ दु नआन ४-५ धुनि सुनि ७ झाँपइ ८ हमारि ९-१० तुअ गुने १२ धरनि १७-१८ नअने गलए २० तोहरे २५ सिवसिंह २७ देइ

शब्दार्थ—हेरि=निहार कर। देइ=द्वारा, देकर। झाँपई=ढंकती है। दूबरि=दुर्बल। धरनि=धरणी, पृथिवी। तह=तत्र, वहाँ से। चौदिसि=चारो दिशाओं में। गलए=गारती है, गिराती या बहाती है। चौदसि=चतुर्दशी के चन्द्रमा के सदश (यहाँ कृष्ण पक्ष की चतुर्दशी से अभिप्राय है।) परमान=प्रमाण, साक्षी।

[१६०]

माधव ओ[१] नवनायरि[२] बाला ।
तुहुँ बिछुरलि विहि कटावलि[३]
भेलि निमालिक माला ॥
से जे[४] सो सोहागिनि खेदे दिन गनि[५]
पन्थ निहारइ तोरा ।
निचल[६] लोचन ना शुने[७] बचन
ढरि ढरि[८] पड़ु लोरा ॥
तोहरि मुरली[९] से दिग छोड़लि[१०]
झामर झामर देहा ।
जनु से सोनारे[१२] कसि कसटिक[१३]
तेजल कनह रेहा ॥
फूयल कवरि[१४] न बान्धे सम्बरि[१५]
धनि जे अबस एता ।
रूखलि भुखलि दुबलि[१६] देखलि
सखिनि-सङ्ग[१७] समेता ॥
उससि उससि[१८] पड़ु[१९] खसि खसि
आलि आलिङ्गन[२०] चाहे ।
याकर[२१] बेयाधि[२२] पराधिन ओखधि[२३]
ताकर[२४] जीवन काहे ॥
भनइ[२५] विद्यापति करिये[२६] शपति[२७]
आर[२८] अपरुप कथा ।
भावित भावित[२९] तोहारि[३०] चरित
भरम होइल[३१] यथा ॥

प० स०; पृ० १३८

पाठभेद—

प० त० (प०सं १९१८) प० स० सदृश ।

ब्र० न० सहाय (प० सं० ६२)—१-२ से नब नागरि ३ तुहू विछुरलि वीहिक-बारलि ४ पाठाभाव ५ नित नित दिन गिनि ६ नीनल ७ नहिसुने ८ ढरी ढरी ९१०

मूरलि से दिक छाडलि ११ झामर झामर १२-१३ जनु सोनार से कसि कसटी पै १४ फूजलि कवरी १५ ना बाँधे सम्बरी १६ रूखलि मुखलि दूखलि १७ रंग १८ तूस सि तूस सि १६ पड़य २० अलिङ्गन २१-२२ जेकर व्याधि २३ ओषध २४ तेकर २५ मन २६-२७ करिए सपथि २८ आउर ३० तोहर ३१ होवल

शा० मि० (प० सं० १०६) तथा **मि० म०** (प० सं० ७४१) प० स० सदृश

सं० मन्तव्य—२ नवनाअरि ३ तुहुँ बिछुरलि अरु बीहि कटावलि ५ गिनि १३ कस उडिहिं १६ रूखलि भूखलि दूखलि १६ पड़ए २० अलिङ्गन २१ जाकर २६ करिए २६ भाविते-भाविते ३० तोहर

शब्दार्थ—कटावलि=काट कर किनारे की गई, उपेक्षित। निमालिक=निर्माल्य, उत्सर्गीकृत, परित्यक्त। खेदे=खेद से। निचल=निश्चल, जड़ीभूत। से दिग छोडलि=उस (नायिका की ओर की) दिशा को त्याग दिया। उधर अब अपनी छाँह नहीं प्रसारित करती। सोनारे=स्वर्णकार ने। रेहा=रेखा, स्वर्णकार ने मानो कसौटी पर कस कर नायिका के रूप में एक स्वर्ण रेखा फेंक दी हो। संवरि=संवृत करना, ठीक कर पाना। उससि=दीर्घ निश्वास। तूस=भूसी। भरम=भ्रमवश स्वयं को कृष्ण समझने लगी है।

] १६१]

सखिगन कन्दरे थोइ कलेवर
घर सञो बाहिर होइ[२]।
बिनि[३] अवलम्बने[४] उठइ न पारइ
अतये[५] निवेदलु[६] तोय।
माधब कत परबोधब तोय।
देह दिपति[७] गेल[८] हार भार भेल[९]
जनम गमाओल[१०] रोइ[११]।
अङ्गुरि[१२] बलया[१३] भेल[१४] कामे[१५] पिन्धायल[१६]
दारुन तुया नव नेहा[१७]।
सखिगन साहसे[१८] छोइ[१९] न पारइ
तन्तुक दोसर देहा[२०]॥
नवमि[२१] दसा गेइ[२२] देखि आओलो[२३] चलि
कालि रजनि[२४] अवसाने[२५]।
आजुक एतखन गेल[२६] सकल दिन
भाल[२७] मन्द बिहि पए[२८] जाने[२९]।

केलि कलपरु[30] सुपुरुख अवतरु
नागर गुरुवर रतने[31]।
राजा सिवसिंघ[32] रुपनरायन[33]
लखिमा देवि परमाने[34]॥

प० स० पृ० १४०

पाठभेद—

प० त० (प० सं० १९३७)—२ होय ११ रोय २२ गेलि २३ आओलुँ ३२-३३ भनइ विद्यापित सिवसिंघ नरपति

ब्र० न० सहाय—(प० सं० ७२)—१ कन्दर २ घर सों बाहिर होय। ३-४ बिनु अबलम्बन ५-६ अतय निवेदलु ७-८ दीपति गेला ९ भेला १०-११ गंवायलि रोय १२-१६ अँगुठि बलय भेला काम पिंधावल १७ दारुन तुअ नव नेह १८ साहस १९ छुअत २० देह २१ नवमी २२ गेलि २३ आयलु २४-२५ निसि अवसान २६ जत छन गेला २७ भला २८ पाठाभाव २९ जान ३० केलि-कलप-तरु ३१ विद्यापति कवि भान ३२ सिवसिंह, ३४ परमान

न० गु० (प० सं० ७८७); अमूल्य (प० सं० ७७७) एवं

मि० म० (प० सं० १८५) पदकल्पतरु के पाठ के अनुरूप पाठ

सं० मन्तव्य—१ कन्धरे २ होअ ५ अतए ११ रोय १२ अङ्गुठि १६ पिन्हाएल १९ छुवइ २२ गेलि २३ आओलुँ २८ पाठाभाव ३२-३३ भनइ विद्यापति सिव सिंह नरपति

शब्दार्थ—थोइ=थोप कर, भार रखकर, सहारा लेकर। अतए=अतएव। दिपति=दीप्ति शोभा। वलया=बाला, कङ्कन। काम=कामदेव। पिन्हावल=पहना दिया। तन्तुक दोसर=डोरे का दूसरा रूप, डोरे या सूते सी क्षीण। नवमि दसा=मूर्छा। एतखन=इतने क्षण, इतनी देर तक का समय। नागर…रतने=नगरों के श्रेष्ठ रत्न, चतुर शिरोमणि।

[१६२]

सजनी को[1] कह आओब माधाई[2]।
विरह—पयोधि पार किये[3] पाओब[4]
मझु[5] मने नहि[6] पतियाई[7]॥
एखन तखन करि दिवस गोङायलु[8]
दिवस दिवस करि मासा[9]।
मास मास करि बरिख[10] गोङायलु[8]

छोड़लुँ जिवनक[११] आशा[१२] ॥
बरिख बरिख[१३] करि समय गोङायुलुँ
खोयलुँ[१४] ए तनु[१५] आशे[१६] ।
हिमकर किरने नलिनि यदि[१७] जारब[१८]
कि करब[१९] माधवि[२०] मासे ॥
अङ्कुर तपन तापे[२१] यदि[२२] जारब[२३]
कि करब वारिद मेहे ।
इह नवयौवन[२४] विरहे[२५] गोङायब[२६],
कि करब सो[२७] पिया नेहे ॥
भनये[२८] विद्यापति शुन[२९] वरयुवति[३०]
अब नहि होत[३१] निराश[३२]
सो ब्रजनन्दन हृदय—आनन्दन[३३]
झटिते[३४] मिलब तुया[३५] पाश[३६] ॥

प० स० पृ०; १४७

पाठभेद—

प० त० (दो बार प० सं० १८२७ और १९५७) इनमें से एक में कुछ भिन्न पाठ है । यथा–१ सजनी, के २ मधाई ३ किए ६-७ नहि पतिआई ११-१२ जीवनक आसा १४-१६ खोयालुँ कानुक आशे १७ जदि २० माधव २१ तपन-ताप २२ जदि २४ नवजौवन २७ से २९ सुन ३१ होइ ३४ झटिति ३५ तुअ

शा० मि० (प० सं० ९६)

ब्र० न० सहाय–(प० सं० १३) १-२ सजनी को कहु आयब कन्हाई ३-४ किय पायब ५ मो ६ नहिं ८ गंवायनु ९ मास ११ खोयनु ये तनु आस । "बरिख··· आशे ।" तक के दो चरण नहीं हैं । १८ जारे १९ करबि । "अङ्कुर······नेहे ।" तक के चार चरण नहीं है ।" २८ भन २९-३० सुन वर युवती ३१-३२ होहु निरास ३३ अनन्दन ३४ झटिति ३५-३६ तुअ पास

बेनीपुरी (प० सं० २०४) १ सजनी के ८ गमाओल ११ जीवन १३ बरस-बरस १६ आसे २० माधब २४ नवजौबन २६ गमाओब २७ सो पिया गेहे ३० बर जौबति

मि० म० (दो बार प० सं० ७२६, प० त० के उपर्युक्त भिन्न पाठ के अनुरूप तथा प० स० ७३२ पर पदामृत समुद्र के पाठ के अनुरूप ।

सं० मन्तव्य—१ के २ मधाई ३ किए ६-७ नहिं पति आई ८ गमाओलुं ११-१२ जीवनक आसा १५ कानुक २६ गमाओब २८ भनइ २९ सुन ३० वर यौवति ३१ होइ ३२ निरास ३५-३८ तुअ पास

शब्दार्थ—के=कौन। पार किए पाओव=किस विधि से पार कर सकूँगी। पतिआई=प्रतीति करना, विश्वस्त होना। गमाओलु`=गँवाया, बिताया। कानुक=कृष्ण की। हिमकर किरने=वर्फ सी शीतल किरणों वाले चन्द्रमा की सुशीतल किरणों से। नलिनी=कमलिनी। माधवि मास=वैशाख का महीना, वसन्त काल। तपन तापे=अत्यन्त प्रखर गर्मी से। वारिद मेहे=पानी बरसाने वाले मेघ से। नेहे=स्नेह, प्रेम से। झटिते=शीघ्रता से, शीघ्र ही।

[१६३]

माधव अबला पेखलु[१] मतिहीना[२]।

सारङ्ग—सबदे[३] मदन अधिकायल[४]
ताहे दिने दिने भेल खीना[५]॥
रहलि[६] विदेस सन्देस ना पाठायलि[७]
कैहे[८] जीयत[९] ब्रजबाला।
तो बिनु[१०] सुन्दरी[११] ऐछन[१२] भेलहि[१३]
यैछे[१४] नलिनी पर[१५] पाला॥
सकल रजनी धनी[१६] रोइ गमाबए
सपने न देखए तोय।
धैरज[१७] कइसे करब वर कामिनी
विपरीत[१८] काम बिमोय॥
विद्यापति भन सुन वर माधव
हम आओल तुअ पास।
तुरिते चलह अब धैरज[१७] न सह
ऐछन[१९] विरह हुतास॥

प० स०; पृ० १६४

पाठभेद—

प० त० (प० सं० १८६९) प० स० सदृश

ब्र० न० सहाय—(प०सं०५२) १-२ पेखनु मतिहिन ३-४ सारँग सबद मदन अति कोपित ५ ताइ दिन भेला खीन ६ रहत ७ सँदँस न पठयसि ८-९ कस जीवय १०-१५ ऐहन

सुन्दरि रूप गुन आगरि, जारत विरहबिख ज्वाला। अन्तिम आठ पंक्तियाँ दूसरे पाठभेद के अनुसार हैं जिनमें निम्नलिखित पार्थक्य है—२०-२१ उर विनु सेज परस नहि पारय २२ लोटत २३ महिठाम २४-२५ चांदा टूटि पड़ल जनु २६ दामे २७ सोहि २८ असोयासलु २९ तैं ३० प्रान ३१ भन ३२ सुनइत

शा० मि०—(प० सं० ११) **न० गु०**— (प० सं० ७४४) एवं **मि० म०**—(प० सं० ७४५) उपर्युक्त पाठ के अनुरूप। अन्तिम आठ चरणों के स्थान पर निम्नलिखित पाठ भी मिलता है। उर बिनु[२०] शेज परश नहि पायइ,[२१] सोइ लुठत[२२] महि कामे[२३]। पुनमिक चाँद[२४] टुटि पड़ु खितिमहा,[२५] झमर चम्पक दामे[२६]॥ सोइ[२७] अवधि दिन बहु आशोयासलु[२८], ते[२९] धनि राखत परान[३०]। भनये[३१] विद्यापति निकरुन माधव, शुनइते[३२] हरल गेयान॥

सं० मन्तव्य—१ पेखलुं ६ रहल ७ पठाओल ८ कइसे ११ सुन्दरि १२ अइसन १४ जइसे १५ नलिनि परे १६ घनि १७ धइरज १८ विपरित १९ अइसन २१ पावइ २२-२३ लोटत महिकाम २५ टूटि पड़ु क्षिति महँ २६ दाम २८ आसोयासलुँ ३१ भनइ ३२ सुनइत

शब्दार्थ—मतिहीना=बुद्धिहीना, भ्रम दशा को पहुँची हुई। सारङ्ग=कोकिला। जइसे······पाशा=देखें प० सं० १५५ हिम कमलिनि जनु का शब्दार्थ। विमोय=विमुग्ध करता है। हुतास=अग्नि, ज्वाला। उर······पावइ=जो तुम्हारे वक्षस्थल के स्पर्श के बिना कोमल शय्या का भी स्पर्श नहीं कर सकती थी या पर्यंक पर भी नहीं सो पाती थी। कामे=कामदेव की ज्वाला से बाध्य होकर। महिठाम=पृथ्वीतल पर। टूटि-पड़ु=टूट कर मानो पृथ्वी पर आ गिरा है। चम्पक दाम=चम्पा सी दमकने वाली देह दीप्ति। झामर=कान्ति विहीन। आसोयासलूँ=आश्वासन दिया।

[१६४]

हम धनि तापिनी[१] मन्दिरे[२] एकाकिनी[३]
दोसर जन नहि सङ्ग।
बरिसा[४] परवेस पिया गेल[५] दुरदेस
रिपु भेल[६] मत्त अनङ्ग॥
सजनि[७] आजु शमन[८] दिन होय।
नव[९] नव जलधर चौदिगो[१०] झाँपल
हेरि जीउ निकसए[११] मोय॥

घन घन गरजित[१२] सुनि जीउ चमकित[१३]
　　कम्पित[१४] अन्तर मोर।
पपिहा दारुन पिउ पिउ सोङर[१५]
　　भ्रमि भ्रमि देइ[१६] तसु[१७] कोर॥
बरिखए[१८] पुन पुन आगिदहन जनु
　　जानलु[१९] जीवन अन्त।
विद्यापति कह सुन रमनीवर
　　मीलब पहु[२०] गुनवन्त॥

प० स०, पृ० २२५

पाठभेद—

प० त० (प० सं० १७३०) प० स० सदृश।

ब्र० न० सहाय (प० सं० १०)—१-३ तापिनि मँदिर यकाकिनि ४ बरखा ५ गेला ६ भेला ७ सजनी ८ समन ९-१० नव जलधर अब चौदिक ११ जिउ निकसय १२ गरजत १३ जिउ चमकत १४ कांपत १५ सोरन १६-१७ दइ तछु १८ बरिखय १९ पहू

शा० मि० (प० सं० ९०); न० गु० (प० सं० ७१३) एवं मि० म० (प० सं० ७१८) उपर्युक्त पाठ के अनुरूप।

सं० सप्तशती—१ तापिनि ३ एकाकिनि ७ सजनी ११ जिउ निक सए १३ जिउ चमकित १५ सोमर १९ जानलुँ।

शब्दार्थ—तापिनि=ताप (दुःख) सहन करनेवाली, दुखिया। परवेस=प्रवेश। मत्त=उन्मत्त, मतवाला। शमन=यम का दूत, मृत्यु।

[१६५]

कि पुछसि मोहे निदान। कहइते दहइ परान॥
तेजलु[१] गुरु कुल सङ्ग। पूरल दुकुल कलङ्क॥
बिहि मोरे[२] दारुन भेल। कानु निठुर भइ गेल॥
हम अबला मतिवामा। न गनलुँ इह परिनामा॥
कि करब इह अनुजोग। आपन करमक दोख॥
कवि विद्यापति भान। तुरिते मिलायब[३] कान॥

पदकल्पतरु प० सं०, १३८

पाठभेद—

शा० मि० (प० सं० ६७); **न० गु०** (प० सं० ६५९) तथा **मि० म०** (प० सं० ७०७) उपर्युक्त पाठ के अनुरूप ।

सं० मन्तव्य — १ तेजलुँ २ मोहेँ ३ मिलाएब

शब्दार्थ—निदान=किए हुए कर्म का परिणाम। दुकुल=दोनो (पितृ एवं श्वसुर) कुल। मोहेँ= मेरे लिए। कानु=कृष्ण। मतिवामा=विपरीतबुद्धि वाली, बुद्धिहीना। अनुजोग= प्रश्न या पूछ (प्रश्नोनुयोग, पृच्छा च। अमर ६.१०) इस अवस्था की प्राप्ति पर की गई जिज्ञासा के उत्तर में किसे दोष दूँ।

[१६६]

काञ्चन- कुसुम ज्योति[१] परकास ।
रतन फलब बोलि बाढाओल[२] आस ॥
तकर मूले देल दूधक धार ।
फले किछु न हेरिए[३] झनझनि सार ॥
जाति गोयालिनि[४] होन मतिहीन ।
कुजनक पिरोति मरन अधीन ॥
हा हा विधि मोरे[५] एत दुख देल ।
लाभक लागि मूल डुबि गेल ॥
कवि विद्यापति इह अनुमान ।
कुकुरक लाङुल न होय समान ॥

प० त०, प० सं ४९७

पाठभेद—

शा० मि० (प० सं० ६२); **न० गु०** (प० सं ४२३) उपर्युक्त पाठ के अनुरूप

मि० म० (प० सं० ६५४)—१ कञ्चन-ज्योति कुसुम। शेष उपर्युक्त अनुरूप ।

स० मन्तव्य—(i)पाठ के नीचे इसक मि० म० ने 'आकर अज्ञात' लिखा हुआ है किन्तु यह पद प० त० में संकलित मिलता है। श्रीमान मजुमदार महोदय ने भूमिका भाग में ऐसा संकेत दिया भी है। (ii) २ बढ़ाओल ३ किछु ने हेरिए फले, ४ गोआलिनि ५ मोहे

शब्दार्थ—काञ्चन-कुसुम-ज्योति=स्वर्णिम पुष्प अपनी आभा। रतन=रत्न। तकर=उसके। सार= तत्व। झनझन सार=केवल झनझनाना, तत्वहीन। लाङुल=पूँछ।

[१६७]

कतिहुँ[१] मदन तनु दहसि[२] हमारि[३]। हम[४] नहि[५] संकर हूँ[६] वरनारी[७] ॥
नहिं[८] जटा इह[९] बेनि-विभङ्ग[१०]। मालति[११]-माल सिरे[१२] नह गङ्ग[१३] ॥
मोतिम[१४]-बन्ध मौलि[१५] नह इन्दु[१६] । भाले[१७] नयन नह सिन्दूर[१८]-बिन्दू[१९] ॥
कण्ठे[२०] गरल नह मृगमद[२१]-सार[२२] । नह[२३] फनिराज[२४] उरे मनि[२५] हार[२६] ॥
नील[२७] पटाम्बर नह बाघछाल[२८]। केलिक[२९] कमल इह नह ए कपाल[३०] ॥
विद्यापति[३१] कह एहन सुछन्द[३२]। अङ्गे[३३] भसम नह मलयज[३४] पङ्क[३५] ॥

प० त०, प० सं० ८५५

पाठभेद—

रागतरंगिणी—(पृ० ७०-७१) राग—जोगिआ मालव--१-७ कतन वेदन मोहि देहे[३६] मदना । हर नहि बाला[३७] मोजे[३८] जुवति जना ॥ ८-१३ नहि मोहि[३९] जटाजूट[४०] चिकुरक वेनी । सिरँ[४१] सुरसरि[४२] नहिं[४३] कुसुमक सेनी ।। १४-१६ चाँद[४४] तिलक मोहि नहि इन्दु छोटा[४५] । ललाट पावक नहि सिन्दुरक फोटा । २० कण्ठ २१ चारु २३-२६ फनिपति मोराँ नहि मुकुताहारु । २७-३० किसी रूप में नहीं है । ३१-३५ भनइ विद्यापति सुन देव कामा । ४६-५० एक दोस अछ ओहि नामक वामा ॥

ब्र० न० सहाय (प० सं० ६९) १ कतना ३७-३८ बोलु मोहि ४४ चानि ४५ गोटा । पावक ललाट न, । २३-२६ फनिपति गर नहि मुकुताहारु ॥ ३१ मन ३२ काम ४६ अक ४८ अछे ५० बाम । शेष पाठ रागतरंगिणी सदृश ।

न० गु० (ताल०, प० सं० ६९)—३६ देसि ३८ मोहि । दूसरा अधिक चरण, जो प० त० के पाठ में २७-३० से कुछ मिलता है:—विभूति भूषन नहि चान्दनक रेनू । बाघछाल नहि मोरा नेतक वसनू ।। ३९ मोरा ४० जटाभार ४१-४३ सुरसरि नहि मोरा । ४४-४५ चान्दनक बिन्दु मोरा नहि इन्दु गोटा (अगली पंक्ति प० त० से भी मिलती हुई २०-२२ नहि मोरा काल कूट मृगमद चारु २३-२६ फनिपति नहिं मोरा मुकुता हारु ॥ ४६-४७ एक पए दूषन । शेष पाठ रागतरंगिणी के पाठ सदृश ।

बेनीपुरी (प० सं० ४२) ४५ छोटा ४८-४९ नाम मोर । शेष पाठ न० गु० सदृश।

मि० म० (प० सं० ७०५) प० त० के पाठ के अनुरूप । तथा (प० सं० २४५) न० गु० (ताल०) के पाठ के अनुरूप । पाद टिप्पणी में रागतरंगिणी के पाठभेद सहित।

परि० पद० (राग० प० सं० १८) मूल में रागतरंगिणीका पाठ। पाठभेद में न गु० का पाठ और पाद टिप्पणी में न० गु० से मिलता हुआपाठ देकर उसके निकट पाठ होने की संभावना का संकेत।

सं० **मन्तव्य**—पाठ रागतरंगिणी के सदृश। तालपत्र के अधिकचरण "विभूति''''वसना" के साथ।

(i) प्रस्तुत पद मैथिल एवं बंगदेश के उभय स्रोतों में मिलने वाला विशिष्ट पद है जो विद्यापति के मूल पदों में भाषा एवं पद-सर्जना संबंधी किए गए परिवर्तनों का स्पष्ट संकेत देता हैं।

(ii) न० गु० ने इसे पदकल्पतरु से नहीं लिया है यह तो स्पष्टही है, रागतरंगिणी से उनका पाठ भेद यह भी स्पष्ट करता है कि यह उससे भी प्रभावित नहीं है इस प्रकार तरौनी की तालपत्र प्रति के अस्तीत्व को प्रमाणित करता है। उसका पाठ मैथिल स्रोतों के निकट था, यह भी इसमें प्रत्यक्ष है।

(iii) ब्र० न० सहाय का पाठ न तो प० त० से प्रभावित है और न न० गु० के तालपत्र के पाठ से जो उनपर न० गु० के अनुकरण के आरोप खण्डित करता है। इनका पाठ रागतरंगिणी के पाठ के अधिक निकट हैं।

(iv) जयदेव के श्लोकों के भाव-विस्तार करके भी विद्यापति ने कुछ पद लिखे हैं यह भी संकेत मिलता है।

हृदि विलसिता हारो नायं भुजङ्गम नायक :। कुवलय दल श्रेणी कण्ठे न सा गरलद्युतिः॥
मलयज रजोनेदं भस्य प्रियरहिते मयि। प्रहर न हर भ्रान्तानङ्ग क्रुद्धा किमुधावसि॥

शदार्थ—दहसि=जलाते हो। मोतिम=मौक्तिन। फनिराज या फनिपति=वासुकि नाग। चिकुरक=केशों की। सेनी=पँक्ति। फोटा=स्फीट, बिन्दी। कामा=कामदेव। वामा=स्त्री, शिबके 'वामदेव' नाम के आरंभिक पद से मिलता पद।

[१६८]

प्रेमक गुन कहइ[१] सब कोइ। ये प्रेमे कुलवति कुलटा होइ॥
हम जदि जानिए[२] पिरीति दुरन्त। तब किए जाएब[३] पापक अन्त॥
अब सब बिससम[४] लागए मोइ। हरि हरि पिरीति करए जनु कोइ॥
विद्यापति कह सुन वरनारि। पानि पिए पिछे[५] जाति विचारि॥

प० त० प० सं० ९६३

पाठभेद—

शा० मि० (प० सं० ४५); **न० गु०** (प० सं० ३६७) तथा **मि० म०** (प० सं० ६६१) उपर्युक्त पाठ के अनुरूप।

सं० मन्तव्य (i) उपर्युक्त ३ पदों (१६३, १६४ और १६५) में **प्रवास विरह** का भाव स्पष्ट नहीं है। ये नायक की उपेक्षावृत्ति की स्थिति के भी सूचक हो सकते हैं।

(ii) कहूए २ जानित ३ जाएत विषसम ५ पिछ

शदार्थ—गुन कहइ=गुणगान करते हैं। प्रेमे=प्रेम से। ये···होइ=जिस प्रेमव्यापार से कुलीन नारियाँ भी कुलटाओं की स्थिति को प्राप्त होती हैं। इस तत्व की ओर कोई संकेत नहीं करता अपितु सभी प्रेम का गुणगान करते हैं। इस तथ्य को पहले से जाना होता तो? दुरन्त=दुर्निवार, कष्टप्रद। किए जाएत=क्योंकर जाती। पापक अन्त=पाप की अन्तिम सीमा, महापाप। हरि···कोइ—तुलनीय "नगर ढिंढोरा पीटती प्रीति करए जनि कोय।"—मीरा॥

[१६६]

कत गुरु गञ्जन[1] दुरजन-बोल।
मने कछु ना गनलि ओ रसे भोल[2]॥
कुलजा-[3]रीति छोड़लि[4] जसु लागि।
से अब बिछुरल हामारि[5] अभागि[6]॥
सुमरि सुमरि[7] सखि कहबि मुरारि।
सुपुरुख[8] परिहरे कि दुख[9] बिचारि॥
जे पुनि[10] सहचरि होय[11] मतिमान।
करए पिसुन[12] वचने[13] अवधान॥
नारि अबला हम[14] कि[15] बोलब आन।
तुहुँ रसनानन्द[16] गुनक निधान॥
मधुर वचन कहि कानुके[17] बुझाइ।
एहि कर दोख[19] रोख अवगाइ॥
तुहु वरचतुरी हम किए[20] जान।
भनइ[21] विद्यापति इह[22] रस भान॥

प० त०, प० सं० ९६५

पाठभेद—

ब्र० न० सहाय (प० सं० ६०)—१ गंजन २ मन नहिं गनलू ओ रस भोल

न० गु० (प० सं० ४९४) तथा **मि० म०** (प० सं० ७०६) उपर्युक्त पाठ के अनुरूप

३ कुलज ४ छोड़लु ५ हमर ६ अभाग ७ सुन री सुन ८-९ सुपुरुष परिहर दोख १० पुन १२-१३ पिसून बचन १४-१५ नारी अबला कि १६ रसतानँद १७ मधुर वचने सखि कान्ह १८-१९ यदि कर देखि २० किय २१ भन २२ यह

सं० मन्तव्य—५ हमर ८-९ सुपुरुष परिहर दोष ११ होए १८ एहि कर रोष दोख अवगाहि

शब्दार्थ--गुरु गरुजन=गुरु (श्रेष्ठ) जनों की भर्त्सना। दुरजन वोल=बुरे लोगों की बोलियाँ, निन्दा। ओ रसे=प्रीतिरस से। कुलजारीति=अच्छे वंश में उत्पन्न स्त्रियों का आचरण। सुमरि सुमरि=स्मरण करके (कृष्ण के समक्ष अथवा स्मरण करा करा कर। कि दुख विचार=क्या दुखः का बिचार करके, साथ रहने में लोकापवाद या अन्य प्रकार के दुखों की कल्पना करके। जे पुन सहचरि=फिर यदि संगिनी या प्रेमिका अथवा हे सहचरि (सखी) फिर यदि (नायक) करए··· अवधान=तो क्या निन्दा करने वालों को बात पर ध्यान देना उचित है? अथवा ध्यान देता है। एहि···अवगहि=दोष या त्रुटियों को भली भाँति परख कर तव रोष करें। वरचतुरी=अत्यन्त कुशल।

[१७०]

सजनि[१] कानूके[२] कहबि बुझाय।
रोपिया[३] प्रेमबीज[४] अंकुरे[५] मोड़लि[६]
बाढ़ब[७] कोन[८] उपाय॥
तैल[९] विन्दु यैछे[१०] पानि पसारल[११]
तैछन[१२] तुया[१३] अनुरागे[१४]।
सिकता जल यैछे[१५] खनहि[१६] शुखायल[१७]
ऐछन[१७] तोहारि[१८] सोहागे[१९]॥
कुलकामिनि छिलूँ[२०] कुलटा भैगुलुँ[२१]
ताकर[२२] बचन लोभाइ[२३]।
आपन करे[२४] हाम[२५] मूड़ मुड़ायलुँ[२६]
कानुक[२७] प्रेम बाढ़ाइ[२८]॥
चोररमनि जनु मने मने[२९] रीयइ[३०]
अम्बरे[३१] बदन छापाइ[३२]॥
दीपक लोभे[३३] शलभ[३४] जनु घायल[३५]
सो फल भुजइते[३६] चाइ[३७]।

भनये[३८] विद्यापति इह[३९] कलियुगरिति
चिन्ता ना कर[४०] सोइ[४१]।
आपन[४२] करमदोष[४३] आपहि भुञ्जइ[४४]
यो जन[४५] परबश[४६] होइ[४७]॥

प० त०; प० स० ६६८

पाठभेद

ब्र० न० सहाय (प० सं० ६४) १-२ सजनी कान के ३-६ रोपि प्रेम बिज अंकुर मोड़ल ७-८ बाँचक कौन ९ तेल १० जस ११-१३ ऐसन तुअ अनुराग १४-१६ जस छनहिं सुखायल १७-१९ ऐसन तोहर सुहाग २० जिनु २१ भय गेनु २२ तोहर २३ लोभाय २४-२५ कर हम २६ मुड़ायनु २७ कानक २८ बढ़ाय २९-३० मन मन रोअह ३१ अम्बर ३२ छिपाय ३३ लोम ३४ सलम ३५ धायलि ३६-३७ भुंजइत चाय ३८ मन ३९ यह ४०-४१ करु कोइ ४२ अपन ४३ दोख ४४ भुँजइ ४५-४७ जो जन परबस होइ

न० गु० (प० सं० ७००) **तथा मि० म०** (प० सं० ९२०)— प० त० सदृश

बेनीपुरी—(प० सं० २०२) १-२ सजनी कान्ह के कहब बुझाई ३-६ रोपि प्रेम बिज अंकुर मूड़ल ७-८ बाँचब कओने उपाई ९ तेल १० जैसे ११ पसारिअ १२-१४ ऐसन मोर अनुराग १५ जैसे १६-१७ छनहि सुखाए सखि

सं० मन्तव्य—(i) मित्र-मजुमदार ने इसे संदिग्ध माना है। इस संबंध में देखें प्रस्तुत संस्करण की भूमिका उपशीर्षक-विवादास्पद पद।

(ii) १-२ सजनी कान्ह के ३ रोपि १० जइसे ११ तइसन १२ तुअ १४ जइसे १६ सुखायल १७-१८ ऐसन तोहर २१ भए गेलुँ २५ हम २७ कान्ह सजे २८ बढ़ाइ ३० रोअइ ३२ छपाई ३५ धाएल ३८ मनए ४५ जो जन ४६ परबस

शब्दार्थ—रोपिया=रोपकर, लगाकर। सिकताजल=मस भूमि की तालू में पड़ा पानी, मृग मरीचिका चोर रमनि=चोरी से रमण नरने वाली। अम्बरे=कपड़े से।

[१७१]

मने छिल न[१] टुटब नेहा।
सुजनक पिरीति[२] पसानक[३] रेहा॥
ताहे भेल[४] अति विपरीत[५]।
न जानिए एसन[६] दैव[७] गठित[८]॥

ए सखि कहति कन्धुरे[9] कर जोड़ि।
कि[10] फल प्रेमक अङ्कुर मोड़ि[11] ॥
जदि कह तुहुँ अगेयानि[12]।
हम सोंपलु[13] हिया[14] निज करि जानि॥
विद्यापति कह लागल[15] धन्दा[16]।
जकर पिरीति से जन अन्धा[17] ॥

प० त०; प० सं ९६९

पाठभेद—

व्र० न० सहाय० (प० सं० ५९) १ हम जनली नहिं २ प्रिति ३ पषानक ४ भेला ५ विपरित ८ जनली ना अस दइब गठीत ९ य सखि कहबि कान १०·११ विफल प्रेम कय आंकुर मोड़ि १२ जो अब कहहु सखि अगेयानी १३ सौंपलि १४ हिय १५-१६ लागत अन्ध १७ जा उर प्रीति सो जन अन्ध

शा० मि० (प० सं० ४४); **न० गु०** (प० सं० ७०२) एवं **मि० म०** (प० सं० ७०८) उपयुंक्त पाठ के अनुरूप।

सं० मन्तव्य (i) ३ पषानक ६-७ अइसन दइव ८ गठीत १० की १३ सउँपलुँ

शब्दार्थ—छिल=था। ताहे=वही। गठीत=गढ़ा हुआ, बनाया हुआ। बन्धुरे=बन्धु [प्रिय प्रयतम से मोड़ि=मोड़कर, नष्टकर के। जदि······यदि तूँ मुझे बुद्धि हीना कहो। धन्दा=संशय। निजकरि=आत्मीय बनाकर [ii] इस पद की तीन पक्तियों का पाठ थोड़े परिवर्तन के साथ प० सं० १८७ से मिलता है।

[१७२]

माधव सो अब सुन्दरि बाला।
अविरत[1] नयने[2] वारि झरु निझर[3]
जनु घन-साओन[4] माला॥
पुनमिक[6] इन्दु निन्दि[7] मुख सुन्दर
से[8] भेल[9] अब ससि रेहा।
कलेवर कमलकाँति जिनि कामिनी[10]
दिने दिने[11] खीन[12] भेल[13] देहा॥
उपबन हेरि मुरछि पड़[14] भूतले[15]
चिन्तित सखीगन[16] सङ्ग[17]।
पद अङ्गुलि[18] देइ[19] खिति पर लिखइ[20]
पानि[21] कपोल अवलम्ब[22]॥

ऐसन[२३] हेरि तुरिते[२४] हम आओलु[२५]
अब तुहुँ[२६] करह विचार।
विद्यापति कह निकरुन माधव
बुझलु[२७] कुलिसक सार॥

प० त०; प० सं० १६८६

पाठभेद—

ब्र० न० सहाय (प० सं० ५१) १-२ अविरल नयन ३ नीझर ४ सावन घन ६ पुनिमक ७ निन्दु ८-९ सो भेला १० कामिनि ११-१३ दिन दिन खिन भेला १४-१५ पडु मूतल १६-१७ सखिगन ससा १८-२० अंगुली दइ छिति पर लीखइ २१ पनि २२ अवलम्बा २४ तुरितु २५ आयनु २६ तुहु ३७ बूझनु

शा० मि० —(प० सं० १०२) ; न० गु० (प० सं० ७४५) तथा **मि० म०** (प० सं० ७३५ उपर्युक्त पाठ के अनुरूप।

सं० मन्तव्य—३ नीझरु ६ पुनिमिक १० कामिनि १२ खिन १७ सङ्गे २० लीखइ २२ अवलंबे २३३ अइसन २७ बुझलू

शब्दार्थ—वारिझरु नीझरु=निर्झर [जलप्रपात] के सदृश जल झरता है घन-साओन माला= श्रावण महीने की जल पूरित मेघमाला। निन्दि=निन्दित करनेवाला, श्रीहीन कर देने वाला। ससि रेहा= चन्द्रमा अत्यन्त क्षीण स्वरूप जो रेखा मात्र सा आभासित हो। कलेवर=शरीर कमल काँति जिनि=कमल की शोभा को भी जीत लेने वाला। पानि=पाणि, हाथ। कपोल अवलम्बन=गालो [मुख] को हाथों के सहारे टिकाए हुए। हाथों पर गाल रखकर चिन्तित मुद्रा में बैठी हुई। कुलिसक=कुलिश, वज्र।

[१७३]

माधव पेखलु[१] से धनी[२] राइ[३]।
चित-पुतलि[४] जनु एक दिठ चाइ[५]॥
बेढ़ल[६] सकल सखी चौपासा[७]।
अति खीन[८] श्वास बहइ[९] तसु नासा॥
अति खीन[९] तनु जनु काञ्चन[१०] रेहा।
हेरइते[११] कोइ न धरु[१२] निज देहा॥
ककंन वलया[१३] गलित दुहु हात[१४]।
फूयल कवरी[१५] न सम्वरी[१६] माथ॥
चेतन मुरुछन बुझइ न पारि।
अनुखन[१७] घोर विरह जरे[१८] जारि॥
विद्यापति कह निरदय देह।
तेजल अब जग जन अनुनेह॥

प० त० ; प० सं० १७५१

पाठभेद—

ब्र० न० सहाय (प० सं० ६३)–१-३ पेखनु सो धनि राई ४-५ तिच पुतली जनु यक दिठ चाई ६ बैठल ७ चहूँपासा ८ अति खिन ९ बहुत १० कंचन वलय ११ हेरइत १२ धर १३ कंकन वलय १४ हाथ १५ फूजल कबरि १६ सम्बरि १७ अनुछन १८ जर

शा० मि० (प० सं० १०४); **न० गु०** (प० सं० ७५०) तथा **मि० म०** (प० सं० ७३७) उपर्युक्त पाठ के अनुरूप।

सं० मन्तव्य—२ धनि ४ चित-पुत्तलि ८ अति खिन १० कञ्चन १३ कञ्चन बलअ १६ सम्बरि

शब्दार्थ—चित्तपुत्तलि=चित्रित पुत्तलिका। चाइ=चाहती है, देख रही है। बेढ़ल=वेष्टित, घिरी हुई। न धरु निज देहा=अपने देह की सुध-बुध के प्रति कोई सचेष्ट नहीं रह पाता। गलित=गिरा हुआ, सरककर हाथों से निकला हुआ। सम्बरि=सँभालती। चेतन-मुरुछन=चैतन्य अथवा मूर्छा की दशा। निरदय······अनुनेह=तुम्हारा देह करुणाशून्य है फलतः तूने संसार के प्राणियों से प्रेम संबंध त्याग दिया है। नायिका की करुण-दशा पर तरस नहीं खाते। अथवा हे निर्दयी, नायिका ने अब संसार के लोगों से अपना स्नेह बन्धन तोड़ लिया है। अब वह मृत्यु दशा के निकट पहुँच रही है।

[१७४]

फुटल कुसुम सकल बन अन्त।
मिलल अब[1] सखि समय वसन्त॥
कोकिल कुल कलरव[2] बिथार।
पिया[3] परदेश हम सहइ[4] न पार॥
अब जदि जाइ सम्बादह[5] कान।
आओब[6] ऐसे[7] हमर मन मान॥
इह[8] सुख समय सेहो[9] मझु[10] नाह।
का सयँ[11] विलसब के[12] कह[13] ताह॥
तुह[14] जदि इह दुख कह तसु[15] ठाम।
विद्यापति कह पूरब काम॥

प० त०; प० सं० १७१५

पाठभेद—

ब्र० न० सहाय (वसन्त वर्णन; प० सं० ७)–१ आवत हीं २ कलरवहि ३ पिय ४ सहत ५ सवांदह ६-७ आउब पिये ८ यह ९-१० सोह मम ११ सँग १२-१३ को कब १५ तहु

शा० मि० (प० सं० ८८); **न० गु०** (प० सं० ७२७) तथा **मि० म०** (प० सं० ७१३) उपर्युक्त पाठ के अनुरूप ।

सं० **मन्तव्य**—१ मीलल अब ४ सहन ७ अइस ८ सेहओ । ११ सञे १४ तुहुँ

शब्दार्थ—बन अन्त=बन के अन्तिम छोरों तक, पूरी वनस्थली में । मीलल अब=अब प्राप्त [उपस्थित] हुआ । विथार=विस्तार कर रहा है । सेओ=वह । काम=मनोकामना ।

[१७५]

गगने गरज घन फुकुरे मयूर ।
एकलि मन्दिरे हाम[१] पिया मधुपुर[२] ॥
शुन सखि हामारि वेदन[३] ।
बड़ दुख दिल मोर[४] दारुन मदन ॥
हामारि[५] दुख सखि का पातियाओये[६] ।
मिलल रतन किये पुन विघटाओये[७] ॥
हरि गेओ मधुपुरि हाम[८] एकाकिनी ।
झूरिया झूरिया[९] मरि दिवस रजनी ॥
निँद नहि आओये[१०] शयन नहि भाय ।
बरिख अधिक भेल निशि ना पोहाय ॥
विद्यापति कह शुन[११] वरनारि ।
सुजनक दुःख दिवस दुइ चारि ॥

प० त०, प० सं० १७३२

पाठभेद—

मि० म० (प० सं० ७२१) उपर्युक्त पाठ के अनुरूप ।

सं० **मन्तव्य** (i) इस पद की भाषा पर बंगीय भाषा का प्रभाव अधिक पड़ा है । प्रस्तुत पाठ भेद केवल मैथिल रूप के अनुमान पर दिया गया है । देखें—भूमिका—'विवादास्पद पद' ।

(ii) १ हम २ मधुपूर ३ सुन सुन ए सखि हमर वेदन ४ मोहे ५ हमर ६ पतिआए ७ बिघटाए ८ हम ९ झुरिए झुरिए १० आओए ११ सुन

शब्दार्थ—गगने गरजे=आकाश में गरजता है । फुकुरे=पुकारता है । वेदन=दुख दैन्य । मिलल···विघटाए=मिले हुए रत्न को क्या कोई पुनः नष्ट करता है, चूंकि कोई मिला रत्न नष्ट नहीं करता—अतः अब क्या कोई विश्वास करेगा कि प्रियतम रूपी रत्न को पाकर भी मैंने गँवा दिया है । झूरिया=झंख झंखकर, सूखकर । बरिख······पोहाय=रात्रि वर्ष से भी अधिक लम्बी हो गई है, बीतती ही नहीं ।

[१७६]

सखि हे हामारि[१] दुखेर[२] नाहि[३] ओर।
ए भर[४] बादर माह[५] भादर
शून्य[६] मन्दिर मोर ॥
झम्पि घन[७] गरजन्ति सन्तत
भुवन भरि बरिखन्तिया[८]।
कन्त पाहुन काम दारुन
सघने[९] खर सर हन्तिया ॥
कुलिश कत शत[१०] पात मोदित[११]
मयूर[१२] नाचत मातिया।
मत्त दादुरि[१३] डाके[१४] डाहुकि[१५]
फाटि जायत छातिया ॥
तिमिर भरि भरि[१६] घोर जामिनि[१७]
न थिर[१८] बिजुरक पाँतिया।
विद्यापति कह कैछे[१९] गोङायबि[२०]
हरि बिने[२१] दिन रातिया ॥

प० त०; प० सं १७३५

पाठभेद—

पदकल्पतरु की ही किसी-किसी पोथी में तथा कीर्त्तनानन्द में—१—२ ए सखि हामारि। तथा भणिता है।—

भनये शेखर कैछे निरवह, सो हरि बिनु इह रातिया ॥

इसके आधार पर अनेक विद्वानो ने इसे अन्य कविकृत माना है।

ब्र० न० सहाय (प० सं० ११)—१-३ ए सखि हमरो दुखक नहि ४ छए भरा ५ मासहु ६ सूनो ७ घन झँझा ९ सघन १० कुलिस सत सत १२ मयुर। इसके अनन्तर 'तिमिर···पाँतिया।' पद है तदनन्तर "मत्त···छातिया।" १३ दादुर १४-१५ डाक डाकइ १७ यामिनी १८ थीर १९-२० कर गंवायब २१ बिना

न० गु० (प० सं० ७१४) तथा **मि० म०** (प० सं० ७२०) ऊपर दिए गए प० त० के पाठ के अनुरूप।

बेनीपुरी (प० सं० १९९) १-३ हमर दुखक नहिं ४ इ भर ६ सून ८ बरसन्तिया ९ सघन १० सत ११ मुदित १३ दादुर १४-१५ डाक डाहुक १६ दिग भरि १८ अथिर १९ कइसे २० गमाओब २१ बिना ।

सं० मन्तव्य—(i) प्रामाणिकता के संबंध में देखें-भूमिका – **विवादास्पद पद**

(ii)—१-३ हमर दुखेर नहिं ४ ई भर ६ सून १४ डाक १६ दिग भरि १९-२० **कइसे गँमाओब**

शब्दार्थ—दुखेर=दुख, यातना का । ओर=अन्तिम छोर, अन्त । भर बादर=भरे हुए, जलभार से लदे हुए, बादल । भादर=भाद्रपद, भादों का महीना । शून्य=खाली । सून=सुनसान । मन्दिर=घर । झम्पि=झम्पित, घनघोर घटाओं से घेर-घेर कर । सन्तति=सन्तत, सतत्, लगातार । बरिखन्तिया=वर्षा कर रहे हैं । कन्त पाहुन=प्रियतम पाहुने हो गए, बिदेश जा बसे । सघने=अत्यन्त घने रूप में, निरन्तर । खर सर=प्रखर, तीक्ष्ण बाण । हन्तिया=मार रहा है । कुलिश······पात=न जाने कितने सैंकड़ों वज्र गिर रहे हैं । मोदित मयूर=हर्षोल्लसित मोर । मातिया=मतवाला होकर । दादुरि=मेढ़ की । डाहुकि=जल मुर्गी, पनडुब्बी (water hen or moor hen) तिमिर······जामिनि=घन घोर काली रात्रि । सारी दिशाओं में अन्धकार भरे हुए है । न थिर=अत्यन्त चञ्चल । पाँतिया=पंक्तियाँ, समूह ।

[१७७]

कालिक अवधि करिया[1] पिया गेल[2] ।
लिखइते[3] कालि भीत भरि गेल[4] ।।
भेल परभात[5] कालि कहे सबहिं[6] ।
कह कह रे[7] सखि कालि[8] कबहिं[9] ।।

कालि कालि करि तेजलु[10] आस ।
कान्त[11] नितान्त[12] ना मिलल[13] पास ।।
भनइ[14] विद्यापति सुन बरनारि ।
पुर रमनीगन राखल वारि ।।

प० त०, प० सं० १८६१

पाठभेद—

ब्र० न० सहाय (प० सं १८) २ पिय गेला ३ लिखइत ४ गेला ५-६ भेल प्रभात से पूछह सबहूँ ७ हे ८-९काली कबहूँ १० तेजल ११-१३ कन्त नितन्त न अइलन्ह १४ भन

शा० मि० (प० सं० ४८) **न० गु०** (प ० सं० ६६८) तथा **मि० म०** (प० सं० ७ २३) ऊपर लिखे पाठ अनरूप

सं० मन्तव्य—१ करिअ ६ सबही ८ काली ९ कबहीं १२ न १३ मीलल

शब्दार्थ—कालिक अवधि करि=कल ही लौट आने की तिथि निश्चित कर। लिखइते=लिखते-लिखते, खींचते-खींचते। नितान्त=प्रन्ततः, एकदम। ना मिलल पास=पास में नहीं मिले, पास नहीं आए। पुररमनी-गन=मधुपुरी या (मथुरा) नगर की नागरिकाओं ने। वारि=मना करके।

[१७८]

कत दिन माधव रहब मथुरा पुर[१]
कबे[२] घुचब[३] बिहि बाम।
दिवस लिखि लिखि[४] नखर खोयायलु[५]
बिछुरल गोकुल नाम॥
हरि हरि काहे[६] कहब ए[७] सम्वाद।
सोङरि सोङरि[८] नेह खिन भेल[९] मझु[१०] देह
जीवने[११] आछये[१२] किवा[१३] साध॥
पुरुब पियारि नारि हम आछिलु[१४]
अब दरसनहु सन्देह[१५]।
भमर[१६] भमए भमि[१७] सबहुँ कुसुमे[१८] रमि
न[१९] तेजअ[२०] कमलिनि नेह
आश[२१] निगड़ करि जिउ कत राखब
अबहि ये[२२] करत पयान[२३]।
विद्यापति कह धैरज[२४] धर धनि
मिलब[२५] तुरितहि[२६] कान॥

प० त०, प० सं० १८६२

पाठभेद—

ब्र० न० सहाय—(प० सं० ३७)—१ मथुर पुर २-३ कब घूचब ४ लिखी लिखि ५ खोआयनु ६ काहु ७ पाठाभाव ८ सुमरि सुमरि ९ भेला १० मोर ११-१३ जिवनक अब कोन १४ अछनू १५ संदेह १६-१७ भ्रमर भ्रमरी भ्रमि १८ सबहु कुसुम १९-२० नहि तजे २१ आस २२ जे २३ परान २४-२५ आस हीन नहु २५-२६ आउब सो बर

शा० मि० (प० सं० ८३); **न०गु०** (प० सं० ६६४) तथा **मि० म०** (प० सं ७२८) ऊपर लिखे पाठ के अनुरूप।

सं० मन्तव्य—३ घूचब ४ लिखिए लिखि ५ खोआअलु ७ पाठाभाव ८ सोमरि सोमरि १२ अछए १३ कओोन १५ संदेह २२ जे २६ धइरज १५ मीलब

शब्दार्थ—घूचब=दूर या समाप्त होगा। बिहिबाम=विधाता का विपरीत दृष्टिकोण। काहे=किसे या किससे। जीवने'''साध=जीवन धारण करने के लिए अब कौन सी साध शेष है। भमए=भ्रमण करता है। भमि=चक्कर काट-काट कर। आश-निगड़ करि=[प्रिय आगमन की] आशा रूपी शृंखला से बांध कर। जे=जो। पयान=प्रयाण, प्रस्थान।

[१७९]

माधव हेरिअ[१] आयलु[२] राइ[२] ।
विरह-विपति न[३] देह समति[४]
रहल वदन चाइ[५] ।।
मरकतस्थलि[६] सुतलि[७] आछलि
विरहे[८] से खीन[९] देहा ।
निकस[१०] पाषाने[११] येन[१२] पाँचबाने[१३]
कसिल[१४] कनक रेहा ।।
बयान मण्डल[१५] लोटाय[१६] भूतल
ताहे[१७] से अधिक सोहे ।।
राहु भये[१८] ससी[१९] भूमे पड़ु खसि[२०]
ऐसे[२१] उपजल मोहे ।।
विरह[२२] वेदन कि[२३] तोहे[२४] कहब
सुनह निठुर[२५] कान ।
भन विद्यापति से जे कुलवती[२६]
जीवन संसय[२७] जान ।।

प० त०; प० सं० १८७६

पाठभेद—

ब्र० न० सहाय—(प० सं० ५३) १-२ हेरिया आइनु राई ३ नाहि ४ सम्मति ५ चाई ६-७ मरकत अस्थलि सूतलि ९ खिन १०-१३ निकष, पषान जनू पँचबाने १४ कषिल १५ वयन मंडल १६ लोटय १७ ताह १८-२० भय ससि भूमि पड़ल खसि २१ ऐसन २२ बीरह २३-२४ का तोहि २५ नीठुर २६ कुलवति

शा० मि० (प० सं० ९९); **न० गु०** (प० सं० ७४९) तथा **मि० म०** (प० सं० ७४४) ऊपर दिए गए पाठ के अनुरूप ।

सं० मन्तव्य—२ राई ५ चाई ७ सूतलि ९ खिन १० निकष १२ जेन १५ बजन मण्डल १६ लोटए १९ ससि २० पड़ल खसि २१ अइसन २३ की २४ तोहें २५ नीठुर २६ कुलवति २७ संसअ

शब्दार्थ—विरह-विपति=विरह की विपत्ति से प्रताणित । समति=सम्मति उत्तर, संवाद । चाइ=निहारती रहीं । मरकतस्थलि=मरकत मणि [पन्ना] से निर्मित हरित प्रासाद अथवा हरो दूर्वा की भूमि पर। पाँचवाने=कामदेव ने। बजन मण्डल=मुख मण्डल। ताहे=उससे, उस दशा विशेष से । खसि=गिरकर। उपजल मोहे=मेरे मन में ऐसा भाव उत्पन्न हुआ, मुझे ऐसा प्रतीत हुआ ।

[१८०]

माधव,[१] कत वरबोधब राधा ।
हा हरि हा हरि[२] कहतहि बेरि बेरि
अब जिउ करब समाधा ॥
धरनी[३] धरिया धनि जतनहि बैठत[४]
पुनहि उठइ नाहि[५] पारा ।
सहजहि विरहिनि जग माहा[६] तापिनि
बैरि[७] मदन सर धारा ॥
अरुन नयन[८] लोरे[९] तीतल[१०] कलेवर
बिलुलित[११] दीघल केसा ।
मन्दिर बाहिर करइते[१२] संसय
सहचरि गनतहि सेसा[१३] ॥
आनि नलिनि केओ धनिक[१४] सुताओलि
केओ देइ मुख पर नीरे ।
निसबद हेरि कोइ[१५] शास नेहारत[१६]
केइ[१७] देइ मन्द समीरे ॥
कि कहब खेद भेद जनु[१८] अन्तर
घन घन उतपत श्वास[१९] ।
भनइ विद्यापति सोइ[२०] कलावति
जिवन[२] —बन्धन आश-पाश[२२] ॥

प० त०; प० सं० १८७७

पाठभेद—

शा० मि० (प० सं० १०७); **न० गु०** (प० सं० ७८६) तथा **मि० म०** (प० सं० ७४२) ऊपर दिए गए पाठ के अनुरूप ।

ब्र० न० सहाय—(प० सं० ५५)—१ माधव ! २ हा हरि । हा हरि ! ३-४ धरनि धरिया धनी यतनहि बैठत ५ नहि ६ मँह ९ लोर १० तितल ११ बिलोलित १२ करइत । "आनि⋯मन्द समीरे ।" तक के चार चरण नहीं हैं । १९ सांस २१-२२ जीवन बंधन आस ।

बेनोपुरी (प० सं० २१६)—३ धरनि धरिये ४ बइसइ ५ उठए नहि ६ महँ ७ बौरि ९ नोर १२ करइत १८ सेषा १४ रमनि १५ पेखि केओ १६ साँस निहारए १७ केओ १८ जनि १९ साँस २० सेहो २१-२२ जीव बँधल आस-पास ।

सं० मन्तव्य—१ माधव ! ३ धरनि ४ बइसइ ५ नहि ६ महँ ८ नजन १३ गनतहि सेषा धनिके १५ केओ १७ केओ १८ जओ २१ जीवन

शब्दार्थ—रखोधब=सान्त्वना दूँगी, ढाँढस बँधाऊँगी । समाधा=निष्पत्ति, अन्तिम परिणति, देह-नाश । तापिनि=क्लेशयुक्ता । सरधारा=बाणों की धारों का प्रवाह । लोरे=अश्रुओं से । तीतल=सिक्त, भींगा हुआ । कलेवर=देह । बिलुलित=स्खलित, विस्रस्त, अस्त-व्यस्त । दीघल=दीर्घ, लम्बे । गनतहि सेषा=शेष [अन्तिम] अवस्था, मृत्यु को गणना कर रही है । अथवा मृत्यु आसन्न समझ रही हैं । धनिके=नायिका को । निसवद=संज्ञा शून्य । भेद जनु अन्तर=मानो अन्तरतम, हृदय को चीरती हुई । घनवन उतपत=सघन रूप में उत्पन्न हो रही है । सोइ कलावती=वही कामकला में अत्यन्त निपुणा, चन्द्रकला सी विकासमान नायिका । जिवन⋯⋯पाश=जीवन प्रियतम के प्रत्यावर्तन की आशा रूपी जाल से बँधा होने से अटका है अन्यथा जीवन-पक्षी कभी उड़ गया होता ।

[१८१]

कत दिने[१] घुचब[२] इह[३] हाहाकार ।
कत दिने[१] घुचब[२] गुरुआ[४] दुखभार ॥
कत दिने[१] चाँद कुमुदे[५] हब[६] मेलि ।
कत दिने[१] भ्रमरा[७] कमले[८] करु केलि ॥
कत दिने[१] पिया[९] मोरे पुछब[१०] बात ।
कबहुँ[११] पयोधरे[१२] देओब[१३] हाथ[१४] ॥
कत दिने[१] करे धरि बैसाओब[१५] कोर ।
कत दिने[१६] मनोरथ पूरब मोर ॥
विद्यापति कह सुन वरनारि ।
भागउ[१७] सकल[१८] दुख मिलत[१९] मुरारि ॥

प० त०; प० सं० १९५८

पाठभेद—

शा० मि० (प० सं० ६४); न० गु० (प० सं० ७३७) एवं **मि० म०** (प० सं० ७२५) ऊपर दिए गए पाठ के अनुरूप।

ब्र० न० सहाय (प० सं० ६६)—१ कत दिन २-३ घूचब ३ यह ४ गुरु ५ कुमुद ७-८ कमल भ्रमर ९ पिय १० पूछब ११-१४ कबहु पयोधर देहब हाथ १५ बैठायब १७-१८ भागव सब १९ मिलब

सं० मन्तव्य—२ घूचब ४ गरुअ ६ होअब ७ भमर १० पूछब १५ बइसाओब १६ कतदिने १७ भागब

शब्दार्थ—कतदिने=कितने दिनों में, कब तक। गरुअ=भारी। करु=करेगा। करे=हाथ को। कोर=गोदी में। मिलत=मिलते ही।

[१८२]

माधव! कि कहब सो विपरीते।
तनु भेल जर जर भामिनी[1] अन्तर
चित[2] रहल तछु भिते[3]।
निरस कमल-मुख करे अवलम्बइ
सखि माझे[4] बैठल[5] राइ।
नयनक[6] नीर थिर[7] नहि[8] बाँधइ
पङ्क करल महि रोइ॥
मरमक बोल बयाने[8] नाहि[9] बोलत
तनु भेल कुहु—ससि खीना।
अवनि उपर धनि उठइ न पारइ
धयलि[10] ध्वजा[11] करि दीना॥
तपत कनया[12] जनु[13] काजर भेल जनु
अति भेल विरह—हुतासे।
कवि विद्यापति मने[14] अभिलषित[15]
कानू चलह तछु पाशे[16]॥

कीर्त्तनानन्द, प० सं० १२४

पाठभेद—

न० गु० (प० सं० ११०)—१०-११ धएलि भुजा । शेष उपरिवत् ।

मि० म० (प० सं० ७४३)—कीर्त्तनानन्द के पाठ के अनुरूप

सं० मन्तव्य—१ भामिनि २ चित्त ३ भीते ४ मञ्जु ५ बइसल ६ नञन ७ थीर ८ बयाने १० धएलि १२ कञ्चन १३ तनु १४-१५ भने अभिलाषित १६ पासे ।

शब्दार्थ—विपरीते=विपरीत अवस्था, दुर्दिन । तनु······अन्तर=युवती के तन-मन दोनों अत्यन्त शक्तिहीन हो गए हैं । भीते=भीति, दीवालों पर अथवा भयभीत । पङ्क···रोइ=रोते-रोते आँसुओं से धरती भिगोकर वहाँ कीचड़वत कर दिया है । ऊहात्मक उक्ति । मरमक (हृदय के) मर्म की । कुहु ससि=अमावस्या की रात्रि के चाँद के सदृश, अत्यन्त क्षीण । धएलि······दीना=उस दीना को सखियों उसी भाँति सहारा देकर रखा है जैसे बिना गाड़े हुए बाँस या स्तम्भ में लगी ध्वजा को सँभालते हैं ।

[१८१]

निकुञ्ज[१] मन्दिरे[२] गुञ्जरे[३] भ्रमर[४] कोकिल पञ्चम गाव[५] ।
दखिन[६] पवन विरह वेदन[७] निठुर कान्त[८] न आव[९] ॥
सजनी[१०] रचह हेन[११] उपाय[१२] ।
मधुमासे[१३] जब[१४] माधव-आओब[१५] विरह वेदन जाय[१६] ॥
अनङ्ग[१७] जे छिल अङ्ग भइ गेल[१८] धनु[१९] शर करि[२०] हाथ ।
नाह निरदय भाजि[२१] पलाओल[२२] चढ़ल[२३] हमारि[२४] माथ ॥
ये[२५] कुले विरह भसम करिख[२६] तिसर[२७] लोचन[२८] आगि[२९] ।
पुन[३०] हरि[३१] कुले[३२] जनम लभिल[३३] हमारि[३४] बधक[३५] लागि[३६] ॥
भने[३७] विद्यापति शुनह युवति[३८] आकुल न कर[३९] चित[४०] ।
राजा[४१] शिवसिंह[४२] रूपनरायन लछिमा देवि सहित[४३] ॥

पदरत्नाकर, प० सं० २३

पाठभेद—

न० गु० (ताल०, प० सं० ६५५) १ साहर २ मजर ३-४ भमर गुजर ५ गाब ८ कन्त ९ आब ११ सेहे १२ उपाए १३-१४ मधुमास जञो १५ आबए १६ जाए १७-१८ अछल अङ्गज भेल अनङ्गज १९-२० धनु रिबाड़ल २१-२२ तेजि पड़ाएल २३-२४ ओड़ल हमर २५-२६ एक बेरि हरे भसम कएलाहे २७ दुसह २९ आगी ३०-३२ पुनु अहिर कुल ३३ लेलह ३४-३५ विरहि बधए । ३७ से ३८ तक की भणिता नहीं है, उसके स्थान पर निम्नलिखित चरण हैं :—जञो तोहि पाबओं अरे बिधाता बाँधि मेलओं अन्ध कूप । जाहेरि[४४] नाह विचखन नहीं[४५] ताकें कों[४६] दिय[४७] रूप ॥ आनक[४८] इ[४९] रूप हित पए करए हमर इ[५०] भेल काल । दिने दिने दुख सहए न पारञो पड़ल अधिक भार ॥

ब्र० न० सहाय—(प० सं० ९२) १-२ सहकार मुञ्जर ३ गुञ्जर ५ गाय ६ दच्छिन ७ बेदन ८ नाह ६ आय १०-१२ सजनी । कह मोहि सोइ उपाय १३ मधुमास १५ आयब १७-२० अँगज आछल अनंग भइ गेला धनू धयला २१ भागि २२ गयला २३-२४ तोड़ल हमर २५-२८ एक बेरि हर भसम कयल्हन तिसर नयनक ३०-३५ अहिर कुल पुन जनम लयल हमरहीं बध ३७ मन ३८ युवती ३९-४० करु चीत ४१-४२ राय सिवसिंह ४३ सहीत

मि० म० (प० सं० १८८)—४४ जाहेरिं ४५ नाही ४८-४९ आनकइ । पाद टिप्पणी में पदरत्नाकर का पाठ; इस संकेत के साथ कि मैथिल पद किसप्रकार बंगीय—परिवेश मे परिवर्त्तित कर दिए गए थे ।

परि० पद० (भाग दो, तरौनी, प० सं० १९०) ३६ लागी ४५ विचक्खन नाही ४६-४७ ककें दिअ ४८ ई ५० ई

सं० मन्तव्य—(i) १३ मधुमासे २२ पलाएल ४६ ककें ४७ दिअ ४८ आनक ४९ ई ५० ई

(ii) मिथिला में प्राप्त तरौनी की तालपत्र पोथी का पाठ भाव एवं भाषा उभय-दृष्टि से जितना उत्कृष्ट है, पदरत्नाकर, में बँगला भाषा एवं वैष्णव परक भाव से बोझिल हो वह अपेक्षाकृत हीन भावमय एवं अर्थ-संगति रहित भी हो गया है। यद्यपि तरौनी के पाठ में विद्यापति की भणिता का अभाव है अतः पदरत्नाकर की भणिता से ही इसके विद्यापति-कृत होने का निश्चय होता है ।

(iii) ब्र० न० सहाय का पाठ दोनो का मिला जुला, भोजपुरी प्रभावित रूप है। अधिकांश पाठ तालपत्र सा है किन्तु भणिता पदरत्नाकर के मेल की है । तालपत्र की अतिरिक्त पंक्तियाँ नही है। मेरा ऐसा अनुमान है कि तालपत्र की ये अतिरिक्त पंक्तियाँ किसी दूसरे पद की इसमें आ जुटी हैं। इन चरणों (जओ तोहि⋯काल) के पाठ ने० प०. पृ० १४ प० ३६; प्रस्तुत संस्करण, प० सं० ८५ के पाठ से मिलते भी हैं।

शब्दार्थ—साहर=सहकार, आम । मजर=मञ्जरित होते हैं। सेहे=वही। अंगज=शरीर से उत्पन्न, अपना, पक्षधर । अनङ्गज=अशरीरी, विरुद्ध । रिबाड़ल=धारण किया, संधान किया । ओड़ल=बरबस ओढ़ा दिया । मेलओं=झोंक दूँ ।

[१८४]

सखि हे बैरि भेल मोर निन्द ।
मदन- खर- शरे देह जर जर

छाड़ि चलल गोविन्द[२] ॥
जे पथे गेल मोर प्रान बल्लभ
से पथे बलिहारि जाओ[३] ।
चाँपा नागेशर[४] कि फुल फुटल[५]
कोकिल घन करे राओ[६] ॥
ए कुले गङ्गा ओ कुले यमुना
माझे[७] चन्दन कोक ।
ये कानूर गुने हिया जरजर
से कानू से दिल शोक ॥
भने विद्यापति रूपनरायन[८]
याहाँ[९] गुन ताहाँ[१०] दोष ॥

अप्रकाशित पदरत्नावली २ (पदरत्नाकर प० सं० २६)

पाठभेद—

अमूल्य (प० सं० ८५१), **मि० म०** (प० सं० १८६) उपर्युक्त पद के अनुरूप ।

सं० मन्तव्य—(i) १ नींद २ गोबींद ३ जांव ४ चम्पा नगेसर ५ फूल फूटल ६ राव ७ माँझे ८ नराबेन ९ जहाँ १० तहाँ

(ii) प्रस्तुत पद की भाषा पर बंगीय प्रभाव अधिक पड़ा है । इसका भाव एवं अभिव्यक्ति शैली भी विद्यापति के अन्य पदों से किञ्चित् भिन्न है अतः इसकी प्रामाणिकता संदिग्ध है अथवा यदि यह विद्यापति कृत हो भी, तब भी इसका मूलरूप कुछ भिन्न रहा होगा जो कालान्तर में विभिन्न प्रभावों से परिवर्तित हो गया होगा ।

शब्दार्थ—चाँपा=चम्पा । नागेशर=नागकेशर । राव=शब्द, गुञ्जार । कोक=चक्रवाक ।

[१८५]

हिम हिमकर पेखि काँपये[१] खन खन
अनुखन झरये[२] नयान[३] ।
हरि हरि बोलि धरनि धरि लुठइ[४]
सखि—बोधे न पातये[५] कान ॥
माधव पेखलु[६] तैछन[६] राइ ।
सविषम[७] खर—शरे अङ्ग भेल जरजर

कहइते को पतियाइ[8]।
विगलित केश शाश[9] बहे खर तर
ना रहे नीबि निबन्ध।
अम्बु[10] कन्धर धरइ ना पारइ
टुटल[11] पन्जर बन्ध॥
नव किशलय रचि शयने शुतायइ[12]
अधिक भेल जनु आगि।
किये घर बाहिर पड़ये[13] निरन्तर
अहनिशि खेपाय[14] जागि॥
भनहुँ[15] विद्यापति शुनह[16] रसिकवर
तुरिते मिलह धनि-पाशे[17]।
सकल सखीगन हेरत बिनदिनि
दशमि दशा परकाशे[18]॥

पद रत्नाकर, प० सं० २९

पाठभेद—

अमूल्य (प० सं० ८५४); **मि० म०** (प० सं० ७३६) उपर्युक्त सदृश्य

सं० **मन्तव्य** (i)—१ काँपए २-३ झरए नआन ४ लूठइ ५ पातए ६ तइसन ७ बोषम ८ पतिआइ ९ श्वास १० कम्बु ११ टूटल १२ सुताइय १३ पड़ए १४ खेपए १५ भनइ १६ सुनह १७ पासे १८ परकासे।

(ii) इस पद का उत्तरार्ध (विगलित केश…परकाशे) कीर्त्तनानन्द के एक पद से पूर्णरूप से मिलता है किन्तु उक्त पद का पूर्वार्द्ध निम्नलिखित प्रकार है।—

किसलय सयने आगि कए मानए
सखिगन ना पार बुझाय।
मनिमय मुकुरे देखि पुन मुख
चाँद भरमे मुरुझाय॥
माधव कहलम तोहार दोहाइ।
जइसन राहि आजु पेखल
कहइते के पतिआइ॥

शब्दार्थ—लूठइ=लोटती है। न पातए कान=कान नहीं देती, सावधान हो नहीं सुनती। विगलित=स्खलित, छितराया हुआ। कम्बु=शंख। पञ्जरबन्ध=पिंजड़े (शरीर रूपी) को ठीक-ठीक रखने में सामर्थ्य बंधन। खेपए=व्यतीत करती है। बिनदिन=विनोदिनी, नायिका।

[१८६]

कहत कहत[१] सखि बोलत बोलत[२] रे
हमारि[३] पिया कोन देस रे।
मदन सरानले[४] ए[५] तनु जर जर
कुसल सुनइत[६] सन्देस रे॥
हमारि[७] नागर तथार्य[८] विभोर[९]
केहन[१०] नागरी[११] मिलल[१२] रे।
नागरी पाए[१३] नागर सुखी भेल[१४]
हमारि[१५] हिया[१६] दय[१७] सेल रे॥
सङ्ख[१८] कर[१९] चूर वसन कर दूर[२०]
तोड़ह[२१] गजमोति[२२] हार रे।
पिया[२३] जदि तेजल कि काज सिङ्गारे[२४]
जामुन[२५] सलिले सब[२६] डार रे॥
सींथाक[२७] सिन्दूर[२८] पोछि कर दूर[२९]
पिया[३०] बिनु सबहि नैरास[३१] रे।
भनय[३२] विद्यापति सुनह जुवति[३४]
दुख भेल[३५] अवसेस रे॥

स्रोत अज्ञात; **शा० मि०**, प० सं० ९५

पाठभेद—

ब्र० न० सहाय (प० सं० ६१)—१ कह तु कह तु २ बोल तु बोल तु ३ हमर ४ सरानल ५ इह ६ सुनते ७ हमरो ८ तहवाँ ९ भोरायर १० कइसन ११-१२ नागरि मीलल १३ नागरि पाइया १४ सुखि भेला १५-१७ हमरो हिय दिय १८-२० संखा करब चुर बसन करब दुर २१ तोड़ब २२ गजमति २३-२४ पिय यदि तेजल, सोलह सिंगार सब २५ यमुन २६ सलिल अब २७-२९ सीसक सीँदुर सजनी दुर करु ३०-३१ पिय बिन सकल निरास ३२ भन ३४ सूनह युवती ३५ भेला

न० गु० (प० सं० ६५७); **मि० म०** (प० सं० ७३१) उपर्युक्त पाठ के अनुरूप

सं० मन्तव्य—३ हमर ६ सुनइते ७ हमर् ८ तथहिं ११-१२ नागरि मीलल १५ हमर १७ दए १९ करह २० करह दूर २७ सींथिक ३२ भनए ३४ जूवति

शब्दार्थ—नागर=नायक, प्रिय। तथहिं=तत्रैव, वहाँ। विभोर=मुग्ध। गजमोति=गजमुक्ता। सींथिक=माँग का। नैरास=आशा रहित।

[१८७]

जे दिन माधव पयान करल
उथल से सब बोल।
सुनि हृदये करुना बाढ़ल
नयाने[2] गलतहि लोर॥
दिवि किए सपथ करल
नियरे आओल कान।
मझु कर धरि सिरे ठेकायलु[1]
से सब भै गेल[3] आन॥
पथ निरखइत[4] चित[5] उचाटन
फुटल माधवी लता।
कुहु कुहु करि कोकिल कुहरइ
गुञ्जरै भ्रमर जता।
कोन[6] से नगरे रहल नागर
नागरी पाए भोर।
कह विद्यापति सुन हे[7] जुवति[8]
तोहार[9] नागर चोर॥

स्रोत अज्ञात, शा० मि० ९८

पाठभेद—

न० गु० (प० सं० ७०१) तथा **मि० म०** (प० सं० ७०९) उपर्युक्त पाठ के अनुरूप

सं० मन्तव्य—१ पआन २ नअने ३ भए गेल ४ निरखइते ५ चित्त ६ कओन ७-८ सुनह युवति ९ तोहर

शब्दार्थ—पआन=प्रयाण, गमन। उथल=छिछला, महत्त्वहीन। गलतहिं=झरते हुए। लोर=अश्रु धार। दिवि=दिव्य, शपथ। नियरे=निकट। ठेकायतु=ठेकाया, स्थापित किया, रखा। जता=जितने।

[१८८]

दखिन पवन बह मन्द। माजरि[1] झर मकरन्द॥
तखने हलब[2] मनमारि। लोचन हलब[2] निवारि॥
पिय[3] हे[4] जदि तोहे जायब बिदेस। धरब हमर उपदेस।
मधुकर जदि[5] कर राव। जदि[5] पिक पञ्चम गाव।
तखने करब अनुमान। मूदि रहब बरु कान॥
परतिरि[6] मानव तीति। धिरजे मनोभव जीति॥
राखब आपन परान। हमके करब जल दान॥
सुकवि भनथि कण्ठहार। के सह काम परहार॥
नृप सिवसिंह रस जान। लखिमा देइ रमान॥

स्रोत अज्ञात; न० गु० प० सं० ६१८

पाठभेद—

मि० म० (प० सं० १५७)-पाठ न० गु० सदृश।

सं० मन्तव्य—१ मांजरि २ रहब ३-४ पाठाभाव ५ यदि ६ परतिअ

शब्दार्थ—मांजरि=मञ्जरी (आम्र)। राव=रव, गुञ्जार। तीति=तीता, त्याज्य। जलदान=तिलाञ्जलि, प्राणहीन समझकर।

[१८९]

हमर नागर[1] रहल दुरदेस।
केउ[2] नहि[3] कह सखि कुसल सन्देस॥
ए सखि काहि[4] करब अपतोस।
हमर अभागि पिया[5] नहि दोस॥
पिया बिसरल सखि पुरब विपरीति[6]।
जखन कपाल बाम सब पिरीति[7]॥
मरमक वेदन मरमहि[8] जान।
आनक[9] दुख आन[10] नहि[3] जान॥
भनइ विद्यापति न पुरल काम।
कि करति नागरि जाहि विधि वाम॥

स्रोत अज्ञात, न० गु०, प० सं० ६२८

पाठभेद —

न० गु०, (प० सं ६२८) मि० म० (प० सं० ७२४) उपर्युक्त पाठ के अनुरूप।

सं० मन्तव्य—१ नागर हमर २ केओ ३ नहिं ४ काह ५ पियाक ६ पिरीत ७ विपरीत ८ मरमहिं ९ आनक १० आन

शब्दार्थ —काह=क्या, क्योंकर। कपाल=कपाल लेख, भाग्य। वाम=विरुद्ध। मरमक=हृदय का। आनक=दूसरे का। काम=इच्छा। जाहि=जिसके लिए।

[१९०]

सरसिज बिनु सर सर बिनु सरसिज
की सरसिज बिनु सूरे।
जौबन[१] बिनु तन तन बिनु जौबन[१]
की जौबन[१] पिय[२] दूरे॥
सखि हे मोर बड़ दैव[३] विरोधी।
मदन वेदन बड़ पिया[४] मोर बोलछड़
अबहु देहे[५] परबोधी॥
चौदिस[६] भमर भम कुसुमे[७] कुसुमे[७] रम
नीरसि माजरि[८] पिबइ[९]।
मन्द पबन बह पिक कुहु कुहु कह
सुनि विरहिनि कइसे जीवइ[१०]॥
सिनेह अछल जत हय भेल न टुटत[११]
बड़ बोल जत सबेइ[१२] थीरे[१३]।
अइसन कए[१४] बोलदहु निअ[१५] सिम तेजि कहु
उछल पयोनिधि नीरे[१६]॥
भनइ विद्यापति अरेरे कमलमुखि
गुन गाहक पिया[१७] तोरा।
राजा सिवसिंघ[१८] रूपनरायन[१९]
सहजे एको नहि भोरा॥

स्रोत अज्ञात, न० गु०; प० सं० ६५२

पाठभेद—

बेनीपुरी (प० सं० १९१)—२ पिअ ४ पिआ ५ देह ७ कुसुक-कुसुम ८ माँजरि पीबे १० जीबे ११ टूटत १२-१३ सब थीर १४ के १५ निज १६ नीर १८ सिवसिंह

मि० म० (प० सं० १६३) पाठ न० गु० सदृश ।

सं० मन्तव्य—१ जउवन २ पिअ ३ दइअ ४ पिअ ६ चउदिस ८ माँजरि पीअइ १२-१३ सब थीर १४ के १६ नीर १७ पिअ १८ सिवसिंह १९ रूपनराजेन

शब्दार्थ—सरसिज=कमल । सर=सरोवर । सूरे=सूर्य । जउवन=यौवन । मदन-वेदन=कामदेव द्वारा दी जा रही यातना । बोलछड़=बात कहकर भुला देने के अभ्यासी । अबइ…परबोधी=ऐसी अवदशा में भी अभी तू मुझे सान्त्वना दे रही हो । नीरसि मंजरि=मञ्जरी की अन्तिम मधु-बूँद तक का उपभोग कर, उसका सारा रस ग्रहण करके । मन्द पवन=मन्द गति, बुरी तरह परेशान करनेवाला, मलयानिल । हम भेल=मुझे लगा था । जत=जितना । थीर=स्थिर, अटल । बोलदहु=कदाचित् भी कहता है । निअसिम=अपनी सीमा, मर्यादा । पयोनिधि-नीर=महासागर का जल । [जिसे बड़े व्यक्ति के बचन से तुलनीय समझा जा सकता है ।]

[१९१]

कत कत सखी मोहे[१] विरहे
भै गेल तीता ।
गरल भखि मोञे मरब
रचि देहे मोर चीता[२] ॥
सुरसरि तीरे सरीर तेजब
साधब मनक सिधि[३] ।
दुलह पहु मोर सुलह होयब[४]
अनुकुल होयब[४] बिधि ॥
कि मोञे पाँति[५] लीखि पठओब
तोहे कि कहब सम्बादे[६] ।
दसमि दसा पर जब हम होयब[४]
टुटब सबहु विवादे ॥
अरु वचन कहिअ सुन्दरि
सहजे पुरुख भोरा ।

नारि परखि नेह बढ़ावय[८]
सुनह पुरुख थोरा ॥
जौं[९] पाँचसरे मरमे हानय[१०]
थिर[११]न रहब गेयाने[१२]।
सुतिरिथे मजि मोहे अनुसरि
करब जलदाने ॥
विद्यापति कवि कहइ सुन्दरि
विरह होयब[४] समधाने।
जलनिधिमय कन्हाइ कामतिरिथ
करब जल दाने ॥

स्रोत अज्ञात; न० गु०; प० सं० ६८१

पाठभेद—

मि० म० (प० सं० ७३०) पाठ उपरिवत्।

सं० मन्तव्य——न० गु० ने इसे कीर्त्तनानन्द से गृहीत बताया है किन्तु जैसा कि मि० म० ने भी बताया है यह पद प्रकाशित कीर्त्तनानन्द में नहीं मिलता। इस पद का भाव एवं भाषा तथा पुनरुक्ति परक ढीली अभिव्यञ्जना शैली से ऐसा जान पड़ता है कि या तो यह विद्यापतिकृत नहीं है अथवा विद्यापति के पद को बाद में किसी ने भिन्न रूप दे डाला है।

(ii) १ मोञ २ चिता ३ सीधि ४ होएब ५ पाती ६ समादे ७ टूटब ८ बढावए ९ जञो १० हानए ११ थीर १२ गेआने

शब्दार्थ—मोञ…तीता=दीर्घ विरह से जीवन मेरे लिए तिक्त हो गया। सिधि=साध, अभिलाष। नारि…बढ़ावए=नारी के गुणन-शील की जाँच करके प्रेम करें। पुरुष थोरा=ऐसे पुरुष थोड़े हैं। मजि=स्नान करके।

[१६२]

सखि हे के नहि जानत हृदयक वेदन
हरि परदेस रहइ।
विरह-दसा दुख काहि कहब[१]
जे तसु कहिनि कहइ ॥

धारा सघन बरस धरनीतल
बिजुरि[२] दस दिस बिन्धइ।
फिर फिर उतरोल डाक डाहुकिनि
बिरहिनि कैसे[३] जिवइ[४] ॥
जौवन भेल बन विरह हुतासन
मनमथ भेल अधिकारी।
विद्यापति कह कतहूँ से दुख सह
बारिस निसि आँधियारी ॥

स्रोत अज्ञात; न०गु० प० सं० ७११

पाठभेद—

मि० म० (प० सं० ७१९) पाठ उपरिवत्।

सं० मन्तव्य—१ कहब सखि २ बिजुरी ३ कइसे ४ जीवइ ५ कतए

शब्दार्थ—हरि···रहइ=कृष्ण के परदेश वासी होने से। जे तसु=जो उनकी। कहिनि=कथा, समाचार। बिन्धइ=छेद या वीदीर्ण कर रही है। डाक डाडुकिनि=जलमुर्गी पुकार रही है। अधिकारी=अधिकार संपन्न, सर्वेसर्वा। कतए=कितना, सीमाहीन।

[१९३]

कानूसे कहबि[१] कर जोरि।
बोलि दुइ चारि[२] सुनाओब[३] मोरि ॥
मुझे[४] कत परिखसि[५] आर।
तुअ[६] आराधन[७] विदित संसार ॥
हम छल न[८] टुटब[९] नेहा[१०]।
सुपुरुख वचन पसानक[११] रेहा[१२] ॥
भनइ विद्यापति साइ[१३]।
न कर विसाद[१४] मने मिलब मधाइ[१५] ॥

स्रोत अज्ञात; न० गु०, प० सं० ७३१

पाठभेद—

मि० म० (प० सं० ७३४) पाठ उपरिवत्।

ब्र० न सहाय (प० सं० ५६)—१ कानु सों सजनि कहबि २ चार ३ सुनायबि

४-५ कितना, हम कहँ परिखब ६-७ तोहर अराधन ८-१० हमरो संग न टूटब नेह ११-१२ पखानक रेह १३ कवि विद्यापति कह सुन राइ १४-१५ कानु बुझायब हम अब जाइ।

सं० मन्तव्य (i)—१ कहब ४ मोजे ७ अराधन ११ पषानक १४ विषाद (ii) प्रस्तुत पद की पहली, पाँचवी तथा छठी पंक्तियाँ क्रमशः पदकल्पतरु के प० सं० ९६६ (प्रस्तुत संस्करण प० सं० १६७) की पाँचवीं, पहली और दूसरी पंक्तियाँ से थोड़े पाठभेद से मिलती हैं।

शब्दार्थ—बोलि=बचन, विनय। परिखसि=परखते हो। अराधन=उपासक अथवा आराधना का भाव, प्रेम।

[१९४]

सुपुरुस[१] प्रेम सुधनि अनुराग। दिने दिने बाढ़ अधिक दिन लाग॥
माधव हे मथुरापति नाह। अपन[२] वचन अपने निरबाह॥
कमलिनी सूर आने[३] आने[४] अनुभाव। भमि भमि भमर मदन गुनगाव॥
भनइ विद्यापति एइ रस भान। सिरि[५] हरि सिंघ देव ई रस जान॥

स्रोत अज्ञात, न०गु०, प० ७६३

पाठभेद---

मि० म० (प० सं० ७)--पाठ न० गु० सदृश।

सं० मन्तव्य—१ सुपुरुष २ आपन ३-४ आने ५-६ हरिसिंह

शब्दार्थ—सुधनि=श्रेष्ठ कुलवन्ती नारी। लाग=ले, तक। निरबाइ=निभाओ। आने=अन्य प्रकार का, सामान्य की अपेक्षा अतिशय विशिष्ट। हरिसिंघ देव=शिव सिंह के पितृव्य, देवसिंह के भाई, भवदेव सिंह के द्वितीय पुत्र।

[१९५]

गुर्जरीरागे—

चिन्ताञे[१] आसा[२] कबललि मोरि
कान कटु[३] भेलि कहिनी तोरि।
मनञो[४] फेदाएल अइसना काज
पाबनि दीप निझाएल[५] आज॥ ध्रु०॥
साजनि कह कत कहिनी धन्ध

ब (न्ह) ला[६] बान्ध टुटल[७] अनुबन्ध ।
तञे जनितसि आओ दोसर कान्ह
तेसर जनइत हमर परान[८] ।
जत अनुराग राग के[९] गेल[१०]
सही[११] गोप बध भाजन भेल ॥
विद्यापति भन[१२] बुझ रसमन्त
राए सिवसिंह[१३] लखिमा देवि कन्त ॥

राम० पृ० १२ (क), प० ३६; पं० १

पाठभेद--

शि० न० ठाकुर (प० सं० ८)—५ मिझाएल ६ बालाबन्ध ७ छुटल ९ कें ११ मही

मि० म० (प० सं० १४६) ४ मनओ ८ पराण १२ मन १३ शिवसिंह । शेष ठाकुर के समान

परि० पद० (राम० प० सं० ८)—चिन्ताए ९.१० कए गेल

सं० मन्तव्य—३ कद्दू ६ बान्धल ९ कए

शब्दार्थ—कबलसि=कवलित, घोंट लिया । फेताएल=थकित हुआ । पावनि=पर्व (त्योहार) का । निझाएल=निर्वापित, बुझ गया । अनुबन्ध=सम्बन्ध । राग कए गेल=प्रेम करगए । बध भाजन=बधने वाले, दुख दाता ।

[१६६]

मालव—

करह रङ्ग पररमनी साथ[१]
तकर अनाइति तोहें[२] पर नाथ।
से सबे परकें[३] कहहि[४] न जाए
सूनाहुँ चिन्ता सेज ओछाए ॥ ध्रु० ॥
माधव आओर कि कहब तोहि
धनि देख ले[५] मन धाधसि मोहि ।

दिन दुई चारि जिउति महि[५] लागि
सबनह खरि विरहानल आगि ॥
से तनु जारि करतँ[६] जनि छाए
पुछओ[७] कहितह[८] हो[९] पलटाए ॥

राम० पृ० २० (क), प० ६१ पं० २ ८

पाठभेद—

शि० न० ठाकुर (प० सं० २२)—१ साथँ ६ करत ८ ९ काहित द हहो ।

मि० म० (प० सं ८१८)—२ तोँहे ३ परके ४ कहनि ७ पुछआ ८-९ काहित हहो

परि० पद० (प० सं० २३)—५ करत ।

सं० मन्तव्य—४ कहइ ५ महि ६ करए ९ ओ

शब्दार्थ—प्रनाति=रखता । बासन=बरतन, डर । महि लागि=पृथिवी के लिए । खरि=प्रखर, तीक्ष्ण । ओ=उसे 'उसके जीवन को' ।

[१९७]

बराली—

करहिँ[१] मिलल रह मुख नहि सुन्दर
जनि अवसिन[२] दिन[३] चन्दा ।
प्रकृति न रह थिर नअने[४] गलए[५] निर
कमल[६] झरए[७] मकरन्दा ॥ध्रु०॥
माधव तुअ गुने[८] झामरि वामा[९] ।
दिन दिन[१०] खिन तनु पिडए[११] कुसुम धनु
हरि हरि ले पए नामा ॥
निन्दए[१२] चान्दन[१३] परिहर भूषन[१४]
चान्द मानए जनि आगी ।
तेँ धनि दससि दसा लग पाओल[१५]
बधक होएब[१६] तोहेँ[१७] भागी ॥
अवसर गेलेँ[१८] कि नेह बढ़ाओब[१९]
विद्यापति कवि भाने[२०] ।

राम पृ० २१, प० ६६; पं० ४

पाठभेद—

न० गु० (प० सं० ७८० ताल०) १ करहि २-३ खिन दिवसक ४-५ नयन गरय ६-७ कमल गरए ८ गुणे ६ रामा १० दिने दिने ११ पिड़ए १२-१३ निन्दय चन्दन १५ दसमि दशा आबे तें धनि पाओल १६ होएबह १८ बहुला १९ बढ़ाओब। तथा अन्त में—राजा सिवसिंह रूपनरायन[२१] लखिमा देवि[२२] रमाने[२३]।

शि० न० ठाकर (प० सं० २६)—१९ बढाओँब।

मि० म० (प० सं० १८४)—५ गरअ ८ हे माधव तुअ गुणे १२ निन्दअ १४ भूसन १७ तोहें २० भान २१ सिवसिंघ रूपनराअन २२ देइ २३ रमान। शेष न० गु० के सदृश।

परि० पद० (प० सं० २८)—१ करहि ४ नअने ५ गरए ६ कमल १३ चन्दन १८ बहुला २१ सिवसिंह रूप नराअेन।

सं० **मन्तव्य**—४ नअने। शेष राम० की प्रति सदृश।

शब्दार्थ—करहिं=हाथ से ही। अवसिन दिन चन्दा=दिन में का अवसन्न 'हतप्रभ चन्द्रमा। झाँमरि= झाँवरि, श्रीहीन। लग=सामीप्य।

[१९८]

धनछी—

की[१] भेलि कामकला मोरि घाटि
की[१] ओहे न बुझए[२] रस परिपाटि।
ता खर[३] वचन कन्ते दिहु कान
तें[४] बिहिं[५] करु मोर समअ बधान ।।ध्रु०।।
भमर हमर किछु कहब सन्देस
कन्त बसन्त न रहब[६] (विदेस)[७]।
कीदहु[८] भमर ततए नहि नाद[९]
पिक पञ्चम धुनि मधुर न नाद[१०]।
की धनु बान मदन नहि साज
की बिरहा[११] नहि विरहि समाज।।

राम० पृ० २६, प० ८९; पं० ३

पाठभेद—

शि० न० ठाकुर (प० सं० ३१)—१ कि ३ तीखर ६ रहू ७ दुरदेस ८ की दहुँ ११ विरही

मि० म० (प० सं० ८२०)—४ ते ५ बिहि ६ रहा। शेष ठाकुर के सदृश।

परि० पद० (राम० प० सं० ३९)—८ साद।

सं० मन्तव्य---१ बूझए न ३ तेँ खर १० साद।

शब्दार्थ— घाटि=घटी हुई, कम। तें=इसी से। खर=खल, दुष्ट जन। अधान=अवधानमय प्रतिकूल। नाद=निनाद, गुञ्जार। साद=शब्दध्वनि होना। साज=संधान करता, सजाता। बिरहा=विरह गीत। बिरहि समाज=बिरहियों के समाज में (ii) भ्रमर से सन्देह ले जाने की प्रार्थना में भ्रमर दूत, भ्रमरगीत का परम्परा का यहाँ स्पष्ट अवलोकन किया जा सकता है।

[१९९]

धनछीरागे—

कोकिल गाबए मधुरिम बानि[१]
ऋतु[२] बसन्तें[३] हे अमिअ[४] रसे[५] सानि।
असमअ[६] प सिआ[७] ललो[८] पाए
चेञो चेञो[९] करिअ काहु न सोहाए॥ ध्रु०॥
साजनि अबे[१०] कत[११] देह असवास
कान्ह[१२] जाएब मोहि पास॥
गुरु सुमेरु तह सुपुरुस[१३] बोल
कुलक धर (म) बुडले[१४] की मोर[१५]।
करमक दोषे[१६] विघटि गेलि साटि
अगिलाँ[१७] जनम बुझबि परिपाटि॥
विद्यापति भन न कर विराम
अवसंर जानि पुरत[१८] तुअ[१९] काम।
रूपनरायन[२०] बुझ रसमन्त
राए सिवसिंह लखिमा देवि कन्त॥

राम० पृ० ५४ (क), प० १८८, प० ५

पाठभेद—

शि० न० ठाकुर (प० सं० ४७)—७-८ पसि अलाना १०-११ अबेकत १४ छड़लें १५ मोर १८-१९ धरतओ ।

मि० म० (प० सं० १४३)—१ वाणि २-५ ऋतु बसन्त हे अमिअ रप ६ अ स-मय ९ चेओ चेओ १२ कान्हे १३ सुपुरुष १७ अगिला । शेष ठाकुर के सदृश ।

परि० पद० (रास० प० सं० ५६) —७ प(ो) सिआ १२ को पुनि कान्ह १३ सुपुरुष १६ दोषें २० रूपनराजेन ।

सं० मन्तव्य—७ पसिआ १४ बुड़लें १८ पुरुष २० रूपनराजेन ।

शब्दार्थ—रसें सानि=रस में सराबोर कर । असमग्र······पाए=दुर्दिन के प्रवेश करने पर (आने पर) ललों (लाड़ प्यार) पाकर भी । गुरु सुमेरु तह=पर्वत से भी भारी, अटल और महान । बुड़ले=डूब जाने से । साटि=साथ । पुरब=पूर्ण होगा ।

[२००]

ललित—

सपने देखल हरि गेलाहु[1] पुलके[2] पुरि
जागल कुसुम सरासिन रे[3] ।
ताहि अवसर गोरि नीन्द भाँगलि[4] मोरि
मनहि मलिन भेल वासन रे ।।ध्रु०।।
की[5] सखि पओलह सुतलि जगओलह
सपनेहुँ[6] सङ्ग छडओलह रे[7] ।
सामर सुन्दर हरि रहल आञ्च (र[8]) धरि
फोअइते किङ्किनि[9] माला रे[10] ।
आओर कहब कत रस उपजल जत
के बोल कान्ह गोआला रे[11] ।।
ससरि सअनसिम[12] हरिं[13] गहलिहँ गिम
मुखे मुखें[14] कमल[15] कमल मिलु रे ।
पुरलि[16] सकल सिद्धि[17] सहजे आइलि निधि[18]
तोर दोखें[19] दइबें[20] अछोलि लिहुरे[21] ।।

भनइ विद्यापति अरेरे वरयुवति[२२]
अनुसअ पेम पुराना[२३] रे।
राजा सिवसिंह रूपनराएन[२४]
लखिमा देवि[२५] रमाना रे॥

राम० पृ० ८३ (क), प० ३०५; पं० ३

पाठभेद—

रागतङ्गिणी (पृष्ठ ५४) – १ गेलिहुँ ३ हे। तीसरी-चौथी पंक्तियाँ नहीं हैं। ५ आरे की ६ सपनहुँ ७ रे ८ आँचर १० डोरा हे ११ गोआरा हे १२ शयनसिम १३ हरि १५ भमर १६-१८ पुरलि मनक सिधि आनि देहलि बिहिँ १९-२१ तोरें दोसे दैवे अछोरि लेल रे। अन्त की चार पंक्तियाँ नहीं हैं।

शि० न० ठाकुर (प० सं० ४९) -किङ्किणि १४ मुखे मुखे १७ सिधि २०-२१ दइव अछोलि लिहु रे।

मि० म० (प० सं० १९२)—२ पुलके ४ भाङ्गलि १३ हरि १४ मुखे मुखे १७ सिधि १९ दोखे २०-२१ अधोलिलिहु रे २३ पुराणा २५ देवी

परि० पद० (राम० प० सं० ५८)—१ गेलिहुँ ८ आञ्चर १२ सअनसिम १३ हरि १४ मुखें मुखें १७ सिधि २०-२१ दइवें अछोलि हलु रे २४ रूपनराजेन

सं० मन्तव्य—७ छोडओलह रे ८ आँचर १४ मुखें मुखें

शब्दार्थ—गेलिहुँ=गई, प्राप्त हुई। पुरि=पूर्णतायुक्त। वासन=वासना, मनोकामना। फोअइते=खोलते हुए। गोआला=ग्वाला, गँवार। ससरि सअनसिम=शय्या की सीमा, पाटी पर खिसक कर। तोर······लिहुरे=तुम्हारे दोष [स्वप्निल निद्रा से जगाने] से विधाता ने सब छीनलिया।

[२०१]

मालव—

हरि रिपु अनुज वास को[१] रातल[२]
दए सरीर हमरा[३]।
खटपद बन्धु[४] बन्धु[५] सुअ अरि धनि
सोदर सुअ कर धारा॥ ध्रु०॥
सखि हे हरि न बुझाबए[७] कोइ।
पावक सेख युदअ[८] वर संपुट
हेरि से चउगुन[९] होइ॥

हिमगिरि सुता सुअ बाहन भोअन
भोअन ता सुत रे।
ता पिअ बारक ता रिपु अति सख
हरि तिथि रअनि हते॥

राम० पृ० ११० (क), प० ३८५; पं० १

पाठभेद—

शि० न० ठाकुर (प० सं ५४)—१-२ कोवा (रा) तल ३ हमारा ४-५ बटुरथु ७ छझावए ९ चतुगुन

मि० म०—संकलित नहीं है।

परि० पद० (राम० प० सं० ६३) ६ घरा, ८ उदय

सं० मन्तव्य—३ हमारा ८ उदअ

शब्दार्थ—हरि=कृष्ण-रिपु=कंस-अनुज=के छोटे भाई-अहन-वास=का निवास स्थान=मथुरा को रातल=के प्रति अनुरक्त हो गए। दए सरीर हमारा=हमें हमारा शरीर मात्र देकर। खटपद=भ्रमर-बन्धु=कमल-बन्धु=सूर्य-सुअ=कर्ण-अरि=अर्जुन-धनि=सुभद्रा-सोदर=श्रीकृष्ण-सुअ=प्रद्युम्न, काम के अवतार-कामदेव। कर धारा=वर्षण, आघात करता है, अथवा कामदेव के हाथ में हमारा शरीर धरा [सौंपकर] स्वयं मथुरा चले गए। पावक=अग्नि-सेख=नष्ट करनेवाला=जल-उदअ=जलज, कमल। वर संपट=का सुन्दर संपुट, बन्द होना। रात्रि आगमन का संकेत। हेरि=देखकर। से=वह [कामदेव]। हिमगिरि सुता=पार्वती-सुअ=कुमार कार्तिकेय-वाहन=मयूर-भोअन=सर्प-भोअन=वायु-तासुत=पवनसुत, हनुमान-तापिअ बारक=उनके प्रिय बालक, मकरध्वज=कामदेव-तारिपु=कामारिशंकर-अतिसख=अत्यन्त सखा सदृश-चन्द्रमा-जो उनके ललाट में बसा रहता है। हरि तिथि=शुक्ला एकादशी-रअनि=वाली रात। हते=मार रही है। काम प्रचण्ड होता जा रहा है और शुक्ल एकादशी की रात का चन्द्रमा भी मारे डाल रहा है।

[२०२]

धनछी—

पवन सुआ पति अरि जे दसल[१] मति
ता सुत चउदिसे आब।
तासु तनअ सुअ मन मनसिज हुअ
सब दिसि धुनि कए गाब॥ ध्रु०॥
ए सखि,
मोर असन पति तनआ आइलि
न आएल पहु[२] पिआस[३]।

सिखर सृखिण्ड[४] चलि अनल करए धुनि
अनल बमए[५] तिमिरारी॥
सबतहुँ सब पहुँ[५] बिपति आइलि सहु[६]
मनमथ गेल परचारी॥
हेम समअ गेल पिआ परबत[७] भेल हिआ
मअ[८] न मअन[९] तहि पास।
पत्रअज[१०] अरि अरि ता सुत मने धरि
अब हमे करब गरास॥

राम० पृ० ११० (क), प० ३८६, पं० ४

पाठभेद—

शि० न० ठाकुर (प० सं० ५५)—१ दसल (दमन) ५ बसए ६ सङ्ग ८ पररत ९ मअन १० पत्रुअज

मि० म०—संकलित नहीं है।

परि० पद० (राम० प० सं० ६४) पाठभेद नहीं

सं० मन्तव्य—२-३ मझु पिआ आस, या मझु पिआ पास ४ श्रीखण्डि ८ मोन

शब्दार्थ—पवन=वायु—सुआ=सुरभि--पति=वसन्त-अरि=पतझड़। जे···मति=जिसने अपने प्रकोप से मति को डंस मार दिया, ग्रस लिया। [और] ता सुत=पतझड़ से (के अनन्तर) उत्पन्न=शिशिर। चउदिस आब=चारो दिशाओं में छा गया। तासु तनय=उस [शिशिर] का पुत्र=बसन्त-सुभ=भौंरे। मन···हुआ=मन के मदन होकर। मोर-असन=मोर का खाद्य=सर्प-पति=शिव-तनया=वर्षा। आइलि=वर्षा ऋतु भी आगई। मझु पिआ आस=मेरे पति के आगमन की आशा भी नहीं झलकी या मेरे पति पास नहीं आए। सिखर श्रीखण्डि=श्रीखण्ड पर्वत=मलयागिरि का मलय पवन चलकर आग सी ज्वाला बरसा रहा है। अनल···तिमिरारी=सूर्य भी अग्नि ही उगल रहा है। सबतहु···सहु=सर्वत्र से एवं सब ओर से आई विपत्तियों को सहती हूँ। मनमथा···परचारी=कामदेव जिन्हें फैला गया, सुलगा गया है। हेम समअ=हेमन्त काल ऐसे समय में। परबत=पर्वत, पत्थर। मअने मअन=मैं समझती हूँ कि मदन। तहिपास=उनके पास नहीं है। पत्रुअज—पद्मज=ब्रह्मा-अरि=मधुकैटम-अरि=दुर्गा-तासुत=गणेश। मने धरि=स्मरण करती हूँ। अबे···
···गरास=अब तो हमें काल ग्रस ही लेगा।— अर्थ विचार सापेक्ष्य।

[२०३]

धनछी—

अविरल विसरस[१] बरिस[२] ससी
देह दाह कर पवन[३] परसी।

बिसम बिसमसर बोधि न देइ
सिव सिव जिवन केओ नहि लेइ ॥ ध्रु०॥
ए सखि ए सखि हे[४] मोहि मन भास
मरन[४] चाहि बउ[५] बिरह हुतासे[६] ॥
आबे मञे[७] निअ[८] मने दिढ[९] कए जानु
कतहु सेस नहि कपटे बिनु ।
सहज पेम जदि विरह[१०] न होइ
होतहि[१०] विरह जिवए जनु कोइ ॥

राम० पृ० ११२ (क), प० १९२, पं० ३

पाठभेद—

शि० न० ठाकुर (प० सं० ६१) १-२ बिस बस रवि ४ पाठाभाव ४-६ सवन बड़ विरह हुतास ७ मए ९ दिढ़

मि० म० (प० सं० ८२४)—७ मञे । शेष ठाकुर के सदृश ।

परि० पद० (राम० प० सं० ७०) ४ पाठाभाव ६ हुतास ७ मोञ ८ निज १० हो (इ) तहि

सं० मन्तव्य - १ विस सर ३ पवने ५ बड़ ६ हुतास ९ दिढ़

शब्दार्थ—विसरस=विष युक्त जल । विससर=विषबाण । परसी=स्पर्श करके । विसमसर=कामदेव । बोधि=ज्ञान, प्रबोध । भास=जान पड़ना । चाहि=बढ़ये, से । सेस=शेष फल, बचा हुआ । होतहि=होते ही ।

[२०४]

दाहिन दिढ़[१] अनुरागे । पिआ परबचन न लागे ।
बझल सबे अवगाही । सूते[२] सरवर थाही ॥
राधे, चिते जनु झाखह[३] आने[४] । तोके[५] परसन पञ्चबाने ॥
सुपहु सुनारि सिनेह[६] । चान्द कुमुद सम रेह[७] ॥
दिवसे दिवसे धर जोति[८] । सोना मेलाउलि[९] मोति[१०] ॥
सुकवि विद्यापति भान[११] । पुने मिल[१२] पिआ गुणमान[१३] ॥

राम० पृ० ११४ (क), प० ३९७, पं० १

पाठभेद—

शि० न० ठाकुर (प० सं० ६७)—१ दिढ़ ९ मेलाओलि

मि० म० (प० सं० ४२६) १२ मिले । १ और ९ ठाकुर सदृश ।

परि० पद० (राम० प० सं० ७५) ३ झाँखह ४ आने ५ तोंके ६ सिनेहा ७ रेहा ८ जोती १० मोती ११ माने १३ गुणमाने ।

सं० मन्तव्य ३ झाँखह ५ तोहें

शब्दार्थ—दाहिन=दक्षिण, अनुकूल पति । दिढ=दृढ़ । अवगाही=गहरे पैठकर । सूते=डोरे से । आने=अन्य कुछ, व्यर्थ में । जोति=आभा, द्युति ।

[२०५]

मलार—

बरिस[१] सघन घन पेमे पुरल[२] मन
पिआ परदेस हमारे ।
ऐसनि[3] पाउसि राति पुरुष कँमन जाति
गृह परिहरइ गमारे ॥ ध्रु० ॥
सजनी दुर कर[४] दुरजन नामे ।
तोहहि[५] सआनि[६] धनि अपन परान सनि
ते[७] करिअ चित बिसरामे ॥
कमल फुल बिगसु केओ बोल मअन[८] हसु[९]
भमरा भमरि विवादे ।
मुइल कुसम धनु से कैसे[१०] जीउल पुनु
कि बोलब हर परमादे ॥
बिजु[११] चमक घन बिसहर बिसहरे[१२]
ऊनमुखे[१३] नाच मयूरे ।
कदम पवन बह से कैसे[१०] युवति सह
हृदय[१४] भमइ कति[१५] दूरे ॥

आभोग्य ॥

राम पृ० ११५; प० ४०१; पं० १

पाठभेद—

ठाकुर (प० सं० ७१)—१ बारिस १२ बिसह रे १३ उनमुखे

मि० म० (प० सं० ८२२)—१ बारिस २ पूरल ३ एसनि ४ करु ७ तें १३ उनमुखे १५ बाति

परि० पद० (राम० प० सं० ७८)—३ अइसनि ५ तोहहिं ६ सआनि ८ मअन ९ हँसु १० कइसे ११ बिजु (रि) १२ बिषहर १३ उनमुखें १४ हुदअ

सं० मन्तव्य—४ करु ७ तें ११ बीजु १२ बिसह रे अथवा बिहर रे। शेष परि० पद० सदृश।

शब्दार्थ—पेमे=प्रेम से। कँमन=किस प्रकार की। सनि=समान। तें=प्रातः। मअन हसु=(कमल खिलने के रूप में) कामदेव हँस रहा है। मुइल=मृत, मरा हुआ। कि···परमादे=काम दहन (शंकर) के प्रमाद [असावधानी] के लिए [उन्हें] क्या कहूँ। विसह=असह्य। बिहर=विचरते [घूमते] हैं। कदम पवन=प्रस्फुटित कदम्ब पुष्पों की सुवास से सिक्त वायु। कति=कितनी।

[२०६]

सारङ्गी—

सहज सितल छल चन्द
सब तह से भेल मन्द।
विरह सहाइअ नारि
जिवे[1] कके न हलिअ[2] मारि ॥ध्रु०॥

सखिहे,—

पिआ के कहब हम लागि[3]
अबहु मिझाइ आगी[4]।
पर सञो[5] पेम बढाए[6]
धनि कुल धम्म छडाए[7]।
इ सबे कएल हमे मोहि
इथि सब कारण तोहि ॥
अनुसर मलय समीर
मनमथ[8] सोभ समीर[9]।

भल जन मन्द विकार
तथि नहि कओन[१०] परकार ॥
सुकवि भनथि कण्ठहार
होएब विरह नरि पार ।
राए अरजुन रस जान
गूना[११] देवि रमान ॥

रामo पृo ११८, पo ४०८ पo १

पाठभेद—

ठाकुर—(पo सं० ७९)—१-२ जिवै कके ब हनिअ ३ लागी ६ बढ़ाए ७ छड़ाए ८ मनयथ ११ गूणा ।

मि० म० (प० सं० २१०)—५ सओ ११ गुणा । शेष ठाकुर के सदृश ।

परि० पद० (रा० प० सं० ८६)—१ जिवें ४ मिझाइ (अ) आगि ९ सरीर १० कओन ।

सं० मन्तव्य—१ जिवें ४ मिझाइअ आगि ७ धरम छडाए ९ सरीर

शब्दार्थ—जिवे……मारि=जान से ही क्यों नहीं मार डालते ? मिझाइअ=बुझा दें । मोहि=मुग्धकर, भुलावा देकर । अनुसर=पीछे-पीछे चलता है । तथि=उसमें । नरि=सरिता, नदी ।

[२०७]

विततमालव—

विकट जटाचय किदु न[१] लोकभय हे
उर फनिपति[२] दिग वास ॥ ध्रु० ॥
कओन[३] पथ भेटताह हे
आगे माइ जाइत[४] उमत हमार ॥
त्रिपुर दहन करु[५] छारे[६] छाल[७] भरु हे
बसह[८] चढ़ल वर बूढ़[९] ।
तीनि नयन हर एक अनल बर[१०] हे
सिर[११] सुरसरि जलधार ॥
भनइ विद्यापति गोरि[१२] कलामति हे
ओहि उमताक उदेस[१३] ॥

रागतरङ्गिणी; पृष्ठ ६५

पाठभेद—

न० गु० (हरगौरी, प० सं० ३३)—१ नइ २ फणीपति ३ कओन ४ आइत ५-७ कर छारइ खाल ८ बसहा ९ बुढ़ १० भर ११ शिरें १२ गौरी १३ उदेश

मि० म० (प० सं० ५९५)—२ फनी-पति ३ कओन ४ याइत १० भर १२ गौरी

परि० पद० (रा० त०, प० सं० १५)—१२ गउरि।

सं मन्तव्य—३ कओने ४ आइते ११ सिरे १२ गउरि १३ उमताकें उदेस

शब्दार्थ—जटाचय=जटाजूट। फनिपति=वासुकि नाग। दिगबास=दिशाएँ ही जिसका वस्त्र हैं, दिगम्बर। भेंटताह=मिल पाएँगे। उमत=उन्मत्त। छारे=राख से। छाल भर=चमड़ा भरते हैं, अपने शरीर पर लेपन करते हैं। उमताकें उदेस=[उस] प्रमत्त के सन्धान में।

[२०८]

जोगिया आसावरी

कालि कहल पिआञे[१] साँझहि रे[२]
जाएब मोञे[३] मारुअ देश[४]।
मोञे[५] अभागलि[६] नहि[७] जानल रे[८]
संगहि[९] जैतहु सेह[१०] देश[११]॥
हृदय[१२] बड़ दारुन[१३] रे
पिआ[१४] बिनु बिहरि न जाए[१५]।
एकहि[१६] सयन[१७] सखि सूतल[१८] रे
अछल बाँलभ[१९] निसि मोर[२०]।
न जानल कति खन तेजि गेल रे
बिछुरल चकेवा जोर॥
सून[२१] सेज[२२] हिअ[२३] सालए[२४] रे
पिआञे[२५] बिनु मरब[२६] मोञे[२७] आजि।
विनति करञो[२८] सहिलोलिनि रे
मोहि देहे[२९] अगिहर[३०] साजि॥
विद्यापति कवि गाओल रे
आए[३१] मिलत पिअ[३२] तोर।
लखिमा देइ वर नागर रे
राए[३३] सिवसिंह[३४] नहि[३५] भोर॥

रा० त०, पृ० ७५

पाठभेद—

न० गु० (प० सं० ६२६) १ पिया ए ३-४ जायब मोय मारूअ देश ५-७ मोये अभागली नहि ९-११ सङ्ग जइतँओ योगिनी वेश १३ दारून १४ पिया १५ जाय १६-१८ एक शयन शुतल १९-२० अछल बालभु निशि मोर २१-२४ शून सेज हिय शालय रे २५-२७ पआए बिनु घर मोये २८ करहु २९-३० देह अगिहर ३१ आबि ३२ पिय ३३-३५ राय सिवसिंह नहि ।

बेनीपुरी—(प० सं० १८९)—३ मोयँ ४ देस ५-८ मोयँ अभागलि नहि जानलि रे ९-११ सँग जइतओं जोगिनि बेस १२-१३ हृदय मोर बड़ दारुन १९-२० आछल बालमु निसि भोर २५-२७ पिया बिनु घर मोयँ २८ बिनति करओं ३१-३२ आबि मिलब पिय ३३-३४ राय सिवसिंघ । १-१४-१६-२३ और २९ न० गु० सदृश ।

मि० म०—(प० सं० १५८) १-२ पियाए साँझहिर ३ मोये ५ मोयेँ ९-११ सङ्गहि जइतँह सेह देस १५ जाये १९ बालमो २४ सालये २५ पियाए २७ मोयेँ ३४ सिवसिंघ । १४-२३,३२,३५ न० गु० सदृश

परि० पद०—(रा० त०; प० सं० २०)—७ नहि ९-११ सङ्ग जइतहुँ योगिनी वेश १२ (मोर) हृदय १९ बालमु ३५ नहि

सं० मन्तव्य--४ देस ७ नहिं ९-११ सङ्गहि जइतँहु सेहे देस १२ हृदअ मोर १४ पिआजे १९ आछल बालभु ३१-३२ आए मिलब पिअ

शब्दार्थ--पिआजे=प्रियतम ने । भारुअ देस=मथुरा वा मरु प्रदेश । सेहे=उसी । बिहरि=विदीर्ण, फट जाना । कति खने=किस क्षण विशेष में । जोर=जोड़ी । सालए=सालती है, बेध रही है । सहलोलिनि=सहेलियाँ । अगिहर=चिता । साजि=सजा दो, रच दो । भोर=भ्रमित, मूर्ख अथवा भुलक्कड़ ।

[२०९]

कुसुम रस अति मुदित मधुकर
कोकिल पञ्चम गाब ।
रितु वसन्त दिगन्त[१] बालभु
मानस दहो दिस धाव साजनिया ।।
तेजल तेल तमोल तापन
सपन निसि[२] सुख रङ्ग ।
हेमन्त विरह अनन्त पाविय[३]
सुमरि सुमरि पिया[४] सङ्ग ।।

मोर दादुर सोर अहोनिसि
बरिस बूँद सदन्द[५] ।
बिसम[६] बारिस बिना रघुबर
विरहिनि जीवन अन्त ॥
सुमुखि धैरज[७] सकल सिधि मिल
सुनइ कतन[८] सुबानि ।
सिरिस सुभ दिन राम रघुबर
आओब तुअ गुन जानि ॥

रा० त० पृ० ८३

पाठभेद—

न० गु०—१ विदेस २ निशि ३ पारिय ५ सबुन्द ६ विषम ८ कत । इसके अतिरिक्त पद के शेष तीन दलों की चौथी पंक्तियों के अन्त में भी 'साजनिया' को टेक जोड़ दी है ।

मि० म० (प० सं० ६०४)—रागतरङ्गिणी सदृश ।

सं० मन्तव्य—(i)—३ पावए ४ पिआ ६ विषम ७ धइरजे ८ कत न

(ii) प्रस्तुत पद में विद्यापति की भणिता नहीं है किन्तु इसके नीचे लोचन ने 'विद्यापते' लिखा है । इसके अतिरिक्त इसकी भाषा, भावना तथा अन्त में प्रयुक्त प्रबोध देने का ढंग भी विद्यापति सदृश है ।

शब्दार्थ—तेजल···तमोल=शृंगारार्थ प्रयुक्त तेल-ताम्बूल छोड़ दिया । तारन···रङ्ग=रात्रि मे दिखने वाले स्वप्न भी पीड़ा दायक हो गए हैं । पावए=पाती सहती है । सदन्द=द्वन्द युक्त, अतिकष्टकर । धइरजे धैर्य धारण करने से । कत न=क्यों नहीं ।

[२१०]

सूहब—

पिआ[१] परवास[२] आस तुअ पासहिं[३]
तें कि[४] बोलह जदि[५] ज्ञान[६] ।
जे पतिपालक से भेल पावक
इथी[७] कि बोलत ज्ञान[८] ॥ ध्रु० ॥
साजनि अधट न[९] घटाबह मोहि ।
पहिलहि आनि[१०] पानि पिअतमे[११] गहि
करें[१२] धरि सोंपलहुँ तोहि[१३] ॥

कुलटा भए जदि पेम बढ़ाइअ[१४]
तें[१५] जीवने की काज।
तिला एक रंग[१६] रभस सुख पाओब
रहत जनम भरि लाज॥
कुलकामिनि भए निज[१७] पिअ[१८] बिलसए[१९]
अपथें[२०] कतहु नहि जाइ।
की मालति[२१] मधुकर उपभोगए[२२]
किम्बा[२३] लताँहि[२४] सुखाइ॥
विद्यापति कह कुल[२५] रखलें[२६] रह
दूति बचने नहि काज।
राजा सिवसिंह[२७] रूपनरायन[२८]
लखिमा देवी[२९] समाज॥

रा० त०, पृष्ठ ६२-६३

पाठभेद—

न० गु० (प० सं० २१५) १-२ पिया परदेस ३ पासहि ४ पाठाभाव ५-६ सखि आन ७ (क) इथी ८ आन ९ अघटन ११ पियतमे १२ करे १३ सोपलिहु १४ बढ़ाबिअ १५ ते १६ रङ्ग १७-१९ निअ पिय बिलसे २० अपथे २१ मालती २२ उपभोगय २३ किबा २४ लताहि २५-२६ कूल रखले २८ रूपनरायन २९ देइ।

मि० म० (प० सं० ४६) ४ तें कि १५ तें २७ सिवसिंघ। १४-१७-१९ और २८ रा० त० के प्रस्तुत पाठ के सदृश तथा शेष न० गु० के पाठ के समान।

परि० पद० (रा० त०, प० सं० ३१)—४ तञे कि ५ सखि ७ इथी (क) १० पहिलहिं आनि ११ पियतमे १३ सोपलन्हि १५ ते २० अपथें २३ किवा २४ लतासिहँ २६ रखलें २८ रूपनराञेन।

सं० मन्तव्य ३ पासहिं ४ तञे कि १३ सोपलहं २६ रखलें २ रूपनराञेन।

शब्दार्थ—परवास=प्रवास। आस=आशा। पासहि=पास में ही। तञे कि बोलह=तुम क्यों [ऐसा] कहती हो। जदिआन=यदि अन्य [पराया कोई] होता। [और ऐसा कहता तो उसके इस प्रकार के कथन की कुछ संभावना भी होती।] प्रतिपालक=प्रतिपालक या लज्जा की रक्षा करनेवाला। इथी कि=ऐसी दशा में क्या। अघट=अघटनीय, नियम विरुद्ध। आनि=लाकर। पानि गहि=हाथ पकड़कर। अपथें=कुमार्ग में।

[२११]

शोभना धनछी—

सपने आएल सखि मझु पिअ[१] पासे।
तखनुक की[२] कइब हृदय हुलासे ॥ ध्रु० ॥
न देखिअ धनु गुन न देखु सन्धाने
चौदिस परए कुसुमसर बाने।
बंक[३] बिलोचन बिगसित[४] थोरा
चाँद[५] उगल जनि समुद्र हिलोरा ॥
उठलि चेहाए आलिंगन[६] बेरी
रहलि लजाए सूनि सेज हेरी।
भनइ विद्यापति सुनह सपने
जत देखलह तत पुरतौह म(द)ने[७] ॥

रा० त० पृ० १०६

पाठभेद—

न० गु० (प० सं० ७९६)—१ पिया २ कि ४ विकसित ५ आलिङ्गन

मि० म० (प० सं० ५६४)—३ बङ्क। ४-५ न० गु० सदृश।

परि० पद० (रा० त०, प० सं० ४०)—१ पिआ २ कि ३ बाँक ५ चान्द ६ आलिङ्गन ७ मनने।

सं० मन्तव्य—१ पिआ २ कि ५ चान ७ मनने।

शब्दार्थ—तखनुक=उस क्षण [समय] का। हुलासे=उल्लास को। गुन=गुण, रस्सी, धनुष की। सन्धाने=लक्ष्य की। ओर निशाना लगाना। बंक बिलोचन=तिरीछे नैन। हिलोरा=तरंगों में। पुरतौह=पूर्ण करे वा करेगा।

[२१२]

उत्तम नाट—

सखि हे, बालँभ[१] जितब बिदेसे[२]।
हमे[३] कुलकामिनि[४] कहइते[५] अनुचित[६]
तोहन्हुँ[७] देहुन्हि[८] उपदेसे[९] ॥
ई[१०] न विदेसक[११] बेलीं[१२]।

दुरजनें[१३] हमर दुख न अनुमापब[१४]
तें तोहें[१५] पिआ[१६] गे लएली[१७] ॥
किछु दिन करथु निवासे[१८] ।
हमे[१९] पूजल जे सेहे पए[२०] भुजब[२१]
राखथु पर उपहासे[२२] ॥
होएताहे[२३] किए[२४] बधभागी ।
जहि खने[२५] हुन्हि[२६] मने माधव[२७] चिन्तब
हमहूँ[२८] मरब धसि आगी ॥
विद्यापति कवि भाने[२९] ।
राजा सिवसिंह[३०] रूपनराएन[३१]
लखिमा देवि[३२] रमने[३३] ॥

रा० त०; पृ० ११८

पाठभेद—

न० गु० (प० सं ६१७)—१ बालमु २ विदेशे ४ कुलकामिनी ६ अनुचित ७-९ तोंहहु दे हुनि उपदेशे १० इ ११ विदेशक १२ बेलि १३ दुरजन १४ अनुमापब १५ तोंहे १६ पिया १७ गेलइलि २० पय २१ भुञ्जब २३ होयताह २४ किये २६ हुनि २८ हमहु २९ भने ३१ रूपनरायन

बेनीपुरी—(प० सं० १८७) बालुम २ विदेस. ३ हम ५ कहइत ७-९ तोहहुँ दे हुनि उपदेस १७ लग मेलि १८ निबास १९ हम २१ भुंजब २२ पर-उपहास २५ २७ जेहि खन हुन मन जाएब चिंतब २९ भान ३०-३१ सिवसिंघ ३२-३३ देइ रमान ।
६-१२-१३-१४-१५-१६-२३-२८ और ३१ न० गु० सदृश ।

मि० म० (प० सं० १५६)—५ कहइत ७-८ तोहनु दे-हुन्हि १५-१७ तोहे पिया गेल एलि ३०-३१ राजा सिवसिंघ रूपनाराएन ३२-३३ देइ रमाने । शेष लगभग न० गु० सदृश ।

परि० पद० (रा० त०, प० सं० ५१)—१ बालभु ७ तोहहिं १५ तञे तोहें (ल) गे लएलीं २१ भुञ्जब २६ हुनि ३०-३१ राजा शिवसिंह रूपनराञेन ।

सं० मन्तव्य—१ बालँभु ३ हम १५ तोहे १७ लगे मेलि २१ भुञ्जब ३१ रूपनराञेन

शब्दार्थ—जितब विदेसे=विदेश को जाएँगे। तोहन्हु=तुम्ही। देन्हुन्हि उपदेसे=उन्हें

उपदेस [सलाह] दो। बेलीं=बेला, समय। अनुमापब=अनुमान करेंगे, समझेंगे। तें=इसी से। लगे मेलि=पास मिलाती हूँ, भेजती हूँ। करथु=करें। पूजन=पूजा, अपने कर्मों से अर्जित किया। भुञ्जब=भोगूँगी। राखथु=रखें, बचाएँ। होएताहे किए=क्योंकर होंगे? मने माधव चिन्तब=माधव मन में भी विचारेंगे। धसि=धँसकर, प्रवेश कर।

(२१३)

दहो दिस सुन सन अधिक पियासल[१]
भरमैते[२] बुल सभ ठामे।
भागबिहिन जन आदर नहि[३] लह
अनुभवि धनि जन ठामे॥
हे साजनि जनु लेहे भमिकर नामे।
बिधिहिक दोख[४] सन्तोख[५] उचित थिक
जगत विदित परिनामे॥
आतपें[६] तापित सीतल[७] जानि कहु[८]
सेओल मलय गिरि छाहे[९]।
ऐसन[१०] करम मोर सेहओ दूर गेल
कएल दवानले[११] दाहे॥
कते दुखे[१२] आज समुद्र तिर पाओल
सगरेओ जले भेल छारे।
एहना[१३] अवसर धैरज[१४] पए हित
सुकवि भनथि कण्ठहारे॥

ताल, न० गु०; प० ४३४

भेद—

मि० म० (प० सं० ३९७)—६ आतपें

परि० पद० (प० सं० १३४)—२ भरमइते ६ आतपें ७ सितल १० अइसन ११ दवानलें १२ दुखें १३ अइसना

सं० मन्तव्य—१ पिआसल २ भरमइते ३ नहिं ४ दोषें ५ सन्तोष ६ आतपें ८ कहुँ ९ छाहें १० अइसन ११ दावानल १२ दुखें १४ धइरज

शब्दार्थ—सुनसन=सुनसान। भरमइतेबुल=भ्रमित हो घूमता है। लह=पाता। भमिक=भ्रमण कारी। विधिहिकदोष=विधाता के दोष पर, भाग्य के ही विरुद्ध होने पर।

[२१४]

एत दिन छल पिआ[१] तोह हम जेहे हिआ
सीतल सील कलापे ।
तोहे[२] न कान धरु विनति दूर करु
दुरजन दुरित अलापे ॥
मोहि पति भल भेल ओतहि ओहओ गेल
कि फल विकल कए देहे ।
करिअ जतन पए जञो पुनि जोलि हो[३]
टूटल सरस सिनेहे ॥
सुनु कान्ह हे जतने दहु[४] परिहर के ॥
दिन दस जौवन[५] तेहि[६] अनाएत
मन तहु पुछु परकारे ।
तुअ परसाद बिखाद नयन जल
काजरे[७] मोर उपकारे ॥
तें[८] तञो करबि मसि मअन[९] पास बैसि[१०]
लिखि लिखि देखबासि तोही ।
तार हार घनसार सार रे
सेओ लव[११] सन्ताओत मोही ।
कामिनि केलिभान थिक माधव
आओ कुमिदिनि सञो चाँदे ।
दुरहु दुरहु तोहें[१२] पहु तञो बुझह दहु
दरसने कत आनन्दे ॥
भनइ विद्यापति अरे वर जौवति[१३]
मेदिनि मदन समाने ।
लखिमा देवि पति रूपनराएन[१४]
सुखमा देवि[१५] रमाने ॥

ताल०, न० गु०, प० ४६७

पाठभेद—

मि० म० (प० सं० १४८) १ पिया ४ रतन दहु ८ तें १२ तोंहे १४ रूपनराएण १५ देइ ।

परि० पद० (प० सं० १४४)—२ तोहें ३ जोळि हो ५ जउवन ६ ओहओ ७ काजरें ९ सजन १० बसि १३ जउवति १४ रूपनराजेन । ४-८ और १२ मि० म० सदृश ।

सं० मन्तव्य—२ तोहें ३ जोळिहे ४ दहु परिहर के रतने ५ जउवन ७ काजरें ८ तें १० बइसि १२ तोहें १३ जउवति ।

शब्दार्थ—जेहे हिआ=हृदय जैसा, सदृश । सील कलापे=शील स्वभाव के संयोजन से । न कान धरु=सुना तक नहीं । दुरित=तिरस्करणीय । अलापे=आलाप, बातें । ओतहि ओहओ=वह [मेरामन] भी वहीं [तुम्हारे प्रवास स्थल को] । जोलि=मिलाप । दहु...रतने=रत्न को कौन त्यागता है । परसाद विखाद=प्रसाद से विषाद । मअन...बइसि=कामदेव के चरणों में बैठकर । लिखि लिखि=चित्र बनाकर । देखबासि=दिखाऊँगी । तार=तरल, पानीदार मोती । सेओ लव=ये भी थोड़ा-थोडा । सन्ताओत=नष्ट रक रहे हैं । केलिभान थिक माधव=क्रीड़ा-केलि के भानु (सूर्य) श्री कृष्ण हैं । दुरहु...आनन्दे=दूर रहते हुए भी सम्भवतः तुम समझते होगे कि प्रिय-दर्शन में कितना आनन्द है ।

[२१५]

हे माधव भल भेल कएलह कूले ।
काच कञ्चन दुहु सम कए लेख लह
न जानह रतनक मूले ॥
तोंहे[१] हम[२] पेम जते दुर उपजल
सुमरह से आबे ठामे ।
आबे पररमनि[३] रंगे तोहे[४] भुललाहे
बिहुसिहु[५] हसि[६] हेर बामे ॥
ऐसन[७] करम मोर तें[८] तोंहे[४] जदि भोर
हमे अबला कुल नारी ।
पिसुनक वचन[९] कान जदि धएलह
साति न कएल बिचारी ॥
भनइ विद्यापति सुनह सुन्दरि
चिते जनु मानह सङ्का ।
दिवस वाम सखि सबे खन न रहए
चांदहु[१०] लाग कलङ्का ॥

ताल०, न० गु० पं० ४८३

पाठभेद—

मि० म० (प० सं० ३७४)—१ तोहें ४ तोहें ८ तें

परि० पद० (प० सं० १४९)—१ तोहें ४ तोहें ५ विहँसहुँ ६ हँसि ७ अइसन ८ तञे १० चान्दहु

सं० मन्तव्य—१-२ तोहें हमे ३ पररमनी ४ तोहें ७ अइसन ८ तञे ९ बञने १० चान्दहु

शब्दार्थ—कएलह कूले=किनारे (अपने से सर्वथा असम्पृक्त) कर दिया। लेखलह=देखा, समझा। मूले=मूल्य। विहँसिहु=मुस्कराने पर भी। हेर=निहारते, देखते हो। बामे=विरुद्ध दिशा में। पिसुनक=निन्दक। बञने=बात पर। कान जदि धएलह=कान धरा, सच मानलिया। साति=शास्ति, दण्ड।

[२१६]

करञो[१] विनअ[२] जत जत मन लाइ।
पिआ[३] परिठब[४] पचताबके[५] जाइ॥
धन धइरज[६] परिहरि पथ साचे।
करम[७] दोसे[८] कनकेओ भेल काचे॥

निठुर बालम्भु[९] सञो[१०] लाओल सिनेहे।
न पुर[११] मनोरथ न छाड़ु सन्देहे॥
सुपुरुस[१२] भाने मान धन गेल।
हृदय[१३] मलिन मनोरथ भेल॥

जदि दूषन[१४] गुन पहु न विचार।
बढ़[१५] भए पसरए पिसुन पसार॥
परिजन चित नहिं हित परथाब।
धरसने[१६] जीव कतए नहि धाब॥

हम[१७] अवधारि हलल परकार।
विरह सिन्धु जिव दए बरु[१८] पार॥
भनइ विद्यापति सुन वरनारि।
धैरज[१९] कए रह[२०] भेटत[२१] मुरारि॥

ताल०, न० गु० दो बार, प० ४९२ तथा ६४०

पाठभेद—

न० गु० (प० सं० ६४०)—१ करओं २ विनती ४ परिचब ६ धइरजे ८ दोसें १० सों ११ न पुरल १३ दिन-दिन १५ बड़ १६ धरषने १८ करु २० रहु

मि० म० (प० सं० ४६७)—२ विनय ३ पिया १२ सुपुरुख १४ दूसन १५ बड़। पुनः (प० सं० ५२०) पर न० गु० ६४० के पाठ के लगमग समान।

परि० पद० (प० सं० १५२)—७-८ करमक दोषें ९ बालभु १२ सुपुरुष १३ दिन-दिन १५ बड़ १६ धरखने १७ हमे १८ करु २१ मिलत।

सं० मन्तव्य—५ पचतावकें ८ दोषें ९ बालँभु १२ सुपुरुष १३ हृदयें १५ बड़ १७ हमे १९ धइरज २१ भेंटत

शब्दार्थ—परिठब=प्रस्ताव। पचतावकें=पश्चाताप को। जाइ=जाता, प्राप्त=होता है। कनकेओ=सोना भी। भाने=समझने से। मानधन=मान करने का गौरव। हृदयें=हृदय में ही। परथाब=प्रस्ताव। धरसने=लाभ के लोभवश या धमकी के डर से। अवधारि हलल=निश्चय किया। बरु=बल्कि, अपितु।

[२१७]

पहुक वचन[1] छल पाथर रेख।
हृदय[2] धएल नहि होएत विशेख[3]॥
नागर भमर दुहु[4] एक रीति।
रस लए निरसि करए फिरि तीति॥
ओ पहिलहि[5] बोल तोहेहि[6] परान।
पथ[7] परिचय नहि राख निदान॥
यौवन[8] अवधि राख अनुबन्ध।
आगिला[9] विषय[10] अधिक परबन्ध॥
ओ बैसइते[11] कत कर अवधान।
अति सानन्द भए कर मधुपान॥
उड़इते[12] भर दे न कर सम्भाष[13]।
आगिला[14] कुसुम अधिक अभिलाष[15]॥
कि कहब माइ हे बुझत[16] अनेक।
नागर भमर दुअओ अविवेक॥
भनइ विद्यापति सुन वरनारि।
पेमक रसे[17] बस होअ[18] मुरारि॥

ताल; न० गु०; प० ४९९

पाठभेद—

मि० म० (प० सं० ४६८)—३ विसेख ४ दुहू ८ जौवन १० बिसय ११ बैसइत १२ उड़इत १३ सम्भास १५ अभिलास

परि० पद० (प० सं० १५४)—४ दुहू ६ तोहँहि ९ अगिला १४ अगिला १६ बुझब १७ रसेँ

सं० मन्तव्य—१ बअन २ हृदयेँ ३ विशेष ४ दुहू ५ पहिलहिँ ६ तोंहहिँ ७ पथे ८ जउवने ९-१० अगिलाँ विषए ११ बइसइते १२ उड़इते १४ अगिलाँ १६ बुझब १७ रसेँ १८ होए

शब्दार्थ—विशेख=असामान्य, उत्कृष्ट। निरसि=रसहीन बनाकर। निदान=अन्त में। भर दे=भार डालकर, तेजी से। रसेँ=रस से।

[२१८]

धन जउवन[१] रस रङ्गे[२]।
दिन दस[३] देखिअ तलित[४] तरङ्गे[५]॥
सुघटेओ[६] बिहि[७] बिघटाबे।
बाङ्क[८] बिधाता की न कराबे॥
माधव[९] ई तुअ भलि[१०] नहि रीती[११]।
हठे[१३] न करिअ दुर[१४] पुरुब[१५] पिरीती[१६]॥
सचकित[१७] हेरए[१८] आसा[१९]।
सुमरि[२०] समागम सुपहुक[२१] पासा[२२]॥
नयन[२३] तेजए[२४] जलधारा[२५]।
न चेतए[२६] चीर न[२७] परिहए[२८] हारा[२९]॥
लख जोजन बस चन्दा[३०]।
तइओ[३१] कुमुदिनि करए[३२] अनन्दा[३३]॥
जकरा[३४] जा सञो[३५] रीति।
दुरहुक दुर गेले[३६] दोगुन[३७] पिरीती[३८]॥
विद्यापति कवि गाहे।
बोलल बोल सुपहु निरबाहे॥
रूपनरायन[३९] जाने।
राए सिवसिंह[४०] लखिमा देवि[४१] रमाने॥

ताल०, न० गु०, प० ५०७

पाठभेद—

ग्रियर्सन—(प० सं० ४६)—१ जौवन ३ दश ६ सुघटित ८ बाँक ९-१० इओ भल १३ हटें १४ दुरि १८ हेरय २४ तेजय २६ चेतय २८ पहिरय ३१ तैअओ ३२ करय ३५ जासँ ३६ गेलें ३७ दो गुन । अन्तिम दो पंक्तियाँ नहीं हैं ।

ब्र० न० सहाय (प० सं० ८०)—२ रंग ४ तुलित ५ तरङ्ग ७ बिहि ९-१० इओ भलां १२ रीति १३ हठ १५-१६ पुरुबक पिरीति १७-१९ सच कित हेरय आस २० सुमिरि २१-२२ सुपुहुक पास २४-२५ तजय जलधार २६-२८ चेतय न चीर न पहिरय हार ३० चन्द ३१ तैओ ३३ अनन्द ३४-३५ जेकरा जा संग ३७-३८ दुइ गुन पिरीति । शेष ग्रियर्सन के पाठ के समान ।

मि० म० (प० सं० १५३)—३५ सयें रीती ३९ रूपनराएन ४० सिवसिंघ ४१ देइ । शेष न० गु० के पाठ के सदृश । पुन:—

(प० सं० ५६३)—पर ग्रियर्सन से उद्धृत लगभग उन्हीं के पाठ के सदृश पाठ ।

परि० पद० (प० सं० १५८)—४ तळित १३ हठें ३५ सओ रीती ३९ रूपनराजेन ४१ दे ।

सं० मन्तव्य—१७ सचकिते २३ नअने २६ जलधार २८ पहिरए २९ हार ३६ गेलें ३८ पिरीति ४१ देइ । शेष पाठान्तर परि० पद० सदृश ।

शब्दार्थ—तलित तरङ्गे=विद्युत की लहराती रश्मिशिखा । सुघटेओ=सुचारुरूप से बनाए हुए को भी । बिघटाबे=बिगाड़ देता है । बाङ्क=वक्र, विपरीत । आसा=दिशाएँ । चेतए=चेतती, सुध करती, व्यवस्थित करती । रीति=प्रीति-प्रतीति । दुरहुक दूर=दूर से भी दूर । दोगुन=द्विगुणित, दूनी ।

[२१९]

सामर पुरुसा[१] मझु घर पाहुन
रङ्गे बिभावरि गेली ।
काचा सिरिफल नखमुति लओलन्हि
केसु पखुरिया[२] भेली ।।
से पिआ[३] दए गेल केसु पखुरिआ[४]
धरय[५] न पारल मोञे रे ।।
ससि नव छन्दे[६] अनुरागक आँकुर[७]
धएल मोञे आँचरे गोइ[८] ।

काजरे[९] कार सखीजन लोचन
दीठिहु मलिन जनु होइ[१०] ॥
नूतन नेह ससारक[११] सीमा
उपचित कइसनि चोरी।
व्याध कुसुमसर सञो बिघटाउलि
रङ्ग कुरङ्गिनि मोरी॥
चारि भावे हमे भरमलि अछलाह[१२]
समदि न भेले मोहि सेवा।
कान्हुरूप सिरि सिवसिंह आएल
कवि अभिनव जअदेवा[१३] ॥

ताल; न० गु०, प० ५९९

पाठभेद—

मि० म० (प० सं० ७७)—३ पिया ४ पखुरिया १३ जयदेवा

परि० पद० (प० सं० १७३)—१ पुरुषा २ पखुरिया ५ धरए ६ छन्दें ७ आकुर ८ गोई ९ काजरें १० होई ११ संसारक अछलाहुँ १२-१३ जयदेवा।

सं० मन्तव्य—७ और १३ न० गु० तथा शेष परि० पद० सदृश।

शब्दार्थ—[स्वप्नमिलन-बिछुड़न चर्चा] सामर=श्यामल, श्याम। काचा...लग्रोलहि=कच्चे [यौवनोदय के] श्रीफल [उरोजों] में नख से मोती ला दिया, नख-क्षत कर स्तनों पर मौक्तिकहार सा पिन्हा दिया। केसु पखुरिया-भेली= ये नखक्षत उरोजों पर उभर आए तो रक्त-श्याम द्युति टेसू [पलाश] की कली सी लगने लगी। ससिनवछन्द=नए [द्वितीया] के चन्द्रमा की भाँति। गोई=छिपाकर। चारि भावे=विभाव अनुभाव, संचारी और स्थायी भावों, प्रीति के प्रत्येक पक्ष से।

[२२०]

न जानल कोन[१] दोसे[२] गेलाह विदेस।
अनुखने झखइते[३] तनु भेल सेस॥
बुझहि न पारल निअ[४] अपराध।
प्रथमक प्रेम दइबे[५] करु बाध॥
बेरि एक दइब दहिन जञो होए।
निरधन धन जके[६] धरब मोञे गोए॥
भनइ विद्यापति सुन वरनारि।
धइरज कए रह मिलत[७] मुरारि॥

ताल०; न० गु०; प० ६३२

पाठभेद—

मि० म० (प० सं० ५१९)—झखइत ५ दइब

परि० पद० (प० सं० १८२)—१ कओन २ दोषें ४ निञ ५ दइबें

सं० मन्तव्य—१-२ कओनें दोषें ३ झंखइते ४ निञ ५ दइबें ६ जञे ७ मिलब

शब्दार्थ—दोषें=दोष पर। दइवें=दैव, विधाता ने। बाध=बाधा, बिघ्न। जके वा जञे=ज्यों सदृश।

पाठभेद—

[२२१]

लोचन धाए फेधाएल
हरि नहि आएल[१] रे।
शिव शिव[२] जिवओ न जाए
आसे[३] अरुझाएल रे॥
मन करि[४] तँह[५] उड़ि जाइअ
जाहाँ[६] हरि पाइअ रे।
पेम परसमनि[७] जानि
आनि[८] उर लाइअ रे॥
सपनहु सङ्गम[९] पाओल
रङ्ग[१०] बढ़ाओल रे।
से मोर[११] बिहि बिघटाओल
निन्दओ हराएल[१२] रे॥
भनइ[१३] विद्यापति गाओल
धनि धइरज कर[१४] रे।
अचिरे मिलत तोहि बालम्भु[१५]
पुरत मनोरथ रे॥

ताल; न० गु०; प० ६४५

पाठभेद—

बेनीपुरी (प०सं० ९९३)—१ आयल २ सिव सिव ३ आस ४ करे ५ तहाँ ६ जहाँ ७ पेम-परसमनि ९ संगम १० रंग ११ मोरा १२ हेरायल १४ जर १५ बालमु

मि० म० (प० सं० ५२१)—२ से ७ तथा १२, १४ और १५ संख्यक पाठभेद बेनीपुरी सदृश

परि० पद० (प० सं० १८५)—४ तहँ ८ आनि १३ सुकबि १४ धरु १५ बालमु

सं० मन्तव्य—३ आसेँ ४ मने करि ५ तहँ ६ जहाँ ८ आनि १२ हेराएल १५ बालमु

शब्दार्थ—फेदाएल=फेनयुक्त, फूले अथवा थकित हुए। मने करि=मन में कामना करती हूँ मन चाहता है। पेम परसमनि=प्रेम रूपी स्पर्श मणि। आनि=ले आकर, लेकर। सङ्गम=मिलन। हेराएल=खो गई।

[२२२]

अविरल परए मदन सर धारा।
एकल देह कत सहत हमारा॥
सपनेहु तिला एक तहि[१] सओ रङ्गे।
निन्द बिदेसल[२] ताहि पिया[३] सङ्गे॥
कान्ह कान लागि कहिहि भमरा।
तोञे[४] जानसि दुख अहनिसि हमरा॥
एतबा बोलि कहब मोरि सेवा।
तिरथ जानि जल अञ्जुलि देवा॥
भनइ विद्यापति एहु रस जाने।
राए सिवसिंह[५] लखिमा देइ[६] रमाने॥

ताल; न०गु०, प० ६४८

पाठभेद—

मि० म० (प० सं० १६२)—१ तन्हि ४ तोँञे ५ सिवसिंघ

परि० पद० (प० सं० १८६)—१ तन्हि ३ पिआ ४ तोञे ६ दे

सं० मन्तव्य—२ विदेसलि ३ तोञे

शब्दार्थ—सरधारा=बाणों की धारा। विदेसलि=विदेश चली गई, आती ही नहीं। कान लगि=कान से सटकर, धीरे से, भली भाँति।

[२२३]

नउमि दसा[१] देखि गेलाहे नड़ाए।
दसमि दसा[१] उपगति भेलि आए॥
हुन्हि अरजल अपजस अपकार।
हमे जिवे[२] अङ्गिरल जम बनिजार॥

आबे सुखे[३] कन्हाइ करथु विदेस।
सुमरि जलञ्जलि[४] दिहुथि[५] सन्देस॥
बह मलयानिल झर मकरन्द।
ऊगओ[६] सहसदस दारुन चन्द॥
करओ कमल बन केलि भमरा।
आबे कि भल मन्द होएत हमरा॥
भनइ विद्यापति निरदय कन्त।
एहि सों[७] भल बरु जीवक अन्त॥

ताल, न० गु०; प० ६४९

मि० म० (प० सं० ५२२)—१ दशा ४ जलाञ्जलि ६ आओ ७ सों

परि० पद (प० सं० १८७)—२ जिवें ३ सुखें ४ जलाञ्जलि ५ दिहुथि ६ उगओ ७ सञो।

सं० मन्तव्य—१ दशा २ जिवें ७ उगओ ७ सञे

शब्दार्थ—नउमि दशा=विरह की दशाओं में से नवीं—जड़ता। नड़ाए=विदेश घूमने। दसमि दसा=मृत्यु। अरजल=अर्जित किया। बनिजार=व्यापारी। दिहुथि=देवें।

[२२४]

कुन्द कुसुम भरि सेज सोहाओन[१]
चान्द इजोरिय[२] राति।
तिला एक सुपहु समागम पाओल
मास बरख भेल साति॥
हरि हरि पुनु कइसे पलटि मधुपुर जाएब
पुनु कइसे भेटत मुरारि।
चिन्ता[३] जाल पड़लि हरिनी सनि
कि करब बिरहिनि नारी[४]॥
एक[५] भमर भमि[६] बहुल कुसुम रमि[७]
कतहु न केओकर बाध।
बहुबल्लभ सञो सिनेह बढाओल
पड़ल हमर[८] अपराध॥

दिवसे दिवसे बेआधक[९] अधिकाएल
दारुण भेल पचबान[१०]।
आओर बरख कत आसे[११] गमाओब
संसअ परल परान॥
भनइ विद्यापति सुन बरजौवति[१२]
मन चिन्ता करु त्याग।
अचिर[१३] मिलत हरि रहु धैरज[१४] धरि
सुदिने पलटत[१५] भाग॥

ताल; न० गु०, प० ६५३

पाठभेद—

मि० म० ((प० सं० ५१७ ख)—२ इजोरिए ८ हमार १५ पलटए

परि० पद० (प० सं० १८६)—१ सोहाओन २ इजोरिअ ४ नारि ५ एकल ६ भम ७ रमि ६ बेआधहु १० पँचबान १२ वरजउवति

सं० मन्तव्य—३ चिन्ताञे ११ आसेँ १३ अचिरे १४ धइरज। १ से ५ तक तथा १० और १२ संख्यक पाठान्तर परि० पद० वत्।

शब्दार्थ—चान्द इजोरिअ=चन्द्र की धवल किरणों से प्रकाशोज्ज्वल। साति=शास्ति, दण्ड। बाध=बाधा, वर्जन। बेआधकव=व्याध अथवा व्याधि। अचिरे=शीघ्र ही।

[२२५]

प्रथमहि[१] उपजल नव अनुरागे।
मनकर प्रान धरिअ तसु आगे॥
आबे[२] दिने दिने[३] भेल[४] पेम[५] पुराने।
भुगुतल कुसुम सुरभि कर आने[६]॥
हरि के[७] कहब सखि हमरि[८] विनती।[९]
बिसरि न हलबिए पुरुब[१०] पिरिती॥[११]
रभस समअ[१२] पिआ[१३] जत कहि गेला।
अधराहु[१४] आध सेहओ[१५] दुर भेला॥[१६]
भनइ[१७] विद्यापति एहो[१८] रस भाने।[१९]
राय सिवसिंह[२०] लखिमा देइ[२१] रमाने॥[२२]

ताल, न० गु०; प० ६५६

ाठभेद—

ग्रियर्सन(प० सं० ७३)—७ हरि सँ ८९ हमरी विनीती १० परुब १४-१६ अधरहुँ आध सेहओ दुरि गेला। १८-१९ इहो रस जाने २१-२२ लखिमा विरमाने।

ब्र० न० सहाय (प० सं० ८७)—१ प्रथमहिं २ ५ अब दिन दिन भेल प्रेम पुरान ६ आन ११ पिरीती १२ समय १३ पिय १७ भनहिं २०-२२ राजा सिवसिंह लछिमा रमाने।

मि० म० (प० सं० १६५)—२ आर ५ प्रेम १७ मनहि २० राए सिवसिंह

परि० पद० (प० सं० १९१)—६ आने १४ अधराहु १९ जाने २०-२२ राय सिवसिंह लखिमा दे रमाने

सं० मन्तव्य—१ प्रथमहिँ ६ आने ११ पिरीती १२ समअ १९ जाने

शब्दार्थ—मनकर=इच्छा होती थी। भुगुतल=भोगा हुआ, पूरी तरह रस चूसलिया हुआ। हलविए=जाएँगे। अधराहु=आधे का भी।

[२२६]

केओ सुखे[१] सूतए[२] केओ दुखे[३] जाग।
अपन अपन थिक भिन भिन भाग॥
कि करति अबला न चेतए हार।
एकहि नगर[४] बहुत बेबहार॥
माजरि[५] तोरि भमर मधु पीब।
से देखि पथिक कण्ठागत जीब॥
कन्ता कन्त मनोरथ पूर।
विरहिनि बिरहे बेआकुल झूर॥
विद्यापति भन एहु रस जान।
राए सिवसिंह[६] रूपिनि देइ[७] रमान॥

ताल; न० गु०;प० ६७८

पाठभेद—

मि० म० (प० सं १६६)—सुतए ६ सिवसिंघ

परि० पद० (प० सं० १९२)—१ सुखेँ ३ दुखेँ ७ दे

सं० मन्तव्य—१ सुखेँ ३ दुखेँ ४ नगरे ५ मञ्जरि

शब्दार्थ—भिन-भिन=विभिन्न, अलग अलग प्रकार। न चेतए हार=का अर्थ न० गु० ने 'हार सावधाने रक्षा करे ना' किया है जिसके संबंध में मि० म० ने आपत्ति करते हुए कहा है कि इसप्रकार यदि विरहिणी चेतना गँवा बैठी होती तब तो उसे विरह जन्य दुःख की अनुभूति भी नहीं हो सकती। अतः उन्होंने अर्थ किया है—'चेतना हाराय ना।' किन्तु यह अर्थ भी सुसंगत नहीं है। यहाँ सीधा अर्थ है—हार को उसके निर्दिष्ट स्थल पर सँभाले रखने के प्रति सजग नहीं रहती।' कन्ता=कान्ता, प्रिया जिनके पति पास हैं। पूर=पूर्ण करता है।

[२२७]

जेहे लता लघु लाए कन्हाइ।
जल दए दए किछु गेलाहे बढ़ाइ॥
से आबे भरे[१] कुसुमित भेल आइ।
परिमल पसरल दह[२] दिस जाइ॥
पिआ के कहब पिक सुललित बानी।[४]
रभसक अवसर[५] दुरजन जानि॥
हठे[६] अवधारि विलम्ब नहि[७] सहइ।
फुलला[८] फुल[९] मधु बसि नहि[७] रहइ॥

ताल०, न० गु०, प० ६८०

पाठभेद—

मि० म० (प० सं० ८४५)—३ पिआके ८ फुलला

परि० पद० (प० सं० १९३)—१ भरें ४ बानि ६ हठें

सं० मन्तव्य—१ भरें २ दहो ४ बानि ५ अवसरे ६ हठें ७ नहिं ९ फूल

शब्दार्थ—जेहे=जिसको। लाए=लाकर, लगा या रोपकर। भरें=भार से बोझिल हो, परिपूर्ण हो। दहोदिस=दशो दिशाओं में। पिआके=प्रियतम के प्रति, से। अवधारि=निश्चय कर, सीमा निर्धारित कर। बसि नहिं रहइ=बसी हुई, बैठी हुई, स्थिर नहीं रहती।

[२२८]

पिआ सञो[१] कहब भमर वर
पलटि आओब सेहे देस।
आएं देखबि निज[२] भाविनि
तञो[३] बरु जाएब बिदेस॥

सैसव समय बहिए[४] गेल
 जउवने तनु लेल वास।
तन्हुहु तोरित[५] चलि जाएब
 पुरए रहति मोरि[६] आस॥
दिने दिने झखइते खिन तनु
 सुतओ[७] नलिनि दल[८] लागि।
चाँद ऐसन[९] छल सीतल
 सेहओ बहए[१०] तनु आगि॥
मनमथ मन मथ सब तहु
 से सुनि हिअ मोर साल।
बालभु[११] हमर विदेश बस
 तें[१२] जउवन भेल काल॥

ताल०, न० गु०, प० ६८४

पाठभेद—

मि० म० (प० सं० ८४४)—१ सयँ ३ तयँ ४ बाहए ६ मोर ७ सुतयँ १२ तें

परि० पद० (प० सं० १९५)—९ अइसन १० बरए १२ तञे

सं० **मन्तव्य**—२ निञ ५ तोरिते ८ दले ९ अइसन ११ बालँभु १२ तञे

शब्दार्थ—कहब भमर वर=श्रेष्ठ भ्रमर कहना। भ्रमर से विरहसंदेश भेजने का स्पष्ट उल्लेख। पलटि=पलटकर, लौटकर। तञो=तब फिर। बहिए गेल=बह गया। लेलबास=शरीर में विराजमान है। तन्हुहु=वे (प्रियतम)। तोरिते=शीघ्र ही। पुरए……आस=मेरी आशाएँ पूर्ण होने को भले ही शेष रह जाएँ। लागि=लगकर, सहारे पर। बहए=बहाता है। बरए=जलाता है। तञे=इसी से।

[२२६]

आनह केतकि केर[१] पात। मृगमद मसि नख काप।
सबहि लिखबि मोरि नाम। विनती देबि सब ठाम॥
सखि हे, गइअ[२] जनाबह नाथ। करक[३] लिखन दए हाथ॥
नाम लइते[४] पिअ तोर। सर गदगद कर मोर॥

आँतर[५] जनु हो तोहार। तें[६] दुर कर उर हार॥
आबे[७] भेल नव[८] गिरि सिन्धु। अबहु[९] न सुमझ[१०] सुबन्धु॥
विधि गति नहि[११] परकार। सालय[१२] सर कनियार॥
सुकवि भनथि कण्ठहार। के सह काम परहार[१३]॥

ताल०, न० गु०, प० ६८७

पाठभेद—

मि० म० (प० सं० ५२९)—१ केतकिकेर २ गइए ३ कर ४ लइत ६ तैं ७ अब

परि० पद० (प० सं० १९५)—५ आतर ६ तञे ८ नरि १० समुझ १२ सालए १३ प्रहार

सं० मन्तव्य—२ गइए ९ अबहुँ ११ नहिँ १३ परहार। शेष परि० पद० वत्

शब्दार्थ—केतकिकेर=केतकी (केवड़ा) का। मृगमद=कस्तूरी। नखकाप=नाखून की कलम से। गइए=जाकर। करक=हाथों का। सर=स्वर-कण्ठ स्वर। आतर=अन्तर, अन्तराल, दूरी। नव=नौ अथवा नए-नए। नरि=सरिता, नदी। सुबन्धु=सुन्दर साथी, प्रियतम। कनियार=अत्यन्त तीक्ष्ण।

[२३०]

सखि हे मोरे बोले[१] पुछब कन्हाइ।
हमर सपथ थिक बिसरि न हलबे
गए तेजि अवसर पाइ।
हुन्हि सञो[२] पेम हठहि हमे लाओल
हित उपदेस न लेला।
तृण तरुअर छाया तर बैसलाहु
जइसन उचित से भेला॥
एके हमे नारि गमारि सबहुतह
दोसरे सहज मतिहीनी।
अपनुक दोस[३] दैव[४] के कि कहब
ओ नहि भेलाहे चिन्ही॥
अकुलिन बोल नहि ओड़ धरि निरबह[५]
धरए अपन बेबहारे।

आगिल दुर कर पाहिल[६] चितधर
जइसन बड़ि कुसियारे ॥
भनइ विद्यापति सुन वर जउवति[७]
चिते जनु मानह आने[८] ।
राजा सिवसिंह[९] रूपनराएन[१०]
सकल—कला—रस जाने ॥

ता०, न० गु०, प० ६८९

पाठभेद—

मि० म० (प० सं० १६७)—२ सयँ ७ जउवति ९ सित्रसिंघ

परि० पद० (प० सं० १९६)—१ बोलें ३ दोष ५ अकुलि बोल ओड़ नहि निरबह ६ पाछिल आने ८ आने ९ रूपनराजेन

सं० मन्तव्य ४ दइव । शेष पाठभेद परि० पद० वत्

शब्दार्थ—सपथ थिक=सपथ है । विसरि न हलबे=भूल न जाना । हठहि हमे लाओल=हठ पूर्वक मैंने लगाया । तुन तरुअर छाया=तृण को ही तरुअर समझ उसकी छाया में अथवा ताड़वृक्ष की छाया में । चिन्ही=पहचान । ओड़अरि=अन्तिम छोर तक । पाछिल=पीछे का, व्यतीत, बाद में हुआ, नवीन । जइसन बड़ि कुसियारे=जैसे बडी ईख का [ईख का पहले उत्पन्न भाग अर्थात जड़ एवं मध्य का भाग तो किसान काटकर पृथक कर देता है अथवा उसे पेर डालता है । पर बाद का अर्थात शीर्ष (पुनई) भाग जुगो कर रखता है क्योंकि उसे वपन करने से अगली फसल अच्छी होती है ।]

[२३१]

की पहु पिसुन वचन[१] देल कान ।
की पर कामिनि हरल गेआन[२] ॥
की पहु विसरल पुरुबक नेह ।
की जीवन[३] दहु परल सन्देह ॥
झूठा वचन सुइलाहु[४] मोञे[५] लागि ।
तुरअ बाँधि घर लेसलि आगि ॥
कन्त दिगन्त गेलाहे[६] काँ लागि ।
सीतल रअनि[७] बरिस घने आगि ॥
कहब कलावति कन्त हमार ।

बारिस परदेश बसए गमार ॥
सब परदेसिआ एके सोभाव ।
गए परदैस पलटि नहि आब ॥
मार मनोज मरम सर आहि ।
बरसा[८] बरिअ बसन्तहु चाहि ॥

ताल०, न० गु०, प० ७१२

पाठभेद—

मि० म० (प० सं० ८४१)—२ गेआन ५ मोहि ६ गेलाहे ८ बरखा

परि० पद० (प० सं० १९८)—१ बचने ४ सजलह ७ रअनि

सं० मन्तव्य—१ बअने ३ जीवने ४ सजलहु ७ रअनि ८ बरखा

शब्दार्थ—पुरुबल=पूर्वकृत, पहले का । सजलहु=सजाया । तुरअ=तुरङ्ग, घोड़ा । लेसलि=जला दिया, घुसेड दिया । बरिअ=बर, जल रहा है अथवा वरीय, बरिष्ठ । चाहि=से ।

(ii) प्रस्तुत पद की आरंभिक दो पंक्तियाँ ने० पृ० ७०, प० १६६ [प्रस्तुत संस्करण प० सं० १२७] से कुछ मिलती-जुलती हैं ।

[२३२]

खेदब मोञे कोकिल अलिकुल बारब
कर कङ्कन झमकाइ[१] ।
जखने जलदे[२] धवलागिरि[३] बरिसब
तखनुक कओन[४] उपाइ[५] ॥
गगन गरज घन[६] सुनि मन शङ्कित[७]
बारिश[८] हरि करु राबे ।
दखिन पवन सउरभे[९] जदि सतरब
दुहु मन दुहु बिछुराबे ॥
से सुनि जुवति जीव जदि राखति
सुन विद्यापति बानी ।
राजा शिवसिंह[१०] इ[११]रस विन्दक
मदने बोधि देब आनी[१२]॥

ताल, न० गु०; प० ७१५

पाठभेद—

मि० म० (प० सं० १७१)—१ झमकाई ४ कओन ५ आई ६ ७ सङ्कित ८ बारिस ८ सौरभे १० सिवसिंघ

परि० पद० (प० सं० १९९) १ झमकाई २ जलदे ३ धओलागिरि ५ उपाई ८ बारिस ९ सउरभे ११ ई १२ आनी

सं० मन्तव्य—परि० पद० सदृश ।

शब्दार्थ—खेदब=खदेड़ूँगी । बारब=वर्जन, पृथक् करूँगी । तखनुक=उस समय के लिए । हरि=मेढक । सतरब=संतरण, पार करूँगी । दुहु···बिछुराबे=दोनों के मनों को दोनों से (परस्पर एक दूसरे से) पृथक् कर देगा । रस बिन्दक=रसज्ञ, रस के मर्मज्ञ । मदने···आनी=कामदेव ही समझा बुझाकर ला देगा ।

[२३३]

साहर सउरभ गगन भरे ।
भमरि भमर दुहु वाद करे ॥
लोभक सम्भ्रम सङ्गक दन्द ।
बहुल पिआसल[1] थोर मकरन्द ॥
से देखि ऋतुपति[2] आएल चली ।
जाकर मो मन शङ्का[3] छली ॥
कोमल माजरि[4] कोकिल खाए ।
मानिनि मानपिबि[5]ओ[6] न अघाए ॥
जाबे न ओ ज्ञ[7] तरुनत भेल ।
ताबे से कन्त दिगन्तर गेल ॥
परहित अहित सदा बिहि वाम ।
दुइ अभिमत न रहए एक ठाम ॥
धन कुलधरम मनोभव चोर ।
केओ न बुझाब मुगुध पिआ मोर ॥
विद्यापति कवि एहो रस भान ।
राजा सिवसिंह[8] लखिमा देवि[9] रमान ॥

ताल०, न० गु०, प० ७१६

पाठभेद –

मि० म० (प० सं० १७३)—१ पियासल २ रितुपति ३ सङ्का ८ रजा सिवसिंघ ९ देई

परि० पद० (प० सं० २०१) ५-६ पिबिओ ७ अङ्ग ९ पाठाभाव

सं० मन्तव्य – ४ माञ्जरि ५-६ पिबिओ ७ अङ्ग ९ दे

शब्दार्थ—वाद=संवाद, बातचीत , दन्द्व । छली=थी । मान···अघाए=मान पीकर (मोचन कराकर) भी तृप्त, नहीं होता । ओ अङ्ग=उसके विशिष्ट अङ्ग । परिहत अहित=दूसरों के हितों का विरोधी ।

[२३४]

ललित लता जनि तरु मिलती ।
तन्हि पिअ कण्ठ गहए जुवती ॥
आजु अपन मन थिर न रहे ।
मधुकर मदन समाद कहे ॥
भनइ सरस कवि रस[१] सुजान ।
त्रिपुर सिंह[२] सुत अरजुन नाम ॥

ताल, न० गु०, प० ७२१

पाठभेद –

मि० म० (प० सं० २०८)—त्रिपुरसिंघ

परि० पद० (प० सं० २०२)—इ रस

सं० मन्तव्य – पाठ न० गु० सदृश ।

शब्दार्थ—ललित=सुन्दर, संचरणशील । तन्हि=उसी भाँति । समाद=संदेश ।

[२३५]

सरोवर मज्जि समीरन बिथरओ
केवल कमल परागे ।
माधविका मधु पिबहि न पारए
कोकिल दे उपरागे ॥
साजनि साजनि साजनि साजनि
सूनहि साजनि मोरी ।

बालम्भु[१] सौं[२] मझु दीठि मिलाबहि
होइहौं[३] दासी तोरी ॥
पाड़रि परिमल आसा पूरय[४]
मधुकर गाबय[५] गीते।
चाँदनि रजनी[६] रभस बढ़ाबए
मो पति सबे[७] विपरीते ॥
हृदयक बाउलि कहिय[८] पर जनु
तोँहो[९] कहौ[१०] सयानी[११]।
बिनु माधव रे[१२] मधुरजनी जाइति
मीन कि जिब[१३] बिनु पानी ॥
विद्यापति कविबर एहु गाबय[१४]
होउ[१५] उपदेशौ[१६] रसमन्ता।
अरजुन राए चरण पए सेबहि
गूना देवि[१७] रानि कन्ता ॥

ताल०, न० गु०; प० ७२५

पाठभेद—

मि० म० (प० सं० २११)—२ सोँ ३ होइहोँ ४ पूरअ ५ गाबए ८ कहिअ १३ जीब १४ गाबए १६ उपदेसौ १७ देइ।

परि० पद० (ताल० प० सं० २०४)—१ बालभ २ सओ ३ होइहओ ४ पूरए ५ गाबए ८ कहिअए ९—११ तोहोँ कहओ सआनी १२ पाठाभाव १४ गाबए १५ पाठाभाव।

सं० मन्तव्य—(i) २ सओ ४ पूरथु ५ गाबए ६ रअनी ७ सब ८ कहिअ ११ सआनी १४ गाबए १७ देइ

(ii) इस पद की ९—१२ पंक्तियाँ (पाडरि····विपरीते) ने० प०, प० सं० २८३ (प्रस्तुत सं० प० सं० १४१) की अन्तिम पंक्तियों के सदृश हैं।

शब्दार्थ—बिथरओ=विस्तृत करे, फैलाए। माधविका=माधवी लता। उपरागे=भर्त्सना, डाँट-फटकार। पाडरि परिमल=गुलाब की सुगन्ध। रभस=रहस्य, प्रेमानन्द। बाउलि=बावरी, हो जाने के कारण मैंने तुमसे कहा।

[२३६]

आज मोञे[१] जानल हरि बड़ मन्द।
बोल बदन तोर पुनिमक चन्द॥
एके दिने पुरित दिनहु दिने खीन।
ता सञे[२] तुलना हरि हमे दीन॥
बइसलि अधोमुखि चित[३] गुन दन्द।
एके विरहिनि हे दोसरे दह[४] चन्द॥
नयन[५] नीर ढर पानि कपोल।
खने खने मुरुछि भरम कत बोल॥
सखि[६] चेताउलि अवधिक आस।
रिपु ऋतुराज[७] तेज[८] घन साँस॥

ताल०, न० गु० प० सं०; ७३५

पाठभेद—

मि० म० (प० सं० ८४६)—१ मोयँ २ सयँ ३ चितेँ ७ रितुराज ८ तज

परि० पद० (प० सं० २०५)—२ सञो ३ चिते ६ सखी

सं० मन्तव्य—३ चितेँ ४ दहे ५ नअन ६ सखी

शब्दार्थ—"बोल...चन्द"="तुम्हारा वदन पूनों का चाँद है।" ऐसा वचन जो कहते थे। "आज...मन्द।" आज मैंने समझा कि वे कृष्ण बुरे हृदय के हैं। ता सञों...दीन=उसके साथ मेरी तुलना की, मुझे सचमुच ही उसकी दशा के तुल्य बना दिया। दंद=द्वन्द्व, ऊहापोह। रिपू...सास=बसन्त वैरी हो गया। फलतः वह निराशापूर्ण अनवरत उसासें भरने लगी है।

[२३७]

जखने आओब हरि रहब चरण[१] धरि
चान्दे[२] पुजब अरबिन्दा।
कुसुम सेज भलि करब सुरत केलि
दुहु मन होएत सानन्दा।
साए, साए, हमर परानानाथ[३] कओने बिरमाओल
कत जिव देब बिसवासे॥
दिवस रहओं[४] हेरि रअनि[५] बइरिनि भेलि
बिसम कुसुमसर भावे॥

नयन[६] नीर गल मुरछि[७] धरनि पल
निरदए[८] कन्त नहि आबे ।।
समअ माधव मास पिआ परदेश[९] वास
ताहि देस वसन्त न भेला ।
फुलल कदब[१०] गाछ हाट बाट सेहो अछ[११]
मोरे पिआ[१२] सेओ न देखला ।।
भनइ विद्यापति सुनवर जउवति
अछ तोकें[१३] जीवन अधारे ।
राजा सिवसिंह[१४] रूपनरायन[१५]
एकादस अवतारे ।।

ताल०; न० गु०;प० ७३६

पाठभेद—

मि० म० (प० सं० १७५)—१ चरन २ चांदे ३ कओने ४ रहओं ६ नयन ७ परदेस १२ पिआएँ १३ तोकें १४ सिवसिंघ १५ रूपनराएन

परि० पद०(प० सं० २०६) २ चान्दें ३ कओने ४ रहओ ५ रअनि ७ मुरुछि १८ निदए १० कदम्ब १३ तोकें १५ रूपनराञ्ोन

सं० मन्तव्य—२ चांने ६ नअन ८ निरदए कन्त न आवे ९ परदेस १० कदंब ११ आछ १३ तोकें अछ । शेष परि० पद० वत् ।

शब्दार्थ—चांदे…अरबिन्दा=[अरविन्द (आमार कर पद्म) द्वारा माधवेर चरन चन्द्र पूजा, करिब-मि० म० । "अपने नखरूपी चन्द्र से उनके चरण रूपी कमल की पूजा करूंगी । परि० पद०] चन्द्रमा [पिय मुख] और अरविन्द [प्रिय चरण] की पूजा करूंगी, वा चन्द्रमा की ज्योत्स्ना में अरविन्द को सेज पर सम्मान पूर्ण आसन देकर उसकी अभ्यर्थना करूंगी, अथवा जिस चांद और अरविन्द को अब तक उपालम्भ देती रही तब उनकी पूजा करूंगी । दुहुमन=प्रिया और प्रियतम के मन, चन्द्रमा और कमल के मन । विसम…भावे=कामदेव के मन का भाव विषम [वैमनस्य पूर्ण] हो गया है । फुलल…अछ=अब तो हाट-बाट में कदम्ब फूल भी पुलकित हो उठे हैं--अर्थात् वर्षा ऋतु भी आ गई है [कदम्ब वर्षा ऋतु में ही फूलता है] प्रियतम के देश में वसन्त नहीं हुआ तो क्या वर्षा ऋतु पर भी उनकी आंख नहीं पड़ी । एकादस=दस प्रसिद्ध अबतारों के अनन्तर ग्यारहवें ।

[२३८]

लोचन नीर तटिनि निरमाने।
करए कमलमुखि[1] तथिहि सनाने॥

सरस मृणाल[2] कइए[3] जपमाली।
अहनिस जप हरि नाम तोहारी॥

वृन्दाबन[4] कान्हु धनि तप करई[5]।
हृदय वेदि[6] मदनानल बरई[7]॥

जिव[8] कर समिध समर करे[9] आगी।
करति होम बध होएबह भागी।

चिकुर बरहि रे[10] समरि करे लेअइ[11]।
फल उपहार पयोधर देअइ[12]॥

भनइ विद्यापति सुनह मुरारी।
तुय[13] पथ हेरइते[14] अछ[15] वरनारी[16]॥

ताल०, न० गु०; प० ७५२

पाठभेद—

मि० म० (प० सं० ५४३) ३ मृनाल करइ ५ करइ ६ हृदयवेदि ७ बरइ ९ कर १० बरहिरे १३-१६ तुअ पथ हेरइत अछि वर नारि।

परि० पद० (प० सं० २०८)-- १३ तुअ

सं०मन्तव्य—२ मृनाल ४ वृन्दाबने ८ जिअ ९ कर १३ तुअ

(ii) इस पद की आरंभिक दो पंक्तियाँ प्रस्तुत संस्करण के प० सं १५० से मिलती हैं।

शब्दार्थ—सरस मृनाल=रसयुक्त, सद्यः तोड़ा हुआ, कमल नाल। जपमाली=जाप करने की माला। हृदय वेदि=यज्ञ के लिए आवश्यक उपादान 'वेदी' के रूप में अपने हृदय को ही अवस्थित कर दिया है। मदनानल=अग्नि के रूप में कामदेवता प्रज्वलित हैं। जिव कर समिध=प्राणों को होम हेतु ईंधन बनाकर। समर करे आगी=स्मर (कामदेव) की आग अथवा पूर्वभुक्त फलों की स्मृतियों की आग। करति......भागी= इस प्रकार वह यज्ञ में होम कर रही है अतः उसके बध (विनाश) के लिए आप ही उत्तरदायी होंगे। अथवा वह होम कर रही है अब आप बलि चढ़ाने का कार्य करनेवाले के रूप में ही उसके भागीदार होंगे जब कि बलि-पशु वह स्वयं होगी। चिकुर बरहि=केश रूपी कुशा अथवा मयूर पंखों से सुन्दर चमकीले केश।

[२३६]

अकामिक मन्दिर भेलि बहार।
चउदिस[१] सुनलक भमर झँकार[२] ॥
मुरुछि[३] खसल[४] महि न रहलि थीर।
न चेतए चिकुर न चेतए चोर ॥
केओ सखि गाबए केओ कर चार।
केओ चान्दन[५] गरे[६] करय[७] सँभार[८] ॥
केओ बोल मतेँ[८] कान तर जोलि।
केओ कोकिल खेद डाकिनी[९] बोलि ॥
अरेअरे अरे कान्हु कि रहसि[१०] बोरि।
मदन[११] भुअङ्गे[१२] डसु बालहि तोरि ॥
भनइ[१३] विद्यापति एहो रस भान।
एहि विष[१४] गारुड़[१५] एक पथ[१६] कान्ह ॥

ताल०; न० गु०, प० ७५४

पाठभेद—

बेनीपुरी—(प०० सं० २११) १ चहुँदिस २ झँकार ४ खसलि। केओ सखि बेनि धुन केओ धुरिझार। ५-६ चानन अरगजहि ८ मन्त्र ९ डाकिनि १० रभसि १२ भुजंग १५ गारुड़ि

मि० म० (प० सं० ५४७)—१ चहुँदिस ३ मुरछि ५ चानन ७ करए ८ मन्त्र ९ डाकिनि १० रभसि १२ भुजङ्ग १४ विस-१६ पद।

परि० पद० (प० सं० २१०)—४ खसलि ६ गदेँ ७ करए ८ मतेँ ९ डाकनि १३ सुकवि १६ पए।

सं० मन्तव्य—१ चहुँदिस २ झंकार ४ खसलि ५-७ चानन गदेँ करए ८ मन्त्र ९ डाकिनि ११ मअन १३ सुकवि (द्विरुक्ति के निवारणार्थ; वैसे ऐसा लगता है कि भणिता गुप्त जी द्वारा ही जोड़ी गई है।)

शब्दार्थ—बहार=बाहर। कर चार=परिचर्या करती है। गदेँ=विष का। जोलि=जोर, ऊँचेस्वर से। डाकिनि बोलि=डाकिनि बुला कर, डाकिनी के आने का भय दिखाकर। कि रहसि बोरि=क्यों सब डुबोए (नष्ट करते) जा रहे हो, अथवा बौराह बने हुए हो। विष-गारुड=विष के लिए गरुड स्वरूप, विष-हर्ता।

[२४०]

सुन सुन माधव सुन मोर बानी ।
तुय[१] दरसन बिनु जइसनि सयानी ॥
सयन[२] मगन भेल ताहेरि देहा ।
कुहु तिथि मगनि जइसनि ससि रेहा ।
सखि जने आँचरे[३] धइलि झपाइ[४] ।
अपनहि[५] साँसे[६] जाइति उड़िआइ ॥
मुरुछि[७] खसलि महि पेयसि[८] तोरी ।
हरि हरि शिव[९] शिव[९] एतबाए बोली ॥
अबसेओ[१०] जीव तेजति तुअ लागी ।
याक मरन[११] बध होएबह भागी ॥
भनइ विद्यापति के कर तरान ।
तुअ दरशन[१२] एक जीव निदान ॥

ताल०. न० गु० ७६२

पाठभेद—

मि० म० (प० सं० ५४९)—१ तुअ ७ मुरछि ९ सिब सिव १० अब सेओ १२ दरसन ।

परि० पद० (प० सं० २१३)—१ तुअ १ सअन ३ आँचरेँ ६ साँसेँ ८ पेअसि १२ दरसन

सं० मन्तव्य—४ झँपाइ ५ अपनहिँ ११ मरने । शेष परि० पद० सदृश ।

शब्दार्थ—सअन मगन भेल=सेज में ही डूब गई, शय्या में ही एकाकार हो गई, अत्यन्त कृश हो गई । झँपाइ=झाँप [ढँक] कर । एतबाए=इतना मात्र ही । अवसेओ=अवश्यमेव अथवा अब सेओ=अब वह । एक जीव निदान=जीवन धारण के लिए एकमेव कारण, अवलम्ब ।

[२४१]

नव किसलअ सयन[१] सूतलि
न बुझ दिवस राती ।
चान्द[२] सुरज[३] बिसेख न जानए
चान्दने[४] मानए साती ॥

विरह अनल मने अनुभव
परके कहए न जाइ[५]।
दिवसे दिवसे खिनी[६] बाली[७]
चान्द[८] अवथाञे[९] जाइ[१०]॥

माधव रमनि पाउलि मोहे[११]।
आज धरि मोञे[१२] आसे[१३] जिआउलि
ओतए[१४] जानइ तोहे[१५]॥
कतहु कुसुम कतहु सौरभ[१६]
कतहु भर[१७] राबे।
इन्दिअ दारुन जतहि हटिय
ततहि ततहि धाबे।
मदन सरे[१८] जे तनु पसाहल
ऋतुपति[१९] के रोसे।
अपन बालभु जओ[२०] होअ आएत
तओ[२१] दिअ परक दोसे।
भन विद्यापति सुन तोञे[२२] जउवति
रहहि सङ्ग सपूने।
कन्त दिगन्तर जाहि न सुमर
कि[२३] तसु रूप कि गूने॥

ताल०, न० गु० ७६५

पाठभेद—

मि० म० (प० सं० ५७०)—२ चाँद ३ सुरुज ४ चानने ५ जाई ८-१० चान अब थाएँ जाई १२ मोयँ १९ रितुपति २० जयँ २१ तयँ २२ तोयँ २३ की

परि० पद० (प० सं० २१४)—१ सञन ३ सुरुज ५ जाई ६-७ सिनीवाली १० जाई ११ मोहेँ १३ आसेँ १४ अतए १६ सउरभ १७ भमर १८ सरेँ २० जओ २१ तओ

सं० मन्तव्य—१ सञने २ चान ३ सुरुज ४ चानने ६-७ सिनीवाली १२ मोञे १३ आसेँ १५ तोहे १६ सउरभ १७ भमर १८ सरेँ २० जओ २१ तओ २३ की

शब्दार्थ—विसेख न मानए=एक दूसरे से कुछ भी सविशेष नहीं मानती, दोनों में भेद नहीं समझती। साती=शास्ति, दण्ड देने वाला। सिनीवाली=उस अमावस्या का नाम जिसमें चतुर्दशी का योग होने से चन्द्रमा का दर्शन होता है। चांद अवथाएँ=चन्द्रमा की अवस्था को। पाउलि मोहे=मोह-ग्रस्त हो गई है। हटिअ=हटाए, वर्जित करें। पसाहल=प्रसाधित, पूरी तरह से भरा हुआ। अपन······दोसे=यदि अपना स्वामी अपने वश में हो तब तो उसे भुला लेने के लिए दूसरे को दोषी ठहराया जाय। सपूने=सम्पूर्ण रूप से अथवा सु-पुण्य फल से।

[२४२]

माधव जानल न[१] जिउति[२] राही।
जतबा जकर[३] ले ले[४] छल[५] सुन्दरि
से सबे[६] सोपलक[२०] ताही।
सरदक[७] ससधर[८] मुखरुचि[९] सोपलक[२०]
हरिन के[१०] लोचन-लीला।
केसपास[११] लए[१२] चमरिके सोपलक[२०]
पाए मनोभव-पीला[१४]॥
दसन-दसा[१५] दालिब[१६] के[१०] सोपलक[२०]
बन्धु[१७] अधर-रुचि देली[१८]।
देह-दसा सउदामिनि[१९] सोपलक[२०]
काजर[२१] सनि सखि भेली[२२]॥
भउहेरि[२३] भङ्ग अनङ्ग चाप दिहु
कोकिल के दिहु वाणी[२४]।
केवल देह नेह[२५] अछ लओले
एतबा अएलाहु[२६] जानी[२७]॥
भनइ[२८] विद्यापति सुनु वरजउवति[२९]
चिते[३०] जनु झाँखह आने[३१]।
राजा[३२] सिवसिंह[३३] रूपनरायन[३४]
लखिमा देवि[३५] रमाने[३६]॥

ताल०; न० गु०, ७६९ तथा ७८४

पाठभेद—

ग्रियर्सन (प० सं० १० नायक सँ दूती उक्ति)—१ आब न ३-५ जनिकर लेने छलि ६ सम ७-९ चानक शशिमुखि शशि कें १० कें ११-१३ केसक पास चामरु कां १४ पीड़ा १५-१६ बीज दाड़िम १७-१८ पिक के सोपलन्हि बानी १९ दामिनि के २० सोपलन्हि २१-२२ ई सम ऐलहुँ जानी २३-२७ हरि हरि कय पुनि उठति धरणि[३७] धरि रैन गमावय जागी। तोहर सिनेह[३८] जीव दय जापथि रहलिहि धनि एत[३९] लागी॥ २८ मनहिं २९ मथुरापति ३०-३१ गमन पुरिए[४०] विलम्बे। ३२-३६ जाइ पिआबिए अधर सुधारस तो पअे जीवथि जीबे।

ब्र० न० सहाय—(राधिका जी का पूर्वराग, प० सं० १५)—२ जीवति ४ लेले २० सोंपलक ८ ससिमुखि १० कें १३ चमर २१ इ ३७ धरनि ३८ सनेह ३९ यत ४० करिए। शेष सभी ग्रियर्सन सदृश।

न० गु० (प० सं० ७८४)—आरंभ में 'सरदक'''पीला।'' पद है तदनन्तर 'माधव''''सोंपलक ताही।''—५ छलि २० सोंपलक २३ भभुहरि २४ बानी २५ पाठाभाव

बेनीपुरी (प० सं० २१४)—कम न० गु० ७८४ सा। २३ भौंहक २६ अएलहुँ ३० चित ३१ आबे ३४ रूपनराएन शेष न० गु० सदृश

मि० म० (प० स० १८१)—२ जिवति ५ छलि २४ बानी ३३-३४ सिवसिंघ रूपनराअन ३५ देइ। पाददिप्पणी में ग्रियर्सन का पाठ।

परि० पद० (ताल० प० सं० २१७ तथा २२१)—२ जीउति ५ छलि २० सोंपलक १४ पीळा १६ दळिम २४ बानी २४ अएलाहुँ ३१ आने ३४ रुपनराञेन

सं० मन्तव्य (क) २ जीउति ५ छलि ६ सम २० सोंपलक १० के १४ पीळा १६ दालिम १९ दामिनि कें २४ बानी २६ अएलाहुँ ३१ आने ३४ रुपनराजेन ३५ देइ।

(ख) ग्रियर्सन द्वारा गृहीत पाठ भी किंचित् पाठभेद से ग्रहण करने पर मनोरम है।

शब्दार्थ—जानल=विश्वास कर लिया गया है। राही=राधिका। जतवा=जो कुछ भी। सोंपलक=सौंप दिया, लौटा दिया। ताही=उसे। मुखरुचि=मुख की कान्ति। केसपास=केश राशि। [तुलनीय—द्वयेऽपि निक्षेप इवार्पितं द्वयम्। लतासु तन्वीषु विलास चेष्टितं विलोल-द्रष्टं हरिणाङ्गनासु च। कुमारसंभवम् ५।१३। कालिदास।] बन्धु=बन्धूक (गुल दुपरिया) सुमन। सनि=सरीखी। अनङ्ग चाप=कामदेवता के धनुष। न पूरिए विलम्ब=देर से मत भरो, बेर न करो। जीवथि=जीने वाली, जिजीविषा भरी।

[२४३]

कत कत भमि पुरुस[१] देखल
कत कलामति नारि।
जिव सओ[२] पेम पलक[३] उपजइ[४]
सबे से बुझ बिचारि॥
तकरि आसा देखि देखि तबे
मोहि न रह गेंआन[५]।
जाहि बधतब से जेहेन[६] कर
तोंहे[७] चाहि नहि आन[८]॥
माधव कहओ[९] तोहि बुझाइ।
से आबे मरन सरन जानलि
तोहर विरह पाइ॥
धरनि सयन[१०] मुदल[११] नयन[१२]
नलिन मलिन[१३] समे।
कते जतनें बोलिकहु धनि
तोरि बइसाउलि हमे॥
तैअओ[१४] जदि पुछले न बाजलि
बचन न सुन आधे।
सुमरि से सखि तोह[१५] मोह गेलि
विधि बसे भेलि बाधे॥
पीरिति गुन विपरीत होए साए[१६]
बिसरि न कर नाह।
दिवस दोसे[१७] से की नहि सम्भव
पेम परानहु चाह॥
भनइ विद्यापति सुन तञो[१८] जुवति
रस नहि अवसान।
राजा सिरि सिवसिंह[१९] जिबओ[२०]
लखिमा देवि[२१] रमान॥

ताल०, न० गु०, ७७१

पाठभेद—

मि०म० (प० सं० १८२) २ सयँ ३ पलके ५ गेआन ७ तोँह ६ कहूओं १८ तयँ १९ सिवसिंघ २१ देइ

परि० पद० (प० सं० २१८) १ पुरुष २ सम ३ पलके ४ उपजए ५ गेआन ६ जइसन ७ तोह ८ आन १० सजन ११ मुँदल १२ नअन १४ तइअओ १५ तोँह १६ से १७ दोषेँ १७ तोह २० जीबओ

सं० मन्तव्य—६ जेहन १३ मलिन नलिन २१ देइ। शेष परि० पद० सदृश

शब्दार्थ—पलके उपजइ=पल [क्षण] मात्र में उत्पन्न हो जाता है। तकरि आसा=उसकी आशाओं [जिनकी पूर्त्ति की कोई संभावना नहीं उनके प्रति भी आशान्वित रहने की प्रवृत्ति] को और उन आशाओं से बँधे उसके जीवन रूप को। जाहि बधतब=जिसे बध करना होता है—बधिक। तोहँ चाहिं नहि आन=[वधिक का क्रिया कलाप] तुम्हारे व्यवहारों से कुछ भिन्न नहीं होता। मरन सरन जानलि=मरण को ही अपनी शरणस्थली मान बैठी है। मलिन नलिन समे=मुरझाए कमल पुष्प सदृश। न बाजलि=नहीं बोलती। सुमरि······गेलि=वह सखी तुम्हें स्मरण करते करते मोह मुग्ध हो गई। दिवस दोसे=काल के प्रतिकूल होने से। पेम······चाह=प्रेम प्राण से भी महत्तर है या प्राणों का भी न्योछावर चाहता है।

[२४४]

कत नलिनीदल सेज सोआउबि
कत देब मलअज-पङ्का।
जलज—दल न कत देह देआओब
तथुहु हुतासन शङ्का[१]।
कह कइसे राखबि तरुणी[२]
तरुण[३] मदन[४] परतापे[५]।
चिन्ताञे[६] करतल लीन बदन तसु
देखि उपज मोहि भाने।
दर लोभे[७] बिहि अपुरुब जनि सिरिजल
चान्द[८] कमल सन्धाने॥
दारुन पचसर[९] मुरुछि[१०] धरनि पल[११]
सुमरि सुमरि तुअ नेहे।
तोहें[१२] पुरुषोतम[१३] त्रिभुवन सुन्दर
अपद न अपजस लेहे॥

ताल;० न० गु० प० ७८१

पाठभेद—

मि० म० (प० सं० ८४७)—१ सङ्का २ तरुनी ३ तरुन ६ चिन्ताए १० मुरछि १२-१३ तोहें पुरुसोतम

परि० पद० (पं० सं० २२०)—५ परतापेँ ७ लोभेँ ९ पँचसर ११ पळ १२-१३ तोहेँ पुरुषोत्तम

सं० मन्तव्य—४ मअन ८ चाँन ११ पळ

शब्दार्थ—देआग्रोव=दिलवाऊँगी । तरुन मअन=नौजवान, प्रचण्ड कामदेव । दर लोभे=ईषत् लोभ से, कीर्त्ति-लिप्सा से । अपरुब जनि= अपूर्व रमणी [जानी] । सिरिजल=निर्मित की है । चान्द कमल सन्धाने =चन्द्रमा [मुख] की कान्ति और कमल [कर पल्लव] की चारु कोमलता के सन्निवेश से, दो विपरीत उत्कृष्ट उपादानों को एकत्र करके ।

[२४५]

मोराहि रे अँगना चाँदन केरि गछिआ
ताहि चढ़ि कुररए काक रे।
सोने चञ्चु बँधए देब मोए[1] बाअस
जञो पिआ आओत आज रे॥
गाबह[2] सहलोरि[3] झूमरि
मअन[4] अराधने[5] जाञु।
चउदिस चम्पा मउलि[6] फुललि
चान्द उजोरिए राति।
कइसे कए मअन[7] अराधबा रे[8]
होइति बड़ि रति साति।
विद्यापति कवि[9] गाबिआ रे[8]
तोंके[10] अछ गुनक निधान।
राउ भोगीसर[11] गुन[12] नागरा रे[8]
पदमा देवि रमान॥

ताल०, न० गु०; प०; ८०१

पाठभेद—

मि० म० (भूमिका पृ० २८, पादटिप्पणी में)—१ मोञ ३ सहि लोरि ५ आराधने १० तोकेँ ११ भोगिसर

परि० पद० (प० सं० २२४; विद्यापति के वंशज श्री शशिधर ठाकुर के सौजन्य से प्राप्त पद) १ मोञे २ गाबह ४ मञन ६ मउलो ७ मोञे मञन ८ पाठाभाव ९ कविवर इहो १० तोंके १२ सब गुन। भणिता के पूर्व दो अतिरिक्त चरण—बाँक समअ कागा केओ न अपन हित, देखल आखि पसारि रे। तथा प्रत्येक दूसरे चरण के अन्त में 'रे' टेक का योग।

सं० मन्तव्य०—(i) १ मोञे ४ मञन ६ मउलि फूललि ७ मञन १० तोँके

(ii) मजुमदार महाशय ने प्रामाणिकता पर संदेह व्यक्त किया है। तदर्थं देखें भूमिका 'विवादास्पद' पद।

शब्दार्थ—कुररए=कौवे के बोलने की एक बिशेष भङ्गिमा। बँधए देब=बँधवा-मँढ़वा दूँगी। जञो=यदि। झूमरि=एक विशिष्ट गीति-शैली। मउलि=मौलश्री। रतिसाति=रति को पीड़ा या रति का कोप दण्ड। राउ=राव, राजा। बाँक=बङ्क-टेढ़ा, बुरा।

[२४६]

सुरभि समय भल चल मलआनिल
साहर सउरभ सार लो।
काहुक बीपद काहुक सम्पद
नानागति संसार लो॥
कोइली[१] ! पञ्चम रागे[२] रमन गुन सुमराञो
कुसल[३] आओत मोर नाह लो।
आज धरिए हमे आसहि अछलिहु[३]
सुमरि न छड़ल[४] ठाम लो॥
भमर देखि भञ[५] भावे[६] पराएल
गहए सरासन काम लो।
भनइ विद्यापति रूपनराएन[७]
सिरि सिवसिंह[८] देव नाम लो॥

ताल०, न० गु०, प० ८०२

पाठभेद—

मि० म० (प० सं० १४२)—३ कुसले ४ छाड़ल ८ सिवसिंघ

परि० पद० (प० सं० २२५)—१ रागें ३ अछलिहुँ ४ छड़ले ५-६ भञे भावें ७ रूपनराञेन

सं० मन्तव्य—कोइलि २ रागें ४ अछलिहुँ ७ रूपनराञेन

शब्दार्थ —सुरभि=वसन्त, वसन्ते पुष्प समयः सुरभिः—भ्रमर। चल=चञ्चल, गतिमान। साहर=सहकार, आम। सार=शाला, भाण्डार। रमन गुन सुमराओ=रमण [संयोग क्षणों के आनन्द] के गुणों को [प्रियतम को] स्मरण करवाओ जिससे, कुशल······नाह लो=मेरे चतुर प्रियतम लौट आवें। आज धरिए=अद्यावधि। आसहि=आशा में ही। अछलिहूं=स्थित थी। सुमरि······ठाम लो=स्मृतियों [प्रिय के गुणों की] ने [हृदय] स्थान नहीं छोड़ा, बराबर जगी रही। भमर······काम लो=अब वसन्त ऋतु में भ्रमर को भ्रमण करते देख बोध हुआ कि कामदेव ने अपना धनुष उठा लिया है। फलतःभय का भाव दूर भग रहा है। [क्योंकि अब तो चतुर माधव अवश्य आएंगे]

[२४७]

तीनिक तेसर तीनिक बाम। तीनिक तेसर धनिकेर ठाम॥
तीनि तीनि कय रोखलि फल[१]। तीनिक तेसर माधव तूल॥
तीनि तीनि कए उठलिहि भाखि। तीनिक तेसर माधव साखि॥
भनइ विद्यापति तीनिक नेह। नागरकाँ थिक नारि सिनेह॥

ग्रियर्सन ९

पाठभेद—

मि० म० (प० सं० ५७९) ग्रियर्सन सदृश।

सं० मन्तव्य — १ फूल। (ii) सर ग्रियर्सन एवं मि० म० के आधार पर अर्थ बैठाने के चेष्टा की गई है यद्यपि उनके अर्थों से यहाँ कुछ भिन्न अर्थ ही उचित प्रतीत हुआ है जो इस प्रकार है :—

शब्दार्थ—तीनिक=तीन आरंभिक स्वर वर्णों [अ, आ, इ] का—तेसर=तीसरा अर्थात् 'इ'। तीनिक बाम =उसका बायाँ, अर्थात् 'आ', दोनों वर्ण मिलकर 'आइ' अर्थात् आएँ, लौट आएँ। तीनिक=धर्म, अर्थ, काम का—तेसर=तीसरा—अर्थात कामदेव। धनिकेर ठाम=नागरी के स्थान पर आकर उसे कष्ट दे रहा है। तीनि तीनि···फूल=फूलों से तीनो [पूजन अर्चन और आराधन] करते-करते निराश हो जाने पर फूलों पर भी रुष्ट हो गई है, फूल भी उसे नहीं सुहाते। तीनिक तेसर=तीनि [सत्, रज, तम] का तीसरा=तम, अन्धकार से माधव की तुलना करती है। तीनि···भाखि=तीनि वर्ण=माधव, माधव कह उठती है। तीनिक तेसर=धर्म। अर्थ, काम में काम [देव], हे माधव कामदेव ही गवाह है। तीनिक नेह=तीन वर्णों वाली—राधिका वा नागरी—का प्रेम। नागरका···सिनेह=नागर [कृष्ण] के लिए नारी [राधा] का प्रेम अचल है।

[२४८]

कोन बन बसथि महेस। केओ नहिं कहथि उदेस ॥
तपोबन बसथि महेस। भैरव करथि[१] कलेस[२] ॥
कान कुण्डल हाथ गोल। ताहि बन पिआ मिठि बोल ॥
जाहि बन सिकिओ न डोल। ताहि बन पिआ हसि[३] बोल ॥
एकहिं बचन बिच भेल। पहु उठि परदेस गेल ॥
भनहिं विद्यापति गाव। राधा कृष्ण बनाव ॥

ग्रियर्सन ४७

पाठभेद—

मि० म० (प० सं० ६०३) ग्रियर्सन सदृश

सं० मन्तव्य—१-२ कहथि उदेस ३ हँसि।

(ii) इस पद में भवानी महेश के विरह प्रसङ्ग के साथ राधाकृष्ण की चर्चा या तो दोनों को समान समझने से आई हो, अथवा अन्तिम चरण दूसरे पद का आ लगा हो या फिर यह मानें कि कवि राधा-कृष्ण की कृपा से भवानी महेश के संयोग की संभावना रखता है।

शब्दार्थ—बसथि=बसते हैं। कहथि=कहता है। उदेस=उद्देश्य, थाह-पता। भैरव… …कलेस=भयंकर क्लेश सहते हैं, या भैरव उनसे बिछुड़कर कष्ट में पड़े हैं अथवा भैरव कहथि उदेस=भैरव उनके बारे में बताते हैं। हाथ गोल=हाथ में भांग का गोला है या गोले आकार का डमरू या खजडी है। मिठि-बोल=मीठा बोलते हैं, प्रसन्नता बिखेरते हैं। सिकिओ न डोल=जहाँ हवा इतनी थम सी गई है कि सींक भी नहीं डोलती--निपट जन शून्य बन।

[२४९]

एत दिन छलि नव रीति रे। जलमिन जेहन प्रीति रे[१] ॥
एकहिं वचन भेल[२] बीच[३] रे। हंसि पहु उतरो न देल रे ॥
एकहिं पलङ्ग पर कान्ह रे। मोर लेख[४] दुर देस भान रे ॥
जाहि बन केओ ना डोल रे। ताहि बन पिया[५] हँस[६] बोल रे ॥
धरब जोगिनिआक[७] भेस[८] रे। करब मैं पहुँक[९] उदेस रे ॥
भनहिं विद्यापति भान रे। सुपुरुष न[१०] करे[११] निदान रे ॥

ग्रियर्सन ४८;

पाठभेद –

ब्र० न० सहाय—४ लेखे ५ पिआ ६ हँसि ७ के ९ पुहक १० पाठाभाव।

मि० म० (प० सं० ४६२) पाठ ग्रियर्सन सदृश

सं० मन्तव्य—(i) १ पिरीति २-३ बिच भेल ४ लेखे ५ पिआ ८ भेष

(ii) प्रस्तुत पद की "जाहिबन···बोल रे" पंक्तियाँ प० सं० २४४ (ग्रि० ४७) सेमिलती-जुलती हैं। भाव भी कुछ अटपटे हैं; संभव है, दोनो पद आपस में क्रमहीन हो मिल गए हों या फिर किसी अन्य पद से इनमें ऐसा मिश्रण हुआ हो।

शब्दार्थ – जलमिन जेहन=पानी और मछली की प्रीति सदृश। लेखे=अनुमान से, लिए। उदेस=उद्देश, संधान। करे निदान=अन्तिम सीमा तक कष्ट नहीं देता।

[२५०]

माधव कि कहब तिहरो ज्ञाने[१]।
सुपहु कहलि जब रोस कयल[२] तब
कर[३] मूनल दुहु काने[४]॥
आयल[५] गमनक[६] बेरि न नीन[७] टरु।
तें[७] किछु पुछिओ[८] न भेला।
एहन[९] करमहिन हम सम[१०] के धनी[११]
कर सँ[१२] परसमनि[१३] गेला॥
जो[१४] हम जनितहुँ एहन निठुर पहु
कुच कञ्चन गिरि साधी[१५]।
कौसल[१६] करतल बाहुँ लता लय[१७]
दृढ़ करि[१८] रखितहुँ बाँधी॥
ई सुमिरिए जब जन[१९] मरिये[२०] तब
बूझि पड़ हृदय पखाने[२१]।
हेमगिरि[२२] कुमरि[२३] चरन हृदय[२४] धरि[२५]
कवि विद्यापति भाने[२६]॥

ग्रियर्सन ५३

पाठभेद—

ब्र० न० सहाय—(प० सं० २२) १ तोहरो गेआन ४ कान ५ आयलु ६ गमन ७ नींन न टरु अरि ९ एँहन १० सनि ११ धनि १२ सें १४ जौं १५ सांधी १८ कय १९-२० जँन मरिए २१ पखान २२-२३ गोप कुमरि हरि २५ धर २६ भान

न० गु० (प० सं० ४७४)—१ तोहरो गेयाने

बेनीपुरी— (प० सं० २५६) १ गेआन ३ करेँ ४ कान ९ एहनि १० सनि १७ लए १९ जाओं

मि० म० (प० सं० ४६४)—पाठभेद नहीं।

सं० मन्तव्य—१ तिहरो गिआने २ कएल ३ करें ५ आएल ७ नीन न टरु अरि ८ पुछिओं १० सनि ११ धनि १२ सञे १३ परशमनि १४ जओ १५ सान्धी १६ कउसले १७लए १८ कए २१ पषाने २३ कुमरि हरि २४ हृदअ

शब्दार्थ—गिआने=समझ को। करे मूँनल=हाँथों से ढांक लिया। हम सनि के=मेरे सदृश कौन है ? कर से परसमनि=हाथों में से ही स्पर्श मणि। सांधी=संधि स्थल, पर्वत शृंगों के बीच का भाग (दोनों स्वर्ण सदृश सुन्दर ठोस सुडौल उन्नत उरोजों के मध्य के बिचले भाग में। बाहुलता=गिरि शृंगों के मध्य लता सदृश प्रियतम की सरल, मसृण और कोमल भुजाएं। एहन=इस प्रकार का। हेमगिरि कुमरि=स्वर्ण शृंग (हिमालय) की पुत्री=पार्वती अथवा हेमगिरि कुमरि नामक किसी स्त्री का नाम।

[२५१]

माधव तोंहे[१] जनि जाह बिदेसे[२]।

हमरो रङ्ग-रभस लए[३] जैबह[४]
लैबह[५] कौन[६] सनेसे[७]॥

बनहिं गमन करु होएति[८] दोसर[९] मति
बिसरि जाएब[१०] पति मोरा।

हीरा मनि मानिक[११] एको[१२] नहि[१३] माँगब
फेरि माँगब पहु तोरा॥

जखन गमन करु नयन[१४] नीर भरु
देखिओ[१५] न भेल[१६] पहु तोरा[१७]।

एकहि नगर बसि पहु भेल[१८] परबस
कइसे पुरत मन मोरा॥

पहु सङ्ग[19] कामिनि बहुत सोहागिनो
चन्द्र[20] निकट जइसे[21] तारा।
भनहि विद्यापति सुन वर जौमति[22]
अपन हृदय धरु सारा॥

ग्रियर्सन ५५.

पाठभेद—

अ० न० सहाय (प० स० १७) १ तूँ २ विदेस ३ लय ७ सनेस ८ होयति १० जायब१२ पाठाभाव १६ भेला १९ सङ्ग २१ जस २२ युवती

न० गु० (प० स० ६२०) १-२ तोंहें जनु याह विदेशे

बेनीपुरी (प० स० १८८)—१-२ तोहें जानु जाह विदेश ४ जएबह ५ लएबह ६ कओन ७ संदेस ८-६ होइति दोसरि १५ देअहु १७ ओरा १९ सँग २० चान्द २२ जौबति शेष ग्रियर्सन सदृश।

मि० म० (प० स० ४९८) १ जनु।

सं० मन्तव्य—(i) ४ जएबह ५ लएबह ६ कओन १४ नअन २२ जउबति

(ii) 'एकहि……मोरा' पंक्ति पद की भावभूमि से मेल नहीं खाती; वैसे इसे विरहिणी का प्रलाप मान सकते हैं।

शब्दार्थ—लए जएबह=ले जाओगे। फेरि माँगब=फिरना, लौट आना माँगूँगी। नअन-भरु=आँखों में आँसू भर आए। पुरत=पूर्ण (तृप्त) होता। सारा=सार, धैर्य।

[२५२]

मोहिं[1] तेजि पिआ[2] मोर गेलाह[3] विदेस। कौनि[4] पर खेपव बारि बएस॥
सेज भेल परिमल फूल भेल बास। कतय[5] भमर मोर परल उपास॥
सुमरि[6] सुमरिचित नही[7] रहे थिर[8]। मदन[9] दहन[10] तन दगध सरीर॥
भनहिं विद्यापति कवि जय राम। कि करत नाह दैव[11] भेल बाम॥

ग्रियर्सन ५६

पाठभेद—

अ० न० सहाय (प० सं० १९) १ तजि ३ गेला ४ कौन ६-८ धइरज धय चित ना रह थीर ९ मदन दाह

न० गु० (प० सं० ६७०)—मोर २ पिया ३ गेलह

मि० म० (प० सं० ५२५) २ पिया। शेष ग्रियर्सन वत्।

सं० मन्तव्य—४ कओन ५ कतए ७ नहिँ ११ दइब

(ii) कवि जयराम संभवतः कवि के कोई मित्र रहे हों।

(iii) इस पद की दूसरी पंक्ति (सेज....उपास) न० गु० प० सं० ८७२ में बहुत थोड़े पाठभेद से पाई जाती है। ने० पृ १०० (क) प० २७५ प० ३ में न० गु० का यह पद पाठभेद से पाया जाता है किन्तु यह पंक्ति उसमें नहीं है। ब्र०न० सहाय में भी इस पद में यह पंक्ति नहीं है ने० पृ० के उक्त पद में यह पंक्ति प्रसङ्ग के अनुकूल ठीक बैठ जाती है जबकि इस पद में उतनी ठीक नहीं बैठती।

शब्दार्थ—तेजि=छोड़कर। बारि बएस=बालम, बचपन, यहाँ नई नई (जवान) अवस्था। थिर=स्थिर, शान्त। मदन-दहन=काम द्वारा जलाए जाने से।

[२५३]

सुन्दरि विरह[1] सयन घर गेल। किए[2] बिधाता लिखि मोहि देल॥
उठलि चिहाय[3] बैसलि[4] सिर नाय। चहुदिसि[5] हेरि हेरि रहलि लजाय॥
नेहुक बन्धु सेहो[6] छुटि गेल[7]। दुहु कर पहुक खेलाओन भेल[8]॥
भनहिँ विद्यापति अपरुब नेह। जेहन विरह हो तेहन सिनेह॥

ग्रियर्सन ५७

पाठभेद—

ब्र० न० सहाय (प० सं० ८२, और पुनर्मिलन तथा रसोद्गार १२) १ बिरहि ४ बइसलि ५ चहुदिस ७ गेला ८ भेला ९ भनहि

न० गु० (प० सं० ६९८) तथा **मि० म०** (प० सं० ५३२) ग्रियर्सन सदृश।

सं० **मन्तव्य**—२ कीए ३ चेहाय ४ बइसलि ५ चहुँदिसि ६ सेहओ

शब्दार्थ—कीए=यह क्या। नेहुक=प्रेमी। दुहु......भेल=दोनों हाथ प्रियतम के खिलौने सिद्ध हुए, जिन्हें क्षण काल तक खेल कर (स्नेह, प्रेमालिङ्गन आदि देकर) उन्होंने उपेक्षित कर फेंक दिया। जेहन ...सिनेह=जिस भाँति विरह प्रकृष्ट होता जा रहा है उसी भाँति प्रेम भी प्रवर्धित होता चलता है। (तुलनीय ...स्नेहानाहु......प्रेम राशी भवन्ति।—कालिदास।)

[२५४]

माधव हमर[1] रटल दुरदेस। केओ न कहे[2] सखि कुशल सनेस[3]॥
जुग जुग जीबथु[4] बसथु लाख[5] कोस। हमर अभाग हुनक कोन[6] दोस॥

हमर करम भेल[७] बिहि बिपरीत। तेजलन्हि माधव पुरुबिल प्रीत[८] ॥
हृदयक बेदन बान समान। आनक[९] दुःख आन[१०] नहि[११] जान[११] ॥
भनहिं विद्यापति कवि जयराम। कि करत नाह दैव[१२] भेल[१३] वाम ॥

ग्रियर्सन-५८

पाठभेद—

ब्र० न० सहाय (प० स० २३) १ हमरो ३ संदेस ४ जिवथु ५ लख ६ नहि ७ भेला १२-१३ दइव भेला

न० गु० (प० स० ६९५) तथा **मि० म०** (प० स० ५१४) ग्रियर्सन सदृश।

सं० मन्तव्य—२ कहए ४ जिबथु ८ पिरीत ९ आनक १०-११ आन नहिं १२ दइव

(ii) भणिता की (अन्तिम) पंक्ति मि० प० स० ५६ (प्र० स०, प० स० २५२) जैसी ही है। ''आनक'''जान।' पंक्ति तो कई पदों में आई है।

शब्दार्थ—रटल=गमन किए, जा रहे। हुनक=उनका। बिहि=विधाता, या विधि से। पुरुबिल=पहले की।

[२५५]

माधव माधव होहु समधान। तुअ बिनु[१] भुवन करब[२] रितु पान ॥
प्रथम पचीस[३] अठाइस भेल। तासम वदन हेम हरि लेल ॥
पचीस अठारह बीस[४] तनु जार। छिति सुत तेसर से[५] जिव मार ॥
सुमरिअ माधव ओ दिन सिनेह। जे दिन सिंह गेल मीनक गेह ॥
भनहिं[६] विद्यापति अच्छर लेख[७]। बुध जन होए[८] से कहे[९] विशेख[१०] ॥

ग्रियर्सन ५९

पाठभेद—

ब्र० न० सहाय (प० स० ४३)—१-२ विन करब भुवन ३ पचिस ४ बिस ५ ते ६ भनहि ७ लेखि ८ होथि ९ कइथि १० विसेख

मि० म० (प० स० ५७०)—ग्रियर्सन सदृश।

सं० मन्तव्य—१-२ बिनु करब भुअन ९ कइए १० विसेख।

शब्दार्थ—समधान=विशेष ध्यान दो। भुवन=१४ रितु=६=२० बीस > विष पान कर लूंगी। प्रथम=प्रथमाक्षर 'क', पचीस=पचीसवाँ अक्षर 'म', अठाइस=अठाइसवाँ अक्षर 'ल'=कमल। तासम=कमल के समान सुन्दर। बदन हेम=मुख का सोना, मुख की सोने सी कान्ति। पचीस=म, अठारह=

द, बोस=न=मदन, कामदेव । छिति=पृथिवी--सुत=पुत्र, मङ्गल । तेसर=तीसरे स्थान पर आगया है जो, जिव मार=प्राण घातक हो रहा है ।

[२५६]

कुसुमित कानन कुञ्ज बसो । नयनक[१] काजर[२] घोर मसी ।।
नखतँ[३] लिखलि नलिनि दल पात[४] । लीखि पठाओल[५] आखर सात ।।
प्रथमहि[६] लिखिलनि[७] पहिल बसन्त । दोसरें[८] लिखलनि[७] तेसरक अन्त ।।
लिखि नहिं सकलैहि[९] अनुज बसन्त । पहिलहि[१०]पद अछि[११] जीवक अन्त ।।
भनहि[१२] विद्यापति अछर[१३] लेख । बुध जन होथि से कहए[१४] विसेख ।।

ग्रियर्सन-६०

पाठभेद—

ब्र० न० सहाय (प० स० ४१)—१नैनक ३-४ नख सों लिखलन्हि नलनि क पात ५ पठौलन्हि ७ लिखलन्हि ८ दोसरहि ९ सकलन्हि ११ आछि १३ अच्छर १४ कहथि

न० गु० (प्र०, प० स० १) तथा **मि० म०** (प० स० ३२३) पाठ ग्रियर्सन सदृश

बेनीपुरी (प० स० २३१)—३ नखस ६ पहिलहि ११ अछि

सं० मन्तव्य—१ नअनक २ काजरें ६ प्रथमहि ९ सकलन्हि १० पहिलहि १२ भनइ १३ आखर

शब्दार्थ—मसी=काली, रोशनाई । नखतें=नख से । आखर, सात=७ अक्षर, ग्रियर्सन के मतानुसार वे सात अक्षर थे--'कुसुमित कानन' । उनका अनुमान है कि इसमें नायिका ने नायक को संकेत किया है कि वह रजस्वला हुई थी और अब उसका तीसरा दिन समाप्त हो गया है--"Radha compares herself to a flower grove. First she wrote the First day of spring, secondly she wrote that the third day was passed." ब्र० न० सहाय ने भी ऐसा ही अर्थ किया है केवल सात अक्षर बताए हैं--"ऋतुवती भेलहु" । मि० म० के मतानुसार सात अक्षर थे 'मधुकर मीलब' पहिल बसन्त-बसन्त का पहिला महीना चैत्र अर्थात् मधु, तेसरक अन्त-बसन्त-कर=मधुकर मीलब । अनुज बसन्त=मधु [चैत्र के बाद का महीना]--'माधव' नहीं लिखसकी । मेरे विचार में सात अक्षर थे--'मधु माधव मार' । सन्देश में नायिका ने पहले बसन्त के प्रारंभिक महीने 'मधु को लिखा फिर तीन वर्ष बाद के तीसरे बसन्त के अन्तिम माह माधव [बैसाख] को लिखा, बसन्त के अनन्तर प्राणियों में उपजने वाले मार (कामदेव) का नाम लिखते उसके हाथ काँप गए क्योंकि इसके पहले पद में ही मारने--जीवन का अन्त कर देने का भाव भी छिपा हुआ है । इस प्रकार मधु-माधव के व्यतीत होते रहते और कामदेव की प्रतारणा में पिसते रहने से नायिका का जीवन संकटापन्न हो गया है इसकी भी सूचना मिल जाती है ।

[२५७]

मन परबस भेल परदेश[१] नाह। देखि निसाकर तन उठ धाह[२] ॥
मदन वेदन दे मानस अन्त। काहि[३] कहब दुख परदेस कन्त ॥
सुमरि सनेह गेह नहि आव[४]। दारुन दादुर कोकिल राव ॥
ससरि ससरि खसु[५] निबिबन आज[६]। बड़ मनोरथ घर पहु न समाज ॥
भनइ विद्यापति सुनु परमान। बुझ नृप राघव[७] नव पचोबान[८] ॥

ग्रियर्सन ६१

पाठभेद —

ब्र० न० सहाय—(प० सं० २१)—१ परदेस २ उठे धाह ३ काह ५ खस ७ सिवसिंह ८ पँचबान

न० गु० (प० सं० ७००) तथा **मि० म०** (प० सं० २१५)—२ दाह ४ भाव ५-६ सुमरि सुमरि खसु नीविबन्ध आज ८ पचबान

सं० मन्तव्य – १ परदेश २ दाह ४ भाव ६ निबिबन्ह आज ८ पँचबान

शब्दार्थ—दाह=ज्वाला, विरहताप। गेह नहि भाव=घर नहीं सुहाता। राव=स्वर। खसु= खिसकी पड़ती है। पहु न समाज=प्रियतम का संग साथ नहीं है।

[२५८]

प्रथम एकादस दइ[१] पहु गेल[२]। से हो रे[३] बितित मोर कत दिन भेल[४] ॥
ऋतु[५] अवतार वयस मोर भेल। तइओ न पहु मोर दरसन देल ॥
अब न धरम सखि बाँचत मोर। दिन दिन मदन दुगुन सर जोर ॥
चान सुरुज मोहि सहिओ न होए[६]। चानन लाग बिखम[७] सब सोए[८] ॥
भनहिं विद्यापति गुनवति नारि। धैरज धैरहु मिलत मुरारि ॥

ग्रियर्सन ६२

पाठभेद —

ब्र० न० सहाय (प० सं० ४०) १ दै २ गेला ४ भेला ५ रति ६ होय ७-८ विसम सर सोय

न० गु० (प्र०, प० सं० २) तीसरी पंक्ति "अब न....सर जोर।" पाठ नहीं है। मजुमदार महाशय ने कहा है कि यह पंक्ति राधा के पक्ष में प्रयोज्य नहीं है संभवतः इसीलिए

न० गु० ने इसे छोड़ दिया हो। किन्तु इसप्रकार से बहुत से चरण अनेक पदों में गुप्त जी ने दिए हैं अतः ऐसी शंका निराधार है।

मि० म० (प० सं० ५५४)—पाठ ग्रियर्सन सदृश।

सं० मन्तव्य—३ सेओ ७ विसम सर

शब्दार्थ—प्रथम=वर्णमाला का प्रथम अक्षर 'क' एकादस=ग्यारहवाँ अक्षर 'ट' =कट, समय की एक निश्चित सीमा जिसके भीतर लौट आने का आश्वासन प्रियतम ने दिया था। ऋतु=६ + अवतार=१०=१६ षोडष वर्ष। चानन......सोए=चन्दन भी विषम बाणों सा घातक लगता है।

[२५९]

माधव बूझलि[१] तुअ गुन आजे[२]।
पचदुन[३] दसगुन[४] दसगुन[५] सैगुन[६]
सेहो[७] देल[८] कोन काजे[९] ॥
चालिस काटि[१०] चारि[११] चौठाई[१२]
से हम[१३] से पहु[१४] मोरा।
कपटी[१५] कान्हैया[१६] केलि नहि जानलि[१७]
कैलन्हि[१८] जन्मक[१९] ओरा ॥
साठि काटि[२०] दहबुन्द बिबरजित[२१]
से[२२] बतकर[२३] उपहासे।
पहुक[२४] विषाद सहै[२५] नहि पावी[२६]
दुइ बुन[२७] करब[२८] गरासे ॥
नवो[२९] बुनादय[३०] नवो[३१] वामकर[३२]
से उर[३३] हमर प्राने[३४]।
से हरखित[३५] मुँह[३६] हेरि न होए[३७]
कारन के नहिं जानै[३८] ॥
भनहि[३९] विद्यापति सुन वरजौमति[४०]
ताहि करटि[४१] केअ[४२] बाधा।
अपन[४३] जीव दय[४४] परकै[४५] बुझाबिअ[४६]
कमल नाल दुइ आधा ॥

ग्रियर्सन—६३

पाठभेद—

ब्र० न० **सहाय** (प० सं० ४२) १ बुझलों २ आज ५ दस सै ७-८ सौंह-देलह ६ काज १३ मैं १६ कान्ह १७ जानह १८-१६ कैलह जनमक २१ विवर्जित २३ कतकर २५ सहे २९-३२, नवो वाम कै नौ बुन्ना दै ३५-३७ निरखत मुख काहि लागत सुख ३८ जाने ४१ करत ४३-४४ आपन मन दै ४५-४६ परहि रिझावी

न० गु० (प्र०, प० सं० ७) और **बेनीपुरी** (प० सं० २६०)—१-२ आब बुझल तुअ साजे ३-६ पाँच दुगुन दस गुन सए गुन पुनि ७-८ से देलह १०-११ चारि काटि १२ चौठाइ १४ पिआ (फिर ग्रियर्सन का ३५-३६ अंश—से निरखैत मुख पेखैत चौदिस) १८ करत १९ जनम २०-२१ साठिहु मह दह बिन्दु विदरजित २२-२३ के से सहत २४-२६ हम अबला अब पहुक दोसरां २७ बिन्दु २९-३२ नव बुन्दा दए नवए बाम कए ३३ डर ३४ पराने (ग्रियर्सन का १५-१६ अंश— कपटी बालमु । इस प्रकार संभवतः पाठ पंक्तिच्युत हो गए है ।) ३७ हेर ३८ जाने ३९ भनइ ४० बर जौबति ४४ दए ४५-४६ परक बुझाइअ

मि० गी० सं०—द्वितीय खण्ड, पृ० २ ग्रियर्सन सदृश

मि० म० (प० सं० ५८०)—५ दयसगुन ६ से गुन

सं० मन्तव्य—(i) ६ सएगुन ७ सउँह १६ कन्हइआ १९ जनमक २३ कतकर २५ सहए २६ पाबिअ ३३ डर ३४ पराने ४० वरजउवति ४१ करति ४५ पर के रिझाबिअ

(ii) मजुमदार महाशय ने न० गु० प्र० ७ को अपनी तालिका में ग्राह्य नहीं माना है किन्तु—यहाँ मी० गी० सं० से जो पाठ ग्रहण किया है वह न० गु० प्र० ७ संख्यक पद का ही है।

शब्दार्थ—प्रस्तुत पद का अर्थ प्रायः ग्रियर्सन धृत अर्थ के अनुकूल रखते हुए भी ब्र० न० सहाय एवं मि० म० ने कुछ भिन्न अर्थ किया है। प्रस्तुत अर्थ अपेक्षाकृत अधिक भिन्न है।

[ii] प्रसङ्ग-सखी राधा [नायिका] का विरह दुःख निवेदन करती हुई कहती है······अन्त में कवि सखी के माध्यम से राधा [नायिका] को धैर्य-धारण करने का आधार बताता है।

[iii] पच=५ दुन=१०-दसगुन=१००--दसगुन=१०००-सए गुन=१००००० लाख, सौंह-- साजे=तुमने लाखों कसमें किस प्रयोजन से की थी। चालिस काटि चारि=४०-४=३६-चौथाई=९ नव अर्थात् नवीन वय के। जनमक ओरा=जीवन को अन्त की स्थिति में पहुँचा दिया। साठि=६० काटि दह-- १०=५० बुन्द=शून्य-विवरजित=शून्य हटाने पर=५ पंच लोग। कतकर=कितना करते हैं। दुइ=२ बुन= शून्य=२०=बीस अर्थात्=विष। नवो······वामकर=नौ बाएं रखकर फिर नौ शून्य देकर=९०००००० ०००=नौ अरब=संख्याभेद, असंख्य डर हमारे प्राणों में समाया है। से हरखित मुख=प्रियतम का वह प्रसन्न

वदन। हेरि न होए=अब देखने का भी भाग्य नहीं होता। ताहि=उसके लिए। अपन······आधा=कमल नाल से दो खण्डों में कटकर, अपना जीवन नष्ट करके भी दूसरों को रिझाता [सुख देता] है। हे कमल वदन तुम कष्ट सहकर भी प्रियतम की कल्याण कामी हो अतः तुम्हें प्रिय का दर्शन मिलेगा इसमें कोई बाधक नहीं हो सकता।

[२६०]

चानन भेल बिखम[१] सर रे
भूखन[२] भेल[३] भारी।
सपनहुँ[४] नहि हरि[५] आएल रे
गोकुल गिरधारी[६]॥
एकसर[७] ठाढ़ि[८] कदम[९] तर रे
पथ हेरथि[१०] मुरारी।
हरि बिनु देह दगध भेल[३] रे
झामरु[११] भेल[३] सारी॥
जाह जाह[१२] तोंहे[१३] ऊधव हे
तोंहे[१३] मधुपुर जाहे।
चन्द्रबदनि नहिं जीउति रे
बध लागत[१४] काहे॥
भनहिं[१५] विद्यापति तन[१६] मन दे[१७]
सुनु गुनमति नारी।
आजु[१८] आओत हरि गोकुल रे
पथ चलु झट झारी॥

ग्रियर्सन, ६४

पाठभेद—

ब्र० न० सहाय (प० सं० ४५)—३ भेला ४ सपनहु ५ नहि ६ गिरिधारी ७-९ अकसर ठाढ़ि कुसुम १० हेरलि ११ झामर १२ जाहु जाहु १४ लागत कह काहे १५ भनहि

न० गु० (प० सं० ७३९) एवं मि० म० (प० सं० ५४०)—१ बिसम २ भूसन

बेनीपुरी (प० सं० २०६)--२ भूषन ७-८ एकसरि ठाढ़ि ११ झामर १३ तोहें १५ मनइ १६-१७ मन दए रे १८ आज

सं० मन्तव्य—१ विषम २ भूषन ७-८ एकसरि ठाढ़ि

शब्दार्थ—विषम सर=असामान्य, असाधारण रूप से प्रखर वाण। भारी=भार वाला, जिसे ढोना असह्य हो। सपनहु=स्वप्न में भी। गोकुल गिरधारी=वे कृष्ण, जिन्होंने गोकुल के रक्षार्थ गिरि [गोवर्धन] धारण किया था, अब गोकुल में स्वप्न में भी नहीं आते। एकसरि·····सारी=ऊधो जब राधिका के बारे में पूछते हैं तो गोपियाँ उन्हें बताती हैं कि वे उस कदम्ब के नीचे, जहाँ कृष्ण के साथ झूला भूला, रास किया था, अकेली खड़ी एक टक कृष्ण की राह देखती हैं। कृष्ण के अभाव में उनकी कञ्चन काया जल सी गई है और विरहाग्नि में झलसकर उनकी साड़ी झौंसी सी मलिन हो गई है। जाह···काहे=हे ऊधो ! अब राधा से क्या मिलोगे, सीधे मथुरा जाओ, क्योंकि उसका मरना तो ध्रुव है तुम्हे देख, यदि स्वयं भी मर गई, तो भी व्यर्थ में तुम्हीं मृत्यु के कारण समझे जाओगे। भणितांश में विद्यापति स्वयं अथवा ऊधो के माध्यम से निवेदन करते हैं कि कृष्ण आज ही गोकुल आ रहे हैं। तन मन दे=शरीर एवं मन दोनों को एकाग्र कर, ध्यान पूर्वक।

नोट—प्रस्तुत पद में गोपी-ऊधव संवाद का स्पष्ट उल्लेख तो मिलता ही है कृष्ण के गोकुल लौटने की विद्यापति की अपनी मान्यता भी ध्वनित होती है। कृष्ण के गोकुल लौटने का आश्वासन भी भागवत या सूरसागर आदि में ऊधो नहीं देते।

[२६१]

गगन गरजि[1] घन घोर
(हे सखि) कखन आओत[2] पहु मोर ॥
उगलहनि[3] पाँचो बान।
(हे सखि) अब न बचत मोर प्रान ॥
करब कओन परकार[4]।
(हे सखि) जौवन[5] भेल जिव काल ॥
भनहि विद्यापति भान।
(हे सखि) पुरुख[6] करहि परमान ॥

ग्रियर्सन ९५

पाठभेद—

ब्र० न० सहाय (प० सं० ८२) हे सखि की टेक नहीं है। २ आयेत ३ उगलन्हि ४ प्रकार ५ जोवन ६ पुरुष

न० गु० (प० सं० ७०५) **मि० म०** (प० सं० ३५९) 'हे सखि' की टेक है किन्तु कोष्टक बद्ध नहीं। पाठ उपर्युक्त प्रकार।

(i) **सं० मन्तव्य**—मि० म० में टिप्पणी में इसे प० त० का १७३२ पद भी बताया गया हैं किन्तु उक्त पद "गगने गरज घन फुकरे मयूर' (मि० म० ७३१) है तथा अपनी भाषा के कारण विद्यापति रचित नहीं जान पड़ता।

(ii) १ गरज ३ उगलन्हि ५ जउवन ६ पुरुष

शब्दार्थ—गरज=गर्जन कर रहा है, धमका रहा है। उगलन्हि=उग आया, प्रबल वेग से चढ़ आया। परकार=प्रकार, उपाय। भान=कहते हैं। करहि परमान=प्रमाण करो, विश्वास रखने योग्य वस्तु समझो।

[२६२]

लिखब उनैस सताइस[१] संग[२]। से पुनि लिखब पचीसक संग ॥
जनिकाँ सोंपि[३] गेला मोर[४] आहि। से पुनि गेलाह[५] देखब नहिं ताहि ॥
बड़ अनुचित आनक परवेस। से पुनि एलाह[६] तकर[७] सनेस[८] ॥
माधव जनु[९] दीअह मोर दोस। कर्तादिन राखब हुनक भरोस ॥
मनहिं[१०] विद्यापति आखरलेख। बुध जन हो[११] से कहे[१२] विसेख ॥

ग्रियर्सन ६७

पाठभेद—

अ० न० **सहाय** (प० सं० ४६)—४ मोहि ६.८ एलह देवर सदेस ९ जनि १० भन **११ होय १२** कहय

मि० म० (प० सं० ५७५) १ सताइसक २ सङ्ग ३ सोपि। शेष ग्रियर्सन सदृश।

सं०मन्तव्य—५ गेले ८ सनेस ९ जनि **१२** कहए

शब्दार्थ—[i] लिखब=लिखे। उनैस=वर्णमाला का उन्नीसवाँ अक्षर 'ध'। सत्ताइस=सत्तालसवाँ=र। पचीसक=पचीसवें=म के साथ=धरम। जनिकाँ···आहि=जिस धरम को प्रियतम मुझे सौंप गए, धर्म की मर्यादा रक्षा का भार जो मुझे दे गए। गेले=चले जाने पर। देखब=रखवाली करूँगी। आनक=दूसरे [प्रिय या धर्म के अतिरिक्त] का। से पुनि=उस दूसरे—कामदेव—का सन्देश आ पहुँचा, कामदेव चढ़ाई करने आ रहा है। हुनक=उनका, धर्म का। आखर लेख=अक्षर लिखकर।

[ii] इस प्रकार की वर्णमाला के अक्षरों की क्रीड़ा तथा वक्रोक्तियों को सुलझाने और उन्हें समझने वाले को ज्ञानी कहने की प्रथा निर्गुणियाँ सन्तो तक में पाई जाती हैं।

[२६३]

मोहन मधुपुर वास।
(हे सखि) हमहुँ जाएब[१] तनि[२] पास ॥
रखलन्हि[३] कुबजाक[४] नेह।
(हे सखि) तेजलन्हि[५] हमरो सिनेंह ॥

कत दिन ताकब बाट।
(हे सखि) रटला जमुना[६] घाट ॥
ओतहि[७] रहथु[८] दृढ़[९] फेरि।
(हे सखि) दरसन देथु[१०] एक बेरि ॥
भनहि[११] विद्यापति रूप[१२]।
(हे सखि) मानुस[१३] जनम अनूप[१४] ॥

ग्रियर्सन ६८

पाठभेद—

ब्र० न० सहाय (प० सं० २७) द्वितीय पंक्तियों के आरंभ में "हे सखि" की टेक नहीं है। प्रत्येक पंक्ति के अन्त में 'रे' की टेक है। १ जायब ३-४ भुललनि कुबजा के ५ तजलनि ६ जमुनक ७ उतहि ६ दृग ११ भन १२ भान १३-१४ सुपुरुष गुनक निधान

न० गु० (प० सं० ६९९) **मि० म०** (प० सं ५३३) ३ रखलन्हि ५ तेजलन्हि १० देखु

सं० मन्तव्य—२ तन्हि ७ ओतहिँ

(।) ब्र० न० **सहाय** ने इसे पुष्पांकित कर सूचित किया है कि इसे सर्वप्रथम उन्होंने प्रकाशित किया है किन्तु उनसे पहले यह ग्रियर्सन में प्रकाशित है।

शब्दार्थ—रखलन्हि=रखा, स्थापित किया। ताकब=देखूँगी। रटला…घाट=जमुना के घाटों की ओर चले गए। ओतहि…बेरि=मेरी आँखें उधर को ही बार-बार बरजोरी फिर फिर कर उधर [उस पथ की ओर] ही रहती हैं कि शायद प्रियतम एक बार अपनी झलक दिखा दें। ब्र०न० के पाठ के अनुसार वे आँखें फेरे उधर ही रहें किन्तु एक बार दर्शन दे जाएँ। मानुस…अनूप=मानव योनि में जन्म अनुपम है। क्योंकि इसप्रकार की प्रीति उसी में संभव है।

[२६४]

प्रथम बयस हम कि कहब सजनी
पहु तजि गेलाह[१] बिदेस।
कत हम धैरज[२] बाँधब सजनी
तनि[३] बिनु सहब कलेस।
आओन[४] अवधि वितीत[५] भेल[६] सजनी
जलधर छपल दिनेस।

सिसिर वसन्त उसम[७] भेल[८] सजनी
पाओस[९] लेल परवेस ॥
चहुदिस झीगुँर[१०] झङ्करु[११] सजनी
पिक सुन्दर करु गान ।
मनसिज मारु मरम सर सजनी
कतेक सुनब हम कान ॥
सेज कुसुम नहि भावय[१२] सजनी
विस सम चानन चीर ।
जइओ समीर सीतल[१३] बहु सजनी
मन वच उड़ल सरीर ॥
भनहिँ[१४] विद्यापति गाओल[१५] सजनी
मन धनि करिअ[१६] हुलास ।
सुदिन हेरि पहु आओत सजनी
मन जनि करिअ उदास ॥

ग्रियर्सन ७०

पाठभेद—

ब्र० न० सहाय (प० सं० २४)—१ गेला २ धीरज ३ तिनि ४ आवन ५ बितित ६ भेलि ७ उखम ८ गेला ९ पावस ११ झनकरु १६ सितल १४ कवि १५ गावल

न० गु० (प० सं० ७०७) और **मि० म०** (प० सं० ५०३) सजनी के स्थान पर सर्वत्र 'सजनि'। शेष ग्रियर्सन सदृश ।

सं० मन्तव्य—२ धइरज ५ बितित ७ उषम ८ गेल १२ भावए १६ पारिअ

शब्दार्थ—तनि=उन [प्रियतम] के । छाल=छाप [ढंक] किया । उखम=ग्रीष्म । मरम सर=मर्म भेदी बाण । मन वच=मन एवं वाक् शक्ति । धरिअ=धारण करो । हेरि=देख-परख कर ।

[२६५]

प्रथम समागम भेल रे । हठनि[१] रइनि[२] बिति[३] गेल रे ॥
नव तनु नव अनुराग रे । बिनु परिचय रस माँगु रे ॥
सैसव[४] पहु तेजि[५] गेल रे । जौवन[६] उपगत[७] भेल रे ॥
अब न जीयब[८] बिनु कन्त रे । विरह[९] जीव[१०] भेल अन्त रे ॥
भनइ[११] विद्यापति भान रे । सुपुरुख[१२] गुनक निधान[१३] रे ॥

ग्रियर्सन ७१

पाठभेद—

ब्र० न० सहाय (प्रथम मिलन और दर्शन, ४६) –१ हठहि। तीसरे-चौथे अधिक चरण हैं→ भ्रमर करै कत भाय रे। भ्रमरी के किछु न सोहाय रे॥ ४-५ सारन तजि यहु ७ उमगत ८ जियब ९-१० आय जिवन ११ मन १२-१३ रसिक पुरुख रस जान।

न० गु० (प० सं० ६६३) – १-३ हठन रयनी बिती।

मि० म० (प० सं० ५०१)—ग्रियर्सन सदृश,

सं० मन्तव्य (i) १ हठहिं ४ सइसव ५ तजि ६ जउवन ८ जियब १० जिव १२ सुपुरुष

(ii) ब्र० **न०सहाय** द्वारा दी गई भ्रमर-भ्रमरी संबंधी पंक्तियाँ इस प्रसङ्ग में बहुत ठीक नहीं बैंठती। वैसे नायिका का इन प्रस्तुत विधानो की ओर भी ध्यान जा सकता है।

शब्दार्थ—हठ में ही। तब······माँगुरे=मेरे नवीन [सुन्दर] शरीर में पनपता नया अनुराग सामाजिक गतिविधियों का ज्ञान रखे बिना ही रस की आकांक्षा करता है, मन मानता नहीं। उपगत=उपस्थित। विरहे=विरह काल में ही।

[२६६]

कोन[१] गुन[२] पहु परबस भेल[३] सजनी
बुझलि तनिक[४] भल मन्द।
मनमथ मन मथ तनि[५] बिनु सजनी
देह दहए[६] निसिचन्द॥
कहओ पिसुन सत अवगुन सजनी
तनि सम[७] मोहि नहि[८] आन।
कतेक[९] जतन सँ[१०] मेटिअ सजनी
मेटय न रेख पखान॥
जँ[११] दुरजन कटु[१२] भाषय[१३] सजनी
मोर मन न[१४] होए[१५] विराम।
अनुभव राहु पराभव सजनी
हरिन न तेज[१६] हिमधाम॥
जइओ तरनिजल सोखय सजनी
कमल न तेजय[१७] पाँक।

जे जन रतल जाहि सँ[१८] सजनी
कि करत बिहि[१९] भय बाँक ॥
विद्यापति कवि गाओल सजनी
रस बूझय[२०] रसमन्त ।
राजा सिवसिंघ[२१] मन दय सजनी
मोदवती देइ कन्त[२२] ॥

ग्रियर्सन ७५

पाठभेद—

ब्र० न० सहाय (प० सं० ८४)—३ भेला ४ तिनक ५ तिन दहय ७ तिन १३ माखय १४-१५ होअ न १६ तेजे १९ बिह २२ कंत

म० गु० (प० सं ६९३) एवं **मि० म०** (प० सं० १६९)—ग्रियर्सन के लगभग समान।

बेनीपुरी (प० सं० १९६)—१-२ कोने गुने ८ नहि ९ कतन १० कए ११ जओं १२ कट १३ माखए १७ तेजए १८ सओं २० बूझए २२ कंत

सं० मन्तव्य—२ गुने ८ नहिँ १० सओ ११ जओ १३ भाषए १७ तेजए १८ सओ २० बूझए २१ सिवसिंह

शब्दार्थ—गुने=गुण, मेरे किस गुण या दोष से, अथवा किसी जादूगरनी के किस जादू टोने के कारण। बुझलि……मन्द=हे सखी क्या तूने उनके अच्छे-बुरे आचरण को समझा, अथवा अब उनके परवश हो जाने के अनन्तर मैंने उनके गुण दोषों का महत्व समझा। मन मथ=मन को मथ कर पीड़ित कर रहा है। पिसुन=निन्दक, दुर्जन। जतो…भाखए=यद्यपि दुर्जन लोग उनके विषय में कटु भाषण करते हैं। विराम=राग से विरत हो स्थिर होना। अनुभव……हिमधाम=चन्द्रमा राहु ग्रसित होकर भी [अपने अङ्क में विजड़ित] हिरण को नहीं छोड़ता। या चन्द्रमा को राहु से पराभूत एतदर्थ किंचित् दुर्बल जानकर भी हिरण उसका आश्रय नहीं छोड़ता। तरनि=सूर्य। बिहि भय बांक=विधाता के विरुद्ध होने का भय, अथवा विधि भए बाँक=विधाता विरुद्ध होकर।

[२६७]

माधव देखलिवियोगिनि[१] बामे[२] ।
अधर न हाँस[३] विलास सखी सङ्ग[४]
अहोनिसि[५] जप तुअ नामे[६] ॥
आनन सरद सुधाकर सम तसु

बोले[७] मधुर धुनि बानी।
कोमल कमल[८] अरुन[९] कुम्हिलाएल[१०]
देखि मन एलहुँ[११] जानी॥
हृदयक हार भार भेल[१२] सुभ धनि[१३]
नयन न होए[२३] निरोधे[१४]।
सखि सभ[१५] जाय[१६] खेलाओलि रङ्ग[१७] करि
तसु मन किछुओ न बोधे[१८]॥
रगड़ल चानन मृगमद कुङ्कुम[१९]
सभ तेजलि तुअ लागि[२०]।
जनि[२१] जलहीन मीन जक[२२] फिरइछि[२३]
अहोनिसि[२४] रहइछि जागि[२५]॥
दूति[२६] उपदेस सुनि[२७] गुनि सुमिरल
तखनइ[२८] चललहि[२९] धाई।
मोदवती पति राघवसिंह[३०] गति
कवि विद्यापति गाई॥

ग्रियर्सन ७६

पाठभेद—

ब्र० न० सहाय (प० सं० ८७) **१-२** विओगिनि वाम ४ संग ५ अहनिसि ६ नाम १० कुम्हिलायल **११** ऐलहुँ १२ भेला १३-१४ होय निरोध **१६** आय १७ रंग **१८** बोध १९ कुमकुम २० लागी २४ अहनिसि २५ जागी २४ सुन २५ तइखन २६ चललाह।

न० गु० (प० सं० ७४८) ३ हास ५ अहनिस ८-१० अरुन कमल कुम्हिलायल ११ अइलहुँ १३ सुवदनि १५-१६ सब आय।

बेनीपुरी (प० सं० २०९) ४ संग ५ अहनिसि ७ बोलए ८-९ अरुन कमल ११ मएँ अइलिहुँ १७ रँग २० लागी २१ धनि २२ जकँ फिरइछ २४-२५ अहनिसि रहइछ जागी २६-२९ दूतिक सुनि उपदेश सुमिरि गुन तहिखन चललाह

मि० म० (प० सं० २१६) ३० सिंघ; शेष न० गु० के पाठ सदृश।

सं० मन्तव्य—(i) १ विओगिनि ३ हास ७ बोल ८-९ अरुन कमल **११** मएँ अएलिहुँ २० लागी २५ जागी २६ दुति २७ सुनिअे गुन

(ii) इस पद में विरहिणी से मिलनार्थ माधव के तुरन्त प्रयाण का स्पष्ट उल्लेख है ।

शब्दार्थ—तसु=उसका। धुनि=ध्वनि, सुर। सुभधनि सौभाग्यवर्ती ललना। निरोधे=निग्रह में, वशवर्त्ती। रंगकरि=नानाविध हँसी मँजाक करके। गुन सुमिरल=प्रिया के गुणों का, उसकी अवस्था का स्मरण किया।

[२६८]

सुन्दरि हे तों[१] सुबुधि[२] सेआनि[३]। मरबे[४] पिआस[५] पिआबहु पानि ॥
के तों[६] थिकह[७] ककर कुलजानि। बिनु परिचय नहिं देब पिढ़ि पानि ॥
थिकहुँ[८] पथुक[९] मन राजकुमार। धनिके[१०] वियोग भरमि संसार ॥
आबह बैसह[११] पिब लह पानि। जे तों[१२] खोजबह से दिब आनि ॥
ससुर भैसुर[१३]मोर गेलाह[१४]विदेस। स्वामिनाथ[१५]गेल छथि[१६]तनिक उदेस ॥
सासु घर आन्हरि नैन[१७] नहिं सूझ। बालक[१८] मोर बचन नहिं बूझ ॥
भनहि[१९] विद्यापति अपरुब नेह। जेहन विरह हो तेहन सिनेह ॥

ग्रियर्सन ८०;

पाठभेद—

ब्र० न० सहाय (पुनर्मिलन तथा रसोद्गार १०) ३ सेआनी। इसी तरह पानी, जानी आनी आदि दीर्घ ईकारान्त ४ मरिए १० धनिक १३-१४ भसुर मोर होलह १५-१६ स्वामि मोर गेलाछथि १७ नयन १८ ननदी १९ भन

न० गु० (प०; प० सं० ११ पथिकेर उक्ति परकीया नायिकार उत्तर) तथा **मि० म०** (प० सं० ५१०)—३ सेयानि ४ मरी ५ पियास ७ थिकाह १० धनिके बिओग १३ भैंसुर

सं० मन्तव्य—१—३ तजे सुबुधि सयानि ४ मरिअ ६ तजे ८ थिकओं ९ पथिक १० धनिके ११ बइसह १२ तजे १३ भसुर १४ गेलह १६ स्वामि गेल छथि १७ नअन

शब्दार्थ—थिकह=हो। कुलजामि=कुलजानि में जन्मे। छथि=हैं। तनिक=उनके।

[२६९]

उठु उठु सुन्दरि जाइछि विदेस। सपनहु[१] मोर[२] नहिं पाएब[३] उदेस ॥
उठइत उठि[४] बैठलि[५] मन मारि। बिरहक मातलि चुप[६] रहे नारि[७] ॥
एक हाथ उपटन[८] एक हाथ तेल। सुन्दरि[९] मनावय पिया घर गेल[१०] ॥
दुरु करु उपटन दुरि करु तेल। पछलि पहर राति खटपट भेल ॥
भन[११] विद्यापति सुनु ब्रज नारि। धैरज धैरहु[१२] मिलत मुरारि ॥

ब्र० न० सहाय २५

पाठभेद—

मि० गी० सं० (प्र० खं० पृ० २७)—१ सपनहुँ ,-३ रूप नहि मिलत । दूसरी पंक्ति है—

से सुनि सुन्दरि उठलि चेहाय । पहुक वचन सुनि वैसलि झमाय ॥ ४-५ उठति बैसलि ६-७ खसलि हिय हारि ८ उबटन ९-१० पियके नमनाओ सुन्दरि चलि भेलि । ब्र० न० की 'दुर''''''' खट पट भेल'' पंक्ति नहीं है । ११ भनहि १२ धय रहु ।

मि० म० (प० रा०६९)—मि० गी० सं० के समान पाठ ।

सं० मन्तव्य (i)—१ सपनेहुँ ५ बइसलि ९ पिआके १२ धए रहु । शेष मि० गी० सं० पाठ सदृश

(ii) इस पद में ब्र० न० में एक पंक्ति अधिक है जिसका मि० गी० सं० में अभाव है तथा एक पंक्ति मी० गी० सं० में अधिक है जो ब्र० न० की प्रति में नहीं है । इन दोनो पंक्तियों के रहने और न रहने से पद की परिस्थिति मैं पर्याप्त अन्तर आ जाता है । एक से प्रिय के प्रयाण पर मनाने और न मानने का चित्र उभरता है तो दूसरे में प्रवासी पति को विदा करने की चेष्टा का ।

शब्दार्थ—सपनहुँ'''उदेस=स्वप्न के रूप में भी फिर समाचार नहीं मिल पाएगा या मेरे रूप की झाँकी का सन्धान न हो पाएगा । मातलि=मतवाली, ज्ञान शून्य । चेहाय=आश्चर्य चकित होना मनावय=मानने के लिए । नमनाओ—नमन-वन्दन करने के लिए । खटपट=झगडा, मतवैभिन्य ।

विस्तृत व्याख्या के लिए देखें—अरविन्द सिन्हा—विद्यापति युग और साहित्य; पृ० —३०-३१-२०५ ।

[२७०]

माधव गेल्हन विदेस रे । करिऔन[1] हुनक उदेस रे ॥
हम सन[2] सुन्दरि नारि रे । एको न लेल्हनि विचारि रे ॥
कखन जाएब[3] दग फेर रे । दरसन देथु एक बेरि रे ॥
भन विद्यापति भान रे । मन जनि करसि मलान रे ॥

ब्रजनंदन सहाय २८

पाठभेद—

सं० मन्तव्य—१ करिअ न २ सनि ३ जाएब

शब्दार्थ—हुनक उदेश=उनकी खोज खबर । दग फेर=आँखे चुराकर, ममता मिटाकर ।

[२७१]

यहन[१] करम मोर भेल रे। पहु दुर देसहिं[२] गेल रे॥
कतन[३] कयलि[४] हम बाद रे[५]। पहु सों[६] छुटल समाझ[७] रे॥
दै[८] गेला[९] वचनक आस रे। हमहु[१०] जायब[११] तनि[१२] पास रे॥
भन विद्यापति भान रे। रसिक[१३] पुरुष रस जान[१४] रे॥

व्रजनन्दन सहाय १६

पाठभेद—

न० गु० (प० सं० ५३४ एवं ६२४) तथा **मि० म०** (प० सं० ५१७)–१ एहन २ दुरदेस ३ कतेक ४ कएल ५ अपराध रे ६ सञे ७ समाज ८-९ दय गेल ११ आयब १२ तुअ १३-१४ सुपुरुख न कर निदान

सं० मन्तव्य—(i) १ एहन ४ कएलि ६ सञो ८ समाज ८-९ दए गेल १०-११ हमहुँ जाएब

(ii) न० गु०; म०मि० में दूसरा चरण तीसरे स्थान पर और तीसरा, दूसरे स्थान पर है।

शब्दार्थ—बाद=प्रतिवाद, रोक टोक अथवा त्रुटि। समाज=संग-साथ।

[२७२]

मधुपुर गेल भगवान रे। हुन बिनु त्यागब[१] प्रान[२] रे॥
हुनका के कहै[३] आन रे। अपने चतुर सेआन[४] रे॥
मधु मिसरी पकवान रे। खैले तित मिठ जान रे॥
भन विद्यापति रूप रे। मानुख जनम अनूप रे॥

व्रजनन्दन सहाय ३०

पाठभेद—

सं० मन्तव्य—१ तेजब २ परान ३ कहे ४ सञान

शब्दार्थ—हुनक…आनरे=उन्हें और दूसरा क्या समझाएगा। खैले=खाने पर, अनुभव करनेपर।

[२७३]

तरुनि वयस[१] मोर बीतल सजनी[२], पहु बिसरल मोर नाम।
कुसुम फलिए फुलि मउलल सजनी, भमरा जे[३] लेल बिसराम॥
उठइत देह डगमग करु सजनी, किए रे[४] दइब[५] भेला[६] बाम।
कोकिल सबद सुनावल सजनो, दिढ़ न रहल मोर ज्ञान॥

यहि[७] बिधि कत दिन खेपब सजनो, अलप बयस[१] अज्ञान ।
कवि विद्यापति गावल सजनी, माधव सभ रस जान ॥

ब्रजनन्दन सहाय ३५

पाठभेद—

सं० मन्तव्य—१ वएस २ सजनी ३ पाठाभाव ४-६ किए दइव भेल ७ एहि

शब्दार्थ—फलिए-मउललि=फूलफल और मञ्जरित होकर । बाम=विरुद्ध । दिढ़=स्थिर ।

[२७४]

भरम[१] भवन तेजि गेलाह[२] मुरारि । जे देखि[३] गेलाह[४] तेकर[५] गुन चारि ॥
प्रथम एगारह फेरि दिअ[६] पाँच । तीसक तेगुन थोड़े[७] दिन साँच ॥
जेकर चगुन[८] सय[९] लिअ न बिचारि । तैं[१०] तोहि भल नहिं कहथि[११] मुरारि ॥
चालिस[१२] काटि अधा[१३] हरि देल । तैं[१४] मोर[१५] जिवन[१६] एहन सन भेल ॥
भनहि विद्यापति सुन[१७] ब्रजनारि[१८] । धैरज[१९] धैरहु मिलत मुरारि[२०] ॥

ब्रजनन्दन सहाय ३९

पाठभेद—

मि० गो० सं० (द्वि० खण्ड पृष्ठ ४-५ प्रहेलिका) तथा **मि० म०** (प० सं० ८८७) १ भरल ३-५ जत दिन गेलाह तकर ६ दीय ७ थोड़ ८-९ सै महँ चौगुन ११ कहत १२-१३ चालीस कोटि आधा १५-१६ पुनि जीव १७ आखर लेख १९-२० बुध जन होथि से कहथि बिसेस ॥

सं० मन्तव्य—२ गेलह ३-५ जत दिन गेलह तकर ८ चउगुन १० तञे १४ तञे

शब्दार्थ—भरम भवन=भ्रम पूर्ण, द्विधाग्रस्त घर । जत···चारि···जितने दिनों के लिए गए उसका चौगुना समय बीत गया । प्रथम पांच=११+५=१६ बर्ष हो गए । तीसक तेगुन=३०×३=९० नब्बे,=नव वय, थोड़े···साँच=नई उम्र थोड़े ही समय तक रहती है । जेकर···सय=जिसका चौगुना १०० है अर्थात २५ वर्ष की अवस्था को ठीक से नहीं विचारा । चालिस······देल=४० का आधा=बीस=विष । हरि ने मुझे विरह-विष दे डाला इसी से ऐसी कारुणिक दशा हो गई है ।

[२७५]

हम सन[१] हे सखि रुसल महेस[२] ।
गौरि[३] बिकल मन करथि उदेश[४] ॥
तन[५] आभरन बसन भेला भार ।
नयन बहे जल सुर सरि धार[६] ॥

पुछइछि[७] पंथुक[८] जन हम[९] तोहि[१०]।
यहि[११] पथ देखल दिगंबर[१२] जोगि[१३] ॥
कवि[१४] विद्यापति यह पद भान।
सिव जु प्रगट भेला गौरिक ध्यान[१५] ॥

ब्र० न० सहाय; महेश संबंधी कविता—१०

पाठभेद—

न० गु० (हर०, प० सं० २३) १-२ सों रुसल महेसे ३ गौरी ४ उदेसे ५-६ पाठाभाव ७ पूछिअ ८ पथुक ९ पाठाभाव १० तोही ११ ए १२-१३ कहूँ बूढ़ बटोही। तदनन्तर—"अङ्गमे विभूति अनूपे। कतेक कहब हुनि जोगिक सरूपे॥" १४-१५ विद्यापति भन ताही। गौरी हर लए भेलि बताही॥

मि० म० (प० सं० ७८५) पाठ न० गु० सदृश।

सं०मन्तव्य—१ सञे १२-१२ कहूँ बूढ़ बटोही। तदनन्तर न० गु० का अधिक पाठ एवं भणिता; तद्वत।

शब्दार्थ—उदेस=उद्देश्य, अनुसन्धान। पुछइछि=पूछती हूँ। बटोही=राही। बताही=बावली।

[२७६]

माधव बूझल तोहर नेह।
ओर धरइत[१] हम[२] राखि न पारिअ
आसा की जइ देह॥
तो सन[३] माधव अति गुनाकर
देखइत अति अमोल।
जेहन मधूक माखल पाथर
तेहन तोहर बोल॥
ई[४] रीति दए हम पिरिति लाओल
जोग परिनत भेल।
अमृत बधि[५] हम लता लाओल
बिसे फरि फरि गेल॥

भन विद्यापति सुनु रमापति
सकल गुन निधान।
अपन वेदन ताहि निवेदिअ
जे परवेदन जान॥

मिथिला; न० गु० ३४५

पाठभेद—

मि० म० (प० सं० ३७७) पाठ न० गु० सदृश।

सं० मन्तव्य—१ धरि २ जओ ३ सनि ४ पाठाभाव ५ बुधि या बुझि

शब्दार्थ—ओरधरि जओं=यदि पूर्णता तक। आशा…देह=फिर आशा क्यों बँधाते हो। या धरि हम…पाठ से—अन्त तक में रख न सकी, अतः आशा का त्याग कर दिया। मधूक माखल=मधु सिंचित। रीति दए=हर विधि से। जोग…भेल=असाध्य साधना ही झेलनी पड़ी। बुधि=समझकर।

[२७७]

से कान्ह से हम से पचबान[१]। पाछिल छाड़ि रङ्ग आबे[२] आन॥
पाछिलाहु पेमक कि कहब साध। आगिलाहु पेम देखिअ अबे आध॥
बोलि बिसरलह दअ बिसवास। से अनुरागल हृदय उदास॥
कवि विद्यापति इहो रस भान। विरल रसिक-जन ई रस जान॥

मिथिला, न० गु० ४७२

पाठभेद—

मि० म० (प० सं० ४४५) पाठ न० गु० सदृश।

सं० मन्तव्य—१ पँचवान १ अबे

शब्दार्थ—पंचबान=कामदेव। दअ=देकर। से अनुरागल…उदास=वही प्रेमोन्मत्त हृदय अब खिन्न हो गया है।

[२७८]

बड़ बड़ाइ सबे नहि पाबइ
विधि निहारइ याहि।
अपन वचन जे प्रतिपालय
से बड़ सबहू चाहि॥

साजनि सुजन जन सिनेह।
कि दिय[१] अजर कनक उपम
कि दिय[१] पसान[२] रेह।
ओ जदि अनल आनि पजारिअ[३]
तइओ न होय[४] विराम।
ई जदि असि कि कसि कइ काटी
तइओ न तेजय ठाम॥
गरल आनि सुधारसे सिञ्चिअ
सीतल होमाय[५] न पार।
जइओ सुधानिधि अधिक कुपित
तइओ न बरिस खार॥
भन विद्यापति सुन रमापति
सकल गुन निधान।
अपन वेदन ताको[६] निवेदिअ
जे पर वेदन जान॥

मिथिला, न० गु० ६४३

पाठभेद—

मि० म० (प० सं० ४३०) पाठ न० गु० सदृश।

सं० मन्तव्य—(i) १ दिअ २ पषान ३ पजारिए ४ होए ५ होए ६ ताहि

(ii) भणिता प० सं० २७५ सदृश।

शब्दार्थ—बड बड़ाई=अत्यधिक महानता। बिधि···याहि=जिसे विधाता कृपा-दृष्टि से देखते हैं वही पाता है। कनक उपम=सोने से उपमा। पजारिअ=जलाए। न होय विराम=अपनी कान्ति से हीन नहीं होता। गरल=विष। सुधानिधि=चन्द्रमा। खार=प्रखरता, तीक्ष्णता या खारापन।

[२७९]

कमल शुखायल भमर नहि आव। पथिक पियासल पानि न पाव॥
दिभ दिन[१] सरोवर होइ अगारि। अबहु नइ बरषइ मही भर वारि॥
यदि तोहें बरिषब समय[२] उपेखि। की फल पाओब दिवस दिप लेखि॥
भनइ विद्यापति असमय बानी। मुरुछल जीवय[३] चुरु एक पानी॥

मिथिला, न० गु० ६५०

पाठभेद—

मि० म० (प० सं० ५२३)—न० गु० सदृश।

सं० मन्तव्य—१ दिने दिने २ समअ ३ जीवए

शब्दार्थ—शुखायल=सूख गया। अगारि=छिछला। उपेखि=उपेक्षा करके, समय बीत जाने पर। दिवस···लेखि=दिन होने पर दीपक के प्रकाश की रेखा। चुरु=एक हाथ की अञ्जलि।

[२८०]

मधुपुर मोहन गेल रे
मोरा[१] बिहरत छाती।
गोपी सकल बिसरलनि[२] रे
जत छत अहिवाती॥

सुतलि छलहुँ अपन गृह[३] रे
निन्दइ[४] गेलउँ सपनाई।
करसों[५] छुटल परसमनि रे
कोन[६] गेल[७] अपनाई॥

कत कहबो[८] कत सुमिरब[९] रे
हम भरिए[१०] गरानि।
आनक धन सों[११] धनवन्ती रे
कुबजा भेल[१२] रानि॥

गोकुल चान चकोरल रे
चोरी गेल चन्दा।
बिछुड़ि चललि दुहु जोड़ी रे।
जीव[१३] दइ[१४] गेल धन्दा॥

काक भाख निज भाखह रे
पहु आओत मोरा।
खीर खाँड़ भोजन देब रे
भरि कनक कटोरा॥

भनहि विद्यापति गाओल रे
धैरज[15] धर नारी।
गोकुल होयत[16] सोहाओन रे
फेरि[17] मिलत मुरारी ॥

मिथिला; न० गु० ६६२,

पाठभेद—

बेनीपुरी (प० सं० १९०)—२ बिसरलन्हि ३ घर ४ पाठाभाव ५ करसए ६ कओन ७ लेले ८ कहबों ९ सुमिरबों १० मरिअ ११ सए १२ भेलि १३-१४ जिव दए १६ होएत १७ पुनि

मि० म० (प० सं० ८५०) न० गु० सदृश।

सं० मन्तव्य—१ मोर २ बिसरलन्ह ४ नींदइ ५ करसञे ७ लेल ९ सुमिरबों ११ सञे १३ जीवे १५ धइरज १६ होएत

शब्दार्थ—बिहरत=विदीर्ण [फटी] हो रही है। अहिवाती=अत्यन्त बल्लभा, सौभाग्यवती। नींदइ=नींदें में। सपनाई=नामधातु, सपना देखने लगी। परसमनि=स्वर्ण मणि, अनमोल रत्न। भरिए=भर उठी हूँ। गोकुल···चन्दा=गोकुल के लिए जो सबका अभिलषित चन्द्र तुल्य था वही मथुरा जाकर कुब्जा को चन्द्रमा मान स्वयं लालसा भरा चकोर हो गया। इस तरह उसका चन्द्रत्व ही कुब्जा ने चुरा लिया। धन्दा=संदेह।

[२८१]

बिनु दोषें[1] पिय[2] परिहरि गेल।
जौवन[3] जनम बिफल भेल ॥

जगत जनमि सखि हम सनि।
नहि धनि दोसरी[4] करम हीनि ॥

हरि सङ्ग कयल रभस जत।
विसलेखे विस[5] सन भेल तत ॥

निरवधि विरह पयोनिधि।
कतहु मरन नहि देल विधि ॥

विरह दहन हो तन अति।
मनोरथ मनहि रहल कति॥
विद्यापति कह[6] गुनमति।
अचिरहि मिलति[7] मधुर पति॥

मिथिला; न० गु० ६७२,

पाठभेद—

मि० म० (प० सं० ८५१)—१ दोसे। शेष न० गु० सदृश।

सं० मन्तव्य—२ पिम ३ जउवन ४ दोसरि ५ विष ६ कह सुन ७ मिलब

शब्दार्थ—(i) सनि=समान। विषलेखे=अलग होने पर। कति=कितने।

(ii) इस पद की भाषा एवं छन्दगति विद्यापति के पदों से कुछ भिन्न हैं, जिससे इसकी प्रमाणिता में सन्देह किया जा सकता है।

[२८२]

कानन[1] भमि भमि कुहुक मयूर। कट भेल नियर[2] कन्त बड़ दूर।
कति दूर मधुपुर कह सखि जानि। जहाँ बस माधव सारङ्गपानि॥
सुनि अपझम्प काँप मोर देह। गरए गरल विस[3] सुमिरि सिनेह॥
भनइ विद्यापति सुन वर नारि। धैरज[4] धए रह मिलत मुरारि॥

मिथिला, न० गु० ६८८

पाठभेद—

मि० म० (प० सं० ५३०)—न० गु० सदृश।

सं० मन्तव्य—१ कानने २ निअर ३ विष ४ धइरज

शब्दार्थ—कानने=जंगल में। कट=प्रियतम द्वारा दी गई लौटने की अवधि। अपझम्प=अचानक आघात लगना। गरए···सिनेह=पूर्वकृत स्नेह के स्मरण मात्र से सब कुछ विषैला लग रहा है।

[२८३]

एहि जग नारि जनम लेल। पहिलहि वयस[1] विरह भेल॥
कथि लए दैव[2] जनम देल। कठिन अभाग हमर भेल॥
अपनहि कमल फुलायल[3]। ताहि फूल भमर लोभाएल॥
विद्यापति कवि गाओल। उचित पुरुबिल फल पाओल॥

मिथिला, न० गु० ६९०

पाठभेद—

मि० म० (प० सं० ५०२)—न० गु० सदृश ।

सं० मन्तव्य—१ बएस २ दइव ३ फुलाएल

शब्दार्थ—कथि लए=किस प्रयोजन से । पुरबिल= पूर्वजन्म की ।

[२८४]

पिय[१] बिरहिनि अति मलिनि विलासिनि
कोने[२] परि जीउति रे ॥
अवधि न उपगत माधव
अब विस[३] पिउति[४] रे ॥
आतपचर विधु रविकर
चरन कि परसह भीमा रे ।
दिन दिन अवसन देह
सिनेहक सीमा रे ॥
पहर पहर जुग जामिनि[५]
जामिनी[५] जगइते रे ।
मुरछि परए महि माँझ
साँझ ससि उगइते रे ॥
विद्यापति कह सबतहँ
जान मनोभव रे ।
केओ जनु अनुभव जगजन
विरह पराभव रे ॥

मिथिला, न० गु० ६९२

पाठभेद—

मि० म० (प० सं० ५३१) पाठ न० गु० सदृश ।

सं० **मन्तव्य—१** पिअ २ कओने ३ बिष ४ पीउति ५ जामिनि

शब्दार्थ—कओने परि=किस विधि से । अवधि न उपगत=निर्धारित अवधि पर कृष्ण उपस्थित नहीं हुए । आतपचर विधु रविकर=चन्द्रमा उसके लिए उत्तप्त सूर्य किरणों सा हो गया है । भीमा=भयंकर, जलनशील । उगइते=उदय होते । जान मनोभव=कामदेव के पराक्रम को सभी जानते हैं अथवा कामदेव ही व्यथा जानते हैं । विरह पराभव=विरह व्यथा ।

[२८५]

के पतिआ लए जाएत रे
मोरा प्रियतम[१] पास।
हिय[२] नहि सहए असह दुख रे
भेल साओन[३] मास॥
एकसरि भवन पिया[४] बिनु रे
मोरा रहलो न जाय[५]।
सखि अनकर दुख दारुन रे
जग के पतिआय[६]॥
मोर मन हरि हरि लए गेल रे
अपनो मन गेल।
गोकुल तजि मधुपुर बस रे
कत अपजस लेल॥
विद्यापति कवि गाओल रे
धनि धरु पिय[७] आस।
आओत तोर मन भावन रे
एहि कातिक मास।

मिथिला, न० गु० ७०४

पाठभेद—

बेनीपुरी—(प० सं० २०३)—१ पिअतम २ हिए ४ पिआ ५ जाए ६ पतिआए ७ मन

मि० म० (प० सं० ५३९) पाठ न० गु० सदृश।

सं० मन्तव्य—२ हिअ ३ साओन ४ पिआ ७ पिअ। शेष न० गु० सदृश।

शब्दार्थ—सहए असह दुःख=असहनीय कष्ट सहा नहीं जा रहा। साओन=श्रावण। अनकर=दूसरे का। हरि-हरि लए गेल=हरण करने वाले, कृष्ण, मेरा मन हर ले गए। मन भावन=वल्लभ, प्रियतम।

[२८६]

बिपत अपत तरु पाओल रे
पुन नव नव पात।

बिरहिन-नयन[1] बिहल बिहि रे
अविरल बरिसात[2] ।।
सखि अन्तर विरहानल रे
नित बाढल जाय।
बिनु हरि लख उपचारहु रे
हिय[3] दुख न मेटाय ।।
पिय पिय[4] रटए पपिहरा रे
हिय[3] दुख उपजाव।
कुदिना हित जन अनहित रे
थिक जगत सोभाव ।।
कवि विद्यापति गाओल रे
दुख मेटत तोर।
हरखित चित तोहि भेटत रे
पिय[5] नन्दकिशोर ।।

मिथिला, न० गु० ७२०

पाठभेद—

बेनीपुरी—(प० सं २०७)—३ हिअ ४ पिआ पिआ ५ पिअ

मि० म० (प० सं० ५३८) पाठ न० गु० सदृश।

सं० मन्तव्य—१ नअन २ बरसात । शेष बेनीपुरी सदृश।

शब्दार्थ—विपत अपत तरु=आपदा रूपी वृक्ष जो प्रियतम के यहाँ रहने पर पत्रहीन हो गया था। बिहल=विधान किया, रचा। बिहि=विधाता। उपचारहु=औषधियों से भी। कुदिना…अनहित रे=दुर्दिन में हितैषी भी शत्रु हो जाते हैं।

[२८७]

सिसर समय[1] बहि बहल वसन्त। गरजहुँ घर नहि आओल कन्त ।।
ओ परदेसिआ धन बनिजार। मोरा हृदय[2] भार भेल हार ।।
गुनिजन भए पहु भेला भोर। आकुल हृदय[2] तज[3] नहि मोर ।।
ए सखि ए सखि कि कहब तोहि। भलिकइ नाथे बिसरल मोहि ।।
निज तन भमए कुसुम मकरन्द। गगन अनल भए उगल[4] चन्द।।
भनइ विद्यापति पुनु पहु आस। जावत रहत[5] देह तिल सास ।।

मिथिला, न० गु० ७२२

पाठभेद–

मि० म० (प० सं० ५०९) पाठ न० गु० सदृश।

सं० मन्तव्य—१ समअ २ हृदअ ३ तजे ४ ऊगल ५ रहए

शब्दार्थ—बहि=व्यतीत हो गया। बनिजार=व्यापारी। भोर=प्रज्ञानी। नाथे=स्वामी ने। निज···मकरन्द=फूल का मधु फूल में ही भ्रमने को बाध्य है। जावत=जबतक।

[२८८]

मास अषाढ़ उन्नत नव मेघ। पिया[१] बिसलेखे[२] रहओं निरथेघ॥
कोन[३] पुरुब सखि कओन[३] सेह देस। करब मोए[४] तहाँ जोगिनि वेस॥
मोर पिया[१] सखि गेल दुर देस। जीवन[५] दए गेल साल सन्देस॥
साओन[६] मास बरिस घन वारि। पन्थ न सूझे निसि अँधियारि॥
चौदिस[७] देखिअ बिजुरी रेह। से सखि कामिनि जिवन सन्देह॥
भादब मास बरिस घन घोर। सभ दिस कुहुकए दादुल[८] मोर॥
चेउकि चेउकि[९] पिया[१] कोर समाय। गुनमति सूतलि अङ्कम[१०] लगाय॥
आसिन मास आस धर चीत। नाह निकारुन नै[११] भेलाह[१२] हीत॥
सरवर खेलए चकवा हास। विरहिनि वैरि भेल आसिन मास॥
कातिक कन्त दिगन्तर वास। पिय[१३] पथ हेरि हेरि भेलाहु निरास॥
सुखे सुख राति सबहु का भेल। हम दुख साल सोआमि दे गेल॥
अगहन मास जीवके अन्त। अबहु न आओल निरदय कन्त॥
एकसरि हमे धनि सूतओं[१४] जागि। नाहक आओत खाअत[१५] मोहि आगि॥
पूस खीन दिन दीघरि राति। पिया परदेस मलिन भेलि काति[१६]॥
हेरओं[१७] चौदिसि झखओं[१८], रोय। नाह बिछोह काहू जनु होय॥
माघ मास घन पड़ए तुसार[१९]। झिलमिल केचुआँ उनत थन हार॥
पुनमति सूतलि[२०] पिअतम कोर। विधिबस दैव[२१] वाम भेल मोर॥
फागुन मास धनि जीव उचाट। विरह-बिखिन भेल हेरओं[२२] बाट॥
आओल मत्त पिक पञ्चम गाव। से सुनि कामिनि जिवहु[२३] सताव॥
चैत[२४] चतुरगुन पिया[१] परवास। माली जाने कुसुम विकास॥
भमि भमि भमरा कर मधुपान। नागर भइ पहु भेल असयान[२५]॥
बैसाखे[२६] तवे खर मरन समान। कामिनि कन्त हनए पँचवान॥
न जुड़ि छाहरि न बरिस वारि। हम जे अभागिनि पापिनि नारि॥

जेठ मास ऊजर नव रङ्ग। कन्त चहए खलु कामिनि सङ्ग॥
रूपनरायन[२७] पूरथु आस। भनइ विद्यापति बारह मास॥

मिथिला, न० गु० ७२९

पाठभेद—

अमूल्य० (प० सं० ७२४) **मि० म०** (प० सं० १७४) पाठ न० गु० सदृश।

सं० मन्तव्य—१ पिआ २ विसलेषे ३ कओन ४ मोजे ५ जउवन ६ साओन ७ चउदिसि ८ दादुर ९ चेहुँकि चेहुँकि १० अङ्क ११ नइ १२ भेल १३ पिअ १४ सूतओ १५ खाएत १६ काँति १७-१८ हेरओ चउदिसि झंखओ १९ तुषार २० सूतलि २१ दइव २२ हेरओ २३ जिवए २४ चइत २५ असओान २६ बइसाख २७ रूपनराओेन

शब्दार्थ—उन्नत—उठ रहें। निरथेव—सहारा रहित। रेह—रेखा, ज्योति। समाय—छिप जाती हैं। हीत—हितैषी। खीन—क्षीण, छोटा। कोर—गोद। विरह-विखिन—विरह से खिन्ना। तवे—तपता है। छाहरि—छाया।

[२८९]

नयन[१] नोर घर बाहर पीछर
सबहु सखी दिठि नोरे।
पिछरि पिछरि खस तँओ[२] सुमुखि धस
मिलन आस मन तोरे॥
कि होइति हुनि के जाने।
हमर वचन मन धरिअ सुजन जन
करिअ भवन परथाने॥
एतदिन[३] जे धनि तोहर नाम सुनि
पुलके निवेद पराने।
खने खने सुवदनि तथिहु सिथिल जनि
नोर भासअ[४] अनुमाने॥
मने मने बुझिकहु ताबे[५] चलिह पहु
जाबे न कर पिक गाने।
विद्याएति भन हरि बड़ चेतन
समय[६] करत समधाने॥

मिथिला, न० गु० ७५

पाठभेद—

मि० म० (प० सं० ८५२) पाठ न० **गु० सदृश ।**

सं० मन्तव्य—१ नअन २ तइअओ ३ एतदिने ४ भासए ५ ताबए ६ समअ

(ii) इस पद के पाठ पर भी बंगला भाषा का अत्यधिक प्रभाव पड़ा जान पड़ता है ।

शब्दार्थ—नोर=नीर, आँसू । दिठि नोरे=आँखों में आँसू । पिछरि=फिसलकर । तोरे=तुम्हारी । पुलके=प्रसन्नतापूर्वक । भासअ=गिराती है । ताबए=तबतक ।

[२९०]

सुतलि छलहुँ हम[१] घरबा[२] रे
गरवा मोति हार।
राति जखनि[३] भिनसरवा रे
पिय[४] आयल हमार ॥
कर कौसल[५] कर कपइत[६] रे
हरवा[७] उर टार।
कर पङ्कज[८] उर थपइत[९] रे
मुख-चन्द[१०] निहार ॥
केहनि अभागलि बैरिनि[११] रे
भागलि मोर निन्द ।
भल कए नहिं देख[१२] पाओल रे
गुनमय गोविन्द ॥
विद्यापति कवि गाओल रे
धनि मन धरु धीर।
समय पाए तरुवर फर रे
कतबो सिचु नीर ॥

मिथिला, न० गु०; प० ७६६

पाठभेद—

बेनीपुरी (प० सं० २२१) १ हमे ३ जखन ४ पिआ ६ कँपइत ७ हरबा १० चन्द्र १२ देखि

मि० म० (प० सं० ८५९) न० गु० सदृश ।

सं० मन्तव्य—२ घरवा ४ पिया ५ कउसल ६ कँपइते ७ हरवा ८ पङ्कजे ९ थपइते ११ बइरिनि १२ देखि

शब्दार्थ—गरवा=गले में। जखनि=जब। कँपइते=कम्पन सात्विक भावयुक्त। थपइते=थपकी देते हुए। भागलि=भाग गई या भाँगलि=टूट या उचट गई। कतबो=चाहे कितना हू।

[२९१]

सपन[१] देखल पिय[२] मुख अरविन्द।
तेहि खन[३] हे सखि टूटलि निन्द॥
आज सगुन फल सम्भव साँच।
बेरि बेरि वाम नयन[४] मोर नाच॥
आङ्गन[५] बइसि सगुन कह काक।
विरह विभञ्जन दिन परिपाक॥
आज देखब पिय[२] अलखक चान।
विद्यापति कविवर एह भान॥

मिथिला; न० गु०; प० ८००

पाठभेद—

मि० म० (प० सं० ८६०)—न गु० सदृश।

सं० मन्तव्य—१ सपने २ पिअ ३ खने ४ नअन ५ आङ्गने

शब्दार्थ—बेरि-बेरि=बार-बार। विभञ्जन=नाश करने वाला। अलखक=अलक्षित, अलौकिक।

[२९२]

गगन बलाहक छाड़ल रे, बारिस काल अतीत।
करिअ विनति सौंए[१] आयब जन्हि बिनु तिहुयन[२] तीत॥
आबहो सुमति संघातिनि रे बाट निहारय[३] जाउ।
कुदिना सब दिन नहिं रह सुदिवस मन हरखाउ॥
सामर चन्दा उगलाह[४] रे चान्दै पुन गेलाह[५] अकास।
एतबहि पिआकै[६] अएबा रे पलटत बिरहिनि साँस॥
सुतिये[७] दुरहि निहरबा रे जति दुर हियरा धाव।
कि करत हियरा आकुला[८] रे आगिहि बात न पाव॥
विद्यापति कवि गएबा रे रस जनिए[९] रसमन्त।
मन्ति महेसर सुन्दर रे रेनुक देविकन्त॥

मिथिला, न० गु०; प० ८०३

पाठभेद—

अमूल्य (प० सं० ८०४) और **मि० म०** (प० सं० २२१) पाठ न० गु० सदृश।

सं० मन्तव्य—(i) १ सो एँ २ तिहुअन ३ निहारए ४ उगलह ५ गेलह ६ पिअ कइ ७ सुतिए ८ आकुल ९ जानिअ

शब्दार्थ—बलाहुक=बादल। सो एँ=वे यहाँ पर। तिहुअन=त्रिभुवन। संघातिन=सखियाँ। सायर चन्दा=कृष्ण रूपी चन्द्रमा। आगिहि···पाव=अग्नि वायु नहीं पा रही है, वायु के अभाव में जैसे अग्नि का जलाना असंभव होता है वैसे ही कृष्ण का दर्शन न पाने से राधा का जीवन संकट ग्रस्त हो गया है। मन्ति=मंत्री।

[२९३]

अपर पयोधि मगन मेल सूर। नखि-कुल-संकुल बाट बिदूर॥
नरि परिहरि नाविक घर गेल। पथिक गमन पथ संसय भेल॥
एक[1] चिन्ता अओक मनमथ सोस। दसमि दसा मोहि कउनक[2] दोस॥
रअनि[3] न जाग सखि[4] जन मोर। अनुखन[5] सगर[6] नगर भम चोर॥
तोहें[7] तरुनत हम बिरहिनि नारि। उचितहु वचन[7] उपज कुल गारि॥
वामा वचन बाम पथ धाव। अपन मनोरथ जुगुति बुझाव॥
भनइ विद्यापति नारि सुजानि। भल कए रखलक दुहु अनुमानि॥

न० गु०; पर०; प० सं० १

पाठभेद—

मि० म० (प० सं० ८७८)—न० गु० सदृश।

सं० मन्तव्य—१ एके २ कओन ३ रअनि ४ सखि ५ अनुखने ६ सगरे ७ बअने बामपथ

शब्दार्थ—अपर पयोधि...दूसरे (पश्चिमी) समुद्र, अस्ताकाश में। नखि-कुल=नख-धारण करने वाले जीव-जन्तु। बिदूर=अत्यन्त दूर, कठिनाइयों से भरा। नरि=नदी। सोस=सोख रहा है। बामपथ धाव=विपरीत दिशा, जो चाहती है उसकी उल्टी दिशा में जाता है।

[२९४]

कमल मिलल दल मधुप चलल घर
बिहगे गइल निज ठामे।
अरे रे पथिक जन थिर रे करिअ मन
बड़ पाँतर दुर गामे॥

ननदि हसिए रहु परदेस बस[१] पहु
सासुहि[२] न सूझ समाजे ।
निठुर समाज पुछार[३] उदासिन
आओर कि कहब बेआजे ॥
चन्दन चारु चम्प घन चामर
अगर[४] कुङ्कुम[५] घर बासे ।
परिमल लोभे पथिक नित सञ्चर
तँइ नहि बोलय[६] उदासे ॥
विद्यापति भन पथिक वचन शुन[७]
चिते बुझि कर अवधाने ।
राजा शिवसिंघ रूप नारायन[८]
लखिमा देइ रमाने ॥

न० गु०, पर०; प० सं० ४

पाठभेद—

अमूल्य (प० सं० १०१५) **मि० म०** (प० सं० १६) पाठ न० गु० सदृश

सं० मन्तव्य (i) १ बसए २ सासुहिँ ३ पुछारे ४ अगरे ५ कुङ्कुमे ६ बोलए ७ सुन ८ रूपनरायन (ii) मि० म० ने न० गु० के अधिकतर परकीया-परक पदों को संदिग्ध श्रेणी मे रखा है किन्तु इसे प्रामाणिक कोटि में रखा है यद्यपि इसमें शिवसिंह के नाम के अतिरिक्त और कोई विशिष्ट आधार नहीं है ।

शब्दार्थ—मिललदल=पंखुडियाँ मिलगई, बन्द हो गया । पाँतर=प्रान्तर, खुला मैदान । पुछारे=पूछताछ करने में । घन=घनसार ।

[२९५]

अनत पथिक जनु जाहे[१] ।
दूर देसान्तर बस मोर नाहे[२] ॥
हमे अनुगति सबे[३] केरी ।
कतय[४] जायब[५] तोँहे साँझक बेरी ॥
निभरम ऐसन[६] ठामा ।
सबे परदेसिया बसे एहि गामा ॥

भमि भमि भम कोटवारे ।
पएलँहु लोथ न नृपति बिचारे ॥
हमरा कोन[७] तरङ्गे ।
पुर परिजन सब हमरे अङ्गे ॥
भनइ विद्यापति गावे ।
भमि भमि अबला उकुति बुझावे ॥

न० गु०, पर , सं० ५

पाठभेद—

मि० म० (पं० सं० ८८३) अमूल्यचरण विद्याभूषण की प्रति के १०१६ वें पद से ग्रहीत । पाठ न० गु० सदृश ही ।

सं० मन्तव्य (i) जाह २ नाह ३ सब ४ कतए ५ जाएब ६ अइसन ७ कओन

(ii) मि० म० ने अपने निघण्टु (घ) एवं (ङ) में इसे अग्राह्य अतः छोड़ा हुआ बताया है ।

शब्दार्थ—अनत=अन्यत्र । नाहे=स्वामी, पति । कोटवार=कोतवाल, रक्षक । लोथ=सुबिचार । तरङ्गे=शंका, भय । भमि-भमि=घुमा-फिरा कर ।

[२९६]

बालम निठुर बसय[१] परवास ।
चेतन पड़ोसिया[२] नहि मोर पास ॥
ननदी बालक बोलउ[३] न बूझ ।
पहिलहि साँझ सासु नहि सूझ ॥
हमे भरे जौबति[४] रअनि अन्धार ।
सपनहु[५] नहि पुर भम कोटवार ॥
पथिक वास अनतय[६] भमि लेह ।
हमरा तैसन[७] दोसर नहि गेह ॥
एकसर जानि आओत चलि चोर ।
मोरा सँपति[८] मोरा अगोर ॥
सुकवि विद्यापति कहथि[९] विचारि ।
पथिक बुझावय[१०] विरहिनि नारि ॥

न० गु०; पर० सं० ७,

पाठभेद—

मि० म० (प० सं० ८८०) --न० गु० सदृश ।

सं० मन्तव्य—१ बसए २ पडोसिआ ३ बोल ४ जउवति ५ सपनहुँ ६ अनत ७ तइसन ८ सम्पति ९ कहए १० बुझाबए

शब्दार्थ—चेतन=समझदार। रअनि=रात्रि। कोटवाट=कोतवाल, पहरेदार।

[२९७]

सासु जरातुलि भेली।
ननदी छलि सेओ सासुर[१] गेली॥
तैसन[२] न देखिअ कोइ।
रअनि जगाय सँभासन[३] होइ॥
एहिपुर एहि बेवहारे।
काहुक केओ नहि करय[४] पुछारे॥
प्राननाथ के कहबा।
हम[५] एकसरि धनि कतदिन रहबा॥
पथुक[६] कहब मझु कन्ता।
हम सन रमनि न तेज रसमन्ता॥
भनइ विद्यापति गावे।
भमि भमि विरहिनि पथुक[६] बुझावे॥

न० गु०; पर० सं० ८

पाठभेद—

म० मि० (प० सं ८८१)—न० गु० सदृश

सं० मन्तव्य—१ सासुरे २ तइसन ३ संभाषन ४ करए ५ हमे ६ पथिक

शब्दार्थ—जरातुलि=वृद्धावस्था को प्राप्त। सँभासन=बातचीत। पुछारे=खोज खबर, पूछताछ।

[२९८]

सिन्धु सुता पति दुति गेल माइ हे
निरधनी बापूरे।
केवा बिगलित पुलकित माइ हे
से देखि हिअरा झूरे॥

मोर पिआर गगन भरि आएल
न अएले मोर पियारा[1]।
मालि मउलि हस[2] बालम्भु[3] बिदेस बस
अहि भोअने महि पूरे॥
सरअ सरोज बन्धु कर वञ्चित
कुमुद मूद दिनकरे॥
सखि हे कमलनयन[4] परदेस।
हमे अबला अति दीन दुखित मति
स्रवने[5] न सुनिअ सन्देस॥
चातक पोतक हरखित नाचथि
सुखे सिखि नाचथि रङ्गे।
कन्त कोर पइसि चपला विलसथि
से देखि झामर अङ्गे॥
नलिनी नीरे लुकाइलि माइ हे
कन्त न आएल पास।
भमर चरन पञ्चासे अधिक अध
वसु तेजि करति गरास॥

न० गु० (प्र० ३)

पाठभेद—

मि० म० (प० सं० ८८४)—न० गु० सदृश।

स० मन्तव्य—(i) १ पिआरा २ हँसु ३ बालँभु ४ कमल नअन ५ श्रवने

(ii) प्रस्तुत पदके अर्थ करने का यहाँ संभवत: सर्वप्रथम प्रयास किया जा रहा है।

शब्दार्थ—सिन्धु=समुद्र - सुता=लक्ष्मी - पति=विष्णु (के अवतार कृष्ण)—द्युति=आभा, भगवान कृष्ण के मुख-मण्डल का प्रकाश छिप गया। निरधनी बापूरे=बेचारी असहाय दुखिया नारी कष्ट में है। केवा=कमल। विगलित पुलकित=विकसित कमल झड़ा जा रहा हे। हिअरा=हृदय। माल मउलि= मल्लिका एवं मौलश्री अथवा मौलश्री समूह। हँस=खिलकर हँसी बिखेर रही हैं। अहि भोअने=सर्प भोज्य= मलयानिल। सरअ···दिनकरे=शरद ऋतु में ही सूर्य किरणें कमल को तो प्राप्त नहीं हैं और कुमुदिनी को जलाए डाल रही हैं। कमलनयन=श्री कृष्ण, प्रियतम। पोतक=पशु पक्षियों के बच्चे। सिखि=मयूर। नीरे= पानी में। भमर चरन=षट + पंचासे अधिक=५६--अर्ध=२८ में से बसु=८ तेजि=छोड़कर [२८-८=२०] अर्थात् विष। गरास=खा लेगी।

[२९९]

हरि सम आनन हरि सम लोचन
हरि तहाँ हरि वर आगी।
हरिहि चाहि, हरि हरि न सोहावए
हरि हरि कए उठि जागी॥
माधव हरि रहु जलधर छाई।
हरि नयनी धनि हरि घरिनी जनि
हरि हेरइत दिन जाई॥
हरि भेल भार हार भेल हरि सम
हरिक वचन न सोहावे।
हरिहि पइसि जे हरि जे नुकाएल
हरि चढ़ि मोर बुझावे॥
हरिहि बचन पुनु हरि सयँ दरसन
सुरुचि विद्यापति भाने।
राजा सिवसिंघ रूपनरायन
लखिमा देइ रमाने॥

न० गु० (प्र० ५)

पाठभेद—

अमूल्य (प० सं० ९८३), **मि० म०** (प० सं० १९५)—न० गु० सदृश।

सं० मन्तव्य—प्रस्तुत पद के अर्थ करने का यहाँ प्रथम प्रयास किया जा रहा है।

शब्दार्थ—हरि सम आनन=चन्द्रमा सदृश मुख। हरि सम लोचन=सूर्य जैसी तेजस्वी आँखें। हरि तहाँ=कृष्ण वहाँ, अन्यत्र चले गए। हरि बर आगी=हरि=पवन [मलयानिल] आग उगल रहा है। हरिहि=कृष्ण को। हरि=बादल। हरि=मोर। न सोहावए=अच्छे नहीं लगते। माधव···छाई=हे कृष्ण बादल उसे हरि=यम, सदृश घेरे जान पड़ रहे हैं। हरि नयनी=सूर्य सदृश तेजस्वी आँखों वाली। हरि घरिनी=मयूरी। हरि हेरइते=बादल देखते-देखते। हरि=किरणें (सूर्य या चन्द्र की) भेल भार=भारी पहाड़ लग रही हैं। हरि सम=साँप सदृश। हरिक वचन=मयूर की केका ध्वनि। हरिहि पइसि=बादलों में घुसकर। हरि जे लुकाएक=चन्द्रमा छिप गया; कृष्ण चन्द्र दूर हो गए। हरि चढ़ि मोर बुझावे=मुझे ऐसा लगता है कि अब यमराज उस पर चढ़ आया है, मृत्यु निकट है। हरिहि···दरसन=अब उसके मुख से कृष्ण-कृष्ण ही वचन निकल रहे हैं और अन्तिम क्षणों में वह कृष्ण का दर्शन चाहती है।

[३००]

हरि पति बैरि सखा सम तामसि
रहसि गमावसि रोइ ।
समन[1] पिता सुत रिपु धरनी सख
सुत तन वेदन होइ ॥
माधव तुअ गुन धनि बड़ि खीनी ।
पुररिपु तिथि रजनी रजनीकर
ताहू तह बड़ि हीनी ॥
दिविसद पति सुअ सुअ रिपु बाहन
भख भख दाहिन मन्दा ।
ब्रह्मनाद[2] सर गुनिकहु खाइति
छाड़ि जाएत सबे दन्दा ॥
सारङ्ग साद कुलिश कए मानए
विद्यापति कवि भाने ।
राजा सिवसिंघ[3] रूपनराएन[4]
लखिमा देइ रमाने ॥

न० गु० (प्र०) १०

पाठभेद—

अमूल्य (प० सं० ९८८) **मि० म०** (पं० सं० १६६)

स० मन्तव्य—१ शमन २ ब्रह्मानद ३ सिवसिह ४ रुपनराजेन

(ii) प्रस्तुत पद का अर्थ करने का यह सर्वप्रथम प्रयास है ।

शब्दार्थ—हरि=बन्दर, हनुमान-पति=श्रीराम-बैरि=रावण-सखा=कालनेमि या कोई भी राक्षस । सम तामसि=राक्षस सदृश भयाविनी और काली रात । रहसि=एकान्त में । गमावसि=व्यतीत करती है । समन=यम-पिता=सूर्य-सुत=कर्ण-रिपु=अर्जुन-अरिनी=द्रौपदी-सख=सखा, श्रीकृष्ण-सुत=प्रद्युम्न=कामदेव । गुन=गुणो से, कारण से । पुररिपि=त्रिपुरारी-शंकर-तिथि महाशिवरात्रि, रजनीकर=कृष्ण पक्ष की त्रयोदशी के अन्तिम प्रहर में उगने वाला क्षीण चन्द्रमा । दिविसद=देव-पति=इन्द्र-सुअ=जयन्त । सुअरिपु=उस लड़के का शत्रु=राम [नेत्र हरण में] अर्थात् विष्णु-बाहन=गरुण-भख=सर्प-भख=वायु । दाहिन=दक्षिण का मन्द पवन चलने लगा है। ब्रह्मनाद सर=ब्रह्मपुत्र नद=ब्रह्मपुत्र=विष [पुंसि क्लीवे च काकोलकालकूट हलाहला । सौराष्ट्रिक : शौक्लिकेयो ब्रह्मपुत्र : प्रदीपन :—अमर ८।१०] गुनिकहु=आगा पीछा विचार कर । सारंग-साद=कोकिला की कूक ।

[३०१]

अजर धुनी जनि[१] रिपु सुअ घरिनी
ता बन्धु न देअए राही।
तेसर दिगपति पतने सतावए
बड़ वेदन हरि चाही॥
माधव तुअ गुने धनि बड़ि खीनी।
महिखातनअ भान छिल ता बिधु
देह दुबरि ता जीनी॥
राजाभसन[२] दवस[३] कण्ठीरव
अछिक दहिन सतावे।
लाए तमोर जीवे तबे खाइति
जदि न आओब परथावे॥
काकोदर प्रभु रिपु ध्वज किङ्कर
विद्यापति कवि भाने।
राजा सिवसिंघ रूपनराअन
लखिमा देइ रमाने॥

न० गु० (प्र०) ११,

पाठभेद—

अमूल्य (प० सं० ९८९), **मि० म०** (प० सं० १९७)

सं० मन्तव्य (i)—१ जनिअ (< जनित) २ राजाभूषन ३ दव ४ अधिक

(ii) प्रस्तुत पद के अर्थ करने का यह सर्वप्रथम प्रयास किया जा रहा है।

शब्दार्थ—अजर=देव-धुनी=गंगा-जनिअ=गंगा ने जिसे उत्पन्न किया=भीष्म-रिपु= अर्जुन-सुअ = अभिमन्यु = घरनि = उत्तरा-ता बन्धु उत्तर। राही = राधिका—अब कोई उत्तर नहीं दे पाती। तेसर=तीसरे—दिगपति=तृतीय दिग्पाल=यम। पतने=इस गिरी दशा में भी। हरि चाही=कृष्ण का पथ निहारती है, कृष्ण को चाहती है। या बादलों को देखकर अत्यन्त दुखी होती है। मषिषातनय=भैंसे के पड्रू जैसा काला भान···विधु=चाँद उसे जान पड़ता था। देह···जीनी=चन्द्रमा की अति क्षीण कला से भी क्षीण। राजाभूषन दव=राजसी साज-श्रृंगार उसे आग लग रहे हैं। कण्ठीरव=शेर या सिंह। अधिक···सतावे=दक्षिण पवन सिंह से भी अधिक पीड़ा कारक हो रहा है। लाए···खाँइति-ताम्बूल में अपना प्राण ही खालेगी। परथावे=प्रस्ताव, किए गये वादे पर। काकोदर= सर्प-प्रभु=वासुकि-रिपु=गरुण-ध्वज=विष्णु अर्थात कृष्ण-किंकर=के दास विद्यापति कवि कहते हैं।

[३०२]

विरह अनल आनि[१] जुड़ाबए[२]
सीतल सीकर आनि।
संलवती[३] सुत दरसने
मुरुछि खस[४] सयानि[५] ॥
माधव कह कि करति नारि।
गिरि सुता पति हार विरोधी
गामी तनय[६] धारि।
अति जे विकलि चित न चेतए
दूरे परीहर हार।
विहगवल्लभ असन असन
से सखि सहए न पार।
दरसे चन्दन मिड़ि नड़ाबए
करे न कुसुम लेय।
हरि भगिनी नन्दन बालहि
सोदर किछु न देय॥
अधिक आधि बेआधि बढ़ाउलि
दिनह दूबर काए।
आजे जमपुर सगर नगर
उजर देति बसाए॥

न० गु० (प्र०) १५

पाठभेद—

मि० म० (प० सं० ८८५)— न० गु० सदृश।

सं० मन्तव्य—१ आनि २ जुडावए ३ सइलवती ४ खसु ५ सआनि ६ तनअ

शब्दार्थ—सीकर=छींटे। शैलवती=पहाड़ियोंवाली, मलयागिरि शृंखला-सुत=उस पर उत्पन्न=चन्दन। दरसने=देखने मात्र से। खसु=गिर पड़ती है। गिरि सुता=पार्वती-पति=शंकर-हार=सर्प-विरोधी=गरुड़-गामी=गरुण पर चलने वाले=श्री कृष्ण-तनय=प्रद्युम्न=कामदेव। धारि=पकड़े हुए है। परीहर=त्याग देती हैं। विहगवल्लभ=गरुण-असन=सर्प-असन=वायु, शीतल पवन। मिड़िनड़ाग्रए=चेतनता

फेंक [छोड़] देती हे। हरि=कृष्ण-भगिनी=सुभद्रा-नन्दन=अभिमन्यु-बालहि=बाला-पत्नी=उत्तरा-सोदर, =उत्तर। किछु न देय=कुछ भी उत्तर नहीं दे रही है, अज्ञान है। काए=शरीर। जमपुर सगर नगर= समूची यमपुरी। उजर=उजड़ कर।

[३०३]

हरि रिपु तनय[१] तात रिपु भूषन
ता चिन्ता मोहि लागी।
तासु तनअ सुत ता सुत बन्धब
उठलि चतुर धनि जागी॥
माधव तें तनु खिनि भेलि बाला।
हरि हेरइते चिन्ताएँ मने आकुलि
कठिन मदन सर साला।
पुनु चिन्तह हरि सारङ्ग सबद सुनि
ता रिपु लए पए नामा।
तासु तनअ सुत ता सुत बन्धव
अपजस रह निज ठामा॥
तरनि तनअ सुत ता सुत बन्धव
विद्यापति कवि भाने।
राजा सिवसिंघ[२] रूपनराअन[३]
लखिमा देइ रमाने॥

न० गु० (प्र०) १७

पाठभेद—

अमूल्य—(प० सं० ९९५), **मि० म०** (प० सं० २०१)

सं० मन्तव्य—१ तनअ २ सिवसिंह ३ रूपनराअेन

(ii) प्रस्तुत पद के अर्थ करने का यहाँ सर्व प्रथम प्रयास किया जा रहा है।

शब्दार्थ—हर=शंकर-रिपु=कामदेव, प्रद्युम्न-तनय=अनिरुद्ध-तात=संबंधी अर्थात् बाण [राजा जिसकी कन्या उषा अनिरुद्ध से ब्याही थी] रिपु=कृष्ण-भूषण=कमल [विष्णु के अवतार प्रसङ्ग के आधार पर, विष्णु के हाथ में कमल विभूषित है। यहाँ कमल बदना राधा या कृष्ण को सुशोभित करने वाली राधा। ता···लागी=राधा रूपी कमल की मुझे चिन्ता लगी है कि बँचेगी या नहीं। तासु तनअ= कमल से उत्पन्न=ब्रह्मा-सुत=अत्रि-ता सुत=चन्द्रमा। बन्धब=चन्द्रमा उदय होकर उसका वध कर देगा।

उठलि…जागी=जिसे देखकर चतुर नायिका राधा जग उठी है, उससे सजग रहने लगी है। तें=उससे। हरि=चन्द्रमा। हेरइते=देखने से। मदन सर=कामबाण। साला=दुख दे रहा है। चिन्तह हरि= कृष्ण की चिन्ता करती है। सारंग=मयूर-सबद-केका ध्वनि। ता रिपु=सर्प। तासु तनअ=साँप का बच्चा-तासुत=उससे उत्पन्न=विष। बन्धब=[विरह विष] उसका बध कर डालेगा। तरनि=सूर्य-तनय=यमराज, धर्मराज-ता सुत=अभिमन्यु या द्रौपदी के पुत्र-बन्धव=उनके हितैषी=कृष्ण, हे माधव।

[३०४]

माधव देखलि मोयँ[1] सा अनुरागी।
मलयज[2] रज लए सम्भु उकुति कए
उरज पुजए तुअ लागी॥
भव हित अरि भगिनी पति जननी
तनय तात बन्धु रूपे।
नागसिरज सिर सोभ दुखज सम
देखल वदन सरूपे॥
खगपति पति प्रिय जनक तनय[3] सम
वचने निरूपलि रमनी।
सुरपति अरि दुहिता वरबाहन
तसु असन सम गमनी॥
तुअ दरसन लागि उपजल बिसधर
सुकवि विद्यापति भाने।
राजा सिवसिंघ[4] रूपनराअन[5]
लखिमा देइ रमाने॥

न० गु० (प्र) सं० १९

पाठभेद—

मि० म० (प० सं० २०२) पाठ न० गु० सदृश

सं० मन्तव्य—१ मोञे २ मलअज ३ तनअ ४ सिवसिंह ५ रूपनराञेन

शब्दार्थ—मलअज-रज=चन्दन-पंक या धूलि। उरज=स्तन युगल। भव=शंकर-हित=देवता-देवराज इन्द्र-अरि= श्रीकृष्ण [गोबर्धन धारण प्रसंग से] भगिनी-सुभद्रा-पति=अर्जुन-जननी=कुन्ती-तनय=युधिष्ठिर-तात=धर्मराज अर्थात यमराज। बन्धु रूपे=अब तो वह यमराज को ही अपने भाई या हितैषी रूप में जानने लगी है। नागसिरज=नागमणि। दुखज=व्यथा। खगपति=गरुण-पति=बिष्णु प्रिय=लक्ष्मी

जनक=समुद्र-तनय=अमृत। बचने···रमनी=रमणी अमृतमयी है। सुरपति=इन्द्र-अरि=पर्वत (पंख काटने की कथा के आधार पर)-दुहिता=पार्वती-वरवाहन=सिंह-तसु असन=मत्त गयंद [हाथी] सम गमनी=नायिका गज-गामिनी है। उपजल विषधार=तुम्हारे दर्शन के लिए उस विकल नारी को सर्वत्र विषैले नाग घेरे दिखाई पड़ते हैं।

[३०५]

वसु बिस[१] पावे हरल पिआ मोर।
अन्ध तनय[२] प्रिय सेओ भेल थोर॥
जिवसयं[३] पञ्चम से तनु जार।
मधुरिपु मलय[४] पवन पिक मार॥
पहिलुक दोसर आइति गेल।
आदिक तेसर अनाएत भेल॥

सूर प्रिया सुत तन्हिकर तात।
दिने दिने रखइते खिन भेल गात॥
अब जाएत जिव पातक तोहि।
बड़ कए मदने हनब जिव मोहि॥
भनइ विद्यापति सुन वरनारि।
चतुर चतुरभुज मिलित मुरारि॥

न० गु० (प्र०) २०

पाठभेद—

मि० म० (प० सं० ८८६)—न० गु० सदृश।

सं० मन्तव्य—१ बीस २ तनअ ३ जिवसञे ४ मलअ

शब्दार्थ—वसु=८ [वसु देवता] बीस=८ × २०=१६० पावे=$\frac{1}{4}$ अर्थात् १६० × $\frac{1}{4}$ =४० सेर=मन। हरल···मोर=प्रियतम ने मेरा मन चुरा लिया। अन्ध=धृतराष्ट्र तनअ=दुर्योधन-प्रिय=कर्ण अर्थात् कान, से ओ···थोर=लगता है उनके कान की श्रवण शक्ति भी कम हो गई है। जिवसञे=प्राण से ही। पञ्चम=कोकिला की तान। मधुरिपु=कृष्ण। पिक=कोकिल। पहिलुक दोसर=प्रथम वर्ण का दूसरा 'आ'। आदिक तेसर=अ का तीसरा वर्ण 'इ' अर्थात आ + इ='आइ' प्रियतम का आगमन। अनाइत भेल=वश के बाहर हो गया। सूर=सूर्य-प्रिया=कुन्ती तन्हिकर तात=कुन्ती पुत्र युधिष्ठिर, धर्म के अवतार अतः धर्म। दिने···गात=दिन दिन धर्म की रक्षा करते हुए शरीर क्षीण हो गया। पातक=पाप। जिव मोहि=जीव को मुग्ध कर।

[३०६]

कीर कुटिल मुख न बुझ वेदन दुख
बोल बचन[१] परमाने।
विरह वेदन दह कोक करुन सह
सरुप कहत के आने[२] ॥
हरि हरि मोरि उरवसि की भेली।
जोहइते धावओ[३] कतहु न पावओ[४]
मुरछि खसओं कत बेली ॥
गिरि नरि तरुअर कोकिल भ्रमर[५] वर
हरिन हाथि हिमधामा ॥
सभक परओं पय[६] सबे भेल निरदय[७]
केओ न कहे[८] तसु नामा ॥
मधुर मधुर धुनि नूपुर[९] रव सुनि
भमओं तरङ्गिनि तीरे।
मोरे करमे कलहंस नाद भेल
नयन[१०] विमुओं[११] नीरे ॥
हरि हरि कोन परि मिलति से परसनि[१२]
कवि विद्यापति भाने।
लखिमा देविपति[१३] सकल सुजन गति
नृप शिवसिंह[१४] रस जाने ॥

न० गु० (नाना) ३

पाठभेद—

अमूल्य (प० सं० १००१) न० गु० सदृश।

मि० म० (प० सं० १९१) ९ नेपुर ११ विमुञ्चो १३ देइपति १४ सिवसिंघ

सं० मन्तव्य—१ बअन २ आने ३ धावओ ४ पावओ ५ भमर ६ पअ ७ निरदअ ८ कहए १० नअन ११ विमुञ्चओं १२ परसमनि १३ देइ पति १४ सिवसिंह

शब्दार्थ—कीर=तोता। कोक···आने···विरह दग्ध चक्रवाक करुणदशा की व्यथा सहता है अतः उसके अतिरिक्त अन्य कौन [विरही की] सही दशा को अभिव्यक्त करेगा ? जोहइते=खोजते हुए। बेली=

बार। गिरि…हिम धामा=इन सभी का पाँव पड़ता हूँ क्योंकि ये उर्वशी के क्रमशः स्तन, लचक (विलास चेष्टा), देह-यष्टि, बाणी, केश, आँखें, चाल और मुखमण्डल, अंगों से समता रखते हैं अतः संभवतः अपने उस समान धर्मा का पता जानते हों। रव=ध्वनि। भमओं=घूमता हूं। कलहंसनाद भेल=जिस ध्वनि को उर्वशी के नूपुरों से उठी समझ ढूंढ़ता फिरा अब देखता हूँ तो वह नदी में से उठती हुई कलहंसों की क्रीड़ा-ध्वनि है। विमुञ्चों नीरे=आसुओं की झड़ी लगा रहा हूँ। परसमनि=स्पर्श मणि सी कान्तिमती नायिका।

[३०७]

माई हे बालभु अबहु नव आव।
जाहि[1] देस सखि न मनोभव भाव॥

तरुन साल रसाल कानन
कुञ्ज कुड्मल पुष्पिते
पद्म पाटलि परम परिमल
बकुल सङ्कुल विकसिते॥

अरुन किसलय[2] राग मुद्रित
मञ्जरी भर[3] लम्बिते।
मधुलब्ध मधुकर निकर मुद्रित
लोभ चुम्बन चुम्बिते॥

चुम्बति मधुकर कुसुम पराग।
कोरक परसे बाढ़ल अनुराग॥
चौदिस[4] करए भृङ्ग झंकार[5]।
से सुनि बाढ़य[6] मदन विकार॥

चीर चन्दन चन्द्रतारक
पावको सम मानसे।
हार काल भुजङ्गमेव हि बिस सरस[7]
घम[8] रस चय[9] बिसे[10]॥

मानिनी मन मानहारक
कोकिला रव कलकले।
बहए मारुत मलय संयुत
सरल सौरभ[11] सीतले॥

सीतल दखिन पवन बह मन्द।
ता तनु ताबए चान्दन चन्द॥
हृदय[१२] हार भेल भुजग समान।
कोकिल कलरवे पिड़ल परान॥

सदर[१३] निर्म्मल पूर्नचन्द्र सुवक्र
सुन्दर लोचनी।
कथं सोदति सुन्दरी
प्रिय विरह दुःख विमोचनी॥
ताहि तर तरुन पयोधर धनी
ओजा[१४] सङ्कर कृषजनी॥
अवसर पाउति एति खने।
विद्यापति कवि सुदृढ़ भने॥

न० गु० (नाना) ५

पाठभेद—

मि० म० (प० सं० ८५८) न० गु० सदृश।

सं० मन्तव्य—(i) १ संभवत: यहाँ कुछ पाठ छूट गया है जिसका तात्पर्य होना चाहिए था—प्रिय उस देश चला गया। १ गेल से देस। २ किसलअ ३ भरे ४ चउदिसि ५ झंकार ६ बाढ़ए ७ बरस ८ घन ९ चुए १० पाठाभाव ११ सउरभ १२ हृदअ १३ सरद १४ ओजअ (<ओजस)

(ii) प्रस्तुत पद की छन्द-योजना "सखि हे हमर दुखक नहिं ओर" के अनुरूप है फलत: उक्त पद के विद्यापति कृत होने के संदेह का निराकरण करती है।

(iii) इस पद का अर्थ करने का यहाँ प्रथम प्रयास किया जा रहा है।

शब्दार्थ—गेल से देस=प्रिय उस देश चला गया। मनोभव भाव=कामदेव का भाव, प्रेमप्रीति कुड्मल=अविकसित पुष्प, कली। संकुल=घना, भरा हुआ या परिपूर्ण। मञ्जरी भरे=पञ्जरियों के भार से। लम्बित=नमित, झुके हुए। कोरक=मुकुल, कली। मदन विकार=कामभाव, प्रीति, यहाँ विरह वेदना। पावको सम मानसे=मन से आग सदृश समझती है। बिस···चये=बादल पानी गिराकर उसके प्रति जैसे विष ही बरसा रहा है। ता···ताबए=उसके शरीर को जला रहे हैं। सुवक्र=सुन्दर और तिरछी। सीदति=कष्ट पाती है। तरुन···धनी=यौवनयुक्त सुगठित पयोधरोंवाली। ओजअ···कृष्ण जनी=कृष्ण प्रिया का तेजबल सब कूड़े करकट के ढेर सदृश व्यर्थ हो रहा है। (सङ्करोऽवकरस्तथा=कूड़ा करकट, संकर तथा अवकर-अमर २।१८)

[३०८]

कतेक जतन[१] भरमाओल सजनी गे
दै दै[२] सपथ हजार।
सपतहुँ छल जों[३] जनितहुँ सजनी गे
नहिँ करतहुँ अँकार[४] ॥

अब[५] जगत भरि भाविनि सजनी गे
क्यो[६] जनि करै[७] प्रतीति।
मुख सो अधिक बुझाबथि सजनी गे
पुरुसक[८] कपटी प्रीति ॥

बाजथि बहुत भाँतिसों[९] सजनी गे
बचन राखथि नहिँ थोर।
तनुक[१०] हिया मोर दगधल सजनी गे,
जस नलिनदल नीर ॥

गुन अवगुन सभ बुझलन्हि सजनी गे
बुझलैन्हि[११] पुरुसक[८] रीति।
भनहिँ विद्यापति, गाओल सजनी गे,
पुरुस[८] कपटी प्रीति ॥

मि० गी० सं० १ म खण्ड ६-७

पाठभेद—

मि० म० (प० सं० ८६६) –उपर्युक्त सदृश।

सं० मन्तव्य—१ जतने २ दए दए ३ जञो ४ अँगिकार ५ **अबे** ६ केओ ७ करए ८ पुरुषक ९ सञे १० तनुअ ११ बुझलिहुँ।

शब्दार्थ—सपतहुँ=शपथ में भी। बाजथि=बात करते हैं। तनुअ=क्षीण दुर्बल। जस…नीर=जैसे जल में कमल अस्थिर [हिलता-डुलता] वैसे ही अथवा जैसे कमल को उसका आश्रयदाता जल ही जला दे उसी भाँति।

[३०९]

दछिन पवन बहु लहु लहु
पहुसों[१] मिलन होंएत कबहु[२]।

आम मजरि[३] महु तूअल;
तैओ[४] न पहु मोर घूरल।
दीप जरय[५] बाती जरल[६]
तौओ न[४] पीय[७] मोर आएल।
भनहिं विद्यापति गाओल,
योगिनिक अन्त नहिं पाओल॥

मि० गी० सं० १ म खण्ड पृष्ठ ३५

पाठभेद—

मि० म० (प० सं० ८७०) उपर्युक्त सदृश।

सं० मन्तव्य—१ पहु सञो २ कबहुँ ३ मञ्जरि ४ तइअओ ५ जरए ६ जारल ७ पिआ

शब्दार्थ—पहु…कबहूँ=कभी कदाचित् प्रिय का मिलन हो जाता अथवा कभी प्रिय से मिलन भी नहीं हो पाता। महु-मधु। तूअल=तुलाएल, समाप्त हो गया अर्थात् वसन्त व्यतीत हो गया। दीप…जारल=दिए ने जल कर बाती भी जला दी।

] ३१०]

हम[१] अबला निरजनि रे
शशिके[२] सेवल[३] गुन[४] जानि रे।
हमसों[५] अनेक कुरीति रे
सुपुरुष ने[६] तेजे पिरीति रे॥
डेङि डूबल मझधार रे
लै[७] जहाज करु पार रे।
भनहिं विद्यापति भान रे।
सुपुरुष बसथि सुठाम रे॥

मि० गी० सं० १ म खण्ड पृष्ठ ३८

पाठभेद—

मि० म० (प० सं० ८६७)—पाठ उपर्युक्त सदृश।

सं० मन्तव्य—१ हमे २ शशिकञे ३ सेओल ४ गुनी ५ हम सञे ६ न ७ लए

शब्दार्थ—सेओल=सेवा की, आश्रयस्थल माना। डेङि=छोटी नौका।

[३११]

स्याम बरन श्रीराम, हे सखि।
देखैते[१] मुख अभिराम ।।
आजु हमर बिहि वाम, हे सखि।
मोहि तेजि पहु गेल गाम ।।
पढ़ल पण्डित भान, हे सखि।
पहुक[२] ने[३] करि अपमान ।।
भनहि विद्यापति भान, हे सखि।
सुपुरुस[४] गुनक निधान ।।

मि० गी० सं० ३ य खण्ड, १०९

पाठभेद—

मि० म० (प० सं० ८७४) उपर्युक्त सदृश ।

सं० मन्तव्य—१ देखइते २-३ पहुकें न ४ सुपुरुष

शब्दार्थ—अभिराम=सुन्दर एवं प्रिय। बिहि=विधाता। पढ़ल=ज्ञानी।

नायक विरह

[३१२]

मालवरागे—

कंटक[१] माझ[२] कुसुम[३] परगास[४]। भमर[५] विकल[६] नहि[७] पावए[८] पास[९] ।।
रसमति[१०] मालति पुनु पुनु[११] देखि[१२]। पिबए[१३] चाह[१४] मधु जीव[१५] उपेषि[१६]।।ध्रु०।।
भमरा[१७] विकल भमए[१८] सब[१९] ठाम[२०]। तोह[२१] बिनु मालति नहि[२२] बिसराम[२३] ।।
ओ[२४] मधुजीवी[२५] तञे[२६] मधुरासि[२७]। साचि[२८] धरसि[२९] मधु तञो[३०] न लजासि[३१] ।।
अपने[३२] मने[३३] धनि[३४] बुझ[३५] अवगाहि[३६]। तोहर[३७] दुषन[३८] बध[३९] लागत[४०] काहि[४१]।।
भनइ विद्यापतीत्यादि ।।

ने० पृ० ४ (क), प०; ७ पं० १

पाठभेद—

पुनरुक्त ने० पृ० ३४ (क) प० ६३, पं० १—धनछीरागे; ।।ध्रु०।। के बाद 'ओ मधु……लजासि।' तब 'भमरा…विसराम पंक्तियों का पाठ। ३८ दुषण।

क्षणदागीत चिन्तामणि (पृ० ३८३) ३ कुसुब ४ परकाश ५ भमरा ७ ना ८ पाओए ९ पाश १० रसवति १३-१६ पिवति चाहे मधु जीउ उपेखि १८-२० नाहि ठाम । २१ तोआ २२ नाहि २४-३१ उह मधुजीवित तुहु मधुरासि, साँचि धरसि तबहु न जासि ।। ३२ आपनेहि ३७-३८ ओ-तो पुरुख ४०-४१ लागब काहि । भणिता अंश नहीं है ।

ग्रियर्सन (प० सं० २) ४ परगासे ५-९ बिकल भमर नहि पावथि वासे । 'रसमति …उपेखि' पाठ नहीं है । १७-२० भमरा भरमे रमे सभ ठामें । २१ तुअ २३ विसरामे । २५-२७ मधुजीव तोंहें मधु रासे २ सञ्चि २९ धरिए ३० मनहिं ३१ लजासे । ३२-३६ अपनहुं मन दय बुझु अवगाहे । ३७-३८ भमर मरत [४१]काहे । अन्त में भणिता— भनहि [४२]विद्यापति तौं [४३]पय जीवे [४४]अधर सुधारस जौ [४५]पय पीवे[४६] ।।

ब्र० न० सहाय—(श्रीकृष्ण जी का पूर्वराग, प० सं० १८) क्रम नं० पृ० ३४ (क) एवं ग्रियर्सन सदृश । ९ माह ४ परकास ८ पावै ९ बास १० रसवति ११ पुन पुन १३ पिवइत १४ चाहे १६ उपेखि १७ भरमर १८-१९ कतहु नहिं २१ तुय २४–२७ उह मधुजीव २६ तुहूँ १७ मधुरास । २८ संचित २९ धर ३०-३१ अबहु लजास ।। ३२ आपन ३४ धरि ३६ अवगाह ३७-३८ पाप भमर ४१ काह ।। ४३-४५ पायब जीव ४५-४६ यदि वह पीव । शेष ग्रियर्सन सदृश ।

न० गु० (प० स० ८४ तालपत्र) १ कण्टक १५ जी १८ घुरए १९ सबे २१ तोहि २६ तोजे २८ साँचि ३० मने ३२ अपनेहु ३४ गुनि ३७ तसु ३८ दूषन । अन्त में भाणिता ४२ भनइ ४४ जीव । ४६ पीब ।।

बेनीपुरी (प० सं० ४७)—पाठ प्रायः न० गु० सदृश ।

मि० म०—(प० सं० २५४)—कन्टक ९ वास । तदनन्तर तीसरी पंक्ति; 'भमरा ….विसराम' का पाठ है (१६ उपेखि २६ तोहीं ३८ दूसन । १८, १९, २१, २८, ३०, ३२, ३४, ३७ और भणिता न० गु० सदृश ।

सु० झा (प० सं० ७ और ८७) १६ उपेखि २८ साँचि ३८ दूषण ।

परि० पद० (प० सं० ७ और ८८) १ कण्टक १६ उपेखि २८ साँचि ३० मने ३८ दूषन ४२ भनइ ४३ तओ पए जीब ४५-४६ जाओ पए पीब ।

सं० मन्तव्य— १ कण्टक १५ जीउ १६ उपेखि २१ तोञे २८ सञ्चि ४२ मनइ ४२ तओ पए ४४ जीव ४४ जओ पए ४६ पीव ।

शब्दार्थ—[४]परगास=प्रकाशित, प्रस्फुटित । उपेखि=उपेक्षा करके । भमए=चक्कर लगाता है । मधुजीवी=मधु पान के भरोसे ही जीवन धारण करनेवाला । सञ्चि=सँजोकर, यहाँ छपाकर ।

[२१२]

मालवरागे—

जहि[१] खने[२] निअर गमन होअ[३] मोर।
तहि[४] खने[५] कान्ह[६] कुशल[७] पुछ[८] तोर[९]॥
मन दए[१०] बुझल[११] तोहर अनुराग
पुनफले[१२] गुणमति[१३] पिआ[१४] मन जाग॥ ध्रु०॥
पुनु पुछु पुनु पुछु मोर मुख हेरि
कहिलिओ[१५] कहिनी कहबि[१६] कत बेरि॥
आन[१७] बेरि अवसर, चाल आन[१८]
अपने रभसे[१९] कर कहिनी कान॥
लुबुधल भमरा[२०] कि देब उपाम
बाधल[२१] हरिण[२२] न छाड़ए[२३] ठाम॥
भनइ विद्यापतीत्यादि॥

ने० पृ० ५ (क), प० ११; पं० ५

पाठभेद—

ब्र० न० सहाय (श्री कृष्णजी का पूर्वराग, प० सं० २६)—१-२ जेहि खन ३ होय ४-५ तेहि खन ७ कुसल ८ पुछे १० दय १२-१३ पुनफल गुनमति १४ पिय १९ रमस २० भमरा २१ बांधल २२ हरिन २३ छाड़य। अन्त में भणिता—भन विद्यापति दूती भोरी। चेतन गोपय गुपुती चोरि॥

न० गु० (प० सं० ८२)—३ होय ६ कान्हू ८ पूछ ९ मोर ११ बूझल १३ गुन मति १५ कहिलओ १९ रमस

मि० म० (प० सं० २५५)—६ कान्हु ७ कुसल १३ गुनमति २१ बाधला २२ हरिन

सु० झा० (प० सं० ११)—२३ छाडए नहि

परि० पद० (प० सं० ११)—१२-१३ पुनफलें गुनमति १६ कहए १७ आन १८ आन १९ रमसें २१ बांधल २२ हरिन

सं० मन्तव्य—१२ पुन फलें १७ आन १८ आन ११ बांधल।

शब्दार्थ—मन दए=ध्यान पूर्वक सोचकर। रमसे=आतुर उत्कण्ठा वश।

[३१४]

मालवरागे—

सजल[१] नलिनि दल[२] सेज[३] सोआइअ[४]
परसे जा असिलाए[५]।
चान्दने[६] नहि हित चान्द[७] विपरित[८]
करब कओन[९] उपाए॥ ध्रु०॥
साजनि सुदृढ[१०] कइए जान।
तोहि बिनु दिने दिने तनु खिन
विरहे विमुख कान्ह[११]॥
कारनि वैदे[१२] निरसि तेजलि[१३]
आन[१४] नहि उपचार।
एहि बेआधि औषध[१५] तोहर
अधर अमिञ[१६] धार॥
भनइ विद्यापतीत्यादि॥

ने० पृ० ६, प० १५, प० ४

पाठभेद—

न० गु० (प० सं० ४०६) १ सहज २ दले ६ चन्दने १० सुदृढ़ १६ अमिय।

मि० म० (प० सं० ४१२)—४ ओछाइअ ७ चाँद ८ विपरीत १० सुदृढ़ १६ अमिअ।

सु० झा (प० सं० १५)—१० सुदृढ़

परि० पद० (प० सं० १५)—५ अलिसाए ६ चन्दने ९ कओन १२ बइदे १३ तेजल १४ आन १५ अउषध

सं० मन्तव्य—३ सेजे ७ चान्दे ११ कान। शेष परि० पद० सदृश।

शब्दार्थ—अलिसाए=आलस्ययुक्त, कुम्हालाया। कारनि=कारुणिक दशावाली। बइदे=वैद्य को।

[३१५]

मालवरागे—

आसा[१] मन्दिर बैस[२] निसि गमाबए[३]
सुखे[४] न सूत सयान[५]।

जखने[६] जतने[७] जाहि निहारए[८]
ताहि ताहि तुअ[९] भान[१०] ॥
बन उपबन कुज[११] कुटीरहि[१२]
सबहि[१३] तोर[१४] निरूप।
तोहि[१५] बिनु पुनु पुनु[१६] मुरुछाए[१७]
अइसन पेम[१८] सरूप[१९] ॥ ध्रु० ॥
मालति सफल जीवन[२०] तोर।
तोरे[२१] विरहे[२२] भूवन[२३] भमए[२४]
भेल[२५] मधुकर भोर॥
जातकि केतकि कत[२६] न अछ[२७]
कुसुम[२८] रस समान।
सपनहु[२९] नहि काहु[३०] निहारए[३१]
मधु कि करत पान॥
जकर[३२] हृदय[३३] जतए[३४] रहल
धसि[३५] पए[३६] ततहि जाए[३७]।
जैअओ[३८] जतने बान्धि[३९] निरोधिअ
निमन[४०] नीर समाए[४१] ॥
भने विद्यापतीत्यादि ॥

ने० पृ० ८ (क), प० १८; पं० १

पाठभेद—

ब्र० न० सहाय (सखी शिक्षा, प० सं० ४) पदक्रम उपयुक्त से भिन्न है। आरंभ की चार पंक्तियों के बाद ही 'मालति सफल···करत पान।' तक का पाठ है। तदनन्तर "बन···पेम सरूप।" पाठ है। अन्तिम पद "जकर हृदय··· समाए।" के पूर्व निम्नलिखित पाठ हैं—साहर नवह[४] सउरभ न सह, गुजरी[४३] गीत न गाय[४४]। चेतन पापु[४५] चिन्ता[४६] आकुल हरखे[४७] सेबे सोहाय[४८] ॥" तथा उक्त पद के पश्चात् भी यह भणिता अंश है: यह[४९] रस राय[५०] सिवसिंह जानय[५१] कवि विद्यापति भान। रानी[५२] लखिमा देवी[५३] बल्लभ, सुभ गुन सकल निधान॥ २ पाठाभाव ३ गमावय ४ सुख नहिं ६-७ जतय ८ निहारय ९ तोहि ११ कुञ्ज १३ सबही १५ तोहरे १६ पुन पुन १७ मुरुछे १८ प्रेम २० जीवन अब २१-२४ तोरे बीरह भुअन भरमय २५ भेला २६-२७ कतनो अछव २८ सबहीं २९

सपनेहुँ ३० ताहि ३१ निहारय ३२ जेकर ३३ जतही ३४ रतल ३५-३७ से धसि ततही जाय ३८ जइअत ३९ बांधि ४० निमने ४१ थिराय

न० गु० (प० सं० १०४ तालपत्र)—पद क्रम एवं अधिक पाठ ब्र० न० सदृश। १ आसाजे ५ सआन ७ जतए १४ तोहि १९ स्वरूप २३ भुअन २७ अछए २८ सबहि ३३ जतहि ३८ जइअओ ३९ बाँधि ४१ थिराए। ४२ न बह ४३ गुजरि ४४ गाव ४६ चिन्ताजे ४८ सोहाव ४९ ई ५० राए ५१ जानए ५२ रानि ५४ पाठाभाव। शेष ब्र० न० सहाय सदृश।

बेनीपुरी (प० सं०)—१ आसाएँ २ बैस ३ गमावए ४ राति ६ जखन १९ सरूप ३० काहु ३२-३३ जकर हिरदय ३८ जइओ ४० निबह ४६ चिन्ताएँ ५३ देइ। शेष सभी न० गु० सदृश।

मि० म० (प० सं० ४३)—१ आसायें ६ जखन १८-१९ प्रेम-स्वरूप २१ तोर ३२ जाकर ४६ चिन्ताए। शेष सभी न० गु० सदृश।

सु० झा० (प० सं० १८)—१० मान ४० निम न। शेष ने० पृ० सदृश।

परि० पद० (प० सं० १८) २ बसि सुखें ५ सआम ११ कुंज २० सपनेहुँ २२ बिरहें १, १५, २३, २७, ३४, ३५, ३६, ३९, ४०, ४१, और भणिता तथा पदक्रम न० गु० सदृश।

सं० मन्तव्य—२ बइसि ५ सआन २२ बिरहें ३२-३३ जकर हिरदअ ३५-३६ धसि ततए पए ११, २३, २७, ३४, ३७ न० गु० सदृश।

शब्दार्थ—आसाजे=आशान्वित हो। तोर निरूप=तुम्हारे अंगों सदृश जानता है। भमए=चक्कर काटता है। रतल=अनुरक्त हुआ। धसि ततहि पए=वहीं दबाव पूर्वक जाता है। विमन=नीचे की ओर। समाए=समाता, मिलता या जाता है।

[३१६]

मालवरागे—

लाखे[१] तरुअर[२] कोटीहि[३] लता
जुवति[४] कत्त न[५] लेख।
सबहि[६] फूला[७] मधु मधुकर[८]
मधुहु[९] मधु[१०] विशेष ॥ ध्रु०॥
सुन्दरि अबहु[११] वचन सून।

सबे[१२] परिहर[१३] तोहि[१४] इछ[१५] हरि[१६]
आपु सराहसि[१७] पून ॥
जे[१८] मधु[१९] भमर निन्दहु[२०] सुमर
बासि[२१] बिसरए[२२] न [२३] पार।
एळि[२४] मधुकर[२५] जहि[२६] उडि[२७] पल[२८]
सेहे[२९] ससारक[३०] सार॥
तोरि[३१] सराहनि[३२] तोरिए[३३] चिन्ता[३४]
सेजहु[३५] तोरिए[३६] ठाम[३७]।
सपनेहु[३८] तोहि[३९] देखि[४०] पुनु कए[४१]
लए[४२] उठ तोरिए[४३] नाम[४४]॥
आलिङ्गन[४५] दए[४६] पाछु निहारए[४७]
तोहि[४८] बिनु सुन कोर।
पाछिलि[४९] कथा[५०] अकथ[५१] कथा[५२]
लाजे[५३] न तेजए[५४] नोर[५५]॥
भनइ विद्यापतीत्यादि॥

ने० पृ० ९ (क), प० २१; पं० ५

पाठभेद—

रागतरङ्गिणी—(पृ० १०४)—राग-जोगिआ धनछी —१-३ लाखहु लता कोटि तरुअ ७-८ फूलाँ मधु मधुमय ११ साजनि हमर १३ परिहरि १७ अओकि सराहसि। "जे मधु···सार" चरणों का पाठ नहीं है। ३१-३४ तोरिए चिन्ता तोरि बरता ३८-४१ सपनहुँ हरि तोहि न बिसर ४६ बेराँ ४८ तोह ४९-५२ हृदय कथा गुपुति बेथा ५४ छाडए अन्त में भणिता है। "सरस कवि विद्यापति गाओल निज मने अवधारि। जकर पेमे पराधिन बाँलमु सेहे कलावति नारि॥"

ब्र० न० सहाय (सखी शिक्षा, प० सं० ३) १-३ लख तरुवर कोटिहिं ४-५ जुवती कतो न ६-८ सब फुलमधू मधुर नहीं ९-१० फूलहुँ फूल। 'ध्रु०' के अनन्तर "जाफुल···सार' पाठ है। तब 'सुन्दरि···पून"। ११ अबहुँ १२ सब १३ परिहरि १४-१५ इछ तोहि १७ सराहहिं १८-१९ जा फुल २० नींदहु २१-२३ बासी बिसर न २४ जित २६-२८ उड़ि उड़ि परे २९ से ३० संसारक ३१-३४ तोरिय चिन्ता तोरिय कथा ३५-३६ से जहुँ तोरिय ३८-४१ सपनहु पुनु कय सिरि हरी ४२ लय ४३ तोरिय ४६ दय ४७ निहारय ४८ तोही ४९-५२ अकथ कथा पाछिल कथा ५३ लाज ५४ तेजय ५५ लोर। अंत में भणिताः—राइ-राइ जाहि मुह सुने ततह अपय कान। राजा सिबसिंह इ रस जानय कवि विद्यापति भान॥

न० गु० (प० सं० ९७; तालपत्र)—३ कोटिहि ६-८ सब फूल मधु मधुर नाहीं ९-१ फूलहु फूल १३ परिहरि १७ सराहहि १९ फूल २४ जाहि २६-उड़ि उड़ि २८ पर ३० सँसारक ३१-३४ तोरिए चिन्ता तोरिए कथा ३७ थाओ ३८-४१ सपनहु हरि पुनु पुन कए ४४ नाओ ४९-५२ अकथा कथा आपु अबथा ५३-५५ न अने तेजए नोर। अन्त मे—'राहि राही जाहि मुँह सुनि ततहि अपए कान।

सिरि सिवसिंह इ रस जानए कबि विद्यापति भान।'' क्रम व्र० न० सहाय जैसा।

बेनीपुरी—(प० सं० ५६)—पाठ प्रायः न० गु० सदृश

मि० म०—(प० सं० ४२)—१ जाख २१ बास २८ पड़ ३० सँसारक ३१ तोहरे ३३ तोहरे ५३-५४ नयने तेजये। भणिता मे अप्पए और सिवसिंघ; के अतिरिक्त शेष सभी पाठ न० गु० सदृश। पाद टिप्पणी में ने० पृ० और रागतरङ्गिणी के पाठभेदों का संकेत।

सु० झा—(प० सं० २१)—२१ जाहि ३० संसारक।

परि० पद० (प० सं०)—१ लाखें १५ ईछ २६-२७ ऊड़ि उड़ि २८ पड़ ३३ तोरिए ३५ सेजहुँ ३७ ठाओ ४४ नाओ ७-८, १७, ३१-३४, ३८-४१, ५१-५२, ५४, तथा भणिता; रागतरङ्गिणी सदृश तथा ३, १३, १६, २४, ३०, न० गु० सदृश। पदक्रम ब्र० न० सहाय के अनुरूप।

सं० मन्तव्य—(i) प्रस्तुत पद नेपाल तथा मिथिला के तरौनी एवं रागतरङ्गिणी तीनो ही स्रोतों से उपलब्ध हुआ है।

(ii) ४ जुवति ७ फूलाएँ २६-२७ उड़ि उड़ि २८ पल ३१-५१ ने० पृ० के अनुकूल शेष परि० पद० एवं रागतरङ्गिणी सदृश।

शब्दार्थ—युवति कत न लेख=कितनी युवतियाँ न उल्लिखित करूँ अर्थात् फूलों सदृश युवतियाँ भी अगणित हैं। फूलाएँ=फूलों में। मधुहु मधु विशेष=मधु के समूह में भी उत्तम मधु का वैशिष्ट्य है। इछ=इच्छा करते, चाहते हैं। तोरि सराहनि=तुम्हारी ही सराहना करते हैं। सेजह…ठाम=पर्यंङ्क पर भी तुम्हारा ही आधिकारिक स्थान मानते हैं। सपनहुँ…कए=स्वप्न में भी तुम्हें ही बार-बार देखकर। आलिङ्गन दए=हड़बड़ी के तुम्हें परिरम्भण करते ही बाहों में समेटते हैं। पाछिलि…कथा=उसके बाद का कृष्ण का वेदनामय वृत्तान्त अकथ्य है।

[३१७]

मालवरागे—

उगमल[१] जग भम काहु न कुसुम[२] रम
परिमल कर परिहार।

जकर जतए[३] रीति ते बिनु नहीक[४] थिति[५]
नेह न विषय[६] बिचार ॥ ध्रु० ॥
मालति तोहि बिनु भमर सदन्द ।
बहुत कुसुम बन सबहो[७] विरत मन
कतहु न पिब मकरन्द ॥
विमल कमल मधु सुधा सरिस बिधु
नेह न मधुप विदार[८] ।
हृदय[९] सरिस जन न देषिअ[१०] जति षन[११]
तति खन[१२] सयर[१३] अन्धार[१४] ॥
भने विद्यापतीत्यादि ॥

ने० पृ० १९, प० ४७, पं० १

पाठभेद—

न०गु० (प० सं० ३८४)—१ उमगल ४-५ नही थिति ६ विसम ८ विचार ११ खन १३ सागर १४ अँधार

मि० म० (प० सं० ३८८)—४-५ कथिति १० देखिअ ११ खन १३ सगर १४ अँधार

सु० झा (प० सं० ४५)—४-५ नहि थिति

परि० पद० (प० सं ४५)—१ उमगल ३ जे ४-५ नहि थिति ७ सबहि ९ हृदअ १० देखिअ ११ खन १३ सअर

सं० मन्तव्य—२ कुसमे ४ नहिक ६ विषअ ७ सब्रहिं ९ हृदअ १३ सअर

शब्दार्थ—उगमल=उन्मत्त सदृश, हड़बड़ाया हुआ। नहिक थिति=स्थैर्य, अचलपन नहीं है। सदन्द=द्वन्द्वयुक्त, किंकर्त्तव्य विमूढ़। विमल···मधु=कमल-मधु अत्यन्त निर्मल अतएव आकर्षक है। सुधा······विधु=चन्द्रमा तो अमृत के समान ही है। नेह···विदार=फिर भी तुम्हारे प्रति अपनी प्रीति को वह प्रेमी भ्रमर विदीर्ण नहीं करता।

[३१८]

ततहि धाओल[१] दुहु लोचन रे
जेहि[२] पथे[३] गेलि वरनारि[४] ।
आसा[५] लुबधल[६] न तेजए[७] रे
कृपणक[८] पाछु[९] भिषारि[१०] ॥ ध्रु० ॥

सहजहि[११] आनन सुन्दर रे
भौंह[१२] उनिरित[१३] आखि[१४]।
पङ्कज[१५] मधुकर[१६] मधु पिबि[१७] रे
उडए[१८] पसारलि[१९] पाखि[२०]॥
आजे[२१] देखलि[२२] धनि जाइते[२३] रे
रूप[२४] रहल मन लागि[२५]।
रूप[२६] लागल[२७] मन धाओल[२८] रे
कुच[२९] कञ्चन[३०] गिरि सान्धि[३१]॥
ते[३२] अपराधे मनोभवे[३३] रे
ततहि[३४] धएल[३५] जनि[३६] बान्धि[३७]।
विद्यापति कवि गाबिह[३८] रे
गुण[३९] बुझ रसिक[४०] सुजान[४१]।
राजाहुँ[४२] रूपनराएण[४३] रे
लखिमा देवि रमान[४४]

ने० पृ० २९ (क), प० ७९; पं० ४

पाठभेद—

क्षणदागीत चिन्तामणि (पृ० ३४८) पदक्रम:—आरंभ में—"सहजहि....मन लाइ" तक के चरण; तदनन्दर "कोटि सुधाकर बदन मण्डल आँखि तिरपित नाहि पाइ॥" अधिक चरण तब जाकर 'अतए धाओल मोर लोचन दे...भिखारि।' तदनन्तर अन्त के चरण किन्तु कोई भणिता नहीं। ने० पृ० के चरण क्रम के अनुसार पाठभेद इस प्रकार है:— १ अतए धाओल मोर २-३ यहि यहि ४ बरनारी ५-६ आशा लुबध ७ नाहि तेजइ ८-१० कृपनको पाछे भिखारि। ११ सहजइ १२-१३ भाङ सुरेखलि १७ पिंबि मधुरे १८-१९ उड़ये पसारल २१-२२ आजु पेखनु २५ लाइ २६-२८ अतए रहल मन मो रहु रे २९-३० कनया कुच ३३ मनोभव ३४-३६ जोरि राखल मन

ब्र० न० सहाय (नायक वर्णन प० सं० १०) पदक्रम:—आरंभ में 'सहजहि... पाखी' तब 'ततहि....भिखारी'॥ ध्रु०॥ तदनन्तर निम्नलिखित अधिक चरण:—

"इंगित[४६] नयन[४७] तरंगित[४८] देखलो[४९]रे बाम भौंह[५०] भेलो[५१] भं[५२]।
तखन[५३]न जानल तीसर[५४]रे गुपुत मनोभव रङ्ग॥
चन्दने चरचु पयोधर रे गृम[५५] गजमुकुता हार।

मसम[५६] मरल जिनि[५७] संकर [५८] रे सिर सुरसरि जलधार ॥
वाम[५९] अगुसारल रे दाहिन तेजइते लाज ।
तखन मदन सरे पूरल रे गति गञ्जय[६०] गजराज ॥"

तब "आजे…लागि ।" जिसके अनन्तर पुनः अधिक चरण :—

तेहि छन [६१] से[६२] गुन[६३] गौरव[६४] रे धैरज[६५] गेला[६६] भागि ॥

ने० पृ० क्रमानुसार पाठभेद :—१ धायल २-३ जतहि ४ वरनारी ६ लुबुध ७ तेजय ८ कृपनक १० भिखारी १२-१४ भौंह सुरेखिल आँखो १५-१७ पंकज-मधु-पिवि मधुकर १८-२० उड़य पसारय पाखी २१-२३ आज जाइते पथ देखलि २७ लागी २८ धावल ३१ सांधि ३३ तें ३३ मनोभव ३५ धयल ३७ बांधि ३८ गावल ३९-४१ रस बूझे रसमन्त ४२-४३ रूप नरायण नागररे ४५ कन्त

न० गु (प० सं० ५२ तालपत्र)—पद क्रम एवं अतिरिक्त चरण पूर्णतया ब्र० न० सदृश । ने० प० के क्रमानुसार पाठभेद:—१० भिखारी १२-१४ भँउह सुरेखलि आँखि १८-२० उड़ए पसारए पाँखि २४ रूपे २७ लागि ३१ साँधि ३७ बाँधि ३८ गाओल ३९-४१ रसबूझ रसमन्ता ४३ रूपनरायन ४४-४५ देविक सुकन्ता । २-३, ८, १६-१७, २१-२३, ३२, ३३, ४२-४३ ब्र० न० सहाय सदृश । शेष पाठ ने० प० सदृश । अतिरिक्त चरणों के ब्र० न० सहाय से पाठभेद—४६ इङ्गित ४७-४८ तरङ्गित देखल ५०-५२ भउँह भेल भङ्ग ५३ तखने ५४ तेसर ५६ मसमे ५७-५८ जनि शङ्कर ५९ चरण ६० गञ्जए ६१ खन ६२ सबो ६६ गेल । अतिरिक्त चरणों के अन्त में 'रे' की टेक नहीं ।

बेनीपुरी (प० सं० ३३)—९ पाछ । १९ पसारल २३ जाइत ३९-४१ रस बूझए रसमन्त ४४-४५ देइ सुकन्त ५५ ग्रिम ६० गंजए ६२-४४ सब गुन गौरव ६५ सब धैरज । १२, १५, २४, २६, ४६, ४८, ५०, ५२, ५३, ५६, ५८, ५९ ब्र० न० सहाय सदृश, शेष पाठ एवं पदक्रम न० गु० सदृश ।

मि०म० (प० सं० १०६)—५९ वाम चरण आगुसारल । शेष न० गु० सदृश ।

परि० पद० (प० सं० ७४)—३ पथें ११ सहजहि आनन १४ आखि १९ पसारल ३३ ते अपराधे २८ गाबिहा ४३ रूपनरायेन ४७ नअन ५४ ते सरे ५९ चरन ६५ धइरज (सबे) । पद-क्रम एवं अतिरिक्त चरणों के पाठ न० गु० सदृश । शेष पाठ ने० प० सदृश ।

सं० मन्तव्य—(i) प्रस्तुत पद ने० प०, तरौनी और क्षणदा तीनो ही आकर ग्रन्थों में उपलब्ध है । क्षणदा में अतिरिक्त पंक्तियाँ तो नहीं हैं किन्तु ने० प० में 'आजे…मन

लागि ।' के अनन्तर स्पष्टतः एक चरण की जो कमी लक्षित होती है उसका पूरक चरण है। यद्यपि उसके पाठ अधिक परिवर्त्तित हैं जो बंगीय बाङ्मय में विद्यापति के पदों के परिवर्त्तित रूप को उजागर करते है। कीर्त्तनानन्द में भी इस पद का पाठ है किन्तु वह अपेक्षाकृत अधिक विकृत है। तरौनी (तालपत्र) की प्रति प्राचीन है किन्तु उसके पद ब्र० न० सहाय तथा न० गु० के माध्यम से बाद में प्रकाशित हुए हैं अतः उन्हें क्षणदा० के पाठ के पश्चात् रखा गया है। इसमें ने० प० के उपर्युक्त खण्डित पद का पूरक चरण तो है ही १२ पंक्तियाँ और भी अधिक हैं जो ॥ ध्रु० ॥ के अनन्तर ही आई हैं। वर्ण्य-विषय के सर्वथा अनुरूप और सर्जना की उत्कृष्टता से वे अवश्य ही ग्रहणीय हैं। इसी से प्रायः सभी परवर्त्ती संस्करणों में उन्हें ब्र० न० सहाय और न० गु० के क्रमानुसार रखा गया है। प्रस्तुत लेखक भी उन्हें उसी क्रम में स्वीकारता है किन्तु जिन चरणों के पाठ ने० प० में उपलब्ध हैं वे अधिक प्रामाणिक, उत्कृष्ट एवं भाव-घन हैं अतः उन्हे तदनुरूप ही ग्रहण करना उचित है। उसका पद-क्रम भी सार्थक है।

(ii) ने० प० से पाठभेद—१०, १२, १४, १८, २०, ३८ न० गु० सदृश। ३, १४, १६, ३३, ४३, ४७, ५४, परि० पद० सदृश। शेष ने० प० के समान। चरणों के अन्त में 'रे' की टेक युक्त। ६५—धइरज

(iii) ब्र० न० एवं न० गु० के अतिरिक्त चरणें का पाठभेद—४६, ४८ से ५१; ५६ से ६० और ६१ से ६३ न० गु० सदृश।

शब्दार्थ—ततहिं=उसी ओर। भउहँ उनिरिति=उठी हुई, उन्निद्रित भौंहों वाली। इङ्गित=संकेत। तें सरें=उस (कटाक्ष) बाण से। चरचु=चर्चित, सुशोभित। गिम=गला। भसमे···धार=कुच के चन्दन विलेपित होने एवं गजमुक्ता हार से घिरे होने से ऐसा आभास हुआ मानो भस्म लपेटे शंकर सरपर गंगा की धार लिए सुशोभित हों। दाहिन=दाहिना पाँव, अथवा अनुकूल (दक्षिण) नायक को। पूरल=पूर्ण किया, सर संधान किया।

[३१९]

आध नयन[१] दए[२] तहुकर आध
कत रे[३] सहब[४] मनसिज[५] अपराध।
का लागि सुन्दरि दरसन भेल
जेओ छल जीवन सेओ दुर[६] गेल ॥ध्रु०॥

हरि हरि कञोन कएल हमे पाप
जे सबे[७] सुखद ताहि तह पाप ।
सब दिस[८] कामिनि दरसन जाए
तइअओ बेआधि विरह अधिकाए ॥
कञोनक[९] कहब मेदिनि से थोळ[१०]
सिव सिव[११] एहि जनम भेल ओळ[१२] ।
भनइ विद्यापतीत्यादि ॥
ने० पृ० ३१ (क), प० ८४, पं० ५

पाठभेद—

न० गु० (प० सं० ७१)—२ कए ३ कतबे ४ सहय ६ दूर ८ दिसि १० थोल १२ ओल

मि० म० (प० सं० २३७)—८ दिस। शेष न० गु० सदृश।

सु० झा (प० सं० ७८)—ने० पृ० सदृश।

परि० पद० (प० सं० ७९)—१ नअन ७ सब ९ कओनकाँ।

सं० मन्तव्य—१ नअन ५ मनसिजे ९ कओनकाँ ११ शिव शिव

शब्दार्थ—मनसिजे=कामदेवता, प्रीति करने का। ताहि तह=उन्हीं सबों से। कओनक=किस व्यक्ति विशेष से।

[३२०]

जाबे न मालति कर गास[१]
ताबे न ता[२] हि[३] मधु[४] विलास[५] ।
लोभ परिहरि[६] सूनहि[७] राँक
धके कि कतहु[८] डूबबि[९] पाक[१०] ॥ ध्रु० ॥
तेज मधुकर ए[११] अनुबन्ध
कोमल कमल लीन मकरन्द ।
एखने इछसि अहेन[१२] सङ्ग
ओ अति सैसवे[१३] न बुझ रङ्ग ॥
कर मधुकर दिठ[१४] गेआँन[१५]
अपने आरति न[१६] मिल आन[१७] ॥
भने विद्यापतीत्यादि ॥
ने० पृ० ३८, प० १०६; पं० ४

पाठभेद—

न० गु० (प० सं० १४०)—१ परगास २-३ ताहि ४ मधुकर ६ परीहरि ८-१० कुअ डूब विपाक ११ एहन १२ एहन १४ दिढ़

मि० म० (प० सं० २८८)—९-१० कुड़ विपाक १४-१५ तोँहे दिढ़ गेआन।

सु० झा (प० सं० १००)—६-१० डूब बिपाक

परि० पद० (प०-सं० १०१)—१ और ६ न० गु० सदृश। २-५ ता (चा) हि मधु(प) विलास ७-१० ध' कए कि कतहु डूबबिपाँक ११ तेजह मधुकर एहो १२ ईछसि अइसन १४-१५ दिढ़ (अपन) गेआन १७ आन।

सं० मन्तव्य—(i) १ परगास ६ परीहर ७ सूनह १० पाँक १२ ईछसि एहेन १३ सइसवे १७ आन

(ii) इस पद में विहारी के प्रसिद्ध दोहे "नहिँ पराग नहि मधुर मधु नहिँ विकास इहि काला" का पूर्वाभास पाया जा सकता है।

शब्दार्थ—परगास=प्रस्फुटित, खिलने की क्रिया। तावे···विलास=तब तक उसमें मधु का मधुर वैभव नहीं होता। रांक=रंग, रूप लोभी। धके···पाक=हड़बड़ी में क्या कहीं कीचड़ में जा गिरोगे? अनुबन्ध=विचार, आशा-अभिलाषा। कोमल···मकरन्द=मधु अविकसित कमल कलिका में समाया हुआ। ईछसि=चाहते हो।

(**ii**) मि० म० एवं परि० पद० के परस्पर भिन्न अर्थों से अपना अर्थ भिन्न [किन्तु मूल पाठ के अनुकूल] है। उनके अर्थों के लिए उनके संग्रह देखें।

[३२१]

धनछी रागे—

चान्द[१] गगन रह[२] आओर[३] तारागण
सुर[५] उगए[६] परचारि।
निचल[७] सुमेरु अधिक कनकाचल
आनब[८] कओने[९] पर चारि[१०] ॥ध्रु०॥
कन्हाइ[११] नयनहुँ[१२] हलब[१३] निबारि[१४]।
जे अनुपम उपभोगे[१५] न आबए[१६]
की फल ताहि निहारि॥

जे चुरु[१७] कए[१८] साएर[१९] सोषए[२०]
जीबए[२१] सुरासुर मारि।
जल-थल पाए[२२] समहि सम[२३]...
दूती बचने[२४] जाहि जे फाबए
पाहन हीरा लाग[२५]।
भनइ विद्यापतीत्यादि[२६]॥

ने० पृ० ३९ (क), प० १०८; पं० २

पाठभेद—

ब्र० न० सहाय (श्रीकृष्ण जी का पूर्वानुराग, प० सं० १७)—**पदक्रम**; आरंभ में दो अतिरिक्त चरण—लघु लघु संचर[27] कुटिल कटाछ[28]। दूअउ[29] नयन लहयक[30] होक[31] लाछ[32] नयन[33]॥ बचन[34] दुइ उपमा देल। एक कमल दुइ खंजन[35] खेल॥ तदनन्तर—'कन्हाइ···निवारि।' फिर 'जे अनुपम····निहारि॥ तब 'चान्द···चारि। ध्रु०॥ तथा शेष चरण। दसवें खण्डित चरण (२३-२४) का पूरक अंश है—"·····चालय,[36] से पावै[37] यहि[38] नारि।" अन्तिम चरणों को (२४-२८) किंचित् पाठभेद से समेटते हुए भणिता है—भनइ विद्यापति जिनु[39] हरडावह[40], नाह न हियरा लाग।

दूती बचन थीर कै[41] मानव[42] राय[43] सिवसिंह[44] बड़भाग॥

पाठभेद ने० प० के क्रमानुसार—१ चाँद २ बसु ३-४ औ तारागन ५-६ सूर उगल ७ निचय ६ कउने ११-१४ कान्हर नयना चलिये निवारि। १५-१६ उपभोग न आवै १७-२० चुरू कय सागर सोखल २१ जिनल २२ नाव

न० गु० (प० सं० १५ तालपत्र)—पदक्रम, अतिरिक्त एवं पूरक चरण तथा भणिता ब्र० न० सहाय के अनुकूल है अतः इनके पाठभेद ब्र० न० के पाठ से इस प्रकार हैं—२७ सञ्चर २८ कटाख २९ दुअओ ३०-३२ एक होक लाख ३४ बयन ३५ खञ्जन ३६ चालए ३७-३८ पाबए एहि ३९-४० जनु हरड़ाबह ४१-४२ कए मानब ४३ राए। शेष भेद **ने० प० से:**—१ चाँद २ बस ३ अओ ९ कओने १२-१३ नयमा हलिअ १९ सामर ४-७, १५, १७, २०-२२ ब्र० न० सहाय सदृश।

मि० म० (भूमिका पृष्ठ ६२ पादटिप्पणी)—३ आलुर १२ नयन १३ हँहल १४ बनिवारि जे अलपा····ध्रु० भने विद्यापतीत्यादि। इतना सा मात्र खण्डित अंश। भूमिका में इसके खण्डित होने अतएव मूलपाठ में ग्रहण न करने का संकेत; किन्तु प० सं०

३७ पर न० गु० के पाठ के अनुरूप पाठ ग्रहण किया गया है। केवल, ४४ सिवसिंघ; पाठभेद है।

सु० झा (प० सं० १०२)—२३-२४ (की फल ताहि) परचारि। २४ दूती ब्याज।

परि० पद० (प० सं० १०३)—५ सूर १० परि चारि १२ नअनहुँ १७ चुरु २० सोंखए २१ जितए

सं० मन्तव्य—(i) ने० प० का पाठ ग्रहणीय है किन्तु उसमें ब्र० य० सहाय और न० गु० द्वारा ग्रहीत अतिरिक्त चरण भी लिए जा सकते हैं।

(ii) ५ सूर ८ आनब १२ नअनहुँ २० सोखए—अतिरिक्त चरण—२९ दुअओ नअन ३३ नअन ३४ बदन। २७, २८, ३०, ३२, ३५—३९; ४१—४४ न० गु० सदृश

शब्दार्थ—सूर=सूर्य। परचारि=प्रकाशित, प्रचण्ड। आनब···परचारि=परिचारिका [दासी] उन्हें [चन्द्रमा, तारागण, सूर्य और सुमेरु तथा जिन भिन्न-भिन्न अङ्गों के ये अद्भुत उपमान हैं, उनकी स्वामिनी नायिका को] कैसे ला पाएगी। अथवा उक्त चारो पदार्थों को किस प्रकार लाया जाएगा। हलब निवारि=हटाकर रखें। साएर=सागर। पाए=पर। चालए=चले या चलावे। फाबए=फबे, अच्छा लगे, मिले। पाहन······लाग=पत्थर ही तुल्य हो जाएगा। डरडाबहु=धबड़ाओ। न हियरा लाग=हृदय में दुख मत मानो।

[३२२]

मालवीरागे—

सहजहि आनन अछल अमूल
अलके[१] तिलके[२] ससधर तूल।
का लागि अइसन पसाहन[३] देल
जे छल रूप सेहओ[४] दुर[५] गेल ॥ध्रु०॥
अछल सोहाँओन[६] की[७] भए[८] गेल
भूषण[९] कएले दूषण[१०] भेल।
दरसि जगाबए[११] मुनि जन आधि
नागर का[१२] ओ[१३] सहज बेआधि[१४] ॥
लिहले उषळल[१५] अओछा[१६] भार
भेटले भेटत अछ परकार ॥
भनइ विद्यापतीत्यादि ॥

ने० पृ० ५३, प० १५०, पं० ३

पाठभेद—

न० गु० (प० सं० २४७)—१ अलके तिलके ५ दूर ६ सोहाओन ७-८ कतय ११ जनाबए १३ हो १४ बेयाधि १५-१६ उधसल अवइत।

मि० म० (प० सं० ३१२)—३ पसारल ४ सेहेओ ७-८ कितए ९ भूषन १० दूसन ११ जपाबए १६ अओछाड़। १-२ ६,१४ न० गु० सदृश।

सु० झा (प० सं० १३८) ने० प० के अनुरूप।

परि० पद० (प० सं० १३९) —६ सोहाओन ९-१० भूषन कएलें दूखन १२ काँ १३ उखड़ल

सं० मन्तव्य—१-२, ६, १५ परि० पद० सदृश। १६ आओछा।

शब्दार्थ—अलकें तिलकें=कुञ्चित केशों के छा जाने एवं मुख पर तिलकादि की पत्र-रचना कर देने पर। तूल=के तुल्य, समान हो गया, किंचित् कलङ्क या छाया का आभास आ जाने से। लिहुले···भार=उसने हृदय के दबे हुए धुँधले भार को उभाड़ दिया, सभी सात्विक भाव उदित हो गए। भेंटले······परकार=उमसे भेंट होने पर ही उनकी कामना मिट [पूरी हो] सकती है।

[३२३]

मलारीरागे—

तोहे[१] कुलमति[२] रति कुलमति नारि
बाङ्क[३] दरसने[४] भुलल मुरारि।
उचितहु[५] बोलइते अबे[६] अवधान
संसय[७] मेललहं[८] तन्हिक परान॥ध्रु०॥
सुन्दरि की[९] कहब कहइते[१०] लाज
तोरे[११] नामे[१२] परहु सओ[१३] बाज।
थावर जङ्गम मनहि[१४] अनुमान
सबहिक विषय[१५] तोहर होअ भान।
आओर[१६] कहि[१७] की[१८] बुझओबिसि तोहि
जनि उधमति उमताबए मोहि॥
भनइ विद्यापतीत्यादि।

ने० पृ० ५५ (क), प० १५४; प० ४

पाठभेद—

न० गु० (प० सं० १०३)—३ बाँके ६ आबे ८ मेललहु ९ कि ११-१२ मोर भेला से १८ कि

मि० म० (प० सं० २५७)—२ कुल मति ८ मेलतहु ११-१२ मोर भेला से १३ सयँ १५ बिसय १६ अरु १७ कहिअ

सु० झा (प० सं० १४२)—११-१२ तोर विलासे

परि० पद० (प० सं० १४४)—१ तोहें ५ उचितहुँ ७ संसअ ९ कि ११ तोहरे १४ नहि १५ विषअ १८ कि

सं० मन्तव्य—१ तोहें २ कुल मति ३ बाँके ७ संसए ९ कि ११ तोरए १५ विषअ

शब्दार्थ—तोहे……नारि=तुममें कुल के प्रति सचेष्ट बुद्धि एवं अटल अनुराग है फलतः तैं कुलवन्ती युवती हो। वाङ्क दरसने=किन्तु तुम्हे किंचित् बंकिम भङ्गिमा में देखने से [अपाङ्ग बीक्षण से] थावर…अनुमान=अपने मन से वे अब स्थावर को भी जङ्गम समझते हैं, जड़ से भी दैन्यनिवेदन करते हैं—'चेतनाचेतनेषु'।

[३२४]

अहिरानीरागे—

हरि रिपु[1] रिपु[2] प्रभु तनय[3] से घरिनी[3]
तुलना[4] रूप रमनी[5]।
बिबुधासन सम वचन सोहाओन[6]
कमलासन सम गमनी ॥ ध्रु० ॥
साए साए[7] देषलि[8] जाइते[9] मग जिनए आइलि जग
विवुधाधिपपुर गोरी।
घटज असन सुत देषिअ[10] तैसन[11] मुख
चञ्चल नयन[12] चकोरा।
हेरितहि सुन्दरि हरि जनि लए गेलि
हर रिपु वाहन मोरा॥
उदधि तनय[13] सुत सिन्दुर[14] लोटओल[15]
हासे देषलि[16] रज[17] कान्ती[18]।

खटपद[१९] वाहन कोष[२०] बइसाओल
बिहि लिहु सिखरक पान्ती[२१] ॥
रविसुत तनय[२२] दइ[२३] गेलि सुन्दरि
विद्यापति कवि भाने[२४] ॥

ने० पृ० ५९ (क), प० १६६, पं० ३

पाठभेद—

न० गु० (प्र०, प० सं० १३)—३ घरिनि ४-५ पाठाभाव ६ सोहाओन ८-९ जाइते देखलि १० ताहेरि १४-१५ सिन्दुरे लोटाएल १६-१८ देखलि रद कांती २१ पाँती २२-२३ तनअ दइए। अन्त में भणिता के पूरक चरण :—'राजा शिवसिंह[२५] रूपनराअन[२६] लखिमा देवि[२७] रमाने ।' है ।

मि० म० (प० सं० १९९)—१-६ रिपु ४ से तुलना ११ तइसन १८ कान्ति २० कोस २५ सिवसिंघ २७ देइ । ६, ८-६, १४, १५-१६ और २१ न० गु० सदृश ।

सु० झा (प० सं० १५३) १७ रद । शेष ने० प० सदृश ।

परि० पद० (प० सं० १५५)—७-९ जाइते देखलि १२ नअन १३ तनअ १९ षटपद २५ सिवसिंह २६ रूपनराअेन २७ देह । १६-१८, २१-२३ न० गु० सदृश ।

सं० मन्तव्य—परि० पद० में गृहीत पाठभेदों सहित ने० प० सदृश ।

शब्दार्थ—हरि=वायु-रिपु=सर्प-रिपु=गरुण-प्रभु=हरि, विष्णु-तनअ=कामदेव । से घरनी=उसकी पत्नी रति । तुलना रूप=रति से तुलनीय रूपवाली । बिबुध=देवता+असन=देव-भोज्य, अमृत=सम वचन=अमृतवत् मिष्ट भाषिणी । कमलासन=कमल, पद्मनाल खानेवाला=हंस । जिनय=विजए के लिए । विबुधाधिपपुर गोरी=इन्द्र की परी । हर=शंकर-रिपु=कामदेव-वाहन=मन । उदधि=सागर-तनय=सीप-तनय=मोती । लोटाएल=रंगे-पगे । रद=दाँत । षटपद=भ्रमर-बाहन=कमल-कोष में । विहि=विधाता । शिखर=दाडिम के दाने सदृश रूप-रंग की मणि=पद्मराग मणि । रविसुत=किरण-समूह—तनअ=गर्मी, विरह का ताप ।

[३२५]

सारङ्गी रागे—

हास[१] विलासिनि दसन देखिअ जनि[२]
तलतित[३] जोती[४] ।
सार बिनी[५] बिनि[६] हार मञे[७] गाथब[८]
चान्दे[९] परिहब[१०] मोती ॥ ध्रु० ॥

दए[११] गेलि[१२] दए गेलि दुइ दिठि[१३]मेरा[१४]।
पुनु[१५] मन कर ततहि जाइअ
देषिअ[१६] दोसरि बेरा॥
दिवस[१७] भमर[१८] कमल[१९] सुतल[२०]
सीसिरे[२१] भिनलि[२२] पाखी[२३]।
खञ्जन[२४] यनि[२५] ताहि परि[२६] रह[२७]
तैसनि[२८] लोनुमि[२९] आँषी[३०]॥
भने[३१] विद्यापति जे[३२] जन[३३] नागर
ता[३४] पर रतलि नारि[३५]।
हासिनि[३६] देवि पति देवसिंह नरपति[३७]
परसन[३८] होथु मुरारि[३९]॥

ने० पृ० ७९ (क), प० २२१, पं० ५

पाठभेद—

ब्र० न० सहाय (श्रीकृष्ण जी का पूर्वराग, प० सं २१) पदक्रम—प्रस्तुत पद की ५, ६ और ७ वीं पंक्तियाँ आरंभ में, तदनन्तर ३री फिर २ री तब १ ली और फिर ४ थी हैं और भणिता अंश भी भिन्न है। **पाठभेद**, ने० प० के क्रमानुसार :—१-२ अधर सरूप[४०] अनूपम, सुन्दर ३-४ केवल तारा जोती ५-६ चुनी[४१] चुनि ७-८ जे गांथल[४२] ९-१० चान्द[४३] पहीरल[४४] ११-१२ दे गेलि सुन्दरि दे गेलि रे दे गेलि १३ दिठ १५ पुन १६ देखिअ १७-२० मधुकर[४५] मधु पिवि पिवि[४६] मातल २१ सिसिरे २२ भीजल २३ पांख २४-२७ अलपे काजर[४७] लोचन[४८] आंजल[४९] २८-३० ननुमि देखिये आंख। फिर अतिरिक्त पंक्तियों का पाठ—कतना[५०] जतने दूती पेठावलु[५१] आनय[५२] गूया[५३] पान। सगरी[५४] रजनी बइसि गमावलु[५५] हिरदय[५६] तासु[५७] पखान। ३१ मन ३२-३३ सुन हो ३४-३५ ऊ[५८] नहि ऊ[५९] रस जान। ३६-३९ राजा शिवसिंह[६०] रूपनरायन[६१] लखिमा देवि[६२] रमान।

न० गु० (प० सं० ५४, तालपत्र) पद-क्रम एवं अतिरिक्त पाठ या चरण ब्र० न० सहाय सदृश। पाठभेद ने० प० के क्रमानुसार.—१३ दिठे १५ पुनु २१ शिशिरे २२-२३ भीजलि पाखी २८ देखिय ३० आँखी ३२-३३ सुनह। शेष ब्र० न० सहाय सदृश। भिन्न एवं अतिरिक्त चरणों के ब्र० न० सहाय से पाठभेद—४० रूप ४१ चुनि ४२ गाँथल ४३ चान्दे

४४ परीहलि ४५ भमर ४६ पिबि पिबि ४७ काजरे ४८-४९ नयन आँजल ५० कते ५१ पठाओल ५४ सगरे ५५ गमाओल ५६-५७ हृदय तसु ५८ ओ ५९ ओ रस ६१ रूपनराएन

मि० म० (प० सं० ४)—२ देखि जनि ३ तरलित ५-६ चुनि चुनि ९ चान्द १४ भोमरा १६ देखिअ २१ सीसि २२ बेड़िलिलि २५ नयनि २६-२७ परिरह २९ लोलुमि ३० आँखी ३२ ये। तथा पादटिप्पणी में न० गु० प० सं० ५४ का पाठ।

सु० झा (प० सं० २०१)—देखअ जनित ३ ललित २५ (न) यनि २६-२७ परिवह ३० आँखी ३५ (वर) नारि।

परि० पद० (प० सं० २०२)—न० गु० सदृश पाठ। न० गु० से भेद—१३ दिठि १५ पूनु २१ सिसिरे २३ पाँखी २८-२९ लोनुमि देखिअ ४७-४८ काजरें नअन ५२-५३ आनए गूआ ६० सिर्वसिह। शेष व्र० न० सहाय एवं न० गु० सदृश।

सं० मन्तव्य—(i) **ने० प०** से—३ (रस) त ललित १२ गेलि सुन्दरि १६ देखिअ २१ शिशिरे २३ पाँखी २५ नयनि २८ तइसनि ३० आँखी।

व्र० न० सहाय का पाठ न० गु० के पाठान्तरों सहित भी ग्रहणीय। इन अतिरिक्त पाठों में न० गु० से पाठभेद—५२-५३ जानए गूआ ५४ सगरि ५६ हिरदअ ५७ तासु ६१ रूपनरावेन ६२ देइ।

(ii) परि० पद० में न० गु० के पाठ को मानकर उसी का अर्थ किया है ने० प० के पाठ का शब्दार्थ अथवा अर्थ नहीं किया गया है। मि० म० ने भी ने० प० का अक्रमबद्ध खण्डित और प्रायः त्रुटि पूर्ण अर्थ किया है।

(iii) व्र० न० एवं न० गु० द्वारा गृहीत पाठ विस्तृत तो हैं किन्तु उनसे कुछ प्रसंग की उद्भावना नहीं हो पाती। दूती प्रेषण प्रसंग के अतिरिक्त चरण तो अर्थ गौरव को संकुचित भी कर देते हैं। थोड़े-बहुत पाठान्तरों सहित ने० प० का पाठ अधिक ग्रहणीय है।

शब्दार्थ—ने० प० का—हासविलासनि=सुन्दर हँसी का विलास करने वाली नायिका। दसन-देखिअ=के दाँत देखने पर। जनि रसत ललित जोती=ऐसा लगा जैसे उनसे सुन्दर ज्योति छिटकी पड़ रही है। सार···मोती=हँसी से झरते इन ज्योति किरणों के सार तत्वों को बीनकर मैं हार गँथूगा जो चन्द्रमा को भी पहनाने योग्य मौक्तिक हार से शोभायमान होंगे। दिवस···पाखी=रात्रि में कमल संपुट में सोया भौंरा उसके मधु में और प्रातः काल कमल खिलने पर शिशिर कणों से भींगे लटपटाए पंखों से जैसे दिन में अलसाया पड़ा हो। खंजन···आँखी=खंजन जैसी आँखोंवाली नायिका की आँखें वैसी ही आलस्य-मद भरी, लावण्यमयी हैं। नागर=चतुर। सगरि=सारी।

[३२६]

बरलोरागे—

जौवन[१] चाहि रूप[२] नहि ऊन[३]
धनि[४] तुअ विषय[४] देषिअ[५] सबे गून।
एक प[६] भेल विधाता भोर
सम कए सामि न सिरिजल तोर॥ ध्रु०॥
कि[७] कहब सून्दरि कहइते[८] लाज
से[९] कहले[१०] पुनु तोह हो[११] काज।
मन्दाहु[१२] काज उकुति[१३] भलि भेलि
ते[१४] मञे[१५] किछु अनुमति तोहि देलि[१६]॥
जञो[१७]तोहे[१८]बोलह करञो इथि अङ्ग[१९]
चोरी पेम[२०] चारि[२१] गुण[२२] रङ्ग।
दुर[२३] कर अगे सखि अइसनि बानि
अमिञ खोअउबिसि[२४]साङ्करे सानि[२५]॥
छलक[२६] उकुति कहइते नहि ओर
अरथक[२७] गरुअ वचन के[२८] थोळ[२९]।
जीवन सार[३०] जौवन[३१] जग रङ्ग
जौवन[३२] तञो जञो सुपुरुष[३३] सङ्ग॥
सुपुरुष[३४]पेम[३५]कबहु[३६]नहिं छाड[३७]
दिने दिने[३८] चान्दकला[३९]जञो[४०] बाढ[४१]॥
भनइ विद्यापतीत्यादि॥

ने० पृ० ८४ (क), प० २३४, पं० ५

पाठभेद—

पदामृतसमुद्र (पृ० सं० ३८) पद-क्रम, अतिरिक्त पाठ और पाठाभाव—प्रस्तुत पद की अन्तिम चार पंक्तियाँ (जीवन''''वाढ़) आरंभ में हैं। तदनन्तर अतिरिक्त पाठ→ ''तुहुँ जैसे[४२] रसवति कानू[४३] रसकन्द। बड़ पुने[४४] रसवति मिले रसवन्त॥'' है। फिर प्रस्तुत पद की नवीं-दसवीं पंक्तियाँ है जिनके बाद पुनः अतिरिक्त पाठ→''सुपुरुख ऐसन नहि जग माझ। अते[४५] ताहे[४६] अनुरत बरज समाज॥'' है। और तब भणिता रूप में इस पद की पाँचवीं-छठीं पंक्तियाँ हैं। प्रस्तुत पद की शेष पंक्तियों के पाठ नहीं हैं।

पाठभेद ने० प० क्रमानुसार—आरंभ की चार पंक्तियाँ नहीं हैं ७-८ विद्यापति कह इथे नहि ९-११ रूपगुनवतिक इह बड़ १२-१६ पाठाभाव १७-१९ तुहुँ जदि कहसि करिए अनुसङ्ग २०-२२ चोरि पिरीति होए लाख गुन २३-२९ पाठाभाव ३० चाहि ३२-३३ तबे जौवन जब सुपुरुख ३४-३५ सुपुरुख-प्रेम ३७ छाड़ ३९-४१ चन्दकला सम बाढ़ ।

ब्र० न० सहाय (सखी शिक्षा, प० सं० ११)—क्रम, अतिरिक्त एवं पाठाभाव पदामृत समुद्र सदृश । संभवतः वहीं से पाठ ग्रहण किया है । →७-८ भन विद्यापति इथे नहि ९-११ रूप गुनवतिकर इह बड़ २१-२२ होय लछु गुन ३१ योवन ३२ तब योवन ३३ सुपुरुष ३७ छाड़ि ३८ दिन दिन ३९ चान्द कला ४१ बाढ़ि । अतिरिक्त पाठ→४२-४३ तुहुँ से नागरि कनु ४५ पुन ४५-४६ अरु ताह । शेष पदामृत समुद्र सदृश ।

न० गु० (प० सं० १०६)—३१ यौवन ३२ यौवन । शेष पदामृत समुद्र सदृश

मि० म० (प० सं० ३१०)—४ विसय ५ देखिअ ६ एकेप १० कहसे १२ मन्दाकु १३ कुति १५ मए २३ दूर २४ घोअउ बिसि ३५-३६ पेमक बहु ३७ छाड़ ४१ बाढ़ । पुन (प० सं० ६६५) पर पदामृत समुद्र के अनुसार पाठ ।

सु० झा (प० सं० २१३)—१८ मजे २७ अथरक

परि० पद० (प० सं० २१४) १ जउवन ४ विषअ ५ देखिअ ६ प (ए) १५ मोज १८ तोहें २२ गुन २८ केर ३१ जउवन ३२ जउवन ३६ कबहुँ ।

सं० मन्तव्य—(i) पद क्रम ने० प० के अनुसार रखते हुए आठवीं पंक्ति के बाद पदामृत समुद्र के अतिरिक्त पाठ 'तुहुँ जैसे······बरज समाज' यदि रखे जाँय, तदनन्दतर ने० प० के शेष पाठ, तो पद का सौष्ठव अधिक खिल उठता है संभव है ने० प० में ये पंक्तियाँ छूट गई रही हों और बाङ्ला-वाङ्मय में तो और अधिक खण्डित रूप ही पहुँच पाया हो ।

(ii) ६ पए १३ मुकुति १४ तें १५ मोजे २६ छइलक २८ कें ४२ जइसे ४३ कानु । शेष परि० पद० सदृश ।

(iii) इस पद के पूर्व कृत अर्थों से जहाँ अपना अर्थ भिन्न है वहाँ कुछ विस्तार से शब्दार्थ किया गया है ।

शब्दार्थ—ऊन=घटकर । सबे गून=सभी कई गुने अच्छे दिखाई देते हैं, या सभी प्रकार के गुण । समकए=समान । सामि=स्वामी । मन्दाहु···देलि=बुरे कार्य में भी अच्छी युक्ति हो गई, समझ पड़ी, अतः मैंने तुम्हें नायक की अनुमति [दूती द्वारा नायिका को उचित नायक न मिलने के दुर्भाग्य-कथन और कृष्ण जैसे सुयोग्य नायक उसे स्वीकार कर कृतार्थ करें, की प्रार्थना करने पर नायक ने जो अनुमति दी थी] कुछ निवेदित की । जओ···रङ्ग=यदि तू उसे स्वीकार करने की बात कहो तो पाओगी कि कृष्ण के साथ

छिपे रूप में किया जाने वाला प्यार सामान्य प्यार से चौगुना रंगीन है। दुर...सानि=हे सखी कृष्ण की अनुमति प्राप्त होने के अनन्तर भी उनसे न मिलने का हठ दूर करो अन्यथा शक्कर [समान्य नायक] में सनी रहकर तू अमृत [कृष्ण] को खो बैठेगी। 'अते...समाज=इसी कारण पूरा व्रज समाज उनमें अनुरक्त है।

[३२७]

बरलीरागे—

अघट घट[१] घटावए चाहसि
वचन बोलसि हसी[२]।
आनहि आनहि पेम रचना[३]
तञो[४] सखि रसल[५] रसी[६] ॥ ध्रु० ॥
सुन्दर देहा बिजुरी रेहा
गगन मण्डल सोभे।
जतने[७] रतन[८] जे नहि पाबिअ[९]
तँ[१०] कके[११] करिअ लोभे ॥
सुन्दरि तोके[१२] बोलञो पुनु पुनु।
बेरा[१३] एक[१४] परिहासे[१५] मञो[१६] खेँओल
ओ बोल बोलह जनु ॥
कथा अमी[१७] कथा[१८] तुमी[१९]
पाबओ[२०] आबि[२१] वासा।
जे निरबाह[२२] करए[२३] नहि पारिअ
ता[२४] कके[२५] दीअए आसा ॥
कामिनि कुलक धरम निञाञे
कैसें[२६] अगिरति[२७] पास।
सुरत सुख निमेष[२८] बेरा[२९]
जाबे[३०] जीव उपहास ॥
भनइ विद्यापतीत्यादि ॥

ने० पृ० ८६, प० २४०; पं० ३,

पाठभेद—

मि० म० (प० सं० २९०)—३ बचना ७-८ जतन लेबउ ९ पारिअ १०-११ तक के १३-१४ खेराएक १७ असी १९ ओसी २०-२१ पार ओ आरि २२-२३ निरबाहक रए २२-२५ ताक के २६ कैसे २८-३० निमेषरे बाजाब जीव

सु० झा (प० सं० २१६)—३ वचना ५ वसन ६ वसी २० पार २१ ओआरि ।

परि० पद० (प० सं० २२०)—१ घटन १ हँसी ३ आनहि आनहि पेमक रचना ४ तोञ १० ता १२ तोँके १५ परिहासे १६ मोञ २१ आवि (अ) २६ कइसे २७ अँगिरति २८ निमेषे

सं० मन्तव्य—४ तञे १० तेँ ११ केँ १६ मञे १९ तमी २५ ककेँ । शेष परि० पद० सदृश ।

शब्दार्थ—अघट घटन=जो न हो पाए ऐसी घटना । आनहि=अन्य-अन्य से, दूर-दूर से । तञे···रसी=रसिक वर ने तुझे मुग्ध कर लिया । जतने···पावि=यत्न करने पर भी जो रत्न नहीं मिलता । खेँ ओल=निभाया । तमी=अँधेरी रात्रि । कथा···वासा=कहाँ अमृत और कहाँ अँधेरी रात, क्या उसमें [अँधेरी रात में] बास [अमृत का निवास, जैसा कि शशि प्रभा निशा में होता है] पाती हो । निजाजे=न्याय से, कारण से । अँगिरति=स्वीकार करती ।

[३२८]

धनि गो आजु[1]

पेखनु बाला खेलि[2] । धनि मन्दिर बाहिर[3] भेलि[4] ॥
नव जलधरे[5] बिजुरि[6] रेहा[7] । धन्ध[8] बाड़ाइया[9] गेलि[10] ॥
(से ये)अलपवयसि[11] बाला, जनु गाँथनि[12] पुहुप[13] माला ।
थोरि[14] दरशने[15] आशा[16] न पूरल बाढ़ल मदन ज्वाला[17] ॥
गोरि कलेवर लूना,[18] जनु काजरे[19] उजोर[20] सोना ।
केसरि[22] जिनिया[22] माझहि[23] खीन, दुलहिँ[24] लोचन कोना ॥
इसत[25] हासनि सने[26] मुझे[27] हानल नयन[28] बाने[29]
चिरञ्जीव रहु पञ्चगौड़ेश्वर[30] कवि विद्यापति भाने[31] ॥

क्षणदा०, पृ० ११

पाठभेद—

पदकल्पतरु—(प० सं० २०१)—१ आरंभ के आखर (टेक) चरण का पाठ नहीं है । २ यब गोधूलि समय बेलि । ५ जलधर ८ दन्द ९ पसारि ११ धनि अलप वयेस १८ नूना १९ आँचरे

कीर्त्तनानन्द (पृ० सं० १३२)—आरंभ में→धनिगो मो देखलि यब मन्दिर बाहिर भेलि भणिता में→'नशिर साहु सने, मुझे हानल मदन बाने । शेष प० त० सदृश ।

ब्र० न० सहाय (श्री कृष्ण जीका पूर्वानुराग, पं० सं० १०)—१ पाठाभाव २ जब गोधूली पेखली बेली ३ बाहर ४ भेली ५ जलधर ६ बीजुरि ७ रेहा ८ दन्द ९ पसारिय १० गेली ११ वयसी १२ गाँथलि १३ पूहप १४ खोरि १५ दरसन १६ आस १७ जाला १८ नूना १९ आंचर २० ऊजर २१-२३ केसरि जिनि माझर खीनी २४ दूलह २५ इषत् २६ सान २८ नयना २९ बाम ३० रूपनरायन ३१ भान

न० गु० (प० सं० ४५) आरंभ में—' गोधूलि पेखल वाला। यब मन्दिर बाहिर भेला। भाणितांश में ३० रूपनरायन पाठ। शेष प० त० सदृश।

यद्यपि टिप्पणी में कहा है :—पदकल्पतरु में भणिता में रूपनरायन शब्द के बदले 'पञ्चगौड़ेश्वर' है किन्तु उससे छन्दभङ्ग होता है। मिथिला में रूपनरायन संशोधित पाठ है, किन्तु वह भी मूल पाठ नहीं है। मूल पाठ कीर्त्तिनन्द में मिलता है।

मि० म० (प० सं० ३१) और पुनः (प० सं० ९३१)—प० त० के अनुरूप पाठ तथा भणिता कीर्त्तनानन्द सदृश।

सं मन्तव्य—२ जब गोधूलि समय भेलि। ६ बीजुरि ९ पसारिए ११ वएस १२ गाँथलि १६ आश २२ जीनि २५ इषत् २६-२७ सञे मोञे २८ नवन। शेष प० त० सदृश।

शब्दार्थ—बेलि=बेला। दन्द पसारिए=तन मन में, घन में बिजली सी काँपती हुई, द्वन्द्व-मानसिक आलोड़न-विलोड़न–विस्तृत कर। लूना=लावण्यमय। आंचरे सोना=जैसे अञ्चल में स्वर्ण [कुच युग] प्रभा बिखेर रहा हो। केशरि=सिंह।

[३२९]

रमनि जनम धनि तोर[१]।
सब जन कानु[२] कानु[३] करि[४] भावइ[५]
सो तुआ[६] भाव — विभोर॥
चातक चाहि[७] तियासल[८] अम्बुद
चकोर चाहि रहु[९] चन्द[१०]।
तरु लतिका अवलम्बन कारि[११]
मझु[१२] मन लागल धन्द[१३]॥
केस पसारि जबहु तुहुँ[१४] आछलि[१५]
उर पर अम्बर आधा।
सोसब[१६] सङरि[१७] कानु[१८] भेल आकुल
कह धनि के[१९] मन[२०] समाधा[२१]॥

हंसइत[२२] कब तुहु[२३] दसन देखाएलि[२४]
करे कर जोरहि मोर।
हृदय[२५] खोलि तुहु दिठि पसारलि[२६]
ताहे[२] हरि[७] सखि करु कोर[२८]॥
सकल[२९] विशेष[३०] कहनु[३१] तोते[३२] सुन्दरि
जानि तुहु[३३] करबि[३४] विधान।
हृदय[३५] परान[३६] तुहुँ सो सून[३७] कलेवर
कवि विद्यापति भान॥

क्षणदा०, पृ० ९९

पाठभेद—

पदामृत समुद्र (पृ० ३९)—१ सुन्दरि रमनि जनम धनि तोर ५ भावए १७ सोङरि १९-२० कोन। इसके बाद के चार चरण (२२ से २८) पर्यन्त का पाठ नहीं। और भणिता भी भिन्न है यथा—"ताकर अन्तर जमाइ निरन्तर, विद्यापति भाने जान। किञ्चित् कल्प करि मानइ, गोविन्द दास परमान।"

कीर्त्तनानन्द (प० सं० २५१)—१ धनि धनि रमनि जनम धनि तोर। ५ झुरए १० चन्दा १३ धन्दा १७ हेरि १९-२० इथे कि २५-२८ अलखिते दिठि कब हृदय पसारलि, पुनु हेरि सखि केलि कोर। २९-३२ एतहु निदेस कहल तोहे ३३-३४ इह करह ३६ पुतलि

ब्र० न० सहाय (सखी शिक्षा २)—२-३ कान्ह कान्ह ५ झूरय ६ तुय ११ अवलम्बनकारी १२ मो १४-१५ तुहु अछली १६ से सब १७ सुमरि १८ कान्ह २४ देखायलि २५ अलखित २८ कर कोर २९ यतहु ३३ तोंहे ३५ हृदय ३७ से सुन। शेष कीर्त्तनानन्द सदृश।

न० गु० (प० सं० ८१)—२-३ कान्हु कान्हु ५ बूझए। शेष कीर्त्तनानन्द सदृश।

बेनीपुरी (प० सं० ५)—२-३ कान्ह कान्ह ६ तुअ ७-८ चाह पिआसल ११ अवलम्बन कारो १२ मोर १४-१५ जखन तोहें राखल १६-१७ से सब सुमिरि १८ कान्ह २३ तोहें २४ देखाओल २५ अलखित ३२ तोहि ३३ तोहें ३७ से सून। शेष कीर्त्तनानन्द सदृश।

मि० म० (प० सं० ९१७ नाति प्रा० प०)—मूल में कीर्त्तनानन्द का तथा पादटिप्पणी में क्षणदा एवं पदामृतसमुद्र का पाठान्तर।

सं० मन्तव्य—२-३ कान्हु कान्हु ११ अवलम्बनकारी २२ हँसइते ३२ तोहें ३५-३६ हिरदअ पराम। शेष कीर्त्तनानन्द के अनुरूप।

शब्दार्थ—झूरए=सूखते, झंखते हैं। चातक···धन्दा=मेघ ही प्यासा होकर चातक को, मुग्ध चन्द्रमा चकोर को और आश्रय चाहने को उत्सुक वृक्ष, लता की ओर आँख लगाए हैं, उनसे सहारा पाने की सोच रहे है—व्रजवल्लभ कृष्ण व्रजाङ्गना पर भाव-विभोर हो गए हैं—यह विपरीत स्थिति देख मेरा मन भ्रमित हो गया है। इथे कि=इसका क्या। हँसइस···कोर=अपनी भुवन-मोहनी मुस्कान बिखेरते हुए कब तूने उन्हें अपने मौक्तिक से दाँत दिखा दिए और कब अपने दोनों हाथों को जोड़कर उन्हें ऊँचा उठा अँगड़ाई की मुद्रा में मोड़ा, जिससे अनुपम वक्ष-युग उद्घाटित हो गए, कब अनदेखेपन का भाव दिखाते हुए, बिना लक्ष साधे ही नयन वाणों का संधान करते हुए तूने उनके हृदय में अपनी दृष्टि व्याप्त कर दी, और तो और उनके देखते तूने अपनी प्रिय सखी का आलिङ्गन भी कर डाला, जिसकी अनुपम भङ्गिमा और उससे संभावित सुख की कामना कृष्ण में और उत्कट हो उठी। हिरदअ···कलेवर=स्थिति यह है कि अब कृष्ण शरीर-पिज्जर मात्र हैं, उनका हृदय, उनका प्राण तो तू ही है।

[३३०]

सजनी, अपुरुब पेखलु[१] रामा।
कनक-लता अवलम्बने[२] ऊअल[३]
हरिन[४]-हीन हिमधामा॥
नयन[५] नलिनि दओ[६] अञ्जने रञ्जित[७]
भौंह[८] विभङ्ग-विलासा[९]।
चकित चकोर जोरे[१०] बिधि बान्धल[११]
केवल काजर पासा[१२]॥
प्रथम वयस[१३] धनि मुनि-मन-मोहिनी[१४]
गजवर जिनि गति मन्दा।
सिन्दुर-तिलक भानु तड़ित लता जनु
उइल[१५] पुनिमीको[१६] चन्दा॥
गिरिजुग[१७] कनक पयोधर[१८]-उपर[१९]
गिमको[२०] गजमोति[२१] हारा[२२]।
काम कम्बु भरि कनक-सम्भु परि[२३]
ढारइ[२४] सुरधुनि-धारा॥

पयसि[२५] पयागे[२६] जाग[२७] सत जागइ[२८]
सोइ[२९] पावए[३०] बहुभागी।
विद्यापति कह गोकुल नायक
गोपी जन[३१] अनुरागी॥

क्षणदा; पृ० ४०९

पाठभेद—

पदामृत समुद्र (प० सं० ३५)—१ पेखल २ अवलम्बन ७ रञ्जइ ८ भौंह १० जोर ८वीं से ११वीं पंक्तियाँ (१३-१६) नहीं हैं। १७-२२ गिरिवर—गरुअ पयोधर—परसित, गिम गजमोतिक हारा।' २४ ढारत

पदकल्पतरु (प० सं० ५९) तथा **कीर्त्तनानन्द** (प० सं० १७७) पदामृत समुद्र सदृश।

ब्र०न० सहाय (नायक वर्णन, प० सं० ४)—१ अपरूप पेखली रामा। २ अवलम्बन ३ ऊयल ४ हरिनि ५-७ नयन नलिनी दउ अंजन रंजइ ८-९ भाङ—विभाङ विलास १० जोर १२ पास १७-२२ गिरिवर गुरुया पयोधर परसित गीम गजमोति हारा २४ ढारत २६ पयाग २८ शत जागइ २९-३० सो पावै। शेष प० स० सदृश।

न० गु० (प० सं० ३६)—१ सजनि अपरूप पेखल रामा। ३ ऊयल। शेष प० स० सदृश।

बेनीपुरी (प० सं० १८)—१ पेखलि २ अवलम्बन ६ दुइ ७ रंजित १० जोर ११ बांधल २१ गज मोतिम २४ ढारए २५ पैसि। शेष प० स० सदृश।

मि० म० (प० सं० ६२३)—मूल में प० स० का पाठ एवं पादटिप्पणी में क्षणदागीत चिन्तामणि का पाठभेद।

सं० मन्तव्य—१ पेखलुं ५ नअन ६ दुओ ८ भउहँ ११ बान्धल १२ पाशा १३ वएस १४ मोहनि १५-१६ ऊअल पुनिम क २०-२१ गिम गजमोतिक १४-२८ पएसि पआगे याग शत याजइ ३० पाओए ३१ गोपीजने।

शब्दार्थ—अवलम्बने=आधार से। हरिन हीन हिमधामा=हरिण की आकृति, छाया या कलङ्क से रहित चन्द्रमा। नयन···पासा=कमल कलिका सी विशाल नुकीली आँखें, आँजन से आँजी हुई होने तथा लम्बी नुकीली भौंहों के अनुकूल अंजन रेखा के कानों की ओर उन्मुख होने के परिदृश्य को लक्षित करने पर ऐसा लगता है जैसे दो चकित, अतएव पलायनपर संभावित, चकोरों को विधाता में अंजन और काजर के इन काले डोरों वाले जाल में बाँध रखा हो। कम्बु=शंख। कनक संभु=स्वर्ण मण्डित शिव मूर्त्ति, स्वर्णिम स्तन युगल। याग शत याजइ=सैकड़ों यज्ञ संपन्न करे।

[३३१]

गेलि कामिनि गजहु[1] गामिनि
बिहसि पालटि[2] निहारि।
इन्द्रजालक कुसुम सायक
कुहकि भेलि वर नारि॥
जोरि भुज युग[3] मोरि बेढ़ल[4]
तबहु[5] बयान[6] सुछन्द।
दाम — चम्पके[7] काम पूजल
जइसे[8] सारद चन्द॥
उरहि[9] अञ्चल[10] झाँपि[11] चञ्चल[12]
आध[13] पयोधर[14] हेरु[15]।
पवन — पराभवे[16] सारद[17] घन जनु
बेकत कएल[18] सुमेरु[20]॥
पुनहि दरशने[21] जीवन[22] जुड़ाएब[23]
टुटब बिरहक ओर।
चरने[24] जावक हृदय[25] पावक
दहइ सब अङ्ग[26] मोर॥
भनये[27] विद्यापति[28] सुनह[29] युवती[30]
चित[31] थिर नहि होय[32]।
से जे रमनि[33] परम गुनमनि
पुनु किए[34] मिलब[35] मोय[36]॥

क्षणदा पृ० ४३५

पाठभेद—

पदकल्पतरु (प० सं० ५७)—२ पलटि ५-६ ततहि बदन ७ चम्पक १६ पराभव १७ सरद २१ दरसन २२ जीव २४ चरन २७ भन ३० जदुपति ३६ तोय।

कीर्त्तनानन्द (प० सं० १७६) प० त० सदृश।

ब्र० न० सहाय (श्रीकृष्णजी का पूर्वराग, प० सं० १)—१ गजहुँ ३ जुग ४ बेढल ६ वयन ८ जैसे १०—१२ अंचल झांपि चंचल १३ अध १५ हेर १६ प्राभव १७

शरद १८ जनि १९-२० कयल सुमेर २२ जिव २३ जुडायब २६ अँग २८ विदापति २९-३० सुनहु ३१ युवती ३१ चित्त ३३ रमनी ३४-३६ पुन कि मीलब मोय। शेष प० त० सदृश।

बेनीपुरी (प० सं० ३२)—३ जुग १० अंचल ११ चंचल १६ पेलल १८ जनि २२ जिव २६ अँग ३१ चित्त ३२ होए ३३ रमनी ३४-३६ पुनहि मीलब तोए। शेष प० त० सदृश।

मि० म० (प० सं० ६२२)—प० त० के अनुरूप पाठ। क्षणदा का पाठान्तर पादटिप्पणी में।

सं० मन्तव्य—२ विहँसि पलटि ६ बजन १३ अध २२ जीउ २५ हिरदअ २६ अँग १७ मनए ३१ चित्त ३५-३६ मीलब मोव

शब्दार्थ—इन्द्र···नरि=वह श्रेष्ठ युवती अपनी इस भङ्गिमा से जादूगर कामदेवता के लिए भी महामायाविनी, तीव्र आघात देनेवाली नटी सी प्रतीत हुई। जोरि...सुछन्द=उसने उभरे उन्नत उरोजों को छिपाते हुए दोनों बाहुओं को आगे कर अँगड़ाई की मुद्रा में एक दूसरे से मिलाया, किंचित् मुड़ती हुई भुजाओं को एक दूसरे से लपेटा, इस लपेट से एक हाथ की हथेली आगे को कुछ नीचे हुई, दूसरे हाथ की हथेली पीछे (नायिका के मुँह) की ओर हुई तथा कुछ ऊपर होने से पहली हथेली को कुछ ढंक लिया, फिर इस दूसरी हथेली की चम्पे की कली सी अपनी अंगुलियों को फैलाकर उसने मुख ढँका तथापि उसका सुन्दर मुख और सौन्दर्यमय दिखाई पड़ा। दाम चम्पके=चमकती हुई चम्पे की कलियों से। झाँपि चञ्चल=वायु से दोलायमान आँचल से उसने ढँका। हेरु=दिखाई पड़ा। पवन···जनु=मानो वायु के थपेड़ों से पराभूत शरत् कालीन नीलघन (नायिका का नीलाम्बर) डर कर हट गया हो। जावक=महावर। हृदय पावक=मेरे हृदय की अग्नि सिद्ध हुई। सुनह···होय=कृष्ण ने किसी अन्य युवती गोपी से कहा कि उस नायिका के देखने के बाद से चित्त स्थिर नहीं हो पा रहा है।

[३३२]

जहाँ[१] जहाँ पद जुग[२] धरई। तहिँ तहिँ सरोरुह भरई[३]॥
जहाँ जहाँ झलकत[४] अङ्ग। तहिँ तहिँ बिजुरि-तरङ्ग॥
कि हेरल[५] अपरुब गोरि। पइठल[६] हिय[७] माहँ[८] मोरि॥
जहाँ जहाँ नयन[९]-विकास। तहिँ तहिँ कमल परकास[१०]॥
जहाँ लहु हास-सञ्चार[११]। तहिँ तहिँ अमिय[१२] बिथार[१३]॥
जहाँ जहाँ कुटिल कटाख[१४]। ततहि[१५] मदन-सर लाख[१६]॥
हेरइत[१७] से धनि थोर[१८]। अब तिन भुवन[१९] अगोर॥
पुन किए[२०] दरसन पाव। तब मोह[२१] इह दुख जाव॥
विद्यापति कह जानि। तुअ गुने देयब[२२] आनि[२३]॥

पदामृतसमुद्र; पृ० ३४

पाठभेद—

कीर्त्तनानन्द (प० सं० २१८), **संकीर्त्तनामृत** (प० सं० २७) —प० स० सदृश ।

ब्र० न० सहाय (श्री कृष्णजी का पूर्वराग, पं० सं० १६) जहाँ जहाँ के स्थान पर जहँ जहँ और तहाँ तहाँ के स्थान पर तहँ तहँ । २ युग ५ हेरलों ६ पैठल ८ मँह १० प्रकास ११ सँचार १३ विकार १४ कटाछ १५ तहँहि १६ लाछ १८ खोर २० किय २१ अब मोह

न० गु० (प० सं० ५५) जहाँ जहाँ को यहाँ यहाँ । शेष प० स० सदृश ।

बेनीपुरी (प० सं० ३५)— ३ झरई ४ झलकए ५ हेरलि ७-८ हिअ मधि ११ संचार २१ अब मोर २२ देहब ।

मि० म० (प० सं० ६१९) प० स० सदृश ।

सं० मन्तव्य—२ युग ७ हिअ ८ महँ ६ नअन ११ सँचार १२ अमिअ १७ हेरइते २१ मोअ २२ देओब २३ जानि

शब्दार्थ—भरई= भर, परिपूर्ण करदेती है । नअन-विकास=नेत्रों की पलकें उठकर उसे प्रस्फुटित करती हैं, आंखों की ज्योति चमकती है । तिन···अगोर=तीनों भुवनों में उसी की प्रतीक्षा है ।

[३३३]

ए[१] धनि कर अवधान । तो[२] बिनु उनमत कान ।।
कारन[३] बिनु खिने[४] हास । कि कहए[५] गद गद भास[६] ।।
आकुल अति उतरोल । हा धिक हा धिक बोल ।।
काँपए[७] दुरबल देह । धरइ ना पारइ केह ।।
विद्यापति कह भाखि । रूपनरायन[८] साखि ।।

प० स० ३९६

पाठभेद—

पदकल्पतरु (प० सं० ९६)—उपर्युक्त सदृश ।

ब्र० न० सहाय (सखी शिक्षा, प० सं० ५)—१ ये ४ छने ५ कहे ७ कांपय

न० गु० (प० सं० ८८) एवं **मि० म०** (प० सं ४४) प० स० सदृश ।

सं० मन्तव्य—२ तोअ ३ कारने ४ खने ६ भाष ८ रूपनराअेन

शब्दार्थ—अवधान=ध्यान पूर्वक । उनमत्त=प्रेमोन्मत्त । भास=बोलते हैं ।

[३३४]

किए[१] मभु दिठि[३] पड़लि ससि[४] बयना ।
निमिख[५] निवारि[६] रहल दुहु नयना[७] ॥
दारुन बङ्क-बिलोकन थोर[८] ।
काल होय[९] किए[१०] उपजल मोर ॥
मानस रहल पयोधर[११] लागि ।
अन्तरे[१२] रहल मनोभव जागि ॥
श्रवन रहल अछ[१३] सुनइत राव ।
चलइत[१४] चाहि चरन नहि जाव ॥
आसा-पास न तेजए सङ्ग ।
विद्यापति कह प्रेम-तरङ्ग ॥

पदकल्पतरु १९४

पाठभेद—

कोर्त्तनानन्द— (प० सं० १८०) —अन्तिम चरण का पाठः→"अनायत कयल हामारि सब अङ्ग ।" है । शेष प० त० सदृश ।

ब्र० न० सहाय (श्रीकृष्ण जी का पूर्वराग, प० स० ११)—१ किये २ मम ६ निहारि ८ खोरि १० किये १२ अन्तर १३ कब

न० गु० (प० स० ४२)—१ किय ४ शशि । शेष प० त० सदृश ।

मि० म० (प० सं० ६१८)—प० त० सदृश ।

सं० मन्तव्य— ३ दीठ ४ शशि बअना ५ निमिष ७ नअना ९ होए ११ पओधर १३ अछ सुनइते १४ चलइते

शब्दार्थ—निमिष निवारि=पलकें झपकाने की क्रिया दूर कर, एक टक । थोर=अत्यन्त थोड़ी, क्षणिक । राव=नायिका की मधुर ध्वनि ।

[३३५]

सजनी[१] भल कए[२] पेखल न भेल[३] ।
मेघ-माल सयँ[४] तड़ित-लता जनि
हिरदये[५] सेल दइ गेल[६] ॥

आध आंचर[७] खसि आध बदन हसि[८]
आधहि[९] नयन-तरङ्ग ।
आध उरज हेरि आध आँचर[७] भरि[१०]
तवधरि दगधे[११] अनङ्ग ॥
एक[१२] तनु गोरा कनक-कटोरा[१३]
अतनु कांचला[१४] उपाम ।
हार हरल[१५] मन जनि बुझि ऐसन[१६]
फाँस पसारल काम ॥
दसन मुकुता पांति[१७] अधर मिलायल[१८]
मृदु-मृदु कहतहिं भासा[१९] ।
विद्यापति कह अतए[२०] से दुख रह
हेरि हेरि न[२१] पुरल[२२] आसा[२३] ॥

प० त० १९५

पाठभेद—

कीर्त्तनानन्द (प० सं० १८१) उपर्युक्त सदृश ।

ब्र० न० सहाय (श्रीकृष्ण जी का पूर्वराग, प० सं० ४)—२ कर ३ **भेला** ४ सँगे ५ हृदय ६ गेला ७ अँचर ८ हँसि ११ दगध १२ यक १३ कटारा १४ **कँचलि** १६ ऐसन १७ पाती १८ मिलायत १९ भास २० अतय २१-२३ पुरल न आस

बेनीपुरी (प० सं० २८) ४ सँग ५ हिरदय ६ दए गेल ८ हँस ९ आधिहि १० तरे १२ एके १४ कोंचला १५ हारल १८ मिलाएल

मि० म० (प० सं० ६२४) प० त० सदृश ।

सं० मन्तव्य—कञ ४ सञो ५ हिरदए ७ आचर ८ हँसि १२ एके १४ काञ्चुली इसअन १६ १७ पाति १८ मिलाएल

शब्दार्थ—नेखल=प्रेक्षण, व दर्शन । सजे=से होकर । सेल=शेल, वर्छी । नयन-तरङ्ग=कटाक्ष । भरि=ढँक कर । तवधरि=उसी क्षण से । अतनु=पुष्ट काञ्चुलि=पयोधर । उपाम=उपमायोग्य । फाँस=जाल । भासा=बोली ।

[३३६]

ननुडा[१]-बदनि[२] धनि[३] बचन[४] कहसि[५] हसि[६] ।
अमिया[७] बरिखे[८] जनु[९] शरद[१०] पुनिम[११] शशी[१२] ।
अपरुप[१३] रूप रमनि-मनि[१४] ।

याइत[१५] पेखलु[१६] गजराज गमनि[१७] धनि[१८]।
सिंर[१९] जिनि माझा[२०] खिनि[२१] तनु अति कमलिनि[२३]।
कुच-छिरि[२४] फल भरे[२५] भाङिया[२६] पड़ये[२७] जानि[२८]।
काजरे[२९] रञ्जित बनि[३०] धवल[३१] नयन वर।
भ्रमर[३२] भुलल[३३] जनु[३४] विमल कमल पर[३५]॥
भनये[३६] विद्यापति सो वर नागर।
राइ रूप हेरि गर गर अन्तर[३७]॥

प० त० १९७

पाठभेद—

रागतङ्गिणी (पृ० सं० ४५) राग-देशीय बराडी—१-३ आनन लोनुअ ४-६ बचने बोलए हँसि ७-१२ अमिअ बरिस जनि सरद पुनिमा ससि १३-१४ अपरुब रूप रमनिआँ १५-१६ जाइते देखलि १७-१८ गमनिआँ। इसके बाद सातवें-आठवें चरण, तदनन्तर पाँचवें-छठें चरण हैं।१९-२३ भान भेल मोहि माँझ खीनि धनि २४ सिरि २५ भरें २६-२८ माँगि जाति जनि २९ काजरें ३०-३१ धवल ३२-३५ भमर मिलल जनि अरुन कमल दल। फिर भिन्न भणिता (३६-३७)—कविशेखर भन अरुब रूप देखि। राए[३८] नसरद साह भजलि[३९] कमलमुखि॥—इति विद्यापतेः।

ब्र० न० सहाय (श्रीकृष्णजी का पूर्वराग, प० सं० २६) १-३ ननुय बदनी धनी ६ हंसि ७ अमिय ८-१० बरखे जिनि सरद १२ ससि १४ रमनी मनी १५-१६ जाइत देखली गज गति गामिनी १९-२१ सिंह जिनिय मांझरि खीनी २३ कोमलिनी २४ सिरी २५-२८ भारे भाङ्गिय पडय जनी २९ काजर ३० अति ३४ जिनि। शेष प० त० सदृश।

न० गु० (प० सं० ३४)—१-३ आनन लोलए ५ बोलए ७ अमिअ १२ ससि १४ रमनियाँ १५ जाइत १७-१८ गमनियाँ २४ सिरि २५ भारे २६-२५ भाङ्गि जाइति जनि २९ काजर ३५ कमल पर ३८ राय ३९ भूललि। शेष रागतङ्गिणी सदृश।

मि० म० (प० सं० ६३३)—२ लोनुअ ७ अमिअ १४ रमनिआँ १०-१८ गमनिआँ २५ भरे २९ काजरे २७ जाति। शेष रागतङ्गिणी सदृश। पाद टिप्पणी में प० त० का पाठ भी।

परि० पद० (रा० प० सं० २)—४ वचन ११ पुनिम २७ जाएति

सं० मन्तव्य—(i) प० त० क पाठ विद्यापति भणिता युक्त है। रागतरङ्गिणी पाठ

के अन्त में लोचन कवि ने 'इति—विद्यापतेः' लिखकर इसके विद्यापतिकृत और विद्यापति की कवि शेखर' उपाधि होने की पुष्टि की है। रागतरंगिणी का पाठ अपेक्षाकृत अधिक प्रामाणिक है।

शब्दार्थ—ननुआ या लोनुअ=लावण्यमय। जिनि=जीतकर। भाङिआ=टूट जाए। गर-गर=गद गद, प्रसन्न।

[३३७]

आजु मझु[१] शुभ दिन भेला।
कामिनि पेखलु[३] सिनानक[४] बेला॥
चिकुर गलये[५] जलधारा।
मेह बरिखे[६] जनु मोतिम हारा॥
बदन मोछल[७] परचूर।
माजि धयल[८] जनु कनक-मुकूर॥
तेइ[९] उदसल कुच-जोरा[१०]।
पलटि बैसाओल[११] कनक—कटोरा॥
नीवि बन्ध करल[१२] उदेस।
विद्यापति कह मनोरथ सेस॥

प० त० २०९

पाठभेद—

कीर्त्तनानन्द (प० सं० २१०) प० त० सदृश।

ब्र० न० सहाय (श्रीकृष्णजी का पूर्वराग, प० सं० २२)—१ मुझु २ सुभ ३ पेखलू ४ स्नानक ५ गलय ६ वरिस ९ तेंइ १० जोड़ा ११ बेसावल १२ करलि

बेनीपुरी (प० सं० २४)—१ मोर २ सुभ ३ पेखलि ४ सनानक ५ गरए ६ बरिस ७ पोंछल ८ धएल १२ कएल

मि० म० (प० सं० ६२६)—प० त० सदृश।

सं० मन्तव्य—३ पेखलुँ ८ धएल ९ तञे ११ बइसाओल १२ कएल

शब्दार्थ—मोछल परचूर=प्रचुरता (अच्छी तरह) से छोड़ा। माजि=साफ। उदसल=उद्घाटित हुए। उदेस=उद्वास, वस्त्रहीन, श्लथ। मनोरथ सेस=कामना अपनी चरम सीमा पर पहुँच गई।

[३३८]

नाहि उठल तिरे[१] से धनि राइ[२]।
मझु मुख सुन्दरि अवनत चाइ[३]॥
ए सखि पेखल[४] अपुरुब[५] गोरि[६]।
बल करि चीत[७] चोरायल[८] मोरि[९]॥
एकलि चललि धनि होइ आगुआन[१०]।
उमड़ि[११] कहइ सखि करह पयान॥
किए[१२] धनि रागि विरागिनि होय।
आस निरास दगध तनु मोय[१३]॥
कैसे[१४] मिलब हमे[१५] से धनि अवला।
चीत[१६] नयन[१७] मझु दुहु ताहे रहला॥
विद्यापति कह सुनह मुरारि[१८]।
धैरज[१९] करह[२०] मिलब वर नारि॥

प० त० २११

पाठभेद—

कीर्त्तनानन्द (प० सं० २१२)—प० त० सदृश।

ब्र० न० सहाय (श्रीकृष्णजी का पूर्वराग, प० सं० ९)—१ तट २ राई ३ चाई ४ पेखली ५ अपरुप ६ गोरी ७ चित्त ९ मोरी १० अगुआन ११ उमगि १२ किये १५ हम १६ चित्त १८ मुरारी १९-२० धीरज धरहु।

न० गु० (प० सं० ४१)—१ उठलि तीरे २ राहि ३ चाई। शेष प० त० सदृश।

मि० म० (प० सं० ६२५)—प० त० सदृश।

सं० मन्तव्य—१ न्हाइ उठलि तीरे ४ पेखलुं ८ चोराओल २० अगुआन १३ मोञ १४ कइसे १७ नञन १९ धइरज।

शब्दार्थ—बल करि=बरबस। अगुआन=अग्रसर होकर। रागि-विरागिनि=नायक के प्रति अनुरक्ता अथवा विरक्ता। आस⋯मोञ=मेरा शरीर आशा-निराशा के मध्य झूलता जला जा रहा है।

[३३९]

कवरी[१]—भये[२] चामरी[३] गिरि-कन्दरे[४]
मुख-भये[५] चान्द[६] अकासे[७]।

हरिनि नयन[८]-भये[२] स्वर[९]-भये[२] कोकिल
गति-भये[२] गज बनबासे[१०] ॥
सुन्दरि काहे मोहे सम्भासि[११] न यासि[१२]।
तुअ[१३] डरे[१४] इह[१५] सब दुरहि पलाएल[१६]
तुहुँ[१७] पुन काहि डरासि[१८]।
कुच-भये[१] कमल-कोरक जले[१९] मुदि रहु
घट परबेसे[२०] हुतासे।
दाड़िम सिरिफल[२१] गगने[२२] बास करु
सम्भु[२३] गरल करु ग्रासे ॥
भुज—भये[२] कनक[२४] मृनाल पङ्क[२५] रहु[२६]
कर - भये[२] किसलय[२७] काँपे।
विद्यापति[२८] कह कत कत ऐसन[२९]
कहब मदन परतापे ॥

प० त०; १३५८

पाठभेद—

ब्र० न० सहाय (नायक वर्णन, प० सं० ५)—२ भय ३ चामरि ४ कन्दर ६ चाँद ७ अकास १० बनबास ११ सम्भाषि १२ यासी। १३ तुव १४ डर १५ यह १६ पलायल १७-१८ तू कह काहे डरासी १९ जल २० परवेस २१ श्रीफल २१ गगन २३ शम्भु २५ मृणालपङ्क २८ इच्छन

न० गु० (प० सं० ११८)—३ चामरि ४ कन्दर ६ चाँद। शेष प० त० सदृश।

बेनोपुरी (प० सं० २०)—१ कबरो ९ सर ११-१२ सुन्दरि किए मोहि संभासि न जासि १६ पड़ाएल १७ तोहें २४ पक २५-२६ नुकाएल २८ कबि-सेखर। २, ३, ४, ६, १४, १९ और २० ब्र० न० सहाय सदृश।

सं० मन्तव्य—४ कन्दरें ८ नअन ११ सम्भाषि १२ जासि २७ किसलअ २९ अइसन

शब्दार्थ—कबरी=केश राशि। भये=शोभा में अपने से उत्तम मान डरकर। स्वर=वाणी की मधुर ध्वनि। सम्भाषि=बातचीत करके। घट...हुतासे=घड़ा अपनी संघटना को तिरस्कृत हुआ देख आवें में प्रविष्ट हो गया। सम्भु...ग्रासे=शिव मूर्त्ति का शृंगार-मण्डन, स्तन युगल से जो घटकर सिद्ध हुआ उससे खिन्न हो शिव ने विषपान ही कर लिया। कनक-मृणाल=स्वर्ण कमल ('ध्रुवं वपुः काञ्चनपद्मनिर्मितम्...।' कुमारसंभवम्-कालिदास) का सुनहला मृणालदण्ड।

[३४०]

अम्बर विद्युचुह[१] आकामुक[२] कामिनि
करे[३] कुच झाँपु[४] सम्मन्धा[५]।
कनक-सम्भु सम[६] कुचयुग[७] निरुपम[८]
दुइ पङ्कजे[९] दस[१०] चन्दा॥
कि आर[११] कतरूपे[१२] कहब बुझाइ।
मन मोर चञ्चल[१३] लोचन विकले[१४]
उह[१५] आनिते[१६] इह याइ[१७]॥
आड़नयने[१८] कहे[१९] विहसि[२०] हासि रहे[२१]
सुन्दरी[२२] रहसि[२३] बलाइ[२४]।
अओधे[२५] कमलजनु[२६] मधुमाखि[२७] तेजइ[२८]
हेरइते[२९] युग[३०] बहि याइ[३१]॥
विद्यापति[३२] कवि[३३] गाइरे इह[३४]
रस[३५] बूझे रसवन्ता[३६]।
राजा शिवसिंह[३७] रूपनारायन[३८]
रेनुक[३९] देवी[४०] समन्ता[४१]॥

कीर्त्तनानन्द, पृ० १२२

पाठभेद—

ब्र० न० सहाय (श्री कृष्ण जी का पूर्वराग, प० सं० २०)—१ खसी २ अकामिक ३ कर ४ झाँप ५ सुछन्दा ६-८ अनुपम सुन्दर ९ पंकज ११ पाठाभाव १२ कत रुप १४ बीकल १५-१६ ओ ओ अनइत जाइ १८ बदन १९ कय २०-२१ मधुर हास दय २२ सुन्दरि २३ रहु २४ सिर लाइ २५ अउँध २६ कान्ति २७-२८ नहि पूरय २९-३० हेरइत जुग ३१ जाइ ३२-३६ मन विद्यापति सुन वर जूवति पुहवी नव पँचवान ३७ सिवसिंह ३८ रूपनरायन ३९-४० लखिमा देवि ४१ रमान।

न० गु० (प० सं० ५०, तालपत्र)—१ बिघटु ४ झाँपु १० दश ११ पाठाभाव १२ कतरूप कहब बुझाई १७ जाई १९ कए २१ हास दए २४ लाई २५ अओँधा २८ पूरए ३१ जाई ३२-३४ भनइ विद्यापति सुनवर जौवति ३६ पचवाने ३८ रूपनराएन। **शेष २,**

५, ६-८, ६, १५-१६, १८, २०, २२, २३, २६, २७, २९, ३०, ३५, ३७, ३९, और ४० ब० न० सहाय सदृश।

बेनीपुरी (प० सं० ३१)—३ कर ६ जनि १० दस १३ चंचल १४ विकल भेल १५-१७ ओतहि अनाइत आई २४ नाई ३६ पँचबाने ४० देइ। शेष न० गु० एवं ब्र० न० सहाय के समान।

मि० म० (प० सं० ३९) न० गु० तालपत्र का पाठ मूल में। पादटिप्पणी में कीर्त्तनानन्द का पाठ।

परि० पद० (तरौनी, प० सं० १२)—३ करें दस १४ विकलेओ १५ ओहि २४ नाई २५ अबोधा ३४ वरजउवति ३६ पँचवाने ३८ रूपनराजेन। शेष न० गु० तालपत्र सदृश।

सं० मन्तव्य—तीसरी पंक्ति कीर्त्तनानन्द का ७-८ (कुचयुग निस्पिम) पाठ उचित है। शेष व्यर्थ है अतः परि० पद० के संशोधित पाठ के साथ न० गु० तालपत्र का पाठ लेना युक्ति संगत है।

शब्दार्थ—अम्बर विघटु=घूँघट हट गया। अकामिक=अकस्मात् या अनिच्छा पूर्वक। दुइ··· चन्दा=दो स्तन युगल कमल एवं अंगुलियों के दश नख द्वितीया के चन्द्र तुल्य। ओ···जाई=वे (मन और नयन) मेरी आयत्तता [वश] से बाहर चले गए अथवा उसके अन्यत्र चले जाने से।

[३४१]

पथ गति पेखनू[१] मो[२] राधा।
तखनुक[३] भाव परान[४] परि[५] पीड़लि[६]
रहल कुमुदनिधि साधा॥
ननुआ नयन[७] नलिनि[८] जनि अनुपम
बङ्क निहारइ[९] थोरा।
जनि सृङ्खल[१०] में खगवर बाँधल
दीठि[११] नुकाएल[१२] मोरा॥
अध वदन-ससि बिहसि देखाओलि
आध पीहलि[१५] निअ[१६] बाहू।
किछु एक[१७] आग बलाहक झाँपल
किछुक[१७] गरासल[१८] राहू॥

कर जुग पिहित पयोधर[१९]-अञ्चल[२०]
चञ्चल[२१] देखि चित भेला।
हेम-कमलन[२२] जनि अरुनित अञ्चल[२३]
मिहिर-तर[२४] निन्द गेला॥
भनइ विद्यापति सुनह[२५] मथुरपति[२६]
इह[२७] रस के[२८] पए[२९] बाधा।
हास[३०] दरस रस सबहु बुझाएल[३१]
नाल कमल दुइ आधा॥

कीर्त्तनानन्द १९७

पाठभेद—

ब्र० न० सहाय (श्रीकृष्ण जी का पूर्वराग १९) —१ पेखल ३ तखनक ४ प्राम ५ पै ६ पीड़ल ७ नयनि ८ नलिनी ९ निहारई ११ दिठहु १२ लुकायल १३ देखावलि १५-१६ ढकलि निज १७ किछुयक १८ ग्रासल २१ चंचल चित २२ नलिनि २४ मीहिर तर २५-२६ सुनहु मधुरपति २७ यह २८-२९ के दय ३० हांस ३१ बुझायल

न० गु० (प० सं० ५३)—१पेखल ५ पै। शेष ऊपर दिए गए मूल पाठ के अनुरूप।

बेनीपुरी (प० सं० ३४)—१ पेखलि २ मए ५-६ पए पीड़ए ९ निहारए १० सृखंल १५ पिहल २० अंचल २१ चंचल २४ मिहिर तरे २६ मधुर पति २८ की

मि० म० (प० सं० ६२१)—१ पेखनु ५ परि। शेष न० गु० सदृश।

सं० मन्तव्य—(i) कीर्त्तनानन्द का पाठ अधिक विशृंखलित है अतएव न० गु० का संशोधित पाठ ही मूल में दिया गया है।

(ii) १ पेखलु २ मोज ७ नअन १५ पिहलि १९ पओधर २२ नलिनि २४ मीहिर तर

(iii) इस पद की अन्तिम पंक्तियाँ प्रस्तुत संस्करण प० सं० २५९ की अन्तिम पंक्तियों से मिलती हैं।

शब्दार्थ—कुमुदनिधि साधा=उस चन्द्र मुखी की प्राप्ति की इच्छा। ननुआ=लावण्यमय। सृंखल······बाँध=कटाक्ष की भंगिमा और भौंहों तथा अंजनकी श्रवण विलम्बित रेखा से युक्त उसकी आँखें ऐसी लगीं जैसे खंजन काजी जंजीर में बँधे हों। दीढि···मोरा=मेरी दृष्टि से ओझल हो गई अथवा उस अपूर्व सौन्दर्य को देखने से मेरी दृष्टि ही जैसे छिपगई। पिहलि=छिपा लिया। किछु···राहू=ऐसा प्रतीत हुआ जैसे चन्द्रमा [मुख] के कुछ अंश को बादल [नीलाम्बर] ने ढंक दिया है तथा कुछ अंश को राहु

[कजरारे केशगुच्छों] ने ग्रस लिया हो। करयुग···ग्रञ्चल=स्तन प्रदेश दोनों हाथों की लाल-लाल हथेलियों से ढँक लिए जिसे देख। हेमनलिनि=कांजनपद्य। मीहिरतर=अरुण किरण [लाल हथेलियों एवं अँगुलियों से आवृत] की छाया में। हास···आधा=तुम दोनों के पारस्परिक दर्शन, हास-उल्लास और उससे निसृत रस आदि सभी को यह समझा गए कि दो सनाल कमलों को जैसे दो-दो भागों में [२ नाल और २ कमल कोरक] पृथक् कर दिया गया हो अर्थात् कृष्ण की मृणाल सी दो बाहें और, राधा के कमल कोरक से दो कुच यद्यपि पृथक् दिखाई दे रहे हैं किन्तु ये युक्त होकर ही सनाल कमल की सुषमा धारण करते हैं। इनका संबद्ध होना ही वाञ्छनीय है। अन्यथा ये दोनों अधूरे-अधरे हैं।

[३४२]

आज पेखलु[१] धनि तोहारि[२] बड़ाई[३]।
तुया[४] सम रमनि भुवने[५] आर नाई[६]॥
कत कत रमनी[७] कानुक सङ्ग।
अनुखन[८] करइ तोहारि[९] परसङ्ग॥
हम कहल[१०] किछु तोहारि[९] सम्वाद।
चौदिके[११] ना हेरि[१२] तोहारि[९] मुख साध॥
तुया[४] गुन कहइ[१३] रमनिगन आगे।
बुझलम[१४] निचय तोहारि[९] अनुरागे॥
छल छल नयन[१५] भेल आन।
भावे[१६] भरल रहु तोहारि[९] धेयान[१७]॥
भनये[१९] विद्यापति एहि बिचार।
आबे[२०] उचित धनि हरि[२१] अभिसार॥

कीर्त्तनानन्द, प० सं० २८३

पाठभेद—

ब्र० न० सहाय (सखी शिक्षा, प० सं० २२) १ पेखलि २ तोहरि ३ बड़ाई ४ तुअ ५-६ भुबन अरु नाई ७ रमनी ९ तोहर १० कहली ११-१२ चौदिस नाह १३ कहय १४ बुझलि १५ नयन हरी १६ माब १७ रहे २०-२१ धनि अब उचित हरी

न० गु० (प० सं० १००)—पेखल २ तोहर ३ बड़ाइ ५ भुवनि ६ नाइ ९ तोहर। शेष कीर्त्तनानन्द सदृश।

मि० म० (प० सं० ६३४)—कीर्त्तनानन्द सदृश।

सं० मन्तव्य—१ आजु पखेलुं २ तोहर ४ तुअ ६ अरु नाई ८ अनुखने ९ तोहर १० मोञो कहल ११ चउदिके १४ बुझलओ १५ नअन बअन १८ धेआन १९ भनए २० एखन

शब्दार्थ—बड़ाई=महत्व। परसङ्ग=चर्चा। निचय=निश्चय। नअन बयन=आँखें और मुख।

[३४३]

रामा हे सपथ करहुँ[१] तोर।
से जे गुनवती गुन[२] गनि गनि[३]
न जान कि गति मोर॥
से सब सुमरि दहइ[४] मदन[५]
हृदय[६] लागल धन्ध।
ताहि बिनु हम जीवन मानिअ
मरन अधिक मन्द॥
सगर रजनि[७] रोइ गमाओल
सधन तेज निसास।
नयने[८] नयने[९] पुनु कि मिलब[१०]
पुनु कि पुरब[११] आस॥
भनइ विद्यापति सुनह नागर
चिते न मानह आन[१२]।
दिवस थोर बहि मिलब नागरि
मने गुनि इह जान॥

पाठभेद—

कीर्त्तनानन्द (न० गु० के निर्देश पर, यद्यपि प्रकाशित कीर्त्तनानन्द में उपलब्ध नहीं एतदर्थं अज्ञात स्रोत के अन्तर्गत गणनीय संभव)

न० गु० (प० सं० ७९०)—तथा मि० म० (प० सं० ६२८) उपर्युक्त तुल्य।

सं० मन्तव्य—१ करओ २ मने गुन गनि (तीसरे चरण के बाद संभवतः खण्डित) ४-५ मअन दहइ ६ हिरदए ७ रअनि ८-९ नअने नअन १० मीलब ११ पूरब १२ आन।

शब्दार्थ—नअने नअन=आँखी से आँखों से आँख। आन=अन्य [प्रेम से अतिरिक्त] भाव। बहि=बीतने पर।

[३४४]

बरली—

कत[१] अछ[२] कानन कुसुमित साहर
    पङ्कज परम साहसे[३]।
तहुँ[४] मकरन्द[५] अछए···दि[६]
    तोहि बिनु विकल पिआसे॥ ध्रु०॥
    मालति तोहि सम के जग आने[७]।
जसु परिमल रसे[८] परबस मधुकर
    कतहु न कर मधु पाने॥
वासर कुमुद विकास न दरसए
    केतकि[९] कण्टक भारे[१०]।
नव मधुमासहि तइसन न देखिअ
    जे अनुरञ्जए पार[११]॥
सहज जुवति वर सबगुन नागर
    तहुं पुनु ताहेरि सउभागे।
निअ[१३] मने [पिअतमे[१४] ससि कुमुदिनि सम[१५]
    जसु अनुरत अनुरागे॥

राम० पृ० १११, प० ३९०; पं० १

पाठभेद—

ठाकुर (प० सं० ५६)–१-२ पाठभाव-४५ त रन्द ६ दि ८ परिमल सँ ११ पारे।

मि० म० (प० सं० ८०६)—३ सहासे ४-५ (ज) त रन्द ९ केतकी १० मारे १२ गुण १३ निअ १४ पिआतमे। शेष ठाकुर सदृश।

परि० पद० (रा० प० सं० ६८)—३ सहासे ६ (ज) दि ११ पारे।

सं० मन्तव्य (i) ३ सहासे ६ कुमुदि ७ आने ११ पारे १५ समे

(ii) विद्यापति की भणिता का अभाव है।

शब्दार्थ—कत अछ=कितने ही हैं। साहर=सहकार, आम। सहासे=प्रसन्नता युक्त, खिलेहुए। तहुं···कुमुदि=उन सबमें तथा कुमुदिनी आदि में पर्याप्त मधु है। भारे=भारयुक्त, भरी हुई। तहु···सउभागे=उस पर भी उसका यह सौभाग्य है। निअ······अनुरागे=अपने मन में प्रियतम को ऐसा समझो कि वे तुम्हारे अनुराग में वैसे ही अनुरक्त हैं जैसे शशि कुमुदिनी में अनुरक्त होता है।

[३४५]

माधवी बराडी—

ससन परसे[१] खसु अम्बर रे
देखल[२] धनि[३] देह।
नव जलधर तर[४] चमकए[५] रे
जनि बीजुरि[६] रेह॥
आज देखल[७] धनि जाइते[८] रे
मोहि उपजल रङ्ग[९]।
कनकलता जनि[१०] संचर[११] रे
महि निरअवलम्ब[१२]॥
ता पुनु[१३] अपरुब देखल रे
कुचयुग[१४] अरबिन्द।
बिगसित नहि किछु[१५] कारन रे
सोझाँ[१६] मुखचन्द॥
विद्यापति कवि गाओल[१७] रे
बूझए[१८] रसमन्त।
देवसिंह नृप नागर रे
हाँसिनि[१९] देवि[२०] कन्त॥

रागतरङ्गिणी, पृ० ४६

पाठभेद—

ब्र० न० सहाय—(नायक वर्णन, प० सं० ९)—१ परस २ देखलों ३ धनी ४ तरे ५ सञ्चर ६ बिजुरी ७ देखलों ८ जाइल ९ रम्म १० जनु ११ सञ्चर १२ अवलम्म १३ पुनि १५ किंयु १६ सोझा १७ गावले १८ बुझई १९-२० हासिनिदइ

न० गु० (प० सं० ३२)—१ परस ५ सञ्चर ७ देखलि ८ जाइत १३ पुन १६ सोझा १ रस बुझए १९ हासिनि

बेनीपुरी (प० सं २९)—१ परस ५ चमकए ८ जाइते ११ संचर १६ सोझाँ २० देइ

मि० म० (प० सं० ५)—१ परस ५ चमकये ६ बीजुरी ७ देखलि १३ पुन १४ कुचजुग १६ सोझा १८ रसबुझए १९ हासिनि

परि० पद० (रा० प० सं० ३)—रागतरङ्गिणी सदृश।

सं० मन्तव्य—४ तरें ११ सञ्चर २० देइ

शब्दार्थ—नसन-परसें=श्वसन, संचालित पवन वेग से आन्दोलित। खसु=खिसक पड़ा। अम्बर=बादल, नायिका का नीलाम्बर। नव जल धर तर=नवीन बादलों की पृष्ठभूमि में, नई नीली साड़ी से इस हल्केपन से ढंके हुए की बादलों के पार्श्व में जैसे चन्द्रप्रभा छिटकी पड़ती है उसी भाँति। जनि बिजुरी रेह=जैसे बिजली की वल्लरी सी रेखा [तुलनीय नील परिधान···मेघ वन बीच गुलाबी रंग।—जयशंकर प्रसाद] रंग=तरंग, आनन्द शृंगारजन्य। कनकलता···अवलम्ब=नायिका की चाल देख ऐसा लगा जैसे सोने की सुकुमार बल्लरी धरा से किंचित् ऊपर ही, बिना किसी के आधार के संचरणशील [संचारिणी पल्लविनी लतेव—कालिदास] हो रही हो। अपरुब देखल=अपूर्व, असाधारण और अलौकिक दृश्य देखा क्योंकि आकाशचारिणी सुकमार बल्लरी में, जल में उत्पन्न होनेवाले कमल पुष्प के सुगठित और पुष्ट कोरक लगे थे, जिनके भार से लचकती हुई भी वह स्वर्णवेल निरवलम्ब गतिशील थी। विगसित···मुखचन्द=मुख को चन्द्र तुल्य तो कहा ही उसके प्रकाश में कमल कोरकों का जो प्रस्फुटित नहीं होने का किंचित् दोष दिखाया वह भी प्रस्तुत उपमेय के लिए गुण कथन ही सिद्ध हुआ क्योंकि यहाँ उनका अविकसित होना ही उनकी चारुता है। देवसिंह=राय गणेश्वर के चचेरे भाई, भवसिंह के सुपुत्र तथा राजा शिवसिंह के पिता।

[३४६]

मठियाली—

नन्दक नन्दन कदबेरि[१] तरु तरें[२]
धिरें धिरें[३] मुरलि बोलाब[४]।
समय संकेत[५] निकेतन[६] बैसल[७]
बेरि बेरि बोलि पठाब[८] ॥ध्रु०॥
सामरि, तोरा लागि अनुखने[९] विकल मुरारि ॥
जमुनाक तीरें[१०] उपबन उदबेगल
फिरि फिरि ततहि निहारि।
गोरस बिकेनिकें[११] अबइतें जाइते[१२]
जनि जनि पुछ[१३] बनवारि[१४] ॥
तोहें[१५] मतिमान सुमति मधुसूदन
वचन सुनह[१६] किछु[१७] मोरा[१८]।
भनइ[१९] विद्यापति सुन वरजौवति[२०]
बन्दह[२१] नन्दकिशोरा[२१] ॥

रा० त०, पृ० ४७

पाठभेद—

ब्र० न० सहाय (श्री राधिका जी का पूर्वराग, पं० सं० १) १ कदमक २ तरे ४ बजाय ६ निकेतनि ७ बइसल ८ पठाय १९ अनुछन १० जमुनक तीर ११ बेचन १२ अवइत जाइत १३ पुछे १४ बनमारि १५ तोंह १६ सुनहु १७ कछु १८ मोर १९ मन २० बर जुवती २१ बन्दहु २२ किसोर

न० गु० (प० सं० १)—१ कदम्बेरि २ तरे ३ धिरे धिरे ४ बजाब ५ संकेत ७ बइसल १० तिर ११ बिके १२ अबइते जाइते १४ बनमारि १५ तोंहे २२ नन्दकिसोरा

बेनीपुरी (प० सं० १)—१ कदम्बक २ तर ४ बजाव ९ सामरि तोहरा लागि अनुखन १० तिर ११ बेचए १२ अबइत जाइत। ७, १४, १५, २२ नं० गु० सदृश।

मि० म० (प० सं० २५३)—सङ्केत ११ बिके निके। शेष न० गु० सदृश।

परि० पद० (रा० प० सं० ४)—१ कँदंबेरि ७ बइसल २० वरजउवति

सं० मन्तव्य—१ कदँबेरि ६ निकेतने ७ बइसल ११ बिकनिकें २० वरजउवति।

शब्दार्थ—कदँबेरि=कदम्ब वृक्ष के। बोजाव=ध्वनि [बजा] कर रहे हैं। बोलि पठाब=वंशी ध्वनि के माध्यम से संवाद भेज रहे हैं। सामरी=श्यामा, राधिका। लागि=लिए। अनुखने=एकक्षण के अनुगामी दूसरे क्षण-क्षण पर। विकल=कल रहित, खिन्न हैं। क्योंकि तुम्हीं उनकी ह्लादिनी शक्ति हो। उदबेगल=उद्विग्न, अथवा अपने द्वारा की गई खोजों के क्रम में अस्तव्यस्त किए गए उपवन को। ततहि=उसी ओर। बिकनिकें=बेचने के लिए। अबइते जाइते=आते-जाते हुए। जनि-जनि=प्रत्येक युवती से। मतिमान=बुद्धिमती। सुमति मधुसूदन=और कृष्ण सुमति सम्पन्न हैं अतएव मतिमान को सुमतिवान का संपर्क करना ही उचित है। बन्दहु=वन्दना करो, मिलो।

[३४७]

शुद्ध केदार—

जनि हुतवह[१] हरि[२] आनि[३] मेराओल
ता सम भेल विकार।
दुअओ नयन[४] तोर विषम[५] मदनसर[६]
सालए[७] हृदय[८] हमार॥

हरि हरि, काँ लागि सुमुखि[९] विहुँसि[१०] हसि[११] हेरलह[१२]
जीवन परल सन्देह।

पीन पयोधर अपरुब सुन्दर
ऊपर[13] मोतिम हार।
जनि कनकाचल उपर विमल जल
दुइ बह सुरसरि धार॥
भनइ विद्यापति सुनु[14] वर नागर
सबहुँ[15] होएत[16] परकार।
राजा सिर्वसिंघ[17] गाओलएन[18]
लखिमा देवि[19] उदार॥

रा० त०, पृ० ५५

पाठभेद—

न० गु० (प० सं० ११९)—१ हुतवह २ हवि ६ मदन शर ७ शालय ९ सुमुख १० बिहुसि १२ हेरह १३ उपर १४ सुन १५ सबहु १६ होयत १७ सिर्वसिंह १८ रूपनरायन १९ कन्त

मि० म० (प० सं० ४०)—५ विसम १८ गाओल--एन १९ देवी। १,२,७,१०, १३, १५ न० गु० सदृश।

परि० पद० (रा० प० सं ९)—२ हवि ३ आनि ११ हँसि १७ सिर्वसिंह १८ रूपनरायेन

सं० मन्तव्य – ४ नअन ८ हृदअ १९ देइ। शेष परि० पद० सदृश।

शब्दार्थ—हुतवहं=आग में। हवि=हवन सामग्री। हेरलह=देखा। पीन=पुष्ट,स्तोक भारयुक्त।

[३४८]

चिकुर निकर तम सम पुनु[1]
आनन[2] पुनिम ससी।
नयन[3] पङ्कज के पतिआयब[4]
यक[5] ठामे[6] रहु बसी॥
आज मों[7] देखलि बारा।
लूबुध[8] मानस चालक मयन[9]
करब[10] की परकारा॥

सहजहि[११] सुन्दर गोर कलेवर
पीन पयोधर[१२] सिरो।
कनकलता[१३] अति विपरिती[१४]
फलल जूगल[१५] गिरी॥
भन विद्यापति बिहिक घटन
के नहि[१६] अदबुद जाने।
राजा[१७] सिवसिंह रूपनरायन[१८]
लखिमा देवि[१९] रमाने॥

ब्र० न० सहाय, श्रीकृष्णजी का पूर्वराग, प० सं० २५

पाठभेद—

न० गु० (प० सं० २९ ताल०)—३ नअन ४ पतिआओब ५ एक ६ ठाम ७ मोजे ८ लुबुध ९ मअन १० कर ११ सहज १२ पओधर १३ कनअलता १४ विपरित १५ जुगल १६ न १७ राए १८ रूपनराएन।

मि० म० (प० सं० ३२)—न० गु० सदृश।

परि० पद० (त० प० सं० ७)—३ नअन ९ मअन १८ रूपनराअेन। शेष न० गु० सदृश।

सं० मन्तव्य—१ पुनि २ आनन ३ नअन ४ पतिआएत ९ मअन १० करब १३ कनक लता १८ रूपनराअेन १९ देइ। शेष न० गु० सदृश।

शब्दार्थ—चिकुर निकर=केश राशि। पुनिम=पूर्णिमा का। के पतिआएब=कौन विश्वास करेगा? क्योंकि अंधकार, चन्द्रमा और कमल जैसे विपरीत तत्व एकत्र जो दिखाई दे रहे हैं। सिरी=श्री, सुषमा अति···गिरी=स्वर्ण बेल ने अपनी प्रकृति के विरुद्ध दो गिरि शृंग जैसे [उरोज] फल धारण किए हैं।

[३४९]

लोचन चपल वदन सानन्द। नोल नलिनि दले[१] पूजल चन्द॥
पीन पयोधर[२], रूचि ऊजरी[३]। सिरिफल[४] फललि कनक मंजरी[५]॥
गुनमति रमनि[६] गजराज गती। देखलि हम[७] जाइत[८] बर जुवती॥
गुरअ[९] नितम्ब उपर कुचभार। भांगिवाके[१०] चाहे[११] थेघिबा के पार॥

तनु रोमावलि देखिय[१२] न[१३] भेलि। निज धनु मनमथ[१४] थेघन[१५] देलि॥
सम्भ्रम सकल सखीजन वारि। पेम बुझवलक[१६] पलटि निहारि॥
आउर[१७] चतुरपन कहहि न जाय[१८]। नयन नयन[१९] मिळ रहलि नुकाय[२०]॥
तखन सों[२१] चाँद चँदन न सोहाय[२२]। अबोध नयन[२३] पुनु तठमहि[२४] धाय[२५]॥
विद्यापति कवि कौतुक गाय[२६]। पुनफल पुनमत गुनमति पाय[२७]॥

ब्र० न० सहाय, नायक वर्णन, प० सं० १२

पाठभेद—

न० गु० (प० सं० ४७ ताल०)—३ रुचि उजरी ४ सिरिफले ५ मजरी ६ रमणी ७-८ मोजे जाइते ९ गरुअ १०-११ भाँगिबाके चाहए १२ देखिए १४-१५ मनमथे थेघ न १६ बुझओलक १७ आओर १८ जाए १९ नयने नयन २० नुकाए २१ सओ २२ सोहाब २३ नअन २४-२५तठमाहि धावा। भणितावाली अन्तिम पंक्ति नहीं है।

मि० म० (प० सं० ८२५) ५ मंजरी ६ रमनी ७ मोयँ ८ जाइत १९ नयन नयन २१ सयँ २३ नयन। शेष न० गु० सदृश।

परि० पद० (त० प० सं० १०) १ नलिनिदलें १२-१३ देखि एन १५ थेघन २३ नअन। शेष न० गु० सदृश।

सं० मन्तव्य—१ दलें २ पओधर ५ मंजरी ९ गुरुअ १२-१३ देखि एन १५ थेघन १९ नअने नअन २३ नअन २६ गाब २७ पाव। शेष न० गु० सदृश।

शब्दार्थ— रुचि=शोभा। भाँगिवाके=टूटने के लिए। थेघिबा=सहारा देने के लिए। तनु=अति क्षीण। थेघन=सहारा। तठमाहि=उसी स्थान में।

[३५०]

अलखिते[१] हमे[२] हेरि बिहंसलि[३] खोरि[४]।
जनु[५] रजनी[६] भेल चान्द[७] उजोरि[८]॥
कुटिल कटाछ[९] छटा[१०] परि[११] गेला[१२]।
मधुकर डम्बर[१३] अम्बर भेल[१४]॥
काहिक सुन्दरि के तेहि[१५] जान।
आकुल कथ[१६] गेलि मेरो[१७] प्रान[१८]॥
लीला कमल[१९] भमर धरु बारी[२०]।
चमकि चलिलि गोरि चकित निहारी[२१]॥

तें[२२] भेली[२३] बेकत पयोधर[२४] सोभा[२५]।
कनक[२६] कमल हेरि केहि[२७] न लोभा[२८]॥
आध नुकायल[२९] आध उदास[३०]।
कुचकुंभ[३१] कहि गेल आपन[३२] आस॥
विद्यापति[३३] कह नव अनुराग।
गोपत मदन सर काहें न लाग॥[३४]

ब्र० न० सहाय, श्रीकृष्ण का पूर्वराग, प० सं० १२

पाठभेद—

न० गु० (प० सं० ४९ ताल) १ अलखिते २ हमे ३ बिहुँसलि ४ थोर ५ जनि ६ रयनि ७ चाँद ८ उजोर ९ कटाख १० लाट ११-१२ पड़ि गेल १३ डम्बरे १४ देल १५ ताहि १६ कए १७ हमर १८ परान १९ कमले २० बारि २१ निहारि २२ तें २३ भेल २५ शोभ २६ कनय २७ काही २८ लोभ २९ नुकायलि ३१ कुचकुम्भे ३२ अपनक। भणिता अंश के पूर्व—से सबे[३३] अमिल निधि[३४] दए गलि सन्देस। किछु नहि रखलन्हि रस परिसेस। अतिरिक्त पाठ है। और भणिता है—भनइ बिद्यापति दुहु मन जाग। विसम कुसुमशर[३५] काहु जनु लागु॥

बेनीपुरी (पं० सं० ३०) १-२ अलखित मोहि ६ रयनी ८ इंजोर १३ डम्बर १४ भेल १६ कए गेल २५ सोभ २६ कनक २९ नुकाएल ३० उगास ३२ अप्पन ३३ अब ३५ कुसुम-सर। शेष न० गु० सदृश।

मि० म० (प० सं० ३३०)—३ बिहसलि १३-१४ डम्बर अम्बरे भेल २७ काहि ३१ कुचकुम्भ ३४ नीधि।

परि० पद० (त० प० सं० ११)—६ रजनी २२ तञे २५ सोभ २७ काहि २९ नुकाएल ३१ कुचकुम्भें ३२ अपनुकि ३५ कुसुमसर। शेष न० गु० सदृश।

सं० मन्तव्य—६ रजनी २४ पओधर २५ सोम २६ कनक २९ नुकाएलि ३० उजास। शेष न० गु० सदृश।

(ii) भणिता अंश ब्र० न० का अधिक उपयुक्त लगता है।

शब्दार्थ—अलखिते=अलक्ष्यतः, अनदेखें देखे बने। लाट=आवृत्ति, बार-बार होनेकी क्रिया। डम्बरे=आडम्बर पूर्ण। लीलाकमले=विलास चेष्टाओं के कमल के द्वारा। वारि=निवारण किया और इस क्रम में बाहों के ऊपर उठ जाने से। उजास=उघड़, प्रकाशित। अपनक आस=अपनत्व की आशा, मिलन संभावना। गोपत=छिपाहुआ।

[३५१]

सुन्दरि गरुअ तोर विवेक।
बिनु परिचय[1] पेमक आँकुर
पल्लव भेल[2] अनेक॥
कखने होएत सुफल दिवस
बदन[3] देखब तोर।
बहुल दिवस[4] भुखल भमर
पिउत चाँद चकोर॥
भन विद्यापति सुन रमापति
सकल गुन निधान।
चिरे[5] जिवे जिवओ राए दामोदर
दसासए अवधान॥

तालपत्र, न० गु०, प० सं० १२०

पाठभेद—

मि० म० (प० सं० २४५)—१ परीचये २ मेल

परि० पद० (त० प० सं० ३८)—न० गु० सदृश।

सं० मन्तव्य—१ परिचए ३ बअन ४ दिवसे ५ चिर

शब्दार्थ—गरुअ=महान्, गौरव करने के उपयुक्त। बहुल=अधिक। भुखल…चकोर=भूखा भ्रमर मधुपान करे और चकोर चन्द्र रश्मि का अनुपान करे। दसासए अवधान=दस प्रकार के आशयों के मर्मज्ञ।

[३५२]

देखलि कमल मुखि कोमल देह। तिला एक लागि कत उपजल नेह॥
नूतन मनसिज गुरुतर लाज। बेकत प्रेम[1] कत करय बेआज[2]॥
खन परितजय[3] खन आव[4] पास। न मिलय[5] मन भरि न होअ[6] उदास॥
नयनक[7] गोचर थिर नहिं होए। कर धरइत[8] धनि मुख धर[9] गोए॥
भनहिं विद्यापति एहो रस गाव। अभिनव कामिनि उकुति बुझाव॥

ग्रियर्सन, प० सं० ८

पाठभेद—

न० गु० (प० सं० २१२) १ पेम २ बेयाज ३ परितेजय ४ **आवय ६** होय ९ **धरु** ।

मि० म० (प० सं० २८६)—न० गु० सदृश ।

सं० मन्तव्य—३ परितेजए ५ मिलए ७ नअनक ८ धरइते ९ धरु

शब्दार्थ—बेग्राज=व्याज, बहाना । उकुति बुझाव=उक्ति से अभिप्राय जताती है अथवा युक्ति बताती है ।

[३५३]

धनछी रागे—

सरुप कथा कामिनि सुनु ।
परेरि[१] आगे कहह[२] जनु ॥
तजे[३] अति नीठुरि[४] ओ अनुरागी
सगरि निसि[५] गमाबए जागी ॥ ध्रु० ॥
एरे राधे जानि न जान
तोरे विरह[६] विमुख कान्ह ।
तोरीए[७] चिन्ता तोरिए नाम
तोरि[८] कहिनी कहए[९] सब ठाम ॥
आओरे[१०] कि[११] कहब सिनेह तोर
सुमिरि सुमिरि नयन[१२] नोर ।
निते से आबए नीते[१३] से जाए
हेरइते[१४] हसइते[१५] से न लजाए ।
न पिन्ध कुसुम न बान्ध[१६] केस
सबहि सुनाब तोर उपदेश ॥
विद्यापतीत्यादि ॥

ने० पृ० २७ (क), प० ७३ पं० १

पाठभेद—

न० गु० (प० सं० ९८)—२ कहहि ४ निठुरि ७ तोरिए **१२** निते **१५** बान्ध

मि० म० (प० सं० २५६)—१ परहि ३ तोँह ४ निठुरि ६ तोरि विरहे **१०-११** अरु की **१३** निते **१४-१५** हेरइत हसइत

सु० झा (प० सं० ६७) — ७ तोरिए

परि० पद० (प० सं० ६८)—६ विरहें ८ तोरिए ९ कह सब ११ कि १२ नअन १३ मिते १५ हँसइते

सं० मन्तव्य—२ कहइ ४ निठुरि ५ निसा ६ विरहें १२ नअने १३ निते १५ हँसइते

शब्दार्थ—सरुप=स्वरूपवत्, सत्य। नअने=आँखों में। हेरइते हँसइते=देखते, हँसते अथवा दूसरों के द्वारा अपनी दशा देखते हुए और अपनी हँसी उड़ाते देख।

[३५४]

धनछी रागे—

सिनेह बढ़ाओल[१] हम[२] छल भान
तोहर सोआधीन[४] करब परान।
बहुल[६] बुझओलह निअ[७] बेवहार
मोहि[८] पति सबे परजन्तक खार[९]॥ ध्रु०॥
भल भेल मालति तोहहि[१०] उदास
पु नमधुकरे[११] न आओब[१२] तुअ पास।
जत[१३] अनुराग भेल सबे राग
तोहरा की[१४] बोलब हमर अभाग[१५]॥
भनइ विद्यापतीत्यादि॥

ने० पृ० ३२, प० ८९, पं० ४

पाठभेद—

न० गु० (प० सं० ४१८ ताल०) पद-क्रम :—इनमें ने० प० की ३-४ थीं पंक्तियाँ ७-८ वीं; ५-६ ठीं पंक्तियों ३-४ थी हैं तथा ७-८ वीं पंक्तियों का पाठ नहीं है। न० गु० में ५-६ ठीं पंक्तियाँ तथा ९-१० वीं पंक्तियाँ अतिरिक्त हैं।—२ इ ४ सोयाधिन ६ अलपे ७ निअ ८-९ देखतहि निय [१६] परिनाम असार॥ १० भेलि हे ११-१२ न आओब मधुकरे १३-१५ पाठाभाव। अतिरिक्त पंक्तियाँ ५-६ ठीं—एतबा हम अनुतापक भेल। गिरि सम गौरव अपदहि गेल। ९-१० वीं—भनइ विद्यापति मन दए सेव। हासिनि देवि पति गर्जसिह देव।

मि० म० (प० सं० ४१६)—पादटिप्पणी में ने० प० का पाठ। मूल में १६ निअ १७ गर्जसिंघ, पाठभेद सहित न० गु० के अनुरूप।

सु० झा (प० सं० ८३)—१ बढ़ाओब

परि० पद० (प० सं० ८४)—२ हमे ४ सोआधीन १४ कि

सं० मन्तव्य—४ सोआधिन १४ तोहहिँ कि।

शब्दार्थ—तोहर सोआधिन=तुम्हारी स्वाधीनता में, तुम्हारे वश में। परजन्तक खार=परिणाम का कड़वा, क्षार। राग=क्रोध। तोहहिं कि=तुम्हें क्या।

[३५५]

धनछी रागे—

जओ डिठिअओलए[१] इ[२] मति तोरि
पुनु हेरसि हो[३] खापरि[४] मोरि[५]।
भेल केकर धए हठए परनाह
बाघ मिता न जीवे पए आह॥ ध्रु०॥
अइसना सुमुखि करिअ कके रोस[६]
मञो कि बोलबो[७] सखि तोरे दोस[८]।
अहेने[९] अवयवे इ[१०] बेबहार
पर पीडाए जीवन थिक छार॥
भल कए पुछलए[११] घुरि संसार[१२]
तर सूते गढि[१३] काट कुम्हार।
गुन जओ रह गुणनिधि[१४] सओ सङ्ग
विद्यापति कह इ[१५] बड[१६] रङ्ग॥

ने० पृ० ३८, प० १०७, पं० ४

पाठभेद—

न० गु० (प० सं० ४५७)—१-२ डिठिका ओल एहि ३-४ हेरसि किए परि ५ गोरि ९-१० एहेन अबथ रे १२ सँसार १३ गढ़ि १४ गुननिधि।

मि० म० (प० सं०४२९)—१६ उड़। शेष न० गु० सदृश।

सु० झा (प० सं० १०१)—१-२ डिठिका ओल एह ३ हरेसि हो ४-५ खा परि गोरि १० ईं ११ सिषलसि।

परि० पद० (प० सं० १०२)—२ ई ६ रोष ७ बोलब ८ दोष ९-१० अइसन अवअब ई १४ गुन रह जओ गुननिधि १५-१६ ई बड़।

सं० मन्तव्य—१-२ डिठिओलए ई ३ की ७ बोलबो १० ई। १५ ई

शब्दार्थ—जञो···मोरि=यदि तुम्हारी इस बुद्धि को नजर [दृष्टि] लग गई है और वह कुछ हिताहित नहीं समझ पाती तो फिर मेरी खोपड़ी को क्या देखती हो, मेरा सर क्यों खाती हो। बाघ···ग्राह=मित्र बनाने पर भी बाघ को जीव को पीड़ा देने में दुख नहीं होता। मञे कि बोलँबो=मैं और क्या कहूँ। पीडाए=पीड़ा देने वाला। तर···कुम्हार=कुम्हार घड़ा गढ़कर नीचे का अधोभाग ही सूते से काटता है, उसका गला या अन्य अंश नहीं काटता कि वह बेकार हो जाए। गुन···संग=यदि गुण गुणी के साथ रहे, तुझ सी गुणवती कृष्ण से गुणवान का साथ निभाए।

[३५६]

धनछीरागे—

जति जति धमिअ[१] अनल[२],
अधिक विमल हेम।
रभस कोप[३] कए कहु नागर
अधिक करए पेम ॥ ध्रु० ॥
साजनि मने न करिअ रोस[४]।
आरति जे किछु बोलए बालभु
तँ[५] नहि तन्हिक दोस[६] ॥
कत न तुअ अनाइति दरसि
कत कए नहि दीब।
ओ नहि अनङ्ग अथिक भुजङ्ग
पवन पीबि जे जीब ॥
सरस कवि विद्यापति गाओल
रस नहि अवसान।
राजा सिवसिंह[७] रूपनराएण[८]
लखिमा देवि[९] रमान ॥

ने० पृ० ४०, प० ११३; पं० ४

पाठभेद—

न० गु० (प० सं० ५०३)—२ अनिल ५ तें ८ रूपनरायन

मि० म० (प० सं० १३५)—३ कोप कोप ७ सिवसिंघ ८ रूपनराएन

परि० पद० (प० सं० १०८)—४ रोष ५ तञे ६ दोष ८ रूपनराञेन

सं० मन्तव्य—५ तञे ८ रूपनराञेन ९ देइ

शब्दार्थ—जति धमिश्र=जितना जलाएँ। अधिक···हेम=सोना उतना ही शुद्ध होता जाता है। रभस कोप=भावावेश में रूठा हुआ। अनाइति=परतन्त्रता। दीब=दिव्य, शपथ। ओ नहि···भुजङ्ग=वह अङ्गहीन [काम] नही है अपितु भुजङ्ग=स्त्री के प्रति अधिक आकर्षण रखनेवाला, है। अथवा वह अंग हीन नहीं है जिसमें कि देह गत भावावेश न हो और न तो वह सर्प है कि केवल हवा पीकर जिए, उसे तो सदेह तुम्हारी आवश्यकता है।

[३५७]

धनछीरागे—

से अति नागर गोकुल कान्ह
नगरहु नागरि तोहि सबे जान।
कत बेरि साजनि की[१] कहब बुझाए
कएले धन्ध धरम दुर[२] जाए॥
सुन्दरि रूप गुणहु[३] सओ[४] सार
आदि अन्त लह[५] महघ पसार।
सरूप[६] निरुपि[७] बुझउलिसि[८] तोरि
जनु परतारि पठाबसि[९] मोहि॥
विद्यापति कह बुझ रसमन्त
सिरि सिवसिंह[१०] लखिमा देवि[११] कन्त॥

ने० पृ० ४१ (क), प० ११४, पं० २

पाठभेद—

ब्र० न० सहाय (सखी शिक्षा, प० सं० १६)—१ पाठाभाव ३-४ गुनहु सों ५ नहि महघ ६-८ सरुप निरूप बुझवली ९ पठाबह ११ लछिमा देइ।

न० गु० (प० सं० ६३)—२ दूर ३ गुनहु ५ नहि ७ निरूपि

मि० म० (प० सं० ४५)—३-४ गुनहु सभा ५ नहि ६-७ सरुप निरुपि १० सिवसिंघ

सु० झा० (प० सं० १०८)—५ नहि ७ निरूपि।

परि० पद० (प० सं० १०८)—ने० प० सदृश

सं० मन्तव्य—१ कि ७ निरूपि ८ झिओलिओ ९ पठाओसि ११ देइ।

शब्दार्थ—कएले धन्ध=छलना करने से। सुन्दरि···पसार=हे सुन्दरि तू रूप-गुण सभी दृष्टियों से सर्वोत्तम हो और आदि से अन्त तक तुम्हारी अनमोल रूप राशि का यश सर्वत्र फैला हुआ है। परतारि=प्रतारणा करके।

[३५८]

मलारीरागे—

कतएक[१] हमे धनि कतए गोआला[२]
जल[३] थल[४] कुसुम कैसन[५] होअ[६] माला।
पवन न[७] सहए[८] दीप[९] के[१०] जोति[११]
छुइले[१२] काच[१३] मलिन होअ[१४] मोति[१५] ॥
इ[१६]सबे कहि कहु[१७] कहिहह सेवा
अवसर पाए उतर हमे देवा[१८] ॥
परधन लोभ करए सब कोइ[१९]
करिअ पेम जओ आइति होइ[२०]।
नागरि जन के[२१] बहुल[२२] विलास[२३]
काखेहु[२४] वचने राखि गेलि आस[२५] ॥
भने विद्यापतीत्यादि[२६] ॥

ने० पृ० ५४, प० १५२; पं० ५

पाठभेद—

रा० पु० (पृ० सं० ११६, (क) ४०३, पं० ४)—२ गोआडा ३-४ जले थले ६ हो ७-११ न सह दीपक जोती १२-१३ छुइनेहु काल १४-१५ हो मोती ॥ ध्रु० ॥' तदनन्तर आगे लिखा अतिरिक्त पाठ है—'कि बोलिबो अरे सखि कि बोलिबो (लाजे[२७]) जनु[२८] आबह पुनु ऐसना कासे। काजि[२९] निवेदसि कुमति सयानी। सरमन३० मधुर तीन्ति बड़ि बानी ॥ १६-१८ तक का पाठाभाव। १९ कोई २० होई २२-२३ बाङ्क विलासा २४ रूखेहु २५ आसा। तदनन्तर २६ भणिता—भणइ विद्यापति एहु रस जाने। राए सिवसिंह लखिमा दे रमाने ॥

न० गु० (प० सं० ४३५) —७ नहि ९-१० दीपक १६ ई २१ ककेह

ठाकुर (प० सं० ७३)—१ कत एक २ गोआड़ा १२ छुइलेहु १३ पाठाभाव १९ कोइ २० होइ २२ वचहुँ २३ विनासा। अतिरिक्त चरणों में—२७ पाठाभाव २८ अब २९ काञे ३० सब मन। शेष रा० पु० सदृश।

मि० म० (प० स० ४२० एवं प० सं० ५४)—१ कत एक ७ नहि ९-१० दीपक १६ ई

सु० झा (प० सं० १४०)—१ कत एक २१ केर।

परि० पद० (प० सं० १४२)—५ कइसनि १६ ई १७ कहुँ १८ देबा। शेष रा० पु० सदृश।

सं० मन्तव्य—(i) प्रस्तुत पद ने० प० में एक ही पद के उत्तरार्ध रूप में है। जिसका पूर्वाद्ध प्रस्तुत संकलन में प० सं० ४ (नागर हो से हेरतहि जान) के रूप में दिया गया है। ने० प० में दोनो अंश एकत्र होने के कारण न० गु०, मि० म० एवं सु० झा ने इन्हें एक पद के रूप में ही ग्रहण किया है किन्तु राममद्रपुर पदावली में केवल उत्तरार्ध का अंश ही दिया हुआ है जो इसके स्वतन्त्र रूप की ओर संकेत करता है। इस पद के दोनो अर्धांशों में भावों का ऐसा पार्थक्य है कि इन्हें पृथक-पृथक् पदों के रूप में ग्रहण करना ही उचित है। परि० पद० में भी इन्हें पृथक्-पृथक् लिया गया है। मि० म० ने अपने पद सं० ४२० में उभय अंशों को एकत्र दिया है तथा प० सं० ५४ पर केवल उत्तरार्ध के अंश को रा० पु० के अनुरूप दिया है।

(ii) ३-४ जले-थले ५ कइसन १६ ई २१ कञो २४ कोखेहु

शब्दार्थ—कतएक=कहाँ तो। गोआडा=ग्वाला, कृष्ण। काच=शीशा या काल=समय। आइति=सामर्थ्य। बहुल=अनन्त या बाङ्क=वक्र। कोखेहु=क्रोध में भी।

[३५९]

मलारीरागे—

हृदय[१] कुसुम सम मधुरिम बानी।
निअर अएलाहु[२] तुअ सुपुरुष[३] जानी॥
अबे कके जतन करह इथि लागी।
कओन[४] मुगुधि आलिङ्गति आगी॥
चल चल दूती को[५] बोलबो[६] लाजे।
पुनु[७] पुनु जनु[८] आबह अइसना[९] काजे॥
नयन[१०] तरङ्ग[११] अनङ्ग जगाइ[१२]।
अबला मारन जान उपाइ[१३]॥
दिढ[१४] आसा दए मन बिघटाबे।
गेले[१५] अचिरहि[१६] लाघव पावे॥
भनइ विद्यापति सुनह सयानी[१७]।
नागर लाघव न[१८] करिअ जानी॥

ने० पृ० ५४, प० १५१; पं० ५

पाठभेद—

न० गु०—(प० सं० ३९१)—५ की ६ बोलव ७ अइसन १२ जगाई १३ उपाई १४ दिढ़ु

मि० म० (प० सं० ४००)—३ सुपुरुस ४ कओन १४ दिढ़ । ६-७ १२, १३ न० गु० सदृश ।

सु० झा० (प० सं० १४१)—५ कि १३ उपाई १४ दिढ़ १६ पाठाभाव ।

परि० पद० (प० सं० १४३)--१ हृदअ २ अएलाहुँ ५ की ७-८ पुनु जनु १० नअन १२ जगाई १३ उपाई १५ गेलें १६ अचिरहिँ १७ सआनी ।

सं० मन्तव्य—१२ जगाइ १३ उपाइ । शेष परि० पद० सदृश ।

शब्दार्थ--निअर⋯जानी=तुम्हारे द्वारा सराहे गये नायक को सुपुरुष जानकर ही मैं उसके निकट आई, उसका संग-साथ किया किन्तु वह आशा के विपरीत आचरण वाले निकले । इथि=इस । नयन तरङ्ग=आँखों की चितवन से । अचिरहिँ=अत्यन्त शीघ्र । लाघव=अपमान, हल्कापन ।

[३६०]

कोलाररागे—

जलधि सुमेरु दुअओ थिक सार
सबतह गुनिअ[१] अधिक बेबहार ।
मालति तोहे[२] यदि[३] अधिक उदास
भमर गजो[४] सओ[५] आबे[६] कमलिनि पास ॥ ध्रु० ॥
लाभ करति कत अवसर पाए
देउब[७] न होअए हाथ[८] झपाए ।
कुचयुग कञ्चन कलश[९] समान
मुनिजन[१०] दरसने[११] उगए गेआन[१२] ॥
तओे[१३] वरनागरि अपने गून
कओोनक[१४] देले[१५] हो बड[१६] पून ॥
भनइ विद्यापतीत्यादि ॥

ने० पृ० ६६, प० १८५; पं० ६

पाठभेद—

न० गु० (प० सं० ४४१)—१ गनिअ ३ जदि ४-६ जाब ७ देहरि ८ हाथे ९ कलस १२ गेआन १६ बड़।

मि० म० (प० सं० ४३६)—४-६ गओ सओ आवे १४ कओनक । शेष न० गु० सदृश।

सु० झा० (प० सं० १६८)—१ गनिअ ७ देउर १६ बड़।

परि० पद० (प० सं० १७०)—२-३ तोहें जदि ८ हाथे कुचजुग कञ्चन कलस १३ खोअ १५ देलें।

सं० मन्तव्य—६ जाब ७ देओब १० मुनिजने। शेष परि० पद० सदृश।

शब्दार्थ—जलधिसुमेरु=महासागर और सुमेरु पर्वत। सार=महत्त्व पूर्ण। गओ सओ जावे=धीरे से चला जाएगा। लाथ=बहाना। हाथ झपाए=हाथ छिपाकर। मुनिजने=जिसके देखने से मुनि जन भी।

[३६१]

कोलाररागे—

साकर[1] सूध दुधे[2] परिपूरल
सानल अमिअक[3] सारे।
सेहे वदन तोर अइसन करम मोर
खारे पए बरिसए धारे॥ ध्रु०॥
साजनि पिसुन[4] वचन देहे काने।
दे(ह)[5] विभिन्न[6] विधाता आइति
तोरा मोरा एके पराने॥
कोपहु सओ[7] यदि[8] समदि पठाबह
वचने न बोलह मन्दा।
तोर वदन सन[9] तोरे[10] बदन पए
खार न बरिसए[11] चन्दा॥
चौदिस[12] लोचन चमकि चलाबसि
न मानसि काहुक शङ्का[13]।
तोरा[14] मुह सओ[15] किछु भेद कराओब
ते[16] देल[17] चान्द[18] कलङ्का॥
भनइ विद्यापतीत्यादि॥

ने० पृ० ६६, प० १८६; पं० ४

पाठभेद—

न० गु० (प० सं० ३६१)—४ पिशुन ५ देहे ६ विभिन ८ जदि ११ बरिसय १६-१७ देल ।

मि० म० (प० सं० ३८४)— ३ अमिअक ५ देह ७ सब ८ जदि ११ बरिसय १३ सङ्का १४ तोर १५ सयँ १८ चाँद ।

सु० झा (प० सं० १६९)—सम १० तोर

परि पद० (प० सं० १७१)—१ साँकर २ दुधे ८ जदि १३ सङ्का ।

सं० मन्तव्य—१ साँकर १२ चउदिस १४ तोराए १६ तें १८ चान्दे ।

शब्दार्थ—साँकर=शक्कर। सूध=विशुद्ध। खारे=खारा। सन=से। तें=इसी से।

[३६२]

कोलारराग—

एहि मही अधि[1] अथिर जीवन
जौवन[2] अलप काल ।
इथी जत जत न बिलसिअ
से रह हृदय[3] साल ॥ ध्रु० ॥
साजनि कइसन तोर गेआन[4] ।
जौवन[5] सम्पद[6] तोर सोआधिन
कके[7] न करसि दान ॥
तोर धन धनि तोराहि रहत
निधन होएत आन[8] ।
दानक धरम तोहहि पाओब[9]
कवि विद्यापति भान ॥

ने० पृ० ७७ (क), प० २१४; पं० २

पाठभेद—

न० गु० (प० सं० ४४३ ताल०)—पदक्रम-आरंभ में ४ अतिरिक्त पंक्तियों, तिन तुल[10] अरु ता तह भए लहु, मानिअ गरुबि बाहि । अछइते[11] जे बोल मही अछए, से लहु सबहु[12] चाहि ॥ फिर ने० प० के उपर्युक्त पद की ५;६,७ वीं पंक्तियाँ, पुनः चार अतिरिक्त पंक्तियाँ 'जावे से जउवन तोर सोआधिन तावे परबस होए । जउवन गेले[13] विपद भेले[14] पुछि न पुछत कोए ॥ तदनन्तर उपर्युक्त पद की १, २, ३, ४ थी और ८, ९, १० तथा ११ वीं पंक्तियाँ । —१ आध २ जउवन ४ गेंयान ५ जउवन ६ रतन । ९ होएत ।

मि० म० (प० सं० २६२)—४ गेआन ११ अछइत। शेष न० गु० सदृश। पादटिप्पणी में ने० प० पाठभेद का संकेत।

सु० झा (प० सं० १९४)—१ अति। शेष ने० प० सदृश।

परि० पद० (प० सं० १६५)—३ हृदअ ६ सम्पद ८ नान १० तूल १२ सबहुँ १३ गेलें १४ भेलें। क्रम एवं शेष पाठ न० गु० सदृश।

सं० मन्तव्य—२ जउवन ३ हृदअ ५ जउवन ७ ककें ८ नान। शेष ने० प० सदृश

शब्दार्थ—अधि=में। गेआज=ग्यान, वृद्धि। ककें=क्यों नहीं। तिन तुल=तिनका और रुई। भए लहु=हलका होने पर। चाहि=से। परबस होये=दूसरे वस में हो रहे हैं।

[३६३]

सारंगीरागे—

भौह[१] लता बड[२] देषिअ[३] कठोर
अञ्जने आँजि फासि[४] गुन जोळ[५]।
सायक तीष[६] मदन[७] अति चोष[८]
व्याध मदन बध[९] ई[१०] बड[११] दोष[१२] ॥ ध्रु० ॥
सुन्दरी सुनह वचन मन लाए
मदन हाथ मोहि लेह छडाए[१३]।
सहए के पार काम परहार
कत अभिभव हो की परकार॥
एहि युग[१४] तिनिहु[१५] बिमल जस लेह
कुच युग[१६] शम्भु[१७] शरण[१८] मोहि देह॥
भनइ विद्यापतीत्यादि॥

ने० पृ० ८०, प० २२३; पं० २

पाठभेद—

न० गु० (प० सं० १२१)—१ भौंह २-३ बड़ देखिअ ४ हासि ५ जोर ६-७ तोर कटाख ८ चोख ९-१२ बधइ बड़ दोख १३ छड़ाए १४ जग १८ सरन।

मि० म० (प० सं० ३३६)—६ तीख १६ जुग १७ संभु। शेष न० गु० सदृश

सु० झा (प० सं० २०३)—४ हासि।

परि० पद० (प० सं० २०४)—१ भौँह ३ देखिअ ४ फाँसि ६-७ साअक तीख नअन ८ चोख १२ दोख १५ तिनिहुँ।

सं० मन्तव्य—१ भउहँ ३ देखिअ ४ फाँसि ६-७ साअक तीख ८ चोख १४ जुग १५ तिनिहुँ ।

शब्दार्थ—फाँसि=फाँसी की, फँसाने वाली । गुन=रस्सी । जोल=जोड़ दिया है । चोख=चोखा, गहरे कटाक्षोंवाला । परहार=प्रहार । अभिभव=कष्ट ।

[३६४]

बरली रागे—

वचनक रचने[१] दन्द पए बाढल[२]
... . धरि गेला ।
अबला गोप कओने की बोलब
झीसी[३] कादब[४] भेला ॥ ध्रु० ॥
नारि पुरुष हठसिल[५] ।
दिने दिने पेम आबे तन्हि बिसरल
बिनु बाहले[६] पह खील[७] ॥
कत बोलब कत मञे जे सिषाउलि[८]
कत पळलाहु[९] मञे[१०] पाओ[११] ।
द(इ)बा[१२] बाङ्क[१३] कओने सरिआओब[१४]
तेतरि[१५] न[१६] मील कराओ ॥
भनइ विद्यापतीत्यादि ॥

ने० पृ० ८६, प० २३७; पं० २

पाठभेद—

मि० म० (प० सं० ४०४)—१ बचने २ आढ़ल ३-४ की सीक दिव । ५ हटसिन । (नारि····दिने दिने, तक एक ही पंक्तिमें) ७ घीम ८ सिखाउलि ९-१३ पललाहु मञे पाओ दबा बाङ्क । (एकही पंक्ति में) १४ सवि आओब १५-१६ ते तविन

सु० झा (प० सं० २१६)—१ वचने ६ बाँधले ७ खीम ८ सिखाओल ९ पळलिहु १२-१३ दबा बाङ्क १५-१६ तेउ बिन

परि० पद० (प० सं० २१७)—५ माइ हे । नारि पुरुष हठसील ६ बहुले ८ मोञे जे सिखाउलि १० मोञ १२-१३ दइबा बाङ्क ।

सं० मन्तव्य—द्वितीय पंक्ति का पूर्वार्द्ध ने० प० में नहीं है, संभवतः प्रतिलिपिक मूल की अनुकृति न कर पाए हों। ३-४ झींसीं काँदब ५ हठसील ६ बहुले ८ सिखाओलि १२ दइव १५ तेसर

शब्दार्थ—रचने=बनाने में। झींसी काँदब=झींसी से कीचड़। बिनु···खील=(फोड़े के) बिना बहने के कारण खील पड़ जाती है। पललाहु···पाओ=मैं कितना पैरों पड़ी, विनती की। दइव बाङ्क=जब विधाता ही विपरीत है। सरिआओ=ठीक क्रम में करेगा, सुधारेगा।

[३६५]

बरलीरागे—

सौरभ[1] लोभे[2] भमर भमि आएल
पुरुब पेम बिसवासें[3]।
बहुत कुसुम मधुपान पिआसल
जाएत तुअओ[4] पासें[5]॥ ध्रु०॥
मालति करिअ हृदय[6] परगासे।
कत दिन भमरे पराभव पाओब
भल नहि अधिक उदासे॥
कओनक[7] अभिमत के नहि राखए
जीवओ दए जग हेरि।
की करब तें[8] धन अध[9] जीवने
जे नहि बिलसए बेरि॥
सबहि कुसुम मधुपान भमर कर
सुकवि विद्यापति भाने[10]॥

ने० पृ० ८६ (क), प० २३८; पं० १

पाठभेद—

न० गु० (प० सं० ४१७)—३ बिसवासे ८ तें ९ अरु। अन्तमें अतिरिक्त पूरक चरण:—"राजा सिवसिंह रूपनराएन[11] लखिमा देवि रमाने।"

मि० म० (प० सं० ४२१) - ३ बिसवासे ७ कओनक ९ अरु

सु० झा० (प० सं० २१७)—४-५ तुअओ पासे ९ अरु

परि० पद० (प० सं० २१८)—१ सउरभ २ लोभें ३ बिसवासे ६ हृदय ९ अरु ११ रुपनराअेन। भणिता न० गु० सदृश।

सं० मन्तव्य—१ सउरम ६ हिरदअ ८ तञो

शब्दार्थ—तुअओ=तुम्हारे भी। परगासे=प्रकाशित, प्रसन्न। धन अध जीवने=आधे जीवन धन को, यौवन के बहुमूल्य समय को। जे नहि विलसए बेरि=जो समय पर उपभोग नहीं कर रही हो।

[३६६]

बरलीरागे—

हरि बिसरल बार गेह
बसुह[१] मिलल सुन्दर गेह।
साने[२] कोने आबे बुझए बोल
मदने[३] पाओल अपन[४] तोल॥ ध्रु०॥
कि सखि कहब कहैते[५] धाष[६]
खखन्दे ज[७] ओरा[८] कतए राख।
अपथ पथ परिचय[९] भेल
जनम आँतरे[१०] बेडा[११] देल॥
गमने कैतवे[१२] करसि ओज
परेओ परक करए षोज[१३]।
ओछे ओ[१४] जाति जोलहा जेओ
ओल[१५] धरि नहि बुनए[१६] सेओ॥
देषल[१७] सुनल कहब[१८] तोहि
पुनु कि बोलि पठाउति मोहि।
सङ्गहि गमन सरस भान
इ[१९] रस रूपनरायण जान[२०]॥

ने० पृ० ९१ (क), प० २५१, पं० ४

पाठभेद—

मि० म० (प० सं० १२०)—४ आपन ५ कहेते ६ धाख ७-८ जओ वा ११ बेड़ा १३ खोज १५ ओले १६ बुलए १७ देखल २० रूपनराएन

सु० झा (प० सं० २३०)—७८ जओरा

परि० पद० (प० सं० २३१)—१ बसु (त) ह ५ कहइते ७-८ खखन्दें ओरा ९ परिचअ १२ कइतबें १३ खोज १‥ ‥न्ठ १७ देखल १८ कहल १९ ई २० रूपनराओन

सं० मन्तव्य—१ बसुहँ २ सूने ३ - मअने ७ जे ८ ओराँ १४ ओछओ १६ बूनए। शेष परि० पद० सदृश।

शब्दार्थ—बसुहँ=पृथ्वी में। सूने कोने=शून्य घर के कोने में। तोल=तौल, अपेक्षित परिणाम। धाख=संकोच। खखन्दे...राख=मान मनावन के चक्र ने कब अन्त तक निर्वाह किया है? बेड़ा=जीवन नौका। कइतवे=छल से। ओज=दुराव, संकोच। ओल धरि=चरम सीमा तक, अति तक।

[३६७]

विरह व्याकुल[१] बकुल तरु तले[२]
पेखलु[३] नन्दकुमार रे।
नील नीरज नयना[४] लो[५] सखि
झरइ[६] नीर अपरा[७] रे॥
देखि[८] मलयज[९] पङ्क मृगमद[१०]
तामरस घनसार रे।
निज पानि—पल्लवे[११] मूदि लोचन
धरनि पड़ वेश[१२] सम्भार[१३] रे॥
बहइ मन्द सुगन्ध शीतल
मन्द मलय[१४]-समीर रे
जनि प्रलय[१५] कालक प्रबल पावक
परशे[१६] दहइ शरीर[१७] रे॥
अधिक वेपथु[१८] टूटि पड़ु खिति
मसृन मुकुता-माल रे।
अनिल-तरल तमाल तरुवर
मुञ्च सुमनस जाल रे॥
मान-मनि तेजि सुदति[१९] चलु यहि[२०]
राए[२१] दसिक सुजान रे।
सुखद-श्रुति अति सरस दण्डक
सुकवि[२१] भन कण्ठहार[२२] रे॥

क्षणदा० पृ० १२६

पाठभेद—

पदकल्पतरु—(प० सं० ४८८) – २ तरु तर ३ पेखल ४-५ नयन सयँ ६ ढरइ ७ अपार ८ पेखि ११ पल्लव १२-१३ असम्भार १६-१७ दहइ सून सरीर १८ बेपथ २० जाहि २१-२२ कवि-भूपति कण्ठहार रे।

कीर्त्तनानन्द (प० सं०)—पदकल्पतरु सदृश। भणिता के अन्त में→कबि विद्यापति भाम रे ?

न० गु० (प० सं० २७९)—१ बेयाकुल। शेष पदकल्पतरु सदृश। भणिता कीर्त्तनान्द सदृश।

बेनीपुरी (प० सं० १४१) – ५ सएँ १३ असँभार १६ दहए १८ बेपथु २० जहि। शेष प० त० एवं न० गु० सदृश।

मि० म० (प० सं० ९२३)—मूल में न० गु० सदृश पाठ। पादटिप्पणी में क्षणदा० एवं पदकल्पतरु के पाठभेद।

सं० मन्तव्य—(i) प्रस्तुत पद को मि० म० ने, नाति प्रामाणिक एवं संदिग्ध, माना है किन्तु इसका भाव और इसकी भाषा विद्यापति के अधिक अनुकूल हैं अतएव इसे प्रामाणिक पद मानने में कोई बाधा नहीं है।

(ii) पद का पाठ विभिन्न आकर ग्रन्थों में कुछ परिवर्त्तनयुक्त मिलता है, विशेषकर भणिता का अंश। भणिता के पूर्वार्द्ध से उत्तरार्ध का मेल केवल 'कीर्त्तनानन्द' के पाठ का ही ठीक बैठता है। संभवत: इसी कारण न० गु० एवं मि० म० ने वही पाठ ग्रहण किया है।

(ii) ३ पेखलूँ ४-५ नअन सजें ७ अपार ८ मलअज १२-१३ असँभार १४ मलअ १५ प्रलअ १९ सुदुति २० जहिँ २१-२२ कवि विद्यापति भान रे।

शब्दार्थ—बकुल=मौलश्री। पेखलुँ=प्रेक्षण, भली प्रकार देखा। नील नीरज=इन्दीवर, नीलोत्पल। मलअज पङ्क=घिसे चन्दन का शीतल लेप। मृगमद=कस्तूरी। तामरस=लाल कमल, शीतलोपचार के प्रसंग में इसके किंजल्क, केशर का उपयोग। ये सभी वस्तुएँ, जिन्हें विरह व्यथित कृष्ण की व्यथा दूर करने के लिए सखियाँ लाती हैं, कृष्ण को याद दिलाती हैं कि इन्हीं से राधा अपना प्रसाधन मण्डन करती थी अतएव स्मृति विभोर हो वे इनका दर्शन भी सहन नहीं कर पाते। वेपथु=प्रकम्प। खिति=पृथ्वी पर। मसृल=कोमल। अनिल तरल=पवन से आन्दोलित। मुञ्च=छोड़ना, बिखेरना। मानमनि=मान रूपी मणि, या हे श्रेष्ठ युवति मान को। सुदुति=सुन्दर, कान्तिमती।

[३६८]

तोहरि[1] विरह बेदने[2] बाउर
सुन्दर माधव मोर।
खने[3] अचेतन[4] खने[5] सचेतन[6]
खने[7] नाम धरु[8] तोर॥
रामा[9] हे तू[10] बड़ि[11] कठिन देह।
गुन अवगुन न[12] बुझि[13] तेजलि[14]
जगत[15] दुलह[16] नेह॥
तोहरि[17] कहिनि[18] कहइते[19] जागय[20]
सुतइ[21] देखय[22] तोय।
ए[23] घर बाहिर[24] धैरज[25] ना धर[26]
पथ निरखये[27] रोय॥
कत परबोधि न माने[28] रहसि[29]
न[30] करे भोजन पान।
काठ[31] मूरति ऐसन[32] आछये[33]
कवि विद्यापति भान॥

पदामृतसमुद्र, पृ० ७२

पाठभेद—

पदकल्पतरु (प० सं० ५३० और २०४४)—प० स० सदृश।

ब्र० न० सहाय (मान, प० सं० १३)· १ तोहर २ वेदन ३-८ छिनहि सचेतन छिनहि अचेतन छिनहि नाम धरे ९ वामा १० तों १२-१४ जे तों नहि बूझह १५-१६ तेजि जग दूलह १७-२० तोहर कहिनी कहिते जागथि २१-२२ सुनई देखइ २३-२६ नहिं घर बाहर तनिकहु धीरज धर २७ निरखइ २८-२९ मानय रहसी ३० मा ३१ काठक ३३ आछय

न० गु० (प० सं० ३८१)—प० स० सदृश।

मि० म० (प० सं० ६५७)—प० स० सदृश।

सं० मन्तव्य—१ तोहारि १० तञो ११ बडि १५ जगते १७ तोहारि २० जागए २१-२२ सुतए देखए २३-२४ घरे बाहिरे २५ धइरज २७ निरखए ३२ अइसन ३३ आछए।

शब्दार्थ—बाउर=बवला। नाम धरु=नाम जपते हैं। दुलह=दुर्लभ। रहसि=आनन्द।

[३६९]

ए धनि मानिनि[१] करह सञ्जात[२]।
तुआ[३] कुछ हेम-घट हार भुजङ्गिनि
ताक[४] उपर धर[५] हात ॥
तोहे[६] छाड़ि जदि[७] हम परसब[८] कोय।
तुअ हार नागिनि काटब मोय[९] ॥
हमर वचन जदि नहि[१०] परतीत।
बुझि[११] करह[१२] साति जे होय[१३] उचीत ॥
भुज-पाश[१४] बाँधि जघन-तर[१५] तारि[१६]।
पयोधर[१७]-पाथर हिय[१८] दह[१९] भारि[२०] ॥
उर कारा[२१] बाँधि राख[२२] दिन-राति।
विद्यापति कह उचित इह[२३] साति ॥

पदकल्पतरु ३८७

पाठभेद—

ब्र० न० सहाय (मान, प० सं० २)—१ मानवि २ संजात ३ तुअ ४ ताके ५ धरि ६ तोंहे ७-८ हम जो परसी १० यदि नह ११-१२ बुझिय करहु १३ हो १४ पासे १५ पर १६ ताड़ि १९ बेहु २० पारि २१ कारागार २२ राखो २३ य

न० गु० (प० सं० ३५१)—२ सञ्जात । शेष प० त० सदृश ।

मि० म० (प० सं ६४७)—प० त० सदृश ।

बेनीपुरी (प० सं० १३७)—८ परसब कोए ९ मोए १३ होए १५ तले १८-१९ अदेह २३ इ

सं० मन्तव्य—३ तुअ ४ ताके ६ तोहें ९ मोअ १३ हो १४ पाशे १६ डारि १७ पओधर १८ हिअ

शब्दार्थ—सञ्जात=सावधानी से, संयमित हो। ताके=उसके। साति=दण्ड।

[३७०]

दिवस तिल आध राखबि जौवन[१]
रहइ[२] दिवस सब जाब।
भाल मन्द दुइ सङ्ग[३] चलि जायब[४]
पर उपकार से लाभ ॥

सुन्दरि हरि बधे तुहुँ भेलि भागि[५]।
राति दिवस सोइ आन नहि[६] भावइ[७]
काल विरह तुआ[८] लागि[९]॥
विरह सिन्धु माहा[१०] डुबइत आछय[११]
तुअ कुच कुम्भे[१२] लखि देइ[१३]।
तुहु धनि[१४] गुनवति उधार[१५] गोकुलपति
त्रिभुवन[१६] भरि जस[१७] लेइ[१८]॥
लाख लाख नागरि जो[१९] कानु[२०] हेरइ
से सुभ दिन कर मान।
तुआ[२१] अभिमान लागि सोइ आकुल
कवि विद्यापति भान॥

प० त० ४९३

पाठभेद—

ब्र० न० सहाय (मान, प० सं० ४)—१ यौवन २ बहइ ३ सँगे ५ भागी ६-७ न भावय ८ तुअ ९ लागी १० महँ १२ कुँभ १३ देई १४ पाठाभाव १५ उधारु १७-१८ यश लेई १९ जेहि २० पाठाभाव २१ तुअ

न० गु० (प० सं० ४४६)—१ यौवन २ बहइ। शेष प० त० सदृश।

मि० म० (प० सं० ६६४)—प० त० सदृश।

'सं० मन्तव्य—१ जउवन २ बहए ३ सङ्गे ४ जाएब ६ जान नहिँ १० महँ ११ आछए १६ त्रिभुवने २१ तुअ

शब्दार्थ—[i] प्रस्तुत पद की भाषा पर बंगीय प्रभाव अधिक है।

[ii] बहए दिवस=दिन बीत जाने पर। से लाभ=वही कीर्ति शेष रह जाएगी। लखि देइ=लक्ष्य, अवलम्ब दो या देखने दो। उधार=उद्धार करके। जो…मान=जिस कृष्ण को देख लेने पर अपना दिन सौभाग्य शाली समझती हैं।

[३७१]

पीन कठिन कुच कनक[१]-कठोर।
बङ्किम[२] नयने[३] चित हर लियो[४] मोर॥
परिहर सुन्दरि दारुन मान।
आकुल भ्रमरे[५] कराह[६] मधुपान॥

ए धनि सुन्दरि करे[७] धरि तोर।
हठ न करह[८] महत[९] राख[१०] मोर॥
पुन[११] पुन कतए बुझायब[१२] बार बार।
मदन-बेदन हम सहइ[१३] न पार॥
भनइ[१४] विद्यापति तुहुँ[१५] सब जान।
आसा भङ्ग[१६] दुख मरन समान॥

प० त० ५१०

पाठभेद—

ब्र० न० सहाय (मान, प० सं० १२)—१ कनया २ बँकिम ४ लेल ५-६ भ्रमर करम ७ कर ८-१० करहु मन राखहु ११-१२ कतेक बुझायब तोहि १३ सहै १४ भन १५ तुहु १६ भँग।

न० गु० (प० सं० ३५९)—प्रथम पंक्ति→'पीन कनया कुच कठिन कठोर'। शेष प्रायः प० त० सदृश।

मि० म० (प० सं० ६४८)—प० त० सदृश।

सं० मन्तव्य—३ नअने ४ लिअ ७ कर १२ बुझएब १३ सहए।

शब्दार्थ—पीन=पुष्ट। बङ्किम=तिरछी। कराह=कराग्रो। महत=महत्व, सम्मान।

[३७२]

सुन सुन गुनवति राधे।
परिचय[१] परिहर[२] कोन अपराधे॥
गगने[३] उगए[४] कत तारा।
चाँद आनहि[५] अवतारा॥
आन[६] कि कहब विसेखि[७]।
लाख लखिमिचय[८] लेखि[९] ना लेखि[१०]॥
सुन[११]धनि मन-हृदि झूर।
तबहि मनहि मन पूर॥
विद्यापति कह मीलन भेल।
सुनइत[११] धन्द सबहि[१२] भै गेल॥

प० त० ५४९

पाठभेद—

ब्र० न० सहाय (मान; प० सं० १४) – २ परिहरु ३-४ गगन उदय ७ विशेखी ८-१० लछिमि कहँ लखय न लेखी ११ सुन १३-१४ सबहि दुरि

न० गु० (प० सं० ५२४) – प० त० सदृश।

मि० म० (प० सं० ६४६)—प० त० सदृश।

सं० मन्तव्य—१ परिचअ ५ आनहि ६ आन १२ सुनइते

शब्दार्थ—परिहर=त्यागना, भुलादेना। लाख…लेखि=लक्ष्मी जैसी सुन्दरता की लाखगुनी सुन्दरता को देखकर भी नहीं देखते, कुछ नहीं गिनते। झूर=सूख गया, व्याकुल हुआ।

[३७३]

छोड़ल अभरन मुरली[१] विलास।
पदतले[२] लुठये[३] सो पोतवास[४]॥
जाक[५] दरस बिने[६] झरय[७] नयान[८]।
अब [९] नहि हेरसि ताक[१०] बयान॥
सुन्दरि तेजह[११] दारुन मान।
साधये[१२] चरने[१३] रसिक वर कान॥
भाग्ये[१४] मिलय[१५] इह[१६] श्याम[१७] रसवन्त।
भाग्ये[१४] मिलय[१५] इह[१६] समय[१८] वसन्त॥
भाग्ये[१४] मिलय[१५] इह प्रेम सङ्घाति[१९]।
भाग्ये[१४] मिलय[१५] इह[१६] सुखमय राति।
आजु जदि[२०] मानिनि तेजबि[२१] कन्त।
जनम गोङायबि[२२] रोइ एकन्त।
विद्यापति कहे[२३] प्रेमक रीत।
याचित तेजि ना[२४] हय[२५] समुचित[२६]॥

प० त० २०३८

पाठभेद—

ब्र० न० सहाय (मान, प० सं० ६)—१ मुरलि २ पदतल ३ लोटय ४ पितवास ६ बिनु ८ नयन १० बयन ११ तेजहु १२-१३ साधय चरन १४ भागे १५ मिलल १६ यह १७ साम १९ संगाति २० यदि तेजब २२ गँवाइब २४-२६ नहिँ होय समुचीत।

न० गु० (प० सं ३८३)—प० त० सदृश।

मि० म० (बंगाली विद्यापतिर पद, प० सं० २०)—प० त० सदृश।

सं० मन्तव्य—१ मुरलि ५ जाकें ६-८ बिन झरए नअन ९-१० ताकें बअन १३ साधअ १४ मागओ १५ मिलए १८ समअ २२ गोङाएबि २३ कह २४-२५ न होंए।

शब्दार्थ—लुठए=लोट रहा है। जाकें=जिसके। बअन=बदन, मुख। प्रेम सङ्घाति=प्रेम पथ का साथी। याचित=वाञ्छित पदार्थ अथवा याचक को।

[३७४]

गगनक चान्द हाथ धरि देयलु[१]
कत समुझायल[२] निति[३]।
यत[४] किछु कहल सबहु ऐछन[५] भेल
चीत[६] पुतली सम रीति॥

माधव बोध ना मानइ राइ।
बुझइते अबुझ अबुझ करि मानए
कतए बुझायबि ताइ॥
तोहारि मधुर गुन कतहि[८] थापलु[९]
सबहु कठिन करि माने।
येछन[१०] तुहिन बरिखे रजनी
कर[१२] कमल ना सहए पराने॥
विद्यापति बानी शुन[१३] शुन[१४] गुनमनि
आपे[१५] करह पयान[१६]।
राजा सिवसिंह रूप नरायन[१७]
लछिमा देइ रस गान।

पंडित बाबाजी पूँथि, प० सं० ९८

पाठभेद—

मि० म० (प० सं० ४७)—उपर्युक्त सदृश।

सं मन्तव्य—१ देअलु २-३ समुझाओल नीति ४ जत ५ अइसन ६ चित ७ बुझाओब ८ कतए ९ थापलु १० जइसन ११-१२ रजनीकर १३-१४ सुन १५ आपए १६ पआन १७ रूपनराजेन।

शब्दार्थ—चित पुतली=चित्र में बनाई गई पुतली की भाँति। बोध=समुझावन। थापलु=स्थापित किया, सराहा। रजनीकर=चन्द्रमा।

[३७५]

बरालीरागे—

कत नहि[१] कुसुम[२] कते[३] रस जाग।
तन्हिका तोहर अइसन अनुराग॥
मौललि[३] माञ्जरि न करए पान।
तोहि मानए जनि दोसर परान॥ ध्रु०॥
केतिक भमरा दे उपराग।
मधु मङ्गइते[४] मुह[५] पलए[६] पराग॥
जकराँ जे बिनु नहिं परकार।
से जओ करए तकर (परिहार)।
पातक कोटि छोटि मति मोरि।
आओ की कहबि मञे[७] महिमा तोरि॥

राम० पृ० २५, प० ८६; पं० २

पाठभेद—

परि० पद० (रा० पु०, प० सं० ३६)—२ मउलिल मुँह ७ मोञ

सं० मन्तव्य—१-२ कतनेहि कुसुमे ३ मउललि ४ मँगइते ५ मुँह ६ पळए

शब्दार्थ—कतनेहि कुसुमे=कितने ही फूलों में। तन्हिका=उनका। उपराग=उलाहना। पलए पराग=परागकण [धूल] पड़ता है। परकार=उपाय, अन्य अवलम्ब। छोटि···मोरि=मेरी छोटी बुद्धि में।

[३७६]

धनछीरागे—

गुरुजन दुरजन परिजन बारि। न गुनल लाघव कु(ल)के[१] गारि॥
जीव कुसुम कए पूजल नेह। भरि डभकल[२] अबे[३] तोहर सिनेह॥
....[४] वास। सखिँ[५] जानब जओ बड[६] उपहास॥
पुनु जनु आबह हमर समाज। मञे[६] नहि रखबे आखिक[७] लाज॥
मुनिहुँक काजँ (प) लए[८] परमाद। हमराहुँ जनु से पल[९] अपवाद॥
सुन्दरि वचने हलल सिर झालि[१०]। नागर न सह कुगइँआ[११] गारि॥
जत अनुराग दूर सबे गेल। भीतिक[१२] पुतरी विषधर भेल॥
विद्यापति कह सुन वर नारि। पहु अवलेपिअ[१३] दोस[१४] विचारि॥
राजा रूपनराएन[१५] जान। सिरि सिवसिंह लखिमा दे रमान॥

राम० पृ० ४९ (क), प० १६५; प० १

पाठभेद—

शि० ठाकुर (प० सं० ३७)—२ उमकल ६ बड़ १३ अवेलेपिअ १६ देवि ।

मि० म० (प० सं० ११९)—१ कुलके २ उमकल ५ सखि ६ बड़ ८ पलए ११ कुगइआ १२ मोतिक १६ देवि ।

परि० पद० (रा० पु०, प० सं० ४६)—६ मोन ७ आखिक ८ पालए ९ पळ ११ झाळि ११ कुगइआ १४ दोष १५ रूपनराञेन ।

सं० मन्तव्य—१ कुल कें आबे ४ पाठाभाव । शेष परि० पद० सदृश ।

शब्दार्थ—लाघव=छोटाई, निन्दा। उमकल=गर्म होकर फूल उठा, उतरा गया। आखिक लाज=आँख की लाज, महत्व। झालि=झाड़ना, दुत्कारना। कुगइआ=ओदे गाँव की। भीतिक पुतरी=दीवाल या चित्र पठ पर खिंची पुतली। अवलेपिअ=अवलिप्त करो, दोषी समझो।

[३७७]

धनछीरागे—

पहु सञो उतरि बोलब बोल
अइसन मन न मानए मोर।
से जदि वचने फलें[१] उदास
अपनि[२] छाहरि तेज न पास ॥ध्रु०॥
सखि पठाबसि[३] मन्दें[४] साथ
हरुओ[५] आदर आपन[६] नाथ[७] ॥
कैरव[८] सुरुज कमल चन्द
पर पुरुसक[९] सिनेह मन्द।
नागरि भए जदि हठें[१०] विमान[११]
इकहि[१२] जनमे इछब[१३] आन[१४] ॥
सरस भन कवि कण्ठहार
सुन्दरि राख कुल[१५] बेवहार।
ई रस[१६] रूपनराएन[१७] जान
रानि लखिमा देवि[१८] रमान ॥

राम० पृ० ५४ (क), प० १८७, पं० १

पाठभेद—

शि० ठाकुर (प० सं० ४६)—३ पचारसि ५ हर ओ १६ सब

मि० म० (प० सं० १५)—१ फले २ आपनि ३ पचारसि ४ मन्दे ५ हर ओ ६-७ आपन लाथ ६ पुरुषक १०-११ हटेँ वि मान १३ इच्छब १६ राणि

परि० पद० (रा० पु, प० सं० ५५)—६ पुरुषक १४ जान १५ कुल (क) १७ रूपनराजेन ।

सं० मन्तव्य—२ आपनि ६ आपन ८ कइरव १२ एकहिँ १३ ईछब १६ देइ। शेष परि० पद० सदृश।

शब्दार्थ—उतरि=उतर कर, नम्र होकर । छाहरि=छाया । इरव=कुई । हठे विमान=हट के कारण सम्मान रहित हो जाय । ईछब=इच्छा करे ।

[३७८]

मालव रागे—

विकच कमल तेजि भमरी
सेओल मधुरि[१] फूल ।
समअ सम्पद देखि उराएल[२]
बडेओ[३] वचन भूल ॥ धु० ॥
साजनि भल भेल अभिसार ।
सुपहु एलिए[४] जथाँ गेलि हे
तकर पुन[५] अपार ॥
गुनक बान्धल आएल नागर
मन्दिरँ न देख[६] तोहिँ[७] ।
मदनसरे[८] बेआकुल मानस
आएल चौदिस[९] जोहि ॥
सुनि सेज सुति रहल बापुल[१०]
नअने[११] तेजए नीर ।
हरि हरि हरि हरि[१२] पुकारए
देह न मानए थीर ॥

राम० पृ० १०९, प० ३८३; प० ९

पाठभेद—

शि० ठाकुर० (प० सं० ५२)—२ डराएल ३ बड़ेओ ६ देखल १० बाकुल १२ हरि हरि हरि।

मि० म० (प० सं० ८१६)—११ नयने। शेष ठाकुर सदृश।

परि० पद० (रा० पु०, प० सं० ६१)—४ एळिए ६ देख (ल) ८ मदनसरें ११ नअने।

सं मन्तव्य—१ मधुरी ५ पून ६ देख ९ चउदिस। शेष परि० पद० सदृश।

शब्दार्थ—मधुरी=दुपहरिया का फूल। उराएल=ओरा जाने पर। एलिए=तिरस्कृत कर। जोहि=ढूंढ़ कर। बापुल=बेचारा।

[३७९]

लरित रागे

पुरुष भमर सम कुसुमे कुसुमे रम
पेअसि करए कि पारे।
उर[1] न राखल पहु परतख भेल लहु[2]
ओर धरि भेल न[3] विचारे॥ ध्रु०॥
भल न कएल तोहें सुमुखि सरूप[4] कोहें[5]
उलेपल[6] पिअ अपराधे॥
सेहेसे[7] आनी[8] नारि पिआगुणे[9] परचारि
बेकतेओ[10] दोस[11] नुकाबे।
निसि निसि कुमुदिनि ससधर पेम जिनि[12]
अधिक अधिक रस पाबे॥
भनइ विद्यापति अरेरे वरजुवति[13]
अबहु करिअ अवधाने।
राजा सिवसिंह रूपनरायण[14]
लखिमा देवि[15] रमाने॥

राम० पृ० ११७ (क), प० ४०४, पं० २

पाठभेद—

शि० ठाकुर (प० सं० ७५)—१ डर २ नहु ३ पाठाभाव ५-६ कोहों‍उ लेपन ७-८ सेहे सआनी १२ जिमि १४ रूपनरायन।

मि० म० (प० सं० १२५)—९ पिअगुण १०बेकतओ । शेष ठाकुर सदृश ।

परि० पद० (रा० पु०, प० सं० ८२)—७-८ सेहे सबानी ९ पिआ गुन ११ दोष १३ वर जउवति १४ रूपनराजेन ।

सं० मन्तव्य—४ अलप १५ देइ । शेष परि० पद० सदृश ।

शब्दार्थ—परतख=प्रत्यक्ष, समाज के सामने । अलप कोहे=क्षणिक क्रोध में । उलेपल=प्रवलित कर दिया, प्रचारित कर दिया । नुकाबे=छिपाती है ।

[३८०]

ए[१] सखि ए[१] सखि न बोलह[२] आन[३]।
तुअ गुने[४] लुबुधल निते आब[५] कान ॥
निते निते[६] निअर आब[५] बिनु काज !
बेकतेओ[७] हृदय[८] नुकाबए[९] लाज ॥
अनतहु जइते[१०] एतहि[११] निहार ।
लुबुधल नअन[१२] हटए[१३] के पार ॥
से अति नागर तोञे[१४] तसु तूल ।
एक[१५] नले गाँथ[१६] दुइ[१७] जनि फूल ॥
भनइ[१८] विद्यापति कवि कण्ठहार ।
एक[१५] सर[१९] मनमथ दुइ जिव मार ॥

ताल०, न० गु०, प० सं० ८०

पाठभेद—

ग्रियर्सन (प० सं० ४)—४ गुण ५ अब ७ बेकतय १० जाइतेँ हृदय १८ भनहिं

ब्र० न० सहाय (सखी शिक्षा, प० सं० ६)—१ ये २ बोलहु ४ गुन ५ आव ६ नित नित ७ बेकतउ ९ लुकावय १० जाइत ११ इतहि १३ हटाय १४ तों १५ यक १६ नल १७ दुई १८ भन

मि० म० (प० सं० २५९)—१० जाइत ।

परि० पद० (त० प० सं० २६) ३ आन १० जाइते १२ नअन १६ नलेँ गाँथल ।

सं० मन्तव्य (i)—३ आन ८ हृदअ १० जाइते ११ एतहिँ १२ नअन १६-१७ नलेँ गाँथल जनि दुइ १९ सरे ।

(ii) प्रकाशन क्रम में यद्यपि इन पदों को सर ग्रियर्सन ने ही सर्वप्रथम प्रकाशित किया तब ब्र० म० सहाय; तदनन्तर नगेन्द्रनाथ गुप्त ने, किन्तु चूंकि गुप्त जी ने इन्हें तालपत्र की प्राचीन पोथी से गृहीत बताया है अतएव मूल में उनका ही पाठ रखा गया है।

[३८१]

यदि अवकास कइए[२] नहि तोहि।
काँ लागि[३] ततए[४] पठओलए[५] मोहि॥
तोहरा[६] हृदय[७] वचन नहि थीर।
नलनी[८] पात जइसन बह[९] नीर॥
आबे[१०] कि कहब सखि कहइते[११] अकाज।
अथिरक मधथ भेल सम[१२] काज॥
आसा लागि सहत कत साठ।
गरुअ न हो अमड़ाकाँ[१३] काठ॥
तोँहे[१४] नागरि गुन रूपक गेह।
अनुदिने[१५] बुझल[१६] कठिन तुअ नेह॥
तन्हिकाँ[१७] सतत तोहार परथाब।
जनि निरधन मन कतए[१८] धाब॥
भनइ विद्यापति इ[१९] रस गाव।
मगले कानट के नहि पाब॥

ताल०, न० गु०; प० सं० १०१

पाठभेद—

ब्र० न० सहाय (सखी शिक्षा, प० सं० १५)—१ जदि २ कहिओ ३ लगि ४-५ ततहि पठाउल ६ तोहर ८ नलनि १०-११ कि कहब सखि हे कहब १४ तुहि १५-१६ अनुदिन बुझलि १७ तन्हिका १८ कतय १९ ई

मि० म० (प० सं० २६३)—१ जदि ८ नलिनी ११ कहइत १४ तोहे १५ अनुदिन १७ तन्हिक

परि० पद० (त०, प० सं० ३२)—८ नलिनि ९ रह ११ कहइते लाज १२ सम १४ तोहें १९ ई।

सं० मन्तव्य—५ पठओलह् ७ हृदअ ८ न लिमि १४ तोञ १९ ई।

शब्दार्थ—कइए=कहने को भी, कुछ भी। थीर=स्थायित्व। कहइते अकाज=कहना व्यर्थ है। अथिरक···काज=चञ्चल चित्त वालों के बीच पड़ने पर सभी कार्य अस्थिर हो गए। परथाव=प्रस्ताव, प्रसङ्ग, चर्चा। कानट=कानिष्ठ्य, छुट-पन, पतित दशा।

[३८२]

की कुच अञ्जले राखह गोए[१]।
उपचित कतए तिरोहित होए॥
उपजलि[२] प्रीति[३] हठहि[४] दुर गेलि।
नयनक[५] काजरे[६] मुख[७] मसि भेलि[८]॥
तें[९] अवसादे[१०] अबस[११] भेल देह[१२]।
खत[१३] खरिआ[१४] सन भेल[१५] सिनेह॥
जञो बाजलि तञो संसअ गेलि।
आनि[१६] नवओ निधि[१७] जनि[१८] देलि॥
भनइ[१९] विद्यापति एहु रस जान।
राजा[२०] सिवसिंह[२१] रूपनरायन[२२]
लखिमा देवि[२३] रमान[२४]॥

ताल०, न० गु०; प० सं० ४१४

पाठभेद—

ने० प० (प० १९८ पं० ४) केवल आरंभिक चार पंक्तियाँ, उपर्युक्त पद की तीसरी से ६ठीं पंक्तियों (२-१६) से अग्रलिखित पाठभेद से मिलती हैं :—२ बाढलि ३ पिरिति ६ काजर ७ मूह ९ ते ११ अवसिन १३-१४ खड कुमढा १५ बुझल।

द्रष्टव्य—प्रस्तुत संस्करण प० सं० १२८।

मि० म० (प० सं० ७१)—१ गोये ९ तें १८ भूनइ २१ सिवसिंध २३ देइ

परि० पद० (त०, प० सं० १२८)—४ हठहिं ६ काजरें ९ तें १० अविसादें ११ अवसन १६ जाति १७-१८ निधि तजे जनि २०-२४ सिवसिंह लखिमा देवि रमान।

सं० मन्तव्य - (i)अटपटे भाव हैं। ३ पंक्तियों की भणिता और २—१५ तक के चार चरणों के ने० प० १९८ के चरणों की समानता से इस पद के मिश्रित होने का भाव स्पष्ट है।

(ii) ३ पिरिति ४ हठहिँ ५ मत्रनक ११ अवश २२ रूपनराजेन २३ देइ। शेष पाठभेद परि० पद० सदृश।

शब्दार्थ—उर्पाचित=बढ़ा हुआ। खत खरिआ=खाँड़ा [खड्गी] की [क्षत] चोट।

[३८३]

पुनु चलि आबसि[1] पुनु चलि जासि।
बोलओ चाहसि किछु बोलइते लजासि॥
आस दइए हरिकहु किए लेसि।
अधराओ वचने उतरो न देसि॥
सुन दूती तोञे सरूप[2] कह मोहि।
सङ्ग सञो कपट हमर भेल तोहि॥
तन्हिकर कथा कहसि काँ लागि।
जूड़िहू[3] हृदय[4] पजारसि आगि[5]॥
तन्हिकर कउसल मोरा पअ[6] दोस।
काँहलेओ कहिनी बाढ़य[7] रोस॥
भनइ विद्यापति एहु रस भान[8]।
राए सिवसिंह[9] लखिमा देइ[10] रमान॥

ताल; म० गु०, प० सं० ४५५

पाठभेद—

मि० म० (प० सं० ११८)—२ सरुप ३ जुड़िहु ५ आसि ९ सिवसिंघ।

परि० पद० (त०. प० सं० १४२)—६ पए ७ बाढ़ए ८ जान १० दे। २-३ मि० म० सदृश।

सं० मन्तव्य—१ आओसि ३-४ जुड़िहु हृदअ ६ पए ७ बाढ़ए।

शब्दार्थ—हरिकहु किए लेसि=क्यों हर लेती हो। जुड़िहु हृदअ=शीतल हृदय में भी। पजारसि=प्रज्वलित करती हो।

[३८४]

अधर सुधा मिठि दूधे[1] धवरि डिठि
मधु सम मधुरिम बानी[2] रे।
अति अरथित जे जतने न पाइअ
सबे बिहि तोहि देल आनि[3] रे॥

जनु रुसह भाविनि भाव जनाइ।
तुय[५] गुने लुबुधल सुपहु अधिक दिन
पाहुन आएल मधाइ॥
जसु गुने भखइते झामरि भेलि हे
रयनि[६] गमओलह जागि रे।
से निधि[७] निधि[७] अनुरागे[८] मिलल[९] तोहि
कान्हु सम पिआ[१०] अनुरागि रे॥
भनइ विद्यापति गुणमति[११] राखए
बालभु[१२] के अपराध रे।
राजा शिवसिंह[१३] रूपनराएन[१४]
लखिमा देवि[१५] अराध रे॥

ताल, न० गु०; प० सं० ८१६

पाठभेद—

मि० म० (प० सं० १३७)—५ तुअ ७ बिधि ९ मिलन १० पिया ११ गुनमति १३ सिवसिंघ १४ रूप नराएन १५ देइ।

परि० पद० (त० प० सं० २२७) २ बानि ३ आनि ४ रूसह ५ तुअ ६ रअनि ७-८ बिधि अनुरोधे १३ सिवसिंह १४ रूपनराओन।

सं० मन्तव्य—१ दूधें ७ बिधि १२ बालँभु १५ देइ। शेष० परि० पद० सदृश।

शब्दार्थ—दूधें धवरि=दूध सी उजली। अरथित=प्रार्थित, चाही हुई। भाव=प्रीति। मधाइ=माधव, कृष्ण। विधि अनुरागे=विधाता की कृपा से।

[३८५]

मानिनि आब उचित नहि मान।
एखनुक रङ्ग एहन सन लगइछि
जागल पय[१] पचोबान[२]॥
जूड़ि[३] रयनि[४] चकमक कर[५] चानन[६]
एहन समय[७] नहि आन।[८]
एहि अवसर पहु मिलन जेहन सुख
जकरहिं होए से जान॥

रभसि रभसि अलि विलसि विलसि करि[९]
जेकर[१०] अधर[११] मधु पान।
अपन अपन पहु सबहु जेमाओलि
भूखल तुअ जजमान।
त्रिबलि तरङ्ग सितासित सङ्गम
उरज सम्भु निरमान।
आरति[१२] पति[१३] परतिग्रह[१४] मगइछि[१५]
करु धनि सरबस दान॥
दीप[१६] दिपक[१७] देखि[१८] थिर न रहय[१९] मन
दृढ़ करु अपन गेआन[२०]।
सञ्जित[२१] मदन वेदन अति दारुन
कवि विद्यापति भान॥

ग्रियर्सन प० सं० ५०

पाठभेद—

ब्र० न० सहाय (मान, प० सं० २५)—२ पंचबान ३-४ जूड़ि रइनि ६ चन्दा ९ कर १२-१३ आरतपत १४ प्रतिग्रह १५ मगइछ।

न० गु० (प० सं० ४१२)—एवं **मि० म०** (प० सं० ४३७) लगभग ग्रियर्सन सदृश।

बेनीपुरी (प० सं० १४७)—१ पए २ पँचबान ३ जूड़ि ५ करु ६ चाँदनि ९ कलि १०-११ करए मधुर १४-१५ मँगइछ परतिग्रह १६-१८ दीप बाति सम २१ संचित

सं० मन्तव्य--१ पए ४ रअनि ७ समअ ८ आन ६ कलि १९ रहए २० गेआन।

शब्दार्थ—रङ्ग=लक्षण। जूड़ि=शीतल। आन=दूसरा, मिलन काल के अतिरिक्त। कलि=कलियाँ। आरति=आर्तिवश, कातर होकर। परतिग्रह=दान। दीप...मन=दीपक की अस्थिर शिखा देख मन भी स्थिर नहीं रह पाता, उसी भाँति आन्दोलित हो उठता है। सञ्चित मदन वेदन=काम-वेदना का राशी भूत हो जाना।

[३८६]

भाविनि भल भए विमुख विधाता।
जइह पेम सुरतरु सुखदायक
सइह[१] भेल दुखदाता॥

तोर सुमरि गुन मोर हृदय[२] सुन
नोर[३] नयन[४] रहु झाँपि।
गरज गगन भरि जलधर हरि हरि
अब[५] हमर हिय[६] काँपि॥
करिअ जनत जत विफल होय[७] तत
न पाइअ तोहर समाजे।
विरह दहन दह तइओ जीव रह
सब तह ई बड़ि लाजे॥
निबिड़ नेह रस बस[८] भय मानस[९]
पाव पराभव लाखे।
पुरुष[१०] परुषमति के जुवति न कहति
कवि विद्यापति भाखे॥

न० गु०, प० सं० ७०६; (मिथिलार पद)

पाठभेद—

मि० म० (प० सं० ५३६)—न० गु० सदृश।

सं० मन्तव्य—१ सेइअ २ हृदअ ३-४ नोरे नअन ५-६ हमर हिअ रहु ७ होए ८-९ भय मानस बस १० पुरुष।

शब्दार्थ—जइह=जो। सेइह=वही। नोर=आँसू। समाजे=सङ्ग-साथ। विरह दहन दह=विरहाग्नि जला रही है। भय मानस बस=मन में भय ने जगह जमा ली है।

[३८७]

करे कर धरि जे किछु कहल
वदन विहसि थोर।
जैसे[२] हिमकर मृग[३] परिहरि
कुमुद कयल[४] कोर॥
रामा हे सपति[५] करहु तोर।
सोइ गुनवति गुन[६] गनि गनि
ना जानि कि[७] गति मोर॥
गलित वसन लुलित[८] भूसन[९]
फूयल[१०] कवरि[११] भार।

आहा उहू करि जे किछू कहल[१२]
ताहा[१३] कि[१४] बिछूरि[१५] पार॥
निभृत केतने[१६] हरल चेतने[१७]
हृदये[१८] रहल बाधा[१९]।
भन विद्यापति भाले[२०] से उमति[२१]
विपति[२२] पड़ल राधा[२३]॥

प० स०, पृ० ४५

पाठभेद—

पदकल्पतरु (प० सं० २६०)—पाठ उपर्युक्त सदृश) किसी-किसी पोथी में सातवीं पंक्ति के बाद आगे लिखा अधिक पाठ मिलता है :—"अङ्ग भङ्गि करि रस पसारल लागल हृदय बान। से सब सङरि मदन दहन संशय होइल प्रान। नव पयोधर परस दरसि अधर अमिया देल। दृढ़ आलिङ्गने सब कलेवर पुनहि अङ्कुर भेल।"

ब्र० न० सहाय (विरह ओर प्रबोध, प० सं० ७६)—१ बिहसी ३ मिरिग ५ सपथि ६ सुगुन ७ किय ८ लोलित ९ भूषन १० फूजल ११ कवरी १२ कहल किछु १३-१४ ताकि १५ बिछुरो १६ केतन १७ चेतन १८ हृदय १९ बाध २० भेलि २१ ऊमति २२ बीपति २३ राध।

न० गु० (प० सं० २१४)—एवं **मि० म०** (प०सं० ६९३) प० स० सदृश।

सं० मन्तव्य—(i) प्रस्तुत पद की भाषा पर परवर्त्ती भाषिक प्रभाव अधिक है। पदकल्पतरु की कुछ प्रतियों में उल्लिखित अतिरिक्त पाठ तो प्रसङ्ग के अनुकूल भी नहीं हैं अतः उनका प्रक्षिप्त होना स्वयं सिद्ध है।

(ii) १ बिहँसि २ जइसे ५ कएल ६ भूषन ७ फूजलि १८ हिरदए

शब्दार्थ—मृग=चन्द्रमा में दिखाई देने वाली हिरण की आकृति। सपति=शपथ। गलित=श्लथ अस्तव्यस्त या जीर्ण। फूजल=छितराई हुई।

[३८८]

वर[१] रामा हे सो[२] किये[३] बिछुरन[४] याय[५]।
करे[६] धरि माथुर अनुमति मागिते[७]
ततहि[८] पड़ल मुरछाय॥
किछु गदगद स्वरे[८] लहु लहु आखरे[९]
ये[१०] किछु कहल वर[११] रामा।

कठिन कलेवर[१२] तेइँ[१३] चलि आओल[१४]
चित[१५] रहल सोइ[१६] ठामा ॥
ता बिने[१७] रात दिवस नहिँ भाओइ[१८]
ताते[१९] रहल मन लागी ।
आन[२०] रमनि सञे[२१] राज सम्पद मये[२२]
आछिए[२३] यैछे[२४] बैरागी[२५] ॥
दुइ एक[२६] दिवसे[२७] निचय हम जाओब[२८]
तुहु परबोधबि[२९] राइ[३०] ।
बिद्यापति कह चित[३१] रहल ताहाँ[३२]
प्रेम मिलायब[३३] याइ[३४] ॥

पदकल्पतरु १९४७

पाठभेद—

ब्र० न० **सहाय** (विरह और प्रबोध, पं० सं० ७७)—१ बर २-३ सो किय ५ जाय ६ कर ७ माँगलि ८ स्वर ९ आखर १० जे ११ सु १२ सरिर मोर १३-१४ तेइ चल आयल १९ चित्त १६ सेइ १७ बिन राति १८ भावय १९ ताँहि २० आनि २१ सो २२ भय २३- ४ अछिये जस २६-२७ यक दिवस २८ जायब २९-३० तहु परबोधन ताई ३१ चित्त ३२ तह ३४ जाई ।

न० गु० (प० सं० ७८८)—१ पाठाभाव २-५ से किय विसरल जाइ । शेष प्राय; प० त० सदृश ।

बेनीपुरी (प० सं० २१८ —१ पाठाभाव २-५ से किअ बिसरल जाई ६ कर ७ मँगइते ८ ततहि परल मुरुछाई ८ सरे १०-११ कान्ह कहल बर १३ तहिं १५ चित्त १६ ओहि १७ ता बिनु १८ भावए १९ ताहि २१ संग २२ हमे २३-२५ आछिअ जइसे बिरागी २७ दिवस २९-३० तोहें परबोधह राई ३१ चित्त ३२ नहि ३३-३४ पेम मिलाएब जाई ।

मि० म० (प० सं० ७४८)—प० त० सदृश ।

सं० मन्तव्य—२-३ से किए ५ जाइ ७ मँगइते ८ ततहिँ पड़ल मुरुछाइ ८ सरे १० जे १५ चित्त १६ सेइ १७ बिन १९ ताते २० आन २२ मोञे २३-२५ आछिअ जइसे बइरागी ३१ चित्त ३२ तहाँ । ३३-३४ मिलाएब जाइ

शब्दार्थ—से=वह परिस्थिति । माथुर अनुमति=मथुरा (जाने) की राय । आखरे=अक्षरों, वाणी । ताते=उसमें ही । राजसम्पद मोञे=राज्य सम्पदा के मध्य में । निचय=निश्चय । प्रेम मिलाएब=प्रेम मिलाएगा या मैं उससे प्रीति बढ़ाऊँगा ।

[३८९]

ललितरागे—

डरे न हेरए इन्दु निन्दए[1] चन्दन[2] बिन्दु
मलयानिर[3] बोल आगी।
तुअ गुण कहि कहि मुरुछि[4] पलए[5] महि
रयनि[6] गमाबए जागी ॥ ध्रु० ॥
सुन्दरि कि कहब अधिक[7] सिनेहा।
तुअ दरसने बिनु अनुखने खिन तनु[8]
अबे तसु जिवन सन्देहा ॥
नोरे[9] नयन[10] भरि तुअ पथ हेरि हेरि
अनुखन रोअ[11] कन्हाई[12]।
तोरि वचन लए धएल[13] आस दए
अबे न वचन पतिआइ[14] ॥
भनइ विद्यापति अरेरे कलामति
न कर मनोरथ बाधे।
अधर सुधा दए पोपि[15] बढ़ाबहि[16]
पूरओ मनमथ साधे ॥

राम० पृ० ११७ (क), प० ४०५; पं० ५,

पाठभेद—

ठाकुर (प० सं० ७६)—१-२ पाठाभाव ३ मन आनिर ४ मुरझि ७ आबक ८ तसु १० नअन १२ कन्हाइ १४ पतिआई १५ पोति १६ बढ़ाबहि।

मि० म० (प० सं० ५४५)—३ मलआनिल १३ धाएल। शेष ठाकुर सदृश।

परि० पद० (रा० पु०, प० सं० ८३)----३ मलयानिल ५ पळए ६ रजनि ९-१० नोरे नजन ११ रोअ (ए) १३ पतिआई १४ प्रीति।

सं० मन्तब्य---परि० पद० सदृश।

शब्दार्थ—चन्दन बिन्दु=घिसे चन्दन की बूँदों को। नोरे=पानी, आँसू से। न वचन पतिआई=आश्वासनों पर विश्वास नहीं करते।

[३९०]

सुन सुन ए सखि कहए[1] न होइ[2]।
राहि राहि कए तनु मन खोइ[3]॥
कहइते नाम पेमे भए[4] भोर।
पुलक कम्प तनु घरमहि नोर॥
गद गद भाखि कहए वर-कान।
राहि दरस बिन निकस परान॥
जब[5] नहि हेरब तकर से मुख।
तब[6] जिउ भार धरब कोन सुख॥
तुहु[7] बिनु आन[8] नहि[9] इथे कोइ।
बिसरए चाह बिसर न[10] होइ॥
भनइ विद्यापति नहि बिवाद।
पूरब तोहर सब मन साध॥

न० गु०, प० ८३ (बटतला)

पाठभेद—

मि० म० (प० सं० ६२७)—२ होए ३ खोए।

सं० मन्तव्य— (i) इस पद पर बंगीय प्रभाव अधिक मुखर है।

(ii) १ कहइ ४ भरे ५-६ जओ धरि ६ तओ ७ तोअ ८ आन ९ नहीँ १० नहिँ।

शब्दार्थ—राहि=राधिका। घरमहि=प्रस्वेद, पसीने से। इथे=यहाँ पर।

[३९१]

आनहु[1] तोरहि[2] नाम[3] बजाब।
तोरि[4] कहिनी दिन गमाब॥
सपनेहु[5] तोर[6] सङ्गम पाए।
कखने की नहि की बिसुनाए॥
कि सखि पुछसि तोहरि[7] कथा।
ताहि तह भल तोरि अबथा॥
जाहि जाहि तुअ सङ्ग मेरी।
चकित लोचन[8] चउदिस हेरो॥

उठि आलिङ्गए अपनि[९] छाआ।
एतेहु पापिनि तोहि न दाआ॥

न० गु०, प० १०५

पाठभेद—

मि० म० (प० सं० ८२६)—२ तोहरि ७ तन्हिक

परि० प० (त० प० सं० ३४)—१ आनहुँ ३ नामे ४ तोरिए ५ सपनेहुँ ६ तोरिए।

सं० मन्तव्य—१ आनहु २ तोरइ ४ तोरिए ५ सपनेहुँ ८ लोचने ९ अप्पनि।

शब्दार्थ—बजाव=पुकारते हैं। सङ्गम=साथ। विसुनाए=बड़बड़ाते हैं। अवथा=अवस्था।

[३९२]

तिल[१] एक शयन[२] ओत जिउ[३] न सह[४] न रहु[५] दुहु[६] तनु भीन।
माँझे पुलक गिरि अन्तर मानिय[७] ऐसन[८] रहु[९] निशि[१०] दीन॥ २॥
साजनि[११] कोन[१२] पर जीवय[१३] कान।
राहि रहल[१४] दुर हम[१५] मथुरापुर[१६] एतहु[१७] सहय[१८] परान॥ ४॥
ऐसन[१९] नगर ऐसे[२०] नवनागरि ऐसन[१९] सम्पद मोर।
राधा बिनु सब बाधा मानिय[२१] नयन[२२] न तेजय[२३] नोर॥ ६॥
सोइ[२४] यमुना[२५] जल सोई[२४] रमनिगन[२६] शुनइत[२७] चमकित चीत।
कह कविशेखर अनुभवि जानलो[२८] बड़क[२] बड़इ[३०] पिरीत॥ ८

न० गु० प० ७८९ (माधवेर उक्ति)

पाठभेद—

बेनीपुरी (प० सं २१९)—१ तिला २ सयन ३-४ जिव न सहए ५ रहए ७ मानए ८-१९ अइसन रह निसि ११ सजनो १३ परि जीबए १४ रहलि १५ हमे १७-१८ एतबाहु सहए १९ अइसन २० अइसनि २१ मानिअ २३ तेजिअ २४-२५ से जमुना २६ रमनीगन २७ सुनइते २८-३० जनलहुँ बड़जन बढ़िहि।

सं० मन्तव्य– २ सअन ५ रहए ६ दुहुँ ७ मानिए ८ अइसन १२-१३ कओने परि जीवए १६ मधुरपुर १८ सहए १९ अइसन २० अइस २१ मानिए २२ नअन २ तेजए २६ रमनीगन २७ सुनइते २८ जनलहुँ।

शब्दार्थ—तिलएक=एक तिल मात्र की। ओत=आड़, दूरी। भीन=भिन्न, पृथक्। मांझे... मानिए=रोमाञ्च भी दोनों के मध्य पर्वत प्रतीत होता था। जीवए=जिए। नअन...नोर=आँखें आसूओं को क्षण भर नहीं छोड़ती, निरन्तर अश्रु धार बहती रहती है। अनुभवि=स्वयं अनुभव करके।

[३९३]

हमराहु[1] घर नहि घरिनिक लेस। तें कारने गुनिअ[2] 'परदेस ॥
नाना रतन अछए मझु हाथ। सेवक चाकर केओ नहि साथ ॥
सहजक भीरु थिकाह[3], मतिभोर। रअनि[4] जगाए के करत अगोर ॥
बैसि[5] गमाओब कओनक माझ। अवगुन अछए रतउँधी साँझ ॥
भनइ विद्यापति छइल सोताब[6]। नागर पथुक उकुति बिरमाव ॥

न० गु० (पर) १०; मि० म० ८८२

पाठभेद—

सं० मन्तव्य—१ हमराहुँ २ घूमिअ ३ थिकहुँ ४ रजनि ५ बइसि ६ सोभाव।

शब्दार्थ—घरिनिक लेस=पत्नी लेशमात्र को भी। घूमिअ=घूम रहे हैं। रतउँधी=रात में दिखाईन देना।

विद्यापति के संयोग गीत आगमन की आशा

[३९४]

अङ्गने[1] आओब[2] जब रसिया[3]। पालटि[4] चलब हम इसत[5] हँसिया[6] ॥
आवेशे[7] आँचर पिया[8] धरबे। याओब[9] हम[10] जतन पहु करबे ॥
काँचुया[11] धरब जब हठिया[12]। करे[13] कर बारब कुटिल[14] आध[15] दिठिया[16] ॥
रभस माँगब पिया[8] जबही। मुख मोड़ि[17] बिहसि[18] बोलब नहि तबही ॥
सहजहि[19] पुरुख[20] सोइ[21] भमरा। मुख[22] कमल मधु पीअब हमारा[23] ॥
तखने[24] हरब मोर गेयाने[25]। विद्यापति कह धनि तुआ[26] धेयाने[27] ॥

क्षणदागीत चिन्तामणि, पृ० १०५

पाठभेद—

प० स० (पृ० १५१)—११ कँचुया २०-२१ सुपुरुख २२-२३ चिर धरि पियब अधर रस हमरा २५ चेतने २७ जीवने

प० त० (प० सं० १९७४), **न० गु०** (प० सं० ८०५) तथा

मि० म० (प० सं० ७५३) प० स० सदृश ।

ब्र० न० सहाय (पुनर्मिलन तथा रसोद्गार, प० स० ४) १-२ आँगन आयब ४ पलटि ५ ईषित ७ जब ८ पिय ९-१० हम जायब पिय आदर करबे । फिर तीसरी के स्थान पर चौथी और चौथी के स्थान पर तीसरी पंक्ति है । ११ काँचुय १३ पाठाभाव १४-१५ कुटिल अध १७-१८ हँसि नहि २ बोलब तबही १९-२१ सो पहु सुपुरुख २२-२३ अधर कपोल मधु पाअब हमरा २४ तखन २५ चेतन २८-२७ तुअ जीवन

बेनीपुरी (प० सं० २२३)—१ आँगने ३ रसिआ ४ पलटि ५-६ हमे ईषत हँसिआ फिर 'रसवति-नागरि रमानी । कत कत जुगुति मनहि अनुमानी ।।" अतिरिक्त पाठ । ७ आबेसे ८ पिया ९-१० जाएब हमे न ११ कँचुआ १२ हठिआ १६ दिठिआ १८ बिहुँसि २०-२१ सुपुरुख २२-२३ प० सं० सदृश २४ तखन २५ गेआने २६-२७ तुअ धेयाने ।

सं० मन्तव्य—(i) पद की भाषा एवं भाव पर भी परवर्त्ती वंगीयवैष्णव भक्तों का अधिक प्रभाव पड़ा है । (ii) ३ रसिआ ४ पलटि ५-६ ईषत् हँसिआ ८ पिआ ९ जाएब ११ कञ्चुअ १२ हठिआ १६ दिठिआ १९-२१ सहजहिँ सुपुरुष २३ हमरा २४ तेइखन २५ गेआने २६-२७ तुअ धेआने ।

शब्दार्थ—अङ्गने=आँगन में । ईषत्=थोड़ा । आवेशे=प्रगल्भ होकर, भावावेश से । जाओब=हट जाने की चेष्टा करूँगी । तेइखन=उस विशिष्ट क्षण में ।

[३९५]

यब[१] हरि आओब[२] गोकुलपूर । घरे घरे[३] नगरे बाजब[४] जयतूर ।।
आलिपन[५] देओब[६] मोतिम हार । मङ्गल कलस[७] करब कुचभार ।।
सहकार[८] पल्लव चूचुक देब । माधव सेवि[९] मनोरथ नेब[१०] ।।
धूप दीप नैवेद करब[११] पिया आगे[१२] । लोचन लोरे[१३] करब अभिसेके[१४]।।
आलिङ्गन[१५] आहुति पिया[१६] कर आगे । भनइ[१७] विद्यापति इह[१८] रस भागे ।।

पदामृतसमुद्र पृ० १५१

पाठभेद—

पदामृतसमुद्र एवं **पदकल्पतरु** (प० सं० १९७२) की किसी-किसी पोथी में प्रथम चरण के अनन्तर ही "वेदि बान्धव आपम निज अङ्कमे । राड़ देओब हम चिकुर विजने ।। कदलि रोपब हाम गुरुया नितम्बा । आम्र पल्लवे दिब किङ्किनि झम्पा ।। रसावेशे धाओब रमनिक ठाट । चौदिके बेढ़ब चान्दकि हाट ।।" अतिरिक्त पाठ है, तथा भणिता के

स्थान पर→"पिया आसे यौवन करबहु दान। कवि विद्यापति इह रस भान॥ है, जो वस्तुतः प० त०; प० सं० १९७३ के ही कुछ चरणों का और अधिक बंगीय-प्रभाव बोझिल रूपान्तर है। उक्त पद प्रस्तुत संस्करण के प० सं० ३९७ पर देखें।—संपा०

न० गु० (प० सं० ८०७) १ हरि यब। शेष प० स० सदृश।

मि० म० (प० सं० ७५५)—उपर्युक्त पद एवं पाठान्तरों सहित, प० स० सदृश।

ब्र० न० सहाय (पुर्नमिलन तथा रसोद्गार, प० सं० २) १ जब २ आयब ३ घर ४ बजब ५ अँपन ६ देयब ८ सहकार १० लेब ११-१२ अनेक १३ नीर १४ अभिसेक १५-१६ देब अलिंगन पिय १७ भन १८ रस

सं० मन्तव्य—१ जब ५ अलपन ८ कलश ९ सेइ ११-१३ कर पिआ आगे १४ अभिषेके १६ पिआ।

शब्दार्थ—अलपन=अल्पना। चूचुक=कुचाग्र। धूप दीप नैवेद्य=राधामोहन ठाकुर के मतानुसार धूप=नायिका की अंगसुरभि, प्रदीप=कान्ति, नैवेद्य=उपभोगातिरेक है (धूपः स्वाङ्गसौरभः, प्रदीपोह्न निजाङ्गकान्तिः नैवेद्य उपभोगातिरेकः इति)

[३९६]

आओल[१] गोकुल नन्दकुमार। आनँद कोइ कहइ जनि[२] पार॥
कि कहब रे सखि रजनिक[४] काज[५]। स्वपनहि[६] हेरलुँ[७] नागर राज॥
आज शुभ[८] निसि कि पोहायनु[९] हाम। प्रान[१०] पियारे करलुँ[११] परनाम॥
विद्यापति कहे सुन वरनारी। धैरज[१२] धरह तोहे[१३] मिलब मुरारि॥

पदकल्पतरु १७६४

पाठभेद—

ब्र० न० सहाय (पुर्नमिलन तथा रसोद्गार, प० सं० ६)—२ नहि ५ आज ६-७ सपनहि हेरलि ८ सुभ ९ पोहयानु १०-११ प्रान प्रिया मोहि १३ तोहि।

न० गु० (प० सं० ७९५)—आरंभिक चरण नहीं है, कि कहब—से प्रारंभ। शेष प० त० सदृश।

मि० म० (प० सं० ७५६)—प० त० सदृश।

सं० मन्तव्य—(i) प्रस्तुत पद पद पर बंगीय प्रभाव अधिक है। (ii) १ आएल ४ रजनिक ६ सपनहिं ९ पोहाएलुँ १०-११ प्रान पिआजे १२ धइरज १३ तोहें।

शब्दार्थ—हेरलुँ=देखा। प्रान पिआजे=प्राणों के प्रिय प्रभु को।

[३९७]

पिया[१] जब आओब[२] ए मझु[३] गेहे[४]। मङ्गल जतहु[५] करब निज देहे[६] ॥
कनया[७] कुम्भ भरि[८] कुचजुग[९] राखि। दरपन धरब काजर[१०] देइ[११] आँखि ॥
बेदि बनाओब[१२] हम[१३]अपन अङ्कमे[१४]। झाड़ु[१५] करब ताहे[१६] चिकुर बिछाने ॥
कदलि रोपब हम गरुआ[१८] नितम्ब। आम-पल्लव[१९]ताहे[२०]किङ्किनि सुझम्प[२१] ॥
दिसि[२२] दिसि आनब[२३] कामिनि ठाट। चौदिगे[२४] पसारब चाँदक[२५] हाट ॥
विद्यापति कह[२६] पूरब आस। दुइ[२७] एक पलके[२८] मिलब तुअ पास ॥

पदकल्पतरु १९७३

पाठभेद—

ब्र० न० सहाय—(पुनर्मिलन तथा रसोद्‌गार, प० सं० ५)—१ पिय २-३ आयब मोरा ४ गेह ६ देह ७ कनय ९ युग १० कजर १२-१४ बनायब आपन अंगम १५-१७ चमर निज चिकुर भुजंगम १८ गुरुअ १९-२० पलव सन २१ झम्प २२ निसि २३ आयब २४ चौदिक २७-२८ द्वै यक पलक

न० गु० (प० सं० ८०६) तथा **मि० म०** (प० सं० ७५४)—प० त० सदृश।

बेनीपुरी—(प० सं० २२४) १-३ आओब जखन पिआ मोर ५ जतन ७ कनअ ८ करि ११ दए १३-१४ अंकम अपने १५ झाड़ि, १६ ताहि १८ गरुअ २४ चौदिस २६ भन

सं० मन्तव्य—१ पिआ ७ कनआ १३ हम आपन १८ गरुअ २४ चउदिके २५ चान्दक (ii) देखें प्र० सं० का प० सं० ३९५।

शब्दार्थ—मङ्गल=साज श्रृंगार से सौभाग्यवतो का अलंकरण और अन्य माङ्गलिक आचार व्यवहार। निज देहे=अपने शरीर, में अथवा से। कनया कुम्भ=स्वर्णिम मङ्गल घट। दरपन···आँखि= कज्जल-रंजित अपनी आंखों को ही दर्पण तुल्य रखूंगी जिनमें प्रियतम का प्रतिबिम्ब उजागर होगा। अङ्कमें=गोद के माध्यम से, गोदी को ही। झाड़ु···बिछाने=अपनी केश राशि से उक्त वेदि स्वच्छ कर केशों को ही बिछावन सदृश फैलाऊँगी। कदली···नितम्ब=गुरु नितम्बों में कदली स्तम्भ का रोपण करूंगी—नितम्बों से निस्तृत कदली स्तम्भ सी सुचिक्कण जाँवें माङ्गलिक कदली स्तम्भ बनेंगी सुझम्प=सुन्दर गुञ्जार से गुञ्जरित किंकिनी गुच्छ [आम्र पल्लव]। कामिनि···हाट=चन्द्रमुखियों का समारोह कर मानो दिशा-दिशा पूर्ण चन्द्रों से भर दूंगी। भावसाम्य के लिए स्मरणीय—दीर्घा वन्दनमालिका विरचिता दृष्टयैव नेन्दीवरैः, पुष्पाणां प्रकरः स्मितेन रचितो नो कुन्दजात्यादिभिः। दत्तः स्वेदमुचा पयोधरभरेणार्घो न कुम्भाम्भसा स्वैरेवावयवैः प्रियस्य विशतस्तन्व्या कृतं मंगलम् ॥

—अमरु-शतकम् ४५।

[३९८]

हामक[१] मन्दिरे[२] जब आओब[३] कान। दिठि भरि[४] हेरब[५] सो[६] चान्द बयान॥
नहि नहि[७] बोलब जब हम नारि। अधिक पिरीति[८] तब करब मुरारि॥
करे[९] धरि मञ्जु[१०] बैसाओब[११] कोर। चिरदिने[१२] साध पुराओब[१३] मोर॥
करब आलिङ्गन[१३] दुरे[१४] करि मान। ओ[१५] रस पूरब हम[१६] मुदब नयान[१७]॥
भनइ[१८] विद्यापति सुन वरनारि। तोहर परीतिक[१९] जाउ[२०] बलिहारि॥

शा० मि० ११७; न० गु० ८०४

पाठभेद—

व्र० न० सहाय (पुर्नमिलन तथा रसोद्‌गार, प० सं० ३)—१-२ मोर मंदिल ३ आयब ४-६ भरी हेरबि ७ नहिं नहिं ८ पिरिति ९ कर १० मोहि ११ बैठाइब १२-१३ चिर-दिन हृदय जुड़ायब १३-१४ अलिगन दुर १५ ऊ १६ पाठाभाव १८ मन १९ प्रीति क २० जांउ

मि० म० (प० सं० ७५२)—शा० मि०, न० गु० सदृश।

सं० मन्तव्य—१-२ हमर मन्दिर ६ पाठाभाव ७ नहिँ-नहिँ १०-११ मोञे बइसाओब १४ दुर १६ मञे १७ नञान २० जाओं

शब्दार्थ—बयान=वदन, मुख। कोर=क्रोड़, गोदी। पूरब=पूर्ण करेगा।

[३९९]

चानन[१] भरम[२] सेवलि[३] हम[४] सजनी
पूरत[५] सकल मन काम।
कन्तक[६] दरस परस भेल[७] सजनी
सीमर भेल[७] परिनाम॥
एकहिँ नगर वसु माधव सजनी
परभाविनि[९] बस भेल[७]।
हम[१०] धनि एहन कलावति सजनी[११]
गुन गौरव[१२] दुरि[१३] गेल॥
अभिनव एक कमल फुल सजनी
दौना[१४] निमक[१५] डार[१६]।
सेहो[१७] फुल ओतहि[१८] सुखाएल[१९] सजनी
रसमय फुलल नेवार[२०]॥

विधिवस आज[21] आएल[22] पूथि[23] सजनी
एतदिन ओतहि गमाय[24]।
कोन परि करब समागम सजनी
मोर मन नहि पतिआय[25]॥
भनहिं[26] विद्यापति गाओल[27] सजनी
उचित आओत[28] गुनसाह[29]।
उठ बधाव करु मन भरि सजनी
आज आओत घर नाह॥

ग्रियर्सन ४३

पाठभेद—

ब्र० न० सहाय (मान, प० सं० १९)—१ चनन ३-४ हम सेवलि ५ पुरत ६ कंतक ७ भेला ८ सिमर ११ सुन्दरि १३ दुर १४ दोना १५ नीमक १७ सेहु १८ आतेहि १९ सुखायल २१ आजु २२ आयल २३ पिया २६ कवि २७ गावल २८ आवत

बेनीपुरी (प० सं० १४६)—२ भरमे ३ सेवल ४ हमे ६ कंटक ९ पर-भामिनि १० हमे १४-१६ दोना नीमक डारि २० नेबारि २३ पुनि २४ गमाए २५ पतिआए २६ भनइ

सं० मन्तव्य—२ भरमे ५ पुरत १० हमे १२ गउरअ १४ दोना १५ नीमक १७ सेओ १८ आतहि २३ पुनि २४ गमाए २५ पतिआए २९ गुनगाह

शब्दार्थ—चानन भरमे=चन्दन से शीत-कारक वृक्ष के भ्रम में। सीमर=सेमल वृक्ष, जिसका फल शुष्क रुई भरा निकला। दुरि गेल=छिप गए, निरादृत हुए। अभिनव···नेवार=कमल के नव-स्फुट फूल को दौना [दमनक] और नीम के बीच फेंक दिया या नीम की पत्ती के दोने में डाल दिया या फेंक दिया। [विवेच्य ?] वह कमनीय फूल [नायिका] उस परिस्थिति में या भीषण ताप से वहाँ सूख गया और नेवारी [पलाश की सूखी जड़ की कुटी रस्सी] जो महानीरस है रसमय फूल धारण करने लगी अर्थात् जहाँ रसमयता थी उसे तो नीरस बना डाला और जो नीरस बना था उसे सरस समझ आदर दिया।

आगमन

[४००]

मालवरागे—

सरदक चान्द सरिस मुख तोर रे[1]
छाड़ल विरह अन्धारक दुख रे।
अमिल मिलल[2] अछ सुदृढ[3] समाज रे
पुरुबक पुन परिणत[4] भेल आज रे॥ ध्रु०॥

हेरि हल सुन्दरि सुनहि वचन रे[५]
परिहरि[६] लाज सुनहि[७] मन[८] मोर रे[९]।
रसमति मालति भल अवसर रे
पिबओ मधुर मधु भूषल[१०] भमर रे॥
उपगत[११] पाहोन[१२] रितपति[१३] साह रे
अपुनक अङ्गिरल कर निरबाह रे।
सुपुरुषे[१४] पाओल सुमुखि सुनारि रे
दैव[१५] मेराओल[१६] उचित विचारि रे॥
भनइ विद्यापतीत्यादि।

ने० पृ० ५ (क), प० १०; पं० १

पाठभेद—

न० गु० (प० सं० ८१६) १ तोर मुख रे २ मिलिल ३ सुदृढ़ ४ परिनत ५ सुनह वचन मोर रे ६-६ परिहर लाज सुलह मन तोर रे १० भूखल ११-१२ उपनत पाहुन ऋतुपति १३ सुपूरुखे

मि० म० (प० सं० ४७६) १ तोर मुख रे ६ परिहर ७ सुलहि

सु० झा० (प० सं० १०)—१० भुषला

परि० पद० (प० सं० १०)—१ तोर मुख रे ४ परिनत ६ परिहर ८-९ मोर मन रे १० भुखल १२ पाहुन १४ सुपुरुखेँ १४-१६ दइवे मिलाओल

सं० मन्तव्य—१ तोर मुख रे ३ सुदिढ़ ८-९ मोर मन रे १४ सुपुरुखेँ १५ दइव १६ मेलाओल।

शब्दार्थ—अमिल=अप्राप्य, अनमेल। मोरमन=मेरा मन्तव्य। हेरिहल=देखो। उपगत=उपस्थित।

[४०१]

मालवरागे—

के मोरा जाएत दुरहु के दूर। सहस सौतिनि[१] बस[२] माधुर पुर॥
अपनहि हाथ[३] चललि अछ नीधि। जुग दश[४] जपल आजे भेलि सीधि॥ध्रु०॥
भल भेल माइ हे कुदिवस गेल। चान्द कुमुद दुहु दरसन[५] भेल॥
कतए दमोदर देव वनमालि[६]। कतएक[७] हमे[८] धनि गौरि[९] गोआरि[१०]॥

आजे[११] अकामिक दुइ डिठि[१२] भेलि। दैव[१३] दाहिन[१४] भेल हृदय[१५] उबेलि॥
भनइ विद्यापति सुन वरनारि। कुदिवस रहए दिवस दुइ चारि॥

ने० पृ० ६ (क) प० १४; पं० ५

पाठभेद—

न० गु० (प० सं० ८३०)—२ वस ५ दरशन ६ वनमारि ७ कतए ८ कहमे ९ गोप १० गोयारि १२ दिठि १३ देव।

मि० म० (प० सं० ५६८)—४ दस ५ दरसन ६ बनमालि। शेष न० गु० सदृश।

सु० झा० (सं० १४)—७ कत एक १३ देव १४ दहिन।

परि० पद० (प० सं० १४)—४ दश ६ वनमारि ११ आज १५ हृदअ।

सं० मन्तव्य—१ सउतिनि ३ हाथे ४ दस ६ बनमारि ९ गउरि १३ दइब।

शब्दार्थ—जाएत=जाकर पता लगाता। जपल=जाप किया। बनवारी=श्रीकृष्ण। गउरि=कन्या। उबेलि=उद्वेलित।

[४०२]

बरलीरागे—

माधवे[१] आए[२] कबाळ[३] उबेळलि[४]
जाहि मन्दिर छलि[५] राधा॥
आलस[६] कोपे आड[७] हसि[८] हेरलन्हि[९]
चान्द[१०] उगल जनि[११] आधा॥ध्रु०॥
माधवे[१२] विलखि[१३] वचन बोल राही[१४]।
जीवन[१५] रूप कला गुण[१६] आगरि
के नागरि हम[१७] चाही॥
मधुर[१८] नगर[१९] विलमु[२०] हम[२१] लागल[२२]
कके[२३] न पठओलह[२४] दूती।
जन[२५] दुइ चारि बनिक[२६] हम भेटल[२७]
त[२८] ठमाहि[२९] रहलाहु[३०] सूती॥
तुअ चञ्चल[३१] चित[३२] थपना[३३] नहि[३४] थिर[३५]
महिमा धार[३६] न[३७] धीरे[३८]।

कुटिल कटाख मन्द हषि[३९] हेरलन्हि[४०]
भितरहु स्याम[४१] सरीरे ॥
भनइ विद्यापतीत्यादि ॥

ने० पृ० ८७ (क), प० २४१; पं० ३

पाठभेद—

ग्रियर्सन (प० सं० ७७)—१ माधवे ३-४ कबाल उबेरलि ५ बस ६-८ चीर उघारि आध मुख १० चाँद १२ माधव १५ जउवन १६ गुने, १७ हमे । ८ वें से ११ वें चरण (१८ से ३०) के स्थान पर है→ "चीर[४२]-कपूर[४३]-पान हमे[४४]साजल पाअस[४५] अआ[४६] पकमाने[४७] । सगरि[४८] रअनि[४९] हम[५०] जागि[५१] गमाओल[५२]खण्डित भेल[५३] मोर माने[५४] ॥" ३३-३५ नहि थपना थित ३६-३८ भार गभीरे ३९-४० हसि हेरह

व्र० न० सहाय (पुनर्मिलन तथा रसोद्गार, प० सं० ७) पंक्तिक्रम-तीसरी पंक्ति ग्रियर्सन तुल्य । चौथी से सातवीं पंक्तियों का पाठ नहीं, उनके स्थान पर ग्रियर्सन की ८ वीं से ११ वीं पंक्तियों सदृश, तदन्तर ने० प० की ८ वीं से ११ वीं पंक्तियों सदृश पाठ । अन्तिम चार पंक्तियों के स्थान पर दोनो से भिन्न पाठ है→"कमल नयन कमलापति चुंबित कुंभकरन सम दाप । हरिक चरन धै गावथि विदापति राधाकृष्ण मिलाप ॥ (संपा०) १-४ माधव जाय केवाड़ छोड़ावल ५ बसु ६ चीर उघारि अधर मुख हेरल १० चान ११ छथि (ग्रि० ४२-४३ चिर करपूर ४४-४७ हम बासलि अरु साँलि पकमान ४८-५२ सगर रइनि हम बैठि गमाओलि ५३ भेला ५४ मान) १८ मथुरा २० अटनि २२ रह लहुँ २३ किअ २४ पठाओल २५-२७ मानिक एक मानिक दस पथरल २८-३० ओतहि रहल पहु ।

न० गु० (प० सं० ५२८)—पाठ ग्रियर्सन सदृश जिसमें पाठभेद है→ १ माधव ३ कबार ५ बस ३३ थपला । और अन्त में भणिता के अधिक चरण हैं→ "भनइ विद्यापति सुन वर जउवति चिते जनु मानह आने[५५] । राजा सिवसिंह रूपनराअन[५६] लखिमा देवि रमाने ।"

मि० म० (प० सं० ४७२ क) ने० प० सदृश (४७२ ख) ग्रियर्सन सदृश और (प० सं० ८४९) पर व्र० न० सहाय सदृश

सु० झा (प० सं० २२०)—१८ माधुर २० बिलम्ब २८-२९ तठमाहु ३१ तुम चञ्चल ४१ श्याम । शेष ने० प० सदृश ।

परि० पद० (प० सं० २२१) ने० प० और ग्रियर्सन का पाठ देते हुए ग्रियर्सन के पाठ को युक्तियुक्त मान उसी का ग्रहण जिसमें पाठभेद है →३ कवाळ ४ उबेळलि १० चान्द

१६ गुने ४९ रजनि ३९ हँसि और अन्त में→५५ आने ५६ रूपनराबेन पाठभेद से न० गु० की भणिता।

सं० मन्तव्य—(i) प्रस्तुत पद में न० गु० का आधार तो ग्रियर्सन ही प्रतीत होते हैं किन्तु ब्र० न० ने इसे निश्चय ही अन्य स्रोत से पाया है क्योंकि इनके कुछ चरण ग्रियर्सन से भी मिलते हैं जो ने० प० में नहीं हैं तो कुछ ने० प० से मिलते हैं जो ग्रियर्सन में नहीं। ग्रियर्सन से संग्रहीत होने का संकेत दे प० सं० ८४६ पर मि० म० ने० ब्र० न० सहाय सदृश पाठ दिया है। भणिता के अंश उनके भी वैसे ही ऊपर से जोड़े गए लगते हैं जैसे न० गु० के।

(ii) पद की गठन प्रक्रिया में कृष्ण की सफाई और राधा का उलाहना दोनो संवाद के माध्यम से ने० प० में अधिक सुष्ठ रूप में व्यञ्जित है। वैसे ग्रियर्सन के ८ वें से ११ वें चरण के योग सहित ने० प० का पाठ भी ग्राह्य है।

(iii) ७ आड़ १५ जउवन १८ माथुर २३ ककें २६ ठामहि ४९ रजनि ३९ हँसि

शब्दार्थ—कबाल उबेललि=किवाड़ खोल दिया। छलि=थी। आलस···आड़=आलस्य विजड़ित खिन्न राधा का मुख कुछ आड़ में छिपा था। हसि···आधा=जिसे कृष्ण ने मुस्कराकर देखा जैसे आधा चन्द्रमा उदय हुआ हो अथवा कुछ आड़ से देखने के कारण कृष्ण का मुख वहाँ वैसे ही उदय हुआ जैसे आधा चन्द्रमा उगे। चाही=बढ़कर। माने=सम्मान। माथुर=मथुरा। ककें=क्यों। बनिक=वणिक, व्यापारी। ठामहि=स्थान पर। थपना=स्थापना, दृढ़ता से एक स्थान पर रहने का भाव। थिर=स्थिर। भितरहु स्याम=अन्तस्तम से भी काले, कुटिल हृदय वाले, यहाँ श्याम नाम होने का भी सङ्केत है।

इस पद में मिलने के अनन्तर आरम्भ में राधा विलाप करती हुई ग्रि० के "चन्दन···माने।" तक निवेदन करती है तब कृष्ण 'मधुर से···सुती' पर्यन्त अपनी असमर्थता बताते हैं तदनन्तर राधा पुनः 'तुअ···से··· सरीरे' तक उन पर दोषारोपण करती हैं।

[४०३]

चिरदिने से विहि भेल निरबाध। पुराओल दुहुक मनोभव साध॥
आओल माधव रति सुख बास। बाढल रमनिक[1] मनहि[2] उलास॥
से[3] तनु परिमले[4] भरल दिगन्त। अनुभवि मुरुछि पड़ल रतिकन्त॥
भनइ विद्यापति कुमुदिनि इन्दु। उछलल सखिगन आनन्द-सिन्धु॥

क्षणदागीत चिन्तामणि

पाठभेद—

न० गु० (प० सं० ८२०) और **मि० म०** (प० सं० ७५७)—क्षणदा० सदृश।

सं० मन्तव्य—१ रमनिकाँ २ मनहिं ३ तसु ४ परिमलें

शब्दार्थ—चिरदिने=बहुत दिनों पर। तसु=उसके। रतिकन्त=कामदेव।

[४०४]

चिरदिन सो बिहि भेल अनुकूल। दुहु[१] मुख[२] हेरइते[३] दुहु[१] से आकुल[४] ॥
बाहु पसारिया[५] दोँहे[६] दोँहा[७] धरु[८]। दुहु[१] अधरामृत दुहु[१] मुख भरु[९] ॥
दुहु[१०] तनु काँपइ मदन उछल रे। कि कि कि[१०] करि किङ्किनी रुचल रे॥
जातहि स्मित नव वदने मिलल रे। दुहु[१] पुलकावलि ते[११] लहु लहु रे॥
रसे मातल दुहु[१] वसन खसल रे। विद्यापति कह रस सिन्धु उछलल रे।

क्षणदा०

पाठभेद—

प० स० (प० सं० ६०) अन्तिम तीन चरणों के स्थान पर केवल दो भिन्न चरण हैं—दुहु[१] तन काँपइ[१२] मदनक रचने[१३]। किङ्किनि रोल करत[१४] पुन सदने[१५] ॥
विद्यापति अब[१६] कि कहब आर। यैछे[१७] प्रेम दुहुँ तैछे[१८] बिहार ॥

प० त० (प० सं० २०१२) प० स० सदृश।

ब्र० न० सहाय (पुनर्मिलन तथा रसोद्गार, प० सं० १६)—१-४ पुन पुन हेरइत दुहु आकूल १ दुहुँ ६-८ दुहुँ दुहुँ धरे ९ मरे १२ काँपय १३ वचन १४-१५ जुड़ावत मन १६ पाठाभाव १७ जेहन १८ तेहन। शेष प० स० सदृश।

बेनीपुरी (प० सं० २२६) क्षणदा० सदृश।

न० गु० (प० सं० ८२३) और **मि० म०** (प० सं० ७५८) प० स० सदृश। मि० म० में क्षणदा का अतिरिक्त पाठ भी।

सं० मन्तव्य—१ दुहुँ ५ पसारिए १० किन्-किन् ११ तन्ने १७ जेहन १८ तेहन

शब्दार्थ—रुचल=शोभित हुई। लहुलहु=हल्के, गद्‌गद्। रोल=शब्द।

[४०५]

दारुन वसन्त[१] यत[२] दुख देल[३]। हरि मुख हेरइतें[४] सब दूर गेल[५] ॥
यतहुँ[६] आछल[७] मोर हृदयक[८] साध। से[९] सब पुरल हरि[१०] परसाद ॥
कि कहब रे सखि आनन्द ओर। चिरदिने माधव मन्दिरे मोर ॥
रभस आलिङ्गने[११] पुलकित भेल[१२]। अधरक पाने[१३] विरह दूर गेल ॥
भनहि[१४] विद्यापति आर[१५] नह आधि। समुचित औखदे[१६] ना रह बेयाधि[१७] ॥

पदामृतसमुद्र, पृ० ११८ क

पाठभेद—

प० त० (प० सं० १९९७) "कि कहब···मोर।" चरण नहीं है।

ब्र० न सहाय (पुनर्मिलन तथा रसोद्गार, प० सं० १५)—प० त० की भाँति "कि कहब ···मोर।" चरण नहीं है किन्तु वह प० सं० १४ के आरंभ में वर्त्तमान है। १ रितुपति २ जत ३ देला हेरइत ५ गेला ६-७ जतहुँ अछिल ६ सो १० पिय अलिंगन १२ भेला १३ पान। फिर अतिरिक्त चरण है→"चिरदिन बिहि आज पूरल आस। हेरइत नयन नहीं अवकास।।" १४ मन १५ अब १६ औखध १७ व्याधि

सं० मन्तव्य (i) चैतन्य महाप्रभु जब अद्वैताचार्य के घर (शान्तिपुर) आए तो उन्होंने इस पद के "कि कहब···मोर" चरण भावविभोर होकर महाप्रभु को सुनाया जिसे सुनकर महाप्रभु भाव-विह्वल हो पृथ्वी पर गिर पड़े (श्रीचैतन्य-चरितमृता-मध्यलीला, तृतीय परिच्छेद में इसका विस्तृत वर्णन है।

(ii) जत ६ जतहुँ। ८ हृदअक १५ अब नहिँ १६ अउषधेँ १७ बेआधि

शब्दार्थ—साध=मनोकामना। परसाद=कृपा से। अउषधेँ=उपचार, दवा से।

[४०६]

आज[1] रजनी[2] हम भागे पोहायलुँ[3]
पेखलुँ[4] पिया[5] मुख चन्दा।
जीवन जौवन[6] सफल करि[7] मानलुँ[8]
दसदिस भेल[9] निरदन्दा[10]।।
आज[1] मझु[11] गेह गेह करि मानलुँ[8]
आजु मझु[12] देह भेल[13] देहा।
आज[1] बिहि मोहे[14] अनुकूल होअल[15]
टुटल[16] सबहुँ सन्देहा[17]।।
सोइ कोकिल अब लाख लाख[18] डाकउ
लाख उदय करु चन्दा।
पांचबान अब लाखबान होउ[19]
मलय[20] पवन बहु मन्दा।।
अबहन[21] यवहुँ[22] मोरे[23] परि होयत[24]
तबहि[25] मानब निज देहा।

विद्यापति कह अलप भागि नह
धनि धनि तुया[२६] नव नेहा ॥

पदामृतसमुद्र, पृ० २५१

पाठभेद—

प० त० (प० सं० १९९६), **शा० मि०** (प० सं० ११९), **न० गु०** (प० सं० ८१२) और **मि० म०** (प० सं० ७६०) सभी प्राय: प० स० सदृश ।

ब्र० न० सहाय—१ आजु २ रजनि ३ पोहायनु ४-५ पेखनु पिय ६ योवन ७-८ क माननु ९-१० भो निरद्वन्द्वा ११ हम १२ मोर १३ भेला १४ बिही मोर १५ होयल १६ टूटल १७ सँदेहा १८ लाखहि १९ होन २१-२२ अब सो न जबहु २३ मोह २५ तबहु २६ तुअ

सं० मन्तव्य—२ रजनि ३ पोहाएलुँ ५ पिआ ६ जउवन १४ मोजे १५ होएल १९ होअओ २० मलअ २१ अइसन २२ जबहिँ २३ मोजे २४ होएत २५ तबहिं २६ तुअ

शब्दार्थ—पोहाएलुँ=बिताई। पेखलुँ=दर्शन किया। निरदन्दा=निर्द्वन्द्व, चिन्तारहित। मझु=मेरा अपना। विहि=विधाता। डाकउ=पुकारे। पांचबान=पांच बाणोंवाला, कामदेवता। कोकिला, चन्द्रमा, मलयानिल और कामदेवता जो अपनी सीमित क्षमता से ही मुझे पीड़ित करते रहे अब असीमित शक्ति सम्पन्न हो जाएं, मुझे चिन्ता नहीं। अइसन…देहा=यदि जैसा स्वप्न में प्रियचन्द्र मुख देखा वह यथार्थ हो जाए तो तभी अपने शरीर धारण को यथार्थ मानूँगी, सफल समझूँगी।

[४०७]

कि कहब रे सखि आनन्द[१] ओर। चिरदिने[२] माधव मन्दिरे मोर॥
पाप सुधाकर यत[३] दुख देल[४]। पिया[५]-मुख दरशने[६] तत सुख भेल[७]॥
आँचर भरिया[८] यदि महानिधि पाइ[९]। तब हाम[१०] पिया[५] दूर देशे[११] ना पाठाइ[१२]॥
शीतेर[१३] ओढ़नी[१४] पिया[५] गीरेषेर[१५] वा[१६]। बरिषार[१७] छत्र पिया[५] दरियार[१८] ना[१९]॥
भनगे[२०] विद्यापति शुन[२१] बरनारि। सुजनक दुख दिन[२२] दुइ चारि॥

प० त० १९९५

पाठभेद—

ब्र० न० सहाय—(पु० तथा रस० प० सं० १४)—१ आनंद २ चिरदिन ३ जत ४ देल ५ पिय ६ दरसन ७ भेला ८ भरि ९ पाब १० हम ११-१२ दुरदेस न पठाब १३-१४ सीतक ओढ़नि १५-१६ ग्रीष्मक बायु १७ बरषक १८-१९ दुर जनि जाउ २० भन २१ सुन २२ दिवस ।

न० गु०—(प० सं० ८२४)—"आर दुरदेशे हम पिया न पाठाओ" से आरंभ १४ ओढ़न १७ बरिखेर । शेष प० त० सदृश ।

मि० म० (भूमिका; पृष्ठ ७९)—"कि···से····भेल ।" तक विद्यापतिकृत स्वीकार करते हुए शेष चरणों के बारे में मन्तव्य प्रकाश किया है—मिथिलार कवि कि करिया "शीतेर···ना" एटि खाँटि बाङ्ला कथा लिखिबेन ताहा बुझा जायना । (पृष्ठ ८०) प० त० १९९५ संख्यक पदटीते मैथिल विद्यापतिर रचना सहित बाङ्गाली विद्यापतिर रचना अद्भुत रूपे मिशिया गियाछे । (पृष्ठ ७९) किन्तु निघन्टु (ड०) में इसे अज्ञात् विद्यापतिकृत माना है । (संपादक)

सं० मन्तव्य—(i) चैतन्य महाप्रभु के आगमन पर अद्वैताचार्य द्वारा सुनाए गए पद के रूप में "कि कहब····मोर ।" का उल्लेख है। प० स० पृ० ११८ क और प० त० १९६७ प्र० सं०, प० सं० ४०५में यह एक चरण मात्र है जब कि प० त० १९९५ पूर्ण पद है यदि इसे पद रूप में सुनाया गया तो इसका रूप इसी प्रकार रहा होगा भले ही इसमें शीतेर··· ना" अंश बंगीय परिवेश में जोड़ा गया रहा हो । विशेष देखें—भूमिका—विवादास्पद पद ।

(ii) १ आनंद ३ जत ५ पिआ ८ मारि १० तओ हम ११ दुरदेसे १२ पठाइ १३-१६ बंगीय परिवेश में प्रक्षिप्त २० भन २१ सुन २२ दिवस

शब्दार्थ—चिरदिने=बहुत दिनों के बाद। पाप=पापी। सुधाकर=चन्द्रमा। तओ हम= तब भी मैं।

[४०८]

आजे तिमिर दह दीस[1] छड़ला । आजे दिघर भए दिवस बढ़ला ॥
आजे अकथ भेल परिजन कथा । आरति न रहए उचित बेथा ॥
ए सखि ए सखि फललि[3] सुवेला । निअर आएल पिआ लोचन मेला ॥
विरहे[4] दगध मन कत दुर धओला[5] । मागल[6] मनोरथ कओने[7] सखि पओला[8] ॥
कति खन धरब जाइते जिव राखि । आसा[9] बाँध पड़ल मन साखि ॥
भनइ विद्यापति सुन सजनी । बालभु[10] सुन भेल[11] महघि रजनी ॥

ताल०; नगेन्द्रनाथ गुप्त, प० ७९३

पाठभेद—

मि० म० (प० सं० ५५३)—न० गु० सदृश ।

परि० पद० (त० प० सं० २२२)—२ बेबथा ३ फळलि ४ विरहें ६ माँसल ७ कओने १३ मोलि ।

सं० मन्तव्य—१ दिशि ४ विरहें ५ धाओल ७ कओने ८ पाओल ९ आशा १० बालँभु

शब्दार्थ—तिमिर···छड़ला=अन्धकार (निराशा) ने दिशाएँ छोड़ दीं, आशा प्रकाशित हुई। दिवर···बढ़ला=अब दिन और बड़ा हो गया, आनन्द की सीमा बढ़ गई। अकथा=कहने योग्य नहीं। आरति···बेथा=आर्तिकाल में उचित-अनुचित का ध्यान नहीं होता। पिआ···मेला=प्रियतम के नयनों का मिलन। विरहे···सखि=पहले विरहव्यथित मन कहाँ-कहाँ नहीं दौड़ा, सोचता रहा मुँह माँगी वस्तु किसने पाई है जो प्रियतम को पा सकूँगी ? प्रयाणोद्यत प्राणों को रख पाऊँगी ? मेरा मन ही साक्षी है कि केवल आशा के बन्धन से ही प्राण बँधे रहे।" बालमु···रजनी=प्रियतम के अभाव में रात बहुत मंहगी (कष्टकारक) होती ही है।

[४०९]

जनम कृतारथ सुपुरुष[१] सङ्ग। सेहे दिवस जौं[२] नहि मन भङ्ग॥
हृदयक[३] आनन्दे[४] सुख[५] परगास। तरनि तेजें हो[६] कमल बिगास॥
भल भेल माइ हे कुदिवस गेल। हरि निधि मिलल सकल सिधि भेल॥
एक दिस[७] मनिमय नव निधि हेम। अओका[८]दिस[७]नव रस सुपुरुष[९]पेम॥
निकुति तौलि[१०] कएल अनुमान। प्रीति अधिक थी[११] के नहि जान॥
प्रीतिक सम हे दोसर नहि आन[१२]। जाहि तुलना दिअ अपन परान॥
भनइ विद्यापति अनुपम रीति। दम्पति काँ हो अचल पिरीति॥

ताल०; न० गु० ८१४

पाठभेद—

मि० म० (प० सं० ५६६)—सुपुरुस ६ हे ९ सुपुरुस

परि० पद० (त० प० सं० २२६)—२ जओ ४ आनन्दें ५ मुख ११ थिक १२ आन

सं० मन्तव्य—२ जओ हृदअक ६ रोए ७ दिशि ८ अओकाँ १० तउलि ११ थिक १२ आन

शब्दार्थ—सेहे······भङ्ग=वही सुदिन जिसमें प्रिय से मन न टूटे। तरनि तेजें=सूर्य के प्रताप से। अओकाँ=दूसरी ओर। निकुती=निकती, तुला। थिक=है।

[४१०]

जा लागि चाँदन बिखतह भेला। चाँद अनल जा लागि रे॥
जा लागि दखिन पवन भेल सायक[१]। मदन बैरि[२] जा लागि रे॥
से कान्हु कते दिन पाहुन[३]। हसि[४] न निहारसि ताहि रे॥
हृदयक[५] हार हठे[६] टारह जनु। पेम सुधा अवगाहि रे॥

रोयइते[7] नोरे[8] आतुर भेल लोचन। रयनि[9] जाम जुगे गेलि रे॥
फूजल चिकुर चीर नहि चेतए। हार भार तनु भार भेल रे॥
तप तोर तरुण[10] करुने कान्हु आएल। काँइ[11] बढ़ाबसि[12] रे॥
जेहो न अछल मन सेओ भेल संपन। कवि विद्यापति भान रे॥

ताल०; न० गु०, प० ८१७

पाठभेद—

मि० म० (प० सं० ५६७) ७ रोअइते ८ तरुन

परि० पद० (त० प० सं० २२४)—३ पाहुन आएल ४ हँसि ६ हठें ७-८ रोअइतें नोरें ९ रअनि १० तरुन ११ काञि

सं० मन्तव्य—१ साअक २ बइरि ४ हँसि ५ हृदअक ६ हठें ७-८ रोअइतें नोरें ९ रअनि ११ काञि १२ बढ़ाओसि

शब्दार्थ—लागि=लिए। बिखतहु=विष तुल्य। साअक=तीर। जाम जुगे=दो पहर। चिकुर=केश। तप…आएल=तुम्हारी तपस्या पूर्ण हुई जिसपर करुणाकर कृष्ण ने दर्शन दिया। काञि=क्योंकर। संपन=संपन्न, परिपूर्ण।

[४११]

बिह[1] मोर परसन भेल। रघुपति[2] दरसन देल॥
देखलि वदन अभिराम। पुरल सकल मन काम॥
जागि उठल पचोबान[3]। बसि नहि रहल गेयान[4]॥
भनइ विद्यापति भान हे[5]। सुपुरुख न कर निदान हो॥

ग्रियर्सन ११

पाठभेद—

ब्र० न० सहाय (प्रथम मिलन और दर्शन प० सं ४४)—३ पंचबान ४ गेआन ५ पाठाभाव

न० गु० (प० सं० ८११)—२ हरि मोहि

मि० म० (प० सं० ६०५)—ग्रियर्सन सदृश।

सं० मन्तव्य—१ बिहि ४ गेआन ५ पाठाभाव

शब्दार्थ—बिहि=विधाता। अभिराम-सुन्दर। काम=इच्छाएँ।

[४१२]

से दिन सुदिन सम पावल[१] रे, प्रसन[२] भेलह ब्रजराज।
सगुन नैन मोहि फरकै[३] रे, आयल[४] पहु के समाद॥
आनँद हृदय[५] पुलित[६] भेला रे, दिन दोष दूरहि गेल।
अनेक दिवस हरि पाहुन रे, जन्म[७] कृतारथ भेल॥
सेज भरि फूल समारलि रे, बासलि कपुर तमोल।
भाव भरमि नहिँ राखथि रे, बाजथि बचन अमोल॥
प्रेम हार प्रभु बान्हथि रे, कोसल[८] करथि बिचार।
पल भरि पास न छाड़थि रे, राखति हृदय[५] मँझार॥
कवि विद्यापति गावल रे, सुन सुमुखि सयानि[९]।
जाहि धनि एत गुन सजनी रे, ताहि झँखथि भगवान॥

ब्र० म० सहाय (पु० तथा रस० १३)

पाठभेद—

सं० मन्तव्य—१ पाओल २ परसन ३ फरकइ ४ आएल ५ हृदअ ६ पुलकित ७ जनम ८ कुशल ८ गाओल ९ सजान

शब्दार्थ—सगुन नैन=शुभ शकुन देने वाले। हरि पाहुन=कृष्ण पाहुन होकर आए हैं। समारलि =समारोह पूर्वक सजाया। बाजथि=बोलते हैं। झंखथि=सिहाते [सराहते] हैं।

[४१३]

दुसह वियोग दिवस गेल बीति। प्रियतम दरसन[१] अनुपम प्रीति॥
आन[२] लगइछति[३] बिधु अनुकूल। नयन[४] कपूर आँजन[५] समतूल॥
गावथि[६] कोकिल पञ्चम आबि। गुञ्जथु मधुकर लतिका पाबि॥
बहथु निरन्तर त्रिबिध समीर। भन विद्यापति कविवर धीर॥

न० गु० (मिथिला) ८०८

पाठभेद—

मि० म० (प० सं० ८६२)—न० गु० सदृश।

सं० मन्तव्य—१ दरसने २-३ आबे लगइछथि ४ नअन ५ अञ्जन ६ गाबथु

शब्दार्थ—दरसने=दर्शन से। लगइछथि=जान पड़ता है। नयम......समतूल=अब तो चन्द्रमा कपूर मिश्रित अञ्जन सा आँखों को शीतल लग रहा है। गुञ्जथु=गुंजार करे।

[४१४]

जे दुखदायक[1] से सुख देथु। अबला जन सों[2] आसिस[3] लेथु॥
पिय[4] मोर आएल आन परोस। विरह व्यथा[5] जनि गेल लख कोस॥
नहि छथि[6] उगथु सहस दिजराज। कुदिवस हितकर[7] अनहित काज॥
त्रिबिध समीर बहथु दिनराति। पञ्चम गाबथु कोकिल जाति॥
से गृह गृह नित उतसव आज। विद्यापति भन मन निर्व्याज[8]॥

न० गु० (मिथिला) प० ८०९

पाठभेद—

मि० म० (प० सं० ८६१)—न० गु० सदृश।

सं मन्तव्य—१ दुखदाअक २ सओ ३ आशिष ४ पिअ ५ बेथा ६ छति ७ हित कर ८ निर व्याज

शब्दार्थ—देथु=दें या दे रहे हैं। लेथु=लें। आएल आन परोस=पड़ोस में आ पहुँचे। छति=हानि। दिजराज=चन्द्रमा। हित कर=हितैषी भी करते हैं। निरव्याज=छल कपट से मुक्त, सच्चे हृदय से।

[४१५]

माधव मन जनु राखिए रोसे।
अवसर तेजी कतय[1] चल गेलहुँ[2] ताहिँ[3] हमर कोन दोसे॥
तीनि सै साठि आध मिह्ला[4] दै[5] से कय[6] गेलहुँ[7] ठेकाने।
ता दीगुन[8] तकरो पुनि सद्गुन[9] अयलहुँ[10] तकरो निदाने॥
विरह उदाप दाप तन झाँझर करय[11] चाह जिव अन्ते।
अब हम करब की[12] लय[13] तुँअ[14] आदर प्रेम पदारथ तुँअ[14] कन्ते॥
कुच जुग कमल उतङ्ग भार डर से कुम्हिलाएल फूटी।
गर गर चुबय[15] अमिय भिजु आँचर अब रहल भय सीठी॥
ई सुनिय[17] वचन सुनिय[18] मधुरापति बिहुँसि हँसलि सुखं फेरी।
धन जन जीवन[19] थीर नहि कौखन[20] ककरानै[21] एक बेरी॥
अजय बैन[22] कमल सुनु भामिनि बुझल तुअ सदभावे।
सूखल सारि जौं[23] नीर पटाबिय[24] अवसर काल काज किछु आवे॥
भनहिं विद्यापति सुनु वर जुवति[25] ई थिक नवरस रीती।
अपन[26] पुरुस के[27] प्रेम[28] जमाबिअ बिसरि जाहु सब नीती॥

मि० गी० सं० द्वितीय खण्ड, पृ० ५

पाठभेद—

मि० म० (प० सं० ८७१)—उपर्युक्त सदृश ।

सं० **मन्तव्य—**१ कतए २ गेलहु ३ तञो ४ चिह्ना ५ दए ६ एक ७ गेलहु ८ दुइगुन ९ षटगुन १० अएलाहु ११ करए १२-१३ कि लए १४ तुअ १५ चुअए अमिञ १६ भए १७-१८ सुनि बअन गुनिए० मुख १९ जउबन २० कखनओ २१ ककराओ नहिँ २२ बअन २३ सालि जञो २४ पटाबिए २५ बरजउवति २६-२७ अपना पुरुष काँ २८ प्रेमे

शब्दार्थ—चल गेलहु=चले गए। तीन···ठेकाने=३६० का आधा=१८० दिन का चिह्न, (रेखाओं का) देकर गए अर्थात ६ महीने की अवधि बता गए। ता······निदाने=उसका दूना [१८०×]=३६० दिन=एक वर्ष, फिर उसका ६ गुना=६ वर्ष। ६ माह कह कर गए ६ वर्ष बीतने पर लौटे। उदाप=उत्ताप। दाप=जलन से। कि लए=क्या लेकर। उत्तङ्ग भार=भारोन्नत, पुष्ट उठे हुए। भए सीठी=सूख कर सिट्ठी (नीरस) हो गए। ककराओ=किसी का। बअन=मुख। सालि=धान।

'रूप-अपरूप'

[४१६]

मालवरागे—

जेहे अवयव पुरुब समय[१]
निचर[२] बिनु[३] विकार।
से आबे[४] जाहु[६] ताहु[७] देखि झापए[८]
चिन्हिमि[९] न[१०] बेबहार ॥ ध्रु० ॥
कन्हा[११] तुरित सुनसि[१२] आए।
रूप देखते[१३] नयन[१४] भुलल[१५]
सरुप[१६] तोरि दोहाए ॥
सैसब[१७] बापु[१८] बहीरि[१९] फेदाएल[२०]
यौवने[२१] गहल[२२] पास।
जेओ[२३] किछु धनि बिरुह[२४] बोलए[२५]
से[२६] सेओ[२७] सुधासम भास ॥
जौवन[२८] सैसब[२९] खेदए[३०] लागल
छाड़ि[३१] देहे[३२] मोर ठाम।
एत[३३] दिन[३४] रस तोहे बिरसल
अबहु नहि[३५] विराम[३६] ॥
भने विद्यापतीत्यादि ॥

ने० पृ० २ ख, प० ४; पं० ३

पाठभेद—

ग्र० न० सहाय (मध्या नायका वर्णन, प० सं० १२)—२-३ नीचर बिनू ५-७ अब जाह ताह ८ झापय ९-१० चिन्हिम नहि ११ कान्हा १३ देखत १५ भूलल १८-२० बापु बहिरि फेंदायल २१-२२ जोवने गहला २३ जेय २५ बोल.ए २७ से ३० खेदय ३१-३२ छाड़ि देह ३३-३४ विद्यापति ३५ नहीं

न० गु० (प० सं० १३)—१२ शुनसि १६ सरूप २१ जौवने ३१ छाड़ि

मि० म० (प० सं० २२७)—१३ देखत ३१ छाड़ि

सु० झा० (प० सं० ४)—१६ सरूप २१ जौवने ३१ छाड़ि

परि० पद० (प० सं० ४)—१ समअ २ नीचर ८ झाँपए १३ देखइते १८-१९ बापुर हारि २१ जौवने २६ सेओ ३२ देह ३६ बिसराम

सं० मन्तव्य—१ समअ ६-७ जाहि ताहि ८ झाँपए ११ कन्हाइ १३ देखइते १४ नअन १७ सइसब १९ बाहिरे २१ जउबन २६ पाठाभाव २८-२९ जउबन सइसवे

शब्दार्थ – निचर=निश्चल, तरङ्गहीन। जाहि-ताहि=जिस तिस को। चिन्हिमि=पहचान पाती हुँ। सरुप=सचमुच। फेदाएल=फेंक दिया गया, बीत गया। विरुह=विपरीत।

[४१७]

धनछीरागे—

घटक बिहि बिधाता जानि काचे कञ्चने छाड़लि[१] हानि[२]।
कुच सिरीफल सञ्चा पूरि कुन्दि[३] बैसाओल[४]
रूप[५] कि कहब मञे[६] बिसेषि[७] गए निरुपि[८] झटित देषि[९]।
नयन[१०] नलिन सम बिकास चान्दहु[११] तेजल बिरुह[१२] भास॥
दिने रजनी हेरए बाट जनि हरिणी[१३] बिछुरलि[१४] ठाट[१५]॥
भने विद्यापतीत्यादि॥

ने० पृ० ३६ क, प० १००; प० ५

पाठभेद—

न० गु० (प० सं० ७७३)—१ छाउलि २ आनि ३ कुँदि ४ बइसाओल (४-५ के बीच का अंश घिसकर मिट गया है जिसके स्थान पर न० गु० ने कल्पितरूप रख दिया है "कनक कटोरि"—संपा०) ७ विसेखि ७ निरुपिअ ९ देखि ११ चान्दहु १२ बिरह १३-१४ हरिनो बिछुरल

मि० म० ((प० सं० २६४)—न० गु० सदृश ।

सु० झा० (प० सं० ९४)—१२ बिरह १५ बाट ।

परि० पद० (प० सं० ६५)—१ छाड़लि ६-७ मोञे बिसेखि ८ निरुपि (अ) ९ देखि १० नअन १३ हरिनी

सं० मन्तव्य—४ बइसाओल (उरे समूरि) ६ मोञे ८ निरूपि (ए) १० नअन

शब्दार्थ—जानि=समझ बूझ कर । काचे…हानि=काँच और कञ्चन की शोभा उरोजों के बन जाने पर व्यर्थ हो जाएगी, इस हानि की ने भी परवाह नहीं की । सञ्चा पूरि=साँचे में भरकर । कुन्दि…समूरि=ठोंक ठोंककर वक्ष पर जड़ दिया । चान्दहु…भास=मुख चन्द्र पर नयन नीरजों को प्रफुल्लित देख लगता है जैसे चन्द्रमा ने कमल से अपना विरुद्ध भाव त्याग दिया है । ठाट=समज, झुण्ड ।

[४१८]

अहिरानीरागे—

जमुना तीर युवति[१] केलि कर[२]
ऊठि[३] उगल सानन्दा ।
चिकुर सेमार हार अरुझाएल[४]
जूथे जूथे उग चन्दा ॥ ध्रु० ॥
मानिनि[५] अपरुब तुअ निरमाने ।
पाँचबाने जनि सेना साजलि
अइसन उपजु मोहि भाने ॥
आनि[६] पुनिम ससि कनकथोए कसि
सिरिजल तुअ मुख सारा ।
जे सबे उबरल काटि नडाओल[७]
से सबे उपजल तारा ॥
उबरल कनक औटि[८] बटुराओल
सिरिजल दुइ आरम्भा ।
सीतल छाह[९] छैल[१०] छुइ छाडल[११]
छाड़ि[१२] गेल सबे दम्भा ॥
भनइ विद्यापतीत्यादि ॥

ने० पृ० ५७ ख, प० १६२; पं० ५

पाठभेद—

न० गु० (प० स० ४०५)—३ उठि अरुझायल ७ नड़ाओल ११ छाड़ल १२ छाड़ि

मि० म० (प० सं० २२९)—युवती ४ अरुझाएल। शेष न० गु० सदृश।

सु० झा० (प० सं० २४६)—३ उठि ९ छौंलि

परि० पद० (प० सं० १५१)—१ तीरे युवति २ कए ६ आनि ८ औंटि ११ छाड़ल १२ छाड़ि

सं० मन्तव्य—२ कए (५ भामिनि) ६ आनि ८ अओटि (९ आह) १० छइल

शब्दार्थ—केलि कए=स्नान केलि करके। चिकुर=केश। सेमार=शैवाल, सेवार। जूथे-जूथे=झुण्ड के झुण्ड। भाविनि=युवती। जनि=मानो। कनक थोए=स्वर्ण-साँचा।

[४१९]

कोलाररागे—

हृरि पति हित रिपु नन्दन बैरी वाहन ललित[१] गमनी।
दिति नन्दन रिपु नन्दन[२] नन्दन[३] नागरि रूपे[४] से[५] अधिक[६] रमणी ॥ध्रु०॥
सिव सिव तम रिपु बन्धव[७] जनी[८]।
रितु पति मित बैरि[९] चूड़ामणि[१०] मित्र[११] समान रजनी॥
हृरि रिपु रिपु प्रभु तसु रजनी[१२] तात[१३] सरिस[१४] कुचसिरी[१५]।
सिन्धु तनय रिपु रिपु रिपु[१६] बैरिनि[१७] वाहन[१८] माझ[१९] उदरी॥
पन्थ[२०] तनय हित सुत पुने[२१] पाबिअ विद्यापति कवि भाने॥

ने० पृ० ७२ ख, प० २०२; पं० ३,

पाठभेद—

मि० म० (प० सं० ५७७)—ललिल २ विनन्द ६ अधकि ७-८ बन्ध रजनी बेरि १० चूड़ामले १४-१५ कुबरि सङ्कचसिरी १६ विप्र १७-१८ बैरि निवाहन १९ मास

सु० झा० (प० सं० १८४)—ने० प० सदृश।

परि० पद० (प० सं० १६८)—३ पाठभाव ४ रूपें ११ मित १२ रमनी तसु २० पञ्च २१ गुने

सं०मन्तव्य—१२ तसु रजनी ११ तासु। शेष परि० पद० के अनुरूप।

शब्दार्थ—हरि=बन्दर-पति=सुग्रीव—हित=श्रीराम-रिपु=रावण-नन्दन=मेघनाद-बैरी=इन्द्र-बाहन=ऐरावत, हाथी सदृश गमनी=चालवाली। दिति-नन्दन=दानव-रिपु=विष्णु-नन्दन=कामदेव-

नागरि=रति । तम-रिपु=सूर्य-वन्धव=कमल, जनी=कमलिनी सदृश कोमल नायिका है। रितुपति=वसन्त-मित=कामदेव-बैरि=शंकर-चूड़ामणि=चन्द्रमा-मित=ज्योत्सना । हरि=मेढक-रिपु=सर्प-रिपु=मयूर-प्रभु=कार्तिकेय-तसु रजनी=कार्त्तिक की रात्रि । कुचसिरी=उरोजों की शोभा, छटा । सिन्धु तनय=चन्द्रमा-रिपु=राहु-रिपु=विष्णु-रिपु=मधुकैटभ-बैरिनि=दुर्गा-वाहन=सिंह, माझ उदरी···सिंह की कटि सदृश कटि वाली । पंचतनय=पाण्डु या कुन्ती-हित=कृष्ण-सुत=प्रद्युम्न=कामदेव । पुने=पुण्य प्रताप से ।

[४२०]

सारङ्गीरागे—

कामिनि करए[१] सनाने[२]
हेरइते[३] हृदय[४] हरए[५] पचबाने[६] ॥
चिकुर गलए[७] जलधारा[८] ।
मुख[९] शशि[१०] डरे[११] जनि रोअए[१२] अँधारा[१३] ॥ ध्रु० ॥
तितल वसन[१४] तनु लागू[१५]
मुनिहुक[१६] मानस[१७] मनमथ[१८] जागू[१९] ॥
ते[२०] शङ्काए[२१] भुजपाशे[२२]
बान्धि[२३] धरिअ[२४] पुनु[२५] ऊड[२६] तरासे[२७] ॥
कुचयुग[२८] चारु चकेबा[२९]
निअ[३०] कुल[३१] मिलित आनि[३२] कओने[३३] देबा[३४] ॥
भनइ[३५] विद्यापतीत्यादि[३६] ॥

ने० पृ० ७८ (क), प० २१७; प० ३

पाठभेद—

रागतरङ्गिणी—(पृ० सं० ७३) राग—वितितासावरी—३-६ हेरतहिँ हृदए हन पँचवाने ७ गरए ८ झलधारा १० ससि ११ तरेँ १३ अधारा १६ मुनिहुँक । तदनन्तर ९ वीं-१० वीं पंक्तियाँ;⇒२९ चकेवा ३० निअ ३२ आनि ३३-३४ कोने देवा; फिर ७ वीं-८वीं पंक्तियाँ; २०-२२ तें सङ्काअे भुजपासे २५-२७ उड़ि जाएत अकाशे । ३५-३६ इति विद्यापते; ॥

तरौनी-तालपत्र (न० गु०, ३७) ३-५ हृदअ हनए ७ गरए ९-१३ जनि मुख ससि डरे रोअए अन्धारा । फिर क्रमशः ९ वीं, १० वीं, ७ वीं ८ वीं, ५ वीं ६ ठीं पंक्तियाँ हैं; २०-२२ तें सङ्काओ भुज पासे २३-२७ बाँधि धयल उड़ि जाएत अकासे २८ कुच

जुग २६ चकेवा ३३ कौने ३४ देवा ३५-३६ भनइ विद्यापति गाबे। गुनमति धनि पुनमत जन पाबे।

पदकल्पतरु (प० सं० २०७)—१ करइ २ सिनान ४ हृदये ५-६ हानल पाँचबान ७-८ चिकुरे गलये जलधार ११-१३ भये किये रोये आन्धियार १४ बसन १५ लागि १६ मुनिहक १९ जागि। फिर क्रमशः ९ वीं, १० वीं, ७ वीं, ८ वीं पंक्तियाँ हैं। २० तेञि २१ शङ्का २४-२६ धरल जनु उड़ब ३०-३४ निजकुले आनि मिलायल देवा, ३५-३६ कवि विद्यापति गाओये। गुनवति नारि रसिक जन पाओये।

ग्रियर्सन (प० सं० १)—१-२ करु असनाने ३-६ हेरइत हिदंय हनल पचमाने। तदनन्तर क्रमशः ५, ६, ३, ४, ९, १०, ७ और ८ वीं पंक्तियाँ, ७-८ बहै जल धारे ९-१३ जनि शशि बिनु मोहि लागत अन्धारे १५ लागु १७-१९ मन समस्त भय जागु २०-२२ तें संसे भुज फाँसे २३-२७ बाँधि धरिअ उड़ि लागत अकासे २८ कुचजुग ३०-३४ नीच कर कमल जानि दुख देवा ३५-३६ भनहिं विद्यापति भाने। सुपुरुख कबहु न होयत नदाने॥

ब्र० न० सहाय (श्री कृष्ण जी का पूर्वराग, प० सं० ७)—१-२ करय सनान ३ हेरइत ५-६ हनथ पँचबान ७ गलय १० ससि ११ भय १२ रोअय १५ लागी १९ जागी। फिर क्रमशः ९, १०, ७, ८ वीं पंक्तियाँ, २०-२२ तें संसै भुज पासे २३-२७ बाँधि धयल उडि जायत अकासे ३१-३४ कुल आनि मिलायल देवा ३५-३६ कवि विद्यापति गाबे। गुनमति धनि पुममत जन पावे॥

बेनीपुरी (प० सं० २३)—६ पँचवाने ११ डरें १३ अँधारा २०-२१ ते सँकाएँ २३-२४ बाँधि धएल ३५ भनइ। शेष पाठ एवं क्रम तरौनी (न० गु०) के के अनुरूप।

मि० म० (प० सं० २२८)—मूल में तरौनी (न० गु०) का पाठ तथा पाद-टिप्पणी में क्रमशः (क) ने० प० (ख) रागतरङ्गिणी (ग) ग्रियर्सन और (घ) पर पदकल्पतरु का पाठ उद्धृत।

सु० झा० (प० सं १९७)—३०-३१ निज कुल मिलत, शेष ने० प० सदृश

परि० पद० (प० सं० १६८)—३ हेरतहिं ६ पँचबाने ११ डरें १२ अन्धारा २० तें २३-२४ बान्धि धएल ३२ निज ३२-३३ जानि कओने ३५ मनइ। शेष पाठ एवं चरण क्रम तरौनी न० गु० के अनुरूप।

सं० मन्तव्य—(i) प्रस्तुत पद प्रायः सभी स्रोतों से उपलब्ध होता है विभिन्न

स्रोतों में इसका स्वरूप तत्-तत् क्षेत्रीय प्रभाओं को स्पष्ट करता है। (ii) क्रम-अन्त के चार चरणों में क्रम बदल कर ९, १०, ७, ८ का क्रम अधिक सार्थक है। पाठ-४ हृदअ ११ डरें १३ अन्धरा १५ लागु १९ जाणु २० तें २१ शङ्काएँ ३० निज ३२ आनि।

शब्दार्थ—सनाने=स्नान। हेरइते=देखने की भङ्गिमा से। हरए=हर लेती है या हनए=मारता है। गलए या गरए=गारने [निचोडने] से चूती है। डरें=भय से। तितल=भींजल तीतल, भींगा हुआ। चारु=सुन्दर। चकेवा=चक्रवाक पक्षी। आनि···देवा=कौन लाकर पुनः देगा। तें=इसी। तरासे=त्रास, डर से। या उड़ जाएत=उड़ जाएँ। अकासे=आकाश में [पक्षीवृन्द में]

[४२१]

सारङ्गीरागे—

भौंह[1] भागि[2] लोचन भेल[3] आड[4]
तैअओ[5] न शैशव[6] सीमा छाड[7]।
आबे[8] हसि[9]हृदय[10]चिर[11] लए[12]थोए[13]
कुच कञ्चन अङ्कुरए[14] गोए[15] ॥ ध्रु० ॥
हेरि हल माधव कए[16] अवधान
जौवन[17] परसे[18] सुमुखि आबे आन[19]।
मधुर[20] हासे[21] मुख मण्डित···[22]
अमिअक लोने कुशेशय······[23] ॥
सखि पुछइते[24] आबे दरसए[25] लाज
सीञ्चि[26] सुधाए[27] अधबोली[28] बाज।
एत[29] दिन सैसबे[30] पाओल[31] साठ
आबे[32] सबे मदने पढाउलि[33] पाठ ॥
भनइ विद्यापतीत्यादि ॥

ने० पृ० ७८, प० २१८, पं० १

पाठभेद—

ब्र० न० सहाय (मध्या नायका वर्णन, प० सं० ९)—२ भाङ्गि ३ भेलो ४ आड़ ५ तैओ ७ छाड़ ९-१३ आबे हँसि, हिय चीर लय थोप १४ अंकुरये १५ गोप १६ कय १७-१८ योवन प्रसै २०-२३ पाठाभाव २४ पुछइत २५ दरसय २६-२८ साँचि सुधा अध बोलिये २९ यत ३० शैशव ३१ लावल ३२ आबे ३३ पढ़ावल

न० गु० (प० सं० ११)—भाङ्गि ४ आड़ ७ छाड़ ११ चीर २०-२३ पाठाभाव २६ सीचि २८ अधबोलिअ ३० शैशवे ३१ लाओल ३३ पढ़ाउलि

मि० म० (प० सं० २२६)—१ भौंह ६ सैसव २२-२३ अमिक्रका नाले कुशेशय २४ पुछइत २६ सीँचि २७ सुधाओ। शेष न० गु० सदृश।

सु० झा० (प० सं० १९८)—२ भागि गेल १३ लय २२-२३ मुण्डित (लागु) अमिअक लोले कुशेशय जागु।

परि० पद० (प० सं० १९९)—२ भाङ्गि ६ सैसव ९ हँसि १०-११ हृदअ चीर १४ अंकुर पए १९ वान २१ हासेँ २२ मेल २३ लोन कुसेसअ गेल २८ अधबोलिअ

सं० मन्तव्य—२ भाङ्गि ५ तइअओ ६ सइसव ९-१० हँसि हृदअ १७ जउवन १८ परसेँ १९ वान २१ हासेँ २२ मेल २३ गेल ३० सइसवे

शब्दार्थ—भाङ्गि=वक्र करके। आड=लाल या तिरछे। थोए=स्थापित करती है, छिपा रखती है। अङ्कुर एए गोए=छिपे-छिपे ही विकसित होता है। परसेँ=स्पर्श से। अमिअक······गेल=अमृत [हँसी की] और कमल [मुख की] लावण्यता के आगे अस्तित्व-हीन हो गए। अधबोली बाज=आधी बात ही स्पष्ट बोलती है। साठ=संग-साथ।

[४२२]

गुञ्जरीरागे—

नोनुअ[१] बदन सिरि[२] धनि तोरि
जस[३] लागि मोहि[४] चान्दक[५] चोरि।
दरसि हलह जनु··············[६] काहु
चान्द[७] भरमे[८] मुख गरसत राहु॥ ध्रु०॥
धवल नयन[१०] तोर काजरे[११] कार
तीख तरल [१२]·····················[१३]धार।
निरलि[१४] निहारि फास[१५] गुण[१६] जोलि[१७]
बान्धि[१८] हलत[१९] तोहि खञ्जन बोलि॥
सागर सार चोराओल चन्द
ता लागि राहु करए बड़ दन्द।
कतए[२०] लुकाओब चान्दक चोरि
जतहि लुकाइअ ततहि उजोर[२१]॥
भनइ[२२] विद्यापतीत्यादि[२३]॥

ने० पृ० ८०, प० २२५, पं० ४

पाठभेद—

न० गु० (प० सं० २२६)—१-२ लोलुअ वदन सिरी ३-५ जनु लागि तोहि चाँदक ६ हेरह ७ चाँद १२-१३ तहिँ कटाख १४ निरबि १६ गुन १८ बाँधि २०-२१ पाठाभाव २२-२३ भनइ विद्यापति होउ निसङ्क[२४] । चाँदहु[२५] की [२६]किछु लागु कलङ्क ।।

बेनीपुरी (प० सं० १०२)—२ सिरी अछि ८ भरम ११ जनि तरुआर १२-१३ तेहि कटाखक १९ हलब २४ निरसंक २६ काँ । शेष न० गु० सदृश ।

मि० म० (प० सं० ३०५)—१-२ लोलुअ वदन-सिरी अछि ८ भरम । शेष पाठ न० गु० सदृश । पादटिप्पणी में ने० प० का २०-२१ पाठ उद्धृत ।

सु० झा० (प० सं० २०४)—४ लागिह मोहि ६ हेरह १२-१३ (धनु व्याधा जनि)

परि० पद० (प० सं० १०५) १-२ नोनुअ वदन सिरी ६ भरमहुँ ११ काजरेँ १२-१३ सर मनमथ १४ निरखि १५ फाँस १६-१७ गुन जोळि २१ उजोरि २५-२६ काँ किछु

सं० मन्तव्य—(i) प्रस्तुत पद की पंक्ति संख्या ३,४,७,८, क्रमशः रागतङ्गिणी पृ० ५६ के पद की ५-६, ७-८ से मिलती हैं जिनमें पाठभेद है—६ बाहर सुतह हेरह जनु काहु ७-८ चान भरमे १४ निरभि १५ फाँस १७ तोलि १८ बान्हि । इसी प्रकार न० गु० द्वारा दी गई भणिता भी उक्त पद से ली गई लगती है जिसमें "२४ निशङ्क २५-२६ चाँन्दहु काँ" मात्र भेद है । (ii) पदकल्पतरु के पाठ में भणिता के पूर्व "चान्दक आछये भेद कलङ्क । ओये कलङ्कित तहुँ निष्कलङ्क"—पाठ है । (iii)१ नोनुअ २ सिरी ६ हेरहु १० नअन ११ काजरेँ १२ दिठि खर सर १५ फाँस २२ उजोरि

शब्दार्थ—नोनुअवदन सिरी=लावण्यमय मुख कान्ति । जस लागि मोहि=मुझे लगता है जैसे । दरसि=दर्शन । हेरह=देखना । दरसि···काहु=न किसी को दर्शन दो और न किसी को देखो । दिठि खरसर धार =तुम्हारी दृष्टि प्रखर बाण की धारा सी है । निरखि···बोलि=आँखे विस्तार कर देखने की तुम्हारी भङ्गिमा देख कोई रसिक [व्याध] तुम्हारे नेत्रों को खञ्जन समझ अपने गुणों [रस्सी] के पाश से तुम्हें बाँध लेगा । सागर··· चन्द=तुमने अमृत [सुधाहास, दृष्टि] और चन्द्रमा दोनो को चुरा लिआ है । दन्द=झगड़ा ।

[४२३]

अम्बरे[१] वदन झपाबह[२] गोरि
राज सुनइछि[३] चान्दक[४] चोरि ।
घरे घरे[५] पहरी[६] गेल[७] अछ[८] जोहि
अबही[९] दूषण[१०] लागत[११] तोहि ।।ध्रु०।।

सुन[१२] सुन सुन्दरि हित उपदेश[१३]
सपनेहु[१४] जनु हो विपदक[१५] लेश[१६]।
हास सुधारस[१७] न कर उजोर
धनिके[१८] बनिके[१९] धन बोलब मोर॥
अधर[२०] समीप[२१] दसन कर जोति
सिन्दुर[२२] सीम बैसाउलि[२३] मोति।
भनइ[२४] विद्यापतीत्यादि[२५]॥

ने० पृ० ८५ (क), प० २३५; पं० १

पाठभेद—

रागतरंगिणी (पृ० ५६ के आरंभ के चार चरण मात्र)—केदाररागे—१ आँचरे ३-४ सुनैछिअ चाँदक ५-८ घरें घरें पेंहरि गेलछ ९-१० एषने दूषन

तरौनी-तालपत्र (न० गु० २२८) ३ सुनइछिअ ४ चाँदक ९ दूखन १२-१६ कतए नुकाएब चाँदक चोर। जतहि नुकाएब ततहि उजोर॥ १४ सुधारसे २१ सीम २२ सिन्दुरक २४-२५ भनइ बिद्यापति होहु निसङ्क। चाँदहु काँ थिक भेद कलङ्क।

ब्र० न० सहाय (अभिसार; प० सं० १६)—१ आंचर २ झांपह गोरो ३-४ सुनइछ चान्दक चोरो ७-८ छोड़ि गेल जोय ६-११ अबहि देखब धनि १३ उपदेस १४-१६ सपने त्वैं जनि विपद कलेस १७-१९ हांसि सुधामुखि न कर बिजोरि। बानिक ध्वनि धनि बोलब थोरि २२-२३ सींदुर समिप बसाबल मोती। अन्त में 'चांदक आछय भेद कलङ्क। उये कलंकी तुहु निकलंक। राजा सिबसिंह लछिमा संग। भन विद्यापति मनहु निसंक।"

बेनीपुरी (प० सं० १०१)—१३ अम्बर २१ समीप; शेष प्राय: न० गु० सदृश।

मि० म० (प० सं० २९) मूल में रागतरङ्गिणी का पाठ। टिप्पणी में ने० प० का पाठ, तालपत्र के भिन्न चरण एवं प० त० की भिन्न भणिता।

सु० झा० (प० सं० २१४)—१५-१६ विपद-कलेश।

परि० पद० (प० सं० २१५)—१ अम्बरें २ झंपाबह ३ सुनइ छिअ ५ घरें घरें १० दूषन १२-१६ न० गु० वत् १३ उपदेस १४ सपनेहुँ १६ लेस १७ सुधारसें १८-१९ धनिकें बनिकें २२ सिन्दुरक २३ बइसाउलि

सं० मन्तव्य—(i) प्रस्तुत पद ने० प० २२५, रा० त० ५६ और तरौनी २८८ से कुछ मिलता-जुलता और कुछ भिन्न है। न० गु० ने दोनों में ही तरौनी या प० त० अथवा

रा० त० की भणिता के अनुरूप भणिता जोड़ दी है । ऐसा प्रतीत होता है कि मूलतः ने० प० में दो स्थानों पर आए ये दोनों पद मूलतः एक ही रहे हैं । संयोग से प्रस्तुत संस्करण में ये पास-पास आ भी गए हैं—पहला प० सं० ४२२ और दूसरा ४२३ पर

(ii) पाठ—परि० पद० के अनुरूप

शब्दार्थ—अम्बरें=बादल, कपड़े से । वदन=मुख । झंपावह=ढंक लो । सुनइछिग्र=सुनती हूं । पहरी=पहरा देनेवाले । जोहि=खोजकर । दूषण=दोष, चोरी के अपराध का । उजोर=प्रगट होना । हास सुधा रसें=हँसी रूपी अमृत, मधु प्रगट न करो अन्यथा मधु को धनपति व्यापारी अपना धन कहकर दोषारोप करेंगे । सीम=सीमा, समीप । मोति=मोती ।

[४२४]

बरलीरागे--

की कान्हु[1] निरेषह[2] भौह[3] विभङ्ग[4]
धनु मोहि[5] सोपि[6] गेल अपन अनङ्ग ।
कञ्चने कामे गढल[7] कुचकुम्भ
भगइते[8] मलब[9] देइते परिरम्भ ॥ ध्रु० ॥
चतुर[10] सखी जन लावथि[11] नेह[12]
आसे[13] पसाहि[14] बाङ्क[15] शसिरेह[16] ।
राहु तरास[17] चान्द[18] सञो[19] आनि[20]
अधर[21] सुधा मनमथे[22] धरु जानि[23] ॥
जिव जञो राखञो[24] रहञो[25] अगोरि
पिब जनु हलह लागति[26] मोरि[27] चोरि ।
कैतव[28] करथि कलामति नारि
गुनगाहक[29] पहु बुझथि विचारि ॥
भनइ[30] विद्यापतीत्यादि[31] ॥

ने० पृ० ९२ (क), प० २५३, पं०१

पाठभेद—

न० गु० (प० सं० २१९, ताल०) चरणक्रम ने० प० के उपर्युक्त चरण, क्रमशः—७, ८, ९, १०, ५, ६, १, २, ३, ४, ११ और १२ वें चरणों पर आए हैं । १-४ कन्हु निरषह भँजुक भङ्ग ५-६ हमे सौंपि ७ गढ़ल ८-९ भङ्गइत मनब १०-१२ सहजहि कामिनि कुटिल सिनेह १३-१६ आस पसाह बाँक ससि रेह । १७-२० तरासे चाँद हम मानि २१

अपर २२ मनमथि २३ आनि २४-२५ जोगाबए धरब २६-२७ लगति हम। अन्त मे (३०-३१) "भनइ विद्यापति न करथि बाध। आस वचने पुरई धनि साध।। गरुडनरायन नन्दन जान। राए सिवसिंह लखिमा देइ रमान।।"

मि० म० (प० सं० ३४०)—१ कान्ह २-३ निरेखह भौँह ७ गढ़ल ९ मनब ११-१२ सारथि लेह १३-१६ आसेप मोहि बालक ससिरेह २४ राथओ मुगोधि २९ गुणगाहक और (प० सं० ५२) पर न० गु० के अनुरूप ताल० का पाठ।

सु० झा (प० सं० २३२) ने० प० के अनुरूप।

परि० पद० (प० सं० २३३)—१-३ कान्ह निरेखह भौँह ८ भँगइते १३ आसेँ १६ ससिरेह २० आनि २८ कइतव

सं० मन्तव्य—२-३ निरेखह भउँह ५ मोजे ६ सउँपि ८ भँगइते ११ लाओथि १३ आसेँ १६ ससिरेह १७ तरासेँ २० आनि २२ मनमथेँ २७ मोजे २८ कइतव

शब्दार्थ—विभङ्ग=विलास। भँगइते मलब=टूटकर चूर्ण चूर्ण हो जाएगा। लाओथि नेह=प्रेम लाती हैं, दरसाती हैं। आसे···ससिरेह=बड़ी आशा से सखियाँ टेढ़े चन्द्रमा के आकार की पत्र-रचना मेरे मुख पर करती हैं जिससे राहु मेरे मुख को सीधा [पूर्णिम का पूर्ण] चन्द्रमा न समझ पाए। तरासेँ=डर से। अधर···जानि=जानबूझ कर कामदेव ने अमृत को मेरे अधरों में ला रखा है। पिब···चोरि=तू उसे पी न लेना नहीं तो धराहेर, को न संभाल कर चोरी कर लेने का मुझ पर ही आरोप लग जाएगा।

[४२५]

विभासरागे

नहि किछु[१] पुछलि[२] रहलि धनि बैसि[३]
लग[४] सओ[५] आइलि बहारे[६]।
परम बिरहि भए नहि नहि नहि[७] कए
गेल दुर कए मोर करे।। ध्रु०।।
माधव कह कके[८] रुसलि रमणी[९]।
कतने जतने पेअसि[१०] परबोधलि[११]
न भेलि निअर[१२] ओ[१३] आनी[१४]।
गोर[१५] कलेवर तसु मुख ससधर
रोसे[१६] अनरुचि[१७] भेला।
रूप दरसन[१९] छले जनि[२०] नव[२१] रतोपले
कामे कनक बलि देला।।

नयन[२२] नीर धारे जनि टूटल[२३] हारे
कुच सिलि[२४] हृपहरि[२५] पलला[२६]।
कनक कलस करु मदने अमिञ[२७] भरु[२८]
अधिक कि उभरि[२९] पलला[३०]॥
भनइ विद्यापतीत्यादि॥

ने० पृ० ९७ क, प० २६७, नं० ३

पाठभेद—

न०गु० (प० सं० ४०२)—२ पूछलि ३ बइसि ४-५ नइ सेओ ९ रमनी १२-१३ निअरेओ २३ टुटल २४ गिरि २६ परला २८ तरु।

मि० म० (प० सं० ४११)—६ बाहरे ७ पाठाभाव १० पेयसि ११ परिबोधलि १५ गौर २० पाठाभाव २७ अमिञ। शेष न० गु० सदृश।

सु० झा (प० सं० २४६)—१ किछ ४ लगि ११ परिबोधलि १२-१३ निअरेओ

परि० पद० (प० सं० २४७)—३ बइसि १४ आनी १६ रोषे॑ १४ अरुनरुचि २२ नअन २६ पळला ३० पळला।

सं० मन्तव्य—३ बइसि ८ ककें १२ निअरे १४ आनी १५ गउर १६ रोषे॑ १९ दरसने २२ नअन २४ सिरो २५ ऊपरि २९ ऊभरि

शब्दार्थ—बिरुद्धि भए=विरुद्ध होकर। ओ=वह। अनरुचि=शोभाक्षीण। अरुनरुचि=लाल कान्ति। रतोपले=लाल कमल से। कनक बलि=स्वर्ण बल्लरी या स्वर्ण का न्योछाकर। सिरी=श्री, शोभा। ऊभरि=उभर, छलक पड़ा।

[४२६]

विभास रागे—

साझक[१] बेरि उगल नव शशधर[२]
भरमे[३] विदित सबतहू[४]।
कुण्डल चक्र तरासे[५] नुकाएल[६]
दुर भेल हेरथि राहू[७]॥ ध्रु०॥
जनु बैससि[८] रे बदना[९] हाथ चळाई[१०]।
तुअ मुख चङ्गिम अधिक चपल भेल
कति खन धरब लुकाइ[११]॥

रातोपल[१२] जनि कमल बैसाओल[१३]
नील नलिनि[१४] दल तहु[१५]।
तिलक कुसुम तहु माझ देषि[१६] कहु
भमर आबथि नहू[१७] नहु[१८]॥
पाणि[१९] पलव गत अधर बिम्बरत
दसन दालिम्ब[२०] बिज तोरे।
कीर[२१] दूर भेल पास न आबए
भौह[२२] धनुहि के भोरे॥
भनइ विद्यापतीत्यादि॥

ने० पृ० ९७, प० २७१; पं ३

पाठभेद—

न० गु० (प० सं० २२६)—१ साँझक २ ससधर ७ राहु ९ बदन १० बलाइ ११ नुकाइ १२ रतोपल १६ देखि १७-१८ लहु लहु १९ पानि २० दालिम २२ भौंह

बेनीपुरी—(प० सं० १०३)—४ सबताहु ५ तरास चढ़ाई ११ लुकाई १३ बइसाओल २० दाड़िम २१ कोर। शेष न० गु० सदृश।

मि० म० (प० सं० २९९)—४ सबिताहु १० चलाइ ११ लुकाई १२ रत्तोपल १३ बइसाओल १४ नलिनि २० दाड़िम। शेष न० गु० सदृश।

सु० झा० (प० सं० २४८)—लुकाई १५ तहू २० दलिम्ब

परि० पद० (प० सं० २४९)—१ साँझक २ ससधर ४ सबताहु ५ तरासे ६ ८ बइससि १० चढ़ाइ १३ बइसाओल १५ तहू १६ देखि २० दाम्लिब २२ भौंह

सं० मन्तव्य—३ भरमें २१ पानि २२ भउँह। शेष परि० पद० सदृश।

शब्दार्थ—नव=नवीन। भरमें=भ्रमवशात्। सब तहू=सर्वत्र। तरासें=त्रास, भय से। बदना हाथ चढ़ाइ=हथेली पर मुँह रखे। चड्डिम=सौन्दर्य। तिलक कुसुम=तिल पुष्प, नासिका। कीर=सुग्गा।

[४२७]

विभासरागे—

जकर[१] नयन[२] जतहि[३] लागल
ततहि[४] सिथिल गेला।
तकर रूप सरूप निरूपए
काहु देखि नहि भेला॥ध्र०॥

कमलवदनी राही ।
जगत तकर पुन सराहिअ[५]
सुन्दरि मीलति[६] जाही रे[७] ।।
पीन पयोधर[८] चीबुक[९] चुम्बए
कीए पटतर देला ।
वदन चान्द तरासे[१०] लुकाएल[११]
पलटि हेर चकोरा ।।
भनइ विद्यापतीत्यादि ।।

ने० पृ० ९९ क, प० २७२ पं० ३

पाठभेद—

न० गु० (प० सं० ११६)—५ सराहिय ६ मीनत ११ नुकाएल

मि० म० (प० सं० ३०२)—पाँचवी पंक्ति में "कमल वदनि राही जगत तकर तक और छठीं "पुन·······जाही रे ।" तक है । १ ने० प० में 'जगत' होना संकेतित ५ सराहिय ६ मीनति

सु० झा० (प० सं० २४६)—ने० प० सदृश ।

परि० पद० (प० सं० २५०)—२ नअन ७ पाठभाव ८ पओधर ९ चिबुक १० तरासेँ

सं० मन्तव्य—२ नअन ३ जतहिँ ४ ततहिँ ७ पाठभाव ८ पओधर १० तरासेँ

शब्दार्थ—जकर नयन=जिसकी आँखें । सिथिल=शिथिल, स्तम्भित । तकर=उसका । निरुपए=निरुपण करे । काहु···भेला=ऐसा कोई दिखाई नहीं पड़ा अथवा एक ही अंग पर ध्यानस्थ हो जाने के कारण संपूर्ण स्वरूप किसी के द्वारा भी देखा न जा सका । [तुलनीय→"लिखनि बैठि जाकी···कूर ।"—बिहारी] पुन=पुण्य । कीए=किससे । वदन···चकोरा=चन्द्रमा उसके मुख की कान्ति के भय से छिप गया अतः चन्द्रमा की ओर से आँखें मोड़कर चकोर राधा के मुख को देख रहा है ।

[४२८]

सैसव[१] जौवन[२] दरसन[३] भेल । दोहु[४] दलबले धनि[५] दन्द पड़ि[६] गेल ।।
कबहु[७] बान्धये[८] कच कबहु[७] बिथारि । कबहु[७] झाँपय[९] अङ्ग[१०] कबहु[७] उघारि ।।
थिर[११] नयान[१२] अथिर कछु[१३] भेल । उरज-उदय[१४] -थल लालिम देल ।।
शशिमुखि छोडल शैशव[१५] देहे । खतदेइ तेजल त्रिबलि तिन रेहे ।।

अब यौवन[१६] भेल बङ्किम दिठ[१७]। उपजल लाज हास भेल मिठ[१८]॥
विद्यापति कहे[१९] कर अवधान। बाला[२०] अङ्गे लागल पाँचबान[२१]॥
क्षणदा० पृष्ठ ६४

पाठभेद—

प० स० (प० सं० ३०)—१३ नाहि २०-२१ धैरज कर पिछे मिलायव आन

प० त० (प० सं० १०४)—४ दुहु। तीसरे चरण के बाद दो भिन्न चरण--"चञ्चल[२२] चरन, चित चञ्चल भान। जागल मनसिज मुदित-नयान[२३]॥ विद्यापति कहे सुन वर कान। धैरज[२४] घरह मिलायव[२५] आन[२६]॥

कीर्त्तनानन्द (प० सं० २३०) प० त० सदृश।

ब्र० न० सहाय (मध्यानायिका वर्णन, प० सं० २)—१ शैशव २ यौवन ३ दरशन ४ दुहु ५ पाठाभाव ६ परि ८ बाँधय ९-१० झाँपय अंग ११ अति थिर १२ नयन १३ किछु उत्तरार्ध प० त० सदृश—२२ चँचल।

न० गु० (प० सं० ४)—१-३ शैशव यौवन दरशन। शेष प० त० सदृश।

बेनीपुरी (प० सं० ५)—४-५ दुहु दल-बलहि ६ परि ७ कबहुँ ८ बाँधए ९ झाँपए १० अंग ११ थीर १३ किछु २२ चपल। शेष प० त० सदृश। भणिता में १९ कह करु २० बाला-अंग २१ पंचबान, शेष क्षणदा० सदृश।

मि० म० (प० सं० ६१२)—मूल में प० त० का पाठ। पाद-टिप्पणी में क्षणदा एवं प० स० के पाठभेद

सं० मन्तव्य—१२ सइसव जउवन ४ दोहुँ ७ कबहुँ ८ बान्धए ९ झाँपए १२ नआन १४ उदअ १५ सइसव १६ जउवन १७ दीठ १८ मीठ १९ कह २१ पँचबान।

शब्दार्थ—दल बले=दलों की शक्ति। बिथारि=फैला देना। उघारि=अनावृत। अथिर=चञ्चल। खतदेइ=घाव का निशान देकर। रेहे=रेखाएँ। मिठ=मीठा।

[४२९]

ए कानु कानु[१] तोहारि[२] दोहाइ। बड़[३] अपरुब[४] आजु पेथुल[५] राइ[६]॥
मुख मनोहर[७] अधर सुरङ्ग[८]। फुटल[९] बान्धुलि[१०] अमलक[११] सङ्ग॥
भाओकि[१२] भङ्गिम पुछसि[१३] यनु[१४]। काजरे[१५] साजल[१६] मदन[१७] धनु[१८]॥
पीन पयोधर[१९] दूबरि गाता[२०]। मेरु उपजल कनक-लता॥
नयन[२१] युगल[२२] भृङ्ग आकार[२३]। मधुमदे[२४] मातल[२५] उड़इ[२६] न पारअ[२७]॥
भनइ[२८] विद्यापति दूतिक[२९] वचने। विकसल[३०] अनङ्ग[३१] ना हय पहु[३२] धरने[३३]॥
क्षणदा०, पृ० २३३

पाठभेद—

विश्वभारती (शान्ति निकेतन—वाङ्लार पुथि बिभाग में सुरक्षित सं० १२७१ पत्र ४ आकार ११"×८") की क्षणदा० की प्रति—१ कानू ५ पेखलु; तदन्तर ४, २, ३ और ५ वीं पंक्ति। ५ वीं का उत्तरार्ध—सुमेरु ऊपर जनु कनक लता। ११ कमलक १२ माङक १४ जनु २१ नयना २३ भृङार आकार २४ मधुए २६-२७ किए उड़इ ना पार।

प० त० (प० सं० ८०)—चरण क्रम—आरंभ में "खेलत ना खेलत लोक देखि लाज। हेरत ना हेरत सहचरि माझ॥" अतिरिक्त चरण। तदनन्तर क्षणदा० के चरण क्रमशः १, २, ५, ३ और ६ठें चरण पर हैं। चौथा चरण नहीं है।—१ सुन सुन माधव ५ पेखलि ७ मुखरुचि मनोहर ११ कमलक १२ माङक १३-१४ थोरि जनु २१-२२ लोचन जनु थिर २४-२७ मधु मातल किए उड़इ न पार २८ भन २६ दोतिक ३१-३२ अङ्ग ना जाओत

ब्र० न० सहाय (मध्या नायका वर्णन, पं० सं० १०) २ माधव ५ पेखनु २८ भनये ३१-३२ अंग न जायत।। शेष प० त० सदृश।

न० गु० (ताल, प० सं० १२) चरण आरंभ से क्रमशः ४, १, २, ५, ३ और ६ ठें। १ ए कान्हु ए कान्हु २ तोरिं ३-६ अति अपूरुब देखलि साइ ८ रङ्गे ९-११ फूलिलि मधुरी कमल सङ्गे १२-१४ भँउहेरि कथा पूछह जनु १५-१८ मदन छोड़ल काजर-धनु २१-२२ लोचन-जुगल २३ अकारे २४ मधुक २६ उड़ए २७ पारे २८ भन २९ दूति ३०-३३ एत सुनि कान्हु करु गमने

बेनीपुरी (प० सं० १०) १ ए कान्ह ए कान्ह १२ भउँहक १६ जोड़ल। शेष न० गु० सदृश।

मि० म० (प० सं० २३२) मूल में न० गु० (ताल, १२) का पाठ, टिप्पणी में क्षणदा० का पाठ। तथा प० सं० ६११ पर प० त० का पाठ उद्धृत है।

परि०पद० (त० प० सं० १)—१२ भउँहेरि १६ जोड़ल। शेष न० गु० सदृश

सं० मन्तव्य (i) पंक्ति क्रम-भेद से क्षणदा, प० त० और तालपत्र के पाठ एक ही पद के हैं जैसा कि उपर्युक्त पाठभेदों से स्पष्ट है। प० त० के आरंभ में जो अतिरिक्त चरण है वह भाषा और भाव कि दृष्टि से विद्यापति के निकट नहीं है और उसके दूसरे चरण (सुन सुन माधव) से स्पष्ट लगता है कि पद वहीं से आरंभ हो रहा है। दूसरे; आरंभ के वे दो चरण ज्ञानदास के पद (कीर्त्तनानन्द प० सं० २३१) के आरंभ में ज्यों के त्यों मिलते हैं इससे बहुत संभव है ये चरण बाद में प० त० के विद्यापति के उक्त पद में जोड़ दिए गए हों।

(ii) क्रम-क्षणदा के अनुरूप, १ ए कान्ह ए कान्हु २ तोहर ५ पेखलु ११ कमलक १२ मउँहेरि १४ जनु १५ काजरें १९ पओधर २० गता २१ नअन २४ मधुमदें २७ पार ३१-३२ अङ्ग न जाएत

शब्दार्थ—अपरुब=अपूर्व। सुरङ्ग=लाल। बान्धुलि=गुल दुपहरिया [लाल ओठ पर] और स्वर्ण वर्ण कमल [मुख] पर खिला हो। काजरें साजल=कज्जल से रचा। गता=शरीर। मेरु···लता=मानो स्वर्ण वल्लरी में मेरु सा फल उत्पन्न हुआ हो, लगा हो। मधुमदें=अतिशय मधुपान से प्रमत्त। विकसल···धरने= कृष्ण का अङ्ग अङ्ग ऐसा पुलकित हो उठा कि चाहकर भी उनका संवरण नहीं हो पारहा था।

[४३०]

खने खने नयन[१] कोन अनुसरई। खने खने बसन धूलि तनु भरई॥
खने खने दशन[२] छटा छुटि[३] हास[४]। खने खने अधर आगे करु[५] बास॥
चउँकि[६] चलए[७] खने खने चलु मन्द। मनमथ—पठ पहिल अनुबन्ध॥
हिरदय[८]-मुकुट[९] हेरि हेरि[१०] थोर। खने आँचर[११] दए[१२] खने होय[१३] भोर॥
बाला सैसव[१४] तारुन भेट[१५]। लखए[१६] न पारिअ[१७] जेठ कनेठ॥
विद्यापति कह सुन वर कान। तरुनिम सैसव[१४] चिन्हइ[१८] न जान॥

पदामृतसमुद्र पृ० ३०

पाठभेद—

क्षणदागीत चिन्तामणि में इस पदकी भणिता के पूर्व चार अतिरिक्त पंक्तियाँ हैं किन्तु उनका इस पद की भाव धारा से कोई संबंध नहीं बैठता। इसी से उसका पाठ मूल में नहीं दिया गया संपा०।

प० त० (प० सं० ८३) ३ छुटि १४ शैशवे; **कीर्त्तनानन्द** (प० सं० २३५) और **शा० मि०** (प० सं० ५) प० स० सदृश

ब्र० न० सहाय (मध्या नायका वर्णन, प० सं० ७) 'खने' के स्थान पर-छन ४ हाँस ६-७ चौंकि चलै ८-९ हृदयज मुकुलि १० थोर १२ देइ १४ शैशव १५ भेंट १६ लखइ १७ पारिय १८ चिन्हई।

न० गु० (प० सं० ९) तथा **मि० म०** (प० सं० ६१०) – प० सं० सदृश

बेनीपुरी (प० सं० ९) २ दसन ३ छुट ५ गहु १२ देअ १३ होए १८ चिन्हए

सं० मन्तव्य – ८ हृदअज ११ आचर १३ होअ १४ सइसव १५ भेंट

शब्दार्थ—कोन अनुसरई=कोण से अनुसरण करती है। दशनछटा=दातों की चमक। अनुबन्ध=प्रयल। हृदयज=हृदय प्रदेश पर उगनेवाले। लखए=समझ पाना। तरुनिम=तारुण्य, यौवन।

[४३१]

करिवर राजहंस गति[१] गामिणि[२] चललिह[३] सङ्केत गेहा।
अमला[४] तड़ित दण्ड हेम मञ्जरि[५] जिनि अति सुन्दर देहा॥
जलधर तिमिर चामर जिनि कुन्तल अलक[६] भृङ्ग[७] सैवाले[८]।
भाभु[९] लता धनु भ्रमर भुजङ्गिनि[१०] जिनि आध[११] बिधुवर भाले॥
नलिनि चकोर सफरि सर[१२] मधुकर मृगि[१३] खञ्जन जिनि आखी[१४]।
नासा तिन[१५] फुल गरुण-चञ्चु[१६] जिनि गिधिनि[१७] स्रवन[१८] विसेखी[१९]॥
कनक-मुकुर ससि[२०] कमल जिनिया[२१] मुख जिनि बिम्बु[२२] अधर प्रवाले[२३]।
दसन[२४] मुकुता जिनि कुन्द करग-बीज[२५] जिनि कम्बु-कण्ठ आकारे[२६]॥
बेल ताल जुग हेम-कलस गिरि कटोरि[२७] जिनिआ[२८] कुज साजा।
बाहु[२९] मृनाल[३०] पास वल्लरि जिनि डम्बरु[३१] सिंह जिनि माझा॥
लोमलतावलि सैवल[३२] कज्जल त्रिवलि तरङ्गिनि[३३] रङ्गा।
नाभि सरोवर सरोरुहदल जिनि नितम्ब[३४] जिनआ गजकुम्भा॥
उरुजुग कदलि[३५] करिवर-कर जिनि स्थल पङ्कज[३६] पद पानी[३७]।
नख दाड़िमबीज[३८] इन्दुरतन जिनि पिकु[३९] जिनि अमिया[४०] बानी॥
भनइ[४१] विद्यापति अपरुप युवति[४२] राधारूप अपारा।
राजा सिवसिंह रूपनरायन[४३] एकादस अवतारा॥

प० स० पृ० ४६

पाठभेद—

प० त० (प० सं० २७१) १ जिनि २ गामिनि ३ चललिहुँ ६ अलका १२ वर २३ पङारे ३१ डमरु ३६ पङ्कज जिनि ४२ मूरति

ब्र० न० सहाय—(नायक वर्णन. प० सं० ३)—२ गामिनी ३ चलली ४ अमल ५ मञ्जरी ६ अलका ७-८ भृंग, शैबाले ९ भाङ १० भुजंगिनी १२ बर १३ मृंगि १४ आंखी १५ तिल १६ चक्षु १७ गिधिनी १८ श्रवण १९ बिशेखि २० शशि २१ जिनिय २२ बिम्ब

२४ दशन २५ बिज २६ अकारे २७ कटरि २८ जिनिय २९ बाहुँ ३० मृणाल ३१ डमरु ३२ शैवाल ३३ तरंगिणी ३४ नितंब ३५ कदली ३७ पाणी ३८ बिजु ३९ पिक ४१ भनयि ४१ सूरति ४३ रूपनारयण।

न० गु० (प० सं २५०) ८६) "जिनि करिवर राज हंस......" से आरंभ। शेष प० त० सदृश।

मि० म० (प० सं० ८९) मूल में प० त० सदृश तथा पाद टिप्पणी में प० स० के पाठभेद।

सं० मन्तव्य—१ जिनि २ गामिनि ८ शइवाले ६ भउँह ११ अध १५ तिल १७ गीधिनि २१ जिनिअ २५ बिज ३१ डमरु ३२ शइबल ३८ बिज ४० अमिअ ४३ रूपनराअोन

शब्दार्थ—जिनि=जीतकर। अमल=अत्यन्त स्वच्छ। तड़ित दण्ड=विद्युतयष्टि। हेम=स्वर्ण। कुन्तल=केश। अलक=घुघराले बाल। अध=आगे के केशों के नीचे का अंश, ललाट। विधुवर=श्रेष्ठ शशि। सफरि=मछली [चाञ्चल्य में] सर=बाण [चोट करने में] मृगि=हरिणी [भोलेपन में] खंजनि=रूप एवं चाञ्चल्यगुण में। तिलफुल=तिल का फूल [रूप साम्य] कनक-मुकुर=स्वर्णिम आइना। प्रवाल=मूंगा। करग=बेदाना। ताल=ताड वृक्ष का फल। साजा=शोभा। पास=पाश, जाल। माझा=मध्यभाग, कटि। सरोरुह दल=पुरइन के पात। उस=जानु। करिवर-कर=श्रेष्ठ हाथी के सुन्दर सूंढ़। इन्दु रतन=चन्द्र रूपी रत्न, चन्द्रमा और रत्न। पिक=कोकिला। अपरूप=अपूर्व कान्ति।

[४३२]

सैसव[१] जौवन[२] दुहु मिलि गेल। स्रवनक[३] पथ दुहु लोचन लेल[४]॥
बचनक चातुरि लहु लहु[५] हास। धरनिये[६]चाँद[७]कए[८]कएल[९] परगास[१०]॥
मुकुर लई[११] अब करई[१२] सिङार[१३]। सखि पूछइ कइसे[१४] सुरत-बिहार[१५]॥
निरजन[१६] उरज हेरइ[१७] कत बेरि। हसइ[१८] से[१९] अपन पयोधर[२०] हेरि॥
पहिल[२१] बदरि-सम पुन नवरङ्ग। दिन दिन अनङ्ग[२२] अगोरल अङ्ग॥
माधव पेखल[२३] अपरुब[२४] बाला। सैसव[१] जौवन[२] दुहु एक[२५] भेला॥
विद्यापति कहु तुहु[२६] अगेआनि[२७]। दुहु एक जोग इह[२८]के कह[२९]सयानि[३०]॥

पदकल्पतरु ८२ शा० मि० १

पाठभेद—

ब्र० न० सहाय (मध्या नायका वर्णन, प० सं० १) १-२ शैशव यौवन ३ श्रवनक ४ नेल ५ लहु लह ७ चांद ८-१० करत परकास ११ लेइ १२-१३ करत सिंगार १४ कस १५

बिहारि १६ निरजने १८-१९ हसइत २२ अनँग २३ पेखलु २४ अपरुप २५ यक २७ अगेयानी २८-३० यही कहे सेयानी

न० गु० (प० सं० ३) १-२ शैशव यौवन ३ श्रवनक । शेष० प० त० सदृश ।

बेनीपुरी (प० सं० ४)--८ पाठाभाव ११-१३ हाथ लए करए सिंगार १७ हेरए १८-१९ बिहुँसए २१ पहिलें २२ अनँग २६ तोहें ।

मि० म० (प० सं० ६१४)--प० त० सदृश ।

सं० मन्तव्य—१-२ सइसव जउवन ६ धरनिएँ ९ चान्द ११ लेइ १२ करइ १४ कस १६ निरजने २० पओधर २३ पेखलुँ २६ तोजे २७ अगेआनि २८-३० काँ कह सआनि ।

शब्दार्थ—स्रवनक···लेल=आँखें कानों की ओर अग्रसर हुईं, कानों तक विशाल हो गईं, कटाक्ष करने लगीं । धरनिएँ=पृथिवी पर । कस=कैसा । निरजने=एकान्त में । बदरि=बेर । नवरंग=नौरंगी, संतरा ।

[४३३]

याइते[१] पेखलु[२] नाहलि[३] गोरि[४] । कति सयँ[५] रूप धनि आनलि[६] चोरि[७] ॥
केश[८] निङाड़िते[९] बहे जलधारा[१०] । चामरे[११] गलये[१२] जनि मोतिम हारा ॥
अलकहि[१३] तीतल तँहि[१४] अति सोभा[१५] । अलिकुल कमल बेढ़ल मधुलोभा ॥
नीरे[१६] निरञ्जन[१७] लोचन राता[१८] । सिन्दुर मण्डित[१९] जनि पङ्कज-पाता ॥
सजल चीर रह पयोधर[२०] सीमा । कनक बेले[२१] जनि पड़ि गेल[२२] हीमा ॥
तूल[२३] कि करइते चाहे के[२४] देहा । अबहूँ[२५] छोड़बि मोहे[२६] तेजबि लेहा[२७] ॥
ऐछे[२८] फेरि[२९] रस ना पाओब आर[३०] । इथे लागि[३१] रोइ गलये[३२] जलधार[३३] ॥
विद्यापति कह सुनह मुरारि[३४] । वसने लागल[३५] भाव रूप नेहारि[३६] ॥

प० त० २०८, कीर्त्तनानन्द २०९, शा० मि० १२

पाठभेद—

व्र० न० सहाय (श्री कृष्णजी का पूर्वानुराग, प० सं० ६) १-४ जाइत पेखली नहाइलि गोरी ५ सों ७ चोरी ८-९ केस निगरइत १२ गले १५ शोभा १६-१७ नीर निरंजन १८ दाता १९ मँडित २१ बेल २२ गेओ २३-२४ ओ नुकि करतहि चाहे किये २५-२७ अबहुँ छोड़त मोहि तेज न नेहा २८-३० एसन रस नहि पाउब आरा ३१ लगि । ३२-३३ धारा ३४ मुरारी ३५ लगल ३६ निहारी

न० गु० (प० सं० ३९) १-४ जाइते पेखल नहाइलि गोरी ५ सजे ७ चोरी । शेष लगभग प० त० सदृश ।

बेनीपुरी (प० सं० २५) १-४ जाइत पेखलि नहाएलि गोरी ५ सएँ ७ चोरी ८-१० केसनिगारइत बह जलधारा ११ चमर १२ गरए १३-१४ लीतल अलक बदन १६ नीर २१ बेल २३-२४ ओ नुकि करतहि चाहि किए २५-२७ अबहि छोड़ब मोहि तेजब नेहा २८-३० ऐसन रस नहि पाओब आरा ३२-३३ गरए जलधारा ३६ निहारि

मि० म० (प० सं० ६२७)—प० त० सदृश।

सं० **मन्तव्य**—१ जाइते ३ नहाइलि ५ सञे ६ जानलि ९ निङरइते ११-१२ चामरें गरए १३ अलकहिं १४ तञे २० पओधर २१ बेलें २४ चाहए २८-२९ अइसन ३२ गरए ३६ निहारि।

शब्दार्थ—जानलि=लाई। निङरइते=निचोड़ते हुए। तञे=उससे। नीरे···राता=पानी [में अधिक देर रहने] से आँखों का अञ्जन धुल गया है और वे लाल हो गई हैं। कनक······हीमा=मानो स्वर्ण-श्रीफल पर तुषार-कण पड़े हों। 'तूल···देहा=ऐसी लावण्यमयी देह की तुलना कौन करना चाहेगा? नेहा=प्यार। वसने···निहारि=रूप निरख कर वस्त्र भी प्रेमाभिभूत हो गए हैं।

[४३४]

सुधामुखि को[१] बिहि निरमिल[२] बाला।
अपरुप[३] रूप मनोभव-मङ्गल
त्रिभुवन विजयी माला॥
सुन्दर वदन चारु अरुलोचन[४]
काजरे[५] रञ्जित भेला।
कनक-कमल माझे[६] काल-भुजङ्गिनि
श्रीयुत[७]— खञ्जन— खेला॥
नाभि-विवर सञे[८] लोम[९]-लतावलि[१०]
भुजगि[११] निश्वास[१२]-पियासा[१३]।
नासा-खगपति-चञ्चु[१४] भरम—भये[१५]
कुच-गिरि सन्धि[१६] निवासा॥
तिन बाने[१७] मदन जितल[१८] तिन भुवने
अवधि रहल-दउ[१९] बाने।
बिधि बड़ दारुन बधिते[२०] रसिक जन
सोंपल[२१] तोहारि[२२] नयाने[२३]॥

भनये[२४] विद्यापति शुन वर युवति[२५]
इह[२६] रस[२७] को[२८]पये[२९]जान[३०]।
राजा शिवसिंह[३१] रूपनारायन[३२]
लछिमा देवि[३३] परमान[३४]॥

पदकल्पतरु, १०५९

पाठभेद—

ब्र० न० सहाय (श्री कृष्ण जी का पूर्वानुराग, प० सं० २)—१ के २ निरमल ३ अपरुब ५ काजर ६ बिच ७ सिरियुत ८ सों ११ भुंजगि १२ निशास १४ चक्षु १६ सन्धि १७-१८ बान मदन जीतल २० बधत २१ सौंपल २२ तोहर २४ भनइ २५ युवती २७-२० रसकूप ये जाने ३१ सिवसिंह ३४-३५ दइ परमाने

न० गु० (प० सं० २३)—१ के ७ शिरियुत ११ निशास १६ सन्धि १७ बान १८ तेजल २० बधइते २२ तोहर २८-२९ के ओपय ३० जाने ३२ रूपनराएन ३४ रमाने

बेनीपुरी—(प० सं० १५)—४ लोचन-युग ५ काजर ६ पर ७ सँग दुइ ८ सएँ ९ निकसि १० रोमावलि १२ निसास १३ पिआसा १४-१५ चंचु भरमे करु १९ दुइ २० बभए २३ नयने २४ मनइ २५ जौबति २६ ई २९ पए ३३ देइ। शेष न० गु० सदृश।

मि० म०—(प० सं० २२) प० त० के अनुरूप। न० गु० के पाठभेद का उल्लेख।

सं० मन्तव्य—(i) प्रस्तुत पद का गीतगोविन्द (तृतीय सर्ग—१) के इस श्लोक से अद्भुत भावसाम्य है यद्यपि विद्यापति की कल्पना उक्त श्लोक से भी अधिक रम्य है।
"भ्रूपल्लवं धनुरपाङ्ग तरङ्गितानि, वाणा गुणाः श्रवण पालिरिति स्मरेण।
तस्यामनङ्ग जयजङ्गमदेवतायामस्त्राणि निर्जितजगन्ति किमर्पितानि।।"

(ii) ५ काजरे ११ भुजंगि १२ निशास १३ पिआसा १५ भएँ १६ सन्धि १९ दुइ २१-२३ सउँपल तोहर नआने २४ भनइ २५ जउवति २८-२९ केओ पए ३१ सिवसिंह ३२ रूपनरावेन ३३ देइ

शब्दार्थ—सुधामुखि=अमृत के सदृश मुखवाली। मनोभव मङ्गल=कामदेव के लिए [उसके प्रयोजन में उत्तम सहयोगी होने से] कल्याण कारक। रञ्जित=आंजे, रंगे हुए। श्रीयुत=शोभायुक्त, आँखों में श्री के चिह्न सदृश लाल डोरे। निशास पिआसा=सुरभित श्वास-प्रश्वास के पान की उत्कण्ठा से। खगपति चञ्चु=गरुणकी चोंच (सदृश नासिका)। गिरि सन्धि=दो श्रेणियों के मध्य की भूमि। तिन...बाने=कामदेवता ने अपने पाँच बाणों [पुष्प बाणों की दो मान्याएंमिलती हैं [i]—१बन्धूक २ मधूक ३ नीलोत्पल ४ तिलपुष्प ५ कुन्द [ii]—१ लालकमल २ अशोक ३ आम्रमञ्जरी ४ चमेली ५ इन्दीवर। [नीलकमल] । प्रभाव के अनुसार—

१ उन्मादन २ तापन ३ शोषण ४ सम्मोहन ५ स्तम्भन] में से तीन मात्र से तीनों भुवन जीत लिए, दो बाण जो अवशिष्ट रह गए उन्हें तुम्हारे दो नेत्रों को सौंप दिया अर्थात् तुम्हारे नेत्र कामदेवता के बाणों में परिगणित दो पुष्पों जैसे हैं और उनमें उतनी ही प्रभाव परक [सम्मोहन एवं स्तम्भन की] शक्ति है।

[४३५]

सुन्दर वदने[1] सिन्दुर विन्दु[2] शाङर[3] चिकुर[4] भार।
जनु[5] रवि[6] शशि[7] सङ्गहि[8] ऊयल[9] पिछे[10] करि[11] अन्धियार[12]॥
रामा हे अधिक चन्द्रिम[13] भेल।
कतना[15] यतने[16] कत अदभुत[17] बिहि बिहि तोहे[18] देल॥
उरज[19] अङ्कुर[20] चिरे[21] झाँपायसि[20] थोर थोर[21] दरशाय[22]।
कतना[23] यतने[24] कत ना गोपसि[25] हिमे[26] गिरि ना लुकाय[27]॥
चञ्चल[28] लोचने बङ्क[29] नेहारनि[30] अञ्जन शोभन[31] ताय[32]।
जनु[33] इन्दीवर पवने[34] पेलल अलि[35] भरे[37] उलटाय[38]॥
भन[39] विद्यापति[40] शुनह[41] युवति[42] एसब एरूप जान[43]।
राय[44] शिवसिंह[45] रूपनरायन[46] लछिमा देवि[47] परमान[48]॥

प० त० १३३६

पाठभेद—

ब्र० न० सहाय (संभाषण, प० सं० ३)—प० त० के उपर्युक्त चरणों में से तीसरा आरंभ में है तदनन्तर ४, १, २, ७, ८, ५, ६, ९ एवं १० वें चरण क्रमशः आए हैं। **१-५** वदन सेन्दुर विन्दू **३-४** सामर चामर ५-१२ जनि ससि रबी संगहि उगल पाछु कय अँधकार **१३** चन्द्रिम **१६** जतने १७ अद्‌भुद १८ तोही १९-२२ उन्नत ऊरज चीर झपावय पुनः पुनः दरसाय २३-२७ जइओ जतने गोपय चाहे हिम गिरि नहि लुकाय २८ चंचल २९-३० बाँके निहारय ३१-३२ सोमा पाय ३३ जनि ३४ पवन ३६-३७ अली भार ३९-४८ एहनि सुन्दरि गुनक आगरि पुन्ने पुनमत पाय। ई रस विन्दक रूपनरायन कवि विद्यापति गाय।

न० गु० (प० सं० ११७ ताल०) चरण-क्रम ब्र० न० सहाय सदृश। १ बदन ३ सामर ५ जनि ७ ससि ९ ऊगल **१०-१२** पाछुकय अन्धकार **१३** चन्द्रिम १५-१६ कतने जतने १७ अदबुद १८ तोहि १९-२० उनत उरज २० झपाबए २१ पुनु पुनु २२ दरसाए २३-२६ जइअओ जतने गोअए चाहए हिम २७ नुकाए २९-३० बाङ्के निहारए ३१-३२ सोमा पाए ३३ जनि ३८ उलटाए ३९-४८ एहनि सुन्दरि गुनक आगरि पुनें पुनमत पाव। ई रस विन्दक रूपनराअन कवि विद्यापति गाव।

मि० म० (प० सं० २३)—मूल में न० गु० (ताल०) का पाठ—१३ चन्द्रिम ३४ पवले। पाठभेद युक्त, तदनुरूप क्रम में। पादटिप्पणी में पदकल्पतरु का पाठ।

परि० पद० (त० प० सं० ३७) ६ ऊगल २१ चीरँ २९ बाँकैं २७ मरे ४६ रूपनराबेन। शेष पाठ एवं क्रम न० गु० सदृशे।

सं० मन्तव्य—क्रम प० त० के अनुरूप। ३ सामर ९ ऊअल १० पिछें १२ अन्धिआर १५ कतने १८ तोअे १९-२० उन्नत उरज २१-२२ चीरें झंपाओसि २२ दरसाए २३ कतने २६ हिम २७ नुकाए २९ बाँक ३० निहारनि ३२ ताए ३३ जनि २७-२८ मरें उलटाए ४१-४३ सुनह जउवति ई सब अपरुब जान। ४४-४६ राए सिवसिंह रूपनराअेन ४७ देइ।

शब्दार्थ—सामर=कजरारे। रवि शशि संगहि ऊअल= सूर्य- [सिन्दूर का लालिमा] चन्द्र (मुखद्युति) एक साथ उदय हुए। चन्द्रिम=शोभाशाली। बिहि···देल=विधाता ने कितने विधान [सौन्दर्यवैभव] से तुम्हें संपन्न किया है। कतना गोपसि=कितना हू न छिपाती हू"। लोचने बाँक=आँखों की तिरछी, शोभनताय=शोभा से युक्त होने से। जनि···उलटाय=मानो नील कमल वायु के आन्दोलन से हिलडुल रहे हों ऊपर से भ्रमर के भार से इधर-उधर लुढ़के पड़ते हों। विन्दक=गुणज्ञ।

[४३६]

पहिल[1] बदरि कुच पुन नवरङ्ग[2]। दिने दिने[3] बाढय[4] पिड़ए अनङ्ग[5]॥
से[6] पुन भए[7] गेल[8] बीजक पोर। अब कुच बाढ़ल सिरिफल[9] जोर॥
माधव पेखल रमनि सन्धान[10]। घाटहि[11] भेटल[12] करत[13] सिनान[14]॥
तनु सुख[15] वसन[16] हिरदय[17] लागि[18]। जे पुरुख[19] देखब[20] तेकर[21] भागि[22]॥
उर[23] हिल्लोलित[24] चाँचर केस[25]। चामर झाँपल कनक महेस[26]॥
भनइ[27] विद्यापति सुनह मुरारि। सुपुरुख[28] विलसए[29] से[6] वरनारि॥

कीर्त्तनानन्द २३३, न० गु० ८ के आधार पर

पाठभेद—

ब्र० न० सहाय—(मध्या नायका वर्णन, प० स० ५) आरंभ में "दिन दिन पयोधर भै गेल पीन। बाढ़ल नितम्ब माझ भेल दीन॥ अबही मदन बढावल दीठ। शैशव सकलि चमकि देल पीठ॥" अतिरिक्त पाठ। १ पहिले २ नवरंग ३-५ दिन दिन बाढै पीड़य अनंग ६ सो ७-८ भै गैल ९ श्रीफल १० सँधान १२ भेटनु १५ तनु शुक १७ तनु हिय १९-२१ पुरुष देखल ताकर २३-२४ उरहि बिलोलित २५ केस २६ महेश २७ भनय २८ सुपुरुष २९ विलसइ

बेनीपुरी—(प० स० ८) १ पहिलें ४ बाढए ५ अनंय १० संधान १३-१४ करइत असनान १५-१६ तनसुक सुबसन १८ लाग १९ पए २१ तन्हिकर २२ माग

मि० म० (प० स० ६१७) कीर्त्तनानन्द के भ्रष्ट पाठ के कारण न० गु० के पाठ का ग्रहण।

सं० मन्तव्य० (i) प्रस्तुत पदकी प्रथम पंक्ति एवं अन्तिम पंक्ति के पूर्वार्द्ध क्रमशः प० त० ८२ (प्रस्तुत संस्करण ४३०) की पाँचवीं एवं प० त० २०८ (प्र० सं० ४३१ की अन्तिम पंक्ति के पूर्वार्द्ध से मिलते हैं।

(ii) न० गु० का पाठ ४ बाढ़ए ११ घाटहिँ १२ भेटॅल १७ हिरदए, पाठभेद सहित

शब्दार्थ—बीजक पोर=डाभ, बड़ा नीबू। तनसुख=अच्छे किस्म का कपड़ा।

[४३७]

किछु किछु उतपति अङ्कुर भेल। चरन-चपल-गति लोचन नेल[१] ॥
अब सब छन[२] रहु आंचर[३] हाथ[४]। लाजे सखिगन पुछे न[५] बात।
कि कहब माधव वैसक[६] सन्धि। हेरइत मनसिज मन रहु बन्धि ॥
तैओ[७] काम हृदय अनुपाम। रोपल[८] घट ऊचल करि ठाम ॥
सुनत[९] रसक कथा[१०] थापै[११] चीत। जइसे कुरंगिनी[१२]सुनइ सँगीत[१३]॥
शैशव[१४] यौवन[१५] उपजल बाद। कोइ[१६] न मानइ[१७] जय-अवसाद ॥
विद्यापति कौतुक बलिहारी[१८]। शैशव[१४]सो[१९]तछु[२०]छोड़ नहि पारी[२१]॥

अ० न० सहाय मध्यानायका वर्णन प० सं० ४, संभवतः बंगीय परिवेश से संकलित

पाठभेद—

न० गु० (प० सं० ६) १ नेल २ खन ३ आँचर ४ हात ५ न पुछए ६ वयसक ७ तइअओ ८ रोएल ९ सुनइत रस-कथा ११ थापय १२-१३ कुरङ्गिनी सुनए सङ्गीत १४-१५ सैसब जौबन १६-१७ केओ न मानए १८ बलिहारि १९-२० से तनु २१ पारि

बेनीपुरी (प० सं० ७) आरंभ→कुच-जुग अंकुर उतपति भेल ८ रोपल ११ थापए १२ कुरंरिगि। शेष न० गु० सदृश।

मि० म० (प० स० ६१३) न० गु० सदृश। आकर न मिल पाने का संकेत।

सं० मतव्य— १ लेल ३ आचर ५ पुछए न ६ बअसक ७ तइअओ ९ सुनइतें

१०-११ रस-कथा थापए १२-१३ कुरङ्गिनि सुनए संगीत १४ सइसव १५ जउवन १६-१७ केओ नहि मानए १८ कउतुक बलिहारि १९-२१ से तनु छोड़ए न पारि।

शब्दार्थ—मनसिज…बन्धि=कामदेव का मन भी बँध जाता है। रोपल…ठाम=हृदय प्रदेश को ऊंचा कर जैसे घट स्थापन कर दिया। बाद=झगड़ा।

[४३८]

सूहब—

कुचजुग धरए कुम्भथल कान्ति
बाङ्क नखर खत अङ्कुस[1] भान्ति।
रोमावलि हे[2] सुण्ड[3] अनुरूप[4]
पानि पिअए चल नाभी कूप॥ ध्रु०॥
देखह माधव कए[5] निअँ[6] साज
बालाँ[7] चललि[8] जौवन[9] गजराज।
मदन महाउतेँ[10] कएल पसाह
लीलाञे[11] नागर हेरए[12] चाह॥
पुनु लोचन पथ सीम न आउ
सैसव[13] राजा[14] भीतिँ[15] पराउ।
विद्यापति भन बुझ रसमन्त
राए सिवसिंह लखिमा देवि[16] कन्त॥

राम० पृ० २२ (क), प० ६७; पं० ५

पाठभेद—

ठाकुर (प० सं० २८)—२-३ नगसुण्ड के ५-६ कएलिअँ ७-८ बाला चलति १० महाउतेँ १४-१५ राजभीतिँ

मि० म० (प० सं० १६)—१ अङ्कुस २-३ नगसुण्डके ४ अनरूप ५-६ कएलिअँ ७-८ बाला चलति ११ लीलाओ १२ हेरय १४-१५ राजभीति

परि० पद० (राम० प० सं० ३०) निज ८ चलल ११ लोलाए

सं० मन्तव्य—१ अङ्कुस ६ निज ७ बाला ९ जउबन १३ सइसव १५ भीति १६ देइ

शब्दार्थ—कुम्भथल=हाथी के माथे का उठा हुआ भाग। भान्ति=जान पड़ रहे हैं। निअ साज=अपना साज श्रृंगार कर। बाला…गजराज=बाला ऐसे चली जैसे युवा मदमत्त हाथी। पसाह=प्रसाधन। लीलाएँ=सुन्दर दृश्य की लीला को। सीम=सीमा। भीति=डर कर।

[४३९]

कोलार—

आनन[१] देखि भान मोहि[२] लागल
जिनि सरसिज जिनि चन्दा।
सरसिज मलिन रयनि[३] दिन ससधर
ई[४] दिन रयनि[३] सानन्दा ॥ ध्रु० ॥
रूपे रूप[५] हिनुकि रेखा।
एहि सम[६] दैवे[७] आन[८] नहि[९] बिहले
ऐसन[१०] बुझिअ बिसेखा ॥
अनुपम रूप घटइते सब बिघटल
जत छल रूपक सारे।
से जानि दैवे[७] आनि[११] कए निरमल
कामिनि कुन्तल[१२] भारे ॥···भँनिता

राम० पृ० ११३ (क), प० २९५; पं० ५

पाठभेद—

ठाकुर (प० सं० ६५)—५ रूपे ६ समय १० एसन १२ अन्त न

मि० म० (प० सं० ८०५)—४ इ। शेष ठाकुर सदृश

परि० पद० (राम० प० सं० ७३)—१ आनन ३ रजनि ५ रूपे ७ दइवें ८ आन १० अइसन ११ आनि

सं० मन्तव्य—२ मोञे ७ दइवें ८ आन ९ नहिं १० अइसन ११ आनि

शब्दार्थ—जिनि=जीतकर, बढ़कर। रूपे···रेखा=उसकी ही रेखा रूपों में भी रूपशाली है। बिहले=सर्जित किया। घटइते सब बिघटल=रचना करने से अन्य सभी उत्कृष्ट रचनाएँ विनष्ट सी हो गईं। आनि कए=अन्य प्रकार का, लोकोत्तर।

[४४०]

मलारी—

ओहु राहुभीत एहु निसङ्क[१]। ओह कलङ्की इ[२] नकलङ्क[३] ॥
सम बोलइते अनुचित मन जाग। सोनाक तुरना[४] काग की[५] लाग[६] ॥ ध्रु० ॥
ए सखि पिआ मोर बड[७] अगेआन[८]। बोलथि वदन तोर चान्द समान ॥
चान्दहु चाहि[९] कुटिल कटाख। तञे[१०] कामिनि[११] किङ्किरए[१२] राख ॥

उथि अछ[१२] सुधा इथी अछ[१३] हास। एतबा अछ[१४] किछु तुलना भास॥
भनइ विद्यापति कवि कण्ठहार। तनिका दोसर काम प्रहार॥
राजा रूपनराएन[१४] जान[१५]। राए सिवसिंह लखिमा दे[१६] रमान।

राम० पृ० ११५, प० ४०२;पं० ५

पाठभेद—

ठाकुर (प० सं० ७२)—६ नाग ७ बड़ १६ देवि

मि० म० (प० सं० २८)—१०-१२ तए कामिनी विकिरए १३ अच्छ१५ भान। शेष ठाकुर सदृश।

परि० पद० (राम० प० सं० ७९)—३ (f) नकलङ्क ४ तुलना ५ कि ८ अगेआन ९ चाह्नि इथि १४ रूपनाराओन

सं० मन्तव्य—१ निहसङ्क २-३ ई निकलङ्क ४ तुल्ना ३ कि ८ अगेआन ९ चाहिओ १४ रूपनराओन १६ देइ

शब्दार्थ—ओहु=वह (चन्द्रमा)। सोनाक=हंस की। तओ...राखहे=हे कामिनी अपने दासों की [अपने कटाक्षण से] रक्षा करो। तनिका= उसका। दोसर काम प्रहार=दूसरा काम प्रहार करता है।

[४४१]

देशरामकरीय—

कुसुमवान विलास कानन केस सिन्दुर रेह।
निविल[१] नीरद रुचिर दरसए अरुन[२] जनि निअ[३] देह॥
आज देखु गजराज गति[४] वर जुअति[५] त्रिभुवन सार।
जनि कामदेवक विजयवल्ली बिहलि बिहि संसार॥
सरद ससधर सरिस सुन्दर वदन लोचन लोल।
विमल कञ्चन कमल चढ़ि जनि खेल[६] खञ्चन जोर[७]॥
अधर नव पल्लव मनोहर दसन दालिम[८] जोति।
जनि निविल[१] विद्रुमदले[९] सुधारसे[१०] सींचि धरु गजमोति॥
मत्त कोकिल बेनु[११] बीना[१२] नाद तिहुअन[१३] भास।
जनि[१४] मधुर हाक[१५] पसहि आनन[१६] करए वचन विकास[१७]॥
अमर भूधर सम पयोधर[१८] महघ मोतिम हार।
हेम[१९] निर्मित शम्भु[२०] शेखर[२१] गङ्ग निर्मल[२२] धार॥

करभ कोमल कर सुसोभन[23] जङ्घ जुग[24] आरम्भ।
जनि[14] मदन मल्ल बेआम कारने[25] गढल[26] हाटक थम्भ॥
सुकवि एहू[27] कण्ठहारे गाओल रूप सकल सरूप।
देवि लखिमा कन्त जानए सिरि[28] सिवए[29] सिंह भूप॥

रा० त०, पृ० ५२-५३

पाठभेद—

न० गु० (प० सं० ५४० ताल०,) २ अरुण ३ निज ५ जुवति ६ खेलु ७ जोल ९ विद्रुम दल १३ त्रिभुवन १४ पाठाभाव १५ हासेँ १६ आनलि १७ बिलास १६ जनि हेम २०-२१ सम्भुसेखर २२ निम्मल २३ सुशोभित २४ जुअ २६ गढ़ल २७ एहो २८ राज २९ सिव

मि० म० (प० सं० ३०)—२ अरुण ३ निअ ४ गजराजपति १० सुधारसे ११-१३ वेणु वीणावाद तिहुअन २५ कारणे।

परि० पद० (रा० त० प० सं० ७)—५ वरजुवति ७ जोळ ८ दाळिम १९ हासेँ १६ आनल १७ विलास २७ एहो

सं० मन्तव्य—१ निविळ ८ दाळिम १५ हाव १७ विलास १८ पओधर २२ निरमल २७ एहु २९ सिव

शब्दार्थ—कुसम···कानन=प्रमदवन। निबिल=घना। रुचिर=सुन्दर। लोल=तरंगायित। नाद···भास=त्रिभुवन में स्वर गुंजरित होते हैं। हाव-भाव एवं अन्य-विलास चेष्टाएं। करभ कर=हाथी के तरङ्गायित बच्चे की सूँड। हाटक=सोना।

[४४२]

विजयपुरमालव—

कुण्डल तिलके[1] विराज मुख शोभित[2] सीदुर[3] बिन्दु।
हेमलता में[4] समारु बिधि कवि रवि तारा इन्दु॥
इन्दुवदनि धनि नयन[5] विशाला[6]। कमल कलित जनि मधुकर माला॥
देखलि कलावति अपुरुब रमनी। जिनए[7] आइलि सुरपुर गजगमनी॥
बेनी विमल बिराज तसु रस[8] कुसुमावलि हार।
स्याम[9] भुअङ्गम[10] देखि कहु किओ[11] काम परहार॥

करु परहार मदन सर बाला। कुटिल कटाख बान कनिआरा[१२]।
कम्बु कण्ठ मृणाल[१३] भुज बलित पयोधर भार[१४]।
कनककलस रसें[१५] पूरि रहु सञ्चित मदन भण्डार[१६]॥
मदन भण्डार[१७] पयोधर[१८] गोरा। जनि उलटाओल कनयकचोरा॥
स्यामा[२०] सुलोचनि सुरति रति अपुरुब[२१] भूषन भार[२२]।
विद्यापति कविराज कह सुफलें[२३] करथु अभिसार॥
करु[२४] अभिसार मदन सर बाला। कुटिल कटाख बान कनिआरा[२५]॥

रा० ब०, पृ० ६९-७०

पाठभेद—

न० गु० (प० सं० २५१) १ तिलक ३ सीँदुर ४ मे ६ जनि ८ तनु बस ९ श्याम १० भुजङ्गम ११ कियो १२ कनियाला १४ हार १६ भँडार १७ भँडार १९ कनक कटोरा २० श्यामा २१ अपरुब २२ सार २४-२५ पाठाभाव

मि० म० (प० सं० ३०३) १ तिलके २-३ सोभित सी दुर ४ हेमलतामे ६ बिसाला १० भुजङ्गम ११ कियो १२ कनियारा १३ मृनाल १५ रसे १७ भँडार १ कनक-कटोरा २३ सुफले २५ कानआरा

परि० पद० (राग०, प० सं० १७) १ तिलकें ३ सिन्दुर ४ में १५ रसें २३ सुफलें

सं० मन्तव्य—(i) प्रस्तुत पद दोहे-चौपाई की शैली में है। (ii) अन्तिम चरण सातवें चरण का ही लगभग पुनरुक्त रूप है अतः अनावश्यक भी है। (iii) १ तिलकें २-३ सोभित सिन्दुर ४ मजे ५-६ नवन बिसाला १३ मृनाल १४ पओधर मार १५ रसें १८ पओवर १९ कनअकटोरा २० स्याम २३ सुफलें

शब्दार्थ—समारु=सँवारा है। कवि=शुक्र, तारा, कुण्डल। रवि=सूर्य, सिन्दूर बिन्दी। तारा=नक्षत्र, पत्र रचना की बिन्दियाँ। इन्दु=चन्द्रमा, मुख। रस=लसित, सुशोभित। कनिआरा=कनीदार, नुकीला।

[४४३]

धन्या भीमपलासी—

नवजीवन[१] अभिरामा।
जेत[२] देखल तत कहि[३] न पारिआ[४]
छाओ[५] अनुपम[६] एक वामा[७]॥
हरिन इन्दु अरविन्द करिनि[८] हिम[९]

पिक बूझल[१०] अनुमानी[११]।
नयन[१२] बरन[१३] परिमल छवि[१४] तनुरुचि
अओ[१५] अति सुललित बानी॥
कुचयुग[१६] उपर[१७] चिकुर[१८] फुजि पसरल
ता अरुझाएल[१९] हारा।
जनि सुमेरु ऊपर[२०] मिलि ऊगल[२१]
चान्द[२२] बिहुनि सबे[२३] तारा॥
भनइ विद्यापति सुन[२२] वरजौवति[२३]
आन[२४] न पाबए कोइ[२५]।
कंसदलन[२६] नाराएन[२७] सुन्दर
तासु[२८] रमनि[२९] पए होइ[३०]॥

रा० त०, पृ० ८५-८६

पाठभेद—

ब्र० न० सहाय (श्री कृष्ण जी का पूर्वराग, प० सं० ३)—**१ कि आरे** नव जोवन २ जत ३ कहहि ४ पारिअ ५-६ छअ अनुपम ७ ठामा १०-११ पीक, बूझ अनुमानो **१३** बयन १४ गति **१५** औ १७-१८ पर **चीकुर १९** अरुझायल २० उपर **२२-२३** चांद बिहुन सब। भणितांश से पूर्व " लोल कपोल, ललित वर[३१] कुण्डल, अधर विम्ब[३२] अध जाई। भौंह[३३] भमर[३४], नासा पुट सुन्दर, से लखि कीर लजाई॥" अतिरिक्त पाठ। २२-२३ **से** वर नागरि २४-२५ आन न पावय कोई २५-३० राजा सिवसिंह रूपनरायन तसु रङ्गिनि पय होई।

न० गु० (प० सं० १४; ताल०,)—**१** कि आरे नव जोवन **५ छओ** ८ करिणि १६ कुचजुग २२ चाँद बिहुन २५ पावए कोई २७ नारायन २६ तसु रङ्गिनि २, ३, ४, ६, ११, १३, १४, १६, २०, (अतिरिक्त चरणों में—**३१** माल **३२** बिम्ब) २२-२३, २४ और ३० ब्र० न० सहाय सदृश।

बेनीपुरी (प० सं० ११) ८ करिनि १३ बदन (३१) मनि शेष न० गु० सदृश।

मि० म० (प० सं २१४)—३ कहए ९ हेम **२३** सब (**३१** मनि **३३** भौंहें **३४** भ्रमर) २६ रङ्गिनी। शेष पाठभेद न० गु० के अनुरूप।

परि० पद० (रा० त०, प० सं० २६)—१ कि **आरे नव जउवन १२-१३** नअन वअन **३१** मणि ३३ भौहें २२-२३ सुनु वर जउवति २४ जान २७ नाराअेन। २,५,६,७, १४, २५, २८, २९ और ३० (३२) म० गु० सदृश।

सं० मन्तव्य—(i) मि० म० ने इस पद में प्रयुक्त कंसनाराएन को धीरसिंह का विरुद मानना उचित समझा है क्योंकि विद्यापति ने अपनी 'दुर्गाभक्तितरङ्गिणी, उन्हें ही ही उत्सर्ग की है जिसके छठें श्लोक में उन्होंने धीरसिंह को 'कंसदलन प्रत्यक्ष नारायण' कहा भी है। ३२१ ल० स० में लिखित 'सेतुदर्पनी' में भी धीरसिंह को रिपुराज कंसनारायन कहा गया है। (ii) १ नव जउवन २ जत ५ छओं ७ ठामा १३ वदन १४ गति २३ वर जउवति २४ जानि २७ नाराअेन। किन्तु यदि हम 'कंस……होई' का सामान्य अर्थ लें, तो श्री कृष्ण की प्रियतमा राधा के रूप का बखान अधिक स्पष्ट और रम्य बन पड़ता है।

शब्दार्थ—अभिरामा=सुन्दरी। जत=जैसा। छओ अनपम=क्रमशः हरिण, चन्द्र, कमल, हाथी, शीत और कोकिला, जो नायिका के क्रमशः नेत्र, मुँह, सुरभि (पद्मगंधा), चाल, देह लावण्य (शीत सा शीतल एवं मोती जैसी आभायुक्त) और वाणी में एकत्र दिखाई पड़ते हैं। फुजि=बिखरकर। बिहुनि=रहित। कीर=सुग्गा [नासिका]

[४४४]

शुद्धनाट—

मृगमद पंक[१] अलका। मुख जनु करइ तिलका।
सँपुन पुनि[२] के चन्दा। कलकें[३] होएत गए मन्दा॥
सहजें[४] सुन्दरी बडि[५] राही। कि करति[६] अधिक पसाही।
उजर नयन[७] नलिना। काजरें[८] न करु[९] मलिना॥
दूधक धोएल भमरा। मसि बुडि[१०] जाएत समरा[११]।
पीन पयोधर[१२] गोरा। उलटल कनए[१३] कचोरा[१४]॥
चाँदने[१५] धवल न करु[१६]। हिमें[१७] झापि[१८] ज एत[१९] सुमेरु[२०]।
विद्यापति हेन कवी[२१]। कतए तिमिर जहाँ रवी[२२]॥
रूपनराएन[२३] पहू। तौलि[२४] हलत गुरु लहू[२५]॥

रा० त०, पृ० ११३

पाठभेद—

न० गु० (प० स० २४६)—निपुन पुनिम ३ तिलके ४ सहजहि ५ बड़ि ६ करबि ८ काजरे ९ कर १० बड़ि ११ सामरा १३ कनय १४ कटोरा १५ चन्दने १६ करू १७-२० हिमे बुड़ि जाएत सुमेरू २१ भनइ विद्यापति कवी । अन्तिम चरण (२३-२५) नहीं है।

मि० म० (प० सं० ९७)—१३ कनय । शेष न० गु० सदृश ।

परि० पद० (रा० त०, प० सं० ४६)—१ पङ्कें पुनि (म) ३ कलङ्कें ४ सहजहिं ८ काजरें १७ १८ हिमे झाँपि २३ रुपनराञेन ६, १८, १९, २०, २१ न० गु० सदृश

सं० मन्तव्य—२ पुनिम ३ कलङ्के ४ सहजञे ७ नञन ८ काजरें १२ पओधर २३ रूपनराञेन २४ तउलि

शब्दार्थ—मृगमद पङ्क=कस्तूरी-अलका=कस्तूरी जैसी केशोंवाली का, [अथवा कस्तूरी का ले] । मुख······तिलका=कस्तूरी से तिलक मत करो। सँपुन=सम्पन्न । कलङ्क=[कस्तूरी के] काले तिलक सेप । पसाही=प्रसाधन । समरा=श्यामल । हिमे···सुमेरु=चन्दन के धवल लेप से मण्डित पयोधर हिम मण्डित सुमेरु से हो जाएँगे । तौलि···लहु=छोटे-बड़े का यथार्थ आँकलन करते हैं ।

[४४५]

अधर सुशोभित वदन सुछन्द ।
मधुरी फूले[१] पूजू[२] अरविन्द ॥
तहु दुहु सुललित नयन[३] सामरा ।
विमल कमल दल बइसल भमरा ॥
विशेखि[४] न देखलिए[५] निरमलि रमनी[६] ।
सुरपुर सञो चलि आइलि गजगमनी ॥
गिम सञो लावल[७] मुकुताहारे ।
कुचजुग चकेव चरइ गङ्गाधारे ॥
भनइ विद्यापति कवि कण्ठहार ।
रस बूझ[८] शिवसिंह[९] नृप महोदार ॥

ताल०; न० गु०; प० सं० २०

पाठभेद—

मि० म० (प० सं० २०) १ फुले २ पूजु ५ देखलि ए ६ रमणी ८ बुझ ९ सिवसिंह

परि० पद० (त० प० सं० ४)—१ फूलें २ पूजु ३ नयन ४ बिसेखि ७ लाँबल ८ बुझ

सं० मन्तव्य—१ फूलें २ पुजुओ ३ नअन ४ बिसेखि ७ लाओल ८-९ बुझ सिवसिंह

शब्दार्थ—सुछन्द=सुगठित। मधुरी=दुपहरिया का फूल। बिसेखि...रमनी=जगत में सजित कोई रमणी विशेष ऐसी नहीं देखी गई। लाओल=लगाए हुए है।

[४४६]

चांद[१] सार लए मुख घटना[२] करु[३]
लोचन चकित चकोरे[४]।
अमिय[५] धोए[६] आँचरे[७] जनि पोछल
दह दिस भेल उजोरे[८]॥
कामिनि कोने गढ़ली[९]।
रूप सरूप[१०] मोहि[११] कहइते[१२] असम्भव
लोचन लागि रहली[१३]॥
गुरु नितम्ब भरे[१४] चलए[१५] न पारए[१६]
माझ[१७] खीनिम[१८] निमाइ[१९]।
भाँगि[२०] जाइति मनसिजे[२१] धरि राखलि
त्रिबलि लता अरुझाइ[२२]
भनइ[२३] विद्यापति अद्‌भुत कौतुक[२४]
इ[२५] सब वचन सरूपे[२६]
रूपनरायन[२७] इ[२५] रस जानथि
सिवसिंह[२८] मिथिला भूपे[२९]॥

ताल, न० गु०, प० २१

पाठभेद—

ब्र० न० सहाय (श्रीकृष्ण जी का पूर्वराग, प० सं० ५)—१ चांद २-३ रचना करि ४ चकोर ६ धोय ७ आँचरे ८ उंजोर ९ गढ़लि १२ कहत रहलि १५ चलय १६ पारय १७-१९ माझा खनिम निमाई २० मांगि २१ मनसिज २२ अरुझाई २३ मन २५ ई २६ सरूप १९ भूप

बेनीपुरी (प० सं० १४) ५ अमिअ ७ आँचर ८ उँजोरे ६ कओने गढ़ली १०-१२ रूप सरूप हमे कहए न पारिअ १७-१९ माझहि खीनि निमाई २०-२१ माँगि जाएत मनसिज २३ अरुझाई २५ ई २७ रूपनराएन

मि० म० (प० सं० २१)—३ कर १० स्वरूप २९ शिवसिंह

परि० पद० (त० प० सं० ५)—१ चान्द ५ अमिञ ७ आँचरें ९ कओने गढली १४ मरें १७-१९ खीनि सनि माई २१ मनसिजें २५ ई २७ रूपनराञेन

सं० मन्तव्य—८ अँजोरे १७-१९ माझ खीनि मनि माइ २४ कउतुक। शेष परि० पद० सदृश।

शब्दार्थ—मुख घटना=मुख की गढ़न। चकित चकोरे=चकपकाए हुए हुए चकोर से। अमिअ... उजोरे=चन्द्र के सार तत्व और चमत्कृत चकोर के सन्निवेश से नायिका का मुख मण्डल एवं नेत्र बनाया, तदनन्तर उसे अमृत से धोकर मानों आँचर से पोंछकर और चमका दिया, जिससे इस अभिनव चन्द्रमा के प्रकाश से सर्वत्र प्रकाश हो गया। रूप-सरूप=रूप का स्वरूप विश्लेषण। माझ खीनि मनि माइ=अरी माँ! जैसे मणि ही बीच से अत्यन्त क्षीण हो गई हो।

[४४७]

भल[१] भेल दम्पति[२] शैशव[३] गेल। चरन[४] चपलता लोचन लेल ॥
दुहुक[५] नयन[६] कर दूतक काज। भूषण भए परिणत[८] भेल लाज[९] ॥
आबे[१०] अनुखन[११] देअ[१२] आँचर[१३] हाथ। बाज[१४] सखी सजे[१५] नत कए[१६] माथ ॥
हमे[१७] अवधारल[१८] सुन सुन[१९] कान्ह[२०]। नागर[२१] करथु अपन अवधान[२२]॥
भँउह[२३] धनुषि[२४] गुण[२५] काजर रेख। मारति[२६] रहत पोख[२७] अवसेख[२८] ॥
रसमय[२९] विद्यापति कवि गाव। राजा शिवसिंह[३०] बुझ रस भाव[३१] ॥

ताल, न० गु०, प० २७

पाठभेद—

ग्रियर्सन (प० सं० २४) ४ चरण १० आब १४ काज १७-१८ हम अवधारलि २४ धनु २६-२८ मार नयन सर पुंख अवशेख

ब्र० न० सहाय (मध्यानायका वर्णन, प० सं० ८) १-२ आयल यौवन ४ चरण ७-९ हांस गोपन भेल उपजल लाज १० अब १२ दई १३ आंचर १४-१५ सगर बचन कह १६ कर। तदनन्तर अतिरिक्त चरण—"कटि गौरव अब पावल नितम्ब। चलइत सहचरि कर अवलम्ब ॥" १७ हम १८ अवधारलु १९-२० वर कान २१-२२ सुनई अब तुहुँ करह

निधान २३-२८ पाठाभाव २९-३० विद्यापति कवि इह रह जान। राजा शिव सिंह लछिमा प्रमान

मि० म० (प० सं० १७) ३ सैसव ४ चरण ७ भूसन ३० सिवसिंघ। शेष ग्रियर्सन सदृश

परि० पद० (त० प० सं० ६) ४ चरण ११ अनुखन १५ सञो २३ मञुह

सं० **मन्तव्य**—३ सइसव ५ दुहुँक ६ नअन ७ भूसन ८ परिनत **१०-११ अब अनुखने १३** आचर २५ गुन २७ पुङ्ख

शब्दार्थ—भूषण भए=आभूषण होकर। बाज=बात करती हैं। पुंख अवसेख=वाण के पिछले भाग को छोड़कर शेष पूरा वाण (कटाक्ष) वेधती रहती है।

[४४८]

अमिअक[1] लहरो बम अरविन्द । विद्रुम पल्लव फूलल कुन्द ॥
निरवि निरवि[3] मोञे[4] पुनु पुनु हेरु । दमनलता पर देखल सुमेरु ॥
साँचि[5] कहञो[6] मोञो[7] साखि अनङ्ग[8] । चान्दक मण्डल यमुना[9] तरङ्ग[10] ॥
कोमल कनककेआ मुति पात । मसि लए[11] मदने लिखल[12] निज[13] बात ॥
पढ़ही न[14] पारिय[15] आखर पाति[16] । हेरइते[17] पुलकित हो तनु काति[18] ॥
भनइ[19] विद्यापति कहञो बुझाए । अरथ असम्भव के पतिआये ॥

ताल; म० गु०, प० ३०

पाठभेद—

ब्र० न० सहाय—श्रीकृष्णजी का पूर्व राग, प० सं० २८) २ अरबिन्द ४ मो ५-७ साँच कहों मोर ८ अनंग ९-१० यमुन तरंग **११** लय १२ लिखत १४-१५ सकत ना १६ पाँति १७ हेरइत १८ काँति १९ मन २०-२१ कहों बुझाय २२ पतिआय

मि० म० (प० सं० २३१) ४ मैं ६-७ कहओ मैं ९ जमुना १६ पाँति १७ हेरइत १८ काँति २० कहओं २२ पतिआए

परि० पद० (त०, प० सं० ८) १ अमिअक ३ निररि निररि १५ पारिअ १६ पाँति १८ काँति २२ पतिआए

सं० मन्तव्य—१ अमिअक ३ निररि निररि १३ निज १५ पारिए १६ पान्ति १८ कान्ति २२ पतिआए

शब्दार्थ—निररि=आँखें फाड़कर। साखि=गवाह। यमुनातरङ्ग=जमुना की लहर=रोमावली त्रिवली अथवा वेणी। कोमल···बात=चम्पा केले के पत्र पर कामदेव ने मोती से अक्षरों में अभिलाषा अङ्कित की।

[४४९]

आइलि[1] निकट बाटे छुइलि[2] मदन साटे
दृढ़ बान्धे[3] दरसिल केस।
रमन भवन बेरि पलटि पाछु[4] हेरि
आलि[5] दिठि[6] दए[7] गेल सन्देस॥
आओर[8] कि करति सखि[9] परिनत ससिमुखि
कान्ह[10] जदि न बुझ[11] बिसेस।
आचर[12] धरइते[13] करे लउलि[14] लाज भरे[15]
नमइते[16] मुखेरि[17] उपाम।
न जानओ[18] कमन[19] जओ[20] कमल नाल सओ[21]
कमल ममोलल[22] काम॥
कवि[23] भने विद्यापति अभिनव रतिपति
सकल कला रस जान।
राजबलभ जिबओ[25] मति[26] सिरि[27] महेसर
रेणुक[28] देवि[29] रमान॥

ताल, न० गु०, ७६

पाठभेद--

ब्र० न० सहाय—(श्री राधिका जी का पूर्वराग, प० सं० ७) १ अइलि २ अछुलि ३ बान्ध ४ पाछुय ६-७ दीठि दे ८ आउर ९ सखी ११ बुझै १२-१२ आँचर धरइत १४-१६ कर नवली लाजे मर नवइत १८ जानो १९-२० कवन जन २१ सन २२ ममोरल २३-२४ भन २५ जिवे २६-२७ सिरी २८ रेनुक

मि० म० (प० सं० २२०)—२ छुटलि १० कान्हु ११ बुझ विशेष १६-१७ नमइत मुँहक २३-२४ भम कवि २८ रेनुक

परि० पद० (त०; प० सं० २२)—५ आड़ि १२ आचर १८ कमल २२ ममोड़ल २८ रेणुका

सं० मन्तव्य—४ पाछुअ ५ आळि १२ आचर १३ धरइत २५ जिवओ २७ सिरो २९ देइ।

शब्दार्थ—दरसिल=दिखाई दिया। आठि=आड़ से। लउलि=नय, झुक गई। कमन=किसी प्रकार। ममोलल=मरोड़ दिया। मति सिरी महेसर=मन्त्री श्री महेश्वर।

[४५०]

सहज प्रसन मुख दरस हृदय[१] सुख
लोचन तरल तरङ्ग[२]।
अकास[३] पाताल[४] बस सेओ[५] कइसे[६] भेल[७] अस
चाँद[८] सरोरुह सङ्ग[९]॥
विधि[१०] निरमलि रामा दोसर लाछि[११] समा[१२]
भल तुलाएल निरमान[१३]।
कुचमण्डल सिरि हेरि कनक गिरि
लाजे[१४] दिगन्तर गेल[१५]॥
केओ[१६] अइसन कह सेओ[१७] जुगुति सह[१८]
अचल सचल कइसे[१९] भेल[२०]॥
माझ खीन तनु भरे[२०] भाँगि जाए[२१] जनु
विधि अनुसए[२२] भेल[७] साजि[२३]।
नोल पटोर आनि[२४] अति से[२५] सुदृढ़[२६] जानि
जतने सिरिजु रोमराजि[२७]॥
भन कवि[२८] विद्यापति कामे[२९] रमनि रति
कउतुक[३०] बुझ रसमन्त[३१]।
सिरि सिवसिंह राउ पुरुब सुकृते[३२] पाउ
लछिमा देवि रानि[३३] कन्त[३४]

ताल, न० गु०; प० ११५

पाठभेद—

ब्र० न० सहाय (सम्भाषण, प० सं० ५) २ तरंग गगन ताले ५-७ कस भेला आस ८ चांद ९ संग। १०-१३' "विधि····निरमान" पाठ नहीं है। १४ लाजि १५ गेला १६ केउ १७ सेउ १९ कस २०-२१ मारे टुटि जा २२ अनुसय २३ साजी २५-२६ दृढ़ २७ रोमराजी २८ पाठाभाव २९ काम ३१ रसवन्ता ३३ सुकृत ३३-३४ अस कान्ता

बेनीपुरी—(प० सं० २२) ५ सेहो ९ संग १० बिहि ११ दोसरिल छमि ३० कौतुक ३२ सुकृतें

मि० म० (प० स० २४) स्रोत का उल्लेख नहीं। ३ आकास १८ पह

परि० पद० (त०, प० सं० ३६) १४ लाजे २० भरे २४ जानि २६ काम ३२ सुकृत।

सं० मन्तव्य—१ हृदअ ३-४ अकासे पताले ८ चान्द बिहि ११ लछिमि (१३ के बाद संभवतः एक चरण छूट गया है) १४ लाजे २० भरे १४ जानि ३१ रसमन्ता ३४ कन्ता।

शब्दार्थ—तरल=तरङ्गित। अकासे-पताले बस=आकाश और पाताल में रहते हैं। दोसरि लछमि=दूसरी लक्ष्मी। भल तुलाएल=सटीक बराबर हुआ। कनक गिरि=सुमेरु पर्वत। लाजें=अपनी शोभा हीन समझ लज्जावश। भारें=भार से। विधि अनुसए=विधाता को अनुताप [चिन्ता] हुआ। पटोर=रेशम। कामे···रति=काम प्रिया रति सदृश। लछिमा···कन्ता=रानी लछिमा देवी सी प्रियतमा।

[४५१]

साजनि अकथ कहि[1] न[2] जाए[3]।
अबल[4] अरुण[5] ससिक[6] मण्डल
भीतर रह नुकाए[7]॥
कदलि[8] ऊपर[9] केसरि देखल
केसरि मेरु चढ़ला[10]।
ताहि[11] ऊपर[12] निशाकर देखल
किर[13] ता उपर[14] बइसला[15]॥
कीर[16] ऊपर[17] कुरङ्गिनि[18] देखल
चकित भमए[19] जनी।
कीर कुरङ्गिनी[18] ऊपर देखल
भमर उपर[20] फनी॥
एक असम्भव आओ[21] देखल
जल बिना अरविन्दा॥
बेबि[22] सरोरुह ऊपर[23] देखल
जैसन[24] दूतिय[25] चन्दा॥
भन विद्यापति अकथ कथा

इ रस केओ केओ[२६] जान।
राजा शिवसिंह[२७] रूपनरायन[२८]
लछिमा देवि[२९] रमान ॥

ताल, न० गु०, प० १८३

पाठभेद—

ब्र० न० सहाय (नायक वर्णन, प० सं० २) 'देखल' के स्थान पर सर्वत्र 'देखलि'। १-३ कही नहि जाय ४-६ अबल अरुन ससि के ७ लुकाय ८ कदली १० चढ़ल ११-१२ ताही उपर १३ कीर १४-१५ ऊपर बइसल १६-१७ करी उपर १८ कुरंगिनि १९ भमय २० ऊपर २१ आउर २२ वेवि २३ उपर २४ जइसन २६ केउ केउ २८ रूपनरायण २९ देइय

मि० म० (प० सं० २६) ४ अरुन, ९, १२, १७, २३ उपर, **२१ आओर** २४ जइसन २५ दूतिअ २८ रूपनरायण २९ देइ

परि० पद० (त०, प० सं० ५४)—१ सजनी १२, २० ऊपर **२१ आओर** २४-२५ जइसन दूतिअ २६ केओ जाने २८ रूपनराजेन २९ देवि रमाने।

सं० मन्तव्य—१-२ कही नहिं ८ कदली १३ कोर १४, २० ऊपर २१ आओर २६-२५ जइसन दूतिअ २७-२८ सिबसिंह रूपनराञेन २९ देइ

शब्दार्थ—अबल अरुण=सुकुमार अरुण [सूर्य], नख। ससिक मण्डल भीतर=शशि मण्डल के नीचे, युवति के पाँवों में। आगे ये उपमान क्रमशः इन उपमेयों के लिए प्रयुक्त हैं :—कदली—जाँघ, केसरि=सिंह, कटि, मेरु—पयोधर, निशाकर—मुख, कीर—नासिका, कुरङ्गिनि=आँखे, भ्रमर—भौंह, फनी—वेणी, वेवि [दो] अरबिन्दा=दोनों हाथ, दूतिअ चन्दा—नख।

[४५२]

आज[१] देखलिसि[२] कालि देखलिसि[३]
आज कालि कत भेद।
सैसवे[४] बापुड़े[५] सीमा छाड़ल
जउवन[६] बाँधल फेद ॥
सुन्दरि कनककेआ मुति[७] गोरी।
दिने दिने[८] चान्द[९] कला सञो बाढ़लि
जउवने[१०] सोभा तोरी ॥
बाल पयोधर बदन[११] सहोदर
अनुमापिय[१२] अनुरागे।

कओने[१३] पुरुष करे[१४] परसए पाओल
जे तनु जिनल परागे ॥
मन्द हासे[१५] बङ्किम[१६] कए दरसए
चङ्गिम भँउह[१७] विभङ्गे[१८] ।
लाजे[१९] बेआकुलि सामु[२०] न[२१] हेरए
आउल[२२] नयन[२३] तरङ्गे[२४] ॥
विद्यापति कविवर एह गाबए
नव[२५] जउवन[२६] नव कन्ता ।
सिवसिंह राजा एहो[२७] रस जानए
मधुमति देवि[२८] सुकन्ता ॥

ताल, न० गु०; प० १८६

पाठभेद—

बेनीपुरी (प० सं० ६०) २ देखलि पुनि ३ देखलि ५ बापुर ७ सुति ८ दिन दिन ६ चाँद १२ अनुमानिअ बंकिम १७ भौंह १८ विभङ्के १९ लाज २०-२१ सँमुख २२ आओल २४ तरंगे २५ एह २६ जौबन २७ राजा सिवसिंह ए

मि० म० (प० सं १८)—६ जउबने १० जउवन शोभा १२ अनुमानिय १४ करें २०-२१ सामुन २८ देवी

परि० पद० (त०, प० सं० ५६)—५ बापुर ११ बदर १२ अनुमापिअ १३ कओने १४ करें १५ हासें १९ लाजें २३ नअन

सं० मन्तव्य—४-५ सइसवे बापुर ७ मतिं ११ पओधर बदरि १२ अनुमापिअ १३ कओने १५ हासें १९ लाजें २२ आकुल २३ नअन २८ देइ

शब्दार्थ—कतभेद=कितना अन्तर । फेद=फंग, बेरा । मतिं=समान, मतिन । बदरि सहोदर=बेर फल के बन्धु सदृश । कओने···परागे=किस पुरुष रत्न का स्पर्श पाया है कि उस प्रभाव से तुम्हारे शरीर में ऐसा सौरभ भर गया है कि पराग की सुरभि उसके समक्ष हीन पड़ गई है । सामु न=सामने, सीध में नहीं । आकुल=चञ्चल, तरङ्गित ।

[४५३]

कञ्चने[१] गढल हृदअ[२] हथिसार । ताहि[३] थिर थम्भ पयोधर[४] भार ॥
लाज सिकर[५] धर[६] दृढ कए गोए । आनक[७] वचने[८] हलह[९] जनु फोए[१०] ॥

दुर कर अगे'[११] सखि चिन्ता आन[१२]। जउवन हाथि करिअ अवधान ॥
मनसिज मदजले[१३] जओं[१४] उमताए। धरिहसि पिअतम[१५] आँकुस[१६] लाए ॥
जाब[१७] न सुमत ततनि[१८] अगोर। मुसइते मनिहिसि[१९] मानस चोर ॥
भनइ[२०] विद्यापति सुन मतिमान। हाथि महते[२१] नब के नहि जान ॥

ताल; न० गु०, प० २३०

पाठभेद—

बेनीपुरी (प० सं० १०५) १ कंचन २ हृदय ३ ते ६ घर ८-९ वचन फोलह १०
१० कोए ११ आगे १३ मदजल १५ पियतम १७ जाबे १८ ताबे १९ निबरिहसि २० भन

मि० म० (प० सं० २५२) १ कञ्चन ९ हलह १९ मनिहसि २१ महत । शेष बेनीपुरी सदृश ।

परि० पद० (त०, प० सं० ७२) ७ आनक १२ आन १३ मदजलें १४ जओ १८ तनि ताब २१ महतें

सं० मन्तव्य—५ सिकरें १६ आँकुसें १८ ततजें । शेष० परि० पद० वत् ।

शब्दार्थ—हथि सार=हाथी बाँधने का स्थान। थम्भ=स्तम्भ। हलह जनु फोए=खोल मत देना। मदजलें=मत्तगयन्द के मस्तक से बहनेवाले दान [मद] से। धरि हसि=पकड़ना। सुमत=ज्ञान या सहमति। महतें=महावत से।

[४५४]

सरस बसन्त[१] समय[२] भल पाओलि[३]
दछिन पवन बहु धीरे ।
सपनहुँ रूप वचन एक भाखिअ[४]
मुख सौं[५] दूरि करु चीरे ॥
तोहर वदन सन चान[६] होअथि[७] नहि
जइओ[८] जतन बिहि देला ।
कए[९] बेरि काटि बनाओल नवकय[१०]
तइओ[११] तुलित नहि[१२] भेला ॥
लोचन तुअ[१३] कमल नहि[१२] भये[१४]सक
से जग के नहि[१२] जाने ।
से फेरि[१५] जाए[१६] नुकेलाह[१७] जल भए[१८]
पङ्कज निज[१९] अपमाने ॥

भनइ[२०] विद्यापति सुन वर जौवति[२१]
ई सभ लछमी[२२] समाने।
राजा सिवसिंह[२३] रूपनरायन[२४]
लछिमा देइ[२५] पति[२६] भाने ॥[२७]

ग्रियर्सन, प० सं० ६

पाठभेद—

ब्र० न० सहाय (बसन्त वर्णन, प० सं० ५) ३ पावल ४ माखय ५ सँ ६-७ चाँदओ छथि ८ जँओ ६ के ११ तँओ १२ नहिँ १३ तुव १४ भै १५ फिर १६ जाय १७ नुकँल्हमि १८ महँ २० भनहि २१ जौमति २२ लछमि २३ शिवसिंह २४ रूपनरायण २५ दइ २६ प्रति।

न० गु० (प० सं० ७९४) तथा मि० म० (प० सं० ३६) २३ शिवसिंघ। शेष प्रायः ग्रियर्सन सदृश

बेनीपुरी (प० सं० २२०) १ बसंत ४ भाखिए ५ सओं १० कए १३ तूल १७ नुकाएल २४ रूपनराएन २६-२७ रमाने

सं० मन्तव्य—२ समभ ५ सओ १० कए १२ नहिँ १३ तूअ १७ नुकएलह १९ निअ २१ जउवति

शब्दार्थ—सपनहु...भाखिए=स्वप्न में किसी रूपवान [व्यक्ति] ने वचन कहे, अथवा हे स्वप्न सदृश सुन्दरी जरा एक बार तो बोलो। वदन सओं=मुख सदृश। चान होअथि नहि=चन्द्रमा हो नहीं पा रहा है। जइओ=यद्यपि। कए...कए=चन्द्र पूर्ण हो जाने पर तुम्हारे मुख से मिलाकर देखा और पाया कि चाँद अभी भी तुम्हारे मख सदृश नहीं हो पाया अतः उसे बार-बार काटकर पुनः बनाया [चन्द्रमा के घटते-बढ़ते स्वरूप को देखते हुए] जल भए=जल में होकर। पति=प्रति, के लिए।

[४५५]

माधव कि कहब सुन्दरि रूपे।[१]
कतेक[२] जतन बिहि[३] आन[४] समारल
देखलि[५] नयन[६] सरूपे ॥[७]
पल्लवराज चरन-जुग सोभित
गति गजराजक भाने ॥[८]
कनक-कदलि[९] पर सिंह समारल
तापर मेरु समाने ॥

मेरु उपर दुइ कमल फुलायल[१०]
नाल बिना रुचि पाई।
मनिमय[११] हार धार कह[१२] सुरसरि
तैं[१३] नहि कमल सुखाई॥

अधर बिम्ब सन दसन दाड़िम-बिजु
रवि ससि उगथिक[१४] पासे।
राहु दूरि[१५] बसु[१६] नियरो[१७] न आवथि[१८]
तैं[१३] नहि करथि गरासे॥

सारङ्गनयन[१९] वचन[२०] पुन[२१] सारङ्ग
सारङ्ग तसु समधाने।
सारङ्ग उपर उगल दस[२२] सारङ्ग
केलि करथि मधुपाने॥

भनइ[२३] विद्यापति सुन वर जौमति[२४]
एहन जगत नहि जाने[२५]।
राजा सिवसिंह[२६] रूपनरायन[२७]
लछिमा दइ[२८] प्रति भाने[२९]॥

ग्रियर्सन, प० सं० १४

पाठभेद—

ब्र० न० सहाय (नायक वर्णन, प० सं० १) १ रूप २ कतना ३ विधि ४ आनि ५-७ देखली नैन सरूप ८ माने ९ केदलि ११ भणिमय १२ बहु १७ निअरो। 'सारङ्ग' केलिए 'सारँग'। २२ दुई २३ भन २४ युवती २५ आन २७ रूपनरायण २८ देइ

न० गु० (प० सं० १७) १५-१६ दूर बस २०-२१ वयन पुनि २४ जौवति २५ इह रस केओ पए जाने २८-२९ देइ रमाने

बेनीपुरी (प० सं० १२) 'सारङ्ग' के लिए 'सारँग' २-३ कतन जतने बिहि १० फुलाएल १२ बहु १३ तें

सं० मन्तव्य—(i) तुलनीय, सूरदास कृत 'अदभुत एक अनूपम बाग।' पद से (ii) ४ आन ६ नअन १० फुलाएल १२ बह १३ तञे १७ निअरो १८ आओथि १९-२० नअन बअन २४ जउवति २७ रूपनराञेन २८ देइ

शब्दार्थ—कतेक=कितने ही। समारल=संवारा। सरूपे=सत्य, प्रत्यक्ष। पल्लवराज=कमल। कनक कदलि=सुनहली कदली सी जाँघें। सिंह [की सी क्षीण] कटि। मेरु=सा उन्नत वक्षस्थल। दुइ कमल=कमल कोरक से दो पयोधर। रुचि=शोभा। तजे=उसी से। रवि [सिन्दूर विन्दु] शशि=मुख चन्द्र। राहु=काली केशराशि। सारङ्ग नयन=मृग से नेत्र। बयन=सारङ्ग=कोकिल सी मधुर वाणी। सारङ्ग तसु समधाने=उसके सन्धान [कटाक्ष] करने में कामदेव जैसे अपने कुसुमसरों के साथ विराजता है। सारङ्ग उपर=ललाट पर। दस सारङ्ग=दस कुञ्चित अलकें झूम रही हैं जैसे मधुपान में प्रमत्त भ्रमर घिर रहे हों।

[४५६]

जाइति[१] देखलि पथ नागरि सजनि गे
आगरि सुबुधि सोयानि[२]।
कनक-लता सनि[३] सुन्दरि सजनि गे
बिहि निरमाओल[४] आनि[५]॥
हस्ति-गमन जकाँ चलइति[६] सजनि गे
देखइति[७] राज-कुमारि[८]।
जनिकँर[९] एहन सोहागिनि सजनि गे
पाओल[१०] पदारथ चारि[११]॥
नील वसन तन घेरलि[१२] सजनि गे
सिर लेल[१३] चिकुर ससारि[१४]।
तापर भमरा पिवत[१५] रस सजनि गे
बइसल[१६] पाँखि पसारि[१७]॥
केहरि सम कटि गुन अछि सजनि गे
लोचन अंबुज धारि[१९]।
विद्यापति एह[२०] गाओल[२१] सजनि गे
गुन पाउलि[२२] अवधारि[२३]॥

ग्रियर्सन, प० सं० १५

पाठभेद—

ब्र० न० सहाय (मध्यानायका वर्णन, प० सं० १३)—१ जाइत 'सजनि' स्थान पर 'सजनी २ सयानी ३ सन ४ निरमायल ५ आनी ७ देखइत ८ कुमारी ९ जिनिकर १० पायल ११ चारी १३ देलि १४ समारी १५ पिवय १६ पइसल १७ पसारी १९ धारी २० कवि २१ गाउल २२ पाउलि २३ अवधारी

न० गु० (प० सं० २५) और **मि० म०** (प० सं० २३६) ग्रियर्सन सदृश

बेनीपुरी (प० सं० १६) २ सेयानि ४ निरमाओलि ६ चलइत ७ देखइत ९ जनिकर १२ घेरल १४ सँमारि १५ पिबए

सं० मन्तव्य—२ सआनि ५ आनि १४ सँमारि १५ पिअत २२ पाओल

शब्दार्थ—सनि=सदृश। जकाँ: जैसो। सँभारि=सम्भार अथवा सँवारि=सजाकर। भमरा=उड़ते कुञ्चित केश, अथवा आँखें।

[४५७]

माधव जाइति[१] देखल[२] पथ रामा।
गरुड़ासन—सख तातक बाहन
ता सम गति अभिरामा॥
दच्छ-सुता चारिम पति—भगिनी
तनय[३]—घरनि सम रूपे[४]।
सुरपति—अरि— दुहिता— पति—वैरी[५]
तें[६] भरि भेलि अनूपे[७]॥
अदित[८]—तनय[९]—वैरी[५] गुरु चारिम
ता सम आनन—काँती[१०]।
कुम्म[११] तनय[६] तसु असन-तनय[९] तसु
कोख बैसाओलि[१२] पाँती[१३]॥
नन्दघरनि—तनया[१४] तसु वाहन
ता सम माँझक छीनी।
कामधेनु—पति ता पति प्रियफल
उरज हनल जिमि जोमी[१५]॥
भनहिं[१६] विद्यापति सुन वर जौवति[१७]
अपुरुब रूपक रङ्गे[१८]।
रावन—अरि—पतनी— तातक—तप
ता सह पाबिअ सङ्गे[१९]॥

ग्रियर्सन, प० सं० १६

पाठभेद—

ब्र० न० सहाय (अभिसार, प० सं० ६) **१** जाइत **२** देखलि **४** रूपा **६** तें ७ अनूपा ८ अदिती १० कांती ११ कुम्भ १२-१३ बैसावलि पांती १५ जीमी १६ मन १७ जौमति १८ रंगे १९ संगे

मि० म० (प० सं० २३३) २ देखबि । शेष ग्रियर्सन सदृश ।

सं० मन्तव्य—३ तनअ ५ बइरी ६ तञे ९ तनअ १० **कान्ति १२ बइसाओलि** १३ पान्ति १४ तनआ १५ जीनी १७ जउवति

शब्दार्थ—गरुणासन=विष्णु [के अवतार कृष्ण]—सख=अर्जुन—तात=इन्द्र—वाहन=ऐराबत =हाथी । दच्छ-सुता-चारिम=दक्ष की चौथी पुत्री, रोहिणी—पति=सोम-भगिनी=लक्ष्मी [रुक्मिणी]—तनय= प्रद्युम्न [कामदेव]—घरनि=रति । सुरपति-अरि=हिमालय-दुहिता=पार्वती-पति=शिव-बैरी=कामदेव । भरि=सदृश । अदिति-तनय=देवता-बैरी=दैत्य-गुरु=शुक्र—चारिम=शुक्र से पहले चौथा=सोम, चन्द्रमा । कुम्भ-तनय=कुंभज, अगस्त-तसु असन=सागर—तनय=मौक्तिक । कोख बइसाओलि=वक्ष पर धारण किए है, [मौक्तिक माल] नन्दघरनि=यशोदा-तनया=माया, दुर्गा-वाहन=सिंह । मांझक=बीच की, कटि प्रदेश की । कामधेनुपति=वृषभ-ता पति=शिव-प्रियफल, श्रीफल । जीनी=जीतकर । रावन-अरि=राम-पतनी= सीता-तात =जनक—तप, सा तप करने पर उसका संग पाया जा सकता है । अथवा जनक-तप=धनुष-यज्ञ अर्थात धनुष सी उसकी भौंहें हैं । या जनक-तप=विदेह, देह की सुधि भूलकर, अलौकिकत्व ही उसकी समरूपता पा सकता है ।

[४५८]

माधव देखलहुँ तुअ धनि आजे[१] ।
भुतल—नृपति—सुत तसु- तनया[२] पति
तातक तातक रामा[३] ।
तसु तातक सुत तनिकर उपमेय[४]
सेहो[५] थिक ओहि ठामा[६] ॥
दीस निगम दुइ आनि मिलाबिय[७]
ताहि दिअ[८] विधि मुख आधो ।
से लै[९] आदि आधि रस मँगैअछि[१०]
एहन रमनि तुअ माधो ॥

पण्डितकाँ पठ जढकाँ[11] पाहन
ई गित[12] गोरख धन्हारी[13]।
भनहिं[14] विद्यापति सैह[15] चतुर जन
जेह[16] बुझत अवधारी ॥

ग्रिनसंन, प० सं० १७

पाठभेद—

ब्र० न० सहाय (पुनर्मिलन तथा रसोद्गार, प० सं० ९) १ आज ३ बाम ६ ठाम ८ दिय १० माँगअछि १२ गति १३ धँधारी १५ सेह १६ जेह

मि० म० (प० सं० २३४) ग्रियर्सन सदृश ।

सं० मन्तव्य—२ तनआ ४ उपमेअ ५ सेहओ ७ मिलाबिअ ९ लए १० आदि रस मँगइछि ११ जडकाँ

शब्दार्थ—भुतल=पाताल-नृपति=बलि-सुत=बाणासुर-तसु तनया=उषा-पति=अनिरुद्ध-तात =प्रद्युम्न-तात=श्री कृष्ण रामा=रुम्मिणी-लक्ष्मी-तात=समुद्र-तात=चन्द्रमा [चन्द्रमुखी] या अमृत, अमृतमुखी । दीस=दिशाएं=१०+निगम=वेद=४+विधिमुख=४ का आधा=२=१६ षोडष-श्रृंगारवती । आदिरस=श्रृंगार, प्रेम । पठ=पढ़ने योग्य, ज्ञातव्य । जडकाँ=मूर्ख या स्थावर । गीत गोरख धन्हारी=गीत गोरख धनाश्री । अथवा गोरख धन्हारी=गोरख धन्धा, बझौवल ।

[४५६]

माधव जाइति देखलि पथ रामा ।
अबला अरुन तरा[1] गन बेढ़लि
चिकुर चामरु अनुपामा ॥
जलनिधि सुत सन वदन सोहाओन
सिखर -- बीज रद - पाँती ।
कनक लता जनि फड़ल[2] सिरीफल
वीह[3] रचल बहु भाँती[4] ॥
अजेआ — सुत – रिपु वाहन जेहन
ता सन चलु जिमि राहो ।
सागर गहर साजि वर कामिनि
चललि भवन पति ताही ॥

खगपति—तनय[५] तासि[६] रिपु तनया[७]
ता गति जेहन समाने।
हर वाहन[८] तेँहि[९] हेरइते हेरलन्हि
कवि विद्यापति भाने॥

ग्रियर्सन, प० सं० १८

पाठभेद—

ब्र० न० सहाय (अभिसार, प० सं० ७) १ तारा २ फरल ३ बीहि ४ भांती ६ तासु ८ हरिबाहन ९ तेहि

मि० म० (प० सं० २३५) ग्रियर्सन सदृश।

सं० मन्तव्य—१ तारागन २ फऊल ५ तनअ ६ तासु ७ तनआ ९ तेहिँ

शब्दार्थ—प्रबला अरुन तारागन=नायिका की केशराशि के बीच लाल सिंदूर और उनपर चमकते मौक्तिक। जलनिधि-सागर-सुत=चन्द्रमा। सिखर=अनार, बेदाना। अजेंआ-अजा-बकरी-सुत बकरा-रिपु=दुर्गा [जिन्हें बकरे की बलिचढ़ती है]—वाहन=सिंह। सागर=समुद्र [सात]+गरह=ग्रह [नौ]=१६ सोलहो शृंगार कर। खगपति=गरुड-तनय गीध [गरुड़] रिपु=सर्प-तनया=नागिन सी उसकी वेणी लटकती हुई हिल रही है या ख=आकाश ग=चलने वाले ग्रह नक्षत्र पति=चन्द्रमा-तनय=बुद्ध-रिपु=सूर्य-तनया=यमुना सी उसकी गति है। हर=शिव-वाहन=वृषभ जैसी भोली आँखें से देखने वाली को [कृष्ण ने देखा]

[४६०]

ए सखि पेखलि[१] एक[२] अपरूप। सुनइत[३] मानबि सपन-सरूप॥
कमल जुगल पर चाँदक[४] माल[५]। तापर उपजल तरुन तमाल[६]॥
तापर बेढ़लि[७] बिजुरि[८]-लता। कालिन्दि[९] तीर धीर[१०] चलि[११] जाता॥
साखा-सिखर सुधाकर पाँति। ताहि[१२] नव पल्लव अरुनक भाँति[१३]॥
विमल विम्बफल जुगल[१४] विकास। तापर कीर थीर करु वास[१५]॥
तापर चञ्चल खञ्जन-जोर। तापर सापिनि झाँपल[१६] मोर॥
ए सखि रङ्गिनि कहल[१७] निसान[१८]। हेरइत[१९]पुनि हमे रहल गिआन[२०]॥
कवि[२१] विद्यापति एह[२२] रस भान। सुपुरुख[२३] मरम तुहू[२४] भल जान॥

क्षणदा० पृ० ६३ शा० मि० २०

पाठभेद—

प्रकाशित क्षणदा०—१ कि पेखलि ७ देढ़ल ८ बिजुरक ११ चलु १२ ताहे १५ आश १७-१८ कहल निदान २१ मनइ

ब्र० न० सहाय (श्री राधिका जी का पूर्वराग प० सं० ४) १ पेखली २ यक ४ चान्दक ५ माला ६ तमाला १०-११ तट धीरे १४ युगल १६ झांपल २१ भन २२ यह २४ तुहु।

न० गु० (प० सं० ५६) १ पेखल ३ शुनइते। शेष क्षणदा० सदृश।

बेनीपुरी (प० सं० ३६)—१ पेखल ५ माला ६ तमाला १० तट धिरें धिरें १३ अरुनिम कान्ति २० गेआन २४ तोहें

मि० म० (प० सं० ६३०)—मूल में क्षणदा०; पादटिप्पणी में प्रकाशित क्षणदा० के पाठभेद।

सं० मन्तव्य–१ पेखलुं ३ सुनइते ८ बीजुरि ९ कालिंदि ११ चलि गता १९ हेरइते २० गेआन २३ सुपुरुष २४ तोञे

शब्दार्थ—सरूप=सदृश। कमल युगल=दो पदाम्बुज, पर चान्दक माला=द्वितीया के चन्द्र सी नख ज्योतिमती अवली। तरुन तमाल=श्रीकृष्ण के नीले पाँव। पढ़लि बीजुरि लता=विद्युल्लता[पीताम्बर]घेरे हुए। शाखा=बाहें-शिखर=छोर,अंगुलियों के छोर पर। सुधाकर पाँति=नख चन्द्र श्रेणी। अरुनिम=लाल (हथेली) बिम्बफल=लाल बिम्बा, ओष्ठ। कीर=शुक, नासिका। खञ्जन=पक्षी [नेत्र]। साँपिनि=सर्पिणी, शिखा। झाँपलमोर=मयूर पक्ष के मुकुट ने ढँक रखा है।

[४६१]

कि कहब हे सखि कानुक[१] रूप
के पतियायब[२] सपन सरूप॥
अभिनव जलधर सुन्दर देह।
पीत वसन परा[३] सौदामिनि[४] रेह॥
सामर झामर कुटिलहि[५] केस[६]।
काजरे[७] साजल मदन सुवेस[८]॥
जातकि केतकि कुसुम सुबास।
फुलसर[९] मनमथ तेजल तरास[१०]॥
विद्यापति कह की कहब आर।
सून करलि[११] बिहि मदन भँडार[१२]॥

शा० मि०; प० सं० १८

पाठभेद—

ब्र० न० सहाय (श्री राधिकाजी का पूर्वराग, प० सं० २) १ कानक ३-४ जनि दामिनि ७ काजर १० त्रास ११ कइल

न० गु० (प० सं५ ७) एवं मि० म० (प० सं० ६२९) शा० मि० सदृश (आकर **अज्ञात** निर्देश सहित)

सं० मन्तव्य—१ कान्हक २ पति**आ**एब ३-४ सउदामिनि ५-६ कुटिलँहि केश । ७ काजरें ८ सुवेश ६ फुलसरँ ११ कएल १२ भंडार

शब्दार्थ—के···सरूप=स्वप्न है या यथार्थ इसे कौन विश्वास करेगा, या स्वप्न तुल्य सौन्दर्य पर प्रतीति किसे होगी ? झामर=कजरारे कुञ्चित । फुलसरँ···तरास=भय (कृष्ण के अंगों में बसी जातकी, केतकी गंधोंके] से काम ने अपने पुष्पबाणों को हीन समझ त्याग दिया । सून···भंडार=कृष्ण स्वरूप के समक्ष विधाता ने कामदेव के शोभा भाण्डार को शून्यवत्, निरर्थक कर दिया है ।

अभिसार

[४६२]

मालवरागे—

कत अछ युवति[1] कलामति आने[2]
तोहि मानए[3] जनि दोसर पराने[4] ।
तुअ दरसन बिनु तिलाओ न जिबइ[5]
दारुण[6] मदन वेदन कत सहइ[7] ॥ ध्रु० ॥
सुन सुन[8] गुणमति[9] पुनमति रमणी[10]
न कर विलम्ब छोटि मधुरजनी ।
सामर अम्बर तनुक[11] रङ्गा
तिमिर मिलओ[12] ससि[13] तुलित तरङ्गा[14] ॥
सपुन सुधाकर आनन[15] तोरा[16]
पिउत अमिअ[17] हसि[18] चान्द[19] चकोरा[20] ॥
भनइ[21] विद्यापतीत्यादि[22] ॥

ने० पृ० ४, प० ९; पं०३

पाठभेद—

ब्र० न० सहाय (अभिसार, प० सं० १५) २ आन ३ मानय ४ परान ५ जिवई ७ सहई ६ गुनमति १० रमनी ११ तनु के १५ मिलउ १६ तोर २० चकोर (**भणितांश**) २१-२२ "भन बिद्यापति दूती भोरी । चेतन गोपय गोपति चोरी ॥"

न० गु० (प० सं० ८७) ५ जीवइ ६ दारुन ८ शुन शुन ९ गुनमति १० रमनी १३ शशी १७ अमिय

मि० म० (प० सं० २५८) १९ चान्द । ५, ६, ९, १०, १७ न० गु० सदृश ।

परि० पद० (प० सं० ९) १-२ जुवति ८ कलावति आने ९ गुनमति १० रमनी १३-१४ (क) ससि तलित तरङ्ग १८ हँसि

सं० मन्तव्य – १-२ जुवति कलाओति आने ५ जीवइ ११ अम्बरेँ तनुक १२ मिलओ १५ आनन

शब्दार्थ—कत अछ=कितनी ही हैं। साभर…तरङ्गा=नीले परिधान में तुम्हारा पीतवर्ण ऐसा लगेगा जैसे अंधकार में चन्द्रमा की किरण बिजली सी तरंगित हो। अथवा उनके (कृष्ण के) साँवले बादल से शरीर पर तू अपने पीतवर्ण को उसी तरह मिलाओ जैसे अंधकार में शशि की ज्योत्स्ना मिली पड़ी हो। सपुन=सम्पूर्ण।

[४६३]

मालवरागे—

हरिरिपुवरद[१] पत्र[२] गृह[३]रिपु
ता[४] हर काल हे
तासु भीमरुत विरहे बेआकुल
से सुनि हृदया[५] साल हे ॥ ध्रु० ॥

सुन सुन्दरि तेज मान करु गमने।
अनुदिन तनु खिनि तुहिन नही[६] जीनि
तुअ दरसने ता जीवने ॥

हरिरिपु असन ऐसन[७] वरगो[८] जिम[९]
मुञ्चसि, गोविजिम[१०] गोविना[११]।
करे कपोल गहि सोदति सुन्दरि
गोज[१२] मिलल ससिहि[१३] कला ॥

हरिरिपुनन्द प्रिया[१४] सहोदर
देह न ता[१५] सुअ कामिनी ॥
विद्यापतीत्यादि ॥

ने० पृ० ११, प० २७, पं० ३

पाठभेद—

→ने० प० के नीचे लिखित पाठान्तर—१० गोव्रज मे ११ गोविन्द १५ देति नहि हे

सु० झा० (प० सं० २७)—१ पए

मि० म० में यह पद नहीं है।

परि० पद० (प० सं० २७) पाठ ने० प० सदृश

सं० मन्तव्य—(ii) प्रस्तुत पद का पाठ स्पष्ट नहीं है विशेष कर अर्थ निकालने के सन्दर्भ में। अर्थ की चेष्टा में ही कुछ पाठभेद यहाँ मैंने रखा है यह अर्थ की चेष्टा मात्र है, इससे भिन्न अर्थ लिए देखें परि पद० भाग १ पृष्ठ ४२। (ii) १ वरह ३ गह ५ हृदआ ६ नदी ७ अइसन ८-९ वर गो जिमि १० गोवि जिमि १२ गोञ

शब्दार्थ—हरि रिपु=मान। हरह=हरण करो, दूर करो। पत्र गहरिपु=उसके शत्रु=प्रेम का पत्र ग्रहण कर, प्रसन्न हो प्रेम करो। ताहर काल हे=उसी का समय है। तासु=उसके (कृष्ण या नायक के) भीरुसत=भीमार्त्ति, करुण कुन्दन। विरहे=विरह से। हृदया साल=हृदय में चुभ रहा है, दुख दे रहा है। करुगमने=प्रयाण करो। तुहिन नदी जिनि=पाले की पसेव की क्षीण नदी से भी अधिक क्षीण। तुऊ…जीवने=उसका जीवन बस अब तुम्हारा दर्शन ही है, तुम्हारे दर्शन के अभाव में वह जीवित न रह सकेगा। हरि=चन्द्र-रिपु=राहु-प्रसन=अमृत। वर=श्रेष्ठ। गो=बोलने की शक्ति, वाणी। मज्चसि=छोड़ते हैं। कृष्ण अपनी अमृत जैसी वाणी में पुकारते हैं अथवा बोलने की शक्ति से रहित होते जा रहे हैं। गो विज में गोविना=गायों के वृज में गोविन्दकृष्ण। गो=आकाश, ज=बादल। गोज…ससिकला=बादलों से ढंकी हुई चन्द्रकला जैसी। हरि=पर्वत का नाम-रिपु=इन्द्र=नन्दअर्जुन-प्रिया=सुभद्रा-सहोदर=कृष्ण। दइ…कामिनी=हे कामिनी कृष्ण को सुख क्यों नहीं देती, सुखी क्यों नहीं करती।

[४६४]

मालव रागे—

चान्द बदनि धनि चान्द उगत जबे
दुहुक[१] उजोरे दुरहि सओ[२] लखत सबे।
चल गजगामिनि जाबे तरुण[३] तम
किम्बा[४] कर अभिसारहि[५] उपसम ॥ध्रु०॥
चान्द बदनि धनि रयनि[६] उजोरी[७]
कओने[८] परि गमन होएत सखि मोरी[९]।
तोहे[१०] परिजन परिमल दुरबार
दुर सञो[११] दुरजने लखब अभिसार॥

चौदिस[१२] चकित नयन[१३] तोर देह
तोहि लए जाइते मोहि सन्देह।
अगिरिअ[१४] एलाहु[१५] पर आएत काज
विफल भेले[१६] मोहि जाइते लाज॥
भनइ विद्यापतीत्यादि॥

ने० पृ० १२ क, प० २८, पं १

पाठभेद—

न० गु० (प० सं० २४४) २ सओ ३ तरुन ५ अभिसारहि ७ उजोरि ८ कओने ९ मोरि ११ सजो १४ आगरि १५ अएलाहु

मि० म० (प० सं० ३०४)—२ सयँ ११ सयँ। शेष न० गु० सदृश

सु० झा० (प० सं० २८)—१० तोहो

परि० पद० (प० सं० २८) २ सओ ३ तरुन ४ किवा ५ अभिसारहि ६ रअनि १२ चउिदिसि १३ नअन १४-१५ अँगिरि अएलहुँ १६ भेलें

सं० मन्तव्य– दुहुँक २ सञे ६ रअनि १० तोञे ११ सञे १२ चउदिस १३ नअन १४-१५ अँगिरिअ अएलेहुँ १६ भेलें

शब्दार्थ—दुहुँके=दोनों (चन्द्रमा एवं तुम्हारे चन्द्रमुख) के। लखत=देख लेगें। जावे=जब तक। तरुणतम=गाढ़ा अंधकार। उपसम=रोक देना। चान्दवदनि···मोरी=सूखी कहती है हे चन्द्र वदने तुमसे ही यह रात उजली हो रही है ऐसे में तुझे साथ लेकर मेरा जाना कैसे हो सकेगा। तोञे······दरवार= तुम्हारे शरीर का सौरभ तुम्हारे परिजने को परिचित है, यदि चाँदनी रात न भी हो तो भी तुम्हारे दर्वार परिकल से ही परिजन जान जाएंगे। अँगरिअ=स्वीकार कर। आएत=आधीत। विफल···लाज=असफल होकर जाने में मुझे लज्जा होगी।

[४६५]

हमरे वचने सखि सतत न जएबे[१]
तुहु[२] परिहरिहह[३] राति।
पढल गुनल सुग[४] बिराडे खाएब[५]
सब[६] दिस होएब[७] अकान्ति॥ ध्रु०॥
अलुरि[९] धरब[१०] हमर उपदेश।
बिरडा[११] नाम[१२] जते दुरे सूनिअ[१३]
हठे छाडब से देस॥

सारो आनि सेचानके सोपलह
देषितहि[१४] अपनी आखि[१५]।
सूध[१] मासु हाडहि[१७] सञो खएलक
केवल पखिआ[१८] राखि ॥
भमि भमि बिरडा[१९] सबहि[२०] निहारए
डरे नहि करए उकासी।
दही दुधहु[२१] सञो[२२] षएलक[२३]
गिरिहत[२४] पळल[२५] उपासी ॥
भनइ विद्यापतीत्यादि ॥
ने० पृ० १५ (क), प० ३७; प० ३

पाठभेद—

मि० म० (प० सं० ५६१)—१ लजए २-३ वेतहु परिहरि हुहु ४-६ अगरि बाड़े खाए बसब ७ होएत ८ सुकान्ति ९-१० अनु विध ११-१२ विरज नामे १३ सुनिञ १४ देखतहि १६-१७ सुधमा सुहाउहि १८ पखि आ १९ बिरउ २० सेवहि २१-२३ दूध कुसञो खएलक २४-२५ गिरि दुख पलल

सु० झा (प० सं० ३६) ७ होएत ६-१० अनु विवर १३ दुषे सुनिञ १४ देखतहि

परि० पद० (प० सं० ३६) १४ देखतहि १५ आखि २१-२३ दूध साँकर सञो खएलक

सं० मन्तव्य—१ जएबह २ तहुँ १४ देखतहिँ १५ आखि २१-२३ दूध साँकर सञो खएलक

शब्दार्थ—तहुँ······राति=उस पर भी रात को छोड़कर तो नहीं ही। सुग=सुग्गा। विराडे=बिलार। अलुरि=गुणहीन, अबोध। सारो=सारिका, मैना। सेचान के=बाज को। पखिआ=पंख। उकासी=खाँसी या ओ कासी=वह किसी का। गिरिहत=गृहस्थ, घर का स्वामी।

[४६६]

मालव रागे—

गुरुजन कहि दुरजन सञो[१] बारि
कौतुके[२] कुन्द[३] करसि फुल धालि[४]।
कैतवे[५] बारि सखीजन रङ्ग[६]
अह[७] अभिसार दूर[८] रति रङ्ग ॥ ध्रु० ॥

ए सखि वचन[९] करहि[१०] अवधान[११]
रात कि[१२] करति[१३] आरति[१३] समधान।
अन्धकूप सम रयनि[१४] विलास
चोरक मन जनि[१५] बसए तरास[१६]॥
हरषित[१७] होए[१८] लङ्का के राए
नागर[१९] की[२०] करत[२१] नागरि पाए॥
भनइ विद्यापतीत्यादि॥
ने० पृ० २१ (क) प० ५५; पं० १

पाठभेद—

राम० पु० (पृ० ११ (क), प० ३२, पं० २) ३ फूट ४ बालि ५ कइतवें ६ सङ्ग ९-११ सुमुखि वचन अनुमान १२-१३ रातुक रति १४ रअनि १५ जओ १७-१८ हरखित हो १९-२१ नागरे कि करब

न० गु० (प० सं० ३१३) ४ धारि ६ सङ्ग ८ पूर १६ बास २१ करति

ठाकुर (प० सं० ५) ३ फूटि

मि० म० (प० सं० ३३४) १ सयँ ४ धारि ५ कैतव ६ सङ्ग ७ ताह १७ हरसित २१ करति।

सु० झा० (प० सं० ५१) १२-१३ रति कि करति

परि० पद० (प० सं० ५२) २-४ कौतुकें करसि कुन्द फुल धारि ५ कइतवें ६ सङ्ग १२ रातुक रति १४ रअनि १५ जओ

सं० मन्तव्य—२ कउतुकें ४ धारि ५ कइतवें ६ सङ्ग ८ पूर १४ रअनि २० कि

शब्दार्थ—धारि=धारण कर। पूर=पूर्ण करता है। रात...समाधान=प्रेम लिप्सा वा समाधान रात क्या कर पाएगी। [क्योंकि पारस्परिक पर्यवेक्षण इसमें बाधित रहता है] लङ्का के राए=रावण या राक्षस, निशाचर। नागर...पाए=रात्रि में नागरी को पाकर नागर क्या करेगा। पूर्ण तृप्ति कहाँ कर पाएगा?

[४६७]

मालवरागे—

प्रथमहि[१] अलक तिलक[२] लेब साजि[३]
काजरे[४] चञ्चल लोचन आजि[५]।
वसने[६] जाएब हे आग सबे गोए[७]
दुरहि[८] र ब[९] ते[१०] अरथित होए[११]॥ ध्रु०॥

सुन्दरि[१२] प्रथमहि रहब लजाए[१३]
कुटिले[१४] नयने[१५] देब मदन जगाए[१६]।
झापब[१७] कुच दरसाओब आध[१८]
खने[१९] खने सुदृढ़ करब निबि बान्ध[२०]॥
मान[२१] कइए[२२] दरसाओब[२३] भाव[२४]
रस[२५] राखब ते[२६] पुनु पुनु आब[२७]।
सुन्दरि[२८] मञे[२९] कि सिखउबि सि[३०] आओर[३१] रङ्ग[३२]
अपनहि[३३] गुरु भए कहत अनङ्ग[३४]॥
भनइ[३५] विद्यापतीत्यादि[३६]॥

ने० पृ० २४ (क) प० ६८, प० ५

पाठभेद—

पदकल्पतरु (प० सं० ११२) आरंभ में अतिरिक्त चरण—"सुन सुन मुगधनि मझ[३७] उपदेस। हम[३८] सिखायब चरित विसेस।" १-३ पहिलहि अलका[३९] तिलका[४०] करि साज ४-५ बङ्किम लोचने[४१] काजर राज[४३]॥ ६-७ जाओबि[४४] बसन[४५] झापि सब अङ्ग। ८-११ दूरे[४६] रहबि जनु बात बिभङ्ग १२-१३ सजने[४७] पहिलहि निअरे[४८] ना जाबि १४-१६ कुटिल नयने[४९] धनि मदन जागाबि १७ १८ झापबि कुच दरसायबि कन्ध। १९-२० दृढ़ करि बान्धबि नीबिक[५०] बन्ध २१-२४ मान करबि कछु राखबि भाव २५-२७ राखबि रस जनु पुन पुन आव॥ २८ से ३६ पाठाभाव ३५-३६ के स्थान पर—भनइ विद्यापति प्रेमक[५१] भाव। जो गुनवन्त सोइ फल पाव॥

ब्र० न० सहाय (सखी शिक्षा, प० सं० ६) पाठ प० त० के अनुरूप, जिसमें पाठभेद है—२७ यह ३८ हम त ३९-४१ अलक तिलक कर ४२ लोचन ४३ आँज ४४-४५ जाईबि बसब ४६ दुर ४७ सजनी निअर ४९ नयन निबिहक ५१ प्रथमक।

न० गु० (प० स० १३०) ४-५ चञ्चल लोचन काजरे आँजि ६-७ जाएब बसने आङ्गलेब गाए ८-१० दूरहि रहब तें ११-१३ मोरे बोल सजनी रहब लजाए १४ कुटिल १७ झापब १८ कन्त १९-२० दृढ़ कए बाँधबि निबिहुक अन्त २२-२३ कइए किछु दरसब २६ तें २८ पाठाभाव २९ हमे ३० सिखओबि ३१ अओर से। ३५-३६ 'भनइ विद्यापति इ रस गाव। नागर कामिनि भाव बुझाव॥'

बेनीपुरी (प० सं० ६२) ४ चंचल ६ बस आँग सब १२ मोड़ि बदम सखि १८ आध १९-२० खन खन सुदृढ़ करब निवि बाँध २२ करब ३०-३२ सिखाओब रग ३४ अनंग ३५ सुकवि .... नागरि ...। शेष न० गु० सदृश

मि० म० (प० सं २७०) न० गु० के सदृश पाठ; पादटिप्पणी में ने० प० के कुछ पाठभेद। तथा प० सं० ६६९ पर पदकल्पतरु का पाठ।

सु० झा (प० स० ६२) ९-१० वरते

पारि० पद० (प० सं० ६३) ४ काजरें ६-७ जाएब वसने आँग सबे गोए ९-१० रहब तञे १४-१५ कुटिल नञने १७ झाँपब २६ तञे २८ पाठाभाव २९ मोञ ३० सिखाउबि। अन्त में न० गु० की भणिता।

सं० मन्तव्य—(i) प्रस्तुत पद के प० त० पाठभेद से स्पष्ट है कि मिथिला या नेपाल के प्रचलित पद बंगाल में किस प्रकार भिन्न रूप में ढाल दिए गए हैं तथा उनमें आगे – पीछे अतिरिक्त चरण भी जोड़ दिये गए हैं। प्रस्तुत पद के दोनों रूपों के भीतरी साम्य पर यदि ध्यान न दें तो ऊपर से वे भिन्न ही प्रतीत होते हैं। (ii) १ प्रथमहिँ ४ काजरें अङ्ग सबे ९-१० रहब तञे १४-१५ कुटिल नञने १७ झाँपब २८-३० मोञे कि सिखाओबि

शब्दार्थ—अलक-तिलक=केश विन्यास एवं पत्र-रचना की बिन्दी आदि शृङ्गार। गोए=छिपाकर। तञे अरथित=तू अभिप्राय लिए हुए। तें अरथित=इससे वह अभिलाष युक्त। रस राखब=रतिरम्य भाव बचाए रखना। गुरु...अनङ्ग=कामदेव स्वयं गुरु बनकर सब कुछ तुम्हारे कानों में कह देगा।

[४६८]

धनछीरागे—

अपनहि नागरि अपनहि दूत[1]
से अभिसार न जान बहूत।
की फल तेसर[2] कान जनाए[3]
आनब नागर नयने[4] बझाए॥ध्रु०॥
ए सखि रखिहिसि[5] अपुनक[6] लाज
परक दुआरे[7] करह जनु काज।
परक दुआरे[7] करिअ जञो[8] काज
अनुदिने[9] अनुखने[10] पाइअ लाज॥
दुहु दिस एक[11] सञो[12] होइक विरोध
तकरा[13] बजइते[14] कतए[15] निरोध॥
भनइ विद्यापतीत्यादि॥

ने० पृ० २६ क, प० ७१, पं० ५

पाठभेद—

ब्र० न० सहाय (अभिसार, प० सं० ४) १ दुति २ तीसर ३ जनाय ४ नयन ५ राखसि ७ दुआर ८ जो ९ अनुदिन १० अनुछन ११ यक १३ सो १४ ते कर १५ कतय

न० गु० (प० सं १३१) राखहिसि ९ अनुदिन

मि० म० (प० सं० २४८) ५ राखहिसि ६ अपनक १२ सयँ १४ बजइत

सु० झा० (प० सं० ६५) पाठभेद नहीं ।

परि० पद० (प० सं० ६६) ४ नअने ५ रखिहसि ७ दुआरें

सं० मन्तव्य—४ आनब नागर नअने ५ रखिहसि ७ दुआरें १३ तकराँ

शब्दार्थ—नअने बझाय=आँखों के जाल में फँसाकर। जओ=यदि। दुहु……निरोध=पराये द्वार पर संगम होने से उभय पक्ष में [नागर-नागरी] में एक जैसा विरोध बढ़ता है क्योंकि उस पराए व्यक्ति की जबान पर प्रतिबन्ध कहाँ होता है ?

[४६९]

धनछीरागे—

ओ परबालभु[1] तञे[2] परनारि
हमे[3] पए[4] दुहु दिस भेलिहु आरि[6] ।
तोह[7] हुनि दरसन ई[8] हम लाग
तत कए सुमुखि[9] जैसन[10] तोर भाग ॥ध्रु०॥
अभिसारिनि[12] तञे[13] सुभ कर साज
ततमत करइते[14] न होअए[15] काज ।
काज के कारणे[16] आगु के आह
अपन अपन भल सबे[17] केओ चाह ॥
भनइ विद्यापति दूती से
इ[18] मन मेलि कराबए जे ॥

ने० पृ० २८, प० ७७, पं० १

पाठभेद—

रागतरङ्गिणी (पृष्ठ ७८-७९) राग—सरस आसावरी। आरंभ में ५ वाँ एवं ६ठाँ चरण; १२-१३ चल चल सुन्दरि १५ नहि होए। तदनन्तर ४ भिन्न चरण, जिसका पाठ है→ 'गुरुजन परिजन डर कर[19] दूर। बिनु साहसें[20] सिधि आस न पूर ॥ बिनु जपलें[21] सिधि केओ नहि पाब। बिनु गेलें घर निधि नहि आव॥" तब पहले से चौथे चरण हैं १ परबल्लभ २ तोहें ३६ हम पए मधुँ[22] दुहु दिस गारि ७ तोहँ हुन्हि ९ देखिअ १०-११ जेहन तुअ। ७-८ चरणों का पाठ नहीं हैं। भणिता के स्थान पर पाठ है—भनइ विद्यापति सुन वरनार। जे अगिरिअ[23] ताँ न गुनिअ गारि ॥

ग्रियर्सन (प० सं० २५) के केवल आरँभिक दो चरण इस पद के पाँचवे-छठें चरण मे मिलते हैं (जिनमें भी पाठभेद है—१२-१३ चल-चल सुन्दरी १४ करैति १५ होए) शेष आठ चरण सर्वथा भिन्न हैं।

न० गु० (प० सं० २३७) रागतरङ्गिणी के अनुरूप। २ तोहिं ८ इह ९ देखिय १४ करइत १९ करु २० साहस २१ जपले २३ अंङ्कीरिय; पाठभेद सहित।

मि० म० (प० सं० ३११) ५ मेलिहु हुहु ८ पाठाभाव १६ करिले १८ इमन रे तथा (प० सं० ३०६) पर रागतरंगिणी के अनुरूप पाठ।

सु० झा० (प० सं० ७१) १८ इम नारी।

परि० पद० (प० स० ७२) २ तोञे ७ तोँह हुनि १० जइसन १५-१८ होअ दुइ २० साहसेँ २१ जपलेँ २२ मधथ २३ अङ्गिरिअ। शेष रागतरङ्गिणी सदृश।

सं० मन्तव्य—७ तोँह १० जइसन १८ दुइ और रा० त० के अतिरिक्त चरणों में २० साहसेँ २३ अङ्गिरिअ

शब्दार्थ—परबालभु=दूसरे का प्रियतम। आरि=आरी, किनारा दोनो को जोड़ता है, माध्यम। ई हम लाग=मेरे लिए इतना ही है, मेरा कर्त्तव्य। ततमत=तारतम्य, ननु न च। आगु के आह=आगे कौन है, ? काम के आगे कोई किसी को नहीं गिनता।

[४७०]

धनछीरागे—

एके मधुयामिनि[1] सुपुरुष[2] सङ्ग
आइति[3] न करिअ[4] आसा भङ्ग।
मञे कि सिखउबि[6] हे[7] तोहहि[8] सुबोध
अपन काज होअ पर अनुरोध ॥ध्रु०॥
चल चल सुन्दरि चल[9] अभिसार
अवसर लाख लहए उपकार।
तरतमे नहि किछु सम्भव काज
आसा दए तोहे मने नहि लाज ॥
पिआ[10] गुणगाहक[11] तञे गुणगेह[12]
सुपुरुष वचन पषनाक[14] रेह ॥
भनइ विद्यापतीत्यादि ॥

ने० पृ० ३१, प० ८५, प०४

पाठभेद—

न० गु०—(प० सं० २३९) ५ की ८ तोहदि ११-१३ गुनगाहक तजे गुनगेह

मि० म० (प० सं० ३०८) १ मधुजामिनि २ सुपुरुख ५ की ११ गुनगाहक १३ गुनगेह १४ पासानक

सु० झा० (प० सं० ७९) ६-७ सिखाउबि

परि० पद० (प० सं० ८०) ३ आइत ४ करिअए ५-७ मोञ कि सिखाउबि ९ कर ११ गुनगाहक १२ तोञ १३ गुनगेह

सं० मन्तव्य—६-७ सिखाउबि ११ गुनगाहक १३ गुनगेह

शब्दार्थ—आइति=अधीन, जिसने अपने को तुम्हारे भरोसे छोड़ दिया है। अपन…अनुरोध= काम तो अपना होगा, ऊपर से कहने को हो जाएगा कि दूसरे के अनुरोध की रक्षा की।

[४७१]

धनछीरागे—

कत खन वचन विलासे
सुपुरुष[1] राखिअ आसे[2] पासे[3]।
आबे हमे गेलिहु[4] फेदाई
अथिरक आतर[5] मधथ लजाइ[6] ॥ध्रु०॥
बोलि बिसरलह रामा
सखि अस चौलि हे[7] कह कत[8] ठामा।
पर[9] वित्ते[10] पति[11] न रह रङ्गे
कुसुमित कानन मधुकर सङ्गे॥
समय[12] खेपसि कति भाँति[13]
बडि[14] छोटि भेलि मधुमासक राति[15]॥
भनइ विद्यापतीत्यादि॥

ने० पृ० ४६ (क), प०१३८, पं० १

पाठभेद—

न० गु० (प० सं० ४४७) १ सुपुरुख २ आशा ६ लजाई ७-८ बोलि है कत कत ९ पाठाभाव १०-११ विपते १३ भाँती १५ राती।

मि० म०—(प० सं० ४३३) ६ लजाई ७ बोलिहे ९-११ पादटिप्पणी में ने० प० का तथा मूल में न० गु० का पाठ दिया है। १३ भाँति १४ बड़ि १५ राती

सु० झा० (प० सं० १२८) ६ लजाई ७ बौलिहे १०-११ विपते

परि० पद० (प० सं० १२९) ४ गेलिहुँ ५ आँतर ६ लजाई १० पाठाभाव १२ समअ

सं० मन्तव्य– २ आशा ४ गेलिहुँ ५ आँतर ६ लजाई ७ चउलि १२ समअ

शब्दार्थ—आशापासे=आशा जाल में फँसाकर। फेदाई=थक गई। अथिरक=अपनी बात पर दृढ़ न रहने वाला। आन्तर=बीच। मधथ=मध्यस्थ। चउलि=चुगली। पर…रङ्गे=पराई संपत्ति और पराए …पति पर रंग [प्रभाव] नहीं रहता। कुसुमित—सङ्गे=भ्रमर का साथ कानन के पुष्पित होने तक ही मिलता है।

[४७२]

कानल रागे—

चरण[१] नूपुर[२] उपर[३] सारी। मुखर मेखल[४] करे[५] निबारी[६]।
अम्बरे[७] समरि[८] देह झपाइ[९]। चलहि तिमिर पथ[१०] समाइ[११] ॥
समुद कुमुद[१२] रभस[१३] रसी[१४]। अबहि उगत कुगत[१५] ससी।
आएल चाहिअ सुमुखि[१६] तोरा[१७]। पिसुन लोचन[१८] भम चकोरा[१९] ॥
अलक[२०] तिलक[२१] न कर[२२] राधे। आङ्ग[२३] विलेपन करहि[२४] बाधे।
तञे[२५] अनुरागिणि[२६] ओ[२७] अनुरागी। दूषण[२८] लागत[२९] भूषण[३०] लागी ॥
भने[३१] विद्यापति सरस कवि[३२]। नृपति कुल सरोरुह रवि[४०] ॥

ने० पृ० ६३, प० १७८, पं० २

पाठभेद—

रा० पु० (पृ० १२?, प० ४१५; पं० २) चरण क्रम—उपर्युक्त पद के चरण इसमें क्रमशः ६, ७, ४, ५, १, २ सरे चरणों पर आए हैं इनके अतिरिक्त ३ सरा अतिरिक्त चरण है—'चल चल तञे[३३] चेतन साई[३४]। आसे पिआसल जाबे[३५] कन्हायी[३६]।" तथा भणिता (३१—४०) अंश भी भिन्न है—" भन विद्यापति युवति रिती। मधुर जानि कर परत (रीती)[३७] ॥ राजा रूपनराएन[३८] जान। सुखे सुखमा देवि[६८] रमान ॥" शेष भेद—२ नेपुर ४ मेखर ६ नेबारी ७-८ अम्बर सामर ९ नुकाई ११ समाई १३ लुबुध १५ लबुध १६-१७ तरुणि तोर १८ नयन १९ चकोर २०-२२ करहि अलक तिलक २३ अङ्ग २४ न कर २६ अनुरागिनि २७ से २८-३० भूषन होएत दूखन

न० गु० (प० सं० २४३) १ चरन २ ऊपर १२ कुसुम २३ अङ्गे २५-२६ तजे अनुरागिनि ३२ कवी ४० रवी

बेनीपुरी (प० सं० ११७) ३ उपर सारि ६ निवारि ९ झपाई ११ समाई २३ आंग २४ करिहु । फिर अधिक चरण 'कुसुम कानन कालिन्दि तीर । तहाँ चलि आओल गोकुल बीर ।" २५ तएँ २८ भूषण ३० दूषण । शेष न० गु० सदृश ।

ठाकुर (प० सं० ८४) ७ अगुर २० करहिं सुन्दरि २२ कर बाधे २६""लि ३५ जनु । शेष राम० प० सदृश

मि० म० (प० सं० ३२०) ८ सामर ९ झपाई ११ समाई १३ कुसुम १४ बसी २३ अङ्गे २५-२६ तयँ अनुरागिनि । पुनः (प० सं० १०२) पर राम० पु० का पाठ; जिसमें भेद है—७ अमुर ९ नुकाइ ११ समाइ २० करहि सुन्दरि २३ कर बाधे २४ कर २५-२६ तअे"'लि २८ भूषण ३३ तअे ३४ साइ ३५ जनु ३७ परतीती

सु० झा— (प० सं० १६२) ८ सामरि १० पथ (हि) १९ भम (ए) चकोरा २ करब

परि० पद० (प० सं० १६४)—१ चरन ३ ऊपर ५ करें ७ ८ अम्बरें सामरि १० पन्थ २६ अनुरागिनि २८ भूषण ३० दूषण ३१ मनइ

सं० मल्लव—६ झपाई ७ ८ पथे समाई १३ रमसेँ १७ तोर १९ चकोर २३ अङ्गे २८ दूषन ३० भूषन ३१ कन्हाई ३७ परतीती ३८ खागरावेन ३९ देउ । शेष परि० पद० सदृश ।

शब्दार्थ—नूपुर मेखल=बजती हुई करधनी। निवारी=हटाकर। समुद्र=प्रसन्न, प्रफुल्ल। कुगत=बुरी चालवाला, बदचलन। रसी=रसिक। चाहल चाहिए=प्रार्थित होने को उत्सुक हैं। अङ्गे=तुम्हारे सहज सुन्दर देह पर। दूषण"'लागी=आभूषण यदि तुम्हारी देह पर लगे तो देह-सौन्दर्य दूषित हो जाएगा।

[४७३]

कोलार रागे—

प्रणयि[१] मनमथ करहि[२] पाएत
मनक पाछे देह जाएत।
भूमि कमलिनि गगन सूर।
प्रेम पन्था कतए दूर॥ ध्रु०॥
बाधा न करहि रामा।
पुर विलासिनि पिअतम[३] कामा।

वदने[४] जोनि[५] कहु करसि मन्दा
लग न आओत लाजे[६] चन्दा।
तेहि[७] संकिअ[८] पथ उजोर
गमन तिमिरहि होएत तोर॥
काज संशय[९] हृदय[१०] बङ्का
कत न उपजाए विरह शङ्का[११]।
सबहि सुन्दरि[१२] साहस सार
तोहि[१३] तेजि के करए पार॥
सकल अभिमत[१४] सिद्धिदायक[१५]
रूपे[१६] अभिनव कुसुमसायक[१७]।
राए सिवसिंह[१८] रस अधार
सरस कह कवि कण्ठहार॥

ने० पृ० ७६, प० २१३. पं० २

पाठभेद—

न० गु० (प० सं० २४५) ४ वदन ५ जिनि ८ सङ्किय ११ सङ्का १३ तेहि १४ अभिसार।

मि० म० (प० सं० ९३) १ प्रणमि ३ पि:तम ७-८ ताहि सङ्किय ९ संसय ११ सङ्का १२ सुन्दरी १८ सिवसिंघ

सु० झा० (प० सं० १९३) १ प्रणमि ८ सङ्काजे १० हृदय (क)

परि० पद० (प० सं० १९४) ६ लाजें ८ न संकिअ ९ संसअ १० हृदअ ११ सङ्का

सं० मन्तव्य—१५ सिद्धिदाअक १७ कुसुमसाअक। शेष परि० पद० सदृश।

शब्दार्थ—प्रणयि···पाएत=कामदेव ज्यों ही तुम्हें अनुरागिणी बना पाएगा। पन्था=मार्ग। पुर=पूर्ण करो। कामा=कामना। जोनि···मन्दा=जीतकर हतप्रभ बना दिया है। न संकिय=शङ्का मत करो। के=कौन। कुसुमसाअक=कामदेवता।

[४७४]

विभासरागे—

कामिनि[१] वदन[२] बेकत जनु[३] करिहह[४]
चौदिसि[५] होएत उजोरे।

चान्दक[६] भरये अमिअ[७] लालच[८]
जैठ[९] कए[१०] जाएत चकोर[११] ॥ ध्रु० ॥
सुन्दरि तुरित[१२] चलहि[१३] अभिसारे[१४]।
अबहि[१५] उगत ससि तिमिरे[१६] तेजब[१७] निसि
उसरत मदन पसारे[१८] ॥
मधुरे[१९] वचने[२०] भरमहु[२१] जनु बाजह
सौरभे[२२] जानत[२३] आने[२४]।
पङ्कज लोभे[२५] भमरे भमि[२६] आओव
करब[२७] अधर मधु पाने[२८] ॥
मञो[२९] रसभाविनि[३०] मधु के जामिनि
आएल[३१] चाहिअ निज[३२] गेहा[३३] ॥
भनइ[३४] विद्यापतीत्यादि[३५] ॥

ने० पृ० ९५ (क), प० २६२, पं० १

पाठभेद—

तालपत्र (न० गु० प० सं० २२७) १-२ वदन कामिनि हे ३-४ न करबे ५ चउदिस ६ चाँदक ७-८ अमिय रस लालचे ९ ऐंठ १२-१३ तोरित चलिय १९-२० अमिय वचन २३ बुझत २६ चलि २७ करत २९-३० तोहें रसकामिनि ३१-३३ गेल चाहिय पिय सेबे। राजा सिवसिंह रूपनरायन, कवि अभिनव जयदेवे।"

राम० पु० (पृ० ८३, प० ३०६, पं० ३) १-२ वदन कामिनि रे ५ चउदिस होएं उजोर ८ रस लालस ९ अनिठ ११ चकोर १३ चलहिं १४ अभिसार १५ अबहिं १६-१७ तिमिर तेजत १८ पसार १९-२० मधुर वचन २१ भरमहुँ २४ आन २५-२६ भरमे ममरें भमि २७ करत २८ पान २९ तञे। इसके बाद प्रति खण्डित है जिससे लगभग ५० पृष्ठ अनुपलब्ध हैं।

ठाकुर (प० सं० ५०) रा० पु० सदृश+न० गु० की सी भणिता

मि० म० (प० सं० ९८) न० गु०, ताल० के अनुरूप पाठ। ने० प० के पाठभेद टिप्पणी में।

सु० झा० (प० सं० २४१) १९ मधुरे। शेष ने० प० सदृश।

परि० पद० (प० सं० २४२) ५ चउदिस ८ रस लालसें ९ अनिठ १५-१७

अबहिँ उगत ससि तिमिर तेजत निसि १६-२१ मधुर बचन भरमहुँ २४ वाने २५ भरमे २६-३५ न० गु० सदृश ।

सं० मन्तव्य—५ चउदिस ८ लालसेँ ६ अजिठ १५ अबहिँ २१ भरमहुँ २२ सउरभेँ २३-२४ जानब आने २५ भरमेँ

शब्दार्थ—बेकत=व्यक्त,उघाड़ । अजिठ=जूठा । तिमिरे…निसि=रात्रि अंधेरेपन को खो बैठेगी । उसरत=उखड़ जाएगा । पसारे=प्रसार, दूकान दौरी । सौरभे…आने=तुम्हारी पद्म-गन्ध से ही दूसरे पहचान लेंगे यही डर है, उस पर अब बोलो तो भूलकर भी नहीं । भजे…गेहा=इन खण्डित चरणों का भाव संभवतः यह रहा होगा—नायक ने दूती से कहला भेजा होगा कि—"हे रसवन्ती ऐसी दशा में इस मधुयामिनी स्वयं तुम्हारे घर आना चाहता हूँ किन्तु……?" या यदि न० गु० की भणिता लें तो—"हे रसकामिनी तुम्हें प्रिय की सेवा में पहुंचना चाहिए ।" किन्तु ने० प० में अर्थ-गाम्भीर्य अधिक अनुमित होता है ।

[४७५]

चल चल सुन्दरि हरि अभिसार
जामिनि उचित करह[२] सिङ्गार ।
जैसन[३] रजनि[४] उजोरल चन्द
ऐसन[५] वेस[६] भुसन[७] करु बन्ध ॥
ए धनि भाविनि कि कहब तोय[८]
निचय[९] नागर तुया[१०] बस होय[११] ।
तुहु रस नागरि नागर रसवन्त
तुरित चलह धनि कुञ्जक अन्त ॥
एकल कुञ्जबने आकुल कान
विद्यापति कह करह पयान[१२] ॥

कीर्त्तनानन्द, प० सं० २६१

पाठभेद—

न० गु० (प० सं० २४१) तथा **मि० म०** (प० सं० ६३५) पाठ उपर्युक्त सदृश ।

सं० मन्तव्य—२ करहु ३-४ जइसन रजनि ५-७ तइसन वेष भुषन ८ तोञे ९ निसचए १० तुअ ११ होए १२ पआन ।

शब्दार्थ—जैसन…बन्ध=जिस प्रकार चन्द्र ने रात्रिको ज्योत्स्नायुक्त कर दिया है उसी के अनुरूप शुक्लाभिसारिका का वेष विन्यास धारण करो । निसचए=निश्चयही । एकल…अकेले । पआन=प्रयाण ।

[४७६]

अहिरानी—

सहज सुन्दर लोचन सीमा
काजर अन्जने न कर भीमा।
तिलक दए मृगमद मसी
वदन सरिस न कर ससी[१] ॥ ध्रु० ॥
चलहिं सुन्दरि तेजि बेआज
सुकृते[२] मिल सुपहु[३] समाज।
पसर सौरभ[४] की अङ्गरागे
उभअ मन जदि अनुरागे॥
परिहर सखि केर रङ्ग[५]
मुखर सुजन कहा[६] सङ्ग।
सरस कवि विद्यापति गावे
मनक पाहुन मदन धावे॥
रूपनराएन[७] ई रस जाने
रानि[८] लखिमा देवि रमाने॥

राम० पृ० ११, प० ३५, पं० ३

पाठभेद—

ठाकुर (प० सं० ७)—संग
मि० म० (प० सं० ९६) १ शशी २ सुकृते ३ सुपन्थ ८ राणि
परि० पद० (राम० प० सं० ८) ६ कहाँ ७ रूपनाराजेन
सं० मन्तव्य—४ साउरभ ७ रूपनाराजेन

शब्दार्थ—सुन्दर…सीमा=आँखें सौन्दर्य की चरम सीमा तक रमणीय हैं। भीमा=भयंकर। मृगमद मसी=कस्तूरी की बिन्दिया। सुकृतें=पुण्य प्रताप से। की अङ्गरागे=अंगराग लगाने की क्या आवश्यकता? मुखर=वाचाल, या मुरख=अबोध।

[४७७]

वसन्त—

कुसुमधूरि मलआनिल[१] पूरित[२]
कोकिल[३] कल[४] सहारे[५]।

हारि पुरब[६] परिपाटि हराएल[७]
आने चलल बेबहारे ॥ ध्रु० ॥
साजनि[८] जानि ले तन्त[९] ।
सिसिरे[१०] महीपति दापे[११] चापि कहुँ[१२]
राजा भेल वसन्त[१३] ॥
मनमथ तन्त अन्त धरि पढिकए[१४]
अवसरँ भेलिसि[१५] अआनी[१६] ।
आजुक,[१७] दिवस काल, नहि पइअए[१८]
जौवन[१९] बन्ध छुट पानी ॥

रामा० पृ० १४, प० ४५, पं० ५

पाठभेद—

राम० पु० पर ही पुनः (प० सं० ३९४)—२ पुरलि ३ कोकिले ४-५ कबलु सहारे ६ पुरुब ७ पराएल ८ मानिनि ९ तन्तू १० सिसिर ११ दापे १२ लेल १३ बसन्तू १४ पढलए १६ आनी १७-१८ अवसर गेल बहुरि नहि आवए

ठाकुर (प० सं० १७) ५ सहकारे १५-१६ भेलि सआनी

मि० म० (प० सं० ८०७) १ मलयानिल ५ सहकारे १४ पढ़िकए १५-१६ भेलि सआनि

परि० पद० (राम० प० स० १७) १६ अजानी

सं० मन्तव्य - (i) इस पद की अन्तिम चार पंक्तियाँ ने० प० के प० सं० २८३ से मिलती हैं ।—देखें प्रस्तुत संस्करण प० सं० १४२ (ii) १६ अजानी १९ जउवन ५ सहकारे

शब्दार्थ—कुसुमधूरि=पराग । सहकारे=आम । पुरब=पहले की । दापे=दर्प से, जबरदस्ती ।

[४७८]

धनछी—

का[१] छिउ[२] क[३] छिअ[४] ई[५] बडि[६] लाज
बिनु नञ्चले[७] न छुटए काज ।
का[८] छिअ[९] जेहे रहाइअ[१०] सेह
तबे से मिलए दुलभ नेह ॥ ध्रु० ॥
साजनि झाटे[११] कर अभिसार
चोरी प्रेम संसारेरि सार ।

किछु न गुनब पथक सङ्का
सिनी पलल बैरि कलङ्का ॥
तोर गतागत जीवन मोर
आसा[१२] पलल कन्हाई[१३] तोर।
तन्हि पठओलाहुँ[१४] तोहर ठाम
दाहिन वचन बोलह[१५] वाम ॥
तइओ तन्हिकि तहिँ पिआरि
दूती कए लए जनि सिआरि।
नागरि हसलि दूती हेरि
टूटल बोलब मञो[१६] कत बेरि ॥
भन[१७] विद्यापति ई[१८] रस जानि[१९]
रानि लखिमा देवि[२०] रमान ॥

राम० पृ० १९ (क), प० ५८, पं० १

पाठभेद—

ठाकुर (प० सं० १९) १-२ काछिड़ ३-४ काछिअ ५ इ ६ बड़ि ८-९ काछिअ १० बहाइअ १५ पाठाभाव

मि० म० (प० सं० ८६) १० झाँटे १३ कन्हाइ १४ पटओ लाहुँ १६ मअे १८ इ

परि० पद० (राम० प० सं० २०) १५बोलह (जनु) १६ मोञ १७ मन (इ) १९ जान

सं० मन्तव्य—८ काछिअ ११ झाटएँ १९ जान २० देइ

शब्दार्थ—का छिउ=क्या थी। छिअ=हो। नच्चले=नाचने, काम करने। झाटएँ=शीघ्रता से। काछिअ…सेह=जो समीप में रहता है वही। से मिलए=वह मिलता है। सिनी पलल=अमावश्या में पड़ गया है। गतागत=आवागमन। दाहिन…वाम=अनुकूल वचन के स्थान पर भले ही प्रतिकूल बोलो। दूती…सिआरि=दूती को सिआरी तुल्य कर दिया है, अपने पास दौड़ाते-दौड़ाते परेशान कर दिया है। टूटल…बेरी=कितनी बार टूटी बात कहूँगी, कितनी बार अस्वीकार करूँगी ?

[४७९]

बराली—

धाराधर जञो बरिसओ[१] सार
तेहि रअनि[२] दिवस अन्धार[३]।
निकटहु काहु नही केओ देख
एखने काज के करत[४] विसेख ॥ ध्रु० ॥

साजनि[५] कर अभिसारक[६] साज
दिनहि[७] समागम सपजओ[८] काज[९]।
गुरुजन दुरजन[१०] डर कर दूर
बिनु साहसे आसा[११] नहिं पूर॥
एहि संसार सार बधु सेह[१२]
तिला एक मेलि[१३] जाब जिव नेह॥

रा० पु० २६ क, प० ८७, पं १

पाठभेद—

तालपत्र (न० गु० प० सं० ३१२) भी इसी पद का किञ्चित् परिवर्तित रूप है केवल उसके आरंभ में चार भिन्न चरण है "राहु मेघ भए गरसल सूर। पथ परिचए दिवसहि भेल दूर॥ नहि बरिसए अवसर नहि होए। पुर परिजन सञ्चर नहि कोए॥" इसके बाद के ६ चरण प्रस्तुत पद के अन्तिम ६ चरणों से मिलते हैं जिनमें पाठभेद है :—५-६ चल चल सुन्दरि कर गए ७ दिवस ८ सपजत ९ आज १० परिजन ११ अभिमत १२ एह १३ सङ्गम। और अन्त में भणिता 'भनइ विद्यापति कवि कण्ठहार। कोटिहु न घट दिवस अभिसार।"

परि० पद० (राम० प० स० ३७) १ वरिसए २ रजनि (सम) ३ अन्धर

सं० मन्तव्य—(i) २-३ रजनि सयं मिल अन्धार ४ करए ५ सँपजओ ६ आश (ii) यद्यपि रा० पु० का पद अधिक प्रामाणिक एवं भावपूर्ण है किन्तु तालपत्र का पाठ ही विभिन्न प्रतियों में अधिक गृहीत हुआ है। जो ग्रियर्सन (प० सं० १९) ब्र० न० सहाय (अभिसार, प० सं० ८) न० गु० (प० सं० ३१२) बेनीपुरी (प० सं० १२२) और मि० म० (प० सं० ३०७) पर बहुत थोड़े पाठभेद से प्रकाशित हुआ है। (iii) इस पद के ५, ७ और ८ वें चरण थोड़े पाठभेद से रागतरङ्गिणी (पृ० ७८ ग्रियर्सन (प० सं० २५) न० गु० (प० सं० २३७,) (प्रस्तुत संस्करण प० सं० ४६९) के क्रमशः १, ३ और ४ थे चरण से मिलते हैं। चरण मेल की इस प्रक्रिया को हमने प०सं० ४६९ के नीचे भी संकेतित किया है। (iv) विद्यापति के कई पदों में कई-कई दूसरे पदों की पंक्तियों का मिश्रण देख ऐसा लगता है उनके दो-तीन पदों से कुछ पंक्तियाँ लेकर या किसी एक पद की पंक्तियों के आगे पीछे कुछ और पंक्तियाँ जोड़कर भी कुछ स्वतन्त्र पद बाद में बना दिए गए हैं।

शब्दार्थ—धाराधार=बादल। सार=लोहा। बादल लोहे सी मूसलाधार वर्षा कर रहा है। तेहि…अन्धार=इसी से दिन रात की भाँति अन्धकाराच्छन्न हो गया है। एतो…बिसेख=विशेष कर इस

समय ऐसा (अभिसार) कार्य कौन करता है ? अतः किसी शङ्का भी नहीं होगी। संपजओ=सम्पन्न हो जाए। बथु=वस्तु। तिला……नेह=तिल भर भी मेल हो जाए तो जीवन पर्यन्त प्रेम बना रहता है।

[४८०]

बामा नअन[१] फुरन आरम्भ। पुलक मुकुले[२] पूरल कुचकुम्भ॥
नीवी निविल[३] सँसर[४] ते[५] बीधि। सगुने[६] सूचि[७] हलु[८] साहस सीधि॥ध्रु०॥
चल चल सुन्दरि न कर बेआज। मदने महासिधि पाउबि[९] आज॥
बिलम्ब न कर अङ्गिरहिं[१०] अभिसार। हठें[११] पए फाब[१२] अकामिक[१३] बाल[१४]॥
ताहि तरुनि काँ कओन तरङ्ग। जकराँ[१५] मदन महीपति सङ्ग॥
विद्यापति कवि कहए विचारि। पुनमन्त[१६] पाबए गुनमति[१७] नारि॥

राम० पृ० ५०, प०-०, पं ४

पाठभेद—

ठाकुर (प० सं० ४२) ७-८ सुचिहलु ६ पाओबि १२-१४ फारए कामिक बाण

मि० म० (प० सं० ३०६) १ नयन ४-५ सँसरते ६ सगुणे ९ पाओबि १० अङ्गरहि ११ हटें १५ जकरा १६ पुणमन्त। शेष ठाकुर सदृश।

परि० पद० (राम० प० सं० ५१) १ नअन २ मुकुलें ३ निविळ

सं० मन्तव्य – १ नअन २ मुकुलें ३ निविळ ४-५ सँरसतें ९ पाओबि

शब्दार्थ—फुरन=स्फुरण, फरकना। निविल=घना, बसा हुआ। सँसरते=खिसकते हुए। बीधि=प्रकार या बाँधो। सगुने=शकुन से। अकामिक=अकस्मात्, काम कला से हीन। तरङ्ग=दुबिधा, चिन्ता।

[४८१]

मलारी—

नूपुर[१] रसना परिहरि[२] देह
पीत बसन हे युवति[३] पिधि[४] लेह।
सिथिल विलम्बे[५] होएत ऊपहास[६]
गए नहि होएते[७] कान्हक पास॥ ध्रु० ॥
गमन करह सखि वल्लभ गेह
पूरत[८] अभिमत सकल सिनेह[९]।
कुङ्कमे[१०] तओन[११] पसाहहि[१२] देह[१३]
नयन[१४] युगल[१५] भय[१६] काजर रेह॥

अबहि उदित[१७] होत[१८] तम पिबि[१९] चन्द
जानि पिसुन जने[२०] बोलब मन्द।
भनइ विद्यापनि सुन[२१] वरनारि
अभिनव नागर रूपे[२२] मुरारि॥
रूपनराएन[२३] एहु रस जान
राए सिवसिंह लखिमा दे[२४] रमान[२५]॥

राम० पृ० ११५ (क), प० ४००; पं० २

पाठभेद—

न० गु० (प० सं० २४०, ताल०) २ परिहर ३ जुवति ६ हास ७ नहि गए होएते ८-९ अभिमत होएत इथि न सन्देह १०-११ कुङ्कुम पङ्के १४-१६ नअन जुगल तव १७-१८ उगत १९ पिबिकहु २० जन २३-२५ पाठाभाव

ठाकुर (प० सं० ७०) १ नूपुर ६ (उप) हास १६ सुनु २४ देवि

मि० म० (प० सं० ९०) न० गु० सदृश। पादटिप्पणी में रा० पु० का पाठ।

परि० पद० (राम० प० सं० ७७) ३ जुवति ४ पिन्धि ५ विलम्बे ११ तओन १४ नअन १५ जुगल १६ भए २३ रूपे २३ रूपनराओन

सं० मन्तव्य—४ पिन्हि ५ विलम्बे ६ उपहास ७ होएत १०-११ कुङ्कुम पङ्के १४-१६ नअन जुगल दिअ २२ रूपे २३ रूपनराओन २४ देइ

शब्दार्थ—रसना=करधनी। परिहरि देह=मत पहनो, छोड़ दो। गए=जाना। कुङ्कुम पङ्के=कुङ्कुम तथा घिसे चन्दन से। रेह=रेखा। पिसुन जन=निन्दक, चुगलखोर।

[४८२]

श्रीमालव—

यदि[१] तोरा नहि खन नहि अवकास[२]
परकें[३] जतनें[४] ककें[५] देल बिसवास।
विसवास दए[६] कके[७] सुतह निचीत
चारि पहर राति भमत सुचीत॥
कर जोरि पैआ[८] परि कहबि विनती
बिसरि न हलबिए पुरुब पिरिती[९]।
प्रथम पहर राति रभसें[१०] बहला
दोसर पहर परिजन निंद[११] गेला॥

नींद[१२] तिरुपइतें[१३] भेलि[१४] अधराति
तखने[१५] उगल चाँदा[१६] परम कुजाति।
भनइ[१७] विद्यापति तखनुक भाव
जेहे[१८] पुनमत सेहे[१९] जन पए[२०] पाव॥

रागतरङ्गिणी, पृ० १६

पाठभेद—

न० गु० (प० सं० २७४ मैथिल पोथी) १ जदि २ अवकाश ३-५ परके जतने कते ६ कइ ८ पँइया १० रमसे ११ निन्द १२-१४ निन्द निरुपइत १५ तावत १६ चन्दा १७ भनहि १८ जेहि १९ सेह २० पय

मि० म० (प० सं० ३२४) २ अवकास ४ जतन १४ भेल १९ से। शेष न० गु० सदृश। टिप्पणी में रा० त० के पाठभेद।

परि० पद० (राग० प० सं० १६) १ जदि ३ परके ४ जतने ५ कके ८ पइआ ११ रमसे १३ निरुपइते १६ चन्दा

सं० मन्तव्य—१ जदि ३-५ परके जतने ८ पइआ ९ पिरीती १० रभसें १३ निरुपइते १६ चन्दा

शब्दार्थ—खन=क्षण भर का भी समय। परके=दूसरे को। जतने=यत्न, सावधानी पूर्वक। भमत सुचीत=सावधानी पूर्वक घूमता रहता है। कर···परि=नायिका कहती है कि प्रिय से हाथ जोड़ और पाँव पड़कर। बिसरि न हलबिए=भुलाएँ मत। रभसे=बात-चीत के आमोद में। निरुपइते=निरुपण करते, अनुमानकर निश्चित करते।

[४८३]

सिन्धुलासावरी—

आज पुनिमाँ[१] तिथि जानि मोञे[२] ऐलिहुँ[३]
उचित तोहर अभिसार।
देह जोति ससि किरन[४] समाइति
के बिभिनाबए[५] पार॥ ध्रु०॥
सुन्दरी अपनहुँ[६] हृदय बिचार[७]।
तोहें[१०] जनु तिमिर हीत कए[११] मानह
आनन[१२] तोर तिमिरारि।
सहज[१३] विरोध दूरे[१४] परिहर बनि[१५]
चल[१६] उठि जतए[१७] मुरारि॥

दूती वचन हीत कए[११] मानल
चालक भेल[१८] पचवान[१९]।
हरि अभिसार चलिलि वर कामिनि
विद्यापति कवि भान॥

रा० त०, पृ० ७६

पाठभेद—

ब्र० न० सहाय (अभिसार, प० सं० ३) १ पुनिमा २-३ मो ऐलिहु ५ विभिनावय ६ अपनहु ७ बिचारि। सुन्दरि···विचार। 'के अनन्तर अधिक चरण है—'

"आंख पसारि जगत हम देखलि के जग तुअ[८] सनि[९] नारि।" १० तोँहँ ११ कय १२ आनन १४ दुरे १५ धनि १६ चलु १७ जतय १८-१९ भेल पँचवान बर

न० गु० (प० स० ३१०) १ पुनिमा २ मोये ३ ऐलछि ४ किरण ६ अपनहु ७ विचारि (८ आँखि ९ सम। शेष० ब्र० न० सहाय सदृश अधिक अंश) ११ कय १२ आनन १३ सहस १४ दूर १५ धनि १७ जतय

मि० म० (प० सं० ३३५) ३ ऐलिहु ४ किरन ७ विचार १० तोहें जनु ११ कर १६ पँचबान। शेष न० गु० सदृश

परि० पद० (राग, प० सं० २१) ३ अइलिहुँ ८ आखि १६ पंचबान। १, ७, ८, ९, १४ ओर १५ न० गु० सदृश

सं० मन्तव्य—(i) पाँचवे चरण के बाद छूट प्रतीत होती है अतएव ब्र० न० सहाय एवं न० गु० में आए अधिक चरण ग्राह्य हैं। (ii) १ पुनिमा २ अएलिहुँ ७ बिचारि ८ आखि १० तोअे १५ धनि १९ पंचबान।

शब्दार्थ—देह···समाइति=तुम्हारे शरीर की प्रभा-किरण चन्द्रमा की किरणो में मिल जाएगी। विभिनावए=विभिन्न, अलग करना। हीत=हितैषी, अनुकूल। सहज विरोध दूरे=स्वाभाविक बैर (चन्द्रमा से रूपलावण्यगत) छोड़ दो और चाँदनी रात को ही अपने अभिसार के योग्य समझो।

[४८४]

अपना[१] काज कओन[२] नहि[३] बन्ध।
के न करए[४] निअ पति अनुबन्ध॥
अपन अपन हित सब केओ चाह
से सुपुरुष[५] जे कर निरबाह[६]॥

साजनि ताक[७] जिवन थिक सार
जे मन दए कर पर उपकार।
आरति अरतल आबए पास
अछइते[८] बथु नहि करिअ उदास[९]॥
से पुनु अनतहु[१०] गेले पाब
अपना मन पए रह पचताब।
भनइ विद्यापति दैन[११] न भाख
बड़ अनुरोध बड़े पए राख।

ताल०, न० गु०, प० सं० ८५

पाठभेद—

ग्रियर्सन—(प० सं० ३) १ अप्पन ३ नहिँ ४ करय ६ निबाह ८-९ अछइते वस्तु न करिअ निरास

मि० म० (प० सं० २६१)—५ सुपुरुस

परि० पद० (त०, प० सं० २८)—२ कओन १० अनतहु

सं० मन्तव्य—२ कओन ३ नहि ७ ताकँ १० अनतहु ११ दइन

शब्दार्थ—कओन नहि बन्ध=कौन नहीं बंधा रहता है, अथवा कोई बाधा बन्धन नहीं होता ताकँ=उसका। अरतल=आर्त्त, दुःखी। दइन…दीनता।

[४८५]

हेरतहि[१] दोठि चिन्हसि हरि गोरी।
चान्द[२] किरन जइसे लुबुधि चकोरी।
हरि बड़ चेतन तोरि बड़ि कला।
तेसर न जानए दुइ मन मेला॥
मोञे तञो भाव लागी भल दुजना।
मनसिज सर सन्धान तरुना॥
जीवन माह जउवन[३] दिन चारी।
तथिहि[४] सकल रस अनुभव नारी॥
भनइ विद्यापति बुझ रसमन्त[५]।
राए अरजुन कमला देवि[६] कन्त[७]॥

ताल, न० गु० ९९

पाठभेद—

मि० म० (प० सं० २०७)—२ चाँद ३ जौवन ५ ६ देइ

परि० पद० (त०, प० सं० २३१) – १ हेरतहिँ २ चाँद ४ तथिहिँ ५ रसमन्ता ७ कन्ता।

सं० मन्तव्य—१ हेरतहिँ ४ तथिहिँ ६ देइ

शब्दार्थ—हेरतहिँ=देखते ही। लुबुधि=मुग्धा। बड़ि कला=विशिष्ट कलावती। तेसर…मेला=कोई तीसरा तुम दोनों के प्रेम को नहीं जान पाता। मोज…दुजना=मुझे तो तुम दोनो का प्रेम अच्छा लगता है। तरुना=युवक को। राए अरजुन=राजा शिवसिंह के चचेरे भाई (देवसिंह के भाई त्रिपुर सिंह के पुत्र)

[४८६]

प्रथम पहर निसि जाउ।
निअ निअ मन्दिर सुजन समाउ॥
तम मदिरा पिबि मन्दा।
अबहि माति उगि जाएत चन्दा॥
सुन्दरि चलु अभिसारे।
रस सिंगार सँसारक सारे॥
ओतए अछए पिआ आसे।
एतए बेढल गिम मनमथ पासे॥
साहसे साहिय[१] असाधे।
तिला एक कठिन पहिल अपराधे॥
से सामर तोजे[२] गोरी।
बीजुरि[३] बलाहक लागत[४] चोरी[५]॥
हसि[६] आलिङ्गन देखी[७]।
मन भरि जुवति जनम[८] सुख लेसी॥
सबे[९] सङ्का कर दूरे।
कामिनि कन्त मनोरथ पूरे॥
भनइ[१०] विद्यापति भाने।
राए सिवसिंह[११] लखिमा देवि[१२] रमाने॥

ताल, न० गु०, प० सं० २४२,

पाठभेद—

मि० म० (प० सं० १००) १ साहिअ २ तोजे ४ लागति ७ देसी ८ जनक ९ सब १० सिवसिंघ

परि० पद० (त०, प० सं० ७६)—१ साहिअ २ तोजे ३ बिजुरि ५ जोरी ६ हँसि ७ देसी १० सुकबि १२ दे

सं० मन्तव्य—१२ देइ। शेष परि० पद० सदृश।

शब्दार्थ—जाउ=जाए, बीत रहा है। समाउ=समाए, छिप रहे हैं। माति=प्रमत्त होकर। उगि जाएत=उग जाएगा। आसे=आशा में। साहिग्र=साधते हैं। बिजुरि-वलाहक=स्वर्णिम बिजली और नीले बादल सी। जोरी=जोडी। देसी=दो। पूरे=पूर्ण करती है।

[४८७]

मालवरागे—

बारिस जामिनि कोमल कामिनि
दारुन[१] अति अन्धकार[२]।
पथ[३] निशाचर[४] सहसे[५] सञ्चर[६]
घन[७] पर[८] जलधार ॥ ध्रु० ॥
माधव प्रथम नेहे[९] से भीती[१०]।
गए[११] अपनहि[१२] से अविलोकिअ[१३]
करिअ[१४] तैसनि[१५] रीती[१६] ॥
अति भयाउनि[१७] आतर[१८] जउनि[१९]
कैसे[२०] कए[२१] आउति पार।
सुरत रस सुचेतन बालभु[२२]
ता पति सबे[२३] असार ॥
एत गुनि[२४] मने[२५] विमुख सुमुखि[२६]
तोह मने[२७] नहि[२८] लाज।
कतए[२९] देषल[३०] मधु[३१] अपने
जा[३२] मधुकर[३३] समाज ॥

ने० पृ० १, प० २, पं० ५

पाठभेद—

ब्र० नं० सहाय (अभिसार, प० सं० २) १ दारुन २ अँधिकार ३-६ पँथ ७ निसाचर सहस संचर ८ परे ९ नेह १० मीत ११-१२ गय अपनेहि १५-१६ तइसन रीत १७-१९ मयावनि नाद जलमय २१ पाठाभाव २२ बालमु २३ सबै २४ सुन २६ सुमुखी २७-२८ तोहर मन नहिं ३०-३१ कतय देखल मधू ३२-३३ जाय सु मधुप

न० गु० (प० सं० २३५)—१ निदारुण १० मीत ११ गय १३ सेअ विलोकिय १४ करिय १६ रीति १९ जउनि २० कइसे २४ सुनि २६ सुमुखो ३० देखल

मि० म० (प० सं० ३२७)—१ दारुन ४ निसाचर १० मीति १३ सेअ विलोकिअ १६ रीति १७ मयाउनि १९ जउनि २० कइसे २४-२५ शुनि मन २६ सुमुखी ३० देखल

सु० झा (प० सं० २) ७-८ घन तर १३ अवलोकिअ

परि० पद० (प० सं० २) ४ निसाचर ६ संचर ८ तर १० मीति १३ अवलोकिअ १५ तइसन १६ रीति १७ भआउनि १८ आँतर २० कइसे ३० देखल

सं० मन्तव्य—१ दारुन ४ ४ निसाचर १२ अपनहिं १३ अवलोकिअ १५ तइसन १७ भआउनि १८ आँतर २० कइसे २३ सबए ३० देखल

शब्दार्थ—बारिस=बरसात की। घन पर=अत्यन्त धनी पड़ती है। नेहे=प्रीति में। आँतर जउनि=जमुना नदी का अन्तर। ता पति=उसके लिए। बिमुख सुमुखि=सुवदना से विमुख हो। कतए=कहाँ पर। जा=जाता है।

[४८८]

मालवरागे—

कुसुमे रचित सेजा दीप रहल तेजा
परिमल अगर चन्दने।
जबे जबे तुअ मेरा निफले बहलि बेरा
तबे तबे पीडलि[1] मदने॥ ध्रु०॥
माधव तोरि राही वासकसज्जा।
चरण[2] सबद[3] चौदिसि[4] आपए काने
पिआ[5] लोभे परिनति लजा॥
सुनिअ[6] सुजन नामे अवधि न चूकए[7] ठामे
जनि वन पसेर[8] लहरी[9]।

से तुअ गमन आसे निन्द न आबे[१०] पासे
लोचन लागल देहरी।
भने विद्यापतीत्यादि ॥

नेo पृo ७, पo १७, पंo २

पाठभेद—

नo गुo (पo संo ३०६) ३ सबद जाने ६ सुनिअ ७ चुकए ८-९ पइसल हरी

मिo मo (पo संo ३५३) १ पीड़लि २ चरन ५ पिया ६ सुनिअ ७ चुकए ८-९ पसेरल हरी

सुo झाo (पo संo १७) ३ सबद भाने १० आबए

परिo पदo (पo संo १७)३ सबद भाने ४ चउदिस

संo मन्तव्य—३ सबद माने ४ चउदिस ७ चुकए १० आबए

शब्दार्थ—रहल वेजा=परित्यक्त ही रहा। वासक सजा=वासकसज्जा नायिका। सबद भाने=शब्द के अनुमान से। आपए=अर्पित करती है, सावधान हो सुनती है। परिनति लजा=परिणाम लज्जामय ही होता है। पसेर लहरी=अग्नि की लहर फैलती है।

[४८६]

सूहव—

केतकि कुसुम आनि विरचि विविध बानि
चौदिसि साजल साला।
घृत मधु दुध[१] दए[२] नेतें[३] वाती कए
चौदिसँ[४] देलक दिपमाला[५] ॥ ध्रुo ॥
माधव सबे काज अइलहुँ साही।
गुरु गुरुजन डरें[६] पुछिओ न पुछलक[७]
सङ्केत कएलक सुन ताही ॥
तरनि अन्त[८] गेल[९] चान्द उदित भेल
अति ऊजरि[१०] निसा देखी।
गगन नखत लाथें[११] लिहलक निञ[१२] हाथें
स्वर[१३] सञो[१४] ससधार रेखी ॥

रामo पृo २३, पo ७९, पंo ३

पाठभेद—

ठाकुर—(प० सं० ३०)—५ जिपमाला ७ अस्त भेल ९ निहलक निअ

मि० म० (प० सं० ८१२) १-३ दुधए नेते ४ चौदिस ५ जिपमाला ६ डर ७ पुच्छलक ८-९ अस्त भेल १० उंजरि ११ लाखें १२ निअ १३-१४ सुरसओ

परि० पद० (राम० प० सं० ३५) पाठभेद नहीं।

सं० मन्तव्य—४ चउदिसें १३ खर

शब्दार्थ—बानि=बाना, प्रकार, भङ्गिमा। साला=शाला, घर। नेतें=रेशम की। साही=सजाकर। पुछिओ न पुछलक=पूछ कर भी नहीं पूछा, वाणी से इस प्रकार नहीं पूछा कि सभी जान जाएँ और अपना अभिप्रेत पूछ भी लिया। सङ्केत···ताहीं=अपनी ओर से जो संकेत किया, उसे सुनो। तरनि=सूर्य। गगन···रेखी=तिनके से हाथ पर आकाश और नक्षत्र बनाया तथा शशि की कला अंकित की अर्थात् शशि की कितनी कला [कितने घड़ी रात्रि] व्यतीत हो जाने पर उसका आगमन होगा उसे रेखा खींचकर समझा दिया।

[४९०]

बारि विलासिनि आनबि काँहा[1]।
तोंहि[2] कान्ह बरु जासि ताँहा[3]॥
प्रथम नेह अतिभिति[4] राही।
कते जतने कते मेराउबि ताही॥
जा पति सुरत मने असार।
से कइसे आउति जमुना पार॥
पथहुँ कण्टक जाह[5] बिसूर।
चरन कोमल पथ बिदूर॥
अति भआउनि निविलि[6] राति।
कइसे अंगीरति[7] जीवन साति॥
एत गुनि मने ताहि तरास।
मधू[8] न[9] आब[10] मधुकर[11] पास॥
पाइअ ठाम बइसले न[12] नोधि।
जे कर साहस ता[13] हो सीधि॥

भन[14] विद्यापति सुन[15] मुरारि।
　　बेरस पललि[16] अछ[17] से नारि[18]॥
नृप सिवसिंह इ[19] रस जान।
　　रानि लखिमा[20] देवि[21] रमान॥

ताल; न० गु०, प० सं० २३४

पाठभेद—

मि० म० (प० सं० ८५) २ तोंहि ७ अँगीरति २० लखीमा

परि० पद० (त०, प० सं० ७४) १ काहाँ ३ ताहाँ ४ अतिभीति ५ जाहि ६ निविळ ८-११ मधु नहि आवए मधुकर १२ नहि १४ भनइ १५ सुनह १६ पळलि १७ अछ (ए) १८ तरनारि १९ ई

सं० मन्तव्य—२ तोजे ७ अङ्गिरति ८ मधु १३ ते १७ अछए २१ देइ। शेष परि० पद० सदृश।

शब्दार्थ—अतिभीति=अत्यन्त डरी हुई। असार=सार हीन। विसूर=रुलाता है। विदूर=कठिनाई भरा, दूर। साति=दण्ड। तरास=डर। वेरस=रस हीन, प्रेम भाव-प्रबोध।

[४९१]

माधव सुमुखि मनोरथ पूर।
　　तुअ गुने लुबुधि आइलि एति[1] दूर॥
जे घर बाहर होइतें[2] फेदाए।
　　साहस तकर कहए नहि जाए॥
पथ पीछर[3] एक रयनि[4] अन्धार।
　　कुच जुग कलसे[5] जमुना भेलि पार॥
वारिद बरिस सकल महि पूल।
　　सह सह चउदिस विसधर[6] बूल॥
न गुनलि एहनि[7] भयाउनि[8] राति।
　　जीवहु चाहि अधिक की साति॥
भनइ विद्यापति दुहु[9] मन बोध।
　　कमल न बिकस भमर अनुरोध॥

ताल; न० गु०, प० सं० ५२०

पाठभेद—

मि० म० (प० सं० ४४४)—१ एत २ होइतें

परि० पद० (त०, प० सं० १६४) २ होइतें ३ पीछड़ ४ रजनि ५ कलसें ६ विषधर ७ अइसनि ८ भभाजुनि

सं० मन्तव्य—२ होइतें ४ रजनि ५ कलशें ८ मभाउनि ८ तुहु

शब्दार्थ—फेदाए=थक जाती है। तकर=उसका। कलसें=घड़े [को औंधा कर उसके बल पर तैरने में सुविधा होती है।] के सहारे। सह-सह=सहस्र, हजारों। बुल=घूम रहे हैं। तुह मन बोध=तुम मन लगाकर सोच लो। कमल···अनुरोध=भ्रमर के कहने पर ही कमल नहीं खिल जाता, अतः खिले कमल का तिरस्कार करना भ्रमर के लिए पटुता नहीं है।

[४९२]

माधव करिअ सुमुखि समधाने।
तुअ अभिसार कएल[1] जत सुन्दरि
कामिनि करए[2] के आने[3]॥
बरिस[4] पयोधर[5] धरनि वारि भर
रयनि[6] महाभय भीमा।
तइओ[7] चललि धनि तुअ गुन मने[8] गुनि
तसु साहस नहि सीमा॥
देखि भवन भिति लिखल भुजगपति[9]
जसु मने[8] परम तरासे।
से सुवदनि करे[10] झपइते[11] फनि मनि
बिहुसि[12] आइलि तुअ[13] पासे॥
निअ पहु परिहरि संतरि[14] बिखम नरि[15]
अँगिरि[16] महाकुल[17] गारी।
तुअ अनुराग मधुर मदे[18] मातलि
किछु न गुनल[19] वरनारी॥
इ[20] रस रसिक विनोदक विन्दक
सुकवि[21] विद्यापति गावे।
काम पेम[22] दुहु एकमत भए[23] रहु
कखने की न करावे॥

ताल, न० गु०, प० सं० ५२१

पाठभेद—

ग्रियसन—(प० सं० ७) ११ झपइत १६ आँगरि १८ मदे

ब्र० न० सहाय—(अभिसार; प० सं० ५) १ कयलि २ कए ४ बरिसि ७ तइओ ८ मन ९ भुजँगपति १० कर ११ झपइति १३ तुव १४-१५ अइलि कमल मुखि १६-१७ परिहरि निअकुल १८ मद २० ई २१ कवि २२ प्रेम २३ भय

बेनीपुरी (प० सं० १२१) ७ तइओ ९ भुजंग पति १४ सन्तरि

मि० म०—(प० सं० ३३२) ग्रियर्सन सदृश।

परि० पद० – (त०, प० सं० १६५) आने ६ रअनि १० करें १२ बिहुँसि १८ मदें १९ गुनलि २० ई

सं० मन्तव्य—३ आने ५ पओधर ६ रअनि ९ भुजंगपति १० करें १२ बिहुँसि १६ अङ्गिरि १८ मदें २० ई

शब्दार्थ—समधाने=समाधान, मनोकामना पूर्ण करके। के आने=कौन दूसरी कामिनी। भय भीमा=भीषण भयङ्कर। गुनि=सोच बिचार कर। भिति=दीवाल पर। झपइते=ढँकते हुए, जिससे कि प्रकाश में कोई देख न ले। अङ्गिरि=स्वीकार कर। गुनल=परवाह की। बिन्दक=ममज्ञ।

[४९३]

प्रथमहि दूति पढ़ायलि[१] आखि[२]।
दोयजहि[३] मन्द हासि भेल साखि॥
तेयजहि[४] पूरल पुलकित देह।
बङ्क नयने[५] हरि बुझाये[६] सेह॥
कामिनी कोरे परसायल[७] हाथ।
पुन पुन केश उताँरये[८] माथ॥
ताहे जानल हो[१०] निशि[११] आन्धियार[११]।
आपन कान्ह करब अभिसार॥
भनये[१२] विद्यापति इह रस जान।
सिंह भूपति लछिमा परमान॥

पंडित बाबाजी की पोथी, प० सं० १०४

पाठभेद

मि० म० (प० सं० ८७) उपर्युक्त सदृश

सं० मन्तव्य—१-२ पढ़ाओलि आँखि ३ दोसरहिँ ४ तेसरहिँ ५ नअने ६ बुझाबए ७ परसाओल ८ उतारए ९-११ हो निसि अँधियार १२ मनइ

शब्दार्थ—पढ़ाओलि आँखि=आँखों के संकेत से समझाया। उतारए माथ=सर से केश राशि बार बार उतारती है--गाढ़ा अन्धकार होने का संकेत। ताहे=उस [संकेत] से।

[४९४]

मालव रागे—

अगमने प्रेम[१] गमने कुल जाएत
चिन्ता पङ्क लागलि करिणी[२]।
मञो[३] अबला दह दिस[४] भमि झाखञो[५]
जनि व्याध[६] डरे[७] भीरु[८] हरिणी[९] ॥ ध्रु० ॥
चन्दा दुरजन गमन विरोधक[१०]
उगल गमन भरि[११] वैरि मोरा[१२] ॥
कुहु[१३] भरमे पथ पद आरोपल
आए तुलाएल पञ्चदशी[१४]।
हरि अभिसार मार उदबेजक[१५]
कञोने[१६] निबारब कुगत ससी[१७] ॥
भनइ विद्यापतीत्यादि ॥

ने० पृ० १० (क), पं० २३, पं० २

पाठभेद—

न० गु० (प० सं० २८८) २ करिनी ९ हरिनी १० विरोधी ११ भरि नखत (१२ के बाद अतिरिक्त पाठ→केपहु आन[१८] परबोधी) १३ कुहू १७ शशी

मि० म० (प० सं० ३१७) १ प्रेमकु ४ दिसिझा ५ झाखओँ १४ पञ्चदसी १५ कओन। २,९, १३ और १२ के बाद के अतिरिक्त अंश न० गु० सदृश।

सु० झा० (प० सं० २३) १३ कुहू

परि० पद० (प० सं० २३) १ पेम २ करिनी ३ मोञे ५ झाँखञो ६ बेआध ७ डरेँ ८ भिरु ९ हरिनी १० विरोधी (११ आन) १४ पञ्चदसी। अधिक अंश न० गु० सदृश।

सं० मन्तव्य— १ पेम ४ दिसेँ ५ झाँखञो ७ डरेँ ११-१२ भरि मोर बइरी। १४ पञ्चदसी १५ उदबेढ़क

शब्दार्थ—करिणी=हथिनी, गजगामनी। तुलाएल पञ्चदसी=पूर्णिमा आ प्रगट हुई। उदबेदक=उद्विग्न करने वाला।

[४९५]

अहिरानी रागे—

आज मञे[1] हरि समागम[2] जाएब[3]
कथ[4] मनोरथ भेल।
घर गुरुजन नीन्द[5] निरुपैते[6]
चन्दाञे[7] उदय[8] देल ॥ ध्रु० ॥
चन्दा कठिन[9] तोहर[10] रीति।
ञोहि[11] मति तोहि[12] कलङ्क लागल
तैअओ[13] न मानसि[14] भीति ॥
जगत नागरि मुह[15] जिनइते[16]
गेला हे गगन हारि।
ततहु[17] राहु गरास पळाह[18]
देब तोहि[19] की गारि ॥
एके मासे[20] तोहि[21] बिहि सिरिजए[22]
कतन[23] जतन बले[24]।
दोसर दिना रहए[25] न पारह[26]
तही[27] पापक फले[28] ॥
भनइ[29] विद्यापतीत्यादि[30] ॥

ने० पृ० ५७ प०१६१, पं० १

पाठभेद—

न० गु० (प० सं० २८७ ताल०,)—१-३ मोञे जाएब हरि समागमे ४ कत ५-६ निन्द निरुपइते ७ चन्दाए ९-१० भलि नहि तुअ ११ एहि १२ तोहँ १३-१४ किछु न गुनह १५-१६ मुखे जिनला हे १७ ताहाँहु १८ पड़ला १९ तोह २०-२२ मास बिहि तोह सिरीजए २३-२४ दए सकलेओ बल २५-२६ पुर न रहसि २७ एही २८ फल २९-३४ भन विद्यापति शुन[30] तोञ[31] जुवति[32] चाँन्दक[33] न कर[34] साति। दिन सोड़ह[35] चाँदक[33] आइति ताहि तर[36] भलि राति[37] ॥

बेनीपुरी (प० सं० १११) १ मएँ ७ चान्द १२ तोहि १३ तैओ १७ ततहु १९ तोहि २८ फले ३० सुनह ३३-३४ न कर चाँदक ३५ सोरह ३६ पर। शेष न०गु० सदृश।

मि० म० (प० सं० ३१८) १ मोय २ समागम ६ निरुपइत ७ चन्द १२ तोहे

१५-१६ मुख जितल जब १७ तहँओं १९ तोह कि २१-२२ तोहि सिरिजए २५-२६ पुन पुर न रहसी ३१-३२ तोयँ जुवती ३३-३४ न कर चाँदक ३५ सोरह ३६ पर। शेष न० गु० सदृश। पादटिप्पणी में ने० प० का पाठभेद।

सु० झा० (प० सं० १४८)—९-१० मलि नहि तुअ १५ मुखें २१ : तोहि २२ सिरजए २५-२६ पूर न रहसि २७ ओही

परि० पद० (प० सं० १५०) १ मोञ १३ तइअओ १५ मुखें २४ बलें २५-२६ दिन पुनु पुर न रहसि २८ फलें ३० सुन ३१-३२ तोञ जुबति ३३-३४ चान्दक न कर ३५ सोलह ३६ पर। २-३, ४, ५-६, ९-१०, १६, २१-२२, २७ एवं शेष भणिता न० गु० सदृश।

सं० मन्तव्य—२ समागमे ४ कत ५-६ निन्द निरुपते ८ उदअ १२ तोञ्ञे १३ तइअओ १५ मुखें १७ ततहुँ २१ तोञ्ञे २४ बलें २७ तेही २८ फलें

शब्दार्थ—समागम=मिलन हेतु। कत=कितना अधिक। निरुपइते=जोहते, अनुमान लगाते। ओहि=इसी। भीति=डर। मुखें जिनइते=मुख से जीत लिए जाने से। जतन बलें=प्रयत्न और शक्ति लगा कर। तेही=उसी।

[४९६]

विभासरागे—

सुरुज सिन्दुर विन्दु चान्दने[१] लिहए[२] इन्दु
तिथि कहि गेल तिलके।
विपरित अभिसार अमित्र[३] गलए[४] धार[५]
अङ्कुस[६] कएल अलके[७] ॥ध्रु०॥
माधव[८] भेटलि पसाहन[९] बेरी।
आदर हरलक[१०] पुछिओ न पुछलक[११]
चतुर सखी जन[१२] मेली[१३] ॥
केतकि दल लए[१४] चम्पक दल[१५] दए
कबरी[१६] थोएलक[१७] आनी[१८]।
चन्दने[१९] कुङ्कुमे[२०] अङ्गरुचि[२१] कएलक[२२]
समय[२३] निवेद सयानी[२४] ॥
भनइ[२५] विद्यापतीत्यादि[२६] ॥

ने० पृ० ९५ (क), प० २६१, पं० १

पाठभेद—

रागतरङ्गिणी (पृ० ८५) राग—रम्या भीमपलासी, ३-५ बरिस अमिल धार ७ तिके ८ हे माधव ९ पसाहुनि ११-१२ पाठाभाव १३ मेरी १५ फुलदय १६ कवरी १७ फोए-लक १९-२२ मृगमद कुंकुमे अगरुचित लओलक २३ समए २४ सयाँनी २५-३३ भनइ विद्यापति सुन[२६] वरजौवति[२७] कुहु[२८] नीकट[२९] परमाने। राजा शिवसिंह[३०] रूपनराएन[३१] लखिमा देवि[३२] रमने[३३] ॥

न० गु० (प० सं० २४८ ताल०)—१ चाँदने २ लिखए ३-४ अमिय बरिस ९ भेटल पसाहुनि १० हेरलक १३ मेरी १४ दए १५ फुल लए १६ कबरिहि १९-२० मृगमद कुंकुम। फिर रा० त० सी भणिता, जिसमें—२६-२७ सुनह अमयमति २८-२९ कुहू निकट ३० सिवसिंह ३३ रमाने

मि० म० (प० सं० ८८)—२९ निकट परिमाने ३० सिवसिंघ। न० गु० सदृश

सु० झा० (प० सं० २४०) ६ अङ्कुस। शेष ने० प० सदृश।

परि० पद०— (प० सं० २४१) ३-५ बरिस अमिल धार ६ अङ्कुस ९ पसाहुनि २३ मेरी १५ फुल दए १८ आनी १९ मृगमद २२ लओलक २३ समअ २४ सआनी ३१ रूप-नराञेन। शेष भणिता न० गु० सदृश।

सं० मन्तव्य—३-४ गरए अमिअ ९ पसाहुनि० १३ मेरी १५ फुल दए १८ आनी २३ समअ २४ सआनी २७ वरजउवति २८-२९ कुहू निकट ३०-३१ सिवसिंह रूपनाञेन ३२ देइ रमाने।

शब्दार्थ—तिथि···तिलके=तिलक रचना से तिथि बता दी अर्थात् निर्दिष्ट तिथि जितने तिलक बिन्दु लगाए अथवा सूर्य-चन्द्र के अंकन से उनकी एक राशि के दिन, अर्थात् अमावश्या की सूचना दी या दिए गए बिन्दुओं जितनी तिथि के सूर्य-चन्द्र के मिलन काल 'संध्या' को सूचित किया। अंकुस कएल=अंकुश बनाया, आह्वान अथवा वशवर्त्ती होने के सूचनार्थ। केतकि···आनी=केतकी के लम्बे पत्ते लेकर लम्बे समय बाद, देर से, चम्पे का फूल जूड़े में खोंसकर=गाढ़ी कजरारी रात में जब चम्पा फूलती है। चन्दने···सआनी= चन्दन से या कस्तूरी से एक बार अंगराग लगाकर पुनः कुंकुम का प्रसाधन कर, दो बार की चेष्टा से दो पहर रात बीतने का निवेदन चतुर नायिका ने किया।

[४९७]

बराली—

सगरिउ[१] रअनि[२] चान्दमअ[३] हेरि
मने मने धनि पुलकलि कत बेरि।

कालि दिवस सञो होएत अन्धार[४]
अपने मने[५] हे[६] करब हे अभिसार ॥ ध्रु० ॥
सखि मञे[७] कि कहब हृदअ[८] जत रास[९]
अपनेहि[१०] निधि आइलि जनि पास ।
एकरूप[११] रह जुग बहि जाए
तें गुन[१२] गौरवे[१३] एहे उपाए ॥
खण्डि[१४] निसाकर गरसओ राहु
हो नहि दुख विरही जन काहु ॥
विद्यापति भन सुन[१५] वरनारि
अवसर जानि[१६] मिलत मुरारि ।
राजा रूपनराएन[१७] जान
राए सिवसिंह लखिमा दे[१८] रमान ॥

राम० पृ० ४७ (क), प० १२९, पं० ३

पाठभेद—

ठाकुर (प० सं० ३१) १-२ सगरिओ रअनि ५ सु···६ वास १० अपनेहिं १४ खान्त १५ सुनु १८ देवि

मि० म० (प० सं० १०३) १-२ सगरिओ रअनि ३ चान्दमय ४ आन्धार ५-६ सु····हे ८ हृदय ९ वास १० अपनेहिं ११ एकरूप १२ गुण १४ खान्त जे १५ सुनु १६ जानि जे १८ देवि

परि० पद० (राम० प० सं० ४०) २ रअनि ४ अन्धार ७ मोञ १३ गौरवें

सं० मन्तव्य—२ रअनि ४ अन्धार १० अपनेहिं ११ एकरुपे १३ गउरवें १६ जानिञे १७ रूपनराञेन १८ देइ

शब्दार्थ—चान्दमय=चन्द्रिम, पूर्णिमा। रास=लगन, इच्छाओं की राशि। खण्डि=तोड़ मरोड़ कर। जानिञे=समझ बूझकर।

[४६८]

कह कह सुन्दरि न कर बेयाज[१] ।
देखिअ आजे[२] अपुरब[३] सबे[४] साज[५] ॥
मृगमद पङ्के[६] करसि अङ्गराग[७] ।
कोन[८] नागर परिनत होअ भाग ॥

पुनु पुनु उठसि पछिम दिस[९] हेरि।
कखन जाएत[१०]दिन कत[११]अछ[१२]बेरि॥
नेपुर[१३] उपर[१४] करसि कसि थीर।
दृढ़ कए[१५] पहिरसि तत सम चीर॥
उठसि बिहुसि[१६]हसि[१७]तेजिय[१८] सार।
मोरे[१९] मन भाव सघन अन्धकार[२०]॥
भनइ विद्यापति[२१] सुन वरनारि।
धैरज[२२] कर[२३]मने[२४] मिलत मुरारि॥

ताल०, न० गु०, प० २७९

पाठभेद—

ग्रियर्सन (प० सं० १२) २-५ देखिअ तुअ अपरूप सम साज ९ दिश १५ कय १९ मोर

ब्र० न० सहाय (अभिसार ११) १ बेआज २-६ तुअ अपरुब सम आज ६ पंक ७ अँगराग १० आयत १४ उरज १५ कय १६-१८ बिहुसि हँसि तेजिअ १९ मो २० अँधियार २१ विद्यापति २३ करु

बेनीपुरी (प० सं० १०८) १ बेआज २ आज ४ पाठाभाव ६ पंक ७ अंगराग ९ दिसि १३ नूपुर १६-१८ बिहँसि हँसी तेजिअ १९ तोर २० अँधियार २३ धरु

मि०म० (प० सं० ३१९) १ बेआज २-३ अपुरुब ४ पाठाभाव ६ पङ्क ९ दिसि १२ अछि १३ नूपुर १६-१८ बिहँसि हँसि तेजिए १९ तोर २० अँधियार २३ धर

परि० पद० (त० प०, सं० ८७) १ बेआज ३ अपुरुब ६ पङ्कें ८ कओन १६-१८ बिहुँसि हँसि तेजिअ

सं० मन्तव्य—१ बेआज ३ अपुरुब ८ कओन ९ दिसि ११ कतए १३ नूपुर १७-१८ हँसि १९ तोरे तेजिअ २२ धइरज

शब्दार्थ—अङ्गराग=अनुलेपन, प्रसाधन। परिनत···भाग=भाग्य पलटने [सौभाग्य होने] वाला है। तोरे मन भाव=तुम्हें रुच रहा है।

[४९९]

पाठभेद—

घर गुरुजन पुर परिजन जाग।
काहुक लोचन निन्दओ न लाग॥

कोन[1] परिजुगुति गमन होएत[2] मोर।
तम पिबि बाढ़ल चान्द[3] उजोर॥
साहसे[4] साहिअ प्रेम[5] भँडार।
अबहु[6] न आबय[7] करम[8] चन्दार[9]॥
दुहु अनुमान[10] कयल[11] बिहि जोर।
पाँखि न[12] देलक[13] विधाता भोर॥
भनइ विद्यापति जदि मन जाग।
बड़े पुने पाबिअ नव अनुराग॥

ताल, न० गु० प०, २८१

मि० म० (प० सं० ३१३) ३ चाँद ७ आबए ११ कएल १२-१३ नहि देल

परि० पद० (त०, प० सं० ८८) १ कओन ४ साहसेँ ६ अबहुँ ७ आबए ८-९ करमचण्डार १० अनुमानि ११ कएल

सं० मन्तव्य—१ कओन २ होअ ४ साहसेँ ५ पेम ६ अबहुँ ७ आबए ८-९ कर मन्दार ११ कएल

शब्दार्थ—परिजुगति=विशिष्ट युक्ति। अबहु…मन्दार=अभी भी [साहस] नहीं आ पा रहा है [इस तरह] बुरा कार्य कर रहा है। अनुमान…जोर=ठीक सोच-समझकर ब्रह्मा ने जोड़ी लगाई।

[५००]

सुन्दरि[1] कह कह[2] न कर बेआजे[3]।
पुरुब सुकृत फल केदहु[4] पाओत[5]
मदन महासिधि आजे[6]॥
मृगमद तिलक अगर[7] अनुलेपित
सामर बसन समारि।
हेरह पछिम दिस कखन होयत[8] निस
गुरुजन नयन[9] निहारि[10]॥
बिनु कारन गृह करह[11] गतागत
मूनि नयन[9] अरविन्दा।
पुलकित[12] तनु बिहसि[13] अकामिक
जागि उठलि सानन्दा॥
चेतन हाथ लाथ नहि संभव

विद्यापति कवि भाने ।
राजा सिवसिंह[१४] रूपनरायन[१५]
सकल कला रस जाने ॥

ग्रियर्सन, प० सं १३

पाठभेद—

ग्रियर्सन—१२ कह कह सुन्दरी ३ बेआज ५ पाओल ६ काजे १२ अति पुलकित

ब्र० न० सहाय (अभिसार, प० सं० १२) ३ बेआज ४-५ केदहुँ पावत ६ आज १० निवारि ११ करत १३ बिहसहू

न० गु० (प० सं० ३०८) ३ बेयाजे ५ पाओल

मि० म० (प० सं० ९४) ५ पाओल ६ काजे १४ सिवसिंघ

सं० मन्तव्य—४-५ केदहुँ पाओल ७ अगरु ९ होएत ९ नवन निवारि १२ अति पुलकित १३ बिहुँसि १५ रूपनराजेन

शब्दार्थ—समारि=सँवार कर । हेरह=देखती हो । मूनि नअन=आँखें बन्दकर, [अन्धकार में चलने का अभ्यास] लाथ=छल ।

[५०१]

रयनि[१] छोटि अति भीरु[२] रमनी ।
कति खने आओब[३] कुञ्जरगमनी[४] ॥
भीम भुजङ्गम[५] सरना ।
कत सङ्कट ताहे[६] कोमल चरना ॥
बिहि पाये करो[७] परिहार ।
अविघिने[८] सुन्दरि करु[९] अभिसार ॥
गगन सघन महि पङ्का[१०] ।
बिघिनि[११] बिथारत[१२] उपजय[१३] शङ्का ॥
दस दिस घन अन्धियार[१४] ।
चलइते खलइ लखइ नहि पार ॥
सब जनि पलटि भुललि[१६] ।
आओत[१७] मानबि, भाल त[१८] लोलि ॥
विद्यापति कवि कहइ[१९] ।
प्रेमहि कलवति[२०] पराभव सहइ[२१] ॥

प० त०, ९७७, कीर्त्तनानन्द ३३१

पाठभेद—

ब्र० **न० सहाय** (अभिसार, प० सं० १३) १ रइनि २ भीरू ३ भउब ४ कुंजर-गमनी ५ भुजंगम ६ तसु ७ पाय करि ८ अबिधिन ९ कर १० पंका ११-१२ बिथिन बिथारित १४ संका १५ अंधियार १६ भुलोलि १७-१८ आउत मानवि भानत १९ कहुई २० नारि २१ सहुई।

शा० मि०—(प० सं० ३४) **न० गु०** (प० सं० २५६) **मि० म०** (प० सं० ६३८) प० त० सदृश

सं० मन्तव्य—१ रजनि ७ पए करु ८ अविधिनओ बिथारित १३ उपजए १४ सङ्का १७-१८ आओताहे मानबि भालए १९ कहुई २० कलावति २१ सहुई

शब्दार्थ—सरना=सरणि, मार्ग। विहि पए करु=विधाता ही करें। खलइ=स्खलित, गिर पड़ती है। सब···भुलति=यदि यह सब कुछ भूलती है, इस सबकी परवाह नहीं करती। लोलि=चञ्चल रमणी।

[५०२]

काजरे[१] साजलि राति।
घन भए बरिसए जलधर पाँति॥
बरिस पयोधर[२] धार।
दूर पथ[३] गमन कठिन अभिसार॥
जमुन भयाउनि[४] नीरे[५]।
आरति घसति[६] पाउति नहि तीरे[७]॥
बिजुरि[८] तरङ्गे[९] डराइ।
तौं[१०] भल कर जौं[११] पलटि घर जाइ॥
झाँखथि देव बनमाली।
एहि निसि कोने[१२] परि आउति[१३] गोयाली[१४]॥
भनइ विद्यापति बानी।
तोहहुँ[१५] तह कान्ह नारि[१६] सयानी[१७]॥

ताल० न० गु०; प० २९५

पाठभेद—

मि० म० (प० सं० ३३०) १ कजरे ५ नीर घसति ७ तीर ८-९ बिजुरी तरङ्ग १० तौं ११ जौं १५ तोहहु १६ नारी

परि० पद० (त०, प० सं० ९४) १ काजरें ३ दुर पथ ४ भञाजुनि ९ तरङ्गें १० तञो ११ जञो १२ कञोने १४ गोआली १७ सञानी

सं० मन्तव्य—२ पओधर ३ पथू ६ धसति १३ आओति । शेष परि० पद० सदृश ।

शब्दार्थ—भञाउनि=डरावनी । तरङ्गें=चमकती लहरों से आरति धसति=आर्त्त होकर पैठती है । गोआली=गोपिका ।

[५०३]

सारङ्गी

जखने सङ्केत[1] चलु ससिमुखि
तखने छल अन्धार ।
आन्तर पान्तर बाट[2] उगि गेल
चन्दा करमचण्डार ॥
परम पेम[3] पराभव पाओल
देखि गमनेरि बाध ।
उतिम[4] वचन जदि बिहुचर
आओर की अपराध ॥ध्रु०॥
साजनि[5] मन्दिर भेल असार ।
आपनि[6] आरति आगु न गुनल
साजि हल अभिसार ॥
सुखम हेतु कमने विचारब
कमने चिन्हल चोर ।
आसा दइअ सुपुरुषे[7] बञ्चल[8]
दूषन[9] लागत मोर ॥
न परे पौलिहुँ[10] न घरे गैलिहुँ[11]
दुहु[12] कुल भेलि हानि ।
बिहि निकारुन[13] परम दारुन
अबे कि करब जानि ॥
सङ्केत वन गमन न सम्भव
पुनु पलटए न जाए ।
युवति[17] बप बेआध[14] पञ्चसर

(काहु न कहल[१५]) जाए।
भने विद्यापति सुन तए[१६] युवति[१७]
अछए गुण[१८] निधान।
राए सिवसिंह रूपनराएन[१९]
लखिमा दे (वि)[२०] रमान ॥

राम० पृ० ११९, प० ४११, पं० ४

पाठभेद—

ठाकुर (प० सं० ८०) ७-८ सुपुरुषे वञ्चन १४ रे आध

मि० म० (प० सं० ९९) ५ सजनि ६ अपन ७-८ सुपुरुसे बञ्चन ९ दूषण १३ निकारुण १४ रे आध १५ कहहु २० देवि

परि० पद० (राम०, प० सं०) ८९) १६ तञे १९ रूपनराञेन

सं० मन्तव्य – १ सङ्केत बन २ बाटें ३ पेमे ४ उत्तिम ७ सुपुरुषें १० पओलिहुँ ११ गइलिहुँ १२ दुहूँ १६ तञे १७ जउवति १८ गुन १९ रूपनराञेन २० देइ

शब्दार्थ—सङ्केत बन=वन में मिलने के लिए निर्धारित स्थान। पान्तर=प्रान्तर, विस्तृत वीरान प्रदेश। बिहुचर=व्यभिचारित हो, पालन न करे। असार=व्यर्थ। वञ्चल=धोखा दिया। परे=पराये को।

[५०४]

अहिरानीरागे—

द्विज आहर आहर सुत
न[१] पुन[२] आर[३] सुकामा[४]।
बनज बन्धु सुत सुत दए सुन्दरि
चललि सकेतक[५] ठामा ॥ ध्रु० ॥
माधव बूझह[६] विसेषी[७]।
माधव आइलि उपेषी[९] ॥
हरि[१०] हरि अरि अरि[११] पति तातक[१२] वाहन
जुवति नामे[१३] से[१४] होइ।
गोपति अरि[१५] वाहन[१६] दस[१७] मिल[१८]
विरमति कबहु न सोइ[१९] ॥
सायक[२०] जोगे[२१] नाम[२२] तसु नायक[२३]
हरि अरि अरि पति जाने।
नवओ[२४] कला[२५] एक[२६] पुरवासी[२७]
सुकवि विद्यापति भाने ॥

ने० पृ० ५८, प० १६५; पं० ५

पाठभेद—

न० गु० (प्रहेलिका, प० सं० १२) १-४ नन्दन सुत आहर सुत रामा ५ सङ्केतक ६-७ बूझल कथा विशेखी। फिर अधिक चरण है—"तुअ गुण[२८] लुबुधलि पेम[२९] पिआसलि" ९ उपेखी १० पाठाभाव ११ पाठाभाव १२ ता सुअ १३ नाम १४ तसु १५ पति अरि १६-१८ सह मिलु बाहन १९ होइ २०-२३ नागर नाम जोग धनि आबए २४-२७ नउमि दसाहे[२५] एके[२६] मिलु कामिनि

मि० म० (प० सं० ५७१) ७ विसेखी (२८ गुन २९ प्रेम) ८ साधस ११ अरि १२ तासुत १४ तसु होई १९ होई २५-२६ दसाह एक। शेष न० गु० सदृश।

सु० झा (प० सं० १५२) ३-४ आरम्भ कामा। शेष ने० प० सदृश।

परि० पद० (प० सं० १५४) १-४ नन्दन सुत-आहर-सुत-कामा ५ संकेतक ७ विसेखी १० पाठाभाव १४ से होई १५ पति अरि १९ कबहुँ न सोई २४-२७ नउमि दसा हे एके मिलु कामिनि

सं० मन्तव्य— (i) प्रस्तुत पद का पाठ अस्पष्ट है न० गु०, मि० म० एवं परि० पद० सभी में इससे कुछ संशोधन मिलता है जो संभवत: अर्थ स्पष्ट करने के आग्रह से किया गया है। परि० पद० में बहुत खींच-तान कर अर्थ किया भी गया है किन्तु वह भी सार्थक प्रतीत नहीं होता। (ii) १-२ आहर न ५ संकेतक। न० गु० के अधिक चरण। तुअ''' पिआसलि'' ८ लाघव १० पाठाभाव १५ पति अरि २० साअक २३ नाअक

शब्दार्थ—द्विज=द्विजन्मा, पक्षी, गरुग—प्राहर=सर्प—प्राहर=वायु—सुत=हनुमान-प्राहर=सूर्य [को निगलने की कथा के आधार पर] न पुन'''सुकामा=सुन्दरी कामिनी ने संकेत किया कि अब सूर्य नहीं रह गया है, कामना-पूर्ति की सुन्दर वेला रात्रि आ गई है। वनज-नीरज=कमल-बन्धु=सूर्य-सुत=यम-सुत=युधिष्ठिर [धर्म]=धर्म की परवाह न कर संकेत स्थल को चली। लाघव'''उपेखी=अपनी मर्यादा नष्ट होने के अपमान की उपेक्षा कर भी आई। हरि=मेढ़क-अरि=सर्प-अरि=गरुड़-पति-विष्णु-तात=शिव-वाहन=वृषभ। जुवति'''होइ=उस युवती के नाम में वृषभ है, अर्थात् वह 'वृषभानुजा' है। गोपति=साँड़, नन्दी-पति=शिव-अरि=काम-वाहन=मन। दस=दस इन्द्रियां। सायक'''नायक=उसके नायक [ले चलने वाले] का नाम 'सायक' योग से है। अर्थात् 'पञ्चसायक' कामदेव ही उसके आगे-आगे चल रहा है। हरि=चन्द्रमा-अरि=राहु-अरि=विष्णु=कृष्ण। नवग्रो'''वासी=नव कलाएँ उसके एक ही मुख में बस रही हैं, उसका मुख नव कला-युक्त चन्द्रमा सा सुशोभित है।

[५०५]

कानलरागे—

निसि निसिअर[१] भम भीम भुजङ्गम[२]
जलधरे[३] बिजुरि[४] उजोर।

तरुण[४] तिमिर राति[६] तैअओ[७] चलि[८] जासि
बड[९] सखि साहस तोर ॥ ध्रु० ॥
साजनि[१०] कमन[११] पुरुष धन जे तोर हरल मन
जाहरि[१२] उदेसे[१३] अभिसार ॥
अँगा[१४] तञो जञुन[१५] नरि से कइसे[१६] जएबह[१७] तरि
आरति देबह[१८] झापे[१९] ।
तोरा अछ[२०] पचसर[२१] तें[२२] तोहि[२३] नहि डर
मोर हृदय[२४] बरु[२५] कापे[२६] ॥
भनइ[२७] विद्यापतीत्यादि[२९] ॥

ने० पृ० ६३ (क), प० १७७; पं० ४

पाठभेद—

रागभद्रपुर (पृ० १२२, प० ४१८, पं० २) १ निसिअरे २ भुअङ्गम ३ जलधर ४ बीजु ५ तरुन ६ निसि ७-८ तइअओ चललि १० सुन्दरि १२ ताहेरि १४ आगे १५ जौन १६ कैसे १७ जाएब १८-१९ न करिअ झाप २०-२१ अछि पंचसर २४ हृदअ २५-२६ बड काप

न० गु० (प० सं० ३०० ताल०,) २ भुअङ्गम ३ जलधर ५ तरुन ६ निसि ७-८ तइअओ चललि १० सुन्दरि ११ कओन १२-१३ जासु लोभे चलु १४-१५ आतुर दुतर १८-१९ न करिये झाप २२ ते २३ तोरा २६ काँप २७-२९ (भणिता)—

भनइ विद्यापति अरे वरजउवति साहस कहहि न जाए ।
अछए जुवति गति कमला देवि[२८] पति मन बस अरजुन राए ॥

ठाकुर (प० सं० ८६) ९ बड़ २२ तें । शेष राम० पु० सदृश

मि० म० (प० सं० २०९) ११ कमन पुरुस २८ देइ

सु० झा० (प० सं० १६१)—१९ आपे

परि० पद० (प० सं० १६३)—११ कओन १९ झाँप २१ पंचसर २२ तञे २६ काँप । ५, ६, ७, ८, १०, १८, २५ तथा भणिता रा० पु० सदृश ।

सं० मन्तव्य—(i) इस पद की प्रथम पंक्ति ने० पृ० ७३, प० २०५, पं० ५ (प्रस्तुत संस्करण प० सं० ५४४) तथा ने० प० २६० (प्र० सं० ५०९) से मिलती-जुलती है । (ii) न० गु० (तालपत्र) और रा० पु० के पाठों की समानता उल्लेखनीय है । (iii) २ भुअङ्गम ३ जलधरे ५ तरुन ६ निसि ७ तइअओ १८ कि देबह १९ झाँपे २१

पंचसर २२ तबे २३ तोजे २४-२६ हृदअ बड काँपे २८ देइ। फिर रा० पु० एवं न० गु० की भणिता।

शब्दार्थ—निसिअर=निशिचर, राक्षस, अथवा रात में घूमनेवाले अन्य हिंसक जीव। भीम=भयानक। जलधरें=बादलों में। तरुण=जवान, अपने शीर्ष पर। धन=धन्य हुआ है। जाहेरि=जिसके लिए। जमुन=यमुना। आरति⋯जागि=प्रीति में अति पीड़ा पाकर क्या जमुना में कूदकर उसे पार करोगी? तोरा अछ पंचसर=कामदेवता तुम्हारा है, तुम्हारे साथ, तुम्हारा अपना सहयोगी। तजे तोजे=इसी से तुम्हें।

[५०६]

कोलाररागे—

[१]तारापति रिपु खण्डन कामिनि
गृहवर[२] वदन सुशोभे[३]।
राज[४] मराल ललित गति सुन्दर
से देखि मुनि जन मोहे॥ ध्रु०॥
पिअतम समन्दु सजनी।
सारङ्ग[५] वदन तात[६] रिपु अति सख[७]
ता[८] तह[९] महघि रजनी॥
दिति सुत रति[१०] सुत अति बड़[११] दारुण[१२]
ता तह वेदन होइ[१३]।
परक पीडाए जे जन पारिअ[१४]
तैसन[१५] न देषिअ[१६] कोइ[१७]॥

ने० पु० ७२ (क), प० २०१; पं० ३

पाठभेद—

मि० म० (प० सं० ५५६) आरंभ में इसके पूर्व के एक खण्डित पद (हाथिक⋯⋯ हसु) को भी जोड़ दिया है। १ हसु २ लुहवर ३ सुशोहे ५-६ सारङ्ग रङ्ग बदन ताते ७ सुख ८-९ ततेह ११ बड १५ तेसन १६ देखिअ

सु० झा० (प० सं० १८३) १ हसु ४ बाज ५ सारङ्ग रङ्ग १४ पाबिअ

परि० न० (प० सं १८५) ३ सुसोहे ११ बल १३ होई १४ पर पीडा जे जानए पारिअ १५ तइसन १६-१७ देखिअ कोई

सं० मन्तव्य—२ गृहबर ३ सुसोभे १० अरि १२ दारुन १५ तइसन १६ देखिअ

शब्दार्थ—तारापति=चन्द्रमा-रिपु=राहु-खण्डन=विष्णु-कामिनि=लक्ष्मी। गृहवर···सुशोभे=लक्ष्मी जैसी नायिका के मुख से सुन्दर घर सुशोभित है। समन्दु=संवाद दो। सारङ्ग-वदन=कमल-तात=सूर्य-रिपु-राहु-प्रति सख=उसका अत्यन्त प्रिय=अमृत। ता···रजनी=अमृत से भी अधिक महगी रात है। या सारङ्ग-वदन=गणेश-तात-शिव-रिपु=काम-प्रति सख=वसन्त। वसन्त ऋतु है। इसीसे रात महँगी है। दिति-सुत=दैत्य-अरि=विष्णु-सुत=कामदेव।

[५०७]

जलद बरिस जलधार। सर जओ पलए[१] प्रहार॥
का(ज)रे[२] राङ्गलि राति[३]॥ ध्रु०॥
सखि हे[४] अइसनाहु[५] निसि[६] अभिसार।
तोहि तेजि करए के पार॥
भमए भुअङ्गम भीम। पङ्के[७] पुरल[८] चौसीम[९]॥
दिग[१०] मग देषिअ घोर[११]। पएर[१२] दिअए[१३] बिजुरि उजोर[१४]॥
सुकवि[१५] विद्यापति गाब। महघ मदन परथाब॥

ने० पृ० ७८, प० २१९, पं० ५

पाठभेद—

रामभद्रपुर (पृ० १२, प० ३७, पं० २) २ काजरें ३ बाहर होइतें[१६] साति॥ ध्रु०॥ ४ साजनि ५-६ अइसनी निसिं १०-१७ जलधर बीजु उजोर, तखने गरज घन घोर १८ भनइ

न० गु० (प० सं० २९९) "सखि हे अइसनि निसि अभिसार····के पार" से आरंभ। इसके पहले के चरण नहीं हैं। ८ पूरल १३ दिअ

ठाकुर (प० सं० १०) २ काजरें ५ अइसनि १६ होइतें। शेष राम० पु० सदृश।

मि० म० (प० सं० ३२९) १३ दिअ

सु० झा० (प० सं० १९९) १ पळय ४ पाठाभाव

परि० पद० (प० सं० २००) १ पळए २ काजरें ५ असनिहुँ ७ पङ्के ९ चउसीम ११ देखिअ घोर ३-४ रा० पु० सदृश

सं० मतव्य—१ पळए २ काजरें ३-४ बाहिर होइतें साति ७ पङ्कें ९ चउसीम ११ देखिअ घोर १३ दिअएँ

शब्दार्थ—साति=सासति, भयानक कष्ट। चउसीम=चारों ओर से, सर्वत्र। पएर···उजोर=पाँव रखने पर ही, [कदम-कदम पर] बिजली, कौंधती है। महघ=महँगा, कष्ट से प्राप्य।

[५०८]

बरली रागे—

काजरे[१] राँङ्गलि[२] मञे[३] जनि राति
अइसना[४] बाहर होइते[५] साति।
तलितहु[५] तेज[६] लिमित[७] अन्धकाल[८]
आसा[९] सँशय[१०] परु[११] अभिसार॥ ध्रु०॥
भल न कएल मञे[१२] देल विसवास
निकट[१३] जोएन[१४] सत[१५] कान्हक वास।
जलद भुअङ्गम[१६] दुहु भेल सङ्ग
निचल[१७] निशाचर[१८] कर[१९] रस भङ्ग[२०]॥
मन अवगाहए मनमथ रोस
जिवओ[२१] देले[२२] नहि[२३] होए[२४] भरोस॥
अगमन[२५] गमन बुझए मतिमान
विद्यापति कवि एहु रस जान॥

ने० पृ० ८६, प० २३९, पं० ४

पाठभेद—

राम० पु० (पृ० १२, प० ३९, पं० ५) १-३ काजर रङ्ग बमए ५ होइतहुँ ७ मिलए ८ अन्धकार ९ आसाए १० संसअँ ११ पलु १३-१४ निकटँ जोअेन १७ निचर १८ निसाचर १९-२० करए सरङ्ग २१-२३ जिवओ देलेँ न २५ अपगम

न० गु० (प० सं० २९१) २-३ राङ्गलि सञे ५-७ तड़ितहु तेजलिमित १० संसअ १४-१५ जोए नसत २४ होएत

ठाकुर (प० सं० ११) ५ तलितहुँ १३-१५ निकट जओ नसत १९-२० करए सरङ्ग २२ देलेँ

मि० म० (प० सं० ३२६) २ राङ्गलि ३ सञे ४ अइसन ५-७ तडितहु तेजलि मित १० संसय १६ भुजङ्गम १८ निसाचर २४ होएत

सु० झा० (प० सं० २१८) ५-७ तलितहु तेजल मित ८ अन्धकार

परि० पद० (प० सं० २१९) १-३ काजर रङ्ग बमए ५ होइतहुँ ५-८ तळितहु तेज मिलित अन्धकार १०-११ संसअ पळु १२ मोञ १४ जोअन १७ निचर २१-२२ रोष जिबओ देलेँ

सं० मन्तव्य— १-२ काजरें राङ्गलि (या १-२ काजर रङ्ग बमए ५ होइतओ ६-७ तळितहुँ तेज मिलित ८ अन्धकार ९-११ आसाएँ संसअ पळ १२ मोज १४ जोअन १८ निसाचर २२ देलें २४ होअए

शब्दार्थ—काजरे राङ्गलि मओ=ऐसा लगता है जैसे रात काजल में रँगी हुई हो। काजर रङ्ग बमए=रात जैसे काजल ही उगल रही हो। होइतेओ=होते हुए भी। तलितहु तेज मिलित=बिजली की चमक भी जैसे मिलकर छिप गई है। निकट जोअन सत=समीप होकर भी सौ योजन दूर लगता है। निचल=नीच, राह में अड़ा रहनेवाला। मन···रोस=मिलन बाधा देख कामदेव का रोष मन को डुबाए दे रहा हैं।

[५०९]

नाट रागे—

रअनि[१] काजर बम भीम भुअङ्गम[२]
कुलिस[३] पलए[४] दुरवार।
गरज[५] तरज[६] मन रोसे[७] बरिस घन
संशय[८] पलु[९] अभिसार॥ ध्रु०॥
सजनी वचन बोलइते[१०] मोहि लाज।
से[११] जानि[१२] जे[१३] होउ[१४] बरु[१५] सबे[१६] अगिरु[१७]
साहस[१८] मन देह[१९] आज[२०]॥
[४०]ठामहि रहिअ घुमि[४१] परसे[४२] चिन्हिअ भुमि
दिग मग[४३] उपजु सन्देहा[४४]।
हरि हरि सिव[४५] सिव[४६] ताबे जाइह जीव[४७]
जावे न उपजु सिनेहा[४८]॥
भनइ[४९] विद्यापतीत्यादि॥

ने० पृ० ६४, प० २६०, पं० ३

पाठभेद—

तालपत्र (न० गु०, प० सं० २६४) १ रयनि ४ परए ८-९ संसअ पड़ १० छड़इते ११-१४ जे होएत से होअओ १७ हमे अङ्गिकरु। सातवें चरण के बाद २०-४० अतिरिक्त पाठ

अपन अहित[२१] लेख[२२] कहइते पर तेख[२३] हृदयक[२४] न पाइअ[२५] ओल[२६]।
चाँद हरिन बह राहु कवल[२७] सह पेम[२८] पराभव थोल[२९]॥
चरन बेधिल[३०] फनि हित कए मानलि[३१] धनि नेपुर[३२] न करए[३३] रोल[३४]।
सुमुखि पुछओ[३५] तोहि सरूप[३६] कहसि मोहि सिनेह[३७] कत[३८] दुर[३९] ओल[४०]॥

(पुन: ने० प० के पाठ में)—४४ सन्देह ४५-४६ शिव शिव ४७ जिव ४८ सिनेह। अन्तमें भणिता—भनइ[४९] विद्यापति सुनह सुचेतनि गमन न करह विलम्बे[५०]।

राजासिवसिंह[५१] रूपनरायन[५२] सकल कला अवलम्बे[५३]॥

रागतरङ्गिणी (पृ० ११४-१५) १ रयनि ३ कुलिश ४ परए ५-६ गरजे तरस ७ रोसें ८-६ संसजे परु १० छड़ैतें ११-१४ जे होएअ से होअओ १७ हमे अंगिकरु १८ साहसँ १९ दए ४१-४२ घूमि परसें ४३ मगें ४४ सन्देह ४७ जिव ४८ सिनेह। तदनन्तर ताल० सा अतिरिक्त पाठ जिसमें ताल० का दूसरा पद पहले तथा पहला बाद में तथा तदनुरूप भणिता है, जिनमें पाठभेद हैं—३० बेढ़ले ३१ मानल ३२ नूपुर ३३ करत ३४ रोर ३७-४० पेमक कतएक थोर २१-२३ सुहित मित देखिअ से परतख २५-२६ न पाइअ पेमक ओर २७ कबल २९ थोर ५२ रुपनरायन

बेनीपुरी (प० सं० ११३) २ भुअंगम ४ पड़ए ९ पड़ु १२ होए १४ होअ १६ सब अंगिकरु २२-२३ चित परतेख देखइत २४-२६ पेमक न पारिअ ओर २८ प्रेम २९ थोर ३० बेढ़ल ३५ पुछओं ३६-३७ सरुप सिनेहक ४० ओर ४३ परस। शेष न० गु० सदृश।

मि० म० (प० सं० १०४) २ भुजङ्गम ७ रोस १२ छड़इत ११-१४ होएत से होओ १६ सब हम २४ हृदय २६ और २८ प्रेम २९ थोर ३० बेढ़िल ३४ रोर ३५ पुछओं ३६ सरुप ३७ सिनेहक ४० ओर ४२ परस ५० विलम्ब ५१ सिवसिंघ। तथा ....१, ४, ८, ९, ४४, ४७, ४८ और ५२ न० गु० सदृश।

सु० झा० (प० सं० २३६) ८-९ संसय पलु १५-१७ सबे बरु अगिरु। तथा रा० त० का अतिरिक्त पाठ

परि० पद० (प० सं०२४०) १ रअनि ४ पळए ५ गरजें ६ तरस ७ रोंषे ९ पळु १० छड़इतें २४ हृदअक २६ ओळ चान्द २९ थोल३० बेढले ३२ नूपुर ३४ रोर ३६ सरुा ३७-४० पेमक कतएक ओर ४२ परसे ४५-४६ सिवसिव ५२ रूानराजेन। शेष न० गु०सदृश।

स० मन्तव्य—(i) यह पद विद्यापति के श्रेष्ठ पदों में परिगणनीय है तथा अनेक प्रतियों में गृहीत हुआ है। इसकी आरम्भिक पंक्ति ने० पृ० १७७ (प्र० सं० ५०५) तथा ने० प० २०५ (सं० प्र० प० ५४४) से भी मिलती-जुलती है। (ii) प्रस्तुत पद के पाठभेदों में न० गु० (ताल०) एवं रागतरङ्गिणी के पाठ की एक रूपता उल्लेखनीय है।

(iii) १ रअनि ४ पळए ५-६ गरजें तरजे ७ रोषें ८-९ संसअ पळ, ११ छडइतें १२ जानिजे १४ होअओ १७ अङ्गिरओ १९ देव २३ लखइते परतेख २४ हृदअक २६ ओळ २८ पेमे २९ थोळ ३० बेढले ३२ नूपुर ३३-३४ करबए रोळ ३७ सिनेहक ४० ओळ ४२ परसें ४३ मगें ४१ सन्देह ४७ जिव ४८ सिनेह ५२ रूपनराजेन

शब्दार्थ—कुलिस पलए दुरबार=दुर्निवार बज्रपात हो रहा है। गरजें तरजे=गर्जना से डर रहा है। पल=पड़ गया है। से···होअओ=जान लो चाहे अब जो भी हो। अङ्गिरओ=झेलने को प्रस्तुत हूं। साहसे······आज=आज मन में साहस करके अग्रसर होऊंगी। अपन······परतेख=अपना दुर्दैव प्रत्यक्ष दिखाई पड़ता है फिर भी। हृदअक···ओल=हृदय की मनोकामनाएँ एवं उनकी पूर्ति हेतु जागरित उमङ्गों की कोई सीमा नहीं मिलती। पेमे······थोल=प्रेम क्षेत्र में असफलता नगण्य होती है। नूपुर······रोल=नूपुर साँपों के लिपट जाने से अब नहीं बज सकेंगे अतः। ओल=कूल-किनारा। ताबे···जिव=प्राण तभी चले गए होते।

[५१०]

विभासरागे—

रिपु पचसर जनि[१] अवसर[२]
सरासन[३] साजे।
हेरि सून पथ घटी[४]मनोरथ
के जान[५] कि होइति[६] आजे॥ ध्रु०॥
निफल[७] भेलि जुगुती[८]।
हरि हरि हरि राति तेज हरि
पलटलि नहि दूती॥
साजि अभिसारा पडि[९] अन्धकारा
उगि जनु जा बोरा[१०]।
आरति बेरा जओ हो मेरा
लाखहु[११] लो[१२] सुअ[१३] थोर[१४]॥
भनइ विद्यापतीत्यादि॥

ने० पृ० ९६ (क), प० २६४, पं० २

पाठभेद—

न० गु० (प० सं० ३०१) १ जानि ३ सब सिन ५ जाने ८ जुवती ९ पड़ि १० भोरा ११-१३ लाख गुन सुख

मि० म० (प० सं० ३५६)—८ जुवती ९ पड़ि ११-१२ लाख कुन

सु० झा (प० सं० २४३)—८ जुगती ११-१२ लाख कुनो

परि० पद० (प० सं० २४४) १-२-३ अवसर (मन गुनि हेरि) सरासन १० भोरा ११ लाखहुँ १३ सुख

सं० मन्तव्य—१ पँचसर जानिजे ३ सरासनजे ४ घटिए ५ जानए ६ होएत ९ पड़ु १० बउरा ११-१४ लाखहुँ सुख थोरा

शब्दार्थ—सरासनजे=धनुष बाण को। घटिए=घट रहा है। तेजि हरि=चन्द्रमा को छोड़ने जा रही है, पिछले पहर का चन्द्रमा उगने-उगने को है। उगि...बउरा=वह मतिमन्द कहीं उग न जाए। बेरां=समय में। मेरा=मिलन।

[५११]

नव अनुरागिनि राधा। किछु[1] नहि मानए[2] बाधा॥
एकलि कएल[3] पयान[4]। पथ[5] विपथ नहि मान॥
तेजल मनिमय हार। उच कुच मानए[6] भार॥
कर सयँ[7] कङ्कन मुदरि[8]। पथहि[9] तेजल[10] सगरि[11]॥
मनिमय मञ्जिर पाय[12]। दूरहि तेजि चलि याय[13]॥
जामिनि घन अँधियार। मनमथ हिय[14] उजियार॥
बिघिन बिथारित बाट। पेमक आयुधे[15] काट॥
विद्यापति मति जान। ऐछे[16] ना[17] हेरिये[18] आन[19]॥

पदकल्पतरु, ९७६

पाठभेद—

ब्र० न० सहाय (अभिसार, प० सं० १) १ कछु मावअ ३ कयलि ५ पंथ ६ मानय ७ सों ९ पंथहि १०-११ तेजलि सिगरो १३ जाय १४ हेरि १६-१८ ऐसन नहि हेरि

शा० मि० (प० सं० ३५) **न० गु०** (प० सं० २८२) **मि० म०** (प० सं० ६३६) प० त० सदृश

सं० मन्तव्य—४ पआन ५ पंथ ७ सजे ८ मुन्दरि ९ पंथहि १२ पाँअ १३ जाय १४ हिअ १५ आउधें १६-१९ अइसन न हेरिए आन

शब्दार्थ—मञ्जिर=मञ्जीर, नूपुर। बिथारित=विस्तारित, फैले हुए। आउधें=अस्त्र से।

[५१२]

सूहबराग –

चान्दक तेज रअनि[१] धर जोति
रजत सहित पहिरल[२] धनि[३] मोन्ति[४]।
चान्दने तनु अनुलेप सिङ्गार
धम्मिलँ[५] थोएल कुन्दक भार ॥ ध्रु० ॥
हरि कि[६] कहब अनुपम[७] भान्ति[८]
सखि अभिसार दिवस सम राति।
नअनक[९] काजर दुर[१०] कर धोए
चान्दक उदअँ[११] कुमुद जनि होए ॥
नअन[१२] चान्द दुहु एकत[१३] रङ्ग[१४]
जमुना जलें[१५] विपरीत तरङ्ग ।
जमुना तरि धनि आइलि राति
तुअ अनुरागें अङ्गिरि कत साति ॥
विद्यापति भन अभिनव कान्ह
राए सिवसिंह लखिमा दे[१६] रमान ॥

राम० पृ० ४९ (क), प० १६६; पं० ५

पाठभेद—

ठाकुर (प० सं० ३८) २-३ धनि पहिरल १३-१४ एक तरङ्ग १६ देवि

मि० म० (प० सं० १०१) २-४ धनि पहिरल मोति ५ धम्मिल ८ भाँति ९ नयनक १० दूर ११ उदअ १२ नयन १३-१४ एक तरङ्ग १५ जल १६ देवि

परि० पद० (राम०, प० सं० ४७) १ रअनि ६ की ७ अनूपम ८ नअनक १२ नअन

सं० मन्तव्य—१ रअनि ४ मोति ६ किए ७ अनूपम ८ भाँति ९ नअनक १२ नअन १६ देइ

शब्दार्थ—रजत=चाँदी (चाँदनी में मिल जाने के लिए ।) धम्मिल=जूड़ा । थोएल कुन्दक भार=कुन्द की कलियों का गुच्छ खोंस लिया । जनि=जैसे । एकत=एक जैसे । जमुना……तरङ्ग=जमुना उसे निहारने के लिए उलटी तरंग लेने लगी अथवा उसके श्याम जल में ज्योत्स्ना, एवं नायिका के नेत्रों की चमक से श्वेत चमकती तरंगें उठने लगीं ।

[५१३]

कानल—

बाङ्क[1] क (मान भौंह जुग)[2] बङ्किम[3]
लोला लोचन बान।
मार चण्डार गमार न मारए
छोपए[4] छैल[5] परान ॥ ध्रु० ॥
साई ए आजे मनोभवे (साजल[6])
कामिनि[7] तु (अ)[8] अभिसार ॥
कङ्कन किङ्किनि रिमिझिमि[9] बाजए[10]
चरण[11] तञो[12] रबए नुपूर।
ते नव रङ्ग[13]..............................
बए[14] कति दूर॥
कुच कुम्भस्थरे[15] गयथन[16] साजल
बिद्यापति कवि गाव।
राजा (सिवसिंह)[17] रूपन (राएन)[18]
लखिमा देवि (परथाव)[19] ॥

—रामभद्रपुर

पाठभेद—

ठाकुर १-२ पाठाभाव ७-८ कामिनिओ ९ रिमझिम १० पाठाभाव १३ रङ्गहि १४ गए १५-१६ कुम्भवेग यखन १७ पाठाभाव १९ रमान

परि० पद० (राम०, प० सं० ९३) ११-१२ चरणे १८ रूपनराञेन

सं० मन्तव्य—(i) प्रस्तुत पद का पाठ खण्डित है कोष्ठकों के रूप काल्पनिक हैं। (ii) १-२ कमान भउँह जुग ४ छेदए ५ छइल ८ तुअ १२ सञो १४ रहए १६ गअथन १८ रूपनराञेन १९ देइ परथाव

शब्दार्थ—मार चण्डार=चाण्डाल कामदेव। छइल=गुणीजन। रबए=बज रहा है। गयथन=गोस्तन, हार।

[५१४]

स्मरसन्दीपन कोडार—

सखि हे, आज जायब[1] मोहीं[2]।
घर गुरुजन डर न मानब

वचन चूकब नहीं[३] ।।
चाँदन[४] आनि आनि[५] अङ्ग लेपब
भूषन कए गजमोती[६] ।
अञ्जन बिहुँन[७] लोचन युगल[८]
धरत धवल[९] जोती[१०] ।।
धवल[९] वसने[११] तनु झपाओब
गमन करब मन्दा[१२] ।
जैअओ[१३] सगर गगन[१४] उगत[१५]
सहसें[१६] सहसें[१६] चन्दा ।।
न हमें[१७] काहुक डीठि निबारबि[१८]
न हमें[१९] करब ओते[२०] ।
अधिक चोरि[२१] पर सओं[२२] कारअ
इहे[२३] सिनेहक लोते[२४] ।।
भने विद्यापति सुन जुबति[२५]
साहसें[२६] सकल[२७] काजे[२८] ।
बुझ[२९] सिवसिंह रस रसमय
सारम देवि[३०] समाजे[३१] ।।

रागतरङ्गिणी, पृ० ९६

पाठभेद—

न०गु० (प० सं० ३०९) १-२ जाएब मोही ३ नही ४ चाँदने ५ आनि ७ बिहुन ८ जुगल ११ वसने १३ जइओ १४ गगने १६ सहसे सहसे १७ हमे १९ हम २१ चोरी २२ संओ २३ एहे २६ साहसे

बेनीपुरी (प० सं० ११४) १ जाएब २ मोहि ३ नहि ४ चानन ५ आनि ६ गजमोति ८ जुगल ९ धबल १० जोति १२ मंदा १५ ऊगत १६ सहस सहस १७ हम १८ निबारब २० भीति २१ चोरी २२ सएँ २३ एहे २४ रीति २५ जुबती २६ काज २९ बूझ ३१ समाज

मि० म० (प० सं० ९५) ३ नहीं १४ गगन २३ इहे । शेष न० गु० सदृश ।

परि० पद० (राग० प० सं० ३५) ५ आनि १३ जइअओ १५ ऊगथु १६ सहसेँ सहसेँ २२ सओ २६ साहसेँ २७ सफल । १, २, ३, १७ और १९ न० गु० सदृश ।

सं० मन्तव्य—१-२ जाएब मोही ५ आनि आनि ८ जुगल ११ वसनञे १३ जइअओ १४ गगने १५ ऊगत १६ सहसें सहसें १७ मोन १९ हम २२ सजे २५ जउवति २६ साहसें २९ बूझ ३० देइ

शब्दार्थ—बिहुन=बिना। मन्दा=धीरे-धीरे। जइअओ=यद्यपि। ओते=आड़। लोते=रहस्य-मय पद्धति। सोरम देइ=सुरमा देवी।

[५१५]

दुर[1] सिनेहा वचने बाढ़ल
मनक पिरित जानि।
अलपे[2] काजे[3] बड़ी दुर आँतर
करमे[4] पाओल आनि[5] ॥
चरन नूपुर घन शबदए[6]
चान्दहु[7] राति उजोरि।
ननन्दि बैरिनि[8] निन्दे न सोअए[9]
आवे अनाइति भोरि ॥
दूती बोले बुझाबह कान्हू[10]।
आजुक रअनि[11] आए न होएत[12]
हृदये[13] कोपथु जनु ॥
चरन नूपुर करे[14] उतारब
सामर बसन तनु।
खेड़हु[15] कउतुके[16] ननन्द[17] बोधबि
विलँब लागए जनु ॥
ओ भरे लागल नव सिनेहा
एँ भरि कुलक गारि।
सकल पेम सम्भारि न होएते[18]
हठे[19] बिनासति नारि ॥
भन विद्यापति उगन्त सेबिअ
मदन चिन्तथु आउ।
पिरिति कारने जिव[20] उपेखब
एँ[21] बेरि होउ कि जाउ ॥

ताल, न० गु०, प० २७३

पाठभेद—

मि० म० (प० सं० ३१४) २-३ अलप काज ४ करम ६ सबदए ७ चाँदहु ९ नोअए १० कान्हु ११ रयनि १२ होएते १३ हृदय कोपथि १८ होएत २१ ए

परि० पद० (त०, प० सं० ८६) १ दूर २-३ अलपेँ काजेँ ६ सबदए १० कान्हु ११ रजनि १४ करेँ १६ कउतुकेँ १७ ननन्दि २० जोव

सं० मन्तव्य—५ जानि ८ बड़रिनि १३ हृदए १५ खेळहु १९ हठेँ। शेष परि० पद० सदृश।

शब्दार्थ—दूर सिनेहा=दूर पर रहनेवाले प्रिय के प्रति प्रेम। करमे=भाग्यवशात्। सबदए=शब्द करते हैं। निन्दे=पक्की नींद में। चरन···अनु=पुनः विचार कर जाने के अपने साहस और सावधानी की चर्चा करते हुए कहती है कि नूपुर उतार दूँगी, काले वस्त्र से शरीर ढँक लूँगी। भरे=ओर। हठेँ=हठ वश या दोनों की द्विधा, बरबस।

[५१६]

गुरुजन नयन[1] पगार पवन जओ
सुन्दरि सतरि चलली[2]।
जनि अनुरागे[3] पाछु धरि पेललि
करे[4] धरि कामे[5] तिडली[6]॥
कि आरे नव अभिसारक रीती।
के जाने कओने[7] विधि कामे पढ़ाउलि[8]
कामिनि तिहुयन[9] जीती॥
अम्बर सकल बिभूषन[10] सुन्दर
घनतर तिमिर सामरी।
केहु कनहु पथ लखहि न पारलि
जनि मसि बुडलि[11] भमरी॥
चेतन आगु चतुरपन कइसन
विद्यापति कवि भाने।
राजा सिवसिंह[12] रूपनरायन[13]
लखिमा देवि[14] रमाने॥

न० गु०, प० २८३

पाठभेद—

मि० म० (प० सं० ९२) २ चललि ४ कर ५-६ काम तिड़ली ७ कओन १० बिभूसन ११ बुड़लि १२ सिबसिंघ १४ देइ

परि० पद० (त०, प० सं० ८९) १ नबन ३ अनुरागें ६ तिड़ली ७ कओने ९ तिहुबन ११ बुड़लि १३ रूपनराओेन

सं० मन्तव्य—१नअन ३ अनुरागें ७ कओने ८ पढ़ाओलि ६ तिहुअन १३ रूप-नराओेन १४ देइ

शब्दार्थ—पगार=प्रकार, चहारदीवारी। सतरि=पार करके। तिड़ली=खींच लिया। तिहुअन=त्रिभुवन। सामरी=श्यामली, काली। चेतन आगु=चैतन्य अनुभवी समक्ष।

[५१७]

चन्दा जनु[1] उगु आजुक राती[2]।
पिया[3] के लिखिए[4] पठाउबि[5] पाती[6]॥
साओन[7] सओ[8] हमे[9] करब पिरीती[10]।
जत अभिमत अभिसारक रीती[11]॥
अथवा एहु[12] बुझाओब[13] हसी।
पिबि जनु[1] उगिलह सितल[15] ससी॥
कोटि रतन जलधर तोहे[16] लेह।
आजुकि[17] रअनि[18] धन तम कए देह॥
भनइ विद्यापति शुभ[19] अभिसार।
भल जन करथि पर (क)[20] उपकार॥

ताल, न० गु०; प० २८६

पाठभेद—

बेनीपुरी (प० सं० ११०) १ जनि २ राति ४-६ लिखिअ पठाओब पाँति ८ सएँ ९ हम १० पिरीति ११ रीति १२-१४ राहु बुझाएब हँसी १५ सीतल १६ तोहें १७-१८ आजुक रयनि १९ सुभ २० परक

मि० म० (प० सं० ३१६) ८ सयँ १० पिरीत ११ रीत १६ तोहें। शेष बेनीपुरी सदृश।

परि० पद० (त०, प० सं० ९०)—२ राति ६ पाँति ७ साओन १० पिरीति ११ रीति १२ राहु १४ हँसी १६ तोहें १७ आजुक १८ रअनि २० परक

सं० मन्तव्य (i) प्रस्तुत पद अत्यन्त मार्मिक है किन्तु इसमें कुछ बौद्धिक विवेचन बाधित है। आज की रात चाँद के न उगने के अनुरोध के बाद पाती भेजने की बात और

फिर श्रावण के मेघाच्छन्नकाल में प्रीति रचाने की उक्ति सटीक नहीं बैठती। यदि पाठ ५ पठाओल, हो अर्थात् अभिसारार्थ पाती भेंजी जाचुकी हो तब तो कुछ बात जमती भी है। इसी तरह 'साओन' के स्थान पर यदि 'साजन' पाठ हो तो भी युक्ति-युक्त अर्थ बैठ जाता है किन्तु तब श्रावण के मेघाच्छन्न-तिमिर की बात छूटने लगती है। (ii) ३ पिआके ५ पठाओबि ७ साओन १० पिरीति ११ रीति १२ राहु १५ सीतल १६ तोजे १८ रजनि १९ सुभ २० परक

शब्दार्थ—लिखिए=लिखकर। साओन=सावन। अभिमत=इच्छानुरूप। बुझाओब हसी=अपनी मोहनी मुस्कान के संकेत से समझा दूँगी। करथि=करते हैं।

[५१८]

प्रथम जउबन नव गरुअ मनोभव
छोटि मधुमास रजनी[१]।
जाग[२] गुरुजन गेहा[३] राखए चाह नेहा[४]
संसअ पड़लि सजनी[५]॥
नलिनी[६] दल निर चित न रहए थिर
तत घर तत हो बहारे[७]।
बिहि मोर बड़ मन्दा उगि जनु जा (ए)[८] चन्दा
सुति[९] उठि गगन निहारे[१०]॥
पथहु पथुक[११] सङ्का[१२] पय पय[१३] धय[१४] पङ्का[१५]
कि करति ओ नवि[१६] तरुनी।
चलए चाह धसि पुनु पड़ खसि खसि
जालक छेकलि हरिनी॥
साए साए कमन[१७] वेदन तसु जाने।
निकुञ्ज[१८] बन[१९] जे[२०] हरि जाइते कओने[२१] परि[२२]
अनुखने[२३] हन पचवाने[२४]॥
विद्यापति भन कि करत[२५] गुरुजन
नीद[२६] निरूपन लागी।
बअनि[२७] नीर[२८] भरि धीरे[२९] झपाबए[३०]
रयनि[३१] गमाबए जागी॥

ताल०, न० गु०; प० २८९

पाठभेद—

बेनीपुरी (प० सं० ११५) १ रजनि २ जागे ३ गेह ४ नेह ५ सजनि ६ नलिनि ७ बहार ८ जाए चंदा ९ सति १० निहार ११-१२ पथिक संका १४-१५ धए पंका १६ नव १७ कओन १८-२० निकुंज बनहि २१-२२ कओन पर २३ अनुखन २४ पँचबाने २६ नींद २७ नयन २९ चीर

मि० म० (प० सं० ३१५) ६ नलिनी ८ जाए चन्दा ९ सुति १२ सङ्का १५ पङ्का १८ निकुञ्ज २२ परि २४ पञ्चबाने २६ नीँद २९ धीर। शेष बेनीपुरी सदृश।

परि० पद० (त०, प० सं० ९२) ८ जाए १३-१४ पए पए धए १९ बने २१ कओने २४ पँचबाने २५ करति २६ निन्द २७ बअन ३० झँपाबए ३१ रअनि

सं० मन्तव्य—२ जागए १३-१४ पअ पअ धए १७ कओन २७ वदन २९ चीरे। शेष परि० पद० सदृश।

शब्दार्थ—नलिनीदल निर=पुरइन के पत्ते पर के पानी जैसा। सुति-उठि=सोते हुए भी उठ-उठकर। पअ पअ=पग पग पर। कओन=कौन। वदन=मुख। चीरे=अञ्चल से।

[५१९]

बाट विकट फनिमाला।
चउदिस बरिसए जलधर जाला[१]॥
हे माधवि, बाहु तरिए नरि भागे।
कतए भीति जौं[२] दृढ़ अनुरागे॥
बन छलि एकलि हरिणी[३]।
व्याध कुसुमसरे[४] पाउति[५] रजनी॥
विद्यापति कवि भाने।
रूपनरायन[६] नृप रस जाने॥

ताल, म० गु०, प० २९७

पाठभेद—

मि० म० (प० सं० १०५) २ जौं ३ हरिनी

परि० पद० (त०, प० सं० ९५) २ जओ ३ हरिनी ४ कुसुमसरें ६ रूपनराजेन

सं० मन्तव्य—१ ज्वाला २ जओ ३ हरिनी ४ कुसुमसरें ५ पाओलि ६ रूपनराजेन

शब्दार्थ—जलधर ज्वाला=मेघ गर्जन और विद्युतपात। नरि=नदी। भागे=भाग्यवशात्।

[५२०]

मालवरागे—

सून सङ्केत निकेतन आइलि।
सुमुखि विमुखि[१] भेलि।
मन मनोरथ बानी[२] लागलि।
रजनि[३] निफले गेलि ॥ ध्रु० ॥
सुन सुन हरि राही[४] परिहरि
की फल पाओल तोहे।
उचित छाड़ि अनुचित करसि
गेले[५] न करिअ कोहे ॥
वारिस[६] बसि[७] निरी सर[८] धारा
धरि[९] जलधर कोप।
तरुण[१०] तिमिर दिग न जानए
अहि सिर[११] गए रोपि ॥
विद्यापतीइत्यादि ॥

ने० पृ० १६ (क), प० ३९, पं० १

पाठभेद—

मि० म० (प० सं०३६१) १ विमुखा २ वाणी ७-८ बसिल वीसर
सु० झा० (प० सं० ३८) ६-८ वारि सरसि नरी सब
परि० पद० (प० सं० ३८) ४ राहि ९ धरिअ १० तरुन

सं० मन्तव्य—३ रअनि ४ राहिजे ५ गेलें ६ वारिसं ७ बसिअ १०तरुन ११ सिरें

शब्दार्थ—विमुखि=म्लान मुख, निराश। बानी=वह्नि, आग। राहिजे=राधिका को। वारिसं बसिअ=पानी के भराव से उभड़ी हुई। धरि=धारण कर लिया है। अहि सिरे=साँपों के सर पर। रोपि=सहारा लेकर, रखकर।

[५२१]

धनछीरागे—

लहुँ[१] कए[२] बोललह[३] गुरु बड[४] भार[५]
दुत्तर[६] रजनि[७] दूर[८] अभिसार।

बाट भूअङ्गम उपर[९] पानि
दुहु कुल अपजस अङ्गिरल जानि[१०] ॥ध्रु०॥
तोरे बोले दूतो[११] तेजल[१२] निज[१३] गेह
जिव सञो[१४] तौलल[१५] गरुअ सिनेह ।
दसमि दसा हे बोलब की[१६] तोहि
अमिअ[१७] बोलि विष[१८] देलए[१९] मोहि ॥
परनिधि हरलए[२०] साहस तोर
के जान कओन[२१] गति करबए[२२] मोर ॥
भनइ विद्यापतीत्यादि ॥

ने० पृ० २४ ख, प० ६६; पं० ३

पाठभेद—

ने० प० (में पुनरुक्त पृ० ३३, प० ९२ प० ३) चरण-क्रम उपर्युक्त पद के चरण यहाँ क्रमशः ७, ८, १, २, ५, ६, ९, १०, २ और ३ सरे चरण पर आए हैं। ३ कहलह ५ भाग ६-८ मुदमर रजनी दुर १० आनि ११ दुती १२ तेज

न० गु० (प० सँ० २५४) चरण-क्रम—चौथे चरण के बाद क्रमशः ९, १०, ५, ६, और ८ वें चरण हैं। १-३ लहु कय कहलह ४ तर ६ दूतर **१४** सजो १७ **अमिय १८** बिख १९ देलहे २० हरलह २१ कओन

मि० म० (प० सं ३२१) चरणक्रम न० गु० सदृश। ने० प० के क्रम का पाद टिप्पणी में उल्लेख। २ कय ४ तर ६ दुतर १४ सयँ १८ बिख १९ देलहे २० हरलय **२१** कओन। पुनः ने० प० ९२; प० सं० ३२२ पर उद्धृत, जिसमें, ६ अन्तर भर ८ दूर ११ दूती १२ तेजल; पाठभेद है।

सु० झा (प० सं० ६०) ४ तर। पुनः ने० प० ९२ प० सं० ८६ तद्वत् पुनरुक्त।

परि० पद (प० सं० ६१) ९ ऊपर ११ दुति १६ कि १९ देलएँ २० हरलएँ २२ करवए। पुनः ने० प० ९२; प० सं० ८७ पर तद्वत् पुनरुक्त।

सं० मन्तव्य—७ रअनि ९ ऊपर १३ निज १५ तउलल १९ देहलए

शब्दार्थ—लहुँ कए=हलका, अत्यन्त साधारण करके। दूत्तर=दुर्गम। जिव···सिनेह=गम्भीर प्रेम को प्राणों से तौला अथवा प्रेम को प्राणों से महत्वपूर्ण आँका। दसमि दसा=मृत्यु।

[५१२]

अहिरानीरागे—

मधु रजनी सङ्गहि खेपबि
कत कति छलि आस।
बिहि विपरीते[1] सबे बिघटल
रह रिपुजन हास॥ ध्रु०॥
हे[2] सुन्दरि कान्हु[3] न बूझ[4] विसेष[5]।
पिसुन[6] वचने उचित बिसरि
अपद हो[7] निरपेष[8]॥
कत गुरुजन कत परिजन
कत पहरी जाग।
एतहु साहसे मञो[9] चलि अइलिहु[10]
हेन[11] छल अनुराग॥
भनइ विद्यापतीत्यादि॥

ने० पृ० ५८ (क), प० १६३; पं० ४

पाठभेद—

न० गु० (प० सं० ४९६) ३ कन्त ५ बिसेख ६ पिशुन ८ निरपेख १० अइलिहुं ११ एहन।

मि० म० (प० सं० ३६८) ३ कान्त ४-५ बुझ बिसेख ७-८ अपदहो निरपेख ११ ये हेन

सु० झा (प० सं० १५०) ४ बुझ ७ अपदहि

परि० पद० (प० सं १५२) १ विपरीतें २ पाठाभाव ३ कान्ह ५ बिसेख ७ निरपेख ९ मोञ १० अइलिहुँ

सं० मन्तव्य—१ विपरीतें ५ विसेख ८ निरपेख १० अइलिहुँ ११ एहन

शब्दार्थ—खेपबि=व्यतीत करूँगी। आस=आशा। हास=हँसी-ठट्ठा, व्यंग्य बचन। बिसरि=भुलाकर। अपद=अनुचित रूप से। निरपेख=निरपेक्ष, कटे-कटे। एहन=ऐसा।

[५१३]

गुञ्जरीरागे—

आदरि[1] आनलि[2] परेरि नारी
कता कठिन दुतर तारी।

गेले सम्भव तोहहु[3] तंहा[4]
एखने पलटि जाएब कंहा[5] ॥ ध्रु० ॥
न कर माधव हेनि उकुती[6]
पुनु पठाबए चाहिअ दूती।
आनि[7] बिसरिअ[8] भावक भोरा
गरुअ नीलज मानस तोरा ॥
हाथक रतन तेजह कोहे[9]
के बोल नगर नागर तोहे[10] ।
भनइ विद्यापतीत्यादि ॥

ने० पृ० ८१ ख, प० २२८; पं० ५

पाठभेद—

न० गु० (प० सं० ५१८) ६ उकती

मि० म० (प० सं ४५७) १ आदरे

सु० झा (प० सं० २०७) ८ बिसारिअ

परि० पद० (प० सं० २०८) २ आनलि ३ तोहहुँ ४ तहाँ ५ कहाँ ७ आनि ९
९ कोहें १० तोहें

सं० मन्तव्य—परि० पद० सदृश ।

शब्दार्थ—कता=कितना ही। तारी=पार कर। गेल…तहाँ=अभिसार स्थल पर उसके पास जाने से संभव है। एखने…कहाँ=अब इस समय निष्फल लौट कर कहाँ जाऊंगी। उकुती=उक्ति, कथन। आनि बिसरिअ=लिवा लाकर भुलाते हो। के बोल=कौन कहता है ?

[५२४]

श्रीराग—

तुअ अनुराग लागि सअल[1] रअनि[2] जागि
तरु तरं[3] तीन्नलि रामा[4] रे।
अलक तिलक मेटि केआदल[5] भरि
लिहि गेल अपनुक नामा रे ॥ ध्रु० ॥
चल चल माधव बुझल सरुप सब
वचन आन[6] फल आन[7] रे।

जे नहि[7] फले[8] निरबाहए पारिअ
से बोलि कथि लागी।
से न करिअ जे[9] पर[10] उपहासए
धाए मरिअ बरु आगी॥
जिवओ जाए जग..................

राम० पृ० २२, प० ६८ पं० ३

पाठभेद—

ठाकुर (प० सं० २९) ३ तल ४ वामा

मि० म० (प० सं० ८१२) ३ तल ४ वामा ५ केअ दल ७-८ जेनहि फले ९-१० जेपर

परि० पद० (राम० प० सं० ३१) राम० पु० सदृश।

सं० **मन्तव्य**—(i) प्रस्तु पद अन्त में खण्डित है इसके बाद आदि में खण्डित एक पद के कुछ चरण हैं किन्तु वे भिन्न पद के ही हैं।

(ii) १ सगर २ रजनि ३ तरें ५ केआदल परि ६ आन

शब्दार्थ—तीर्न्तलि=भींग गई। अलक⋯वामा रे=वह अपने तिलक से केले के पत्र पर अपना नाम लिख कर चली गई। कथि=क्यों ?

[५२५]

(आगू)[1] दीप[2] पाछु गेलि लाज
पथं[3] चलले बिसरलहूँ न काज।
जमुन तीरें[4] सओ समन्दल मान
कैसन[5] कए की बुझत[6] अआन[7]॥ ध्रु०॥
ए सखि आबे[8] बोलब हमे[9] जानि
कपटिहिँ निकट[10] तुलओलह[11] आनि[12]।
निअ[13]पिअ[14] पेम हेम सम हारि
अङ्गिरिअ कामिक दुहु कुल गारि॥
पलटि जाइते घर बड[15] बलहीन
अबे सबे किछु भेल तोर अधीन।
विद्यापति भन सुन वरनारि
धैरजे[16] तरुनि[17] तिरोहित[18]गारि॥

राम० पृ० ४८ (क), प० १६२, पं० १

पाठभेद—

ठाकुर (प० सं० ३४) १-२ पाए तक ८ आओर की बलबह से १०-११ निकटओ लओलह १३-१४ निअमिअ १५ बड़

मि० म० (प० सं० ३६६) १—२ पाए तक ३ पथ ४ तीर ६ बुझल ८ आओर १०-११ निकटओ लओलह १३-१४ निअमिअ १५ बड़ १७ तरुणि

परि० पद० (राम० प० सं० ४३) ५ कइसन ७ अआन १२ आनि १३ निअ १६ धैरजें

सं० मन्तव्य—१६ धइरजें १८ तिरोहति । शेष परि० पद० सदृश ।

शब्दार्थ—आगु दीप=दीपक का प्रकाश आगे हुआ । समन्दल मान=मानवती होने का सम्वाद भेजा, ताकि मनाने के बहाने ही सही आवें तो । अआन=अनाड़ी । तुलओलह=ला पहुँचाया । निअ…पेम=अपने पति का सोने सा प्रेम । तिरोहति=मिटाती है ।

(५२६)

जागल जामिक जन चउदिस गरज घन
सासु नहि तेजए गेहा रे।
तइओ[1] से चललें[2] बुधिबले कउसले[3]
एत बड़ तोहर सिनेहा रे।।
ए हरि, तोहर थैरज जत से सबे[5] कहब कत
धनि गेलि सून संकेता[6] रे।
जदि[7] न अएला हे तोहे[8] धनि से कहलि कोहे[9]
थोइआ गेलि मालति माला रे।।
सगर रअनि[10] जागि तुअ दरसन लागि
तरु तर तितलि[11] बाला रे।
भनइ विद्यापति सुन बर जउवति
नीन्द जगइते[13] सन्देहा रे।।

ताल, न० गु०; प० ३०७

पाठभेद

मि० म० (प० सं० ३६५) २ चलल ३ कउसल ५ सब १३ जगइत

परि० पद० (त०, प० सं० ९८) १ तइअओ ६ सङ्केता ७ जब ८ तोहें १० रअनि ११ तीतलि

सं० मन्तव्य (i) इस पद के ९-१० चरण राम० पृ० २२ पद ६८ के १-२ (प्रस्तुत संस्करण प० स० ५२४) चरण से मिलते हैं (ii) २ चललए ४ थइरज ८ तोजे ९ कोहें १० रजनि ११ तीन्तलि

शब्दार्थ—जामिक जन=पहरेदार। थइरज=स्थिरता, जड़ता, दीर्घ सूत्रिता। थोइया=रख कर।

[५२७]

तुअ बिसवासे[1] कुसुमे भरु सेज।
वसन्तक रजनी[2] चाँदक तेज॥
मन उतकण्ठित[3] कतए न धाब।
दह दिस सुन[4] नयन[5] भमि आब॥
हरि हरि हरि[6] तुय[7] दरसन लागि।
नागरि रयनि[8] गमाउलि[9] जागि॥
सुपुरुस[10] भए नहि करिअए रोस[11]।
बड़ भए कपटी इ[12] बड़ दोष[13]॥
भनइ विद्यापति गरुबि बोल।
जे कुल राखए सेहे अमोल॥

ताल, न० गु०; प० ५११

पाठभेद—

मि० म० (प० सं० ३५७) ३ उतकठित ४ सून ७ तुअ १३ दोस

परि० पद० (त०, प० सं० १५९) १ विसवासें ४ सून ७ तुअ ८ रजनि १० सुपुरुष ११ रोष १२ ई

सं० मन्तव्य—१ विसवासें २ रअनी ४-५ सून नअन ६ पाठाभाव ७ तुअ ८-९ रजनि गमाओलि १२ ई १३ दोस

शब्दार्थ—तेज=प्रकाश, दिव्य प्रभा। उतकण्ठित=चाह भरा। बड़ भए=महान होकर।

[५२८]

पएरहि[1] अयलहुँ[2] तरनि तरङ्ग[3]।
पगु[4] लागल[5] कत[6] सहस भुजङ्ग[7]॥
निशिथ[8] निशाचर[9] सञ्चर[10] साथ।
भाग[11] न मोहि[12] केओ[13] धयलन्हि[14] हाथ॥
एत[15] कय[16] अयलहुँ[17] जीव उपेखि[18]।
तइओ[19] न भेल[20] मोहि माधव देखि[21]॥

तनि[२२] नहि पढ़लन्हि[२३] मदनक रीति[२४]।
पिसुन[२५] वचन कयलन्हि[२६] परतीति[२७]॥
दूती दम्पति दुअओ अबोध।
काज आलस[२८] दुहु परम विरोध॥
भनहिं[२९] विद्यापति सुन वर नारि।
धैरज[३०] धै[३१] रह[३२] मिलत मुरारि॥

ग्रियर्सन, प० २०

पाठभेद—

ब्र० न० सहाय (अभिसार प० सं० ६) ३ तरंग ७ भुजंग ८-९ निसिथ निसाचर १० संचर ११-१३ आगन केओ नहि १५ यत १८ उपेख २० भेला २१ देख २८ अलस २९ भन ३१ धय ३२ रहु

न० गु० (प० सं० ३०५) १-२ पइरि मोजे अइलिहुँ ४-६ पथ लाँघल साए ८-९ निसि निसाचर १३-१४ केहु धइलिहु १६-१७ कए अइबिहुँ १९ तइअओ २२ तन्हि २३ पढ़लि २४ रीत २५ पिसुनक २६ कइलि २७ परतीत २९ भनइ ३१ कए

मि० म० (प० सं० ३६३) मूल पाठ न० गु० सदृश तथा पाद-टिप्पणी में ग्रियर्सन का पाठ उद्धृत

सं० मन्तव्य—१-२ पएरिजे अएलिहुँ ४-५ पथु लाङ्घल ८ निशीथ ११-१४ भागें न केओ मोर धएलन्हि १६-१७ कए अइलिहुँ १९ तइअओ २० भेल मोजे २६ कएलन्हि २८ काजे आलसें २९ भनइ ३०-३१ धइरज धए

शब्दार्थ—पएरिजे=पैर, तैर कर। तरनि [=तनूजा]=यमुना। पथु लाङ्घल=मार्ग में डाँक गई। निशीथ=चन्द्रमा। भागें=सौभाग्य से। उपेखि=उपेक्षा करके, परवाह न कर। दम्पति=यहाँ प्रियतम मात्र के लिए प्रयुक्त।

[५२९]

श्री राग—

बड़ें[१] मनोरथें साजु अभिसार
पिसुन नअन[२] बारि।
काज न सोझल तते[३] रहल[४]
हमे अभागलि नारि॥ध्रु०॥
साजनि हमर दिवस दोस।

गरुअ[५] पुरुब[६] पाप पराभव[७]
कओनकँ[८] (क)रब[९] रोस ॥
न घर गेलुहु[१०] न पर भेलुँहुँ[११]
न पुर हृदअ[१२] साध ।
अधाहि[१३] पथ ससी हसि[१४] ऊगल
तें[१५] भेल गमन बाध ॥
मोरें आसें पिआसल माधव
होएत मो बड[१६] पाप ।
सिव सिव सिव जाओ दूर[१७] जिव
सहए के पार सन्ताप ॥
आपदँ अधिक धैरज[१८] करब
धैरज[१८] सबँ[१९] उपाय ।
भन विद्यापति होएत मनोरथ
हरि रहु मन लाए ॥

राम० पृ० १२ (क), प० ३७, पं० ४

पाठभेद—

ठाकुर (प० सं० ९) १ बड़ें ४ बहल ६ पुरुष ८-९ कओने करेव ११ भेलहुँ १५ तें १६ बड़ १७ दुर १९ सबें

मि० म० (प० सं० ३६२) १ बड़ें २ नयन ४ बहल ५-६ गुरुअ पुरुब ७ पराभवि ८-९ कओन करेब १० गेलहु ११ भेलहुँ १२ हृदय १६ बड़ १९ सबें

परि० पद० (राम०, प० सं० ९) २ नअन १० गेलिहुँ ११ भेलिहुँ १४ हँसि

सं० मन्तव्य—२ नअन ३ ततअे ९ करब १० गेलिहुँ ११ भेलिहुँ १३ आधहि पथे १४ हँसि १५ तअे १८ धइरज

शब्दार्थ—ऊझल=सिद्ध हुआ। ततअे=वहीं। कओनकें=किसके प्रति। आपदँ=विपत्ति में।

[५३०]

बरली रागे—

बिरला कें[१] भल खिरहर सोम्पलह[२] दूध रहलि[३] अछ डाढी[४]।
दधि दुध घोरें घीव सओं खए (ल)कँ सगरि रअनि सुखे खएलक[९] काढ़ी[१०] ॥ध्रु०॥
चेतन[११] अबहुँ न चेतह अपाने ।

अपुनक कुगति अपने नहि जानह की उपदेसत[१२] आने[१३]।
बटइ[१४] गराँ[१५]मुर[१६] बान्धि पठओलह[१७] भानस तेलक माझे[१८]।
तेहि बिरलवाजे[१९] मुख सुखें[२०] खाएल राति दिवस दुहु साझें॥
मुन्दहर धर मुन्दहरिआ कएलह मूस मान सब छाडी[२१]।
काटि संखारी[२२] खण्डें खण्डें कएलक सबे (धन) धएलक[२३] गाडो[२४]॥
घेङ्गुल[२५] बान्धि पटोराँ[२६] धएलह अइसनि तुअ परिपाटी।
पतरागी जञो[२७] खण्डे खण्डे कएलक मुखसुखें[२८] हललक[२९] काटी।
गोबरें बान्धि बीछ[३०] घर मेललह एकर होएत परिनामे[३१]।
राजा सिवसिंह रूपनराएन[३२] लखिमा देवि[३३] रमाने॥

राम० पृ० २१ (क), प० ६४; पं १

पाठभेद—

ठाकुर—(प० सं० २४) १ के ३ बहलि ४ डाढो ६-७ सञो खएक १० काढो ११ जतन १२-१३ उपदेस अआने १५-१६ गराँम्बर २० मुख मुखें २१ छाड़ी २२-२३ संखा बिख······वेधएलक २४ गाडी २८ मुष मुख ३२ रूपनरायन

मि० म० (प० सं० ८३) १ के ३-४ बहलि अच्छ डाढो ६-७ सओखएक ९-१० खएलक काढ़ी ११ जत न १२-१३ उपदेस अआने १५-१६ गराम्बर १८ माझे १९ बिरल बाजे २० सुख मुखे २१ मानु सब छाड़ी २२····२३ संखा बिख···बेध प्रलक २४ गाड़ी २५ घेन्गुल २६ पटो वाँ २७ जओ २८-२९ मुस मुखे हतलक ३० बीच्छ ३१ परिणामे ३२ रूपनरायण

परि० पद० (राम०, प० सं० २६) १३ आने ३२ रूपनराजेन

सं० मन्तव्य—२ सोंपलह ५ घोरि ८ रजनि १३ आने २७ पठाओलह २६ पटोराजे २८ मुख सुखें ३२ रूपनराजेन ३३ देइ

शब्दार्थ—बिरला=बिलाव। खिरहर=छतरी। चेतन=सयानी, व्यंग्य से। बटइ=बटेर। मुर=मूड़ी। भानस=रसोई घर। मुन्दहर=ढका रहने वाला। मूस मान=चूहे की बिल। पतरागी=पेटू। बीछ=बिच्छू। संखारी=पिटारी। घेङ्गुल=तेल चट्टा। पटोरा=रेशमी।

[५३१]

मलारी—

दुहुक[१] अभिमत एक न मिलले[२]
दूती के अपराधे।

आन आन खने[३] सङ्केत भुलाएल
दुहुक मनोरथ बाधे ॥ध्रु०॥
तरुणी कहओ[४] कहा
सफल[५] भेले[६] अभिसार।
राधा नयन[७] जरद[८] जओ[९] बरिसए
कन्हायी रहल लजाई[१०]।
दूती अपन चतुरपन खाएल
चारिम कहहि न जाई[११] ॥
दूअओ[१२] परम बेआकुल मानस[१३]
जसु[१४] राधा तसु कान्ह।
एक मनोभव परिभवदाता
दुअहु समहि समधान ॥
भणइ[१५] विद्यापति एहु रस जानए
रायनि[१६] मह रसमन्ता।
सिवसिंह राजा रूपनराजेन[१७]
राए[१८] सिवसिंह[१९] लखिमा देवि[२०] कन्ता ॥

राम० पृ० ११४; प० ३९९; पं० ३

पाठभेद—

ठाकुर (प० सं० ६९) १ दुहुक २ एक न मिलने ६ भेने १० न जाई १४ जस १५ भनइ १८-१९ पाठाभाव २० देवी

मि० म० (प० सं० १०६) २ एकन मिलने ३ घने ५-६ सकल मेने १० न जाइ ११ जाइ १२ दुअओ १३ मानल १७ रूपनराएन। शेष ठाकुर सदृश।

परि० पद० (राम०, प० सं० ७६) ३ आन आन खने ४ कहओ ७ नअन ८ जलद ९ जओ १५ भनइ १६ राअनि १७ रूपनराजेन १८-१९ पाठाभाव।

सं० मन्तव्य—४ 'कहओ कहा' के अनन्तर कुछ पाठ छूटा हुआ है। पाठभेद परि० पद० सदृश।

शब्दार्थ—अपराधे=अपराध से, कुटिलता से। सफल भेले=सफल होने पर ही। चतुरपन खाएल=चतुराई खा गई, भूल गई या अपनी चतुराई से दोनों को खा लिया। समधान=सन्धान, लक्ष्य बेधकर पराहत कर रहा है।

[५१२]

धनछीरागे—

हृदयक[१] कपट भेल नहि जानि
पर पेअसि हे[२] देलि[३] हमे[४] आनि।
सुपुरुष वचन समय[५] बेबहार
खतखरिआ[६] दए[७] सीचसि[८] खार ॥ध्रु०॥
आबे[९] हमे[१०] कान्ह बोलब की बोल
हाथक रतन हराएल[११] मोर।
कके परतारलि[१२] नागरि नारि
वचन कौसल छले[१३] देव मुरारि॥
पलटि पठाबह[१४] तन्हिके ठाम
केओ जनु माधव बसए[१५] कुगाम[१६]।
हरि अनुरागी त ठमा[१७] जाह
से आबे अपन मनोरथ चाह॥
लघु कहिनी भल कहइते आन[१८]
देले पाइअ के नहि जान॥
भनइ विद्यापतीत्यादि॥

ने० पृ० ३४ (क), प० ९४; पं० ५

पाठभेद—

मि० म० (प० सं० ३६७) १ हृदय २-४ देलिह ६-७ खत खरि आदए १२ परतारणि १५-१६ धसएह गाम १७ तठमा

सु० झा (प० सं० ८८) ६ खत खरिआ १७ तठमा

परि० पद० (प० सं० ८९) १ हृदअक ४ हमें आनि ५ समअ ६ खत-खड़िआ ८ सींचसि १० हम ११ हेराएल १३ छलें १७ तहमा १८ आन

सं० मन्तव्य—२ पाठाभाव ९ अब १३ कउसल छलें १७ त ठामे। शेष परि० पद० सदृश।

शब्दार्थ—खत खरिआ=खांडे [या खुखड़ी] का घाव देकर। खार=नमक। परतारलि=प्रताड़ित किया, छला। त ठामे=उसी स्थान को।

[५३३]

कानल रागे—

नारङ्गि छोलङ्गि कोरि कि बेली
कामे पसाहलि आचर[१] फेली ।
आबे[२] भेलि ताल फल तूले
कँहा[३] लए जाइति अलप मूले ॥ ध्रु० ॥

से कान्ह से हमे से धनि राधा
पुरुअ पेम न[४] करिअ[५] बाधा ।
जातकि केतकि सरसि (ज)[६] माला
तुअ गुन गहि गाथए[७] हारा ॥

सरस निरसि[८] तोह[९] के बुझावे[१०]
कहा[११] लए बूलति[१२] भेलि बिमाने ।[१३]
सरस कवि विद्यापति गाबे
नागर नेह[१४] पुनमत[१५] पाबे ॥

ने० पृ० ६३ (क), प० १७६, पं० ५

पाठभेद—

न० गु० (प० सं० ४०८) ८ निरस १२ चलति १५ पुनमति

मि० म० (प० सं० ४१३) ४ ना ६ सरसि ८ निरस १२ चलति

सु० झा (प० सं० १६०) १२ बलति १३ विभाने

परि पद० ((प० सं० १६२) १ आँचर २ से आबे ३ कहाँ ५ करिअए ७ गांथए ८·१० निरस के बुझ तोह जाने ११ कहाँ १४ नागरि नेहा

सं० मन्तव्य—४-५ पेमे न करिअ ९-१० तोजे के बखाने । शेष परि० पद० सदृश ।

शब्दार्थ—छोलङ्गि=डाभ, बड़ा जंगली नीबू । कोरि=बेर । बेली=छोटा श्रीफल । अलप=थोड़े । केतकि=छोटा केवड़ा । सरस···बखाने=उसकी सरसता-नीरसता के विषय में तुम्हें कौन बताएगा ? बूलति=घूमेगी । विमाने=सम्मान रहित होकर ।

[५३४]

कोलाररागे—

रसिकक सरबस नागरि बानि
भल परिहर न आदरि[1] आनि[2]।
हृदयक[3] कपटी बचन[4] पिआर[5]
अपने रसे[6] उकठ[7] कुसिआर[8] ॥ ॥ ध्रु० ॥
आबे कि बोलब सखि बिसरल जे ओ[9]
तुअ रुपे[10] लुबुध मही नहि के ओ।
पएर पखाल रोषे[11] नहि खाए
अन्धरा हाथ भेटल दुर[12] जाए॥
तञो जे कलामति ओ अबिवेक
न पिब सरोज अमिञ[13] रस भेक।
अकुलिन सञो[14] यदि[15] कए सदभाव
तत कए कतए चतुरपन फाब॥
ओकरा[16] हृदय[17] रहए[18] नहि लागि[19]
सुनलछ[20] कतहु जूड हो आगि[21]॥
भनइ विद्यापतीत्यादि॥

ने० पृ० ६६ (क), प० १८४, पं० १

पाठभेद—

न० गु० (प० सं० ५१२ ताल०) २ आनि ४ बचने ५ पियार ६ रसें ७ उकट कुसियार ६ देओ १० रूपे १२ हर १३ अमिय १५ जदि १६ तोहरा १८-१९ न रहले खागि २०-२१ कतए सुनल अछ जुड़ि हो आगी। और अन्तमें भणिता—

"भनइ विद्यापति सह कत साति। से नाहि विचल जकरि जे जाति॥"

मि० म० (प० सं० ४५३) ११ रोसे १४ सयँ २० सुनए। शेष पाठ न० गु० के अनुरूप

सु० झा (प० सं० १६७) ने० प० सदृश।

परि० पद० (प० सं० १६६) १ आनि ३ हृदअक ४ वचने ६ रसें १० रुपें ११ पखारि रोषे १७-१९ हृदअ न रहले लागि

सं० मन्तव्य— १ आदरें १० रूपें १५ जदि १७ हृदअ। शेष परि० पद० सदृश

शब्दार्थ—बानि=स्वभाव, सहज रूप। आदरें=आदर से। पिआर=प्यारा। अपने···कुसिआर

—ईख जैसे अपने रस से ही उकठ जाए। रूपे लुबुध—रूप से मुग्ध हुआ। अन्धरा···जाए—अन्धे (ज्ञान शून्य) के हाथ में आई वस्तु भी पुनः खो जाती है। भेक—मेढक। लागि—लगन, प्रेम की उत्कट इच्छा।

[५३५]

कोलाररागे—

निसि निसिअर[१] भम भीम भुअङ्गम[२]
गगन गरज घन मेह[३]।
दुतर जौअुन[४] नरि से आइलि बाहु पैरि[५]
एतबाए[६] तोहर सिनेह[७] ॥ध्रु०॥
हेरि[८] हल हसि समुह[९] उगओ[१०] ससि
बरिसओ अमिअक[११]धारा[१२]।
कतनहि[१३] दुरजन कत जामिक जन
परिपन्तअ[१४] अनुरागे।
किछु न काहुक डर[१५] गुनल[१६] जुवतिवर
एहि पर[१७]कि ओ[१८]अभागे[१९] ॥
भनइ विद्यापतीत्यादि ॥
ने० पृ० ७३, प० २०५, पं ५

पाठभेद—

न० गु० (प० सं० ५२२) ४ जअुन ६ एतबा ७ नेह ११ अमिअक १२ धार १३ कत नहि १४ परिपन्थिअ १५ भर १६ सुनल १७-१८ परकिओ

मि० म० (प० सं० ३३१) २ भुजङ्गम ३ मेघह ४ जअुन ५ तरि ९-१० समूह उगय १३ कत नहि १४ परिपन्थिअ १६ सुनल १७-१९ परकिओ अभावे

सु० झा (प० सं० १८६) १ निसि अर ३ मेघह

परि० पद० (प० सं० १८८) ४ जअुन ५ तरि ८ आबे हेरि १४ परिपन्थिअ

सं० मन्तव्य (i) ध्रु० के बाद संभवतः एक चरण छूट गया है। प्रथम पंक्ति की समानता प्र० सं०, प० सं० ५०० और ५०५ में देखें।

(ii) ८ हेरि हल हसि हसि १७-१८ परओ कि। शेष परि० पद० सदृश

शब्दार्थ—घन मेह—बादल कड़क के साथ गर्जना करते हुए। समुख—सम्मुख। जामिक जन—पहरेदार। एहि परओ कि अभागे—इस पर भी क्या वैसा दुर्भाग्य ही रहेगा?

[५३६]

जसु मुख सेवक पुनिमक चन्दा।
नअनक[१] नेओछन नव अरविन्दा॥

अधर निमाल मधुरि फुल थाका।
तोंहे[२] कके[३] पाउलि[४] अमिअ[५] सलाका॥

आइलि कलावति तुय[६] रति साधे।
तोहे[७] परिहरलि कओन[८] अपराधे॥

भऔहक अनुचर मनमथ चापे।
पिक पञ्चम परिपन्थि अलापे[९]॥

जा सओ[१०] बिहुसि दरस अनुरागे।
अनल[११] झाँप ते[१२] कएल पआगे॥

अनुभवि भङ्गुर भाव तोहारे।
संसअ न तेजए हृदय[१३] हमारे॥

की से अनागरि कि तोंहे[१४] अकामी।
सहज तोहर वा परजन्तगामी॥

भनइ विद्यापति न बोल सन्देहा।
सुपुरुस[१५] वचन पसानक[१६] रेहा॥

नृप सिवसिंह[१७] देव एहु रस जाने।
सौभागे[१८] आगरि लखिमा देइ[१९] रमाने॥

ताल, न० गु०, प० ५१३

पाठभेद—

मि० म० (प० सं० १५४) १ नयनक २-३ तोहें कके ५ अमिअ ६ तुअ ८ कओन ९ अलापे १० सयँ १२ झांपते १४ तोहें १७ सिवसिंघ

परि० पद० (त०, प० सं० १६१) १ नअनक २-३ तोहें कके ६ तुअ ९ अलापे १० सओ बिहुँसि १५ सुपुरुष १६ पषानक १९ दे

सं० मन्तव्य—१ नअनक २-५ तोंहे कके पाओलि अमिअ शलाका ६ तुअ ७ तोअ १४ तोअे १६ पषानक १८ सउभागे १९ पाठाभाव

शब्दार्थ—नेओछन—नोंछन। निमाल—निर्माल्य, पूजनोपरान्त। परित्यक्त पुष्प। थाका—है

शलाका=पेंसिल या कूँचो। अमृत से गढ़ी देह यष्टि। साधे=अभिलाष से। परिपन्थि=प्रतिद्वन्द्वी। अलापे=वार्त्तालाप, वचन। अनल···पआगे=उसने मानो प्रयाग तीर्थ में अग्नि में कूदकर अगले जन्म में उसे पाना चाहा। परजन्तगामी=अन्त में जाने वाला।

[५३७]

वचन रचन दए आनलि राही।
अवसर जानि बिसरलह[१] ताही॥
तोंहे[२] बड़ नागर ओ बड़ि भोरी।
अमिय[३] पियओलह[४] विष[५] सौं[६] घोरी॥
चल चल माधव भल तुअ काजे।
जत बोललह तत सकल बेआजे॥
सुपुरुख[७] जानि कएल बिसवासे।
के पतिआएत फुलल अकासे॥
पुरुख[८] निठुर हिअ[९] परिचय[१०] भेल[११]।
परधन लागि निजओ दुर गेल[१२]॥
निअ[१३] मने न गुनल न पुछल केओ।
अपन[१४] चरन अपने देल छेओ॥
भनइ विद्यापति एहु[१५] रस जान[१६]।
राए सिवसिंह लखिमा देइ[१७] रमान[१८]॥

ताल, न० गु०, प० ५१७

पाठभेद—

मि० म० (प० सं० १५५) १ बिसलहु २ तोहें ५ बिस ९ हिय १४ अपना १५ एह

परि० पद० (त०, प० सं० १६२) २ तोहें ३ अमिअ ६ सओ ७ सुपुरुष ८ पुरुष ११ भेला १२ गेला १३ निअ १६ जाने १७ दे १८ रमाने

सं० मन्तव्य—२ तोंमे ३ अमिअ ४ पिअओलह ६ सओ ७ सुपुरुष ८ पुरुष १० परिचअ १३ निअ १४ अपना १७ दे

शब्दार्थ—वचन रचन=बनाचोना कर बातें करके। अमिअ···घोरी=ऊपर से देखने में तो अमृत दिया किन्तु उसके भीतर विष भी पिला दिया। के पतिआएत=अन्यथा कौन विश्वास करता? छेओ=काटने का आघात।

[५३८]

ओतए छलि[१] धनि निअ[२] पिअ[३] पास।
एतए आइलि धनि तुअ बिसवास॥
एतए न ओतए एकओ नहि भेलि।
मदने आनि[४] आहुति कए देलि॥
सुन सुन माधव बचन हमार।
पाउलि निधि परिहरए गमार॥
तुअ गुन मंन कहि कत अनुरोधि।
निअ[५] पिअ[६] लग सौं[७] आनल[८] बोधि॥
एहन[९] सिथिल बुझल तुअ नेह।
आबे अनितहु[१०] मोहि होइति[११] सन्देह॥
ए' बेरि[१२] जदि परिहरबह आनि[१३]।
आनहु[१४] तेजब अभिसारक बानि॥
भनइ बिद्यापति सुनह मुरारि।
धनि परितेजिअ दोस[१५] बिचारि॥

ताल, न० गु०, प० ५१६

पाठभेद—

मि० म० (प० सं० ४६९) ३ पिय ६ पिय ७ लगसौं ८ आनलि ९ एहना १० अनितुहु १४ अनहु १५ दोष

परि० पद० (त०, प० सं १६३) १ (अ) छलि ४ आनि ७ सओ ८ आनलि ७ सओ ८ आनलि ९ अइसन १० अनितिहुँ ११ होइत १२ जे बेरि ११ आनि १४ आनहु १५ दोष

सं० मन्तव्य—१ अछलि २ निज ४ आनि ५ निज ७ सओ ११ होइत १४ ओनहू

शब्दार्थ—ओतए अछलि=वहां पर थी। लग सओ=पास से। एहन=ऐसा। ओनहू=वे भी या आनहु=दूसरे भी।

[५३९]

सारङ्गीरागे—

कुसुम बोलि केश परिहल[१] हार
काजरे[२] रज्जु[३] पयोधर[४] भाल।

ऐसने[5] (भूखन[6] परि[7]) हन लाग[8]
आरति जानल अधिक अनुराग ॥ ध्रु० ॥
कान्हु[9] हे (आजु[10]) सकल सुखसार[11]।
आइति राधा फलल अभिसार ॥
कुसुमसरासने साजलि के[12] (लि)[13]
दुलभ अछलि सुलभ भए गेलि।
पुनु पुनु[14] कन्त कहओ[15] करे जोरि
तत राखब जत आनिअ बोलि ॥
एक दिस जीवन अओका[16] दिस पेम
(गुञ्जा[17]) ए तौलि[18] चढाओल[19] हेम।
हठे[20] न धरल कर वचन हमार
आरति धस दए भेलि जौन[21] पार।
सरस अनुराग बुझ[22] यदि केव[23]
अभिमत भन अभिनव जयदेव[24]।
रसमय रूपनरायन[25] जान
राए सिवसिंह लखिमा दे[26] रमान ॥

राम० पृ० १८, प०, ४०९, पं० ५

पाठभेद—

ठाकुर (प० सं० अंकित नहीं है) ३ बण्डु ९ कान्तु १२ को १८-१९ एतौ निचा ओटाओल हेम २६ दे। ६, ७, १०, १३, १७ पाठाभाव

मि० म० (प० सं० १०७) १४ पुन पुन १५ कहओ १६ अओक २० हटे २६ देवि। शेष सभी ठाकुर सदृश।

परि० पद० (राम०, प० सं० ८७) २ काजरें ५७ अइसन भूखन परिहन २० हठ २५ रूपनराओन

सं० मन्तव्य—१ पहिरल २ कारें ४ पओधर ५ अइसन ७ पहिरन १२-१३ केलि १६ अओकाँ १७ गुज्जाएँ १८ तउलि २० हठें न धर २१ जउनि २२ जदि २३ केओ २४ जयदेओ २५ रूपनराओन

शब्दार्थ—केश···हार=हार को फूलों की जगह केश में पहन लिया। रञ्जु=रंग लिया। अइसने=उसके इस प्रकार के अव्यवस्थित आचरण से। गुञ्जाएं=घुंघची से।

[५४०]

मालवरागे—

झटक झाटल छाड़ल[1] ठाम। कएल महातरु तर बिसराम ॥
ते[2] जानल जिव रहत हमार। सेष[3] डार[4] टुटि पळल[5] कपार ॥ध्रु०॥
चल चल माधव कि कहब जानि। सागर अछल थाह भेल पानि ॥
हम[6] जे अनओले[7] की भेल काज। गुरुजने परिजने होएतओं[8] हे[9] लाज ॥
हमरे वचने जे[10] तोहहि विराम। फेकलेओ चेप पाब पुनु ठाम ॥
भनइ विद्यापतित्यादि ॥

ने० पृ० १३ (क), प० ३२, पं० ५

पाठभेद—

न० गु० (प० सं० ३४९) १ छोड़ल ५ परल ८ होएत

मि० म० (प० सं० ४३५) १ छोड़ल ३ सेस ५ पलल ८ होएत

सु० झा (प० सं० ३१) ने० प० सदृश

परि० पद० (प० सं० ३१) १ झाँटल छाड़ल २ तञे ४ डारि ६ हमें ७ अनओलें ९ पाठाभाव १० जञो

सं० मन्तव्य—२ तञे ६ हमे अनओलञे १० जञों

शब्दार्थ—झटक झाटल=झाँटा (तूफान) से प्रताड़ित। सेष=अन्त में। सागर···पानि=जिसकी महिमा समुद्र सी अथाह थी वह भी थाह योग्य, अत्यल्प गहरा, छिछला हो गया। अनओले=बुलवाया। फेकलेओ···ठाम=फेंका-पवाँरा हुआ पुनः आश्रय पा लेगा।

[५४१]

धनछीरागे—

ताके निवोदिअ[1] जे मतिमान
जनलहि[2] गुण[3] फल के नहि जान।
तोरे वचने कएल परिछेद
कौआ[4] मूह[5] न[6] भनिअए वेद ॥ध्रु०॥
तोहे[7] बहुबल्लभ हमहि[8] अज्ञानि
तकराहुँ कुलक धरम भेलि हानि ॥
कएल गतागत तोहरा लागि
सहजहि रयनि[9] गमाउलि[10] जागि।

धन्ध बन्ध[11] सफल[12] भेल काज
मोहि आबे तन्हि की कहिनी लाज[13] ॥
दूती वचन सबहि[14] भेल सार
विद्यापति कह कवि कठहार[15] ॥
ने० पृ० (क), प० १११; पं० २

पाठभेद—

न० गु०—(प० सं० ५१५) २ जलहि ३ गुन ५ मुह १२ सकल १५ कण्ठहार

मि० म०—(प० सं० ३५४) २ जलहि ३ गुन ५-६ मुहन १३ लाभ १५ कण्ठहार

सु० झा (प० सं० १०५) २ जलहि

परि० पद० (प० सं० १०६) २ जनलहिँ ३ गुन ५ मूँह ७ तोहेँ ८ हमहिँ ९ सहजहिँ रजनि ११ धन्धेँ बन्धेँ १४ सबहिँ

सं मन्तव्य—१ निवेदिअे ४ कउआ १० गमाओलि। शेष० परि० पद० सदृश।

शब्दार्थ—निवेदिअे=निवेदन करे। जनलहि=ठीक से ज्ञान होने पर ही। परिछेद=परिच्छेद, प्रस्तावना। भनिअए=बोला जाता। धन्ध···काज=कार्य धोखाधड़ी के रूप में ही सफल हुआ अर्थात् सफलता के स्थान पर छल-प्रपञ्च ही हाथ लगा। तन्हि···लाज=उनकी कथा स्मरण करते मुझे लज्जा होती है।

[५४२]

आसावरी रागे—

वारिस निसा मझे[1] चलि अइलिहु[2]
सुन्दर मन्दिर तोर ।
कत अहि[3] मही[4] देहे दमसल
चरणे[5] तिमिर घोर ॥ ध्रु० ॥
निज सखि मुख सुनि सुनि कहु
बिस[7] पेम तोहार ।
हमे अबला सहए न पारल
पचसर[8] परहार ॥
नागर मोहि मने अनुताप ।
कएलाहु[9] साहस सिद्धि न पाबिअ
अइसन हमर पाप ॥

तोह सन पहु गुननिकेतन
कएल[११] मोर निकार।
हमहु[१२] नागरि सबे सिषाउबि[१३]
जनु कर अभिसार ॥[१४]
केलि कुतुहर[१७] दुरहि रहओ
दरसनहुँ[१८] सन्देह ।
जामिनि चारिम पहर पाओल
बरु[१९] जाओ[२०] निज गेह ॥
मोरिओ सह[२१] सहचरि जानति
होइति इ[२२] बडि[२३] साति ।[२४]
बिहि निकारुण[२५] परम दारुण[२६]
मरओ[२७] हृदय[२८] फाटी[२९] ॥
भनइ[३०] विद्यापतीत्यादि[३१] ॥

ने० पृ० ५१, प० १४५; पं० १

पाठभेद—

न० गु० (प० सं० ४८२ ताल०) २ अएलिहु ३-४ महि अहि ५-६ कहबसि १० सिधि ११ कएलह १३ सिखाउबि । १४ के बाद अतिरिक्त पाठ है→"कत न नागर गुनक सागर सबे न गुनक गेह । तोह सन जग दोसर नाहि[१५] तें[१६] हमें लाओल नेह ॥" १७ कुतूहल १८ दरशनहु १९-२० आबे जाओ २१ सब २३-२४ बड़ि साटि २५ निकारुन २६ दारुन २७ मरओ २९ फाटि । तब भणिता→"भने[३०] विद्यापति सुनह जुवति आसा न अवसान । सुचिरे जीवओ राए सिवसिंह[३१] लखिमा देवि[३२] रमान[३३] ।

मि०म० (प० सं० १०८) ५ चरने १५ नहि १६ तें १९-२० आब जाओं ३० भन ३१ सिवसिंघ ३२ देइ । शेष न० गु० सदृश

सु० झा (प० सं० १३४) १७ कुतूहल २१ स(ा)हस २२ ई

परि० पद० (प० सं० १३५) १ मोञ अइलिहुँ ३-४ महि अहि ५ चरने ६ कह ८ पंचसर १० सिधि १३ सिखाउनि १५-१६ नाही तञे १७ कुतूहल २२ ई २५ निकारुन २६ दारुन २८-२९ हृदअ फाटि ३२ देइ । शेष अधिक पाठ न० गु० सदृश ।

सं० मन्तव्य—८ पञ्चसर ९ कएलाहुँ १० सिद्धि १२ हमहुँ । शेष परि० पद० सदृश ।

शब्दार्थ—महि अहि-देहे दमसल=पृथ्वी पर साँपों के शरीर को रौंद दिया। (या 'अहि मही'

पाठ संभवतः 'साँप बाँप' की भाँति भी गृहणीय है।) बसि=बश में हुई। परहार=प्रहार। अनुताप=क्षोभ, दुःख। निकार=निरादर पूर्वक भगा देना। हमहु'''अभिसार=मैं भी नागरिकाओं को सिखाऊँगी कि वे अब अभिसार न करें। बरु जाओ=बल्कि अब लौट ही जाऊँ। साति=सजा।

[५४३]

बरलीरागे—

सुनि सिरिखँड[१] तरु ते[२] मञो[३] गमन करु
तेजत[४] विरहक[५] तापे।
आरति अएलाहु[६] मञो कुभिलएलाहु[७]
के जाने[८] पुरुब कओन[९] पापे ॥ध्रु०॥
माधव तुअ मुख दरसन लागी।
बेरि बेरि आबञो[१०] उतर न पाबओ[११]
भेलाहु[१२] विरह रस भागी॥
जतहु[१३] तेजल गेह सुमरि तोहर नेह
गुरुजने जानब[१४] ताबे।
एतए[१५] निठुर हरि जाएब कमने[१६] परि[१७]
ततहु अनादर आबे[१८]॥
भनइ विद्यापतीत्यादि॥

ने० पृ० ८७, प० २४१, पं० ३

पाठभेद—

न० गु० (प० सं० ४७१ ताल०) १ सिरिखण्ड २-३ से सुनि ४-५ छाड़त मदन तनु ६-७ अइलिहु तें कुम्मिलइलिहु ८ जान ९ केर १० आबओं १२ पाबओं १३ जखने १४ गुरुजन जानल १५-१८ तोहें सुपुरुस पहु हमे तओ भेलिहु लहु कतहु आदर नहि आबे

मि०म० (प० सं० ४४९) न० गु० सदृश। ने० प० का पाठभेद पादटिप्पणी में।

सु०झा (प० सं० २२१) ५ विरह कलापे

परि० पद० (प० सं० २२२) १ सिरिखण्ड ३ मोञ ६-८ अइलिहुँ ते कुम्हिलइलिहुँ ९ केर १२ भेलिहुँ १३ जखने १६ कओने

सं० मन्तव्य—२ तञे ६ अइलिहुँ ७ कुम्हिलइलिहुँ १२ भेलिहुँ १३ जतहि १४ जानल १६ कओने

शब्दार्थ—सिरिखंड=श्रीखण्ड चन्दन। तेजत=छुड़ादेगा। जतहि=ज्यों ही। गुरुजन=परिवार के वरिष्ठ लोग। एतए···हरि=इतना कुछ हो चुका, अब हे निष्ठुर कृष्ण। कओने परि=किस विधि।

[५४४]

घन घन गरजये,[१] घन मेह बरिखये[२] देश[३] दिश[४] नाहि[५] परकासा।
पथ विपथहु चिन्हये[६] ना पारिये[७] कोन[८] पुरये[९] निज आसा॥
माधव आज, आयलु[१०] बड़ बन्धे।
सुख लागि आयलु[१०] बहु दुख पायलु[११] पाप मनोमथ सन्धे॥
कण्टक पङ्कये[१२] दुय हाम[१३] तोरलु जलधर बरिखए माथे।
जत दुख पायलु[११] हृदय[१४] हाम जानुलु काहाके[१५] कहब दुख बाते॥
लाभ कि[१६] लोभे दुतर तरि आयलु[१०] जीउ रहल पुन भागि।
हेरइते ओ[१७] मुख विसुरल सब दुख ए नेह[१८] काहु जानि लागि॥
भनये[१९] विद्यापति सुन वरयुवती[२०] इह सुख वो पय[२१] जान।
राजा सिवसिंह रूपनारायन[२२] लछिमा देइ परमान॥

पं० बाबाजी, प० सं० ११७

पाठभेद—

मि० म० (प० सं० १०६) उपर्युक्त सदृश।

सं० मन्तव्य—१ गरजए २-५ बरिखए दसदिस नहिँ ६ चिन्हए ७ पारिअ ८-९ कओने पुरए १० आइलु ११ पाइलु १२-१३ पङ्कए दुओ हम १४ हृदअ १५ केहि के १६ लाभक १७ तुअ १८ अस नेह १९ भनइ २० वरजउवति २१ केओ पएलुँ २२ रूपनराजेन

शब्दार्थ—कओने पुरए=किस विधि पूर्ण हो। बड़बन्धे=बड़ी कठिनाई से। सन्धे=प्रभिसन्धि, सरसंधान से आहत हो। तोरलु=तोड़कर पार हुई। पुन भागि=पुण्य और भाग्य के प्रभाव से।

[५४५]

शङ्कुक नाट—

गगन गरज घन[१] जामिनि घोर
रतनहु[२] लागि न सञ्चर[४] चोर।
ओहना[५] तजि अएलाहु[६] निअ[७] गेह
अपनँहु[८] न देखिअ अपनुक देह॥

तिलाएक माधव परिहर मान
तुअ लागि संसञे[9] परल परान।
दुसह जमुना नरि ऐलिहु[10] भाँगि[11]
कुचजुग तरल तरनि तँ[12] लागि॥
देह अनुमति[13] हे जुझयो[14] पचबान[15]
तोहे[16] सन नगर नागर नहि आन[17]।
भनइ विद्यापति नारि[18] सोभाव
अपुनक अभिमत उकुति बुझाव[19]॥
राजा रूपनराएन[20] जान
राए सिवसिंह[21] लखिमा देइ[22] रम(ा)न॥

रागतरङ्गिणी, पृ० ११६-११७

पाठभेद—

न० गु० (प० सं० ४७७) १ मेघा २ रतनहुँ ४ सञ्चरु ५ ऐहना ६ अएलाहुँ ७ निअ ८ अपनहु ९ संसय १०-११ अइलिहु भागि १२ ता १३ अनुमति १४-१५ जुझओ पंचबान १६ तोंहे १८ नारी १९ जनाब १९ रूपनरायन २८ रमान

मि० म० (प० सं० १२८) २ रतनहुँ ५ ऐहना तेजि १० ऐलिहु १५ पँचबान १६ तोंहे २१ सिवसिंघ २२ रमान। ६, ७, ८, ९, १३, १४, और १८ न० गु० सदृश।

परि० पद० (रा० त०, प० सं० ५०) ५ असना ६ अइलिहुँ ८ अपनहुँ ९ संसअ १० अइलिहुँ १२ ताँ १३ अनुमति १४-१५ जुझओ पँचबान १६ तोहँ १७ आन २० रूपनराञेन २१ दे

सं० मन्तव्य—२ रतनहुँ ६ अइलिहुँ ८ अपनेहुँ १० अइलिहुँ १२ तञे १३ अनुमति १४-१५ जुझओ पँचबान १६ तोञ १७ आन २० रूपनराञेन २२ रमान

शब्दार्थ—रतनहु लागि—मणि रत्न के लिए भी। ऐहना—ऐसी दशा में भी। भाँगि—चीरते हुए, पारकर। तरनि तञे लागि—नौका से लगकर, के सहारे।

[५४६]

निअ[1] मन्दिर[2] सौं[3] पअ[4] दुइ चारि।
घनहन[5] बरिस मही भर वारि॥
पथ पीछर[6] बड़ गरुअ नितम्ब।
खस[7] कत बेरि[8] नही[9] अवलम्ब॥

बिजुरि छटा दरसाबए मेघ।
उठए चाह जलधारक थेघ॥

एकगुने[10] तिमिर लाख गुने[11] भेल।
उतरहु दखिन भान दुर गेल॥

ए हरि जानि[11] करिअ मोके[12] रोस।
आजुक विलम्ब दइब दिअ दोस॥

ताल, न० गु०; प० ३०३

पाठभेद—

बेनीपुरी (प० सं० १२०) मंदिर सएँ पद ५ घन घन ७ खसु ९ न किछु १० गुन ११-१२ करिअ मोहि जनि

मि० म० (प० सं० ८३२) ३ सयँ ४ पग ५ घन घन ७ खसु ८-९ बेरी नहीं १० गुन १२ मोयँ

परि० पद० (त०, प० सं० ९७) १ निअ ३ सओ ६ पीछड़ ७ खसु १० गुन

सं० मन्तव्य—१ निअ ३ सओ ७ खसु १२ मोजे

शब्दार्थ—घनहर=घनघोर, मूसलाधार। पीछर=फिसलन भरा। जलधारक थेघ=इस अति वृष्टि में बस सहा । लेने के लिए जल धार की ही टेक लेकर उठना चाहा। दइब=भाग्य विधाता।

[५४७]

माधव जगत के नहि जान।
आरति आकुल जओ केओ आबए
बड़[1] कर समधान॥
हमें[2] जे[3] भाविनि भादव[4] जामिनि
अएलाहु[5] जानि सुठाम।
तोहे[6] सुनागर गुनक आगर
पूरत सकल काम॥
कत न[7] मन मनोरथ अछल
सबे निवेदब तोहि।
पुरुब पुने परीनति पओलाहे
पुछि[8] न पुछह[9] मोहि॥
हमे हेरि मुख विमुख कएलह

मन बेआकुल भेल।
तोहे[१०] जओ परे हीत उदासिन
जूग पलटि न भेल॥
एत सुनि हरि हसि[११] हेरु धनि
कयलन्हि[१२] सोर[१३]सदान[१४]।
तखने सुन्दरि पुलके[१५] पूरलि[१६]
कवि विद्यापति भान॥

ताल; न० गु०, प० सं० ५२७

पाठभेद—

मि० म० (प० सं० ४७१) २-३ हमे ये ४ भादर १३-१४ सो रस दान

परि० पद० (त०, प० सं० १६६) ५ अइलाहुँ ६ तोहें ७ कतन ८ पूछि ९ पूछह १० तोहें ११ हँसि १२-१४ कएलन्हि सोरस दान १५-१६पुलकें पूरलि

सं० मन्तव्य—-१ बड़ जन ४ भादर १३-१४ सो रस दान। शेष परि० पद० सदृश

शब्दार्थ—सुठाम=हितकर स्थान। परीनति पम्रोलहे=परिणाम में पाया। हीत=हित। सो रस=अभीप्सित आनन्द।

[५४८]

अबहु[१] राजपथ पुरजन जागि[२]। चाँद[३] किरन जग मण्डल[४] लागि[५]॥
सहए[६] न पारए नव नव देह[७]। हरि हरि[८] सुन्दरि पड़लि[९] सन्देह[१०]॥
कामिनि कएल[११]कतहु[१२] परकार। पुरुसक[१३] वेशे कएल[१४] अभिसार॥
धम्मिल[१५]लोल झोँट कए बन्ध[१६]। पहिरल[१७] वसन आन करि छन्द॥
अम्बर कुच नहि सम्बरु[१८] भेल[१९]। बाजन-जन्त्र[२०] हृदय[२१] करि लेल॥
अइसए[२२]मिललि[२३]धनि कुञ्जक[२४]माझ[२५]। हेरि न चिह्नइ[२६]नागरराज॥
हेरइत माधव पड़लन्हि[२७] धन्द[२८]। परशिते[२९]भाङ्गल[३०] हृदयक[३१]दन्द॥
विद्यापति कह तब[३२] किये[३३]भेलि। उपजल कत कत मनमथ केलि॥

प० त०, १०१२

पाठभेद—

प०त० की एक अन्य पोथी में अन्त के चरणों का पाठ है—कसिद कनयापोम कुन्दन हेम। तुलना दिवारे नाइ ए दोहार प्रेम। दोहे दोहा निरखिते दोहे दोहा भूले। गोविन्द दास चिते निरवधि झूरे।

कीर्त्तनानन्द (प० सं० ४००) भणिता—'भनइ विद्यापति सुनवर नारि। दूध समुदजनि राजमरालि। शेष प० त० सदृश।

ब्र० न० सहाय (अभिसार, प० सं० १४) १ अबहुँ २ जाग ३ चांद ४-५ मंडल लाग ६-७ सान्ति रहति नहि नूतन देइ ८ हेरि हेरि ९ पड़ल १० सँदेह ११-१२ कयल कतय १३-१४ पुरुषक बेस कयल १५ धमिल १७ परिहन १९ गेल २० बाजनयन्त्र २२-२३ ऐसन मीलल २४-२५ कुंजक मांझ २६ चीन्हइ २९-३० परसित मांगल ३२-३३ कीये

न० गु० (प० सं० ३११) **मि० म०** (प० सं० ९२२) प० त० सदृश

बेनीपुरी (प० सं० ११६) ४ नभमंडल ७ नेह ७० संदेह १३-१४ पुरुषक बेसें कयल १६ बंध १८ सम्बरि २२ अइसे २४ कुंजक २६ चीन्हए २७-२८ पड़ला धन्द २९-३० परसइत माँगल। भणिता कीर्त० सदृश।

सं० मन्तव्य—(i) इस पद के भाव एवं भाषा में पर्याप्त परिवर्तन किया गया प्रतीत होता है यद्यपि प० त० का जो अन्य पाठ मिलता है उसकी भाषा इससे सर्वथा भिन्न है जो इस में खप नहीं पाती अतः गोविन्द दास कृत इसे नहीं माना जासकता। (ii) १ अबहुँ १३-१४ पुरुषक बेसेँ कएल २१ हृदअ २९ परसितेँ ३१ हृदअक ३३ किए

शब्दार्थ—जगमण्डल=समूचे जगत पर। बाजन यन्त्र=वाद्य यन्त्र। धन्द=दुविधा।

[५८९]

सहचरी[१] बात धयल[२] धनि श्रवने। हृदय[३] हुलास कहत[४] नहि बचने॥
सहचरि समुझल मरमक बात। सजाओल जइसे[५] किछु[६] लखइ न जात॥
स्वेताम्बरे[७] तनु आवरि देलि। बाहु पवन गति सङ्गे करि लेलि॥
जइसन[८] चांद[९] पवने चलि जाइ। ऐसन[१०] कुञ्जे उदय[११] भेलि राइ॥
कानु धरल[१२] जब राहिक हात[१३]। बैसल[१४] सुबदनि कह लहु बात॥
कुचजुग परसे[१५] तरसि[१६] मुख मोर। भनइ विद्यापति आनन्द ओर॥

बटतला की पोथी, न० गु० २५८

पाठभेद—

मि० म० (प० सं० ६३७) उपर्युक्त सदृश।

सं० मन्तव्य—(i) प्रस्तुत पद की भङ्गिमा एवं भाव देखते हुए इसके विद्यापति कृत होने में सन्देह है। (ii) १ सहचरि २ धएल ३ हृदअ ४ कहए ५-६ अइसे ७ सेताम्बरेँ

८-९ जइसने चान्द १० तइसने ११ उदअ १२ धएल १३ हाथ १४ बइसलि १५ परसे॑ १६ तरासे॑

शब्दार्थ—आबरि—आवरण । तरासे॑—भय वश ।

[५५०]

मालवरागे—

हृदय[१] तोहर जानि नहि[२] भेला
परक[३] रतन आनि[४] मत्रे[५] देला ।
कएल[६] माधव हमे[७] अकाज
हाथि मेराउलि[८] सिंह-समाज ।। ध्रुवं ।।
राखह[९] माधव मोरि[१०] विनती
देहे[११] परिहरि[१२] पर-युवती[१३] ।
चुम्बने नयन[१४] काजर गेला
दसने अधर खण्डित भेला ।।
पीन पयोधर[१५] नखर[१६] मन्दा
जनि[१७] महेसर सरद[१८] चन्दा ।
न मुख बचन तन[१९] चित थीरे
कापए[२०] घनहन[२१] सबे[२२] सरीरे[२३] ।।
घर गुरुजन दुजन[२४] शङ्का[२५]
न[२६] गुनह[२७] माधव मोहि कलङ्का ।
भने[२८] बिद्यापति दूती[२९] भोरि[३०]
चेतन गोपए[३१] गुपुति[३२] चोरि[३३] ।।

ने० पृ० १, प० १, पं० १

पाठभेद—

राम० पु० (पृ० १३ (क) प० ४०, पं० ३) १ हृदअ २ न ३ आनक ८ मेलाउलि ९ राख १३ जुवती १४ नअन १५ पओधर १६ नखरें १८ सेखर १९ न मन २० काम्प २५ सङ्का २६-२७ अओलह २९ तञे दुति ३० भोरी ३२-३३ बिकत चोरी

ब्र० न० सहाय (प्रथम मिलन दर्शन, प० सं० २४) २ न ५ मों ६ कयली ७ हमहि ९ राखहु १० मोरी ११-१३ देहू परिहरि पुरजुबती १७ जनिय १८ सीखर १९-२३ न चित

थीर। कपि घनहने सबै सरीर २४-२५ अरु दुरजन सङ्का २८-३३ कवि विद्यापति भान। आनक बेदन नह[१४] बुझे[१५] आन।

न० गु० (प० सं० १८२ ताल०) २ न ५ मोजे १२ परीहरि १३ जुवती १८ शिखर १९ न २० काँप २४-२५ दुरजन सङ्का ३४-३५ मइ बुझ। शेष भणिता ब्र० न० सदृश

मि० म० (प० सं० २९३) २ पाठमाव ११ देह १८ सिखर २९ दूती ३१-३२ गोपये गूपति। भणिता अंश को छोड़ शेष पाठभेद न० गु० सदृश।

सु० झा० (प० सं० १) १६ नखर (रेख) १८ सरद (शेखर) १९ न २४ (दु) र जन २६ पाठाभाव २७ गुनह (लओलह) ३२ गुपुति (बेकत)

परि० पद० (प० सं०१) १ हृदअ ४ जानि ५ मोजे ८ मेलाउलि ९ राख १३ जुवती १४ मबन १५-१६ पओधर नखरें १९ न मन थीरे २० काँपए २४ दुरजन २६-२७ लओल्ह ३२-३३ बेकत चोरी

सं० मन्तव्य--६ कएलह ६ राहख १८ सिरअ १९ न २२ सबए २८ मनइ। शेष परि० पद० एवं राम० पु० के अनुकूल।

शब्दार्थ—अकाज=व्यर्थ। परिहर=छोड़ना। महेसर सिरअ चन्दा=शिव के सिर पर दूज का चांद। गोपए=छिपाता है। बेकत=व्यक्त।

[५५१]

मालवरागे—

पुरल[१] पुर परिजन पिसुन[२]
जामिनि[३] आध अन्धार[४]।
बाहु पैरि[५] हरि पलटि जाएब
पुनु[६] जमुना[७] पार॥
ओ[८] कुले[९] कुलकलङ्क डराइअ
ओ[१०] कुले आरति तोर।
पिरिति लागि पराभव सहिअ[११]
इथि[१२] अनुम[१३] मोरि॥ध्रु०॥
माधव[१४] तेज भुज गीमपास[१५]।
जानब[१६] कन्ते[१७] दुरन्त के[१८] जाएत[१९]
अछि[२०] होएत उपहास[२१]॥
एत[२२] बोलि मोर गोचर धरब[२३]

राषबि[२४] दुअओ लाज[२५]।
मनाहु[२६] मुह[२७] मलान न करब
होएत पुनु समाज ॥
जगत कत न जुव जुवजन[२८]
कत न लाबए पेम।
बापु[२९] पुरुष[३०] विचेखन[३१] बोलिअ[३२]
जे जिन्ह[३३] आएस[३४]हेम[३५] ॥
भालमु[३६] समन्दि[३७] चलु[३८] ससिमुखि[३९]
कवि विद्यापति भान।
निकृति[४०] नेह निमेषेओ[४१] बहुत
नइछछ छैले[४२] ओ जान[४३] ॥

ने० पृ० ८ (क) प० १९; पं० ५

पाठभेद—

न० गु० (प० सं० २६० ताल०) उपर्युक्त पद के १२ वें से १५ वें चरण; १६ वें से १९वें चरण के स्थान पर हैं; और १६वें से १९वें चरण; १२वें से १५ में के स्थान पर। अन्त के चार चरण नहीं हैं। २ पिसुने ४ अंधार ८ एँ ९ कुल १० ओ ११ सबह १३ अनुमति १४ कान्हा १५ गिमपास १६-१७ पहु जानले १८-१९ बाढ़त २० पाठाभाव २१ रे उपहास २२-२३ गोचर एक मोर पए राखब २४ राखबि २६-२७ कबहु मुख २८ जुवतो ३१-३२ बिचखन चाहिअ ३३-३५ कर आँगिल खेम

मि० म० (प० सं० ६१) ३ जामिनी ८ ए १० ओ ३६-३९ बालम्भु समदि चललि बाला ४०-४३ इ रस राणि लखिमावल्लभ राए सिवसिंघ जान। शेष न० गु० सदृश।

सु० भा (प० सं० १९) ६ पुनु (हम) १३ अनु (मति) २० बड़ २६-२७ मला (न) हु २८ जुव-जुव (ती) ४२-४३ न इ छछ छैलओ जान

परि० पद० (प० सं० १६) १ पूरल २ पिसुने ५ तरि १३ अनुमति १५ गिमपास २४ राखबि २८ जुवति जुव जन २९ बापू ३० विचम्खन ३६ बालभु

सं० मन्तव्य—१ पूरल २ पिसुने ५ पएरि १२ इथी १३ अनुगति १८ दुरन्तजे २२ एत बोलिजे २४ राखबि २८-२९ मुह मनहुँ ३०-३१ विचखन होइअ ३६ बाल्मभु ३७ समन्दिएँ ४२ छइल

शब्दार्थ—ऐ कुले……तोर=जमुना पारकर इस पार तुम्हारे पास आने पर कुल कलङ्क का डर लगता है और उस किनारे रह जाने पर तुम्हारी बिछोह पीड़ा सताती है। अनुगति=परिणति, दशा। दुरन्त=दुष्परिणाम। गोचर=इन्द्रियार्थ, विभिन्न इन्द्रियों का अभिलाष। आएस (आयस)=लोहा। निकृत=शठ नायक [यदि सुकृत या स्वीकृत अर्थ निष्पन्न हो तो गाम्भीर्य आ जाय।—सं०] नइछठ=निछक्का।

[५५२]

मालवरागे—

वालि[१] विलासिनि जतने आनलि[२]
रमन करब राषि[३]।
जैसे[४] मधुकर कुसुम न तोल[५]
मधु पिब[६] मुख माषि[७] ॥ ध्रु० ॥
माधव करब तैसनि[८] मेरा।
बिनु हकारेओ[९] सुनिकेतन[१०]
आबए दोसरि बेला[११] ॥
सिरिसि कुसुम[१२] कोमल ओ[१३] धनि
तोहहु[१४] कोमल कान्ह[१५]।
इङ्गित उपर[१६] केलि जे करब
जे[१७] न पराभव जान ॥
दिने[१८] दिन दून[१९] पेम बढाओब[२०]
जैसे[२१] बाढ सिसु[२२] ससी[२३]।
कौतुकहु[२४] किछु वाम न बोलब
निउर[२५] जाउबि[२६] हसी[२७] ॥
भने विद्यापतीत्यादि ॥

ने० पृ० १२, प० ५७, प० ४

पाठभेद—

ब्र० न० सहाय (प्रथम मिलन और दर्शन, प० सं० ४१) ३ राखी ५ तोड़े ७ पीवे मधुमाखी ९-११ हँकार तुय निकेतम आवय, जेहि मों दोसरि बेरा १२ कुसुम सम १३ ऊ १४ तोहंहु १५ कान १६ ऊपर १७ जे, जे १८ दिन १९ दूनों २० बढ़ाउब २२-२३ बाढसि ससी २५-२७ परथम मील हंसी

न० गु० (प० सं० १४२) १ वारि ३ राखि ९-१० हकारे तुअ निकेतन ११ बेरा १९ दूने २० बढ़ाओब २२-२३ बाढ़सि सुससी निअर

मि० म० (प० सं० २८९) ३ राखि ११ बेरा १२ सिरिस कुसुम २२-२३ बाढ़सि सु-ससी

सु० झा० (प० सं० ५२) ५ तोळ ९-१० हकरें तोहरनिकेतन ११ बेळा २५ निडर

परि पद० (प० सं० ५३) १ वारि ३ राखि ४ जइसे ५ तोड़ ७ माखि ८ तइसनि ११ बेरा १६ ऊपर १९ दुने २४ कउतुकहु २५ निअर २७ हसी

सं० मन्तव्य—३ आनलि ६ पिबए १४ तोहहुँ २५ निअरे। शेष परि० पद० सदृश।

शब्दार्थ—राखि=संजोकर। हकारेओ=बुलाने पर भी। सुनिकेतन=सुगेह, मिलन स्थल।

[५५३]

धनछीरागे—

जलधर अम्बर[1] रुचि परिहाउलि[2]
सेत सारङ्ग कर वामा।
सारङ्ग वदन[3] दाहिन कर मण्डित
सारङ्ग गति चलु रामा॥ ध्रु०॥
माधव तोरे बोले आनलि[4] राही।
सारङ्ग भास पास सञो[5] आनलि[6]
तुरित[7] पठाबह ताही॥
शम्भु[8] घरिणि[9] बेरि आनि[10] मेराउलि[11]
हरि सुत-सुत धुनि भेला।
अरुणक[12] जीति तिमिर पिडि[13] उगल[14]
चान्द[15] मलिन भए गेला॥
भनइ विद्यापतीत्यादि॥

ने० पृ० ५० (क), प० १४२, पं० ५

पाठभेद—

न० गु० (प० सं० ३१८) १-२ रुचि अम्बर पहिराउलि ३ अदन ४ आनल ७ तोरित ८-९ सम्मु घरिनि १२ अरुनक १३ पिबि १५ चन्द

मि० म० (प० सं० ३२५) १ पहिराउलि ३ अदन ४ आनल ५ सयँ ८-९ सम्भु घरिनि १२ अरुनक १३-१४ पिड़ि ऊगल १५ चाँद

सु० झा (प० सं० १११) ने० प० सदृश

परि० पद० (प० सं० १३२) १३-१४ पिबि ऊगल

सं० मन्तव्य— १ अम्बरें २ पहिराओलि ४ आनलि ६ आनलि ८-९ सम्भु घरिनि ११-१२ आनि मेराओलि १२ अरुनक

शब्दार्थ—जलधर……पहिराओलि=बादल जैसी कांति वाला [नीलाम्बर] पहनाया। सेत=श्वेत। सारङ्ग=कमल।

[५५४]

कानलरागे—

अरुण[1] लोचन घूमि घुमाओल[2]
जनि रतोपले[3] पवन[4] पाओल[5]।
आकुल चिकुर[6] आनन[7] झापल[8]
जनि तमचाञे[9] चान्द[10] चापल ॥ध्रु०॥
माधव कैसे[11] जाइति वासा
देषि[12] सखीजन हो उपहासा।
नख[13] दोष[14] देखल[15] कुच कर[16] तल[17]
कमले झापि[18] कि हो कनकाचल ॥
फूजलि[19] नीवी आनि[20] मेराउलि[21]
जनि सुरसरि उतरे[22] धाउलि[23]।
सुकवि[24] भने विद्यापति गाओल[25]
इरस रूपनराएणे[26] पाओल ॥

ने० पृ० ६१, प० १७३; पं० ४

पाठभेद—

न० गु० (प० सं० २६६) १ अरुन २ घुमाएल ३-४ रतोपल पवने ६-७ चिकुरे वदन ९ तमचाजे १० चाँद ११ ककें १२ देखि १३-५ नखखत देअल १६-१७ सिरीफल १८ झाँपि १९ फुजलि २४ पाठाभाव २५ कौतुक गाओल २६ राए सिवसिंह। चरण क्रम—उपर्युक्त पदके ९, १० वें चरण ७,८ वें पर तथा ७-८ वें; ९,१० वें पर हैं।

मि० म० (प० सं० ६६) ११ ककें। शेष न० गु० सदृश।

सु० झा (प० सं० १५८) ४ पवने ५ पालोल ९ तमठाञे १४ खत १५ देषल

परि० पद० (प० सं० १६०) ६ चिकुरे ७-८ आनन झाँपल १० चान्द चाँपल ११ कइसे १५ देखल २५ कउतुक गाओल । शेष न० गु० सदृश ।

सं० मन्तव्य—१ अरुन ४ पवने ६ चिकुरें ८ झाँपल १० कइसे १२ देखि १४ खत १८ झाँपि २० आनि २१ मेराओलि २२-२३ उतरें धाओलि २६ रुपनराजेन

शब्दार्थ—रतोपले=लाल कमल को। तमचाजे=अन्धकार समूह से। नख...कनकाचल=नायक की हथेली के नीचे स्थित पयोधरों पर नखक्षत दिखाई देता है, लगता है जैसे कमल [हथेली] से सुमेरु [पयोधर] ढँका हो।

[५५५]

गुन्जरीरागे—

परक पेअसि[१] आनलि[२] चोरी
साति अङ्गिरलि आरति[३] तोरो।
तोहि नही डर ओहि न[४] लाज
चाहसि सगरि निसि[५] समाज ॥ध्रु०॥
राख[६] माधव राखहि[६] मोहि
तुरित[७] घर पठाबह ओहि।
तोहे[८] न मानह हमर बाध
पुनु दरसन होइति साध ॥
ओहओ[९] मुगुधि जानि न जान
संशय[१०] पलल[११] पेम परान।
तोहहु[१२] नागर अति गमार
हठे[१३] कि होइअ[१४] समुद पार ॥
भनइ विद्यापतीत्यादि ॥

ने०पृ० ८१, प० २२७, पं० १

पाठभेद—

न० गु० (प० सं० ३१९) २ आनलि ५ निशि ६ राखह ११ पड़ल १४ होइह

मि० म० (प० सं० २६४) १-२ पेयसि आनल ६ राखह १० संसअ १४ होइह

सु० झा (प० सं० २०६) – ३ आइति ४ नहि ७ तुरित (हि) ९ ओहोओ

परि० पद० (प० सं० २०७) ६ राखह ८ तोहे १० संसअ ११ पड़ल १२ तोहहुँ १३ हठें

सं० मन्तव्य—२ आनलि ३ आरतिँ। शेष परि० पद० सदृश।

शब्दार्थ—पेअसि=प्रेयसी। बाध=बाधा, मना करना। संसअ…परान=प्रेम निभाए या प्राणों की चिन्ता करे? इसी संशय में पड़ी है।

[५५६]

ललितरागे—

रयनि[१] समापलि फुलल सरोज
भमि भमि भमरी भमरा षोज[२]।
दीप मन्दरुचि[३] अम्बर[४] रात
जुगुतिहि[५] जानल भए गेल परात।।ध्रु०।।
अबहु[६] तेजह पहु मोहि न सोहाए
पुनु दरसन होत[७] मोहि[८] मदन दोहाए।
नगर राख नारि मन[९] रङ्ग
हठ कएले पहु हो रस भङ्ग।।
तत करिअए[१०] जत फाबए चोरि
परसन[११]रस लए न[१२]रहिअ अगोरि[१३]।।
भनइ विद्यापतीत्यादि।।

ने० पृ० ९१, प० २५५, पं० ५

पाठभेद—

न० गु० (प० सं० २६१) २ खोज ९ मान

मि० म० (प० सं० ४८२) १ खोज ३ मन्दरुचि ७ होउ ९ मान १० करिअ ११ परसन १३ आगोरि

सु० झा (प० सं० ७३४) ५ जुगुतहि

परि० पद० (प० सं० २३५) १ रअनि २ खोज ५ जुगुतिहिँ ६ अबहुँ ७ पाठाभाव

सं० मन्तव्य—१ रअनि २ खोज ४ अम्बरे ५ जुगुतिहिँ ६ अबहुँ ७-८ होब

शब्दार्थ—मन्दरुचि=शोभाहीन, निस्तेज। अम्बरे=आकाश पर, व्यतीत होने को। रात=रात्रि अथवा, रक्त, लाल। पर सन=दूसरे से।

[५५७]

धनछीरागे—

पावक सिखा निच[1] न धावए
उंच[2] न जा[3] जलधारा।
तत से पए अबस करए
जकर जे बेवहारा॥ ध्रु०॥
माधव गरुबि[4] आरति तोरि।
निअ[5] मने जदि आगु न गुनल
कइलि रे बिथा[6] मोरि॥
कत न बासर पलटि आबिह
कति न होइह राती।[7]
पर दोस[8] दए तिरिबध लए
कओन[9] से[10] पुरुष[11] जाती।[12]
ओ नवि नागरि निसा सगरि
सुरत अवधि गेला।
नाह निरदए[13] अरुन[14] उदअ[15]
उपसम नहि भेला॥

राम० पृ० ११०, प० ३८७, पं० ३

पाठभेद—

ठाकुर (प० स० ५६) २ ऊँच १०-१२ पेखब सजाती १३ निरदय

मि० म० (प० सं० ८०६) ४ गुरुबि ६ बथा ९-१२ कओन पेखब सजाती १३-१५ निरदय अरुन उदय

परि० पद० (राम०, प० सं० ६५) १ नीच २ ऊँच ५ निज ८ दोष ११ पुरुष १३ निरदय

सं० मन्तव्य—७ राति १२ जाति। शेष परि० पद० सदृश।

शब्दार्थ—गरुबि=बहुत बड़ी। आगु न गुनल=भविष्य का सोच-विचार न किया। दोस दए=दोष दे। कओन···जाति=पुरुषों में ऐसा कौन है? या वह कौन सी पुरुष जाति है।

[५५८]

मलारी—

चारि पहर राति सङ्गहि गमाओल
अब पहु भेल भिनसारा।
चान्द मलिन भेल नखतमण्डल गेल
म[1] देह[2] मुकुति गोपाल ॥ ध्रु० ॥
माधव धनि समदह उठि जागी।
ऐसनि[3] कर परबोधि पठइह (ह)[4]
पुनु आबए तुअ[5] लागी[6] ॥
ये[7] किछु[8] पिआ देल कच्चुआ झापि[9]लेल
हृदय[10] कएलनि[11] (विस) बासे।[12]
केस[13] रुझाएल अधर सुखाएल
सखिन्हि[14] कर बड[15] उपहासे ॥
भनइ[16] विद्यापति सुन[17] वरजौवति[18]
दण्ड निकट परमाने।
राजा सिव सिंह रूपनराञेन[19]
लखिमा दवि[20] रमाने ॥

राम० पृ० ११६, प० ४७४, पं० ३

पाठभेद—

ठाकुर (प० सं० ७४) २ देदु ५-६ ओ अनुरागी ७ जे ११-१२ कएल नि···वासे १५ बड़ १७ सुनु

मि० म० (प० सं० ६४) ३ एसनि ४ पटइहह १३ केश १७ भणइ १९ रुपनराएन शेष ठाकुर सदृश।

परि० पद० (राम०, प० सं० ८१) १ अबे ३ अइसनि ७-८ जे कुच ९ झाँपि १० हृदय १४-१५ सखिन्हि करब १९ वरजउवति

सं० मन्तव्य—१-२ देह मोने ४ पठइहह ८ खत १२ बिसवासे १४ सखिन्हि कर बड़ २० देइ। शेष परि० पद० सदृश

शब्दार्थ—नखत=नक्षत्र। जे खत=जो नख-क्षत। कच्चुआ···लेल=उसे कच्चु की से छिपा लिया। अथवा जो कुछ भी प्रियतम ने दिया उसे आतुर हो हृदय में धारण किया। बड़ उपहासे=[संयोग लक्षणों को देख] बड़ी हंसी उड़ाती हैं।

[५५९]

आबे[१] न लहति आइति मोरि।[२]
परे परतख[३] लखबि[४] चोरि ॥[५]
बेरा[६] एक जीव[७] राख कन्हाइ।[८]
परक पेअसि[९] देह पठाइ[१०] ॥
चूम्बने[११]लेपि (अ)[१२]काजर[१३]धार।
अघर निरसि[१४]जे तोरलह[१५] हार ॥
नखेरि[१६] खत[१७] कुच जुग लागु।
से[१८] कइसे होति[१९] गुरुजन आगु ॥
भने[२०] विद्यापति रस सिङ्गार।
सङ्केत[२१]आइलि[२२]तेजए[२३]के पार।

ताल, न० गु०, प० १८१

पाठभेद—

ब्र० न० सहाय (प्र० मि० और द०, प० सं० ३१) १ अब २ मोरी ३-५ परतच्छे लखकी चोरी ६ बेर ७ जिन ८ कन्हाई ९-१० पेअसि देहु पठाई ११-१२ चुम्बन लेय सुकाजर १४ निरस १५ तोरल १६-१७ नखछत देखह १८-१९ कइसे होइब २० मन २१-२३ प्रथम समागम तेजय

मि० म० (प० सं० २९५) ९ पेयसि १२-१३ लेपि काजर १६ नखक २० मन

प० पद० (त०, प० सं० ५२) १२ लेपिअ

सं० मन्तव्य—७ जीउ १२ लेपिअ २० भनइ

शब्दार्थ—लहति=हो पाएगा। आइति=जो स्वीकार किया था। निरसि=रसहीन कर।

[५६०]

परक विलासिनी तुय[१] अनुबन्ध।
आनलि[२] कत[३] न[४] वचन कए धन्ध।
कोने[५] परि जाइति[६] निअ[७] मन्दिर रामा।
अतिशय[८] चिन्ता भेलि एहि ठामा ॥
निकटहु बाहर डरे[९] न निहारि।
जतने आनलि[१०] एत दूर[११] अभिसार॥

तिला एक जा[12] सञो[13] महध समाज ।
बहलि विभावरि मने नहि लाज ॥

तोहर मनोरथ तन्हिकि[14] परान ।
नागर से जे हिताहित जान ॥

नखत मलिन बेकताएत बिहान ।
पथ सञ्चरइते[15] लखतइ[16]के[17] आन[18]॥

पास पिसुन बस कि करत[19] लाथ ।
कोने[20] परि सन्तरति गुरुजन हाथ ॥

भनइ[21] विद्यापति तखनुक भान ।
आदरि आनि[22] न खण्डिय[23] मान ॥

ताल०, न० गु० २६२

पाठभेद—

मि० म० (प० सं० ३३७) १ तुअ ६ जइति ८ अतिसय ९ डरे ११ दुर १२-१३ एकजा सयँ १५ सञ्चरइत १९ करति २३ खण्डिअ

परि० पद० (त०, प० सं० ८१) १ तुअ ३-४ कतम ५ कओने ७ निअ ९ डरें १० आनलि ११ दुर १६-१८ लखइतके आन १९ करति २१ सुकवि २२ आनि २३ खण्डिअ

सं० मन्तव्य—२ आनलि ८ अतिसअ १४ तन्हिक १६-१७ लखत केओ। शेष परि० पद० सदृश ।

शब्दार्थ—धन्ध=धाँधली, छलना । बहलि=बीत गई । विभावरि=रात । बेकताएत=प्रकाशित हुआ । केओ आन=कोई दूसरा । लाथ=बहाना । तखनुक=उस क्षण की । खण्डिअ=नष्ट करना ।

[५६१]

धनछी—

ई दस[1] हालल दखिन चीर
हीरा धारँ[2] हराएल हीर ।
अइसन नीरज[3] देलए जोलि
बलअ[5] भाङ्गल[6] बाँह ममोलि[7] ॥ध्रु०॥

भलि परिनति[८] (मोरि[९]) भेलि मुरारि
भल कए राखलि कुलक गारि।
बकुल माला गान्तल[१०] नाथे[११]
मोहि पिन्धउलहुँ[१२] अपने हाथे॥
सासु[१३] समारल फूजल[१४] बार
ननन्दे[१५] गान्तल[१६] टूटल[१७] हार।
सरस कवि विद्यापति गाव
मनक पाहुन मदन भाव॥
राजा रूपनराञेन[१८] जान
सिवसिंह लखिमा दे (वि[१९]) रमान॥

राम० पृ० ५१ (क), प० १७०, पं० २

पाठभेद—

ठाकुर (प० सं० ४३) १२ पिन्धओलहुँ १४ फुजल १५ ननदे १७ टुटल १८ रूपनरायन

मि० म० (प० सं० ६७) २ हीराधार ६ माङ्गल ८ परिणति ९ पाठाभाव ११ नाथे १२ पिन्धओलुहुँ १३ सासु १४ फुजल १६ ननदे १८ रूपनरायन १९ देवी

परि० पद० (राम०, प० सं० ५२) ३ नीलज ४ जोळि ७ मनोलि १० गान्थळ १६ गान्थल

सं० मन्तव्य—१ दिसि ५ बलअ १२ पिन्धओलहुँ १६ गान्थळ १९ देइ। शेष परि० पद० सदृश।

शब्दार्थ—ई दिसि=यादृश, इस प्रकार। हालल=किया। दखिन=दक्षिण दिशा को या दक्षिण नायक ने। हीराधार=हीरों वाली माला। गान्तल=गूँथा। नाथे=स्वामी ने।

[५६२]

धनछीरागे—

तार[१] साजान पहिल पसार
हमरे[२] वचने करिअ बेबहार।
अभिनक[३] सागर अधरक पास
पओले[४] नागरे[५] करब गरास॥ध्रु०॥

नहु नहु[६] कहिनी कहब बुझाए
पिउत[७] कुगआ[८] गोमुख लाए।
पहिल[९] पढओक[१०] भला के हाथ
ते[११] उपहस[१२] नहि गोपी साथ ॥
मन्दा काज मन्दे कर रोस[१३]
भल पओलेहि[१४] अलपहि कर तोस[१५]॥
भनइ विद्यापतीत्यादि ॥

ने० पृ० ४९ (क), प० १३६, पं० ५

पाठभेद—

न० गु० (प० सं० १३३) १ तोहर ३ अभिअक ५ नागर ६ लहुलहु ८ कुगया १० पढ़ओक १२ उपहास १४ पओलहि

मि० म० (प० सं० २७१) २ हमर १० पढ़ओक । १, ३, ६, ८, १२ न० गु० सदृश ।

सु० झा० (प० सं० १२८) ६ लहु लहु

परि० पद० (प० सं० १२६) १ तोहर ५ नागरे ६ १० पहिलुक पढ़ओक ११ तञो १५ थेष

सं० मन्तव्य—१ तोहर ४ ५ पओलए नागरे ६ लहु लहु ७ पिओत ६ पहिलए

शब्दार्थ—पओलए=पा जाने मात्र से । लहु=धीरे । पहिलए=पहली ही । पढ़ओक=बोहनी । ते......साथ=वह (भला आदमी) गोपी के साथ की हँसी नहीं उड़ाता ।

[५६३]

मालवरागे—

सयन[१] चराबहि[२] पारे[३] । दुर कर सैसव[४] सकल सभारे[५] ।
मुख अवनत तेज लाजे । कत महि लिखसि चरण[६] महि[७] के[८] आगे[९] ॥ध्रु०॥
रामा रह पिआ पासे । अभिनव सङ्गम तेजहि[१०] तरासे ।
पिआ[११] सञो[१२] पहिलुकि[१३] मेली । होउ कमल[१४] को(र)क[१५] अलि केली ॥
तरतम तञो[१६] कर दूरे । छेल[१७] इछहि[१८] छोड़हि[१९] मोर चीरे[२०] ।
बिद्यापति कवि भासा । अभिनव सङ्गम तेजहि[२१] तरासा ॥

ने० पृ० ५५, प० । पं० २

पाठभेद—

न० गु० (प० सं० १३८) २ सीम रहि ३ आबे ४ से सब ५ समावे ६-९ चरन ६-९ चरन बेआजे १० तेजह १४-१५ कमल के १९ छोड़ह २१ तेजह

मि० म० (प० सं० २७२) ३ पावें ४ से सब ५ सभावे ७-९ महिके आसे ११-१३ पिया सयँ पहिलकि १४-१५ कमलके १७,१९ छेल इछहि छोड़ह २० चीर २१ तेजह

सु० झा० (प० सं० १४३) २ ठवा रहि ५ सभावे २१ तेज

परि० पद० (प० सं० १४५) १ सअन २ रचाबहि ५ सँमारे ६ चरणे ७ पाठाभाव ८-९ कए ब्याजे १६ तोज

सं० मन्तव्य—(i) इस पद का अन्तिम चरण इसके तीसरे चरण का ही पुनरुक्त रूप है। (ii) सअन २ चलाबहि ४ सइसब ५ सँमारे ६-८ चरन कए १४-१५ कमल कोरक १७ छइल

शब्दार्थ—सअन······पारे=अब तूं कटाक्ष करने में समर्थ हो गई हो, अथवा अब प्रियतम के साथ सेज रचाने में समर्थ हो। कमल···केलि=कमल कलिका और भ्रमर की केलि-क्रीड़ा। छइल इछहि=गुणज्ञ की कामना करो, या गुणज्ञ नायक तुम्हें चाहता है।

(१६४)

गञ्जरीरागे—

कुन्द भरम सम्भ्रम[१] सम्भार[२]
नयने[३] जगाए[४] अनङ्गे।
आसा[५] दए[६] अनुराग बढाओब
लङ्गिम[७] अङ्ग विभङ्गे ॥ध्रु०॥
कँतव[८] कए कातरता[९] दरसब[१०]
गाढ़ आलिङ्गन दाने।
कोप क (ए) ला[११] पर रोष न[१२] मानब[१३]
अधिक[१४] न करबे[१५] माने ॥
कामिनि[१६] तोहे[१७] उपदेस धरब[१८] जे[१९]
सुन सुन[२०] सुललित बानो।
नागरपन[२१] किछु रहबा[२२] चाहिअ[२३]
कहलेओ[२४] बुझए[२५] सयानी[२६]॥

कोकिल कूजित[27] कण्ठ बढ़ाओ (ब)[28]
[29]...... ... ... [30] ।

मधुर हासे[31] मुखमण्डल मण्डब
तिला[32]एक[33] तेजब लाजे ॥
समय से[34] मनि[35] सह[36] तनु[37]दरसब[38]
मुकुलित लोचन हेरी ।
नखे[39]हरि पिआ मन[40]ठाम[41]छडाओब[42]
सुरत बढाओब बेरी[43] ॥
जूझल मनमथ पूनु[44] जुझाओब[45]
केलि[46] रभस[47] परचारी ।
गेल भाव जे पुनु पलटाबए
सेहे कलामति[48] नारी ॥
सुख[49]सम्भोग[50]सरस[51] कवि[52]गाबए[53]
बूझ[54] समय[55] पचबाने[56] ।
राजा सिवसिंह[57] रूपनराएण[58]
विद्यापति[59] कवि भाने[60] ॥

ने० पृ० ८२ (क), प० २२६ पं० ३;

पाठभेद—

रागतरङ्गिणी (पृ० ६२-६३) चरण क्रम उपयुक्त पद के ५-८ चरण १६वें चरण के बाद आए हैं। १-२ भमर सङ्गम सम्भाषब ३-४ नत्रेने जगाओब ५-६ आशा दय ७ नङ्गिम ९-१० कातर नागर सब ११-१२ कँए परबोधल १४-१५ घड़िएक न करब १६-१७ सुन्दरि हे १८-१९ धरिए धरि २१ नागरिपन २२-२३ कहबा चाहों २४-२५ कहलहुँ बुझय २८ बैसाओब २९-३० अनुरञ्जब रितुराजे ३१ हास ३२-३३ घड़िएक ३४-३८ सेबं निसह तनु चाँद न ३९-४१ नखें हनि पिआ मनिधाम ४३ केली ४५ जे जुझाबये ४६-४७ बोलि बचन ४८ कलावति ४९-५१ रस सिंगार सरस कवि गाओल ५४-५६ बुझए सकल रसमन्ता ५७ शिवसिंघ ५८-५९ लखिमा देविक कन्ता ।

न० गु० (प० सं० ५४१) २ सम्भाषन ३ नयने ६ दए ७ भङ्गिम १० कातरता दरसब ११ कइए २४-२५ कहलहु बुझए ३४-२८ सम पसेवनि सह तनु दरसब ४०-४२ मनिठाम छोड़ाओब ४४-४५ पुन जे जुझाएब ५७-५८ शिवसिंह रूपनरायन । शेष रा० त० सदृश ।

मि० म० (प० सं ८२) २ सम्मासन १६ सुन्दरी २० सुनु सुनु २३ चाह २८ बइस-ओब ४८ कलामति । न० गु० के शेष पाठभेदों सहित शेष पाठ रा० त० सदृश । भणिता ने० प० सदृश ।

सु० झा० (प० सं० २०९) २२ कहबा ३४-३५ सम पसेमनि ४४ पुन । शेष ने० प० सदृश ।

परि० पद० (प० सं २०१) ३-४ नअने जगाए ५-६ आसा दए ८-१० कइतब कए कातरता दरसब ११ कइए १५ करबे २३ चाहओ २४-२६ कहलेओ बुझए सआनी २८ बइसाओब ३१ हासे ३२-३३ तिला एक ३४-३८ समअबसे मनि-सह तनु दरसब ४२ बेरी ४५ जुझाओब ४६-४७ केलि रमश ४८ कलामति ५७-५८ सिवसिंह रूपनराञेन । शेष रा० त० सदृश ।

सं० मन्तव्य—चरणक्रम रा० त० के अनुरूप । २ संमासन ३ नअने ८ कइतब ११ कएला १२ रोस न १८ धरअ २६ सआनी २८ बनाओब २९-३० अनुरञ्जब रिरतुराजे ३१ समअ सञो ३९ नखे हनि ४४ पुनु ५१ समअ ५६ पञ्चवाने ५८ रूपनरञेन ।

शब्दार्थ—कुन्द···संमासन=कुन्द-कली एवं भ्रमर की भाँति सम्भ्रमित रूप से प्रियतम से वार्त्तालाप करना, बातों को स्पष्ट करने की अपेक्षा । नअने···अनङ्ग=नेत्र सञ्चालन से कामदेवता को जागरित करना । लङ्किम=अल्प मात्रा में । कइतव=छलना पूर्ण । कएला=करने पर भी । उपदेसधरअ=मेरी शिक्षा मानो । नागरपन······सयानी=मिलन में नायक में नागरता के गुण का पर्यवेक्षण करना, उससे हीन नायक व्यर्थ होता है, ज्ञानवान युवती कहने से ही सब समझ जाती है । समअ······हेरी=अर्धनिमिलित नेत्रों से कटाक्ष करते हुए समयानुसार अपना मणि-मुक्ता-मण्डित शरीर दिखलाना । नखे···बेरी=नाखून से क्षत देकर प्रियतम के मनको अनस्थिर कर उद्दीप्त कर देना । इस प्रकार उचित वेला में सुरतसुख बढ़ाना । गेल=समाप्त प्राय । पलटाबए=पुनः उद्दीप्त कर सके ।

[५६५]

शुन शुन[१] सुन्दरी[२] हित[३] उपदेश[४] । हाम[५] शिखाओब[६] वचन विशेष[७] ॥
पाहेलहि बैठबि[९] सयनक[१०] सीम[११] । आध[१२] नेहारवि बङ्किम गीम[१३] ॥
यब[१४] पिय[१५] परसइ[१६] ठेलबि[१७] पानि । मौन[१८] करबि[१९] कछु ना कहबि बानि[२०] ॥
यब[२१] पिय[२२] धरि बले लेअब पास[२३] । नहि नहि बोलबि गदगद भाष[२४] ॥
पिय[२२] परिरम्भने मोरबि अङ्ग । रभस समय[२५] पुन देओबि भङ्ग ॥
भनहि विद्यापति कि बोलब हाम । आपहि[२६] गुरु हइ[२७], शिखायब[२४] काम ॥

क्षणदा, पृ० ११

पाठभेद—

प० स० (पृ० २४) १-७ सुन सुन ए सखि वचन विसेस। आजि हाम तोंहे देउ उपदेश ॥ ८ पहिलहि १२-१३ तेरइते पियामुख मोड़बि गीम १४-१६ परसित दुहु करे २० पहु पुछइत बानि। फिर सर्वथा भिन्न चरण—जब हम सोंपब[२९] करे कर आपि। धाधस[३०] धरबि उलटि मोहे काँपि। विद्यापति कह इह[३१] रस ठाट। काम[३२] गुरु होइ शिखा-ओब[३३] पाठ ॥

प० त० (प० सं० ४९) ५-७ आजु हम देब तोहे उपदेश १३ हेरइते १४-१७ परसइत दुहुँ करे बारबि १९ रहबि ३० साभास। शेष प० स० सदृश।

शा० मि० (प० सं० २९), **न० गु०** (प० सं० १३२) प्रायः प० त० सदृश।

ब्र० न० सहाय (सखी शिक्षा, प० सं० ८) १ सुन सुन ४ उपदेस ५-६ हम त सिखायब ७ बिसेस १२ आधा निहारबि १६ परसय १९ धरबि कछु कहब न २१ जब २३ बल लय निज पास २४ भास २२ पिय परिरम्भनि २५ समय पुनि और भणिता है—भन बिद्यापति कि कहब आर। आपहि गुरु होइ सिखयब मार ॥ शेष क्षणदा सदृश।

बेनीपुरी (प० सं० ६४) ५-७ आजु देब हमे तोहि उपदेस १३ हेरइत १५ दुदु २० करइत बानि ३१ एह ३२ भए गुरु काम सिखाओब। शेष प० त० सदृश।

मि० म० (प० सं० ६६६) मूल पाठ प० त० का, पाठान्तर क्षणदा एवं प० स० का भी दे दिया है।

सं० मन्तव्य—(i) इस पर बंगीय परिवेश का अधिक प्रभाव है। भावसाम्य के लिए देखे प्र० सं० प० सं० ४६७, (ii) १ सुन सुन ५-६ मोञे सिखाओब ७ विसेस ९-१० बइठबि सजनक १४ जब १५ पिअ २४ भास २५ समअ २६ आपुहिँ २७ होइ २८ सिखाओब २९ सउंपब

[५६६]

सखि अबलम्बने चलबि नितम्बनि
थम्भरि थम्भ समीपे।
जब हरि करे धरि कोर बइसाओब
आंचरे चोरायबि[१] दीपे ॥
सखि मान न रहत उदासे।
सत सम्भासने वचन न परगासब
जेहन[२] कृपन असोयासे[३] ॥

लहु लहु हसि हसि[४] मुख मोड़बि
दसन देखाओब हासे।
बदन आध बिनु साध न पूरब
कुच दरसाओब पासे॥
बहुबिध आदरे[५] पहुक कातर लखि
विमुख बइसब वामे।
करे[६] कर ठेलब आलिङ्गन बारब
सेज तेजि बइसब ठामे॥
करे कर जोरि मोरि तनु उठब[७]
अम्बर सम्बरि पीठे।
भनइ विद्यापति उतकट सङ्कट
उपजायब दीठे[८]॥

कीर्त्तनानन्द, (न० गु० प० सं० ३३२)

पाठभेद –

मि० म० (प० सं० ६६७) न० गु० सदृश।

सं०मन्तव्य–(i) प्रकाशित कीर्त्तनानन्द में यह पद नहीं है, यद्यपि न० ने गु० इसे वहों से पाने का संकेत दिया है। (ii) १ चोराओबि २ जइसे ३ असोआसे ४ हँसि ५ आदरें ६ करें ७ उठब ८ हनि दीठे

शब्दार्थ—थम्भरि=स्तम्भित होकर। थम्भ=भवन के खम्भे। चोराओबि दीपे=अंचल से दीपक के प्रकाश को छिपा देना। मान=सम्मान। परगासब=प्रकाशित करना। असो आसे=आश्वासन देने में। हनि दीठे=कटाक्ष से आहत कर।

[५६७]

खनरि खन महघि भइ[१] किछु अरुन नयन[२] कइ[३]
कपटे[४] धरि मा सम्मान लेही।
कनक जओ[५] पेम कसि पुनु पलटि बाङ्क[६] हसि[७]
आधि सओ[८] अधर मधु पान देही॥
अरे रै, इन्दुमुखि अढ़ न कर पिअ हृदय[९] खेदहर
कुसुमसर–रङ्ग संसार–सारा।
बचने[१०] बस होसि जनु ससरि भिन होइह[११] तनु

सहजे[12] बरु छाड़ि देब सअन[13] सीमा।
प्रथम[14] रस भङ्ग[15] भेले लोभ[16] मुख सोभ गेले
बाँधि भुज पासे[17] पिअ[18] धरब गीमा॥
जदि नयन[19] कमलवर मुकुल केर क (ा) न्ति[20] धर[21]
खर नखर घात कइ सेहे बेला।
परमपद लाभ सम मोदे[22] चिरे[23] हृदय[24] रम
नागरी[25] सुरत सुख अमिय[26] मेला॥
सरस कवि सुरस भने[27] चारुतर चतुरपने[28]
नारि आराहियइ[29] पञ्चबाना[30]।
सकल जन सुजन गति रानि लखिमाक पति
रूपनरायन[31] सिवसिंह[32] जाना[33]॥

ताल०, न० गु०, प० ३३०

पाठभेद—

बेनीपुरी (प० सं० १३२) १ भए ३ कए ५ जएँ ६ बाँक ८ सयँ (?) १० वचन ११ होइते १२ सहज १३ सयन १५ मंग १६ लोभे १७ पास २०-२१ कान्ति घर २२-२३ मोद चिर २५ नागरि २६ अमिअ २७ भन २८ चतुरपन २९ आराहिअइ ३० पंचबाने ३१-३३ रुपनराएन सिबसिंघ जाने

मि० म० (प० सं० १११) ५ जयँ ८ सयँ १३ समन १४ प्रथमे १६ लोभे १७-१८ भुज-पास पिय २० कान्ति २३ चिर २९ आराहिअइ ३१-३३ रूप नारायन सिवसिंघ

परि० पद० (त०, प० सं० १०५) ४ कपटँ ७ हँसि १२ सहजें १३ सअन १६ लोभें १७ भुजपासें २० कान्ति २२-२३ मोदें चिरें २६ अमिअ २९ आराहिअइ ३१ रूपनाराअेन

सं० मन्तव्य—२ नअन ९ हृदअ १० बचनें १९ नअन २३-२४ चिर हृदए ३१ रूपनराअेन। शेष परि० पद० सदृश।

शब्दार्थ—खनरि खन=क्षण-प्रतिक्षण। महघि=महँगी। आधि=व्यथा पूर्वक, कठिनाई से। ससरि=फिसल कर। नखर घात=नखक्षत। मेला=मिलना, लाभ। आराहिअह=पूजना।

[५६८]

धनछीरागे—

प्रथम समागम भुषल[1] अनङ्ग
धनि रस[2] राषि[3] करब रतिरङ्ग।
लोभ[4] न[5] करबे आइति पाए[6]

बडेओ[9] भुषल[8] नहि दुइ[9] करे[10]खाए[11] ।।ध्रु०।।
चेतन कान्ह[12] तोहहि[13] जदि[14] आथि[15]
के नहि जान महते[16] लब[17] हाथि ।
आनलि[18] जतने अधिके अनुरोधि[19]
पहिलहि[20] सबहि हलबि[21] परिबोधि[22] ।।
हठे[23] नहि क (रबे र) ति[24] परिपाटी[25]
कोमलि[26] कामिनि बिघटति[27] साटी[28] ।
जाबे[29] रभस रह[30] ताबे[31] विलास
विमति[32] बुझिअ जने[33] न जाएब[34]पास ।।
परिहरि[35] कबहु[36] धरबि नहि[37] बाहु
उगिलि[38]चान्द[39] तम[40] गीलए[41] राहु।।[42]
भनइ[43] विद्यापतीत्यादि[44] ।।

ने० पृ० ३१, प० ८६, पं० ४

पाठभेद—

ब्र० न० सहाय (प्रथम मिलन और दर्शन, प० सं० १) १ भुखल २-३ बल जानि ४-११ हट्ठ करब नाहे आइति पाय । बड़ भूखल नहि दुहुकर खाय । १४-१५ यदि आथी १६-१७ महत नव हाथी १८-१९ तुअ गुन गन कहि नत परबोधी २० पहिलही २१-२२ हलिल परबोधी २३ हठ २४ करब रती २७ बिधटति २९ जबे ३०-३१ सह तबे ३३-३४ जो जाय न ३५-३७ धसि परिहरि, नहि धरबिय ३८-४२ उगिलल चन्द गिलय जनि राहु । (अन्त में—४३-४८) भन[43] विद्यापति[44] कोमल कांति[45] । कौसल[46] सिरिस सुमन[47] अति भांति[48] ।

न० गु० (प० सं० १४६, ताल०) १ भुखल २-३ बल जानि ४-५ हठनहि ८-१० भूखल नहि दुहु कओरे १३-१४ तोंहहि यदि १७ नब १८-१९ तुअ गुन गन कहि कत अनुबोधि २१-२२ हलिल परबोधि २३ हठ २४-२५ करबे रति परिपाटि २८ साटि ३० सह ३२ बिपति ३३ जओ ३५-३७ धसि परिहरि नहि धरबिए १८-४२ उगिलल चन्द गिलए जनु । ४३-४८ भनइ विद्यापति कोमल कांति । कौशल सिरिस कुसुम अलि भाँति ।

बेनीपुरी (प० सं० ७०) ७-१० बड़हु भुखल नहि दुहु करें १४-१५ सब भाँति २० पाइलहि २४ तोरब रति ३३ जओं ३९ चाँद ४७ सुमन । शेष न० गु० सदृश ।

मि० म० (प० सं० २९२) ७ बडेओ १० कर २४ करब रति ३२ विमति ३३ जयँ ३९ चाँद ४७ सुमन । शेष न० गु० सदृश ।

सु० झा (प० सं० ८०) २३-२४ हठे न क (रिअ र) ति २६ कोमल

परि० पद० (प० सं० ८१) ३ राखि ८ भुखल १० करें २३ हठें ३३ जबे ३६ कबहुँ ३९ चान्द । १, ४-५, १८-१९, २१, २५, २६, २८, ३८, ४०-४२ न० गु० सदृश ।

सं० मन्तव्य—१ भुखल ३ राखि ५ न करबए ८ भुखल १० करें १३ तोंहहि १७ नब १८ आनलि २३ हठें ३३ जओ ३१ कबहुँ

शब्दार्थ—बडेओ=अत्यधिक । आथि=होओ । नब=झुकता है । हलबि=करेंगे । साटी=संयोग । रभस=रति की उमंग । चान्द तम=चन्द्रमा की छाया, जो राहु के ग्रास से पड़ जाती है ।

[५६९]

कोलाररागे—

कोमल तनु पराभवे[१] पाओब[२]
तेजि न हलबि[३] तेहुँ ।[४]
भमर भरे[५] कि माजरि[६] भागए[७]
देषल[८] कतहु[९] केहुँ[१०] ॥ धु० ॥
माधव वचन धरब मोर ।
नही[११] नहि कए[१२] न[१३] पतिआएब[१४]
अपद लागत भोर ॥
अधर निरसि[१५] धुसर[१६] करब
भाव[१७] उपजत भला ।
भने[१८] खने[१९] रति रभस अधिक
दिने दिने ससिकला ॥
भनइ विद्यापतीत्यादि ॥

ने० पृ० ७६ (क), प० २१२; पं० ४

पाठभेद—

अ० न० सहाय (प्र० मि० और द०, प० सं० ४०) १-२ परामव पाउब ३ हुलबी ६-७ मांजरि मांगय ९-१० कतहूँ केहु ११-१२ नंहि नहिं कयले १४ पतिआयब १५ नीरसि १६ धूसर १७ मात्र सु १८-१९ छने छने

न० गु० (प० सं० १४४) १ परामव ४ तेंहु ६ भाँगए ८-१० देखल कतहु, केहु १२ कय १८ खने

मि० म० (प० सं० २७६) ४ तेँह १८-१९ उने खन। शेष न० गु० सदृश।

सु० झा (प० सं० १९२) ११ नहि १४ पतिआओब

परि० पद० (प० सं० १९३) ४ तेहु ५ मरें ६-७ माँजरि भाँगए ९ देखल १० केहु ११ नहि १२-१३ कएने नहि १५ नीरसि १६ धूसर १८ खने

सं० मन्तव्य—१ पराभव ५ मरें ६-७ माँजरि भाँगए ८ देख १० केहु ११ नहि १२ कअए १६ धूसर करलन्हें १८ खने

शब्दार्थ—पराभव=पराजय, पीड़ा। अपद…भोर=अबोध होने का अपयश लग जाएगा।

[५७०]

सुन सुन सुन्दर[१] कन्हाई। तोहे[२] सोंपल[३] धनि राई॥
कमलिनि कोमल कलेवर। तुहु[४] से भूखल मधुकर॥
सहज[५] करबि[६] मधुपान। भूलहु[७] जनु[८] पँचबान[९]
परबोधि पयोधर[१०] परसिह[११]। कुञ्जर[१२] जनि[१३] सरोरुह॥
गनइत मोतिम हारा[१४]। छले[१५] परसबि कुचभारा[१६]॥
न बुझए[१७] रतिरस--रङ्ग[१८]। खन[१९] अनुमति खन[१९]भङ्ग[२०]॥
सिरिस कुसुम जिनि[२१] तनु। थोरि सहब[२२] फुल धनु॥
विद्यापति कवि गाब[२३]। दूतिक[२४] मिनति तुए[२५] पाब[२६]॥

प० त०, २२२

पाठभेद—

ब्र० न० सहाय (सखी शिक्षा, प० सं० २७) १ सुंदर ३ सोंपलि ४ तुहुँ ५-६ सहजें करब ७ भूलह। "परबोधि……सरोरुह" पाठाभाव। १४ हार १६ कुचभार १७ बुझय १९ छने २२ सहबि २३ गाय २४ दुति कि २५-२६ तुय पाय

न० गु० (प० सं० १४१), **मि म०** (प० सं० ६७२) प० त० सदृश।

बेनीपुरी (प० सं० ६९) २-३ तोहि सोंपलि ६ करब ७-८ भूलह जनि ११ परसह १२-१३ मधुकर जइसे १५ छलें १८ रंग २० भंग २१ सम २५ तुअ

सं मन्तव्य—२-३ तोजे सउँपल ४ तुहुँ ५-६ सहजें करब ९ पञ्चबान १० पओधर ११ परसह १२-१३ मधुकर जइसे १५ छलें १९ खने २२ सहाइब २५-२६ तुअ पाँअ

शब्दार्थ—परसह=स्पर्श करना। गनइते=गिनते हुए। थोरि सहाइब=थोड़ा-थोड़ा करके सहने देना। फुलधनु=कामदेव। तुअ पाँअ=तुम्हारे चरणों में अर्पित।

[५७१]

बुझल[1] मोहे[2] हरि बहुत अकार।
हिया[3] मोर धस धस तुहु[4] से गोआर॥
धिरे धिरे रमह टुटअ जनुहार।
चोरि रभस नहि कर परचार॥
न दिह[5] कुचे नखरेख घात।
कइसे नुकाएब कालि परभात॥
न कर बिघातन अधरहि[6] दसने।
लाज भय[7] दुहु[8] नहि तुअ[9] थाने॥
न धर केस न कर ढिठपन।
अलपे अलपे करह निधुवन॥
तोमारे सोंपलि[10] तनु जनमेर मत।
अलपे समधान[11] आजु अभिमत॥
नागरि सुन कह कवि कण्ठहार।
बिन्धल कुसुम-सरे एमते[12] बिचार॥

कीर्त्तनानन्द, प० ३१८

पाठभेद—

न० गु० (प० सं० १७३) तथा **मि० म०** (प० सं० ६८६) उपर्युक्त सदृश।

सं० मन्तव्य—(i) इस पद का भाव तथा इसकी भाषा दोनो ही बंगीय परिवेश से अधिक प्रभावित हैं। (ii) १-२ बूझल मोजे ३ हिआ ४ तुहुँ ५ दिअह ६ अधरहिँ ७ भए ८ दुहुँ ९ तुआ १० सउँपलि समाधान १२ एहन

शब्दार्थ—अकार=व्यर्थ, प्रकार। धस-धस=कंपित। बिघातन=दंशन, आघात। जनमेर मत=जन्म से ही। बिन्धल=छेदे, मारे हुए।

[५७२]

उठ उठ माधव कि सुतसि मन्द[1]। गहन लाग देख[2] पुनिमक चन्द[3]॥
हार रोमावलि जमुना[4] गङ्ग[5]। त्रिवलि तरङ्गिनि[6] विप्र अनङ्ग[7]॥

सिन्दुर[8] तिलक तरनि सम भास। धूसर मुखससि नहि परगास ॥
एहन[9] समय[10] पूजन पचबान[11]। होअओ[12] उगरास देह रतिदान ॥
पिक मधुकर पुर कहइते[13] बूल[14]। अळपेओ[15] अवसर दान अतूल[16] ॥
विद्यापति कवि एहो रस भान। राय[17] सिवसिंह[18] सब रसक निधान।'

ताल०, न० गु०, प० २३२

पाठभेद—

बेनीपुरी (प० सं० ९९) १ मंद २ देखु ३ चंद ४-५ यमुना गंग ६ त्रिबेनी ७ अनंग ११ पँचबान १२ होअ १३-१४ कहइत बोल-१५ अलपओ १६ अतोल १८ सिवसिंघ

मि० म० (प० सं० १५) १ मन्द ३ चन्द ४ जमुना ५ गङ्ग ७ अनङ्ग ८ सिन्दूर। शेष बेनीपुरी सदृश।

परि० पद० (त०, प० सं० ७३) ९ अइसन ११ पंचबान १७ राए

सं० मन्तव्य—१० समअ ११ पञ्चबान १७ राए

शब्दार्थ—मन्द=आलसी। गहन=ग्रहण। तरङ्गिनी=नदी। तरनि=सूर्य। धूसर=शोभाहीन, राहु ग्रसित। उगरास=उदग्रास, ग्रास से छुटकारा। बूल=घूम रहे है।

[५७३]

फुजलेओ चिकुर राहुक[1] जोर। रोअए सुधाकर कामिनि कोर ॥
अरे कन्हु[2] अरे कन्हु[3] देखह आए। बड़िअ मधथ देअ बाद छुड़ाए ॥
दुहु अञ्जलि भरि दुहु पुज शीव[3]। कामदहन मोर राखह जीव ॥
जदि न जाएब तोहे[4] अपजस भेल। ससधर कला गगन[5] चलि गेल ॥
भनइ विद्यापति हरि मन हास। राहु छड़ाए चाँद दिअ वास ॥

ताल०, न० गु० प० ७५४,

पाठभेद—

मि० म० (प० सं० ५४६) ३ सीव

परि० पद० (त०, प० सं० २०९) १ राहुकर ३ सीव ४ तोहेँ

सं० मन्तव्य—२ कान्हु ३ सीव ४ तोहेँ ५ गगने

शब्दार्थ—राहुक जोर=राहु सदृश या राहुकी सेना। सुधाकर=चन्द्रमा, नायिका का मुख। वाद=झगड़ा। कामदहन=शङ्कर। ससधर=चन्द्रमा। चाँद दिअ वास=चन्द्रमा को स्थान दो, बंचा लो।

[५७४]

जखने[१] दुहुक[२] दीठि[३] बिछुड़लि[४] दुहु मने दुख लागु।
दुहुक आसा दीप[५] मिझाएल[६] मदन[७] आँकुर भाँगु॥
विरह दहन दुहु संताबए[८] दुहु समीहए[९] मेली[१०]।
एकक हृदय[११] अआके[१२] न पाओल[१३] ते[१४] नहि फाउलि[१५] केली[१६]॥
बाम[१७] नयना[१८] जञो भेल दूते ओ[१९] दाहिन रहु[२०] लजाइ।
चेतन चेतन गुपुति[२१] पिरिति[२२] पर कहहु[२३] न जाइ॥
जइ[२४] नवचन्द पुरन्दर अन्तर चन्द न तासु समाने।[२५]
दसमि[२६] दसा पथ[२७] अँगिरञो[२८] न करञो तेसर काने[२९]॥
मोहन सर मनोभवे[३०] साजल तनु पसाहल आगी।
बिनु अवसरे[३१] सखि बोलति पुनु दरसन लागी॥
सीतलि उकुति[३२] जेहो जुगुति[३३] समदल छल[३४] आने[३५]।
अब सआँना[३६] जानि कन्हाइ[३७] मानि हल धनि धाने[३८]॥
दप्पन[३९] मुख प्रतिबिम्ब नाञो[४०] बेकत भेल बिकारे[४१]।
पुनुक[४२] आसा काम पुराबओ[४२] भने[४३] कवि कण्ठहारे[४४]॥
हरि[४५] सरीरे[४६] जगत जानिअ[४७] रूपनरायन[४८] रन्ता।
राए[४९] सिवसिंह[५०] सुचिरे जोवओ[५१] लखिमा देवि[५२] सुकन्ता॥

ताल०, न० गु० ७५

पाठभेद—

ब्र० न० सहाय (श्री राधिका जी का पूर्वराग, प० सं० ३) १-४ जबहि दुहुँक दिठि बिछुरलि ५-७ आसदिय बूझल मनमथ ८ तावय ९-१० समीहय मेलि १२-१६ एकन पाउल तें नहि पालति केलि १८-१९ नयन जनि दुत भेल २० रहल २१-२३ गोपित प्रिती, पर के कहल २४ जो २५ समान २६ दसमी २७-२९ पथ्य अँगिरों, न करों तीसर कान ३० मनोभव ३१ अवसर ३२ उकति ३३ जुगुती ३४-३५ छीलो आन ३६ सआनाँ ३८ मानीहल धनि धान ३९ दर्पन ४० न्याइ ४१ बिकार ४२ पुनिक ४२-४४ पुरावय, विद्यापति कँठहार

४५-४८ हरी सरीस जगत जानिय, रूपनरायन ४९-५२ राय सीव सिंह सुचिर जीवय, लछिमा देवि

मि० म० (प० सं० ४१) १० मेलि १२ अओक १४ तें ३१ अवसर ५० सिव सिंघ ५२ देवी

परि० पद० (त०, प० सं० २१) १७-१८ वामा नयन २७ पए ३० मनोभवें ३५ आने ३६ सआना ३७ कन्हाई ४८ रूपनराओन

सं० मन्तव्य—४ बिछुळलि ११ हृदअ १२ अओकां १४ तें १५ फाओलि १८ नअन १९ अओ २३ पर सओ कहहु ३० मनोभवें ३१ अवसरें ३५ आने ३६ सआना ४२ पुराबओ ४७ जानिएँ रूपनराओन ५२ देइ

शब्दार्थ—समोहए=चाहने लगे फाउलि=शोभित हुई। जओ···सामने=जैसे नवचन्द्र और इन्द्र में अन्तर है जिससे चन्द्र कभी इन्द्र की समानता नहीं कर सकता। धनि धाने=नायिका के पास। रन्ता=रमण कर्त्ता।

[५७५]

मालवरागे—

पहिलहि[1] सरस पयोधर[2] कुम्भ
आरति[3] कत न करए परिरम्भ।
अधर सुधारस दरसए लोभ
राङ्कक हाथ रतन नहि सोभ ॥ध्रु०॥
साजनि[4] की[5] कहब कहइते[6] लाज
कान्हक[7] आइति पळलहु[8] आज।
नीवी[9] ससरि कतए दहु गेलि
अपनाहु आग[10] अनाइति भेलि।
करतल[11] तले धरिअ कुच गोए
पळले[12] तलित झापि[13] नहि होए॥
भनइ विद्यापति न कर सन्देह
मधु[14] तह सुन्दरि मधुर सिनेह।

ने० पृ० १७ (क), प० ४३, पं० ५

पाठभेद—

न० गु० (प० सं० ५७१) ७ कान्हुक ८ पललुह ९ नीबि १० आङ्ग १२ पड़ले

मि० म० (प० सं० ४८८) ४-५ सजनि कि ६ कहइत ७ कान्हु ८ पलथहु ९ १० आङ्ग ११ करतले पलले

सु० झा (प० सं० ४१)—८ पललुह १२ पलले १४ मधुत

परि० पद० (प० सं० ४१) १ पहिलहुँ २ पओधर ८ पळलहुँ १० अपनाहुँ आङ्ग १२-१३ पळले तळित झाँपि

सं० मन्तव्य—१ पहिलहिं ३ आरतिं ७ काह्नुक । शेष परि० पद० सदृश ।

शब्दार्थ—आरति=आर्तिवश । आइति=आधीन । ससरि=खिसककर । पलिले=गिरती हुई ।

[५७६]

धनछीरागे—

बसन हरइते[1] लाज दुर गेल
पिआक[2] कलेवर अम्बर देल ।
अओधे[3] मुहे निहारए[4] दीब[5]
मुदला[6] कमल[7] भमर मधु पीब ॥ध्रु०॥
मनमथ[8] चातक नही लजाए[9]
बड़ उनमसिआ[10] अवसर पाए ।
से सबे[11] सुमरि मनहु[12] की[13] लाज
जत[14] सबे विपरित तन्हिकर[15] काज ।
हृदय[16] धाधस[17] धसमसि[18] मोहि
आओर[19] कहब की[20] कहिनी[21] तोहि ॥
भनइ विद्यापतीत्यादि ॥

ने पृ० २३, प० ५३, पं० ३

पाठभेद—

रामभद्र पुर (पृ० ५१ प० १७२, पं० ३) १ हरइतें २ पिअक ३-४ अओधें नअने निझाबए ६-७ मुकुलहुँ कमलें ८-९ मनसिज तन्त कहओ मन लाए १० उनमनिआ १२-१३ मनहुँ काँ १६-१७ हृदअक धाधसि १९-२१ आओर कहिनी कि कहबि । अन्त में—सकलओ रस नहि अनुवद नारि । विद्यापति कवि कहए विचारि ॥

न० गु० (प० सं० ५८८) ३ अओधे ४ निहारिए १० उनमतिआ १५ तहिकर २० कि २१ कहिली

ठाकुर (प० सं० ४५) १४ जते ३ अओधे

मि० म० (प० सं० ४८६) २ पियाक ११ सब १७ धसमस। शेष न० गु० सदृश।

सु० झा (प० सं० ५७) ने० प० सदृश।

परि० पद० (प० सं० ५८) २ पिआक ३-४ अओधिअ नअन निशाबिअ ७ कमल भमर लघु पीब। शेष० रा० पु० सदृश।

सं० मन्तव्य—१ हरइतेँ ६ मुदलाओँ १० उनमनिआ १२ मनहुँ १६ हृदअक १७ धाधसि

शब्दार्थ—अओधे=नीचे मुख करके। दीव=दीपक। उनमनिआ=उन्मना, उन्मत्त। धाधसि=धैर्य।

[५७७]

धनछीरागे—

परतह परदेस[१] परहिक आस
विमुख न करिअ अबस दिअ वास।
एतहि जानिअ सखि पिअतम[२] कथा ॥ध्रु०॥
भल मन्द ननन्द हे मने अनुमानि[३]।
पथिक[४] के[५] न बोलिअ टूटलि[६] बानि[७]।
चरण[८] पखालन[९] आसन दान
मधुरहु[१०] बचने करिअ समधान।
ए सखि अनुचित एते[११] दुर जाइ
आओर[१२] करिअ जत अधिक बड़ाइ[१३]॥
भनइ विद्यापतीत्यादि ॥

ने० पृ०, २४ (क), प० ६४, पं० १

पाठभेद—

न० गु० (पर०, प० सं० ३) १ परदेश ६ टुटलि ९ पखालल १० मधुरहि १२ आब १३ बड़ाइ

मि० म० (प० सं० ५८२) २ पियतम ६ टुटलि ८ ९ चरन पखालल १० मधुरहि १२ अब

सु० झा (प० सं० ५८) ७ वाणि पखालन (कए) १३ बड़ाई

परि० पद० (प० सं० ५९) ४-५ पथिके ८ चरन ११ इत

सं० मन्तव्य-- (i) ध्रु० के पूर्व एक पंक्ति संभवतः छूट गई है। (ii) ३ अनुमानि ८ चरन १० मधुरहुँ

शब्दार्थ—परतह=प्रत्यह, प्रत्येक दिन। परहिक=दूसरे की ही। टूटलि बानि=चोट पहुँचाने-वाली बात। पखालन=प्रक्षालन, धोना। समधान=समाधान, सम्मान। एते=इसमें कि।

[५७८]

धनछीरागे—

जलद बरिस घन दिवस अन्धार
रयनि[१] भरमे हमे साजु अभिसार।
आसुर करमे सफल भेल काज
जलदहि राखल दुहु दिस[३] लाज ॥ध्रु०॥
मञे[४] कि बोलब[५] सखि आपन गेआन[६]
हाथिक[७] चोरि दिवस परमान।
मञे[८] दूती मति मोर हरास
दिवसहु के जा निअ[९] पिआ[१०] पास॥
आरति तोरि कुसुम[११] रस[१२] रङ्ग
अति जीवने[१३] देखिअ अति[१४] सङ्ग।
दूती वचने सुमुखि भेल लाज
दिवस अएलाहु[१६] पर पुरुष[१७] समाज॥
भनइ विद्यापतीत्यादि॥

ने० पु० २४ (क), प० ६५, पं० ४

पाठभेद—

न० गु० (प० सं० ३१५) ९ निअ ११-१२ कुसुमसर १४-१५ अभिसङ्ग

मि० म० (प० सं० ३३३) हम ४ मोयँ ६ गेआन ९ निअ १० पिया १ जीवले १४-१५ अभिसन्द १७ पुरुस

सु० झा (प० सं० ५९) अँधार १ रयणी

परि० पद० (प० सं० ६०) १ रजनि ३ दिसि ४ मोञ ५ बोलबि ८ मोरि ११-११ कुसुमसर १६ अएलाहुँ

सं० **मन्तव्य**—७ हाथीक १७ पुरुष । शेष परि० पद० सदृश

शब्दार्थ—आसुर=राक्षसी, उतावलीभरा। परमान=प्रमाण। मञे···पास=मैं दूती हूं, मेरी तो बुद्धि ही मारी गई है अन्यथा दिन में कौन रतिरङ्ग हेतु अपने प्रियतम के भी पास जाती है जो मैं तुम्हें ले जाती। आरति···सङ्ग=मैंने अपने दीर्घकालीन जीवन में अनेक सङ्ग देखे हैं किन्तु तुम्हारी सदृश कामदेव के मनोभावों से उल्लसित एवं मिलन हेतु अति आतुर नायिका नहीं देखी।

[५७९]

ए रागे—

सगर ससारक[१] सारे।
अछए सुरत रस हमर पसारे।
छुइ जनु हलह कन्हाइ।
आरति मान नहलह[२] नडाइ[३]॥
दुरहि[४] रहओ मोरि सेवा।
पहिल[५] पढओक[६] उधारि न देबा।
हृदय[७] हार मोर देषी।[८]
लोभे निकट नहि होएब विशेषी॥[९]
मिलत उचित परिपाटी।
मधथ मनोज घरहि घर साटी॥
विद्यापति कह नारी[१०]।
हरि सञो[११] कैसन[१२] रौक उधारी॥

ने० पृ० २५, प० ६९; पं० ४

पाठभेद—

न० गु० (प० सं० २२२) १ सँसारक ३ नड़ाइ ८ देखी ९ विसेखी

मि० म० (प० सं० ३४१) १ सगर सस २ हलिअ ३ नड़ाइ ८ देखी ९ विसखी ११ सयँ

सु० झा० (प० सं० ६३) ३ नड़ाई १० नारि ११ सरि

परि० पद० (प० सं० ६४) १ संसारक ५-६ पहिलुक पढओ ७ हृदय ८ देखी ९ विसेखी १२ कइसन

सं० मन्तव्य—१ सँसारक ४ दुरहिँ ७ हृदअ ८ देखी ९ विसेखी १२ कइसन

शब्दार्थ—पसारे=प्रासार, दूकान। नड़ाइ=त्यागना, खो देना। पढओक=विक्री, बोहुनी। मधथ=मध्यस्थ। साटी=संग-साथ। रोक=नगद।

[५८०]

धनछीरागे—

अपना मन्दिर बैसलि[१] अछलिहु[२]
घर नहि दोसर[३] केवा।[४]
तहि खने पहिआ[५] पाहोन[६] आएल
बरिसए लागल देवा॥ ध्रु०॥
के जान कि बोलति पिसुन परोसिन[७]
बचनक भेल अवकासे।
घर अन्धार[८] निरन्तर धारा
दिवसहि[९] रजनी भाने।
कओनक[१०] कहब हमे[११] के पतिआएत
जगत विदित पचबाने॥[१२]
भनइ विद्यापतीत्यादि॥

ने० पृ० २७ (क), प० ७४, पं० ५

पाठभेद—

न० गु०—(पर० प० सं०२) २ अछलहु ६ पाहुन

मि०म० (प० सं० ५८७) १ बेसिलि ८ अन्धारा १२ पञ्चबाणे। पुन: (प० सं० ८७१ पर) ३ दे सर ५ पहिला १० कओनक ११ हम

सु० झा (प० सं० ६८) ४ केरा ८ अन्धारा

परि० पद० (प० सं० ६९) १-२ बइसलि अछलिहुँ ५ पाहुन ७ पड़ोसिनि १० कओन काँ १२ पंचबाने

सं० मन्तव्य—(i) ध्रु० के बाद संभवतः एक चरण छूट गया है। (ii) ७ परोसिनि ९ दिवसहिँ। शेष परि० पद० सदृश।

शब्दार्थ—पहिआ=पथिआ, पाँवों चलने वाला यात्री। अवकासे=छूट, जगह।

[५८१]

धनछीरागे—

इन्दु से इन्दु इन्दु[१] हर[२] इन्दु[३] त[४]
आओर इन्दु[५] जन[६] परगासे।
एक इन्दु हमे गगनहि देषल[७]
तीनि इन्दु तुअ पासे ॥ ध्रु० ॥
कालि देषल[७] हमे अदबुद[८] रङ्गे
मझु[९] मन[१०] लागल दन्दा।
कओन के कहब हमे के पतिआएत
एक ठाम अछ चन्दा ॥
कओनेओ इन्दु तारा कओनेओ इन्दु तरुणी
कओने इन्दु चक्र समाजे।
एक[११] इन्दु माधव सओ खेलए
एक इन्दु गगनिरि[१२] माझे[१३] ॥
भनइ विद्यापतीत्यादि ॥

ने० पृ० ३७, प० १०४; पं० ४

पाठभेद—

मि० म० (प० सं० ५७८) १-२ इन्दुहर ३-४ इन्दुत ५-६ इन्दुजल ७ देखल ८ अदभुद ९-१० मसुमन ११ एकसा १२-१३ गगनि बिमाझे

सु० झा (प० सं० ९८) ११ एक से

परि० पद० (प० सं० ९९) ने० प० सदृश।

सं० मन्तव्य—४ तओे ७ देखल १२ गगनेरि

शब्दार्थ—(एक प्रयास मात्र, दूसरे अर्थ के लिए देखें--परि० पद० भाग १ पृष्ठ १३२) इन्दु—चन्द्रमा। से इन्दु हर—शिव के भाल का चन्द्रमा। इन्दु तओे—तुम चन्द्रमा। इन्दु···परगासे—चन्द्रमा सदृश तो एक वह चन्द्रमा स्वयम् है, एक शिव के भाल पर है, एक तू सुन्दरी चन्द्र हो तथा एक लोक विश्रुत कृष्ण चन्द्र हैं। इन चारों में से गगन में तो अकेला पड़ा है शेष तीन तुम्हारे पास हैं १ स्वयं तूं, २ कृष्णचन्द्र ३ शिव सा वेष काढने पर केश में अथवा कुच शम्भु पर पड़े कृष्ण के नख-क्षत-चन्द्र। कओनेओ···समाजे—इनमें से कोई तो तारा सदृश आकाश में है कोई युवतियों में श्रेष्ठ बना तुम में सुशोभित है कोई समाज में (कृष्णचन्द्र) घूम रहा प्रकाशित है।

[५८२]

धनछीरागे—

पहिलहि[१] परसए करे[२] कुचकुम्भ
अधर पिबए[३] के[४] कर आरम्भ।
तखनुक[५] मरन पुलके[६] भरि पूज
निवीबन्ध[७] बिनु फोएले[८] फूज ॥ ध्रु० ॥
ए सखि[९] लाजे[१०] करब[११] की तोहि
कान्हक[१२] कथा पुछत जनु मोहि।
धम्मिल्ल भार हार अरुझाब
पोन पयोधर[१३] नख कत[१४] लाब ॥
बाहु वलय[१५] आकम[१६] भरे[१७] भाग[१८]
अपनि[१९] आइति नहि अपना[२०] आङ्ग ॥
भनइ विद्यापतीत्यादि ॥

ने० पृ० ३९, प० ११०, पं० ९

पाठभेद—

न० गु० (प० सं० ५७०) नीवीबन्ध ६ सखी ११ कहब १२ कान्हुक १४ खत १६-१७ आंकमभरे ९८ माङ्ग १९ अपन

मि० म० (प० सं० ४८९) ३४ पिबएके ५ तखनक ७ नीवीबन्ध १२ कान्हुक १६ आंकम १९ अपन

सु० झा० (प० सं० १०४) ११ कहब

परि० पद० (प० सं० १०५) १ पहिलहिं २ करें ५ तखनहिं ६ पुलकें ७ नीवी-बन्ध १० लाजें ११ कहब १३ पओधर १४ खत १५ बलअ १६-१८ आंकम भरें भाङ्ग २० आपन

सं० मन्तव्य—८ फोअलें १० अपनिजे। शेष परि० पद० सदृश।

शब्दार्थ—फोएले=खोलने से। फूज=खुल गया। आंकमभरें=अंकवार (आलिङ्गन पाश में) कसने के भार से। भाङ्ग=टूट गया।

[५८३]

धनछीरागे—

अलसे अरुण[1] लोचन तोर
अमिञे मातल चान्द[2] चकोर।
निचल भौंह[3] न[4] ले विसराम
रन[5] जीनि[6] धनु तेजल काम॥ ध्रु०॥
ए[7] रे[8] राधे[9] न कर लथा
उकुति गुपुत[10] बेकत[11] कथा।
कुच सिरीफल[12] सहज[13] सिरी
केसु विकशित[14] कनक[15] गिरी।
अलक[16] बहल[17] उधसु केस[18]
हसि पलिछल[19] कामे सन्देश[20]॥
भने विद्यापतीत्यादि॥

ने० पृ० ४०, प० ११२, पं० १

पाठभेद—

न० गु० (प० सं० २६७ ताल०) १ पुरल २ चाँद ३-४ भउँह जे ५-६ रणनिजि ७ ९ अरेरे सुन्दरि १०-११ बेकत गुपुत १२ सिरिफल १४-१५ बिकसित कनअ १६-१७ बहल तिलक १९ परिछल २० सन्देस

मि० म० (प० सं० २६८) ५ रन १२ सिरीफल १३ करज २५ कनक। शेष न० गु० सदृश। ने० प० के पाठभेद टिप्पणी में।

सु० झा० (प० सं० १०६) १ आलसे अरुण २ चन्द ४ न ले (अ) ५ रण

परि० पद० (प० सं० १०७) १ अलसें अरुन ३-४ भउँह जे ९ सुन्दरि १३ करज १४ केसू विकसित १६-१७ बहल तिलक १८ केसे १९ हँसि परिछल

सं० मन्तव्य—१ आलसें अरुन ३-४ भउँह १३ करज १४ विकसित १६ तिलक १९ हँसि परिछल २० सन्देस

शब्दार्थ—उकुति···कथा=बातें ही छिपी कहानी प्रगट कर रही है। करज=नाखून। केसु=पलाश (कली)। परिछल=फैलाया, परीक्षित किया।

[५८४]

धनछीरागे—

कुच कोरी फल नखखत रेह
नव ससि छन्दे अङ्कुरल नव रेह[1] ।
जिव जञो[2] जनि निरधने निधि पाए
षने[3] हेरए खने[4] राष[5] झपाए[6] ।।ध्रु०।।
नवि अभिसारिणि[7] प्रथमक सङ्ग
पुलकित होए सुमरि रतिरङ्ग ।
गुरुजन परिजन नयन[8] निवारि
हाथ रतन धरि वदन निहारि ।।
अवनत मुख कर षर[9] जनु[10] देख[11]
अधर दरस खत निररि[12] निरेखि[13] ।
भने विद्यापतीत्यादि ।।

ने० पु० ४३, प० १२२, पं० ३

पाठभेद—

न० गु० (प० सं० १८५) १ नेह ३ खने ७ अभिसारिनि ९-१० परजन ११ देखि १२ निरखि

मि० म० (प० सं० २६७) २ जथ ३ खने ७ अभिसारिनि ९-१० परजन १२-१३ निरखि निरेख

सु० झा० (प० सं० ११६) १ नेह ४ पने १२ निब्ररि १३ निरेख

परि० पद० (प० सं० ११७) नेह २-३ जञो जन ३ खने ५ राखए ७ अभिसारिनि ८ नअन

सं० मन्तव्य—१ नेह ३ खने ५-६ राखए झंपाए ७ अभिसारिनी ८ नअन १३ निरेख

शब्दार्थ—छन्दे=भाँति से । जिव जञो=प्राणों की भाँति । जनि=जैसे । हाथ...निहारि=हाथ के रत्न (अंगूठी) में मुख देखती है । (रामक रूप निहारति जानकी कङ्कन के नग की परछाईं । तुलसीदास) निररि=आँखें फैलाकर ।

[१८५]

धनछीरागे—

पहिलुकि[१] परिचय[२] पेमक संसय[३]
रजनी अधिक[४] समाजे।
सकल कलारस सभालि[५] न हलबे[६]
बैरिनि[७] भेलि मोरि लाजे ॥ध्रु० ॥[८]
हुनिहि[९] सुबन्धुके लिखिए[१०] पठाओब[११]
भमरा[१२] जओ[१३] हो[१४] दूते।
कबहु[१५] हार कर कबहु[१६] चिकुर गह
कबहु[१७] हृदय[१८] कुच सङ्गे।[१९]
एकलि नारि हमें[२०] कत अनुरज्जब
एकहि बेरि[२१] सबे रङ्गे॥
आओर[२२] विनय[२३] जत से सबे[२४] कहब कत
बोलए[२५] चाहिअ कर[२६] जोली।
नवए[२७] रङ्ग सबे भङ्ग भैए[२८] गेल
ओल[३०] धरि न भेले[३१] बोली॥
ओ नवि[३२] नागर सुपहु सुचेत (न)[३३]
विद्यापति कवि भाने[३४]॥

ने० पृ० ५६, प० १६७, प० ३

पाठभेद—

न० गु० (प० सं० २०६ ताल०) ३ सच्चय ४ आध ५-६ समरि न भेले ८ ध्रु० के बाद अतिरिक्त चरण) साए साए अनुसए रहलि बहूते ९ तन्हिहि १०-११ कहिए[०] पठाइअ १२-१४ जौं भमरा होअ १५-१६ खनहि चीर धर खनहि १७-१९ करय चाह कुच मङ्गे २१ बेर २२ तखने २४ सब २५-२६ कहए चाहल करे २७-२९ नवए रस रङ्ग भइए गेल भङ्ग ३० ओड़ ३२-३४ के स्थान पर—“भनइ विद्यापति सुन[३५] वर जौवति[३६] पहु अभिमत अभिमाने। राजा सिवसिंह[३७] रूपनरायन[३८] लखिमा देइ विरमाने॥

मि० म० (प० सं ७४) १ पहलुक ५ सँभरि १३ जों १७ करए २० हम २१ बेरि सब २२ तखन २६ कर २९ गेल सखि ३० ओर ३५ सुनु ३७ सिवसिंघ। शेष न० गु० सदृश।

सु० झा (प० सं० १५४) २२ आतुर

परि० पद० (प० सं० १५६) १२ पहिलुक परिचअ ३ संसअ ५ सँभरि ७ बइरिनि १० लिखिए १३ जओ १७ करए २३ विनअ २४ सबे २६ कर ३० ओळ ३६ जउवति ३८ रूपनराञेन। शेष न० गु० सदृश।

सं मन्तव्य—(i) प्रस्तुत पद ने० प० में ध्रु० के बाद एवं अन्त मे एक-एक चरणों से कम प्रतीत होता है। न० गु० (ताल पत्र) के पाठ में यह पूर्ण है। न० गु० का पाठभेद अधिक है यद्यपि उसमे भाव-शैथिल्य है। ने० प० का पाठ अधिक गुरुत्वपूर्ण है। (ii) १-२ पहिलुक परिचअ ३ संसअ ५ सँभरि ७ बइरिनि १४ होअ १५, १६, १७ कबहुँ १८ हृदअ २३ बिनअ ८ मद्दए "ध्रु० के बाद न० गु० की उपर्युक्त पंक्ति" साए साए अनुसअ रहल बहुते। अन्त में—"राजा सिवसिंह रूपनराञेन लखिमा देइ रमाने।" पद पूर्ति की दृष्टि से।

शब्दार्थ—रजनी=समाजे···रात के अधिकाधिक समागम में। न हलबे=न हो पाया। हुनहि=उनको। भमरा···दूते=यदि भ्रमर दूत का कार्य कर सके तो संदेश लिख भेंजने की इच्छा है कि लाज ही बैरिन हो गई जिससे सम्पूर्ण कलारस को सँभाल न पाई। अनुसअ=पश्चाताप [इस कारण] अधिक है। हारकर=हाथ से हार टालते हैं। कबहु···सङ्ग=कभी अपने हृदय को कुचों के साथ चिपका देते हैं। एकलि नारि=अकेली रमणी। आओर···भाने=अपनी ओर से वैसे तो बहुत कुछ निवेदन करने को है किन्तु उतना सब क्या कहूं। हाथ जोड़ कर यही कहना चाहती हूं कि सारा नवीन रसभाव सँभार में न आ सकने से भङ्ग हो गया। लाज की मारी में अन्त तक कुछ बोल न पाई। कारण, विद्यापति कहते हैं कि नागरी अभी नवीना [नवसिखुआ] है जबकि प्रभु सुचेतन और निष्णात हैं। न० गु० के पाठ का अर्थ सुगम है। आवश्यकता पर देखें ने० प० [भाग १] पृष्ठ २१० तथा मि० म० पृष्ठ ५६३।

[५८६]

सारङ्गीरागे—

नीन्दे[५] भरल अछ लोचन तोर
नोनुअ[६] वदन कमलरुचि चोर[७]।

कओने[८] कुबुधि[९] कुच[१०] नखखत देल
हा हा[११] शम्भु[१२] भगन भए गेल ॥ ध्रु० ॥
केस कुसुम झळु[१६] सिरक सिन्दुर[१७]
अलक तिलक हे सेहओ[१८] गेल दूर।
निरसि धुसर भेल अधर पवार[१९]
कओने[२०] लुलल[२१] सखि[२२] मदन भँडार[२३]।
भनइ[२४] विद्यापति रसमति नारि
करए प्रेम पुनु पलटि निहारि[२६]।

ने० पृ० ७७, प० २१६, पं० ५

पाठभेद—

न० गु० (प० स० १६१ ताल०) चरण क्रम—आरंभ में दो अतिरिक्त चरण 'सामरि हे झामर[१] तोर देह। को[२] कह कइसे[३] लाओलि[४] नेह। तदनन्तर उपर्युक्त पद के १, २, ७, ८, ३, ४ थे चरण, तदुपरान्त दो और अतिरिक्त चरण "दमनलता सम तनु सुकुमार, फूटल वलय[१३] टूटल[१४] गृम[१५] हार। तब ५, ६, ९ और १० वें चरण किन्तु भणिता के ९-१० वें चरणों (२४-२६ का पाठ है—'भनइ विद्यापति रति अवसान। राजा सिवसिंह[२५] ई रस जान[२६]। शेष पाठभेद—६-७ अमिय भरमे जनि लुबुध चकोर ८-९ कोने कुमति ११-१२ हाए हाए सम्भु १६ तोर १९ करु अधर पवार २०-२२ कोने कुबुधि लुटु २३ भण्डार

बेनीपुरी (प० स० ९१) १ झामरि २ कह ३-४ का सए लाओल ५ नींद ६-७ कोमल बदन कमल रुचि चोर १४ टुटल १६ सिन्दुर १८ सबहु १९ पवाँर २० कोन २३ भंडार। शेष न० गु० सदृश।

झा० झा० (प० स० ४८१) १२ सम्भु १६ भलुसख २४ मनइ। शेष ने० प० सदृश। पादटिप्पणी में पदकल्पतरु का पाठ। तथा (प० सं० ६८) १ झामरि ३-४ के सयँ लाएल ५ नीन्द ११ हाय हाय १४ टुटल १८ सउ १९ पवाँर २० कौन २३ भँडार। शेष सभी न० गु० सदृश। और प० सं ६९ म पदकल्पतरु (२५३) का पाठ

सु० झा (प० सं० १९६) ६ लोभुअ। शेष ने० प० सदृश

परि० पद० (प० सं० १६७) २ कह ३-४ का सओ लाउलि ५ निन्दें ६ अमिन ८ कओने ११ हा हा १३-१५ बलअ टुटल ग्रिम १६ झळु १९२० कओने। शेष पाठ एवं क्रम न० गु० सदृश।

सं० मन्तव्य—(i)पदकल्पतरु (प० सं० २५३) भी, जो न० गु० (प० सं १८८), मि० म० (प० सं० ६६) पर गृहीत है, इसी पद के "सामरि···नेह' तथा निरसि···· भँडार'' चरणों में कुछ नए चरण जोड़कर बना हुआ है जिसका पाठ है—

'कह सखि साङरि झाङरि देहा। कोन पुरुष सयँ नयलि नेहा ॥
अधर सुरङ्ग जनु निरस पँडार। कोन लुटल तुआ अमिया भाण्डार ॥
रङ्ग पयोधर अति भेल गोर। माजि धरल जनु कनक कटोर ॥
ना जाइह सोपिया तहि एक गूने। फेरि आएलि तुहुँ पुरुबक पूने ॥

कवि विद्यापति इह रस जाने। राजा सिवसिंह लछिमा परमाने ॥ (ii) प्रस्तुत पद का सर्वतोभावेन बङ्गीकृत रूप पदकल्पतरु (प० सं० २५०) में मिलता है जो इस प्रकार है :—पूछमो ए सखि पूछमो तोय। केलि कला सब कहबि मोय ॥ वेश भूषन तोर सब छिल पूर। अलका तिलक मिटि गेलहि दूर ॥ कुसुम कूल सब भेल मिन मोन। अधरहि लागल दशनक चीन ॥ कोन अबुझ हेन कुचे नख देल। हा हा शम्भु मगन भै गेल ॥ अलसाह पूरल सकलहिं गा। बसन लेइ घन घन कर वा ॥ भनये विद्यापति शुन वरनारि। सरबस लेयल रसिक मुरारि ॥(iii) १२ सम्भु २१ लुटल। न० गु० के अधिक चरणों में—१ झामरि २ कह १-४ का सबो लाओल १३-१५ बलआ टुटल गिम

शब्दार्थ—तोनुअ···चोर=लावण्यमय मुख श्री कमल की शोभा चुराने वाली है। कुबधि=मतिमन्द [क्योंकि भग्न शिव पूजनीय नहीं रह जाता] झलु=झड़ गए। पवार=प्रवाल, मूगा, रंग साम्य से। सामरि=श्यामा, षोडषी। दमन लता=द्रोणलता, कुन्द वल्लरी।

[५८७]

गुञ्जरीरागे—

छलिहु[१] एकाकिनि गथइते[२] हार[३]
ससरि[४] खसल कुच चीर हमार[५]।
तखने[६] अकामिक[७] आएल[८] कन्त[९]
कुच की[१०] झापब[११] निबिहुँक[१२] अन्त[१३]॥ ध्रु०॥
कि कहब सुन्दरि कौतुक[१४] आज
पहु राखल मोर जाइतें लाज।

भेल भावभरे[१५] सकल सरीर
कतन[१६] जतने बल[१७] राखिअ थीर ॥
धसमस करए[१८] धरिअ कुच जाति[१९]
सगर सरीर धरिअ[२०] कत भान्ति[२१] ।
गोपहि न[२२] पारिअ[२२] तखन हुलास
मुन्दला कमल बेकत होअ हास ॥
भनइ विद्यापतीत्यादि ॥

ने० पृ० ८१ (क) प० २२६; पं० ३

पदकल्पतरु (प० सं० ७४०) १-२ एकलि आछलु हाम गाँथइते ४ सगरि ५ हामार ६-९ तैखने हासि हासि आओल कान्त १०-१३ किये झाँ।ब निबिहक बन्ध ।" तदुपरान्त ६ सर्वथा भिन्न चरण हैं—"हासि[२३] बहुवल्लभ आलिङ्गन देल[२४] । धैरज लाज रसातल गेल[२५] ॥ करे कि[२६] बुझायब दूरहि दीप । लाजे[२७] ना याओत[२८] ए कठिन जीव ॥ विद्यापति कहे मरमक[२९] काज । जिवन[३०] सोंपलि याहे ताहे किये[३१] लाज ॥" जिनमें से करे··· जीव । पर्यन्त तो तालपत्र, न० गु० १६२ (प्रस्तुत संस्करण प० सं० ६६८) के ५-६ चरणों से लिए गए प्रतीत होते हैं किन्तु शेष ४ चरण अन्य कवि द्वारा जोड़े गए जान पड़ते हैं ।—सं०

ब्र० न० सहाय (मा० मि० और प्रेम वै०, प० सं० १८) १-२ यकलि आछिनु हम गंथइत ४ घंगरि ६-८ तखन हँसत चलि आयल १२-१३ किय निविवन्ध २३ हँसि २४ देला २५ गेला २६ कइसे २७ लाज २८ गयल ना इ २९ मरम कि ३०-३१ जब सौंपल जिव तब किय

न० गु० (५६०) २१ भाति

मि० म० (प० सं० ४८४) ५ अ हामार ६ कान्त १२ निबिहुक १६ कअ १८ कर ए धरि अ २० धर ए २२-२३ लोप लहि पारि अ । पाद-टिप्पणी में प० त० का पाठ ।

सु० झा (प० सं० २०५) ११-१२ झाँपब निब्रिहुक १६ जाँति २१ भांति

परि० पद० (प० सं० २०६) १ छलिहँ २ गँथइते ११-१२ झाँपब निबिहँक १४ कउतुक १७ बलें १८ करिअ १९ जाँति २१ भाँति

सं० मन्तव्य—१० किए १५ भावभरें १६ कतने १८ करए २२ गोपहिं न । शेष परि० पद० सदृश ।

शब्दार्थ—जाइते=जाती हुई । थीर=धैर्य । जाँति=दबाकर । गोपहि=छिपा सकना ।

[५८८]

बरलीरागे—

जखने जाइअ[1] सयन[2] पासे
मुख परेखए दरसि हासे[4]।
तखने उपजु अहेन[5] भाने
जगत भरल कुसुमबाने ॥ ध्रु० ॥
की सखि कहब केलि बिलासे
निअ[6] अनाइति पिआ[7] हुलासे।
नीवि विघटए गहए हारे
सीमा लाधए[8] मन विकारे॥
सिनेह जाल[9] बढावए[10] जीबे
संङ्गहि[11] सुधा अधर पीबे[12]।
हरषि[13] हृदय[14] गहए चीरे
परसे[15] अबस कर सरीरे।
तखने उपजु अइसन साधे
न दिअ समत न दिअ बाधे॥
भने विद्यापति ओहे[16] सआनी[17]
अमिअ मिसल[18] नागरि बानी॥

ने० पृ० ८३, प० २३२; पं० १

पाठभेद—

न० गु० (प० सं० ३३५) १-३ जाइअ पिआ सअनक पास ४ हास ५ एहन ८ लाँघए १० बढ़ाबए १२ पिबे १३ हरखि १७ सयानी १८ मिझल

मि० म० (प० सं० ४८०) ५ एहन ६ निअ ७ पिया ८ लाँघए १० बढ़ाबए १३ हरखि १६ तु हे १८ मिछल

सु० झा० (प० सं० ११२)—१८ मिझल

परि० पद० (प० सं० २१२) २ सअन ५ अइसन ८ लाँघए १४ हृदअ १८ मिसलि

सं०मन्तव्य—२ सननक ५ एहन ८ लाँघए ९ जाले ११ सङ्गे १४ हृदअ १५ परसें १८ मिसलि

शब्दार्थ—परेखए=देखते हैं, देखने के लिए। एहन=ऐसा। जाले=पाश को। परसे=छूने मात्र से। न...बाधे= न सहमति ही दूं और न प्रिय के कार्य में असहयोग ही करूं।

[५८९]

बरलीरागे—

कतन[1] दिवस लए अछल मनोरथ
हरि सओ[2] लाओब[3] नेहा।
से सबे[4] सुफल[5] भेल बिहि अभिमत[6]
सहजहि[7] आएल मोर[8] गेहा॥ ध्रु०॥
सखि[9] हे जनम कृतारथ भेला।
वदन निहारि अधर रस[10] पिउलन्हि[11]
हरि परिरम्भण[12] देला॥
पीन पयोधर[13] दरसि[14] परसलन्हि[15]
निविबन्ध फोएलन्हि[16] पाणी[17]।
तखने[18] उपजु रस भेलिहुँ[19] परबस[20]
बोललन्हि[21] सुललित बानी[22]॥
भनइ[23] विद्यापतीत्यादि[30]॥

ने० पृ० ८ (क), प० २३६, पं० ४

पाठभेद—

न० गु०—(प० सं० ८१८ ताल०) १ कत न ३ बढ़ाओल ४-५ सब सफल ६ अभिमत देल ७ सहजे ८ मझु ९ माइ १० मधु ११ पिबि कहु १२ परिरम्भन १४-१५ हरखि परसि करु १६-१७ खोएलन्हि पानी १८-२० पुलक पुरल तनु मुदित कुसुमधनु २१ गाबए २३—तोअ[23] धनि पुनबति सब गुण[24] गुनमति[25] विद्यापति कवि भाने[26]। राजा शिवसिंह[27] रूपनराएन[28] लखिमा देवि[29] रमाने।[30]

मि० म० (प० सं० १९३) २ सयँ १३ पओधर १८ पुलके २३ तोयँ २४-२५ गुन गुनमति २६ भान २७ शिवसिंघ २९-३० देइ रमान।

सु० झा (प० सं० २१५) ने० प० सदृश

परि० पद० (प० सं० २१६) १ कतन ३ लाओब ७ सहजें ९ सखि ११ पिउलन्हि १३ पओधर १५ परस लन्हि १६ फोएलन्हि २४-२५ गुन गुनमति २८ रुपनराबेन। शेष न० गु० सदृश।

सं० मन्तव्य—६ अभिमतें ७ सहजें १२ परिरम्भन १३ पओधर १७ पानी। न० गु० सी भणिता में—२४-२५ गुने गुनमति २८ रूपनराबेन २९ देइ

शब्दार्थ—विहि अभिमतें=विधाता की इच्छानुसार। दरसि परसलन्हि=देखकर स्पर्श किया। फोएलन्हि=खोले।

[५९०]

विभासरागे—

पहिलहि[१] चोरि आएल पास। आङ्गहि आङ्ग लुकाब[२] तरास॥
बाहरि भेल देषिअ[३] देह। जैसन[४] सिनी[५] चान्दक[६] रेह॥ ध्रु०॥
साजनि कि कहब पुरुष[७] काज। कौसल[८] करइते[९] तन्हि नहि लाज।
एहि तह पाप अधिक थिक नारि। जे न गनए पर पुरुके[१०] गारि॥
खन एक रङ्ग[११] सङ्ग[१२] सब भान्ति[१३]। से से करत जकरि[१४] जे जाति।
भनइ विद्यापति न कर विराम। अवसर पाए पुरत[१५] तुअ काम॥

ने० पृ० ९७, प० २९८, पं० २

पाठभेद—

न० गु० (प० सं० ५६७) २ नुकाब ३ देखिअ ५ खिनी १३ भाति १५ पुर

मि० म० (प० सं० ४९० , ३ देखिअ ६ चाँदक ७ पुरुस ९ करइत १० पुरुसक १४ जकर

सु० झा० (प० सं० २४७) २ नुकाब ३ देषिअ ११-१२ रङ्ग (रभस)

परि० पद० (प० सं० २४८) १ पहिलहिं ३ देखिअ ४ जइसन ७ पुरुषक ८ कउसल १३ भाँति

सं० मन्तव्य—परि० पद० सदृश।

शब्दार्थ—चोरि=चोरी से। आङ्गहि···तरास=इतना डर लग रहा था कि अंगों को छिपा लेना चाहती थी। बाहिरि भेले=प्रियतम के पास से निकलने पर। सिनी=अमावश्या की चन्द्र रेखा सी क्षीण।

[५११]

बसन्तरागे—

कुवलय[1] कुमुदिनि चौदिस[2] फुल
के रव[3] कोकिल दह दिस[4] बूल[5]।
खने कर साद[6] खनहि[7] कर खेद
बैसल[8] विषधर[9] पढे[10] जनि[11] वेद[12] ॥ ध्रु० ॥
आएल रे[13] वसन्त ऋतुरात[14]
भमर[15] विरहे[16] चलु भमरि समाज।
डरि डरि[17] परे वासरे[18] गोपि मेलि
कान्ह[19] पेसल[20] बन[21] जनि[22] कर केलि ॥
गोपी[23] हसलि अपन मुख हेरि
चान्द पलाएल[24] हरिणक[25] सेरि।
भनइ विद्यापतीत्यादि ॥

ने० पृ० १०२, प० २८२, पं० ३

पाठभेद—

न० गु० (प्र० प० सं० ८) चरणक्रम १-४ थे चरण १० वें के बाद आए हैं। १ कुवलअ २ चउदिस ३ कलरवे ५ मूल ६-७ सासा खने ८-१० बइसल विसधर पढ़ १३ पाठाभाव १४ समय रितुराज १५-१६ विरहे ममरि १७-१८ उरि उरि परेवा बहु २० पइसल २१-२२ कर जल २३ राधा २४ चाँद पड़ाएल। अन्तमें ६ अतिरिक्त चरण भोगी अछल महेसर भेल। पान तमोर हाथ कए देल ॥ मधुए पिबिए पिवि सुतला हेसेज। धएल सुधाकर अरुनक तेज ॥ भनइ विद्यापति समयक अन्त। न थिकए बरसा न थिक वसन्त ॥

मि० म० (प० सं० ५७२) १ चउदिस ३ केरव ५ मूल ८ बेसन ११-१२ पढ़ज निवेद १४ रितुराज १५ भमरे १७-१८ उरि उडि परेवा सवे १९ कान्हा २३ गोपि २४ पलाएल। पाठान्तर में न० गु० का पूरा पाठ।

सु० झा० (प० सं० २५७) ३ कैरव १७-१८ उरि उरि परेवा सवे

परि० पद० (प० सं० २५७) २ चउदिस ३ कए रव ४ दहो दिस ८ बइसल १० पढ़ १६ विरहें १९-२० कान्ह पइसल २४ पळाएल

सं० मन्तव्य—१ कुबलअ २ चउदिसि ३ कए रव ८ बइसल ९ बिसधर १६ विरहें १८ परे वासर २० पइसल २३ गोपी हँसलि २५ हरिनक

शब्दार्थ—कुवलअ—कमल कुमुद सामान्य। कएरव—ध्वनि गुजाते हुए। साद—शब्द। बैसल—जैसे सामने साँप बैठा होने पर वेद पाठी का वेद पाठ रुक-रुक जाता हो अथवा साँप ही बैठा वेद-पाठ कर रहा हो जो क्षण-क्षण में फुंफकार लेता हो। परे बासर—अपराह्न, संध्या। गोपि-मेलि—गोपियों को साथ लेकर। बन—जल। चान्द···सेरि—गोपियों के सुन्दर मुख के डर से चन्द्रमा हरिण के आश्रय में जा छिपा, मृगाङ्कः, लांछन युक्त हो गया। महेसर—महेश्वर, शंकर। तमोर—गुआ, सुपाड़ी। अरुनक तेज—लालिमा।

[५९२]

वसन्तरागे—

कतन[१] झोरो[२] सिन्दुरे[३] भरलि भसमे भरु बोकान।
बसहु[४] केसरि मजूर[५] मुसा[६] चारुहु[७] पलु[८] पलान॥ ध्रु०॥
डिमिकि डिमिकि[९] डबरु[१०] बाजए[११] इसर खेलए[१२] फागु।
भसमे सिन्दुरे दुअओ[१३] खेडा[१४] एकहु[१५] दिवसे[१६] लागु॥
सञ्झाञे[१७] सिन्दुरे[१८] भरु सरुसिति[१९] लाछोहि[२०] भरलि गोरो[२१]।
इसरे[२२] भसमे भरु नराएन[२३] पीत वसन बोरी[२४]॥
एके[२५] तञो[२६] नागट[२७] अओके उमत[२८] इसर[२९] धुथुर[३०] खाए[३१]।
अओके उमति खेडि[३२] खेलाबए[३३] किछु न बोलए[३४] जाए[३५]॥
गरुड[३६] वाहन देव नराएन[३७] बसहु[३८] चढ़ु[३९] महेस[४०]।
भने[४१] विद्यापति कौतुके[४२] गाओल[४३] सङ्गहि फीरथि[४४] देस[४५]॥

ने० पृ० १०३, प० २८४; पं० १

पाठभेद—

न० गु० (हरगौरी पदावली, प० सं० ४१) १-३ कञ्चने झोरि सिन्दुर ४ बसहा ५ मयुर ७ चारिहु ९-११ डिमिक-डिमिक डामरु बाजइ १२ खेलइ १३-१४ दुयओ खेड़ा १६ दिवस १७-१८ सञ्झाय सिन्दुर १९-२० सरस्सति लछिहि २१ गौरि २२ इसर २३ नरायण २४ बोरि २५-२७ एक तौ नाँगट २८ तौ उमत २९-३१ ईशर धथुर खाय ३२-३३ खेड़ि खेड़ाबय ३४-३५ बोलइ जाय ३६ गरुड़ ३७ नरायण ३८-४० बसहा चढ़ु महेश ४१ भनइ ४२ कौतुक ४४-४५ फिरथु देश

मि० म० (प० सं० ५९९) १-२ करते झोड़ि ५ मजर ११ बजए १२ खेलइ १३ १४ दुयओ खेड़ा १७ सञ्झाय १९-२० सरस्सति लछिहि २१ गोरि २२ इसर २३ नरायन २४ बोरि २५ एक २७ नाँगट २९-३० किछु नर ईशर धथुर ३२ खेरि ३४ बोलइ ३६ गरुड़ ३७ नरायन ३९ चढ़ु ४२ कौतुक ४४ फिरथु

सु० झा० (प० सं० २२९) ४३ गोअोल

परि० पद० (प० सं० २५९) ६ सिन्दुरें ६ मूसा ७-८ चारिहु पळु १० डंबरु १२ ईसर खेलए १३ सिन्दुरें दुअओ १७-१८ सञ्झाजे सिन्दुरें २० लाछिहिं २१ ईसर २३ नरानवेन २५ एक २७ नाङ्गट २९ ईसर ३७ नरानेन ४२ कउतुक

सं० मन्तव्य—५ मयूर १४ खेला १६ दिवसें १९ सरस्सितिं ४१ मन। शेष परि० पद० सदृश।

शब्दार्थ—झोकान=बड़ा झोला। बसह···मुसा=शिव, पार्वती, कुमार और गणेश की सवारियाँ क्रमशः वृषभ, सिंह, मयूर और मूस। पलु पलान=भाग गए, या चारों पर पलान डाल कर सजाया गया। सञ्झाजे =संध्या देवी ने। सरहिसति=सरस्वती। लाछिहिं=लक्ष्मी। धुथुर=धतूरा।

[५९३]

वसन्तरागे—

चल देखने[१] जाउ[२] ऋतु[३] वसन्त[४]
जहाँ[५] कुन्द कुसुम केतव[६] हसन्त[७]।
जहा[८] चन्दा[९] निरमल भमरकार
रयनि[१०] उजागरि[११] दिन अन्धार[१२]।
मुगुधलि[१३] माननि[१४] करए मान
परिपन्तिहि[१५] पेखए पञ्चबान[१६]।
परिठबइ[१७] सरस कवि कण्ठहार[१८]
मधुसूदन राधा वन विहार॥

ने० पृ० १०४ (क), प० २८६, पं० ३

पाठभेद—

न० गु० (प० स० ६०३ ताल०) ३ रितु ५ जहाँ ६ केतकि ८ जहाँ १० रयनि १४ भामिनि १७ मनइ

बेनीपुरी (प० सं० १८२) देखए ५ वसंत ७ हसंत ९ चंदा १० जहाँ रयनि ११ उजागर १२ अंधार १३ जहाँ मुगुधलि १४ मानिनि १५ परिपंथिहि १६ पंचबान १८ कंठहार। शेष न० गु० सदृश।

मि० म० (प० सं० ४७३) १ देखिए ३ रितु ५ जहाँ ६ केतकि ८ जहाँ ११ उजागर १७ मनइ

सु० झा (प० सं० २६१) ने० प० सदृश ।

परि० पद० (प० सं० २६१) २ जाऊ ३ रितु ५ जहाँ ६ केतकि ८ जहाँ १० जहाँ रजनि १३ जहाँ मुगुधलि

सं० मन्तव्य—१ देखन ६ कइरव या केतकि ५ और ८ जहाँ १० रजनि

शब्दार्थ—कइतव हसन्त=छलना पूर्ण ढंग से हंसते हैं, कैरव=कुमुद। केतकि= छोटा केवड़ा। कार=काला। परिपन्तिहि=प्रतिपक्षी, विरोधी को। परिठवइ=प्रस्तुत करते हैं।

[५९४]

सखि परबोधि सेज[1] तले[2] आनि[3]। पिया[4] हिय[5] हरखि[6] धएल[7] निज पानि ॥
छुइते[8] बाला[9] मलिन भै[10] गेलि। विधुकोरे[11] कुमुदिनि कमलिनी[12] भेलि[13] ॥
नहि नहि कहइ[14] नयन[15] झर लोर[16]। सूति रहलि राहि[17] सयनक[18] ओर ॥
आलिङ्गए[19] नीविबन्ध[20] खोलि[21]। करे[22] कुच परसे[23] सेह भेल थोरि[24] ॥
आँचर लेइ बदन उर[25] झाँपे[26]। थिर नहि होअइ[27] थर थर काँपे[28] ॥
भनइ विद्यापति धैरज[29] सार। दिने[30] दिने मदन करये[31] अधिकार ॥

क्षणदा०, पृ० ३३

पाठभेद—

कीर्त्तनानन्द (प० सं० २९९) १-२ सयन तल ४ पिय ८ छुअइत ९ बालि ११-१२ विधु कोर मलिन कुमुदिनि २१ बिनु खोरि २२ कर २३ परस २५-२६ पर झाँप २८ काँप २९ धीरज ३०-३१ दिन दिन मदनक होय

ब्र० न० सहाय (प्र० मि० और द०, प० सं० ८) ३ आनी ७ धयल निज पानी ८-९ छुइते राइ १० भइ गेली ११-१३ कोरे कुमुदिनी मलिन भेली १४ कहय १५ नयन झरे १७ धनि १९-२० आलिङ्गय निविबंध २१ खोर २४ थोर २६ झाँपे २७ होयत २८ काँपे २९ धैरज ३१ हो। शेष कीर्त्तनानन्द सदृश।

न० गु० (प० सं० १५२) एवं **मि० म०** (प० सं० ६७४) कीर्त्तनानन्द सदृश

बेनीपुरी (प० सं० ७६) ६ हरषि ८ छुबइत १० भए ११-१२ विधु-कर मलिन कमलिनी १४ कहए १६ नोर २० नीवि-बँध २७ होअए २९ धैरज ३१ होए। शेष कीर्त्तनानन्द सदृश।

सं० मन्तव्य—१ सजन ३ आनि ४-५ पिअ हिअ ८ छुअइते १० भए १५ नअने १८ सअनक २९ धइरज ३१ करए

शब्दार्थ—सअन तल=शय्या पर। बिधु…भेलि=चन्द्रमा की कुमुदिनी उसी की गोद में ऐसी सूखी सी म्लान हो गई जैसे कमलिनी की दशा होती है।

] ५९१]

मन्दिरे[१] आछिलु[२] सहचरि मेलि। परसङ्गे[३] रजनी[४] अधिक भइ[५] गेलि॥
यव[६] सखी[७] चललहु[८] आपन गेह। तब मझु[९] नीन्दै[१०] भरल सब[११] देह॥
सूति रहल[१२] हम[१३] करि एक[१४] चीत। दैव-बिपाके[१५] भेल बिपरीत॥
ना[१६]बोल सजनि[१७]सुन सपन-सम्वाद।[१८]हसइते[१९]केहु[२०] जनि करे[२१]परिवाद[२२]।
विसाद[२३]पड़ल[२४]मझु[२५]हृदयक[२६]माझ [२७]तुरिते[२८]घोचायलु[२९]नीबिक काज[३०]॥
एक पुरुख[३१] पुन[३२] आयल[३३] आगे[३४]। कोपे[३५] अरुन आँखि अधरक दागे[३६]॥
से भय[३७] चिकुर चोर[३८]आ हि गेल।[३९]कपाले[४०] काजर मुखे सिन्दुर[४१] भेल[४२]॥
कतये[४३] करब केहु[४४] अपजस[४५] गाब। विद्यापति कह के पतिआब॥

प० त०, २४६

पाठभेद—

ब्र० न० सहाय (मा० मि० और प्रेम वै०, प० सं० २०) २ अछिनु ३-४ परसँग रजनि ५ चलि ६ जब ८ चललहुँ ९-१० मोर नींद १२ रहलु १४ यक १५ विपाक १६-१७ सुन सुन सजनी १८ सँवाद १९-२० हँसइत केहु २१-२२ कर परवाद २३-२४ पड़ल विषाद मो २७ माँझ २८-२९ तुरत घुचायनु ३० कांच ३४ आग ३५ कोप ३६ राग ३७ डर सों ३८ चिर ३९ गेला ४०-४२ सीस काजर मुख सेंदुर भेला ४४ अतय ४४ केहु ४५ अपयश

न० गु० (प० सं० ३२४) प० त० सदृश।

बेनीपुरी (प० सं० १२६) १-२ मन्दिर अछलिहुँ ३-४ परसंगे रजनि ५ बहि ६-८ जब सखि चललिहुँ ९-१० मोहि नींदे ११ सबे १२-१३ रहलिहुँ हमें १६ न १९-२० हँसए केओ २१ कए २३ विषाद २५ मोर २७ माँझ २८-२९ तुरित घोंचओलहुँ ३१-३३ पुरुषपुनु आओल ३५ कोप ३७ भयें ३८ चिर ४० कपाल ४१ सिन्दूर ४३-४४ अंतर (?) कहब केओ

मि० म० (प० सं० ६९५) प० त० सदृश।

सं० मन्तव्य—२ अछलिहुँ ६ जब ८ चललिहुँ १३ मोञ १५ दइब विपाकें १६ न २१ करए २५ हृदअक २७ माँझ २९ घोंचाओलु ३३ आएल ३६ रागे ३७ भए ३८ चिर आनहि ४३ कतए

शब्दार्थ—परिवाद=हँसी ठट्ठा। रागे=अनुराग रंजित, लाल। कपाले...भेल=आँखों का काजल कपाल पर पसर गया और माँगा का सिन्दूर पूरे मुख भर छा गया। गाब=गाएगा, प्रचारित करेगा।

[५९६]

हम अति भीति रहल[१] तनु गोइ। सो[२] रस-सागर थिर नहि होइ।
रस नहि होएल कएल[३] जे साति[४]। दमन-लता जनु दंसल हाति[५]॥
पुन[६] कत काकुति[७] कएल[८] अनुकूल। तबहुँ[९] पाप हिय[१०] मझु[११] नहि भूल॥
हमारि[१२] अछ‍ऊ कत पुरुबक भागि[१३]। फेरि[१४]आओल[१५]हम सो[१६]फल लागि[१७]॥
विद्यापति कह[१८] न करह[१९] खेद। ऐसन[२०] होएल[२१] पहिल सम्भेद॥

प० त०, २५२

पाठभेद—

ब्र० न० सहाय (प्र० मि० और द०; प० सं० २८) १ रहनु २-३ होयल कयल ४ साती ५ हाती ६ पाठाभाव ७-८ काकुती कयल ९ तबहु ११ मो १२ हमर १३ भागी १४-१५ फिरि अइली १६ से १७ लागी १८ कहे १९ करहु २०-२१ इछन होयल संभेद

न० गु० (प० सं० २०३), पं० बाबाजी (प० सं० ७४), मि० म० (प० सं० ६९१) प० त० सदृश।

सं०मन्तव्य—२ से साती ५ हाथी ६ पुनु ७ काकुतिअे १० हिअ १२ हमरि १६ सेओ २० अइसन २१ होअल

शब्दार्थ—काकुतिअे=विनती से। सम्भेद=संगम।

[५९७]

अपरुप राधामाधव रङ्ग[१]। दुज्जंय[२] मानिनि मान भेल भङ्ग[३]॥
चुम्बइ माधव राहि[४] बयान[५]। हेरइ मुख ससि सजल नयान[६]॥
सखिगन आनन्दे[७]निगमन भेल[८]। दुहुँ[९]जन मन माहा[१०]मनसिज गेल[११]॥
दुहुँ[९] जन आकुल दुहुँ[९] करु कोर। दुहुँ[९] दरसने विद्यापति भोर॥

प० त०, ४८४

पाठभेद—

ब्र० न० सहाय (मा० मि० और प्रेम वै०; प० सं० २) १ संग २ दुर्जय ३ भंग ४-५ राइ बयन ६ नयन ७ आनँद ८ भेला ९ दुहु १० महँ ११ गेला

शा० मि० (प० सं० ७१) प० त० सदृश।

न० गु० (प० सं० ५३१),

मि० म० (प० सं० ६६२) प० त० सदृश।

सु० मन्तव्य—४-५ राइ बआने ६ नआने १० मँह

शब्दार्थ—रङ्ग=मिलन आनन्द। बआन=मुख। निगमन=निमग्न, ऊभ चूभ।

[५९८]

दुर गेल मानिनि मान।
अमिया[1] सरोवरे डूबल कान॥
मागए[2] तब परिरम्भ।
प्रेम भरे[3] सुवदनि[4] तनु जनि[5] स्तम्भ॥
नागर मधुरिम भास[6]।
सुन्दरि गद गद दीघ[7] निसास॥
कोरे अगोरल नाह।
करु[8] सङ्कीरन[9] रस निरबाह॥
लहु लहु चुम्ब बयान[10]।
सरस बिरस[11] हृदि सजल नयान[12]॥
साहसे[13] उरे[14] कर देल[15]।
मनहिं मनोभव तब नहि भेल॥
तोड़ल जब नीबिबन्ध[16]।
हरि सुखे[17] तबहि मनोभव मन्द॥
तब कछु नाहक सुख[18]।
भन विद्यावति :सुख कि दुख[19]॥

प० त०, ५२४

पाठभेद—

ब्र०न० सहाय (मा० मि० ओर प्रेम वै०, प० स० १) १ अमिय २ मांगत ३-५ भरि सुन्दरि जनु ६ माष ७ दिरघ ८-९ करइ सेंकीरन १० मयन ११ विरद १२ नयन १३ साहस १५ देला १६ निविबन्ध १७ सुख १८ सूख १९ दुख

न० गु० (प० सं० ५१०) तथा मि० म० (प० सं० ६६०) प० त० सदृश।

सं० मन्तव्य—१ अमिञ २ माँगए ५ पाठाभाव ८ करइ १० बजान १२ नञान १४ उरें

शब्दार्थ—स्तम्भ=सात्विक भावोदय। कोरे अगोरल=अपनी गोद में सुरक्षित किया। मनहि मनोभव=मन की कामनाएँ। नाह क=प्रभु का।

[५९९]

आछिलु[१] हाम[२] अति मानिनि होइ। भाङ्गल[३] नागर नागरि होइ॥
कि कहब रे सखि आजुक रङ्ग। कानु[४] आओल[५] तँहि दूतिक सङ्ग[६]॥
बेनी[७] बनाइया[८] चाँचर केस। नागरसेखर नागरिवेसे[९]॥
पहिरल हार उरज करि ऊरे[१०]। चरनहि लेल[११] रतन नुपुरे[१२]॥
पहिलहिं[१३] चलइत वामपद घात[१४]। नाचत रतिपति फुलधनु हात[१५]॥
हेरि हम[१६] सचकित आदर केल[१७]। अवनत हेरि कोर पर लेल[१८]॥
सो तनु सरस परस जब भेल[१९]। मानक गरब रसातल[२०] गेल[२१]॥
नासा परसि रहल हम धन्द। विद्यापति कह भाङ्गल[२२] दन्द॥

प० त० ६१२

पाठभेद—

ब्र० न० सहाय (मा० मि० और प्रेम वै०, प० सं० १७) १-२ अछिनु हम ३ भांगल ४ कान ५ आयल ६ संग ७-८ बेनि बनायल ९ नागरिवेस १० ऊर ११ लेयल १२ नूपूर १३ पहिलहि १७ केलीं १८ लेलीं १९ भेला २१ गेला २२ टूटल

न० गु० (प० सं० ५१२), मि०म० (प० सं ६५८) प० त० सदृश।

सं० मन्तव्य — २ हम ७-८ बेनि बनाइअ ९ नागरिवेस ११ लाओल १२ नुपूरे १४ घातें १५ हाथें १६ मोञ २० रसातले

शब्दार्थ—भाङ्गल=काट, तोड़ दिया। चाँचर=चंवर जैसे। करि=बनाकर। वामपद घातें=रमणी के पदक्षेप सदृश। नासा परसि=नाक छूकर, आश्चर्य चकित मुद्रा में।

[६००]

बड़इ[१] चतुर मोर कान। साधन बिनहि भाँगल[२] मञ[३] मान॥
जोगी[४] बेस[५] धरि अओल[६] आज। के[७] इह समुझब अपरुब[८] काज॥

सास वचन[९] हम भीख[१०] लइ गेल[११] । मझु[१२] मुख हेरइत[१३] गद गद भेल[१४]॥
कह तब 'मान-रतन देह मोय'[१५] । समझल[१६] तब हम[१७] सुकपट सोय[१८]॥
जे किछु कयल[१९] तब[२०] कहइत[२१] लाज । कोई[२२] ना[२३] जानल नागरराज ॥
विद्यापिति कह सुन्दरि राई[२४] । किए[२५] तुहु[२६] समुझबि[२७] से चतुराई[२८]॥

प० त०, ६१३

पाठभेद—

ब्र०न० सहाय(मा० मि० और प्रेम वै०, प० सं० ८) १ बड़हि २-३ टुटल मोर ४-५ योगी भेष ६ आयल ७-८ को यह समझब अपरूप १०-११ भिख लेइ गेला १२ मो १४ भेला १५ मोह १६ समुझलि १८ सोह १९२० कहल सो २३ न २४ राइ २५ किय २७-२८ समुझब तसु चतुराइ ।

शा० मि० (प० सं० ७३) **न० गु०** (प० सं० ५३२) प० त० सदृश ।

बेनीपुरी (प० सं० १६०) १ बड़ रे ८ अपरूब ९-११ वचनें हमे भीख आनि देल १२ मोर १३ हेरइते १७ हमे १९ कहल २१ कहइते २२-२३ केओ नहि २३ तोहें

मि०म० (प० सं० ६५९) प० त० सदृश ।

सं० मन्तव्य—१ मझु ९ वचने १० भिख १३ मुख हेरइते १५ मोजे १८ सोए १९ कएल २१ कहइते २२-२३ के ओ नहि २६ तोंज

शब्दार्थ—मझु=मेरा। सुकपट=सुन्दर कपट करने वाला। नागरराज=कृष्ण।

[६०१]

ए सखि रङ्गिनि[१] कि कहब तोय[२] । आजुक कौतुक[३] कहने[४] ना[५] होय[६] ॥
एकलि[७] आछिलु घरे हीन[८] परिधान । अलखिते[९] आयल[१०] कमल नयान[११] ॥
एदिगे[१२] झांपइत[१३] तनु उदिगे[१४] उदास । धरनी[१५] पसिए[१६] जदि पाओ[१७] परकास ॥
करे[१८] कुच झाँपिते[१९] झाँपल[२०] नयाय[२१]। मलय[२२] सिखर जनु हिमे[२३] ना[२४] लुकाय[२५]॥
धिक जाउ[२६] जीवन जौवन[२७] लाज । आजु मोर अङ्ग देखल ब्रजराज ॥
भनइ[२८] विद्यापति रसवती[२९] राइ । चतुरक आगे किए[३०] चतुराइ ॥

प० त०, ७२६

पाठभेद—

अ०न० सहाय (मा० मि और प्रेम वं०,प० सं० १४)१ रंगिनी ३-५ कयतुक कहन न ७-८ येकलि घर छिनु हिन ९ अलखित १२-१३ इदिस झंपलि १४ उदिस १५-१७ धरनि पसिय यदि पाउ १८ कर १९-२१ झांपत झांपि न जाय २३-२४ हिम न २६ धिक २७ योवन २८ मन २९ रसबति ३० किय

न० गु० (प० सं० ५५६); **मि०म०** बाङाली विद्या०, प० सं० १३) प० त० सदृश

सं० मन्तव्य—२ तोए ३-६ कउतुक कहल न होए ८ हिन १० आएल ११ नञान १३ झाँपिए १४ ओ दिगे १८ करें २१ जाए २२ मलअ २५ लुकाए २७ जउवन २९ रसबति

शब्दार्थ—हिन परिधान=विवस्त्रा। ए दिगे=इस ओर। उदास=उद्गास, अनावृत।

[६०२]

आजुक लाज तोहे[१] कि कहब माइ[२]। जल देइ[३] धोइ जदि[४] तबहु न[५] जाइ[६]॥
नाहि[७] उठल[८] हम[९] कालिन्दी[१०] तीर। अङ्गहि लागल पातल[११] चीर॥
तहि[१२] केकत भेल सकल सरीर। तहिँ उपनीत समुखे[१३] जदुबीर॥
विपुल नितम्ब[१४] अति बेकत भेल[१५]। पालटिया[१६] तापर[१७] कुन्तल देल[१८]॥
उरज उपर जब देयल[१९] दीठ। उर मोड़ि[२०] बैठलु[२१] हरि करि पीठ॥
हंसि मुख मोड़इ[२२] ढीठ माधाइ[२३]। तनु तनु झापिते[२४] झांपल[२५] न जाइ॥
विद्यापति कह तुहु[२६] अगेयानि।[२७] पुनु काहे[२८] पलटि न पैठलि[२९] पानि॥

प० त० ७२७

पाठभेद—

अ० न० सहाय (मा० मि० और प्रेम वं०, प० सं० १९) १ तोहि २ माई ४ पाठाभाव ५ नहि ६ जाई ७-८ न्हाइ उठलि १० जमुनक ११ पातर १२ ताहि १३ समुख १४ नितंब १५ भेला १६ पलटिय १८ कुंतल देला १९ देअल २०-२१ मोरि बैठनु २२ निरखय २३ मधाइ २४-२५ झांपत झांपि २७ अज्ञानि २८ किन २९ पैठलु

न० गु० (प० सं० ५६१) **मि०म०** (बाङाली विद्यापतिर पद सं० ११ ख) प० त० सदृश।

बेनीपुरी (प० सं० १६४) २ माई ३ दए ६ जाई ७ नहाई ९-१० हमे कालिन्दि ११ ते १३ ताहि उपनीत समुख १६-१७ पलटि ताहि पर १९ देहल २०-२१ मोरि बइसलिहुँ २२ मोड़ए २३ कन्हाई २४ झाँपइते २४-२७ तोहें अगेआनि २९ पैसलि

सं० मन्तव्य—(ii) १ तोअें ७ नहाइ ९ मोन ११ पातर १२ तअे १३ समुखें १६ पलटिए १९ देओल २१ बइसलुँ २३ मधाइ २६-२७ तोअे अगेआनि २९ पइसलि

शब्दार्थ—पातर=झीना। उपनीत=उपस्थित। हरि करि पीठ=कृष्ण की ओर पीठ कर।

[६०३]

ए धनि रङ्गिनि[१] कि कहब तोय[२] आजुक कौतुक[३] कहल[४] न होय[५] ॥
एकलि[६] शुतियाछिलुँ[७] कुसुम सयान। दोसर मनमथ करे[८] फुलबान॥
नूपुर रुनु[९]-झुनु[१०] आयल[११] कान। कौतुके[१२] मूदि[१३]हाम[१४]रहल[१५] नयान[१६] ॥
आयल[१७] कानु[१८] बैठऋ[१९] मझु[२०]पास। पास मोड़ि हम[२१]लुकायलुँ[२२] हास[२३] ॥
कुंतल[२४] कुसुम दाम हरि लेल। बरिहा माल पुनहि मुझे[२५] देल।
नासा मोतिम गीमक हार। जतने[२६] उतारल कत परकार॥
कुञ्चुकि[२७] फुगइते[२८]पहु भेल[२९] भोर। जागल मनमथ बान्धलुँ[३०] चोर॥
भनइ[३१] विद्यापति रसिक[३२] सुजान[३३]। तुहु[३४] रसवति पहु सब रस जान[३५] ॥

प० त०, ७२८

पाठभेद—

कीर्त्तनानन्द (पृ० २५५) प० त० सदृश।

ब्र० न० सहाय (मा० मि० और प्रेम वै०, प० सं० १४) १ रंगिनि ३-४ कयतुक कहन ६-७ यकलि सुतलछिनु ८ कर ९ झुनु १२-१५ कयतुक हम मुदि रहलि १८ कान २० मोहि २२-२३ लुकायनु हांस २५ मोहि २६ यतन २७-२८ कंचुकि फुजइत २९ भेला ३० बान्धलु ३१ भन

न० गु० (प० सं० ५६८), **मि० म०** (बाङ्गाली विद्या०, प० सं० १५) प० त० सदृश।

बेनीपुरी (प० सं० १६६) १ रंगिनि २ तोए ५ होए ७ सुतलि छलि ८ कर ९-१० झुन-झुन ११ आएल १२-१५ कौतुक मुँदि हमे रहलि १७-२० आएल कान्हु बइसल मोर २१-२२ हमे नुकाओल २४ कुंतल २५ मोहि २७-२८ कंचुकि फोअइते ३० बाँधल ३१ कवि ३२-३३ एह रस भान ३४-३५ तोहे रसिका पहु रसिक सुजान

सं० मन्तव्य--२ तोए ३ कउतुक ५ होए ७ सुतलि छिलुँ ८ करे ११ आएल १२ कउतुके १४-१६ मोञे रहलुँ नञान १७-१९ आएल कान्ह बइसल २१-२३ मोञे लुकाओल २५ मोञे २८ फुजइते

शब्दार्थ—सञान=सेज पर। कुसुमदाम=फूलकी माला। बरिहा=बर्हं, मयूर पुच्छ अथवा वरिष्ठ।

[६०४]

सखि[1] हे[2] से सब कहिते[3] लाज। जे करे[4] रसिक-राज॥
अङ्गिना[5] आओल[6] सेह[7]। हम चललुँ[8] गेह[9]॥
ओ[10] धरु[11] आँचर ओर। फुगल[12] कबरि[13] मोर॥
ढीठ नागर चोर। पाओल[14] हेम कटोर॥
धरिते धयल[15] ताय[16]। तोड़ल नखेर[17] वाय[18]॥
चकोर चपल चाँद। पड़ल प्रेमेर[19] फाँद॥
कवि विद्यापति[20] भान। पुरल दुहुँक[21] काम॥

प० त०, ७३२

पाठभेद—

ब्र० न० सहाय (मा० मि० और प्रेम वै० प० सं० १६) **१-२** पाठाभाव ३ **कहत** ४ **कर** ५-६ आंगन आएल ८ तब चललि १०-११ अधर १२ फुजल १३ कवरी १४ पावल १५ धायल १७ नखक १९ प्रेमक २० विदापति दुहुक

न० गु० (प० सं० ५५८) ; **मि० म०** (प० सं० ६९०) प० त० सदृश।

सं० मन्तव्य---३ **कहइते** ४ कर ७ रेअ ८-९ चलली गेह। १२ फुजल १३ कवरी १५-१६ धाओल ताए १८ घाए

शब्दार्थ—गेह=घर (के भीतर)। कबरी=वेणी। चाल=चञ्चल या दबाया।

[६०५]

दुहु रसमय[1] तनु गुने[2] नहि ओर। लागल दुहुक न भांगइ[3] जोर॥
के नहि कएल कतहुँ[4] परकार। दुहु जन भेद करिअ नहि पार॥
खोजल[5] सकल महीतल गेह। खीर[6] नीर सम न[7] हेरलुँ[8] नेह॥
जब कोइ[9]बेरि[10] आनल-मुख आनि[11]। खीर[6]दण्ड देइ[12]निरसत[13]पानि[14]॥
तबहु[15] खीर[6] उछलि पड़े[16] तापे। विरह वियोग[17] आगि[18] देइ झांपे॥

जब कोइ[१९]पानि आनि ताहि[२०]देल[२१]। विरह वियोग[१७] तबहि दूर गेल[२२]॥
भनइ[२३] विद्यापति एइन[२४] सुनेह[२५]। राधा माधव ऐसन[२६] नेह॥

प० त०, ९११

पाठभेद—

ब्र० न० सहाय (मा० मि० और प्रेम वं०, प० सं० ७) २ गुन ३ हृदय ४ कतहु ५ जे खल ६ छीर ७-८ नहि कहुँ ९-१० कबहूँ ११ आनी ११ १४ दइ निसरित पानी १५ तबही १६ पड़ि १८ आग १९ कोई २०-२१ ताहेला २२ गेला २३ मन २४-२५ अतहि सु रेह

शा० मि० (प० सं० ७२)न० गु० (प० सं० ५८४) और
मि० म० (प० सं० ७५९) प० त० सदृश।

सं० मन्तव्य—१ रसमञ ८ हेरल १० देइ अनल ११ आनि १५ तबहुँ १७ विओग २० ताहे २४ अइसन २६ अइसन

शब्दार्थ—ओर=सीमा। भेद=मनोमालिन्य। अनल-मुख=आग के ऊपर। निरसत= सूखता है। झांपे=कूद पड़ना।

[६०६]

कह कह[१] सखि निकुञ्ज मन्दिरे आजु कि होयल[२] धन्द।
चपले[३] झाँपल[४] जनु[५] जलधर नील उतपल चन्द॥
फनी मनिवर उगरे[६] निरखि[७] शिखिनी[८] आनत गेल।
सुमेरु[९] उपरे[१०] सुरतरङ्गिनी केवल तरल भेल॥
किङ्किनी[११] कंकन करु[१२] कलरव नूपुर अधिक ताहे[१३]।
सुकाम[१४] नटने तुरित जतिकहु[१५] ऐसन[१६] सकल सोहे[१७]॥
न[१८] कर[१९] गोपन निज[२०] परिजन इह[२१] बुझि[२२] अनुमान।
विद्यापति कृत कृपाये[२३] ताहारि[२४] कोन जन इहा[२५] गान॥

प० त०, १०६३

पाठभेद—

ब्र० न० सहाय—(मा० मि० और प्रेम वं०, प० सं० ३२) १-२ सजनि कह नीकुंज मन्दिर भेल ४-५ झांपल जनू ६-८ उगर नीरखि सिखिनि ९-१० मेरु ऊपर ११-१३ किंकिनी कंकन सुकलरव अधिक नूपुर तोह १४-१७ मदन नटन तुरियतिक हो, एहन सकल सोह १८-१९ करुना २० नीज २१ यह २२ बुझिलु २४-२५ हरिकथा यह को न जाने

न० गु० (प० सं० ५८०), मि० म० (बाङ्गाली विद्या०, प० सं० १६) प० त० सदृश ।

सं० मन्तव्य—(१) प्रस्तुत पद में किसी अन्य कवि ने आपना नाम गोपन रखते हुए भी संकेत दिया है कि मूल पद विद्यापति का है और उनकी कृपा से ही कोई अन्य व्यक्ति इसे गा रहा है। इससे विद्यापति के पदों को अपने ढंग से गाने की मनोवृत्ति का स्पष्ट पता चलता है। यद्यपि व्र० न० की भणिता कुछ भिन्न है किन्तु उसकी अस्पष्टता ही प्रगट करती है कि मूलपाठ को नए रूप में रखने की उसमें चेष्टा की गई है।

(II) २ होएल ३ चपलाजे ५ जनि ६ उगरें ८ सिखी १२ करए १५ तुरिअजतिकहुँ १६ अइसन १२ बुझिए २३-२४ कृपाजे ताहेरि २९ इह

शब्दार्थ—चपलाजे=विद्युत (नायिका) को। उगरें=उग्र, क्रोधित। सिखी=मयूर, कृष्ण के माथे का मोर मुकुट। सुरतङ्गिनी=गङ्गा, हार। सुकाम=कामदेव। तुरिअजतिकहुँ=तीन प्रकार के (गान, वाद्य और नृत्य) नाचों से। ताहेरि=उन्हीं की।

[६०७]

नव वृन्दावन नव[१] नव तरुगन[२]
नव नव विकसित फूल।
नवल[३] वसन्त नवल[३] मलयानिल[३]
मातल नव अलि कूल॥
विहरइ[४] नवल किसोर[५]।
कालिन्दि[६] — पुलिन[७] कुञ्जबन सोभन[८]
नव नव प्रेम — बिभोर॥
नवल[३] रसाल — मुकुल मधु मातल[९]
नव कोकिल कुल गाय[१०]।
नव जुवति[११] गन चित उमताअइ[१२]
नव रस कानन धाय[१३]॥
नव जुवराज[१४] नवल नव नागरि
मिलए[१५] नव नव भाँति[१६]।
निति[१७] ऐसन[१८] नव नव खेलन
विद्यापति मति माति॥

प० त०, १४३२

पाठभेद—

ब्र० न० सहाय (वसन्त वर्णन, प० सं० २) 'नवल' के स्थाम पर 'नवीन' १-२ नविन तरुगन ४ विहरहिं ५ किशोर ६-७ कालिन्दीतट ८ शोभन ९ मातया ११ युवती १२ उनमातइ १४ युवराज १५ मिलये १६ मांति १७-१८ निति निति इच्छन

शा० मि० (प० सं० ३९), **न० गु०** (प० सं० ६४५) प० त० सदृश।

बेनीपुरी (प० सं० १७६) ४ बिहरए ५ किशोर १० गाब ११ युवती १२ उमतावए १३ धाब १५ मीलए १७ नित नित

मि० म० (प० सं० ७१२) प० त० सदृश।

सं० मन्तव्य—३ मलआनिल १० गाए १३ धाए १७-१८ नित नित अइसन

शब्दार्थ—माउल=मतवाले। विहरइइ=विहार करते हैं। रसाल=आम। उमताअइ=उन्मत्त बना रहे हैं। माति=प्रमत्त हो गई है। खेलन=क्रीड़ा कौतुक से।

[६०८]

ऋतुपति[१] राति रसिक-वर राज। रसमय[२] रास रभस-रसमाझ[३]॥
रसवति[४] रमनीरतन[५] धनि राहि[६]। रास रसिक सह रस अवगाहि[७]॥
रङ्गिनिगन रस[८] रंगहि[९] नटई। रनरनि कङ्कन[१०] किङ्किनि[११] रटई॥
रहि रहि राग रचये[१२] रसवन्त[१३]। रतिरत-रागिनि-रमन वसन्त[१४]॥
रटति रबाब महति[१५] कपिनाश[१६] राधारमन[१७] करु मुरलि-बिलास॥
रसमय[२] विद्यापति कवि भान। रूपनरायन[१८] भूपति जान॥

प० त०, १५०१

पाठभेद—

प० त० की कुछ प्रतियों में—६ राइ ७ अवगाइ १६ कनिास या कपिलास

ब्र०न० सहाय (वसन्त बर्णन, प० सं० ४) ३ रस मांस ५ रमनि-रतन ६ राई ७ अवगाई ८-९ सब सङ्गहि १२ रचै १५-१६ मरतीक पिनास १७ राधावर १८ रूपनरायण

न० गु० (प० सं० ६११) प० त० सदृश

बेनीपुरी (प० सं० १८५) १ रितुपति ३ रसमांझ ४ रसमति ५ रमनि-रतन ९ रंगाई १० कंकना ११ किंकिनि १२ रचए १३ रसवंत १४ बसंत १६ कपिनास १८ रूपनरायन

अमूल्य (प० सं० ६१७) **मि०म०** (प० सं० ११०) प० त० सदृश

सं० मन्तव्य—२ रसमअ ३ रस मांझ ५ रमनि रतन ८-९ रसे रंगहिं १२ रचए १५ महती १६ कपिनास १८ रूपनराजेन

शब्दार्थ—रमनि रतन=रमणियों में परम श्रेष्ठ रत्न सदृश। रबाब=एक बाद्य यन्त्र। महती=वीणा। कपिनास=एक बाजा।

[६०९]

बाजत[१] द्रिगि द्रिगि धोद्रिम[२] द्रिमिया ।
नटति कलावति[३] माति स्याम[४] सङ्ग[५]
कर कर-ताल प्रबन्धक ध्वनिया[६] ॥
डग मग डम्फ[७] द्रिमिकि[८] द्रिमि डिमि[९] मादल
रुनु झुनु मन्जीर[१०] बोल ।
किंकिनी[११] रनरनि बलआ कनकनि
निधुबने[१२] रास तुमुल उतरोल ॥
बीन, रबाब मुरज स्वरमण्डल[१३]
सा रि ग म प ध नि सा बहु बिध भाव ।
घटिता घटिता घूनि मृदङ्ग[१४] गरजनि
चञ्चल[१५] स्वरमण्डल[१३] करु राब ॥
स्रमभरे[१६] गलित लुलित कबरीजुत
मालति माल बिथारल मोति ।
समय[१७] बसन्त रास रस वर्णन[१८]
विद्यापति मति छोभित होति ॥

प० त०, १५०२

पाठभेद—

शा० मि० (प० सं० ४२), **न० गु०** (प० सं० ६१०) प० त० सदृश ।

बेनीपुरी (प० सं० १८४) १ बाजति २ धौद्रिम ४-५ श्याम संग ६ धुनिया ७ डंफ ८-९ डिमिक-डिम १० मंजिर १२ निधुबन १३ स्वरमंडल १४ मृदग १५ चंचल १६ भर

मि० म० (बाङाली विद्यापतिर पद सं० २२) प० त० सदृश ।

सं० मन्तव्य—३ कलामति धुनिआ ८-९ डिमिकि डिमि १० मञ्जिर ११ किङ्किनि १७ समअ १८ बरनन ।

शब्दार्थ—तुमुल उतरोल=अत्यन्त तेजी के साथ तरङ्गित होती है। राब=स्वर । लुलित= हिलती-डुलती । बिथारल=बिखेरती हुई ।

[६१०]

मदन मदालसे[1] स्याम[2] विभोर[3]। ससिमुखि[4] हसि हसि[5] करु[6] कोर॥
नयन[7] ढुलाढुलि[8] लहु लहु हास[9]। अंग[10] हेलाहलि[11] गदगद भास[12]॥
रसवति[13] नारि[14] रसिकबर कान। रहि रहि[15] चुम्बइ नाह[16] बयान[17]॥
दुहु[18] तनु[19] मातल दुहु सर[20] हान[21]। विद्यापति करु से[22] रस गान॥

प० त० २००८

पाठभेद—

पं० बाबाजी की पोथी (**मि० म०**, प० सं० ६८६) चरणक्रम-आरंभ में दूसरा चरण "नयन....मास" है। २-३ नागर मोर ४-५ शशिमुखी हासि हासि ८ छलाछलि ११ हेरि हरि १२ भाष १३-१४ रसवती नागरी १५ हेरइते १६ पुन २०-२१ रस हान २२ सो

ब्र० न० सहाय (मा० मि० और प्रेम वं०, प० सं० २६) १ मदालस ३ विमोर ४-६ हाँसि हाँसि कर ९ हाँस १० अंग ११ हेलाहेलि १५-१६ हिये हिय दोहर बयन १८-१९ पहु पुनि २२ सो

न० गु० (प० सं० ८२२) प० त० सदृश। **मि० म०** (बाङाली विद्या० सं ९) पर प० त० का पाठ तथा (प० सं० ६८९) पर बाबाजी का पाठ उसे प्रामाणिक एवं स्वतन्त्र पद मान कर

सं० मन्तव्य (i) प्रस्तुत पदकी भाषा इतनी बंगीय प्रभाव से ग्रस्त है कि पद सहसा विद्यापतिकृत नहीं लगता और मि० म० ने इसे बंगाली विद्यापतिकृत मानकर पृथक् रखा भी है किन्तु इसके सामान्य पाठभेदवाले रूप को उन्होंने प्रमाणिक पदों में स्थान दिया है जिससे उनकी प्रामाणिकता का आधार पुष्ट नहीं प्रतीत होता। इसे यदि हम विद्यापतिकृत स्वीकार भी करें तो भी इसमें परवर्त्ती परिवर्त्तनों को स्वीकार करना ही उचित है।

(ii) १ मदालसें ४-६ हंसि हंसि करु निज ७ नअन १७ बआन

शब्दार्थ—ढुलाढुलि=उन्मीलन-निमीलन। भास=स्वर। बआन=बदन, मुख।

[६११]

राइको[1] नविन प्रेम सुनि[2] दुति मुखे[3]
मनहि[4] उलसित[5] कान।

मनोरथ[6] कतहि[7] हृदय[8] परिपूरल
आनन्दे[9] हरल गेआन[10] ॥
सजनि[11] बिहि कि पुरायब[12] साधा ।
कत कत जनमक पुन फले[13] मिलब[14]
से[15] हेन[16] गुनवती[17] राधा ॥
एत कहि माधव तुड़ित[18] गमन करु[19]
पथ[20] विपथ नाहि[21] मान ।
सुन्दरि मने[22] करि[23] दूति बदन हेरि
मनमथ जर जर प्रान ॥
ऐछन[24] कुञ्जे[25] मिलल नव नागर
सखिगन सये[26] याहा[27] राइ ।
दुँहु दुँहु[28] बदन हेरि दुँहु[29] आकुल
विद्यापति कवि गाइ ॥

कीर्त्तनानन्द, १३२

पाठभेद—

ब्र० न० सहाय (सखी शिक्षा, प० सं० २४) १ राइक ३ मुख ४-५ मनही हुलसंत ६-७ कतहि मनोरथ ९ आनन्द १० गेयान ११ सजनी १३-१४ फल मीलब १५-१७ से हे गुनमति १८ तोरित १९ करे २० सुपथ २१ नाहि २२-२३ मप कर २४-२५ ऐसन कुञ्ज २६-२७ सों जहँ २८ दुहु दुहु २९ दुहु

न० गु० (प० सं० ११४) १ राहिक । शेष कीर्त्तनानन्द सदृश ।

मि० म० (प० सं० ७०३) कीर्त्तनानन्द सदृश ।

सं० मन्तव्य—(i) प्रस्तुत पद की भाषा बाङला प्रभावों से अत्यधिक परिवर्तित है । (ii) १ राही ४ मनहिँ ७ कतए ८ हृदअ १० गेआन ११ साजनि १२ पुरात्रोब १३-१४ फलें मीलब १७ गुनवति १८ तुरिते २० सुपथ २१ नहिँ २४ अइसने २६-२७ सजे जहाँ २८ दुहुँ दुहुँ २९ दुहुँ

शब्दार्थ—राहिक=राधा का । हेन=वैसी । बदनहेरि=मुँह देखकर ।

[६१२]

ए[१] हरि बले[२] जदि[३] परसबि[४] मोय[५] । तिरिबध[६] पातक लगाए[७] तोय[८] ॥
तुहु[९] रस-आगर नागर ढीठ । हम न बुझिए[१०] रसतीत कि मीठ ॥
रस परसङ्ग[११] उठओ[१२] मझु[१३] कांप[१४]। बाने[१५] हरिनि जनि कएलन्हि[१६] झांप[१७]॥
असमय[१८] आस न पूरए[१९] काम । भल जन न[२०] कर[२१] बिरस परिनाम ॥
विद्यापति कह बुझलहुँ[२२] साँच[२३] । फलहु न[२४] मीठ[२५] होअए[२६] काँच[२७] ॥

कीर्त्तनानन्द, २९८

पाठभेद—

अ० न० सहाय (प्र० मि० और द०, प० सं० १२) १ हे ३ यदि ६ तिरिबिधि ७ लागय ९ तुम १० बुझिय १२-१४ उठय हिय कांप १५ बान १६-१७ कयलन्हि झांप १९ पूरय २०-२१ करे न २२-२३ बुझलहु सांच २४ २७ सुमीठ न होयत कांच

न० गु० (प० सं० १६५) ४ परशबि

बेनीपुरी (प० सं० ८१) २-३ बलें यदि ५ मोहि ६ तिर-बध ७-८ लागत तोहि ९ तोहें १० हमे न बुझिअ ११-१३ परसंग उठए मोहि १५ बान १६-१७ करए निझांप २४-२६ फल पए मीठ होअए नहि

पं० बाबाजी (प० सं० ७२), मि० म० (प० सं० ६८१) कीर्त्तनान्द सदृश ।

सं० मन्तव्य—३-५ बलें जदि परसब मोञ ७-८ लागब तोञ ९ तोञे १० मोञ न बुझिअ ११ परसङ्गे १३ मोञ १८ असमअ २४-२६ न होअए मीठ जदि

शब्दार्थ—तिरिवध=स्त्री के बध का । बाने=बाण से विद्ध । विरस=रसहीन ।

[६१३]

जतने[१] आयलि[२] धनि सयनक[३] सीम । पाओर[४] लिखिख खिति[५] नेह रहु गीम ॥
सखि हे[६] पिया[७] पास[८] बैठइ[९] राइ[१०] । कुटिल भौंह[११] करि हेरइछि[१२] काइ[१३] ॥
नवि बर नारि पहिल पिया[७] मेलि । अननुय[१४] करइते[१५] राति[१६] आध[१७] गेलि ॥
कर धरि बालमु[१८] बैसायल[१९] कोर[२०]। एक पए[२१] कहे[२२] धनि नहि नहि बोर[२३] ॥
कोरे[२४] करइते[२५] मोड़इ[२६] सब अङ्ग[२७] । प्रबोध न माने[२८] जनु[२९] बाल भुजङ्ग[३०]॥
भनये[३१] विद्यापति नागरि[३२] रामा । अन्तरे[३३] बाहिरे[३४] दानिन[३५] बामा ॥

कीर्त्तनानन्द ३१३

पाठभेद—

ब्र० न० सहाय (प्र० मि० और द०, प० सं० ५) १ यतने ४ पांगुर ५ छिति ६ पाठाभाव ८-९ पासे बैठलि १२-१३ हेरइहि काह १५ करत १६-१७ जामिनि अध १८-२० बालम लेइले कोले २१-२२ पय कह २३ बोले २५ करत २६ मोडइ २७ अंग २९ जनि ३० भुजंग ३१ नायरि ३३-३५ अन्तर दाहिन बाहर

न० गु० (प० सं० १५४) ३४-३५ दाहिन बाहर

बेनीपुरी (प० सं० ७८) २ आएलि ४ पाँगुर ९-१० बैठलि राहि १२-१३ हेरए काहि १५-१६ करइत राति १९ बइसाओल २२ कह २३ बोल २५-२६ करइत मोड़ए २७ अंग २८-२९ मानु, जनि ३० भुजंग ३३-३५ अन्तर दाहिन बाहर

मि० म० (प० सं ६७९) कीर्त्तनान्द सदृश ।

सं० मन्तव्य— २ आइलि ३ सजनक ४ पाँगुरि ७-६ पिआ पासे बइसइ ११ मउँह १२-१३ हेरइछ काहि १४ अनुनअ १७ अध १९ बइसाओल २३ रोर ३१ मनइ ३४-३५ दाहिन बाहिरे

शब्दार्थ—पाँगुरी=पाँव की अंगुलियों से। काहि=किसे। रोर=ध्वनि। वामा=विरुद्ध।

[६१४]

शुनह[१] नागर निबिबन्ध छोड़[२]। गांठिते नाहि सुरत-धन मोर ॥
सुरतक नाम शुनल[३] हम[४] आज। न जानिये[५] सुरत करये[६] कोन[७] काज ॥
सुरतक खोज करब यांहा[८] पाओ[९]। घरे[१०] कि आछये[११] नाहि[१२] सखिरे सुधाओ[१३]॥
बेरि एक माधव सुन मझु[१४] बानि[१५]। साखि[१६] सयें[१७] खोजि मागि[१८] दिब आनि[१९]॥
मिनति[२०] करये[२१] धनि मागे[२२] परिहार। नागरि-चातुरि भन कवि-कण्ठहार[२३] ॥

कीर्त्तनानन्द, ३१७

पाठभेद—

न० गु० (प० सं० १७२) १ सुनह २ छोर

बेनीपुरी (प० सं० ८४) १ सुन सुन २ छोर ३-४ सुनल हमें ५ जानिअ ६ करए ८-९ जहाँ पाब १०-१२ घर कि अछए नहि १३ सुधाब १४ मोर १६-१७ सखि सयँ १८ माँगि २०-२१ बिनति करए २२ माँगे २३ कंठहार

मि० म० (प० सं० ६८३) कीर्तनानन्द सदृश ।

सं० मन्तव्य—१ सुनअ २ छोर ३ ४ सुनल मोअ ५ जानिअ ६-७ करए कओन ८-९ जहाँ पाव ११ आछए १३ सुधाव १५ बानो १६-१७ सखि सअ १९ आनी २१ करिए

शब्दार्थ—(i) इस पद की भाषा पर बंगीय प्रभाव अधिक है। प्रामाणिकता संदिग्ध है।

(ii) जहाँ पाव=जहाँ पाऊँगी। सखि रे सुधाव=सखियों से पूछूँगी।

[६१५]

रति-सुबिसारद[1] तुहु राख[2] मान। बाढ़िले[3] जौवन[4] तोहे[5] देब[6] दान ॥
आबे[7] से अलप रस न पूरब[8] आस। थोर[9] सलिल तुअ[10] न जाब पिआस[11] ॥
अलप अलप रति[12] जदि[13] चाहि[14] नोति। प्रतिपद चाँद[15] कला सम रीति ॥
थोरि[16] पयोधर[17] न पूरब[8] पानि। न[18] दिह[19] नख-रेह[20] हरि रस जानि ॥
भनइ[21] विद्यापति कैसन[22] रीति[23]। काँच[24] दाड़िम प्रति[25] ऐसन[26] प्रीति[27] ॥

कीर्तनानन्द, ३१९

पाठभेद—

व्र० न० सहाय (प्र० मि० और द०, प० सं० १८) २ राखो ३ यौवन ६ देवो ७ अबे ८ पुरब ९ थोरि १० तुय ११ पियास १२ पाठाभाव १३-१४ यदि चाहो १५ चान्द १९ दिहो २१ भन २३ रीत २४ कांच २७ प्रीत

न० गु० (प० सं० १६६) १ सुबिशारद।

बेनीपुरी (प० सं० ८२) ३ बाढ़लें ५ तोहि ८ पुरब ११ पियास १३-१४ एह चाह १६ थोर १८-१९ नहि देह २० रेख २२ कइसनि २५-२७ फल ऐसनि पिरीति

मि० म० (प० सं० ६८४) कीर्त्तनानन्द सदृश ।

सं० मन्तव्य—३-६ बाढ़िले जउबन तोअ देओब १५ चान्द १७ पओधर १९ दिअर २२ कइसन २६ अइसन

शब्दार्थ—अलप=थोड़ा। प्रतिपद=प्रथमा तिथि का। पानि=हाथ। रेह=रेखा।

[६१६]

चानुर मरदन तुहुँ[1] बनमारि[2]। सिरिस-कुसुम हम[3] कमलिनि नारि[4] ॥
दुति बड़ दारुन साधाल वाद[5]। करि करे[6] सोंपल[7] मालति-माल[8] ॥

नयनक[९] अञ्जन[१०] निरञ्जन भेल। मृगमद चन्दन घामे[११] भिगि[१२] गेल ॥
विदगध माधव तोहे[१३] परनाम[१४]। अबला बलि दए[१५] न पूजह[१६] काम ॥
ए[१७] हरि ए[१७] हरि कर[१८] अवधान। आन[१९] दिवस लागि[२०] राखह[२१] परान[२२] ॥
रसवति नागरि रस-मरिजाद। विद्यापति कह पूरब साध ॥

कीर्त्तनानन्द, ३२०

पाठभेद—

ब्र० न० सहाय (प्र० मि० और द०, प० सं० २६) १ २ तुहुँ बनमारी ४ नारी ५ काम ७ सौंपल ८ दाम ९-१० अञ्जन नयन ११-१२ बहि सब १३-१४ तोहि प्रनाम १५ दै १६ पुजह्‌ १७ ये १८ करु २०-२२ लगि राखहु प्रान

न० गु० (प० सं० १६७) **मि० म०** (प० सं० ६८५) कीर्त्तनानन्द सदृश।

सं० मन्तव्य—३ मोञ ६-७ करें सउँपलि ९ नअनक १३ तोहें १९ आन

शब्दार्थ—चामुर=चाण्डूर, कंस का योद्धा। वाद=झगड़ा। लागी=लिए।

[६१७]

हमर वचन सुन साजनि। मान करबि[१] आदर जानि ॥
जब किछु पिया[२] पुछब ताय[३]। अवनत मुख रहबि गोय[४] ॥
जब[५] परीहरि चलए चाहि। कुटिल नयाने हेरबि ताहि ॥
जब किछु आदर देखब थोर। झापि[७] देखाओबि कुच ओर[८] ॥
वचन कहबि काँदन[९] माखि। मान करबि[१०] आदर राखि ॥
जब करे धरि निकट आनि[११]। उहु उहु कए कहबि[१२] बानि ॥
भनइ विद्यापति सोइ से नारि। मानक पिरिति राखिअ पारि ॥

कीर्त्तनानन्द (न० गु० की सूचना पर)

पाठभेद—

न० गु० (प० सं० ३३१), **मि० म०** (प० सं० ६६८) उपर्युक्त सदृश।

सं० मन्तव्य—(१) प्रकाशित कीर्त्तनानन्द में यह पद नहीं है। इसकी भाषा एवं वचन भङ्गिमा पर बंगीय प्रभाव अधिक है।

(॥) १ करबिए २ पिआ ३ तोए ४ तब गोए ५ जबहिँ ६ नअने ७ झाँपि ८ कोर ९ कान्दने १० करबि सखि ११ आनि १२ कहबिअ।

शब्दार्थ—गोए=छिपाकर। परीहरि=छोड़कर। कान्दने माखि=रुलाई से पगे हुए।

[६१८]

ए[1] हरि[2] माधव कि कहब तोय[3]। अबला बल कए[4] महत ना[5] होय[6] ॥
केस[7] उधसल टूटल हार। नखघाते[8] बिदारल[9] पयोधर[10] भार ॥
दसनहिं दंसल तुहुँ[11] बनमारि[12]। सिरिस—कुसुम हेरि कमलिनि नारि[13] ॥
भनइ[14] विद्यापति सुन वर नारि[15]। आगिक दहने[16] आगि प्रतकारि[17] ॥

रसमञ्जरी, न० गु० १७१

पाठभेद--

ब्र० न० सहाय (प्र० मि० और द०, प० सं० २७) १ ये ४ कय ५ न ७ चीकुर ९ बिदरल १२ बनमारी १३ नारी १४ भन १५ बरनारी १६ दहन १७ प्रतिकारी

मि० म० (प० सं० ६८७) न० गु० सदृश

सं० मन्तव्य—१-२ सुन सुन ३ तोजे ६ होए ७ चीकुर ८ नखघातें १० पयोधर ११ तुहुँ

शब्दार्थ—बल कए=बल प्रयोग करके। महत=महान। कमलिनि=पद्मिनी कोटि की।

[६१९]

पहिलहि[1] राधा माधव भेट[2]। चकितहि चाहि बयन[3] करु[4] हेट ॥
अनुनय[5] काकु करतहिं[6] कान्ह[7]। नवीन[8] रमनि धनि रस नहिं[9] जान ॥
हेरि हेरि नागर पुलक[10] भेल। काँपि[11] उठु[12] तनु, सेद बहि गेल ॥
अथिर माधव धरु राहिक[13] हाथ। करे[14] कर बाधि धर[15] धनि माथ ॥
भनइ[16] विद्यापति नहि मन आन[17]। राजा सिवसिंह[18] लखिमा[19] रमान ॥

बटतला की पोथी; न० गु० १६०

पाठभेद--

ब्र० न० सहाय (प्र० मि० और द०, सं० ६) २ भेंट ३-४ नयन कर ६ करत हो ७ नविन ८ नहि ९ पुलकित १०-११ कांपि उठेउ १२, राइक १४ धरे १५ मन १८ लछिमा

मि० म० (प० सं० ६०) १७ सिवसिंघ। शेष न० गु० सदृश

सं० मन्तव्य—१ पहिलहिं २ भेंट ३ बअन ५ अनुनए ६ करत कत ७ नविन ८ नहिं ९ पुलकित ११ उठल १३ करें १४ बान्धि धरए १६ आन

शब्दार्थ—हेट=नीचा। सेद=प्रस्वेद, पसीना। अथिर=अधीर।

[६२०]

निबि बन्धन हरि किय[1] कर दूर। यहो[2] पय[3] तोहर मनोरथ पूर ॥
हेरले[4] कउन[5] सुख न बुझ विचारि। बड़ तुहु[6] ढीठ बुझल बनमारि ॥
हमर सपथ जो[7] हेरह मुरारि। लहु लहु तब हम[8] पारब गारि ॥
बिहर[9] से[10] रहसि हेरल[11] कउन[12] काम[13]। से नहिं सहबहि[14] हमर परान ॥
कहुँ[15] नहिं[16] सुनि[17] ये[18] मति व्यवहार[19]। करये[20] विलास दीप लइ[21] जार ॥
परिजन सुनि सुनि तेजब निसास। लहु लहु रमह सुपरिजन[22] पास ॥
भन[23] विद्यापति एहो रस जान। राजा[24] सिवसिंह[25] लखिमा रमान[26] ॥

अज्ञात स्रोत; ब्र० न० सहाय (प्र० मि० और द०, प० सं० १७)

पाठभेद—

न० गु० (प० सं० १७१) १ किए २-३ एहो पए ४-५ हेरने कओन ७ जौं ११ हेरने १२ कौन १५ कहाँ १६ सुनिए १८-१९ एहन परकार २० करए २१ लए २२ परिजन २३ भनइ २४ नृप २६ विरमान ।

बेनीपुरी (प० सं० ८३) ७ जओं ८ हमें ९-१० बिहरसि ११-१३ हेरह जनु काम १४ सहबे १५—१८ कतहु न सुनिअ २२ सखीजन २४ पाठाभाव २६ देवि—रमान । शेष न० गु० सदृश ।

मि० म० (प० सं० ६१) २५ सिवसिंघ । शेष न० गु० सदृश

सं० मन्तव्य— (।) विद्यापतिकृत होने में मुझे सन्देह है । (॥) १ किए २-३ एहो पए ४-५ हेरने कओन ६ तुहुँ ७ जओं ८ मोञें ९-१० बिहरसि ११-१२ हेरने कओन १४ सहबए १७-१९ सुनिअ एहन बेबहार २० करए २१ लए २३ भनइ

शब्दार्थ—एहो पए=इतने पर भी । पारब=दूँगी । रहसि=गोपन भाव से । जार=उपपति ।

[६२१]

कुल[1] कुलबहु[2] गगन[3] चन्दा दुअओ कर उजोर।
तिमिर भजे[4] तिरोहित करसि गरुअ साहस तोर ॥ ध्रु० ॥
साजनि मोहि पुछइते लाज।
कि[5] मञे[6] बोलब कि[5] तें[7] करब
किदहुँ उतर[8] काज ॥

कुन्दक कुसुम सजन[९] हृदअ[१०]
विमल चरित मोर।
केलि अपजस बोलेहि[११] बहुल
कलंके[१२]सानि न[१३] बोर॥

राम० पृ० १० (क), प० २९; पं० २

पाठभेद—

ठाकुर (प० सं० २) २ कुल रहु ५ की ६ उत्तर

मि० म० (प० सं० ८११) २ कुल रहु ४ भअे ६ मये ७ ते ६ उत्तर १० हृदय ११ बोलेहिँ १२ कलङ्के १३ ण

परि० पद० (राम० प० सं० २) ६ मोअ

सं० मन्तव्य—१ कुले ३ गगने ५ की ६ मोअ ७ तअे ८ ऊतर ९ सुजन ११ बोलेहिँ १२ कलङ्के

शब्दार्थ—कुले=वंश में। भअे=डर से। किदहु=क्या। बोलेहिँ बहुल=बात करने से ही। कलङ्के······बोर=कलङ्क में मिलाकर मत डुबाओ।

[६१२]

धनछीरागे—

प्रथम बएस[१] अतिभिति राही
अभिमत[२] पिअ मेला।
नीविक सङ्गे लाज विघटलि
अधर पान कएला[३]॥
कामे संसार सिङ्गार सिरिजल
सोनाक आङ्कुर[४] लागु।
आरति आकमे[५] भाङ्गि न गेले
तोहर दूखन[६] लागु॥ध्रु०॥
माधव अबे कि बोलब तोही।
केसरि जनि कुरङ्गिनि आपलि
भरम लागल मोही॥

गज दमसलि दमनलता[7]
तैसन[8] देखिअ देहे।

चापि चकोरें[9] सुधारस पीउल[10]
निरसिए[11] ससिरेहे ॥

काजेरि ठाम अठाम न गूनल
अधर खण्डलि[12] भाळी[13]।

जुवति जीव करुना नाही
कामदेव अहेरानी[14] ॥

मनमथ देवे[15] सपथ मानल
सुनि दइनेरि बानी[16]।

कॅा लागि आनलि[17] चान्दक कला
राहु मेराउलि[18] आनी[19] ॥

कठिन कोमल की रिति[20] सहति
मालाजे[21] बान्धलि[22] हाथी ॥

निअं[23] अनुचिते[24] सेबि सम गुरु
सेओ[25] लघुता[26] जाथी ॥

राम पृ० १३ प ४१, पं० १

पाठभेद—

ठाकुर—२ अभिमित ३ कएला रे ४ आंगु (कु) र ६ दूख न ११ निबसिए १२-१३ खंडु दिमानी १६ दइने बिरानी २० रीति २५ सेओल

मि०म० (प० सं० ८०८) १ वयस ३ कयला रे ४ अंगु (कु) र ९ चकोरे १० पीड़ल १२-१३ खण्ड बिराणी १४ महेराणी १५ देवे १६ दइने बिराणी १७ आनल २१ मालाए २४ अनुचित २६ लघु ता । शेष भेद ठाकुर सदृश ।

परि० पद० (राम, प० सं० १३) ५ आंकमे ८ तइसन १९ आनी २१-२२ मालाए बान्धल २३-२४ निअ अनुचितें

सं० मन्तव्य—५ अङ्कमे ६ दूषन ८ तइसन १७ आनलि १८-१९ मेरा ओलि आनी २३-२४ निअ अनुचिते

शब्दार्थ—अभिमत=स्वीकृति । आङ्कुर=अंकुर (स्वर्णबेल का) आरति अङ्कमे=गोद में बहुत चँप जाने पर । केसरि=सिंह । कुरङ्गिनि=मृगी । भाली=भली प्रकार । अहेरानी=अहेरी, शिकारी । की रिति=किस प्रकार । सेबि सम गुरु=श्रेष्ठ गुरु की सेवा करके भी । जाथी=जाता है ।

[६२३]

बसन्त—

करहु[1] कुसुम कन्दुक (क) रीअ[2]
भरि कामिनि मानिनि मान लीअ ॥
जमुन (T)[3] तट भए दिअ पसार
राधागन[4] देखिलन[5] देखिनिहार[6] ॥ध्रु०॥
लघु लघु मदनक[7] टार[8] बाट
परिपाटि सिखाबए चाटे[9] चाट ।
निअ[10] बल्लभ परिहरि जुवति धाव
मञे[11] पआले कारन किछुन भाव
सब बोलहि[12] पुछए कान्ह कान्ह
गाहकि मञे[13] जोहल किनत[14] मान[15] ।
रस बुझि बिलस सिवसिंह देव
लखिमा देवि पति चरन[16] सेव ॥

राम०, पृ० १४ (क), प० ४२, पं० १

पाठभेद—

ठाकुर (प० सं० १४) १ करहुँ २ रीअ ३ जमुन ४-५ राध गेन दे खेलन ६ वेखि निहार ७-८ मदन कटार ९ चाटें १२ बोलेहिं १३-१५ कि नतमान

मि० म० (प० सं० १२६) ६ देखि निभार ९ चाटे ११ मझे १३ मझे १६ चरण शेष ठाकुर सदृश ।

परि० पद० (राम० प० सं० १४) १० निञ ११ मोञ १३ मोञ

सं० मन्तव्य—२ करीअ ३ जमुना १० निञ ११ मोञ १३ मोञ

शब्दार्थ—करहु=हाथ में । कन्दुक=गेंद । करीअ=करके, लेकर । लीअ=लेकर या लील कर । टारबाट=क्रिया कलाप । चाटें चाट=थप्पड़ से मार मारकर । गाहकि=खरीदनेवाला । जोहल=ढूँढ़ लिया ।

[६२४]

श्रीरागे—

कमल कोष तनु कोमल हमारे
दिढ[1] आलिङ्गन सहए के पारे।
चापि[2] चिबुक हे अधर मधुर पीबे
कओने[3] जानल हमें[4] उबरब[5] जीबे॥ ध्रु०॥
पुरुष निठुर हिअ सहजक भावे
नोनुआं[6] अङ्ग मोरां[7] नखत लाबे॥
तखनक[8] वेदन कहहि न जाइ[9]
मञे[10] मरितहुँ ताहि तिरिवध लाइ॥
ए कपटिनि सखि कि बोलिबो[11] तोही
हाथ बान्धि कुअ[12] मेललह मोही॥
भनइ विद्यापति सुनहु मुरारि
पहु अवलेपए दोस बिचारि॥

राम० पृ० २०, प० ६३; पं० २

पाठभेद—

ठाकुर (प० सं० २३) १ दिढ़ ३-४ हमेंउ धरब ६ नोनुआं ७ मोरा ८-९ तख-नक····१२ कुअं।

मि० म० (प० सं० २८२) २ कओने ८ तखाक····१२ बुअं। शेष ठाकुर सदृश।

परि० पद० (राम०, प० सं० २५) मोरा ९ जाई १० मोञ ११ लाई।

सं० मन्तव्य—२ चाँपि ४ मोञे १० मोञ १२ कुअं

शब्दार्थ—कमल कोष=कमल की सम्पुटित कली। उबरब=बँच पाएगा। मेललह=मिलाया।

[६२५]

सुहबरागे—

बरख दोआदस लगलाह जानि
कतां[1] जलासअँ पिउलन्हि पानि।
जानल हृदअ[2] भेल परिताप
तें[3] नहि गनले परतर पाप॥ ध्रु०॥

साजनि कि कहब कहइते[४] लाज
अनुदिने भेल ची···· (स) म[६] काज।
प्रथम समागम दरसन लागि
बारिस रअनि[७] गमाउलि[८] जागि।
पवनहुँ सञो[९] कएलन्हि[१०] अवधान
प्रथम गतागत पञ्चसर[११] जान॥

राम०, पृ० ४७, प० १६०, पं० १

पाठभेद—

ठाकुर (प० सं ३३) ३ तें ४ कहइते ५-६ चोन्हि सम ८ गमाओलि ९ सबे ११ पप सब

मि० म० (प० सं० ८२३) १ कतों २ हृदय ४ कहइते। शेष ठाकुर सदृश।

परि० पद० (राम; प० सं० ४१) ३ तें ७ रअनि १० कएलहुँ

सं० मन्तव्य—१ कतएँ ३ तें ५-६ चीत सम ७ नअनि ८ गमाओलि

शब्दार्थ—बरख दोआदस=बारह वर्ष। कतएं=कितने या किस। परतर=दूसरे के अधीन होने का या परभ=परलोक का। चीरत सम=मनोनुकूल। प्रथम गतागत=पहला समागम।

[६२६]

धनछीरागे—

दमन किअरिआ अरिआहि[१]
मिरिगा गेल अतुराए।
मञे धनि देखए गेलाहुँ
जनि (बन्धन) फोलि[२] खाए॥ध्रु०॥
साजनि कि कहब आब सखी
अपुरुष कहहि न जाए॥
बौर[३] गाछ[३] चलि[४] बैसल[५]
सिरिफल धएलह चोर।
···· ···· ···
(पु)छिलां[६] बोलहि बोर॥

भावक भरमलि तञे[७] सखि
मिरिगा नहि ओ[८] कान्ह।
रूपनराञेन नागरा
लखिमा देखि[९] रमान॥

राम० पृ० ४७, प० १६१, पं०४

पाठभेद—

परि० पद० (राम०, प० सं० ४२) मोञ ७ तोञ

सं० मन्तव्य—१ मोञ २ फोलिए ३ बउर ४-५ चढ़ि बइसल ६ पछिलौ ७ तोञ ८ ओह १ देइ

शब्दार्थ—किअरिआ अरिआहिं=क्यारी के किनारे। फोलिए=खोलकर। बौंर गाछ=बौंरी आम्र-मंजरी की डाल पर। सिरिफल=श्रीफल, स्तन। पछिलौं=पीछे की, पूर्वकृत प्रकार की।

[६२७]

कानलरागे—

बदर सरिस कुच परसब[१] नहू[२]
कत सुख पाओब करति[३] उहुँ उहूँ[४]।
बाहुक बेढ़ें[५] परस निबार॰
नीबी[६] मोष करए के पार॥ ध्रु०॥
माधव अनुभव पहिलुक सङ्ग
नहि नहि करति एहे[७] बधु रङ्ग।
अधर पाने से हरति गेआन[८]
कमल कोष कए धरति परान[९]॥
बेरी[१०] डीठि[११] निहारति तोहि
जनु भभरसि[११] (तबे[१२]) पुछिहिसि[१३] मोहि।
नूतन रस संसारक सार
विद्यापति कह कवि कण्ठहार॥

राम० पृ० ४८, प० १६४, पं०२

पाठभेद—

ठाकुर (प० सं० ३६) २ लहु ४ उहुँ ५ बेढ़ें ७ इहे १२ पाठाभाव

मि० म० (प० सं० २७७) १ परसर ३ करित ५ बेढ़े ६ नीबि ८ गेयान ९ पराण ११ भमरसि । शेष ठाकुर सदृश ।

परि० पद० (राम०, प० सं० ४५) २ नहूँ १३ पुछिहसि

सं० मन्तव्य—२ लहूँ ५ बेढ़ले १० बइरी १२ तोञे १३ पुछिहसि

शब्दार्थ—लहूं=धीरे से । बेढ़ले=घेरे पर । परस निबार=स्पर्श मात्र का भी निवारण करती है । मोष=मोक्ष, छुड़ाना । बइरी डीठि=शत्रु भाव से देखें । भमरसि तोञे=तुम घबड़ाना मत ।

[६२८]

धनछीरागे—

दरसने ससिमुखि मधुर हास देखि
हेरइते[१] हरए गेआने ।[२]
करे[३] धरि केसपास पिअइ अधररस
कतए मानिनि[४] जन माने ॥ ध्रु० ॥
सुन्दरि, तोके बोलओ[५] पुनु[६] जतन करह जनु
मञे[७] न जाएबे[८] ता पिआ पासे ।
न दइन दखिन मान न मोह ममत जान
न रमए मनोरथ राखि ॥
सून सङ्केतन[९] दीप अचेतन
के धरब[१०] तखनुक[११] साखि ॥
प्रमोद कपोत रव[१२] कुचकुम्भ परिभव
कत कत निधुवन भान्ति ।
तखनुक सिवसिव रे रे उबरल[१३] जिव[१४]
भागे[१५] पोहाइलि राति ॥

राम० सं० पृ० १११, प० ३६१, पं ५

पाठभेद—

ठाकुर (प० सं० ६०) मलिनि ६ पाठाभाव १० रब १२ वर १३-१४ इरब न जिव,

मि० म० (प० सं० ८१०) १ हेरइते २ गेआने ४ मलिनि ५ बोलओ ६ पाठाभाव ७ मओ ८ जाएब ६ सङ्केत न १०-११ रव तखुनक १३ डरब न

परि० पद० (राम०, प० सं० ६९) २ गेआने ७ मोज १५ मागे

सं० मन्तव्य—२ गेआने ७ मोज ८ जाएब १४ जिउ १५ मागे

शब्दार्थ—दइन=दीनता। सङ्केतन=सहेट स्थल। प्रमोद=प्रगल्भ।

[६२९]

ललित रागे—

सुरभि[१] निकुञ्ज वेदि भलि भेलि
जनमगेँठि[२] दुहु[३] मानस मेलि।
कामदेवे[४] करु कनेआदान[५]
विधि मधपरक अधर मधुपान॥ ध्रु०॥
भल भेल राधे भेल निरबाह
पानिगहन विधि[६] (भेल[७]) विवाह[८]।
उजर[९] ऐपन[१०] मुकुताहार
नयने[११] निवेदल बन्दनेवार॥
पीन पयोधर[१२] पुरहर[१३] भेल
करस[१४] झापन[१५] नव पल्लव देल।
भनइ विद्यापति रसमय[१६] रीति
राधा माधव उचित पिरीति॥

राम० पृ० ११८ (क) ४०७, पं० १

पाठभेद--

ठाकुर (प० सं० ७८) ६ बोध बिआह

मि० म० (प० सं० २९६) १ सुरभ २ जनम गेँठि ४ कामदेव ५ कने आदान ७-८ बोध बिआह १० एपन १५ झापस

परि० पद० (राम० प० सं० ८५) ४ कामदेवेँ ५ कनेआदान ९-१० ऊजर अइपन ११ नअने १२ पओधर १४-१५ कलस झाँपन

सं० मन्तव्य—५ कनेआ दान ९-१० ऊजर अइपन १२-१३ पओधर पुन घट १४ कर १६ रसमय

शब्दार्थ—वेदि=वेदिका। जनमेंठि=जीवन पर्यन्त की गाँठ। कनेआ=कन्या। पानिगहन=पाणि ग्रहण, विवाह। पुन घट=पूण्य कलश। कर झापन=हाथ से उसे ढंककर।

[६३०]

कानल—

प्रथमहि[१] हाथ पयोधर[२] लागु
पुलके[३] प्रमोदे[४] मनोभव जागु।
नीबीबन्ध कें जान कि भेला
चेतनपन[५] कि[६] ·········[७] ॥ ध्रु० ॥
कि सखि कहब मञे[८] कहल न जाई[९]
हरिक चरित कहइते[१०] रहओ[११] लजाई[१२]॥
धम्मिल धरइ अधर मधु पीबे
र[१३]··· ···· ··· ···· ··· ··· जीबे[१४]॥
दइन[१५] न मानए[१६] दोंब[१७] न जाने
गहबर गाढ[१८] अलिङ्गन[१९] दाने॥
अइसनि कहिनी[२०] न कहिअ आने[२१]
···· ···· ···· कह दो (स) र[२२] पराने॥
भनइ विद्यापति एहू रस जाने
राए सिवसिंह लखिमा दे[२३] रमाने॥

राम० पृ० १२२ (क), प० ४१७; पं०५

पाठभेद—

ठाकुर (प० सं० ८५) ५-६ पाठाभाव ९ जाइ १२ नजाइ १३ बह १४ जावे १६ माने २१ आ···२२ दोर २३ देवि

मि० म० (प० सं० ७२) १ प्रथमपि ६ पाठाभाव ८ मञे ११-१२ रहओ लजाइ १८-१९ गाढ़ आलिङ्गन २० काहिनी। शेष ठाकुर सदृश।

परि० पद० (राम०, प० सं० ९४) ३ प्रमोदे ८ मोञ १६ आलिङ्गन २१ जाने

सं० मन्तव्य—१ प्रथमहिं २ पओधर ३-४ पुलकें प्रमोदञे ६-७ कि (जान कतए

गेला) ८ मोञ १० कहइते १३-१४ र (ररि न मरइ नारि कठ) जीबे १७ दोस १९ आलिङ्गन २१ आने २२ (हरि मोञे कह)

शब्दार्थ—चेतनपन=चतुराई। ररि=रिरिक रिरिक कर। दोस=(अधिक कर्षण से मर जाने पर लगने वाले) दोष को।

[६३१]

राधवीय बराडी—

साँझक बेरां[१] जमुनाक तीरां[२]
कदबेरि[३] बन तरु तरां[४]।
अकमि[५] कानरा कि कहब काला[६]
सोझाहिं[७] जुझल[८] सखि कुसुमसरा ॥ध्रु०॥
मोहि भेटल कान्हू[९]
अनतए कहिनी कहह जनू ॥
उर चिर हरी करे[१०] कच[११] धरी
अधर पिबए मुख हेरी।
पुन पुन भोरा परस कुछ मोरा
निधने पाओल जनि कनय[१२]कचोरा[१३]।
अरेरे[१४] जुवती बुझलि[१५] जुगुती[१६]
दोसर[१७]मधु(क)र[१८]मधु (र)[१९]पती।
तोरे अनुमाने[२०] विद्यापति भाने
राए शिवसिंह[२१]लखिमा देइ[२२]रमाने ॥

रागतरङ्गिणी, पृ० ४१

पाठभेद—

न० गु० (प० सं० ५९९) १ बेरा २ तीरा ३ कदम्बेरि ४ तरा ५ अङ्कमि ६ समरा ७-८ सोझहि जूझल १३ कटोरा १४ अरे १५ बुझसि १७-१९ दोसरें मधुप मधुर

मि० म० (प० सं० ७६) ५ अकमि ६ काला ७ सोझाहिं ९ कान्हु ११ कुच १४ ओर १५-१६ बुझली जुगती १८-१९ मधुर मधु २१ सिवसिंह। शेष न० गु० सदृश

परि० प८० (राग०, प० सं० ८) ३ कंदबेरि ६ कि करा

सं० मन्तव्य—३ कंदबेरि १० करें १२ कनअ २० अनुमाने २१ सिवसिंह २२ दे

शब्दार्थ—अकमि=आक्रमणकर या अकस्मात् अथवा अंकवार में भरकर। कानरा=कृष्ण। काला=श्याम, कृष्ण। सोझाहिं=सम्मुख। हरी=हरण कर। कच=केश। दोसर······पती=मथुरापति कृष्ण दूसरे भ्रमर हैं।

[६३२]

अबला अंशुक[१] बालभु[२] लेला
पानि पलब धनि आतर[३] देला।
हठ न करह[४] कान्हु[५] पुरत[६] कामे[७]
प्रथमक रभस विचारक ठामे[८]॥
आबे[९] नव जौवन[१०] समय[११] निहारी
अपनहि बेकत होएत[१२] परचारी।
मदन भँडारक[१३] सुरत[१४] सयानी[१५]
मोहर[१६] सुनल[१७] अछ असमय[१८] जानी॥
मुकुलित लोचन नहि परगासे[१९]
काँप कलेवर हिरदए[२०] तरासे।
भनइ[२१] विद्यापति नव अनुरागी
सहिअ[२२] पराभव पिआ[२३] हिआ[२४] लागी।

रा० त०, पृ० ५९

पाठभेद—

ब्र० न० सहाय (प्र० मि० और द०, प० सं० २१) चरण क्रम ३,४ पंक्तियाँ ७-८ के बाद हैं। १-२ अंसुक बालम ३ आँतर ४ करिह ६-७ पुरब काम ८ ठाम ९ अब १० जोवन १२ होय १३-१५ भँडार सुरति रस आनी १७ मुंदल १९ परगास २० हृदय २१ मन २२ सहिय २३-२४ पिय हित

न० गु० (प० सं० १६४ ताल०) चरण-क्रम ब्र० न० सहाय सदृश। १-२ अंसुक बालम्भु ३ आँतर ४-६ करिहु पहु न पूरत १० जीवन १२ होयत १३ मण्डार १५ रस आनी १६-१७ मोहरे मुन्दल २० हृदय २२ सहिय २३-२४ पिय हित

मि० म० (प० सं० २८१) १० जौवन १२ होएत २२ सहिअ। शेष न०गु० सदृश।

परि० पद० (राग०, प० सं० १२) १-२ अंसुक बालमु ३ आतर ५ पहु ११ समअ १३ मण्डार १५ रस आनी १६ मोहरें मुन्दल २० हृदअ २३-२४ पिअ हित

सं० मन्तव्य—१ अंसुक १० जउबन ११ समय १५ रस आनी १६-१७ मोहरे मुनल १८ असमय २० हृदए २४ हित

शब्दार्थ—अंशुक=वस्त्र, चीर। आंतर=अन्तर। परचारी=प्रचार कर, स्पष्ट रूप में। रस आनी=रस लाकर। हित=लाभ, प्रीति।

[६३३]

अनूपा सारङ्गी—

तोरए मोअ[1] गेलिहु[2] फूल। मोती मानिके[3] तूल।
साजनि साजी[4] अछोरसि मोरि।
गरुबि गरुबि आरति तोरि। डिठि[5] देखइतें दिवस चोरि॥
एत[6] कन्हाइ परधन लोभ। जे नहि लुबुधि सेहे पए सोभ।
निकुञ्ज केर समाज। इथि[7] नहो मुख लाज।
ढाँकिबो[8] बे[9] न[10] अपजस रासि।
से करे[11] कान्हु[12] जे[13] न[14] लजासि। जखने नागर नगर जासि।
पोन पयोधर[15] भार। मदन राए भण्डार[16]॥
रतने जडिलो ता हरि[17] माथ।
मलिन होए[18] तन[19] देहे हाथ। बड़[20] से कठिन हमर नाथ[21]।
कवि[22] भन[23] कण्ठहार। रस[24] एतए के पार॥
सिरि शिवसिंह[25] जानए[26] तन्त।
रतन सन लखिमा[27] कन्त। सब[28] कलारस[29] जें गुनमन्त[30]॥

रा० त० पृ० ९१-९२

पाठभेद—

न० गु० (प० सं० १२२) १-२ मोअ गेलिहु ४ साजि ५ दिठि ७ इथी ८-१० ढाकि रहे न ११-१४ करए कान्ह जेन १६ भंडार १७ जड़िलो ताहेरि १८-१९ हो तन २०-२१ पाठाभाव २२-२३ भन कवि २४ बस २५-२६ सिवसिंह जानै २७ लखीमा २८-२९ सकल कलारस

मि० म० (प० सं० ४८) १-२ मोअ गेलहु ३ माणिके ४ साजि ५ दिठि देखइत ७ इथी ८-१० ढाँकि बोबे न १३ १४ जेन २४ बस २५ सिवसिंह २९ कलारस ३० गुणमन्त

परि० पद० (राग०, प० सं० १०) ४ साजलि साजी ५ डीठि देखइतें ७ इथीं ९ रे १७ ताहेरि २२-२३ भन कवि २१ बस

सं० मन्तव्य—६ एतए १५ पओधर २४ रस २५ सिवसिंह २९ कलारसें। शेष परि० पद० सदृश।

शब्दार्थ—साजी=डलिया। ओछरसि=छीनते हो। निकुञ्ज केर समाज=लता-गुल्मों का परिवेश। जडिलो=जड़ा हुआ। रस…पार=इतना रस कौन पा सकता है? कलारसें=कलाओं के रस से।

[६३४]

करुणासूहव—

कुल[1] गुन गौरव[2] शील[3] सोभाओ[4]
सबे[5] लए[6] चढ़लिहु[7] तोरहहि[8] नाओ[9]।
हमे[10] अबला कत कहब अनेक
आइति[11] पड़ला[12] बुझिअ[13] विवेक।
हठ तेज[14] माधव कर[15] मोहि पार
(सब[16] तह बडथिक पर उपकार[17]।)
हमरा[20] भेलि[21] आबे[22] तोहरि[23] आस
से[24] न करिअ जे हो पर उपहास[25]॥
तोहें[28] पर[29] पुरुष[30] हमहु[31] पर नारि
हृदए[32] काँप[33] तुअ रीति[34] विचारि[35]।
भल मन्द[36] जानि करिअ[37] परिनाम
जस अपजस पए[38] रह गए[39] ठाम॥
भनइ[40] विद्यापति तोंहे[41] गुनमान[42]
हाथि[43] महतें[44] नब के नहि जान[45]॥

रा० त०, पृ० ९४-९५

पाठभेद—

ब्र० न० सहाय (सम्भाषण, प० सं० ९) चरण क्रम-उपर्युक्त पदके चरण क्रमश: इस प्रकार रखे हुए हैं—१,२,५,६, (फिर २ अतिरिक्त चरण) ७,८,११,१२, ३,४,९,१० १३ और १४। १ तुअ ३-४ सील सुभाव ५-६ सेहे लागि ८-९ तोहर नाव १० हम १२-१३ परलीं बुझिये न करहु कान्ह करु। अतिरिक्त चरण "आइलि सखि सब साथ[18] हमार। से सब[19] भेलि, निकहि विधि पार॥" २० मोरा २२-२३ कान्हर तोहर २४-२७ जे अँगरिय[25] ता न होय[26] उदास[27] २८-३१ तोहे परनागर हम ३२-३३ कांप हृदय ३४-३५ प्रकृति

निहारि। ३६ मंद ३७ करिय ३८ दुइ ३९ यह ४०-४४ कवि विद्यापति अपरुब गाव। राजा सिवसिंह इ रस पाव ॥

न० गु० (प० सं० १२५ ताल०) चरण क्रम एवं अतिरिक्त चरण व्र० न० सदृश। १ तुअ ३ सील ४ सोभाव ५ सेहे ७-९ चढ़िलिहु तोहरी माव १२ पड़ले १४-१५ न करिअ कन्हु १८ साथे १९ सबे २१-२३ भेल कान्ह तोहरेओ २४-२६ जे अँगिरिअ ता न होइअ उदास २९-३१ परनागर हमे ३२-३३ काँप हृदय ३४ प्रकृति ३८ दूर ४१-४२ गावे ४३-४५ राजा सिवसिंह रूपनराएन इ रस सकल से पावे

मि० म० (प० सं० ४९) मूलपाठ, २ गुण, ७ चढ़लिहु १४ हउ म २८ तोहें ३७ करिअ परिणाम ३८ दुइ। शेष न० गु० सदृश। पादटिप्पणी में—१३ बुझि अविवेक १४ हउ तेज २८ तोहें ३७ करिअ परिणाम ४१ तोहें ४४ नर। शेष रा० त० सदृश।

परि० पद० (राग०, प० सं० ३) ३४ सील (अतिरिक्त चरण न० गु० सदृश) १३ तोहरि हि २८ तोहें ३१ हमहुँ ३२ हृदअ ४१ तोहें ४४ महतें नब

सं० मन्तव्य—२-३ गउरव सील ७ चढ़लिहुँ १० मोज ११ आइतिँ २३ तोहरिअ २८ तोबे ३१ हमहुँ ३२-३३ हृदअ काम्प ४१ तोहें ४४ महतें नब

शब्दार्थ—नाओ=नौका। आइतिँ=आश्रय होने पर। महतें नब=महावत से ही झुकता है।

[६:५]

जुवति चरित बड़ विपरीत[१]
बुझए केदहु[२] पार।
बुझए चेतन गुन निकेतन
भूलल[३] रह गमार॥
साजनि नागरि नागर रङ्ग।
सङ्गहि रहिअ तेसर न बुझ
लोचन लोल तरङ्ग॥
वलित वदन बाङ्क बिलोकन[४]
कपटे[५] गमन मन्दा।
दुइ मन मिलल ठाम अंकुरल[६]
पेम तरुअर कन्दा॥

ताल० न० गु०, प० ७७

पाठभेद—

मि० म० (प० सं० ८२९) ३ भुलल ६ अंकुरल

परि० पद० (त०, प० सं० २३) १ बिपरित (४ संभवतः मूल से बिकोकन) ५ कपटें ६ अङ्कुरल

सं० मन्तव्य—१ विपरित २ केदहुँ ५ कपटें ६ ठामे अंकुरल

शब्दार्थ—केदहुँ=कौन। बलित=मुड़ा हुआ। ठामे अङ्कुरल=सुस्थान पर उग आई।

[६३६]

कुच नख लागत सखि जन देख।
गिरि कइसे[1] नुकाएत[2] नव ससि रेख॥
आरति[3] अधिक न[4] करिये[5] लोभ।
सबे[6] राखए[7] पहिलहि मुख सोभ॥

न हर[8] न हर[8] हरि हृदयक[9] हार।
दुहु कुल अपजस पहिल पसार॥
खर[10] कए[11] खेब लेहे[12] निअ दान।
रसिक पए[13] राख[14] गोपीजन[15] मान॥

तोहे[16] जदुकुल हमें[17] कुलिन गोआलि।
अनुचित बाट न कर[18] बनमालि॥
भनइ[19] विद्यापति अरेरे[20] गोआरि।
बड़े पुने[21] सम्भव आदर मुरारि॥

राजा रूपनरायन[22] जान।
राए सिवसिंह[23] सुखमा[24] देइ[25] रमान॥

ताल०, न० गु०, प० १२७

पाठभेद—

ब्र० न० सहाय (सम्भाषण, प० सं ४) १-२ कस लुकइब ३ आरत ४-५ करहु नहि ६-७ सब राखय ८ महेरू न हेरु १०-११ खरकय १२ लेहु १३-१५ प राखु गोपिजन १६ तुसु १७ हम १८ करु १९ भन २० अरिरि २१ पुन २४-२५ लछिमा

मि० म० (प० सं० ५१) ५ करिअ ६ सब १६ तोहें १७ हम २३ सिवसिंघ

परि० पद० (त०, प० सं ४०) ५ करिअए १६ तोहें २२ रूपनराजेन २५ दे

सं० मन्तव्य—१ गिरिं कस ५ करिअए १५ गोपिजन १६ तोहें २२ रूपनराजेन २५ दे

शब्दार्थ—गिरि कस नुकाएत=पर्वत (स्तन) पर कैसे छिपी रह सकेगी। हर=हरण। खर... दान=तेजी से पार करो, अपनी उतराई ले लेना। बाट=मार्ग में।

[६३७]

प्रथमहि सुन्दरि कुटिल कटाख[१]
जिव[२] जोखे[३] नागर दे[४] दस लाख ॥
केओ[५] दे[४] हास[६] सुधा सम नीक।
जइसन परहोंक[७] तइसन बीक ॥

सुन सुन्दरि हे[८] नव मदन पसार।
जनु[९] गोपह आओब[१०] बनिजार ॥
रोस[११] दरसि[१२] रस राखब गोए[१३]।
धयले[१४] रतने[१५] अधिक मूल[१६] होए[१७] ॥

भलहि न हृदय[१८] बुझाओब[१९] नाह।
आरति[२०] गाहक महग[२१] बेसाह ॥
भनइ[२२] विद्यापति सुनह[२३] सयानि[२४]।
सुहित वचन राखब हिय[२५] आनि[२६] ॥

ताल० न० गु०, प० १२९

पाठभेद—

ब्र०न० सहाय (सखी शिक्षा, प० सं २१) १ कटाक्ष ३ जोखि ५ केउ ६ हांस ८ पाठाभाव ९ जनि १० आये १३ गोय १५ रतन १६-१७ मुल होय १९ बुझायब २० आतुर २२ भन।

बेनीपुरी (प० सं० ६३) जोखि ४ देअ ८ पाठाभाव ९ जनि १४ धधलें २१ महँग

मि० म० (प० सं० ३६८) ३ जोख ७ परहोंक ८ पाठाभाव ९ जनि १२ दरस १४-१५ धएले रतन २१ महँग २३ सुनहु

परि०पद० (त०, प० सं० ४१) ३ जोखि ७ परहोंक ८ पाठाभाव ११ रोष २४ सआनि २५-२६ हिअ आनि

सं० मन्तव्य—२-३ जिउ जोखि ७ परहोंक १४ धएले १८ हृदअ २४ सआनि २५-२६ हिए आनि

शब्दार्थ—जिउ···लाख=दस लाख नागर भी तौल कर प्राण दे देते हैं। परहोंक=बोहुनी हृदअ=हृदय के अभिलाष। बेसाह=खरीद।

[१३८]

बामा बयन[१] नयन[२] बह लोर।
कांप[२] कुरङ्गिनि केसरि कोर॥
एके[३] गह चिकुर दोसरे[४] गह गीम।
तोसरे[५] चिबुक चउठे[६] कुच सीम।
निबिबन्द[७] फोएक[८] नहि अवकास।
पानि[९] पचमके[१०]बाढ़लि[११] आस॥
राधा माधव प्रथमक मेलि।
न पुरल काम मनोरथ केलि॥
भनइ[१२] विद्यापति प्रथमक रीति।
दिने दिने बाला बुझति पिरीति[१३]॥

ताल०, न० गु० १५७

पाठभेद—

ब० न० सहाय (प्र० मि० और द०, प० सं० १४) २ कांप ३ एक ४ दोसर ५ तिसर ७ निबिबंध ८ फोयक ९-११ पानी पचमक बाढ़ल १२ भन १३ प्रीति

मि० म० (प० सं० २८४) ७ निबिबन्ध

परि० पद० (त०, प० सं० ४५) १-२ बअन नअन ३ एकें ४ दोसरें ५ तेसरें ६ चउठें ७ निबिबन्ध १० पञ्चमके

सं०मन्तव्य—परि० पद० सदृश।

शब्दार्थ—एक=एके से। फोएक=खोलने का। पानि=हाथ।

[६३९]

जखने[१] लेल हरि[२] कंचुअ[३] अछोड़ि[४]। कते[५] पर जुगति[६] कएल[७] अङ्ग मोड़ि[८] ॥
तखनुकि[९] कहिनी[१०] कहहि[११]न जाए[१२]। लाजे[१३] सुमुखि धनि रहलि लजाए[१४]॥
करे[१५]न मिझाए[१६]दूर[१७]जर[१८] दीप[१९]। लाजे[२०] न मरए[२१] नारि कठजीव[२२]॥
आँकम[२३]कठिन सहए[२४] के पार[२५]। कोमल हृदय[२६] उखड़ि[२७] गेल[२८] हार[२९] ॥
भनइ[३०]विद्यापति तखनुक[३१] भान। कओने[३२] कहल[३३] सखि होएत[३४] बिहान[३५]॥

ताल, न० गु०, १६२

पाठभेद—

ग्रियर्सन—(प० सं० ३१) १ जखनहिँ ३ कंचु ४ अछोरि ७-८ कयल अङ्ग मोरि १२ जाय १३ लाज १४ लजाय १५ करे १८ बड़ २० लाज २१ मरय २३ आकम्म २४ सहय ३० बिद्यापति कवि ३२-३३ केओ न कहे

पं० बाबाजी की पोथी (प० सं० ७५) चरणक्रम-आरम्भ में अतिरिक्त चरण— "तोहि नवनागर हाम भीति रमानि। केलि करब दुय बल जानि" फिर उपर्युक्त पदके क्रमशः ४, १, २, ३, और ५ वें चरण" अन्त से अतिरिक्त चरण—"राजा भूपति रूप-नारायन जान। लछिमा देइ रहे विरमान। १-४ तखोह हरिलेल काँच चोरि। ५ कत ६-७ युगति कयल ८ मोरी ९-१२ तखनक टिटिपन कहइ न जाय १३-१४ विमुखी धनि रहलि लजाय १६-१९ मिझायल दूबर दीपे २१ ना मर २२ जीवे २३-२४ अधक माचत के सहये २७-२९ बहुभार ३० भन ३१ अयनक ३२-३४ कलये जानल पुन हुउत

ब्र० न० सहाय (प्र० मि० और द०, प० सं० २२) १ जखन ३-४ कंचुअ अछोड़ी ५ कत ७ कयल ८ मोड़ी ९ तखनुक १२ नहि जाइ १४ लजाइ १५ कर १६ बुझाय १८ जरे २०-२१ लाजन मरय २४ सहय २८ गेला ३० भन ३२ कउन ३४ बिहान

बेनीपुरी (प० सं० ८०) १ जखन ३ कचअ ५-८ कत जुगुति करलि अँग मोरि ९ तखनुक ११ कहल १५ कर १९ दीव २३ अंकम ३३ कहए

मि० म० (प० सं० ४८५) १ जखन ३ कँचुअ ५-७ कत परजुगति कयल ९ तखनुक १५ कर १६ मिझाय २३ अङ्कम ३२ कओन ३३ कहलि। और (प० सं० ६२) पर पं० बाबाजी की पोथी का पाठ।

परि० पद० (त० प० सं० ४७) कंचुआ १३ लाजें १५ करें २० लाजें ३२ केओ ने

सं० मन्तव्य (i) पं० बाबाजी की पोथी के पाठभेद से बंगीय वाङ्मय में किए गए जोड़-तोड़ एवं परिवर्त्तन का स्पष्ट आभास मिलता है। इसी उद्देश्य से इसे यहाँ तालपत्र पदावली के साथ दिया गया है वंगीय वाङ्मय के साथ नहीं। (ii) कञ्चुअ १३ लाजें १५ करें २० लाजें २३ अङ्कम २६ हृदअ ३१ कओने

शब्दार्थ—कञ्चुअ—कञ्चुकी। अछोड़ि—उतार लिया। परजुगती—प्रयुक्ति, कोशिश। मिझाए—बुझता है। अङ्कम—आलिङ्गन, परिरम्भन। कओने—किसने।

[६४०]

परसे[१] बुझल तनु सिरिसिक[२] फूल। वदन सुसौरभ[३] सरसिज तूल॥
मधुर बानि सुरे[४] कोकिल साद। पिउल[५] अधर मुख अमिय[६] सवाद॥
सुन्दरि बूझ(ल[७]) तोहर विवेक। चारि जेंओल[८] भरि भूखल एक॥
वासर देखअ[९] न पारिअ[१०] सूर। दुतिक वचने अएलाहुँ[११]एत[१२]दूर॥
पओलहु[१३]शीतल[१४]पानि विसेखि[१५]। हरह पियास[१६]कि करबहु देखि[१७]॥
भनइ विद्यापति सुन वर नारि[१८]। नयनक[१९]आतुर रहल मुरारि[२०]॥

ताल०, प० सं० १७६

पाठभेद—

ब्र० न० सहाय (प्र० मि० और द०, प० सं १९) ४ सरे ५ पिउली ७ बूझली ८ जंउल ९ देखहि १० पारिअ ११-१२ अयलहुँ अति १३-१४ पउलहि सीतल १५ विसेख १७ देख १८ नारी २० मुरारी

मि० म० (प० सं० २७९) २ सिरिसक ४ सरे ७ बूझ ८ जेंओल देखहि १४ सीतल

परि० पद—(त०, प० सं० ५१) १ परसें २ सिरिसक ४ सुरें ६ अमिअ ७ बूझल ८ जेंओल १४ सीतल १९ नअनक

सं० मन्तव्य—३ सुसउरभें ५ पिओल मधु अमिअ १६ पिआस। शेष परि पद० सदृश।

शब्दार्थ—परसें—छूने से। बदन...तूल—मुख (एवं नासिका के श्वास-प्रश्वास) की गंध से उसे कमल तुल्य (पद्मिनी) समझा। सुरें—स्वर से। साद—विषाद। चारि जेंओल—चार ज्ञानेन्द्रियों (त्वचा, नासा, कान, जिह्वा) ने आत्म तुष्ठि की। भूखल एक—एक [आँख] भूखी रह गई, दर्शन के अभाव में। सूर—सूर्य। हरह—हरण करो, मिटाओ।

[६४१]

पिअ[1] रस पेसल प्रथम समाजे। कत खन राखब अखंडित[2] लाजे॥
कह गज गामिनि जत मन जागे। अपन नागरिपन पिअ[1] अनुरागे॥
आचर[3] चीर धरइ हसि[4] हेरी। नहि नहि वचन भनब कत[5] बेरी॥
दुहु मन पुरल उभय[6] रतिरङ्गे। तइअओ से, धनुगुन न छाड़ अनङ्गे॥
भनइ विद्यापति एहु रस जाने। नृप सिवसिंह[7] लखिमा देइ[8] रमाने॥

ताल०, न० गु०, प० २०७

पाठभेद—

मि० म० (प० सं० ७५) १ प्रिय २ अखण्डित ५ कति ७ सिवसिंध

परि० पद० (त०, प० सं० ६३) अखण्डित ४ हंसि ८ दे

सं० मन्तव्य—अखडित ३ आंचर ४ हंसि ६ उभए ७ दे

शब्दार्थ—पेसल=प्रवीण। भनब=कहूंगी। धनुगुन=धनुष की प्रत्यञ्चा।

[६४२]

हठे[1] न हलब मोर[2] भुजजुग जाति[3]। भाङ्गि जाएब[4] बिस किसलय[5] कांति[6]॥
हठ न करिय[7] हरि न करिय[7] लोभ। आरति[8] अधिक न रह सुख[9]-सोभ॥
हटिए हलिय[10] निअ[11] नयन[12] चकोर। पोबि हलत धसि[13] ससिमुख मोर॥
परसि न हलबे पयोधर[14] मोर। भङ्गि जाएत गिरि कनक कटोर॥
भनइ[15] विद्यापति इ[16] रस भान[17]। लखिमा[18] पति सिवसिंह[19] नृप जान[20]॥

ताल०, न० गु० २२०

पाठभेद—

मि० म० (प० सं० ५३) १९ सिबसिंध

परि० पद० (त०, प० सं० ६७) १ हठें २ मोहि ३ जांति ४ जाएत ७ करिअ ९ मुख ११-१२ हलिअ निज १३ धंसि १६ ई १७ जान १८-२० नृप सिबसिंह लखिमा दे रमान

सं० मन्तव्य—१ हठें ३ जान्ति ५-६ किसलअ कान्ति ७ करिअ ८ आरति १० १२ हलिअ निज नअन १३ धंसि १४ पओधर १५ कवि

शब्दार्थ—हठे···जान्ति=हठ वश मेरी दोनों [मृणाल सी] बाहों को मत चाँप देना। विस=मृणाल। सुख-सोभ=आनन्द और शोभा। हटिए हलिअ=हटालो। परसि न हलबे=छू मत बैठना।

[६४३]

पहिल पसार संसार सार रस
परहोंक पहिल तोहार हे।
हठे[1] आँचर मोर फेरि न हलबे
रवें[2] रस भए जाएत उघार हे॥
ए हरि ए हरि आरति परिहरि
हठ न करिअ पहु बाट हे।
जेहे बेसाहल से कि बेसाहब
उचित मनोभव हाट हे॥
कञ्चने गढ़ल पयोधर[3] सुन्दर
नागर जीबन अधार हे।
छुअइते[4] रतन तुल न रह अधिक मुल
किनहि न पार गमार हे।
भनइ विद्यापति सुन हे[5] सुचेतनि
हरि सओं[6] कइसन समान हे।
कपट तेजिकहु भजह जे[7] हरि सओं[8]
अन्त काल होअ ठाम हे॥

ताल, न० गु०, प० २२१

पाठभेद—

मि०म० (प० सं० ३४३) रवें ४ दुअइत ८ सयँ
परि० पद० (त०, प० सं ६८) २ हठें ३ पाठाभाव ५ सुनह ७ जओ दलओ
सं मन्तव्य—२ हठे २ पाठाभाव ३ पओधर ४ छूअइते

शब्दार्थ—पसार=फैलाव, व्यापार, दूकानदारी। साररस=श्रृङ्गार, प्रीति का रस। परहोंक=बोहनी। फेरि=पलटना। उघार=अनावृत, फलतः महत्वहीन। जेहे बेसाहल=जिसे बेंच दिया गया है। रतन तुल=रत्न सदृश। समान=बराबरी, जिसमें लेन-देन की बात की जा सके। भजह···सओं=उपासना करो, जिससे हरि के साथ। ठाम=स्थान।

[६४४]

बड़ कौशल[1] तुय[2] राधे। किनल कन्हाइ[3] लोचन आधे।
ऋतुपति हटबए नहि परमादी। मनमथ मधथ उचित मूलवादी[4]॥
द्विज पिक लेखक मसि मकरन्दा[5]। काँप भमर पद साखी चन्दा[6]॥
बहि रति रङ्ग[7] लिखापन माने। श्री[8] सिवसिंह[9] सरस कवि भाने॥

ताल०, न० गु०, प० २२५

पाठभेद—

बेनीपुरी (प० सं० १०४) १-२ कौसल तुअ ३ कन्हाई ५ मकरंदा ६ चंदा ७ रंग

मि० म० (प० सं० ११२) १-२ कौसलि तुअ ३ कन्हाई ८ सिवसिघ

सं० मन्तव्य (i) न० गु० के निर्देशानुसार तालपत्र की प्रति में इस पद के नीचे विद्यापति कृत चार श्लोक हैं जिनमें से अन्तिम, प्रति के खंडित होने से, उसमें उपलब्ध नहीं था, उसे न० गु० ने अन्यत्र पाया (ii) विद्यापति की यह प्रवृत्ति सूचित करती है कि संस्कृतज्ञ समाज के लिए भी अपने पदों को आस्वाद्य बनाने का यत्न वे करते रहे होंगे। श्लोक इस प्रकार हैं—

रत्नाकर सुता भार्या यस्य कृष्णस्य राधिके। लोचनार्द्धेन स क्रीतस्त्वया ते कौशलम्महत ॥१॥
हट्टाधिपो वसन्तोऽयमप्रमादी विचक्षण:। योग्यमूल्यार्थववादी च मध्यस्थो मन्मथोऽभवत् ॥२॥
भ्रमरस्य पदं कर्पो लेखक: कोकिलो द्विज:। अभूत कृष्णक्रये राधे शशी पात्रं मसी मधु: ॥
बहिर्नतिरतिक्रीडा मानो वेदन लेखक:। कृष्णास्य शिवसिंहेन वाणी विद्यापते: कवे: ॥

(iii) १-२ कउसल तुअ ३ कन्हाई ८ सिरी

शब्दार्थ—ऋतुपति=वसन्त। हटबए=डाँड़ी थामनेवाला, तौलनेवाला। परमादी=लापरवाह। मूलवादी=मूल्य बतानेवाला। द्विज=पक्षी, ब्राह्मण। मसि मकरन्दा=पुष्प-मधु ही स्याही हुई। काँप भमर पद=भ्रमर के पाँव लेखनी हुए। लिखापन=लिखने की मजदूरी।

[६४५]

गगन मगन होअ[1] तारा।
तइअओ[2] न कान्ह[3] तेजय[4] अभिसारा॥
अपना[5] सरबस लाथे[6]।
आनक[7] बोलि[8] नुडिय[9] दुहु हाथे[10]॥
टुटल गृम[11] मोती हारा[12]।

बेकत भेल[१३] अछ[१४] नखखत[१५] धारा ॥
नहि नहि नहि पए भाखे।
तइओ[२] कोटि जतन कर लाखे।
भनहि[१६] विद्यापति बानी।
एहि[१७] तीनहु[१८] मह[१९] दूति[२०] सयानी[२१] ॥

ताल०, न० गु० प० ३२०

पाठभेद—

ग्रियर्सन (प० सं० ३६) तँइओ ३-४ काहु तजय

ब्र० न० सहाय (अभिसार, प० सं० १०) १ भेल २ तइओ ३-४ काहु तजय ६ लायें ८ बेल ९ नुडिअ १० हाथें ११-१२ गीम मोतिहारा १३-१५ भेला अछि नखछत १६ भनहि १७-१९ यहि तीनू महँ

मि० म० (प० सं० ३३६) ५ आपना ९ नुड़िय १२ मोतिहारा १५ नख-खत १६ भनइ २० दूती

परि० पद० (त०, प० सं० १००) ४ तेजए ७-१० आनक बोनि नुड़िम दुहु हाथें १२ मोतिहारा १६ भनइ १८ तीनहुँ २१ सआनी

सं० मन्तव्य—११ गिम १४ अछे। शेष परि० पद० सदृश।

शब्दार्थ—अपना…हाथे=अपना तो सब कुछ छल प्रपञ्च से छिपा रखा है और दूसरे की मजदूरी अपनी बता दोनों हाथों लूटते हैं। दूति सआनी=दूती चतुरा है जो चली गई है, या तटस्थ हो आनन्दोपभोग कर रही है।

[६४६]

कोप करए चाह नयनें निहारि रह
धरिबा[१] न पारय[२] हासे।[३]
न बोल परुस वाक न मुख मरुन थाक
चांद कि जलइ हुतासे[४] ॥
ए सखि, मान, करिबा[५] न जाने।
कत खन सिखाउवि[६] आने[७] ॥
न न न न न न भन पिअरे[८] नखरे हन
जेओ जान तथिहु[९] लजाइ[१०]।

न कर भोह[११] भङ्ग न धरि मोलइ[१२] अङ्ग
खनहि सुलभ भए जाइ[१३] ॥
अपने अधिक सुखि[१४] न धर परेरे[१५] बुधि
बिसम कुसुम सर माया ।
बिरह सोस भेले भल हो अधर देले
रौद[१६] सोहाउनि[१७] छाया ॥
भनइ विद्यापति होइह दून रति
पूजब[१८] ते[१९] पञ्चबाने ।
रूपिनि देवि पति मति सिरि रतिधर
सकल कला रस जाने ॥

तालo, नo गुo, पo ३३३

पाठभेद—

मिo मo पo संo २२१) १ धरिअ ८ पियके १४ सुधि १५ परक १८-१९ पूजवते

परिo पदo (तo,पo संo १०६) २ पारए ३ हासें ४ हुतासें ५ करीबा ७ आने ९-१० तथिहुँ लजाई ११ भउह ११ मोइ १३ जाई १४ सुधि १५ परेर १७ सोहाउनि

संo मन्तव्य—१ नअन २ पारए ६-७ सिखाओबि आने ८ पिआर ९ तथिहुँ ११ भउह १४ मुधि या सुधि १६-१७ रउद सोहाउनि

शब्दार्थ—धरिबा=धारण करना। हासे=हँसी, आह्लादवश। हुतासे=अग्नि से। आने=दूसरे। मोलइ=मोड़ना। मुधि=मुग्धा, अल्पज्ञा। सुधि=सीधी। सोस=सुष्क, नीरस। रउद=प्रखर धूप। पूजब ते=पूरा करेगा उसे या वह आराधना करेगी। मति=मन्त्री।

[६४७]

आरति आपु पवार[१] न चिन्हह
धरह कत कुबानि।
अपनि रमनि रागे[२] सन्तावह
परक पेयसि[३] आनि[४] ॥
कान्हा[५] तोञे[६] बड़ लोक निसङ्क।
हसि हसि[७] सेहे करम करसि
जे[८] हो कुल कलङ्क।

जाहि जाहि तोहि गुरु निबारए
ताहि तोरा निरबन्ध।
आँखि[९] देखि जे काज न करए
ताहि पारे[१०] के अन्ध॥
तथहु[११] चीर[१२] समागम मागह[१३]
एत बड़ तोर लोभ।
परक भूषने[१४] परक वैभवे[१५]
कत खन दहु सोभ॥
दुतिक[१६] बचने कान्ह लजाएल
कवि विद्यापति भाने।
जे भेल से भेल जेहि तेहि गेल
आवे करु अवधाने॥

ताल०, न० गु०, प० ३७६

पाठभेद—

मि० म० (प० सं० ३८७) ५-६ कन्हा तोँञे ८ जेँ ११ तथुहु १४ भूसने १६ दूतिक

परि० पद० (त०, प० सं० १२०) १ परार २ रागेँ ३-४ पेअसि आनि ६ तोञे ७ हँसि हँसि ८ जेँ ९ आखि १० परे ११-१२ तथिहुँ चिर १३ माँगह १४ वैभवेँ

सां० मन्तव्य—१० पारेँ १४ भूसने १५ बइभवेँ १६ दूतिक। शेष परि० पद० सदृश।

शब्दार्थ—आपु पर।र=अपना-पराया। रागेँ=क्रोध से। गुरु निबारए=बड़े लोग हटाते हैं। निरबन्ध=स्वाच्छन्द्य, आग्रह। पारेँ=पार, और आगे। चिर समागम=अधिक देर तक का सम्भोग।

[६४८]

दुहुक संजुत[१] चिकुर फूजल। दुहुक दुहु[२] बलाबल बूझल॥
दुहुक अधर दशन[३] लागल दुहुक मदन चौगुन[४] जागल॥
दुअओ अधर करए पान। दुहुक कण्ठ[५] आलिङ्गन[६] दान॥
दुअओ केलि समे[७] समे[८] फेली[९]। सुरत सुखे विभावरि गेलि[१०]॥
दुअओ सअन[११] चेत न चीर। दुअओ[१२] पिआसल[१३] पीबए नीर॥
भने[१४] विद्यापति संसअ[१५] गेल। दुहुके[१६] सदने[१७] लिखन देल॥

ताल०, न० गु०, प० १९५

पाठभेद—

बेनीपुरी (प० सं० १७३) २ दुहु ३ दसन ५-६ कंठ आलिगन ७-९ सँग-सँग भेलि (?) १२ दुहु १४ भन १५ संसय १६-१७ दुहुक मदन

मि० म० (प० सं० ४७९) ३ दसन १० गेलि १३ पियासल १४ भन १५ संसय १६-१७ दुहुक मदन

परि० पद० (त०, प० सं० १७२) ४ चउगुन ९ फेलि १० गेलि ११ सअन

सं० मन्तव्य—१ सञ्जुत २ दुहू ३ दसन ४ चउगुने ९ फेलि १० गेलि ११ सअने

शब्दार्थ—सञ्जुत=संयुक्त, बँधे हुए। समे=समान। सअने=सोते हुए। लिखन=लिखा हुआ।

[६४९]

मलयानिले[१] साहर डार डोल। कल कोकिल रव[२] मअन[३] बोल॥
हेमन्त हरन्ता दुहुक मान। भमि भमर करए मकरन्द पान॥
रङ्गु[४] लागए (जनि)[५] रितु बसन्त। सानन्दित तरुणी[६] अवरु[७] कन्त॥
सारङ्गिनि कउतुके[८] काम बेलि। माधव नागरि जन मेलि मेलि॥

ताल०, न० गु०, प० ६०२

पाठभेद—

मि० म० (प० सं० ८४३) २ रवे ५ पाठाभाव ६ तरुनी

परि० पद० (त०, प० सं० १७४) १ मलयानिलें ३ मअन ४ रङ्ग ८ कउतुकें

सं० मन्तव्य—१ मलआनिलें २ रवे ३ मअन ६ तरुनी ७ अउरु ८ कउतुकें

शब्दार्थ—रवे=स्वर में। मअन=मदन, काम। सारङ्गिनि=हरिणी।

[६५०]

अभिनव कोमल सुन्दर पात। सबारे[१] बने[२] जनि परिहल[३] रात॥
मलय[४] पवन डोलय[५] बहुभांति[६]। अपने कुसुम रसे[७] अपने[८] माति॥
देखि देखि माधव मने[९] हुलसन्त[१०]। बिरिदाबन भेल बेकत बसन्त[११]॥
कोकिल बोलए साहर भार[१२]। मदने[१३] पाओल जग नव अधिकार॥
पाइक मधुकर कर मधुपान। भमि भमि जोहए मानिन जन[१४] मान॥
दिसि दिसि से भमि बिपिन निहारि। रास बुझा (ब) य[१५] मुदित मुरारि॥
भनइ[१६] विद्यापति इ[१७] रस गाव। राधा-माधव अभिनव भाव॥

ताल०, न० गु०, प० ६०८

पाठभेद—

बेनीपुरी (प० सं० १८१) १-३ सगर कानन पहिरल पट ५ डोलए ६ भाँति ८ अपनहि ९-१० मन हुलसंत ११ बसंत १३ मदन १४ पाठाभाव १५ बुझाबए १७ ई

मि० म० (प० सं० ४७५) ३ पहिरल ५ डोलए ६ भाति ७ रस ९ मन ११ मदन १४ पाठाभाव १५ बुझाबए

परि० पद० (ख०, प० सं० १७७) ५ डोलए ६ भाँति ७ रसेँ १२ डार १५ बुझाबए १६ सुकवि १७ ई

सं० मन्तव्य—४ मलय ८ अपनञे १४ पाठाभाव। शेष परि० पद० सदृश।

शब्दार्थ—सबारे=समूचे। परिहल=पहन लिया, पड़ गया। रात=रक्त-वर्ण, लाल। साहर=सहकार, आम। पाइक=दूत, बसन्त का।

[६५१]

कर धय करु मोहि[२] पारे[३]। देब मे[४] अपरुप[५] हारे[६]। कन्हैआ[७]॥
सखि सभ तेजि[८] चलि गेली[९]। न जानु[१०] कोन[११] पथ भेली[१२]। कन्हैआ॥
हम न जाएब[१३] तुअ पासे[१४]। जाएब[१३] औघट[१५] घाटे[१६]। कन्हैआ॥
विद्यापति एहो भाने[१७]। गुञ्जरी[१८] भजु भगवाने[१९]। कन्हैआ॥

ग्रियर्सन, प० सं० ५

पाठभेद—

ब्र० न० सहाय (संभाषण, प० सं० १), १ धर ३ पार ४ मैं ६ हार ८ तजि ९ गेलि १० जानि १२ भेलि १३ जायब १४ पास १६ घाट १७ मान १८ गूजरि १९ भगवान

न० गु० (प० सं० १२४) २ मोहे ५ अपरुब ७ कन्हैया

बेनीपुरी (प० सं० ५८) १ धरि ४ मएँ ५ अपरुब ११ कओन १८ गुजरि

मि० म० (प० सं० ३४४) १ धरु ५ अपरुब ७ कन्हैया

सं० मन्तव्य—१ धए २ मोञे ११ कओने १५ अओघट

शब्दार्थ—हारे=हार। अओघट=असामान्य, जहाँ साधारणतया लोगों का आना जाना नहीं होता।

[६५२]

कुंज[1] भवन सँ[2] चलि भेलि हे[3], रोकल गिरिधारी।
एकहिं[4] नगर बसु माधव हे, जनु[5] कर[6] बटवारी[7]॥
छाड़ु[8] कन्हाइया मोर आंचर[9] हे,[10] फाटत नव सारी।
अपजस होएत[11] जगत भरि हे, जनु[4] करिअ उघारी॥
सङ्गक[12] सखि अगुआइलि हे,[10] हम एकसर[13] नारी।
दामिनि आय[14] तुलाइलि[15] हे, एक राति अन्धारी[16]॥
भनहि विद्यापति गाओल[17] हे[10] सुन गुनमति नारी।
हरिक संगे[18] किछु डर नहिं हे, तुहे[19] परम गमारी॥

ग्रियर्सन, प० सं० २१

पाठभेद—

अ० न० सहाय (संभाषण, प० सं० ६) २ सों ४ एकहि ६ करु ७ बटपारी ८-९ छाडु-छाडु यदुपति आंचर ११ होयत १२ संगहुक १६ अन्हारी १७ गावल १८ संगे

न० गु० (प० सं० १२३) १ कुञ्ज २-३ सओ निकासलि रे १० रे १६ अँधारो १९ तोँहु

बेनीपुरी (प० सं० ५९) २-३ सएँ निकसलि रे ५-७ जनि करु बटमारी छाडु कान्ह १० रे जनि १२ संगक १३ एकसरि १४ आए तुलाएलि १६ अँधारी १८ संग १९ तोंहे

मि० म० (प० सं० १४९) कुञ्ज १० रे

सं० मन्तव्य—१ कुञ्ज २ सञे ४ एकहि ८ छाडु कान्ह ९ आचर १४ आए १९ तोञ

शब्दार्थ—सञे चलि भेलि=से होकर चल पड़ी [जानबूझ कर कि वहाँ कृष्ण होंगे ?] बटवारी=राह में छेड़खानी, डकैती। तुलाइलि=तुला पर तौल दिया और गाढ़ा कर दिया। अंधेरी रात में क्षण भर को कौंधनेवाली विजली से अन्धकार और गाढ़ा और प्राण-प्रतारक जान पड़ता है।—क्षण प्रभा प्रभा दाने बाड़ाय मात्र आँधारे। बाङ्ला प्रवाद। गमारी=गंवार, बुद्धिहीना, बोका।

[६५३]

कानन कान्ह कान हम सूनल[1] भै[2] गेल आनक[3] आने[4]।
हेरैति[5] शंकर[6] रिपु मोहि हरलन्हि कि कहब तनिक[7] गेआने[8]॥
सात[9] पांच हम लीखि पठाओलि बहुबिधि लिखलि बनाई।
से पुनि नाथ पांच कय[10] रखलन्हि दुइ फिरि देलन्हि मेटाई[11]॥

चानन चान आँग[12] हम लेपलि तैं[13] बाढ़ल अति दापे।
अधरक लोभ सँ[14] बिखधर[15] ससरल धरे[16] चाह पुनि सांपे॥
भनहि[17] विद्यापति दुहुक मुदित मन मधुकर लोभित केली।
असह सहथि कत कोमल कामिनि जामिनि जिब[18] दय[19] गेली॥

ग्रियर्सन, प० सं० २२

पाठभेद—

न० गु० (प० सं० ५५६) १ शुनल २ मइ ५-६ हैरइति संकर ८ गेयाने। दो चरणों ९-११ का पाठाभाव १२ आङ्ग १३ तंइ १५ बिसधर १६ धरइ १७ भनइ १८ जीव

मि० म०--(प० सं० २४२) १ सुनल। शेष न० गु० सदृश।

सं० मन्तव्य—२ मइ ३-४ बानक वाने ५ हेरइते ६ शकर ७-८ तन्हिक गेञाने १० कए १२ आङ्ग १३ तवे १४ सञे १६ धरए १८-१९ जिउ दए

शब्दार्थ—कानन······आने=(ज्योंही) मैंना सुना कि कृष्ण बन में हैं। अपना भाव कुछ अन्य प्रकार का ही हो गया। शङ्कररिपु=काम। सात पाँच=ग्रि० के अनुसार सात अक्षर 'बिख खाय मरब' और पाँच अक्षर 'नहिं आएब' अर्थात् यदि आप नहीं आते तो विष खाकर मर जाऊँगी। से पुनि·····मेटाई=उसमें से नाथ ने पाँच अक्षरों (नहिं आएब) को रखा और उसमें से भी दो (नहिं) को मिटा दिया। अर्थात 'आएब' का आश्वासन भेजा। चानन चान=चन्दन कपूर मिश्रित। विषधर=सर्पिणी, वेणी।

[६५४]

आज देखिए[1] सखि बड़[2] अनमनि सनि
बदन मलिन मुख[3] तोरा।
मन्द बचन तोहि के[4] न[5] कहल अछि
से न कहिए[6] किछु[7] मोरा॥
आजुक रयनि[8] सखि कठिन बितल[9] अछि
कान्ह रास कर मन्दा[10]।
गुन अवगुन पहु एकओ[11] न बुझलनि[12]
राहु गरासल चन्दा॥
अधर सुखाएल[13] केस अरुझाएल[14]
घाम[15] तिलक बहि गेला।
बारि बिलासिनि केलि न जानथि
भाल अरुन उड़ि[16] गेला॥

भनहिं[१७] विद्यापति सुन वर जौवति[१८]
ताहि[१९] कहब[२०] किए[२१] बाधे[२२] ।
जे किछु पहु देल आंचर[२३] झांपि[२४] लेल[२५]
सखि सब[२६] कर उपहासे ॥

ग्रियर्सन, प० सं० ३४

पाठभेद—

ब्र० न० सहाय (प्र० मि० और द०, प० सं० ४८) १ देखलि ४ केहु ६-७ कहहुकछु ८ रहनि ९ बितलि १० मंदा ११ एको १२ बुझलन्हि १३ सुखायल १४ अंझरायल १६ मँद १७ मन १८ जौमति १९-२२ भेद कहय मन हांसे २३-२४ आँचर झांपि लेलि २६ सभ

न० गु० (प० सं० १९५) १ देखिअ ३ सन तथा **मि० म०** (प० सं० ३००) ग्रियर्सन सदृश ।

बेनीपुरी (प० सं० ९३) १ देखिअ २ बड़ि ३ सन ४-५ कओने ६-७ कहिअ किअ ९ बितलि १० मंदा १२ बुझलन्हि १५ घामे १७ मनइ २०-२१ कहबें किअ २४ बाँधि २६ सभ

सं० मन्तव्य—१ देखिअ २ बड़ि ३ अति ४-५ कओने ८ रअनि ९ बितलि १२ बुझलन्हि १५ घामे १७ मनइ १८ जउवति २३ आचर

शब्दार्थ—अनमनि=अन्यमनस्का, उदासीन । रभस=रति क्रीड़ा । घामे=पसीने से । अरुन=ललाई, सिन्दूर ।

[६५५]

आजु परल मोहि[१] कोन[२] अपराधे[३] ।
किअ[४] हेरिअ[५] हरि लोचन आधे[६] ॥
आन[७] दिन गहि गूम[८] लाबिय[९] गेहा[१०] ।
बहुबिधि वचन बुझाबए[११] नेहा[१२] ॥
मन दै[१३] रुसि[१४] रहल पहु सोइ ।
पुरुषक[१५] हृदय[१६] एहन नहिं[१७] होइ ॥
भनहिं[१८] विद्यापति सुनु परमान ।
बाढ़ल प्रेम उसरि गेल[१९] मान ॥

ग्रियर्सन, प० स० ५२

पाठभेद--

अ० न० सहाय (मान, प० सं० २७) ३ अपराध ५ न हेरि ६ आध १० गेह ११-१२ बुझाएब नेह १५ पुरुखक १७ नहिं १८ मन १९ गेला

न० गु० (प० सं ४६६) तथा **मि० म०** (प० स० ४६३) ग्रियर्सन सदृश।

सं० मन्तव्य—१ मोर २ कओन ४ किए न ७ आन ८ गिम ९ लाबिये १३ दए १४ रूसि १५-१६ पुरुसक हृदअ १८ मनइ

शब्दार्थ—किए न—क्यों नहीं। गिम—ग्रीवा। उसरि—उड़, लुप्त हो गया।

[६५६]

मालति मन जनु मानहु आनें[1]।
तोहरा सौं[2] हम जे किछु भाखल
सेह वचन परमाने॥
सभ[3] परितेजि तोहि हम भजलहुँ
ताहि करत कें भङ्गे।
जौं[4] दुर्ज्जन जन कोटि जतन कर
तैओ[5] जनम भरि सङ्गे॥
अनुखन मन धनि खिन्न करह जनि
देव सपथ थिक लाखे।
हमरा तोंहहि दोसरि नाहिं तेहनि[6]
मन अछि दृढ़ अभिलाखे॥
विधिक दोख जत रोख कयल[7] मत
वचन कहल एक आधे।
नागरि सेह जगत गुन आगरि
जे खेम पति-अपराधे॥
विद्यापति कह धैरज सब तँह
मन जनु करह मलानें।
तुअ गुन मन गुनि पहु रह अनुगत
करत अधर मधु पाने॥

मिथिला, न० गु०, ३६२

पाठभेद—

मि० म० (प० सं० ८५६) न० गु० सदृश।

सं० मन्तव्य—१ आने २ सओ सबे ४ जओ ५ तइअओ ६ तइसनि ७ कएल ८ धइरब

शब्दार्थ—सेह=बड़ी। भङ्ग=तोड़ना, नष्ट करना। देब......लाखे=देवता की लाखों शपथ है। विधिक दोख जत=विधाता के विरुद्ध होने से। खेम=क्षमा करती है।

[६५७]

अपरुब रूपक धामा।
तीनि भुवन जिनि बिहि बिहू रामा॥
शीलक[1] शितल[2] सोभावे।
जेहन[3] रहिअ तेहन[4] सोहावे॥
मधुर वचन मुख सीची[5]।
बिहुस[6] पसर जनि अमियक[7] बीचि[8]॥
हेरइत[9] हरए पराने।
परसन मने परिरम्भन दाने॥
कि कहब रतिरङ्ग रीती।
निरबधि बढ़लि बाढ़ पिरीती॥
विद्यापति कवि गावे।
पुने गुनमत गुनमति धनि पावे॥

मिथिला, न० गु०, प० सं० ५७५

पाठभेद—

मि० म० (प० सं० ८४८) न० गु० सदृश।

सं०मन्तव्य—१-२ सीलक सितल ३ जइसने ४ तइसने ५ सींची ६ बिहुँसि ७ अमिअक बीची ९ हेरइते १० बढ़लिने

शब्दार्थ—बिहू=रचा। शीलक=शील, विनम्रता का। बिहुँसि पसर=हँसकर प्रसारित करती है। बीची=वीचि, तरङ्ग। बढ़लिने बाढ़=बढ़ाते और बढ़ती है।

[६५८]

हरि धरि[१] हार चेँउकि[२] परु राधा। आध माधव कर[३] गिम रहु आधा ॥
कपट कोप[४] धनि दिठि धरु फेरी[५]। हरि हँसि रहल बदन विधु हेरी ॥
मधुरिम हास[६] गुपुत नहि भेला। तखने सुमुखि-मुख चुम्बन देला ॥
कर धरु कुच, आकुल[७] भेलि नारी। निरखि अधर मधु पिबए[८] मुरारी ॥
चिकुर चमर झरु[९] कुसुमक धारा। पिबिकहु[१०] तम जनि बम नव तारा ॥
विद्यापति कह सुन्दरि बानी। हरि हसि[११] मिललि राधिका रानी ॥

मिथिला न० गु०, ५६९

पाठभेद—

ब्र० न० सहाय (पु० तथा रसो०, प० सं० २०) १ धरु २ चेहुकि ५ फेरि ६ हांस ७ आकुलि ८ पिबय ९ झर १० पिवि कहुँ ११ हँसि

बेनीपुरी (प० सं० १६७) १ धरु २ चओंकि ११ हँसि

मि० म० (प० सं० ८५५) न० गु० सदृश।

सं० मन्तव्य—१ धरु २ चेओंकि ३ करें ४ कोपेँ १० पिबिकहुँ ११ हँसि

शब्दार्थ—चेओंकि=चौंक पड़ी। करें=हाथ में। गिम रहु आधा=आधा गले में उलझा रहा। आकुल=व्याकुल, परेशान। धारा=श्रेणी। पिबिकहुँ=पी लेने के अनन्तर।

[६९९]

रयनि[१] सनागलि रहलिछ थोर। रमनि रमन रतिरस नहि ओर ॥
नागर निरखि सुमुखि मुख चुम्ब। जनि सरसिज मधु पिब विधुबिम्ब ॥
दृढ़ परिरम्भने पुलकित देह। जनि अँकुरल[२] पुन दुहुक सनेह ॥
धनि रसमगनी रसिक रसधाम। जनि बिलसइ अभिनव रतिकाम ॥
कि कहब अपरुब दुहुक समाज। दुओ दुहुक[३] कर अभिमत काज ॥
विद्यापति कह रस नहि अन्त। गुनमती जुवती कलामय[४] कन्त ॥

मिथिला, न० गु०, ५९२

पाठभेद—

मि० म० (प० सं० ८५३) न० गु० सदृश।

सं० मन्तव्य—१ रअनि २ अङ्कुरल ३ दुहुँक ४ कलामअ

शब्दार्थ—सनागलि=समाप्त हुई। विधुबिम्ब=चन्द्र बिम्ब। अभिमत=मनोवाञ्छित।

[६६०]

हम जोगिन तिरहुतके[1] जोग देवैंन्ह[2] लगाय[3] ।
नैन[4] हमर पढ़ाओल रे, जगमोहिनि नाम ॥
आरसि काजर पारल आँखि[5] आँजल[6] ।
ताहि आँजलि[6] दुइ आँखि[5] जमैया[7] अपनाओल ॥
रुनुकि झुनिकि धीआ चलि तथि जमैआ[7] देखितथि ॥
पागक पेज उघारि हृदय[8] बिचरखितथि ॥
भनहि विद्यापति गाओल फल पाओल[9] ।
जाग हमर बड़तेज, सेज धय[10] रहताह ॥

मि० गी० सं०, प्रथम खण्ड, ३५

पाठभेद—

मि० म० (प० सं० ८७१) उपर्युक्त सदृश ।

सं० मन्तव्य— १ तिरहुत कजे २ देबइन्ह ३ लगाइ ४ नअना ५-६ आखिँ आजल ७ जमइआ ८ हृदअ ९ पओताह १० धए

शब्दार्थ— देवइन्ह=दूंगी । जमइआ=जामाता । धीआ=कन्या, दुल्हन । पागक=पगड़ी का ।

[६६१]

हमराकैं[1] जंओ[2] तेजब, गुन बूझब ।
जोगहिं देब बनिसार, अधिन कय[3] राखब ॥
एको[4] पलक जों[5] तेजब, गुन बूझब ।
एहेन[6] जोग मोर तेज, सेज नहिं छोड़ब ॥
आरसि काजर पारब, निसि डारब ।
ताहि लय[7] आँजब[8] आँखि[9] जोग परचारब ॥
नयनहिं[10] नयन[11] रिझाएब, प्रेम लायब[12] ।
करब मोर गरहार हृदय[13] बिच राखब ॥
भनहि विद्यापति गाओल, जोग लाओल ।
दुलहा दुलहिनि समधान, अधिन कय[3] राखब[14] ।

मि० गी० सं०, तृतीय खण्ड पृ० ६

पाठभेद—

मि० म० (प० सं० ८७२) उपर्युक्त सदृश।

सां० मन्तव्य—१ हमरा कएँ २ जओ ३ कए ४ एकओ ५ जओ ६ अइसन ७-६ लए आजब आखि १०-११ नअनहिं नअन १२ लाओब १३ हृदअ १४ राखल

शब्दार्थ—गुन=गुण, शक्ति। बनिसार=कारागार, व्यवसाय। अधिन=आधीन, दास बनाकर। आरसि=आइने पर। गरहार=गले का हार। समधान=समाधान, बिवाह।

[६१२]

आकुल चिकुर[1] बेढल[2] मुख सोभ[3]।
राहु कएल[4] ससिमण्डल लोभ[5]।
उभरल[6] चिकुर माल कर[7] रङ्ग[8]
जनि जमुना जल[9] गाङ्ग[10] तरङ्ग ॥ध्रु०॥
बड[11] अपरुब[12] दुहु[13] चेतन मेलि
विपरित रति कामिनि कर[14] केलि।
वदन[15] सोहाओन[16] सम[17] जल बिन्द
मदने[18] मोति दए[19] पूजल इन्दु ॥
पिआ[20] मुख सुमुखि[21] चुम्ब[22] तेजि ओज
चान्द[23] अधोमुख पिबए सरोज।
कुच विपरीत[24] विलम्बित हार
कनक कलश[25] जनि[26] दूधक धार[27] ॥
किंकिनी[28] रनित[29] नितम्बहि[30] छाज[31]
मदन महासिधि[32] बाजन बाज[33]।
भनइ[34] विद्यापतीत्यादि[40] ॥

ने० पृ० ३५, प० ६८

पाठभेद—

ने० प० (पुनः प० सं० ६२ (क), प० १७४, पं० २) कानलरागे। १५ हास १८ मदन २१ समुखि २८-२९ किङ्किणि रणित

रागतङ्गिणि—(पृ० १०२-३) पञ्चमस्वरा धनछी रागे। १-२ चिकुरे बेढ़ल ६-८ उभरल कुसुम मालधर अङ्ग ९-१० मिलु गङ्ग। पाँचवीं-छठीं पंक्ति नहीं। १७ स्रम १९ लए २० पिआ २३ चाँद २५-२६ कलस बम २९-३ सबद नितम्बिनि २३ विजय रथ। अन्त में (३४-३९) भनइ[३४] विद्यापति मने[३५] अनुमानि[३६] कामिनि[३७] रम पिआ[३८] अनुमत[३९] जानि[४०] ॥

तालपत्र (न० गु०, प० सं० ५८३) चरणक्रम—नं० प० के चरण क्रमशः १-२,५-६,११-१२,९-१०,१३-१४,३-४,७-८ पर आए हैं। १-२ चिकुरे बेढ़ल ४ करल फूजल ७ धर ९-१० मिलु गंङ्ग ११-१३ बड़ अपुरुब दुइ १६-१७ सोन्हाओन स्रम-१९ लए २० पिअ २५-२६ कलस बम २९-३० रटित नितम्बिनि ३२ महारथ। फिर राग० त० सी भणिता में—३५-३६ रसमय बानी ३७ नागरी ३८-४० पिय अभिमत जानी

क्षणदा० (पृ० १७१) १-२ अलक बेढ़ल ३ शोभ ६-८ उभर कुसुम माले कए रङ्ग २६-२७ पर सुरधनी धारा। भणिता है—३४-४० भनइ विद्यापति रसवती नारी। कामकला जिनि बचन ढामारि ॥" शेष पाठ एवं क्रम ताल० सदृश।

प० स० (पृ० ८८) २ बेढ़लि ३ सोभा ५ लोभा ६-८ कुन्तल कुसुम माल करु सङ्ग १४ करु १८-१९ मदन रति नेह २२ पिबइ २५-२६ कलसै जनु २८-२९ किङ्किन रवहि ३१ साज ३२ विजइ रन। अन्त में भणिता—भनइ विद्यापति इह वरनारी। काम कलाजिनि रचइ ढमारि ॥ शेष ताल० के प्रायः अनुरूप।

प० त० (प० सं० १०८१) आरंभ के १,२,५ और ६ ठें चरण नहीं। शेष प्राय० ताल० सदृश।

ब्र० न० सहाय (मानान्तर मिलन और प्रेम वैचित्र्य, प० सं० ३४) चरणक्रम ७-८ चरण के स्थान पर ९-१० एवं ९-१० के स्थान पर ७-८ हैं। १-२ अलक बढ़ल ३ सोभा ४ कयल ५ लोभा ६-७ कुन्तल कुसुममाल करु सङ्ग ९-१० जनु जमुना मिलु गंग ११-१३ बड़ अपरुप दोउ १४ करु १६-१९ सोहायल स्रम जल बुन्दु मदन मोति लेइ २०-२३ प्रियतम मुख तिय चुम्बय ओज। चाँद २४ कुच युग उपर २५-२६ कलस पर २८-२९ किंकिनि रवय ३१ साज ३२ विजयरन ३४ भन ३५-३६ रसवति नारि ३७-३९ काम कला जिनि बचन हमारि।

बेनीपुरी (प० सं० १७०) चरण क्रम तालपत्र सदृश। १ चिकुरें बेढ़ल ७-८ धरु रंग १० १० गांगतरंग १६-१७ सोहाओन स्रम-१८ मदन १९ लए २२ चूम २३ चाँद २५-२६ कलस बम २८ किंकिनि। रा० त० सी भणिता में—३६ अनुमान बानी ३७ नागरि ३९ जानि।

मि० म० (प० सं० ४९७) चरण क्रम तालपत्र सदृश । २ बेढ़लि १२ अपरुब १८ मदन २४ विपरित २० पिय २२ चूम २३ चाँद ३७ नागरि । शेष न० गु० ताल० सदृश ।

सु० झा (प० सं० ६१) १९ रणित

परि० पद० (प० सं० ६३) १ चिकुरें ६-७ उभरल कुसुम माल घर ९ मिलु १७ स्रम १९ लए २० पिअ २५ कलस ३२ विजय रथ

सं० मन्तव्य—१ चिकुरें १७ स्रम २० पिअ ३५ कलसें

शब्दार्थ—आकुल=बिखरे हुए। चिकुर=केश। उभरल=उभरे हुए बिखरे बालों के बीच समानान्तर लटकी श्वेत मौक्तिक माल ऐसी शोभित हो रही है जैसे जमुना के नीले विस्तृत जल में गङ्गा की दुग्ध धवल कोई तरङ्ग आ विराजी हो। स्रम जल=स्वेद, पसीना। ओज=बड़प्पन का भाव, सङ्कोच। कुच…धार=स्वर्ण कलश से कुचों के कठोरपन और वक्ष पर जड़ित रहने के विपरीत श्वेत मुक्ताहार उनसे होकर नीचे की ओर दुग्ध की धवल धार सा गिर (लटक) रहा है। महासिधि=परिपूर्ण विजय लाभ।

[६६३]

बदन झपाबए[१] अलकओ[२] भार
चान्दमडल[३] जनि मिलए अन्धार।
लम्बित सोभए हार बिलोल
मुदित मनोभव खेल हिडोल[४] ॥ ध्रु० ॥
पिअतम[५] अभिमत मने अवधारि
रति विपरित[६] रतलि वरनारि।
मनि[७] किङ्किनि कर मधुर[८] बिराव[९]
जनि जए[१०] तुङ्ग[११] मनोबव[१२] बाज[१३]॥
रभसे[१४] निहारि अधर मधु पीब
नाओ[१५] कुसुमसर आकठ[१६] जीव[१७]॥
भनइ विद्यापतीत्यादि॥

ने० पृ० ३६ (क), प० ६९, पं० १

पाठभेद—

न० गु० (प० सं० ५८९) २ अलकक ७ माल ८-९ मधुरी बाज १०-१३ जएतूर मनोभव राज १६-१७ आकठजीव

मि० म० (प० सं० ४६४) २ अलकत ३ चाँदमडल ५ पियतम ७ माल ८-९ मधुरि राव १०-११ जएतूर १६ आकट

सु० झा (प० सं० ९३) २ घन कत ७ माल १२ मनोभव १३ राज

परि० पद (प० सं० ९४) झँपाबए अलकक ३ चान्द मण्डल ४ हिंडोल ६ विपरीत ८-९ मधुरी बाज १०-१२ जयतूर मनोभव १४ नाञि

सं० मन्तव्य—१ झँपावए २ अलकेश ४ हिण्डोल ६ विपरीते ८-९ मधुरि राव १२ मनोभव १४ रभसें

शब्दार्थ—अलकेश=केशों का। हिण्डोल=झूला। जयतुङ्ग=विजय की रणभेरी। ताञी=झुकाकर।

[६६४]

धनछीरागे—

केस कुसुम छिळिआएल[१] फूजि।
तारांए[२] तिमिर छाडि[३] हलु पूजि।
हेरि पयोधर[४] मनसिज आधि
सम्भु अधोगति धएल[५] समाधि॥
विपरित रमण[६] रमए वर नारि
रतिरस लालसे[७] मुगुध[८] मुरारि।
चुम्बने करए कलामति केलि
लोचन नाह निमिलित[९] हेरि॥
ता दुहु[१०] रूप ताहि परथाव
उदयवान[११] दुहु जैसन[१२] सभाव।
भनइ विद्यापतीत्यादि॥

ने० पू० ५४ (क), प० १५१, पं० १

पाठभेद—

न० गु० (प० सं ५८७ ताल०) १ छिरिआएल २ ताराएँ ३ छाड़ि ५ धए ६ रमन ८ लुबुध ९ निमीलित

मि० म० (प० स० ४६५) ८ मुगुध ९ निमिलित। शेष न० गु० सदृश।

सु० झा० (प० सं० १३९) २ ताराएँ ६ रमण।

परि० पद० (प० सं० १४०) १ छिड़िआएल २ ताराञे ३ छाड़ि ४ पयोधर ७ लालसें ९ निमीलित १२ जइसन

सं० मन्तव्य—१ छिरिआएल ३ छाडि १० दुहुँ ११ उदअवान। शेष परि० पद० सदृश।

शब्दार्थ—ताराञे…पूजि=अँधेरे (केश) से पूजनोपरान्त तारे (फूल) विलग हो गए हों। लोचन नहि=स्वामी के नेत्रों को। ता=वैसा।

[६६५]

विगलित चिकुर मिलित मुखमण्डल[1]
चाँद[2] बेढ़ल घनमाला।
मनिमय[3]-कुण्डल[4] स्रवने दुलित मेल[5]
घामे[6] तिलक बहि गेला।

सुन्दरि तुआ[7] मुख मङ्गल-दाता।
रति[8]-विपरीत-समय[9] जदि[10] राखबि[11]
कि करब हरि हर धाता॥

किंकिनी[12] किनि किनि कंकन[13] कन कन
कलरव[14] नूपुर बाजे।
निज[15] मदे[16] मदन पराभव मानल[17]
जय जय डिण्डिम[18] बाजे॥

तिल[19] एक[20] जघन सघन रव करइत
होयल[21] सैनक भङ्ग[22]।
विद्यापति पति[23] ओ[24] रस गाहक[25]
जामुन मिलल[26] गङ्ग तरङ्ग[27]॥

क्षणदा, पृ० १८२

पाठभेद—

प्रकाशित क्षणदा०—३-५ चञ्चल कुण्डल चपले गोंडाओल ८-११ रतिरने रमनी पराभव पाउब १४ घनघन १५-१७ रति विपरीत भेल मदन समापल १८ दुन्दुभि १९ तिले

प० स० (पृ० ८९) १५-१६ रति रने १९ तिले २१ होयब २४ सायक

प० त० (प० सं० १०७१) **न० गु०** (प० सं० ५८४) क्षणदा० सदृश

ब्र० न० सहाय (मानान्तर मिलन और प्रेम वैचित्र्य, प० सं० २४) मुखमंडल २ चांद ४ कुंडल ६ घाम ७ तुअ ९ समर १० यदि १२ किंकनि १३ कंकन १४ घनघन १६ मद १८ डिम डिम १९-२० तल थक २२ भंग २४ ऊ २६-२७ यमुना गंग तरंग

बेनीपुरी (प० सं० १७१) १ मुखमंडल ४ कुंडल ६ घाम ७ तुअ ९ समर १२ किंकिनि १३ कंकन १४ घनघन १५-१६ रति रन २१ होअल २२ भंग २३ कवि २४ ई २५ गाबए २६-२७ मोललि गंग

मि० म० (प० सं० ६९७) क्षणदा० सदृश

सं० मन्तव्य—२ चान्द ३ मनिमअ ९ समअ १४ घन घन १५-१६ रति-रने २१ होएल सइनक २३ कवि २४ एहो २५ गाअक

शब्दार्थ—बेढ़ल=घेर लिया। घामे=पसीने से। धारा=विधारा। **द्रष्टव्य** — आलोलामलकावलीं विलुलितां बिभ्रच्चलत्कुण्डलं। किञ्चिन्मृष्टविशेषकं तनुतरैः स्वेदाम्भसः शीकरैः ॥ तन्व्या यत्सुरतान्ततान्तनयनं वक्त्रं रतिव्यत्यये। तत्त्वां पातु चिराय किं हरिहरस्कन्दादिभिर्दैवतैः ॥ अमरुशतकम्। श्लोक ३।

[६६६]

सखि हे कि कहब नाहिक[१] ओर[२]।
स्वपन[३] कि परतेक[४] कहइ न पारिये[५]
किये[६] अति निकट कि दुर।[७]
तड़ित लता तले[८] तिमिर सम्भायल[९]
आँतरे[१०] सुरधुनि[११] धारा।
तरल तिमिर शशि[१२] सूर गरासल
चौदिगे[१३] खसि[१४] पड़ु तारा॥
अम्बर खसल धराधर उलटल
धरनि[१५] डगमग डोले।
खरतर वेग समीरन सञ्चरु[१६]
चञ्चरिगन[१७] करु रोले॥
प्रलय[१८] पयोधि[१९] जले[२०] जनु झापल[२१]
इह[२२] नह[२३] युग[२४] अवसाने।[२५]
को[२६] विपरीत कथा पतियायब[२७]
कवि विद्यापति भाने[२८]॥

प० स०; पृ० ९२

पाठभेद—

प० त० (प० सं० १०९६) प० स० सदृश।

ब्र० न० सहाय (मा० मि० और प्रेम वै०, प० सं० १०) २ ऊर ३ सपन ४ परतख ५ पारय ६ कि ८ तर ९ सँमायल १० आंतर १२ ससी १३ चौठिक १५ धरनी १६ संचरु १७ चंचरिगन १९-२० पयोधी जल २१ छापल २२-२५ यह नह जुग अवसान २६ के २७ पति आयब २८ भान

न० गु० (प० सं० ५८५) १-२ किछू नहि फूरे ७ दूरे। शेष प्राय: प० स० सदृश

बेनीपुरी (प० सं० १७२) १-२ किछु नहि फूर ३ सपन ४-५ परतेख कहए न पारिअ ६-७ किअ नियरहि किअ दूर ८-९ तल जलद समारल १०-११ आँतर सुरसरि १२ ससि १४ चौदिस १५ धरनी १६ संचर १७ चंचरिगन १८ प्रनय २०-२१ जलहि तन झाँपल २२-२५ ई नहि जुग अवसान २६ के २७ पतिआएत २८ मान।

सं० मन्तव्य—१-२ न किछू फूर ३ सपन ५ पारिअ ६ किए ९ सम्भारल १० आन्तरे १२ ससि १३-१४ चउदिगे खसु १५ धरनी १८-२० प्रलअ पओधि जलें २१ झाँपल २२-२४ ई नहि जुग २६ के २६ के २७ पतिआएब

शब्दार्थ—फूर=स्फुरण, मुहँ से निकलना। परतेक=प्रत्यक्ष, सत्य। तड़ित-लता=राधा। तिमिर=साँवले कृष्ण। अन्तरे···धारा=बीच में श्वेत हार गंगा की धार सदृश; तरल तिमिर=तरङ्गित केश-राशि। ससि=मख या चन्दन की बिन्दी। सूर=सिन्दूर बिन्दु। चउदिगे···तारा=वेणी के फूल या प्रस्वेद-कण तारों से बिखर गए। अम्बर=नभ, वस्त्र। धराधर=पर्वत, उरोज। धरनी=पृथिवी, नितम्ब। खरतर=अत्यन्त प्रखर। समीरन=वायु, श्वास-प्रश्वास। चञ्चरि=भ्रमरी, किङ्किणी। प्रलय पओधि=पसीने से तर बतर। इह···अवसाने=किन्तु यह युग समाप्ति का अवसर नहीं है। विपरीत=उल्टा।

[६९७]

कुचजुग चारु धराधर जानि। हृदि पैठअ[1] जनि पहुँ दिल पानि॥
घाम बिन्दु मुखे हेरए नाह। चुम्बए[4] हरसे[5] सरस अवगाह॥
बूझइ ना[6] पारिये[7] पिया[8] मुख भास[9]। वदन निहारिते[10] उपजए हास[11]॥
आपन-भाव[12] मोहे[13] अनुभावि[14]। ना बुझिये[15] ऐसन[16] किए[17] सुख पाबि[18]॥
ताकर वचने[19] कयलु[20] सब काज। कि कहब सो सब कहइते[21] लाज॥
ए[22] विपरीत विद्यापति भान। नागरी[23] रमइत भय नाहि[24] मान॥

प० त०, १०९९

पाठभेद—

ब्र० न० सहाय (मा० मि० और और प्रेम बै०, प० सं० २३) २ दिलु ३ हेरय ४-५ चुम्बय हरख ७ पारिय ९ माख १० निहारत ११ हांस १३-१४ मोहि अनुमाव १५ बुझिय १७ फिय १८ पाव १९-२० वचन कयलु २१ कहइत २२ इ २३ नागरि २४ नहि

मि० म० (प० सं० ६९९) प० त० सदृश ।

सं० मन्तव्य—(i) यह पद बंगीय प्रभाव से अधिक प्रमाव से अधिक प्रमावित है । (ii) १ पइठब ५ हरसे ६-८ न पारिम पिआ १२-१३ भावे मोजे १५-१६ बुझि अइसन २२ रति २३ नागरि रमइते २४ भए नहि

शब्दार्थं—जानि=समझकर। पइठब जनि=प्रवेश न कर जाय। पानि=हाथ। आपन... अनुमानि=अपने [पुरुष के] भाव में मुझे डालकर। नागरि रमइते=नागरी द्वारा रमण किए जाने से, स्वयं नागरी की भाँति रमण करने से अथवा रमण करती हुई नागरी।

[६६८]

आजु मझु[1] सरम भरम रहु दूर। अपन[2] मनोरथ सो परिपूर॥
कि कहब रे सखि कहइते[3] हास[4]। सब विपरीत[5] भेल आजुक विलास॥
जलधर उलटि पड़ल मही[6] माझ[7]। उयल[8] चारु धराधर-राज॥
मरकत दरपन[9] हेरइते[10] हाम[11]। उच[12]नीच[13] न[14]बुझि पड़लू सोई[15] ठाम।
पुन अनुमानि[16] नागर कान। ताकर बचने भेल समधान॥
निवासे[17] वास[18] पुन देयल सोइ। लाजे[19] रहलू[20] हिये[21] आनन[22] गोइ॥
सोइ रसिकवर[23] कोरे[24] आगोरि[25]। आँचरे[26] समजल मोछल मोरि[27]॥
मृदु मृदु बिजइत[28] घूमल[29] हाम[30]। भनइ[31] विद्यापति रस अनुपाम[32]॥

प० त०, ११००

पाठभेद—

ब्र० न० सहाय (मा० मि० और प्रेम बै०, प० सं० २१) १ मोर २ आपन ३-४ कहइत हांस ५ विपरित ६-७ महि मांझ ८ ऊगल ९-११ हेरइत हेरइत हाम १३-१४ निच ना १५ पड़ुल से। 'पुनु ......समधान।' चरण नहीं है। १७-१८ वास निवास १९-२२ लाज रहनु हिय आनल २३-२५ रस करब कोर अगोर २६ आंचल २७ मोर २८-३० बिजइते घूमनु हम ३१ भन ३२ अनुपम

न० गु० (प० सं० ५८१), मि० म० (प० सं० ६९६) प० त० सदृश।

सं० मन्तव्य—५ सबे विपरित ७ माँझ ८ ऊअल १२ ऊँच १६ अनुमानिअ २१ हिए २२ आनन २५ अगोरि २६ आचरे २८ बिजइते

शब्दार्थ—सो—उन्होंने। हास—हँसी कारण। जलधर—श्याम, कृष्ण। धराधर—पयोधर। मरकत दरपन—नीलम सा आइना, कृष्ण का वक्षस्थल। निवासे—निवस्त्र। गोइ—छिपाकर। बिजइते—व्यजन, पंखा झलते।

[६६९]

कि कहब ए सखि केलि बिलासे[१]। बिपरित सुरत नाह अभिलासे[२]।
कुचजुग चारु धराधर जानी। हृदय[३] परत तें[४] पहु देल[५] पानी॥
मातलि[६] मनमथें[७] दुरगेल[८] लाजे। अविरल किंकिनि[९] कंकन[१०] बाजे॥
घाम बिन्दु मुख सुन्दर जोती। कनक कमल जनि फरि गेलि[११] मोती॥
कहहि[१२]न[१३]पारिअ[१४]पिय[१५]मुख भासा।[१६]समुहु[१७]निहारि दुहु[१८]मुख[१९]हासा[२०]।
भनइ[२१] विद्यापति रसमय[२२] बानी[२३]। नागरि रस[२४] पिय[१५] अभिमत जानी[२५]॥

ताल, न० गु०, प० ५८३

पाठभेद—

प० स० (पृ० ९२) एवं प० त० (प० सं० १०३५) चरण क्रम भिन्न हैं। ६-७ मातल नायर १२-२० शुनइते ऐछन लहु-लहु भाष। दुहुँ मुख हेरइते उपजल हास। २१-२५ भनहुँ विद्यापति शुन वरनारि। नहिले रसिक कैछे तोड़ोरि मुरारि॥

ग्रियर्सन—(प० सं० ३३) २४ रस

ब्र० न० सहाय (प्र० मि० और द०, प० सं० ५०) १ बिलास २ अभिलास ५ देला ६ मातल ८ गेला ९-१० किंकिनि कंकन ११ गेला १३-१५ नहि परय पहु १६ भास १७ समुख १८-१९ दुहू मन २१ मन २४ रस

मि० म० (प० सं० ४९३) ४ ते ७ मनमथे १४ परिअ परिअ २३ वाणी

परि० पद० (त०, प० सं० १६६) ४ तञे ७ मनमथे १५ पिअ १७ समुह १८ दुहू

सं० मन्तव्य—(i) उपर्युक्त पद का पाठ स्पष्टतर है इससे प० स० एवं प० त० के पाठ उसके पाठभेद के रूप में दिए गए हैं। इससे मैथिल पदों के बंगीय रूप का आभास भी मिल जाता है। इस पदके द्वितीय एवं पञ्चम चरण प० त० के प० सं० १०६९ (प्र० सं० प० सं० ६२०) के प्रथम एवं तृतीय चरण से मिलते जुलते हैं।

(ii) ३ हृदअ २२ रसमअ। शेष प० त० सदृश।

शब्दार्थ—सुरत—रति क्रीड़ा। परत—पड़ जाएगा। पानी—हाथ। भासा—कान्ति।

अल्पवयस्का—

[६७०]

अधर[1] मगइते[2] अओध[3] कर माथ
सहए[4] न पार पयोधर[5] हाथ।
बिघटलि[6] नीवा करे धर[7] जान्ति[8]
अंकुरल[9] मदन धरए[10] कत भान्ति[11]॥ध्रु०॥
कोमल कामिनि नागर नाह
कओने[12] परि होएत[13] केलि निरबाह[14]।
कुच कोरक तबे कर (ग) हि लेल[15]
काच[16] बदर[17] अरुण[18] रुचि भेल॥
लाबए[19] चाहिअ नखर बिशेष[20]
भौहें[21] न आटए[22] चान्दक[23] रेख।
तुअ[24] मुख सो[25] लोभे[26] रहु हेरि
चान्द[27] झपाअ[28] बसन कति[29] बेरि॥
भनइ बिद्यापतीत्यादि॥

ने०, पृ० ६३ (क), प० २५६, पं० १

पाठभेद—

अ० न० सहाय (अ० मि० और द०, प० सं० ३६) २-३ मगइत अउंध ४ सहय ६ विघटल ७-८ धरि जांति ९ अंकुरल १० धरय ११ भांति १२ कोने १३ होयत १४ निबाह १५ गहि लेल १६-१८ कांच बदरी अरुन १९ लाबय २० विसेख २१ भौंह २२ आब्रय २४ तसु २५ सों २९ कत

न० गु० (प० सं० १५५) ६ बिघटल ८ जाँति ९ अंकुरल ११ भाँति १५ गहि लेल १६ काँच २० विसेख २१ भौंह २२ आबए २५ सों २९ कल

बेनीपुरी (प० सं० ७९) १-३ मँगइते अधर अओंध ८ जाँति ९ अंकुरल ११ भाँति १२ कओन १५ गहि लेल १८ अरुनिम २० विसेख २२ आँटए (?) २४ तसु २५ सोभा २७ चाँद २९ कत

मि० म० (प० सं० २७८) २-३ मँगइते अओंध ७ नीवि कर धर १२ कओने १५ (हरे) १७ बदरि १८ अरुनिम २० विसेख २१-२२ भौंहनि आटए २४ तसु २५ सों २९ कत

सु० झा० (प० सं० २३५) २१ भौह २६ कत

परि० पद० (प० सं० २३६) २ मँगइते ५ पओधार ७ करेँ घरि १६ काँचा २० विसेख २२ आँटए २६ लोभेँ २८ झँपाब बसने

सं० मन्तव्य—५ पओधर १५ गहि लेल १६ काँच १७ बदरि २० विसेख २१ भउँह २२ आँटये २५ सत्रो २८-२९ झँपाब बसने कत या झँपाब बदन कत

शब्दार्थ—शान्ति = आकार। भउँह...रेव = चन्द्र-रेखा भी भौंहू की समानता नहीं कर सकती। चान्द...बेरि = चाँद सरिस मुख कत तक वस्त्र से ढकोगी। या चन्द्रमा भय वश कितने बार मुख छिपा लेता है।

[६७१]

अहे[1] सखि अहे[1] सखि लए[2] जुनि[3] जाहे[4]।
हम अति बालिक[5] आकुल[6] नाहे[7]॥
गोट गोट सखि सब गेल[8] बहराय[9]।
बजर किवाड़[10] पहु देलन्हि लगाय[11]॥
तेहि[12] अवसर पहु[13] जागल कन्त।
चीर सम्भारलि[14] जिउ[15] भेल अन्त॥
नहिँ नहिँ[16] करए[17] नयन[18] ढर नोर[19]
काँच कमल भमरा झिक झोर॥
जइसे डगमग नलिनिक नीर।
तइसे डगमग धनिक सरीर॥
भन विद्यापति सुनु कविराज।
आगि जारि पुनि[19] आगक[20] काज॥

क्षणदा ८; पृ० १८

पाठभेद—

क्षणदा०—(एक अन्य मिलता-जुलता पद) ए सखि ए सखि लैइ यनि याह। मुइ अति बालिक अवनत नाह। पास याइते अब जीउ मोर काँपे। काँचा कमल भ्रमर करु झाँपे॥ दुबर देह मोर झाँपल चीर। यनु डगमग करे नलिनिको नीर॥ मा इहे की सहए जीवक साखी। कोन बिहि सिरजिले पापिनी राती॥ भनए विद्यापति तखनक मान। को न देखत सखी होत बिहान॥

ग्रियर्सन (प० सं० २८) २ ए जनु ५ बालक

बेनीपुरी (प० सं० ७४) १ आहे ३ जनि ४ जाह ५ बालिका ६-७ निरदए नाह ८-९ गेलि बहराए १० के बाड ११ लगाये १२ ताहि १३ सखि १४ संभाइरत १५ जिब १६-१७ नहि नहि करिअ १९ नीर २१ आगिक

मिथिलागीति संग्रह (द्वितीय खण्ड पृ०२८-२९) एवं

मि० म० (प० सं० २७४) उपर्युक्त सदृश।

सं० मन्तव्य—९ बहराए १० केवाड़ पुनि ११ लगाये १५ सम्भारिअ १८ मबने १९ पुन २० आगिक

शब्दार्थ—गोट गोट=एक एक कर, क्रमशः। केबाड़ पुनि=फिर दरवाजा। लगाए=बन्द कर दिया। सम्भारिअे=संभालने में ही। नलिनिक नीर=पुरइन के पात पर की पानी की बूँद।

[६७२]

थर थर[१] काँपल[२] लहु भास[३]। लाजे न वचन[४] करए[५] परकास[६]॥
आजु धनि पेखल[७] बड़ विपरोत[८]। खन[९] अनुमति खन[९] मानए[१०] भीत॥
सुरतक[११] नामे मुदए[१२] दुइ आखि[१३]। पाओल[१४] मदन महोदधि[१५] साखि॥
चुम्बन बेरि[१६] करए[१७] मुख बङ्का[१८]। मिलन[१९] चाँद सरोरुह अङ्का[२०]॥
नीविबन्ध परसे[२१] चमकि उठे गोरी। जानल[२२] मदन भण्डारक[२३] चोरी॥
फुयल[२४] वसन हिया[२५] भुजे[२६] रहु साठि[२७]। वाहिर रतन आचरे[२८] देई गाँठि॥
विद्यापति कि बुझब बल हरि[२९]। तेजि तलप परिरम्भन बेरि॥

क्षणदा, पृ० २२

पाठभेद—

प्रकाशित क्षणदा—१-२ थरहरि काँपए ३ हास १५ महोषधि

पं० बाबाजीकी पोथी (प० सं० ७०) १-२ थरहरि कांपय ३ हास ४-६ वचन ना करये परकाश २२ जागल। भणिता अंश—'रसिक शिरोमनि नागर कान।

विद्यापति कहे कर मधुपान॥

ब्र० न० सहाय—(प्र० मि० और द०, प० सं० २०) १ थरहरि ५ करे ७ पेखलि ८ वीपरीत ९ छने १० मानइ ११-१२ सुरतिक नामे मुदइ १३ आँखि १४ पाउल १६-१७ समय करय १८ वङ्क १९ मिललहु २० अङ्क २३ भँडारक २४ खुलय २५ हिय २६-२७ भुज बहु साठि २८ आँचर २९ हरी

न० गु० (प० सं० २११) क्षणदा० सदृश।

मि० म० (प० सं० ६७५) क्षणदा० सदृश, पाद-टिप्पणी में पं० बाबाजी की पोथी का पाठभेद

सं० मन्तव्य—२ काँपए ९ खने १३ आँखि १९ मिलू जनु चान्दे २४ फूलज २५ हिअ

शब्दार्थ—अनुमति=स्वीकृति प्रदान करती है। मदन…साखि=जैसे कामदेवता के महाधारावार क गवाही [सहयोग] पा गई हो। मिल जनु…अङ्का=जैसे चन्द्रमा को गोदी में कमलिनी। बाहिर रतन=छिपाने योग्य रत्न तो छिपता नहीं व्यर्थ में। तलप=तल्प, पलङ्ग।

[६७३]

परिहर ए सखि तोहे[१] परनाम। हाम[२] नाहि[३] जाओब[४] सो[५] पिया[६] ठाम[७]॥
इङ्गिते[८] ना जानिये[९] कैछन[१०]मान। वचन क[११] चातुरि हाम[१२] नाहि[१३] जान॥
अनेक[१४]यतन करि कारा ओलि वेश[१५]। बाँधिते[१६]ना जानिए[१७]आपन[१८]केश[१९]॥
कबहू[२०]ना जानिए[२१] सुरतक[२२] बात। कैछे[२३] मिलब[२४]हम[२५]माधवक[२६]साथ॥
से वरनागर[२७] रसिक सुजान। नव नागरी[२८] अति[२९] अल्प-गेआन[३०]॥
विद्यापति कह कि बोलब[३१] तोए[३२]। आजुक[३३] मीलन[३४] समुचित होए[३५]॥

क्षणदा०, पृ० ३०

पाठभेद—

प० सं० (पृ० ४२) २-७ हाम नाहि जाओब कन्हुक ठाम ११ वचन १४-१५ सहचरि मेलि बनाअत वेश १७ जानि २५ पाठाभाव २७ नवनागर ३१ बोलिब ३३-३४ आजक मिलन

प० त० (प० सं० १११) क्षणदा० की अपेक्षा पंक्तियाँ कुछ आगे-पीछे हैं। २-५ हम नहि जाएब से ८-१० इङ्गित न बुझिए न जानिए मान ११ वचन १२-१३ हम किछु नहि १४-१५ सहचरि मिली बनाएब भेस १६ बाँधए न १८-१९ अप्पन केस २०-२१ कभु नहि सुनिये २३ कैसे २५-२६ हम माधव २८ हम अबला

कीर्त्तनानन्द (प० सं० २८९) **शा० मि०** (प० सं० २८) **न० गु०** (प० स० १३४) प्राय: प० त० सदृश)

ब्र० न० सहाय (सखी शिक्षा, प० सं० १८) ४ जायब ६ पिय ९ बुझिय न जानिय १५ मिलिय बनायत वेस १६-१८ बाँधय न जानिय आपन २१ सुनिय २२ सुरति कर २३-२४ कैसन मीलब ३० गियान ३२ तोय ३५ होय।

बेनीपुरी (प० सं० ६५) १ तोहि २ हमें ६ विआ १२ हमें ९-१० बूझिअन नोनिअ १४-१५ मी बनबाए १६-१९ जानिअ अपनुक केश २०-२ कहिओ सुनिअ नहि २६-२६ कइसै मिलन हमें २८ हमें अबला ३४ मोलब, शेष प० त० सदृश ।

मि० म० (प० सं० ६७३) मूल पाठ प० त० सदृश । पादटिप्पणी में क्षणदा० एवं प० स० के पाठभेद ।

सं० मन्तव्य — १ तोजे ६ पिआ १४ सहचरि मिलिए बनाओल वेस । १८ अपनुक २१ सुनिजे २३ कइसे २८ नव नागरि मोजे २९ पाठाभाव ३० गेआन । शेष प० त० के अनुरूप ।

शब्दार्थ—परिहर=छोड़ दो । इङ्गित=इशारेबाजी । सुरतक=काम—क्रीड़ा संबंधी ।

[६७४]

ओ[१] धनि पदुमिनि सहजहि[२] छोटि ।
कर धरइते[३] करुना[४] कर कोटि ॥
नयन[७] निझर[८] भरु[९] नहि नहि बोल ।
हरि डरे[१०] हरिनी[११] हरि-हिये[१२] डोल ॥
बालि[१४] बिलासिनि आकुल[१५] कान ।[१६]
मदन-कौतुकि[१७] किए[१८] हठ[१९] नहि[२०] मान ॥
नयनक[२१] अञ्चल चञ्चल भान !
जागल मनसिज[२२] मुदित नयान[२३] ॥
विद्यापति कह ऐछन[२४] रङ्ग ।
राधा माधव पहिलहि संग[२५] ॥

क्षणदा०, पृ० ५७

पाठभेद—

प० स० (पृ० ४४) १ एक ३ धरइत ७-९ इठ परिरम्भने १४ बारि २२ मनमथ ऐसन

प० त० (प० सं० ६६), कीर्त्तनानन्द (प० सं० २२७) प० स० सदृश ।

तालपत्र (न० गु० प० सं० १५९) १-२ एके अबला अओके सहजक ४ करुणा । दूसरे चरण के बाद—"आँकम[५] नाम[६] रहए हिअ हारि । जनि करिवर तर खसलि पओ-

नारि ॥" अतिरिक्त चरण ७ ९ नअन नीर भरि ११-१२ हरिण जइसे जिव। चौथे चरण के बाद अतिरिक्त चरण है—"कौशल[१३] कुच कोरक करे लेल। मुख देखि तिरिबध संसअ भेल ॥" १४ बारि १५-१६ बेसनी कान्ह १७-२० कउतुकिआ हटल न। २१-२५ नयनक···· सङ्ग" तक के चार चरण नहीं हैं, उनके स्थान पर भिन्न भणिता है—"भनइ विद्यापति सुनह मुरारि। अति रति हठे[२६] नहि जीबए नारि ॥"

न० गु० (प० सं० १५८) पाँचवीं-छठीं पंक्तियाँ आरंभ में हैं। १४ बारि १७-२० कौतुकिया हटल न। शेष प० सं सदृश।

मि० म० (प० सं० ६७१) प० स० सदृश पाठ तथा पुनः (प० सं० २८०) पर तालपत्र सदृश पाठ; जिसमें—३-४ धरइत करुना ६ नामे ७ नयन ११ हरिन १३ कौसले पाठभेद हैं।

परि० पद (त०, प० सं० ४६) ६ नामे ७ नअन १० हरे ११-१२ हरिनि जिव १३ कउसले २६ हठें। शेष तालपत्र सदृश

सं० मन्तव्य (i) विद्यापति के बंगाल में प्रचलित पद मैथिल पदों की अपेक्षा किस प्रकार की काट-छाँट या परिवर्तन-परिवर्धन की स्थिति से प्रभावित हुए हैं; उपर्युक्त पद और तालपत्र के उसके पाठभेद से इसका स्पष्ट आभास मिल जाता है। (ii) १ एके ३ धरइते ५-६ अङ्कम तापे ७ नअने १० डरें १२ हिए १३ कउतलें १४ बारि १७ कउतिकिआ हटल न २१ नअनक २३ नआन २४ अइसन।

शब्दार्थ—करुना=कातरोक्ति। हरि···डोल=सिंह से आहत हरिणी सिंह के ही पंजों में आ जाने पर उसी के पक्ष पर काँपती हुई लुढ़क-पुढ़क रही है। करिवर=गजराज। भोनारि=मृणाल। बारि=अल्पवयस्का। मदन···मान=काम-क्रीड़ा में प्रवीण व्यक्ति लाख हठ करने पर भी नहीं मानता, अथवा मायावी कामदेव वर्जन-तर्जन नहीं मानता।

[६७५]

न जानि[१] प्रेमरस नहि रति रंग[२]। केमने[३] मिलब हम सुपुरुख संग[४] ॥
तोहारि[५] वचने यब[६] करब पिरीत[७]। हाम[८] शिशुमति[९] ताहे अपयश[१०] भीत[११] ॥
सखि हे हाम[१२] अब कि बोलब[१३] तोय[१४]। ता सञे[१५] रभस कबहु नाहि[१६] होय[१७] ॥
सो बर[१८] नागर नव अनुराग। पाँचसरे[१९] मदन मनोरथे[२०] जाग ॥
दरशे[२१] आलिङ्गन[२२] देयब[२३] सोइ। जिउ निकसब यब[२४] राखब[२५] कोइ ॥
विद्यापति कह मिछइ[२६] तरास। शुनह[२७] ऐछे[२८] नह ताक[२९] विलास ॥

पदामृतसमुद्र, पृ० ४३

पाठभेद—

प० त० (प० सं० ६४), **कीर्त्तनानन्द** (प० सं० २८६) **शा० मि०** (प० सं० २७) **न० गु०** (प० सं० १३५) १ जानिय, **मि० म०** (प० सं० ६७०) प्रायः सभी उपर्युक्त सदृश।

ब्र० न० सहाय (सखी-शिक्षा, प० सं० १३) १ रङ्ग ३ कइसे ४ सांग ५ ६ तोहर वचन जब ७ पिरीति ८-११ हम सिसुमति अति अपयस भीति १२ हम १३ बोलबि १५ सांग १६ नहि १८ से १९ पांचसर २० मनोरथ २१-२२ दरसन अलिगन २४ जब २६ मिथह २७-२८ सुन अइसन २६ तेकर

सं० मन्तव्य—१ जानिअ ३ कइसे ५-६ तोहर वचने जब ८ ९ हम सिसुमति १० अपयस १२-१४ हे सखि हम किए बोलबि तोजे १६-१७ नहिं होए १८ से १६ पञ्चसरें २१ दरसि २३ देओब २४-२५ राखब तब २७-२६ अइस नहि सुन तकर

शब्दार्थ—सिसुमति=अल्प बुद्धि। ताहे=इसी से। पञ्चसरें···जाग=कामदेव उनके मनोरथों में अपने पाँचो वाणों से सन्नद्ध जगा हुआ है। राखब तब कोइ=तब कौन रक्षा करेगा? मिछह=मिथ्या, व्यर्थ।

[६७६]

बाला रमनी रमने नहि सुख।
अन्तरे मदन दिगुन[1] देइ दुख॥
सब सखि मेलि सुतायल[2] पास।
चमकि चमकि धनि छाड़ए[3] निसास॥
करइत[4] कोरे मोड़इ सब अङ्ग।
मन्त्र न सुनए जनु बाल भुजङ्ग॥
भनइ विद्यापति सुनह मुरारि।
तुहु[5] रस सागर मुगुधिनि नारि॥

प० त०, ३३१

पाठभेद—

न० गु० (प० सं० २१३) तथा **मि० म०** (प० सं० ६८८) प० त० सदृश।

सं० मन्तव्य—१ दुगुन २ सुताओल ३ छाड़ए ४ करइते ५ तु त.हे

शब्दार्थ—निसास=निश्वास। कोरे=गोद में। भुजङ्ग=सर्प।

[६७७]

गुर्जरी—

न बुझए रस नहि बुझ परिहास
नहि आलिङ्गन भञ हु[1] विलास।
सब रस तहि खने चाहह ताहि
सागर कओन[2] पएरे[3] हो[4] थाहि ॥ध्रु०॥
माधव सखि मोर सहज अआनि[5]
रस बूझति तओ[6] होइति सआनि[7]।
अनुभवि बूझति जखने सम्भोग[8]
तहि[9] खने[10] कोपहु[11] करवाँ जोग।
एखनक आरति रहु[12] पए दन्द
मुन्दलाँ[13] मुकुलेँ[14] कतए मकरन्द॥
विद्यापति कह नव अनुराग
बड[15] पुनमन्त पाब पए भाग।
रूपनराएन[16] बुझ रसमन्त
राए सिवसिंह लखिमा देवि[17] कन्त॥

राम० पृ० ५१ (क), प० १७१, पं० ५

पाठभेद—

ठाकुर (प० सं० ४४) ३-४ पएवेहो ८-९ संभोग खन ११ हर १५ बड़

मि० म० (प० सं० ५८) १ भउह ३-४ पएवेहो ६ तओ ९-१० ताहि खन १२ हर १३-१४ मुन्दला मुकूल १५ बड़

परि० पद० (राम०, प० सं०) ३ पएरेँ ५ अआनि ७ सआनि १६ रूपनराअेन

सं० मन्तव्य—२-४ कओने पएरेँ होअ ५ अआनि ६ जओ ७ सआनि ११ कोपहुँ १६ रूपनराअेन १७ देइ

शब्दार्थ—चाहह=चाहते हो। पएरेँ=तैरने से। जओ=यत्र। कोपहुँ करवाँ जोग=क्रोध करने लायक भी। आरति=अधिक आर्त्त होने पर। मुन्दलाँ मुकुल=अविकसित कली।

[६७८]

देशराज विजय—

जाति पदुमिनि[1] सहति[2] कता
गजेँ[3] दमसलि दमन लता।

लोभे[४] अधिक मूल न मार
जे मूल[५] राखए से बनिजार ॥
अछल जोर[६] सिरीफल भाँति[७]
कएलहु[८] छोलंग[९] नारंग[१०] काँति[११] ।
भनइ[१२] विद्यापति न कर[१३] लाथ
भूषल[१४] न[१५] खाए[१६] दहू[१७] हाथ ॥

रा० त०, पृ० १०९

पाठभेद—

ब्र० न० **सहाय** (प्र० मि० और द०, प० सं० २९) १-२ पदुमिनी सहती ५ मुल ६ जोरी ७ आती ८-११ कयलहु छोल नरंगी काती १२ भन १३ करह १४-१६ भूखल खाय न

न० गु० (प० सं० १८०) ७ भाति ९-११ छोल नारङ्ग काति १३ करह १५-१७ न खा दुहु

मि० म० (प० सं० २९१) ३ गजें ७ भाति ९-११ छोलङ्ग काति १४-१६ भूखल नख

परि० पद० (राग०, प० सं० ४५) ३ गजें ४ लोभें १० नारङ्ग १४ भूखल

सं० मन्तव्य—३ गजें ४ लोभें ५ मुल ७ भान्ति ९-११ छोलङ्ग नारङ्ग कान्ति १४ भूखल

शब्दार्थ—जाति पदुमिनी=पद्मिनी कोटि की सुकोमलाङ्गी। मूल=मूलधन। लाथ=बहाना।

[६७९]

कते[१] अनुनये[२] अनुनत अनुबोधि[३] ।
पतिगृह सखिन्हि[४] सोआउलि[५] बोधि ॥
विमुखि सुतलि धनि समुखि न होए[६] ।
भागल[७] दल बहुलाबए[८] कोए[९] ॥
बालमु[१०] बेसनि बिलासिनि छोटि[११] ।
मेलि[१२] न मिलए[१३] देलहु[१४] हिम कोटि[१५] ॥
बसन झपाए[१६] वदन धर[१७] गोए[१८] ।
बादर तर ससि बेकत न होए[१९] ॥

भुज[२०] जुग चाप[२१] जीव जौ[२२] साँच[२३]।
कुच कञ्चन कोरी[२४] फल काँच[२५]॥
लग[२६] नहि[२७] सरए[२८] करए[२९] कसि कोर।
करे[३०] कर बाँहि[३१] करहि कर जोर॥
एत[३२]दिन सइसबे[३३] लाओल[३४] साठ।
अब गए[३५] मदने[३६] पढ़ाओब[३७] पाठ[३८]॥
गुरुजन परिजन दुअओ[३९] नेवार।
मोहरे[४०] मुदल[४१] अछ[४२] मदन भंडार॥
भनइ[४३] विद्यापति एहो[४४] रस भान[४५]।
राए सिबसिंह[४६] लखिमा देवि[४७] रमान[४८]॥

ताल०, न० गु०, १५०

पाठभेद—

ग्रियर्सन (प० सं० ३०) १-२ कत अनुनय ३ अनुरोधि ४-५ सखिहिं सोहाओलि ६ होइ ९ कोइ १६ छपाए १७ धन २०-३८ (भुज····से····पाठ। तक) पाठाभाव ४१ मुनल ४५ जान

ब्र० न० सहाय (प्र० मि० और द०, प० सं० ७) १-२ कत अनुनय ४ सखिहि ६ होय ८-९ बहलावयकोय १० वालम ११ छोटो १३ मिलय १५ कोटो १६ झपाय १८ गोय १९ होय २२-२३ जों सांच २४ कोरा २५ कांच २६ लगे २८ २९ सरय करय ३१ बांहे ३२ यत ३४ लाउल ३५-३६ गय मदन पढ़ाउल ३९ दुअउ ४० मोहर ४३ भन ४४ यहो ४७ पाठाभाव

बेनोपुरी (प० सं० ७५) १-२ कत अनुनय ४-५ पवि घर सखि पहुँचाओलि ८ बहुराएए १० बालंभु १४ देलहु हेम २२ जओं ३० करें ३१ बारि ३३ सैसव ३६ मदन ४२ अछि ४६ सिबसिंह

मि० म० (प० सं० ५९) १-२ कत अनुनय ५ लुताओलि १० बालमु १२ मेल २१ चांप २२ जौं २७ नहिं ३१ बारि ३३ सैसव ३५-३६ भए मदन ४२ आछि ४६ सिवसिंघ ४७-४८ विरमान

परि० पद० (त०, प० सं० ४४) २ अनुनयें ३ अनुरोधि ७ मांगल ८ बहुराबए १४ देलहुँ २१ चाँप २२ जओ ३० करें ३१ बान्हि ३३ सइसवें ३७ पढ़ाओल ४० मोहरें ४१ मुंदल ४५ जान ४७ दे

सं० मन्तव्य—२ अनुनअे ७ भाङ्गल १० बालँभु ४१ मुन्दल। शेष परि० पद० सदृश ।

शब्दार्थ—अनुबोधि=बार बार समझाकर। दल=पंखुड़ियाँ बेसनि=व्यसनी, काम-कला पटु। हिम=हेम, सोना। कोरी= बेर। सरए=सरकना, जाना। साठ=संग साथ, शाठय। नेबार=निवारण करना।

[६८०]

हमे[१] अबला तोहे[२] बलमत नाह। जीवक[३] बदले पेम निरबाह॥
पठि मनसिज मत दरसह भाव। कउतुके[४] करिवर करिनि खेलाव॥
परिहर[५] कन्त दहे[६] जिव[७] दान। आज न होएत[८] निसि अवसान॥
दइनि[९] दया नहि[१०] दारुन तोहि। नहि[१०] तिरिबध डर हृदअ[११] न मोहि॥
रमने सुखे[१२] जओ[१३] रमनी जीव। मधुकर कुसुल राखि मधु पीब॥
भनइ[१४] विद्यापति पहु[१५] रसमन्त। रति रस रभस होएत[१६] नहि[१०] अन्त॥

ताल०, न० गु०, प० १७०

पाठभेद—

ब्र० न० सहाय (प्र० मि० और द०, प० सं० १३) १ हम २ तुहुँ ५ परिहरु ६ देहु ८ होयत ९ दीन १० नहि हृदय १३ जों १४ मन १५ बहु १६ होय

मि० म० (प० सं० २८३) २ तोंहे ६ देह ९ दइन ११ हृदय १३ जयँ

परि० पद० (त०, प० सं० ४९) २ तोहेँ ४ कउतुकेँ १२ सुखेँ

सं० मन्तव्य—२ तोहेँ ३ जीउक ४ कउतुकेँ ६-७ देअह जिउ १० नहिँ १३ जओ

शब्दार्थ—पठि=पढ़कर। करिवर=गजराज। करिनि=हथिनी। राखि=सुरक्षित करके।

[६८१]

प्रथम दरस रस रभस न जानए
कि करति पहु सओ[१] केली।
नवि नलिनी जओ[२] कुञ्जरे[३] गञ्जलि
दमने दमन तनु भेली॥
की आरे देखिअ अनूपे।
मधुलोभे[४] मुकुल कुसुम दल[५] कलपए
आरति भूखल[६] मधूपे[७]॥

ताल०, न० गु०, प० १८४

पाठभेद—

मि० म० (प० सं० ८३०) १ सँय २ जनि ६ ७ मुखल मधुपे
परि० पद० (त० प० सं० ५५) ३ कुञ्जेरे ४ लोभे ६ मुखल
सं० मन्तव्य—३ कुञ्जरे ४ लोभे ५ दले ६ मुखल

शब्दार्थ—कुञ्जरे=मतवाले हाथी से। गञ्जलि=रौंद दी गई। दमन=दौना।

[६८२]

कि करति अबला हठ कए नाह। निरदए भए उपभोगए चाह॥
परम प्रबल पहु कोमल नारि। हाथि हाथ जनि पड़ल[१] पञोनारि॥
कि कहब हे सखि नाह बिबेक। एकहि बेर[२] रस माग[३] अनेक॥
करल[४] काकु[५] कत कर जुग लाए। तइअओ मुगुध रति रचए उपाए॥
बिनु अवसर हठ[६] रस नहिं आब। फुलला फूल[७] मधूकर मधु पाब॥
भनइ विद्यापति गुनक निधान। जे बुझ ताहि लाग पञ्चबान॥

ताल०, न० गु०, प० २०४

पाठभेद—

मि० म० (प० सं० ४८७) २ बेरि ५ काकुति ७ फुल
परि० पद० (त०, प० सं० ६०) ३ माँग ४ कएल ६ हठें ७ फुल
सं० मन्तव्य—१ पहु २ बेरि ३ माँग ४ कएल ६ हठें

शब्दार्थ—काकु=काकुती, छोड़ देने हेतु प्रार्थना। लाए=लाकर, मिलाकर।

[६८३]

रामा तोरि बढ़ाउलि केलि।
कतय[१] देखल[२] नवि नलिनी
मत[३] मधुकर मेलि॥
गोर शरीर[४] पयोधर[५] कोरो
परसे[६] अरुण[७] भेल।
कनक वलरि[८] जानि रतोपल[९]
मुकुले[१०] उदय[११] देल॥

छैल[१२] जन जदि दैने[१३] न पाइअ
ताहेरि हृदय[१४] मन्द।
खने खने रति रभसे आगर
दिने दिने नव चन्द॥
मञे[१५] नवीना पिआ[१६] सआना[१७]
कुपुत कुसुम बान।
केसरि कर करिनी पड़लि
तासु महते छोड़ान॥
से जे अवसर मन न बिसर
नयन[१८] चलए नीर।
सिरिस[१९] कुसुम खगे[२०] खेलौलन्हि
भमर भरे[२२] जे भोर॥
भने[२३] विद्यापति सुनह जौवति[२४]
पेमक गाहक कन्त।
राजा शिवसिंह[२५] रूपनरायन
सुरस बिन्द सुतन्त॥

ताल०, न० गु,० प० सं० २०५

पाठभेद—

मि० म० (प० सं० ७३) २ देखलि ४ शरीर ७ अरुन ९ रतोपले १६ पिया १९ सिरिसि २३ भन २५ शिवसिंह

परि० पद० (त० सं० ६१) १ कतए २ देखलि ६ परसे १० मुकुले १३ दइने १५ मोञ १७ सञाना २० खगे २२ भरे २४ जउवति २५ सिवसिंह २६ रूपनराञेन

सं० मन्तव्य—३ मत्त ४ सरीर ५ पओधर ७ अरुन ८ बल्लरि ११ उदअ १२ छइल १४ हृदअ १८ नअन २१ खेलओलन्हि २३ भनइ। शेष परि० पद० सदृश।

शब्दार्थ—कतए=कहाँ पर। मतङ्गज=मतवाला हाथी। कोरी=स्पर्शहीन, बेर। मुकुले=सम्पुटित कली। दइने=दीनता प्रदर्शन को। न पाइअ=नहीं समझ पाता। रभसे आगर=रति कला विशेषज्ञ। महते=महावत लोग ही। सिरिस···भोर=भ्रमर के भार से ही जो भयभीत रहता है सिरीश के उस कुसुम पर (तुमने) पक्षी को खेलाया—"पदं सहेत भ्रमरस्य पेलवं सिरीश पुष्पं न पुनः पतत्रिणः : =कुमार संभव, पञ्चम सर्ग।

[६८४]

माधव सिरिस कुसुम सम राही ।
लोभित मधुकर कौसल[1] अनुसर नव रस[2] पिबु अवगाही ॥
पहिल वयस[3] धनि प्रथम समागम पहिलुक जामिनि जामें[4] ।
आरति रति परतीति न मानथि कि करथि केलक नामे[5] ॥
अंकम[6] भरि हरि सयन[7] सुतायल[8] हरल बसन अविसेखे[9] ।
चाँपल[10] रोस जलज जनि कामिनि मेदनि देल उपेखे[11] ॥
एक अधार कै[12] नीवि निरोपलि दू पुनि तीनि न होई ।
कुच-जुग पाँच-पाँच ससि ऊगल कि लय[13] धरथि धनि गोई ॥
आकुल अलप बेआकुल लोचन आँतर[14] पूरल नीरे ।
मनमथ मीन बनसि लय[15] बेधल देह दसो दिसि फीरे ॥
भनहिं[16] विद्यापति दुहुक मुदित मन मधुकर लोभित केली ।
असह[17] सहथि कत कोमल कामिनि जामिनि जिव[18] दय[19] गेली ॥

ग्रियर्सन, प० सं० २९

पाठभेद—

ब्र० न० सहाय (प्र० मि० और द०, प० सं० ४७) २ नवरप्त ४ जामें ५ नामें ६ अंकम ९ अविसेखी १० चांपल ११ उपेखी १२ दै १४ आंचर १६ भन १७ असहल

अमूल्य (प० सं० ३२०) और **मि० म०** (प० सं० २८७) ग्रियर्सन सदृश ।

सं० मन्तव्य—(i) अन्तिम दो चरण प० सं० ६८१ सदृश ही हैं (ii) १ कउसले ३ बएस ६ अङ्कमे ७-८ सअन सुताओल १२ कए १३ लए १५ लए १६ मनइ १८-१९ जिउ दए

[६८५]

माधव एखन दुरि करु सेजे ।
किछुदिन धैरज[1] धरु यदुनन्दन
हमहिं उमगि रस देबे ॥
काँच कमल फुल कली जनु तोड़िय[2]
अधिक उठत उद्वेगे[3] ।
एहन वयस[4] रितु करैक[5] नहि थिक ई[6]
मानिय[7] मोर उपदेशे ॥

राहु गरासल जलधर[८] जैसे[९]
तेहन[१०] ने[११] करिय[१२] गेआने[१३]।
किछुदिन और[१४] बितय[१५] दिअ माधव
तखन होयत[१६] रस दाने ॥
भनहिं विद्यापति सुनिए मधुपति
धैरज[१] धरिय[१७] सुरेसे[१८]।
समय[१९] जानि तोहि होयत[१६] समागम
आब[२०] हठ छोड़[२१] नरेशे[२२] ॥

मि० गी० सं० द्वितीय खण्ड १

पाठभेद—

मि० म० (प० सं० ८६४) उपर्युक्त सदृश।

सं० मन्तव्य—१ धरइज तोडिअ ३ उदबेगे ४ बएस ५ करइकें ६ पाठाभाव ७ मानिअ ८-९ ससधर जइसने १०-१३ तइसने न करिअ गेआने १४ आओर १५ बितए १६ होएत १७ धरिए १८ सुबेसे १९ समअ २० अबे २१-२२ छाड़ु नरेसे

शब्दार्थ—उमगि=उमंग में आकर। करइकें=करने के लिए। ससधर=चन्द्रमा। सुवेसे=सुन्दर वेश वाले या सुन्दर ढंग से।

[६८६]

एरागे—

गुण[१] अगुण[२] सम कए[३] मानए
भेद न जानए पहू।
निअ[४] चतुरिम कत सिखाउबि[५]
हमहु[६] भेलिहु[७] लहु ॥ ध्रु० ॥
साजनि हृदय[८] कहओ तोहि।
जगत भरल नागर अछए
बिहि छललिहु[९] मोहि ॥
कामकला रस कत सिखाउबि[५]
पुब[१०] पछिम न जान।
रभस बेरा[११] निन्दे बेआकुल
किछु न ताहि गेआन[१२] ॥

ने० पृ० १६ (क) प० ५०, पं० १

पाठभेद—

न० गु० (प० सं० २२३) १-२ गुन अगुन ३ कय ४ निअ ६ छललिह

मि० म० (प० सं० ३४८) न० गु० सदृश।

सु० झा (प० सं० ४७) ७ मोलिहु

परि० पद० (प० सं० ४७) १-२ गुन अवगुन ७ भेलिहुँ ८ हृदअ १० पूब ११ गेआन।

सां मन्तव्य—१-२ गुन अवगुन ५ सिखाओबि ६-७ हमहुँ भेलहुँ ८ हृदअ १० पूब ११ बेरां १२ गेआन।

शब्दार्थ—चतुरिम=चातुर्य। लहु=घट कर। रभस बेरां=आनन्द केलि के समय।

[६८७]

धनछीरागे—

वचन अमिअ[1] सम मने अनुमानि
निरव[2] अएलाहु तुअ सुपुरुष जानि।
तसु परिणति[3] किछु कहहि[4] न जाए
सूति रहल पहु दीप मिझाए॥ ध्रु०॥
ए सखि पहु अवलेप सही
कुलिस अइसन हिअ[5] फाट नही।
करे[6] जुगे परसि जगाओल भाव
तइअओ न तजे पहु नीन्द सभाव॥
हाथ[7] झपाए[8] रहल मुह[9] लाए
जगइते[10] निन्द गेल न होअ जगाए॥
भनइ विद्यापतीत्यादि॥

ने० पृ० ३४, प० ६५; पं० ४

पाठभेद—

न० गु० (प० सं० ४४८) १ अमिअ २ नियर ३ परिनति ७ हाय

मि० म० (प० सं० ४०१) २ निअर ३ परिनति ५ हिय ६ कर १० जगइत

सु० झा (प० सं० ८६) ने० पृ० सदृश

परि० पद० (प० सं० ९०) ३ परिनति ४ कहल ८ झँपाय ९ मुँह

सां० मन्तव्य—२ निरवे ३ परिनति ८ झँपाय ९ मुँह

शब्दार्थ—निरवे=चुपचाप (स्वीकार कर)। मिझाए=बुझाकर। जगइते···जगाए=जगाते जगाते अपनी नींद समाप्त हो गई किन्तु प्रिय जग न सके। अथवा जागते हुए जो नींद में गया हो (बहाने से) उसे जगाया नहीं जा सकता।

[६८८]

मालति मधु मधुकर[१] कर पान[२]
सुपुरुष[३] जओ हो गुण[४] निधान[५] ॥ ध्रु० ॥
अबुझ न बुझए भलाहु बोल मन्द
भेंभ[६] न पिबए कुसुम मकरन्द ॥ ध्रु० ॥
ए सखि कि कहब अपनुक दन्द
सपनेहुँ जनु हो कुपुरुष[७] सङ्ग।
दूधे[८] पटाइअ सींचोअ[९] नीत[१०]
सहज न तेज करइला तीत ॥
कते[११] जतने उपजाइअ गून
कहल न बुझए[१२] हृदयक[१३] सून।
मन्दा रतन भेद नहि जान
बान्दर[१४] मूह[१५] न सोभए पान ॥
विद्यापतीत्यादि ॥
ने० पृ० ४२ (क), प० ११७; पं० २

पाठभेद—

न० गु० (प० सं० ४३१) २ पान ४ गुनक ६ भेक १० तीन १४ बान्दर १५ मुह

मि० म० (प० सं० ४१८) २ पान ३ सुपुरुष ४ गुन ६ भेक ७ कुपुरुस ८ दूरे ९ सोचीअ १४ मन्दा बान्दर

सु० झा (प० सं० १११) १ मधुकर २ पान ४-५ गुणक निधान ६ भेंभ ९ सीचीअ ११ कतनहु १४-१५ बानर मुह

परि० पद० (प० स० ११२) २ पान ४ गुनक ६ सींचिअ १२-१३ बूझए हृदअक १४-१५ बानर मूंह

सं० मन्तव्य—(i) २ पान ३ सुपुरुष ४ गुनक ७ कुपुरुस ८ दूधे ९ सींचिअ १३ हृदअक १४-१५ बानर मूंह (ii) ने० प० में 'गुण' के आगे 'क' बंगाक्षरों में बाद में जोड़ा हुआ है।

शब्दार्थ—मधुकर=भ्रमर और नायक। भेंभ=भेक, मेढक। पटाइअ=भरो।

[६८९]

गुञ्जरीरागे—

हसि[१] निहारए[२] पलटि हेरि
लाजे[३] कि बोलब साझक[४] बेरि।
आरति[५] हठे[६] हरलन्हि[७] चीर
सून पयोधर[८] काप[९] शरीर[१०] ॥ ध्रु० ॥
सखि कि कहब कहइते[११] लाज
गोरु[१२] चि (न्ह) ए[१३] के[१४] गोपक काज।
निवि[१५] निरासलि फूजलि[१६] वास[१७]
ततेओ देषि[१८] न आबए पास ॥
आओर[१९] की[२०] कहब सिनेह[२१] बानि
काजरे[२२] दूध[२३] पखालल आनि।[२४]
सखि बुझाबए धरिए हाथ[२५]
गोप बोलाबए[२६] गोपी साथ[२७] ॥
तोहे[२८] न चिन्हह रसक भाव
बडे[२९] पुने[३०] पुनमत[३१] पाव।
आबे[३२] कि कहह तन्हिकि बानी
कसि कसोटी[३३] अए लाहु जानी[३४] ॥
भने विद्यापतीत्यादि ॥

ने० पृ० ८२, प० २३०, पं० ४

पाठभेद—

राम० पु० (पृ० सं० १० (क), प० ३०, पं० ५) मालवरागे २ निहारल ३ लाजें ४ साँझक ५-७ हरखें आरति हरल ८-१० पओधर काम्प सरीर ११ कहइतें १२-१४ गोरू चिन्हए १७ आस १८ देखि १९ अओ कत २१ मधुर २२-२३ काजर दूधें २४ जानि २५ हाथँ २५ बोलावथि २७ साथँ २८ तोहें २९-३१ बड़ें पुनें पुनमति। अन्तिम दो पंक्तियों के (३२-३४) स्थान पर भणिता है—"भन विद्यापति तबे[३५] नारि पहुक दूषन[३६] दिअ बिचारि। राजा रूपनराओेन[३७] जान, सिवसिंह लखिमा[३८] दे[३९] रमान।

ठाकुर (प० सं० ३) ९ काँप ११ कहइतें १६ फुजलि २३ दूधें २९-३० बड़ें पुनें ३२ सुन तबे ३९ देवि—

मि० म० (प० सं० ८१) ३ लाजे ९ काँप ११ कहइते २५ हाथ २७ साथ २९-३१ बड़े पुने पुनमति ३५ सुन तञे ३७ रूपनराएन ३८-३९ लखिम देवि। शेष राम० पु० सदृश।

सु० झा० (प० सं० २१०) ४ साझक बेरी

परि० पद० (प० सं० २१०) १ हँसि १५ नीवि १६-१७ फूजल वास २१ मधुरि २५ हाथ २७ साथ ३३-३४ कसउटी अइलिहुँ जानि ३५ तोञ वर ३९ देवि। शेष राम० पु० सदृश।

सं० मन्तव्य—१-२ हँसि निहारल ३ लाजेँ ४ साँझक ५-६ आरतिँ हृदञे ८-१० पओधर काँप सरीर ११ कहइतेँ १३-१४ चिन्हए कञे १५ नीवि १६ फूजल १८ देखि २२-२३ काजर दूधेँ २८ तोञे २९-३१ बड़े पुनेँ पुनमति ३३ कसउटीँ

शब्दार्थ—चिन्हए=पहचानना, मूल्य आँकना। निरासलि=खोली। परखलल=प्रक्षालन किया धोया। बानी=बानि, आदत, स्वभाव।

[६९०]

गुञ्जरीरागे—

कतए गुजा कतए[१] फूल।
कतए गुजा रतन तूल।
जे पुनि जानए मरम साच[२]।
रतन तेजि न किनए काच[३]॥
अरेरे[४] सुन्दर उतर देह
कओन[५] कओन[६] गुण[७] परेषि[८] लेह[९]।
अनेक[१०] दिवसै[११] कएल मान
मधु छाड़ि[१२] आन[१३] न मागए[१४] दान॥
ऐसन[१५] मधुक थीक मुरारि[१६]
गबड भषए[१७] अमिञ छाडि[१८] ॥
भनइ विद्यापतीत्यादि॥

ने० पृ० ८३ (क), प० २३१; पं० ४

पाठभेद—

न० गु० (प० सं० ५१०) ७ गुन ८ परेखि १२ छाड़ि १७ मखए १८ छारि

मि० म० (प० सं० ४५२) १ पाठाभाव ४ अबे रे ५-९ कओन कओन गुन परेखि नेह १२ छाड़ि १७ भखए १८ छारि

सु० झा० (प० सं० २११) १६ मुरारी

परि० पद० (प० सं० २११) २ साँच ३ काँच ८ परेखि १० अनेकें १३ जान १४ माँगए १५ अइसन १७ मखए

सं० मन्तव्य—७ गुन ११ दिवसें। शेष परि० पद० सदृश।

शब्दार्थं—गुजा=गुञ्जा, घुघची। परेखि=परीक्षा कर। गउब भखए=क्या गोरू भी (अन्य कुछ) खाता है।

[६९१]

बरलीरागे—

कुटिल विलोक तन्त नहि जान
मधुरहु[1] बचने देइ नहि कान।
मनसिज भङ्गे रचल[2] मन्त्रे[3] जेओ
हृदय[4] बुझाए बुझए[5] नहि सेओ॥ ध्रु०॥
कि सखि करब कओन परकार
मिलल कन्त मोहि गोप गमार।
कपट गमन हमें लाउलि[6] बेरि[7]
बाहुमूल दरसल[8] हसि हेरि[9]॥
कुचजुग वसन सम्भरि कछु देल
तइअओ न मन तन्हिकर[10] हरि[11] भेल।
विमुख होइते आबे पर उपहास
तन्हिके[12] सङ्गे क (ओ) ला[13] सहवास॥
कि कए कि करब हमे झखइते[14] जाए
कह दहु अबे[15] सखि जिवन उपाए॥
भनइ विद्यापतीत्यादि॥

ने० पृ० ८४ (क), प० २१३; पं० १

पाठभेद—

न० गु० (प० सं० २३४) १ वचन ५ बुझाए ७ बेरी ८ दरसन ९ हेरी १०-११ तन्हिक बहरि १३ कला १५ अबे

मि० म० (प० सं० ३४७) १ मधुरहु २ वचन ८ दरसन १०-११ तन्हिक बहरि १३ कला १४ झखइत १५ अरे

सु० झा० (प० सं० २०८) २ बचन ८ दरसन १२ तनिके १३ कला १५ अरे

परि० पद० (प० सं० २१३) १ मधुरहुँ ३ मोज ४ हृदअ १४ झँखइते

सं० मन्तव्य—१ मधुरहुँ ४ हृदअ ६ लाओलि १३ कओने १४ झँखइते

शब्दार्थ—तन्त=तन्त्रि, भङ्गिमा। भङ्गे=रीति से। हृदग बुझाए=हृदय में जो स्वयं समझ पड़ता है। बेरि=देरी। हरि=हरण कर पाना।

[६९२]

विभासरागे—

प्रथम समागम के नहि जान
सम कए तोलल[१] पेम परान।
मधथहु न बुझल तुअ परिपाटी
बाउल[२] बनिक घरहि घर साटी॥ध्रु०॥
कि पुछह आगे[३] सखि कि कहिबो[४] आँन[५]
बुझए न पारल हरिक गेआन।
बिकनए[६] आनल[७] रतन अमूल[८]
देषितहि[१०] बनिके हराओल[११] मूल[१२]॥
सुलभ भेल पहु[१३] न लहए[१४] हार[१५]
काच तुला[१६] दए[१७] गहए[१८] गमार।
गुरुतर रजनी बासर छोटि
पासङ्ग दूती विषए नहि षोटि[१९]॥
कसल कसौटी[२०] न भेल मलान
बिनु हुतासे[२१] भेल बाहर बान।
भनइ विद्यापति थिर[२२] रहु[२३] बानि[२४]
लाभ न[२५] घटए[२६] मूलहु[२७] हो[२८] हानि॥

ने० पृ० ६६, प० २७३; पं० १

पाठभेद—

न० गु० (प० सं० १९६ तालपत्र) **चरण-क्रम**=उपर्युक्त पद के क्रमश: १, २, १३, १४, ७, ८, ६, १०, १५ और १६ वें चरण हैं, शेष चरण नहीं हैं। ६-८ विकलए गेलिहु ६ अमोल १०-१२ चिन्हि कहु बनिके घटाओल मोल १३ सखि १४-१५ रहए भार १६-१८ कनक लए गाँथ २० कसउटा २१ हुतबह २२-२३ असमय २५-२८ लाइ गेलाहु मुलहु भेल

मि० म० (प० सं० ३०१ पादटिप्पणी) तीसरा चरण—'मधत हुन बुझलओ अपरिपाटि ५ आन ८ आनब १०-११ देखितहि बलि केह बाओल १९ योटि २८ होअ। *मूल में चरण क्रम एवं पाठ न० गु० सदृश—भेद—२१ हुतबहे

सु० झा० (प० सं० २५०) २ राउल २४ रानि

परि० पद (प० सं० २५१) **चरण-क्रम** न० गु० के अनुरूप, जिसमें ने० प० की पाँचवीं-छठीं पंक्तियाँ यथास्थान रख ली गई हैं। १ तउलल ३ अगे ५ आन ६-८ बिकनए गेलिहुँ २० कसउटी २२-२३ असमअ २५-१६ लए गेलाहुँ। शेष न० गु० सदृश।

सं० मन्तव्य—क्रम ने० प० की १३-१४ बी पंक्तियाँ दूसरी-तीसरी पंक्तियों के स्थान पर रखने योग्य हैं। १ तउलल ३ अगे ५ आन ८ आनल १० देखतेओ १९ खोटि २० कसउटी २१ हुतासन

शब्दार्थ—मधथहु=मध्यस्थ व्यक्ति भी। अमूल=अमूल्य। देखतेओ=देखते-पहचानते हुए भी। हार=क्षेत्र, गौरव। काच···गमार=मूर्ख व्यक्ति रूई तोल कर रत्न ले लेना चाहता है। न धटए=नहीं हो पा रहा है।

[६९३]

कउड़ि पठओले[१] पाब नहि घोर। घीव उधार माँग मति भोर ॥
बास न पाबए माग[२] उपाति। लोभक रासि पुरुष[३] थिक[४] जाति ॥
कि कहब आज कि कउतुक[५] भेल। अपदहि कान्हक गौरब[६] गेल ॥
अएले[७] बइसए[८] पाब पोआर। सेजक कहिनी पुछए[९] बिआर[१०] ॥
औछाओन खण्डतरि[११] पलिआ[१२] चाह। आओर कहब कत अहिरिनि नाह ॥
भनइ विद्यावति पहु[१३] गुनमन्त[१४]। सिरि सिवसिंह[१५] लखिमा देवि[१६] कन्त[१७] ॥

ताल०, न० गु० २१७

पाठभेद—

बेनोपुरी (प० सं० १०६) १ पठाओले २ माँग ४ थीक ५ कौतुक ७-८ आएल बइसक ९-१० पूछए विचार ११-१२ खँडवरि पलिया १३-१४ एहु गुगमंत १५ सिवसिंघ १६-१७ देइ कंत

मि० म० (प० सं० ५६) २ माँग ३ पुरुख ५ कौतुक ७८ आएल बइसल १० बिचार १५ सिवसिंघ १६ देइ

परि० पद० (त०, प० सं० ६५) १ पठओने २ माँग १० बिचार

सं० मन्तव्य—१ माँग ६ गउरव ७ अएलएँ १० बिचार १६ दे

शब्दार्थ—कउड़ि=कौड़ी, दाम। घोर=मट्ठा। बास=वासस्थान अथवा बासी खाना। उपाति=सुखाद्य-पदार्थ। अएलएँ=आने पर। बिथार=बढ़ा-चढ़ा कर। ओछाओन=बिछावन। खण्डतरि=खिनहड़ि, टूटि चटाई। पलिआ=चादर, पर्यङ्क। अहिरिनि नाह=गँवार का पति, गँवार।

[६९४]

कुन्तल कुसुम निमाल न भेल।
नयनक[१] काजर अधर न गेल॥
कनक धराधर[२] नहि[३] ससिरेह।
कोने[४] परि कामे प्रकाशल[५] नेह॥
ए सखि ए सखि पुरुष[६] अञान।
भुजंग[७] भनवथि रङ्ग न जान॥
दुर सौं[८] सुनिय[९] समय[१०] पचवान।
परतख चाहि नहि के अनुमान॥
उपगति भेलिहु[११] इ[१२] भेलि साति।
अनुसय[१३] छितहि पोहाइलि राति॥
भनइ विद्यापति एहु रस भाने[१४]।
राए शिवसिंह[१५] लखिमा देइ[१६] रमाने॥

ताल०, न० गु०, प० ४८५

पाठभेद—

मि० म० (प० सं० ७९) ५ प्रकासल ६ पुरुस ७ भुजँग ८ दुरसों ९ सुनिअ १५ सिवसिंघ

परि० पद० (त०, प० सं० १५०) ४ कओोने ५ प्रकासल ८ दुर सओो ९-७ सुनिअ सुभअ ११-१२ भेलिहुँ ई १४ जाने १६ दे

सं० मन्तव्य—१ नअनक २-३ धराधारे नहि ४ कओोने ५ प्रकासल ७ भुजङ्ग ८-१० दुर सओो सुनिअ सबल ११-११ भेलिहुँ ई १३ अनुसअ

शब्दार्थ—निमाल=निर्माल्य, मथित, तितर-बितर। कनक धराधरे=स्वर्णिम पर्वत से उरोज। भुजङ्ग भनावथि=सर्प से तीक्ष्ण, अथवा परस्त्री में अनुरक्त कहलाते हैं। परतख...अनुमान=प्रत्यक्ष होनेपर सबल सिद्ध न होंगे, इसका अनुमान कौन करता ? छितहि=रहते, करते-करते।

[१९५]

कि कहब रे सखि आजुक[१] बात[२]। मानिक[३] पड़ल कुबानिक हाथ[४]॥
कांच[५] कनक[६] नहिं[७] जानय[८] मूल। गुंजा[९] रतन करइ[१०] समतूल॥
जे कभु[११] नहीं[१२] कलारस जान। नीर छीर[१३] दुहु करइ[१४] समान॥
ताह[१५] संग[१६] का[१७] प्रिति[१८] रसाल। बानर कंठ[१९] कि[२०] मोतिम माल॥
कवि[२१] विद्यापति इ[२२] रस जान[२३]। बानर मुख[२४] का[२५] सोभय[२६] पान॥

अज्ञात स्रोत, ब्र० न० सहाय (मा० मि० और प्रेम वै०, प० सं १३)

पाठभेद—

न० गु० (प० सं० ११८) १ रातुक ५-८ कांच कञ्चन न जानए ९ गुञ्जा १० करए ११-१२ किछु कभू नहि १३ खीर १४ करए १५-१८ तन्हि सौं कहाँ पिरीत १९ कण्ठ २१ भनइ २२ इह २४-२६ मुँह की सोभए

पं० बाबाजी की पोथी (प० सं० ६५) के १,३,४ चरण इस पद के १,५ और ४ चरणों से मिलते हैं, जिनमें २ रङ्ग ३-४ सहजे पड़ल हाम गोयारक सङ्ग। फिर अतिरिक्त चरण-'अबुझ ना बुझ भालके कहे मन्द। पोँआ पिबइ काँहा कुसुम मकरन्द॥ २१-२३ अन्धारक वरन कभू नहे आन। २४-२६ मुखे कभू ना सोभइ पान। १५-१८ ताकर सङ्गे काहाँ पिरिति १९-२० गले काँहाँ। शेष अतिरिक्त चरण है :—जाति सुललित परकित हिन। अधमक पिरिति रहइ कतदिन॥ अधक परिति ना करिये मान। सुजनक पिरिति काञ्चन समान॥ भनये विद्यापति इइ रस जान। सिवसिंह नरपति लछिमा परमान॥

मि० म० (प० सं० ७०२) न० गु० सदृश और (प० सं० ७८) पं० बाबा जी सदृश।

सं० मन्तव्य—४ हाथ ५-६ काँच कनके ८ जानए ९ गुञ्जा १० करए ११ किछु

१३ खीर १४ करए १५-१८ ताकर सञे कहँ पिरिति १९ कण्ठे २२ इह २४ मुखे २६ सोभए।

शब्दार्थ—कुबानिक=अकुशल व्यापारी। मुल=मुल्य। समतूल=समतुल्य, बराबर मोतिम=मोती का।

[६९६]

मालवरागे—

तोहर वचन अमिञे[1] ऐसन[2]
ते[3] मति भूलछि[4] मोरि।
कतए देखल भल मन्द होअ
साधु न फाबए चोरि॥ ध्रु०॥
साजनि आबे कि बोलब आओ।
आगु[5] गुनि जे काज न करए
पाछे[6] हो[7] पचताओ[8]॥
आपनि[9] हानि जे कुल के[10] लाघव
किछु न गुनल[11] तबे।
मन[12] मनोरथ[13] बानिहि[14] लागल
आओर[15] गमाओल हमे[16]॥
जतने कतन[17] के न बेसाहए
गुजा[18] के दहु कीन।
परक बचने कुञ[19] धस[20] देअ
तैसन[21] के मतिहीन॥
भमर[22] भमर सबे केओ बोलए
मञे[23] धनि जानल मोर।
पढ़ि गुनि हमे[24] सबे बिसरल
दोस नहि किछु तोर॥
भने विद्यापतीत्यादि॥

ने० पृ० ३ (क), प० ५, पं० २

पाठभेद—

न० गु० (प० सं० ४२१) १ अमिय ३ तें ५ आगे १० कुलक ११ शुनल १२-१४ मने मनमथ बानहि १५ आओब १७ कत न १८ गुंजा २१ नाधर २३ मने २४ हमे । अन्त में भणिता—"भने[२५] विद्यापति सुन तोञे जुवति हृदय[२६] न कर मन्द । राजा रूपनरायन[२७] नागर जनि उगल नव चन्द ॥

मि० म० (प० सं० ११३) १ अमिअ ४ मुललि २१ मन २७ रूपनारायन। शेष न० गु० सदृश ।

सु० झा (प० सं०५) ने० प० सदृश ।

परि० पद० (प० सं० ५) अइसन ६ पाछु ८ पछताओ १० कुलक १५ ओर १६ सबे १८ गुंजा २० धंस २१ तइसन २३ मोञे

सं० मन्तव्य--३ तञ ६-७ पाछु होअ ९ आपति १० कुलकें १८ गुञ्जा २६ हृदअ २७ रूपनरायेन । शेष परि० पद० सदृश ।

शब्दार्थ—आगु गुनि=भविष्य का ठीक सोच-विचार कर । ओर=अन्त, मर्यादा । कुल=कुएँ में । भमर=भ्रमणशील । मोर=अपना ।

[६९७]

मालवरागे-

कत न जीवन संकट परए
कत न मीलए नीधि[१] ।
उत्तिम तैअओ[२] सत[३] न छाडए[४]
भल मन्द कर बीधि[५] ॥ ध्रु० ॥
साजनि गए बुझावह कान्हू[६] ।
उचित बोलइते[७] जे होअ से हे[८]
दैन[९] भाखह जनू[१०] ॥
जैसनि[११] सम्पत्ति तैसनि[१२] आसति
पुरुब[१३] अइसन छला ।
मान[१४]बेचि[१५]यदि[१६] प्राण[१७]जे राखीअ[१८]
ता ते[१९] मरण[२०] भला ॥

भने विद्यापतीत्यादि ॥

ने० पृ० ५, प० १,२ पं० ३

पाठभेद—

न० गु० (प० सं० ४९३) सता ४ छाड़य ६ कान्हु ८ सेहे १० जनु १३ पुरुष १४-१६ प्रान मान बेवि जदि १८ राखीअ १६ तें २० मरन

मि० म० (प० सं० ४२४) १ निधी ५ विधी ७ बोलइत १४ प्रान १७ प्रान। शेष न० गु० सदृश।

सु० झा (प० सं० १२) ने० प० सदृश।

परि० पद० (प० सं० १२) २ तइअओ ३ सत्त ४ छाड़ए ६ कानु ८ से होअ १० जनु ११ जइसनि १३ तइसनि १७ प्रान १८ राखिअ १६ तें २० मान।

सं० मन्तव्य—६ कान्हु ६ दइन १७ प्रानजे। शेष परि० पद० सदृश।

शब्दार्थ—सत्त=सत्य आचरण। दइन=दीनता, हीनता। प्रानजे=प्राण को।

[६६८]

मालवरागे—

आदर अधिक काज न[२] बन्ध।
माधव बुझल तोहर अनुबन्ध ॥
आसा राखह नयन[३] पठाए।
कति[४] खन कौसले[५] कट[६] नुकाए ॥ ध्रु० ॥
ए[७] कान्हु ए कान्हु[८] तोहे[९] जे सयान।[१०]
ताके[११] बोलिअ[१२] जे उचित न जान ॥
कसिअ कसौटी[१३] चीन्हिअ[१४] हेम।
प्रकृति परेषिअ[१५] सुपुरुष[१६] पेम ॥
सौरभे[१७] जानिअ कुसुम[१८] पराग।
नयने[१९] नीर[२०] दिअ[२१] नव अनुराग ॥
विद्यापति[२२]: ॥

ने० पृ० ६, प० २२, प० ४

पाठभेद—

न०गु० (ताल० प० सं० ३४४) १ आदरे २ नहि ३ नएन ४ कत ६ कपट ७-९ चल-चल माधव ताहे १० सआन १२ बोलिय १४ चिन्हिअ १५ परेखिय १६ सुपुरुख १७ परिमले १८ कमल २०-२१ निवेदिअ। अन्त में (२२) भणिता है:—"भनइ विद्यापति नयनक लाज। आदरे जानिअ आगिल काज ॥"

मि० म० (प० सं० ३७६) ९ तोह्ह ११ तावे। शेष न० गु० सदृश।

सु०झा० (प० सं० २२) ३ नएन २२ विद्यापति

परि० पद० (प० सं० २२) २ नहि ३ नअन ५ कौसलें ६ कपट ९ तोहें १० सआन १३ कसउटी १५-१६ परेखिअ सुपुरुख १७ सउरभें १९-२१ नअने निवेदिअ

सं० मन्तव्य — ५ कउसलें ६ तोअें। शेष परि० पद० सदृश।

शब्दार्थ — बन्ध=बंध पाना, सिद्ध होना। अनुबन्ध=प्रयोजन। आसा=आशा। नअन पठाए= दृष्टिपात कर। नअने निवेदिअ=आँखों से ही निवेदन करते हैं।

[६९१]

धनछीरागे—

सुपुरुस भासा[१] चौमुख[२] वेद
एत दिन बुझल अछल नहि भेद।
से[३] तहि[४] अछ सब मन जाग
तोह[५] बोलि बिसरल हमर अभाग[६] ॥ ध्रु० ॥
चल चल माधव कि[७] कहब जानि
समयक दोसे[८] आगि बम पानि।
रयनिक[९]........व[१०] दुर[११] जा चन्द[१२]
भल जन हृदय[१३] तेजए नहि मन्द ॥
कलिजुग[१४] गति के साधु मन भङ्ग
सबे विपरीत कराब[१५] अनङ्ग[१६] ॥
भनइ विद्यापतीत्यादि ॥

ने० पृ० २६ (क); प० ७०, पं० ३

पाठभेद—

न० गु० (प० सं० ३५०) ३-४ नितहि ६ भाग १०-१२ बन्धव जानि चन्द १४ कलियुग

मि० म० (प० सं० ३८१) ३-४ सतहि ७ की १०-११ बन्धव १५ करबि

सु० झा (प० सं० ६४) १ भाषा ८ समय दोसे १४ कलियुग १५-१६ करब आनङ्ग

परि पद० (प० सं० ६५) १ सुपुरुष भाषा ३-४ से तहि अछए सबहु मन जाग ५ तोहें ८ समअक दोषें ९-१० रअनिक बान्धव १३ हृदअ

सं० मन्तव्य—२ चउमुख ३-४ से तहि अछए ५ तोज ८ समअक दोसें ६-१० रजनिक वान्धव न १३ हृदय

शब्दार्थ—चउमुख,—चतुर्मुख ब्रह्मा। भेद—अन्तर। सब मन जाग—मन में सभी भाव विद्यमान हैं। बोलि—वचन। रजनिक···चन्द—रात्रि का मित्र चन्द्रमा उससे दूर नहीं जाता। भल···मन्द—भले आदमी का हृदय तुच्छ व्यक्ति का भी परित्याग नहीं करता।

[७००]

धनछीरागे—

अहनिसि वचने जुडओलह[१] कान
अचिरे[२] रहत सुख इ[३] भेल भान।
अबे दिने दिने हे बुझल विपरीत
लाज गमाए विकल भेल चीत ॥ध्रु०॥
बिहिक विरोधे[४] मन्दा[५] सओ[६] भेट
भाँड[७] छुइल[८] नहि भरले पेट।
लोभे[९] करिअ हे मन्द जत काम
से न सफल होअ जओ बिहिबाम॥
भनइ विद्यापतीत्यादि॥

ने० पृ० ३१, प० ९७, पं० ५

पाठभेद—

न० गु० (प० सं० ३४७) १ जुड़ओलह ७ भाँड़

मि० म० (प० सं० ३७९) १ जुड़ओलह २ सुचिरे ६ सयँ ७ भाँड़

सु० झा (प० सं० ६१) ३ ई ६ भाँड़ो

परि० पद० (प० सं० ९२) ३ ई ४ विरोधें ७ भाँड़ो ९ लोभें

सं० मन्तव्य—३ ई ४-६ विरोधें मन्द सजे ७-८ भाँड़ छुइलेओ ९ लोभें

शब्दार्थ—सुचिरे—अनन्त काल तक। भाँड़ छुइलेओ—भोजन भाण्ड भी पकड़ा तो भी।

[७०१]

धनछीरागे—

आसा खण्डह दए बिसबास
के जग जीबए तीनि पचास।
आनक[1] बोलिअ गोप गमार
तोहरा सहजक[2] कुल[3] वेबहार ।।ध्रु०।।
तोहँ[4] जदुनन्दन[5] कि[6] बोलिबो जानि
धन्धहि[8] सङ्ग सरुप सञो कानि।
सुपुरुष[9] पेम हेम अनुमानि[10]
मन्दा[11] का[12] नहि[13] मन्दे[14] हानि ।।
आओर बोलब कत बोलइते लाज
फल उपभोगीअ[15] जैसन[16] काज ।।
सुन्दरि वचने कान्ह उपताप[17]
भनइ विद्यापतीत्यादि ।।

ने० पृ० ३६, प० १०१, पं० ३

पाठभेद—

मि० म० (प० सं० ४०६) १ अलिक २-३ सहज कओन ६-७ की बोलब ८ धेनु ११-१३ मन्द कालहि १-७ अनुताप

सु० झा० (प० सं० ९१) ५ यदुनन्दन १२-१३ कालहि

परि० पद० (प० सं० ९६) १ आनहुँ २-३ सहज कुलक ४ तोहें ७ बोलब १२ कां १४ मन्दें १५-१६ उपभोगिअ जइसन

सं०मन्तव्य—१ आनक ४ तोहें ९ सुपुरुख १० अनुमानि १२ कां १४ मन्दें १५-१६ उपभोगिअ जइसन १७ अनुताप

शब्दार्थ—तीनि पचास=१५० बर्ष या अव्यवस्था में। आनक=दूसरों को। धन्धहि=प्रपञ्चो, छली। सरूप=सत्य सदाचारी।

[७०२]

धनछीरागे—

के बोल पेम अमिअ के[1] धार
अनुभवे[2] बूझिअ[3] गबउ[4] अङ्गार।
खएले[5] विष सखि हो परकार
बड़ मारष[6]ओ[7]देषितहि[8] मार ।।ध्रु०।।

एत सबे सजलह हमरा लागि
तूरे[९] बेढ़ि[१०] घर खोसलि आगि।
तञे ओठपातरि[११] कि बोलिबो तोहि
बड़[१२] कए[१३] अपथ चलओलह मोहि॥
तोरा करम धरम पए साखि
मन्दिउ[१४] खाए[१५] पळउसिनि[१६] राखि॥
भने विद्यापतीत्यादि॥
ने० पृ० ३७ (क), प० १०२, पं० १

पाठभेद—

मि० म० (प० सं० ११६) १ अमित्रके ३-४ बुझिब गरउ ५-८ मारख देखितहि ९-१० दूरे वोकढ़ि ११ ओठ पातबि १२-१३ बड़कए १४-१६ मन्दि उघाए पलउसिनि

सु० झा० (प० सं० ६६) १ अमित्रके ८ दषितहि ११ ओठ-पातरि

परि० पद० (प० सं० ६७) २ अनुभवें ५ खएलें ६ मारुख ८ देखितहि

सं० मन्तव्य—१ कए २ अनुभवें ५ खएलें ६ मारख ८ देखतहिं ९ तूलें १२ बल १४ मन्दिओ

शब्दार्थ—गबउ=गवय, गाय बैल जैसा जीव भी। मारख=मारनेवाले। तूलें=रूई में। ओठपातरि=बाचाल। बल कए=जबरदस्ती। मन्दिओ=बुरी भी, डाइन भी।

[७०३]

धनछीरागे—

आसा दइए उपेखह आज
हृदय[१] विचारह कओनक लाज।
हमे अबला थिक अलप गेआन[२]
तोहर छैलपन[३] निन्दत आन[४]॥ध्रु०॥
सुपहु जानि हमे सेओल पाओ
आबे[५] मोर प्राण[६] रहओ[७] कि जाओ।
कएल विचारि अभिञ के पान
होएत हलाहल इ के जान॥

कतहु न सुनले अइसन बात
साङ्कर[9]खाइते[10] भाङ्गए दात[11] ॥
भनइ विद्यापतीत्यादि ॥
ने० पृ० ४२ (क), प० ११८, पं० ५

पाठभेद—

न० गु० (प० सं० ४८१) २ गेआन ७ रहत ९ साँकर

मि० म० (प० सं० ४०३) २ गेआन ७ रहत ९-१० साँकर खाइत

सु० झा (प० सं० ११२) ५ अबे ८ ई ६ साँकर

परि० पद० (प० सं० ११३) १ हृदअ २ गेआन ३ छएलपन ४ आन ६ प्रान ८ ई ६ साँकर ११ दाँत

सं० मन्तव्य — ३ छइलपन । शेष परि० ५८० सदृश ।

शब्दार्थ—उपेखहु—उपेक्षित कर रहे हो । विचारहु—विचार करो । पाओ—पाँव । साङ्कर—शक्कर ।

[७०४]

धनछीरागे—

जलधि (न[1]) मागए रतन भँडार
चान्द[2] अमिअ[3] दे सब[4] रस[5] सार[6] ।
नागर जे होअ कि करत चाहि
जकरा जे रह से दे ताहि ॥ ध्रु० ॥
साजनि कि कहब अपन[7] गेआन[8]
पर अनुरोधे[9] कतए रह मान ।
बिनु पओले[10] तकराहु दुर जाए
दुहु दिस पाए[11] अनुताप जनाए ॥
पओले[12] अमर होए दहु कोए
काठ कठिन कुलिसहु[13] सत होए ॥
भनइ विद्यापतीत्यादि ॥
ने० पृ० ४३ (क), प० १२१, पं० ५

पाठभेद--

न० गु० (प० सं० ४३२) १ पाठाभाव ३-६ अमिअ दे सगर संसार ८ गेआँन ११ पए।

मि० म० (प० सं० ४१९) १ पाठाभाव २-६ चाँद अमिय दे सबर ससार ७ आपन ८ गेआँन।

सु० झा (प० सं० ११५) ने० प० सदृश

परि० पद० (प० सं० ११६) ४-६ सगर संसार ८ गेआन ९ अनुरोधें १० पओलें ११ पए १२ पओलें १३ कुलिसहुँ

सं० मन्तव्य--८ गेआन ९ अनुरोधें ११ पए १३ कुलिसहुँ

शब्दार्थ—जलधि...सार=समुद्र से रत्न भण्डार माँगा नहीं जाता फिर भी वह जगत् को चन्द्रमा और अमृत से सारभूत रत्न-रस देता है। अथवा चन्द्रमा स्वतः अमृत रस का दान करता है। पर...मान= दूसरों के अनुरोध से, दूसरों के भरोसे सम्मान कहाँ बँचता है? तकराहु=उसके भी। काठ...होए=काठ भी कुलिश से कठोर हो जाता है।

[७०५]

धनछीरागे—

तोहे[1] कुल ठाकुर हमे कुल नारि
अधिपक्क अनुचिते[2] किछु न गोहारि।
पिसुने हसब[3] पुनु माथ डोलाए
बडाक[4] कहिनी बडि[5] दुर जाए ॥ ध्रु० ॥
सुन सुन साजनि[6] वचन हमार
अपद न अगिरिअ[7] अपजस भार।
परतह परतिति आबिअ पास
बड[8] बोलि हमहु[9] कएल बिसबास[10] ॥
से आबे मने गुनि[11] भल नहि काज
बाज[12] राखए[13] आँखिक[14] लाज ॥
भनइ विद्यापतीत्यादि।

ने० पृ० ४४, प० १२३, पं० ४

पाठभेद—

न० गु० (प० सं० ४८०) १ तोहें, ४ बड़ाक ५ बड़ि ६ साजना ७ अंगिरिअ ८ बड़ १२ बाजु

मि० म० (प० सं० ११७) ४ बराक ६ साजन शेष न० गु० सदृश

सु० झा० (प० सं० ११७) ४ बड़ाक ५ बड़ि ६ साजना ८ बड़ १० विसवास ११ गुनिअ १३ राषए

परि० पद० (प० सं० ११८) १ तोहें २ अनुचिते ३ हंसब ६ साजन ७ अँगिरिअ ९ हमहुँ १२ बड़ जन १४ आखिक

सं० मन्तव्य—१ तोजे २ अनिचिते ३ हँसब ४ बड़ाक ५ बड़ि ६ साजन ७ अङ्गिरिअ ८ बड़ ९ हमहुँ १४ आखिक

शब्दार्थं—गोहारि=सहायतार्थं पुकार। अपद=कुअवसर पर। परतह=प्रत्येक दिन। बाजू=भुजा, शक्ति।

[७०६]

धनछीरागे—

गाए[१] चराबए[२] गोकुल वास
गोपक सङ्गम[३] कर[४] परिहास।
अपनहु[५] गोप गरुअ की काज
गुपुतहु[६] बोलसि मोहि बडि[७]लाज॥ ध्रु०॥
साजनि[८] बोलह[९] कान्ह[१०]सओ मेळि[११]
गोपबधू सओ जन्हिका[१२] ळिके[१३]।
गामक[१४] बसले[१५] बोलिअ गमार
नगरहु[१६] नागर बोलिअ असार[१७]॥
बस[१८] बथान झाळि[१९] दुह गाए
तन्हि[२०] की बिलसब नागरि पाए॥
भनइ[२१] विद्यापतीत्यादि[२२]॥

ने० ६० ४६ (क), प० १२९, पं० ३

पाठभेद—

रामभद्रपुर---(पृ० २२ क, प० ६७ पं० २) सामरीरागे--२ चराबह ३-४ संगे जन्हिक ५ अपनेहुँ ६ गुपुतें ८-९ दूती बोलसि ११ केलि १३ मेलि १४-१५ गामहिँ बसलें १६ नगरहुँ १७ सार १८ बसथि १९ झालि २० तें २१-२२ आदि अन्त दुहुँ देलक गारि। विद्यापति मन बुझथि मुरारि॥

न० गु० (प० सं० २१८) ४ अपनहि ५ गुपुतहि ६ बड़ि १६ सँसार १८ सालि

ठाकुर (प० सं० २७) १ गाय ३ सङ्गे ६ गुपुते ७ बडि १० कान २० तें

मि० म० (प० सं० ३४६) ६ गुपुतहि ७ बड़ि १० कान्हु १९ सालि। पाद-टिप्पणी में रा० पु० के पाठभेद।

सु० झा (प० सं० १२३) ७ बड़ि

परि० पद (प० सं० १२४) २ चराबए ८ साजनि १२ जन्हिकाँ १७ सँसार। शेष रा० पु० के अनुरूप।

सं० मन्तव्य—(i) रा० पु० का पाठ अधिक उचित है। (ii) ४ करए ५ अपनेहुँ ६ गुपुतहुँ १४-१५ गामहिँ बसलें १६ नगरहुँ १७ सँसार अन्त में रा० पु० की भणिता

शब्दार्थ—सङ्गम=संग-साथ। गरुअ की काज=उसके लिए कौन बड़ा काम है। कान्ह सञो मेलि=कृष्ण के साथ मिलने की बात करती हो। नगरहु नागर=नगर का होने से नागर। बथान=पशु बाँधने का स्थान। देलक=दिया।

[७०७]

आसावरी-रागे—

जाबे रहिअ तुअ लोचन आगे
ताबे बुझाबह दिढ[1] अनुरागे।
नयन[2] ओत भेले सब किछु आन[3]
कपट हेम[4] धर[5] कति षन[6] बान[7] ॥ध्रु०॥
बुझल मधुरपति[8] भलि तुअ रीति
हृदय[9] कपट मुखे[10] करह पिरीति॥
विनय[11] वचन जत[12] रस परिहास
अनुभवे[13] बुझल हमे सेओ परिहास॥

हसि हसि[१४] करह कि सब परिहार
मधु विषे[१५] माषल[१६] सर परहार ।।
भनइ विद्यापतीत्यादि ।।

ने० पृ० ५१ (क) प० १४४, पं० २

पाठभेद—

न० गु० (प० सं० ३४१) १ दिढ़ ३ आने ४-५ हे माधव ६ खन ७ बाने १५ बिखे १६ माखल

मि० म० (प० सं० ३८०) ३ आने ८ मथुरपति । शेष न० गु० सदृश ।

सु० झा० (प० सं० १३१) १२ यत

परि० पद० (प० सं० १३४) २ नअन ३ आन ६ खन ९ हृदअ ११ बिनअ १३ अनुभवें १४ हँसि हँसि १५-१६ बिखें माखल

सं० मन्तव्य—१० मुखें । शेष परि० पद० सदृश ।

शब्दार्थ—ओत=आड़ में । कपट हेम=नकली सोना । अनुभवें=अनुभव करने पर ।

[७०८]

कोलाररागे—

नयन[३] काजर अधरे[४] चोराओल[५]
नयने[६] चोराओल[७] रागे ।
बदन[८] वसन नुकाओब[९] कति[१०] खन
तिला एक कैतव[११] लागे ।। ध्रु० ।।
माधव कि आबे बोलब[१२] अस ताहे[१३] ।
जाहि रमणी[१४] सङ्गे रयनि[१५] गमओलह[१६]
ततहि पलटि पुनु[१७] जाहे ।।
सगर[१८] गोकुल जिनि[१९] से पुनमति[२०] धनि
कि कहब ताहेरि[२१] विभागे[२२] ।
पद यावक[२३] रस[२४] जाहेरि[२५] हृदय[२६] अछ
आओ[२७] कि कहब अनुरागे[२८] ।।
भनइ[२९] विद्यापतींत्यादि[३१] ।।

ने० पृ० ६६, प० १९४; पं० २

पाठभेद—

तालपत्र (न० गु०, प० सं० ३४०) आरम्भ में दो अतिरिक्त चरण "सहस रमनि सौं[१] भरल तोहर हिय[२], करु तनि परसि न त्यागे"—हैं, तत्पश्चात् उपर्युक्त पद के क्रमशः ८,९,१०,११,६,७,१,२,३,४ चरण हैं। ३ नयनक ४-५ अधरें चोराओले ६-७ नयन अधर कहु ८ बदलल। ९ वाँ चरण नहीं हैं। १४ जुवति १५ रअनि १७ वरु १८ सकल १९ जनि २० पुनमत २२ भागे २३ जावक २४ पाठाभाव २५-२६ हृदय भिन २७-२८ अओर करज खत ताहे।" अन्त में भणिता के चार अतिरिक्त चरण हैं—(२९-३१) बड़[२९] अपराध, उतर नहि सम्भव, विद्यापति कवि भाने। राजा शिवसिंह[३०] रूपनरायन[३] सकल कला रस जाने॥

मि० म० (प० सं० ३७२) ४ अधर ९ लुकाओब १२-१३ बोलबअ सताहे ता हेरि। तथा (प० सं० ११६) तालपत्र का पाठ जिसमें पाठभेद हैं—४-५ अधरें चोराओल १० कत १६ गमौलह २१ तन्हिक २७ अरु ३० सिवसिंघ

सु० झा (प० सं० १७६) १३ असताहे १५ रयणि। शेष ने० प० सदृश

परि० पद० (प० सं० १७८) ३ नअनक ४ अधरें ६ नअने ८ बसनें वदन १४ रमनि १५ रअनि २२ भागे २३ जावक २६ हृदअ बस।

सं० मन्तव्य—१ सओ २ हिअ ३ नअनक ४ अधरें ६ नअने ८ बदन बसनें ११ कइतव १४ रमनि १५ रअनि २२ भागे २३ जावक २६ हृदअ। ३०-३१ सिवसिंह रूपराअेन। शेष भणिता-अंश न० गु० सदृश।

शब्दार्थ—करु···त्यागे=उनके स्पर्श को नहीं छोड़ते। अधरें=ओठों से। नअने···रागे=आंख से ललाई [नायिका के अधरों की] चुरा ली है। बसनें=कपड़े से। ताहे=उसे। जावक=आलता। जाहेरि···अछ=जिसके आलते की छाप तुम्हारे वक्ष पर है।

[७०९]

कोलाररागे—

जओ प्रभु हम पाए[१] बेदा[२] लेब
हमहु[३] सुजने दोसराइत[४] देब॥ ध्रु०॥

सुभ हो सामि कहब की रोए
परतह तिल लए हम[५] देब तोए।[६]

आइलि जगत जुवति के अन्ध
सामि समिहित[७] कर प्रतिबन्ध ॥
दिन दस चातर[८] हलिअ[९] बिचारि[१०]
तते होएत जत लिहल कपाल[११] ॥
भनइ विद्यापतीत्यादि ॥

ने० पृ० ७४ (क), प० २०६, प० ३

पाठभेद—

मि० म० (प० सं० ५५५) १ पए ४ दोस राइत ६ गोए ८-१० चीत रहलि अविचारि ११ कपालि

सु० झा० (प० सं० १८७) २ रे दा

परि० पद० (प० सं० १८९) १ पए ३ हमहुँ ५ हमे ७ समीहित १० विचार ११ कपार

सं० मन्तव्य—परि० पद० सदृश।

शब्दार्थ—बेदा लेब=बिदाई लोगे, चले जाओगे। दोसराइत=साथी। परतह=प्रत्यह या परोक्ष में। हमे=मुझे। तोए=जल। समीहित=अभीष्ट। चातर=चतुरस्र, अस्थिर। तते=उतना।

[७१०]

कोलारारागे—

दारुण[१] सुनि दुरजन बोल
जनि कम कम[२] लागए[३] गून[४]।
के जाने कओने[५] सिखाओल गोप
ते नहि हृदय[६] बिसरए[७] कोप ॥ ध्रु० ॥
ए सखि ऐसन[८] मोर अभाग
परक कान्ह कहला लाग।
एत दिन अछल अइसन भान
हम छाडि[९] पेअसि नहि आन[१०] ॥
जगत भमि सुपुरुष जोही[११]
आसा साहसे भजलि तोही[१२]।

दिवस दूषने[13] तोहे[14] उदास

पिसुन वचनेहु[15] तात[16] तरास ॥

भनइ विद्यापतीत्यादि ॥

ने० पृ० ७५, प० २१०, पं० ४

पाठभेद —

मि० म० (प० सं० ४०८) १ दारुन ४ गूण ५ कओने ६ छाड़ि १२ तोहि १४ तोहो १६ तते

सु० झा (प० सं० १९०) २-३ कमला गए ६-७ विसरए हृदय (क)

परि० पद० (प० सं० १६१) १ हृदअ ८ अइसन ११ जोहि १२ तोहि १४ तोहे १५ वचनेहुँ

सं० मन्तव्य--१ दारुन दुरजन बोंल सून ६ हृदअ ८ अइसन ६ छाड़ि १० आन १३-१४ दूसने तोओे १५ वचनेहुँ

शब्दार्थ—गुन=गुण । कहला=कहा हुआ । लाग=प्रसर कर गया । तात=प्रिय ।

[७११]

अहे[1] कन्हु[2] तुहु गुनवान ।

हमर[3] वचन[4] कर[5] अवधान ॥

धतुरक फुले जब मधुकर केलि ।

मालति नाम दैव[6] दुर गेलि ॥

जहाँ तहाँ जलधर पियब[7] चकोर ।

सहजहि हिमकर आदर थोर ॥

काक सबद जब गरुअ सोहाग ।

दुरे[8] रहु कोकिल पञ्चम राग ॥

भनइ विद्यापति सुन वरनारि ।

सुजनक दुख दिवस दुइ चारि ॥

अज्ञात स्रोत, न० गु० ७७७

पाठभेद—

मि० म० (प० ६५३) न० गु० सदृश ।

सं० मन्तव्य—१-२ अहे कन्हु अहे कन्हु तुँहुँ ३-५ हमरे वचने करह ६ दइबें ७ पिओब ८ दूरजे

शब्दार्थ—अवधान=ध्यान दो। जलधर=बादल [के शीतल जल को]। सोहाग=सौभाग्य, अत्यधिक आदर।

[७१२]

सूहब—

तोहरा[१] लागि धनि खिनि भेलि
तोहें[२] बड[३] बोलछड[४] कान्ह ।
रूप लोभ भेल नेह[५] दूर[६] गेल
से थिर छाडल[७] भाव ॥ ध्रु० ॥
माधव सुन्दरि समन्दए[८] रोए
जदि तोहें चञ्चल सुनह सकन भए
अपना धन्ध न कोए ॥
आस दइए पर पेअसि आनलि[९]
कुलें[१०] सञो कुलमति नारि ।
से ततबाहिँ[११] गेलि डाइन[१२] सकल भेल[१३]
दुहु[१४] हल हृदअ[१५] विचारि ॥
दूती बोलइते[१६] कान्ह लजाओल[१७]
विद्यापति कवि भाने ।
राजा सिवसिंह रूपनराञेन[१८]
लखिमा देवि[१९] रमाने ॥

राम० पृ० १०, प० ३१; पं० ३

पाठभेद—

ठाकुर (प० सं० ४) १ तोहरी पैम २ तोहें ४ बोल छड़ ५ देह ६ दुर ७ छाड़ल ११ ततबाहि १२ डाईन १७ लजाएल ।

मि० म० (प० सं० १४४) १ तोहराँ २-४ तोहें बड़ बोल छड़ ५ देइ ७ छाड़ल ८ समन्द ए १० कुल ११ ततवाहि १५ हृदय १६ बोलइते १७ लजाएल १८ रूपनराएण

परि० पद० (राम०, प० सं० ४) १ तोहरा पेम ३ बड़ ४ बोलछड़ ७ छाड़ल १० कुल १३ भेलि १७ लजाएल

सं० मन्तव्य—१ तोहरा लागि धनि भेलि (अधिक) खिनि २ तोबे ९ जानलि १४ दहु १९ देइ । शेष परि० पद० सदृश ।

शब्दार्थ—समन्दए=संवाद भेजती है । सकन=सकर्ण, कान देकर । धन्ध=कार्य, विपत्ति । ततवाहि=वहीं ।

[७१३]

मालव—

चरन[१] कमल कदली विपरीत
हास[२] कला से हरए साँचीत ।
के पतिआओब[३] एहु परमान
चम्पके[४] कएल पुहबि[४] निरमान ॥ ध्रु० ॥
एरे माधव पलटि निहार
अपुरुब देखिअ जुवति अवतार ॥
कूप गभीर तरङ्गिनि[५] तीर
जनमु सेमार लता बिनु नीर ।
चहकि चहकि दुइ खञ्जन खेल
काम कमान चान्द उगि गेल ॥
ऊपर हेरि तिमिरे[६] करु वाद
धमिले[७] कएल ताकर अवसाद ।
विद्यापति भन बुझ रसमन्त
राए सिवसिंह लखिमा देवि कन्त ॥

राम० पृ० १४ (क), प० ४३, पं० ५

पाठभेद—

ठाकुर (प० सं० १५) उपर्युक्त सदृश ।

मि० म० (प० सं० २७) १ चरण ३ पति आओब ५ तरङ्गिनी

परि० पद० (राम० प० सं० १५) २ हाँस

सं० मन्तव्य— २ हंस ४ पुहुमि

शब्दार्थं— कदली विपरीत=उलटे केले का स्तम्भ, जाँघों के लिए प्रयुक्त। हंस कला=हंसों की काकली अथवा गति की शोभा। पुहुमि=पृथिवी। कमान=धनुष। वाद=झगड़ा। अवसाद=खिन्न, निराशा पूर्ण।

[७१४]

मालव—

ओ अति[१] तञ[२] अति चोष[३]
बड मतभेद बजइछसि रोष[४]।
हुललें[५] बुझिअहुँ किअ का लागि
जारन सरस जरए नहि आगि ॥ ध्रु० ॥

× × × ×

आनहुँ[६] पठओब ने[७] करह ओज
चेतन बूझि छडाओब गोज ॥
उचितओ बोलइते[८] ओहि नहि लाज
फलछे वचने फरिअओ काज।
ओहे आइलि कए तुअ परथाब
अबे अवसर भेलि लोहा[९] ॥
भनइ विद्यापति पुछिहि सिआन[१०]
चिमलि[११] गिञ्जारनहि सरिस पिसान ॥

राम० पृ० १५, प० ४४; पं० १

पाठभेद—

ठाकुर—पाठाभाव। **मि० म०**—पाठाभाव

परि० पद० (राम०; प० सं० १६) १ अति (कोमल) २ तोव ६ आनहु ९ लोहा (भाव) १० सिआन ११ छिमड़ि

सं० मन्तव्य—१ अति (मुगुधि) ३ चोख ४ रोख ५ हलले ६ आनहु ७ न ८ बोलइते ९ लोहा (भाव) १० सआन ११ छिगड़ि

शब्दार्थ—चोख=तेज, चालाक। बजइछसि रोस=क्रोध वश बोलते हो। गोज=उलझन। फलछे=फरिच, साफ। फरिअओ=सफाई से सुलझता है। लोहा भाव=लोहा सदृश (जब कि पहले कञ्चन सदृश लगती थी) छिपड़ि=छीमी। गिज्जार नहि=गीजने, कोल्हू में पेरन से ही। सरिस=सदृश या सरसों।

[७१५]

मालव—

जिव जञो हमे सिनेह लाओल
तोहरि[१] हृदअँ[२] जानि।
भल जन भए वाचा चूकह
ई बडि[३] लागए हानि॥ ध्रु०॥
माधव बुझल तोहर नेह।
निठुर पेम पराभव पाओल
जीवहुँ भेल सन्देह॥
अथिर[४] जिवन जउवन थोला[५]
जगत के नहि जान।
मन[६] निकारुन[७] हटल न रह
तइओ तोहहिं[८] मान॥

राम० पृ० १०९ (क) प० ३८२ पं० ३

पाठभेद—

ठाकुर—(प० सं० ५१) १-२ तोहे विहृदअँ ३ बड़ि ४ आनुब ६-७ मलविका बल

मि० म० (प० सं० ८१६) ठाकुर सदृश।

परि० पद० (राम०, पृ० सं० ६०) ५ थोला ८ तोहहिं

सं० मन्तव्य—१ तोहर ३ बड़ि ४-५ अथिर जीवन थोर जउवन ८ तोहहिं

शब्दार्थ—वाचा=वचन। निकासन=निष्ठुर। तोहहिं मान=तुम्हें ही मानता।

[७१६]

धनछी—

कोपें[१] कपटें कएल माने।
बाङ्क निहारि कएल समधाने।
तथिहु[२] नाथ भेल अबे वामे

सिव[३] सिव[४] कइसन होएत परिनामे ॥ ध्रु० ॥
... .[५] कि[६] कहब तोहि[७]
कत उपताप उपजु[८] मन मोही ।
सोझ दरस अबे हासे
अपनहिं कण्ठ कठिन भुअपासे ॥
पढाबओ पामरि रीती[९]
...[१०] अधिक गुन जें पहु पिरीती ।
विद्यापति कवि वानी
नाह अचेतन नारि सआनी[११] ॥

राम० पृ० ३३ (क) प० ७८, पं० ५

पाठभेद—

ठाकुर—१ पाठाभाव ३-४ पाठाभाव ५ पाठाभाव ८ उपज ९ पाठाभाव १० पाठाभाव

परि० पद० (राम०, प० सं० ३४) ५ (चल चल दूती) ७ तोही १० (किदहु) ११ सआनी

सं० मन्तव्य—२ तथिहुँ ५ (चल चल दूती) ७ तोही १० होअ ११ सआनी

शब्दार्थ—समधाने=समाधान, समझौता । तथिहु=उस परभी । पठाबओ=पढ़ाती हों ।

[७१७]

धनछी—

कतें कतें[१] भान्ति[२] लता नहि थाक
तुलना करए न पारए जाक ।
बाहर कण्टक भितर पराग
तइअओ तोहरा तन्हिके अनुराग ॥ ध्रु० ॥
बुझिहल[३] भमर जइसन तोहें[४] रसी
जनम गोमओलह[५] केतकि बसी ॥
मालति माधए[६] कुन्दलता
आओर[७] रसमति अछए[८] कता ।
ताहेरि[९] सबहु जदि गुन[१०] परिहार
ताकें बोलब की सहज गमार ॥

राम० पृ० १११ (क), प० ३८४, पं० १

पाठभेद--

ठाकुर (प० सं० ५७) ४ तोहें ५ गमओलह ९ ता हार ।

मि० म० (प० सं० ८१४) १ कत कत ५ गमओलह ७ आगोर ८ अच्छए ९ ता हेरि १० गुण ।

परि० पद० (रा० पु०, प० सं० ६६) ५ गमओलह ।

सं० मन्तव्य—२ भाँति ३ बुझिलिहुँ ४–५ तोजे गमओलह ६ माधवि ८ आछएं ।

शब्दार्थ—कतें=कितनी ही । जाक=जिनको । परिहार=तिरस्कार ।

[७१८]

तोहर हृदय[१] कुलिस[२] कठिन
वचन अभिअ धार ।
पहिलहि नहि बूझए[३] पारल
काट के बेबहार ॥
जत जत मन छल मनोरथ
विपरित सबे भेल[४] ।
आखि देखइते कुपथ[५] धसलिहु
आरति गौरव[६] गेल ॥ध्रु०।
साजनि हमे कि बोलब आओ ।
आगु गुनि जे[७] काज न करिअ[८]
पाछे हो पचताओ ॥
उत्तिम जन बेबथा छाडए[९]
निअ[१०] बेथा चूक ।
कंसे[११] कए से मुह देखाबए[१२]
पैसि[१३] पता·ल[१४] कूप[१५] ॥
अबे हमे तुअ सिनेह जान[१६]
कओन उपमा देब ।
ए हरि चोचक खोन्धा[१७] अइसन
किछु न[१८] बानि-षेव[१९] ॥
विद्यापतीत्यादि ॥

ने० पृ० १४ (क), प० ३५, पं०५

पाठभेद—

मि० म० (प० सं० ३९३) २ कुलिश ४ सबि भेल ७ जे पाछु ९ छाड़ए १२ देखाबए १३–१५ पेमि पतारन रूप १७ घोँरा १९ खेब ।

सु० झा० (प० सं० ३४) ३ बुझए ८ करए ९ छाउए १० निज १८–१९ लखा लिषेब ।

परि० पद० (प० सं० ३४) १ हृदअ ३ बुझए ५ कूप ६ गउरव ८ करए ११ कइसे १२ देखाबए १७ चोँचक खोँता १९ खेब ।

सं० मन्तव्य—१ हृदअ ५ कुपथेँ ६ गउरव ११ कइसे १२ देखाबए १३ पइसि १७ खोँता १९ खेब ।

शब्दार्थ—कुपथे धसलिहु=कुमार्ग में बढ़ गई । बेवथा=व्यवस्था । खोँता=घोसला ।

[७१९]

बरली रागे—

प्रथमहि कतन[१] जतन उपजओलह[२]
ते[३] आनलि पररामा ।
बोललह[४] आन[५] आन[५] परिणति[६] भेलि
आबे परजन्तक ठामा ॥ध्रु०॥
माधव आबे बुझलि तुअ[७] रीती ।
ए[८] बेरि बले[९] चेतन भेलिहु[१०]
पुनु न करब परतीती[११] ॥
बाट हेरि बरनागरि[१२] रहलि
सून सङ्केत निसि जागी[१३] ।
जे नहि फले निरबाहए पारिअ
सेहे[१४] करिअ का[१५] लागी[१६] ॥
भनइ विद्यापतीत्यादि ॥

ने० पृ० ८८, प० २४४; पं० १

पाठभेद—

न० गु० (प० सं० ५१४) १ कत २ उपजओल हे ३ तेँ ४ बोललहु ६ परिनति ७ तुय ८ ए १३ जागि १४ से हे १५ कुाँ १५ जागि ।

मि० म० (प० सं ३५५) ४ बोललह १६ लागि । शेष न० गु० सदृश ।

सु० झा० (प० सं० २२३) ११ परतीती ।

परि० पद० (प० सं० २२४) ३ तञे ५–६ आन आन परिनति ९ भले १० भेलिहुँ

सं० मन्तव्य—३ तञे ५ आन १० भेलिहुँ ।

शब्दार्थ—उपजओलह=उत्पन्न किया । ञे बेरि=इस बार । संकेत=सहेट स्थल ।

[७२०]

शुद्धमलारी—

रोपलह पहु लहु लतिका आनि[1]
परतह जतने पटबितह पानि ।
तैं[2] अरथित उपचित भेलि[3] से
तोहें[4] बिसरलि[5] भल बोलत के ॥
माधव बुझल तोहर अनुरोध
हेरतहु[6] कएलह[7] नयन[8] निरोध ।
एकहु भवन बसि दरसन बाध
किछु न बुझिअ पहु की[9] अपराध ॥
सुपुरुष[10] वचन सबहु[11] विधि फूर
अमरखें[12] विमरख न करिअ दूर ।
भनइ विद्यापति एहु[13] रस जान
राए[14] सिवसिंह[15] लखिमा देइ[16] रमन[17] ॥

रा० त०, पृ० ८१

पाठभेद—

न० गु० (प० सं० ४७५) २ तँइ ३ उपजित भेल ४–५ तोहे बिसरिल ६–७ हेरि-तहुँ कयलह ९ कि ११ सबहुँ १३ एहो १४ राए बुझ १६ रमान ।

मि० म० (प० सं० १५०) २ तँइ ४ तोहेँ १० सुपुरुस १० सबहुँ १२ अमरखे १४–१५ राए बुझ सिवसिंघ १७ रमान ।

परि० पद० (रा० त०, प० सं० २४) १ आनि २ तञे ४ तोहेँ ६ हेरतहुँ ११ सबहुँ १२ अमरखेँ १६–१७ दे रमान ।

सं० मन्तव्य—१ आनि २ तजे ४ तोजे ६ हेरतहुँ ८ नअन १० सुपुरुस १२ अमरखें १६–१७ दे रमान।

शब्दार्थ—परतह=प्रत्यह, प्रति दिन। अरथित=प्रार्थी। उपचित=बढ़ आई। फूर=सत्य। अमरखें बिमरख=रोष वश विचार-विमर्श को।

[७२१]

धङ्कुक नाट—

करतल कमल नयन[1] ढर नीर
न चेतए कुन्तल[2] सँभर[3] न[4] चीर।
तुअ पथ हेरि हेरि चित नहिं थीर
सुमरि पुरुब नेहा[5] दगध सरीर॥
कतें[6] परि माधव साधब माँन[7]
बिरहि[8] जुवति माँग दरसन दान।
जलमधे[9] कमल गगनमधे[10] सूर
आँतर[11] चाँदहु[12] कुमुद कत दूर॥
गगन गरज मेघा[13] सिषर[14] मयूर
कत जन जान[15] सिनेह[16] कत दूर॥
भनइ विद्यापति विपरित मान
राधा वचने[17] लजाएल कान्ह[18]॥

रा० त०, पृ० ११६

पाठभेद—

न० गु० (प० सं० ५०६) २-४ सभरन कुन्तल ६ कते ७ मान ११-१२ आँतर चान १४ शिखर १५-१६ जानसि नेह १७ वचन

बेनीपुरी (प० सं० १५९) २-४ अभरन कुंतल ६ कत ७ मान ९ जल-मध १० गगन मध ११-१२ आँतर-चान १३-१४ मेघ सिखर १७ वचनें १८ कान

मि० म० (प० सं० ४४३) २-४ सँभरन कुन्तल ६ कते ७ मान ८ विरही ११ आँतर १४ सिखर १५-१६ जानसि नेह १८ कान

परि० पद० (रा० त०, प० सं० ४१) ६ कते ७ मान ११ आतर १४ सिखर

सं० मन्तव्य—१ नअन ३-४ न सँभर ५ नेह ६ कतें ७ मान ११-१२ आन्तर चान्दहु १३-१४ मेघ सिखरे १८ कान

शब्दार्थ—चेतए=ध्यान पूर्वक व्यवस्थित करना। कतें=कितना। सूर=सूर्य।

[७२२]

निधन का[१] जओ धन किछु हो
करए चाह उछाह।
सिआर का[२] जओ[३] सींग[४] जनमए
गिरि उपारए चाह॥

दूती[५] बुझलि तोहरि मती।
छाड़ रे चन्दा भरइते[६] बुलह[७]
कि हरह ताहे विपती॥
पिपड़ी का[८] जओ पाँखि जनमए
अनल कर[९] झपान।
छोटा पानी चह चह कर
पोठी के नहि जान॥
जइओ[१०] जकर मूह[११] पेच[१२] सन
दूसए चाहए आन[१३]।
हमतह के विषहु[१४] आगर
ढोंढ़हु[१५] का[१६] थिक भान॥
झरक पानी डोभक कोई[१७]
गरब उपजू[१८] जाहि।
भने[१९] विद्यापति दहक कमल
दूसय[२०] चाहए ताहि॥

ताल०, न० गु०, ११६

पाठभेद—

मि० म० (प० सं० ३४५) १ कां ३ जओ ४ सीँग ५ दूति ९ करए १४ बिसहु १५ ढोँढ़लु १७ कोँई १८ उपज १९ भन

परि० पद० (त०, प० सं० ६४) १ कां० २ कां ३ जओ ६-७ भरमइते बूलह ८ कां १० जइअओ ११-१२ मुँह पेँच १३ जान १४ विषहुँ १५-१६ ढोढहुँ कां १८ उपजु २० दूसए

सं० मन्तव्य—१, ३, ८ और १६ कां। ४ सीँग ६-७ भरमइतेँ बूलह ९ करए १० जइअओ ११-१२ मुँह पेँचा १३ जान १४ बिसहुँ १५ डोड़हुँ १७ कोँई १८ उपजु २० दूसए

शब्दार्थ—छाड़…विपती=चन्द्रमा के छूट (डूब) जाने पर भरमाने के लिए घूम रही हो इससे कौन सी विपत्ति दूर कर रही हो ? पिपड़ी=चीँटी। पोठी=एक प्रकार की मछली। पेँचा=उल्लू। बिसहुँ=विष का। डोड़हु=पानी में रहने वाला निर्विष डोड़हा साँप। डोभक=गड़हे की। कोँई=कुमुदिनी। दह=ह्रद, तालाब।

[७२३]

छल मनोरथ जौवन[१] भेले
कत न करब रङ्ग।
से सबे पेम ओड़[२] धरि न रहल
भेल हृदय[३] भङ्ग॥
तथुहु[४] उपर[५] छल मनोरथ
आबे कि करब साध।
अइसनि भए अपराधिनि भेलाहु[६]
जे छल तथिहु[७] बाध॥
माधव, आबे तओ[८] इ[९] बड़ दोस।
जतए जे किछु बोलिअ चालिअ
तथिहु[१०] गुरुजन रोस॥
अबस निकट आएब जाएब
विनअ[११] कर से नारि।
दिने साते पाचे[१२] बाटहु[१३] घाटहु[१४]
दिठिहु[१५] हलु निहारि॥

ताल०, न० गु०, प० २७१

पाठभेद—

मि० म० (प० सं० ८३३) १० तथि ११ विनय १२ पाँचे

परि० पद० (त०, प० सं० ८५) १ जउवन २ ओर ६ भेलाहुँ ७ तथिहुँ ९ ई १० तथिहुँ १२-१४ पाँचे बाटहुँ घाटहुँ १५ दीठिहुँ

सं० मन्तव्य—३ हृदअ ४-५ तथिहुँ ऊपर ८ तञे। शेष परि० पद सदृश।

शब्दार्थ—रङ्ग=आनन्द। भङ्ग=टूट गया। साध=इच्छा या उपाय। बाध=बाधा। आबे तञे=अब तो। दिठिहुँ=दृष्टि मात्र से भी।

[७२४]

मनसिज बाने मोर हरल गेँआने[१]।
बोललह तोहे[२] मोरि दोसरि पराने॥
बचनहु[३] चुकलासि आबे की छड़ा।
समुह निहारसि साहस बड़ा॥
कि तोहि[४] बोलिबों[५] कान्ह, कि बोलिबञो[६] तोही[७]।
बेरि बेरि कत परपञ्चसि[८] मोही॥
भाँगिले भासा तोलिले[९] आसा।
आबे ककें[१०] करसि तोञे[११] मुख परगासा॥
लाजक अपगमे चीन्हलि[१२] जाती।
पेम करह अनतए गेलि राती॥
खण्डित जुवति कवि विद्यापति भाने।
पेअसि[१३] वचने लजाएल कान्हें[१४]॥
रूपनरायन[१५] एहु रस जाने।
राए सिवसिंह[१६] लखिमा देइ[१७] रमाने॥

ताल०, न० गु०, प० ३४२

पाठभेद—

मि० म०—(प० सं० ११४) १ गेआने ५ बलिबों ६ बोलिबओं ८ परिपञ्चसि १० ककें ११ तोयँ १२ चीन्हली १३ पेयसि १५ रूपनाराएन १६ सिवसिंघ

परि० पद०—(त०, प० सं० १०८) १ गेआने २ तोंहें ५ बोलिबों ९ तोलिले १० ककें १५ रूपनाराअन १७ दे

सं० मन्तव्य—२ तोअ ३ बचनहुँ ४ तोहिँ ७ तोहीँ १४ काने १५ रूपनाराअेन। शेष परि० पद० सदृश।

शब्दार्थ—छड़ा=छल या छूटा हुआ। भासा=भाषा, वचन। अपगमे=भ्रष्ट, कुमार्ग में चले जाने से।

[७२५]

परिजन पुरजन वचनक रीति ।
प्रेम लुबुध मन भेलि परतीति ॥
निअ[१] अपराध बोलत की आने[२] ।
कुमुदहि[३] भेल कमल के भाने ॥
एहि अनुभवि[४] बुझल सरूपे ।
नअन[५] अछइते[६] निमजलिहु कूपे ॥
जदि तोहे[७] माधव सहज विरागी ।
लोचन गीम कएल कथि लागी ॥
पुनु जनु बोलह अइसनि भासा ।
काहुक कउतुके[८] काहु[९] निरासा ॥
नहि नहि बोलह दरसह कोपे ।
जतने जनाए करइ छह गोपे ॥
परतख गोपब के पतिआउ ।
बरु मनमथ सरे जीवन आउ[१०] ॥
भनइ[११] विद्यापति एहु रस भाने[१२] ।
पुहुबिहि[१३] अवतरु नव पँचबाने ॥
रूपनरायन[१४] एहु[१५] रसमन्ता ।
गुननिवास लखिमा देवि[१६] कन्ता ॥

ताल०, न० गु०; प० ३४३

पाठभेद—

मि० म०—(प० सं० १२७) ५-६ नयन अछइत ९ काहुक १० जाउ १४ रूपनराअन १६ देइ

परि० पद०—(त०, प० सं० १०९) १ निज २ जाने ४ अनुभवि मोज ५ नअन ७ तोहें ८ कउतुकें १० जाउ १० जाने १४-१५ रूपनराअेन पहु

सं० मन्तव्य—३ कुमुदहिं ४ अनूभवि ११ सुकवि १३ पुहुविहिं १५ एहु १६ देइ । शेष परि० पद० सदृश ।

शब्दार्थ—अनूभवि=अनुभव करके। सरूपे=यथार्थ रूप। लोचन ...लागी=आँखों एवं ग्रीवाओं का सम्मिलन क्यों किया। गोपे=छिपाना।

[७२६]

चाँद सुधा सम वचन विलास।
भल जन ततहि जाएत बिसवास॥
मन्दा मन्द बोलए सब कोय[1]।
पिबइते[2] नीम बाँक मुह[3] होय[4]॥
ए सखि सुमुखि वचन सुन सार।
से कि होइति भलि जे मुह[3] खार॥
जे जन[5] जैसन[6] हृदय धर गोए।
तकर तैसन[7] तत गौरव[8] होए॥
गौरव[8] ए सखि धैरज[9] साध।
पहु नहि धरए सतस्रो अपराध॥
जौं[10] अछ हृदया[11] मिलत[12] समाज।
अवसस्रो रहब आँउधि[13] भइ[14] लाज॥
काच घटी अनुगत जन[15] जेम।
नागर लखत हृदयगत[16] पेम॥
मधुर वचन हे सबतहु सार!
विद्यापति भन कवि कण्ठहार॥

न० गु० ताल०) प० सं० ३८८

पाठभेद—

मि० म०—(प० सं० ४०२) २ पिबइत ५ जत १० जौं

परि० पद०—(ताल०, प० सं० १२२) १ कोए ३ मुँह ४ होए ६ जइसन ७ तइसन १० जञो ११-१२ हृदआ मिलब १३-१४ अउधि भए १५ जल

सं० मन्तव्य—चान्द १ कोए ३ मुँह ४ होए ६ जइसन ७ तइसन ८ गउरव ९ धइरज १० जञो ११-१२ हृदआ मिलब १३ अउँधि १५ जल १६ हृदअगत

(ii) प्रस्तुत पद की ११ वीं से १४ वीं पंक्तियाँ ने० पृ० ४८ (क) प० १३६ प्रस्तुत संस्करण प० सं० ३ की ७ वीं से १० वीं पंक्तियों से मिलती हैं।

शब्दार्थ—चान्द=चन्द्रमा, यहाँ मुख चन्द्र से। खार=खारा, कटु। अउँधि=अवनत, झुककर। अनुगत=अनुरूप, समान।

[७२७]

सखि हे बूझल कान्ह गोआरे[1]।
पितड़क[2] टार[3] काज दहु[4] कओन[5] लह
ऊपर चकमक सारे[6]॥
हम[7] तौं[8] कएल मन गेलहि होयत[9] भल
हम[10] छल[11] सुपुरुख भाने।
तोहरे[12] वचन[13] सखि कएल आँखि[14] देखि
अमिय[15] भरमे[16] विष[17] पाने॥
पसुक सङ्गे[18] हुनि[19] जनम गमाओल
से कि बुझथि[20] रतिरङ्गे[21]।
मधुयामिनी[22] मोरि[23] आजे[24] निफले[25] गेलि
गोप गमारक सङ्गे[26]॥
तोहरे[27] वचने[28] कूप घस[29] जोरल[30]
तें[31] हमे गेलिहु[32] अबाटे[33]।
चन्दन[34] भरमे[35] सिमर आलिङ्गल
सालि रहल हिय[36] काँटे[37]॥
भनइ विद्यापति हरि बहुवल्लभ
कएल बहुत अपमाने[38]।
राजा शिवसिंह[39] रूपनरायन[40]
खिमापति रस जाने[41]॥

ताल०, न० गु०; प० ३९३

पाठभेद—

बेनीपुरी (प० सं० १४३) १ गोआर २-३ पितरक टाँड़ ४-५ कोन दहु ६ सार ७-८ हमें त ९ होएत १०-११ हमे छलि १२ तोहर १५-१६ अमिअ-भरम १८-१९ संग जे २०-२१ बुझब रतिरंग २२ मधु जामिनि २४-२५ आज विफल २६ संग २७ तोहर २९ घसि ३० जाएब ३२-३३ गेलिहुँ अबाट ३४-३५ चंदन भरम ३६-३७ हिअ काँट ३८ अपमान ३९-४० सिबसिंह रूपनराएन ४१ जान

मि० म० (प० सं० ११७) १ गोआर २-३ पितरक टाँड़ ६ सार ८ तो ९ होएत ११ छलि १२ तोहर १५-१७ अमिअ-भरम बिस १८-१९ सङ्ग हुन २१ रतिरङ्ग २२-२५ मधुजामिनि मोर आजु विफल २६ सङ्ग २७-२८ तोहर वचन ३१ तैँ ३५ भरम ३७ काट ३८ अपमान ३९ सिवसिंघ ४१ जान

परि० पद० (त०, प० सं० १२५) ५ कओने ८ तओ ९ होएत १३ बचने १४ आँखि १५ अमिअ २२ मधुजामिनि ३० जोड़ल ३१ तजे ३६ हिअ ४० रूपनराजेन

सं० मन्तव्य—२ पितलक ८ तजे १० मोजे १२ तोहर १४ आँखि १७ बिस ३२ गेलिहुँ ३९ सिवसिंह । शेष परि० पद० सदृश ।

शब्दार्थ—पितड़क टार=पीतलक, बाँह पर का गहना । भाने=आभास, विश्वास । हुनि=उन्होंने । धस=धँसा, टूटा हुआ । अबाटे=कुमार्ग ।

[७२८]

बुझहि न पारल कपटक दीस ।
अमिय[१] भरमे खाएल हम बीस ॥
अबे परतीति करत[२] दहु[३] कोए ।
सामर नहि सरलासए[४] होए ॥
ए सखि की परसंसह कान्ह ।
वचन सुधा सम हृदय[५] पखान[६] ॥
मोहन जाल मदन सरे भोलि ।
आरति[७] की न पठओलन्हि बोलि ॥
बोलहिक भल सखि माधव नाम ।
बहु[८] बोलछड़ परजन्तक ठाम ॥
अनुभवि दूर कएल अनुबन्ध ।
भुगुतल कुसुम भमर अनुसन्ध ॥
भनइ विद्यापति तोहें[९] सखि भोरि ।
चेतन हाथ कहाँ रह चोरि ॥

ताल०, न० गु० ४२५

पाठभेद—

मि० म० (प० सं० ३९६) १ अमिअ २ करतँ ४ सरलासय ९ तोहें

परि० पद० (त०, प० सं० १३१) १ अमिञ ४ सरलासअ ८ बड़ ९ तोहें

सं० मन्तव्य—१ अमिञ २ करए ३ दहुँ ५-६ हृदअ पषान ८ बड़ ९ तोञे

शब्दार्थ—दीस=दृश्य, मर्म। करए दहु=कदापि न करे। सामर=साँवला, श्याम। सरलासए=स्वच्छ हृदय का। परजन्तक काम=अन्तिम परिणाम में। अनुबन्ध=सम्बन्ध। अनुसन्ध=(क्या) ढूँढ़ता है ? या अनुसन्धि=मित्रता (आघ्रात पुष्प और भ्रमर सी)

[७२९]

जतहि प्रेम[1] रस ततहि दुरन्त।
पुन[2] कर पलटि पिरित[3] गुनमन्त॥
सबतहु सुनिअ[4] अइसन बेबहार।
पुनु टूटए पुनु गाँथए[5] हार॥
ए कन्हु[6] ए कन्हु[6] तोहँहि[7] सआन[8]।
बिसरिअ[9] कोप करिअ[10] समधान॥
पेमक[11] आँकुर[12] तोहें[13] जल देल।
दिने[14] दिने[14] बाढ़ि महातरु भेल॥
तुअ गुने[15] न गुनल सउतिनि[16] आछ।
रोपि न काटिअ[17] विषहुक[18] गाछ॥
जे नेह उपजल प्रानक ओल[19]।
से न करिअ दुर दुरजन बोल॥
जगत विदित भेल तोह[20] हम[21] नेह।
एक परान कएल दुइ देह॥
भनइ विद्यापति करब[22] उदास।
बड़ाक[23] वचने[24] करिअ[25] बिसवास।

तालo, न० गु०; प० ४७६

पाठभेद—

बेनीपुरी (प० सं० १५७) २ पुनु ३ पिरिति ५ गाँथिअ ६ कान्ह ७-८ तोहहि सयान ९ बिसरिए १० करह समाधान १२ अंकुर १४ दिन १५ तोहें गुन १६ सउतिनि २०-२१ तहें हमे २२ न कर २३-२४ सुपुरुख बचन

मि० म० (प० सं० ४६५) १ प्रेम २ पुनु ४ सुनिये ५ गाँथिये ७ तोहहि ९ बिसरिए १० करिए ११-१३ प्रेमक अङ्कुर तोहे १४ दिन १६ सउतिन १७-१८ काटिए बिसहुक १९ ओर २० कर २३-२५ बड़क बचन करिए

परि० पद० (त०, प० सं० १४६) २ पुनु ३ पिरिति ८ सआन १३ तोहें २२ न कय

सं० मन्तव्य---३ पिरिति ६ कान्ह ८ सआन १३ तोजे २२ कर न

शब्दार्थ—दुरन्त=दुराव, द्वेष। कोप=रोष (मानजन्य)। रोपि=रोप (जड़ जमा) कर।

[७३०]

प्रथमक आदरें[१] पुलक भेल जत
न शुनल[२] दाहिन वामे ॥
मधुर वचन मधु भरमहि पीउल
विष[४] सम भेल परिनामे ॥
कतने मनोरथे[५] अछलहु[६] सुन्दरि
नागर भमर हमारे ॥
जाबे पाब[७] रस ताबे रहए बस
बिनु दोसे[८] कर परिहारे ॥
रभसक अवसर की नहि अङ्गिरए
कत न करए परबन्धे ॥
अवसर बेरि हेरि नहि हेरए
फल जानिअ सब धन्धे ॥

ताल०, न० गु०; प० ४२४

पाठभेद—

मि० म०—(प० सं० ८४०) १ आदरे २ गुनल ४ बिस

परि० पद०—(त०, प० सं० १३०) १ आदरें २ गुनल ५-६ मनोरथें अछलहुँ ८ रसे

सं० मन्तव्य—१ आदरें ३ भरमहिं ६ अछलहुँ ७ पाबए ८ दोसें

शब्दार्थ—न शुनल=न सुना, परवाह न की। परिहारे=परित्याग। परबन्धे=प्रबन्ध, उपाय।

[७३१]

सबे परिहरि अएलाहु[1] तुय[2] पास ।
बिसरि न हलबे दए बिसवास ।।

अपने सुचेतन कि कहब गोए ।
तइसन[3] करब उपहास न होए ।।

ए कन्हाइ तोहर वचन अमोल ।
जाब जीव प्रतिपालब बोल ।।

भल जन वचन दुअओ समतूल ।
बहुल[4] न जानए रतनक मूल ।।

हमे अबला तुअ हृदय[5] अगाध ।
बड़ भए खेमिअ सकल अपराध ।।

भनइ विद्यापति गोचर गोए ।
सुपुरुष[6] सिनेह अन्त नहि होए ।।

ताल०, न० गु०, प० ४७८

पाठभेद—

मि० म०—(प० सं० ४६६) १-२ अएलाहु तुअ ६ सुपुरुस
परि० पद०—(त०, प० सं० १४७) १-२ अएलाहुँ तुअ
सं० मन्तव्य—१-२ अएलाहुँ तुअ ३ तइस ४ बाउर ५ हृदअ

शब्दार्थ—तइस=वैसा। समतूल=समान। बाउर=बावल, अबोध। खेमिअ=क्षमा करें। गोचर गोए=प्रकट एवं गुह्य दोनों प्रकार के तत्त्व।

[७३२]

की हमे साँझक एकसरि तारा
भादव चौठिक शशी[1] ।
इथि दुहु माझ कओन[2] मोर आनन
जे पहु हसि[3] न हेरसी[4] ।।
साए साए, कहह कहह कन्हु[5], कपट करह जनु
कि मोर[6] परल अपराधे ।

न मोञे[7] कबहु तुअ अनुगति चुकलिहु[8]
वचन न बोलल मन्दा ।
साभी समाज पेमे[9] अनुरञ्जिय[10]
कुमुदिनि सन्निधि चन्दा ॥
भनइ विद्यापति सुनु वरजौवति[11]
मेदिनि मदन समाने ।
राजा सिवसिंह[12] रूपनरायन[13]
लखिमा देवि[14] रमाने ॥

ताल०, न० गु०; प० ५००

पाठभेद--

बेनीपुरी०--(प० सं० १५८) १ ससी ३-४ हेरसि न हँसी ५ कान्हु ६ मोरा ७ मएँ ८ चुकलिहुँ ९-१० पेम अनुरंजिअ १३ रूपनराएन

मि० म०—(प० सं० १५१) १ ससी ३-४ हेरसि न हँसी ७ मोयँ १२ शिवसिंह

परि० पद०--(त०, प० सं० १५५) २ कओन ३ हँसि ८ चुकलिहुँ १० अनुरञ्जिअ १३ रूपनाराअेन

सं० मन्तव्य—५ कान्ह ११ बर जउवति १४ देइ । शेष परि० पद० सदृश ।

शब्दार्थ—एकसरि तारा=अकेली, एकेश्वरी तारिका, जिसका दर्शन अनिष्टकर माना जाता है। इथि=इनमे । हेरसी=निहारते । अनुगति=सेवा-अर्चन । मन्दा=अशुभ । समाज=सन्निकट, सानिध्य । अनुरञ्जिअ=अनुरञ्जन करती हूँ ।

[७३३]

जइअओ जलद रुचि धएल कलानिधि
तइअओ कुमुद मुद देइ ।
सुपुरुष[1] वचन कबहु[2] नहि विचलए
जओं[3] विहि बामेओ होइ ॥
मालति ककें[4] तोञे होसि मलानी ।
आन[5] कुसुम मधुपान विरत कए
भमर देब मोञे आनी[6] ॥

दिन दुइ चारि आने[7] अनुरञ्जब
सुमरत सउरभ तोरा ।
आनक[8] वचन[9] अनाइति पड़ला है
से नहि सहजक भोरा ॥

ताल०, न० गु०, प० ५०२

पाठभेद—

मि० म०—(प० सं० ८४२) १ सुपुरुस ६ जओ ४ ककें ६ आनि

परि० पद०—(त०, प० सं० १५६) २ कबहुँ ३ जओ ४ ककें ५ आन ६ आनी ७ आने ८-९ आनक बचने

सं० मन्तव्य—३ जओ ४ ककें ९ बचने

शब्दार्थ—जइअओ......देइ=यद्यपि चन्द्रमा बादलों की छटा में लुका-छिपी करने, रस लेने लगा है। तइअओ=तथापि। मुद=प्रसन्नता। आन कुसुम=दूसरे प्रसून, पराई नायिका। अनाइति=पर-वशता में।

[७३४]

से भल जे बरु बसए विदेसे ।
पुछिअ पथुक जन ताक उदेसे ॥
पिआ[1] निकटहि बस पुछिओ न पुछइ[2] ।
एहन[3] विरह दुख केदहु सहइ[4] ॥
धनि धैरज[5] कर पिआ[1] तोर रसिआ[6] ।
अवसउ[7] दिन एक देत बिहुसिया[8] ॥
मधुरिओ बचन सून[9] नहि काने ।
आव अबसेओ हमे तेजब पराने ॥
भनइ विद्यापति एहु रस भाने[10] ।
राए सिवसिंह लखिमा[11] देइ[12] रमाने ॥

ताल०, न० गु०; प० ५०५

पाठभेद—

मि० म०—(प० सं० १५२) १ पिया ११ सिवसिंघ

परि० पद०—(त०, प० सं० १५७) पुछई ३ अइसन ४ सहई ५ धइरज १० जावे ११ दे

सं० मन्तव्य—२ पूछइ ५ धइरज ६ रसिआ ७ अवसेओ ८ बिहुसिआ ९ सुनए

शब्दार्थ—केदहु=कौन, किस भाँति। देत बिहुसिआ=हँसी, आह्लाद प्रदान करेंगें

[७३५]

पहिलि पिरीति परान आँतर[१]
तखने अइसन[२] रीति।
से आबे कबहु[३] हेरि न हेरथि
भेलि निम सनि तीति॥
साजनि जिबधु[४] सए पचास।
सहसे रयनि[५] रमनि[६] खेपथु
मोराहु तन्हिकि[७] आस।
कतने जतने गउरि अराधिअ
मागिअ[८] स्वामि सोहाग[९]।
तथहु अपन करम भुज्जिअ[१०]
जइसन जकर भाग॥
समय[११] गेले मेघे बरीसब
कीदहु[१२] तें[१३] जलधार॥
सित समापले वसन पाइअ
ते[१४] दहु[१५] की उपकार॥
रयनि[१६] गेले दीपे[१७] निबोधिअ
भोजन दिवस अन्त।
जउवन गेले जुवति पिरिति
को फल पाओत कन्त॥

धन अछइते[१८] जे नहि भोगए
ता मने हो पचताब।
जउवन जीवन बड़ निरापन
गेले पलटि न आब॥
भन विद्यापति सुनह जउवति
समय[११] बुझ[१९] सयान[२०]।
राजा सिवसिंह[२१] रूपनरायन[२२]
लखिमा देवि[२३] रमान॥

ताल०, न० गु०; प० ६४४

पाठभेद—

मि० म० (प० सं० १६१) ३ कबहु ५–६ रमनि रयनि ७ तन्हिक ९ सोहागा १० भुञ्जिअ १२–१३ कादहु तें १४ तें १८ अछइत २१ सिवसिंघ २३ देइ।

परि० पद०—(त०, प० सं० १८४) १ आतर २ अइसनि ३ कबहुँ ४ जीवथु ६ रअनि ८ मांगिअ १० भुञ्जिअ १२ ते १६ रअनि १७ दीप १९–२० बूझ सआन २२ रूपनराअेन

सं० मन्तव्य—५–६ रमनि रअनि ११ समअ १२ की दुहुँ १६ रअनि २३ देव। शेष परि० पद० सदृश।

शब्दार्थ—परान आतर=जिउ जिउ आँतर, इतनी घनिष्ठता की पार्थक्य का अनुमान ही न हो पाए। हेरि=देखकर भी। रमनिअे रअनि खेपथु=रमणियों के मध्य रात्रि बिताएँ। ते दहु=उससे। निबोधिअ= चेताना, प्रकाशित करना। निरापन=निरापन्न, अपने वश के बाहर।

[७३६]

माधव ई नहिं उचित बिचारे।
जनिक एहन धनि काम कला सनि
से किअ[१] करु व्यभिचारे॥
प्रानहु ताहि अधिक कय[२] मानब
हृदयक हार समाने।
कोन[३] परियुक्ति[४] आन[५] कैं[६] ताकब
की थिक हुनक गेआने[७]॥

कृपिन पुरुस कैँ[1] केओ नहिँ निक कह
जग भरि कर उपहासे।
निज धन अइछति[9] नहि उपभोगब
केवल परहिक आसे॥
भनहिँ विद्यापति सुनु मथुरापति
ई थिक अनुचित काजे।
माँगि लायब[10] बित से यदि होय नित
अपन करब कोन[11] काजे॥

ग्रियर्सन ५१

पाठभेद—

न० गु० (प० सं० ३७७) उपरिवत्।

मि० म०—(प० सं० ३७५) उपरिवत्।

सं० मन्तव्य—१ किए २ कए ३ कओन ४ परिजुगुति ५–६ आन कओ ७ गेआने ८ कओ ९ अछइते १० लाएब ११ कओन।

शब्दार्थ—ताहि=से। थिक=है। अछइते=रहते हुए। बित=धन।

[७३७]

अपनहि[1] अइलिहु[2] कएल अकाज।
मान गमाओल अरजल लाज॥
आदर हरल बहल मुख सोभ।
राङ्क[3] न फाबए मानिक लोभ॥
ए सखि ए सखि कि कहिबओ[4] तोहि[5]।
दिवसक दोसे दुअस भेल मोहि॥
हरि न हेरल मुख सएन[6] समीप।
रोसे बसाओल[7] चरनहि[8] दीप॥
बइसि गमाओल जामिनि जाम।
कि करब भावि विधाता बाम॥

मिथिला, न० गु० ४८९

पाठभेद--

मि० म० (प० सं० ८६३) १ अपनेहि ।

सं० मन्तव्य—१–२ अपनेहि अइलिहुँ ३ राङ्के ४–५ कहबओ तोंहि ६ सजन ७–८ बुझाओल चरनञे ।

शब्दार्थ—अकाज=व्यर्थ का काम। अरजल=अर्जित किया, पाया। लाज=लज्जा, निन्दा। राङ्के= दरिद्र को। दुअस=दुर्यश, अपकीर्ति। चरनञे=पाँव से।

[७३८]

मालव रागे—

बुझहि न पारलि परिणति[१] तोरि
अधरेओ[२] ललए[३] बाट[४] टकटोरि[५] ।
फल पाओल कए तोह सनि सीट
कएलह हाडी[६] बासक[७] बीट ॥ध्रु०॥
मञे[८] जानलि अनुरागिनि मोरि
ओल धरि[९] रहति[१०] हृदय[११] सँग चोरि ।
निरजन जानि कएल[१२] तुअ कान
गुपुत रहल नही[१३] जानत[१४] आन[१५] ॥
सबतहु[१६] भेटी[१७] कएलह बोल
दुरजन वचने बजओलह ढोल ।
विद्यापति ता जीवन सार
जे परदोस[१८] लुकाबए पार ॥

ने० पृ० २३ (क), प० ६२, पं० ५

पाठभेद—

मि० म० (प० सं० ५८५) २–५ अधरे ओललए बाटट काटारि ६ हाती ९–१० बधिर हति १३ नहि १८ परदेस ।

सु० झा० (प० सं० ५६) २ अँधेरे ८ मञो १२ कहल १३–१४ नहि जानल ।

परि० पद० (प० सं० ५७) १ परिनति २ अन्धरेओ ६–७ हाँडी बाँसक ८ मोञे ११ हृदअ १३–१५ नहि जानल आन १६–१७ सबतह भेटिअ १८ परदोष ।

सं० मन्तव्य—२ अँधरेओ १३ नहिं १७ भेंटिए । शेष परि० पद० सदृश ।

शब्दार्थ— 'धरेओ···टकटोरि=अन्धे (अज्ञानी) भी टटोल कर (यत्न कर) रास्ता (उचित मार्ग) पकड़ लेते हैं। हाडी···बीट—बँसवाड़ी में फेंकी हाँड़ी सदृश। निरजन=जनापवाद से रहित एकान्त। भेंटिए=मिलजुल कर।

[७३९]

धनछीरागे—

प्रथमहि कएलह नयनक[1] मेलि
आसा देलह हसि[2] कहु हेरि।
ते[3] हमे[4] आज अएलाहु तुअ पास
बचनेहु[5] तोहे अति भेलि हे उदास ॥ ध्रु० ॥
साजनि तोहर सिनेह भल भेल
पहिला[7] चुम्बनाक[8] दुर[9] गेल।
आबहु करिअ रस परिहरि[10] लाज
अङ्गिरल ऋन[11] छड़ाबह आज ॥
अपना वचन नही[12] परकार
जे अगिरिअ[13] से देलहि नितार ॥
भनइ विद्यापतीत्यादि ॥

ने० पृ० ४२, प० ११९, पं० ३

पाठभेद—

मि० म० (प० सं ४४६) ३-४ तेह से ८ चुमुन कि ९ दूर १० परिबैहरि ११ बाण

सु० झा० (प० सं० ११३) ५ वचने ८ चुम्बन कि ११ ऋण

परि० पद० (प० सं० ११४) १ नअनक २ हँसि ३ तअे ५ बचवेहुँ ६ तोहेँ ११ रीन १२ वचवे नहि १३ अँगिरिअ

सं० मन्तव्य—१ नअनक २ हँसि ३ तअे ६ तोअे ९ दुरए ११ रीन १३ अङ्गिरिअ

शब्दार्थ—वचनेहु=बोली में भी। पहिला चुम्बनाक=पहले चुम्बन में ही। दुरए=दूर चला गया, नष्ट हो गया। नितार=निस्तार, छुटकारा।

[७४०]

हृदय[1] आरति बहु भय[2] तनु काँप।
नूतन हरिनि जनि हरिन करु झाँप ॥

भुखल चकोर जनि पिवइत[3] आस ।
ऐसन[4] समय[5] मेघ नहि परकास ॥
पहिल समागम रस नहि जान ।
कत कत काकु करतहि कान ॥
परिम्भन बेरि उठइ तरास ।
लाज[6] वचन नहि कर परकास ॥
भनइ विद्यापति इह नहिं भाय ।
जे रसवन्त सेहो रस पाय ॥

अज्ञात स्रोत, न० गु०; १९१

पाठभेद—

मि० म० (प० सं०६७६) न० गु० सदृश ।

सं० मन्तव्य—१ हृदय २ भए ३ पिबइते ४-५ अइसन समअ ६ लाजे

शब्दार्थ—पिबइते आस=पीने की आशा । काकु=विभिन्न स्वरों में मनौती ।

[७४१]

मालव—

जा भोअने[1] हो[2] अइसन मन्द
अमिअ धार धरि बरिसए चन्द ।
धाधि होए सब लोमक सान्धि
बैरिउ[3] आगिँ न मेलिअ बान्धि ॥ ध्रु० ॥
चल चल सुन्दरि कि बोलिबो तोहि
अइसन पेम जेअओं[4] लओलह मोहि ।
कुलिस पहारेँ जीव हल मारि
ता पाछेँ की करि(अ)[5] गोहारि ॥
अनुनअ दुजनाँ बुझल न मोर
देखलेँ[6] मन पतिआएल तोर ।
तोहेँ पररमनि हमर दिन दोस
आन्तर[7] भल रह दूर परितोस ॥

राम० पृ० २३ (क), प० ७७, पं० १

पाठभेद—

ठाकुर— (प० सं०......) १-२ भोअ नेहो ४ जे ५ करबि ६ पेखलें

परि० पद० (राम०, प० सं० ३३) राम पु० सदृश ।

सं मन्तव्य—३ बइरिओ ४ जेओ ५ करिअ ७ आंतर

शब्दार्थ—भोअने=खाने पर । मन्द=बुरा । अमिअ......चन्द=तो चन्द्रमा यदि अमृत की धार बरसाए भी तो क्या लाभ ? धाधि=जलन । सान्धि=सन्धि, छिद्र । आगि=आग में । मेलिअ=मिलना, फेंकना । पहारें=प्रहार करके । दुजना=दुर्जन, पत्थर हृदय । आँतर ...परितोस=अब तृप्ति की आशा दूर ही रहे और दोनों में अन्तर ही बना रहे तो अच्छा ।

[७४२]

आदरि अनलह धएलह बारि ।
आँचर[1] छड़लह[2] वदन निहारि ॥
सदृढेओ केस न बंधलह[3] फोए ।
सबे रस सुन्दरि धएलह गोए ॥
आबे कि पुछसि राहि भल नहि भेल ।
जतने आनल[4] कान्ह तोरे दोसे[5] गेल ॥
गुनि गन[6] पथ सह लगलउ हे भोर ।
आँचर[7] हीर हराएल[8] मोर ॥
सखि जन सोंपइते[9] भेलउ हे राग ।
गेल पाइअ जौं[10] हो बड़ भाग ॥

ताल०, न० गु०, प० ४८६

पाठभेद—

मि० म०—(प० सं० ८३५) १ आंचर २ छाड़लह ३ बँधलह ७ आंचर ९ सोपइत १० जौ

परि० पद० (त०, प० सं० १५१) १ आंचर ३ बँधलह ४ आनल ५ दोषें ६ गुन ७ आचर ९ सौंपइते १० जओ

सं० मन्तव्य०—८ हेराएल ९ सोंपइतें । शेष परि० पद० सदृश ।

शब्दार्थ—बारि=पृथक् कर । छड़लह=छोड़ा, अनावृत किया । गुनि......भोर=समझ बूझकर भी सुपथ में तुम दिग्भ्रमित हो गई । सौंपइते=सौंपते हुए । राग=क्रुद्ध ।

[७४३]

धिक त्रिय[1] कर जे प्रिय[2] पर कोप।
कुल कामिनि जन प्रेमक लोप॥
भल जन मइ[3] हो अपजस ख्यात।
प्रियतम मन सौँ[4] होयब[5] कात॥
एकसरि तारा केओ न देख।
चढ़लि अकास अमङ्गल लेख॥
अपने सुख हरि करि जनु मान।
कविवर विद्यापति एह भान॥

मिथिला, न० गु० ५३९

पाठभेद—

मि० म० (५० स० ८५४) न० गु० सदृश।

सं० मन्तव्य—१ तिय २ पिय ३ मञे ४ सञो ५ होएब

शब्दार्थ—मञे=में। ख्यात=प्रचारित, प्रसिद्ध। कात=च्युत। हरि=हरण, नष्ट कर।

[७४४]

धनछीरागे—

तोरा अधर अमिञे लेल वास
भल जन नेओतल दिअ[1] बिसबास।
अमर होइअ जदि कएले पान
की जीवन जञो खण्डत[2] मान॥ ध्रु०॥
नागरि करबए[3] कर[4] गए[5] झाट
दिवसक भोजने वर्ष न आट[6]॥
बथु[7] उपजाए करिअ जे काज
जे नहि जेमञे तकरा लाज।
तञे[8] नहि[9] करबए परमुह[10] सून
पर उपकारे[11] परम होअ पून॥
भनइ विद्यापतीत्यादि॥

ने० पु० ४३, प० १२०, पं० २

पाठभेद—

मि० म० (प० सं० ४०५) ४-५ करइ ए ७ रथु ९ महि

सु० झा० (प० सं० ११४) ३-४ करब एकर

परि० पद० (प० सं० ११५) १ दए २ खण्डित ६ आँट ८-९ तोज नहि १० पर मुँह ११ उपकारे

सं० मन्तव्य—परि० पद० सदृश

शब्दार्थ—नेओतल=निमन्त्रित किया। अमर…मान=यदि कोई इसे पी ले तो अमर जीवन पा जाय किन्तु मान गवाँकर ऐसा जीवन लेने कौन आएगा ? अतः भले आदमी का मान तो रखो। नागरि…झाट=हे नागरी अन्ततः करोगी ही; तो जल्दी ही करो न। दिवसक=एक दिन के। आँट=अँटना, बिता पाना। बथु=वस्तु, पदार्थ। काज=भोज-भात। जेमन्हे=खाता है। परमुह सून=दूसरे को वाञ्छित वस्तु से वञ्चित कर अनादृत करना।

[७४५]

बरली रागे—

सहजहि तनु खिनि भाझ[1] बेबि सनि
सिरिस कुसुम सम काया।
तोहे[2] मधुरिपु पति कैसे[3] कए धरति रति
अपूरब[4] मनमथ माया॥ ध्रु०॥
माधव परिहर दृढ़[5] परिरम्भा।
भागि[6] जाएत मन ……[7] जीव सन[8]
मदन विटपि आरम्भा॥
सैसव[9] अछल[10] से डरे[11] पलाएल[12]
जौवन[13] नूतन वासी।
कामिनि कोमल पाँहोन[14] पचसर[15]
भए जनु जाह उदासी॥
तोहर चतुरपन जखने ,धरति मन
रस बूझति अबसेखी।[16]
एखने अलप बुधि न बुझ अधिक सुधि
केलि करब जिव राखी॥[17]

तोहे[१८] जे नागर मनि[१९] ओ[२०] धनि जिव[२१] सनि
कोमल काच[२२] सरीरा।
तेपरि करब केलि जे पुनु होअ[२३] मेलि
मूल राख बनिजारा॥
हमरि[२४] अइसनि[२५] मति मन दए सुन दुति
दुर कर सबे अनुतापे।
जओ[२६] अति कोमल तँअओ[२७] न ढरि पल
कबहु[२८] भमर भरे[२९] कापे॥[३०]
भनइ विद्यापतीत्यादि॥

ने० पृ० ९०, प० २५०; पं० २

पाठभेद—

न० गु० (प० सं० १४५) ४ अपरुब ५ दृढ़ ६ भाँगि ८ सजे १६ अवसेखि १७ राखि १९-२० नागर मानओ २२ काँच

मि० म० (प० सं० २९०) १५ पँचसर २६ जयँ ३० काँपे। शेष न० गु० सदृश।

सु० झा० (प० सं० २२९) ३ पाठाभाव २१ जीव

परि० पद० (प० सं० २३०) १ माँझ २ तोहें ६ भाँगि ७ धरिअ ११-१२ डरें पलाएल १३ जउवन १४-१५ पाहुँन पँचसर १६ अवसेखी १८ तोहें २१ जीव २२ काँच २३ होअए २४-२५ भनइ विद्यापति २६ जइओ २७ तइअओ २८ कबहुँ २९ भरें

सं० मन्तव्य—३ कइसे ९ सइसव १० आछल २१ जीउ २४-२५ हमरि अइसनि। शेष परि० पद० सदृश।

शब्दार्थ—बेबि=दो भाग (बीच से)। विटपि=बल्लरी। उदासी=उदासीन। राखी=बँचाकर। अनुतापे=पश्चाताप, दुश्चिन्ता। कापे=कपीतन, शिरीष पुष्प; पदं सहेत भ्रमरस्य पेलवं शिरीष पुष्पं—कालिदास।

[७४६]

ए[१] किअ[२] अनलहु[३] न आवए पासे। कोरहु करइते[४] काँप तरासे॥
नहि नहि नहि पए भाखे। जइअओ जतने[५] करिअ पए लाखे॥
सुमुखि विमुखि[६] रह सोइ[७]। पअ परलहु नहि परसनि होइ[८]॥
सेज[९] चकित रह जागी। छपपट कर जनि परसलि आगी॥

ताल०, न० गु०, प० १७४

पाठभेद—

मि० म० (प० सं० ८३१) १-२ एकि आ ४ करइत ५ जतन ६ विमुखी

परि० पद०—(त०, प० सं० ५०) ३ अनलहुँ ७ सोई ८ होई

सं० मन्तव्य—१-२ पाठभाव ३ अनलहुँ ४ करइतें ९ सेजें

शब्दार्थ—अनलहुँ=ले आने पर। कोरहुँ=गोद में भी। भाखे=कहती है। जनि…आगी=जैसे आग से छू गई हो।

[७४७]

गगन मडल[१] उग कलानिधि
कते नेबारबि[२] दीठि।
जखने जे त[४] रह तेँहि[३] गमाइअ
जे बहुत (।) दीअ पीठ॥
साजनि बड़ बथु उपकार।
जाहेरि[५] वचनें परहित हो
ताहेरि[६] जिवन[७] सार॥
साधु[८] जन काँ परहित लागि
न गुन धन परान।
राहु पियासल[९] चान्दे[१०] गरासए
न हो खीन मलान॥
न थिर जिवन[११] न थिर जउवन
न थिर एहे सँसार।
गेल अवसर पुनु न पाइअ
किरिति अमर सार॥
कतए राघव राए घरिनी
कतए लङ्कापुर वास।
कतए[१२] हनुमते[१३] साअर लाँघल
किछु न गुनु तरास॥

जखने जाकर बाङ्क विधाता
सब कला अनुमान।
अधिक आपद धैरज[१४] करब
कवि विद्यापति भान॥

न० गु०, ताल०, प० सं० ३८७

पाठभेद—

मि० म० (प० सं० ३९१) २ निबारबि ३ तें हि ४ बहत ५ जन्हिक ६ तन्हिक ८ सा १० चांद १२ कत

परि० पद० (ताल०, प० सं० १२१) ३ तें हि ४ बह ता ७ जीवन ९ पिआसल ११ जीवन १२ हनुमतें

सं० मन्तव्य—१ मण्डल ३ तें हि ४ बह ता ७ जीवन ९ पिआसल ११ जीवन १४ धइरज

शब्दार्थ—नेबारबि=हटाऊँगी। बह ता=जो बहे उसी ओर। न गुन=नहीं गिनना चाहिए। साअर=समुद्र। तरास=त्रास, डर।

[७४८]

धनी[१] बेयाकुल[२] कोमल कान्त। कोन[३] परबोधब सखि परजन्त।
सखी[४] परबोधि सेज जब देल। पिया[५] हरिसि उठि कर धए लेल॥
नहि नहि करय[६] नयन[७] ढरु नोर। सूति रहलि धनि सेजक ओर॥
भनइ विद्यापति हे जुवराज। सभ सयों[८] बड़ थिक आँखिक लाज॥

न० गु० (मिथिला)१५१

पाठभेद—

मि० म० (प० सं० २७५) उपरिवत्।

सं० मन्तव्य—१-२ धनि बेआकुल ३ कओन ४ सखि ५ पिआ ६ करए ७ नअन ८ सबे

शब्दार्थ—धनी…कन्त=कन्त के सामीप्य की संभावना से कोमल युवती व्याकुल है।

[७४९]

कि कहब रे सखि कहइते लाज।
जोइ[१] कयल[२] सोइ नागर राज॥
पहिल वयस मझु[३] नहि रतिरङ्ग।
दूति मिलायल[४] कानुक सङ्ग॥

हेरइते देह मझु[३] थरहरि काँप।
सोइ लुबध मति ताहे करु झाँप॥
चेतन हरल आलिङ्गन बेलि।
कि कहब किये[५] करल रस केलि॥
हठ करि नाह कयल[२] जत काज॥
सो कि कहब इह सखिनि समाज॥
जानसि तब काहे करसि पुछारि।
सो धनि जो थिर ताहि नेहारि॥
विद्यापति कह न कर तरास।
ऐसन[६] होयल[७] पहिल विसास॥

प० त० २३९

पाठभेद—

न० गु० (प० सं० १९७) १ जेहो। शेष प० त० सदृश।

मि० म० (प० सं० ६९२) प० त० सदृश।

सं० मन्तव्य—(i) इस पद की भाषा बहुत कुछ परिवर्त्तित हो चुकी लगती है। (ii) कएल ३ मोजे ४ मिलाएल ५ कीए ६-७ अइसन होबए

शब्दार्थ—झाँप=आक्रमण। सो धनि=वही धन्य है। थिर=स्थिर रहे। तरास=डर।

[७५०]

शास[१] घुमायत[२] कोरे अगोरि। तहिँ रति[४]-ढीठ[५] पीठ रहुँ चोरि[६]॥
किये[७] हम आखरे कहलु[८] बुझाइ। आजुक चातुरी[१०] रहब[११] कि जाइ[१२]॥
ना करह[१३] आरति[१४] ए अबुध[१५] नाह। अब नहि होएत[१६] वचन निरबाह॥
पीठ आलिङ्गने[१७] कत सुख पाब। पानिक[१८] पियास दुधे[१९] किए[२०] जाब॥
कत मुख मोरि अधर रस लेल। कत निसबद करि[२१] कुचे[२२] कर देल॥[२३]
समुखे[२४] ना जाय सघन निसोयास[२७]। काहे[२८] किरन[२९] भेल[३०] दसन-विकास॥
जागल[३१] ससि[३२] चलत[३३] तब कान। न[३४] पूरल[३५] आस विद्यापति भान॥

प० त० ७२९

पाठभेद—

ब्र० न० सहाय (मा० मि० और प्रेम वै०, प० सं० २२) १-३ सास सुतसि मोर कोर अगोर ५ ठीठ ६ रहु चोर ७ कत ८ आखर कहलु १० चातुरि १३-१४ करु आरत १६ होत १७ अलिगन १९-२० दूध किय २१ लेला २२ कुच २३ देला २४-२५ समुख न २६-२७ सघन निसवास २८ हांस ३० भेला ३२ सास ३४ ना ३५ पुरल

न० गु० (प० सं० ५६३) प० त० सदृश।

बेनीपुरी (प० सं० १६८) १-३ सासु सुतलि छलि कोर अगोर ४ अति ६ रहु चोर ७-८ कत कर आखर कहल १०-११ चातुरि कहल १२ जाई १३ नहि कर १५ अबुझ १७ आलिंगन १८ पानि १९ दूध २१-२२ कए कुच २४-१६ समुख न जाए सघन निसोआस २८-२९ किए कारन ३१-३३ जागलि सासु चलल ।

मि० म० (प० सं० ७००) प० त० सदृश।

सं० मन्तव्य—१-१ सासु सुतलि छलि ७ कत १० रहब १३ न करह १९ पिआस दुधें २४-१७ समुख न जाबए सघन निसोआस २८ किए ३१-३३ जागलि सास चलल।

शब्दार्थ—चोरि=चोरी-चोरी। आखर=सांकेतिक भाषा। निसबद करि=चुप कराकर। किए=क्योंकर। दसन-विकास=दाँतों की चमक।

[७५१]

ए[1] सखि ए[1] सखि कि कहब हाम।
पिया[2] मोर विदगध बिहि मोरे[3] बाम॥
कत दुखे आओल[4] पिया[2] मझु[5] लागि।
दारुन सास रहल तँहि जागि॥
घरे मोर आँधियार[6] कि[7] कहब[8] सखि[9]।
पासे[10] लागल पिया[2] किछुइ न देखि[11]॥
चित मोर घसधास[12] कहइ न पाइ[13]।
ए[14] बड़ मन दुख रहु चिरथाइ[15]॥
विद्यापति कह तुहुँ[16] अगेयानि[17]।
पिया[2] हिय[18] करि[19] काहे[20] न फेरि[21] बयानि[22]॥

प० त० ७३०

पाठभेद—

अ० न० सहाय (मा० मि० और प्रेम वै०; प० सं० २७) १ हे ३ मोर ४-५ पावल पिय मोर ७-९ कहब किय हाय १०-११ पास लागल पिय कछु न दिखाय १२-१३ व्याकुल कहल न जाय १४-१५ मन सन यह दुख दुर नहिं जाय १६ तुहु १९-२१ कर कस फेर न।

न० गु० (प० सं० ५६२). **मि०म०** (प० सं० ७०१) प० त० सदृश।

सं० मन्तव्य—(i) प्रस्तुत पद पर बंग भाषा का अधिक प्रभाव है।

(ii) २ पिआ ३ मोर ६ अँधिआर १३ पाई १४ एह १५ चिर थाई १७ अगेआनि १८ हिअ २०-२२ काजे न फेर बआनि।

शब्दार्थ—दारुन=कठिन, निर्दय। धसधस=भयभीत। चिरथाई=चिरस्थाई। बआनि=मुख को।

[७५२]

अबोध[1] कुमति दूति ना शुनल[2] बानी। करिवर कोरे नलिनी दिल आनी[3] ॥
हाम[4] नलिनी उह कुलिसक सार। नलिनी सहब कैछे[5] गिरिवर भार ॥
कह सखि कानुक परिहार मोर। अलपे अलपे साध पुरबहु तोर ॥
नव नव बैठल[6] मदन बाजार। परसहि लुटकि[7] परधन आर ॥
होय[8] यदि नागरी नागर विलास। पहिले सहन करि देइ[9] आशोयास[10] ॥
भनये[11] विद्यापति शुन वर कान। भुखित जन किये[12] दुइ करे खान ॥

पं० बाबाजी, प० सं० ६८

पाठभेद—

मि० म०—(प० सं० ६८०) उपर्युक्त सदृश।

सं० मन्तव्य—(i) सन्दिग्ध, प्रस्तुत पद सामान्यतया और अन्तिम चरणों पर विशेषतया बंगीयवाङ्मय का प्रभाव पड़ा है। (ii) १ अबुझ २ सुनल ३ आनी ४ मोज ५ कइसे ६ बइठल ७ लूट किए ८ होए ९ दए १० अशोआस ११ भनइ १२ किए।

शब्दार्थ—करिवर=गजराज। गिरिवर=महान पर्वत। परिहार मोर=मेरा अनुरोध। परसहि लूट=स्पर्श मात्र से ही लूटना। अशोआस=आश्वासन, धैर्य बँधाना।

[७५३]

वियोगि कोडार—

सिरिहि[१] मिलल[२] देहा न कुचँ[३] चाँद[३] रेहा
घामे न पिउल सुगन्धा।
अधर मधुरि[५] फुल[६] देखिअ ताहेरि[७] तुल[८]
धएलहिं[९] अछ मकरन्दा॥ध्रु०॥
रामा अइलिहे पिआ[१०] बिसराइ।
पुरुष[११] केसरि जनि दमनलता धनि
चुअइतें[१२] जा असिलाइ॥
गेलहि कएलह[१३] मान की अवसर आन[१४]
कि[१५] सिसु बालँभ[१६] तोरा।
मुसए गेलिहे[१७] धन जागल परिजन
लगहि[१८] कलाओक[१९] चोरा।[२०]
भनइ विद्यापति सुनु[२१] वरजौवति[२२]
इ[२३] रस केओ केओ जाने।
राजा सिवसिंह[२४] रूपनराएन[२५]
लखिमा देवि[२६] रम (ा) ने॥[२७]

रागतरङ्गिणी, पृ० ९७

पाठभेद—

न० गु० (प० सं २३१) सिरिहि ३–४ कुचे चान ५–६ मधुरी फूल ७ तन्हिक ८ तूल ९ धयलहि १० पिया १२ छुअइत १३ गेलिहि कयलह १४ आन १५ की १६ बालभु १७ गेलि २१ सुन २५ रूप नरायन २६ देइ।

मि० म०—(प० सं० ८०) २ मिलिल ९ धयेलहि ११ पुरुस १३ गेलहि कयलह १६ बालँभु २४ सिवसिंघ २६–२७ देवि रमने। ३–४, ८, १०, १२, १४, १५, तथा १८ न० गु० सदृश।

परि० पद०—(रात०, प० सं० ३६) १ सिरहिँ ४ चान्द ९ धएलहिँ १२ छुअइते १५ की १८–२० गहल न कनय कचोरा २२ वरजउवति २३ ई २५ रूपनराजेन।

सं० मन्तव्य--१ सिरिहिँ ३ कुचेँ १९ बालंभु १८—२० लगहिक लाओल चोरा। २६-२७ देह रमाने। शेष परि० पद० सदृश।

शब्दार्थ—सिरिहिँ···देहा=शरीर श्रीयुक्त है, थोड़ा भी मलिन नहीं। घामे=रतिश्रम से निष्पन्न पसीने ने देह की सुगन्ध नहीं उड़ाई। धरलहि अछ मकरन्दा=अधरों में मधु अनछुआ पड़ा है। बिसराइ=भुलवाकर, छल करके। केसरि=सिंह। दमन लता=द्रोणलता। असिलाइ=मरोड़ खा जाना, कुम्हलाना। आन=रीति विरुद्ध दूसरे प्रकार का। लगहिक...चोरा=अपने पास जो था उसी को ज्यों-का-त्यों छिपाए हुए बँचा कर ले आई।

[७५४]

दृढ़ परिरम्भने[१] पिड़लि[२] मदने[३]।
उबरि अयलाहुँ[४] सखि पुरुब[५] पुने[६]॥
टुटि छिड़ियायल[७] मोतिम[८] हारे[९]।
सिन्दुरे[१०] लुटायल[११] सुरङ्ग पवारे[१२]॥
सुन्दर कुचयुग[१३] नखखत भरी।
जनि गजकुम्भ बिदारल हरी॥
अधर दशन[१४] देखि जिव[१५] मोर[१६] काँपे।
चाँदमण्डल जनि राहुक झाँपे॥
समुद्र ऐसनि[१७] निशि[१८] न पाविय[१९] ऊरे[२०]।
कखन उगत मोर हित भए सूरे[२१]॥
मोञे[२२] नहि[२३] जाएब सखि तन्हि[२४] पिआ[२५] ठामे[२६]।
बरु[२७] जिव मारि नड़ाबथु[२८] कामे[२९]॥
भनइ[३०] विद्यापति तेज भय लाजे[३१]।
आगि जाड़िय[३२] पुनु आगिहि[३४]क काजे[३५]॥

न० गु०, ताल०, प० सं० २०१

पाठभेद—

ग्रियर्सन (प० सं० ३८) १ परिरंभनि ३ मदाम्हे ४ ऐलहुँ ५-६ पुरबक पुन्ये ८ मोतिक १०-११ वसन लोटायल १२ पनारे २० ओरे २२-२३ अब न २४ पुनि २७ जौं २८ नड़ावत ३० भनहि ३२-३४ जारि पुनि आगिक।

मि० म०—(प० सं० ४९१) १–२ परिरम्भन पीड़लि ४ अएलहुँ ५ पुरब ७ छिड़िआएल ९ हार १०–११ सिन्दुर लोटाएल १२ पँवार १३ कुचजुग १४ दसन १५–१६ जिउमोरा १७–२० ऐसन निसि न पारिए ऊर २१ सूर २२ मोय २५–२६ पिया ठाम २८–२९ नड़ाबथि काम ३१ लाज ३२ जारिये ३४–३५ आगिक काज।

परि० पद०—(ताल, प० सं० ५९) ३ मदान्हे ७ छिड़िआएल १०–११ वसन लोटाएल १२ पनारे १४ दसन १७ अइसनि १८ निसि २२–२३ मोअन २४ पुनि ३२–३३ जारिअ पुनि।

सं० मन्तव्य—(i) मिथिला के पद बंगाल में पहुँचकर कितने अधिक पाठभेद युक्त हो गए तथा उन्हीं के आधार पर किस प्रकार उन्हें भिन्न रूप दे दिया गया, इसका यह एक अच्छा उदाहरण है। प्रस्तुत पद के ही विभिन्न चरणों को तोड़-मरोड़कर पदकल्पतरु में संग्रहीत २५१ संख्यक पद बना है जिसके कुछ चरण इस प्रकार हैं–कुचयुग देयल नख परहारे। केसरि जनु गजकुम्भ विदारे। अधर निरस मझु करलन्हि मन्दा। राहु गरासि निशि तेजल चन्दा। मोअ नहि जाएब सखि तन्हि पिआ ठामे। बरा जिव मारि नड़ाबथु कामे। पद सं० २५४ भी इसीप्रकार मिलता-जुलता है यथा-टूटल गीमक मोतिम हार। रुधिरे झरल किये सुरङ्ग पङार। सुन्दर पयोधर नख-खत भारि। केसरि जनु गज कुम्भ विदारि। नव कुचे नख देखि जिव मोर काँप। जनु नव कमले भ्रमर करु झाँप। पुन न याइह धनि सो पिया ठाम, जीवन रहिले पुराइह काम।

(ii) ३ मदान्हे ७ छिड़िआएल १०–११ वसन लुटाएल १५ जिउ १७ अइसनि २२–२३ मोअ न ३२–३३ जारिय पुनि।

शब्दार्थ—मदान्हें=मतमत्त नायक ने। सुरङ्ग=लाल रंग के। पवारे=प्रवाह में। हरी=सिंह। ऊरे=ओरे, अन्त। नडाबथु=फेंक दे। जारिअ=जलाती है।

[७५५]

अरुणे[1] किरन किछु अम्बर देल।
दीपक सिखा मलिन भए गेल॥
हठ तेज[2] माधव जएबा देह।
राखए चाहिअ गुपुत सिनेह[3]॥
दुरजने[4] जाएत परिजन कान।
सगर चतुरपन होएत मलान॥

भमर कुसुम रमि न रह अगोरि।
केओ नहि बेकत करए निअ[५] चोरि॥

अपनेओ[६] धन हे धनिक घर गोए।
परक रतन परगट[७] कर कोए॥

फाब चोरि जौं[८] चेतन चोर।
जागि जाएत[९] पुर परिजन मोर॥

भनइ विद्यापति सखि कह सार।
से जीवन जे पर उपकार॥

न० गु०, ताल०, प० २५९

पाठभेद—

मि० म० (प० सं० ३३८) १ अरुन २ तज ३ सनेह ४ दुरजन ६ अपनयँ ७ परकट ९ जाए।

परि० पद०—(त०, प० सं० ७९) ५ निञ ८ जञो।

सं० मन्तव्य—१ अरुण २ तज ५ निञ ६ अपनेञो ८ जञो।

शब्दार्थ—अरुण=प्रातःकालीन सूर्य की लाल। दुरजने=खलों के माध्यम से। फबि=जँचती है।

[७५६]

कतए अरुन उदयाचल[१] उगल[२]
कतए पछिम गेल चन्दा।
कतय[३] भमर कोलाहलें[४] जागल
सुखे[५] सुतथु[६] अरविन्दा॥
कामिनि जामिनि काँहा[७] गेली।
चिर समय[८] आगत[९] हरि भेल पाहुन
आधेउ केलि न भेली॥
पत्रुक[१०] पात अतापे[११] न पओले
झामर न भेले देहा।
कृपन सँचित[१२] धन रहल अखण्डित
काजरे[१३] सिन्दुर रेहा॥

अरुनक जोत[१४] अधरे[१५] न छड़ले
पलटि न गँथले हारा।
आनहु[१६] बोलब धनि तोञे[१७] अचेतनि
की तोर नाह गमारा॥
विद्यापति भन मन नहि परसन
हिय[१८] चिन्ता विस्तरा।
पलटि रचब केलि पिय[१९] सङ्ग हिल मेलि
दम्पति उचित बिहारा॥

ताल०, न० गु०, प० ३७३

पाठभेद—

मि० म० (प० सं० ६८६) ४ कोलाहले १० पञुक १३ काजर १४ जोति १६ आनहुँ १७ तोंञे।

परि० पद० (त०, प० सं० ११९) २ ऊगल ३ कतए ४ कोलाहले ५–६ सुखे सूतल ७ काहाँ ८–९ समयागत ११ आतपें १२ सञ्चित १४ अधरें १६ आनहुँ १८ हिअ १९ पिअ।

सं० मन्तव्य—१–२ उदआचल ऊगल ३ कतए ४ कोलाहले ५ सुखे ७ काहाँ ८ समए ११ आतपें १२ सञ्चित १३ काजरें १४ जोति १६ आनहु १८ हिए १९ पिअ।

शब्दार्थ—पछिम=पश्चिम दिशा। सुतथु=सोए। काहाँ गेली=अभी कहाँ गई, बीती? पञुक पातआतपें=पुरइन के पत्ते ने धूप को। अरूनक जोति=लाली। बोलब=कहेंगे। हिए=हृदय में।

मिलन-गोपन

[७५७]

मलारीरागे—

सरोवर घाट[१] निकट[२] सङ्कट[३] तरु[४]
हेरहि[५] न[६] पारले[७] आगु।
साङ्कलि[८] वाट उबटि चलि[९] भेलिहु[१०]
ते[११] कुच कराठक[१२] लागु[१३] ॥ध्रु०॥
ननन्द[१४] हे[१५] सरूप[१६] निरुपिअ[१७] रोस।[१८]
बिनु विचारे बिहुचार[१९] बुझओलह[२०]
सासु करओलह[२१] रोस॥[२२]

कौतुके[२३] कमल नाल[२४] सञो[२५] तोलल[२६]
करए[२७] चाहल अवतंस।[२८]
रोषे[२९] कोष[३०] सञो[३१] मधुकर धाग्रोल[३२]
तेहि[३३] अधर करु दंस॥[३४]
गरुअ[३५] कुम्भ[३६] सिर थिर नहि थाकए[३७]
ते[३८] उधसल[३९] केसपास।[४०]
अतय[४१] दोसे रोसे चलि अइलिहु[४२]
खरतर[४३] भेल निसास॥[४४]
बेकत विलास[४५] कओने तव छापन[४६]
विद्यापति कवि भान।
राजा सिवसिंह[४७] रूपनराएण[४८]
लखिमा देवि रमान॥

ने० पृ० ५२, प० १४८, प० ५

पाठभेद —

तालपत्र (न० गु० ३२८) चरणक्रम ५ वें से ११ वें तक के चरण आरम्भ में तब १ ले से ४ थे चरण। तदनन्तर १२ वें से १५ वें चरण हैं। तदुपरान्त ४ अतिरिक्त चरण हैं और अन्त में भनिता के चार चरण भी भिन्न हैं। २–३ बाट कंटक ५–७ देखिहि न पाटल ८ सांकरि ९–१० कहु चललाहु ११ तें १२ कंटक १४–१८ ननदी सरुप निरूपह दोसे १९–२० बेभिचार बुझओबह २१–२२ करुओबह रोसे २३ कउतुके २६ तोरल २८ अवतंसे २९–३० रोखे कोख ३३ ते हि ३४ दंसे ३८ तें ४० केशपाशे ४१–४४ सखि सञो[४९] हमे[५०] पाछु[५१] पड़लछुँ तें भेल दीघ निसासे।[५२] तत्पश्चात अतिरिक्त चरण :—'पथ अपरुद[५३] पिसुने[५४] परचारल, तथिहु उतर हमे देला। अमरख चाहि[५५] धैरज[५६] नहि रहले तें गदगद सर[५७] भेला॥ भनइ[५८] विद्यापति सुन बरजउवति,[५९] इ[६०] सबे[६१] राखइ गोइ।[६२] ननदी सञो[६३] रस-रीति बढ़ाओब[६४] गुपुत बेकत नहि होइ।[६५]

ग्रियर्सन (प० सं० ४०) १ सरवर-घाट ५-७ हेरि नहिं सकलहुँ ८ सांकर ११ तें १९–२० बिन बिचार बेभिचार बुझंबह २१ करयबह २३ कौतुक २५–२६ हम तोड़लि २७ करय चाहलि ३१ सयँ ३२ धाओल ३८ तें ४० केसपास ४९--५१ सँ हम पाछे ५२ निसास ५३--५४ अपराध पिसुन ५५ ताहि ५९ जौवति ६०--६२ ई सभ राखह गोई ६३ संय ६४ बचाओब ६५ होई। शेष तालपत्र सदृश।

अ० न० सहाय (मा० मि० और प्रेम वै०, प० सं० ५) ९--१० हम चललहुँ ११ त १६–१८ सरुप निरुपह दोस १९–२० व्यभिचार बुझैबह २१ करय बहु २३ कयतुक २६ तोरलि २७ करय चहलि २९–३१ रोख कोख सँ ३२ धावल ३३ तहि ३४ दँस ३६ कुंभ ३७ थाकय ३८–३९ तँ ओ धसल ४१–४४ सखि जन सँ हम पाछु पड़लहुँ तँ भेला दिरघ निसास ताहि ५६ धिरज ५७ सुर ५८ भन ५९ युवति ६३ सँ। शेष ग्रियर्सन सदृश।

बेनीपुरी (प० स० १३०) १ सरवर घाट ३ कंटक ५ देखहि ८ साँकर ९–१० चललिहूँ १२ कंटक १६ सरुपें २१ करएबह २३ कौतुकें २५ हमे २९–३१ रोषे कोष सए। ४० केस–पास ४९–५१ जन सएँ हम पाछे पड़लिहुँ ४४ निसास ५४ पिसुन ५५ बसें ५९ जोबति ६०–६२ ई सम राखह गोई ६३ ननदि संग ६४ बढ़ावह ६५ होई। शेष न० गु० सदृश।

मि० म० (प० सं० ७०) ५ देखहि ८ साँकरि ९–१० कहु चललहु ११ तेँ १९ बिचार बेभिचार २१ करतन्हि २३ कौतुक २५ सयँ २९–३१ ऐस कोस सयँ ३२ आओल ३३ तेँहि ३८ तेँ ४० केसपास ४९–५१ सयँ हम पाछे ५२ निसास ५४ पिसुन ५९ जौवति ६०–६२ ई सभ राखह गोई ६३ सयँ ६४ बढ़ावह। शेष न० गु० सदृश।

सु० झा० (प० सं० १३६) ४ तह १२ कण्टक १६ निरूपिअ ४८ रूपनराएन। शेष ने० प० सदृश।

परि० पद० (प० सं० १३७) ७ पारल आगू ८ साङ्कड़ि १० भेलिहुँ ११ तञे १२–१३ कण्टक लागू १४–१८ ननदी सरूप दोषे निरूपह १९–२० विचार बेभिचार बुझओबह २१–२२ करओबह रोषे २३ कउतुकेँ २८ अवतंसे २९ रोषेँ ३४ दंसे ३८ तञे ४० केसपासे ४१–४२ आतप दोषेँ रोषेँ चलि अइलिछुँ ४४ निसासे। अन्तिम छह चरण न० गु० सदृश जिसमें—५६ धइरज ६०–६२ ई सबे राखह गोई ६४ बढ़ाओबह ६५ होई।

सं० मन्तव्य—८ साङ्कुरि २९–३ दोसेँ कोस ४६ कओने बिध छापब ४८ रूपनराजेन। शेष परि० पद० सदृश।

शब्दार्थ—सङ्कट तरु=कँटीला (बबूल का) पेड़। उबटि=तिरछी होकर। बुझओबह=समझाओगी। अवतंसे=कर्णफूल। रोसें=क्रोधवश। आतप दोसेँ=धूप की प्रचण्डता से। बेकत विलास=केलिक्रीड़ा व्यक्त हो गई। छापब=छिपाओगी।

[७५८]

कोलाररागे—

उधकल[१] केसपास लाजे[२] गुपुत हास
रयनि उजागरि[३] मुख न उजरा।[४]
पीन[५] पयोधर[६] नखखत[७] सुन्दर[८]
कनक कलस[९] जनि केसु पूजला[१०] ॥ध्रु०॥
न न न न कर सखि सारदै ससिमुखि
सकल चरित तुग्र[१२] बुझल विसेषि।[१३]
बसा[१४] पिधु[१५] विपरित तिलके[१६] तिरोहित
ग्रधर[१७] काजर मिलु[१८] कमने परी।[१९]
एत सबे लखन[२०] संग विचखन[२१]
कपटे[२२] रहत कति खन जे घरी।[२३]
ग्रलस गमन तोर वचन बोलसि भोर
मदन मनोहर[२४] मोहगता।
जम्भसि[२५] पुनु पुनु ज (ा) सि[२६] ग्रबस[२७] तनु
ग्रतापे[२८] छुइल मृणाल[२९] लता॥
भनइ[३०] विद्यापतित्यादि[३६]॥

न० पृ० ९६ (क), प० १९२; प० १

पाठभेद—

न० गु० (प० सं० २६९ ताल०) चरणक्रम ७–१० वें चरण ११–१४ वें के स्थान पर तथा ११–१४ वें चरण ७–१० के स्थान पर है। १ उधसल ३ रजनि उजागरे ४ उजला ९ सम्भु १० पुजला ११ परिनत १२ तोर १३ बिसेखी १४–१५ वास पिन्धु १६ तिलक १७ नयन १८–१९ जले अधर भरू २० लच्छन २१ विचच्छन २२ कपट २३ घर २४ मनोरथ २५ जृम्भसि २६–२७ जासि अरस २८ आतपे। अन्त में (३०–३६) भने कवि विद्यापति अरे बर जौवति[३१] मधुकरे[३२] पाउलि[३३] मालति फुललि[३४]। हासिनि देवि पति देवसिंह नरपति गरुड़नरायन[३५] रंगे मुललि॥[३६]

मि० म० (प० सं० ३) १० पूजला २० लछन २१ विचछन ३४ फूलली ३६ भूलली शेष न० गु० सदृश।

सु० झा० (प० सं० १७४) १४ वस (न) २५ जम्मसि।

परि० पद० (प० सं० १७६) २ लाजें ३ रजनि उजागरें ६ पओधर ७ नखखत ९ कलस १७ नअन १८ जलें १९ भरू २० लक्खन २१ बिचक्खन २३ धरू २७ अबस ३१ वरजउवति ३२ मधुवरें ३४ फुलली ३५ गरुड़नरायन ३६ भुलली। शेष क्रम एवं पाठ न० गु० सदृश।

सं० मन्तव्य—(i) ध्रु० के बाद एक पंक्ति की छूट जान पड़ती है। (ii) १ उधसल २ लाजें ३ नअन उजागरें ६ पओधर ९ सम्भु १० पुजला १३ बिसेखी १५ पिन्धु २० लक्खन २१ विचक्खन २२ कपटें २५ जृम्भसि २६ जासि २७ आतपें २९ मृनाल और न० गु० की भणिता में—३१ वरजउवति ३२–३३ मधुकरे पाओलि ३४ फुलली ३५ गरुडनरायेन ३६ भुलली।

शब्दार्थ—गुपुत=लुप्त हो गया है। उजागरे=जागते रहने से। सम्भु···पुजला=सोने के शिव मानो पलाश के (काले नाखून सदृश) फूलों से पूजे गए हों। सारद=शरत ऋतु के। बसा=वस्त्र। विपरित=उलटे-पुलटे। तिरोहित=लापता, पुँछ जाने से। अधर···परी=ओंठ कज्जल से काले किस भाँति हो गए हैं। सङ्ग विचक्खवन=विचक्षण नायक का सहवास। घरी=वेला तक। भोर=क्रमहीन, भुलाया सा। जृम्भसि=जंभाई लेती हो। मृणाल लता=कमलिनी।

[७५९]

आएल वसन्त सकल वनरञ्जक[1]
कुसुमवान[2] सानन्दा[3]।
फूललि मालि[4] भूषल[5] भमरा[6]
पिबि[7] गेल मकरन्दा[8] ॥ध्रु०॥
मानिनि[9] आबे कि करिअ[10] अवधाने।[11]
नहि नहि कए परिजन[12] परिबोधह
जुगुति[13] देषओ[14] तोरि[15] आँने ॥[16]
बिनु कारणे[20] कुन्तल[21] कैसे[22] आकुल
करओ[23] जुगुति किछु[24] ओछी।
कुमढा[25] केरि[26] चोरि[27] भलि[28] फाउलि
कान्ध[29] न[30] अएलाह[31] पोछी।
भनइ[32] विद्यापतीत्यादि ॥[36]

ने० पृ० ४९ (क), प० २५८; पं० १

पाठभेद—

न० गु० (प० सं० ६०७ ताल०) १ रसमण्डल २–३ कुसुम भेल सानन्द ४ मल्ली ६ भ्रमरा ९ भाविनि १०--११ करह समधाने १९--१६ लखन देखिय आबे आने। तत्पश्चात् अतिरिक्त पाठ "नख पद केस, पयोधर[१७] पूजल, परतख भए गेल लोते। सुमेरु शिखर[१८] चढ़ि ऊगल[१९] ससधर, दह दिस भेल उजोते।" २०--२१ कारने कुण्डल २३ एहओ २४ नहि २५ कुमकुम ३१ भेलिए। अन्त में (३२--३६) भनइ विद्यापति अरे वर जउवति[३३] एह परतख पँचबाने। राजा सिवसिंह[३४] रूपनरायन[३५] लखिमा देवि[३६] रमाने॥

मि० म० (प० सं० १३९ पाद टिप्पणी) ५ भूखल १० करबिअ १४--१६ देखबो तरि आने २० कारने २५--२६ कुम ताकेरि २७--२८ चोरिउलि २९--३० काञ्चन। शेष ने० प० सदृश।

(मूल में) ४--५ फुलली मल्ली भुखल ११ समाधाने १२ परिजन परबोधह १४ देखिअ १८ सिखर १९ उगल २५--२६ कुमकुम केर ३३ जौवति ३४ सिवसिंघ ३६ देइ। शेष न० गु० सदृश।

सु० झा (प० सं० २३७) ११ परिजने ३१ आएलाह।

परि० पद० (प० सं० २३८) १ बनमण्डल २--३ कुसमुबान सानन्दा ४ फूललि मल्ली ५--६ भूखल भमरा ८ मकरन्दा ९ भामिनि १४ देखिअ १६ आने १७ पओधर १८--१९ उगल सुमेरु-सिखर चढ़ि २१--२२ कुन्तल कइसे २३ करह २४ किछु २५ कुमड़ा ३१ भेलिअ ३५ रूपनराबेन। शेष न० गु० सदृश।

सं० मन्तव्य—४--५ मल्ली भूखल ७ पोबि १४ देखओ १६ आने २० कारने २२ कइसे। न० गु० के अतिरिक्त चरणों में—१७ पओधर १८ सिखरे ३५ रूपनराबेन ३६ देइ।

शब्दार्थ— बनरञ्जक=बनस्थली को रम्य बनाने वाला। मल्ली=बेला। अवधाने=ध्यान, सोच विचार। कुन्तल=कुञ्चित केश। लोते=लापता, लुप्त।

[७६०]

विहागकेदार—

उधसल केस[१] कुसुम छिरिआएल[२]
खण्डित दशन[३] अधरे।
नयन[४] देखिअ[५] जनि अरुन[६] कमल दल
मधु लोभे[७] बैसल[८] भमरे॥ध्रु०॥

कलावति कैतव[९] न करह आज।
कओन[१०] नागर संग[११] रयनि[१२]गमओलह
कह मोहि परिहरि लाज॥
पीन पयोधर[१३] नखरेख सुन्दर
करें[१४] बाँधह[१५] काँ गोरि।
मेरु शिखर[१६] नव उगि गेल ससधर[१७]
गुपुति न रहलिए[१८] चोरि॥
बेकतेओ चोरि गुपुत कर कति खन
विद्यापति कवि भान।
महलम जुगपति चिरें[१९] जीवें[२०] जीवथु
ग्यासदीन[२१] सुरतान॥

रागतरंगिणी, पृ० ५७

पाठभेद—

न० गु० (प० स० २६८) १ केश २ छिरियाएल ५ देखिय ६ अरुण ८ बइसल १० कओन ११ संगे १४--१५ कर राखहु १७ शशधर १८ रहलिय १९--२० चिरेंजिव २१ ग्यासदेव।

मि० म० (प० सं० २) १९--२० चिरे जीवे।

परि० पद० (राग०, प० सं० ११) १४--१५ करें राखह।

सं० मन्तव्य—३ दसन ४ नअन ८ बइसल ९ कइतव १२ रअनि १३ पओधर १४ करें १६ सिखरें १९--२० चिरें जीवें।

शब्दार्थ—उधसल=उलझे-पुलझे। छिरिआएल=छितराए हुए। दशन अधरे=दाँतों से ओठ। करे बाँधह=भुज पाश में बाँधती हो। नव…सस धर=द्वितीया का चन्द्रमा उग गया है।

[६६१]

खरि नरि बेगे[१] भासलि नाइ[२]। धरए न पारथि[३] बाल कन्हाइ॥
तें[५] धँसि[६] जमुना भेलाहु[७] पार। फूटल बलया[८] टूटल हार॥
ए सखि ए सखि न बोल मन्द[९]। बिरह[१०] वचने बाढ़ल[११] दन्द॥
कुन्तल[१३] खसल जमुन[१४] माझ[१५]। ताहि जोहइते[१६] पड़लि साँझ॥
अलक तिलकतें[५] बहि गेल। सुधा[१६] सुधाकर बदन भेल॥
तटिनि तट न[१८] पाइअ बाट। तें[५] कुच गाड़ल[१९] कठिन काँट॥
भने[२०] विद्यापति निअ[२१] अवसाद। वचन[२२] कउसले[२३] जिनिअ[२४] वाद॥

ताल०, न० गु०, प० ३२६

पाठभेद—

बेनीपुरी (प० सं० १२९) १ बेग २ नाई ३ पारथ ४ कन्हाई ६ घसि ७ भेलहुँ ८ बलआ ९ मंद १० बिरुह ११-१२ बाढ़ए दंद १३ कुंडल १५ माँझ १९ गड़ल २० भन।

मि० म० (प० सं० ३५१) बेग ५ तें ७ भेलहु ८ बलआ ११ बाढ़ए १३ कुण्डल २० भन।

परि० पद० (त०, प० सं० १०१) १ बेगें ५ तञे ८ बलआ १० बीरुह १३ कुण्डल १४ जमुना १७ सूध १८ तटिनी तट नहि २१ निञ २२-२४ बचनक कउसलें जीनिञ।

सं० मन्तव्य—७ भेलहुँ ११ बाढ़ए १६ जोहइतें १७ सुद्ध १९ गड़ल २० भन। शेष परि० पद० सदृश।

शब्दार्थ—खरि नरि=प्रखर धार वाली नदी में। भासलि=धँसती हुइ बह चली। पारथि=सके। धँसि=बैठकर, हलकर। बीरुह=विरुद्ध, उलटे-पलटे। सुद्ध=विशुद्ध, कलङ्क रहित। जिनिञ=जीतते हैं।

[७६२]

कुसुम तोरए गेलाह[१] जाहाँ[२]। भमरे[३] अधर खण्डल[४] ताहाँ[५]॥
तें[६] चलि अयलाहँ[७] जमुना तीर। पवने[८] हरल[९] हृदअ[१०] चीर॥
ए सखि सरुप कहल तोहि। आन[११] किछु जनु[१२] बोलसि मोहि॥
हार मनोहर बेकत भेल। उजर उरग संसअ गेल[१३]॥
तें[६] घसि मजुरे[१४] जोड़ल झाँप। नरवर गाड़ल हृदअ[१०] काँप॥
भने[१४] विद्यापति उचित भाग। वचन (क)[१६] पाटवे[१७] कपट लाग॥

ताल०, न० गु० प्र० ३२७

पाठभेद—

बेनीपुरी (प० सं० १२७) १-२ गेलिहुँ जहाँ ३ भमर ४-५ खंडल तहाँ ७ अएलिहुं ८-९ पवन रहल १० हृदय १३ लेल १४ मजूर १५ भन १६ वचन

मि० म० (प० सं० ३५०) ३ भमर ६ तें ८ पवन ११ आनु १२ जनि १० हृदय १६ वचन।

परि० पद० (त०, प० सं० १०२) भमरें ६ तञे ७ अएलाहुँ ११ आन १४ धँसि मजुरें १६-१७ वचनक पाटवें

सं० मन्तव्य—१ गेलहुँ १५ भन। शेष परि० पद० सदृश।

शब्दार्थ—खण्डल=खण्डित किया, काटा। सरुप=सत्य। उजर उरग=श्वेद सर्प। मजुरें=मोर।

[७६३]

जाहि लागि गेलि[१] हे ताहि कहाँ लइलि[२] हे
ता पति वइरि[३] पितु काँहा[४] ।
अछलि हे दुख-सुखे[५] कहह अपन मुखे
भूषन[६] गमश्रोलह जाँहा[७] ॥
सुन्दरि कि कए बुझाश्रोब कन्ते[८] ।
जन्हिका जनम होइतें[९] तोंहे[१०] गेलिहे[११]
अइलिहे[१२] तन्हिका अन्ते[१३] ।
जाहि लागी गेलाहुँ[१४] से चलि आएल
ते[१५] मो[१६] धाएलाहु[१७] नुकाइ[१८] ।
से चलि गेल ताहि लए चललाहुँ[१९]
ते[१५] पथे[२०] भले अनेआइ[२१] ॥
संकर[२२] बाहन खेड़ि खेलाइते[२३]
मेदिनि[२४] बाहन आगे ।
जे सबे[२५] अछलि संगे[२६] से सबे[२५] चललि भंगे[२६]
उबरि अएलाहुँ[२८] अछ भागे ।
जाहि दुइ[२९] खोज करइ[३०] छह[३१] सासुन्हि[३२]
से मिलु अपना संगे[३३] ।
भनइ विद्यापति सुनु[३४] बर जउवति[३५]
गुपुत नेह रतिरंगे[४६] ॥

ताल०, न० गु०, प० ३२९

पाठभेद—

ग्रियर्सन (प० सं० ३९) आरंभ के चार चरण नहीं हैं। मध्य के ७ चरणों, पाँचवे से ग्यारहवें में पाठभेद है। अन्तिम ६ चरणों के स्थान पर ८ भिन्न चरण हैं। भाणिता के दो चरणों में कुछ पाठभेद है और अन्त में दो अतिरिक्त चरण हैं फिर भी पद की अवधारणा इतनी समीप है कि इसे भिन्न पद मानने की अपेक्षा उपर्युक्त पद का ही परिवर्त्तित रूप मानना अधिक उचित है ग्रियर्सन का पूरा पाठ निम्नलिखित है : "सखि हे किलय बुझाएब[१] कन्ते[२] । जनिका[३] जन्म होइत हम गेलहुँ, ऐलेहु[४] तनिकर अन्ते[५] ॥ जाहि लय[६] गेलहुँ से चल

आएल[७] तँ करु रहलि छपाई[८]। से पुनि गेल ताहि हम आनलि, तँ[९] हम परम अन्याई[१०] ॥ जैतहि नाल कमल हम तोरलि करय चाह अवशेखे[११]। कोहू[१२] कोहाएल[१३] मधुकर धायल,[१४] तेँहि अधार करू दँशे[१५]। लेलि भरल कुम्भ,[१६] तँ[९] उर गासलि, ससरि खसल केश पाशे[१७]। सखि दस आगु पाछु भय चललिहि, तँ[२] उर्ध[१८] खासे[१९] न बाके ॥ भनहिँ[२०] विद्यापति सुनु वर जौमति[२१] ई सभ राखु मन गोई[२२]। दिन दिन ननदि सँ प्रीति बढ़ाबए,[२३] बोलि बेकत जनु होई[२४] ॥

ब्र० न० सहाय (मा० मि० और प्रेम वै, प० सं० ४) १-२ बुझायब कन्त ३ जनिकर ४ येलहुँ ५ अन्त ६ लगि ७ आयल ८ छिपाइ ९ तेँ १० अन्याइ ११ अवतँस १२-१३ काहे कोहायल १५ दूँस १६ कुँभ १७ पास १८-१९ उधर स्वाँस २१ जयमिति २२ गोइ २३ बढ़ा-यब २४ होइ। शेष ग्रियर्सन सदृश।

बेनीपुरी (प० सं० १३१) कहाँ ३ वैरि ४ कहाँ ५ दुखे-सुखे ६ भूसन ७ जहाँ ८ कन्ते ९ होइत ११ गेलिह १२ अइलिह १३ अंते १४ गेलहुँ १५-१८ तें हमे रहलि नुकाई १९ चललिहुँ पथ २१ अनेआई २२ संकर २३ खेलाइत २४ मेदिनी २६ सँग २७ भँग २८ अइलिहुँ २९ दुई ३१-३२ छथि सासुड़ि ३३ संगे ३५ जौबति ३६ रंगे।

मि० म० (प० सं० ३४९) बैरि काहाँ ६ भूसन ७ जाहाँ ९ होइत १० तोँहे १२ अइलि हे १५ तेँ १६-१८ मोहि धएलाई नुकाई २० पथ २१ अनेआई २५ सब २७ भङ्ग ३०-३१ करइछइ ३४ सुन और (प० सं० ३५२) पर ग्रियर्सन का पाठ।

परि० पद० (त०, प० सं० १०४) १ गेली २ लइली ४ काहाँ ७ जाहाँ १८ लुकाई १५ तजे २१ अनेआई।

सं० मन्तव्य०—४ काहाँ ५ दुखे-सुखे ६ भूसन ७ जाहाँ ९ होइते १० तोज १२ अइलिहे १५ तजे १६ मोज १८ लुकाई २१ अनेआइ २३ खेलाइते ३०-३१ करह छह। ग्रियर्सन के अतिरिक्त चरणों में—जएतहिँ, करए, ११ अवतंस १४ धाएल १५ दंस ९ तजे १७ पासे १८-१९ ऊरध स्वास २० भनइ २१ जउमति २३ बढ़ा-बिअ

शब्दार्थ—जाहि लागि=जिसके लिए (पानी भर लाने के जिस उद्देश्य से) लइलि=लाई। ता=उस=जल-पति=समुद्र-बइरि=अगस्त्य, कुम्भज=घट। गमओलह=गँवा दिया। जनम होइते=जन्म (सूर्य के उदय) होते। तन्हिका=उस (सूर्य) अन्ते=अस्त होने पर। से=वह, पानी, वर्षा। से चलि गेल=वर्षा समाप्त हुई। ताहि लए=घड़े में जल लेकर। अनेआई=अन्याय, समुचित निर्वाह नहीं, पाँव फिसलजाने से। सङ्कर बाहन=बैल (एक ओर) खेड़ि खेलाइत=ओखड़ता हुआ चौकड़ी भरता था। मेदिनि बाहन=शेष, सर्प। भङ्गे=साथ तोड़ भाग गई। जाहि·········सङ्गे=सास जिन दोनो (जल और

घट) के बारे में पूछ रही है वे दोनों ही अपने-अपने साथ (घड़ा फूट कर मिट्टी में और पानी वर्षा के जल में) मिल गए। अवतंस=कर्णफूल। कोह=क्रोध वश। दंस=काट लिया। बाके=वचन नहीं फुरता।

[७६४]

बराली—

एहि पुर पाटन के नाहिं सञ्चर
के नाहिं मदनक दासे।
काहुक कहिनि कतओ नहिँ सूनिअ
हमरे पए उपहासे॥ ध्रु०॥
के जान कओन बोल बोलए कुतुकिनी
दूखन हमर पए लावे॥
कतएक तन्हिकर कुचजुग सिरिफल
कतए हमर नखरेखा।
कएटक माझ कुसुम गए तोललक
नवि नारि न बुझ बिसेखा॥
गोपक नन्दन गाए[2] चरइतहुँ
रहितहुँ पसुक समाजेँ।
नागरि जन सओ मेलि न कएले
उतर देब[3] कओने लाजेँ॥

रामः पृ० २६ (क), प० ८८, पं० ४

पाठभेद—

परि० पद० (राम० प० सं० ३८) पाठभेद नहीं है।

सं० **मन्तव्य**—(i) ठाकुर और मि० म० में यह नहीं है। (ii) १ दूषन २ गाइ ३ देओब

शब्दार्थ—सञ्चर=आवागमन करना। काहुक=अन्य किसी की। कुतुकिनी=हंसी मजाक करनेवाली। कतएक=कहाँ तो। तोललक=तोड़ा (फलतः वहीं काँटे चुभे होंगे।) उतर……लाजेँ=किस लाज में पड़ कर सबके आरोपों का उत्तर दूँ। अर्थात् निर्दोष होने के कारण उत्तर देने को बाध्य नहीं हूँ।

[७६५]

लोचन अरुण[1] बुझलि[2] बड़ भेद ।
रैनि[3] उजागरि[4] गरुअ निबेद ॥
ततहि जाह हरि न करह लाथ ।
रयनि[3] गमओलह जन्हिके[5] साथ ॥
कुच कुंकुम माखल हिय[6] तोर ।
जनि अनुराग राँगि करु गोर ॥
आनक[7] भूसन लागल अङ्ग ।
उकुनित बेकत होअ आनक[7] सङ्ग ॥
भनइ विद्यापति बजबहुँ बाद ।
बड़ाक अनय मौन पय[8] साथ ॥

ग्रियर्सन, प० सं० ४४

पाठभेद—

न० गु० (प० सं० ३३६) १ अरुन २ बुझल ३-४ रअनि उजागर
मि० म० (प० सं० ३६१) न० गु० सदृश ।
सं० मन्तव्य—३ रअनि ५ जन्हिकाँ ६ हिअ ७ आनक ८ पए

शब्दार्थ—निबेद=निवेदन करता है। राँगि करु=रंगकर कर दिया है। उकुनिते=उक्तियों, वचनों से। बजबहुँ=बोलना भी। बाद=व्यर्थ, निषिद्ध।

[७६६]

कुंकुम लओलह नख-खत गोइ ।
अधरक काजर अएलह धोइ ॥
तइओ[1] न छपल कपट-बुधि तोरि ।
लोचन अरुन बेकत भेल चोरि ॥
चल चल कान्ह बोलह जनु आन[2] ।
परतख चाहि अधिक अनुमान ॥
जानओँ प्रकृति बुझओं गुनसीला ।
जस तोर मनोरथ मनसिज-लीला ॥

धनसो[3] जउवन छइलओ जातो ।
कामिनि बिनु कइसे गेलि मधुराती ॥
बचन नुकावह बकतओ[4] काज ।
तोय[5] हँसि हेरह मोय[6] बड़ लाज ॥
अयथहु समध बुझावह राधे ।
कोन परि खेओम सठ अपराधे ॥
भनइ विद्यापति पिय अपराध ।
उद्‌घट न कर मनोरथ साध ॥
देवसिह[7] सुत एह रस जाने ।
राए सिवसिंह[8] लखिमा देइ रमाने ॥

न० गु० ३३६

पाठभेद—

मि० म० (प० सं० ११५) ७ देवसिंघ ८ सिवसिंघ

सं० मन्तव्य—१ तइअओ २ जान ३ धन सओ ४ बेकतेओ ५ तोञ ६ मोञ

शब्दार्थ— लओलह=लगाया। छुपल=छिपा। परतख=प्रत्यक्ष। छइलओ=छैला, नायक भी। खेओम=क्षमा करूँगी, सह सकूँगी।

हर-गौरी गीत

[७६७]

धर धर भरमि जनम नित
तनिकाँ[1] केहन विवाह ।
से अब करब गौरी[2] वर
इ[3] होय[4] कतय[5] निबाह ।
कतय[5] भवन कत आगन[6]
बाप कतय[5] कत माए[7] ।
कतहु[8] ठहोर[9] नहि ठेहर
ककर[10] एहन जमाय[11] ॥
कोन[12] कयल[13] एहो[14] असुजन
केओ न हिनक[15] परिवार ।
जे कयल[16] हिनक निबन्धन[17]
धिक[18] थिक[19] से पजियार ॥

कुल परिवार एको नहि जनिका[20]
परिजन भूत बैताल[21] ।
देखि देखि भूर[22] होय[23] तन
के[24] सहय[25] हृदयक[26] साल ॥
विद्यापति कह सुन्दरि
धैरज[27] मन अवगाह ।
जे अछि जनिक विवाह[28]
तनिकाँ[29] सेह पय[30] नाह ॥

ग्रियर्सन, प० ८१

पाठभेद—

अ० न० सहाय (महेश संबंधी कविता, प० सं० १) १ तिनिका ३ ई ६ आंगन ७ माय ८-९ कतहुँ ठोर १० केकर १६ कयल जो १८-१९ थूक थिक २० पाठाभाव २१ बताल २४-२५ सेहे के २७ धरहू २८ बिवाही २९ तिनिका ३० पै

म० गु० (हर० प० सं० १४) और

मि० म० (प० सं० ६००) ग्रियर्सन सदृश ।

सं० मन्तव्य—२ गउरी ३-४ ई होएब ५ कतए ६ आङ्गन ८-९ कतहुँ कओर १० केकर ११ जमाए १२ कओन १३-१४ कएल एह १५ हुनक १६ कएल जे १९ थिक २० जनिकाँ २१ बएताल २३ होअए २५ सह २६ हृदअक २७ धइरज २८ विआही ३० सेहे पए

शब्दार्थ—जनम नित=जन्म भर नित्य । करब=करेगी, बनाएगी । ठेहर=ठिकाना । के कर=कौन करता है ? असुजन=असभ्यों का आचरण । पजियार=पत्रा देखने वाला । सेहेपए=वही ।

[७६८]

आगे माई[1] एहन उमत वर लैल[2]
हेमत[3] गिरि[4] देखि देखि लगाइछ रंग[5] ।
एहन उमत वर घोड़वो न चढ़इक
जाहि घोड़ रँग रँग[6] जंग[7] ॥
बाघक छाल जे[8] बसहा पलानल
साँपक लगले[9] तंग[10] ।
डिमिकि डिमिकि जे डमरु बजाइन[11]
खटर खटर करु अंग[12] ॥

भकर भकर जे भाँग[13] भकोसथि
छटर पटर करु गाल ।
चानन सोँ[14] अनुराग न थिकइन[15]
भसम चढ़ावथि[16] भाल ॥
भूत पिसाच अनेक दल सिरिजल[17]
सिर सोँ[14] बहि गेल गंग[18] ।
भनहि[19] विद्यापति सुन ए मनाइनि
थिकाह दिगम्बर अंग[20] ॥

ग्रियर्सन, पृ० ८२

पाठभेद—

ब्र० न० सहाय (महेश संबंधी कविता, पृ० सं० २) २-४ हिमगिरि ८ जो ९ भीरल ११ बजाइन १५ थकइन १७ साजल ।

न० गु० (हर०, पृ० सं० १३) २ लइला १० बजइन ।

बेनीपुरी (पृ० सं० २३३) १ माइ २-४ लएलाह हिमगिरि ८ सओ ९ लागल ११ बाजइन १४ सओं १७ साजल ।

मि० म० (पृ० सं० ६०१) ५ रङ्ग ६-७ रङ्ग रङ्ग जङ्ग १० तङ्ग ११ बजइन १२ अङ्ग १३ भाङ्ग १८ गङ्ग २० भङ्ग ।

सं० मन्तव्य—२ लइल ९ लागल ११ बजाओत १४ सओ १६ चढ़ाओथि १९ भनइ

शब्दार्थ—लइल=लाए । रंग=हँसी । जंग=साज शृंगार का जमघट । पलानल=घोड़े की जिन । तंग=जिन कसने की रस्सी । थिकइन=है, करते है । थिकाह=हैं ।

[७६९]

बेरि बेरि अरे सिव मों[1] तोंय[2] बोलों[3]
फिरसि[4] करिअ मन माय[5] ।
बिन[6] संक[7] रहह[8] भिखिय[9] मांगिय[10] पै[11]
गुन गौरव[12] दुर जाय[13] ॥
निरधन जन बोलि सब[14] उपहासय[15]
नहि आदर अनुकम्पा ।
तोहें[16] सिव आक[17] धतुर[18] फुल पावल[19]
हरि पावल[19] फुल चम्पा ॥

खटँग काटि हर हर जे बनाबिअ[20]
त्रिसुल[21] तोड़िअ[22] करु फार[23] ।
बसहा धुरन्धर हर लय[24] जोतिअ
पायट[25] सुरसरि धार[26] ॥
भन[27] विद्यापति सुनह[28] महेसर
इ लागि करलि[29] तुअ सेवा ।
एतये[30] जेवर[31] से वर[32] होअल[33]
उतये[34] जायन[35] जानि देवा ॥

ब्र० न० सहाय (महेश संबंधी कविता) ३

पाठभेद—

न० गु० (हर०, प० सं० ३१) १-३ मोजे तोंके बोलओ ४ किरिषि ५ लाइ ६-७ बिनु सरमे ९-११ भिषिए पए मागिअ १३ जाइ १४-१५ सबे उपहासए १७-१९ पाओल आक धुथुर फुल २० बँधाओल २३ फारे २४ लए २५ पाटए २६ धारे २७ भनइ २९ कएलि ३० एतए ३१ वरु ३४-३५ ओतए जाएब ।

बेनी० पुरी० (प० सं० २३४) १-३ हमे तोहि कइलहुँ ४ किरिषि ५ लाए ६-११ रहिअ निसंक भीख मँगइते सब १३ जाए १५ उपहासए १९ पाओल २१ तिरसुल २२ तोड़ि २४ लए २५ पाटिअ २८ सुनहु २९ कएलि ३० एतए ३१ होएत ३२-३३ बरु होअओ ३४-३५ ओतए बिसरि ।

मि० म० (प० सं० ७९१) १-३ मो तोय बोलो । शेष न० गु० सदृश ।

सं० मन्तव्य—१-३ मोञ तोजे बोलओं ४ किरिषि ५ लाइ ७ संकजे ९-११ भीखि माँगिअ पए १२ गउरव १३ जाइ १४-१५ सबे उपहासए १६ तोजे १९ पाओत २१-२२ तिर-सुल तोरि २४ लए २५ पाटिअ २७ भनइ २९ कएलि ३०-३१ एतए जो बरु ३२ बरु ३५ बिसरब ।

शब्दार्थ—किरिषि=खेती । लाइ=लगाकर । उपहासए=हँसी उड़ाते हैं । आक=अर्क । खटँग खट्वाङ्ग, खाट की पटिया, जो शिव का एक अस्त्र है (महोक्षः खट्वाङ्ग परशुरजिनं भस्म फणिनः ।……… महिम्न ।) फार=हल का लोहा । पाटिअ=सींचो ।

[७७०]

के[1] लाख कै[1] लाख लाख जुग बिति गेला ।
जानि न बएस कतेक दिन भेला ॥
बिधि लागि बिधी कयल[2] यक[3] मन्दा ।
कै[1] ठाम बान्हि धरब यक[3] चन्दा ॥
धन मैं[4] धन एक बसहा सार ।
से बेचने नहिं गमन हमार ॥
भनहि[5] विद्यापति सुनु हे भवानी ।
यह[6] उमती[7] थिक त्रिभुवन दानी ॥

ब्र० न० सहाय (महेश संबंधी कविता) पृ० ४

पाठभेद—

सं० मन्तव्य—१ कए २ कएल ३ एक ४ मजे ५ भनइ, ६-७ एह उमता

शब्दार्थ—बएस=आयु । बिधी=व्यापार । गमन=चल पाना, निर्वाह ।

[७७१]

हम नहि आज रहब यहि[1] आंगन[2]
जो[3] बुढ़[4] होयत[5] जमाइ[6], गे माई[7] ।
एक त[8] बइरि भेला[9] बोधि[10] बिधाता
दोसरे[11] धिया[12] कर बाप ।
तीसरे[13] बइरि भेला[9] नारद बाभन
जे बुढ़ आनल जमाइ[6], गे माई[7] ॥
पहिलुक बाजन डामरु तोरब[14]
दोसरे तोरब[15] रुँडमाला[16] ।
बरद[17] हाँकि बरिग्रात बेलाइब[18]
धिग्रा ले[19] जाइब[20] पराइ[21], गे माई[7] ॥
धोती लोटा पतरा पोथी
एहो[22] सभ लेबन्हि[23] छिनाय[24] ।
जौं[25] किछु बजता नारद बाभन
दाढ़ी धै[26] घिसिग्राइब[27], गे माई[7] ॥

भन[२८] विद्यापति सुनु हे मनाइनि
दृढ़[२९] कए ग्यान गेआन[३०] ।
सुभ सुभ कै[३१] श्री[३२] गौरि[३३] बिआहू
गौरी[३४] हर इक[३५] सम[३६], गे माई[३७] ॥

ब्र० न० सहाय (महेश संबंधी कविता) ५

पाठभेद—

बेनीपुरी (प० सं० २३५) १-२ एहि आँगन ३ जँ ५ होएत ६ जमाए ७ माइ ८ तँ ९ भेल १० बोध ११ दोसर १२ धिआ १३ तेसरे १४ तोड़ब १६ रुंडमाल १७ बड़द १८ बैलाएब १९-२१ लए जाएब पड़ाए २२ सेहो २४ छिनाए २५ जँ २६-२७ धए लेब धिसिआए २८ भनइ २९ दिढ़ ३१-३३ कए सिरी गौरी ३५-३६ एक समान ।

मि० गी० सं०—(प्रथम खण्ड, पृ० ३१) १-२ य आँगन ५ होएत ६ जमाई १६ रुण्डमाला २०-२१ जाएब पराई २४ छिनाए २६ धए २७ घिसिआएब ३१-३२ कए सिरी ३५-३६ एकसमान ।

मि० म० (प० सं० ८९८) मि० गी० सं० सदृश ।

सं० मन्तव्य—१-२ एहि आँगन ३ जओ ५ होएत ८ तए ९ भेल १२ धिआ केर १८ बएलाएब १९-२० लए जाएब २४ छिनाइ २५ जओ २६-२७ धए लेब घिसिआइ २८ भनइ २९ दिढ़ ३० गेआन ३१-३३ कए सिरि गउरी ३४ गउरी ३५-३६ एकहि समान ।

शब्दार्थ—बइरि=शत्रु । बरद=बैल । बएलाइब=खदेड़ँगी । बजता=बोलेगा । बिआहू=ब्याहो ।

[७७२]

नाहि[१] करब वर हर, निरमोहिया ।[२]
बित्ता भरि तन वसन न तिनिका[३]
बघछल[४] कांख[५] तर रहिया ॥[६]
बन बन फिरथि मसान जगावथि
घर आंगन[७] ऊ[८] बनौलन्हि[९] कहिया ।[१०]
सासु ससुर नहिं ननद जेठौनी[११]
जाय[१२] बैठति[१३] धिआ केकरा[१४] ठहियाँ ॥[१५]

बूढ़ बरद[१६] ढकढोल गोल एक
संपति[१७] भांगक[१८] झोरिया।[१९]
भनहिं[२०] विद्यापति सुन[२१] हे मनाइनि[२२]
सिव सन दानि[२३] जगत के कहिया।।[२४]

अ० न० सहाय (महेश संबंधी कविता) ६

पाठभेद—

बेनीपुरी (प० सं० २३६) २ निरमोहिआ ३ तन्हिका ४–५ बाघ छाल काँख ६ रहिअ ७–१० आँगन ओ बनौलनि कहिआ १२–१३ जाए बैसति १४–१५ ककर ठहिआ १६ बड़द १७–१९ सम्पति भांगक झोरिआ २० भनइ २१ सुनु २३ पाठाभाव २४ कहिआ।

मि० म० (प० सं० ८९९) १ नाहि २ तन्हिका ३ तिन्हका ५ काँख ७ आँगन १२--१३ जाए बैठति धिया १७--१८ सम्पति भाँगक २० भनइ २१ सुनु २२ मनाइन।

सं० मन्तव्य—२ निरमोहिआ ३ तन्हिकाँ ४ बाघ छाल ६ रहिआ ११ जेठानी १२--१५ जाइ बइठति धिअ केकराजे ठहिआँ १८--१९ भाँगकजे झोरिआ २० भनइ २४ कहिआ।

शब्दार्थ—निरमोहिआ=प्रेम शून्य। बनौलन्हि=बनवाया। धिआ=कन्या। सन=समान।

[७७३]

जखन देखल हर हो गुन निधी।
पुरल सकल[१] मनोरथ सब[२] बिधी[३]।।
बसहा चढ़ल हर हो बुढ़ जती।
काने कुँडल[४] सोभे[५] गजमोती।।
बैसल[६] महादेव चौका[७] चढ़ी।
जटा छिरिआओल माउल[८] भरी।।
बिधि करु विधि करु बिधि करू[९] बिधि[१०] करू[११]।
बिधि न करै[१२] से[१३] हर[१४] हो हठ धरू।।
बिधि ए करेते[१४] हर हो घुमि खँसु।[१५]
सँसरि[१६] खसल फनि श्री[१७] गौरी हँसु।।
केओ जनि[१८] किछु कहइन्हि[१९] हिनकहूँ[२०]।
पुरबिल[२१] लिखल छिला[२२] हम[२३] कहूँ[२४]।।

कवि विद्यापति गावल।[२५]
गौरि[२६] उचित वर पावल॥[२७]

ब्र० न० सहाय (महेश सम्बन्धी कविता) १३

पाठभेद—

बेनीपुरी (प० सं० २४०) १ पाठाभाव २–३ मोर सब बिधि ४ कुंडल ५ सोभ गले ६ बइसल ८ माओलि ९--११ करी करू १२--१४ करए हर १४ करइत १५ खसु १६ ससरि १७ सिरि १८ नहि १९--२० सखि हिनका कहू २१ पुरुब २२--२४ छला ईं मोर पहू २५ गाओलना २६ गौरी २७ पाओल ना।

मि० म० (प० सं० ९०१) ४ कुण्डल ५ सोभे गले ६ बइसल ८ माओल १०--११ पाठाभाव १२ करह १४ करइत १७ सिरि १८ नहि १९--२० कहहन्हि हिनकहूँ २२--२४ लिखन छला मोर पहूँ २५ गाओल २७ पाओल।

सं० मन्तव्य—१ पूरल सकल ४--५ कुण्डल सोभए ६ बइसल ७ चउकाबे ८ माओल ११ करु १२ करए १४ करइते १७ सिरी २० हिनकहूँ २२ छलाह २५ गाओल २६ गउरी २७ पाओल।

शब्दार्थ—छिरिआओल=छिटक गई। विधि=विवाह-पद्धति। छलाह=थे।

[७७४]

एत जप-तप हम किअ[१] लागि कैलहुँ[२]
कथिला कएलि[३] नित दान।
हमरि धिया[४] के[५] एहो वर होएता[६]
अब नहि रहत परान॥
हर के[७] माय[८] बाप नहिं थिकइन
नहिं छैन[९] सोदर भाय[१०]।
मोर धिया[११] जों[१२] सासुर जैती[१३]
बैठति[१४] ककर लग जाय॥[१५]
घास काट लैती[१६] बसहा[१७] चरैती[१८]
कुटती भांग[१९] धतूर।[२०]
एको पल गौरा[२१] बैसहु[२२] न पैती[२३]
रहती ठाढ़ि हजूर॥

भन विद्यापति सुनु ए मनाइनि
दृढ़[२४] करु अपन गेआन।[२५]
तीनि लोक के एहो छथि ठाकुर
गौरा[२६] देवी जान॥

ब्र० न० सहाय (महेश सम्बन्धी कविता) १६

पाठभेद—

बेनीपुरी (प० सं० २४२) १ की २ कएलहुँ ३ कएल ६ होएताह ७ कें ८ भाए ९ छइन १० भाए १२ जओं १३ जइती १४ बइसती १५ जाए १६--१८ लौती ग्सहो बरीती १९ भाँग २० धथूर २१ गौरी २३ पौती २४ दिढ़।

मि० म० (प० सं० ९०२) २ कैलहु ९ छइन १२ जों १४ बइसति १९ भाँग।

सं० मन्तव्य—१ कएलिहु ४--५ धिआ कजे ७-८ कजे भाए ९ छइन १० भाए ११-१२ धिअ जओ १३ जइतीं १४ बइसति १५ जाए १६ लएतीं १८ बरएतीं १९ भाँग २१--२३ गउरा बइसहु न पएती २४ दिढ़ २५ गेआन २६ गउरा।

शब्दार्थ—कथिला=किस लिए। होएता=होने पर। थिकइन=है। छइन=हैं। हजूर=सामने।

[७७५]

यहि[१] विधि ब्याहन[२] आयो[३] ऐहन[४] बाउर जोगी।
टपर टपर कए बसहा आयल[५]
खटर खटर रुण्डमाल।[६]
भकर भकर सिव भाँग भकोसथि
डमरु लेल कर लाय।[७]
ऐपन[८] मेंटल[९] पुरहर फोरल[१०]
बर[११] किमि[१२] चौमुख[१३] दीप॥
धिया[१४] लै[१५] मनाइनि मंडप[१६] बैसलि[१७]
गावो[१८] जनि[१९] सखि गीत।
भन[२०] विद्यापति सुनु ए मनाइनि
एहो[२१] थिक[२२] त्रिभुवन ईस।

ब्र० न० सहाय (महेश संबंध कविता) ११

पाठभेद—

बेनीपुरी (प० सं० २४४) १ एहि २-४ चलला बिआहए मोर ५, आएल ६ रुंडमाल ७ लाए १० फोड़ल ११-१२ फेकल १४-१५ धिया लए १७ बइसलि १८ गाबह १९ जनु २१-२२ ई थिका।

मि० म० (प० सं० ९०३) ४ एहन ६ रुण्डमाल ९ मेंटल १४-१७ धिया ले मण्डप बइसलि १८-१९ गाबिए जनु २१-२२ ईथिका।

सं० मन्तव्य—१ एहि ३-४ आएओ एहन ५ आएल ६ रुण्डमाल ७ लाए ८-९ अइपन मेंटल १३ चउमुख १४-१५ धिआ लए १६-१७ मण्डपे बइसलि १८-१९ गाबओ जनु २० भनइ।

शब्दार्थ—ऐपन=टीका, अलपना। पुरहर=विवाह मण्डप के कलश आदि, पुरहथ।

[७७६]

आजु नाथ यक[1] बर्त्त[2] माहिं सुख[3] लागत है।
तोहें[4] सिव धरि[5] नट वेष[6] कि[7] डमरु बजायब[8] हे।।
भल[17] न कहल गउरा रउरा आजु सुनाचब[18] हे।
सदा सोच मोहि होत कवन[19] विधि बांचब हे।।
जे जे सोच मोहि होत कहा समुझाएब हे।
रउरा जगत के नाथ कवन[20] सोच लागब हे।।[21]
नाग[22] ससरि भुमि खसत[23] पुहमि[23] लोटायत[24] हे।
गनपत[25] पोसल मजूर[26] सेहो धरि खायत[27] हे।।
अमिय[28] चुई[29] भुमि खसत बघम्बर जागत हे।
होत[30] बघम्बर बाघ बसह[31] धरि[32] खायत[33] हे।।
टूटि[34] खसत रुदराछ मसान जगावत हे।
गौरी कँह दुख होत विदापति गावत हे।।[35]

ब्र० न० सहाय (महेश सम्बन्धी कविता) २०

पाठभेद—

बेनीपुरी (प० सं० २४५) चरण क्रम, आरम्भ के दो चरणों के बाद दो भिन्न चरण हैं, तदनन्तर उपर्युक्त पद के क्रमशः नवें-दसवें, सातवें-आठवें चरण हैं तत्पश्चात् छह सवंथा

भिन्न चरण हैं। १–३ एक ब्रत महासुख ४ तोहें ६ घरु ८ बजाबह। तोहें[9] गौरी[10] कहैछह नाचए[11] हमे कोना[12] नाचब हे। चारि सोच मोहि[13] होए[14] कोन[15] बिधि बाँचब[16] हे॥ १७ से २१ पाठाभाव २२–२३ सिरसँ ससरत साँप २४ लोटाएत २५ कातिक २७ खाएत हे २८–२९ अमिअ चुबिअ ३० होएत ३२ बसहा ३३ खाएत। ३४ से ३५ पाठाभाव जटासँ[36] छिलकत गंग भूमि भरि[37] पाटत हे। होएत[38] सहस[39] मुखि[40] धार समेटलो[41] न[42] जाएत हे॥ मुंडमाल[43] टुटि खसत, मसानी जागत हे। तोहें गौरी[44] जएबह[45] पड़ाए[46] नाच के देखत हे॥ भनहि[47] विद्यापति गाओल गाबि[48] सुनाओल हे। राखल गौरी[49] केर मान चारू[50] बचाओल हे॥

मि० म० (प० सं० ७९६) ४ तोहेँ ६ वेस ७ पाठाभाव ८ बजावहु ९ तोहेँ ११ नाचय १३--१५ मोरा होय कौने १६ बांचत २२ सिरसोँ २४ दहोदिस जाएत २६ मयूर २७ खायत ३२ केँ ३६ जटा सोँ ३७ पर ३८--४० हैत सहस्र मुख ४१--४८ समटिओ ने ४३ रुण्डमाल ४५--४६ जयबह पड़ाय ४७ भनहिँ ४९ चारु।

सं० मन्तव्य---३ बरत ४ तोञे १० गउरी कहइछह १२ कओने १५ कओने १८ सु नाचए १९ कओने २१ कओन २२ सिर सञे २६ मयूर २८ अमिञ ३६ जटा सञे ४४ गउरी ४६ पराए ४७ भनइ ४८ गाइ ४९ गउरी। शेष बेनीपुरी सदृश।

शब्दार्थ—बरत=पर्व। चारि सोच=चारों (अमृत गिरने से बघम्बर के बाघ होकर बसहा को खाने, फिसलाए नाग को मयूर द्वारा खा लेने, गंगा के प्रवाह में पृथ्वी डूब जाने, श्मशान के जागरण से भूत बैताल के भय से उमा के भाग जाने) की चिन्ता। ससरत=सरकना। कातिक=कार्त्तिकेय।

[७७७]

अगे माई, जोगिया[1] मोर जगत[2] सुखदायक[3]
दुख[4] ककरो[5] नहिं देल।
दुख ककरो[5] नहिं देल महादेव,
दुख ककरो[5] नहिं देल।
यहि[6] जोगिया[1] के भाँग भुलैलक[7]
धतुर खोआइ[8] धन लेल॥
अगे माई, कातिक[9] गनपति[10] दुइजन[11] बालक
जग भरि के नहिं जान।

तिनकहुँ[१२] अभरन किछुओ न थिकइन
रतियक[१३] सोन[१४] नहिं कान ॥
अगे माई, सोन[१५] रूप[१६] अनका सुत[१७] अभरन
आपन[१८] रुद्रक माल ।
अपना सुतला[१९] किछुओ न जुरइनि
अनका ला[१९] जंजाल[२०] ॥
अगे माई, छन मँ[२१] हेरथि कोटि धन बकसिथि
ताहि देवा[२२] नहिं थोर ।
भन[२३] विद्यापति सुन ए[२४] मनाइनि
थिका दिगम्बर भोर ॥

ब्र० न० सहाय (महेश संबंधी कविता) २१

पाठभेद—

बेनीपुरी (प० सं० २४६) 'अगे माई के स्थान पर 'आगे माइ' १ जोगिआ २ पाठाभाव ४ हुख ५ ककरहु ६ एहि ७ भुलओलक ८ खोआए ९ कातिक १० गनगति ११ लन १२ तिनका १३ रति एक १५-१६ सोना रूपा १९ लए २१ मे २३ भनह २४ सुनु हे ।

मि० म० (प० सं० ९०५) 'अगे' के स्थान पर 'आग २ पाठाभाव ९ कातिक १२ तिनका १५-१६ सोना रूपा २० जँजाल २१ मेँ २४ सुनह ।

सं० मन्तव्य—अगे > आगे । १ जोगिआ ५ ककरेओ ६ एहि ७ भुलएलक ८ खेआइ ९ कातिक १२ तिनकहे । १३ रतिएक १४ सोना १५-१६ सोना-रूपा १७ सुतें १८ अपना १९ लाएँ २१ मने २२ देवाने २३ भनइ २४ सुनु हे ।

शब्दार्थ—खेआइ=खिलाकर । अभरन=आभरण, वस्त्राभूषण । लाएँ=लिए । बकसथि=बकसीस देते हैं ।

[७७८]

मङ्गल विलुविय सिन्दुर पिठारे ।
तोहें[१] भलि सोपलि[२] साजलि छारे ॥
चलह चल[३] हर पलटि दिगम्बर ।
हमरि गोसाउनि तोह[४] न जोग वर ॥

हर[५] चाह गुरु गउरवे गोरी।
कि करब तबे जपमालो तोरी॥
नअने[६] निहारब सम्भ्रम लागी।
हिमगिरि धीए[७] सहब कइसे आगी॥
भाल[८] बलइ[९] नयनानल[१०] रासी।
झरकत[११] मउल डाढति[१२] पटवासी॥
बड़े सुखे सासु चुमओबाह[१३] मथा[१४]।
ओठ बुरत[१५] सुरसरिके[१६] सथा॥
करब सखो जने[१८] केलि अलापे।
बिलग होएत[१९] फफुआएत सापे[२०]॥
विद्यापति भन बुझह जुगुतो।
मेलि कराउबि हमे सिव सकतो॥

न० गु० (हरगौरी) प०, १५

पाठभेद—

मि० म० (प० सं० ७८०) उपर्युक्त सदृश।

सं० मन्तव्य—१ तोजे २ सउँपलि ३ चलह ४ तोज ५ हरञो ६ नजने ७ धीआ ८-१० भाले बरइ नआननल ११ भरकब १२ डाढ़बे १३ चुमाइबह १४ माथा १५-१७ बुड़ब सुरसरिकञो साथा १८ जन १९ होअए २० साँपे।

शब्दार्थ—बिलुबिय=शृंगार प्रसाधन। पिठारे=पिठौरी, पिष्टान्न। छारे=राख में। हरञे चाह=शिव की अपेक्षा। गुरु=श्रेष्ठ। नञने लागी=सम्भ्रमित हो जब तुम्हारे नेत्रों की ओर देखेगी, अथवा तुम अपने नेत्रों से देखोगे तो तुम्हारे (तीसरे) नेत्र की अग्नि वह कैसे सहन कर पाएगी। झरकब=झुलस जाएगा। पटवासी=वस्त्राभूषण। चुमाइबह=चुमौनी करेगी।

[७७९]

जटाजुट दह दिस[१] दए हलु नमाए।
बसह चढ़ल उपगत भेल आए॥
दुर सयँ[२] मन्दाइनि[३] हलिअ पुछाए।
के बरिआती के इथि[४] जमाए॥
कण्ठे आएल छइन्हि बासुकि राए।
सेहे बरिआती इसर[५] जमाए॥

अइसन ठाकुर हर सम्पति थोरी।
भर उठि आइलिछइन्हि भसमक झोरी॥
विधि न करए हर खेलए पासा सारि।
सापक[६] सङ्गे सिवे रचलि धमारि॥
खिरि न खाए हर चुकति गजाए।
एहन उमत कोने[७] जोहल जमाए॥
भनइ विद्यापति एहो रस भान।
ओ नहि उमता जगत किसान॥

न० गु० (हरगौरी) प० १६

पाठभेद—

मि० म० (प० सं० ७८१) उपर्युक्त सदृश।

सं० मन्तव्य—१ दिसि २ सङ्गे ३ मनाइनि ४ छइथि ५ ईशर ६ साँपक ७ कओवे।

शब्दार्थ—दए छलु नमाए=भुलाकर छितरा दिया है। उपगत=उपस्थित। छइथि=हैं। राए=राजा। धमारि=धम्मार, धमा चौकड़ी। खिरि=खीर।

[७८०]

जखने शङ्कर[१] गौरि[२] करे धरि
अनलि मण्डप माझ।
सरद सँपुन जनि ससधर
उगल[३] समय[४] साँझ॥
चौदह[५] भुअन सिव सोहाओन
गौरी[२] राजकुमारि।
हेरि[६] हरखित भेलि मदाइनि[७]
आएल जनि जभारि[८]॥
हेमत सरिर पुलके[९] पूरल
सफल जनम मोरि।
हरि विरञ्चि दुहू जन बैसल[१०]
हर के देल मोयँ[११] गोरि॥

नारद तुम्बुर मङ्गल गावथि[१२]
आओर कत न नारि।
कौतुके[१३] कोबर[१४] कौसले[१५] कामिनि
सबे सबे देअ गारि॥
भन[१६] विद्यापति गौरि[२] परीनय[१७]
कौतुक[१३] कहए न जाए।
साप[१८] फुफुकारे[१९] नारि पड़ाइलि[२०]
बसन ठाम नड़ाए॥

न० गु०, (हरगौरी) प०, १७

पाठभेद—

मि०म० (प० सं० ७८२) १ सङ्करे। शेष उपर्युक्त सदृश।

सं० मन्तव्य—१-२ शङ्कर गउरी ३-४ ऊअल समए ५ चउदह हेरिअे ७ मनाइनि ८ जंभारि ९ पुलके १० बइसल ११ मोञे १२ गाओथि १३ कउतुके १४-१५ कोहबर कउसले १६ भनइ १७ परिणय १८-१९ साँप फुफुकारए २० पराएलि

शब्दार्थ—सँपुन=सम्पूर्ण, पूर्णिमा का। जंभारि=इन्द्र। हेमत=हिमवान। तुम्बुर=तम्बूरा पर। परिणय=विवाह। नड़ाए=फेंक कर।

[७८१]

आइ ताँ सुनिअ[१] उमा भल परिपाटी।
उमगल फिरे मूस[२] झोरी मोर काटी॥
झोरी रे काटिए मूस जटा काटि जीवे[३]।
सिरम[४] बैसल[५] सुरसरि जल पीवे॥
बेटारे कातिक एक पोसल मजूर[६]।
सेहो देखि डर मोर फनिपति झूर॥
तोह जे पोसल गौरी[७] सिंह बड़ मोटा।
सेहो देखि डर मोर बसहा गोटा॥
भनहि[८] विद्यापति बाँसक सिङ्गा।
तपबन नाचथि धतिङ्गा तिङ्गा॥

न० गु० (हरगौरी) प० १६

पाठभेद—

मि० म० (प० सं० ७९३) १ सुनिय। शेष उपर्युक्त सदृश।

सं० मन्तव्य—१ सुनिअ २ मुस ३ जीए ४-५ सिर मञो बइसल ६ मयूर ७ गउरी ८ भनइ

शब्दार्थ—भल=अच्छी, व्यंग्य में। फनिपति=वासुकि नाग। गोटा=एक बेचारा। सिङ्गा=बाजा (बजाकर)।

[७८२]

बुढ्हु बएस हर बेसन न छड़ले
की फल बसह धवाइ।
भाग भेल सिव चोट न लगले
के जान कि होइ आइ[1]॥
बसह पड़ाएल के जान कतए गेल
हाड़ माल की भेला।
फूटि गेल डामरु[2] भसम छिड़िआएल[3]
अपथे सँपति गेला॥
हमर हटल सिव तोँहहि न मानह
अपना हठ बेवहारे।
सगरा जगत सबहुकाँए[4] सुनिअ
धरनिक बोल नहि टारे॥
भनइ विद्यापति सुनह महेसर
इ जानि ऐलाहु[5] तुअ पासे।
तोहरा लग सिव बिघनि बिनासब
आनक कोन तरासे॥

न० गु० (हरगौरी) प०, ३७

पाठभेद—

मि० म० (प० सं० ७९४) उपर्युक्त सदृश।

सं० मन्तव्य—१ जाइ २ डमरू ३ छिरिआएल ४ सबहुकाञो ५ अएलहुँ

शब्दार्थ—बेसन=व्यसन, आदत। धवाइ=दौड़ाकर। जाइ=जाए। सपति=सम्पत्ति, सम्मान। बोल=मन्त्रणा। तरासे=त्रास, डर।

[७८३]

निते मोञो[1] जाञो[2] भिखि आनओ[3] मागि।
कतहु न गेल मोरा सङ्गहु लागि॥
झोरि आहु लेवाके[4] नहि उसास।
इ[5] पोसि[6] होएत्र परतरक आस॥
एहे गउरि मोर कओन[7] दोस।
बइसले जेम गन कओन[7] भरोस॥
थूल पेट भुमि लड़ए[8] न पार।
सिव देखए न पारह हमर बार॥
खेदि देहे बरु निकलि[9] जाउ।
मोरे नामे भिखि मागि खाउ॥
देखह लोक हे अइसनि जोए।
मनुस उपरि कइसे माउग[10] होए॥
अपना पूत के न जानए काज।
निठुर भइ कत मोहु सयँ[11] बाज॥
भनइ विद्यापति देवकि देओ।
करिअ करम जइसे हस न[12] केओ।
गनपति देखले होअ[13] काज।
राए सिवसिंह एकछत्र राज॥

न० गु० (हरगौरी) प० ३८

पाठभेद—

मि० म०—(प० सं० १३) १-२ मोयँ जाओं उपर्युक्त सदृश।

स० मन्तव्य—१ मोञो ३ आनञो ४ लेवइकें ५-६ उपोस ७ कओन ८ नड़ए ९ निकलिए १० माउगि ११ सञो १२ हँस नहि १३ होअए

शब्दार्थ—लागि=लगकर, साथ। उसास=अवकाश, समय। उपोस=उपवासी। गन=गणेश। नड़ए=हिलना-डुलना। बार=बालक। माउगि=स्त्री। बाज=बोलना, झगड़ा करना।

[७८४]

आने[1] बोलब कुल अथिकह हीन।
तेँहि[2] कुमार अछल एत दीन॥

तोहर हमर सिव बएस भेल आए।
आबहु[3] न चिन्तह बिआह उपाए।
भल सिव भल सिव भल बेवहार।
चिता[4] चिन्ता नहि बेटा कुमार॥

हसि हर बोलथि सुनह भवानी।
जनितहु कके[5] देवि[6] होह[7] अगेयानी[8]॥

देस बुलिए बुलि खोजओँ कुमारी।
हुन्हिक सरिस मोहि न मिलए नारी।
एत सुनि कातिक मने भेल लाज।
हम[9] न हे माए बिआहक काज॥
नहि बिआहब रहब कुमार।
न कर कन्दल[10] अमा[11] सपथ हमार॥

भनइ विद्यापति एहे भल भेल।
कतिक वचने कन्दल[10] दुर गेल॥

हे हर जगत बुलिए दिअ अभय बरे[12]।
जग जनि[13]जीबथु महुथ[14]महेसरे[15]॥

न० गु० (हरगौरी) प०; ३९

पाठभेद—

मि० म० (प० सं० ७९५) उपर्युक्त सदृश।

सं० मन्तव्य—१ आने २ तञो ३ अबहुँ ४ चिते ५-८ कञो देइ होअ अगेआनी ९ मोञो १०-११ कन्दन माँ १२ बर १३ जनु १४-१५ महत महेसर

शब्दार्थ—एत दीन=इतने दिनों या ऐसे दीन-हीन। बुलिए=घूमकर। कन्दन=रुदन, कहा-सुनी। महत महेसर=महान महेश्वर (मन्त्री)

[७८५]

वर बौराह[१] उमाके सोचहिँ नारि निहारि।
फनि मनि मौलि[२] विराजित सिर[३] सुरसरि बहु[४] धार॥
भाल बिसाल सुधाकर, कर त्रिसूल[५] त्रिपुरारि॥
बाहन बसहा दिगम्बर परिजन भूत बेताल।
आक धथुर बिस भोजन विजया प्रान अधार॥
कह ऋसिरानि रजासौं[६] कन्या रहलि कुमारि।
दुलहिनि जोग वर दुल्लह नहिँ दुलहिनि बड़ि सुकुमारि॥
कह जगजननी जननीसौँ[७] चिन्ता छारु[८] हमारि।
जतए जाएब ततय[९] दुख सुख लिखल मेटल[१०] नहिँ जाय।
सिवसङ्कर वर ईश्वर नाथ चरन चित लाय[११]
गिरिजा नहिमँ[१२] अनन्दित विद्यापति कवि गाय[१३]॥

मि० गी० सं०, प्रथम खण्ड, पृ० ३०

पाठभेद--

मि० म० (प० सं० ८९५) उपर्युक्त सदृश।

सं० मन्तव्य--१ बउरहि २ मउलि ३ सिरँ ४ बह ५ तिरसूल ६ रजा सओ ७ जननी सजे ८ छाड़ु ९ ततए १० मेटल ११ लाए १२ मनहिँ १३ गाए।

शब्दार्थ--विजया=भाँग। ऋषि रानि=ऋषियोँ की पत्नियाँ अथवा मैना।

[७८६]

कहाँसौ सुगा आएल, नेह लाएल।
कहाँ लेल बसेरा, अमृत फल भोजन॥
(फलाँ) गाम सौँ[२] सुगा आएल, नेह लाएल।
(फलाँ) गाय लेल बसेरा, अमृत फल भोजन॥
के यह[३] पिजड़ा गढ़ाओल, सुगा पोसल।
के ताहि देत अहार, अमृत फल भोजन॥
(फलाँ) बाबा पिजड़ा गढ़ावल, सुगा पोसल।
(फलाँ)[४] सासु देति अहार, अमृत फल भोजन॥

एहन सुगा नहि पोसिय,[5] नेह लगाबिय[6]।
सुगवा हैत[7] उड़िआँत, अपन गृह जाएत॥
भनहि[9] विद्यापति गाओल।
जोगिनिक अन्त नहिँ पाओल॥

मि० गी० सं०, प्रथम खण्ड, पृ० ३१

पाठभेद—

मि० म० (प० सं० ९०६) उपर्युक्त सदृश।

सं० मन्तव्य—१ कहाँ सओ २ सओ ३ एहि ४ फलाँ ५ पोसिअ ६ न नेह लगाइअ ७–८ जइत उड़िआए ९ भनइ।

शब्दार्थ—सुगा=तोता, वर का प्रतीक। पिंजड़ा=पिन्जर, नेह का बन्धन।

[७८७]

सुनिऐन्हि हर बड़ सुन्दर,
आगे देखिऐन्हि विभूति भयङ्कर।
सुनिऐन्हि हर अओतहि[1] रथ पर,
आगे देखिऐन्हि बूढ़ बलद पर॥

सुनिऐन्हि पाटपटम्बर
आगे देखिऐन्हि फटले बघम्बर।
सुनिऐन्हि गरा[2] मोति माल[3] लय[4],
आगे देखिऐन्हि रुद्रक हार[5] लय[6]॥

भनहिँ[7] विद्यापति गाओल,
आगे गौरि[8] उचित वर पाओल॥

मि० गी० सं०, प्रथम खण्ड; पृ० ३२

पाठभेद—

मि० म० (प० सं० ८९६) उपर्युक्त सदृश।

सं० मन्तव्य—१ अओतहि २ गराजे ३–४ माल ५–६ हार ७ भनइ ८ गउरि।

शब्दार्थ—सुनिऐन्हि=सुनती थी। अओतहि=आ रहे हैं। गराजे=गले में।

[७८८]

हे मनाइन देखह जमाय[१] ।
सिवक माथ[२] फुटल[३] जटा,
आगे माइ ताहि उपर नाग घटा ॥
जटा देल अकुसी[४] लगाय,[५]
आगे माइ ताहि उपर नाग घटा ॥
झिकतहिँ[६] सुरसरि गेलि बहराय[७] ।
बेदी[८] देल लवा छिड़िआय,[९]
आगे माइ ताहि उपर नाग घटा ॥
भूखल बासुकि बिछि बिछि खाय[१०]
बट्टा भरि घोरल कसाय[११] ।
आगे माइ ताहि उपर नाग घटा ॥
उमत[१२] महदेव भस्म लगाय[१३] ॥
भनहिँ विद्यापति गाओल,
आगे माइ गौरि[१५] सहित वर कोबरजाय ॥

मि० गी० सं०, प्रथम खण्ड, पृ० ३३

पाठभेद—

मि० म० (प० सं० ८९७) उपर्युक्त सदृश ।

सं० मन्तव्य—(i) बारहवीं पंक्ति ग्यारहवीं के स्थान पर होनी चाहिए । (ii) १ जमाइ २ माथे ३ छूटल ४–५ अँकुसी लगाए ६ झँकतहि ७ बहराए ८ बेदिन्हे ९ छितिराए १० खाए ११ कसाए १२–१३ उमत महादेव भसम लगाए १४ भनइ १५ गउरि ।

[७८९]

पाहुन नन्दि भवानी ।
आज पाहुन नन्दि भवानी ॥
माई हे बैसक[१] देलन्हि बघम्बर आनि ।[२]
आज पाहुन नन्दि भवानी ॥
घर नहिँ सम्पति घृत नहिँ गोरस ।
पाहन[३] आनल माइ हे कौन[४] भरोस ॥

हर माला लय[५] धरथि ध्यान ।[६]
पाहुन जमय[७] माइ हे[८] पहिले साँझ ॥
माङ्गि-चाँगि लयलाह[९] माइ हे तामा दुइ मिसिम्रा ।
एक[१०] चरित्र देखि हँसय[११] परोसिया ।[१२]
भनहि विद्यापति सुनिए भवानी ।
एहन पाहुन माइ हे नित दिन आनी ॥

मि० गी० सं० द्वितीय खण्ड, पृ० ३०–३१

पाठभेद—

मि० म० (प० सं० ९०७) उपर्युक्त सदृश ।

सं० मन्तव्य—१ बइसए कं २ आनी ३ पाहुन ४ कओन ५ लए ६ धिआन ७–८ जमए हे ९ लएलह १० एकए ११ हसँए १२ परसोसिआ ।

शब्दार्थ—धरथि=धरते हैं । जमए=खाते हैं । एकए=इनका, ऐसा ।

[७९०]

गौरी[१] औरी[२] ककरा[३] पर करत
वर भेल तपसी भिखारि ।
आगे माइ हेमसिखर पर बसथि
एक घर-नै[४] छैन्ह[५] अपन परार ॥
बारि कुमारी राज दुलारी
ऋषि के प्रान अधार ।
से गौरा[६] कोना[७] विपति गमौती[८]
के मुख करत दुलार ॥
तेल फुलेल लै[९] केश बन्हावथि
और[१०] उगारथि आँग ।
से गौरा[६] कोना[७] भस्म[११] लोटैती[१२]
नित उठि कुटती भाँग ॥

भनहिँ[13] विद्यापति सुनिए मनाइनि
इहो थिक त्रिभुवन नाथ।
सुभ सुभ कै[14] गौरी[1] बिवाहिय[15]
इहो वर लिखल ललाट॥

मि० गी० सं०, द्वितीय खण्ड, पृ० ३१

पाठभेद—

मि० म० (प० सं० ९०८) उपर्युक्त सदृश।

सं० मन्तव्य—१–३ गउरी अउरी ककराञो ४–५ नइ-छइन्ह ६–७ गउरा कओने ८ गमउती ९ लए १० अउर ११–१२ भसमे लोटएती १३ भनइ १४ कए १५ बिआहिअ।

शब्दार्थ—अउरी=और अधिक कुछ क्रोध। अपन परार=अपना-पराया, परिवार। उगारथि आँग=शरीर में अंगरागों का विलेपन करती है। भसमे=श्मशान की राख में।

[७९१]

डाली कनक पसारल नयना[1] योग बेसाहल।
नैना[1] कोना[2] आइलि सकल योग सभ लाइलि॥
हेमत आनल वर पसुपती[3] एकोने[4] बजथि दृढ़मती[5]।
सुभ सुभ कय[6] सभ भाखीअ[7] गौरी,[8] बसि हर कैँ[9] राखीअ[10]॥
भनहिँ[11] विद्यापति गाओल जोगिनक अन्त नहि पाओल।

मी० गी० सं०, तृतीय खण्ड, पृ० ६

पाठभेद—

मि० म० (प० सं० ९१०) उपर्युक्त सदृश।

सं० मन्तव्य—१ नअना २ कओने ३ पशुपति ४ एकओने ५ दिढ़मति ६ कए ७ भाखिअ ८ गउरी ९–१० कएँ राखिअ ११ भनइ।

शब्दार्थ—डाली कनक=सोने की डलिया। नयना योग=नयना योगिनी को। एक आने=कुछ भी नहीँ।

[७९२]

नैहर[1] आब[2] हम जाएब सदासिव! नैहर[1] आब[2]॥
पड़िवा तिथि हम जात्रा कयकँ,[3] दितीयागमन कराएब।

सिव हो नैहर[1] आब[2] हम जाएब ॥ सदासिब नैहर[1] आब[2] ॥
तृतीया में हम पथाँह[4] बिताएब, चौठिमें[5] काजर लगाएब।
सिव हो नैहर[1] आब[2] हम जाएब ॥ सदासिव नैहर[1] आब[2] ॥
पञ्चिम चन्दन अङ्ग लगाएब, षष्ठी बेल तरु जाएब ॥
सिव हो नैहर[1] आब[2] हम जाएब ॥ सदासिव नैहर[1] आब[2] ॥
नवपत्री सङ्ग[6] सप्तमो प्रातमें, भक्तक घर हम आएब ॥
सिक् हो नैहर[1] आब हम जाएब ॥ सदासिव नैहर[1] आब[2] ॥
अष्टमि दिन मह[7] पूजा निसि बलि लय[8] लय[8] भक्त जगाएब ॥
सिवहो नैहर[1] आब[2] हम जाएब ॥ सदासिव नैहर[1] आब[2] ॥
नवमी में तिरसूलक पूजा, बहु बिधि बलि चढ़वाएब ॥
सिव हो नैहर[1] आब[2] हम जाएब ॥ सदासिव नैहर[1] आब[2] ॥
नवो निधि सेवक के[9] दय[10] क,[11] दसमी कलस (घट)[12] उठवाएब[13] ॥
सिव हो नैहर[1] आब[2] हम जाएब, सदासिव नैहर[1] आब[2] ॥
भन विद्यापति-जननी कहल, सिव, फेरि आपन गृह आएब ॥
सिव हो नैहर[1] आब[2] हम जाएब ॥ सदासिव नैहर[1] आब[2] ॥

मि० गी०, तृतीय खण्ड, पृ० ९

पाठभेद—

मि० म० (प० सं० ९११) उपर्युक्त सदृश।

सं० मन्तव्य—१ नइहरें २ अब ३ कए कजे ४ पन्थहिँ ५ चउठिमञो ६ सँगेँ ७ मजे ८ लए ९ कञो १०–११ दए कए १२ पाठाभाव १३ उठवाएब।

शब्दार्थ—पड़िवा=प्रतिपदा। नव पत्री=नवपत्रिका। कलस=मङ्गल घट।

[७९३]

विवाह चलल सिव सङ्कर हरिरंकर।
डामरु[1] लले कर लाय[3] विभूति भुअङ्कर[4]।
नागर[5] निकट हर, आयल[6] सुनि पाओल
देखय[7] चलल सब भूर रूप देखि लुबुधल ॥
परिछय[8] चललि मनाईनि सब गाइनि।
नाग कयल[9] फुफुकार दुरह[10] पड़ाइलि[11] ॥

एहन उमत वर केकर उर[१२] विसधर।
गौरि[१३] बरु रहथु कुमारि करब बर दोसर॥
भनहि[१४] विद्यापति गाओल गावि[१५] सुनाओल।
तुरत करिये[१६] सब काज हर वर सुन्दर॥

(मि० म० प० सं० ७७९)

पाठभेद—

सं० मन्तव्य—मित्र-मजुमदार ने इसे बेनीपुरी संकलित (प० सं० २४८) बताया है किन्तु बेनीपुरी के संकलन में यह पद नहीं है। १–२ डमरू लएल ३ लाए ४ भयङ्कर ५ नगर ६ आएल ७ देखए ८ परिछए ९ कएल १०–११ त दुरहिँ पराइलि १२ उरें १३ गउरी १४ भनइ १५ गाइ १६ करिए।

शब्दार्थ - परिछए=स्वागतार्थ परिछने के लिए। गाइनि=गाँववाली, गानेवालियाँ।

वन्दना-गीत

[७९४]

मालवरागे—

पञ्चवदन हर भसमे धवला।
तीनि नयने एक बरए अनला॥ध्रु०॥
दुखे[२] बोलए भवानी।
जगत भिषारि[३] मिलल हम[४] सामी॥
बिसधर[५] भूषण[६] दिग परिधाना।
बिनु वित्ते[७] इसर नाम उगना॥
भनइ विद्यापति सुनह भवानी।
हर नहि निधन[९] जगत[१०] सामी॥

ने० पृ० २२, प० ५९, पं० १

पाठभेद

न० गु० (हर०, प० सं० २९) ३–४ भिखारि हम मिलल ५–६ विषधर भूषन।
मि० म० (प० सं० ५९४) २ दुःखे। शेष न० गु० सदृश।
सु० झा० (प० सं० ५४) १० जगत (केर)।

परि० पद० (प० सं० ५५) १ नअन २ दुखे ३ भिखारि ४ हमें ५ विषधर ६ भूषन ७–८ वित्ते ईसर ९–१० निरधन जगतक ।

सं० मन्तव्य—परि० पद० सदृश ।

शब्दार्थ—अनला=अग्नि । सामी=स्वामी, पति । उगना=उग्रनाथ ।

[७९५]

धनछीरागे—

चरित चातर[१] चिते[२] बेआकुल
मोर मोर अनुबन्धे ।[३]
पूत[४] कलत्त[५] सहोदर बन्धव
सेष[६] दसा सब[७] धन्धे ना[८] ॥

ए हर गोसाञें नाह[९] मो[१०] जनु[११] देह[१२] उपेषि[१३] ।
जम[१४] अगा[१५] मूह उत्तर[१६] डर छाडत[१७]
जबे बुझाओत लेखी[१८] ॥

अपथा पथा चरण चलाओल
भगति[१९] मति[२०] न देला ।
पर धन[२१] धनि[२२] मानस लाओल[२३]
मिथ्या[२४] जनम[२५] दुर[२६] गेला ॥

कपट (नरि)[२८] पलु[२९] कलेवर
गीडल[३०] मदन[३१] गोहे ।
भल मन्द हमे[३२] कीछु[३३] न गूनल
समय[३४] बहल मोहे ॥

कएल मञे[३५] उचित भेल अनुचित[३६]
आबे[३७] मन[३८] पचताबे ।
आबे[३९] को करब सीर[४०] पए धूनब[४१]
गेल[४२] दीन[४३] नहि[४४] आबे ॥

भने[४५] विद्यापति सून[४६] महेसर[४७]
तैलोक[४८] आन न देवा[४९]।
चन्दल[५०] देविपति वैद्यनाथ गति[५१]
चरण[५२] शरण[५३] मोहि[५४] देवा ॥

ने० पृ० ४७, पृ० १३५, पं० ५

पाठभेद—

न० गु० (हर०, प० सं० ४४) चरणक्रम—ने० प० को ५, ६, ७, ८, १२, १३, १४, १५, १६, १७, १८, १९, ८, ९, १०, ११, १, २, ३, ४, २०, २१, २२, और २३ वीं पंक्तियाँ इसमें क्रमशः आरम्भ से अन्त तक आई हैं। ने० प० के क्रमानुरूप पाठभेद–२ मन ३ अनुबन्धा ४ पुत ६--८ अन्तकाल सबे घन्दा ९ नाथ १०--१३ तोहर सरन कएलेओ १४--१८ किछु न धरब सबे बिसरब पछाँ जे जत कएलेओ २० मन २१--२२ धनि धन २३ बाढ़ल २४--२६ जनम निफले २८--२९ मह पड़ु ३०--३१ गिड़ल मअन ३२--३३ सबे किछु ३४ जनम ३५ पाठाभाव ३६ अनउचित ३७--३८ मने मने ४० सिरे ४१ धुनब ४३ दिना ४५ भन ४६--४७ सुनह शङ्कर ४८--४९ कइलि तोहरि सेवा ५०--५१ एतए जे बरु से बरु करब ५२–५४ ओतए सरन।

मि० म० (प० सं० ६०९) १ चाउर ५ कलत्र ८ पाठाभाव ११–१२ देह नु १४ यम १७ उरछाउत १९ उगति २८–२९ पाठाभाव ३९ ताबे ४१ धूल राग ४२ न ४४ नाही ४५ भणे ५० चन्दन ५३ सरण। पाद टिप्पणी में न० गु० का पाठ उद्धृत।

सु० झा (प० सं० १२४) १ चातुर ३ ला १३ उपेखी १५ आगा मुह २१–२२ परधनी-धन २४–२६ निफल जनम

परि० पद० (प० सं० १२५) ६ सेख ८ पाठाभाव ९–१० गोसाञि नाह मोहे १३ उपेखी १५–१६ आगाँ मुँह उतर डरें २१–१२ पर-धनि-धने २४–२६ जनम निफले २९ पलु ३०–३१ गीड़ल मजन ३२–३३ हम किछु ३४ जनम ३५ पाठाभाव ३७ मने ४० सिर ४३ दिना ४६ सुनह ४८–४९ तइलोक आन न देवा ५० से ५४ न० गु० सदृश।

सं० मन्तव्य ८ पाठाभाव १३ उपेखी १५ अगाँ १७ छाउत २२ धनिजे १९ पलु ३१ मजन ३४ समअ ३५ मोज ४१ सिर ४८ तइलोके आन ५०–५१ चन्दल देइ पति बइद-नाथ गथि ५२–५३ चरन सरन।

शब्दार्थ—चरित चातर=नाना विध चरित्रों का महाजाल। मोर मोर अनुबन्धे=अपनेपन मात्र का सम्बन्ध। धन्धे=झंझट। उतर डर छाउत=उत्तर देने में डर घेर ले। बुझाओत लेखी=कृत कर्मों का लेखा-जोखा जब समझाएगा। गीडल मञन गोहे=कामदेव रूपी ग्राह ने ग्रस लिया। बहल=व्यतीत हुआ। तइलोक=त्रिलोक में।

[७१६]

धनछीरागे—

पाहुन आएल भवानी।
बाघछाल बइसए दिअ आँनी[1]॥
बसह चढ़ल[2] बुढ[3] आवे
धुथुर गजाए[4] भोजन हुनि भावे॥ ध्रु०॥

भसम विलेपित आङ्ग[5]।
जटा बसथि सिर सुरसरि गाङ्ग[6]॥
हाडमाल[7] फणिमाल[8]शोभे[9]।
डँवरु[10] बजाब हर जुवतिक लोभे॥

विद्यापति कवि भाने।
ओ नहि बुढवा[11] जगत किसाने॥

ने० पृ० १०० (क), प० २७६; पं० ३

पाठभेद—

न० गु० (हर०, प० सं० ९)—१ आनी २-३ चढ़ल बुढ़ ८-९ फनिमाल सोभे १० डमरु ११ बुढ़वा

मि० म० (प० सं० ५९३) १ आनी ३-४ चढ़ल बुढ़ ७-८ हाड़माल फनिमाल १० डबरु ११ बुढ़वा

सु० झा (प० सं० २५२) २-३ पसह चढल बुढ़ ४ गजा ए
परि० पद०—(प० सं० २५३) १ आनी ३ बुढ ८-९ फनिमाल सोभे
सं० मन्तव्य—१ आनो ५ अङ्गे ६ अङ्गे
शब्दार्थ—धुथुर गजाए=धतूर और गाँजा। वसथि=निवास करती हैं।

[७९७]

आजे अकामिक आएल भेषधारी[1]
भीषि[2] भुगुति लए चललि कुमारी ।।ध्रु०।।
भिषिआ[3] न लेइ बढाबए[4] रिसी
वदन निहारए बिहुसी[5] हँसी[6] ।।
ए[7] ठमा[8] सखि सङ्गे निकहि[9] अछली
ओहि जोगिआ देषि[10] मुरुछि पलली[11] ।
दुर कर गुनपन अरे भेषधारी[1]
काँ[12] डिठिअओलए[13] राजकुमारी ।
केओ बोल देषए[14] देहे जनु काहू
केओ बोल ओझा आनि[15] चाहू ।।
केओ बोल जोगिआहि[16] देहे दहु आनी[17]
हुनिकिओ[18] भए[19] बरु जिकओ भवानी ।।
भनइ विद्यापति अभिमत सेवा
चन्दल[20] देवि[21] पति बैजल[22] देवा ।।

ने० पृ० १०० (क), प०२७७; पं० १

पाठभेद—

न० गु० (हर०, प० सं० ११) भेखधारी २ भीखि ३ भिखिआ ४ बढ़ाबए ५-६ बिहुसि हसी ७-८ एहि ठाम १० जोगिया देखि ११ पड़ली १३ डिठि अओलए १४ देखए १८-१९ हुनिकि अभए

मि० म० (प० सं० ६०२) ७-८ एठमा १० जोगिआ देखि १२-१३ कौरिठि अओलए १६ जोगि आहि १८-१९ हुनि कि अभए २० चन्दन । शेष न० गु० सदृश ।

सु० झा (प० सं० २५३) ८ उमा ९ निकेहि १८-१९ हुनिकि ओ भए २० चन्दन

परि० पद० (प० सं० २५४)—१भेखधारी २ भीखि १० देखि ११ पछली १४ देखए १५ आनि (न) चाहू १५ आनी

सं० मन्तव्य—७ एहि ९ नीकहि १२ काञो १५ आनि १६ जोगिआहिँ २१ देइ २२ बइजल । शेष परि० पद० सदृश ।

शब्दार्थ—भुगुति=भोज्य । रिसी=क्रोध । गुनपन=जादूगरी । चाहू=दिखाओ । हुनिकिओ=उनकी भी ।

[७९८]

प्रथमहि शङ्कर[१] सासुर गेला
बिनु परिचए[२] उपहास पलला[३]।
पुछिओ[४] न[५] पुछलके बैसलाह[६] जहा[७]
निरधन[८] आदर के कर कहा[९] ॥ध्रु०॥

हेमगिरि मडप[१०] कौतुकरसी[११]
हेरि हसल सबे बुढ[१२] तपसी।
से सुनि गौरि[१३] रहलि सिर नाए[१४]।
के कहत मा के तोहर जमाए॥

साप[१५] सरीर काख[१६] बोकानें
प्रकृति औषध[१७] केदहु[१८] जानें।
भनइ विद्यापति सहज कहू[१९]।
आडम्बरे[२०] आदर हो सबतहू॥

ने० पृ० १०१ (क), प० २७८; पं० ५

पाठभेद—

न० गु० (हर०, पं सं० २०) ३ पड़ला ७ जहाँ ९ कहाँ १०-११ मड़प कौतुकबसी १२ बुढ़ १३-१४ रहलि गौरि शिर लाए १६ काँख १२ कहु २० आड़मुरे

मि० म० (प० सं० ५९७) १ सङ्कर १०-११ मडप कौतुक बसी १३ गोरि १४ लाए १७-१८ औसघ के दहु २० आडमुरे । शेष० न० गु० सदृश ।

सु० झा (प० सं० २५४) २ परिचय ९ कहाँ ११ कौतुक बासी १२ बुढ़

परि० पद० (प० सं० २५५) १ सङ्कर ३ पलला ५-७ न पुछलक बइसलाह जहाँ ९ कहाँ १०-११ मण्डप कउतुक रसी १२ बुढ़ १६ काँख १७ अउषध २० आडम्बरें

सं० मन्तव्य—३ पलला ६-७ बइसलाह जहाँ ८ निरधने ९ कहाँ १०-११ मण्डपे कउतुक रसी १२ बूढ़ १३ गउरी १५ साँप १६ काँखे १७-१८ अउषध के दहु

शब्दार्थ—बिनु परिचए=श्वसुराल में किए जाने वाले लोकाचार से अपरिचित होने से। रसी=रस लेने वाले। प्रकृति अउषध=स्वभाव की दवा।

[७९९]

गौडमालव

बाँधए विकट जटा तथिहु[1] चदिन[2] फोटा
कत जुग सहस बयस[3] बहि गेला।
उमत महादेव समत[5] न भेला॥

मौलि[6] मेलए छार सहज[7] न तेजए[8] पार
सुकवि विद्यापति गाऊ[9]।
जिवग्रो[10] सिवसिंह[11] राऊ[12]॥

रा० त०, पृ० १०७

पाठभेद—

न० गु० (हर०, प० सं० १२) १-२ तँइ थिह चँदिन ४ बिति ५ सुमत ७ सहजइ ९ गाउ १० जीव ११ राउ

मि० म०(प० सं० १२) १-२ तथिहु चँदिन ५ सुमत १० गाउ ११ सिवसिंघ १२ राउ

परि० पद० (राग०, प० सं० ४१) १ तथिहुँ २ चन्दिल ३ बएस १० जीवओ

सं० मन्तव्य—१-२ तथिहुँ चन्द्रिल ३ बएस ५ सुमत ६ मउलि ८ तेज १० जीबओ

शब्दार्थ—चन्द्रिल=चन्द्रमा की कान्ति रेखा का। उमत=उन्मत्त। मउलि=माथे पर।

[८००]

देवराज विजय—

कतहु श्मश्रु[1] धर[2] कतहु पयोधर[3]
भल वर मिलल सुशोभे[4]।
अर्धंग[5] धइलि नारि[6] (न)[7] गुनलि[8] निअ[9] गारि[10]
गरुअ[11] गौरि[12] गुन लोभे॥ध्रु०॥

आलो[13] शिव[14] शम्भू[15] तुमी[16] शिव[14] शम्भू[15]
तुमी[16] जो[17] बधलो[18] पचबाने[19]॥
गाँग[20] लागि गिरिजाक[21] मनौलि[22] हे[23]
कके[24] देवि[25] बोलह मन्दा।

चरन नमित फनि[२६] मनिमय[२७] भूषन[२८]
घरखि[२९] खिआएल[३०] चन्दा ॥
भनइ[३१] विद्यापति सुनइ तिलोचन[३२]
पय[३३] पङ्कज मोरि सेवा ।
चन्दल देइ पति बैदनाथ[३४] गति
नीलकण्ठ हर देवा[३५]॥

रा० त०, पृ० १०८

पाठभेद—

ब्र० न० सहाय (महेश सम्बन्धी कविता, प० सं० २५) १–२ समसधर ४ सुसोभे ६ से १२ धाइ न गुनलि गिरा गुरु, गौरि कवन ३१ से १९ पाठाभाव २० गंगा २१ से २५ हम गिरिजा मनौलिह काहे २९–३० घर खिसिआयल ३१ भन ३४ वैंद्यनाथ ३५ दवो।

न० गु० (हर०, प० सं० १९) १–२ समसधर ५ अधङ्ग ७–८ न गुनलि निज १७ जे १८ बधिलो २० गाङ्ग २२–२३ मनउलिहे २६ फनी २९–३० घर खिखिआयल ३१ त्रिलोचन ३३ पअ ३४ वैद्यनाथ ।

मि० म० (प० सं० ५९६) ४ सुसोभे ७–९ गुनलि निअ १२ गौरी १४–१५ सिव सम्भू १७ जो २८ भूसन २९–३० घर खिखियायल । शेष न० गु० सदृश ।

परि० पद० (रा० त०, प० सं० ४३) ३ अधङ्ग ७–८ न गुनलि १७ जे १८ बधिलो ।

सं० मन्तव्य—१ समस्रु ३ पओधर ७–८ न गुनलि १२ गउरि १६ तुमि १७–१९ जे बधिला पञ्चबाने २२–२३ गिरिजाकँ मनउलिहे २४ करकें २७ मनिमए ३३ पअ ३४ बइदनाथ ।

शब्दार्थ—(i) छठीं पंक्ति के बाद संभवतः एक चरण छूट गया है। (ii) कतहु=कहाँ वा कहीं तो। समसु=श्मश्रु, मूँछ-दाढ़ी। गरुअ=श्रेष्ठ। मनउलिहे=मनाया है। नमित=झुका हुआ। घरखि=घिस कर। तिलोचन=त्रिनेत्र, शिव।

[८०१]

कतए[१] गेला[२] मोर बुढ़वा जती।[३]
पीसल भांग[४] रहल सेइ[५] गती ॥
आन[७] दिन निकही[८] रहथ[९] मोर पती।
आज[१०] लगाई[११] देल कौन[१२] उदमती[१३] ॥

एकसर[१४] जोहय[१५] जायब[१६] कौन[१२] गती।
ठेसि खसबि[१७] मोरि[१८] होत[१९] दुरगती।
नन्दन[२०] बन बिच मिलल[२१] महेस।
गौरि[२२] हर्षित[२३] भेलि[२४] छुटल कलेस[२५]॥
भनहिं[२८] विद्यापति सुनु[२९] हे सती।
इहो[३०] जोगिया[३१] थिक[३२] त्रिभुवन पती॥

ब्र० न० सहाय (महेश सम्बन्धी कविता, ७)

पाठभेद—

न० गु० (हर०, प० सं० २६) चरणक्रम, उपर्युक्त का पहला चरण नहीं है, दूसरा चरण पहले है तब अतिरिक्त चरण "कथि लँइ[६] मनाएब उमता जती।" पाँचवे, छठें, सातवें-आठवें के स्थान पर भिन्न दो चरण "आनक[२६] नीक आपन हो छती। ठामे एक ठेसता[२७] पड़त विपती॥" तब नवें-दसवें चरण हैं। ४ भाँग ५ एहि ८–९ निकहि छलाह १०–११ आइ बढ़ाए १२ कोन २८–२९ भनहि विद्यापती सुन ३०–३२ ई थिक बाउर।

बेनीपुरी (प० सं० २३७) २ गेलाह ४ भांग ८–९ निकहि रहथि ११ लगाए १२ कओने १३ उदगती १४–१६ एकसरि जोइए १७--१९ खसब होएत २१ मिलला २२–२४ गौरी हरखित भेली २८ भनइ ३० एहो ३२ थिका।

मि० म० (प० सं० ७८७) न० गु० सदृश।

सं० मन्तव्य—(i) प्रस्तुत पद गेय परम्परा में दो भिन्न रूपों में विकसित हो गया लगता है। इसका ७--८ चरण (२०–२५) प्र० स०, प० सं० ६५५ के चौथे चरण से मिलते हैं। (ii) ४ भाँगि ६ लजे ७–८–९ निकहिँ छलाह १०–११ आजि बढ़ाए १३ कओन १४–१६ एकसरि जोहए जाएब १७ खसब १९ होब २२–२३ गउरी हरखित २८ भनइ ३०--३१ ई जोगिआ।

शब्दार्थ—उदमती=उन्मत्तता। जोहए=खोजने के लिए। खसबि=गिर जाऊँगी।

[८०२]

काहे[१] उमतला[२] हे तैलोक[३] नाथ।
नित्त[४] उगारि[५] नित[६] भसमक[७] साथ॥
पाट पटम्बर धरु[८] उतारि।
बाघ छला[९] नित[६] पहिरु[९] सारि[१०]॥

तुरअ[11] त्यागि[12] चढु[13] बसहा[14] पीठ।[15]
लाज[16] मरिअ जो[17] हेरिअ दीठ[18]
भन[19] विद्यापति सुनह गौरी।[20]
हर नहिं उमता तुहही[21] भोरी[22]॥

ब्र० न० सहाय (महेश सम्बन्धी कविता, प० सं० ८)

पाठभेद—

न० गु० (हर०, प० सं० २८) १–२ कओने उमतओला ४–५ निते उगारिअ ६ निते ७ भसम ८ घर ९ छल ९–१० पहिर झारि ११–१५ तुरय छाड़ि चढ़ बसह पीठि १६ लाजे १७ जयँ १८ दीठि १९ भनइ २० गोरि २१–२२ तोँहहि भोरि।

मि० म० (प० सं० ७८९) न० गु० सदृश।

सं० मन्तव्य—१ कओने ३ तइलोक ४ निते ६ निते ९ छाल १० झारि १२ तिआगि १५ पीठि १६ लाजे १७ जओ १८ दीठि १९ भनइ २ गउरी २१।

शब्दार्थ—उगारिअ=उघार, दिगम्बर। झारि=झाड़कर। तुरअ=घोड़ा।

[८०३]

जोगिआ[1] एक हम[2] देखलोँ[3] गे माई।
अनहद रूप कहलो नहिं जाई॥
पंच वदन[4] तिन नयन[5] बिसाला।
बसन बिहुन[6] ओढ़न बघछाला॥
सिर बहे[7] गंग[8] तिलक सोभै[9] चन्दा।
देखि सरूप मेटल दुखदंदा॥
जाहि[10] जोगिया[1] लै[11] रहलि भवानी।
मन आनलि बर कौन[12] गुन जानी॥
कुल नहिं सिल[13] नहिं तात महतारी।
बएस दिनक[14] थिक लछु जुग चारी॥
भन विद्यापति सुनु ए मनाइनी[15]।
एहो जोगिया[1] थिक त्रिभुवन दानी[16]॥

ब्र० न० सहाय (महेश सम्बन्धी कविता) ९

पाठभेद—

बेनीपुरी (प० सं० २३८) १ जोगिआ २–३ हमे देखल ६ बिहून ७ बह ९ सोह १० एही ११ लए १२ कोन १४ हिनक १५ मनाइनि १६ दानि।

मि० म० (प० सं० ९००) १ जोगिया ४ पँचवदन ६ बिहुन ७ बहे ८ गङ्ग ९ सोहे १५ मनाइनि १६ दर्शन।

सं० मन्तव्य—१ जोगिआ २ हमे ४ पञ्चबदन ५ नअन ९ सोहे ११ लए १२ कओन १४ हुनक।

शब्दार्थ—अनहद=असीम, अद्भुत। बिहुन=रहित। हुनक=उनकी। लछु=लाख।

[८०४]

जिव[1] परल अदिन कि सिव सिव।
घर सों[2] बहर[3] भेल सिव के समाज।
पथ सँ[2] फिरत होयत[4] बड़ लाज; सिव सिव।
पथ बड़ पिच्छर पाथर पानी।
धयल[5] सरन सिव संकर जानी, सिव सिव।
चहुँ दिसि घन रव बोलय,[6] सिआर।
एक दिसि जोगिनि करय[7] सँचार; सिव सिव।
भन[8] विद्यापति सुन[9] ए महेस।
अपन सेवक के[10] मिटिय[11] कलेस; सिव सिव।

ब्र० न० सहाय (महेश सम्बन्धी कविता) प० ११

पाठभेद—

सं० मन्तव्य—१ जिवओ २–३ सओ बाहिर ४ होएत ५ धएल ६ बोलए ७ करए ८ भनइ ९ सुनिअ १०–११ कओ मेटिअ।

शब्दार्थ—अदिन=दुर्भाग्यपूर्ण। पिच्छर=फिसलन भरा। रव=शब्द।

[८०५]

सिव[1] हो, उतरब पार कवने[2] विधि।
लोढ़ब कुसुम तोड़ब[3] बेल पात।
पुजब[4] सदासिव गौरिके[5] सात॥

बसहा चढ़ल सिव[1] फिरयि[6] मसान।
भँगिया[7] जठर[8] दरदो[9] नहि जाम॥
जप तप नहिं कैलहु[10] नित[11] दान।
बित[12] गेला[13] तिन पन करइत आन॥
भन विद्यापति सुनु[14] हे[15] महेस।
निरधन जानिके[16] हरहु[17] कलेस॥

ब्र० न० सहाय (महेश सम्बन्धी कविता) १२

पाठभेद—

बेनीपुरी (प० सं० २३९) २ कओने ३ तोरब ५ गौरिक ६ फिरए ८ जरठ १० कएलहुँ ११ किछु १२–१३ बिति गेल १४–१५ सुनह १६–१७ जानि मोर हरह।

मि० म० (प०सं० ७७३) २ कओन ३ तोरब ५ गौरिक ६ फिरहु ९ दरदी १२ चित।

सं० मन्तव्य—१ शिव २ कओन ३ तोरब ४ पूजब ५ गउरिके ६ फिरए ७ भँगिआ ८ जठरे १० कएलहुँ १४–१५ सुनह।

शब्दार्थ—सात=साथ में। जठरे=जठराग्नि, पेट में। आन=दूसरे व्यर्थ कर्म।

[८०६]

देखल दिगम्बर पुरल मनोरथ, दुरि गेला[1] हर हे[2] पाप कलेस।
जटा दुहु[3] दिसि विभुति भुजंगम[4] ससि सोभय[5] हे तिलक विसेस॥
आक धतुर फुल श्रीफल[6] लुबुधल हर पूजा हे कर मन लाय[7]।
झारिखंड[8] बसाथ निकुँज बन[9] बसथि परिजन संग[10] हैं भुत बयताल[11]
आछत चानन अवर[12] गँगाजल बेलपात तोरि चढ़ाब[13] भोलनाथ।
भन[14] विद्यापति मोहि[15] भोलानाथ गति दिअ बर हर[16] हे[17] अपनहि हाथ॥

ब्र० न० सहाय (महेश सम्बन्धो कविता) प० १४

पाठभेद—

सं० मन्तव्य (i) इसके अन्तिम दो चरण प्र० सं०, प० सं० ८०८ से मिलते हैं।–(ii) १–२ गेल हे हर ३ दह ४ भुजङ्ग ५ सोभए ६ सिरीफले ७ लाए ८ झारखण्डजे ९ बने १०–११ सङ्गजे भूत बएताल १२ आओर १३ चढ़ाब हे १५ भनइ १४ मोर १६–१७ हे हर।

शब्दार्थ—जटा दह दिसि=दसों दिशाओं में जटा प्रसारित हैं। झारखण्डजे=झाड़ खण्डों में।

[८०७]

हर जनि बिसरब मोर[१] ममिता,[२]
हम नर अधम परम पतिता।
तुअ सन अधम उधार न दोसर
हम सन जगत[३] नहीं[४] पतिता॥

जम के द्वार[५] जबाब कवन[६] देब
जखन बुझत[७] निज गुन कर बतिया[८]।
जब जम[९] किंकर[१०] कोपि उठाएत[११]
तखन के होत धरहेरिया[१२]॥

भन विद्यापति सुकवि पुनित मति
सङ्कर[१३] विपरित[१४] बानी।
असरन सरन चरन सिर नावत[१५]
दया करु[१६] दिअ[१७] सुलपानी॥

ब्र० नं० सहाय (महेश सम्बन्धी कविता) १५

पाठभेद—

बेनीपुरी (प० सं० २४१) २ ममता ३–४ जग नहि ६ कओन ७–८ पुछत कर धरिया ११ पठाओत १२ धरहरिया १३ संकर १४ बिपरीत १५ नाओल १६–१७ करहु।

मि० म० (प० सं० ७६८) १ मो ३–४ जग नहि ६ कओन ९–१० जमा ककर ११ धरहरिया १४ नाओल।

सं० मन्तव्य—५ द्वारे ६ कओन ८ बतिआ ११ उठाओत १२ धरहरिआ १३ शङ्कर १५ नाओल।

शब्दार्थ—सन=सदृश। निज गुन=स्वकृत कर्मों का गुणावगुण। उठाओत=उठाएगा।

[८०८]

कखन हरब दुख मोर, हे भोलानाथ।
दुख ही[१] जनम भेला[२] दुखही[१] गमाइब[३]
सुख सपनहु नहिं भेला,[२] हे भोलानाथ॥

आँछत[४] चानन अवर[५] गँगाजल[६]
बेल पात तोहि देब, हे भोलानाथ[७]।
यहि[८] भवसागर थाह कतहुँ नहिं
भैरव[१०] धरु कर[११] आए,[१२] हे भोलानाथ॥
भन विद्यापति मोर भोलानाथ गति
देहु अभय वर मोहि, हे भोलानाथ॥

ब्र० न० सहाय (महेश सम्बन्धी कविता) १७

पाठभेद—

बेनीपुरी (प० सं० २४३) १ दुखहि २ भेल ३ गमाओल ४-७ पाठाभाव ८ एहि ९ कतहु ११—१२ करुआर।

मि० म० (प० सं० ७७१) १ दुखहि २ भेल ३ गमाएब ६ गङ्गाजल ९ कतहु।

सं० मन्तव्य—१ दुखहि २ भेल ३ गमाओल ५ आओर ८ एहि १० भइरव।

शब्दार्थ—दुखहि=दुःख चेतना में ही। आछत=अच्छत। चानन=चन्दन।

[८०९]

कतेक दिन[१] हेरब सिव रउरि[२] बाट?
बेल पत्र तोरि हम[३] बैलु[४] चुन चुन।
भाग[५] बिरिछि[६] सिव लागि गेला[७] घुन॥
कासि मों[८] खोजलु अरु आस पास।
उहउँ[९] सुनलुँ सिव गेला कइलास॥
भन[१०] विद्यापति सुन ए[११] महेस।
संकट काटिए मेटिए[१२] कलेस॥

ब्र० न० सहाय (महेश संबंधी कविता) प० १८

पाठभेद—

सं० मन्तव्य—१ दिवस २ राउरि ३ मोञ ४ धएलाहु ५ भाँगि ६ बिरिछ ७ गेलहि ८ काशीञे ९ ओहओं १० भनइ ११ सुनिअ १२ मेटिअ

शब्दार्थ—हेरब=देखेंगे। काशीञे=काशी में जाकर। ओहओं=वहाँ पर भी।

[८१०]

जौं[1] हम जनितहुँ भोला भेला ठकना
होइतहुँ राम गुलाम, गे माई।
भाई विभीखन[2] बड़ तप[3] कैलन्हि[4]
जपलन्हि[5] रामक[6] नाम, गे माई॥
पूरुब[7] पच्छिम[8] एको नहिं गेला
अचल भेला यहि[9] ठाम, गे माई।
बीस भुजा दस माथ चढ़ौली[10]
भांग देलीं[11] भर गाल, गे माई॥
ऊँच[12] नीच[13] सिव किछु नहिं गुनलन्हि
हरखि देलन्हि[14] रुँडमाल, गे माई॥
एक लाख पूत सवा लाख नाती
कौटि[16] सोबरनक दान, गे माई।
गुन अवगुन सिव एको नहि बुझलन्हि
रखलन्हि रावनक नाम, गे माई॥
भन विद्यापति सुकवि पूनित मति
कर जोरि विनओं[17] महेस, गे माई।
गुन अवगुन हर मन नहि आनथि
अपन[18] सेवक के[19] हरथि, कलेस गे माई॥

ब्र० न० सहाय (महेश संबंधी कविता) २२

पाठभेद—

बेनीपुरी (प० सं० २४८) १ जओं ('माई' के स्थान पर सर्वत्र 'माइ') ४ कएलन्हि ५ जपलन्हि ९ ठामे १० चढ़ाओल ११ देल १२-१३ नीच-ऊँच १४ देलन्हि १७ बिनमों १८ पाठाभाव १९ सेवकक

मि० म० (प० सं० ७८०) ३ ताप ५ जपलक ६ रामका ७-८ पुरुब पछिम १० चढ़ाओलि ११ दिहल १२ से १५ पाठाभाव १६ कोटी १८ पाठाभाव १९ सेवकक।

सं० मन्तव्य—१ जओ २ बिभीषन ४ कएलन्ह ९ एहि १० चढ़ाओल ११ देओल १८ पाठाभाव।

शब्दार्थ—ठकना=ठग। सोबरनक=सोने का। पुनित=पुनीत, पवित्र।

[८११]

जोगि[1] भँगवा[2] खाइत भेला रँगिआ[3]
भोला बौड़लवा[4]।
सबके ओढ़ावे[5] भोला साल दोसलवा
आप ओढ़ेला[6] मृगछलवा[7]।
सबके खिलावे[8] भोला पर[9] पकवनमा
आपे[10]खाले[11]भांग[12]अवर[13] धतुरवा॥
कोई[14] चढ़ावे भोला अच्छत चानन
कोई[14] चढ़ावे बेलपतवा[15]॥
योगिन[16] भूतिन[17] सिव[18] के संघतिया[19]
भैरो[20] बजावे मृदंगिया[21]।
भन विद्यापति जै जै[22] संकर[23]
पारवती रौरि[24] सँगिया[25]॥

ब्र० न० सहाय (महेश संबंधी कविता) २४

पाठभेद—

बेनीपुरी—(प० सं० २४७) १ जोगिआ २ भगवा ४ बौड़हबा ५ ओढ़ाबे ६ ओढ़ए ७ मृगछलवा ९ पाँच १० आप ११-१२ खाए भाँग १३ पाठाभाव १४ कोई १५ बेलपात १६-१७ जोगिनि भूतिनि १९ सँपतिया २१ मिरदंगिया २२ जय जय २४ सँगिआ।

मि० म०—(प० सं० ९०४) रङ्गिया ६ ओढ़ए ८ खिआवे ९ पाँच १० आप १६ जोगिना १८ सिवा १९ सँघतियाँ २१ मिरदङ्गिया २५ सङ्गिया

सं० मन्तव्य—४ बउरहवा ६ ओढ़ए १२-१३ भाँगि १६ जोगिनि १९ सँघतिया २० भइरो २१ मिरदँगिया २३ शङ्कर २४ रउरी

शब्दार्थ—रँगिया=प्रमत्त। सँघतिया=संगी-साथी। रउरी=आपकी।

[८१२]

एतए कतए अएल[1] जति[2] गोरि[3] अछ तपे।
राजरे[4] कुमारि बेटि डरब देखि सापे॥
तोड़ब मोयँ[5] जटाजूट फोड़ब बोकाने।
हटल[6] न मान जति[2] होएत अपमाने॥

तीनि नग्रन[७] हर बीसम[८] दहनू ।
उमा मोरि ननुमि हेरह जनू ॥
भनइ विद्यापति सुन[९] जगमाता ।
ओ नहिं उमत[१०] त्रिभुवन दाता ॥

न० गु० (हरगौरी) प० ८

पाठभेद—

मि० म० (प० सं० ७७६) न० गु० सदृश ।

सं० मन्तव्य—१ आएल २ जती ३ गउरी ४ राज ५ मोने ६ हटलो ७ नअन ८ बीषम ९ सुनु १० ऊमत

शब्दार्थ—जती=सन्यासी, शिव । बीषम=विषम, असह्य । ननुमि=छोटी ।

[८१३]

ए मा कहए मोयँ[१] पुछो[२] तोही[३] ।
ओहि तपोबन[४] तापसि[५] भेटल
कुसुम तोरए[६] देल मोही ॥
आँजलि[७] भरि कुसुम तोड़ल
जे जत अछल[८] जाँहा[९] ।
तीनि नयन[१०] खने मोहि निहारए
बइसलि रहलि जाँहा[११] ।
गरा[१२] गरल नयन[१०] अनल
सिर सोभइन्हि[१३] ससी ।
डिमि डिमिकर डमरु बाजए
एहे आएल तपसी ॥
सिर सुरसरि भमू[१४] कपाला
हाथ कमण्डलु गोटा ।
बसह चढ़ल आएल दिगम्बर
विभूति[१५] कएल फोटा ॥

न[१६] विद्यापति सामिक निन्दा
न कर गौरी[१७] माता।
तोहर सामि जगत इसर[१८]
भुगुति मुकुति दाता॥

न० गु० (हरगौरी) प०, १०

पाठभेद—

मि० म० (प० सं० ७७७) न० गु० सदृश।

सं० मन्तव्य—१-३ मोञ पूछओं तोंही ४-५ तपोबने तापस ६ तोरिए ७ अञ्जलि ८-९ आछल जहाँ १० नअन ११ जहाँ १२ गराजे १३ सोभइछ १४ भरमु १५ विभूतिँ १६ भन १७ गउरी १८ ईसर।

[८१४]

जोगिया[१] मन भावइ हे मनाइनि।
आएल बसहा चढ़ि विभूति लगाए हे।
मन मोर हरलनि[२] डामरु[३] बजाए हे॥
सुन्दर गात अजर पति से[४] नाहे।[५]
चित सों[६] नइ छुटथि जानथि किछु टोना हे॥
तीनि नयन[७] एक अगनिक ज्वाला हे।
भाल[८] तिलक चान फटिकक माला हे॥
ओह[९] सिंहेस्वर[१०] नाथ थिका[११] मोर पति हे।
विद्यापति कर मोर गौरीहर[१२] गति हे॥

न० गु० (हरगौरी) प० १२

पाठभेद—

मि० म० (प० सं० ७७८)

सं० मन्तव्य—१ जोगिआ २-३ हरलन्हि डमरू ४-५ सोना हे ६ असो ७ नअन ८ भाले ९ ओहि १० सिंहेंस्वर ११ थिकाह १२ गउरी-हर।

शब्दार्थ—मनाइनि=मेनका। सुन्दर .... सोना देवोँ के स्वामी का शरीर सोने सा सुन्दर है। फटिकक=स्फटिक की।

[८१५]

उमता न तेजए अपनि बानि।
बस[१] ससुरा[२] कत कर[३] उबानि॥
गङ्गाजले सिचु[४] रङ्गभूमि।
पिछरि खसल हर घूमि घूमि॥
अवलम्बने गोरी[५] तोरए[६] जाए॥
कर कङ्कन फनि उठ[७] फाँफए[८]॥
सबे सबतहु बोल गिरिजमाए[९]।
बसह चढ़ल हर रुसल जाए॥
जमाइके पहिरन[१०] बाघछाल।
चरन घाघर[११] बाजए मुण्डमाल॥
भनइ विद्यापति सिव विलास।
गोरि[१२] सहित हर पूरथु आस॥

न० गु० (हरगौरी) प० १८

पाठभेद—

मि० म० (प० सं० ७८३) न० गु० सदृश।

सं० मन्तव्य—१-२ बसि स्वसुराँ ३ करए ४ सीँचु ५-६ गउरी दउरिए ७-८ उठए फोँफाए ९ गिरि जमाए १० पहिरन ११ घर घर १२ गउरी।

शब्दार्थ—दउरिए=दौड़कर। पहिरन=परिधान। घर घर=शब्द।

[८१६]

अञ्जलि भरि फुल तोड़ि[१] लेल आनी[२]।
सम्भु अराधए चलल भवानी॥
जाहि जुहि तोड़ल मोयँ[३] आओर बेल पात।
उठिअ महादेव भए गेल पराते॥
जखने हेरलि हरे तिनिहु नयने[४]।
ताहि अवसर[५] गोरि[६] पिड़लि मदने॥

करतल काँपु कुसुम छिड़िआऊ।
विपुल पुलक तनु वसन झँपाऊ॥
भल हर भल गोरि[६] भल व्यवहारे।
जप तप दुर गेल मदन विकारे॥
भनइ विद्यापति इ[७] रस गावे।
हर दरसने गोरि[६] मदन सँतावे॥

मिथिला लोकमुख, न० गु० (हर०, प० सं० २१)

पाठभेद—

मि० म० (प० सं० ७८४) १ तोरि

सं० मन्तव्य—२ जाती ३ मोजे ४ नजने ५ अवसरे ६ गउरि ७ ई।

शब्दार्थ—जाहि=जाती पुष्प। हरे=शिव ने। दरसने=दर्शन करने से।

[८१७]

माटी भलि जोहिकहु[१] आनलि बानी।
सम्भु अराधए चललि भवानी॥
आक धुथुर[२] फुल देय[३] मोयँ[४] जोही।
जगत जनमि डर, छाड़ल मोही॥
जम[५] किङ्कर मोर कि करत अङ्गे।
रह अपराधी बलिया[६] सङ्गे॥
जे सबे कएल हर सबे मोर दोसे।
से सबे कएल हर तोहरि[७] भरोसे।
भनइ विद्यापति सङ्कर[८] सुनु।
अन्तकाल मोहि विसरह जनु॥

न० गु० (हरगोरी) प० २२

पाठभेद—

मि० म० (प० सं० ९१३) न० गु० सदृश।

सं० मन्तव्य—(i) इस पद के आरम्भ के दो चरण प्र० सं०, ६९९ से मिलते हैं। (ii) १ जोहिकहुँ २ धतुर ३-४ देअ मोअ ५ यम ६ बलिआ ७ तोहारि ८ शङ्कर।

शब्दार्थ—जोहिकहुँ=ढूँढ़कर। बानी=हूँ; सरस्वती। यमकिङ्कर=यमदूत।

[८१८]

उगना हे मोरा कतय[1] गेला। कतय[1] गेला। सि[2] कि दहु भैला॥
भाङ नहि बटुया[3] रुसि बेसलाह[4]। जोहि हेरि आनि[5] देल[6] हसि उठलाह॥
जे मोर[7] कहता उगना उदेस। ताहि देवँउ[8] कर कङ्गना बेस॥
नन्दन बन में[9] भेटल महेस। गौरि[10] मन हरसित मेटल कलेस॥
विद्यापति भन उगना सों[11] काज। नहि हितकर मोर[12] त्रिभुवन राज॥

मिथिला लोक मुखे न० गु० (हर०, प० सं० २५)

पाठभेद—

मि० म०—(प० सं० ७८६) न० गु० सदृश।

सं० मन्तव्य—१ कतए २ सिव ३ बटुआँ ४ बइसलाह ५--६ आनि देलें ७ मोवे ८ देबओं ९ मवे १० गउरि ११ सओ १२ मोवे।

शब्दार्थ—उगना=उलङ्ग, दिगम्बर, शिव। जोहि=खोजकर। उदेस=उद्देश्य, सन्धान।

[८१९]

मोर निरधन भोरा।
अपने भिखारि विलह नहि थोरा॥
फड़ि कचोटा[1] हर इसर[2] बोलावे।
मगत[3] जना[4] सबे कोटि कोटि पावे॥
सबे बोल हुनि हर जगत किसाने।
बूढ़ बड़द कुट काँख[5] बोकाने॥
भनइ विद्यापति पुछु हुनि दहू।
की लए पोसब दहु परिजन पुत बहू॥

न० गु० (हरगौरी) प० २७

पाठभेद—

मि० म० (प० सं० ७८८) न० गु० सदृश।

सं० मन्तव्य—१ कचोटाओ २ ईशर ३--४ मङ्गत जन ५ काँखे।

शब्दार्थ—फडि कचोटाओं=लंगोटा पहनने पर भी। कुट=साँड़का डिल्ल।

[८३०]

शिव[1] सेवए[2] अयालहुँ[3] सुख लागी ।
विसम[4] नयन[5] अनुखने वर आगी ॥
बसहा पड़ाएल आगे ।
पैसि[6] पताल नुकाएल नागे ॥
ससि उठि[7] चलल अकासे ।
गोरि[8] चललि गिरिराजक पासे ॥
उचित[9] बोलए नहि[10] जाइ ।
उमत बुझओब[11] कओने[12] उपाइ ॥
भनइ विद्यापति दासे[13] ।
गौरी[14] सङ्कर[15] पुरावथु आसे[16] ॥

न० गु० (हरगौरी) प० ३०

पाठभेद—

मि० म० (प० सं० ७९०) १ सिव । शेष न० गु० सदृश ।

सं० मन्तव्य—२--३ सेवाञे अएलाहुँ ४--५ विषम नअन ६ पइसि ७ उड़ि ८ गउरि ९ उचितओ १० न ११ बुझाओब १२ कओने १३ दास १५--६ गउरी शङ्कर १६ आस ।

शब्दार्थ—सेवाञे=सेवा, शरण में । पइसि=पैठ कर । नागे=सर्प, शेष ।

[८३१]

तोही[1] कोन[2] बुधि दे[illegible] [illegible]मता ॥
ललित धाम तेजि[3] [illegible]
अमिय[4] नहि पिवथि[5] करथि विसे[illegible] [illegible]ान हे ।
चानन नहि हित विभुति भूसने[7] हे ।
मुनि नहि धरह फनी[8] कओन[2] भूसने[7] हे ॥
हय[9] गज रथ तेजि बसहा पलाने हे ।
पलङ्गा नइ[10] सुतथि ओ भूमि सयाने[11] हे ॥
भनहि[12] विद्यापति विपरीत[13] काजे हे ।
अपनइ भिखारी सेवक[14] दीय[15] राजे हे ॥

न० गु० (हरगौरी) प० ३४

पाठभेद—

मि० म० (प० सं० ७९२) न० गु० सदृश।

सं० मन्तव्य—१ तोहिँ २ कओने ३ तजि ४ अभिज ५ पिओथि ६ विष ७ भूषवे ८ फनि ९ हअ १० न ११ सजाने १२ भनइ १३ विपरित १४--१५ सेवकेँ दिअ।

शब्दार्थ—बुँधि=बुद्धि, सीख। पिओथि=पीते। फनि=सर्प। पलाने=जिन।

[८२२]

तोँह प्रभु त्रिभुवन नाथे।
हे हर हम निरदीस अनाथे॥
करम धरम तप हीनें। पड़लहुँ[१] पाप अधीनें॥
बेड़[२] भासल माझ[३] धारे। भैरव[४] धरु करुआरे॥
सागर सम दुख भारे। अबहु[५] करिअ प्रतिकारे॥
भनहि[६] विद्यापति भाने। संकट करिअ तराने॥

न० गु० (हरगौरी ४२)

पाठभेद—

मि० म० (प० सं० ७८९) न० गु० सदृश।

सं० मन्तव्य—१ पड़लाओ २ बेड़ा ३ मझ ४ भइख ५ अबहुँ ६ भनइ।

शब्दार्थ—निरदीस=निरुद्देश्य, भ्रमित। बेड़ा=साधारण नाव। करुआरे=पतवार।

[८२३]

सिव संकर[१] हे, भलि अनुगति फल भेला।
एतए सङ्गति एति परतर[२] कोन[३] गति
मनोरथ मनहि रहला॥
तोँहे होएब[४] परसन पाओब अमोल धन
जनम बहलि[५] एहि आसे।
हमहु[६] सङ्कट पुनु उपेखि हलह जनु
सेओलाहे[७] बड़े परआसे॥
स्रवन[८] नयन[९] गेले तनु अवसन भेले
जदि तोहे होएब[४] परसने।
कि करब ततिखने हय[१०] गअ मनि धने
झखइते बेआकुल मने॥

ईदं[११] चाँद गन हरि कमलासन
सबे परिहरि इमे देवा।
भगत बछल प्रभु वान महेसर
ई जानि कइलि तुअ सेवा॥

विद्यापति भन पुरह हमर मन
छाड़ओ जमक तरासे।
हरह हमर दुख तथिहु[१२] तोहर सुख
सब हो अओ[१३] तुअ परसादे॥

न० गु० (हरगौरी) प०, ४३

पाठभेद—

मि० म० (प० सं० ७७०) न० गु० सदृश।

सं० मन्तव्य—१ शङ्कर २--३ परतरें कओन ४ होब ५ बहल ६ हमर ७ सेओलाहुँ ८--९ श्रवन नअन १० हअ ११ इन्द्र १२ तथिहुँ १३ होअ।

शब्दार्थ—अनुगति=शरणापन्न होने सें। परआसे=प्रयास से। ईदँ=इन्द्र। गन=गण या गणेश। जमक तरासे=यमराज का भय।

[८२४]

हे हर जानिने[१] भेल गरु[२] दरबार।
असरन सरन धैल[३] हम[४] तोहि।
अबला जानि बिसरल[५] मोर॥

भाँग खाय[६] सिव लुटलाह[७] भोर।
तै[८] दिन दिन[९] दुरगति भेल मोहि॥

दाता हमरो सिधेस्वर[१०] नाथ।
तनिक[११] सेवा कै[१२] भेलहुँ सनाथ॥

भनहिं[१३] विद्यापति सुनिय[१४] महेस,
अपन सेवक केर मेटह कलेस॥

मि० गी० सं०, द्वितीय खण्ड, पृ० ३२

पाठभेद—

मि॰ म॰ (प॰ सं॰ ७७२) उपर्युक्त सदृश।

सं॰ मन्तव्य—(i) चरणक्रम—पांचवाँ चरण तीसरे के स्थान पर होना चाहिए। (ii) जानिञे न २ गरुअ ३ घएल ४ हमे ५ बिसरलह ६ खाए ७ भएलाह ८–९ तञे दिवे-दिने १० सिंहेश्वर ११ तन्हिकर १२ कए १३ भनइ १४ सुनिअ।

शब्दार्थ—जानिञे न=समझ ही न पड़ा। गरुअ=माहात्म्य युक्त। अबला=दुर्बल।

[८२५]

गौरा[1] तोर अँगना[2]।
बड़ अजगुत देखल तोर अँगना[2]॥
एक दिस[3] बाघ सिंघ करे हुलना।
दोसर[4] बलद छौह[5] सेहो बौना[6]॥
कार्तिक गनपति दुइ चेगना[7]।
एक चढ़ै मोरपर एक मुस लदना॥
पैच[8] उधार मागय[9] गेलों अँगना[2]।
सम्पति मघ[10] देखल एक भँघोटना[11]॥
खेतीन[12] पथारी करे भाग अपना।
जगत के दानी थिका[13] तीन भुवना॥
भनहि[14] विद्यापति सुनु उगना।
दरिद्र[15] हरन करु धैल[16] सरना॥

मि॰ गी॰ सं॰, द्वितीय खण्ड, पृ॰ ३३

पाठभेद—

मि॰ म॰ (प॰ सं॰ ९०९) उपर्युक्त सदृश।

सं॰ मन्तव्य—१ गउरा २ अङ्गना ३ दिशि ४ दोसरें ५ छह ६ बओन ७ चेंगना ८ पइच ९ माँगए १० संपति महँ ११ भंघोटना १२ खेती न १३ थिकह १४ भनइ १५ दारिद्र १६ धएल

शब्दार्थ—अजगुत=अयुक्तिकर, आश्चर्य। हुलना=हुल्लड़। छह=है। चेंगना=बच्चे। पैच=सामान्य सी वस्तु। भंघोटना=भाँग घोंटने का पात्र। पथारी=प्रस्तार, विस्तार, व्यापार।

[८२६]

सैसव[१] समय[२] पेलि पिओलासि[३] मधुर माएक क्षीर[४]।
दधी[५] दुध घृत भरि भुञ्जग्रोलासि[६] कोमल काञ्च[७] सरिर[८]॥
चानन[९] चोर चबाइ चिन्हग्रोलासि ग्रपनपर समाज।
भमर जग्रो[१०] फुल छुँइतेँ छाड़सि निलज तोहि न लाज[११]॥
बएस कतए तेजोए[१२] गेला।
तोहि[१३] सेबइते जनम खेपल[१४] तग्रो[१५] न ग्रपन भेला।
जीवन[१६] दसाँ[१७] खोजी[१८] खोग्रओलासि[१९] काञ्च (न[२१]) कपूँर तमोव[२२]।
दुह[२३] सिरिफल[२४] छाह[२५] सोअग्रोलासि[२६] कोमल[२७] कामिनी को[२८]॥
[२९]+ + +तोए ततए खओलासि[३०] जओ[१०] नहि रस ग्रवसाद।
पवन पाछा लागि जएलाहुँ[३१] मोहि भेल परमाद॥
कैसन[३२] केस को भए विभहल वन भरो बहु काठ[३३]।
आखि[३४] मनमलि[३५] कान[३६] न सुनीग्र[३७] सुखि गेल तनु ग्राट[३८]॥
दन्ते[३९] भरीमुख[४०] थोथर[४१] भए गेल जनि[४२] कमाग्रोल[४३] साप[४४]।
ठाम[४५] बैसलेँ[४६] भुवन भमिग्र[४७] भरी[४८] गेल सबे दाप[४९]॥
जाहि लागि गृहचातर, लाओल बुझल सब ग्रसार।
ग्राखि पाखी[५०] दुहु समरि[५१] सोएल जनित सबे विकार[५२]॥
छोरकी[५३] सोरकी[५४] मोहह[५५] विभछल[५६] वनफुलि[५७] गेल कासी[५८]।
एकदिस[५९] जदि बान्धि निरोधिग्र[६०] तरे[६१] उपरे[६२] उकासी[६३]॥
भने विद्यापति सुन[६४] न[६५] मालति मने न करह वाद।
हरिहर पय[६६] पङ्कज सेवह तेन[६७] रह ग्रवसाद।

रमानाथ झा आविष्कृत (Journal of Ganganath Jha Research Institute, Vol. II August 1945 p 403)

पाठभेद—

न० गु० (प० सं० ८४० ताल०) चरणक्रम, आरम्भ में उपर्युक्त का पाँचवाँ चरण, फिर छठाँ, सातवें का पूर्वार्द्ध, फिर प्रथम का उत्तरार्ध, आठवें का पूर्वार्द्ध, फिर द्वितीय का उत्तरार्द्ध, फिर तेरहवें का पूर्वार्द्ध, तब चौदहवें का उत्तरार्द्ध, चौदहवें का पूर्वार्द्ध फिर तेरहवें का उत्तरार्द्ध, बारहवें का पूर्वार्द्ध, फिर सत्रहवें का उत्तरार्द्ध, तदनन्तर अठारहवाँ चरण

है। शेष पाठ (१-३, ५-६, ९-११, २९-३३, ३७-३८ १५वाँ चरण, ५१-५६ तथा उन्नीसवाँ तथा बीसवाँ चरण) नहीं है। उपर्युक्त क्रमानुसार पाठभेद १२ तेजि १३ तोंह १४ बहल १५ तइअओ १६-१९ सैसव दसा चाहि खोअओलाहे ४ छीर २३-२६ दुइ सिरीफल छाँह सोअओलाहे ८ काँच सरीर ३९-४१ दाँत झाड़ि मुह, थोथड़ ४८ झड़ गेल ४५-४७ तीनू भुवन बइसल देखिअ ४२-४३ जनि कचुमाएल ३४-३७ आँखि मलामलि दूर न सूझए ५७ बन फुटि ५९-६२ दुअओ धराधर धरि निरोधिअ तर उपर।

मि० म० (प० सं० ६०७) मूल में रमानाथ झा तथा पाठान्तर में न० गु० का पाठ, जिसमें १३ तोँह २५ छाहँ ४९ दाग ३७ सुझए; भेद हैं।

परि० पद० (त०, प० सं० २३०) कचुमाएल ३४ आखि। शेष न० गु० सदृश। रमानाथ झा का पाठ नहीं है।

सं० मन्तव्य—(ii) १-२ सइसव समअ ३ पिअओलसि ४ छीर ५ दही ६ भुञओलसि ८ सरीर १० जञो १२ तेजि १३ तोहिँ १५ तइअओ १६-२२ जड़वन दसा खोजि खोअओलसि काँच करपूर तमोर २४-२५ सिरीफल छाहेँ सोअओलसि २८ कोर २९-३० सगर जीवन तोञे ततए खोअओलसि ३१ गएलाहु ३२ कइसन ३४ आँखि ३९-४० दाँत झरिए मुख ४५-४६ ठामे बइसलञो ५० पाँखिञो ५१ समटि ५३-५७ छोर की सोर की मोहञो विभहल बनञो फुलि ५९ एक दिसाञो ६१-६२ दुसरेँ उपजे ६४-६५ सुनह ६६ पए ६७ ते न।

(i) न० गु० का पाठ पहले उपलब्ध हुआ है किन्तु भाव और भाषा की दृष्टि से रमानाथ झा का पाठ अधिक प्रामाणिक लगता है। अतः उसे मूल में दिया गया है। इस पद के पाठ से यह भी संकेत मिलता है कि तरौनी की ताल पत्र की पोथी के पाठ भी कुछ विशृंखलित थे अथवा न० गु० को उनके पाठ कुछ विशृंखलित मिले थे।

शब्दार्थ—पेलि=जोर देकर। माएक=माँ का। भुञओलसि=खिलाया। चानन चोर चबाए=चन्दन से शीतल स्वभाव वाले, चोर और दुष्ट. हर प्रकार के लोगों ने। छुइँते=छूते, रस लेते ही। बएस=अवस्था, आयु। खोजी=ढूँढने में। तमोर=ताम्बूल। दुइ सिरीफल छाहेँ=दो उन्नत पयोधरों की सन्धि में। कोर=गोदी। नहि रस अवसाद=जहाँ रस नहीं मात्र खिन्नता है। पावन पाछा=हवा के पीछे, सारहीनता के अनुसरण में। विभहल=विघटित हुआ। बन···काठ=जंगल शुष्क काष्ठ से भर गया। मलामलि=मलते रहने पर भी दिखाई नहीं देता। आट=तेज। कमाओल साप=कमाया या कम किया हुआ, दाँत तोड़कर निर्विष किया हुआ सर्प। दाप=दर्प, गर्व। गृहचातर=गृहस्थी का महाजाल। पाखिञे

समटि=पलकों को समेट कर, निश्चेष्ट होकर। छोर की…विभहल=कामनाओं के जंगल के ओर-छोर और जड़ के सन्धान में निरन्तर नष्ट होता रहा। कासी=कास घास फूल गई, वृद्धत्व की प्रतीक सफेदी सर्वत्र छा गई। उकासी=उत्कासी, साँस को उखाड़ने वाली खाँसी।

[८२७]

भला हरि भला हर भला तोहि काला।
खगपति बसन ओढ़न बघछाला॥
खन पंचानन खन भुजचारी।
खन सिवसंकर देव मुरारी॥
खन बिंदावन चरावथि गाय।
खन भिखि मांगथि डमरु बजाय॥
खन जमुनातट लेथि महदान।
खन झरिखंडम धरथि धेआन॥
भनहिं विद्यापति सुनहु महेस।
निर्धन जानि के हरहु कलेस॥

—ब्र० न० सहाय (महेश संबंधी कविता) २३

पाठभेद—

न० गु० (हरगौरी, प० सं० ६) द्वारा संकलित पाठ अधिक भिन्न है—"भल हर भल हरि भल तुअ कला। खन पित वसन खनहि बघछला॥ खन[1] पञ्चानन[2] खन[1] भुजचारि। खन[1] सङ्कर खन[1] देव मुरारि॥ खन[1] गोकुल भए चराइअ गाय[3]। खन[1] भिखि माँगिए डमर[4] बजाय[5]। खन[1] गोविन्द[6] भए लिअ[7] महादान। खनहि भसम भर काँख[8] बोकान॥ एक सरीर लेल दुइ बास। खन बैकुण्ठ[9] खनहि कैलास॥ भनइ विद्यापति विपरित बानि। ओ नारायन ओ सुलपानि॥

बेनीपुरी (प० सं० २३२) पंचानन ३ गाए४-५ डमरु बजाए ६ गोविन्द ७ लेअ ९ बैकुंठ।

मि० म० (प० सं० ७६७) न० गु० सदृश।

सं० मन्तव्य—न० गु० का पाठ अधिक ग्राह्य है। १ खने ४ डमरु ८ काँखे।

शब्दार्थ—कला=लीला-विलास। पञ्चानन=शिव। भुजचारि=विष्णु। सुलपानि=शूल-पाणि, शिव।

[८२८]

कोलाररागे—

कुसुम रचिते[1] सेज मलयज[2] पङ्कज
पेश्रसि[3] सुमुखि समाजे।
कत मधुभास विलासे गमाबह[4]
आबे[5] कहितहु पर[6] लाजे॥ ध्रु०॥

माधव[7] काहु जनु दिन[8] अवगाहे।
सुरतरु तर सुखे जनम गमाओल
धुथुरा तर निरबाहे॥
दखिन पवन सौरभे[9] उपभोगल
पीउल[11] अमित्र[12] रस सारे।
कोकिल कलरव उपबन[13] पूरल
तहु[14] कत कएल[15] विकारे॥
भनइ विद्यापतीत्यादि॥

ने० पृ० ६५ (क), प० १८२; पं० ५

पाठभेद—

न० गु० (प० सं० ६५१, ताल०) १ रचल ३ पेयसि ४ गमाओल ५-६ अब पर कहइते ७-८ सखि हे दिन जनु काहु ९-१० सऊरभे अपभोगल ११-१२ पिऊल अमिय १३ ऊपबन १४ तन्हि १५ कयल। तदनन्तर अधिक पाठ "पातहि सओ फुल भमर अगोरल, तरुतर लेलन्हि वासे। से फल काटि कीटे उपभोगल, भमरा भेल उदासे॥ भनइ विद्यापति कलिजुग परिनति, चिन्ता जनु कर कोइ। अपन करम अपने पए भुञ्जिय, जओ जन-मान्तर होइ॥

मि० म० (प० सं० ५२४) ९ सउरभ १० उपभोगल ११ पिउल १३ उपबन। शेष न० गु० सदृश। पाद टिप्पणी में मैं० ने० प० के पाठ भेद।

सु० झा (प० सं० १६५) ने० प० सदृश।

परि० पद० (प० सं० १६७) १ रचल २ मलयज ४ गमाओल ७-८ माधव दिन जनु काहु ९ सउरभ ११ पिउल १४ तन्हि। अधिक पाठ न० गु० सदृश।

सं० मन्तव्य—२ मलअज ४ गमाओल ६ पए ९ सउरभ ११ पिउल १३ उपबने। अधिक पाठ न० गु० के अनुरूप।

शब्दार्थ—पेअसि सुमुखि=सुन्दर मुखमण्डल वाली. प्रेयसियों के। अवगाहे=डुबाए, विलोड़ित करे। तहु=उसपर भी, उसने भी। पातहि=पत्र, दुपत्ता-तिपत्ता होते ही।

[८२९]

कोलाररागे—

दिवस मन्द भल न रहए सब धन[1]
बिहि[2] न दाहिन रह[3] वाम लो।
सेहे[4] पुरुष वर जेहे धैरज[5] कर
सम्पद विपदक ठाम लो ॥ध्रु०॥
माधव बुझल सबे अवधारि लो।
जस अपजस दुअओ[6] चिरे थाकए
आओर दिवस[7] दुइ चारिलो ॥
अपन करम अपनहि[8] भूजिअ[9]
बिहिक चरित नहि बाध लो।
काएर[10] पुरुष हृदय[11] हारि मर
सुपुरुष सह अवसाद लो ॥
तीनि भुवन मही[12] अइसन दोसर नही[13]
विद्यापति कवि भाने[14]।
राजा सिवसिंह रूपनरायण[15]
लखिमा देवि रमाने[16] ॥

ने० पृ० ६८ (क), प० १९०; पं० ३

पाठभेद—

न० गु० (प० सं० ५०४) १ खन ३ न ७ दिन ९ भूँजिय १० कातर १४ भान लो १५ रूपनराएन १६ रमान लो।

मि० म० (प० सं० ५०) १ खन ४ सोह ९ भुँजिअ १५ रूपनराएन।

सु० झा (प० सं० १७२) २ विधि १४ भान लो १६ रमान लो

परि० पद० (प० सं १७४) १ खन ५ घइरज ६ दूअओ ८-९ अपनहिँ पए भुञ्जिअ ११ पुरुषा हृदअ १२ महि १३ नहि १४ भान लो १५ रूपनराञेन १६ रमान लो।

सं० मन्तव्य—३ नहि ६ दुअओ ९ भुञ्जिअ। शेष परि० पद० सदृश।

शब्दार्थ—मन्द-भल=बुरे या अच्छे। चिरे=चिरकाल पर्यन्त। अवसाद=पीड़ा, खिन्नता।

[८३०]

माधव, बहुत मिनति करि[1] तोय[2]।
देइ[3] तुलसी[4] तिल देह समर्पिलुँ[5]
दया जनि छाड़बि[6] मोय[7]॥
गनइते[8] दोस[9] गुन लेस न पाओबि[10]
जब तुहुँ[11] करबि[12] बिचार।
तुहुँ[13] जगन्नाथ[14] जगते[15] कहायसि[16]
जग बाहिर[17] नह[18] मुञि[19] छार॥
किए[20] मानुस[21] पसु पाखिये[22] जनमिये[23]
अथवा कीट पतङ्ग[24]।
करम विपाक गतागत पुनपुन
मति रहु तुया[25] परसङ्ग[26]॥
भनइ[27] विद्यापति अतिसय[28] कातर
तरइते[29] इह[30] भव-सिन्धु।
तुआ[31] पद-पल्लव करि[32] अवलम्बन
तिल[33] एक[34] देह[35] दिनबन्धु॥

प० स०, पृ० २०१, प० त० ३०१७

पाठभेद—

ब्र० न० सहाय (शान्त रस, प० सं० ५) ४ तुलसि ५ समर्पिनु ८-९ गनइत दोष १० पायबि १४-१५ जगत जगनाथ १८-१९ न इ २०-२१ किय मानुष २२-२३ पाखी जे जनमिय २५ तुअ २७ भन २८ अतिहीं २९ तरइत ३१ तुअ ३४-३४ तिलयक ३५ देहु

न० गु० (प० सं० ८३७) पदामृत समुद्र सदृश।

बेनीपुरी (प० सं० २५३) २ तोहि ३ दए ५ समरपल ६-७ छाड़ब मोहि ८ गनइत १० पाओब ११-१२ तोहें करब १३-१६ तोहें जगत जगनाथ कहाओसि १७-१९ बाहर नहि २० किअ २२-२३ पखि भए जनमिअ २४ पतंग २५-२६ तुअ परसंग ३० ई ३१ तुअ ३२ केर ३३ तिला

मि० म० (प० सं० ७६५) पदामृत समुद्र सदृश।

सं० मन्तव्य—२ तोञ ७ मोञ ९ दोष ११-१२ तोञे करब १३-१६ तुहुँ जगते जगनाथ कहाओसि १८ न २१ मानुष २२-२३ पाखिञे जनमिए २५ तुअ २८ अतिसए ३१ तुअ ३२ करिअ।

शब्दार्थ—मिनति=आरजू-विनती। गनइते=गिनने पर। मुञि छार=मुझ जैसा तुच्छ। विपाक=परिणामजन्य। तुअ परसङ्ग=तुम्हारे चरित्र से संबद्ध। तिल एक=अत्यन्त लघु मात्रा का।

[८३१]

जतने[1] जतेक[2] धन पापे[3] लटोरलुँ[4]
मेलि[5] परिजने[6] खाय।
मरनक बेरि हेरि कोई[7] न[8] पूछत[9]
करम सङ्ग[10] चलि जाय॥
ए हरि, बन्दों[11] तुअ[12] पद नाय[13]।
तुअ पद परिहरि पाप पयोनिधि
पार[14] होब[15] कोन[16] उपाय[17]॥
जावत[18] जनम हम[19] तुअ पद न[20] सेविलुँ[21]
जुवती[22] मतिमय[23] मेलि।
अमृत[24] तेजि[25] किये[26] हलाहल पायलुँ[27]
सम्पदे[28] विपदहि[29] भेलि॥
भनहुँ[30] विद्यापति लेह[31] मने[32] गनि[33]
कहिले[34] कि जानि हये[35] काजे[36]।
साँझक[37] बेरि सेव[38] कोइ[39] मागइ[40]
हेरइते[41] तुअ पद लाजे[42]॥

पदामृत समुद्र, पृ० २०१, ० प त० ३०९८

पाठभेद—

ब्र० न० सहाय (शान्तरस, प० सं० २) १ यतन ३-४ पाप बँटायनु ५-६ मेली परिजन ७-९ कोइ नहिं पूछइ १० संग ११-१२ बन्धु तुये १४-१६ पारक कवन १८ यावत १९ नहिं २०-२१ सेविनु, २२ युवती २५-२६ तेजिय किय २७ पियनु २८ सम्पद ३० भन ३१-३३ नेहू मन गुनि ३४ कहिल ३५-३६ होय काज ३७ सांझक ३८-४० सेवकाई मांगई ४१ हेरइत ४२ लाज।

न० गु० (प० सं ८३६) १-२ यतने यतेक ४ बटोरलों। शेष प० स० सदृश।

बेनीपुरी (प० सं० २५५) ३-४ पापें बटोरल ५-६ मिलि मिलि परिजन खाए ७-९ केओ नहि पूछए १० एक करम सँग जाए। ११ बन्दओं १३ नाए १४-१७ पारक कओन उपाए १८-२१ जनम अवधि नहि तुअ पद सेवल २३ रति-रँग २४-२७ अमिय तजि हलाहल पीउल २८-२९ सम्पद आपदहि ३० भनइ ३२-३३ मनहि गुनि ३४-३६ कहलें कि होएत काज ३८-४० सेवकाई मँगइते ४२ लाज।

मि० म० (प० सं० ७६४) पदामृत समुद्र सदृश।

सं० मन्तव्य—५ मेलिब्ने ६ परिजन ७-९ केओ नहिँ पूछए ११ बन्दउँ १३ नाए १६ कओने २३ मति मने २४-२६ अमिरत तजि किए २७ पीअलुँ ३० भनइ ३३ गुनि ३५ होए ३७ सांझने ३८-४० सेवकाई मँगइते।

शब्दार्थ— जतेक=जितना। मेलि=मिलजुलकर। करम=शुभाशुभ कृत कर्म। नाए=नौका। जुवती मति मनें=युवती विषयक लिप्सा में; युवती के निर्देशों में। साँझक बेरि=अन्तिम बेला।

[८३२]

तातल सैकत[१] वारि बिन्दु सम
सुत मित रमनि समाजे[२]।
तोंहे[३] बिसारि मन ताहे[४] समापलु[५]
अब मझु[६] होब[७] कोन[८] काजे[९]॥
माधव, हम परिनाम निरासा[१०]।
तुहुँ[११] जगतारन दीन दयामय
अतए[१२] तोहरि[१३] विशोयासा[१४]।

आध जनम हम निन्दे[15] गोङायलुँ[16]
जरा सिसु कतदिन गेला।
निधुबने[17]रमनि[18] रङ्ग[19]रसे[20]मातलुँ[21]
तोहे[22] भजब कोन[8] बेला॥

कत चतुरानन मरि मरि जाओत[23]
न तुया[24] आदि अवसाना।
तोहे[25]जनमि पुन[26] तोहे[25] समाओत[27]
सागर लहर[28] समाना॥

भनये[29] विद्यापति शेष[30] समन-भय
तुया[31] बिनु गति नहि आरा[32]।
आदि[33] अनादि[34] नाथ कहायसि[35]
भवतारन[36] भार तोहरा[37]॥

पदकल्पतरु, ३०१६

पाठभेद—

अ० न० सहाय (शान्तरस, प० सं० ४) २ समाज ४ ताहि ५ समर्पिनु ६-७ मोहि हब ९ काज १० निरास ११ तुहु १२ अँतय १४ बिसयास १५-१६ नींद गवायनु १७-२१ निधुवन रमनी रस रँग मातनु २३ जायत २४ तुअ २७ समायत २८ लहरि २९ भन ३० सेख ३१ तुअ ३२ आर ३४ अनादिक ३५ कहायथि ३६ तारन ३७ तोहार।

न० गु० (प० सं० ८३८) पदकल्पतरु सदृश।

बेनीपुरी (प० सं २५४) २ समाज ३ तोहि ४-५ ताहि समरपल ६-७ आब होएब ९ काज ११ तोहें ११ तोहर १४ बिसबासा १५-१६ नोंदे गमाओल १७ निधुबन १९-२१ रभस रँग मातल २२ तोहि २३ जाएत २४ तुअ २५ तोहि २६ पुनु २७ समाएत २८ लहरि २९ भनइ ३० सेष ३३-३४ तोहें अनाथक ३५ कहाओसि ३६ तारन।

मि० म० (प० सं० ७६३) पदकल्पतरु सदृश।

सं० मन्तव्य—१ सइकते ३ तोहेँ ५ समरपलु ६ मोन ८ कओन १४ विसवासा १६ गमाओल २२ तोहेँ २४ तुओ २५ तोहेँ २९ भनइ ३१ तुअ ३४ अनादिक ३५ कहाओसि ३६ तारन।

शब्दार्थ—तातल=तप्त, जलती हुई। सइकते=बालुकाराशि में। बिसारि=भुलाकर। काजे=सार्थकता। हम परिनाम=मुझे अपने अन्तिम परिणाम में। बिसवासा=विश्वास (सहारे का) जरा सिसु=वृद्धावस्था तथा बचपन। कत दिन गेला=कितना ही अमूल्य समय नष्ट हो गया। निधुबने=आमोद प्रमोद की क्रीड़ास्थली में। मातलु=प्रमत्त हुआ। सागर लहर=समुद्र के जल और उसकी तरङ्ग के न्याय से। सेष समन भय=अन्त में यमराज के दण्ड का डर।

[८३३]

माधव वचन करिऐ[१] प्रतिपाले[२]।
बड़ जन जानि सरन अवलम्बलि
सागर होएत सताले[३]॥
भुवन भमिए भमि तुअ जस पाओलि
चौदिसि[४] तोहर बड़ाई[५]।
चित अनुमानि[६] बूझि[७] गुन गौरव[८]
महिमा कहलो न जाई[९]॥
आगा[१०] सभ केओ शील निवेदय[११]
फल जानिये परिनामे।
बड़ाक वचन कबहु नहि विचलय
निसिपति हरिन उपामे॥
भनइ विद्यापति सुन बरजौवति[१२]
एह गुन कोउ न आने।
राए सिवसिह[१३] रूपनरायन[१४]
लखिमा देइ प्रति भाने॥

ग्रियर्सन ४१

पाठभेद—

न० गु० (प० सं० ४७३) १ करिय २ प्रतिपाल ३ सताल।

मि० म० (प० सं० १४९) १ करिये ५ बड़ाइ ७ बुझि ९ जाइ १३ सिवसिंघ

सं० मन्तव्य—१ करिए ४ चउदिसि ६ अनुमानि ८ गउरव १० आगाँ ११ निवेदए १२ वरजउवति १४ रूपनराअेन।

शब्दार्थ—सताले=अत्यन्त गम्भीर। आगाँ=आरंभ में। उपामे=उपमा सदृश।

[८३४]

धनछीरागे—

खेत कएल रषवारे[१] लूटल[२]
ठाकुर सेवा भोर।
बनिजा[३] कएल लाभ नहि पओले[४]
अलप निकट[५] भेल थोल[६] ॥ध्रु०॥

रामधन[७] बनिजहु[८] बेज अछ[९] लाभ अनेक ॥
मोति मजीठ कनक हमे बनिजल
पोसल मनमथ चोर।
जोषि[१०] परेषि[११] मनहि हमे निरसल
धन्ध लागल मन मोर॥

इ[१२] संसार हाट कए मानह
सबो[१३] नेक[१४] बनिजेआर।[१५]
जो[१६] जस बनिजए लाभ तस पाबए
मुरुष[१७] मरहि गमार॥
विद्यापति कह सुनह महाजन
राम भगति अछ[१८] लाभ॥

ने० पृ० ५० (क), प० १४१, पं० १

पाठभेद—

न० गु० (प० सं० ८३९) १ रखवारे ३ वणिजा ६ थोर १०–११ जोखि परेखि १४–१५ बनिज बनिजार १७ सुपुरुष।

मि० म० (प० सं० ६०८) १–२ रखवारे लुटल ५ थोर ६ माधव धन १० जोखि ११ परेखि १७ सुपुरुष।

सु० झा० (प० सं० १३०) ३ बनिजा कएल (हु) ६ मूल ८ अछ (ए) १२ ई १३–१५ सबहु बनिक बनिजए आर १६ जे १८ अछि।

परि० पद० (प० सं० १३१) १ रखवारे ७ बनिजहु रे १०--११ जोखि-परेखि १२ ई १३--१५ सबो नेक बनिजार १७ मूरख।

सं० मन्तव्य—१ रखावरए ३ बनिज ९ अछए १०--११ जोखि परेखि १२ ई १३ सबए १५ बनिजार १७ मूरुछि।

शब्दार्थ—भोर=भूमित। अलप निकट=अपने पास का थोड़ा मूल धन। बेजे=व्याज में निरसल=त्याग किया। नेक=अच्छे। मुरुछि=मूर्छित होकर।

[८३५]

तात वचने बेकले बन पेखल
जनम दुखहि दुखे गेला।
सीअक[1] सोगें[2] स्वामि सन्तापल
विरहे बिखिन तन भेला॥
मन राघव जागे।
राम चरन चित लागे॥
कनक मिरिगि मारि बिराध बधल बालि
बानर सेइ[3] बटुराइ।
सेतु बन्ध दिअ राम लङ्क लिअ
रावन मारि नड़ाइ॥[4]
दसरथ नन्दन दससिरखण्डन
तिहुअन के नहि जाने।
सीता देइ पति राम चरन गति
कवि विद्यापति भाने॥

न० गु० (नाना विषयक पदावली) प० १

पाठभेद—

मि० म० (प० सं० ८७६) न० गु० सदृश।

सं० मन्तव्य—१--२ सीआकें शोकबे ३ सब ४ लड़ाइ।

शब्दार्थ—बेकाले=विकल हो या बलकले=वल्कल पन कर। सीआकें शोकब्बे=सीता के शौक में।

[८३६]

कनक-भूधर-शिखर[१] वासिनि
चन्द्रिकाचय[२] चारु हासिनि
दशन[३] कोटि विकास बङ्किम[४] तुलित चन्द्र कले ॥
क्रुद्ध सुर रिपु बल नियातिनि
महिष[५] शुम्भ निशुम्भ[६] घातिनि
भीत भक्त भयापनोदन पाटव प्रवले ॥
जय देवि दुर्गे दुरित तारिणि[७]
दुर्गमारि विमर्द कारिणि[८]
भक्ति नम्र सुरासुराधिप मङ्गलायतरे ॥[९]
गगन मण्डल[१०] गर्भगाहिनि
समर भूमिषु[११] सिंहवाहिनि
परशु[१२] पाश[१३] कृपान सायक[१४] शङ्ख[१५] चक्रधरे ॥
अष्ट भैरवि[१६] सङ्ग शालिनि[१७]
स्वकर-कृत्त कपाल[१८] मालिनि
दनुज शोणित[१९] पिशित[२०] वर्द्धित पारणा[२१] रभसे ॥
संसार बन्ध निदान मोचिनि
चन्द्र भानु कृशानु[२२] लोचिनि[२३]
योगिनीगण[२४] गीत शोभित नृत्य भूमि रसे ॥
जगति पालन जन्म[२५] मारण[२६]
रूप कार्य सहस्र कारण[२७]
हरि विरञ्चि[२८] महेश[२९] शेखर[३०] चुम्ब्यमान पदे ॥
सकल पाप कला परिच्युति
सुकवि विद्यापति कृतस्तुति
तोषिते शिवसिंह[३१] भूपति कामना फलदे ॥

न० गु० (हरगौरी) प० ५

पाठभेद—

बेनीपुरी (प० सं० २३०) ४ बंकिम ९ मंगल प्रवरे १० मंडल १५ शंख १७ संग-शालिनि २३ लोचनि २८ विरंचि ।

मि० म० (प० सं० १०) १ सिखर ३ दसन ५ महिस ६ निसुम्भ ७ तारिनि ८ कारिनि ११ भूमिसु १२-१३ परसु पास १७ सालिनि १८ कपाल कदम्ब १९ सोनित २० पिसित २१ पारना २२ कृसानु २४ योगिनी गन २५--२६ जनन मारन २७ कारन २९--३० महेस सेखर ३१ सिवसिंघ।

सं० मन्तव्य—२ चन्द्रिका चअ ११ भूमिसु १४ साअक १६ भइरवि ३१ सिवसिंह।

शब्दार्थ—कोटि=पंक्ति। भयापनोदव=भय दूर भगाने वाली। पाटव=पटुता में। मङ्गलायतरे=मंगलायतनकारिणी। गर्भं गाहिनि=गर्भ में धारण करने वाली। पिशित=मांस। पारणा=पारण, (खा जाने) करनेवाली। परिच्युति=पतनोन्मुख वृत्तियाँ। तोषित=प्रसन्न करने के लिए।

[८३७]

जय जय भैरवि[1] असुर-भयाउनि
पसुपति[2]-भामिनि माया।
सहज सुमति वर दिअओ[3] गोसाउनि
अनुगति गति तुअ पाया॥
बासर-रैनि[4] सवासन सोभित
चरन, चन्दमनि चूड़ा।
कतओक[5] दैत्य[6] मारि मुँह मेलल,
कतओ[7] उगलि[8] कैल[9] कूड़ा॥
सामर वरन नयन[10] अनुरञ्जित,[11]
जलद-जोग[12] फुल कोका।
कट कट विकट ओठ-पुट पाँडरि
लिधुर[13]-फेन उठ फोका॥
घन घन घनए[14] घुघुर कत बाजए,
हन हन कर तुअ काता।
विद्यापति कवि तुअ पद-सेवक
पुत्र विसरु जनि माता॥

न० गु० (हरगौरी) प० २

पाठभेद—

बेनीपुरी (प० सं० ३) ३ दिअहे ७--९ कतन उगिलि करु ११ अनुरंजित १४ घनन ।

मि० म० (प० सं० ७६६) न० गु० सदृश ।

सं० मन्तव्य—१ भइरवि २ पशुपति ४ रजनि ५--६ कतएक दइत ७ कतए ९ करु १० नअन १२ जोगे १३ रुधिर ।

शब्दार्थ—असुर भयाउनि=राक्षसों के लिए भयङ्कर । गोसाउनि=गोस्वामिनी । सवासन=शव-आसन, शिव स्वयं जिनके चरणों में शवासन में पड़े हैं। चन्द्रमनि चूड़ा=चन्द्रार्ध चूड़ां परां; शशिधरां दुर्गा; चन्द्र और मणि अथवा चन्द्र रूपी मणि जिनके जूड़े में पड़ी रहती है। कूड़ा=ढेर। सामर वरन=नीलाश्मद्युति; महाकाली स्वरूपा । अनुरञ्जित=अनुरक्त, रक्तिम, लाल । जलद...कोका=जैसे नीले बादलों में लालकमल खिले हों । पाँडरि=पाटल वर्णा । काता=खड्ग ।

[८३८]

कत[1] सुख सार[2] पाओल तुअ[3] तीरे ।
छाड़इत[4] निकट नयन[5] बहु[6] नीरे ॥
करजोरि विनमओं[7] विमल तरङ्गे[8] ।
पुन दरसन होए[9] पुनमति गङ्गे[10] ॥
एक[11] अपराध छेमब मोर जानी ।
परसल[12] माए[13] पाए[14] तुअ पानी ॥
कि करब जप-तप जोग धेआने[15] ।
जनम कृतारथ एकहि सनाने[16] ॥
भनइ[17] विद्यापति समदओं तोही ।
अन्त काल जनु बिसरह मोही ॥

ग्रियर्सन, प० ७८

पाठभेद—

ब्र० न० सहाय (श्री गंगास्तुति, प० सं० १) ६ बहु ८ तरंगे ९ होअ १० गंगे ११ यक १२--१४ पाये परसल मातु १५ धेआन १६ सनान १७ भन ।

न० गु० (गंगा गीत, प० सं० १) १ बड़ २ साधे ३ तुय ४ छोड़इत ६ बह ।

बेनीपुरी (प० सं० २५०) १ बड़ ४ छाड़इते ६ बह ८ तरंगे ९ होअ ।

मि० म० (प० सं० ६०६) २ सार। शेष न० गु० सदृश।

सं० मन्तव्य—४ छोड़इते ५--६ नअने बह ७ विनवओं १५ धेआने।

शब्दार्थ—छोड़इते=छोड़कर हटते हुए। छेमब=क्षमा करना। समदओं=निवेदन करता हूँ।

[८३९]

सुरसरि सेवि[1] मोरा किछुओ न भेला।
पुनमति गङ्गा[2] भगीरथ लय[3] गेला॥
जखन महादेव गङ्गा कयल[4] दाने।
सुन भेल जटा ओ मलिन भेल चाने॥
उठवह[5] बनिआँ तों[6] हाट बाजारे।
एहि पथ आओत सुरसरि धारे॥
छोट मोर भगीरथ छितनी कपारे।
से कोना[7] लाओताह सुरसरि धारे॥
विद्यापति भन बिमल तरङ्गे।
अन्त सरन देव पुनमति गङ्गे॥

न० गु० (गङ्गागीत प० २)

पाठभेद—

मि० म०—(प० सं० ७७४) न० गु० सदृश।

सं० मन्तव्य—१ सेइ २ गङ्ग ३ लए ४ कएलन्हि ५ उठावह ६ तोंञे ७ केओनञो

शब्दार्थ—चाने=चन्द्रमा। उठावह=उठा, हटा लो। छितनी=छोटी-छिछली डलिया।

[८४०]

ब्रह्मकमण्डलु[1] वास सुवासिनि
सागर नागर गृहबाले।
पातक[2] महिस[3] विदारन[4] कारण[5]
धृत करवाल वीचि-माले॥
जय गङ्गे, जय गङ्गे। सरनागत[6] भय भङ्गे॥

सुरमुनि मनुज रचित पूजोचित[८]
कुसुम विचित्रित तीरे।
त्रिनयन[९] मौलि[१०] जटाचय चुम्बित
भूति भूसित[११] सित नीरे॥
हरिपद कमल गलित मधुसोदर
पुन्य[१२] पुनित सुर लोके।
प्रविलसदमरपुरी-पद-दान
विधान विनासित सोके[१३]॥
सहजदयालुतया पातकि जन
नरक बिनासन[१४] निपुने[१५]।
रुद्रसिंह नरपति वरदायक
विद्यापति कवि भनित[१६] गुने[१७]॥

न० गु० (गंगागीत प० ३)

पाठभेद—

बेनीपुरी—(प० सं० २५१) १ ब्रह्मकमंडलु २ पालक ४ विदारण ७ शरणागत ८ पूजाचित ११ भूषित १२ पुण्य १३ शोके १४ विनाशन १५ निपुणे १६-१७ भणित गुणे

मि० म० (प० सं० ९३३) न० गु० सदृश।

सं० मन्तव्य—३ महिष ५ कारन ९ त्रिनअन मउलि ११ भूषित

शब्दार्थ— गृहबाले=गृहिणी। पातक महिष=पाप रूपी महिषासुर को। त्रिनयनमौलि=शिव के सर पर। भूति=विभूति। सित=श्वेत। मधुसोदर=मधु सदृश। प्रविलसदमपुरी=विलासयुक्त सुर लोक।

[८४१]

तोहें प्रभु सुरसरि धार रे
पतितक करिय[१] उधार रे।
दुरसों[२] देखल गाङ्ग रे
पाप न रहये[३] आङ्ग रे॥

सुरसरि सेवल जानि रे
एइन[४] परसमनि पाबि रे।
भनहिं[५] विद्यापति भान रे
सुपुरुष गुनक निधान रे॥

मि० गी० सं० प्रथम खण्ड, पृ० ३८

पाठभेद—

मि० म० (प० सं० ७७५) उपर्युक्त सदृश।

सं० मन्तव्य—१ करिअ २ दुर सञो ३ रहए ४ एहने ५ भनइ।

शब्दार्थ—तोहें प्रभु सुरसरि धार=हे देव नदी की धारा तुम्हीं प्रभु हो। एहने=ऐसी।

[८४२]

देशी सारंगी—

विदिता देवी विदिता हो
अविरल केस[१] सोहन्ती।
एकाएक[२] सहस को धारिनि
जनि[४] रंगा[५] पुर[६] नटी[७]॥
कज्जल[८] रूप तुअ[९] काली कहिअ[१०]
उज्जवल[११] रूप तुअ[१२] बानी[१३]।
रविमण्डल परचण्डा कहिअए[१४]
गङ्गा कहिए[१५] पानी।
ब्रह्मा घर ब्रह्मानी कहिए[१६]
हर घर कहिअए[१४] गोरी।[१७]
नारायन[१८] घर कमला कहिए[१६]
के जान उत्पति[१९] तोरी॥
विद्यापति कविवरें[२०] एहो गाओल
जाचक जन के[२१] गती।
हंसिनि[२२] देइ पति गरुडनरायण
देवसिंह नरपती॥

रा० त०, पृ० ८९-९०

पाठभेद--

अ० न० सहाय (देवी जी की वन्दना, प० सं० १) १ केशी २ एकानेक रूप ४-७ जरि रङ्गा पुरनन्ती ८ कजल ९ तुव १० कहिए १४ कहिए १६ कहिए १८ नारायण १९ उतपति २० कविबर २१ की २२ गडुर नारयण।

न० गु० (हरगौरी, प० सं० १) २ एकानेक ४ जरि ६-७ पुरनन्ती १० कहिअओ ११ उज्जवल १४ कहिए १७ गौरी २० कविबर २२ हासिनि २३ गरुड़नरायन

बेनीपुरी (प० सं० २२९) २ एक अवेक १० कहिअए ११ उज्जल १४ कहिअए १५ कहिअए १६ कहिअए। शेष न० गु० सदृश।

मि० म० (प० सं० १) ५ रङ्गा १३ वाणी १८ नरायण २० कविबरे २२ हासिनि

परि० पद० (राग०, प० सं० २८) ६-७ पूरन्ती १० कहिअए १५ कहिअए १६ कहिअए १८ नाराञेन १९ उतपति २३ गरुडनराञेन।

सं० मन्तव्य—१ केश ५ रङ्गाञे १० कहिअए १५ कहिअए १६ कहिअए नाराञेन १९ उतपति २१के २३ गरुडनराञेन।

शब्दार्थ--विदिता=विख्याता। अविरल=अत्यन्त घना। एकाएक=अकेले ही। जनि······नटी=जैसे विश्वरङ्गमञ्ची की नटी। जनि···पूरन्ती=विश्वरङ्गमञ्च को पूर्ण करनेवाली। परचण्डा=प्रचण्डा।

[८४३]

अलानाराजविजय—

जय जय भगवति भीया भयानी[1]
चारि वेदें[2] अवतरु ब्रह्मवादिनी।
हरि हर ब्रह्मा पुछइत[3] भमें[4]
एकओ न जान तुअ आदिमरमें[5]॥
भनइ विद्यापति राए[6] मुकुटमणि[7]
जिवओ रूपनरनाएन[8] नृपति धरणि[9]॥

रा० त०, पृ० १०८

पाठभेद—

न० गु० (हरगौरी प० सं० ४) १ भवानी २ वेदे ४ भमे ५ आदिमरमें ६ राय ८ रूपनरायन।

मि० म० (प० सं ११) २ बेदे ३ पुछइते ४ भमे ५ आदि मरमे ९ घरनि

परि० पद० (राग, प० सं० ४४) १ भवानी २ बेदे ४ भमे ५ आदि मरमे ८ रूपनराञेन

सं० मन्तव्य—१ भवानी ३ पुछइते ७ मुकुटमनि ८ रूपनराञेन ९ घरनि

शब्दार्थ—ब्रह्मवादिनी=ब्रह्म की वाणी; गायत्री। ऐकओ=एक भी, कुछ भी।

[८४४]

रे नरनाह सतत भजु ताही।
ताहि, नहिं जननि जनक नहिं जाही॥
बसु नइहरा ससुरा[1] के नांव[2]।
जननिक सिर चढ़ि गेलि बहि[3] गाम।
सासुक कोर में सुतल जमाय[4]।
समधि विलह तौ[5] बिलहल जाय[6]॥
जाहि ओदर[7] से बाहर भेलि।
से पुनि पलटि ततय[8] चलि गेलि॥
भन विद्यापति सुकवी भान[9]।
कवि के[10] कवि कँह कवि पहचान[11]॥

ब्र० न० सहाय (शान्तरस, प० सं० १)

पाठभेद—

बेनीपुरी (प० सं० २४९) २ नाम ३ ओहो ४ जमाए ५ तँ ६ आए ७ उदर सँ ८ ततहि ९ सुजान १० कविक कँ ११ पहिचान।

मि० गी० सं० (प्रथम खण्ड, पृ० २९) १ ससूरा २ नाम।

मि० म० (प० सं० ८७७) मि० गी० सं० सदृश।

सं० मन्तव्य—१ ससुराँ ३ ओहि ४ जमाइ ५ तञो ६ जाइ ७ ओदर सञे ८ ततए।

शब्दार्थ—जननि⋯जाही=माता-पिता रहित, सीता। जननिक सिर=पृथ्वी पर। जमाइ=जमाता। ओदर=गर्भ।

ऋतु-गीत

[८४५]

बसन्तरागे—

तरुअर बलि धर डारे जाँति
सखि गाढ़[1] अलिङ्गन[2] तेहि भाँति[3]।
मञे[4] नीन्दे[5] निन्दारुधि करओ काह
सगरि रयनि[6] कान्हु[7] केलि चाह ॥ध्रु०॥
मालति रस बिलसए भमर जान
तेहि भाति[8] कर अघर पान।
कानन फुलि गेल कुन्द फूल
मालति मधु मधुकर पए जूल[9]।
परिठवइ सरस कवि कण्ठहार
मधुसूदन राधा वन-विहार ॥

ने० पृ० १०४ (क) प० २८५; पं० १

पाठभेद—

न० गु० (प० सं० ५९४) १-२ गाढ़ आलिङ्गन ९ भूल।

मि० म० (प० सं० ४७७) १-२ गाढ़ आलिङ्गन ९ भूल।

सु० झा (प० सं० २६०) ३ भाति ९ गून

परि० पद० (प० सं० २६०) आलिङ्गन ४-५ मोञ निन्दे ६-७ रअनि कान्ह ८ भाँति कान्ह ९ जूल

सं० मन्तव्य—परि० पद० सदृश।

शब्दार्थ—बलि=बल्लरी। निन्दारुधि=नींद से जकड़ी हुई। जूल=जुड़ाना।

[८४६]

आएल[1] ऋतुपति-राज वसन्त[2]।
धाओल[3] अलिकुल माधवि-पन्थ[4]॥
दिनकर-किरन भेल पौगण्ड[5]।
केसर कुसुम धएल[6] हेमदण्ड[7]॥

नृप-आसन नव पीठल पात।
काञ्चन[८] कुसुम छत्र धरु माथ॥
मौलि[९] रसाल-मुकुल भेल ताय[१०]।
समुखहि कोकिल पञ्चम गाय[११]॥
सिखिकुल[१२] नाचत[१३] अलिकुल जन्त्र[१४]।
द्विजकुल आन पढ़[१५] आसिख मन्त्र[१६]॥
चन्द्रातप उड़े[१७] कुसुम पराग।
मलय[१८] पवन सह भेल अनुराग॥
कुन्दवल्ली तरु धएल[२६] निसान।
पाटलतून असोक[१९]-दल बान॥
किंसुक लवङ्ग[२०]-लता एक सङ्ग[२१]।
हेरि सिसिर रितु आगे[२२] दल भङ्ग[२३]॥
सैन साजल[२४] मधुमखिका कूल।
सिसिरक[२५] सबहु कएल[२६] निरमूल॥
उधारल सरसिज पाओल[२७] प्रान।
निज[२८] नव दले करु[२९] आसन दान॥
नव वृन्दावन राज विहार।
विद्यापति कह समयक[३०] सार॥

पदकल्पतरु, प० १४३१

पाठभेद—

अ० न० सहाय (वसन्त वर्णन, प० सं० १) १ आयल ३ धावल ६ घयल ८ कांचन १२ शिखिकुल १४ यन्त्र १५ पडु १६ आशिषमन्त्र १९ पाटलतुन अशोक २० लवंग २२-२३ भो दिल भङ्ग २४ साजल सैन्य २५ शिशिरक २६ कयल २७ आयल २९ करे।

न० गु० (प० सं० ६०४-५) ५ पयगण्ड। शेष उपरिवत्।

बेनीपुरी (प० सं० १७५) १ आएल रितुपति २ वसन्त ४ पंथ ५ पौगंड ७ हेमदंड ८ कांचन १० ताए ११ गाए १३ नाचए १४ यंत्र १६ मंत्र १७ उड़ २१ संग २२ भेल २३ भंग।

मि० म० (प० सं० ७१०) पदकल्पतरु सदृश।

सं० मन्तव्य—५ पउगण्ड ९ मउलि १० ताए ११ गाए १८ मलअ २२ भेल २८ निअ ३० समअक

शब्दार्थ—इस गीत में कवि ने राज-वैभव से वसन्त का रूपक बाँधा है। माधवि पन्थ=(वसन्त की प्रियतमा) माधवीलता की ओर। पौगण्ड='कौमारं पञ्चमाब्दान्तं पौगण्डं दशमावधि।—पाँच से दस वर्ष की अवस्था; प्रखर तेजयुक्त। केसर···हेमदण्ड=नागकेशर, बकुल अथवा पीले चम्पे के फूल सोने का दण्ड ले खड़े हुए। (तुलनीय—मदन महीपति कनक दण्ड रुचि केसर कुसुम विकासे।—गीतगोविन्दकाव्यम्, प्रथम सर्ग। वि० ४।) पीठल=पिठवा। काञ्चन कुसुम=काञ्चनाह्वयः, चम्पे का फूल। मउलि=मौर, मुकुट। मुकुल=मञ्जरी। सिखिकुल=मयूर वृन्द। यन्त्र=बाजा बजाते हैं। आन=आकर या दूसरे। द्विजकुल=ब्राह्मण, पक्षी। चन्द्रातप=चाँदनी, चँदोवा, छोटा तम्बू, शह नशीन। निसान=पताका। पाटल···बान=पाटल पुष्प तूणीर (तरकस) हुआ और बाणों का स्थान अशोक के फूलों ने लिया। (तु०—"मिलित शिलीमुख पाटलि पटल कृतस्मर तूण विलासे।—उपर्युक्त श्लोक का उत्तरार्ध—सं०) किंसुक···भंग=पलाश फूल जो शीत के बाद फूलता है फलतः उसका अनुगत कहा जा सकता है, वन्सत में फूलने वाली लवंग लता से मिल गया तो अपने ही अनुगतों को शत्रु पक्ष से सहयोग करते देख शिशिर ऋतु की सेना तितर-बितर हो भाग खड़ी हुई। उधारल=(शिशिर के पाले से) उबारा हुआ। समअक सार=सर्वोत्तम समय, वसन्त।

[८४७]

मधुऋतु[१] मधुकर पाँति। मधुर कुसुम[२] मधुमाति॥
मधुर वृन्दाबन माझ[३]। मधुर मधुर रसराज[४]॥
मधुर जुवतिजन[५] सङ्ग[६]। मधुर मधुर रसरङ्ग॥
मधुर मृदङ्ग[८] रसाल। मधुर मधुर करताल॥
मधुर नटन-गति भङ्ग[९]। मधुर नटिनी[१०] नटसङ्ग[११]॥
मधुर मधुर रसगान। मधुर विद्यापति भान॥

पदकल्पतरु, प० १५००

पाठभेद—

ब्र० न० सहाय (वसन्त वर्णन, प० सं० ३) ३ मांझ ५ गन ६ संग ७-८ सुमधुर यन्त्र १० नटिनि।

न० गु० (प० सं० ६०६) और **मि० म०** (प० सं० ७११) पदकल्पतरु सदृश।

बेनीपुरी (प० सं० १८३) १ मधुरितु ३ मांझ ४ रससाज ६ संग ८ मृदंग ९ भंग १० नटनि ११ संग।

सं० मन्तव्य—२ कुसुमे ५ जने १० नटिनि।

शब्दार्थ—कुसुममधु माति=फूलों के मधु से प्रमत्त हो। नटन गति भंग=नृत्य की भङ्गिमा।

[८४८]

कौशिक—

लता तरुअर मण्डप दीअ[1]
निरमल ससधर[2] भिति[3] धवलीअ[4]।
पौअनाल[5] ऐपन[6] भल भेल
रात परीहन पल्लव देल॥
गाबह[7] माइ हे मङ्गल[8] आए[9]
बसन्त बिआह बने[10] पए[11] जाए[12]।
मधुकर रमनी[13] मङ्गल गाब
दुजवर कोकिल मन्त्र पढ़ाब॥
करु मकरन्द हथोदक नीर
बिधु बरिआती[14] धीर समीर।
कनए[15] केआ सुति[16] तोरन[17] तूल
लाबा बिथरल बेलिक फूल[18]॥
केसु[19] कुसुम करु सिन्दुर दान[20]
जौतुक[21] पाओल मानिनि माँन[22]।
केलि कुतूहल नव पँचबान[23]।
विद्यापति कवि दिढ[24] कए भाँन[25]॥
अभिनव नागर बुझए[26] रसवन्त[27]
मति[28] महेस[29] रेणुका[30] देविकन्त[31]॥

राग० पृ० ४९

पाठभेद—

न० गु० (ताल; प० सं० ६०९) १ जोति २-४ शशधर धवलिय भीति ५-६ पँउअनाल अइपन ७ देखह ८-९ मन चित लाय १०-१२ कानने थलि आय १३ रमणी १४ बरियाती १५-१७ कनय केसुया मुति तोरण १८ फुल १९ केशु २० सींदुर २१ जउतुक २२

मान २३ खेलए कउतुक नव पचबान २४-२५ दृढ कय भान २६-२७ बुझय बसन्त २८-३० भति महेश रेनुक।

मि० म० (प० सं० २१९) ४ धवलिए १० कानन १५-१६ कनक किंसुक मुति तोरन २० सिँदुर २२ मान २३ पँचबान ३०-३१ रेनुका देइ। शेष न० गु० सदृश।

परि० पद०—(राग ५, त० १७८) ६ अइपन ७ देखह २१ जउतुक २२ मान २३ खेलए कउतुक नव पँचबान २५ भान २६ बुझ २८ मन्ति।

सं० मन्तव्य—५ पउँअनाल ६ अइपन २१ जउतुक २२ मान २५ भान २८ मन्ति ३१ देइ।

शब्दार्थ—दीअ=दिया। धवलीय=श्वेत किया। हथोटक=हाथ का पानी। जौतुक=दहेज।

[८४९]

माघ माँस[१] सिरिपञ्चमि गँजाइलि[२] नवए माँस[३] पञ्चम[४] हरुआइ[५]।
अतिधन पीड़ा दुख बड़[६] पाओल बनसपती के[७] बधाइ[८] हे॥
सुभ खन बेरा सुकुल पख[९] हे[१०] दिनकर उदित समाइ[११]।
सोलह सँपुने बत्तिस लखनें[१२] जनम लेल रितुराइ[१३] हे॥
नाचए जुवतिगन हरखित[१४] जनमल[१५] बाल मधाइ[१६] हे।
मधुर महारस मङ्गल गाबए मानिनि मान उड़ाइ[१७] हे॥
बह मलयानिल ओत उचित हे बन[१८] घन भउ[१९] उजिआरा[२०]।
माधवि फूल[२१] भल[२२] गजमुकता[२३] तुल तें[२४] देल बन्दनेवारा॥
पीअरि पाँडरि[२५] महुअरि गाबए काहर कार धुथूरा[२६]।
नागेसर कलि संखधुनि पुर[२७] तगर[२२] ताल समतूला॥
मधु लए मधुकरें[२९] बालक दए[३०] हलु कमल पखुरिआ[३१] झुलाइ।
पौँअनाल[३२] तोरि करि सुत[३३] बाँधल केसु कइलि बघनाहीं[३४]॥
नव नव पल्लव सेज ओछाओल सिर दहु कदबेरि[३५] माला।
बैसलि[३६] भमरी हर उदगारए[३७] चक्का चन्द निहारा।
कनए केआ[३८] सुतिपत्र लिखिए हलु रासि नछत्र कए लोला[३९]।
कोकिल गणित गुणित[४०] भल जानए ऋतु[४१] बसन्त नाम थोएला[४२]॥
बाल बसन्त तरुण[४३] भए धाओल बेढ़ए[४४] सकल संसारा।

दखिन पवन घन आँग[४५] उगारए कुबलए[४६] कुसुम परागे।
सुललित हार मँजरि[४७] घन कज्जल आखि[४८] तलो[४९] अञ्जन लागे॥
नव वसन्त ऋतु[५०] अनुसर जौवति[५१] विद्यापति कवि गाया[५२]।
राज[५३] (ा) सिवसिंह[५४] रुपनराएन[५५] सकल कला मन भाया[५६]॥

राग० त०, पृ० ६३–६४

पाठभेद—

न० गु० (प० सं० ६००) १ मास २ गजाइलि ३–५ मास मञ्चमहु रूआइ ६ बड़ ७–८ बनस्पति भेलि धाइ हे १२ लखने १४ हरषित १५ जनमलेल १७ उडाइ १८ नव २० उजियारा २१–२३ फुल भेल गजमुकुता २४ ते १५ पाँड़रि २८ तकर २९ मधुकरे ३० दय ३१ पखुरिया ३२ पौअनाल ३४ बघनाही ३५ कदम्बेरि ३८ केसुआ ४१ रितु ४२ थोला ४४ बढ़ए ४५ अङ्ग ४७ मजरि ४८–४९ अखितों ५० रितु ५३ राजा।

बेनीपुरी (प० स० १७४) २ गँजाइलि ३–५ नवम मास हरुआई ७–८ भेलि धाई ९ पक्ख ११ समाई १३ सोरह सम्पुन बतिस लखन सह १५–१६ जनमलेल ऋतुराई १७ उड़ाई १८ नव २३ मुकुता २६ धतूरा २९ मधुकर ३१ पखुरिया लाई ३२ पौअनार ३३ कटि सुत ३४ केसर कएल बघनाई ३५ देल कदँबक ३६ बैसली ३७ हरउद गाबए ३९ मेला ४० गनित-गुनित ४१ रितु ४२ देला। 'बाल···संसारा' पाठाभाव ४६ किसलय ४८–४९ आँखिहि आँजन लागे ५० रितु ५२ गावे ५३ राजा ५६ भावे।

मि० म० (प० सं० १३८) १–२ मास सिरि पञ्चमी ३ मास ५ हुरुआई ६ बड़ ९ पक्ख ११ समाई १२ सँप्पुने बत्तिस लखने १३ रितुराई १६ मधाई १७ उड़ाई २० उजि-यारा २३ गजमुकुता २४ ते २५ पाँउरि २६ धतूरा २७ पूर २ मधुकरे ३२ पौंअनाल ३४ कएलि बघना ३५ कदम्बक ३७ उदगाबए ३८ केसुआ ४० गनित-गुनित ४१ रितु ४२ थोला ४३ तरुन ४५ आग ४७ मजरि ४८–४९ आखितओ ५० छितु ५३–५४ राजा सिवसिंघ।

परि० पद० (रा० त० प० सं० १४) १ मास ३ मास ५ हलु आइ ९ पक्ख १२ लखने १४ मन अति हरषित १६ उडाइ २१ फुल २९ मधुकरें ३३ कटि सुत ३५ कँदबेरि ४४ बेढए ५१ जउवति ५३ राजा ५५ रूपनराजेन।

सं० मन्तव्य—१४ हरषित मन २१–२२ भल फुल ३६ बइसलि ४० गुणित गणित ५२ गाआ ५४ सिवसिंह ५६ भाआ। शेष परि० पद० सदृश।

शब्दार्थ—गँजाइलि=गँजा गई, दुर्गति को प्राप्त हुई। हलु आइ=आ गए। बनसपती=वनस्पति। समाइ=समय। सँपुने=सम्पन्नता से। लखने=लक्षणों से। मधाइ=मधुमास, वसन्त। महारस=महारस=अत्यन्त सरस। ओत=आड़। घन=घना। उजिआरा=प्रस्तुत, प्रगट। पाँडरि=पाटल। कार=काला। तगर=फूल विशेष। पौंअनाल=पौनार, कमल दण्ड। करि=कटि। केसु=केशू, पलाश। हर उद्गारए=हलराती-दुलराती है। चक्का=चन्द्र मण्डल। कँनए=कनक, स्वर्ण। केआ=केला। सुतिपत्र=सूतक, जन्म-पत्री। लोला=जीभ, ओष्ठाग्र। गुथित=गुम्फ। थोएला=रख दिया। उगारए=उवटन लगाती है। कुबलए=नील कमल। धन=रुद्रजटा, लता विशेष।

[८५०]

मलय[१] पवन बह। बसन्त विजय कह॥
भमर करइ रोल। परिमल नहि ओल[२]॥
ऋतुपति रङ्ग देला। हृदय[३] रेभस[४] भेला॥
अनङ्ग मङ्गल मेलि। कामिनि[५] करथु केलि॥
तरुन तरुनि सङ्गे। रइनि[६] खेपब रङ्गे॥
बिरहि विपद लागि। केसु उपजल आगि॥
कवि विद्यापति भान। मानिनी[७] जिवन[८] जान।
नृप रुद्र सिंह[९] बरु। मेदिनी कलपतरु॥

न० गु० (ताल०) प० ६१२

पाठभेद—

मि० म० (प० सं० २१८) २ ओर ४ रभसँ ५ कामिनी ८ जीवन ९ रुद्रसिंघ
परि० पद० (ताल०, प० सं० १७९) ६ रजनि।
सं० मन्तव्य—१ मलअ ३ हृदएं ६ रअनि ७ मानिनि।
शब्दार्थ—रोल=गुञ्जन। रुद्रसिंह=शिव सिंह के पिता के वैमात्र भ्राता हरि सिंह के वृद्ध प्रपौत्र।

[८५१]

अभिनव पल्लव बइसक देल।
धवल कमल फुल पुरहर भेल॥
करु[१] मकरन्द मन्दाकिनि पानि।
अरुण[२] अशोग[३] दीप दिहु[४] आनि॥

माइ हे आज दिवस पुनमन्त।
करिअ[5] चुमाओन[6] राए[7] वसन्त॥
सपुन सुधानिधि दधि भल भेल।
भमि भमि भमरइ[8] हकारइ[9] देल॥
केसु कुसुम सीदुर[10] सम भास।
केतकि धूलि[11] बिथुरलहु[12] परवास॥
भनइ विद्यापति कवि कण्ठहार।
रस बुझ शिवसिंह[13] शिव[14] अवतार॥

ताल पत्र, न० गु०, प० ६१३

पाठभेद—

मि० म० (प० सं० १४०) २–३ असन असोग ४ दहु ५ करिए ७ राय ८–९ भमरिह हँकारइ १० सिंदुर ११ धूल १३–१४ सिवसिंघ सिव।

परि० पद० (ताल०, प० सं० १८०) ३ अशोक ४ दिहु आनि ६ चुमाआन ८–९ भमर इहकारइ १० सीन्दुर १२ बिथुरल।

सं० मन्तव्य—१ किअ ३ अशोक ६ चुमाओन ८ भमर १० सीन्दुर १२ बिथुरल।

शब्दार्थ—पुरहर=पुरोघट, मङ्गलघट। पानि=जल। चुमाओन=चूमने का कार्य। सपुन=संपूर्ण। हकारइ=हँकार, बुलावा। बिथुरल=विस्तृत हुई। परवास=पट वास।

[८५२]

परदेस गमन जनु करहु कन्त।
पुनमत पाबए ऋतु बसन्त॥
कोकिल कलरवे[1] पुरल चूत।
जनि मदन पठाओल अपन दूत॥
के मानिनि आवे करति मान।
विरहे[2] विषम[3] भेल पञ्चबान॥
बह मलयानिल[4] पुरुब जानि।
मारए पचसर[5] सुमरि कानि॥

विरहे[२] बिखिनि घनि किछु न भाब[६]।
चानने कुङ्कमे सखि लगाब[७]।
विद्यापति भन[८] कएठहार।
कृष्ण[९] राधा[१०]-बन-विहार॥

न० गु० (ताल०) ६१९

पाठभेद—

मि० म० (प० सं० ४७४) ३ विसम।

परि० पद० (ताल, प० सं० १८१) १ कलरवें २ विरहें ५ पँचसर ८ भन कवि ९ मधुसूदन।

सं० मन्तव्य—१ कलरवें २ विरहें ४ मलआनिल ५ पञ्चसर ६ भाव ७ लगाव ८ भन कबि ९-१० श्रींकृष्ण राधिका।

शब्दार्थ—चूत=आम। विषम=प्रतिकूल। कानि=द्वेष, बैर। बिखिन=उदास।

[८५३]

कानने कानने कुन्द फूल।
पलटि पलटि ताहि भमर भूल॥
पुनमति तरुनि पिया[१] सँग[२] पाब।
बरिसे बरिसे ऋतुराज आब॥
रअनि[३] छोटि हो दिवस बाढ़।
जनि कामदेव करवाल काँढ़[४]॥
मलयानिल[५] पिब जुवति मान।
बिरहिनि[६] बेदन केओ न जान॥
भने[७] विद्यापति रितु बसन्त।
कुमर अमर ज्ञानो[८] देइ कन्त॥

न० गु० (ताल०) प० ७२३

पाठभेद—

मि० म० (प० सं० ११२) २ सङ्ग ६ बिरहिन ७ भन।

परि० पद० (ताल०, प० सं० २०३) १ पिआ २ सङ्ग ३ रअनि ४ काढ़ ८ जानो।

सं० मन्तव्य—१ पिआ ३ रअनि ४ काढ़ ५ मलआनिल।

शब्दार्थ—पुनमति=पुण्यवती। करवाल=खञ्जर।

[८५४]

दखिन पवन बह दश[१] दिश[२] रोल।
से जनि बादी भासा[३] बोल॥
मनमथ काँ साधन नहि आन[४]।
निरसारल से मानिनि मान॥
माइ हे शीत वसन्त विवाद।
कवने विचारब जय-अवसाद॥
दुहु दिश[२] मधथ दिवाकर भेल।
दुजवर कोकिल साखिता[५] देल।
नव पल्लव जय पत्रस[६] भाति[७]।
मधुकर-माला आखर-पाति[८]।
वादी तह प्रतिवादी भीत।
सिसिर-बिन्दु हो अन्तर शीत।
कुन्द कुसुम अनुपम विकसन्त।
सतत जीति वेकताओ बसन्त॥
विद्यापति कवि एहो रस भान।
राजा सिवसिंह[९] एहो रस जान॥

न० गु०, प० ६१४

पाठभेद—

मि० म० (प० सं० १४१) **१–२** दस दिस ९ सिवसिंघ।

सं० मन्तव्य—१–२ दस दिसि ३ भाषा ४ आन ५ साखी ६–७ जयपत्रक भाँति ८ पाँति।

शब्दार्थ—रोल=गुञ्जन। बादी=पक्षवाला। निरसारल=दूर किया। साखी=गवाही। आखर पाँति=अक्षरों की पंक्तियाँ। बेकताओ=प्रकट करता है।

[८५५]

आएल उनमद समय वसन्त।
दारुन मदन निदारुन कन्त॥

ऋतुराज आज विराज हे सखि नागरी जन बन्दिते।
नवरङ्ग नव दल देखु उपवन सहज सोभित कुसुमिते॥

आरे कुसुमित कानन कोकिल साद।
मुनिहुक मानस उपज बिखाद[1]॥

अति मत्त मधुकर मधुर रव कर मालती मधु संचिते[2]।
समय कंत[3] उदंत[4] नहि किछ हमहि विधि बस वंचिते[5]॥

बंचित[6] नागर सेहे संसार।
एहि[7] रितुपति[8] जे न कर विहार॥

अति हार भार मनोज मारए चान्द रबि सन भान[9] ए[10]।
पुरुष पाप संताप जत हो मन मनोभव जान ए॥

जारए मनसिज मार सर साधि।
चानन[11] देह चौगुन हो धाधि॥

सब धाधि आधि बेआधि[13] जाइति धरिअ धैरज[14] कामिनी।
सुपहु मन्दिर तुरित आओत[15] सुफल जाइति जामिनी॥

जामिनि सुफल जाइति अवसान।
धैरज[14] धरु विद्यापति भान॥

न० गु० ७९२, बेनीपुरी २१५

पाठभेद—

मि० म० (प० सं० ८६८) १ बिसाद २ सञ्चिते ३-४ कन्त उदन्त ५ बञ्चिते ६ बञ्चित ७-८ रितुपति सौं ९-१० मानए ११ चनने १३ बेयाधि १५ आओल।

सं० मन्तव्य—१ विषाद २ सञ्चिते ३ कन्त ४ उदन्त ५ बञ्चिते ६ बञ्चित १२ चउगुन १४ धइरज।

शब्दार्थ—निदारुन=कठिन, निर्दय। कुसुमिते=प्रफुल्लित। साद=शब्द, आलाप। विषाद=खेद, विषण्ण, क्षोभ। उदन्त=सन्देश, वार्ता। भानए=जान पड़ता है। पाप=अपराध भाव। धाधि= ज्वाला, जलन। आधि=मानसिक व्यथा। बेआधि=व्याधि, रोग।

[८५६]

सारङ्गी—

जाडल[१] बाम्भन[२] तेज सनान
जाडलि[३] मानिनि[४] तेजए मान[५]।
जाडल[६] राड[७] धौकरी[८] लाब[९]
जाडल[१०] रसिक(क)ते ना गाब[११]॥ध्रु०॥
जाड[१२] आएल कहब काही
बड पराभव पवन चाही।
[१३]…. …. …. …. …. … … ….करथि[१४]
पिठिक[१५] जाड सेहओ नहि हरथि[१६]।
अनल फुकिअ हेरिअ[१७] सूर[१८]
सिसिर पाबि सेहओ[१९] भेल दूर॥
जुझि[२०] का[२१]…………………हर[२२]
जाडल[२३] वीर कैसे[२४] होएत बाहर।
मनहि मन[२५] करिअ[२६] नेआर[२७]
तैसन[२८] सिंह तइसन सिआर[२९]॥
सरस कवि विद्यापति गाब
केओ नहि ऐसन[३०] जाड[३१] छड़ाब[३२]।
सकल जगत जाड[३३] हरए[३४]
कुमार अमरसिंह सरए[३५]॥

राम० पृ० ११९ (क), प० १११; पं० ४

पाठभेद—

मि० म० (प० सं २१३) १-२ जाउन वामुन ३-४-५ जाउनि मा…मन ६-७ जाउन बाड़ ९ नाब १०-११ जाउन रसि कते लागाब १२ जाउ १३-१४ पाठाभाव १५-१६ पिठेक जाउ सेह ओ लह वथि १७-१८ हेरि असुर १९ सेहे ओ २० बुझि (?) २१-२२ पाठाभाव २३ जाउन १४ के से २५-१७ मनक विअने आव २८ तेसन २९ सिआ।रा ३१-३२ जाउछ भाव ३३-३४ जाउ छरण ३५ सर ।

परि० पद० (राम०, प० सं० ८८) २४ कइसे २८ जइसन ३० अइसन

सं० मन्तव्य—७-८ अथवा साँड़ धौकरी १५ पोठिक २४ सइसञे २७ तइसन ३० अइसन ।

शब्दार्थ—जाडल=जाड़े से सिकुड़ा हुआ। राड धौकरी लाव=शूद्र घूटी-मुट्टी मार कर बैठता है, या राँड़ सिमटी सिकुड़ी रहती है, या साँड़ धौकरी=साँड़ दौड़ लगाता है। हेरिअ सूर=सूर्य को निहारते हैं। नेआर=न्यारा करके, निश्चय।

[८५७]

मालव—

सूखल सर सरसिज भेल झाल
तरुन[1] तरनि[2] तरु न रहल हाल।
देखि दरनि दरसाब पताल
अबहुँ धराधर धरसि न धार ॥ध्रु०॥
जलधर जलधन[3] गेल असेखि[4]
करए कृपा बड[5] परदुख देखि।
पथिक पिआसल आब अनेक
देखि दुख मानए तोहर विवेक॥
पलटलि[6] आसा[7] निरसनिहारि[8]
कहदहुँ कओन[9] होइति ई[10] गारि।
कओन[11] हृदअ नहिँ उपजए रोस
ओल धरि करिअ एहेँ[12] पए दोस॥
विद्यापति भन बुझ रसमन्त
राए सिवसिंह लखिमा देवि[13] कन्त॥

राम० पृ० ६०; पं ०३

पाठभेद—

ठाकुर—(प० सं० २१) ५ बड़ ६-८ पलट निआसा निरस निहारि

मि० म० (प० सं० १४) १-२ तरुण तरुणि ३ जलघन ५ बड़ ६-८ पलट नआसा निरस निहारि ९ कओन १० इ ११ कओन।

परि० पद० (राम०, प० सं० २२) पाठभेद नहीं है।

सं० मन्तव्य—४ अशेषि ८ निरस निहारि ९ कओन १२ एहए १३ देह।

शब्दार्थ—झाल=झड़े हुए, पत्रहीन। हाल=दशा, नमी। दरनि=फटी हुई दरारें। अशेषि=निःशेष होकर। पलट…निहारि=पुनर्जागरित आशा को रसहीन (निराशा) होते देख। ओल…दोस=आप अन्तिम सीमा तक क्रोध किए हुए हैं यही दोष है।

[८५८]

मालवरागे—

जनम होअए[1] जनु[2] जओ पुनु होइ[3]
जुवती भए जनमए जनु कोइ[4]।
होइह जुवति जनु हो रसमन्ता[5]
रसओ बुझए जनु हो कुलमन्ती[6] ॥ध्रु०॥
निधन[7] मागओ[8] बिहि एक पए तोही[9]
थिरता दिहह अवसानहु मोही[10]।
मिलि[11] सामि नागर रसधारा[12]
परबस जनु होअ[13] हमर पिआरा[14] ॥
होइह[15] परबस बुझिह[16] विचारि
पाए विचार हार कओन[17] नारि।
भनइ विद्यापति अछ परकारे[18]
दन्द समुद[19] होएत[20] जीव दए[21] पारे[22]॥

ने० पृ० २२ (क), प० ५८, पं० ३

पाठभेद—

न० गु० (प० सं० ४३७) २ जनि ५ रसमन्ति ६ कुलमन्ति ७ इ धन ९ तोहि १० मोहि १२ रसधार १४ पियार १८ परकार १९ समुद २१-२२ दय पार

मि० म० (प० सं० ४४७) २ जनि ३ जओं ५ रसमन्ति ६ कुलमन्ति ७-८ इ धन मागओं ९ तोहि १० मोहि १६ बुझिअ १७ कओन १८ परकार २२ पार।

सु० झा० (प० सं० ५३) १ होअओ ३ होहई ४ कोई १३ हो २० होएब

परि० पद० (प० सं० ५४) ५ रसमन्ति ६ कुलमन्ति ९ तोहि १० मोहि ११ मिलिह १२ रसधार १४ पिआर १८ परकार २२ पार

सं० मन्तव्य—९ तोहि १० मोहि ११ मिलिअ १२ रसधार १४ पिआर १५ होइअ २० होए जिउ ।

शब्दार्थ—जनु=नहीं । जओं=यदि । निधन=निधनी, भिखारिणी । थिरता=धैर्य । मिलिअ=मिले । बुझिह=बूझे, समझे । समुद=सागर ।

[८५९]

सबे सबतहु कह सहले[1] लहिअ[2]
जिव[3] जओं जतने[4] जोगओले[5] रहिअ ॥
परसि हलह जनु पिसुनक बोल
सुपुरुष[6] पेम जीव रह ओल ।।ध्रु०।।
मञे[7] सपनेहु[8] नहि सुमओ[9] देओ
अइसन पेम तोरि[10] हल जनु केओ ॥
रहिअ लुकओले[11] अपना गेह
खड[12] कौसले[13] टुटि जाएत सिनेह ॥
विमुख बुझाए न करिअए बोल
मुख सुखे[14] धेङ्गुर[15] काट पटोर ॥
भनइ विद्यापतीत्यादि ॥

ने पृ० ४४ (क), प० १२४; पं० ५

पाठभेद—

न० गु० (प० सं० ४६६) २ नहिअ ९ सुमरओ ११ नुकओले १२ खल १४ सुखे ।

मि० म० (प० सं० ४२७) २ नहिअ ६ सुपुरुस ११ नुकओले १२ खल १४ सुखे ।

सु० झा (प० सं० ११८) सुम (र) ओ १० तोलि १४ सुखे १५ घेङ्गर

परि० पद० (प० सं० ११९) १ सहलें ४ जतने ५ लुकओलें ७-८ मोन सपनेहुँ ९ सुम (र) ओ १२ खल १३ कौसलें ।

सं० मन्तव्य—३ जिउ ८ सपनेहुँ ९ सुमओो आन ११ लुकओोलओे १२-१३ खल कउसले ।

शब्दार्थ—सब तहु=सर्वत्र, सभी से। लहिय=लाभ में रहते हैं। जोगओोल=सँजोकर सुरक्षित रखे। सुमओो आन=अन्य का स्मरण। भेङ्गुर=भींगुर।

[८६०]

बरली रागे—

कुल कामिनि भए कुलटा भेलहु[१]
किछु नहि गुनले आगु।
सबे परिहरि तुअ अधीनि[२] भेलिहु[१]
आबे तुअ[३] आइति[४] लागु ॥ध्रु०॥
माधव जनु होअ पेम पुराने।
नव अनुराग ओल[५] धरि राखब
जे न बिघट मोर माने॥
सुमुखि वचन सुनि माधवे मने[६] गुनि
अङ्गिरल कए अपराधे।
सुपुरुष[७] सओो[८] नेह विद्यापति[९] कह
ओल[५] धरि हो निरबाहे॥

ने० पृ० ९१ ख, प० २५२; पं० ३

पाठभेद—

न० गु० (प० सं० ५२६) २ अधीन ३ पाठाभाव ९ कवि विद्यापति ।

मि० म० (प० सं० ४७०) २ आधीनि ३ पाठाभाव ७ सुपुरुख ८ सयँ ।

सु० झा० (प० सं० २३१) २ आधीनि ।

परि० पद० (प० सं० २३२) १ भेलिहुँ ५ ओल ६ मन

सं० मन्तव्य—१ भेलिहुँ २ आधिनि ६ मन

शब्दार्थ—कुलटा=व्यभिचारिणी। आधिनि=अधीन, वश में। अङ्गिरल=स्वीकार किया।

[८६१]

कोलार—

थिर पद परिहरिए जे जन
अथिरँ[1] मानस लाब।
सब चाहि[2] (हि) न[3] दिने दिने खिन[4]
बहु परतर पाब ॥ध्रु०॥
साजनि थिर मन कए थाक।
हठेँ[6] जे जखने करम करिअ
भल नहि परिपाक।
बुध जन मन बुझि निवेदए
सबे संसारेरि भाव।
जखने जते[8] विभव रहए
तखने तेहिँ[9] गमाब॥
भन विद्यापति सुन तञे जुवति
चितें न झाँपहि आन॥

राम० पृ० १४, प० ४४; पं० ३

पाठभेद—

ठाकुर (प० सं० १६) २-३ चाहिन ४-५ खेलरत ६ हठें।
मि० म० (प० सं० २५१) १ अथिर २-३ चाहिन ४-५ खेलरत ६ हटें।
परि० पद० (राम०, प० सं० १६) ७ बूझि
सं० मन्तव्य—१ अथिरञे ३ हिन ८ जतए ९ ततञे।

शब्दार्थ—थिर=ध्रुव, निश्चित। अथिरञे=अनिश्चित में। परतर=प्रताड़ना, क्लेश। परिपाक=फल। ततञे गमाब=उसमे ही गुजारा करते हैं।

[८६२]

सोइ[1] यमुना जले[2]। गोप गोपी नाहि[3] बुले[4]॥
रोदति पिञ्जर शुके[5]। धेनु धावइ माथर मुखे॥
हरि कि मथुरापुर गेल। आज गोकुल सुन[6] भेल॥

सागरे तेजबि[७] परान। आन जनमे होरब[८] कान॥
कान्ह[९] होयब[१०] जब राधा। तब[११] जानब विरहक बाधा॥
विद्यापति कह नीत[१२]। रोदन[१३] नह[१४] समुचित[१५]॥

पदामृत समुद्र, पृ० ११४

पाठभेद—

पदकल्पतरु (प० सं० १६३८) में चरणक्रम भिन्न है। उपर्युक्त के ३, २, १, ४, ५, ६ चरण क्रमशः आए हैं। १–२ अब सोइ जमुनार कूले ३ नहि ५ सुके ६ सून ७ हाम सागरे तेजब ८ होयब ९ कानू १३ अब रोदन १४ समुचीत।

ब्र० न० सहाय (वि० प्रबोध, प० सं० ३१) क्रम प० त० सदृश। २ यमुना कूल ४ डूल ५ सक। गेला, ६ सुन भेला ७ हम सब तेजब प्रान ८ होब ११ पाठाभाव १२ गीत १४ नहिं। शेष प० त० सदृश।

न० गु० (प० सं० ६२४) ६ आजु गोकुल शून। शेष प० त० सदृश।

मि० म० (प० सं० ७५०) प० स० सदृश और (प० सं० ९१९) प० त० सदृश।

सं० मन्तव्य—इस पद की भाषा पर बंगीय प्रभाव अधिक है। केवल उत्तरार्ध की तीन पंक्तियाँ ही विद्यापति कृत लगती हैं। १ अब सोइ ४ डुले ६ सून ७ तेजब ८ होएब १० होएब १२ नीति १४ नहि १५ समुचित।

शब्दार्थ—डुले=खेलते-फिरते। तेजब=छोड़ूँगी। बाधा=कठिनाइयाँ, व्यथा।

[८६३]

हातक[१] दरपन माथक फूल
　　नयनक[२] अञ्जन मुखक ताम्बूल।
हृदयक[३] मृगमद गीमक हार
　　देहक सरबस गेहक सार॥
पाखिक पाख[४] मीनक पानि
　　जीवक जीवन हम तुहु जानि।
तुहु कइसे माधव कह तुहु मोय[५]।
　　विद्यापति कह दुहु दोहा होय॥

प० त० १४०८

पाठभेद—

न० गु० (प० सं० ८३३) तथा मि० म० (प० सं० ७०४) उपरिवत।

सं० मन्तव्य—१ हाथक २ नअनक ३ हृदअक ४ पाँख ५ मोअ।

शब्दार्थ—मृगमद=कस्तूरी। पाखिक=पक्षी का। दुहु दोहा होय=दोनों ही एक दूसरे के अनुरूप हैं।

[८६४]

बड़ जन जकर[१] पिरीति रे। कोपहुँ न तजय[२] रीति रे॥
काक[३] कोइल एक जाति रे। भेम भमर एक भाँति[४] रे॥
हेम हरदि कत बीच रे। गुनहि बुझिअ[५] उच[६] नीच रे॥
मनि कादव[७] लपटाय रे। तैँ[८] कि तनिक गुन जाए[९] रे॥
विद्यापति अवधान रे। सुपुरुस[१०] न कर[११] निदान रे॥

ग्रियर्सन ४२

पाठभेद—

अ० न० सहाय (मान, सं० ११) १ जाकर ३ काग ४ भाँति ५ बुझिय ६ ऊँच ७ काँदव ८ तें ९ जाय १० सुपुरुष ११ करु।

न० गु० (प० सं० ५०८) १ जओ कर।

मि० म० (प० सं० ४६०) ग्रियर्सन सदृश।

सं० मन्तव्य—१ जओ कर २ तेजए ४ भान्ति ६ ऊँच ७ काँदव ८ तओ ९ जाय १० सुपुरुष।

शब्दार्थ—जओकर=यदि करता है। कोपहुँ=क्रोध होने पर भी। भेम=भीमरुल। काँदव=कर्दम, कीचड़।

[८६५]

सखि हे, कि पुछसि अनुभव मोय[१]।
सेहो[२] पिरीति[३] अनुराग बखानाइत[४]
तिले[५] तिले[६] नूतुन[७] होय[८]॥

जनम अवधि हम[९] रूप[१०] निहारल[११]
नयन न[१२] तिरपित भेल[१३]।
सेहो[१४] मधुर बोल[१५] श्रवनहि[१६] शुनल[१७]
श्रुति[१८] पथे[१९] परश[२०] न[१२] गेल[२१]॥
कत मधु यामिनिय[२२] रभसे गमाओल[२३]
न[१३] बुझल[२४] कैसन[२५] केल[२६]॥
लाख लाख युग[२७] हिय हिय[२८] राखल
तैओ[२९] हिया[३०] जूड़न[३१] न[१३] गेल[३२]॥
कत विदगध जन[३३] रस[३४] अनुगमन[३५]
अनुभव काहु[३६] न पेख[३७]।
विद्यापति[३८] कह[३९] प्रान[४०] जुड़ाइत[४१]
लाखे[४२] न मिलल[४३] एक[४४]॥

शारदाचरण मित्र (बहरम पुरेर पुथिते प्राप्त)

पाठभेद—

पदकल्पतरु (प० सं० ९३७) १ मोर ३–४ पिरित बखानिये ५–७ अनुक्षण नौतुन ९–११ हैते ओरुप नेहारलुँ १२ ना १३ भेला। तदनन्तर क्रमशः ११–१२, ६–७ और ८–९ वीं पंक्तियाँ हैं।—सं०। १४–१७ वचन अमिया रस अनुखन शूललु २१ भेलि २२ यामिनि २३ लेण्डारलु २४–२६ ना बुझलुँ कैले केलि २७–३२ हाम हिये-हिये मुखे-मुखे हृदय जुड़न नाहि गेला ३५ अनुमोदइ ३६–३७ काछ ना पेखि ३८–४१ कह कविबल्लभ हृदय जुड़ाइते ४२–४४ मिलये कोटिये, या लाखे ना मिलये एकि।

न० गु० (प० सं० ८३४, मिथिलार प्रकृत पाठ) २ सोइ ४ बखानइते ७ नूतन १४ सोइ यामिनी २८ हिये हिये ३३–३४ यत यत रसिक जन रसे।

बेनीपुरी (प० सं० २२८) १ मोए २–३ सेह पिरिति ४ बखानिअ ५–८ तिल तिल नूतन होए १६–१७ स्रवनहि सूनल १८–२० सुति पथ परस २२–२३ जामिनि रभस गमाओलि २४–२६ बूझल कइसन केलि २७–२८ जुग हिअ हिअ २९–३१ तइओ हिअ जरनि ३५ अनुमोदए ४१ जुड़ाइते ४३ मीलल।

मि० म० (प० सं० ७६२) मूल में न० गु० का पाठ। पादटिप्पणी में शा० च० मित्र और पदकल्पतरु का पाठ।

सं० मन्तव्य—(i) प्रस्तुत पद अत्यन्त महत्त्वपूर्ण और अत्यधिक विवादग्रस्त है। देखें भूमिका—"विवादास्पद पद" (ii) १ मोए ३ पिरिति ४ बखानिञे ८ होए १२ नअन न १७ सूनल २२ यामिनि २५–२६ कइसन केलि २८ हिए हिए २९–३२ तइओ हिअ जुड़निन गेलि ३४ रसे।

शब्दार्थ—बखानिञे=वर्णन करते हैं या कहना चाहती हूँ। तिले तिले=तिल-तिल परिमाप पर। तिरपिप=तृप्त, अघाए। श्रुति··गेल=वर्ण-कुहरों का स्पर्श मात्र भी नहीं हुआ। मधु=यामिनि=चैत्र की वासन्ती निशा। रभसे=केलि-क्रीड़ा में। जुड़न=शीतलता, ढाढस बधने की अनुभूति। अनुमोदए=अनुमोदन करते हैं, रस लिप्त हुए हैं। अनुभव=यथार्थ प्रकृत अनुभूत सत्य। पेख=दिखाई पड़ना। जुड़ाइते=शीतल करने, परितृप्ति भरने के लिए। लाखे=लाखों में।

[८६६]

खिति रेनु गन जदि गगनक[१] तारा।
दुइ कर[२] सिचि जदि सिन्धुक धारा॥
पुरुब[३] भानु जदि पछिम उदीत।
तइअओ विपरित नह सुजन पिरीत॥

माधव कि कहब[४] आन।
ककर उपमा दिअ पिरीत समान।
अचल चलए जदि चित्र कह बात।
कमल फुटए जदि गिरिवर माथ॥

दावानल[५] सितल[६] हिमगिरि ताप।
चान्द जदि बिसधर सुधा धर साप॥
भनइ विद्यापति सिवसिंघ[७] राय।
अनुगत जन छाड़ि नहि उजियाय॥

अज्ञात स्रोत, न० गु०, ८३२

पाठभेद—

मि० म० (प० सं० ९२६) उपर्युक्त सदृश।

सं० मन्तव्य (i) न० गु० ने इसी कीर्त्तनानन्द से गृहीत बताया है किन्तु मुद्रित

कीर्त्तनानन्द में यह प्राप्त नहीं है। (ii) १ गगनकए २ करे ३ पुरुबक ४ मोजे रुहबओं ५–६ शीतल दावानल ७ सिवसिंह।

शब्दार्थ—खिति=पृथिवी। रेनु··तारा=धूलि कणों एवं आकाश की यदि गणना की जा सके या धूलिकण यदि आकाश के तारे हो जाएँ। सिचि=सींचे। ककर=किस वस्तु की। अचल=पर्वत, जड़।

[८६७]

दूरहि रहिय[१] करिय[२] मन आन।
नयन[३] पियासल[४] हटल न मान॥
हास सुधारस तसु मुख हेरि।
बाँधलिए[५] बाँध निबी कति[६] बेरि॥
की सखि करब धरब की गोय[७]।
करिअ मान जौं आइति होय[९]॥
धासमस करए रहओं हित जाति।
सगर सरीर धरए कत भाँति॥
गोपहि न पारिअ हृदय[१०] उलास।
मुनलहु बदन बेकत हो आस[११]॥
भनइ विद्यापति तोर न दोस।
भखल[१२] मदन बढ़ाबए रोस॥

न० गु० (मिथिला) ३३४

पाठभेद—

मि० म० (प० सं० ४२५) १–२ रहिअ करिअ।

सं० मन्तव्य—१–२ रहिअ करिअ ३ नअन ४ पिआसल ५–६ बाँधलि नीबि बाँधकत ७ गोए ८ जओ ९ होए १० हृदअ ११ हास १२ भूखल।

शब्दार्थ—हटल=अवरोध। आइति=आयत्त, नियन्त्रण, वश।

[८६८]

फुल एक फुलवारि[१] लाओल मुरारि।
जतनइ[२] पटओलनि[३] सुवचन बारि॥
चौदिसि[४] बाँधलनि[५] सीलक आरि।
जीव[६] अवलम्बन करु अवधारि॥

तथुहुँ[७] फुलल फुल अभिनव पेम।
जसु मुल[८] लहए न लाखहु हेम॥
अति अपरुब फुल[९] परिनत भेल।
दुइ जीव[१०] अछल एक भए गेल॥
पिसुन कीट नहि लागल आहि[११]।
साहसँ[१२] फल देल बिहि[१३] निरबाहि॥
विद्यापति कह सुन्दर सैह[१३]।
करिअ जतन फलमत हो[१४] जैह[१५]॥

न० गु० (मिथिला) ५५७

पाठभेद—

बेनीपुरी (प० सं० २५७) १ बाड़ो २ जतने ३ पटाओल ४–५ चौदिस बान्हल ६ जिबे ७ ततहु ८ मूल ९ फल १० जिव ११ ताहि १२ साहसें १३ सेह १४–१५ होए जेह।

मि० म० (प० सं० ४४१) ११ अहि १३ बिहि देल। शेष न० गु० सदृश।

सं० मन्तव्य––२–३ जतने पटओलन्हि ४–५ चउदिसि बँधलन्हि ६ जिउ १० जिउ ११ ताहि १२ साहसेँ १३ सेह १५ जेह।

शब्दार्थ— लाओल=लगाया। पटओलन्हि=सीँचा। आरि=किनारा, बेढ़ा, आलबाल। तथुहूँ=उसमें। मुल=मूल्य। पिसुन=निंदक, दुष्ट।

[८६९]

जँओ[१] हम जनिहहुँ तन[२] तह
उपजत मदन बेयाधि[३]।
बाहु फास[४] लए फसितहुँ[५]
हसितहुँ[६] अभिमत साधि॥
सुमुखि भइए हसि[७] हेरितहुँ
फेरितहुँ सखि तन खेद।
मनसिज सर नहि सहितहुँ
रहितहुँ हमे निरभेद॥

परसनि भइ रति सजितहुँ
बजितहुँ लाज निवारि[८] ।
कय[९] परिरम्भन गवितहुँ
भरितहुँ गुन अवधारि ।।
अजस सुजस कय[९] गुनितहुँ
सुनितहुँ नहि उपहास ।
मनओ[१०] नहि[११] हरि परिहरितहुँ
करितहुँ मन न उदास ।।
नारि मनोरथ अभिमत
सत सत रहस निरूप ।
कवि विद्यापति गाओल
रस बुझ सिवसिंह[१२] भूप ।।

न० गु० (मिथिला) प० ८२८

पाठभेद—

मि० म० (प० सं० १८७) २ तनि सिवसिंघ । शेष न० गु० सदृश ।

सं० मन्तव्य—(i) १ जओ २ तनि ३ बेआधि ४ फाँस ५ फँसितहुँ ६ हँसितहुँ ७ हँसि ८ नेबारि ९ कए १०–११ मनहुँ न ।

शब्दार्थ—तनितह=उस (प्रकार के प्रेम प्रतिपादन और फिर उसके बिच्छेद) से साधि=पूर्ण कर। सुमुखि=सम्मुख होकर । निरभेद=अभिन्न । बजितहुँ=बात चीत करती । (ii) लोक मुख से संकलित इस पद की भाषा अधिक आधुनिक प्रभावपन्न है ।

[८७०]

सूजन अरजी[१] कत मन्द रे, अवसर ने करि मन्द रे ।
सात खण्ड कुसिआर रे, निकसत प्रेम पिआर रे ।।
नव कामिनि नव नेह रे, तेजलन्हि हमर सिनेह रे ।।
नव दल फुलय[२] पलास रे, भामिनि भमृहर[३] बिलास रे ।।

ओतहि रहथु दृग फेरि रे, दरसन देथु एक बेरि रे ॥
भनइ विद्यापति भान रे, सुपुरुस गेलाह कुठाम रे ॥

मि० गी० सं० ३ य खण्ड, पृ० ८--९

पाठभेद—

मि० म० (प० सं० ९१२) उपरिवत् ।

सं० मन्तव्य—१ अरजि २ फुलए ३ भ्रमर ।

शदार्थ—अरजि=अर्ज, प्रार्थना । मन्द रे=कम, धीरे । कुसुआर=ईख । रहथु=रहें । देथु=दें ।

[८७१]

प्रथम सिरीफल[१] गरबे[२] गमओलह[३]
जे[४] गुणगाहक[५] आबे ।
गेल जौवन[६] पुनु पलटि न आबए
किछु[७] दिन[८] जा[९] पचताबे[१०] ॥ध्रु०॥
सुन्दरि मोरे[११] बोले[१२] करब[१३] अवधाने[१४] ।
तोह सनि नारि दोसरि[१५] हमे[१६] अछलिहुँ[१६]
अइसन[१८] उपजु हम[१९] भाने ॥
जौवन[२०] सिरी[२१] ताबे रह[२२] सुन्दरि[२३]
जाबे मदन अधिकारी ।
दिन दस गेले छाडि[२४] पलाएत[२५]
सकल जगत परचारी ॥
विद्यापति कह[२६] जुवति लाखलह[२७]
पलल[२८] पयोधर[२९] तूले ।
दिने[३०] दिने[३१] आबे[३२] तोहे[३३] तैसनि[३४] होएबह[३५]
घोसिना[३६] घोरक मूले ॥

ने० पृ० ४४, प० १२५; पं० ३

पाठभेद—

न० गु० (प० सं० ९१) ४ जौं ५ गुनगाहक ७--९ केवल रह ११--१४ वचने करह समधावे १५-१६ दिवस दस १७ अछलिहु १८ ऐसन १९ मोहि २०-२१ जउइन रूप २२ धरि

२३ छाजत २४--२५ सखि सेहओ पड़ाएत २६ भन २७ लाखे २८ पड़ल ३२ आगे ३३--३५ सखि ऐसनि होयबह ३६ घोसिनी ।

बेनीपुरी (प० सं० ५०) २ गरबें ५ गुने गाहक ११ वचन २० जौवन २३ छाजए २५ पराएत २७ लाख ३२ आहे ३५ होएबह ३६ घोसिनि । शेष न० गु० सदृश ।

मि०म० (प० सं० २६०) १ सिरिफल १० पछतावे ३०--३१ दिन दिन आगे । शेष न० गु० सदृश ।

सु० झा० (प० सं० ११९) २ गरब १२ बोलब २४ छाड़ि २८ पल न ३३ पाठाभाव ३६ घोसिनी ।

परि० पद०—(प० सं० १२०) २ गरबे २५ पलाएत २९ पओधर ३४ अइसनि ३६ घोसिनि । ५, ६, ७--९, ११--१४, १५--१६, १९, २०--२१, २२--२३, २४ और ३२ न० गु० सदृश ।

सं० मन्तव्य—४--५ जे गुणे गाहक ६ जउवन ७ दिन ९ रह १३ कर १६ मोले २० जउवन २२ ताबए रह २९ पओधर ३४ तइसनि ३६ घोसिनि ।

शब्दार्थ—सिरीफल=यहाँ उन्नत पयोधर । सिरी=शोभा । घोसिनि घोरक मूले=ग्वालिन के मट्ठे के मूल सदृश ।

[८७२]

कोलार रागे—

तेहँ[1] हुँनि[2] लागल उचित सिनेह
हम[3] अपमानि पठओलह गेह ।
हमरिओ[4] मति अपथे चलि गेलि
दूधक[5] माछी दूती भेलि ।।ध्रु०।।
माधव कि कहब इ[6] भल भेला
हमर गतागत इ[6] दुर गेला ।
पहिलहि बौललह मधुरिम बानी[7]
तोहहि सुचेतन तोहहि सयानी[8] ।।
भेला काज बुझओल[9] (ह) रोसे[10]
कहि की[11] बुझओबह अपनुक दोसे[12] ।।
भनइ विद्यापतीत्यादि ।।

ने० पृ० ७१, प० १९९, प० २

पाठभेद—

न० गु० (प० सं० ५१६) १ तोहँ २ हुनि ५ दुधक ७ वाणी ९ बुझाओल।

मि० म० (प० सं० ४५८) १ तेँह ७ बानी १२ दोषे। शेष न० गु० सदृश।

सु० झा (प० सं० १८१) ४ हमरिउ ६ ई।

परि० पद० (प० सं० १८३) १--२ तोँह हुनि ३ हमे ६ ई ८ सत्रानी ९ बुझओलह १० रोषे ११ कि १२ दोषे।

सं० मन्तव्य—१--२ तोहँ हुनि ३ हमे ६ ई ८ सत्रानी ९ बुझओलह १० रोषे १२ दोषे।

शब्दार्थ—हुनि=उनका। गतागत=आवागमन, प्रयत्न। बुझओलह=बुझा दिया, प्रगट कर दिया। बुझाओबह=समझायेंगे।

[८७३]

धनछी—

मानिनि[1] मान मौने मन साजि
माधव मनसिज मनमथ झाँझि।
विधिबसेँ[2] केलि मेलि रस बाध
तेसरा माथेँ सबे अपराध ॥ध्रु०[3]॥

दूती भए जनु जनमए नारि
बिनु भेलेँ (सिधि[4]) भेलिहुँ ग.आरि।
एतएक कौसले[5] (भेलिहुँ[6]) मन्द
तरनिक उदअ लहत की चन्द॥

पर अनुरोधेँ बोध दुर[7] जाए
नाथ वराह दुअओ हलखाए[8]।
विद्यापति भन बुझ रसमन्त
राए सिवसिंह लखिमा देवि कन्त॥

राम० पृ० १९ (क), प० ५९, पं०५

पाठभेद—

ठाकुर (प० सं० २०) २ वि·······से ।

मि० म० (प० सं० १३६) १ मानिनी २ वि·······से ३ पाठाभाव ४ पाठाभाव ५ ७ दूर ८ हल घाए ।

परि० पद० (राम०, प० सं० २१) पाठभेद नहीं है ।

सं० मन्तव्य—५ कउसले ८ होल खाए ।

शब्दार्थ—झाँझि=झाँझर कर दिया। तेसरा=तीसरे (दूती) के। तरनिक=सूर्य के। नाथ बराह=नायक और (वरारोहा) अत्यन्त उत्तम नायिका। दुअओ होल खाए=दोनो में ही खाली पन (दूती के प्रति असहिष्णुता) आ गई।

[८७४]

भागल[२] कपोल अलके[३] लेल[४] साजि[५]
सङ्कुरल[६] नयन[७] काजरे[८] आजि[९] ।
पकला[१०] केश[११] कुसुम कर[१२] वास
अधिक सिङ्गारे अधिक उपहास ॥ध्रु०॥
आहा[१३] बएस कतए चलि[१४] गेल
बड़ उपताप देखि मोहि भेल ।
थोथल[१६] थैआ[१७] थन दुइ[१८] भेल
गरुअ नितम्ब सेहओ[१९] दुर[२०] गेल ॥
जौबन[२१] सेष[२२] सुखाएल अङ्ग
पछेहेलि[२३] लुलए[२४] उमत अनङ्ग ॥
भनइ[२५] विद्यापतीत्यादि[२८] ॥

ने० पृ० १४ (क), प० ३४, पं० २

पाठभेद—

न० गु० (परकीया, प० सं० १५) आरंभ में ४ अतिरिक्त चरण—"हमें धनि कूटनि परिनति नारि । धैसहु वास न कहों विचारि ॥ काहु के पान काहु दिअ सान । कत न हकारि कमल[१] अपमान ॥" तदनन्तर उपर्युक्त के पाँचवें-छठें चरणों १३-१६ का पाठभेद—

"कय परमाद धिया मोर भेल। आहे यौवन[१५] कतम चल गेल॥" तब शेष आठो चरण। अन्त में भनिता के (२५-२६) स्थान पर—"खने खस घोघट बिघट समाज। खने खने आव[२६] हकारलि लाज। भनहि विद्यापति रस नहि छेओ। हासिनि देइपति देव सिंह[२७] देओ।"—२ भाङ्गल ३-५ अलक भरि साजु ६-९ सङ्कुल लोचने काजर आजु १०-११ धवला केस १२ कए १६-१७ थोथर थैया १८ दुओ १९-२० कहाँ चल २१-२२ यौवन शेष २३-२४ पाछु हेरि बिलुलइते

मि० म० (प० सं० ६) १ कएल १५ जौवन २२ सेस २६ अब २७ देव सिंघ। शेष पाठ न० गु० सदृश।

सु० झा० (प० सं० ३३) ६ सङ्कुचल ९ आंजि १६ थोथल

परि० पद० (प० सं० ३३) ३ अलकें ७-९ नअन काजरें आँजि ११ केस १४ चल १६ थोथड़ १८ दुहु २१-२२ जउवन सेख २३-२४ पछेहेड़ि लुड़ए

सं० मन्तव्य—न० गु० के अतिरिक्त चरण बहुत आवश्यक नहीं प्रतीत होते। २ भाङ्गल ३ अलकें ७-८ नअन काजरें १७ थइया २१ जउवन

शब्दार्थ—भाङ्गल=टूटे हुए, झुर्रियों वाले। सङ्कुरल=सिकुड़े हुए। उपताप=खेद। थोथल=थुल थुल, चुसे हुए। पछेहेलि लुलए=पीछा करता है।

[८७५]

धनछीरागे—

पछाँ[१] सुनिअ भेलि महादेइ
कनके लाबेओ[२] कान[३]।
गगन परसि रह समीरन
सूय भरि के आन[४] ॥ध्रु०॥
सुन्दरि अबे की देषह[५] देह।
बिनु हटबइ अरथ बिहुन
जैसन[६] हाटक गेह॥
अपथ पथ परिचय भेले[७]
बसि दिन दुइ चारि।

सुरत रस खन एके पाबिअ[८]
जाब जीव रह गारि ॥

नें० पृ० ३२, प० ८८ पं० २

पाठभेद—

न० गु० (प० सं० ४४२) १ पछा २-३ नावे बोकान
मि० म० (प० सं० २४९) १ पछा २-३ नावेओकान ८ पारिअ
सु० झा (प० सं० ८२) १ पाछा २ लाबेओ ५ देखह
परि० पद० (प० सं० ८३) ४ आन ५ देखह ७ भेलें
सं० मतव्य—५ देखह ६ जइसन ७ भेलें

शब्दार्थ—पछाँ=पीछे जाकर। कनके...कान=सोने के भार से कान झुँके थे। हटबइ=वणिक्। हाटक=बाजार का। बसि=बास करके। जाब=जबतक।

[८७६]

कमलिनि एडि[१] केतकि[२] गेला[३]
सौरभे[४] रहु[५] घूरि[६]।
कंटके[७] कबलु[८] कलेवर
मुख माषल[९] धूरि ॥ध्रु०॥
अबे[१०] सखि भमरा भेल हे
रति रभसे सुजान ॥[११]
परिमल के[१२] लोभे[१३] धाओल[१४]
पाओल नहिँ पास।
मधु पुनु[१५] डिठिहु[१६] न देषल[१७] हे[१८]
आबे[१९] जन उपहास ॥
भल[२०] भेल[२१] भमि[२२] आबथु[२३]
पाबथु[२४] मन[२५] खेद।
एकरस पुरुषा[२६] न[२७] बुझ[२८]
गुण[२९] दूषण भेद ॥
भनइ[३०] विद्यापतीत्यादि[३१] ॥

नें० पृ० ७१, २००; पं० ५

पाठभेद—

न० गु० (प० सं० ४३० स्रोत निर्देश नहीं है) आरंभ में उपर्युक्त पद के ७-१० चरण तदनन्तर ५-६ठें के स्थान पर भिन्न चार चरण, फिर १-४ तब ११-१४ वें चरण और अन्त में भिन्न भणिता है। १-२ एड़ि केतकी ४-६ बहु सौरभे हेरि ७-८ कण्टके पिड़ल ९ माखल १० से ११ अब सखि भमरा भेल परवश, केहो न करय विचार। भले भले बूझल अपलपे चिन्हल हिया तसु कुलिशक सार ॥ १२ पाठाभाव १५-१६ सिन्धु विन्दु १७ देखले १८ पाठाभाव १९ अब २०-२१ भिन भिन अनुभवि २४-२५ जनि पावथु २६-२८ पुरुष बुझल नहि ३०-३१ भनइ विद्यापति शुन गुनमति रस बुझह रसमन्ता। राजा शिवसिंह सब गुन गाहक राणि लखिमा देवि कन्ता ॥

मि० म० (प० सं० ३७३) १ एड़ि ७ कण्टके ९ माखल १७ देखल २६-२८ पुरुष निबुझ २९ पाठाभाव

सु० झा (प० सं० १८२) २८ बुझए

परि० पद० (प० सं० १८४) १ एड़ि ३ गेला हे ४ सौरभेँ ७ कण्टकेँ ९ माखल १३ लोभेँ १४ धाओल हे १६ डिठिहुँ १७ देखल २२ (जग) भमि २३ आबथु हे २७-२८ नहि बुझ हे

सं० मन्तव्य—२ केतकिअे ४ सउरभेँ ७ कण्टकेँ ९ माखल १३ लोभेँ १७ देखल १९ रहु २०-२१ भल ए भल २८ बुझए

शब्दार्थ—एड़ि=धक्का दे, अनदेखा कर। कण्टकेँ कबलु=काँटों से ग्रसित हुआ। डिठिहुँ=दृष्टि से भी। रहु=शेष रह गया। एक रस=एक रस का ही आस्वाद लेते रहने वाले।

[८७७]

त्रिबलि तरङ्गिणि[1] पुर दुग्गम जनि[2]
मनमथे[3] पत्र पठाउ।
जौवन[4] दलपति समय[5] तोहर[6]
रतिपति[7] दूत पठाऊ[8] ॥ध्रु०॥
माधव आबे साजिअ[9] दहु बाला।
तसु सैसवे[10] तोहे[11] जे सन्तापलि
से सरिआउति[12] बाला ॥

कुण्डल चक्क तिलक[13] अङ्कुस[14] कए
चन्दन कवच अभिरामा।
नयन[15] कटाख बान गुन[16] धनु[17] दए[18]
साजि रहलि अछ[19] रामा॥
सुन्दरि[20] साजि खेत चलि आइलि
विद्यापति कवि भाने॥

ने० पृ० ९० (क), प० २४९, पं० ४

पाठभेद—

न० गु० (प० सं० २३३) १ तरङ्गिनि २ जानि ५ समर ७ ऋतुपति ८ बढ़ाउ ९ देख साजिए १–२ सबि आओत १३–१४ अंकुस तिलक १५–१८ नयन कमान कटाख बान दए। अन्त में अतिरक्ति पाठ—राजा शिवसिंह रूपनरायन लखिमा देवि रमाने॥

मि० म० (प० सं० ४७८) १ तरङ्गिनी ५ समर ७ ऋतुपति ९ साजिए ११ तोहें १२ सब आउति १६ अछि १८ पाठाभाव।

सु० झा (प० सं० २२८) ५ समए २० सुन्दर।

परि० पद० (प० सं० २२९) १ तरङ्गिनि ३ मनमथें ४ जउवन ५ समर ६ तोहर मति ७ ऋतुपति ११ तोहें १५ नअन।

सं० मन्तव्य—१ तरङ्गिनि २ जानि ३ मनमथें ४ जउवन ५–६ समरि तोहर मति ७ ऋतुपति १० सइसवे ११ तोहें १५ नअन।

शब्दार्थ—समरि=स्मरण करके। सरिआउति=ठीक क्रम में (क्षतिपूर्ति) कर लेगी। गुन=गुण, डोरी।

[८७८]

ए[1] धनि कमलिनि शुन[2] हित बानि[3]।
प्रेम[4] करबि यब[5] सुपुरुख[6] जानि[7]॥
सुजनक प्रेम[8] हेम समतूल।
दहइत[9] कनक द्विगुन[10] होय[11] मूल॥
टुटइत[12] नहि टुटे[13] प्रेम[8] अदभूत।
जैसन[14] बाढ़ए[15] मृणालक[16] सूत॥

सबहु मतङ्गज[१७] मोति नहि मानि[१८]
सकल कण्ठ[१९] नहि कोइल[२०] बानि[२१] ।।
सकल समय[२२] नहि नहि[२३] रीतु[२४] बसन्त ।
सकल पुरुख[२५] नारि नहि[२६] गुनवन्त ।।
भनइ विद्यापति सुन वर नारि[२७] ।
प्रेमक[२८] रीत[२९] अब बुझह बिचारि[३०] ।।

पदामृत समुद्र, पृ० ३८, शा० मि० २६

पाठभेद—

ब्र० न० सहाय (सखी शिक्षा, प० सं० १) १ ये ३ बानो ५ अब ६ सुपुरुष ७ जानो १० दिगुन १३ टुटे १५-१६ बढ़त मृनालक १८ मानी १९ कंठ २० कोकिल २१ बानी २३ पाठाभाव २४ ऋतू २५ पुरुष २६ नहै २७ नारी २९ रीति ३० बिचारी ।

न० गु० (प० सं० ९५) पदामृत समुद्र सदृश ।

बेनीपुरी (प० सं० ५१) २ कामिनी सुन ४ पेम ५ जब ६ सुपुरुष ८ पेम १०-११ दुगुन होअ १४-१६ जइसन बढ़ए मृनालक १७ मतंग १९ कंठ २३ पाठाभाव २५ पुरुष २८-२९ पेमक रीति ।

मि० म० (प० सं० ६६३) २ सुन ५ अब । शेष पदामृत समुद्र सदृश ।

सं० मन्तव्य—२ सुन ४ पेम ५ जब ८ पेम ९ दहइते १०-११ दुगुन होए १२ टुटइते १४ जइसने १६ मृनालक २२ समअ २३ पाठाभाव २८-२९ पेमक रीति ।

शब्दार्थ—जानि=जानकर, जब जान लो । जइसने=जिस प्रकार से । मतङ्गज=मतवाले हाथी के पाठे । मोति=मौक्तिक । मानि=मानना ।

[८७९]

कानल—

नगरक बानिनि[१] ओरे[२] हरि पुछहरि पुछा
किए किए हाट बिकाए ।
... ... ।।ध्रु०।।
हिर (।)[३] मनि मानिक[४] ओरे[५] अनुपम अनुपमा
नाना रतन पसार ।।

एक-नाल[6] दुइ[7] ओले[8] सिरिफर[9] सिरिफला
सोना के[10] (र स) मान[11]।
अधरा सिंरिफल[12] ओरे[13] आञ्चर आञ्चरा
अधरा अधिके बिकाए॥

विद्यापति कवि[14] ओरे[15] गाबिह[16] गाबिहा
भूमरि[17] बुझ रसमन्त।
सिरि महेसर सुत[18] गुनीसर[19] हे[20]
जूडम[21] देवि सुकन्त॥

राम० पृ० १२१ (क), प० ४१४, पं० ४

पाठभेद—

ठाकुर—(प० सं० ८३) १–२ बानिनिओ रे ४–५ मानिकओ रे ६–८ लागु दुइओ ले ९ सिरिफर १२--१३ सिरफलओ रे १४--५ कविओ १७ झुमरि १८--१९ महेसर २० पाठाभाव २१ जुड़म।

परि० पद० (राम०, प० सं० ९१) ३ हीरा ८ ओरे ९ सिरिफलं।

सं० मन्तव्य—३ हीरा ८ ओरे १०–११ केर समान।

शब्दार्थ—बानिनि=बनियाइन, विक्रय करनेवाली। नाल=मृणाल। अधरा=आधा भाग।

[८८०]

हे हरि हे हरि सुनिए स्रवन[2] भरि
अब न बिलासक बेरा।
गगन नखत[3] छल[4] सेहो अबेकत भेल[5]
कोकिल करइछि[6] फेरा।
चकवा मोर सोर कय चुप भेल
ओठ मलिन भेल[7] चन्दा।
नगरक धेनु डगरके सञ्चर[8]
कुमुदिनि बसु मकरन्दा॥

मुखकेर[१] पान सेहो रे मलिन भेल
अवसर भल नहिँ मन्दा[१०]।
विद्यापति भन इहो न निक थिक
जग भरि करइछि निन्दा[११]॥

ग्रियर्सन ३८

पाठभेद—

ब्र० न० सहाय (प्र० मि० द०, प० सं० ५३) १ सुनिय ३ नछत ४ छला ५ गेला ६ करइछ ७ भेला ८ संचर ९ मुखकर १० मंदा ११ निंदा।

न० गु० (प० सं० ३२१) १–२ शुनिय श्रवन।

मि० म० (४८३) १ शुँनिय २ श्रवन।

सं० मंतव्य—१ सुनिअ ६ करइछ ८ सञ्चरु।

शब्दार्थ—बेरा=समय। अबेकत=अप्रकट, लुप्त। निक=उचित।

[८८१]

पिआ[१] मोर बालक हम तरुणी[२]।
कोन तप चुकलौंह्[३] भेलौंह्[४] जननी॥
पहिर लेल[५] सखि एक दछिनक चीर।
पिआ[१] के देखैत[६] मोर[७] दगध सरीर॥
पिआ[१] लेल गोद कै चललि बजार।
हटिआक[९] लोग पुछें के लागु[१०] तोहार॥
नहि मोर देवर कि[११] नहिँ छोट भाइ[१२]।
पुरुब लिखल अछ[१३] बालमु[१४] हमार॥
बाटेर[१५] बटोहिआ कि[११] तुहु[१६] मोरा[१७] भाइ[१२]
हमरो समाद नैहर[१८] लेने[१९] जाउ[२०]॥
कहिहुन बबा के[२१] किनए[२२] धेनु गाइ[२३]।
दुधवा[२४] पियाइके[२५] पोसता जमाइ[२६]॥
नहि मोर टका अछि नहिँ धेनु गाइ[२३]।
कौनइ[२७] विधि से पोसब[२९] जमाइ[२६]॥

भनइ[30] विद्यापति सुनु ब्रजनारी[31]।
धीरज[32] धरहु त[33] मिलत मुरारी[34]॥

ग्रियर्सन, प० सं० ७९

पाठभेद—

ब्र० न० सहाय (पु० तथा सो०, प० सं० ८) १ पिय २ तरुनी ३ चुकलिहु ४ भेलि ५ लेलि ६ देखइत ७ पाठाभाव ८ कें ९ हटिअक १० लागे ११ पाठाभाव १२ छिला १३ सामी १४ बाट १५ पाठाभाव १६–१७ तोहिं मोर १८ नइहर १९ ले न २० जाहु २१ बाप २२ किनय २४ दुघव २५–२६ पिलाय क पोसत जमाइ २७ कोन २८–२९ पोसब बालक ३० भन ३१ ब्रजनारि ३२ धैरज ३३–३४ घर तोहि ३४ मुरारि।

न० गु० (पर० प० सं० १२) १ पिया २ तरुनी ९ हटियाक।

मि० म० (प० सं० ५९१) १ पिया २ तरुनी ९ हटियाक १२ भाई २३ गाई २६ जमाई।

सं० मंतव्य—६ देखइते ८ कए १८ नइहर १९ लए २७ कओनइ ३२ धइरज।

शब्दार्थ—हटिआक=बाजार के। समाद=संवाद। टका=रुपया, धन।

[८८२]

अलखिते गोप आएल चलि गेल।
ससरि खसल चिर समरि न गेल[1]।
आध बदन तन्हि देखल मोर।
चान अँएठ[2] कय[3] चलल चकोर।
कान्हु मोहि देखलिहु[4] गेलाहुँ[5] लजाए।
तखनुक लाज अबहु नहि जाए॥
आधहु अधिक सकोचित अङ्ग।
मोलल[6] मृनाल[7] दोगुन भेल भङ्ग॥
चान्दने लेपित तनु रह सोए।
विरहक कसमसि निन्दनहि होय[8]॥
रस के तन्त बुझए जदि केओ
भाव भनए अभिनव जअदेओ[9]॥

न० गु० (ताल०) ५५३

पाठभेद—

मि० म० (प० सं० ५५८) ३ करि ४ देखलहु ९ जयदेओ।

परि० पद० (ताल०, प० सं० १६८) १ भेल २ अञ्जिठ ३ कए ५ गेलाहुँ ६-७ मोऊछ मृणाल ८ होए ।

सं० मन्तव्य—परि० पद० सदृश ।

शब्दार्थ— अलखिते=अचानक, अनजाने। अञ्जिठ=निचोड़कर जूठाकर। लोलल=मुड़ा हुआ।

[८८३]

मोराहिरे अङ्गना पाकड़ी सुनु बालहिआ ।
पटेवा आउस[१] वास परम हरि बालहिआ ॥
पटेवा भइया हीत नीत सुन बालहिआ ।
चोलरि एक बिनि देहि परम हरि बालहिआ ॥
जयँ[२] हमे चोलरि बीनहि सुन बालहिआ ।
काह बिनउनी देह परम हरि बालहिआ ॥
लहुड़ी देउ रातासना[३] सुन बालहिआ ।
ननद बिनउनी देअँ परम हरि बालहिआ ॥
चोलरि पहिरि हमे हाट गयेँ सुन बालहिआ ।
चोर परीखन लागु परम हरि बालहिआ ॥
विद्यापति कवि गाविआ[४] सुन बालहिआ ।
राए सिवसिंह[५] गुन जान परम हरि बालहिआ ॥

न० गु० (परकीय) १३

पाठभेद—

मि० म० (प० सं २०५) ५ सिवसिंघ। शेष उपरिवत् ।

सं० मन्तव्य—१ आयल २ जओ ३ रातासन ४ गाइअ ।

शब्दार्थ—पटेवा=पट बिनने वाला। हीत=प्रिय। चोलरि=चोली। रातासना=रात का भोजन।

[८८४]

मोराहि जे अँगना चँदनकेर गाछे ।
सौरभे[1] आबए भमर पचासे ॥
अरे अरे भमरा न फेर कबारे ।
आँचर सुतल अछु पदुम कुमारे ॥
सङ्गहि सखिए[2] सुत देहरि भइसूरे[3] ।
कइसे कए बाहर होएब बाजत नेपूरे[4] ।
गोड़हुक नेपुर[4] भेल जिव काले ।
नहु नहु पएर दओं उठ झँझकारे ॥
माइ बापे दए हलु नेपुर गढ़ाइ ।
नेपुर भँगवइते[5] जिव अँकुराइ[6] ॥
भनइ विद्यापति एहु रस जाने ।
राए सिवसिंह[7] लखिमा रमाने ॥

न० गु० (परकीया) १४

पाठभेद—

मि० म० (प० सं० २०४) ७ सिवसिंघ । शेष उपरिवत् ।

सं० मन्तव्य—१ सउरभें २ सखी ३ भसूरे ४ नूपूरे ५ भँगइते ६ अकुलाइ

शब्दार्थ—फेरु कबारे=किवाड़ मत खोल । पदुम कुमार=पद्म कली, कुच; प्रिय । नहु=धीरे ।

[८८५]

साजनि निहुरि फुकु आगि ।
तोहर कमल भमर[1] देखल
मदन उठल जागि ॥
जौं तोंह भाविनि भवन जैबह[3]
ऐबह[4] कौनहु[5] बेला ।
जौं[2] ई सङ्कट सौं[6] जी बाँचत
होयत लोचन मेला ॥

भन विद्यापति चाहथि जे बिधि
करथि से से लीला ।
राजा सिवसिंह[७] बन्धन मोचन
तखन सुकवि जीला ॥

म० गु० (नाना) प० सं० ७

पाठभेद—

मि० म० (प० सं० २०३) ७ सिवसिंघ

सं० मन्तव्य—१ भमर मोर २ जओ ३ जएबह ४ अएबह ५ कओनहुँ ६ सओ ।

शब्दार्थ—निहुरि=झुककर । कमल=कुच कमल । भमर=मन भ्रमर । जीला=जीवन पाया ।

[८८६]

पङ्कज बन्धु बैरिको[१] बन्धव
तसु सम आनन[२] सोभे ।
नयन[३] चकोर जोड़ जनि सञ्चर
तथिहु[४] सुधारस लोभे ॥
सखि हे जाइते देखलि वर रमनी ।
हरकङ्कन आनन[५] सम लोचन
तसु वर वाहन गमनी ।
सैसव[६] दसा दोनें परिपाललि
तसु सम बोलइते बानी ।
गिरिजापति रिपु रूप मनोहर
बिहि निरमाउलि सआनी ॥
सिन्धु बन्धु गिरि तात सहोयर[७]
पीन पयोधर भारा ।
दुइ पथ छाड़ि तेसर नहि सञ्चर
हारा सुरसरि धारा ॥

अपरूब रूप जे बिहि निरमाउलि
विद्यापति कवि भाने ।
राजा सिवसिंह[८] रूप नराएन[९]
लखिमा देइ बिरमाने ।।

न० गु० (प्रहेलिका) १६

पाठभेद—

मि० म० (प० सं० २००) ८ सिवसिंघ

सं० मन्तव्य—(i) १ बइरि को २ आनन ३ नअन ४ तथिहुं ५ आनन ६ सहसव ७ सहोदर ९ नराओन

(ii) पाठ स्पष्ट नहीं है इसी से अर्थ भी पूरी तरह स्पष्ट नहीं होता ।

शब्दार्थ—पङ्कज=कमल-बन्धु=सूर्य-बैरि=रात को बन्धव=चन्द्रमा। तस सम=चन्द्र बदनी। जोड=जोड़ा। हर=शिवि-कंकन=सर्प आनन=मुखऔर मुखस्थमणि सम लोचन=मणि समान ज्योतिर्मान जिनके नेत्र हैं—सरस्वती-तसु वाहन=हंस-गमनी=हँस के समान चलने वाली। दोने परिपाललि=दो पहाड़ों के गिरि संकट में फेंक दिया है। गिरिजापति=शिव रिपु=कामदेव। सिन्धु-बन्धुगिरि=मैनाक पर्वत-तात=हिमालय-सहोदर=पहाड़ ।

[८८७]

कत दिन रहब कपोल कर लाय ।
रबिक अछइत[१] कमलिनि कुम्हिलाय ।
कहब निअ उगुति जुगिति परचारि ।
अब न जिवति[२] धनि तोहरि पियारि[४] ।।
अभरन भूखन हलु छिड़िआय ।
कनक लता सन फुल झड़ि जाय ।।
बसन उघरि हेरल भरि दीठि ।
गारि नड़ाओल कुसुमक सीठि ।।
भनहि विद्यापति सुनु ब्रजनारि ।
धैरज[५] धए रहु मिलत मुरारि ।।

न० गु० (मिथिला) ७३२

पाठभेद—

मि० म० (प० सं० ५३५) उपरिवत

सं० मन्तव्य—१ अछइते २ जिउति ४ पिआरि ५ धइरज

शब्दार्थ—गारि=निचोड़कर। नड़ाओल=फेंक दिया।

[८८८]

सपन देखल हम शिवसिंह[1] भूप।
बतिस बरस पर सामर रूप॥
बहुत देखल गुरुजन प्राचीन।
अब भेलहु[2] हम आयु बिहीन॥
समटु[3] समटु[4] निअ[5] लोचन नीर।
ककरहु[6] काल न राखथि धीर॥
विद्यापति सुगतिक प्रस्ताव।
त्याग के करुना रसक स्वभाव॥

न० गु० (विविध) प० ११

पाठभेद—

मि० म० (प० सं० ९१४) १ सिवसिंघ। शेष उपर्युक्त सदृश।

सं० मन्तव्य—१ सिवसिंह २ भेलिहुँ ३-४ सिमिटु सिमिटु ५ निज ६ ककराहुँ

शब्दार्थ—बतिस=बत्तीस। सामर=श्यामल। सिमिटु=समेटते-समेटते। धीर=स्थिर। त्याग···स्वभाव=करुणा करना जिसका स्वभाव है वह भला उसे कैसे छोड़ सकता है? फिर करुणामय भगवान कैसे करुणा करना छोड़ेंगे।

[८८९]

दुर्लहिं तोहरि कतए छथि माय।
कहु न ओ आवथु एखन नहाय॥
वृथा बूझथु संसार विलास।
पल पल नाना तरहक त्रास॥

माय बाप जों[१] सदगति पाव।
सन्तति कों[२] अनुपम सुख आव॥
विद्यापति आयू अवसान।
कातिक धवल त्रयोदसि जान॥

न० गु० (नाना विषयक पदावली) १२

पाठभेद—

मि० म० (प० सं० ९१५) उपरिवत्।

सं० मन्तव्य—(i) १ जओ २ कओ।

(ii) इस पद की अन्तिम पंक्तियों में विद्यापति की आयु समाप्ति की जो तिथि घोषित की गई है उससे इस बात में सन्देह होता है कि कवि अपनी अन्तिम स्थिति में इसे रचने का समय पाया हो। बहुत सम्भव है बाद में किसी ने इस पद को पूरा करते हुए अवसान तिथि दे दी हो। फिर भी इस तिथि को भी पूर्ण प्रामाणिक नहीं माना जा सकता।

शब्दार्थ—दुल्लहि=विद्यापति की सुपुत्री। बुझथु=समझें। अवसान=समाप्ति।

[८९०]

दूर दुग्गम दमसि भञ्जेओ[१] गाढ़ गढ़ गूढ़ीअ गञ्जेओ[२]
पातिसाह ससीम[३] सीमा समर दरसेओ रे।
ढोल तरल निसान सद्दहि भेरि काहल सङ्ख[४] नद्दहि
तीनि भुवन निकेत केतकि[५] सन[६] भरिओ रे॥
कोहे नीरे[७] पयान[८] चलिओ वायु मध्ये राय[९] गरुओ
तरनि तेअ तुलाधार[१०] परताप गहिओ रे॥
मेरु कनक सुमेरु कम्पिय[११] धरनि पूरिय[१२] गगन झम्पिय[१३]
हाति[१४] तुरय[१५] पदादि पयभर[१६] कमन सहिओ रे॥
तरल तर तरवारि रङ्गे विज्जुदाम छटा तरङ्गे
घोर घन सङ्घात[१७] बारिस काल दरसेओ रे॥
तुरय कोटि चाप चूरिय[१८] चार दिस चौ विदिस पूरिय[१९]
विसम[२०] सार आसार धारा घोरनी[२१] भरिओरे॥
अन्ध कूअ कबन्ध लाइअ फेरबि फफ्फरिस गाइअ
रुहिर मत्त परेत भूत बेताल बिछलियो[२२] रे॥

पार भइ परि[२३] पन्थि गञ्जिअ[२४] भूमि मराडल मुराडे मरिडअ[२५]
चारु चन्द्र कलेव कीर्त्ति[२६] सुकेत की[२७] तुलिओ रे॥
रामरूपे स्वधम्म खिरूअ[२८] दान रूपे[२९] दधीचि रक्खिअ
सुकवि नव जयदेव[३०] भनिओ रे॥
देवसिंह नरेन्द्र नन्दन सत्रु नरबइ कुल निकन्दन
सिंह सम सिवसिंह राया[३१] सकल गुन निधान गनिओ रे॥

न० गु० (नाना, प० सं० १०)

पाठभेद—

बेनीपुरी (प० सं० २५८) १ भंजेओ २ गंजेओ ३ समीप ४ संख ६ सान ७ नीर ९ राअ १० तुलाधरा ११ कम्पिअ १२ पूरिअ १३ झम्पिअ १४-१६ हाथि तुरुअ पदाति पअभर १७ संघात १८ चूरिअ १९ पूरिअ २० विषम २१ धरनि २२ चलिओ २३ पारि २४-२५ गंजिअ भूमि मंडल मुंडे मंडिअ २६ कित्ति २७ पाठाभाव २८ सिक्खिअ २९ दप्प ३१ राआ।

मि० म० (प० सं० ९) न० गु० सदृश।

सं० मन्तव्य—३ समीप ५-६ कीत्तिक सान ८ पआन ११ कंपिअ १२ पूरिअ १३ १३ झम्पिअ १४-१६ हाथि तुरअ पदाति पअभर १८ चूरिअ १९ पूरिअ २० विषम २१ धरनि २७ सुकीत्ति २८ रक्खिअ ३० जअदेव ३१ राआ।

शब्दार्थ—दमसि=दमन करके। गञ्जेओ=नष्ट किया। पातिसाहि=बादशाह। सद्दहि=बजते हैं। नद्दहि=निनाद करते हैं। कीत्तिक=कीर्ति का। कोहे=पर्वत की। पअभर=पदातिक। कबन्ध=धड़। फेरबि=सिआर। फफ्फरिस=फेंकर कर। परिपंथि=शत्रु दल। कलेव=कला की भाँति। नरबइ=नरपति, राजा।

[८९१]

अनल रन्ध्र कर लक्खन नरबए सक समुद्द कर अगिनि ससी।
चैत कारि छठि जेठा मिलिओ वार वेहपए जाउ लसी॥
देवसिंहे जं पुहवी छड्डिअ अद्धासन सुरराए सरू।
दुहु सुरतान नीन्दे अबे सोअउ तपन हीन जग तिमिरे भरू॥
देखहु ओ पृथिमी के राजा पौरुस[१] माझ पुन्न बलिओ।
सतबले गङ्गा मिलित कलेवर देवसिंघ[२] सुरपुर चलिओ॥

एक दिन[3] सकल जवन बल चलिओ ओका दिस से जम राए चरू।
दूओ दलटि मनोरथ पूरओ गरुअ दाप सिवसिंहे करू॥
सुरतरु कुसुम घालि दिस पुरओ दुन्दहि सुन्दर साद धरू।
वीरछत्र देखनको कारन सुरगन सते गगन भरू।
आरम्भिअ अन्तेठ्ठि महामख राजसूय[4] असमेध जहाँ।
पण्डित घर आचार बखानिअ जाचक काँ घर दान कहाँ॥
विजावइ कविवर एहु गावए मानव मन आनन्द भएओ।
सिंहासन सिवसिंह बइठो उच्छवै वैरस[5] विसरि गएओ॥

विनोद विहारी काव्यतीर्थ द्वारा १३०७ बंगाब्द में बंगीय साहित्य परिषत् पत्रिका के पृष्ठ ३० पर प्रकाशित।

पाठभेद—

न० गु० (नाना, प० सं० ९)। उपरिवत्।

मि० म० (प० सं० ८) उपरिवत्।

सं० मन्तव्य – (i) पउरुस २ देवसिंह ३ दिस ४ राजसूअ ५ वइरस।

(ii) इस पद में शिवसिंह के राज्यारोहण की स्पष्ट तिथि मिलती है जिससे अनेक तिथियाँ स्पष्ट हो जाती हैं। विद्यापति का 'विज्जावइ' नाम इसमें भी मिलता है जो कीर्तिलता के रचयिता से इनकी अभिन्नता की प्रामाणिकता को पुष्ट करता है।

शब्दार्थ—अनल=३, रन्ध्र=९, कर=२, अङ्कानामवामतोगतिः=२९३। लक्खन नरवए=नृपति लक्ष्मण का लक्ष्मणाब्द। सक=शकाब्द। समुद्द=४, कर=२, अगिनि=३, ससी=१=१३२४ शकाब्द इस प्रकार शक १३२४ में लक्ष्मणाब्द २९३ था इस प्रकार लक्ष्मणाब्द ई० सन् ११०९ में आरम्भ हुआ और ल० सं० २९३ में ई० सन् १४०२ ठहरता है। चैत कारि छठि=चैत कृष्ण षष्ठि। वेहप्पए=वृहस्पति। पुहवी=पृथ्वी। ओका दिस=दूसरी दिशा में। चरू=चले। गरुअ=महिमापूर्ण। दाप=दर्प, प्रताप। घालि=गिराकर। अन्तेठ्ठि=अन्त्येष्टि। असमेध=अश्वमेध। विज्जावइ=विद्यापति। उच्छवे=उत्सव से। वइरस=विषाद।

परिशिष्ट 'अ'

अनुक्रमणिका

[पदों की अकारादि क्रम-सूची]

परिशिष्ट 'इ'

पदकल्पतरु के पदों का विवरण

[मि० म० में दिए गये सं०→संदिग्ध पद और बं०→बंगाली विद्यापति के पद, के सूचक हैं। जहाँ प्रस्तुत संस्करण की संख्या नहीं दी गई है उन्हें अप्रामाणिक मान हमने छोड़ दिया है।]

पदकल्पतरु की पद संख्या	मि० म० की पद संख्यां	प्रस्तुत संस्करण की पद संख्या
४९	६६६	५६५
५७	६२२	३३१
५९	६२३	३३०
६१	सं. ९१७	३२९
६३ और ११०	६६५	३२६
६४	६७०	६७५
६६	६७१	६७४
८०	६११ और २३२	४२९
८२	६१४	४३२
८३	६१०	४३०
९२	६५१	४३
९६	४४	३३३
१०४	६१२	४२८
१०५	६१६	——
१०६	६१५	——
१०९	६६३	८७८
१११	६७३	६७३
११२	६६९	४६७
१३१	६८८	६७६
१९३	२३०	३५०
१९४	६१८	३३४
१९५	६२४	३३५
१९७	९३२	३३६
२०१	३१ और ९३१	३२८

प० त० की पद संख्या	मि० म० की पद संख्या	प्रस्तुत संस्करण की पद संख्या
२०७	२२८	४२०
२०८	६२७	४३१
२०९	६२६	३३७
२११	६२५	३३८
२१५	बं. १	——
२२२	६७२	५[illegible]०
२२६	बं. १ पादटिप्पणी	——
२३२	६९४	——
२३७	बं. १२	——
२३८	बं २	——
२३९	६९२	[illegible]४९
२४६	६९५	५९५
२५०	४८१	५८६
२५१ और २५४	४९१	७५४
२५२	६९१	५९६
२५३	६९	५८६
२६०	६९३	३८७
२७१	८९	४३१
३६८	सं. ९२४	——
३८६	६४५	——
३८७	६४७	३६९
३९९	बं. १८	——
४३८	७०७	१६५
४५२	सं. ९२५	——
४५८	सं. ९१६	——

प० त० की पद संख्या	मि० म० की पद संख्या	प्रस्तुत संस्करण की पद संख्या
४७३	६५२	——
४८४	६६२	५९७
४८८	सं. ९२३	३६७
४९३	६६४	३७०
४९४	६४१	४५
४९७	६५४	१६६
५०० और ५३४	६५०	४४
५१०	६४८	३७१
५११	बं. ५	——
५१२	६४९	४६
५२१	बं. २१	——
५२४	६६०	५९८
५२८	बं. १९	——
५३० और २०४४	६५७	३६८
५४९	६४६	३७२
६०१	६३९	——
६१२	६५८	५९९
६१३	६५९	६००
६६६	बं. १४	——
७२१	बं. ४	——
७२६	बं. १३	६०१
७२७	बं. ११ ख	६०२
७२८	बं. १५	६०३
७२९	७००	७५०
७३०	७०१	७५१
७३२	६९०	६०४
७४०	४८४	५८७
८३१	६३३	१३
८५५	२४५ और ७०५	१६७
९११	७५९	६०५
९३७	७६२	८६५

प० त० की पद संख्या	मि० म० की पद संख्या	प्रस्तुत संस्करण की पद संख्या
९३९	६४२	४७
९४९	६३१	१४
९५०	६४३	४८
९६३	६६१	१६८
९६५	७०६	१६९
९६८	सं. ९२०	१७०
९६९	७०८	१७१
९७१	७४९	——
९७६	६३६	५११
९७७	६१८	५०१
१०१२	सं. ९२२	५४८
१०५९	२२	४३४
१०६१	२९	४२३
१०७९	६९७	६६५
१०८१	४९७	६६२
१०९३	बं. १६	६०६
१०९५	४९३	६६९
१०९६	६९८	६६६
१०९९	६९९	६६७
११००	६९६	६६८
११०३	बं. ११ क	——
११०७	बं. २८	——
१३३६	२३	४३५
१३५८	६२०	३३९
१४०८	७०४	८६३
१४३१	७१०	८४६
१४३२	७१२	६०७
१५००	७११	८४७
१५०१	११०	६०८
१५०२	बं. २२	६०९
१५२५	८९४	——
१६०३	१९०	——
१६१७	७४६	१४७

प० त० की पद संख्या	मि० म० की पद संख्या	प्रस्तुत संस्करण की पद संख्या
१६१९	बं. २३	——
१६३८	सं. ९१९	८६२
१६३९	७३३	१४८
१६४०	सं. ९२१	१४५
१६४१	७२६	१४८
१६४२	बं. २४	——
१६७०	७२७	१५६
१६७१	सं. ९१८	१५७
१६७२	बं. २५	
१६८०	बं २७	——
१६८३	७४७	१५०
१६८५	७४०	१५२
१६८६	७३५	१७२
१६८७	७५१	१५१
१७०१	७३७	१७३
१७१२	७१६	१५४
१७१३	७१४	१५५
१७१४	७२२	१५३
१७१५	७१३	१७४
१७३०	७१८	१६४
१७३२	७२१	१७५
१७३५	७२०	१७६
१७६४	७५६	३९६
१८२७ और	७२९ और	१६२
१९५७	७३२	
१८३२	७१७	——
१८६१	७२३	१७७

प० त० की पद संख्या	मि० म० की पद संख्या	प्रस्तुत संस्करण की पद संख्या
१८६२	७२८	१७८
१८७६	७४४	१७९
१८७७	७४२	१८०
[मि० म० निघन्टु 'ख' में यहीं तक उल्लेख है—सं०]		
१८७९	१७७	१२१
१८८५	१७६	१५८
१८९९	७४५	१६३
१९००	१७९	१५९
१९३०	१८५	१६१
१९४०	५४२	९५
१९४७	७४८	३८८
१९५२	बं. २६	——
१९५८	७२५	१८१
१९७२	७५५	३९५
१९७३	७५४	३९७
१९७४	७५३	३९४
१९९६	७६०	४०६
१९९७	७६१	४०५
२००८	बं. ९	६१०
२०१२	७५८	४०४
२०३८	बं. २०	३७३
२०४६	६५६	४९
२५२५	बं. ८	——
३०१६	७६३	८३२
३०१७	७६५	८३०
३०९८	७६४	८३१

विद्यापति : युग और साहित्य—डॉ० अरविन्द नारायण सिन्हा
सूर और उनका साहित्य—डॉ० हरवंश लाल शर्मा
सूर पूर्व ब्रजभाषा और उसका साहित्य—डॉ० शिवप्रसाद सिंह
हिन्दी साहित्य का अतीत—आचार्य विश्वनाथ प्रसाद मिश्र
हिन्दी साहित्य का आदिकाल—आचार्य हजारी प्रसाद द्विवेदी
हिन्दी साहित्य का इतिहास—आचार्य रामचन्द्र शुक्ल

बाङ्ला

अप्रकाशित पद रत्नावली [पद रससार—नित्यानन्द दास; पद रत्नाकर—कमला कान्तदास]
श्री सतीश चन्द्र राय,—पावना
क्षणदागीत चिन्तामणि—विश्वनाथ चक्रवर्त्ती संपादित, वृन्दावन संस्करण
गौड़ीय वैष्णव दर्शन—श्री राधा गोविन्द नाथ
चण्डी दास चरित—कृष्ण प्रसाद सेन
चैतन्य चरितामृत—कृष्णदास कविराज
बङ्ग भाषा ओ साहित्य—श्री दिनेश चन्द्र सेन, कार्नवालिस स्ट्रीट, कलकत्ता
बाङ्ला वैष्णव धर्म ओ वैष्णव पदावली—जीवन बल्लभ चौधरी
बाङ्ला भाषा ओ साहित्य विषयक प्रस्ताव—श्री रामगति न्यायरत्न, तृतीय संस्करण, चूँचुड़ा
बाङ्ला साहित्येर कथा—श्रीकुमार बन्दोपाध्याय
बाङ्ला साहित्येर विकाशेर धारा—श्री कुमार बन्दोपाध्याय
बिचित्र—साहित्य—डॉ० सुकुमार सेन
विद्यापति ठाकुरेर पदावली—श्री नगेन्द्र नाथ गुप्त कर्तृकं संकलित ओ श्रीयुक्त शारदा चरण मित्र महाशयेर व्यये बंगीय साहित्य परिषत् हइते प्रकाशित। ६१ ओ ६२ नं. बौ बाजार स्ट्रीट, कलिकाता, कुन्तलीन प्रेसे श्री पूर्वचन्द दास कर्त्तृक मुद्रित, Calcutta University Manuscript section N|16
विद्यापति गोष्ठी ओ गीतित्रिंशतिका—डॉ० सुकुमार सेन
विद्यापति पदावली—अमूल्यचरण विद्याभूषण ओ खगेन्द्र नाथ मित्र
विद्यापतिर पदावली—श्री शारदाचरण मित्र संपादित (B. S. 1285 = AD. 1878)
विद्यापतिर पदावली—श्री खगेन्द्र नाथ मित्र ओ विमान विहारी मजुमदार प्र० श्री शरतकुमार मित्र ८५ नं० ग्रे स्ट्रीट, कलिकाता, नूतन संस्करण बं० १३५९
विद्यापतिर शिवगीति—श्री सुधीर चन्द्र मजुमदार
विद्यापति शतक—मुहम्मद शहीदुल्ला
वैष्णव पदावली—दिनेशचन्द्र सेन एवं खगेन्द्रनाथ मित्र
वैष्णव—महाजन पदावली—द्वितीय खण्ड, विद्यापति, श्री सतीशचन्द्र मुखोपाध्याय, बसुमति साहित्य मन्दिर
भारतीय मध्ययुगीन साधना धारा—श्री क्षितिमोहन सेन
मध्ययुगेर कवि ओ काव्य (प्रथम खण्ड) श्री शंकरी प्रसाद वसु

पञ्चोपासना—श्री जितेन्द्र नाथ वन्दोपाध्याय

पदामृत समुद्र —राधा मोहन ठाकुरेर संकलित, बहरमपुर राधारमन यन्त्रे प्रकाशित ।

पदावली माधूर्य—दिनेशचन्द्र सेन

प्राचीन काव्य—सौन्दर्य जिज्ञासा औ नव मूल्यांकन—श्री क्षेत्र गुप्त

श्री पदामृत माधुरी (प्रथम खण्ड) श्री नवद्वीप व्रजवासी ओ खगेन्द्रनाथ मित्र संपादित

श्री राधार क्रम विकाश— डॉ० शशिभूषण दास गुप्त

श्री श्री पदकल्पतरु—श्री सतीशचन्द्र राय कर्त्तक संपादित [पदकर्त्ता वैष्णव दासेर संकलित सार्द्धशताधिक वैष्णव पद कर्त्तृगनेर तिन सहस्रेर अधिक पदावली । बंगीय साहित्य परिषत् मन्दिर होइते श्री राम कमल सिंह कर्त्तक प्रकाशित]

English

An Introduction to Maithili Language of north Bihar containing A grammar, chrestomathy & Vocabulary,—George A. Grierson, B. C. S. Part II chrestomathy & vocabulary. Extra Number of journal, Asiatic Society c Bengal part I for 1882. Calcutta.

Descriptive catalague of Mithila Mss. Bihar-orisa Research Society.

History of Maithili Literature—Dr. Jaikant Mishra

History of Tirhut—Shyam Nandan Singh

Seven grammar of the Dialects and Sub dialects of the Bihari language—G. A. Grierson 1883

Songs of Vidyapati—Dr. Subhadra Jha

पत्रिकाएँ

नागरी प्रचारिणी पत्रिका

बंगदर्शन

सम्मेलन पत्रिका

साहित्य परिषत् पत्रिका

भारतवर्ष

विश्वभारती पत्रिका

Journals

Indian Antiquary

Journal of Asiaticsociety of Bengal

Journal of the Bihar and orissa research Socialty

Journal of the Department of letter, University of Calcutta

Vishwabharti Quarterly

पाण्डुलिपियाँ और उनकी प्रतिच्छवियाँ

पदामृत समुद्र, पदकल्पतरु, संकीर्त्तनामृत, पदरससार पदरत्नाकर, आदि की विविध पाण्डुलिपियाँ मैन्यूस्क्रिप्ट सेक्शन, कलकत्ता विश्वविद्यालय लाइब्रेरी के सौजन्य से ।

नेपालदरबार की 'विद्यापति को गीत', ताल पत्र की पोथी की प्रतिच्छवि, तथा रामभद्रपुर पदावली की प्रतिच्छवि विहार राष्ट्र भाषा परिषद् पटना, तथा पटना कालेज लाइब्रेरी के सौजन्य से ।

विश्वभारती के 'विद्याभवन' की पाण्डुलिपियों के प्रकाशित विवरण ग्रन्थ—पूथि परिचय, प्रथम, द्वितीय, तृतीय खण्ड, श्री पञ्चानन मण्डल, विद्याभवन, शान्तिनिकेतन में क्षणदागीत चिन्तामणि, नामहीन खण्डित कई पदावलियाँ, पदामृत समुद्र तथा अन्य अज्ञात संकलयिताओं की अनेक खण्डित पदावलियाँ ।

●